区域经济理论与政策
Regional Economic Theory and Policy

新经济地理学原理

Principles of New Economic Geography

（第三版）

安虎森 等 著

中国财经出版传媒集团
经济科学出版社
Economic Science Press
·北 京·

图书在版编目（CIP）数据

新经济地理学原理 / 安虎森等著 . -- 3 版 . -- 北京 ：
经济科学出版社，2024. 12. -- ISBN 978 -7 -5218 -6502
-8

Ⅰ. F119. 9

中国国家版本馆 CIP 数据核字第 2024KF5561 号

责任编辑：刘怡斐
责任校对：隗立娜
责任印制：张佳裕

新经济地理学原理
（第三版）
安虎森　等著
经济科学出版社出版、发行　新华书店经销
社址：北京市海淀区阜成路甲 28 号　邮编：100142
编辑部电话：010 -88191348　发行部电话：010 -88191522
网址：www. esp. com. cn
电子邮箱：esp@ esp. com. cn
天猫网店：经济科学出版社旗舰店
网址：http：//jjkxcbs. tmall. com
北京密兴印刷有限公司印装
787 × 1092　16 开　45. 25 印张　900000 字
2024 年 12 月第 3 版　2024 年 12 月第 1 次印刷
ISBN 978 -7 -5218 -6502 -8　定价：98. 00 元
（图书出现印装问题，本社负责调换。电话：010 -88191545）

致谢：本书的出版获得了“南开大学·中国社会科学院大学21世纪马克思主义研究院2024年出版资助项目”的资助。

前　　言

党的二十大报告指出，深入实施区域协调发展战略、区域重大战略、主体功能区战略、新型城镇化战略，优化重大生产力布局，构建优势互补、高质量发展的区域经济布局和国土空间体系。党的二十届三中全会又指出，城乡融合发展是中国式现代化的必然要求，必须统筹新型工业化、新型城镇化和乡村全面振兴，全面提高城乡规划、建设、治理融合水平，促进城乡要素平等交换、双向流动，缩小城乡差别，促进城乡共同繁荣发展。这是以习近平同志为核心的党中央立足全面建设社会主义现代化国家的新征程，对新发展阶段和空间治理做出的重大部署，为今后一个时期推动区域协调发展、推动和完善空间发展和空间治理指明了前进的方向，提供了根本遵循。

要构建优势互补、高质量发展的区域经济布局和国土空间体系，统筹新型工业化、新型城镇化和乡村全面振兴，必须把握好新时代我国区域经济运行规律和基本规则、商品和生产要素在区际转移机理及其规律、新型工业化和新型城镇化以及城乡融合发展之间的相互作用机理、城乡要素双向转移机理和规则。新经济地理学以人口和财富空间分布不平衡现象为主要研究对象，试图解释经济活动空间聚集和分散的基本机理。因此，积极开展新经济地理学理论和方法论研究，可以为区域协调发展、商品和生产要素区际转移、经济活动空间聚集与分散、城市体系和城市间分工格局的形成、城乡要素双向流动、区际资源优化配置和生产力优化布局，提供基本理论和方法。

经过三十多年的发展历程，新经济地理学日趋成熟和完善。目前，包括国内学者在内的众多学者研究空间经济问题，其中一部分学者重点研究各种空间经济模型以及研究方法的创新，而另一部分学者重点进行实证分析。南开大学经济研究所，在全国最早开始研究新经济地理学（或空间经济学）理论及其应用问题，经过二十多年的理论教学和研究，在新经济地理学理论研究与应用研究领域取得了巨大的成就，培养了大批的从事新经济地理学（或空间经济学）领域的研究人员，南开大学经济研究所也成了全国最主要的新经济地理学（或空间经济学）理论研究基地。南开大学经济研究所，目前已出版了以《空间经济学原理》《空间经济学教程》《新经济地理学原理》等新经济地理学著作系列，翻译出版了《经济学手册——区域经济学》（彼得·尼茨坎普主编）、《经济学手册——应用城市经济学》（保罗·切希尔、埃德温·S. 米尔斯主编）、《经济地理学》（皮埃尔－菲利普·库姆斯等著）、《经济地理学》（J. E. 安德森著）、《演化经济地理学》（米洛斯拉夫·N. 约万诺维奇著）、《区域发展的公共政策》（乔治·马丁内斯－维斯奎泽等主编）、《区域经济学》（罗伯塔·卡佩罗著）、《区域经济学导论》（E. M. 胡佛等著）等大量的空间经济学和经济地理学著作。

新经济地理学是非常严谨的学科，所有结论都是以严谨的数学“语言”来表述，而这些结论的证明过程又是相当艰巨的工作。考虑到初学者自学时的困难，在第三版撰稿过程中，我们对所有的数理模型和结论都给出了推导和证明过程。同时，在新经济地理学，长期的稳定均衡是由一组非线性方程所给出的，但这些方程组的解却难以用解析式表达，新经济地理学模型的许多结论只能通过数值模拟才能给出。故，不同于其他的经济学著作，我们撰写的新经济地理学书稿包含了大量的数学推导过程和证明过程以及数值模拟过程。正因如此，本书看起来似乎是数学著作而不是经济学著作。对此，我们也做好了充分的思想准备，随时接受广大读者的批评、指正。

《新经济地理学原理》的第一版为《空间经济学原理》，第二版时改为《新经济地理学原理》，第三版是在第二版的基础上重新编写而成的。第三版撰稿的具体分工如下。安虎森负责：第一章、第二章；蒋涛负责：第三章、第九章；陈飞负责：第四章、第五章；刘军辉负责：第六章、第十五章；何文负责：第七章、第十九章第三节；吴浩波负责：第八章、第十二章、第十七章、第十九章第二节和第四节；颜银根负责：第十章、第十四章；皮亚彬负责：第十一章、第十三章；陈晓佳负责：第十六章、第十九章第一节；郑文光负责：第十八章、第十九章第五节；丁嘉铖负责：第十九章第六节。在第三版的撰写过程中，吴浩波和蒋涛付出了辛勤的劳动，他们完成自己承担的撰稿任务后，花费大量的时间验证了数理模型的推导过程。蒋涛还校对了大量的稿件。全书最后由安虎森总纂修改定稿。

在第三版撰写过程中，我们尽最大努力把握新经济地理学的发展趋势，尽可能地反映最新的研究成果，尽可能地与实践活动相结合，但因我们的理论功底浅薄和实践经验的不足，书中有许多不足和遗憾之处，希望广大读者和同行提出宝贵的意见。

安虎森
2024 年 7 月 31 日

目　录

第一章

导　论

新经济地理学（new economic geography，NEG）把被主流经济学长期忽视的空间因素纳入一般均衡理论的分析框架中，研究经济活动的空间分布规律，解释不同类型、规模的经济活动的空间聚集机制。

生产活动是人类生存与发展的前提，人类的经济活动存在时空之中。然而，两个多世纪以来，经济学家一直忽略了空间因素对人类经济活动的影响。与此相反，政策制定者一直关注经济活动的空间问题。早在 18 世纪后半期，为了使美国的经济摆脱英国的隶属，时任美国财长的亚历山大·汉密尔顿（Alexander Hamilton）主张提高关税。在 19 世纪，欧洲国家通过血腥扩张占领了世界市场，这对欧洲国家工业的发展与稳定起了决定性作用。19 世纪 70 年代，中国政府收复新疆，维护了中国的领土完整，粉碎了英国、俄国企图肢解和侵吞新疆的阴谋。1930 年 6 月，美国 H. C. 胡佛（H. C. Hoover）政府为了保护国内工业不受大量进口商品的冲击，出台了《斯姆特 - 霍利关税法》（*The Smoot - Hawley Tariff Act*），对两万余种的进口商品征收高额关税。20 世纪中叶，为实现欧洲一体化，《欧盟条约》提出了缩小区际经济不平等和发展落后地区经济的目标。2009 年 2 月，美国参议院通过了总额为 7870 亿美元的经济刺激计划，其中，最引人注目的是《购买美国货》的条款，也就是所有联邦政府采购部门应采购美国本土生产的钢铁及其制成品。在 2019 年 8 月，美国特朗普政府宣布提高对约 5500 亿美元中国输美商品加征关税的税率，打响了对华贸易战。中国政府从 21 世纪初开始，一直实施区域协调发展战略、区域重大战略、主体功能区战略、新型城镇化战略。显然，政策制定者所关注的是本国或本地区的产业活动及其规模。

虽然区域经济学、城市经济学、经济地理学等学科都关注空间问题，但从整体上说，这种空间研究“在上一代基本上处于休眠状态”，[①] 在很长时间里，

---

① Krugman，Paul. Increasing returns and Economic Geography ［J］. Journal of Political Economy，1991，99：483 -499.

空间因素一直难登主流经济学的“大雅之堂”，这种情况一直持续到20世纪90年代初。1991年，著名经济学家保罗·克鲁格曼（Paul R. Krugman）发表了著名的《收益递增和经济地理》（*Increasing Returns and Economic Geography*）一文，倡导了空间经济研究的复兴。他认为，经济地理现象是现实经济中最显著的特征之一，必须复兴区域经济学和经济地理学的研究。随之，掀起了在全世界范围内的研究新经济地理学的热潮，众多学者纷纷加入研究经济活动空间聚集与分散问题的行列中来了。虽然新经济地理学的发展历史比较短暂，但它已成为富有吸引力和强大活力的研究领域之一。

经过三十多年的发展历程，新经济地理学日趋成熟和完善。目前，包括国内学者在内的众多学者研究空间问题，其中，一部分学者重点研究各种空间经济模型以及研究方法的创新，而另一部分学者重点进行实证分析。我国立足全面建设社会主义现代化国家的新征程，大力推进区域协调发展战略、区域重大战略、主体功能区战略、新型城镇化战略，优化生产力布局，构建优势互补、高质量发展的区域经济布局和国土空间体系的战略举措。为落实这些战略性举措，我们必须了解各种生产要素空间转移规律和作用机理、区域差距形成的原因及其机制，才能找到落实这些举措的基本思路和办法。经济活动空间分布的区际差异必然是导致区际差距的主要原因，而新经济地理学正是解释经济活动空间分布的原因与机制的学科。目前，我国迫切地需要新经济地理学理论的研究与应用。

第一节 传统空间经济学与空间不可能定理

一、缺失空间维度的主流经济学

天津市和平路是天津市有名的步行街，街道两旁排列着各种类型的商行。这些众多商行集中在和平路可能有各种理由，但作为我国北方著名的商埠，天津市其他地区也都具有这种条件的情况下，这些众多商号仍然选择和平路，可能存在某种促使它们选择这些街区的内生力量。我们现在很难讨论最初这些商号为什么选择和平路一带的问题。然而，到目前为止，这些现象仍在持续，说明确实存在某种内生的力量促使这种聚集持续并导致进一步的聚集。这种内生力量就是我们常说的聚集力，而这种聚集力的形成与循环累积因果关系是密切相关的。这种循环累积因果关系，一方面消费者希望许多商店集中在某一特定区位，进而能够就近购买其所偏好的商品；另一方面商店要实现利润最大化，就要尽可能地多销售其商品，因而也就选择消费者大量集中的街区。

和平路步行街的故事所涉及的循环累积因果链导致经济活动空间聚集，是现实经济中最普遍的现象之一。然而，长期以来，空间经济没有受到足够的重视，主流经济学一直把空间经济排斥在外，至今，主流经济学教科书仍然热衷于讲授没有城市和区域的、没有任何空间维度的“纯粹”的经济学理论。尽管区域经济学、城市经济学、经济地理学等学科始终关注经济活动的空间维度，也不乏经典的空间分析范式，如 J. H. 杜能（Johan Heinrich von Thünen）、A. 韦伯（Alfred Weber）、W. 克里斯泰勒（Walter Christaller）、A. 廖什（August Lösch）、H. 霍特林（Harold Hotelling）、E. M. 胡佛（Edgar M. Hoover）、W. 艾萨德（Walter Isard）、W. 阿朗索（William Alonso）等，在经济活动区位研究领域里进行了大量的研究，并取得了很大的成就，但空间维度却长期游离于主流经济学之外，难以登上主流经济学的“大雅之堂”，这也许与一些主流经济学家“歧视”空间维度有关。因为，一旦提到空间维度就自然而然地联系到地理学，而地理学因“缺乏从人类行为和社会体制角度解释‘为何’的问题所需的技能”，故而，对经济活动区位的研究仍以“描述和画图”为主；① 但关键是长期以来，缺乏处理规模收益递增和不完全竞争的技术工具，主流经济学家有意无意地回避了规模收益递增与不完全竞争问题。其实，在空间经济研究领域里早就意识到了规模收益递增现象的存在，如果把由家庭和小型作坊生产的所有社会财富看成“庭院资本主义”，那么现实当中并不存在纯粹的“庭院资本主义”；大量的情况是，一些大型企业和诸多中小型企业并存。如果按照新古典经济学的假设，我们生活在规模收益不变和完全竞争的世界中，那么我们无法解释现实中大量存在大型企业的现象，也无法解释城市的形成以及有些区域发展迅速，而另一些区域发展相当滞缓的现象，因为，不存在规模收益递增现象，经济活动完全可分为极其微小的基本的生产单元，不可能出现经济活动在某一区位上的聚集现象。如果此时出现经济活动空间聚集现象，那么肯定存在价格扭曲进而也不是帕累托有效。在缺乏处理规模收益递增和不完全竞争的技术工具的情况下，研究空间经济现象，不得不假设经济活动聚集体或城市是外生的；同时，把这种经济活动空间聚集视为一种“黑箱”。尤其是传统的区域科学，它试图从规模经济、运输成本、要素流动之间的相互作用角度，解释经济活动的空间聚集现象；然而，对诸如为何发生、何地发生以及是否稳定等问题上，

① Edgar M. Hoover, Frank Giarratani. An Introduction to Regional Economics [M]. New York: Alfred A. Knopf, Inc., 1984: 4.

无法给出令人满意的解释；进而，无法对主流经济学产生重大影响。同时，正如下面所讨论的那样，许多传统的空间经济问题研究缺乏严谨的数理模型，因而常常不存在均衡，或者存在均衡，但其特征对进行分析时的假设条件非常敏感，因而常常脱离现实。

缺乏空间维度的主流经济学理论，也不断重复规模收益不变或递减、完全竞争等基本假定。根据这种假定，经济活动在空间上的分布应该是均匀的，然而，在现实世界却普遍存在着经济活动的空间聚集现象，经济空间的“块状”特征非常明显。主流经济学对这种经济活动空间差异，主要从外部性角度去解释，这种外部性，一方面包括资源要素在空间上的不均匀分布，包括供给和需求。从供给角度考虑生产要素禀赋的不均匀分布，就是我们熟悉的赫克歇尔－俄林的要素禀赋理论。根据要素禀赋理论，要素禀赋结构的空间差异决定了不同地区间比较优势的差异，而比较优势是决定区域分工的收益分配机制之一，决定了不同的经济活动聚集在不同区域，形成专业化分工。当然，除了生产要素禀赋差异，不同地区在地理位置、文化背景等方面的差异也影响了经济活动的空间分布。从需求角度考虑，则就是我们熟悉的“杜能环”。杜能模型假设说明，需求在空间上的分布是不均匀的，也就是，人口都集中在外生给定的城市里，因此，需求在空间上的分布是不均匀的。在存在运输成本的情况下，需求的不均匀分布必然导致经济活动空间分布的不均衡；进而，土地利用类型和集约化程度，随离城市中心的距离的增加而显现出明显的带状特征，形成一系列的“同心圆”。另外，这种外部性还包括纯外部经济，也就是技术外部性。技术外部性是指，在某一行业内部，某种产品产出的增加将改变该行业内企业间的投入与产出的交换比例（就是生产函数），也就是，该行业通过每个企业信息的溢出扩大知识存量，改变生产函数，提高产出水平。这种外部性，必然导致规模经济，而规模经济又与完全竞争相悖；因此，传统的主流经济学假定，这种规模经济外在于企业个体，而内在于产业或城市；也就是说，这种规模经济与企业个体规模无关，因而，市场结构仍然是完全竞争市场。

正如前文所述，主流经济学长期忽略空间维度，其关键是缺乏处理规模收益递增与不完全竞争的技术工具。20 世纪 70 年代中后期，在产业组织研究领域掀起了收益递增革命，A. K. 迪克希特（Avinash K. Dixit）和 J. E. 斯蒂格利茨（Joseph E. Stiglitz）在 1977 年发表了《垄断竞争和最优的产品多样化》（*Monopolistic Competition and Optimum Product Diversity*）一文，① 进一步发展了

① Dixit, A K and J E Stiglitz. Monopolistic Competition and Optimum Product Diversity [J]. American Economic Review, 1977, 67 (3): 297 – 308.

E. H. 张伯伦的垄断竞争理论，以严谨、规范的形式表述了垄断竞争理论，并建立了精美的 D－S 垄断竞争模型，为处理规模收益递增与不完全竞争问题提供了崭新的技术工具。随后，在经济学领域掀起了第四次收益递增的“革命浪潮”，相继形成了产业组织理论、新贸易理论、新增长理论和新经济地理学理论。新经济地理学的出现以保罗·克鲁格曼的《收益递增与经济地理》一文为标志，保罗·克鲁格曼在此文中建立了著名的核心边缘模型，奠定了新经济地理学的理论基础。后来，经过保罗·克鲁格曼、R. E. 鲍德温（Richard Baldwind E.）、藤田昌久（Fujita Masahisa）、安东尼·维纳布尔斯（Anthony J. Venables）、R. 福斯里德（Rikard Forslid）、P. 马丁（Philippe Martin）、詹马科·奥塔维诺（Gianmarco I. P. Ottaviano）、J. F. 蒂斯（Jacques François Thisse）、罗伯特－尼克德（Frederic Robert－Nicoud）等的努力，形成了较为完整的新经济地理学理论框架。新经济地理学摒弃完全竞争的市场结构和规模收益不变的传统假设，以规模收益递增和垄断竞争假设取代之；利用 D－S 垄断竞争技术工具来处理规模收益递增与市场结构关系问题；引入 P. A. 萨缪尔逊（Paul A. Samuelson）1952 年提出的冰山运输成本假设，取代传统的运输成本；借助生物学中的演化过程假设中的一种动态演化过程，以这种动态演化过程来处理，当出现多重均衡时，选择何种均衡的问题；借助计算机进行数值模拟，建立了空间因素纳入一般均衡框架中的新的均衡模型。正因为新经济地理学的兴起，使得此前无法解释进而视为“黑箱”的经济活动空间聚集机制，可以得到令人信服的解释。

二、传统空间经济学的主要研究内容

在前文，指出了长期以来主流经济学缺失空间维度的主要原因是缺乏处理规模收益递增和不完全竞争的技术工具。那么，传统的空间经济学主要研究什么？

经济活动在空间上的展开，主要体现在两个方面：一方面是所有经济活动聚集在一个狭小的空间范围内，也就是我们常说的经济活动的空间聚集，城市就是典型例子；另一方面是某种类型的产业往往聚集在某一特定空间范围内并与其他空间之间进行产品贸易，进而形成了空间分工，也就是我们常说的区际分工或专业化。正因为如此，空间经济最主要的研究内容，就是通过人口和经济活动聚集、工业化地区和农业地区间的差异、城市的形成以及城市化、产业聚集等的研究，解释某一区域经济增长动因以及增长过程。如果从广义角度来考虑，这些聚集都因某种形式的聚集经济而产生并持续下去。其中，经济活动空间聚集本身创造持续聚集或导致进一步聚集的经济环境。尽管一些学者把这种空间聚集视为一种“黑箱”来处理，但空间经济研究首要的任务是要揭示这种“黑箱”，必须解释空间聚集不断自我强化的原因。那么，如何建立经济活动空间聚集的收益递增模型？一百年以前，新古典经济学的鼻祖 A. 马歇尔从三个方面解释了空间聚集与收益递增现象之间的关系，① 即知识溢出、劳动力市场的形成以及与本地市场相联系的前后向联系。尽管在现实世界中，A. 马歇尔的三种外部性都起到作用，然而，建立前两种外部性模型的技术问题至今仍没有得到解决，故较少地关注知识溢出和劳动力市场问题，而注意力主要集中在产业关联效应上。从微观角度而言，可以如下叙述产业关联效应。生产商选择接近规模较大的市场，因而容易获得各种供给的区位作为其生产区位。生产活动集中的区位，由于对各种产品和劳动力的需求很大，因而往往形成规模很大的市场，同时，又因为存在众多的生产商，往往成为各种产品的供给地。既成为大市场，又成为大的供给地，就相当于经济理论中的前向联系和后向联系，这就形成了我们熟悉的货币外部性。正因为存在这种前后向联系，一旦形成产业的空间聚集，则这种聚集将持续下去，初始的区际差距随时间的推移逐渐拉大。

对传统的空间经济研究而言，对经济活动空间聚集的研究成了长期的研究内容之一，也提出了许多富有意义的理论和方法，其中较为广泛应用的是 A. 普雷德（A. Pred）在 1966 年提出的基础 - 乘数模型②和 C. 哈里斯（C. Harris）在 1954 年提出的市场潜力概念。③ 当然，主流经济学并不会正面评价这些比较粗糙的模型。不过，包括这些学者的研究在内，传统的经济地理学理论和上述的前后向联系理论无法回答一些关键性问题，其中，最棘手的问题是竞争和定价问题。如果在单个企业层面上存在规模收益递增现象（K. 艾瑟尔称为内部规模经济），那么它要满足以下两个条件：一是要求最低限度的工厂规模，二是总产出必须在某一区位集中（也就是集中在一个企业内）。这种规模经济，与工厂生产规模的扩大有关，④ 此时，显然存在前后向联系效应。如果单个企业层面上不存在规模收益递增，那么企业不一定选择大市场为其生产区位，它可能选择多个单个市场分别建立工厂，此时，显然不存在前后向联系效应。反之，如

① Marshall, A. Principles of Economics (8th ed.) [M]. London: Macmillan, 1920.

② Pred, A. The Spatial Dynamics of U. S. Urban - Industrial Growth [M]. Cambridge, Mass: MIT Press, 1966.

③ Harris, C. The Market as a Factor in the Localization of Industry in the United State [J]. Annals of the Association of American Geographers, 1954, 64: 315 - 348.

④ W J Ethier. National and International Returns to Scale in the Modern Theory of International Trade [J]. American Economic Review [J]. 1982, 72 (3): 389 - 405.

果规模收益是递增的，那么厂商间竞争又不是完全竞争，企业间如何竞争以及企业如何定价？上述基础—乘数模型和市场潜力理论都无法回答这些问题。同时，上面的基础—乘数模型，在预算约束方面也是很粗糙的，这些模型无法说清楚收益来自何方以及消费在何处的问题。同时，有关区位的关联效应而言，运输成本起着非常重要的作用（要不然区位不会起重要作用），但这些模型都没有考虑运输成本如何进入模型中的问题。之所以人们关注新经济地理学，是因为新经济地理学提供了解决上述诸多问题的技术，这又吸引诸多理论研究者对过去无法解决的诸多理论问题进行探讨。那么，为什么传统的空间经济研究无法对上述诸多问题给出令人满意的解释？为此，下面我们将重点讨论所谓的空间不可能定理，它将部分解释传统的空间研究无法给出解释的原因。

三、空间不可能定理

阿罗－德布鲁（Kenneth Arrow & Gerard Debreu）的一般均衡模型,[①] 被认为是迄今最精美的一般均衡模型，因而，它也就成了经济学理论研究的最重要的参照系。在阿罗－德布鲁的一般均衡模型中，当生产技术表现为规模收益不变时，如果满足如下条件，即每一种商品供给等于需求、厂商和消费者各自在自己的预算约束条件下尽可能实现利润最大化和效用最大化，那么每一种商品、厂商和消费者都存在唯一的均衡价格、生产技术和消费。传统的空间经济研究者，常常把阿罗－德布鲁的一般均衡模型视为参照系，试图尽可能地把空间因素纳入阿罗－德布鲁的框架中。他们在把空间因素纳入阿罗－德布鲁框架中时，所采取的方法就是把空间（也就是区位）看成是商品属性的一个重要的变量，也就是把不同区位上的同质产品视为不同的产品，如H. 霍特林（Harold Hottelling，1929）的线型市场模型[②]和斯蒂文·萨洛普（Steven C. Salop，1979）的环型市场模型。[③] 然而，大卫·斯塔雷特（David Starrtett，1978）证明，在均质空间和有运输成本的阿罗－德布鲁的世界中，并不存在包含区际贸易的空间均衡，这就是我们常说的空间不可能定理。如果较为规范地表述大卫·斯塔雷特的空间不可能定理，则如下：在存在有限个代理人和区位的经济体中，如果空间为均质且存在运输成本，而且本地无法满足所有需求，那么就不存在有关运输成

① ［英］约翰·伊特韦尔，默立·米尔盖特，彼得·纽曼．新帕尔格雷夫经济学大辞典（第一卷）［M］．北京：经济科学出版社，1996.

② Hotelling，H. Stability in Competition［J］. Economic Journal，March 1929，39：41－57.

③ Steven. C. Monopolistic Competition with Outside Goods［J］. Bell Journal of Economics，1979，10（1）：141－156.

本的竞争均衡。①

在有限个区位、厂商和消费者的经济体中，假设空间为均质且存在运输成本（交易成本），所有需求不能在其所在地得到满足，那么就不存在有关区际贸易的竞争性均衡。这就意味着，如果经济活动是完全可分的（不存在规模经济），那么存在一个竞争性均衡，此时，因经济活动的可分性，任何经济活动可以划分为任意小的规模并分散在不同规模的空间范围内，此时，任何规模的城市甚至连一个很小的村庄也不可能存在，整个经济系统由一个个自给自足的家庭农场或家庭作坊所组成，而且这种自给自足的家庭农场或家庭作坊的存在是帕累托有效的，因为此时不存在任何扭曲现象。这种结果，必然是无区际贸易和无运输活动的均质世界，显然是没有任何意义的。如果存在规模经济，那么经济活动是不完全可分的，也就是经济活动不可能分为任意小的规模并分散在不同空间范围内，这意味着虽然空间为均质但经济活动是不可能完全分割开来的，此时不可能用阿罗－德布鲁的框架来处理空间问题。

我们知道，空间经济学是有关资源禀赋的空间配置以及经济活动区位的学科，尤其区位理论的历史很长，也做出过许多能够促进经济学理论发展的令人瞩目的贡献。然而不同于时间维度，空间维度在很长时期内无法进入主流经济学理论中。正如前面曾指出的那样，空间维度无法进入主流经济学理论中的主要原因，就是缺乏处理规模收益递增和不完全竞争的技术工具，也就是尽管假定空间为均质但存在规模经济，那么阿罗－德布鲁的一般竞争均衡框架就不存在均衡。空间经济研究中最重要的两个特征，就是因距离而导致的运输成本的存在以及生产或消费中的规模收益递增现象，然而，在标准的阿罗－德布鲁一般均衡模型中这两个重要的特征被删掉了。那么，我们为什么如此强调规模收益递增和运输成本（或交易成本）？我们考虑一下当空间为均质时，在规模收益递增和运输成本不同组合下的经济活动区位问题。均质空间意味着，在不同地区之间，不存在资源禀赋、消费者偏好以及生产技术等方面的差异。此时，如果规模收益不变且不存在运输成本，那么我们无法确定经济活动规模和经济活动区位；如果规模收益不变且存在运输成本，或者规模收益递增且存在运输成本，那么任何人都在本地生产他所需的消费品（自给自主）；如果规模收益递增但不存在运输成本，那么所有的经济活动都在某一特定区位上进行；如果规模收益可变但不存在运输成本，那么所有的经济活动都在本地，在不变规模收益水平上运行，也就是经济活动规模可以确定，然而，此时却无法确定各种

① Starrett, D. Market Allocations of Location Choice in a Model with Free Mobility [J]. Journal of Economic Theory, 1978, 17: 21-37.

要素和商品是否在空间中转移的问题；只有当存在运输成本且规模收益可变或递增时，可以存在有经济意义的区位均衡。尽管外生的空间非均质性使得空间均衡问题变得更为复杂，但空间均衡（经济活动的聚集或分散）的核心问题仍然是递增的运输成本和递减的生产成本（也就是运输成本和规模收益递增之间）之间的权衡问题，也就是说，聚集力和分散力之间的权衡决定空间均衡。

如果把阿罗-德布鲁的一般均衡模型视为经济学研究的参照系，那么也可以把大卫·斯塔雷特的空间不可能定理作为研究空间经济问题的参照系。根据空间不可能定理，当研究空间经济问题时，如果认为不存在规模收益递增现象且把经济活动区位的不同状况归结为空间的非均质特性，那么可以在阿罗-德布鲁的一般均衡框架下进行讨论，如 J. H. 杜能的农业区位论、大卫·李嘉图的比较优势理论以及赫克歇尔-俄林的要素禀赋理论等；如果认为存在规模收益递增特征，则此时的市场结构为不完全竞争，无法在阿罗-德布鲁的一般均衡框架下进行讨论，如保罗·克鲁格曼的核心边缘模型以及后来的新经济地理学中的诸多模型。

四、传统空间经济学的尴尬处境

我们知道，空间阻力（如运输成本、制度成本）为一些生产商在一些市场上采取战略性行为提供了保护。然而，传统空间经济学中的区位理论，如 J. H. 杜能和大卫·李嘉图的理论，都忽略了厂商的这种战略性行为，我们称这些理论为非战略性区位理论。[①] 我们知道，最初的区位理论就是为了解释如何组织农产品生产而发展起来的，最典型的且具有互补性的理论，分别是由大卫·李嘉图（David Ricardo，1821）和 J. H. 杜能（John Heinrich von Thünen，1826）建立起来的。J. H. 杜能建立了根据运输成本的农业地租及农业区位理论，[②] 但假设土地是均质的；大卫·李嘉图建立了一种根据相对肥力的农业地租理论，[③] 但忽略了运输成本，但大卫·李嘉图的理论可以进一步扩展到空间的非均质性方面，比如资源禀赋的区际差异，因而就成了有关比较优势的区位理论，这也正是贸易理论中的比较优势理论。正因为大卫·李嘉图理论的空间非均质性以及区际无运输成本的特征，大卫·李嘉图的理论完全可以纳入阿罗-德布鲁的

---

① ［英］约翰·伊特韦尔，默立·米尔盖特，彼得·纽曼．新帕尔格雷夫经济学大辞典（第一卷）［M］．北京：经济科学出版社，1996.

② Thünen，J H. Von，Der Isolierte Staat in Beziehung auf Landwirtschaft und Nationalökonomie（3rd ed.）［M］. Stuttgart：Gustav Fischer，1826.

③ Ricardo，D. The Principles of Political Economy（3rd edition）［M］. Homewood：Irwin，1821.

均衡框架之中且存在均衡，然而，他却不能告诉有关生产区位和生产规模的任何信息，因而作为区位理论来讲这种均衡是没有任何意义的。相对而言，J. H. 杜能的理论富有意义。在 J. H. 杜能的理论中，存在一个城市（是外生给出的城市），人口相对集中在该城市里；不同的农场主（全部是价格接受者）生产不同的农产品，且在同一个中心城市上出售各自的农产品；离城市中心的距离的不同，土地的租金也不同（租金等于经营收入减去生产成本和运输成本），土地由开价最高的农场主租用。因此，实现区位均衡时，将出现一组土地利用类型和农业集约化程度随离城市中心距离的增加而变化的同心圆圈，也就是我们常说的“杜能环”。J. H. 杜能的理论，后来得到了进一步扩展。首先，农产品和运输价格可以作为内生变量，由此可以延伸出关于农业土地租金和土地利用一般均衡理论；其次，可以用来研究城市土地利用问题，最早进行此项研究的是 W. 阿朗索（William Alonso，1964），他认为，城市中商业活动的土地利用模式可以由杜能模式来决定，①只不过中心商务区取代了城市中心，不同的厂商取代了不同的农场主。在 J. H. 杜能的模型中，人口相对集中在外生给出的城市，这意味着市场需求是非均匀的，因此，在存在农产品运输成本的情况下，经济活动的空间分布必然表现出从城市中心到外围的有序的变化。杜能模型的核心是存在一个外生给出的城市，因此，J. H. 杜能的理论无法解释经济活动区位的形成机制，只能用一种已经存在的经济活动区位（中心城市与外围区）来解释另一种经济活动区位（不同经济活动类型的具体区位）。尽管 J. H. 杜能的研究存在较大的局限性，然而，J. H. 杜能是研究经济活动区位的先驱，他的研究可以视为在完全竞争框架下，对经济活动区位进行的局部均衡分析。

上面讨论的是，当存在空间阻力（即存在运输成本）因而产生非竞争性行为时，人们没有采取战略性行为的问题。现我们转向当空间阻力导致非竞争性行为时，人们采取战略性行为的问题，我们称这种理论为战略性区位理论。②我们到处可以发现空间阻力导致非竞争性行为的例子，街道拐角处的超市就是一个例子，因为许多顾客宁愿支付较高的价格，也不愿意多走几步到下一个超市去购买，因此，超市所面对的需求曲线是向下倾斜的需求曲线。如果厂商可以自行定价，那么每个厂商选择生产区位和定价时，都要充分考虑竞争对手对于他所采取的策略所作出的反应。这种采取战略性行为的模型又称为“冰淇淋模型”，它是从霍特林模型（1929）③中延伸出来的，尽管 H. 霍特林并没有利

① Alonso，W. Location and Land Use [M]. Cambridge，Mass：Harvard University Press，1964.

② [英] 约翰·伊特韦尔，默立·米尔盖特，彼得·纽曼. 新帕尔格雷夫经济学大辞典（第一卷）[M]. 北京：经济科学出版社，1996.

③ Hotelling，H. Stability in Competition [J]. Economic Journal，March 1929，39：41 -57.

用“冰淇淋”为例子。销售冰淇淋的故事是这样的，假设有限长度的海滩，有两个卖冰淇淋的商贩；洗海水浴的客人沿海滩均匀分布（这样海滩的长度就等于客人人数），每一个客人每次都购买一支冰淇淋，并走到离他最近的商贩处购买，每个客人的交通成本为线性交通成本，假定客人的需求是无弹性的；两个商贩销售的冰淇淋都是一样的，即同质商品；每个商贩都认为，当自己选择某一销售区位时，对方不会改变其原来的区位。现我们考虑冰淇淋生产成本不变，也就是冰淇淋价格固定时的情况，此时，两个商贩应选择何种区位？顾客会选择离他最近的商贩处购买冰淇淋的，因此，商贩要出售更多的冰淇淋，则应最大限度地接近更多的顾客，因此，每个商贩尽可能地向海滩中心地段靠近，但每个人都认为自己的行为不会招致对方区位的变动，结果两个商贩相向靠近，这一过程将持续到两个商贩都区位在海滩的中心地段为止，这也是我们熟悉的最小差别化定理。后来，霍特林模型向许多方向进行了扩展，如分析定价策略、同时选择价格－区位策略、序贯的价格－区位策略、相继的价格－区位策略等，也分析了在需求富有弹性、多样化的运输和生产函数、采取不同的策略、市场没有边界、大量厂商进入和退出、存在不确定性、存在区位调整成本等情况下的区位问题。然而遗憾的是，霍特林模型的这些扩展通常不存在均衡，或者尽管存在均衡，但其特征对进行分析时的假设条件非常敏感。不存在均衡的例子，仍可以举霍特林模型中同时采取价格－区位策略时的情况。假设第一个商贩区位在 x_1 并确定冰淇淋价格为 p_1，该价格高于边际成本，此时第二个商贩发现，如果接近第一个商贩销售区位的区位并选择稍低于第一个商贩的价格，那么就可以夺回整个冰淇淋市场。如果第二个商贩采取了这种同时选择价格和区位的策略并夺回了整个市场，那么第一个商贩也采取同样的策略。如果这种过程无限制地持续下去，则最终导致两个商贩都把价格定为等于边际成本。然而，这种情况不是一种均衡，因为此时价格等于边际成本，每个商贩都有离开现有区位进而把价格提高到边际成本以上水平的动因，尽管此时他失去大份额的市场但离他较近的顾客仍然到该商贩处购买，因而仍可以赚到利润。如果某一个商贩离开现有区位并提高其冰淇淋价格，那么另一个商贩将区位在该商贩的旁边并以较低的价格出售他的冰淇淋，这样最终抢夺全部市场。但那些被剥夺市场的商贩，也可以采取同样的策略。这样，这种循环过程将持续进行下去，因而就没有均衡。另外，正如前面所指出的那样，如果存在均衡，那么这种均衡的特征对建立均衡时所做的有关策略、运输技术、需求函数等方面的假设是相当敏感的。为此，过去一般认为，可以通过以下两种途径来解决这些过于敏感的问题：一是厂商通过经验来推测竞争对手的策略，然而现实中对有关区位战略的理性行为包含哪些内容，很难达成一致的看法；二是可能通过实验或经验分析可以确定区位博弈局中人的实际行为。正因如此，至今，战略性区位行为理论无法提供更多的有关预测方面的信息。

如前面所指出的那样，空间经济学研究仍游离于主流经济学之外，主要是因为空间不可能定理的缘故，也就是空间这一重要的变量无法纳入阿罗－德布鲁的一般均衡模型中的缘故。如果存在竞争均衡，那么它必然与规模经济不相容。然而，在现实情况下，区位均衡并非是自给自足的家庭农场或家庭作坊的均匀分布，而是存在经济活动空间聚集或者城市，且存在区际贸易和区际分工的均衡。现实中的这种均衡，必然伴随着规模经济，但如果存在规模经济，那么这种区位均衡又不可能是阿罗－德布鲁的竞争均衡。尽管不能满足阿罗－德布鲁的一般竞争均衡，但现实中却大量存在着经济活动的空间聚集现象。

对这种经济活动的聚集现象，传统上主要是从如下三种角度来进行解释的。[①] 第一种观点认为，经济活动空间聚集现象，可以用类似于大卫·李嘉图的土地差别化的差异化来解释。G. 德布鲁（Gerard Debreu，1959）在其《价值理论》（*Theory of Value*）一文中，[②] 根据不同产品的具体生产区位，对不同产品进行了指数化处理，这样使得每一种产品都有其均衡价格，例如，把区位 j 的产品 i 通过一种凸性生产技术转变成为区位 j' 的产品 i，而这种生产技术就是把区位 j 的产品 i 和运输成本看成是在区位 j' 生产产品 i 的一种投入。但这种处理空间因素的方法明显存在问题，首先，它与经验观察相矛盾，因为不存在任何差别的均质空间上也存在经济活动在某一区位的聚集现象；其次，运输技术一般不具有凸性特征，运输成本通常随运输规模（或距离）的增加而递减；再次，只要消费者可以流动，前述的G. 德布鲁的空间特征就消失，因为不管消费者提供多少单位劳动，他在通勤中所支付的成本总是一样的，同样，购买商品时的出行成本也与购买多少数量和多少种类的商品不成比例；最后，消费者选择居住区位时，根据G. 德布鲁的消费者偏好的凸性假设，每个消费者将在多种不同区位上购买土地或住房，但实际上因不同区位之间出行成本的存在，代表性消费者只在一个区位上购买土地或住房，其结果代表性消费者对不同区位土地和住房的消费组合，实际上是非凸性的。

第二种观点认为，规模经济具有聚集特征，[③] 也就是说规模经济是存在的，但这种规模经济对单个厂商来说，是外部规模经济而不是内部规模经济，此时，对作为价格接受者（也就是指此时的市场为完全竞争市场）的厂商来讲，存在

① ［英］约翰·伊特韦尔，默立·米尔盖特，彼得·纽曼. 新帕尔格雷夫经济学大辞典（第一卷）［M］. 北京：经济科学出版社，1996.

② Debreu，G. Theory of Value［M］. New Haven：Yale University Press，1959.

③ Kanemoto，Y. Theories of Urban Externalities［M］. Cambridge，Mass：MIT Press，1980.

一种均衡，但这种均衡不是阿罗－德布鲁意义上的竞争均衡，也不具有帕累托效率，因为这种均衡与厂商扩大产出的正的外部性无关。这种解释在某种意义上有一定的说服力，因为它承认在空间经济研究中的非战略性均衡的特征，即规模经济的存在和运输成本的降低，将导致经济活动空间聚集。然而，这种解释也并不承认能够阻止某个厂商收买所有厂商并控制整个本地市场，通过这种把外部性内部化的方式获取高额利润的内生力量的存在。如果每个厂商都有控制整个本地市场进而获得更多的利润的想法，那么必然存在厂商之间争夺该市场区或区位的竞争，而这种竞争又使得厂商在这些市场区或区位上，可以以最低成本进行生产，此时，厂商是以边际成本定价因而厂商所获得的是零利润。如果竞争的结果只能导致零利润，那么任何厂商都不愿意在此地进行生产，因而，也就不可能发生经济活动的空间聚集。

第三种观点认为，如果考虑空间问题，那么任何厂商都具有一定的市场力，因此，必须考虑以这种力量为基础的厂商的战略性行为，这种战略性行为不仅涉及生产成本、价格、产出量等，还要涉及区位战略。然而，根据前面的讨论，在大多数战略性区位理论都不存在均衡，这对许多主流经济学家来说是缺乏吸引力的。有些学者断言，在均质空间（不存在外部性）且存在规模经济的假设下，一种包含运输成本的一般均衡，如果运输成本趋于零，那么将逼近阿罗－德布鲁类型的竞争性均衡。不过，这种主张至今还没有得到严谨的数学论证。

无论是非战略性区位理论研究还是战略性区位理论研究，都说明传统空间经济学的处境很尴尬，延续传统的研究，则永远游离于主流经济学之外。正是新经济地理学的兴起，为上述诸多难以解释的问题提供了令人满意的理论解释，且因使用了主流经济学的建模和一般均衡分析方法，许多空间经济问题的研究也开始融入主流经济学，这同时为主流经济学研究空间问题提供了坚实的方法论基础。新经济地理学的兴起，使得空间经济研究脱离了过去的尴尬处境，成了当代最具有吸引力的研究领域之一。

第二节　新经济地理学的兴起

新经济地理学理论，实际上脱胎于新贸易理论，与这两个领域关系最密切的经济学家无疑是保罗·克鲁格曼。回顾新经济地理学还需从 D－S 框架、保罗·克鲁格曼以及新贸易理论说起。瑞典皇家科学院把 2008 年的诺贝尔经济学奖授予保罗·克鲁格曼，主要是表彰他在贸易模式和经济活动区位分析方面的贡献。保罗·克鲁格曼在国际贸易方面的成就集中体现在他所开创的新贸易理论上，而在经济活动区位分析方面的成就集中体现在他所开创的新经济地理学上。

一、D-S 框架与新贸易理论

新经济地理学得以创立从而主流经济学得以接纳空间维度的关键之一，是有了合适的技术工具，也就是 D-S 框架把源自规模经济的收益递增和不完全竞争纳入一般均衡模型中了。①

D-S 框架解释了规模经济和多样化消费这两难选择之间如何实现均衡的问题。根据假设，在某一市场中存在 n 个生产差异化的产品的生产商，由于规模收益是递增的，因此，每个厂商都是在该产品生产领域的垄断厂商；虽然这些 n 种产品是差异化的产品，但它们都是同种市场内（同行业内）的不同产品，因而不同产品之间存在较强的替代性，正如奥迪 Q3 可以替代宝马 X1 一样，进而不同产品生产厂商之间为争夺市场展开竞争。消费者，则具有多样化偏好，也就是说多样化消费可以扩大消费者的效用。这样，在生产领域，对每个厂商而言，产品种类越少就越好，因为，这样才能使厂商专注于一种产品的生产，有效地利用规模经济，或者在资源约束情况下，只有产品种类变少才能使每种产品的生产规模变大，进而扩大生产商的利润；在消费领域，对每个消费者而言，产品的种类越多越好，因为多样化消费可以扩大消费者的效用。这样，就产生了一种两难冲突，市场竞争可以权衡这种两难冲突并实现垄断竞争均衡。尽管每个厂商都是在某一产品生产领域的垄断者，但存在无数的潜在进入者进入该市场与原有的厂商竞争，因此，这些垄断厂商不能制定垄断价格，而按边际成本加成定价法定价。新厂商自由进入市场，就意味着，均衡时所有厂商获得零利润，同时也意味着，单个厂商并不具备左右市场的绝对的能力。人口规模的扩大和可用资源的增加，也就是市场规模的扩大，有利于发挥规模经济优势，可以提高生产效率并扩大产品种类。这样，解决两难冲突时的空间范围得以扩大。

在上述过程中，商品贸易起着关键作用，扩大的商品贸易规模扩大了市场范围，甚至扩大到整个世界，这使得参与贸易活动的各个国家或区域可以共享产品生产规模的扩大和产品种类的扩大（多样化）所带来的好处，而且贸易使更多的人、有更多的机会消费更加多样化和更加物美价廉的商品，从而提高他们的福祉水平。根据这种逻辑，即使不存在比较优势和要素禀赋差异，规模经

① Dixit, A K and Stiglitz, J E. Monopolistic Competition and Optimum Product Diversity [J]. American Economic Review, 1977, 67: 297-308.

济本身也可以导致区际贸易的产生。实际上，这正是新贸易理论的核心思想。新贸易理论产生前的传统贸易理论认为，按照比较优势原理，在国际贸易中，各国出口具有比较优势的产品，进口具有比较劣势的产品，因此，贸易应在资源禀赋差异最大的国家间发生，例如，发达国家出口工业品而欠发达国家出口农产品。然而自第二次世界大战以来，贸易中增长最快的部分并不是发达国家与欠发达国家之间，而是在要素禀赋极为相似的先进工业化国家之间，同时，大量的贸易不是在不同行业之间发生，而是发生在同类产品内部，例如，一个国家既出口汽车也进口汽车。传统贸易理论不能解释这些现象。20 世纪 70 年代末，保罗·克鲁格曼、A. K. 迪克希特和 V. 诺曼、[①] K. 兰卡斯特[②]等一些学者，分别利用 D－S 框架规范地解释了不存在比较优势和要素禀赋差异的情况下，规模经济和不完全竞争也可以导致区际贸易的现象。K. 艾瑟尔不考虑最终产品而只考虑中间投入品的规模经济，也建立了产业内贸易模型。[③] 这些研究导致了新贸易理论的诞生，并被誉为经济学收益递增和不完全竞争革命的第二次浪潮。新贸易理论解释了 20 世纪 50 年代以来，贸易大量发生于技术和禀赋条件相同或近似的发达国家之间，且盛行产业内贸易的现象，弥补了传统贸易理论在解释现实中贸易问题方面的不足。

在众多学者中，保罗·克鲁格曼利用简单而清晰的模型论证了规模经济也可以导致国际贸易，这是贸易理论领域的一场革命，它表明产业内贸易使得专业化与大规模生产成为可能，从而进一步地降低产品价格和提升产品多样化程度。这种主张的核心在于，规模经济内在于企业而非外在于企业，即企业自身产出规模的扩大降低产品的平均成本，在这种情况下，市场不可能是完全竞争市场。在传统的贸易理论中，不完全竞争模型通常由于解析的复杂性而被加以回避。虽然，历史上也有一些经济学家认识到规模经济是导致国际贸易的原因之一，但他们并没能把这种思想模型化并给出合乎逻辑的解释。保罗·克鲁格曼的成功之处就在于，他把能处理垄断竞争的 D－S 框架应用于国际贸易领域，构建了全新的且综合了传统贸易思想的新贸易理论。他把这种思想整合到一个统一而严格的理论框架内，这就是他 1979 年发表的《收益递增、垄断竞争与国际贸易》（*Increasing Scale*，*Monopolistic Competition and Interna-*

---

① Dixit，A. and V. Norman. Theory of International Trade：A Dual General Equilibrium Approach［M］. Cambridge Maaa：Cambridge University Press，1980.

② Lancaster，K. Intra-industry Trade under Perfect Monopolistic Competition［J］. Journal of International Economics，1980，10：151－171.

③ Ethier，W J. National and International Returns to Scale in the Modern Theory of International Trade［J］. American Economic Review，1982，72：225－238.

tional Trade）一文。[①] 这篇论文仅10页，但它不仅包含了新贸易理论，可解释产业内贸易模式，还蕴含了新经济地理学理论的雏形，可以在一般均衡模型框架下，分析生产要素区际转移以及经济活动区位问题。次年，保罗·克鲁格曼又发表了《规模经济、产品差异和贸易模式》（*Scale Economies, Product Differentiation and the Pattern of Trade*）一文，[②] 进一步地引进运输成本进行了扩展。为分析方便，他借用了P. A. 萨缪尔逊在20世纪50年代提出的"冰山运输成本"概念，假定产品的运输成本等于需要运输的产品总价值的某一比例，也就是说，产品的运输成本相当于再把某一产品运抵目的地的过程中，像"冰山"一样"溶解"掉的产品的价值部分。在这种假定基础上，保罗·克鲁格曼利用严谨的数理分析方法论证了"本地市场效应"的存在。该效应是指，在规模较大的市场中，厂商聚集规模通常超过市场规模扩大部分。它意味着，由于规模收益递增以及存在运输成本，在接近大市场区的地方进行生产是相当有利可图的，因为大市场区的消费需求规模很大，因而可以扩大生产规模进而实现规模经济，同时又接近大市场区，可以降低运输成本。在消费者具有相同的多样化偏好的情况下，由于本地市场效应，消费者聚集在规模较大的经济体，可以使得自身的福利状况变得更好。原因在于，规模较大的经济体生产的消费品种类较多，从其他地区输入的消费品种类较少，而输入消费品必须要支付运输成本，因此，本地生产的消费品越多，则从外地输入消费品所需的运输成本就越少，规模较大经济体的总体价格水平较低，消费者总体的福利水平相对也就较高。本地市场效应，揭示了促使厂商空间聚集的主要动因，并从需求角度解释了有些国家在某种产品生产方面具有优势的原因，或者说，解释了为什么不同国家都倾向于出口那些国内需求规模较大的产品的原因。这同样涉及新经济地理学的重要内容。

二、核心边缘模型与新经济地理学[③]

尽管早于保罗·克鲁格曼，阿布德尔－拉赫曼[④]和藤田昌久[⑤]在1988年分

---

① Krugman, P. Increasing Returns, Monopolistic Competition and International Trade [J]. Journal of International Economics, 1979a, 9: 469-479.

② Krugman, P. Scale Economies, Product Differentiation, and the Pattern of Trade [J]. American Economic Review, 1980, 70: 950-959.

③ 本部分写作参考了保罗·克鲁格曼获得2008年诺贝尔经济学奖的学术背景资料：http://nobelprize.org/nobel-prizes/economics/laureates/2008/press.html.

④ Abdel-Rahman, H M. Product Differentiation, Monopolistic Competition, and City Size [J]. Regional Science and Urban Economics, 1988, 18: 69-86.

⑤ Fujita, M. A Monopolistic Competition Model of Spatial Agglomeration: Differentiated Product Approach [J]. Regional Science and Urban Economics, 1988, 18: 87-124.

别建立了基于 D－S 垄断竞争框架的具有聚集力的区位模型，且推导了区位均衡模式，然而，在他们的模型中，不存在农业部门也没有人口转移。保罗·克鲁格曼在 1979 年发表的《收益递增、垄断竞争与国际贸易》一文，尽管蕴含了新经济地理学的思想雏形，但对经济活动区位分析抑或新经济地理学产生重大影响的，还是他在 1991 年发表的《收益递增与经济地理》一文。该文建立了具有里程碑意义的核心边缘（CP）模型，实现了立足于消费者（同时也是生产者）和企业的区位选择的一般均衡分析，建立了分析经济活动区位的微观基础，被认为是新经济地理学的奠基之作。

世界上超过半数的人口都居住在城市，在大多数国家，多数人口都居住在少数几个高度发达的城市地区，而少数人口居住在广袤的农村地区。保罗·克鲁格曼的目的很明确，就是解释这种空间模式盛行的原因。为了探究其原因，保罗·克鲁格曼把运输成本和劳动力（消费者）的转移纳入模型中了。保罗·克鲁格曼首先假设存在两种部门（或产品），一是农业部门（或农产品），二是工业部门（或工业品）；农业部门生产的产品为同质产品且以规模收益不变的生产方式进行生产；工业部门生产的产品为差异化的产品，生产的工业品种类很多，每个厂商只生产一种差异化产品，但每种产品都以规模收益递增的生产方式进行生产，且每个厂商所面临的市场是垄断竞争市场；消费者偏好可以由包含农产品和工业品的柯布－道格拉斯型效用函数来表示，农产品为同质产品，因此，效用函数中的农产品可以是一种产品，而工业产品是差异化的产品，因此，它指的是一组工业产品，工业品组合的效用函数为不变替代弹性效用函数。现在考虑资源禀赋、生产技术（就是生产函数）和消费者偏好都相同的两个区域，区域之间可以相互出口产品，农产品贸易无成本（后来的研究放松了这一假定），而工业品贸易遵循冰山交易成本；存在以下两种劳动力（或消费者）：一种是区域间自由转移，追求高效用水平的制造业部门的劳动力；另一种是不能迁移的农业劳动力。现在我们所关注的是人口和经济活动在两个区域如何布局的问题，是否会出现制造业向一个地区集中的趋势？是否会出现人口在制造业中心和农业区分化的现象？

保罗·克鲁格曼核心边缘模型的内在动力是厂商和劳动力（消费者）的区位选择行为。任何厂商都有选择较大市场区作为其生产区位的动因，因为市场规模大，可以充分利用生产中的规模经济；因为接近市场区，可以节省大量的运输成本。每个人也有迁入大市场区的动因，因为规模较大的市场可以提供较高的实际工资；因为大市场区集中了大量的厂商，可以提供种类繁多的各种商品。这就是前面提到的本地市场效应。因这种趋势，在市场规模大小不同的两个区域之间，将会出现厂商和劳动力的转移现象，一旦发生厂商和劳动力的转移，那么进一步放大市场规模大小之差距，将形成一种循环累积因果链。

为了描述上述过程并确定均衡，先考虑两个区域初始各自拥有一半劳动力的情况。如果两个区域完全对称，这显然是一个均衡，此时两个区域各占一半的资源禀赋，故称这种均衡为对称均衡。但现在，由于某种偶然事件（我们无法预测的事件），这种对称均衡遭到破坏，其中一个区域的劳动力（或消费者）数量稍多于另一个区域，即发生了人口转移。那么，现在是否还有人口进一步转移的动因呢？如果此时本地市场效应和实际收入效应足够强，那么初始人口扰动进一步激励人口向人口规模较大的区域转移。这将导致一种循环累积的过程，人口迁入使得人口较多区域的人口规模进一步扩大，人口规模的扩大又导致市场规模的扩大，而市场规模的扩大又导致产业规模的扩大，产业规模的扩大将提高实际收入水平，实际收入水平的提高又导致更多人口的流入。这样，人口大量流入地区成为核心区，人口大量流失地区成为边缘区，这种过程持续到人口不再流动为止，此时出现新的均衡，但此时的均衡与初始均衡完全不同，我们称它为核心边缘均衡。

当然，也存在反向的作用力。当所有厂商都选择区位在人口聚集区（核心区）时，如果某个厂商转移到人口稀少区（边缘区），那么它将会成为边缘区制造业产品生产的垄断者，它向本地居民（此时几乎全部是农民）和它的雇员出售自己生产的产品，而此前，当地居民只能在当地进口商那里购买所需商品，这种进口品价格很大程度上取决于运输成本。人口稀少区不生产工业品而全部要靠进口，故居住在人口稀少区的居民的实际收入水平要足够高（这样才能不会转移到人口聚集区），这种实际收入水平在某种意义上成了迁移到该地的企业的制约因素（高劳动力成本）。就业于该企业的劳动力的福利水平，取决于该企业支付给劳动力的工资水平、该企业生产的消费品价格（不用支付运输成本，故该种产品的价格相对较低）以及需要支付运输成本的进口品价格。这三个方面综合的结果，可能不止一家企业而是好几家企业选择人口稀少的边缘区。这意味着，也可能存在分散均衡，此时，两个区域都存在制造业部门，但两个区域制造业部门的份额是不相同的。这种分散化趋势的存在与否，取决于运输成本、规模经济和消费者偏好的一个复杂的互动过程。其他因素，例如，人口规模较大区域的拥挤成本或不断上涨的土地价格，也可能导致分散化趋势取代聚集趋势（但这种特性，在保罗·克鲁格曼的初始模型中是不存在的）。

由保罗·克鲁格曼的核心边缘结构模型可知，为什么当运输成本下降或规模收益递增得到加强时，会发生城市化进而转向为核心边缘结构的趋势。当然，这种城市化或经济聚集趋势对工业化进程而言是相当重要的。同时，该模型也可以解释，区位模式为什么“突发性”地发生变化的问题。假设初始对称均衡时，每个区域各拥有一半的人口。当贸易成本开始下降时，人口和生产区位模式不会立即发生变化，但贸易成本降低到某一临界值时，就开启在上面多次提到的循环累积过程。这种循环累积过程将导致区域之间的不平衡，即使在所有外部条件都相同的情况下，也可能发生这种区际不平衡现象，因为，这种不平衡是内生发生而不是外生强加的。因此，我们平时可以观察到，在发展过程的某一特定时点上，聚集趋势突然得到加快。

总之，保罗·克鲁格曼的核心边缘模型，在垄断竞争、规模经济和多样化偏好这几个已经被新贸易理论模型广泛使用的基本元素基础上，增加了劳动力、制造业部门在区域间自由转移以及具有规模收益不变等特征的农业部门，得出了很多重要的结论。其核心结论是，当运输成本足够高时，人口和制造业部门的空间分布呈现出稳定的分散分布格局；当运输成本开始下降时，人口和制造业部门的空间分布格局不会立即发生变化，但当运输成本下降到某个临界值时，将会发生人口和制造业部门迅速向某区域转移，以及这种聚集趋势不断强化的循环累积过程，随之原有的对称结构很快变成核心边缘结构，这种核心边缘结构又是一个很稳定的空间结构。这就解释了在全球范围内，城市化进程迅速发展、大都市规模迅速膨胀以及乡村地区人口锐减等现象。我们特别要关注，贸易成本的下降会导致经济活动空间聚集和快速的城市化过程的结论，因为，在整个 20 世纪和 21 世纪的前二十多年，不仅运输成本等狭义的贸易成本呈持续的下降趋势，信息技术的发展也促使如搜寻成本、交流成本等广义的贸易成本大幅度下降。

三、新经济地理学模型及其分类

正如前面所指出的那样，缺乏解决空间问题的技术工具，可能是主流经济学家较少关注空间问题的主要原因之一。因此，从这个意义上讲，新经济地理学为解决空间问题提供了技术工具。新经济地理学建模技术所涉及的，并不是如何理解和解释现实中的空间经济问题，而是告诉我们，如何在不失基本信息的情况下，尽可能地简化处理复杂的空间经济问题。

1. 建模技巧

新经济地理学分析空间经济问题的基本方法，来源于 D－S 框架的垄断竞争模型。没有亲身体验建立数理模型的人们，恐怕很难理解我们如此推崇 D－S 框架的原因。在 D－S 框架中，消费者效用函数并不具体地考虑各种差异化的产品和这种产品背后的诸多经济资源间的相互关系问题，而是假定它采取比较特殊的不变替代弹性函数（CES 函数）的形式。正因如此，D－S 框架成了解决国际经济学、经济增长理论、国际贸易以及新经济地理学等诸多领域经济理论问题的基础。

D－S 框架，并不是单纯地分析单个企业生产的规模收益递增现象，而是通过这种分析，为我们提供一种新的解决问题的基本思路和方法。尽管我们假定规模收益递增的生产部门都满足 D－S 框架，但我们并非一一研究不同的寡头垄断模型，而是在其内部结构完整性的前提下重点分析市场结构。D－S 框架，也可以应用在收入来自何处以及如何消费等一般均衡分析方面。在市场中存在许多企业的情况下，一般难以解决每个消费者选择产品时的整数性（因此，消费者的每次选择是属于离散变量）和整体消费者选择总和的连续性之间的关系。然而，D－S 框架可以解决这种单个消费者选择的离散性和市场整体的连续性之间的关系问题，即在考虑收益递增的前提下，每个消费者选择的整数性的同时，把消费者的这种选择的加总看成是一种连续变量，也就是说，在 D－S 框架下，对离散变量是可以进行微积分的。在现实经济中，任何产品并非都在一个地区生产，那么如何把这些在多个地区生产的产品建立一个统一的模型？与新贸易理论和新增长理论不同，新经济地理学为这些多地区经济建立模型时，提出一些假设，其中，最为有效且具有操作意义的假设为运输成本的“冰山交易成本”假设。D－S 框架和冰山交易技术相结合，可以把复杂的问题进行简化处理了。

新经济地理学模型与新贸易理论或新增长理论不同，新经济地理学是从演化角度来理解和解释静态模型的。当我们讨论空间聚集的自我累积过程时，会自然而然地想到滚雪球似的城市扩张和人口聚集现象。企业和家庭根据自身的理性预期，在不同时点不断地调整自己的选择。如果新经济地理学必须把这种不断的调整过程加以模型化，那么原本很复杂的问题变得更加复杂了。但可以先建立静态模型，比如，假定劳动力是选择向实际收入水平较高的地区进行转移，但因各种约束条件的存在，劳动力的转移速度变得比较缓慢，然后，再加进去一些动态的要素，这样就可以讨论，何种均衡为稳定均衡？何种均衡为不稳定均衡的问题。新经济地理学就是采用这种方法来讨论诸多经济问题的。

对上述问题，有必要补充一些其他的解释。动态过程是因行为主体在不同时点上，根据自己的理性预期不断调整自己的行为而产生的。至今，在经济学中的动态分析仍然是相当复杂的问题，如何解决在新经济地理学模型中经常出现的复杂的多重均衡问题？博弈论研究者提出了细分不同均衡的多种方法。生物在自然淘汰的压力下，所采取的战略是不断演化的战略。目前，经济学界也开始接受类似于生物界的自然淘汰原理，也就是，根据有效性战略来评价均衡稳定性的方法。有意义的是，作为新经济地理学基本模型的核心边缘模型中的动态分析方法，与现代博弈论所强调的“重复动态”是相同的。这就是说，新经济地理学并没有以不同时点上的行为选择为基础建立动态过程，但采取了根据演化动态过程来分类均衡的简易方法。

需要指出的是，尽管经过诸多学者的种种努力，新经济地理学建立起了比较完整的理论框架，然而，新经济地理学模型中包含的变量和参数很多，至今许多变量之间关系仍不能以显函数形式给出，许多函数关系仍以隐函数形式给出。目前比较流行的方法，仍然采取对参数赋值的方法。因此，区别于新贸易理论或新增长理论，新经济地理学的特点就是利用计算机进行数值模拟，然后对模拟结果进行解释或补充。

2. 新经济地理学模型分类

保罗·克鲁格曼的核心边缘模型问世后，在众多学者的努力下，涌现出了大量的新经济地理学模型，目前已发展成熟的新经济地理学模型主要有两种类型、四种模型。两种类型是指同质性模型和异质性模型，而同质性模型可以划分为经济关联（e-linkages）模型和知识关联（k-linkages）模型，经济关联模型又分为第一类经济关联模型和第二类经济关联模型。

第一类经济关联模型仍沿用保罗·克鲁格曼的核心边缘模型思路，没有摆脱 D－S 垄断竞争一般均衡分析框架；消费者的偏好用两个层面的效用函数来表示，即消费农产品和工业品组合时的效用函数为柯布－道格拉斯型效用函数，消费多样化的工业品组合时的效用函数为不变替代弹性（CES）效用函数；假设遵循“冰山交易成本”技术。第一类经济关联模型主要包括：P. 马丁和罗格斯（1995）[①] 的自由资本模型（以下简称 FC 模型）；詹马科·奥塔维诺（2001）、[②] R. 福斯里德（1999）、[③] R. 福斯里德和詹马科·奥塔维诺（2003）[④] 等发展起来的自由企业家模型（以下简称 FE 模型）；R. E. 鲍德温[⑤]（1999）的资本创造模型（以下简称 CC 模型）；P. 马丁和詹马科·奥塔维诺[⑥]（1999）

① Martin, P & Rogers, C A. Industrial Location and Public Infrastructure [J]. Journal of International Economics, 1955, 39: 335－351.

② Ottaviano, G I P. Home Market Effects and the (in) Efficiency of International Specialization [M]. Mimeo, Graduate Institute of International Studies, 2001.

③ Forslid, R. Agglomeration with Human and Physical Capital: An Analytically Solvable Case [J]. Discussion Paper No. 2102, Center for Economic Policy Research, 1999.

④ Forslid, R and Ottaviano, G I P. An Analytically Solvable Core-periphery Model [J]. Journal of Economic Geography, 2003, 3: 229－240.

⑤ Baldwin R., Agglomeration and Endogenous Capital [J]. European Economic Review, 1999, 43: 253－280.

⑥ Martin P. and Ottaviano, G I P. Growing Locations: Industry Location in a Model of Endogenous Growth [J]. European Economic Review, 1999, 43: 281－302.

的全域溢出模型（以下简称 GS 模型）；R. E. 鲍德温、P. 马丁和詹马科·奥塔维诺（2001）[①] 的局域溢出模型（以下简称 LS 模型）；保罗·克鲁格曼和安东尼·维纳布尔斯（1995）[②] 以及滕田、保罗·克鲁格曼和安东尼·维纳布尔斯（1999）[③] 建立的核心边缘垂直联系模型（以下简称 CPVL 模型）；罗伯特－尼科德（2002）[④] 的自由资本垂直联系模型（以下简称 FCVL 模型）；詹马科·奥塔维诺（2002）[⑤] 的自由企业家垂直联系模型（以下简称 FEVL 模型）等。

第二类经济关联模型可以称为线性模型，放弃柯布－道格拉斯型效用函数和不变替代弹性效用函数以及“冰山交易成本”假设，利用拟线性二次效用函数及线性运输成本，并把这种假设与不同的第一类经济关联模型结合起来，从而摆脱了困扰核心边缘模型的非线性关系。由于拟线性二次效用函数的一阶条件满足线性关系，因而大大简化了模型，并且长期均衡下的内生变量可以得到显性解。第二类经济关联模型，主要是由詹马科·奥塔维诺等发展起来的，包括詹马科·奥塔维诺（2001）[⑥] 以及詹马科·奥塔维诺、田中健太（Takatoshi Tabuchi）和 J. F. 蒂斯（2002）[⑦] 的线性自由资本模型（以下简称 LFC 模型）和线性自由企业家模型（LFE 模型）。M. J. 梅利茨（Marc J. Melitz）和詹马科·奥塔维诺（2008）的模型、[⑧] 大久保（Toshihiro Okubo，2010）的模型，[⑨] 也属于线性函数类的模型。

上述以 DCI 框架（D－S 垄断竞争一般均衡分析、CES 效用函数、冰山交易成本）和线性函数为特征的两种模型，构成了新经济地理学在经济关联

---

① Ottaviano，G I P. Global Income Divergence，Trade and Industrialization：The Geography of Growth Take-off [J]. Journal of Economic Growth，2001，6：5－37.

② Krugman P. and Venables，A J. Globalization and the Inequality of Nations [J]. Quarterly Journal of Economics，1995，60：857－880.

③ Venables，A. J. The Spatial Economy：Cities，Regions，and International Trade [M]. Cambridge，Mass：MIT Press，1999.

④ Robert－Nicoud F. A Simple Geography Model with Vertical Linkages and Capital Mobility [M]. Mimeo，London School of Economics，2002.

⑤ Ottaviano，G I P. Models of “New Economic Geography”：Factor Mobility vs. Vertical Linkages [M]. Mimeo，Graduate Institute of International Studies，2002.

⑥ Ottaviano，G I P. Monopolistic Competition，Trade，and Endogenous Spatial Fluctuations [J]. Regional Science and Urban Economics，2001，31：51－77.

⑦ Tabuchi，T. and Thisse，J. Agglomeration and Trade Revisited [J]. International Economic Review，2002，43：409－436.

⑧ Melitz Marc J. and Giancarlo I. P. Ottaviano，Market Size，Trade，and Productivity [J]. The Review of Economic Studies，2008，75（1）：295－316.

⑨ Thisse，J F. The Spatial Selection of Heterogeneous Firms [J]. Journal of International Economics，2010，82（2）：230－237.

(e-linkages) 方面的基本模型体系，构筑了新经济地理学理论的微观基础。

知识关联（k-linkages）模型，主要以 M. 伯利安特（M. Berliant）和藤田昌久（2006，2007）建立的“两个人”模型①为代表。两个人模型（以下简称 TP 模型）为知识创新与传递模型，描述了人与人之间以及区域之间的知识关联过程，分析了合作创新行为的时间、方式和效率，从而解释了如何创新知识、传递知识以及带来何种影响的问题。为了分析知识创新及其作用，整个 TP 模型忽略了物质资本的运作过程及作用，设定了一个世界性的共同资本市场。同时，为了强调知识分子的行为与作用，把劳动力分为低技能劳动力和高技能知识分子，并假定低技能劳动力不能流动，这样只关注高技能知识分子的生产（创新）与转移（移民）行为。TP 模型假定，知识创新和传递效率是动态的、多重的，从而导致不同区域创新知识的方式各不相同，如果某特定区域内人们之间的相互交流活动相当频繁，那么该区域的共同知识量变大，而共同知识量变多必然降低该区域的知识创新效率，这促使高技能的知识分子不得不寻找新的合作伙伴，导致内生的高技能劳动力的区际转移，而这种高技能劳动力的区际转移改变了知识分子的空间分布与区域创新效率，从而进一步改变区域知识创新部门和制造业企业的数量和生产行为，最终改变区域间的经济增长方式、效率和经济福利。因此，TP 模型所强调的就是高技能劳动力的空间分布状态与区域经济增长方式、经济增长效率及经济福利之间的动态变化关系。与核心边缘模型的七个特征相比较而言，除了叠加区和预期的自我实现特征外，TP 模型具有核心边缘模型其余五个特征，也具备了 LS 模型的所有特征。但 TP 模型也具有一些其他模型所不具备的新特征，它强调了“文化”对经济活动的作用和以知识创新为基础的内生增长，更多地关注效率与公平之间的关系，也使得原来的静态分析转向为动态分析。

异质性模型，缘于 M. J. 梅利茨的开创性研究。② 当然，M. J. 梅利茨的有关企业异质性的研究，受到了 H. 霍彭海恩的影响。③ H. 霍彭海恩把外生冲击引入企业生产率的研究中，探讨了企业进入或退出对长期均衡产出和就业的影响。M. J. 梅利茨则把同质企业受到这些随机冲击而导致的差异性视为企业异质

① Berliant, M. and Fujita, M. Knowledge Creation as a Square Dance on the Hilbert Cube [M]. Mimeo, Institute of Economic Research, Berliant, M. and Fujita, M., Dynamics of Knowledge Creation and Transfer: The Two Person Case [J]. MPRA Paper No. 4973, 2007.

② Melitz, J. The Iimpact of Trade on Intra-industry Reallocations and Aggregate Industry Productivity [J]. Econometrica, 2003, 71: 1695 - 1725.

③ Hopenhayn, H. Entry, Exit, and Firm Dynamics in Long-run Equilibrium [J]. Econometrica, 1992a, 60, 1127 - 1150; Hopenhayn H., Exit, Selection, and the Value of Firms [J]. Journal of Economic Dynamics and Control, 1992b, 16: 621 - 653.

性，并认为这些异质性主要体现在边际成本上；接着在 D－S 垄断竞争框架下依次探讨了固定成本、市场进入成本、国外市场进入成本对企业进入或退出市场决策的影响。例如，在市场进入成本约束下，异质性意味着不同企业的产品价格不同，进而利润也不同，因此，边际成本较高的企业的利润不足以弥补市场进入成本，就选择不进入。随着进入或退出，企业数量会发生变化，价格水平或市场竞争程度也随之发生变化，从而又内生地影响到企业的利润水平。由此，市场上能够存活的企业数量就内生决定了，平均劳动生产率也内生决定了，这就是企业异质性下的厂商选择效应。在出口市场进入成本约束下，只有边际成本更低的企业才能在激烈竞争的国际市场上存活下来，这就是开放经济下的厂商选择效应－空间选择效应。尽管在市场接近效应和生活成本效应下，企业偏好规模更大的市场，但市场规模越大，参与竞争的企业也就越多，企业利润承受的压力也越大，只有那些边际成本更低的企业才能存活下来。因此，市场规模更大的国家或地区拥有了更高水平的平均劳动生产率。可以说，M. J. 梅利茨的异质性模型推动了新经济地理学研究从宏观异质性转入微观异质性。

四、新经济地理学的空间聚集机制

针对经济活动空间聚集现象，不同的新经济地理学模型揭示了各种不同的聚集机制，但不管是在何种模型下的聚集机制，这些集聚机制的本质特征可以概括为循环累积因果关系。下面以核心边缘模型为例，较详细地说明其中的循环累积因果关系。由于核心边缘模型是其他诸多模型的共同基础，理解了核心边缘模型中的经济活动聚集机制，理解其他模型中的聚集机制和进一步推及其他产业，并向现实情形延伸、拓展就将变得相当容易了。

核心边缘模型所解释的是，一个初始相互对称的两个区域，如何通过劳动力的区际转移，内生地演变成为以制造业为主要产业部门的核心区和以农业为主要产业部门的边缘区的现象，而这种演变过程中的关键是区际运输成本或者贸易成本的变化，当运输成本或贸易成本降低到某一临界值时，制造业部门向两个区域中的某一个区域聚集，而且这种聚集过程一旦开始就将自行维持下去，并不断地自我强化，直到一个区域拥有全部制造业部门成为核心区，而另一个区域完全失去制造业沦为农业边缘区为止。核心边缘模型中经济活动空间聚集的实现，依赖两个重要的经济效应产生的循环累积因果机制，这两个效应就是“市场接近效应”和“生活成本效应”。

市场接近效应也称本地市场效应，指在相同条件下，制造业厂商在选择生产区位时，偏好市场规模较大的区域；因为此时，不仅实现规模经济，同时，生产地接近大市场，还能节省销售环节中的运输和贸易成本。因此，市场接近效应其实也就是市场规模效应，市场接近效应必然会产生吸引厂商向市场规模较大区域集中的力量——聚集力。生活成本效应也称价格指数效应，指厂商聚集的区域的生活成本相对较低，因为厂商聚集的区域当地生产的工业品种类和数量自然就多，需从外地输入的产品种类和数量自然就少，从而转嫁给消费者的输入外地产品时的运输成本和贸易成本相对少，于是，产品价格相对便宜（或商品价格指数较低），生活成本较低。生活成本效应也必然会产生吸引制造业部门劳动力向厂商数量较多的区域集中的力量——聚集力，而厂商数量多意味着从事制造业的劳动力多，在农业劳动力的区际分布为均匀分布的假设下，厂商数量多的区域正是市场规模较大的区域。这样，市场接近效应和生活成本效应产生的聚集力，本质上来源于大规模生产和节省运输成本或贸易成本的经济性。市场接近效应和生活成本效应所产生的聚集力都有自我强化的特征，原因在于其所内含的循环累积因果链，借用系统动力学的术语，这种循环累积的因果链在性质上相当于一种正反馈机制，具体分析如下。

根据模型假定，构成经济系统的北部和南部两个区域在初始时是对称的，农业部门的劳动力不能在区域之间转移，但制造业部门劳动力可以在区域之间自由转移。假设两区域初始对称状态受到了轻微的扰动，这种扰动是由少量制造业部门劳动力的区际转移所引起的，哪怕只有一位劳动力从南部迁移到北部，都将导致北部的消费需求从而市场规模变大，南部的消费需求从而市场规模相应缩小，因为劳动力是在他或她所居住的地区消费自己收入的。这样，经济系统原有的对称状态就遭到破坏，北部的市场规模变大而南部的市场规模变小，根据市场接近效应，北部吸引厂商的优势强于南部，从而南部的厂商向北部转移。劳动力向北迁移，就意味着，北部市场规模变大和南部市场规模变小，如果没有阻碍迁移的力量，这种迁移将持续进行下去，且不断得到加强，直到所有制造业厂商全部聚集到北部为止。这显然是一个具有自我强化特征的循环累积过程，是市场接近效应产生的聚集力自我强化的过程，可以简单总结为：初始劳动力的区际转移导致市场规模的变化，市场规模的变化导致生产活动的转移，生产活动的转移反过来又激励劳动力的转移，劳动力向北部迁移的过程正是制造业部门向北部聚集的过程。这种循环累积过程是由于市场规模变化，也就是需求规模变化所引起的，因此，这种循环累积因果关系在性质上属于与需求关联的循环累积因果关系，也属于所谓的后向联系。

劳动力最初由南部向北部转移所造成的扰动还产生另一种影响，这就是增加北部生产的产品种类和数量，根据生活成本效应，这将导致北部生活成本的下降，提高北部劳动力的实际收入（效用）水平，而南部的情形则正好相反，这将进一步激励南部劳动力向北部转移，如果没有阻止这种转移的力量，那么制造业企业的区际转移将持续进行下去，它是一个自我强化的、具有累积效应的循环累积过程，是生活成本效应产生的聚集力自我强化的过程。可以简单地总结为：劳动力的区际转移导致生产活动的转移，生产活动的转移将导致生活成本的下降，生活成本的下降进一步激励劳动力的转移，导致制造业部门的加速聚集。这种循环累积过程是由于生活成本变化，进而产品供给变化所引起的，因此，在性质上属于与供给关联的循环累积因果，也属于所谓的前向联系。

可以发现，上面的两种循环累积因果关系实际上是交织在一起的，是一个整体。工业劳动力的转移（从而制造业转移），一方面，引起消费需求转移从而改变市场规模；另一方面，引起生产活动转移从而改变生活成本。这两方面不但都加强制造业的聚集过程，而且还形成相互之间的循环累积过程。很容易发现，劳动力的自由转移相当重要，如果劳动力不能跨区域转移，那么这两种循环累积过程都不存在。显然，市场接近效应和生活成本效应，共同为劳动力的区际转移进而为经济活动的区际转移和经济活动的空间聚集提供了驱动力——不断增强的聚集力，这两种效应导致的叠加在一起且相互促进的循环累积过程，正是核心边缘模型所刻画的经济活动聚集机制，核心边缘模型中的经济活动空间聚集机制的本质，是循环累积因果关系。

上面假设初始时，对称的经济系统所受到的扰动，是少量劳动力的区际转移所造成的，但劳动力的区际转移方向是不确定的，北部和南部都有一半的概率成为核心区，制造业部门将聚集在哪个区域完全取决于偶然。在两个区域对称的情况下，是否只要发生扰动，一定发生经济活动的空间聚集？核心边缘模型揭示这是有条件的，即只有外生的贸易自由度达到某一临界值，才能使得这些扰动引发经济活动的空间聚集，如果贸易自由度低于某一临界值，即使对称的经济系统不断受到扰动带来的各种冲击，工业劳动力的流动性不断增强，但对称均衡作为一种稳定趋势将持续地延续。

这里还要指出，在上述经济活动聚集过程中，抑制聚集的力量——分散力也同样存在，除了贸易自由度时时刻刻发挥作用抑制经济活动空间聚集以外，模型的数理分析还刻画了产生分散力的另一种效应——市场拥挤效应，也称它为“本地竞争效应”，它指厂商的空间聚集将会加剧厂商间竞争（尽管每个厂商生产的都是差异化产品，但任意两种产品之间都存在替代弹性，正因为这种替代弹性的存在，厂商之间展开竞争），这种竞争降低厂商的盈利能力，因此，厂商选择生产区位时必然考虑厂商间竞争问题，尽可能选择厂商数量较少的区位。容易理解，在经济活动聚集过程中，市场拥挤效应产生的分散力，显然也是不断增强的。但在核心边缘模型中，这种分散力相对于市场接近效应和生活成本效应产生的聚集力较弱，无法扭转经济活动空间聚集的总体趋势，因而直到所有制造业部门全部聚集在一个区域为止。但正因为这种降低厂商盈利能力的作用力的存在，作为贸易自由度的函数的厂商聚集租金的最大值，不是出现在最大贸易自由度处，而是出现在小于最大贸易自由度处。

正如前面讨论的那样，新经济地理学模型从多种角度揭示了经济活动空间聚集的内在机制，但最终仍然归结为与需求和供给关联的循环累积因果链，即归结为基于市场行为的关联效应（后向联系和前向联系）导致的货币外部性。当然，也有一些模型已经涉及知识和技术溢出导致的技术外部性，但这种外部性的作用机制相当复杂，它一方面有利于核心区的知识创造、资本积累，进而强化聚集力；另一方面，知识溢出本身也提供了分散力。目前这种技术外部性主要用来解释城市、城市体系形成以及城市经济等方面。在各不同的模型中，聚集力和分散力都体现在相应的变量或公式上，因而很清晰且相当严谨，打破了过去“聚集经济导致聚集”的“论证”模式，真正具有了微观基础。

第三节 新经济地理学的前瞻性评论

一、新经济地理学模型的基本特征

对新经济地理学不同的模型而言，不管促使经济活动空间聚集的机制是保罗·克鲁格曼模型（1991）中的劳动力区际转移，还是维纳布尔斯模型（1996）中的投入产出联系，或者是鲍德温模型（1999）中的资本积累，由于促使经济活动空间聚集的作用力主要源于生产具有不变替代弹性产品的生产商的相对市场规模的大小，这些新经济地理学模型通常都具有一些共同的特征，这同时是新经济地理学模型招来诟病的主要原因。R. E. 鲍德温等（2003）总结了早期新经济地理学模型的如下七大基本特征。①

1. 本地市场效应

本地市场效应是新经济地理学模型的关键性特征之一。该效应指的是，如果某种外生冲击改变原有需求的空间分布，扩大了某一区域的需求规模，那么将有大量的企业改变其原来的生产区位，向该区域聚集。如果我们把聚集定义

① Robert－Nicoud，F. Economic Geography and Public Policy ［M］. Princeton：Princeton University Press，2003.

为经济的空间集中进一步促使经济集中的趋势，那么可以看出本地市场效应就是促使经济活动空间聚集的聚集力之一。

2. 循环累积因果链

大多数的新经济地理学模型都包含循环累积因果关系。宏观的经济活动空间分布是聚集力和分散力共同作用的结果，聚集力包括本地市场效应（市场接近效应）和生活成本效应（价格指数效应），而分散力主要指企业之间的相互竞争而导致的一种离心力。循环累积因果关系是指因本地市场效应或生活成本效应，在生产规模与市场规模间或者生产规模与生活成本之间生成的互为因果关系。如果某种扰动而导致劳动力或企业向某一区域的集中，扩大该区域的市场规模，那么以利润最大化为主要目标的企业，将选择市场规模较大的区域作为其生产区位；如果在某一区域集中了大量的企业，那么本地生产的产品种类和数量增多，从外地输入的产品种类和数量减少，从外地输入产品需支付交易成本，因此，从外地输入的产品种类和数量的减少以及本地生产的产品种类和数量的增多，意味着，该区域市场上的产品价格相对较低，这又意味着，在相同的名义工资水平下，该区域的实际工资水平较高，这就是生活成本效应（价格指数效应）。这样，在生活成本效应和本地市场效应作用下，就分别形成了通常所说的前、后向联系。这种因果链进一步地放大初始扰动对经济系统的影响。

3. 内生的非对称

内生的非对称指的是，初始对称的两个区域，随着交易成本的逐渐降低，最终导致两个区域之间的非对称。如果把上述情况和新古典模型中减少贸易壁垒时的情况相比较，则很容易理解这种内生的非对称现象。赫克谢尔－俄林的理论告诉我们，随着交易成本的逐渐降低，最终导致密集使用本国相对丰富的资源进行生产的产业部门的专业化。斯托尔弗－萨缪尔逊理论告诉我们，如果交易成本下降，那么某一国具有相对优势的产业部门的实际工资水平也随之下降。这样，根据新古典理论，可流动性生产要素都具有转移趋势，这使得区际要素供给趋向于相对均衡，例如，高技能劳动力愿意转移到那些高技能劳动力相对稀少的地区等。这就意味着，在没有包含聚集力（也就是没有循环因果链）的模型中，劳动力的区际转移将缩小区际在生产方式方面的差异。换言之，经济自由化使得初始的区际非对称逐渐走向区际对称。与此相反，在包含聚集力的模型（新经济地理学模型中的大多数是包含聚集力的模型）中，要素流动性和贸易自由度的提高，进一步加剧初始的差异，最终导致所有产业集中在一个区域。由于形成了循环累积因果链，因此，这种过程在外生力量消失以后仍在进行，这意味着，这种非对称过程是一种内生的过程。

新经济地理学并不排斥外生因素对经济活动空间分布的影响，但作为一种经济理论，它的研究对象主要是初始时对称的空间，主要探讨经济系统的内生力量是如何决定空间分布模式的。要把空间因素引入经济分析中，那么必须要考虑因空间而产生的成本问题，这种成本就是我们常说的贸易成本，既包括运输成本又包括各种制度成本。新经济地理学研究的一个重要结论是聚集力与分散力通常都随着贸易成本的下降而下降，但分散力的下降相对更快一些。[①] 在贸易成本较大的情况下，通常分散力更大一些，这时市场拥挤效应占优势，因此，经济系统内存在负反馈机制，这使得对称均衡得以稳定。随着贸易成本的降低，在某一临界点上，聚集力大于分散力，对称模式被打破，经济活动向某一区域集中。但交易活动完全自由时的情况是不同的，交易活动完全自由化意味着交易是无成本的，这时任何区域的消费价格都一样，产业布局和人口居住与区位无关。

4. 突发性聚集

在包含非均衡力的模型中，内生的非对称现象的发生是突发性的，这是新经济地理学模型最突出的特征之一。当处于对称均衡且贸易自由度很低（也就是贸易成本很大）时，贸易自由度的提高不会立即影响厂商的生产区位。当贸易自由度达到某一临界值，如果此时自由度稍微提高，那么就发生突发性聚集，因为，在这种贸易自由度下的稳定状态就是所有产业集中在某一区域。在现实中，我们很难发现这种现象，但这种结论所包含的是一种哲学思想，就是从量变到质变的过程。量变是渐进的过程，而质变是突变的过程。随着贸易自由度的提高，可流动要素的流动性逐渐增强，但总要受到某种约束力的制约，这是量变过程，但贸易自由度达到某一临界值，此时，促使要素流动的力量与约束力正好相等，如果再提高贸易自由度，那么可流动要素迅速向适合于它们的区域转移，这是质变过程，经济增长方式发生了质的变化。此时，贸易自由度的临界点就是使聚集力与分散力相等的点，我们通常称它为“突破点”，也就是打破原有对称结构的最小的贸易自由度。后面，不同模型的“战斧图”都会给出这种突发过程。

5. 区位的黏性

新经济地理学模型的第二个突出的特征是区位的黏性，也就是常说的“路径依赖”。尽管我们平时经常提到路径依赖，但新古典框架下表述这种路径依赖是比较困难的。在新经济地理学框架下，我们比较容易地解释这种路径依赖特征。不知何种缘故，历史上选择了某种产业分布模式或发展路径，那么在较长的历史过程中，各种经济活动已经适应这种模式或路径，紧紧地“黏上”了这

① 请参见第三章附录中相关证明过程。

种模式或路径，要改变这种模式或路径，需要支付很大的成本或需要很强的外生冲击。在“战斧图”中，我们很容易看出，这种黏性或路径依赖特征，对称结构或核心边缘结构都存在这种特征。这种特征具有以下重要的意义：首先，当经济活动格局或路径被锁定时，经济系统内生力量是很难改变均衡状态的，此时外生冲击，如某种政治事件、人们预期的变动或出台新的区域政策等，将起重要作用。如果外生冲击改变了原有的格局或路径，也就是改变了原有的均衡状态，则经济系统沿着变化了的路径运行；其次，因为这种“黏性”，要改变原有的均衡状态，那么外生冲击的冲击力要大于经济系统内生的约束力，如果新出台的政策的力度小，那么这种边际变动是无法改变原有状态的；再次，正因为这种黏性的存在，任何区域的经济在短期内相对稳定，如果没有这种黏性或量变过程，那么任何区域的经济都是瞬息万变的，任何经济政策都失去意义。

6. 聚集租金

尽管很多人都说产业聚集会带来额外的经济收益，但传统理论很难精确地表述聚集带来的经济收益。如果利用新经济地理学理论，则完全可以精确地表述聚集的经济收益。一般来讲，当形成核心边缘结构时，可流动要素对区位是有选择性的，而这种选择性主要以“聚集租金”为主要目的。那么如何衡量这种聚集租金？这种租金可以由劳动力所遭受到的收入损失来度量，也就是当完全聚集是稳定均衡时，劳动力从核心区转移到边缘区时遭受的收入损失。我们发现，聚集租金是贸易自由度的凹函数，当贸易自由度等于维持核心边缘结构的自由度（用 ϕ^S 来表示）以及等于1时，聚集租金为零；当贸易自由度处在这两种贸易自由度之间时，聚集租金大于零，且在某临界点［用 $(\phi^B)^{1/2}$ 来表示］聚集租金变得最大；随着贸易自由度变大，也就是从维持核心边缘结构时的贸易自由度提高到1时，聚集租金曲线先升后降，显示为钟状曲线。聚集租金对经济政策的分析具有重要意义，它的政策含义很明确，即当整个经济系统处于稳定的核心边缘均衡时，政策的边际变动不会带来任何经济状况的变化。

7. 预期的自我实现

传统理论经常讨论人们预期的变化对经济活动的影响，然而，传统理论很难描绘人们预期变化对经济活动的影响。我们将在后面的章节中，讨论贸易自由度的变化与产业空间格局的变化或经济路径变化之间的关系问题，当贸易自由度处在维持核心边缘结构的贸易自由度和打破对称结构的贸易自由度之间时，对称结构和两种核心边缘结构（以北部为核心，或者以南部为核心）都是局部的稳定均衡，也就是说，贸易自由度处在此区间时，出现不同产业分布格局相互叠加的情况。存在不同结构叠加区，是核心边缘模型的重要特征之一。这种多重均衡导致的叠加区的存在就说明，当人们的预期发生变化时，人们将根据变化后的预期，任意选择对称结构或核心边缘结构作为其就业或居住区位。当每个个体进行选择时，主要考虑大多数个体所选择的经济模式，因为每个个体认为，大多数个体所选择的经济模式是有效率的，否则，大多数个体不会选择该种经济模式。因此，每个个体也选择大多数个体所选择的经济模式。这样，人们预期的变化将把原有的经济系统推向另一种经济系统。

上述的七个基本特征都是在满足所谓的“非黑洞”条件下成立的。如果某一区域具有相当优越的区位环境和足够份额的市场规模，那么不管空间交易成本如何变化，该区域具有强大的吸引力，吸引该经济系统中的所有现代产业部门都聚集在该区域，这种聚集是一种长期稳定的均衡。如果出现这种情况，那么大多数现代产业部门都聚集在该区域，该区域像“黑洞”一样不断地从外围区域吸引现代产业部门，外围区域不存在任何产业部门。如果已经形成“黑洞”，那么再要改变这种状况是相当困难的。因此，我们的讨论也限定在未出现这种强大的“黑洞”的范围内，也就是，在假设满足“非黑洞”条件的情况下进行讨论。

二、新经济地理学研究的局限性

新经济地理学，在经济学界产生了巨大的“冲击波”，它直接冲击了传统经济学理论，并把空间问题纳入主流经济学的研究框架中来。不过，有些学者一直对新经济地理学所取得的成就持否定态度，保罗·克鲁格曼本人也多次与这些学者展开了争论。不过，正如保罗·克鲁格曼本人所提到的那样，新经济地理学在方法论上确实存在一些局限性。① 同时，正如在模型特征部分所讨论的那样，新经济地理学模型都具有相对共同的均衡特征，原始核心边缘模型的基本特征在不同情况下都相对保持稳定。这使新经济地理学模型似乎具有很强的解释力，但它同时也意味着，那些以原始核心边缘模型为基础建立起来的模型，无法进一步丰富和扩展新经济地理学的理论内涵。跳出原始核心边缘模型的一些假设和函数形式，才有可能提出更加丰富和新颖的主张或观点。目前的新经济地理学模型，在以下六个方面具有较大的局限性。

1. 不变的 C－D 函数和 CES 偏好

无论经济活动空间聚集机制是可转移的劳动力或者投入产出联系，还是资

① Krugman, P. Development, Geography, and Economic Theory [M]. Cambridge, Mass: The MIT Press, 1997; Fujita, M. and Krugman, P. The New Economic Geography: Past, Present and the Future [J]. Papers in Regional Science, 2004, 83 (1): 139－164.

本积累，以及不管函数形式是否发生变化，保罗·克鲁格曼原始模型中的关键特征始终是不会发生变化的。罗伯特—尼克德、[①] K. 贝伦斯（Kristian Behrens）和罗伯特-尼克德[②]认为，只要是在规模收益递增情况下进行生产以及市场是被分割的两区域标准模型，那么在一个地区发生的事件必然影响到另一个地区。由于促使经济活动空间聚集的核心作用力，源自生产不变替代弹性产品的生产商的相对市场规模的大小，因此，在两区域模型中的空间经济效应，在大多数早期新经济地理学模型中都是相似的。这就是前面提到的七大特征，也就是本地市场效应、循环累积因果关系、内生的非对称性、突发性聚集、区位的黏性、钟状聚集租金以及多重均衡和预期的自我实现。事实证明，所有以 C-D 型生产函数、不变替代弹性偏好、冰山交易成本以及固定劳动力工资为特征的简单的新经济地理学模型都具有上述特征，且其空间类型也是"同构化的经济状态空间"。后来的实践活动证明，如果对原有的核心边缘模型进行适当的调整，那么调整后的模型的特征将发生一些变化，例如，P. 弗卢格引入了准线性效用函数的上包络线，[③] 这不仅消除了制造业产品生产中的收入效应，而且还形成了稳定的非对称的经济空间，突发性聚集和区位黏性特征也就不存在了。在詹马科·奥塔维诺等的模型中，消费制造业产品时的效用函数为二次型效用函数，[④] 因此，仍然存在突发性聚集特征，但不存在区位黏性特征。在 P. 马丁（Philippe Martin）和 C. A. 罗杰斯（Carol Ann Rogers）的早期的自由资本模型中，[⑤] 生产活动的区际转移并不伴随着消费支出的转移，因而，就不存在需求和成本关联的循环累积效应。

2. 冰山交易成本

新经济地理学模型的局限性之一为冰山交易成本假设。我们都知道，在两区域模型中，当区域 2 的消费者消费区域 1 生产的产品时的价格水平为 $p_2 = \tau p_1$，因此，$p_2 - p_1 = (\tau - 1)p_1$。如果不存在其他套利条件，那么 $p_2 - p_1$ 是运输成本。这就意味着，厂商价格的任何变化都将导致运输成本成比例的变化。但

① Robert-Nicoud, F. The Structure of Simple "New Economic Geography" Models (or, on Identical Twins) [J]. Journal of Economic Geography, 2005, 5 (2): 201-234.

② Behrens, K. and Robert-Nicoud, F. Tempora Mutantur: In Search of a New Testament for NEG [J]. Journal of Economic Geography, 2011, 11 (2): 215-230.

③ P. flüger, M. A Simple, Analytically Solvable, Chamberlinian Agglomeration Model [J]. Regional Science and Urban Economics, 2004, 34 (5): 565-573.

④ Thisse, J. F. Agglomeration and Trade Revisited [J]. International Economic Review, 2002, 43 (2): 409-435.

⑤ Martin, P. and Rogers, C A. Industrial Location and Public Infrastructure [J]. Journal of International Economics, 1995, 39 (3): 335-351.

现实并非如此，运输成本在厂商总成本中所占的份额是稳步下降的。所以，这种冰山交易成本假设是难以令人信服的。詹马科·奥塔维诺等认为，工业品交易所产生的运输成本，取决于所运输的不同价格水平的产品的运输量。詹马科·奥塔维诺的这种主张可能更符合经验证据，因为，在这种假设下可以分析厂商聚集与厂商定价决策之间的关系问题。然而，藤田昌久和 J. F. 蒂斯（2009）认为，新经济地理学的主要特征并不取决于运输成本是否进行规范化的问题。[①] 阿朗素－维拉尔也认为，不管是用乘法还是用加法来计算运输成本，都不会改变两区域新经济地理学模型的基本属性。[②] 因此，到目前为止，冰山交易成本假设的这些局限性仍没有引起新经济地理学的足够重视。

3. 垄断竞争假设

引起较大争议的是人们为什么利用 D－S 垄断竞争框架的问题。认同这种框架的主要原因是，它可以把不完全竞争和收益递增现象结合起来，同时，操作起来也很方便。但也有局限性，主要在于它相悖于如下一些经济理论和经验事实，即厂商价格水平和利润水平随厂商准入和市场规模的变化而发生变化；消费者的偏好是易变的；厂商规模取决于消费者的数量。藤田昌久和 J. F. 蒂斯指出，在上述这种框架基础上建立起来的模型，通常降低聚集力和分散力强度，因为，如果厂商提高产品价格，那么会降低厂商间竞争强度。克服这些问题的方法之一是，以可变替代弹性（VES）分析框架来替代不变替代弹性（CES）分析框架。K. 贝伦斯和村田康介（Yasusada Murata）建立了具有收入和价格竞争效应的垄断竞争模型，[③] E. 泽洛博德科（Evgeny Zhelobodko）等建立了一般垄断竞争模型，[④] 进而就克服了不变替代弹性假设所带来的缺陷。人们选择垄断竞争框架的另一个原因就在于这种事实，即凹型生产函数是作为不完全竞争的结果而存在的，而垄断竞争框架又是不完全竞争框架中的一种。如果想要新经济地理学模型不会因厂商之间的战略性互动而变得过于棘手，那么可以选择垄断竞争框架。F. 安尼基亚里科等是利用国家寡头垄断厂商来代替垄断竞争厂商的，[⑤] 他

① Thisse, J F. New Economic Geography: An Appraisal on the Occasion of Paul Krugman's 2008 Nobel Prize in Economic Sciences [J]. Regional Science and Urban Economics, 2009, 39 (2): 109－119.

② Alonso－Villar, O. A Reflection on the Effects of Transport Costs within the New Economic Geography [J]. Review of Urban & Regional Development Studies, 2007, 19 (1): 49－65.

③ Behrens, K. and Murata, Y. General Equilibrium Models of Monopolistic Competition: A New Approach [J]. Journal of Economic Theory, 2007, 136 (1): 776－787.

④ Thisse, J F. Monopolistic Competition: Beyond the Constant Elasticity of Substitution [J]. Econometrica, 2012, 80 (6): 2765－2784.

⑤ Trionfetti, F. National Oligopolies and Economic Geography [J]. The Annals of Regional Science, 2012, 48 (1): 71－99.

们的研究表明，当贸易壁垒较低时，对称分布模式总是很稳健的。

4. 忽略地理和历史的作用

在大多数两区域模型中，运输成本参数通常体现出地理上的不同特征。在两区域框架中，两区域之间的距离通常标准化为单位距离，其空间范围通常是由运输成本大小来表示的。因此，如果不讨论运输成本问题，那么这种地理空间起不到任何作用。首先，尽管相较于保罗·克鲁格曼初始的核心边缘模型，后续的核心边缘模型可以提供不同性质的且更符合现实的观点或主张，但最近的新经济地理学模型，也没有提供有关地理空间范围的有价值的新的见解或主张。[①] 其次，在新经济地理学模型中，通常用运输成本大小来表示地理空间特征，但我们都知道，现实中的地理空间不可能单从运输成本角度来表述，它比起新经济地理学模型中的简单几何图形要复杂得多，通常它具有其独特的经济、社会和文化方面的"结构连贯性"特征。[②] 事实证明，区域空间很少在结构上是一致或连续的，它在经济、社会、文化等方面是不连续的。再次，新经济地理学模型中的区域是没有任何空间维度的实体，由于它没有空间维度，进而也不存在内部结构的问题。实际上，藤田昌久等意识到了这些缺陷，且还强调了，把研究城市等级体系形成和城际异质性个体的空间分类作为发展新经济地理学的主要途径的重要性。最后，新经济地理学所关注的是最终的均衡结果和局部的稳定性问题，它并不注重时间或历史过程。但要注意的是，在存在多重均衡情况下，当决定经济沿着其运行轨迹收敛至何种均衡时，通常历史发挥着重要的作用。但从历史角度的解释，也不是真正意义上的对空间经济实际演化过程的解释。至今，新经济地理学只认同来自外部的冲击因素，因此，只要经济系统实现了均衡，那么所有历史过程和变化过程就将终结，整个经济景观也将处于停滞状态。

5. 数值分析：实证研究和政策含义

由于新经济地理学模型所具有的操作难度大和不存在解析解的弊端，长期以来，计算机一直是研究新经济地理学模型的必备工具。藤田昌久和 J. F. 蒂斯认为，[③] 如果研究的目的是确定均衡的质性特征，就不需要使用计算机。对这种观点，有些学者有不同的看法，他们认为，新经济地理学很少进行量

① Garretsen, H. and Martin, R. Rethinking (new) Economic Geography Models: Taking Geography and History More Seriously [J]. Spatial Economic Analysis, 2010, 5 (2): 127-160.

② Harvey, D. The Geopolitics of Capitalism. In Social Relations and Spatial Structures [M]. Springer, 1985: 128-163.

③ Thisse, J F. New Economic Geography: An Appraisal on the Occasion of Paul Krugman's 2008 Nobel Prize in Economic Sciences [J]. Regional Science and Urban Economics, 2009, 39 (2): 109-119.

化分析,[①] 这是顶级经济理论期刊很少发表有关新经济地理学方面的论文的可能的原因之一。

藤田昌久等认为，建立具有解析解和可操作性的模型固然很重要，但这些模型可能会限制新经济地理学模型的丰富性和完整性特征。[②] 这就意味着，对那些贸易成本和空间规模不对称的两区域两部门模型，最好是利用计算机来进行模拟并提出政策性建议。K. 黑德和 T. 迈耶指出，为了操作上的简便，多数新经济地理学模型是在极其简化的假设基础上建立起来的，因此，难以利用这些模型来验证制造业部门劳动力的工资水平和市场准入之间的经验关系。[③] P. 马丁（Ron Martin）和 P. 森利（Peter Sunley）也注意到了有关新经济地理学的政策性含义的问题，他们认为，人们通常怀疑新经济地理学模型在解释经济活动空间分布方面的能力，因而，新经济地理学所提出的有关区域经济政策方面的建议也不会引起足够的重视。[④]

6. 代理人短视性假设

对新经济地理学理论的另外一种质疑，主要是在建立人口迁移模型时，大多数新经济地理学模型过分依赖演化动力学分析。在这种分析框架中，可流动劳动力所关注的只是眼前的利益，这与经济学理性的前瞻性行为假设是相冲突的。保罗・克鲁格曼的核心边缘模型，主要是通过这种短视性行为假设和局部稳定性分析，预测是否出现完全聚集模式还是对称分布模式的。

要改变区位模式需要支付很大的成本，因此，在很多情况下，人们并不是根据眼前的利益做出有关改动区位方面的决策的，因此，如果所形成的核心边缘结构是很稳定的，那么没有一种内生机制促使人们做出重新选择区位的决策。在现实中，代理人所关注的更多的是未来的预期收益而不是眼前的利益。尾山大辅（Oyama Daisuke，2009）把自我实现的预期纳入自由资本模型中,[⑤] 其中，每个企业家都有其预期的贴现值，并且选择能够最大化其预期贴现值的区位。这种前瞻性动态分析，使得人们可以在全局性稳定状态下选择唯一的一种均衡。

① Behrens, K. and Robert - Nicoud, F. Tempora Mutantur: In Search of a Nnew Ttestament for NEG [J]. Journal of Economic Geography, 2011, 11 (2): 215 - 230.

② Mori, T. Frontiers of the New Economic Geography [J]. Papers in Regional Science, 2005, 84 (3): 377 - 405.

③ Head, K. and Mayer, T. Regional Wage and Employment Responses to Market Potential in the EU [J]. Regional Science and Urban Economics, 2006, 36 (5): 573 - 594.

④ Martin, R. and Sunley, P. Paul Krugman's Geographical Economics and Its Implications for Regional Development Theory: A Critical Assessment [J]. Economic Geography, 1996, 72 (3): 259 - 292.

⑤ Oyama, D. Agglomeration under Forward-looking Expectations: Potentials and Global Stability [J]. Regional Science and Urban Economics, 2009a, 39 (6): 696 - 713.

当然，如果代理人是短视的，那么就无法进行这种讨论。在这种全局性稳定均衡情况下，经济活动将完全聚集在那些相对更多地进行保护的区域或者潜在市场规模更大的区域。P. 莫萨伊就是利用有关具有前瞻性预期的代理人，是如何在赛道经济中选择其区位的理论模型，分析了经济活动空间聚集体的形成问题。[①]

三、新经济地理学发展趋势预测

截至2024年，新经济地理学的发展已进入第34年了。在经历早期的“火爆”到“因其局限性而感到沮丧”之后，该学科也逐渐走向成熟，突破了诸多局限性，取得了一系列丰硕成果。我们认为，未来的新经济地理学研究，将在以下六个领域有较大的突破。

1. 加强异质性领域的研究

厂商间在劳动生产率水平方面的差异或劳动力之间在技能水平方面的差异，对产业的空间分布带来很大的影响。同时，消费者偏好方面的异质性，包括就业方面的不同偏好以及居住区位方面的不同偏好，也直接或间接地影响经济活动空间格局。詹马科·奥塔维诺的研究表明，[②] 在差异化产品、存在运输成本和聚集经济的情况下，如果市场规模效应和生活成本优势足以抵消共同区位于某一区域而导致的竞争压力，那么当运输成本较低时，区域自我维持过程将内生地导致经济活动空间聚集过程。当区位是异质时，效率水平较低的厂商为避免激烈的竞争，有可能选择不具有明显优势的区位，这样企业异质性将成为一种分散力。未来预期，新经济地理学将会加强在异质性领域的研究。

2. 打破不变替代弹性偏好的约束

E. 泽洛博德科等（2012）的研究框架，[③] 以相对多样化偏好（RLV）来取代不变替代弹性模式了。相对多样化偏好可以用来衡量消费者对多样化产品的偏好程度，如果它是递增的，那么在市场上形成促进竞争的效应，进而降低均衡价格水平，因此，较大市场上的价格水平较低；如果它是递减的，那么在市场上形成阻碍竞争的效应，进而提高均衡价格水平，也就是说，由于消费替代弹性下降，规模较大市场上的价格水平将变得更高。不变替代弹性（CES）是

---

① Mossay, P. A Theory of Rational Spatial Agglomerations [J]. Regional Science and Urban Economics, 2013, 43 (2): 385 - 394.

② Ottaviano, G. Agglomeration, Trade and Selection [J]. Regional Science and Urban Economics, 2012, 42 (6): 987 - 997.

③ Kokovin, S. Parenti, M., and Thisse, J F. Monopolistic Competition: Beyond the Constant Elasticity of Substitution [J]. Econometrica, 2012, 80 (6): 2765 - 2784.

相对多样化偏好（RLV）恒定的情况，在不变替代弹性的情况下，不存在竞争效应。上述这种研究框架，为在实际中应用新经济地理学模型提供了新的途径。最近，E. 基齐克、[①] S. 德米多沃、[②] K. 贝伦斯等，[③] 利用可变替代弹性（VES）框架分析了贸易理论和城市经济问题。应用可变替代弹性框架，为新经济地理学的发展开辟新的途径。

3. 走向多区域框架

新经济地理学大多数结论主要来自两区域模型，但两区域框架忽略了在多区域情况下的在市场准入方面的潜在的可能性，还限制了从多重角度解释不同的聚集模式。目前，许多新经济地理学模型已扩展到多区域框架中了，尾山大辅、[④] B. 埃利克森（B. Ellickson，2005）等、[⑤] R. 福斯里德等（2012）、[⑥] J. 巴贝罗等（J. Barbero，2016），[⑦] 把两区域模型扩展到多区域模型，并把异质性纳入模型中进行了研究。一些学者还利用"赛道经济"分析了经济活动空间分布模式，还提供了新的分析和处理数据的方法，进而较易于操作复杂的多维模型了，例如，高山中松（Takashi Akamatsu，2012）等分析了贸易成本随时间稳步下降时聚集模式的变化过程，他们发现，在多区域模型下，随着运输成本的下降，产业分布的空间模式将发生变化，从而发生分岔。[⑧] 当每次发生分岔时，厂商所在区域数量将减少一半，每对相邻"核心"区之间距离将扩大一倍，这样就产生了所谓的空间倍周期分岔。最终，所有经济活动都在某区域内聚集。预期新经济地理学的发展，将走向多区域框架，并把城市与区域经济研究结合

① Zhelobodko, E. Trade Patterns and Export Pricing under Non - CES Preferences [J]. Journal of International Economics, 2014, 94 (1): 129 - 142.

② Demidova, S. Trade Policies, Firm Heterogeneity and Variable Markups [J]. Journal of International Economics, 2017, 108: 260 - 273.

③ Behrens, K. and Murata, Y. City Size and the Henry George Theorem under Monopolistic Competition [J]. Journal of Urban Economics, 2009, 65 (2): 228 - 235; Behrens, K., Mion, G., Murata, Y. and Suedekum, J., Spatial Frictions [J]. Journal of Urban Economics, 2017, 97: 40 - 70.

④ Oyama, D. Agglomeration under Forward-looking Expectations: Potentials and Global Stability [J]. Regional Science and Urban Economics, 2009a, 39 (6): 696 - 713.

⑤ Ellickson, B. and Zame, W. A Competitive Model of Economic Geography [J]. Economic Theory, 2005, 25 (1): 89 - 103.

⑥ Forslid, R. and Okubo, T. On the Development Strategy of Countries of Intermediate Size: An Analysis of Heterogeneous Firms in a Multi - Region Framework [J]. European Economic Review, 2012, 56 (4): 747 - 756.

⑦ Barbero, J. and Zofío, J L. The Multiregional Core-periphery Model: The Role of the Spatial Topology [J]. Networks and Spatial Economics, 2016, 16 (2): 469 - 496.

⑧ Ikeda, K. Spatial Discounting, Fourier, and Racetrack Economy: A Recipe for the Analysis of Spatial Agglomeration Models [J]. Journal of Economic Dynamics and Control, 2012, 36 (11): 1729 - 1759.

起来，实现真正意义上的“空间发展”。

4. 知识和文化与经济相联系

至今，还没有出现能够充分整合知识关联效应的新的综合性新经济地理学模型。新经济地理学的进一步发展，需要对知识创新和知识溢出进行建模并分析它对经济活动区位的影响。知识创新和知识溢出的基本特征之一为它的地理属性，因为，居住在同一地区的人们之间的频繁互动，有助于发展本地化的思想和文化。M. 伯利安特和藤田昌久建立的空间知识交互模型表明，① 文化多样性虽然不利于相互之间的交流，但提高了在知识创新方面的劳动生产率，有利于知识和技术创新，进而有利于实现区域经济高质量发展。不同类型知识之间的关联性也显得很重要。根据 T. 弗林肯等的研究，② 较高的知识相关性会提高技术相关部门之间的溢出效应。如果一个地区是在技术上相互关联的产业部门的聚集区，那么相对于那些在技术上互不关联的产业部门的聚集区，更有利于各种思想在各种产业部门之间传播，进而可以促进经济发展。

5. 不同学科之间融合发展

学科间融合发展，首先是指在经济地理学领域的新经济地理学（new economic geography，NEG）、传统经济地理学（proper economic geography，PEG）和演化经济地理学（evolutionary economic geography，EEG）之间的融合发展问题。近来，在新经济地理学和传统经济地理学之间跨学科交流方面有了较大的进展。新经济地理学开始研究异质性问题，这使得新经济地理学更加接近传统经济地理学和演化经济地理学。从演化经济地理学的角度看，演化过程是动态的、不可逆的、不断产生新生事物的过程，故不应过分地关注均衡结果，而应关注长期的变化过程，以及过去发生过的事件对未来某种事件发生概率的影响。学科间的融合发展，还涉及新经济地理学和城市经济学之间的融合发展问题，安东尼·维纳布尔斯、③ 伊克豪特等（Jan Eeckhout，Robert Pinheiro and Kurt Schmidheiny）④ 以及 P. 莫萨伊和 P. 皮卡德⑤等，已经在新经济地理学与城市经

---

① Berliant，M. and Fujita，M. Culture and Diversity in Knowledge Creation［J］. Regional Science and Urban Economics，2012，42（4）：648 –662.

② Verburg，T. Related Variety，Unrelated Variety and Regional Economic Growth［J］. Regional Studies，2007，41（5）：685 –697.

③ Venables，A J. Productivity in Cities：Self-selection and Sorting［J］. Journal of Economic Geography，2010，11（2）：241 –251.

④ Eeckhout，J. Pinheiro，R.，and Schmidheiny，K.，Spatial Sorting［J］. Journal of Political Economy，2014，122（3）：554 –620.

⑤ Mossay，P. and Picard，P. On Spatial Equilibria in a Social Interaction Model［J］. Journal of Economic Theory，2011，146（6）：2455 –2477.

济学融合发展方面进行了研究。这种不同学科之间的融合发展，将为新经济地理学的发展开辟一条新的路径。

6. 量化空间经济学

截至目前，对两个对称区域的空间经济问题，几乎是在高度程式化的框架下进行研究的，但对那些非对称区域以及多区域框架，至今还没有一种程式化的分析框架。为了解决这些问题，近些年出现了新的分析方法，就是建立量化空间结构模型，对空间经济现象进行结构化的量化分析。量化空间结构模型，把空间大数据所反映的区位特征、生产率水平、基础设施、区域要素、区际贸易和人口迁移等都纳入模型之中，并且可以容纳大量的非对称区位。这样，量化空间结构模型就允许不同生产率水平的生产部门同时存在，可以更好地观察他们之间的投入产出联系，这种新的理论方法便是量化空间经济学，K. 德米斯特和E. 罗西 – 汉斯伯格、[①] 艾伦 · 川博和 C. 阿克拉基斯、[②] M. 阿尔菲尔特等、[③] J. 雷丁等，[④] 在量化空间模型研究领域作出了开创性的贡献。

量化空间经济学并不是为解释经济活动的空间聚集提供新的理论，它主要是用来验证经济政策或外部冲击的影响。量化空间模型，利用可观测到的变量的数据对模型中不可观测的参数进行校准，然后利用可观测到的变量数据，把模型中的不可观测到的变量数据反演出来，这就要求模型的均衡必须是唯一的，当这种映射存在唯一性时，可以以模型为基础，对某种经济政策或外生冲击进行反事实模拟，也就是，此时可以评价某种政策或外生冲击对区域经济的影响。这等价于利用不同的数值进行大量的比较静态分析，是传统的研究方法无法完成的任务。首先，量化空间模型能够预测出在模型掌控范围内的所有一般均衡效应；其次，量化空间模型可以做出定量预测，也就是，该模型能够给出某一变量影响强度的大小；再次，该模型能够验证从数理模型中得出的结论的稳健性；最后，不同的量化空间模型在彼此之间为同构化的模型，故不同于传统的模型，可以利用一系列模型来评价经济政策或外生冲击的影响，而不仅仅利用一种模型。量化空间经济学研究，将是新经济地理学今后主要的研究方向之一。

---

① Desmet, Klaus and Esteban Rossi – Hansberg. Urban Accounting and Welfare [J]. American Economic Review, 2013, 103 (6): 2296 – 2327.

② Allen, Treb and Costas Arkolakis, Trade and the Topography of the Spatial Economy [J]. Quarterly Journal of Economics, 2014, 129 (3): 1085 – 1140.

③ Ahlfeldt, Gabriel M., Stephen J. Redding, Daniel M. Sturm and Nikolaus Wolf. The Economics of Density: Evidence from the Berlin Wall [J]. Econometrica, 2015, 83 (6): 2127 – 2189.

④ Redding, Stephen J., Goods Trade, Factor Mobility and Welfare [J]. Journal of International Economics, 2016, 101, 148 – 167; Redding, Stephen J. and Esteban Rossi – Hansberg. Quantitative Spatial Economics [J]. Annual Review of Economics, 2017, 9: 21 – 58.

第四节 本章小结

空间维度在很长时期内无法进入主流经济学理论中，其主要原因，就是缺乏处理规模收益递增和不完全竞争的技术工具。如果把阿罗－德布鲁一般均衡模型视为经济学研究的参照系，那么可以把大卫·斯塔雷特的空间不可能定理作为研究空间经济问题时的参照系。根据空间不可能定理，当研究空间经济问题时，如果认为不存在规模收益递增现象且把经济活动区位的不同状况归结为空间的非均质特性，那么可以在阿罗－德布鲁一般均衡框架下进行讨论，如J. H. 杜能的农业区位论、大卫·李嘉图的比较优势理论以及赫克歇尔－俄林的要素禀赋理论等；如果认为规模收益是递增的，那么此时的市场为不完全竞争市场，无法在阿罗－德布鲁一般均衡框架下进行讨论，如保罗·克鲁格曼的核心－边缘模型以及后来的新经济地理学中的诸多模型。

新经济地理学的创立和主流经济学接纳空间维度的关键因素之一，就是有了合适的技术工具，这就是D－S框架。D－S框架把源自规模经济的收益递增和不完全竞争纳入一般均衡框架，建立了在规模经济和多样化消费之间实现权衡的框架。该框架假设，在厂商层面上存在规模收益递增，而消费者是偏好多样化的。这样，对生产商来说，产品的种类越少越好，因为单个厂商只有专注于一种产品的生产才能有效地利用规模经济，或者说，在资源约束情况下，只有产品的种类越少，每种产品的生产规模才能越大，产品的生产成本才能越低。而对消费者来说，产品的种类则越多越好。这样就产生两难冲突，而市场竞争能够权衡这种冲突并实现均衡。尽管每个厂商都是在某一产品生产领域的垄断商，但存在着无数的潜在的进入者。厂商自由进入和退出，不仅意味着均衡时所有厂商获得零利润，也意味着单个厂商对产品价格没有影响。人口规模的扩大和可用资源的增加，有利于发挥规模经济优势，可以提高生产效率和增加产品种类，这样解决两难冲突时的空间范围得以扩大。在这种过程中，商品贸易起着关键作用，它促使市场范围不断延伸甚至达到整个世界，使参与贸易的各个国家或区域都可以分享大规模生产和商品种类多样化带来的各种利好。按照这个逻辑，即使不存在比较优势和要素禀赋差异，规模经济本身也可以促使开展国际贸易，这就是新贸易理论的核心思想。保罗·克鲁格曼根据D－S框架，建立了生产商和消费者选择区位的一般均衡分析框架。保罗·克鲁格曼的核心边缘模型的内在动力是厂商和劳动力的区位选择行为，任何厂商都选择规模较大市场区作为其生产区位，每个消费者也都选择市场规模较大区位为其居住区位。因这种趋势，在市场规模不同的两个区域之间，将发生厂商和劳动力的迁移行为，一旦发生厂商和劳动力的区际转移，那么将进一步放大市场规模大小之差距，形成一种循环累积因果链。一旦形成这种循环累积因果链，那么就很快形成稳定的核心边缘结构。

保罗·克鲁格曼的核心边缘模型问世后，不断得到其他学者也包括保罗·克鲁格曼本人的进一步补充完善和创新，以核心边缘模型为基础的其他类似的模型也纷纷建立起来了。新经济地理学认为，即使不存在外生差异，经济空间也会发生演化分异。因此，存在外生差异的情况下，经济空间的演化过程是情理之中的，且在经常发生各种政治事件或偶发事件的情况下，更是如此。新经济地理学基本模型的数理分析表明，即使两个区域初始条件完全相同且不存在外力作用，经济系统的内生力量终将使区域演化分异，产业聚集不可避免，甚至形成极端的核心边缘结构。产业聚集区（核心区），在满足本地需求的同时向非聚集区（边缘区）输出商品。核心区的市场需求远大于边缘区，它成了进一步吸引人口和产业、促进资本积累和知识创造的重要力量。除了厂商规模经济和聚集经济以外，由于运输和贸易成本的节省，核心区相对于边缘区还具有成本低廉的优势，成本低廉涵盖各种生产投入品和生活消费品，对产业和人口形成巨大吸引力。核心区需求大和成本低的优势，既各自自我加强又相互加强，形成一种自我强化的循环累积因果链，不断地增强自身的优势。

不同于新古典经济学，新经济地理学是包含非均衡力的经济学，它的核心模型是非线性模型，因而，它给出了许多富有特色的理论观点，揭示了经济活动空间模式的复杂性。本地市场放大效应、循环累积因果链、内生的非对称、突发性集聚、多重均衡、区位的黏性、钟状聚集租金、预期的自我实现等特征，都是新经济地理学模型所独有的特征，它所给出的政策含义显然与新古典理论完全不同。

但新经济地理学理论，在方法论方面确实存在较大的局限性，保罗·克鲁格曼本人也多次提到了这些局限性，这些主要涉及 C－D 型生产函数和 CES 偏好、冰山交易成本、垄断竞争假设、忽略地理和历史的作用、缺乏量化分析以及政策性建议、代理人短视性假设等方面。正因为这些局限性，新经济地理学经历了早期的“火爆”，也经历了后期的“沮丧”。近来，新经济地理学在突破这些局限性方面也取得了丰硕的成果。今后，新经济地理学将进一步加强异质性领域的研究，逐渐用可变替代弹性来取代不变替代弹性偏好，从而走向多区域框架，加强知识和文化与经济之间的联系，以及不同学科之间融合发展，并强化量化空间经济学的研究。

参考文献

[1] 安虎森，等．新经济地理学原理（第二版）[M]．北京：经济科学出版社，2009.

[2] [英] 约翰·伊特韦尔，默立·米尔盖特，彼得·纽曼．新帕尔格雷夫经济学大辞典（第一卷）（中文版）[M]．北京：经济科学出版社，1996.

[3] [英] 约翰·伊特韦尔，默立·米尔盖特，彼得·纽曼．新帕尔格雷夫经济学大辞典（第四卷）（中文版）[M]．北京：经济科学出版社，1996.

[4] Abdel – Rahman, H M. Product Differentiation, Monopolistic Competition, and City Size [J]. Regional Science and Urban Economics, 1988, 18: 69 – 86.

[5] Ahlfeldt, Gabriel M., Stephen J. Redding, Daniel M. Sturm, and Nikolaus Wolf. The Economics of Density: Evidence from the Berlin Wall [J]. Econometrica, 2015, 83 (6): 2127 – 2189.

[6] Akamatsu, T., Takayama, Y. & Ikeda, K. Spatial Discounting, Fourier, and Racetrack Economy: A Recipe for the Analysis of Spatial Agglomeration Models [J]. Journal of Economic Dynamics and Control, 2012, 36 (11): 1729 – 1759.

[7] Allen, Treb and Costas Arkolakis. Trade and the Topography of the Spatial Economy [J]. Quarterly Journal of Economics, 2014, 129 (3): 1085 – 1140.

[8] Alonso, W. Location and Land Use [M]. Mass: Harvard University Press, 1964.

[9] Alonso – Villar, O. A Reflection on the Effects of Transport Costs within the New Economic Geography [J]. Review of Urban & Regional Development Studies, 2007, 19 (1): 49 – 65.

[10] Annicchiarico, B., Orioli, F. & Trionfetti, F. National Oligopolies and Economic Geography [J]. The Annals of Regional Science, 2012, 48 (1): 71 – 99.

[11] Baldwin R. Agglomeration and Endogenous Capital [J]. European Economic Review, 1999, 43: 253 – 280.

[12] Baldwin R. Martin P. and Ottaviano G. I. P. Global Income Divergence, Trade and Industrialization: The Geography of Growth Take – Off [J]. Journal of Economic Growth, 2001, 6: 5 – 37.

[13] Baldwin, R., Forslid, R., Martin, P., Ottaviano, G. & Robert – Nicoud, F. Economic Geography and Public Policy [J]. Princeton: Princeton Univer-

sity Press, 2003.

[14] Barbero, J. & Zofío, J L. The Multiregional Core - Periphery Model: The Role of the Spatial Topology [J]. Networks and Spatial Economics, 2016, 16 (2): 469 - 496.

[15] Behrens, K. & Robert - Nicoud, F. Tempora Mutantur: In Search of a New Testament for Neg [J]. Journal of Economic Geography, 2011, 11 (2): 215 - 230.

[16] Behrens, K. & Murata, Y. General Equilibrium Models of Monopolistic Competition: A New Approach [J]. Journal of Economic Theory, 2007, 136 (1): 776 - 787.

[17] Behrens, K. & Murata, Y. City Size and the Henry George Theorem Under Monopolistic Competition [J]. Journal of Urban Economics, 2009, 65 (2): 228 - 235.

[18] Behrens, K., Mion, G., Murata, Y. & Suedekum, J. Spatial Frictions [J]. Journal of Urban Economics, 2017, 97: 40 - 70.

[19] Berliant, M. & Fujita, M. Knowledge Creation as a Square Dance on the Hilbert Cube [J]. Mimeo, Institute of Economic Research, Kyoto University, 2006.

[20] Berliant, M. & Fujita, M. Dynamics of Knowledge Creation and Transfer: The Two Person Case [J]. MPRA Paper, 2007: No. 4973.

[21] Berliant, M. & Fujita, M. Culture and Diversity in Knowledge Creation [J]. Regional Science and Urban Economics, 2014, 42 (4): 648 - 662.

[22] Combes, P. - P., Mayer, T. & Thisse, F. Economic Geography: The Integration of Regions and Nations [M]. Princeton: Princeton University Press, 2008.

[23] Debreu, G. Theory of Value [M]. New Haven: Yale University Press, 1959.

[24] Desmet, Klaus and Esteban Rossi - Hansberg. Urban Accounting and Welfare [J]. American Economic Review, 2013, 103 (6): 2296 - 2327.

[25] Demidova, S. Trade Policies, Firm Heterogeneity, and Variable Markups [J]. Journal of International Economics, 2017, 108: 260 - 273.

[26] Dixit, A K. and J E. Stiglitz. Monopolistic Competition and Optimum Product Diversity [J]. American Economic Review, 1977, 67 (3): 297 - 308.

[27] Dixit, A. and V. Norman. Theory of International Trade: A Dual General Equilibrium Approach [M]. Cambridge: Cambridge University Press, 1980.

[28] Edgar M. Hoover and Frank Giarratani. An Introduction to Regional Eco-

nomics [M]. New York: Alfred A. Knopf, 1984.

[29] Eeckhout, J., Pinheiro, R. & Schmidheiny, K. Spatial Sorting [J]. Journal of Political Economy, 2014, 122 (3): 554 – 620.

[30] Ellickson, B. & Zame, W. A Competitive Model of Economic Geography [J]. Economic Theory, 2005, 25 (1): 89 – 103.

[31] Ethier, W J. National and International Returns to Scale in the Modern Theory of International Trade [J]. American Economic Review, 1982, 72 (3): 389 – 405.

[32] Fujita, M. & Thisse, F. New Economic Geography: An Appraisal on the Occasion of Paul Krugman's 2008 Nobel Prize in Economic Sciences [J]. Regional Science and Urban Economics, 2009, 39 (2): 109 – 119.

[33] Fujita, M. & Mori, T. Frontiers of the New Economic Geography [J]. Papers in Regional Science, 2005, 84 (3): 377 – 405.

[34] Fujita, M. A Monopolistic Competition Model of Spatial Agglomeration: Differentiated Product Approach [J]. Regional Science and Urban Economics, 1988, 18: 87 – 124.

[35] Fujita, M. & Krugman, P. The New Economic Geography: Past, Present and the Future [J]. Papers in Regional Science, 2004, 83 (1): 139 – 164.

[36] Fujita, M., Krugman, P. & Mori, T. On the Evolution of Hierarchical Urban Systems [J]. European Economic Review, 1999a, 43 (2): 209 – 251.

[37] Fujita, M., Krugman, P. & Venables, A J. The Spatial Economy: Cities, Regions, and International Trade [M]. The MIT Press, 1999b.

[38] Fujita, M. & Krugman, P. When is the Economy Monocentric? Von Thünen and Chamberlin Unified [J]. Regional Science and Urban Economics, 1995, 25 (4): 505 – 528.

[39] Forslid, R. Agglomeration with Human and Physical Capital: An Analytically Solvable Case [J]. Discussion Paper No. (2102), Center for Economic Policy Research, 1999.

[40] Forslid R and Ottaviano G I P. An Analytically Solvable Core – Periphery Model [J]. Journal of Economic Geography, 2003, 3: 229 – 240.

[41] Forslid, R. & Okubo, T. On the Development Strategy of Countries of Intermediate Size – An Analysis of Heterogeneous Firms in a Multi – Region Framework [J]. European Economic Review, 2012, 56 (4): 747 – 756.

[42] Frenken, K., Oort, F V. & Verburg, T. Related Variety, Unrelated Vari-

ety and Regional Economic Growth [J]. Regional Studies, 2007, 41 (5): 685 -697.

[43] Garretsen, H. & Martin, R. Rethinking (new) Economic Geography Models: Taking Geography and History More Seriously [J]. Spatial Economic Analysis, 2010, 5 (2): 127 -160.

[44] Harris, C. The Market as a Factor in the Localization of Industry in the United State [J]. Annals of the Association of American Geographers, 1954, 64: 315 -348.

[45] Harvey, D. The Geopolitics of Capitalism. in: Social Relations and Spatial Structures [M]. Springer, 1985: 128 -163.

[46] Head, K. & Mayer, T. Regional Wage and Employment Responses to Market Potential in the Eu [J]. Regional Science and Urban Economics, 2006, 36 (5): 573 -594.

[47] Henderson, J. V. The sizes and types of cities [J]. The American Economic Review, 1974, 64 (4): 640 -656.

[48] Helpman, E. The Size of Regions. In Pines, D., Sadka. E. and Zilcha, I., Eds., Topics in Public Economics: Theoretical and Applied Analysis [J]. Cambridge University Press Cambridge, 1998: 33 -54.

[49] Hopenhayn H., "Entry, Exit, and Firm Dynamics in Long Run Equilibrium" [J]. Econometrica, 1992a, 60: 1127 -1150.

[50] Hopenhayn H., "Exit, Selection, and the Value of Firms" [J]. Journal of Economic Dynamics and Control, 1992b, 16: 621 -653.

[51] Hotelling, H., Stability in Competition [J]. Economic Journal, 1929, 39: 41 -57.

[52] Kanemoto, Y., Theories of Urban Externalities [M]. Cambridge, MA: MIT Press, 1980.

[53] Krugman, P., "Increasing Returns, Monopolistic Competition and International Trade" [J]. Journal of International Economics, 1979a, 9: 469 -479.

[54] Krugman, P. "Scale Economies, Product Differentiation, and the Pattern of Trade" [J]. American Economic Review, 1980, 70: 950 -959.

[55] Krugman, Paul. Increasing Returns and Economic Geography [J]. Journal of Political Economy, 1991, 99: 483 -499.

[56] Krugman P. and Venables A J. Globalization and the Inequality of Nations [J]. Quarterly Journal of Economics, 1995, 60: 857 -880.

[57] Krugman, P. Development, Geography, and Economic Theory [M]. The

MIT Press, 1997.

[58] Kichko, S., Kokovin, S. & Zhelobodko, E. Trade Patterns and Export Pricing under Non-ces Preferences [J]. Journal of International Economics, 2014, 94 (1): 129 - 142.

[59] Lancaster, K. Intra-industry Trade under Perfect Monopolistic Competition [J]. Journal of International Economics, 1980, 10: 151 - 171.

[60] Marshall, A. Principles of Economics (8th ed.) [M]. London: Macmillan, 1920.

[61] Martin P, Rogers CA. Industrial Location and Public Infrastructure [J]. Journal of International Economics, 1995, 39: 335 - 351.

[62] Martin P. and Ottaviano G I P. Growing Locations: Industry Location in a Model of Endogenous Growth [J]. European Economic Review, 1999, 43: 281 - 302.

[63] Martin, R. & Sunley, P. Paul Krugman's Geographical Economics and Its Implications for Regional Development Theory: A Critical Assessment [J]. Economic Geography, 1996, 72 (3): 259 - 292.

[64] Melitz Marc J. The Impact of Trade on Intra-industry Reallocations and Aggregate Industry Productivity [J]. Econometrica, 2003, 71: 1695 - 1725.

[65] Melitz Marc J. and Giancarlo I P. Ottaviano. Market Size, Trade and Productivity [J]. The Review of Economic Studies, 2008, 75 (1): 295 - 316.

[66] Mossay, P. & Picard, P. On Spatial Equilibria in a Social Interaction Model [J]. Journal of Economic Theory, 2011, 146 (6): 2455 - 2477.

[67] Mossay, P. A Theory of Rational Spatial Agglomerations [J]. Regional Science and Urban Economics, 2013, 43 (2): 385 - 394.

[68] Ottaviano G I P. Home Market Effects and the (in) Efficiency of International Specialization [J]. Mimeo, Graduate Institute of International Studies, 2001.

[69] Ottaviano G I P. Monopolistic Competition, Trade, and Endogenous Spatial Fluctuations [J]. Regional Science and Urban Economics, 2001, 31: 51 - 77.

[70] Ottaviano G I P. Models of New Economic Geography: Factor Mobility vs. Vertical Linkages [J]. Mimeo, Graduate Institute of International Studies, 2002.

[71] Ottaviano G I P. and Tabuchi T. and Thisse J. Agglomeration and Trade Revisited [J]. International Economic Review, 2002, 43: 409 - 436.

[72] Ottaviano, G. Agglomeration, Trade and Selection [J]. Regional Science and Urban Economics, 2012, 42 (6): 987 - 997.

[73] Okubo, T., Picard, P M. & Thisse, F. The Spatial Selection of Heterogeneous Firms [J]. Journal of International Economics, 2010, 82 (2): 230-237.

[74] Oyama, D. Agglomeration under Forward-looking Expectations: Potentials and global stability [J]. Regional Science and Urban Economics, 2009a, 39 (6): 696-713.

[75] Pred, A. The Spatial Dynamics of U. S. Urban - Industrial Growth [M]. Cambridge: MIT Press, 1966.

[76] Pflüger, M. A Simple, Analytically Solvable, Chamberlinian Agglomeration Model [J]. Regional Science and Urban Economics, 2004, 34 (5): 565-573.

[77] Picard, P. M. & Zeng, Z. Agricultural Sector and Industrial Agglomeration [J]. Journal of Development Economics, 2005, 77 (1): 75-106.

[78] Ricardo, D., (1821), The Principles of Political Economy [M]. 3rd edition, Homewood, Ⅲ.: Irwin, 1963.

[79] Robert - Nicoud F. A Simple Geography Model with Vertical Linkages and Capital Mobility [J]. Mimeo, London School of Economics, 2002.

[80] Robert - Nicoud, F. The Structure of Simple New Economic Geography Models (or, on identical twins) [J]. Journal of Economic Geography, 2005, 5 (2): 201-234.

[81] Redding, Stephen J. Goods Trade, Factor Mobility and Welfare [J]. Journal of International Economics, 2016, 101: 148-167.

[82] Redding, Stephen J. and Esteban Rossi - Hansberg. Quantitative Spatial Economics [J]. Annual Review of Economics, 2017, 9: 21-58.

[83] Salop, S. C., Monopolistic Competition with Outside Goods [J]. Bell Journal of Economics, 1979, 10: 141-156.

[84] Starrett, D. Market Allocations of Location Choice in a Model with Free Mobility [J]. Journal of Economic Theory, 1978, 17: 21-37.

[85] Tabuchi, T. & Thisse, F. Taste Heterogeneity, Labor Mobility and Economic Geography [J]. Journal of Development Economics, 2002, 69 (1): 155-177.

[86] Thünen, J H. Von, (1826), Der isolierte Staat in Beziehung auf Landwirtschaft und Nationalökonomie [M]. 3rd edition, Stuttgart: Gustav Fischer, 1966.

[87] Venables, A J. Equilibrium Locations of Vertically Linked Industries [J]. International Economic Review, 1996, 37 (2): 341-359.

［88］ Venables，A J. Productivity in Cities：Self-selection and Sorting ［J］. Journal of Economic Geography，2010，11（2）：241 -251.

［89］ Zhelobodko，E.，Kokovin，S.，Parenti，M. & Thisse，J. -F. Monopolistic Competition：Beyond the Constant Elasticity of Substitution ［J］. Econometrica，2012，80（6）：2765 -2784.

第二章
理论基础

新经济地理学是在 A. K. 迪克希特和 J. E. 斯蒂格利茨的垄断竞争框架（以下简称 D-S 框架）、保罗·萨缪尔森的冰山运输成本、保罗·克鲁格曼的核心边缘模型基础上发展起来的。因此，这些基础理论对掌握新经济地理学的整个理论框架而言，是必不可少的。

第一节　迪克希特-斯蒂格利茨垄断竞争模型

当讨论包含规模收益递增特性的模型时，必须涉及市场结构问题。当涉及市场结构时，我们通常考虑的是完全竞争市场。在完全竞争和企业自由进入和退出的情况下，市场实现均衡时，各个厂商的利润为零。但这种零利润条件无法解释现实中很多厂商所具有的很强的市场扩张能力，同时，也无法解释大多数厂商主要从事一种产品生产的现象。这种市场扩张能力和主要生产某一系列产品的现象说明，这些厂商在这些产品的生产领域具有规模收益递增特征。以及在这些产品生产领域具有某种垄断能力。尽管这些厂商具有垄断特征，但这些厂商所处的生产部门不是自然垄断行业部门，也不是从政府获得特许权从事生产的部门，市场中也不存在进入和退出壁垒。正因如此，潜在进入企业进入市场并同原有的企业展开竞争，如果原有的垄断厂商所制定的价格为 p，那么这些潜在进入企业将以 $p-\varepsilon$（ε 为很小的数）价格进入，可以夺走原有垄断厂商的市场。因此，这些垄断厂商不能按垄断价格定价，此时，最优的定价策略是边际成本加成定价法定价。也就是说，尽管这些厂商具有垄断厂商的特征（因为市场占有率为 100%），但市场行为与完全竞争市场上的厂商行为是一样的。另外，以新古典理论为基础的传统的城市或区域研究，都遵从 A. 马歇尔（Alfred Marshall，1890）的观点，把单个厂商的这种收益递增归结于聚集而导致的外部性，认为外部性的存在使得单个厂商具有规模收益递增特征。经济活动的外部性指的是一个经济主体的行为对与其并无直接关系的其他经济主体的影响，但这种影响的空间范围是有限的。也就是说，如果经济主体之间的空间距离很大，那么这种外部性也就不存在了。外部性起作用的前提是经济活动在某一空间内的聚集。可以认为，具有规模收益递增和某种垄断特征的不同厂商，在市场上进行各种交换活动，就造就了外部性。外部性是具有上述两种特征的厂商在市场上进行各种交换活动的结果，而不是规模收益递增的直接源泉，但这种外部性反过来强化这种收益递增强度。

综上所述，我们必须考虑不完全竞争的市场结构。最初研究不完全竞争市场的是 E. H. 张伯伦（Edward Hastings Chamberlin，1933，1950），他的垄断竞争理论打破了完全竞争的一般均衡，市场形态的变化允许企业具有规模收益递增的生产函数。后来，A. K. 迪克斯特和 J. E. 斯蒂格利茨（1977）进一步研究了不完全竞争市场。[①] 在他们的框架中，作为一种市场形态的垄断竞争，取决于消费者的偏好及厂商对有限生产资源的需求，这就使得厂商显示出规模收益递增的特征。在需求方面，消费者具有多样化偏好，消费者的效用水平不仅取决于消费者消费的某种产品的数量，还取决于消费者消费的产品种类数量；在供给方面，每个厂商都在其产品生产领域具有规模收益递增特征，故在其产品生产领域具有一定的垄断性，它们通常不会选择范围经济而致力于一种产品的生产；在生产中并不存在进入和退出壁垒，因此，均衡时厂商的利润为零利润；不同产品之间还存在一定的替代性，尽管每个厂商的行为并不一定直接影响其他厂商，但通过产品之间的这种替代性间接影响其他厂商的经营活动，因此，厂商之间还具有一定的竞争性。下面，简要地讨论迪克斯特－斯蒂格利茨的竞争垄断框架（以下简称 D－S 框架）。

一、数量指数和价格指数

在 D－S 框架中，核心效用函数是不变替代弹性效用函数。假设所有消费者的偏好都相同，同时消费工业品和农产品，此时的效用函数可以用柯布—道格拉斯型效用函数（以下简称 C－D 型效用函数）来表示，即：

$$U = C_M^{\mu} C_A^{1-\mu} \tag{2.1}$$

其中，U 为消费者的效用；C_M 为消费者所消费的一组差异化的工业品组合的数量指数，即 $C_M = (c_1, c_2, \cdots, c_i, \cdots, c_n)$，这些工业品之间存在一定的替代性；$C_A$ 为消费者消费的农产品数量指数，我们假定农产品为同质产品，也就是

① Stiglitz, J. E. Monopolistic Competition and Optimum Product Diversity [J]. American Economic Review, 1977, 67: 297－308.

把农产品看成是一种产品，故可以把它视为计价物；μ 为在消费者总支出中工业品支出所占的份额，$1-\mu$ 为农产品支出所占的份额。

如果用 c_i 来表示第 i 个工业品的消费数量，用 n 来表示工业品的多样化程度，也就是工业品种类数量，用不变替代弹性（CES）效用函数来表示差异化的工业品组合的消费数量指数 C_M，则我们分别用如下公式来表示，工业品种类为连续变量时（用工业品之间的差别化程度来表示）或离散变量时的工业品组合的消费数量指数：

$$\begin{cases} C_M = \left[\int_0^n c(i)^{\rho} \mathrm{d}i\right]^{1/\rho} \\ C_M = \left[\sum_{i=1}^{n} c(i)^{\rho}\right]^{1/\rho} \end{cases}, 0 < \rho < 1; \text{或} \begin{cases} C_M = \left[\int_0^n c(i)^{(\sigma-1)/\sigma} \mathrm{d}i\right]^{\sigma/(\sigma-1)} \\ C_M = \left[\sum_{i=1}^{n} c(i)^{(\sigma-1)/\sigma}\right]^{\sigma/(\sigma-1)} \end{cases}, \sigma > 1 \tag{2.2}$$

本章将采取连续变量的形式，在下一个部分，将采取离散变量的形式。其中，参数 ρ 为表示多样性偏好的系数，如果 ρ 接近 1，则多样化偏好强度较低，此时，工业品之间相互可以替代，市场上的工业品种类越来越少，效用函数 C_M 也最终变成线性效用函数形式；如果 ρ 接近 0，则消费者的多样化偏好强度很大，也就是市场上的工业品种类就越多。如果用 σ 来表示任意两种工业品之间的替代弹性，则 $\sigma \equiv 1/(1-\rho)$（后面会给出 σ 和 ρ 之间关系的推导过程）。如果用 Y 表示收入水平，用 p_A 表示农产品价格，用 C_A 表示农产品消费量，$p(i)$ 表示不同工业品的价格，则消费者的消费行为是，在预算约束 $p_A C_A + \int_0^n p(i)c(i)\mathrm{d}i = Y$ 条件下，尽可能实现效用函数式（2.1）的最大化。由于把农产品视为计价物，故可以把单位农产品价格看成是一单位价格，即 $p_A = 1$，这样上面的式子可以改写为 $C_A + \int_0^n p(i)c(i)\mathrm{d}i = Y$ 的形式。

由于消费者对农产品和工业品的消费是可以分离的，同时，工业品的消费函数 C_M 与工业品数量 $c(i)$ 同向变化，故可以分两个阶段讨论上述效用函数的最大化问题。第一阶段，不管 C_M 值多大，总可以找到在实现 C_M 所需成本中最小化的成本 $c(i)$。该问题是如下成本函数的最小化问题，即：

$$\begin{cases} \min \int_0^n p(i)c(i)\mathrm{d}i \\ \text{s.t.} \left[\int_0^n c(i)^{\rho}\mathrm{d}i\right]^{1/\rho} = C_M \end{cases} \tag{2.3}$$

在式（2.3）中，约束条件 C_M 为工业品数量指数。为求解式（2.3）的最小化问题，首先建立拉格朗日方程（L），然后分别求偏微分 $\partial L/\partial c(i)$、$\partial L/\partial c(j)$，并令它们分别等于零，则：

$$\lambda\left[\int_0^n c(i)^{\rho}\mathrm{d}i\right]^{(1-\rho)/\rho}c(i)^{\rho-1}=p(i) \tag{2.4}$$

$$\lambda\left[\int_0^n c(j)^{\rho}\mathrm{d}j\right]^{(1-\rho)/\rho}c(j)^{\rho-1}=p(j) \tag{2.5}$$

在式（2.4）和式（2.5）中，对差异化的工业品 i、j（当然 $i\neq j$）分别取一阶导数，就是为了某一工业品的产出用另一种工业品的产出来表示。λ 均为拉格朗日乘子。从式（2.4）和式（2.5），可以得出：

$$\frac{c(i)^{\rho-1}}{c(j)^{\rho-1}}=\frac{p(i)}{p(j)} \tag{2.6}$$

式（2.6）说明，任意两种工业品，其边际替代率就等于价格之比。从式（2.6），可以得出 $c(i)=c(j)[p(i)/p(j)]^{1/(1-\rho)}$。把此式子代入式（2.3）的约束表达式，则：

$$c(j)=\frac{p(j)^{1/(\rho-1)}}{\left[\int_0^n p(i)^{\rho/(\rho-1)}\mathrm{d}i\right]^{1/\rho}}C_M \tag{2.7}$$

式（2.7）就是消费者对产品 j 的直接需求函数。消费者消费差异化工业品 j 时的支出额为 $p(j)c(j)$，因此，在式（2.7）两边乘上 $p(j)$ 并对工业品 j 进行积分，则：

$$\int_0^n p(j)c(j)\mathrm{d}j=\left[\int_0^n p(i)^{\rho/(\rho-1)}\mathrm{d}i\right]^{(\rho-1)/\rho}C_M \tag{2.8}$$

在式（2.8）中，C_M 前面的系数称为价格指数。用 P_M 来表示价格指数，这样消费者对工业品的总支出额等于工业品数量指数 C_M 乘上价格指数 P_M。并设 $\rho\equiv(\sigma-1)/\sigma$，则工业品种类数量为连续变量和离散变量时的价格指数为：

$$\begin{cases}P_M=\left[\int_0^n p(i)^{1-\sigma}\mathrm{d}i\right]^{1/(1-\sigma)}\\ P_M=\left[\sum_{i=1}^{n}p(i)^{1-\sigma}\right]^{1/(1-\sigma)}\end{cases},\ \sigma>1 \tag{2.9}$$

价格指数 P_M 表示的是，消费者消费一单位 C_M 时的最小费用。这样，如果把 C_M 看成是消费者消费工业品时的效用函数，则可以把 P_M 看成是消费者消费工业品时的支出函数。

本部分重点讨论了消费的数量指数和价格指数。在下一部分，我们讨论市场需求问题。

二、需求函数

为求出需求函数，就得讨论消费者消费工业品组合时的效用最大化问题。

下面根据离散型不变替代弹性效用函数来进行讨论。消费者效用最大化问题，又是如如下函数的最大化问题，即：

$$\begin{cases}\max\left[\sum_{i=1}^{n} c(i)^{(\sigma-1)/\sigma}\right]^{\sigma/(\sigma-1)} \\ \text{s. t.} \sum_{i=1}^{n} p(i)c(i) = E_m\end{cases} \tag{2.10}$$

其中，σ 为任意两种工业品之间的替代弹性，E_m 为对工业品组合的总支出。注意，E 为消费者消费工业品组合和农产品时的总支出，由于我们的模型中没有储蓄，因此，收入等于支出，因而 E 等于 Y。如果设定对农产品的支出为 E_a，则 $E = E_m + E_a = Y$。

为了解上面的效用最大化问题，首先，建立拉格朗日方程，然后，求偏微分 $\partial L/\partial c(j)$ 并令它等于零，则：

$$C_M\left[\sum_{i=1}^{n} c(i)^{(\sigma-1)/\sigma}\right]^{-1} c(j)^{-1/\sigma} = \lambda p(j),\ \forall_j \tag{2.11}$$

对式（2.11）的两边同乘以 $c(j)$ 并对 j 求和，则可以得出拉格朗日乘子的表达式 $\lambda = C_M/E_m$，并把此表达式代入式（2.11），则可以得出：

$$p(j) = \frac{c\ (j)^{-1/\sigma}}{\sum_{i=1}^{n} c(i)^{(\sigma-1)/\sigma}} E_m,\ \forall_j \tag{2.12}$$

现在把式（2.11）重新写成 $c(j) = \left[\lambda p(j) C_M^{-1} \sum_{i=1}^{n} c(i)^{(\sigma-1)/\sigma}\right]^{-\sigma}$ 的形式，然后，两边同乘以 $p(j)$ 并对 j 求和。由约束式 $\sum_{i=1}^{n} p(i)c(i) = E_m$ 整理可得 $\lambda = \left[\sum_{i=1}^{n} p(i)^{1-\sigma}\right]^{1/\sigma} E_m^{-1/\sigma} C_M \Big/ \left[\sum_{i=1}^{n} c(i)^{(\sigma-1)/\sigma}\right]$，把此拉格朗日乘子代入由式（2.11）给出的一阶条件，则：

$$c(j) = \frac{p(j)^{-\sigma}}{\sum_{i=1}^{n} p(i)^{1-\sigma}} E_m,\ \forall_j \tag{2.13}$$

由式（2.12）给出的函数为反需求函数，也称为间接需求函数，而由式（2.13）给出的需求函数为直接需求函数。如果厂商之间进行的是古诺竞争（产出量竞争），那么此时利用由式（2.12）给出需求函数比较方便；如果厂商之间进行的是伯特兰竞争（价格竞争），那么利用由式（2.13）给出的需求函数比较方便。当厂商数量很多且规模都较小时，两种竞争方式导致的结果是相同的。同理，对于连续变量的不变替代弹性效用函数，我们也可以推导出需求函数，不同点就是求和号变为积分号而已。

在上面讨论的是实现消费者效用最大化时的工业品组合的需求函数，下面将要讨论实现效用最大化时消费者应选择何种工业品（C_M）和农产品（C_A）组合的问题。正如前文所述，在第一阶段，消费者的总预算可以分解为对工业品的预算和对农产品的预算。本部分将讨论消费者实现效用最大化时的工业品组合和农产品的需求问题，而这些需求问题又可以表述为：消费者为工业品组合和农产品消费分别支出多少才能实现其效用最大化的问题。该问题涉及如下效用函数最大化问题，即：

$$\begin{cases}\max\limits_{C_M,C_A} U = C_M^{\mu} C_A^{1-\mu} \\ \text{s. t. } P_M C_M + C_A = Y\end{cases} \tag{2.14}$$

其中，Y 为收入水平，也可以理解为支出水平，因为收入全部用在消费上。为解上面的问题，我们先建立拉格朗日方程，然后，求$\partial L/\partial C_M$ 和$\partial L/\partial C_A$，并令它们分别等于零，则：

$$\begin{cases}\partial L/\partial C_M = \mu C_M^{\mu-1} C_A^{1-\mu} - \lambda P_M = 0 \Rightarrow \mu C_M^{\mu-1} C_A^{1-\mu} = \lambda P_M \\ \partial L/\partial C_A = (1-\mu) C_M^{\mu} C_A^{-\mu} - \lambda p_A = 0 \Rightarrow (1-\mu) C_M^{\mu} C_A^{-\mu} = \lambda p_A\end{cases}$$

$$\Rightarrow \mu p_A C_A = (1-\mu) P_M C_M \Rightarrow \mu p_A C_A + \mu P_M C_M = P_M C_M \Rightarrow P_M C_M = \mu Y$$

这样，可以得出有关 C_M 和 C_A 的直接需求函数，也就是消费者选择如下 C_M 和 C_A 时，可以实现效用最大化：

$$\begin{cases}C_M = \dfrac{\mu}{P_M} Y \\ C_A = \dfrac{(1-\mu)}{p_A} Y\end{cases} \tag{2.15}$$

有了上面的讨论，现在可以回过头考虑 E_m 了，E_m 就等于 μY。如果用 E_a 来表示对农产品的支出额度，则 E_a 就等于 $(1-\mu)Y$。现在可以用收入水平、工业品价格指数来表示消费者的效用 U，即：

$$U = \mu^{\mu} (1-\mu)^{1-\mu} P_M^{-\mu} Y \tag{2.16}$$

应注意的是，工业品种类 n 是一个内生变量。不变替代弹性（CES）效用函数一般被称为“偏爱多样化”效用函数，也就是说，在同样的支出水平下，消费的产品种类越多，效用水平也就越高。或者，所提供的工业品种类越多，工业品的价格指数（也就是 P_M）越低，效用水平相同情况下的支出水平也就越低。为了说明这种关系，考虑对称时的情况，也就是假设消费者消费的不同产品的数量都相等，每种产品的价格也都相等，即对所有 $i(i \in [0, n])$，我们假设 $c(i) = c$、$p(i) = p$。则根据式（2.8）中的 P_M 的表达式，可以写成：

$$P_M = \left[\int_0^n p(i)^{1-\sigma} \mathrm{d}i\right]^{1/(1-\sigma)} = pn^{1/(1-\sigma)} \tag{2.17}$$

$$U=\mu^{\mu}(1-\mu)^{1-\mu}[pn^{1/(1-\sigma)}]^{-\mu}Y=\mu^{\mu}(1-\mu)^{1-\mu}p^{-\mu}n^{[1/(\sigma-1)]\mu}Y \quad (2.18)$$

在式（2.18）中，μ、σ、p、Y 都为常数，其中，$\sigma[\sigma\equiv1/(1-\rho)]$ 为任意两种工业品之间的替代弹性（它又等于消费者需求的价格弹性，我们将会给出这两者之间的关系），且 $\sigma>1$，故 $\mu/(\sigma-1)>0$，说明在收入水平不变的情况下，n 越大，效用水平越高。或者说，工业品种类对价格指数的影响，取决于工业品之间的替代弹性 σ，替代弹性越小（工业品之间的差异化程度越大），则随着工业品种类的增加，价格指数下降幅度越大，消费者的实际效应水平也就越大。

三、消费者的多样化偏好

在不变替代弹性效用函数的情况下，消费者通常偏好产品多样化。其实，在上面已经讨论了消费者的多样化偏好问题，可以以离散型不变替代弹性效用函数为例，来进一步说明多样化偏好问题。仍然考虑对称时的情况，此时，消费者对工业品的支出水平为 $E_m(E_m=\mu Y)$。由于对称，所有不同种类产品的价格都为 p，消费者对所有类型产品的购买量都为 c，也就是 $p_i=p$，$c_1=c$（$i=1$，2，…，n），则 $E_m=\sum_{i=1}^{n}p_ic_i=npc$，从而 $c=E_m/np$。由于 E_m、p 都为常数，因此，c 随着产品种类数量 n 的变化而变化，代入效用函数可以得出 $U=C_M=[\sum_{i=1}^{n}(E_m/np)^{(\sigma-1)/\sigma}]^{\sigma/(\sigma-1)}=E_mn^{1/(\sigma-1)}/p$。可以看到，随着购买的产品种类数量 n 的增加，消费者在支出水平 E_m 不变的情况下，所获得的效用水平是提高的，因此，消费者无疑会偏好多样化产品的消费。那么在工业品价格不相同的情况下，是否仍然成立上述结论？答案是肯定的。先考察一下完全价格指数 $P_M\equiv(\sum_{i=1}^{n}p_i^{1-\sigma})^{1/(1-\sigma)}$。可以发现，当增加消费一个新品种而保持原有品种的价格不变时，价格指数是下降的。我们常常用 $V=E/P_M$ 来表示间接效用，间接效用也就是实际收入水平，其中，$E=E_m+E_a$，P_M 为完全价格指数。从 V 的表达式中可以看出，当完全价格指数下降时，间接效用也就是实际收入变大。

实际上，D－S 垄断竞争框架假定了所有消费者都具有相同的偏好，具体一点就是，每个消费者都具有多样化偏好，都消费所有的工业品，不会对某些特定种类的工业品具有特殊的偏好，每个消费者的效用函数都是相同形式的效用函数，即都遵循 $U=[\int_{i=0}^{n}c(i)^{(\sigma-1)/\sigma}\mathrm{d}i]^{\sigma/(\sigma-1)}$ 或 $U=[\sum_{i=1}^{n}c_i^{(\sigma-1)/\sigma}]^{\sigma/(\sigma-1)}$，从而与消费者群体的效用函数完全相同。这种单个消费者的不变替代弹性效用函数意味着，每个消费者对各种工业品的偏好程度是相同的，从而对每一种工业品的消费量都相同。虽然这样假设与现实相去甚远，但是，对整个经济系统或以区域为单位的消费者群体而言，不变替代弹性效用函数则是容易接受的，由于新经济地理学研究的空间单位主要是区域，因此，对单个消费者效用函数的这种假设只是为了更方便地描述区域的性质，它与现实的差距并不像感觉上的那么大。上述效用函数中，c_i 是消费者对产品 i 的消费量，σ 是不同产品之间的替代弹性，反映了各种产品间的相互替代。可以看到，当 σ 趋近于无穷大时，效用函数就变成线性效用函数，这意味着产品之间具有完全的替代性，这时，消费者也就无所谓多样化需求，即多样化需求强度为0；当 σ 变小时，产品之间的替代性减弱，消费者认为产品间的差异性在变大，消费者的多样化需求欲望就变大。

四、规模收益递增与产品间的替代弹性

在 D－S 垄断竞争框架下，工业品的生产具有规模收益递增的特征。这可以从代表性工业企业的成本函数 $w(F+a_m x)$ 中看出来，由于不论产出量 x 的大小如何，企业的固定成本始终为 wF，因此，随着产出的增加，分摊到每个产品上的平均固定成本变小，从而显现出规模收益递增的特征。显然，这种规模经济是指内部规模经济。

D－S 垄断竞争框架的另一个重要特征，就是每个工业企业的规模都比较小，因此，可以忽略单个企业的产品价格对需求函数的分母，也就是价格指数的影响。同时，产品是多样化的，故在企业之间不存在策略性共谋活动。因此，正如需求函数所表明的那样，代表性厂商的行为类似于垄断企业的行为，都面对着价格弹性为 σ 的不变的需求曲线。此时，厂商利润最大化或最优的定价策略就是根据边际成本的不变加成率定价的策略。

为说明需求的价格弹性与任意两种产品间的替代弹性之间的关系，考虑一下在某一单个市场上有 n 个厂商进行古诺竞争（产出量竞争）的情形。每个厂商生产的是差异化的制造业产品，每个厂商只生产一种产品，但彼此之间相互对称（主要是指产出量）且具有同类型的成本函数，它们就是我们将在核心边缘模型中要描述的工业企业。生产第 j 种产品的厂商的成本函数可以写成 $w(F+a_m c_j)$，其中，F 为以劳动量为计量单位进行计量的固定成本，a_m 为生产单位产出所需的劳动量，c_j 为企业产出量，w 为工资率。因此，生产第 j 种产品的厂商的利润函数可以写成 $\pi_j=p_j c_j-w(F+a_m c_j)$。根据利润最大化的一阶条件：

$$\frac{\partial \pi_j}{\partial c_j}=p_j+c_j\frac{\mathrm{d}p_j}{\mathrm{d}c_j}-wa_m=p_j\left(1+\frac{c_j\mathrm{d}p_j}{p_j\mathrm{d}c_j}\right)-wa_m=0$$

现设 $\varepsilon = -(p_j dc_j)/(c_j dp_j)$ 为需求的价格弹性，则古诺均衡的一阶条件为：

$$p_j(1-1/\varepsilon) = wa_m \tag{2.19}$$

再考虑由式（2.12）给出的反需求函数 $p_j = E_m(c_j^{-1/\sigma})/[\sum_{i=1}^{n} c_i^{(\sigma-1)/\sigma}]$。因为，我们是在古诺竞争下，考虑需求的价格弹性与产品间替代弹性之间关系的，故在由式（2.12）给出的反需求函数下进行讨论是比较方便的。反需求函数对 c_j 进行微分，则：

$$\frac{dp_j}{dc_j} = -\frac{1}{\sigma}\frac{p_j}{c_j}\left[1+(\sigma-1)\frac{c_j^{(\sigma-1)/\sigma}}{\sum_{i=1}^{n} c_i^{(\sigma-1)/\sigma}}\right] \tag{2.20}$$

在式（2.20）中，设 $s = [c_j^{(\sigma-1)/\sigma}]/[\sum_{i=1}^{n} c_i^{(\sigma-1)/\sigma}]$，则 s 就是生产第 j 种产品的厂商的市场份额。仍然设 $\varepsilon = -(p_j dc_j)/(c_j dp_j)$，则式（2.20）可以写成：

$$\frac{1}{\varepsilon} = \frac{1}{\sigma} + \left(1-\frac{1}{\sigma}\right)s \tag{2.21}$$

在前面，曾提起过众多厂商都是对称的，这就意味着 $c_i = c(i=1, 2, \cdots, n)$，因此，$s = [c_j^{(\sigma-1)/\sigma}]/[\sum_{i=1}^{n} c_i^{(\sigma-1)/\sigma}] = 1/n$。当厂商数目非常多时，单个厂商的市场份额就可以被忽略不计，也就是当 $n \to \infty$ 时，$s=0$。这样从式（2.21）可以得出：

$$\varepsilon = \sigma \tag{2.22}$$

式（2.22）说明，当企业数量很多时，任意两种产品之间的替代弹性就等于需求的价格弹性。因为 $\varepsilon = \sigma$，故可以把式（2.19）改写为 $p_j(1-1/\sigma) = wa_m$，对它进行变换，则可以写出 $p_j = wa_m/(1-1/\sigma)$。如果不变替代弹性效用函数是连续函数，那么，此时厂商数量从而产品种类可以无限细分，故从极限角度来理解，单个厂商的市场份额显然就等于零，无疑式（2.22）仍然成立。

如果企业之间进行的是伯特兰竞争（价格竞争），那么根据由式（2.13）给出的直接需求函数 $c_j = E_m(p_j^{-\sigma})/(\sum_{i=1}^{n} p_j^{1-\sigma})$，可以得到 $\varepsilon = \sigma - (\sigma-1)s$。根据对企业和产品的同样假定，仍然 $s=0$，同样可以得到 $\varepsilon = \sigma$。这表明，在 D-S 垄断竞争框架下，厂商之间进行的竞争不管是产出量竞争还是价格竞争，任意两种产品之间的替代弹性总是等于需求的价格弹性。

五、厂商定价策略与不变的厂商规模

现在接着考察 $p_j = wa_m/(1-1/\sigma)$，可以发现，产品价格与产品种类是无关的，也就是所有产品的价格都相同，因此，p_j 的下标 j 可以去掉。这样，在 D－S 垄断竞争框架下，$p = wa_m/(1-1/\sigma)$。该式子能够成立，是因为厂商规模较小，单个厂商对完全价格指数或市场总产出的影响可以忽略不计。这样，间接需求函数 $p_j = E_m(c_j^{-1/\sigma})\Big/\Big[\sum_{i=1}^{n} c_i^{(\sigma-1)/\sigma}\Big]$ 和直接需求函数 $c_j = E_m(p_j^{-\sigma})\Big/\Big(\sum_{i=1}^{n} p_i^{1-\sigma}\Big)$ 的分母都是常数，同时 $\varepsilon = \sigma$，从而有 $p = wa_m/(1-1/\sigma)$。上式改写成 $p(1-1/\sigma) = wa_m$ 后，我们再考虑一下成本函数 $w(F+a_m x)$，这就意味着，在产品价格中，可变成本 wa_m 所占的份额为 $1-1/\sigma$，而产品的可变成本 wa_m 正好就是边际成本。因此，产品价格可以看成，在边际成本再加上一个固定加成率乘以边际成本的部分，我们称这种定价策略为“边际成本加成定价法”。由于该价格是厂商实现利润最大化的价格，因此，这种定价策略对厂商而言自然是最优的。

在保罗·克鲁格曼的核心边缘模型中，虽然假设工业品的区际贸易遵循冰山交易成本，但上述定价法仍是厂商的最优定价策略，可以验证如下。仍然从生产第 i 种产品的厂商的利润函数出发，假定该厂商位于北部（假设该经济系统只包含北部和南部两个区域），厂商的产出水平为 x_i，则厂商的利润函数为 $\pi_i = p_i x_i - w(F + a_m x_i)$。产出量 x_i 必须满足两个区域的消费需求，北部和南部的需求分别为 c_i 和 c_i^*。由于存在冰山运输成本，要满足南部的需求量 c_i^*，那么从北部必须运出 τc_i^* 的产出量（$\tau \geqslant 1$），因此，$x_i = c_i + \tau c_i^*$。根据由式（2.13）给出的需求函数：

$$\begin{cases} c_i = \mu E \dfrac{p_i^{-\sigma}}{P_M^{1-\sigma}} \\ c_i^* = \mu E^* \dfrac{(p_i^*)^{-\sigma}}{(P_M^*)^{1-\sigma}} \end{cases} \tag{2.23}$$

其中，E 和 E^* 分别表示北部和南部消费者的支出水平，P_M 和 P_M^* 分别表示北部和南部的完全价格指数，p_i 和 p_i^* 分别表示第 i 种产品在北部和南部的销售价格且 $p_i^* = \tau p_i$。于是：

$$x_i = c_i + \tau c_i^* = \mu E \frac{p_i^{-\sigma}}{P_M^{1-\sigma}} + \mu E^* \frac{\tau(\tau p_i)^{-\sigma}}{(P_M^*)^{1-\sigma}} = \left[\frac{\mu E}{P_M^{1-\sigma}} + \frac{\phi\mu E^*}{(P_M^*)^{1-\sigma}}\right] p_i^{-\sigma}$$

根据假定，厂商 i 的规模较小，对两个区域的完全价格指数都没有影响，因此，方括号内的项可以看作一个常数，不妨用 k 表示，于是上式简化为 $x_i = kp_i^{-\sigma}$，它是厂商利润最大化的约束条件。因而利润最大化问题也就变成如下函数的最大化问题，即：

$$\begin{cases} \max \pi_i = p_i x_i - w(F + a_m x_i) \\ \text{s. t. } kp_i^{-\sigma} = x_i \end{cases}$$

建立拉格朗日方程，然后，分别对 x_i 和 p_i 求导并等于零，则：

$$d\pi_i/dp_i = x_i + k\lambda\sigma p_i^{-\sigma-1} = 0;\ d\pi_i/dx_i = p_i - wa_m + \lambda = 0$$

由第二式得 $\lambda = wa_m - p_i$，将该式和 $x_i = kp_i^{-\sigma}$ 一起代入第一式并整理可得：

$$p_i = wa_m/(1 - 1/\sigma)$$

这同样表明，产品价格与产品种类无关，p_i 的下标可以去掉。这意味着，厂商在确定产品价格时，只需按照 $p = wa_m/(1 - 1/\sigma)$ 确定"出厂价"。由于假定产品的区内贸易无成本，因此，当产品在本区域市场上出售时，按出厂价 p 销售，但把产品运到另一区域销售时，则按 τp 出售，运输成本完全由消费者承担。

在 D－S 垄断竞争框架下，厂商规模不变（也就是均衡产出量不变）的结论，尽管很不实际，但也很容易理解。该结论意味着不变的加成率、自由进入以及相同的成本函数。边际成本的固定加成率意味着固定的边际利润，因而代表性厂商的销售水平不变，正好保持收支平衡，厂商的正常利润正好抵消了固定成本。成本函数为 $w(F + a_m x_i)$ 的任何厂商都将制定统一的生产价格 $p = wa_m/(1 - 1/\sigma)$。对该式变形可得 $p - wa_m = p/\sigma$，两边同乘以产量 x_i 得 $(p - wa_m)x_i = px_i/\sigma$，该式左边是生产第 i 种产品的厂商的营业利润（正常利润），在垄断竞争条件下，长期均衡时，厂商的纯利润为零，厂商的营业利润恰好弥补固定成本，每个厂商都处于盈亏平衡点，因此，$(p - wa_m)x_i = wF$，这样可以得出：

$$x_i = \frac{wF}{p - wa_m} = \frac{wF}{wa_m/(1 - 1/\sigma) - wa_m} = \frac{F(\sigma - 1)}{a_m} \tag{2.24}$$

在式（2.24）中，F、σ、a_m 都是常数，因此，可以去掉下标 i，厂商的产出水平即厂商规模是不变的。这种厂商规模的不变性，在核心边缘模型中存在冰山贸易成本的情况下也仍然得以成立。

另外，如果我们用 π 表示厂商的营业利润，用 R 表示销售收入，那么可以把 $(p - wa_m)x_i = px_i/\sigma$ 表示为 $\pi = R/\sigma$，这表明厂商的营业利润（等于厂商的固定成本 wF）是销售收入的一个固定份额 $1/\sigma$，这个结论经常被新经济地理学模型直接使用，核心边缘模型也不例外。

六、产品种类等于企业数量

迄今，我们假定一个厂商只生产一种产品。其实，这不是假定而是一种结论。只要把 s 解释为某一厂商的市场份额，那么不管偏好是连续变量还是离散变量，都可以推导出 $1/\varepsilon = 1/\sigma + [1 - (1/\sigma)]s$ 和 $\varepsilon = \sigma - (\sigma - 1)s$ 的需求的价格弹性和产品替代弹性之间的表达式。如果厂商生产多种产品，生产的产品种类是可以度量且不是负数，那么这种厂商生产的产品的价格弹性 ε 大于 σ（除了 $s=0$ 的情况）。由于厂商最优定价总涉及表达式 $p(1-1/\varepsilon)=wa_m$，相对于那些生产单一产品的厂商，生产多种产品的厂商的定价通常超出产品的“正常价格”，且制订更高的加成率，进而获得更多的利润。然而，由于存在竞争，这种情况不会持续下去，因为想要进入该市场的厂商（生产单一产品）也以生产同种产品的方式进入，并降低已有厂商的价格。也就是说，尽管多种产品生产对厂商而言是很有利的，然而，除非设置诸如范围经济或生产许可证等进入障碍，厂商间竞争总是逼迫价格降低到 $p(1-1/\sigma)$ 等于 wa_m 的水平。在这种情况下，厂商生产单一品种的产品还是生产多品种的产品是无差异的，但从节约成本的角度考虑，一家厂商生产一种产品是有利的。

第二节　保罗·克鲁格曼的收益递增与经济地理

保罗·克鲁格曼在 1991 年发表了有名的《收益递增和经济地理》一文，[①] 为建立新经济地理学理论作出了卓越的贡献。本节将较为详细地讨论保罗·克鲁格曼初始的模型，显然，此部分讨论的模型与第三章的核心边缘模型有较大的区别，因为，第三章讨论的模型是后来经过诸多学者进一步补充和完善后的模型。可以认为本部分是第三章的基础，但本部分的内容也与保罗·克鲁格曼最初的论文有所区别，许多内容是我们进一步补充和完善的，尤其是三个核心变量 μ，σ，ϕ 的讨论以及图解。

一、模型的基本假设与微观主体的最优决策

考虑一下包含南、北两个区域的经济系统；在该经济系统中存在农业和制造业部门两种生产部门；有两种生产要素：一种生产要素是不可流动的劳动力，不可流动的劳动力主要是指农业劳动力，农业劳动力在两个区域均匀分布；另一种生产要素是可流动的劳动力，可流动劳动力主要指工业劳动力。农业部门为利用农业劳动力从事生产活动的部门，农业部门的生产技术为规模收益不变技术；工业部门为利用工业劳动力从事生产活动的部门，工业部门的生产技术为规模收益递增技术。

① Krugman, P. Increasing Returns and Economic Geography [J]. Journal of Political Economy, 1991, 99: 483-499.

农业部门生产的是同质产品，农产品在两个区域间可以进行交易，但农产品的区际区内交易都不存在交易成本。任何区域都有可能成为农产品的输出区或者输入区，但不能进口农产品的同时又出口农产品。工业部门生产的是差异化的产品，工业品之间都存在一定的差异，不能完全替代，这样每个厂商在其生产领域具有一定的垄断性，这就是 D－S 框架的核心思想之一。该经济系统可提供的潜在的工业品种类数量为 N，每一种工业品都可以满足消费者的某种需求，用 $c(i)$ 表示消费者对第 i 种工业品的需求（消费量）。

1. 消费者的消费决策

所有消费者的偏好都相同，也就是说，每个人都具有相同的效用函数。农产品是同质产品，因此，可以看成一种产品，而工业品是差异化的产品，因此，可以看成许多种（N 种）产品。由于消费者的偏好相同，不同消费者的消费行为都相同，我们只研究代表性消费者的行为就可以了。每个消费者都消费一种农产品和多种工业品，我们把这种多种工业品视为一种工业品组合。代表性消费者消费这种工业品组合及农产品所带来的效用，可以用柯布－道格拉斯型（C－D 型）效用函数来表示：

$$U = U(C_M, C_A) = C_M^{\mu} C_A^{1-\mu} \tag{2.25}$$

其中，C_M 为消费者对工业品组合的消费量，也可以看作消费者消费工业品组合所获得的子效用；C_A 为农产品的消费量或消费带来的子效用。μ 和 $1-\mu$ 分别表示总收入中对工业品组合的支出份额和对农产品的支出份额。消费者在收入水平约束下，选择一组工业品和一种农产品的消费组合，使其效用最大化：

$$\begin{cases} \max\limits_{C_M, C_A} [C_M^{\mu} C_A^{1-\mu}] \\ \text{s. t. } P_M C_M + p_A C_A = I \end{cases} \tag{2.26}$$

式（2.26）中，P_M、P_A 分别为工业品组合的价格和农业品价格，I 为消费者的收入水平。根据最大化问题的标准解法，首先建立拉格朗日函数，然后，分别求$\partial L/\partial C_M$、$\partial L/\partial C_A$ 并令它们分别等于零，则：

$$\begin{cases} \partial L/\partial C_M = \mu C_M^{\mu-1} C_A^{1-\mu} + \lambda P_M = 0 \\ \partial L/\partial C_A = (1-\mu) C_M^{\mu} C_A^{-\mu} + \lambda p_A = 0 \end{cases}$$

$$\Rightarrow \frac{\mu}{1-\mu} \frac{C_A}{C_M} = \frac{P_M}{p_A}$$

$$\Rightarrow P_M C_M = \mu I \tag{2.27}$$

从式（2.27）中可以看出，在柯布－道格拉斯型效用函数中，μ 反映了消费者对工业品组合和农产品支出的比例关系。正如后面将要分析的，μ 是决定经济活动空间聚集和空间分散的一个重要参数。式（2.27）表明，消费者对工业品组合的总支出为μI。

我们接着讨论消费者对工业品组合的消费决策。对工业品组合而言，每一种工业品都可以满足消费者某种需求，但各种工业品之间还具有一定的替代关系，假设任意两种工业品之间的替代弹性都相同。消费者消费工业品组合所获得的子效用可以用 CES 效用函数来表示：

$$C_M = [\sum_{i=1}^{N} c(i)^{(\sigma-1)/\sigma}]^{\sigma/(\sigma-1)}, \sigma > 1 \tag{2.28}$$

在式（2.28）中，$a(i)$ 为消费者对第 i 种工业品的消费量，σ 为任两种工业品之间的替代弹性。消费者在 $\sum_{i=1}^{N} p(i)c(i) = \mu I$ 的预算约束下，通过对 $c(i)$ 的选择，使其子效用 C_M 最大化，约束式中 $p(i)$ 是第 i 种工业品的价格。建立拉格朗日方程，求$\partial L/\partial c(i)$ 并令它等于零，则：

$$[\sum_{i=1}^{N} c(i)^{(\sigma-1)/\sigma}]^{\sigma/(\sigma-1)} c(i)^{-1/\sigma} = \lambda p(i) \tag{2.29}$$

从式（2.29），可以得到消费者对任意两种工业品的消费量与价格的关系：

$$\frac{c(i)}{c(j)} = \frac{p(i)^{-\sigma}}{p(j)^{-\sigma}} \tag{2.30}$$

当消费者对任意两种工业品的消费量之比满足这种关系时，在总支出一定的条件下，可以使子效用 C_M 最大化，记最大化的子效用水平为 $C_{\max}$。由式（2.30）可得：

$$c(i) = \frac{p(i)^{-\sigma}}{p(j)^{-\sigma}} c(j) \tag{2.31}$$

把式（2.31）代入式（2.28），

$$C_{\max} = c(j) p(j)^{\sigma} [\sum_{i=1}^{N} p(i)^{1-\sigma}]^{\sigma/(\sigma-1)} \tag{2.32}$$

由式（2.32）可得，

$$c(j) = C_{\max} p(j)^{-\sigma} [\sum_{i=1}^{N} p(i)^{1-\sigma}]^{-\sigma/(\sigma-1)} \tag{2.33}$$

式（2.33）就是消费者对第 j 种工业品的需求函数。根据式（2.33），可以计算出消费者对所有工业品的总支出：

$$\begin{aligned} \sum_{i=1}^{N} p(i)c(i) &= \sum_{i=1}^{N} \{ C_{\max} p(i)^{1-\sigma} [\sum_{i=1}^{N} p(i)^{1-\sigma}]^{-\sigma/(\sigma-1)} \} \\ &= C_{\max} [\sum_{i-1}^{N} p(i)^{1-\sigma}]^{-1/(\sigma-1)} \end{aligned} \tag{2.34}$$

前面我们已经知道，消费者对工业品的总支出为 $\mu I = P_M C_{\max}$，所以：

$$P_M = \left[\sum_{i=1}^{N} p(i)^{1-\sigma} \right]^{-1/(\sigma-1)} \tag{2.35}$$

式（2.34）和式（2.35）说明，消费者对工业品的支出就相当于消费者以P_M的价格购买C_M的工业品组合，因此，可以把P_M称为工业品组合的价格指数。

所有消费者都具有相同的工业品需求函数，把式（2.33）代入式（2.31），且设$k = C_{\max} P_M^{-\sigma}$，则可以把消费者的需求函数写成$c(i) = kp(i)^{-\sigma}$。由于市场出清，也就是需求等于供给，又可以写成：

$$x(i) = kp(i)^{-\sigma} \tag{2.36}$$

$x(i)$是所有消费者对第i种产品的需求，式（2.36）就是该经济系统对第i种工业品的总需求函数，该函数是这种工业品的生产者面对的市场约束。另外，由于消费者对任意种类的工业品都具有相同的偏好，因此，任意种类工业品的总需求函数都具有相同的形式。

2. 生产者的产出和价格决策

消费者对工业品的支出占其收入的比例为μ，因此，该经济系统对工业品的总支出占总收入的比例也为μ，对农产品的总支出占总收入的比例为$1-\mu$。另外，为保证长期均衡时农业劳动力的收入水平相等以及工业劳动力的收入水平相等，要保证产出结构与支出结构相一致。如果经济系统中总人口看成是一单位人口规模，那么工业劳动力的数量占μ单位，农业劳动力数量占$1-\mu$单位。农业生产具有规模收益不变的特征，每个农业劳动力的产出水平都相同，一个农业劳动力生产一单位的农产品，以该一单位农产品衡量的农业劳动力的工资水平为1，同样，以该一单位农产品作为度量单位，衡量工业劳动力的工资，这种工资称为工业劳动力的名义工资。农业劳动力的区际分布为均匀分布，因此，在每个区域内，都有$(1-\mu)/2$单位的农业劳动力；工业劳动力可以在区域间流动，L_A为区域A的工业劳动力所占份额（也可以视为区域A的工业劳动力人数），L_B为区域B的工业劳动力所占份额，则：

$$L_A + L_B = \mu \tag{2.37}$$

在工业品的生产中，假设存在规模经济而不存在范围经济，因此，每个厂商只生产一种工业品，厂商与工业品种类之间存在一对一的对应关系。假设任何一种工业品的生产都需要相同的固定成本和不变的边际成本，则有如下生产函数：

$$L(i) = F + a_m x(i) \tag{2.38}$$

式（2.38）反映了第i种工业品生产中劳动力投入与产出之间的关系。① $L(i)$

① 任何工业品的生产都具有相同的固定成本和边际成本是D－S框架的一个简化假设，并且通过该假设引入了工业品生产中规模收益递增的生产特征。

是生产中使用的劳动量（也等于劳动力数量），$x(i)$ 是产品 i 的产出量，F 是以工业劳动力数量为度量单位进行度量的固定成本，a_m 是以工业劳动力数量为度量单位的边际成本，也就是单位工业品产出所需的工业劳动力数量。

区域 A 的厂商的利润函数为：

$$\pi_A(i)=p_A(i)x(i)-w_A[F+a_m x(i)] \tag{2.39}$$

区域 B 的厂商的利润函数为：

$$\pi_B(j)=p_B(j)x(j)-w_B[F+a_m x(j)] \tag{2.40}$$

其中，$\pi_A(i)$ 是区域 A 生产产品 i 的厂商的利润，$p_A(i)$ 是该厂商生产的产品的出厂价。由于每个厂商都面临相同的需求函数［见式（2.36）］，故，下面只考虑区域 A 的厂商利润最大化行为下的供给决策与价格决策。利润最大化满足下列条件：

$$\begin{cases}\max\{p_A(i)x(i)-w_A[F+a_m x(i)]\}\\ \text{s. t. } x(i)=kp(i)^{-\sigma}\end{cases} \tag{2.41}$$

由利润最大化的一阶条件，得出 $p_A(i)=w_A a_m\sigma/(\sigma-1)$。可以看出，产品价格与产品种类无关，这是因为，在区域 A 生产的任何一种工业品都具有同样的生产函数，并且面临同样的需求约束。因此，在区域 A 生产的工业品出厂价格都相同，所以，可以去掉 i，然后重新写，则：

$$p_A=\frac{\sigma}{\sigma-1}w_A a_m \tag{2.42}$$

同样，在区域 B 也有类似的关系，即：

$$p_B=\frac{\sigma}{\sigma-1}w_B a_m \tag{2.43}$$

在任意区域，每一种产品的生产都不存在进入壁垒，也就是可以自由进入，因此，均衡时的利润为零，所以有：

$\pi_A(i)=p_A(i)x(i)-w_A[F+a_m x(i)]=w_A a_m x(i)\sigma/(\sigma-1)-w_A[F+a_m x(i)]=0$，进而 $x(i)=F(\sigma-1)/a_m$。可以看出厂商的产出量与产品种类无关，所以可以去掉 i。当然，区域 B 的厂商也有同样的结论。所以，每个厂商的产出量都相等，即：

$$x_A=x_B=F(\sigma-1)/a_m \tag{2.44}$$

上面的结论是消费者效用最大化与厂商利润最大化共同作用的结果。每个厂商的产出量都相等，这意味着，每个厂商使用的劳动量也是相同的，这样每个区域的厂商数量与其工业劳动力数量成正比，即 $n_A/n_B=L_A/L_B$、n_A、和 n_B 分别为区域 A、区域 B 的厂商数量。

另外，由式（2.38）可知，劳动力的平均产出为 $x/L=(\sigma-1)/(a_m\sigma)$，而

劳动力的边际产出为 $dx/dL=1/a_m$。边际产出与平均产出的比率为 $\sigma/(\sigma-1)>1$，这意味着，边际产出高于平均产出，该比率反映厂商的生产活动是规模收益递增的，σ 越小，企业规模收益递增强度就越大。注意到 σ 是不同工业品之间的替代弹性，同时，是工业品需求的价格弹性。如果消费者的多样化偏好很强，那么需求曲线也就很陡峭，σ 也就很小，此时，厂商的垄断力量相对更强大，厂商规模收益递增强度也就更大。可以看出，σ 也是一个决定经济活动空间聚集与空间分散的重要参数。

二、"冰山"运输成本和区域均衡方程组

1. "冰山"运输成本

区内工业品贸易不存在交易成本，而区际工业品贸易存在交易成本，该交易成本通常采用 P. A. 萨缪尔森的"冰山交易成本"，它所表示的是货物在运输过程中损失的一个固定比例，也就是，从区域 A 运输 1 单位工业品到区域 B 时只剩下 $\tau(\tau<1)$ 部分，其余的 $1-\tau$ 部分在运输过程中像冰块儿一样"融解"掉了。τ 越接近于 1，区际贸易成本越小。请注意，这里的贸易成本是指广义的贸易成本，不仅包括运输过程中实际支付的货物运输费用，还包括区域间贸易摩擦所引起的各种制度成本。这样，区域 A 的企业在区域 B 销售其产品时的价格应为 p_A/τ。下面将会看到，τ 也是决定经济活动空间聚集与空间分散的重要参数之一。

2. 区域均衡方程组

区域 A 的消费者对区域 A 生产的产品和区域 B 生产的产品都有需求，区域 B 的消费者也如此。用 c_{AA} 来表示区域 A 的代表性消费者对区域 A 生产的某种产品的需求，用 c_{AB} 来表示区域 A 的代表性消费者对区域 B 生产的某种产品的需求，那么根据公式（2.30），该消费者对两区域生产的产品的需求之比可以写成如下：

$$\frac{c_{AA}}{c_{AB}}=\left(\frac{p_A}{p_B/\tau}\right)^{-\sigma}=\left(\frac{w_A\tau}{w_B}\right)^{-\sigma}$$

同理，区域 B 的消费者对区域 A、B 两区域生产的产品的需求之比可以写成：

$$\frac{c_{BA}}{c_{BB}}=\left(\frac{p_A/\tau}{p_B}\right)^{-\sigma}=\left(\frac{w_A}{w_B\tau}\right)^{-\sigma}$$

定义 z_{AA} 表示区域 A 的代表性消费者对区域 A 生产的产品的支出与其对区域 B 生产的产品的支出之比；z_{AB} 表示区域 B 的代表性消费者对区域 A 生产的产品的支出与其对区域 B 生产的产品的支出之比。则，$z_{AA}/(1+z_{AA})$ 就表示区域 A

的代表性消费者对区域 A 的工业品支出在其工业品总支出中所占的比重，而其他的部分则支出在区域 B 生产的产品上；同样，$z_{AB}/(1+z_{AB})$ 表示区域 B 的代表性消费者对区域 A 的工业品支出占其对工业品总支出中所占的比重。

$$Z_{AA}=\frac{n_A p_A c_{AA}}{n_B(p_B/\tau)c_{AB}}=\left(\frac{L_A}{L_B}\right)\left(\frac{p_A\tau}{p_B}\right)^{-\sigma+1}=\left(\frac{L_A}{L_B}\right)\left(\frac{w_A\tau}{w_B}\right)^{-(\sigma-1)} \tag{2.45}$$

$$Z_{AB}=\frac{n_A(p_A/\tau)c_{BA}}{n_B p_B c_{BB}}=\left(\frac{L_A}{L_B}\right)\left(\frac{p_A}{p_B\tau}\right)^{-\sigma+1}=\left(\frac{L_A}{L_B}\right)\left(\frac{w_A}{w_B\tau}\right)^{-(\sigma-1)} \tag{2.46}$$

用 Y_A 和 Y_B 表示区域 A 和区域 B 的总收入，既包括本区域工业劳动力的工资收入，也包括本区域农业劳动力劳动收入。前面已经假定，两区域农业劳动力的收入水平相等，把农业劳动力的收入水平作为工业劳动力工资水平的度量单位，那么区域的总收入可以写成：

$$Y_A=(1-\mu)/2+w_A L_A \tag{2.47}$$

$$Y_B=(1-\mu)/2+w_B L_B \tag{2.48}$$

另外，一个区域工业劳动力的总收入来自两个区域对该区域工业品的支出，由于总收入中支出在工业品上的比重为 μ，所以，各区域工业劳动力的总收入可以写成：

$$w_A L_A=\mu\left[\left(\frac{Z_{AA}}{1+Z_{AA}}\right)Y_A+\left(\frac{Z_{AB}}{1+Z_{AB}}\right)Y_B\right] \tag{2.49}$$

$$w_B L_B=\mu\left[\left(\frac{1}{1+Z_{AA}}\right)Y_A+\left(\frac{1}{1+Z_{AB}}\right)Y_B\right] \tag{2.50}$$

式（2.45）~式（2.50）决定了一个短期均衡，可以称为短期均衡方程组，该方程组是一个非线性方程组。在工业劳动力区际分布已确定且各参数值已知的情况下，理论上可以解出 Z_{AA}、Z_{AB}、Y_A、Y_B、w_A、w_B，但这一解析式过于复杂，难以看出各参数对工业劳动力分布的影响，因此，一般可以通过数值解法来讨论各参数对经济活动空间分布的影响。

3. 短期均衡和长期均衡

容易验证，如果工业劳动力在两个区域也是均匀分布的，即如果有 $L_A=L_B=\mu/2$，那么就有 $w_A=w_B$，两个区域工业劳动力的名义工资水平相同。在短期均衡下，如果某种非对称冲击导致一个区域的工业劳动力向另一个区域转移，比如，从区域 A 向区域 B 转移，那么上述的对称的空间分布模式是否能够保持稳定是不确定的。一方面，由于工业劳动力比重较大的区域具有较高的工资率，例如，w_B 相对于 w_A 高，本地市场放大效应使得均衡趋于不稳定；另一方面，在工业劳动力较多区域的市场，企业之间争夺消费者的竞争更加激烈，这种力量倾向于维持原来的均衡。短期均衡是否稳定取决于这两种力量的相对大小。

在长期，工业劳动力的区际流动取决于两个区域的相对实际工资。工业劳动力比重较大的区域也就是现代部门比重较大的区域，该区域的工业品生产能力较强，生产的工业品种类较多，从区外输入的产品种类较少进而消费者支付较少的输入成本，因此，工业品的价格指数相对较低。用f表示区域工人的相对比重，则$f=L_A/(L_A+L_B)$。根据前面的假设，农产品的价格保持稳定，根据式（2.35），区域A的消费者面对的工业品价格指数为：

$$P_{MA}=[fw_A^{-(\sigma-1)}+(1-f)(w_B/\tau)^{-(\sigma-1)}]^{-1/(\sigma-1)} \tag{2.51}$$

区域B的消费者面对的工业品价格指数为：

$$P_{MB}=[f(w_A/\tau)^{-(\sigma-1)}+(1-f)w_B^{-(\sigma-1)}]^{-1/(\sigma-1)} \tag{2.52}$$

消费者的总支出中，只有μ部分支出在工业品上，因此，如果工业品价格指数上升一个百分点，那么在名义工资保持不变的情况下，工业劳动力的实际购买力下降μ个百分点，也就是说，实际工资与工业品价格指数之间的弹性为$-\mu$，这样就可以写出工业劳动力实际工资的表达式：

$$\omega_A=w_AP_{MA}^{-\mu} \tag{2.53}$$

$$\omega_B=w_BP_{MB}^{-\mu} \tag{2.54}$$

ω_A和ω_B分别表示区域A和区域B的工业劳动力的实际工资水平，实际工资水平的高低决定了工业劳动力的区际流动；同时，工业劳动力的区际分布也决定着区际工业劳动力实际工资的差异，正是这种相互作用决定了经济活动空间分布模式。从式（2.51）和式（2.52）可以看出，f上升时，区域A的价格指数下降，而区域B的价格指数上升，这也是导致经济活动空间聚集和空间分散的一种力量，即价格指数效应。

三、区域长期均衡的稳定性问题

在长期，可以从两个方面判断区域均衡的稳定性问题。一种是当经济活动空间分布为对称结构时，判断这种对称结构是否稳定的问题。也就是说，讨论经济系统中存在正反馈机制还是负反馈机制的问题，因为不同的反馈机制决定受到非对称冲击后，经济系统对称结构的不同的变化方向，如果存在负反馈，那么原有的对称均衡是稳定的，因为经济系统尽管受到了非对称作用力的冲击，但在负反馈机制作用下它将自动恢复到原来的均衡状态；如果存在正反馈机制，那么对称均衡将遭到破坏，因为在正反馈机制作用下，各种可流动要素向一个区域聚集。另一种情况是经济系统已形成极端的核心边缘结构时的情形，也就是假设所有制造业活动都集中在一个区域，在这种情形下，分析在何种情况下经济活动从这种极端聚集状况趋向于均匀分布，以及在何种情况下这种聚集状态得以持续的问题。

1. 对称分布的稳定性

假设两区域的工业劳动力初始分布状态为稳定的对称结构，通过对式（2.45）~式（2.54）的方程组进行数值模拟的方法，分析两区域工业劳动力的实际工资比率是如何随工业劳动力在区域间的分布状况 f 而发生变化的。

表 2-1 是在 $\mu=0.3$，$\sigma=4.0$，$\tau=0.5$ 的情况下，通过数值算法得到的实际工资比率与工业劳动力分布的数据。根据表 2-1 可以画出图 2-1，由此可以看出，随着参数的变化，实际工资比率与工业劳动力分布之间关系将会发生变化。

表 2-1

f	ω_A/ω_B
0.00	1.058
0.05	1.061
0.10	1.062
0.15	1.061
0.20	1.059
0.25	1.054
0.30	1.047
0.35	1.038
0.40	1.026
0.45	1.014
0.50	1.000
0.55	0.987
0.60	0.974
0.65	0.964
0.70	0.955
0.75	0.949
0.80	0.944
0.85	0.942
0.90	0.941
0.95	0.942
1.00	0.945

资料来源：笔者整理。

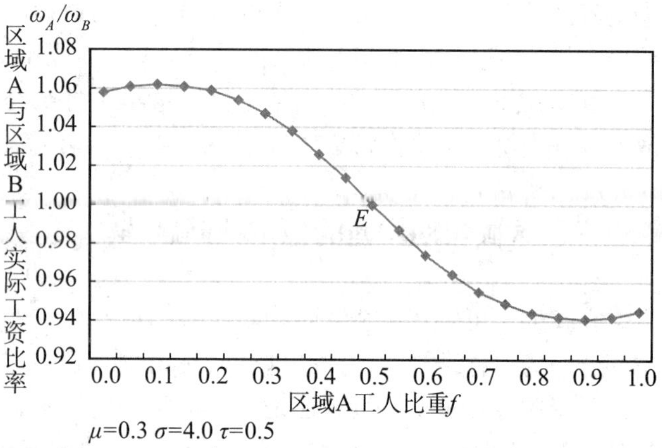

图 2-1　负反馈下的区域趋同模式

资料来源：笔者整理。

如果参数分别取值 $\mu=0.3$，$\sigma=4.0$，$\tau=0.5$，此时运输成本相对较高。此时，可以得到一条向右下倾斜的实际工资比率与工业劳动力区际分布的关系曲线。在这种情况下，如果初始状态是稳定的对称结构（图 2-1 中的 E 点），那么任何对区域均衡的扰动都将由于区域经济系统存在的负反馈机制而自动被消除，使得原有的对称结构得以维持。例如由于某种冲击，区域 B 的工业劳动力向区域 A 流动，导致 $f>0.5$，那么立即就会有一种反向的力量阻止这种流动，即区域 A 的实际工资相对于区域 B 在下降，从区域 B 向区域 A 流动的工业劳动力就会由于相对实际工资的下降而停止流动，经济系统将维持原有的对称结构。

另一种情况，也就是运输成本相对较低，那么可以得到一条向右上角倾斜的曲线。由表 2－2 画出图 2－2，与图 2－1 相比，只有运输成本参数发生了变化，此时 μ 和 σ 的值不变，但 $\tau=0.9$，运输成本相对较低。此时，对称结构（图 2－2 中的 E 点）不再是稳定均衡了。如果经济系统受到扰动，例如区域 B 的工业劳动力向区域 A 流动，那么 $f>0.5$，这将导致区域 A 的实际工资上升，这又吸引更多的工业劳动力从区域 B 向区域 A 转移，这种过程将持续下去，最终区域 A 聚集了所有工业劳动力，所有的工业活动都将在区域 A 进行，这样就形成了产业活动的空间聚集，也就是说，如果此时一旦发生非对称冲击，那么这种经济活动向某一区域聚集趋势将持续下去，直到形成极端的核心边缘结构为止。此时，历史和偶然因素发挥重要的作用，这种暂时的冲击会导致持久的结果。许多空间聚集体的形成，都与这种历史、偶然因素或在高度集权下的中央政府的某种偏好是密不可分的，因为这些导致了初始的扰动。

表 2－2

f	ω_A/ω_B
0.00	0.958
0.05	0.962
0.10	0.966
0.15	0.970
0.20	0.975
0.25	0.979
0.30	0.983
0.35	0.987
0.40	0.992
0.45	0.996
0.50	1.000
0.55	1.004
0.60	1.009
0.65	1.013
0.70	1.017
0.75	1.022
0.80	1.026
0.85	1.030
0.90	1.035
0.95	1.040
1.00	1.044

资料来源：笔者整理。

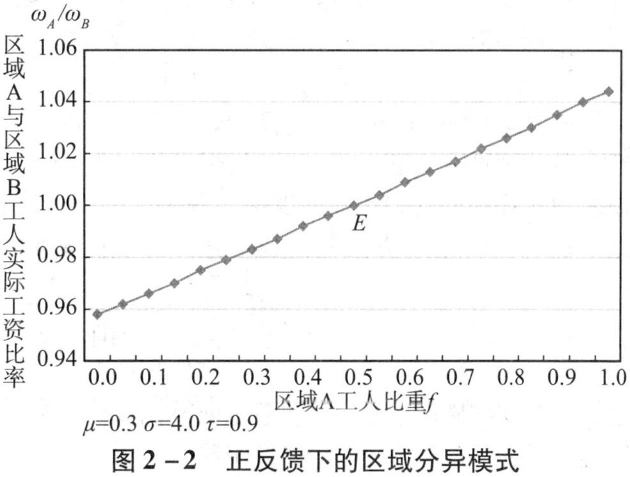

图 2－2　正反馈下的区域分异模式

资料来源：笔者整理。

通过图 2－1 和图 2－2 可以看出，交易成本在经济活动的空间结构演化过程中起到至关重要的作用。运输成本越低，形成聚集的可能性就越大；运输成本高，则会阻碍区际经济要素的流动，降低区际的经济贸易，从而形成均匀分布的空间结构。

同样，可以利用同样的数值解法，分析消费者的支出偏好，也就是消费者对工业品与农产品的支出比例对经济活动空间分布的影响；也可以分析任意两种工业品之间的替代弹性，也就是消费者的需求的价格弹性对经济活动空间分布的影响。通过这种分析，可以把握经济系统的内生力量是如何影响经济活动的空间分布模式的。

消费者对工业品的支出份额 μ 越高，则区域的工业化程度就越高，本地市场效应也就越强，越有利于经济活动的空间聚集。各种工业品间的替代弹性 σ 越小，也就是工业品需求的价格弹性越低，消费者的需求曲线越陡直，消费者对多样化产品的需求偏好就越强。这种偏好强化厂商的市场实力，也就是增强厂商的规模收益递增强度，进而有利于经济活动的空间聚集。下面通过数值算法，讨论经济活动空间分布模式与这两个参数之间的关系。

由表 2－3 画出图 2－3，与图 2－1 相比，$\mu=0.8$，$\sigma=4.0$，$\tau=0.5$，只是参数 μ 的值发生了变化，但此时经济活动空间分布发生了很大变化，正反馈机制开始起作用，在这种情况下，对称结构不再是稳定均衡，消费者对工业品支出份额的提高，开启了空间聚集过程并强化了这种趋势。μ 上升，不仅意味着消费者对工业品支出份额变大，同时还意味着，人口中工业劳动力所占份额的变大和农民所占份额的变小，这就提高了区域的工业化水平。某一区域工业化水平的提升，将开启经济活动的空间聚集过程。这与现实中随工业化进程的加快，城市化快速发展，经济活动开始聚集在该区域的现象是相一致的。

由表 2－4 画出图 2－4，其中，$\mu=0.3$，$\sigma=1.8$，$\tau=0.5$，与图 2－1 相比，替代弹性 σ 的值变小，但经济活动空间分布模式发生了显著的变化。此时，由于产品间的替代弹性变小，进一步增强了人们的多样化需求偏好，随之厂商规模收益递增强度得到增强，这些因素加快了经济活动的空间聚集过程。

综上所述，经济活动均匀分布模式（对称分布时，$f=0.5$，$\omega_A/\omega_B=1$）是否稳定，与 μ，σ，τ 这三个参数有着密切的关系。一般来讲，如果消费者在工业品上的支出比例越低、工业品之间替代弹性越大、区域间交易成本越大，那么经济活动均匀分布模式越倾向于稳定。当这些条件不能满足时，经济活动往往趋向于聚集在某一区域。

表 2－3

f	ω_A/ω_B
0.00	0.561
0.05	0.620
0.10	0.670
0.15	0.716
0.20	0.759
0.25	0.799
0.30	0.839
0.35	0.879
0.40	0.918
0.45	0.958
0.50	1.000
0.55	1.043
0.60	1.089
0.65	1.138
0.70	1.192
0.75	1.251
0.80	1.318
0.85	1.397
0.90	1.492
0.95	1.613
1.00	1.781

资料来源：笔者整理。

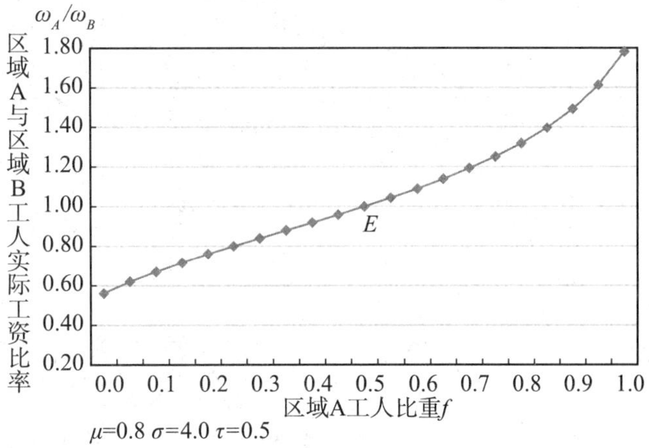

图 2－3　支出比例影响空间分布模式

资料来源：笔者整理。

随着工业化进程的加快，人们的收入水平不断提高，而人们收入水平的提高又提高了消费者对工业品的支出份额，扩大了消费者对多样化产品的需求。人们收入水平比较低时，人们除了生活必需品以外的消费较少，人们的多样化需求也较低。如果人们的收入水平提高，那么很多产品进入了人们生活必需品范围内，这意味着，人们的多样化需求在上升。随着交通运输技术的不断改进，区际的产品运输成本大幅度下降，区际贸易壁垒逐渐减弱，交易成本也随之下降。所有这些都促使经济活动的空间聚集。

2. 完全聚集状态的稳定性

上面讨论了对称分布的稳定性问题。下面换一个角度，讨论这样一个问题，即如果所有的制造业部门全部集中在一个区域，在何种情况下，这种分布是稳定的？在何种情况下这种分布又是不稳定的？假设所有工业活动全部聚集在区域 A，区域 A 获得所有的工业收入，区域 B 只获得农业收入，则有：

$$Y_A=(1-\mu)/2+\mu=(1+\mu)/2$$

$$Y_B=(1-\mu)/2$$

表 2-4

f	ω_A/ω_B
0.00	0.804
0.05	0.823
0.10	0.842
0.15	0.861
0.20	0.880
0.25	0.899
0.30	0.918
0.35	0.938
0.40	0.959
0.45	0.979
0.50	1.000
0.55	1.021
0.60	1.043
0.65	1.066
0.70	1.089
0.75	1.112
0.80	1.137
0.85	1.162
0.90	1.188
0.95	1.215
1.00	1.243

资料来源：笔者整理。

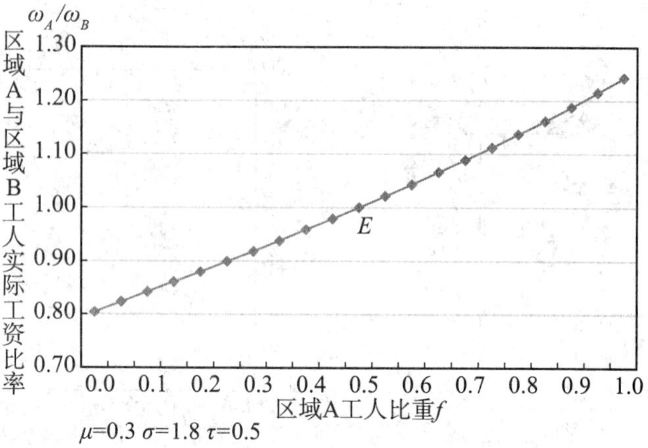

图 2-4　替代弹性影响空间分布模式

资料来源：笔者整理。

仍然假设经济系统总收入为 1 个单位，工业企业总数为 N，则区域 A 的企业的销售额为：

$$V_A = \mu\left(\frac{1}{N}Y_A + \frac{1}{N}Y_B\right) = \frac{\mu}{N}(Y_A + Y_B) \tag{2.55}$$

其中，$\mu Y_A/N$ 是每个企业在区域 A 的销售额，$\mu Y_B/N$ 是每个企业在区域 B 的销售额。在 V_A 的销售额下，达到均衡时每个企业都实现零利润。

考虑这样一种情况，假设某个时候，区域 A 中的某个企业想投资于区域 B，我们把这个企业称为从区域 A“逃逸”的企业，那么这种逃逸企业是如何进行成本效益分析的？

为了在区域 B 设厂，该逃逸企业必须吸引足够的工业劳动力，由于区域 B 的其他工业品都必须从区域 A 购进，在区域 B 的价格自然要高于在区域 A 的价格，因此，厂商就必须给予工业劳动力一定的工资补偿，才能吸引工业劳动力，这种补偿额度，使得工业劳动力在区域 A 与区域 B 获得同样的效用水平。愿意从区域 A 转移到区域 B 的工业劳动力将考虑这样的问题，即他在区域 A 享受的最大效用水平是多少？到区域 B 后，什么样的工资水平不会使他的效用水平低于区域 A?

如前所述，该工业劳动力的效用函数为 $U=C_M^{\mu}C_A^{1-\mu}$，而预算约束为 $P_MC_M+1\times C_A=w$。我们知道，当该工业劳动力把其收入中的 μ 部分用于购买工业品组合，$1-\mu$ 部分用来购买农产品时，可以实现效用最大化。此时，各类产品的最优消费量为：

$$\begin{cases} C_M=\mu w/P_M \\ C_A=(1-\mu)w \end{cases} \tag{2.56}$$

因此，该工业劳动力获得的最大效用水平为：

$$U_{\max}=(\mu w/P_M)^{\mu}[(1-\mu)w]^{1-\mu}=\mu^{\mu}(1-\mu)^{1-\mu}w/P_M^{\mu} \tag{2.57}$$

式（2.57）是不考虑具体区域时，工业劳动力可以获得的最大效用水平。现在回到我们的问题，分别把区域 A 和区域 B 的工业劳动力的工资和价格水平代入式（2.57）并让它们相等，略去常数项，则可以得到需要补偿的工资额度：

$$\left.\begin{cases} \dfrac{w_A}{P_{MA}^{\mu}}=\dfrac{w_B}{P_{MB}^{\mu}} \\ P_{MB}=P_{MA}/\tau \end{cases}\right\}\Rightarrow\frac{w_B}{w_A}=\left(\frac{1}{\tau}\right)^{\mu} \tag{2.58}$$

计划在区域 B 设厂的逃逸企业在区域 A 的市场上获得的销售额与区域 A 的企业在区域 A 的市场上获得的销售额之比为：

$$\frac{(p_B/\tau)(p_B/\tau)^{-\sigma}}{p_Ap_A^{-\sigma}}=\left(\frac{p_B}{p_A\tau}\right)^{-(\sigma-1)}=\left(\frac{w_B}{w_A\tau}\right)^{-(\sigma-1)}$$

计划在区域 B 设厂的逃逸企业在区域 B 的市场上获得的销售额与区域 A 的企业在区域 B 的市场上获得的销售额之比为：

$$\frac{(p_B)(p_B)^{-\sigma}}{(p_A/\tau)(p_A/\tau)^{-\sigma}}=\left(\frac{p_B\tau}{p_A}\right)^{-(\sigma-1)}=\left(\frac{w_B\tau}{w_A}\right)^{-(\sigma-1)}$$

因此，逃逸企业在两地市场上获得的总销售额为：

$$V_B=\mu\left[\frac{Y_A}{N}\left(\frac{w_B}{w_A\tau}\right)^{-(\sigma-1)}+\frac{Y_B}{N}\left(\frac{w_B\tau}{w_A}\right)^{-(\sigma-1)}\right]=\frac{\mu}{N}\left[\left(\frac{w_B}{w_A\tau}\right)^{-(\sigma-1)}Y_A+\left(\frac{w_B\tau}{w_A}\right)^{-(\sigma-1)}Y_B\right] \tag{2.59}$$

如果逃逸企业在区域 B 设厂后其市场销售额与其逃逸前的市场销售额之比，大于该企业在区域 B 设厂时支付的工资与其逃逸前支付的工资的比率，那么该企业就会选择区域 B。因此，这种绝对的空间聚集（即所有的工业部门都区位于区域 A）是不稳定的，反之，则是稳定的。

因此，判定绝对的空间聚集是否稳定的标准可以写成 $(V_B/V_A)<(w_B/w_A)$，即：

$$\frac{1}{2}\tau^{\mu(\sigma-1)}[(1+\mu)\tau^{(\sigma-1)}+(1-\mu)\tau^{-(\sigma-1)}]<\tau^{-\mu}$$

因此，$V=\frac{1}{2}\tau^{\sigma\mu}[(1+\mu)\tau^{(\sigma-1)}+(1-\mu)\tau^{-(\sigma-1)}]<1$ （2.60）

称 V 为绝对空间聚集判别因子，如果 $V<1$，那么绝对空间聚集是稳定均衡，也就是说，所有制造业部门的经济活动将聚集在某一个区域，而另一个区域仅从事农业生产；如果 $V>1$，那么绝对空间聚集是不稳定的，经济活动的空间聚集将向空间分散方向变化。

式（2.60）看起来较为复杂和模糊，但仔细分析，它会告诉我们许多关键性的东西。该式表明，绝对空间聚集判别因子与 μ、σ、τ 三个参数有关，它们决定 V 大于 1 还是小于 1 的问题。首先看一下该判别因子与运输成本的关系。

在 $\sigma=6$、μ 分别为 0.4、0.5、0.6 的情况下，分别计算了判别因子 V 与运输成本 τ 的值（见表 2－5）。根据表 2－5 画出了图 2－5。图 2－5 可以用来分析判别因子与运输成本之间的关系，还可以分析判别因子是如何随消费者对工业品的支出份额的变化而发生变化的。

表 2－5

项目	$\mu=0.5$	$\mu=0.4$	$\mu=0.6$
运输成本	$\sigma=6.0$	$\sigma=6.0$	$\sigma=6.0$
τ	V_0	V_1	V_2
0.25	4.000	11.028	1.393
0.30	2.778	6.865	1.079
0.35	2.041	4.598	0.870
0.40	1.563	3.250	0.722
0.45	1.236	2.394	0.613
0.50	1.003	1.823	0.530
0.55	0.833	1.428	0.467
0.60	0.707	1.148	0.419
0.65	0.616	0.948	0.385
0.70	0.553	0.808	0.367
0.75	0.520	0.717	0.367
0.80	0.516	0.670	0.391
0.85	0.550	0.668	0.449
0.90	0.631	0.716	0.555
0.95	0.775	0.822	0.730

资料来源：笔者整理。

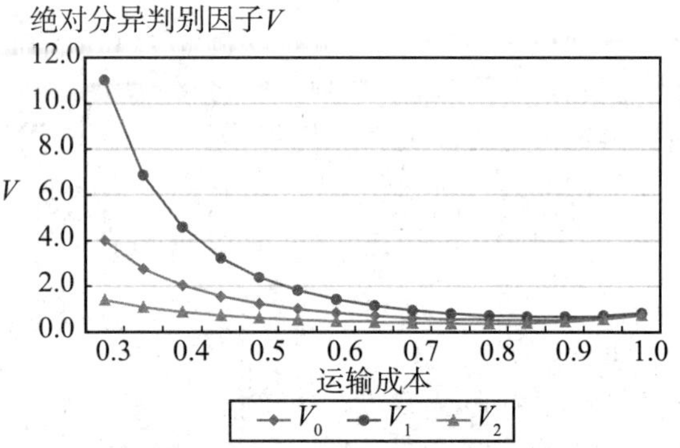

图 2－5　判别因子与运输成本的关系（μ 变化）

资料来源：笔者整理。

从图 2－5 中可以看出，运输成本从高（τ 较小）到低（τ 较大）变化时，绝对空间聚集判别因子如何发生变化的；首先 V 因子曲线向下倾斜，在某个关键的运输成本点穿过 $V=1$ 的水平线，此后 $V<1$。当 $V<1$ 时，空间聚集是稳定的；当 $V>1$ 时，空间聚集是不稳定的，空间聚集模式向空间分散方向转变。从图2－5还可以看出，如果消费者对工业品的支出比例变大（即 μ 的值上升），那么 V 因子曲线将向左下方移动（从 V_0 向 V_2 方向移动），因此，保证空间聚集稳定的运输成本的取值范围变大；如果消费者对工业品的支出比例变小，那么 V 因子曲线将向右上方移动（从 V_0 向 V_1 方向移动），此时，保证空间聚集稳定的运输成本的取值范围缩小，即需要更低的运输成本才能形成经济活动的空间聚集。这意味着，消费者对工业品支出份额的扩大有利于经济活动空间聚集。

下面分析一下工业品之间的替代弹性，也就是，消费者对不同工业品的需求的价格弹性是如何影响绝对空间聚集判别因子与运输成本之间关系的。在下面，$\mu=0.5$、σ 分别为4、6、8的情况下，计算了判别因子 V 与运输成本 τ 的值（见表2－6），并根据表2－6画出图2－6。

表2－6

项目	$\mu=0.5$	$\mu=0.5$	$\mu=0.5$
运输成本	$\sigma=6.0$	$\sigma=4.0$	$\sigma=8.0$
τ	V_0	V_1	V_2
0.20	6.250	1.250	31.25
0.25	4.000	1.001	16.00
0.30	2.778	0.835	9.259
0.35	2.041	0.718	5.831
0.40	1.563	0.633	3.906
0.45	1.236	0.569	2.744
0.50	1.003	0.523	2.000
0.55	0.833	0.492	1.504
0.60	0.707	0.475	1.160
0.65	0.616	0.472	0.917
0.70	0.553	0.483	0.744
0.75	0.520	0.511	0.624
0.80	0.516	0.558	0.553
0.85	0.550	0.627	0.533
0.90	0.631	0.721	0.578
0.95	0.775	0.843	0.718

资料来源：笔者整理。

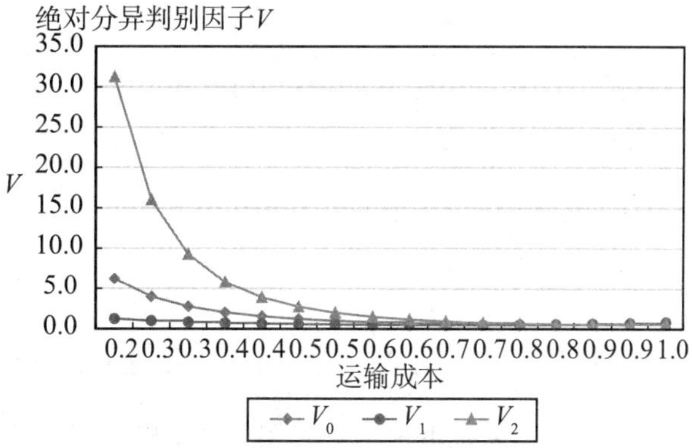

图2－6 判别因子与运输成本的关系（σ变化）

资料来源：笔者整理。

在图2－6中，如果替代弹性 σ 变小，那么 V 因子曲线向左下方移动（从 V_0 向 V_1 方向移动），保证空间聚集稳定的运输成本的取值范围变大；如果替代

弹性 σ 上升，该因子曲线向右上方移动（从 V_0 向 V_2 方向移动），保证空间聚集稳定的运输成本取值范围缩小。如前所述，σ 的取值影响着企业规模收益递增强度，σ 越小，规模收益递增程度就越强，因此，越有利于空间聚集的发生。

同样，也可以分析绝对空间聚集判别因子与 σ 和 μ 之间关系，这可以通过图 2－7 和图 2－8 来表示。

由表 2－7 画出图 2－7，其中可以看到，替代弹性较小时，企业规模收益递增强度较强，空间聚集是稳定的；而在替代弹性较大时，企业规模收益递增强度较弱，空间聚集是不稳定的。如果 μ 上升，则 V 因子曲线向右下方移动；如果 τ 上升，则 V 因子曲线则向左上方移动。

表 2－7

项目	$\mu=0.65$
替代弹性	$\tau=0.7$
σ	V_0
1.5	0.635
2.0	0.520
3.0	0.380
4.0	0.314
5.0	0.291
6.0	0.294
7.0	0.313
8.0	0.343
9.0	0.383
10.0	0.430
11.0	0.485
12.0	0.549
13.0	0.621
14.0	0.704
15.0	0.797
16.0	0.903
17.0	1.023
18.0	1.159
19.0	1.313
20.0	1.487

资料来源：笔者整理。

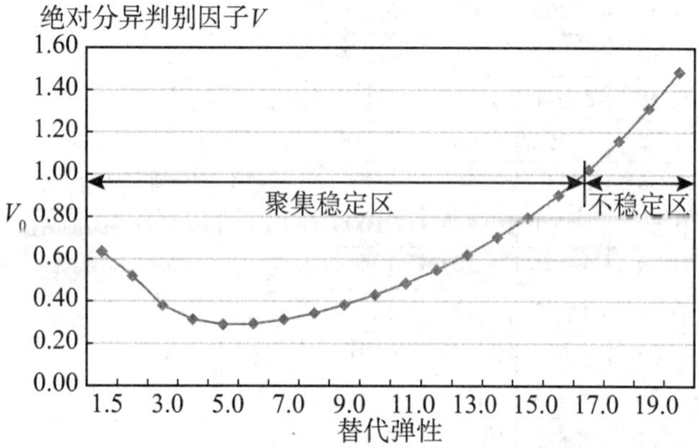

图 2－7　绝对分异判别因子与替代弹性

资料来源：笔者整理。

由表 2－8 画出图 2－8，其中，V 随着 μ 的上升单调下降，也就是说，消费者对工业品的支出比例越高，越有利于空间聚集的形成。同时，如果 σ 变大，则 V 因子曲线向右上方移动；如果 τ 变大，则向左下方移动。

因此，通过式（2.60）所定义的绝对空间聚集判别因子，可以分析不同参数是如何影响经济活动空间聚集的稳定性问题的。一般来讲，如果消费者对工业品的消费比例高、消费者的多样化偏好强（也就是企业规模收益递增强度强）、区际运输成本低，则经济活动空间聚集是稳定的。

表2-8

工业品支出比例	$\sigma=6.0$ $\tau=0.7$
μ	V_0
0.10	2.236
0.15	1.904
0.20	1.617
0.25	1.368
0.30	1.153
0.35	0.968
0.40	0.808
0.45	0.671
0.50	0.553
0.55	0.453
0.60	0.367
0.65	0.294
0.70	0.231
0.75	0.179
0.80	0.135
0.85	0.098
0.90	0.067
0.95	0.041

资料来源：笔者整理。

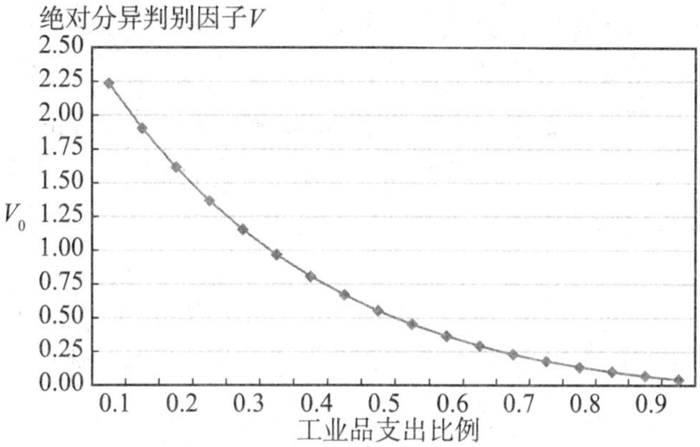

图2-8　绝对分异判别因子与工业品支出比例

资料来源：笔者整理。

第三节　规模收益递增

新古典的完全竞争的一般均衡框架，总是假定企业的生产函数为规模收益不变或规模收益递减的生产函数。但这种理论框架，无法解释现实中企业所具有的市场扩张能力。E. H. 张伯伦（1933，1950）的垄断竞争理论打破了完全竞争的一般均衡框架，市场结构的变化可以允许企业具有规模收益递增的生产函数。在第一节讨论的D-S框架中，作为一种市场形态的垄断竞争，决定于消费者的偏好及企业对有限生产资源的需求，这就使企业显示出规模收益递增的特征。在第二节讨论的保罗·克鲁格曼的核心边缘模型中，保罗·克鲁格曼解释了消费者的多样化偏好是规模收益递增的主要源泉。本节将以D-S框架、保罗·克鲁格曼的研究为基本线索，从需求和供给角度，试图解释企业规模收益递增现象。

本节的目的很明确，重点讨论规模收益递增的源泉问题，为解释区际发展不平衡现象以及区域经济的块状特征提供理论依据。

一、消费者多样化偏好与规模收益递增

假定在某一经济系统中，存在许多工业品生产商，该经济系统有 N 种潜在的工业品种类，每种工业品为差异化的产品，不同产品都不完全相同。由于工业品生产商足够多，可以假定这种多样化的产品可以用一个连续的变量 i 来表示，i 的取值范围为 $[0, N]$。假定每个厂商的生产都具有规模经济而不具有范围经济，因此，每个厂商都只生产一种产品，这意味着，每个厂商在其产品生产领域具有一定的垄断特征。

下面我们将分析这种情况下的规模收益递增的源泉问题。企业在生产中只使用一种要素，即劳动力。根据 D－S 框架，生产第 i 种产品的生产商的生产函数可以写成如下：

$$L(i) = F + a_m x(i) \tag{2.61}$$

其中，$L(i)$ 为厂商使用的总劳动量，$x(i)$ 是厂商所生产的产品 i 的产出量，F 是厂商的以劳动量为度量单位的固定投入，a_m 则是厂商的以劳动量为度量单位的边际成本，假设每一个厂商的 F、a_m 都相同，也就是说，每个厂商都具有相同的固定成本和边际成本。在这个生产函数中，随着产出量的增加，分摊到每个产品上的平均固定成本下降，因此，该生产函数具有规模收益递增的特征。当然，这种规模经济是指内部规模经济。

1. 消费者行为

假设所有消费者的偏好相同，都偏好多样化消费，但不会对某些特定的工业品具有特殊的偏好，也就是说消费者对各种工业品的偏好程度是相同的。每个消费者的效用函数都相同，可以用不变替代弹性（CES）效应函数来表示：

$$U = \left[\int_0^N c(i)^{(\sigma-1)/\sigma} \mathrm{d}i\right]^{\sigma/(\sigma-1)}, \quad \sigma > 1 \tag{2.62}$$

其中，$c(i)$ 是消费者对产品 i 的需求量，σ 是不同产品之间的替代弹性。可以看到，当 σ 趋近于无穷大时，效用函数就变成线性效用函数，这意味着，此时产品间具有完全的替代性。在这种产品之间完全可以替代的情况下，消费者也就无所谓多样化需求了，此时多样性需求强度为 0；当 σ 变小时，产品之间的替代性减弱，消费者认为产品之间的差异性在增大，消费者的多样性需求欲望变强烈。因此，在式（2.62）的效用函数中，σ 反映了消费者对产品多样化的偏好强度，σ 越大，多样化偏好越弱；σ 越小，多样化偏好越强。

假定每个消费者花费在产品上的总支出都相同，用 I 表示，产品 i 的市场价格用 $p(i)$ 表示，则消费者所面临的效用最大化问题可以写成：

$$\begin{cases}\max\limits_{C(i)} U = \max\left[\int_0^N c(i)^{(\sigma-1)/\sigma} di\right]^{\sigma/(\sigma-1)} \\ \text{s.t.} \int_0^N p(i)c(i)di = I\end{cases} \tag{2.63}$$

我们知道，根据最大化的一阶条件，消费者对每种产品 i 消费所带来的边际效用与其价格成正比时，可以实现消费者效用最大化。那么，消费者实现效用最大化时对产品 i 的需求应为多少？因为根据市场出清条件，市场出清时的需求就等于供给，因而消费者的需求函数也就是企业所面对的市场需求函数。为此，我们建立拉格朗日方程，分别求 $\partial L/\partial c(i)$ 和 $\partial L/\partial c(j)$ 并设分别等于零，则：

$$\begin{cases}U^{1/\sigma}c(j)^{-1/\sigma} - \lambda p(j) = 0 \Rightarrow U^{1/\sigma}c(j)^{-1/\sigma} = \lambda p(j) \\ U^{1/\sigma}c(i)^{-1/\sigma} - \lambda p(i) = 0 \Rightarrow U^{1/\sigma}c(i)^{-1/\sigma} = \lambda p(i)\end{cases} \Rightarrow c(j) = \frac{c(i)}{p(i)^{-\sigma}}p(j)^{-\sigma} \tag{2.64}$$

把式（2.64）代入由式（2.62）给出的效用函数，则：

$$U = \frac{c(i)}{p(i)^{-\sigma}}\left[\int_0^N p(j)^{1-\sigma} dj\right]^{\sigma/(\sigma-1)} \Rightarrow c(i) = UP_M^{\sigma} p(i)^{1-\sigma} \tag{2.65}$$

在式（2.65）中，P_M 为完全价格指数。由式（2.62）给出的效用函数，也可以理解为总需求，因此，总需求量乘上完全价格指数就等于总收益，即 $P_M \times U = E$。这样，式（2.65）可以写成 $c(i) = Ep_i^{-\sigma}/P_M^{1-\sigma}$，而其中 $E/P_M^{1-\sigma}$ 为常量，故设 $k = E/P_M^{1-\sigma}$。当市场出清时，消费者的需求就是企业所面对的市场需求，即 $x(i) = c(i)$。这样，式（2.65）可以写成：

$$x(i) = kp(i)^{-\sigma} \tag{2.66}$$

式（2.66）就是该经济系统中，企业 i 所面临的需求曲线。

2. 生产者行为

在供给方，企业面临的利润最大化问题，即：

$$\begin{cases}\max\limits_{p(i),x(i)} \pi(i) = \max[p(i)x(i) - wL(i)] \\ \text{s.t. } x(i) = kp(i)^{-\sigma}\end{cases} \tag{2.67}$$

其中，w 为工业劳动力的工资水平。建立拉格朗日方程，分别求 $\partial L/\partial x(i)$ 和 $\partial L/\partial p(i)$ 并设分别等于零，则：

$$\begin{cases}\partial L/\partial x(i) = p(i) - wa_m + \lambda = 0 \\ \partial L/\partial p(i) = x(i) + \lambda k\sigma p(i)^{-\sigma-1} = 0\end{cases} \Rightarrow p(i) - wa_m = \frac{1}{\sigma}p(i)$$

因此，$(1-1/\sigma)p(i) = wa_m \Rightarrow p(i) = wa_m/(1-1/\sigma)$，其中，$w$ 是工业劳动力的工资水平，在均衡时任何企业的工资率都相同；a_m 为生产单位产出所需的劳动量，任何企业都相同。因此，均衡时每一种产品的价格都相同，即 p 与 i 无关，把 i 去掉，即：

$$p=\frac{wa_m\sigma}{1-\sigma} \tag{2.68}$$

由于均衡时不存在企业的进入和退出，因此，均衡时企业只能得到零利润，则：

$$\pi(i)=p(i)x(i)-w[F+a_m x(i)]=0\Rightarrow\frac{wa_m\sigma}{\sigma-1}x(i)=wF+wa_m x(i)$$

$$\Rightarrow[1/(\sigma-1)]a_m x_i=F\Rightarrow x(i)=(\sigma-1)F/a_m$$

类似于均衡时的价格，均衡时每个企业的产出量相等，即 x 与 i 无关，把 i 去掉，则：

$$x=\frac{(\sigma-1)F}{a_m} \tag{2.69}$$

式（2.68）和式（2.69）给出了均衡时的每种产品的价格与产出。

3. 平均产出和边际产出

有了上面的讨论，现在可以求出均衡时每个企业的平均产出与边际产出。根据式（2.61），当企业的产出为 $x=(\sigma-1)F/a_m$ 时，总劳动量需求为 $L=F+(\sigma-1)F=\sigma F$。故，平均产出为：

$$x/L=\frac{\sigma-1}{a_m\sigma} \tag{2.70}$$

同时，对式（2.61）进行微分，则劳动力的边际产出为：

$$\mathrm{d}x/\mathrm{d}L=\frac{1}{a_m} \tag{2.71}$$

从式（2.71）减去式（2.70），则可以得到：

$$\mathrm{d}x/\mathrm{d}L-x/L=\frac{1}{a_m\sigma} \tag{2.72}$$

在式（2.72）中，σ 和 a_m 都为正数，故 $\mathrm{d}x/\mathrm{d}L-x/L>0$，也就是说均衡时，企业的边际产出大于平均产出，这说明企业的生产显示出规模收益递增的特征，并且规模收益递增程度与 σ 有关。从消费者的效用函数中可以看到，σ 是不同工业品之间的替代弹性，σ 越小，工业品之间的替代能力越弱，消费者的多样化需求欲望越强烈；同时 σ 还是消费者对每一种工业品的需求的价格弹性，σ 越小，消费者对各种工业品的需求曲线越陡直，需求对价格的变化越不敏感，这反映了消费者的多样性需求越强烈。σ 越小，边际劳动力产出比平均劳动力产出越大，企业的规模收益递增程度也越大。在式（2.72）的 a_m 是常数，它是由式（2.61）给出的。因此，消费者对多样化产品的偏好程度决定了企业规模收益递增的程度，由此可以得出如下定理。

定理（2－1）：在迪克希特－斯蒂格利茨的框架下，如果消费者显示出多样化偏好，那么最终产品生产企业具有规模收益递增特征，多样化偏好越强，企业规模收益递增强度越强。

我们知道，随着人们收入水平的提高，消费者的多样化需求持续上升，这是因为，在收入水平比较低时，很多物品不是人们生活的必需品，那时人们的多样化需求较低；而当收入水平提高后，很多产品进入了人们的生活必需品清单中，这意味着，这些产品的需求价格弹性在下降，从而显示人们多样化需求欲望强烈。这种多样化需求，正是人类永不满足的本质所决定的。可以这样说，随着人均收入水平的提高，多样化需求欲望强烈，企业规模收益递增程度也相应提高。

二、厂商对中间投入品的多样化偏好与规模收益递增

在前文，我们讨论了消费者对最终消费品的多样化偏好是如何影响最终消费品生产企业规模收益递增强度的。下面我们从生产者的角度，讨论最终产品生产商对中间投入品的多样化需求，又是如何影响最终产品生产部门规模收益递增特征的。

假设在某一经济系统中，存在许多最终产品生产部门。在每一个最终产品生产部门内部，又有许多最终产品生产企业，这些生产企业在完全竞争的市场结构下为消费者提供最终消费品，这些企业都具有规模收益不变的生产函数，并把许多差异化的中间投入品作为自己的投入；每一个部门内部，都有许多中间投入品生产商，这些中间投入品生产商都具有规模收益递增的生产函数，这意味着每个中间投入品生产商只生产一种中间投入品，每一种中间投入品生产商为最终产品的生产商提供一种中间投入品，中间投入品生产商只对本部门的最终产品生产商销售自己的产品。下面我们把注意力集中在一个部门内，讨论该部门最终产品的总生产函数。

1. 中间投入品需求函数

假定部门内部有 N 种不同的中间投入品，也就是说，有 N 个中间投入品生产商。该部门最终产品的生产函数具有不变替代弹性（CES）效用函数形式：

$$Y = \left[\sum_{i=1}^{N} x(i)^{(\sigma-1)/\sigma} \right]^{\sigma/(\sigma-1)} \tag{2.73}$$

其中，Y 为该部门最终产品的总产出，$x(i)$ 为第 i 种中间投入品的使用量，σ 是中间投入品之间的替代弹性，$\sigma>1$。当利用 CES 生产函数时的一个隐含的假设，就是各种中间投入品之间的替代弹性都相同。我们仍在 D－S 框架下进行

讨论，假设中间投入品的生产只使用一种要素，即劳动，且具有规模收益递增的生产函数：

$$L(i)=F+a_m x(i) \tag{2.74}$$

其中，$L(i)$ 为中间投入品 i 的生产中所使用的劳动量，$x(i)$ 为该中间投入品的产出量，F 为固定成本，a_m 为边际成本。假设不同中间投入品生产的固定成本和边际成本都相同。部门内的工资水平用 w 表示，第 i 种中间投入品价格用 $p(i)$ 表示，那么生产第 i 种中间投入品的生产商的利润可以写成 $\pi(i)=p(i)x(i)-wL(i)$。

对该部门最终产品生产而言，必须要保证实现均衡时生产成本最小化，即在某种产出水平下，使生产中所使用的中间投入品的总成本最小，即：

$$\begin{cases}\min\limits_{x(i)}\sum\limits_{i=1}^{N}p(i)x(i)\\ \text{s. t. }\left[\sum\limits_{i=1}^{N}x(i)^{(\sigma-1)/\sigma}\right]^{\sigma/(\sigma-1)}=Y\end{cases} \tag{2.75}$$

为求解上述最小化问题，先建立拉格朗日函数，然后，对 $x(i)$ 求导并令其等于零，则 $p(i)=\lambda Y^{1/\sigma}x(i)^{-1/\sigma}$。因此，部门对第 i 种中间投入品的需求函数可以写成：

$$x(i)=\lambda^{\sigma}Yp(i)^{-\sigma} \tag{2.76}$$

其中，λ 为拉格朗日乘子。式（2.76）就是该生产部门对中间投入品的需求函数，也就是在该部门最终总产出水平（Y）一定的情况下，该生产部门内部各中间投入品需求与其价格之间的关系。

2. 中间投入品定价策略

上面从最终产品生产部门成本最小化的角度，得出了最终产品生产部门对中间投入品的需求函数。下面从中间投入品生产商的角度，讨论其最优定价策略。对中间投入品生产而言，每一种中间投入品生产商在式（2.76）的约束下，尽可能最大化其利润函数 $\pi(i)=p(i)x(i)-wL(i)$，即：

$$\begin{cases}\max\limits_{x(i)}\pi(i)=\max[p(i)x(i)-wL(i)]=\max\{p(i)x(i)-w[F+a_m x(i)]\}\\ \text{s. t. }x(i)=\lambda^{\sigma}Yp(i)^{-\sigma}\end{cases}$$

把上述约束条件的 $p(i)$ 代入目标函数，并对 $x(i)$ 求导并令其等于零，则可以得到利润最大化下的中间投入品生产商的最优价格：

$$p(i)=a_m w\sigma/(\sigma-1) \tag{2.77}$$

由式（2.77）可知，价格与 i 无关，因此，各种中间投入品的价格都相同。由于用劳动量来度量的边际成本为 a_m，故以价值量来度量的边际成本为 $a_m w$。因此，由利润最大化行为所确定的中间投入品生产商最优的定价，是边际成本的加成定价法定价，也就是 $p=[1+1/(\sigma-1)]a_m w=a_m w+a_m w/(\sigma-1)$。

3. 部门最终产品总产出

中间投入品生产不存在进入和退出壁垒，因此，在均衡时，每个中间投入品生产商的利润为零，这样可以从利润函数得出每个中间投入品生产商的产出水平：

$$x(i)=F(\sigma-1)/a_m \tag{2.78}$$

把式（2.78）代入式（2.74），可以得出每个中间投入品生产商使用的劳动量为：

$$L(i)=F\sigma \tag{2.79}$$

如果在一个部门中，所有中间投入品生产商雇佣的劳动总量为 L，那么最优的中间投入品生产商的数量，也就是最优的中间投入品种类数量①为：

$$N=L/F\sigma \tag{2.80}$$

把式（2.78）、式（2.80）代入式（2.73），可以得到均衡条件下，最终产品生产部门的总产出为：

$$Y=[\sum_{i=1}^{N}x^{(\sigma-1)/\sigma}]^{\sigma/(\sigma-1)}=N^{\sigma/(\sigma-1)}x=\beta L^{[1+1/(\sigma-1)]} \tag{2.81}$$

其中，β 是一个常数，$\beta=F(\sigma-1)/[a_m(F\sigma)^{\sigma/(\sigma-1)}]$ (2.82)

从式（2.81）可以看出，总产出 Y 与中间投入品生产商雇佣的劳动力 L 之间存在大于 1 的弹性，也就是说，如果劳动力雇佣量 L 上升 1 个百分点，那么最终总产出 Y 将上升 $1+1/(\sigma-1)$ 个百分点。由此可以得出如下定理。

定理（2－2）：在迪克希特－斯蒂格利茨的框架下，最终产品生产商利用多种中间投入品进行最终产品生产，此时，如果中间投入品的生产扩大 1 个单位的要素投入，那么最终产品的产出将以大于 1 的比例增长，也就是，最终产品生产显示规模收益递增的特征。

根据迪克希特－斯蒂格利茨的垄断竞争理论，每个厂商在生产过程中具有规模经济而不具有范围经济，也就是说，每个厂商只生产一种产品，这就使每个厂商在其产品生产领域具有一定的垄断力。因此，尽管定理 2－2 说的是最终产品生产部门，但根据垄断竞争，这种最终产品生产部门常指的是生产最终产品的企业。因此，在迪克希特－斯蒂格利茨框架下，除了自然垄断行业以外，只要生产中使用多种生产要素，那么普遍存在规模收益递增特征。

① 式（2.80）说明了中间产品生产中总劳动投入量与中间产品种类数的一个正线性关系。如果我们把该式写成 $L=F\sigma N$ 的形式，则该式蕴含的一个含义是：中间产品种类的提高，也就是中间产品生产企业数量的提高，将引起该部门雇佣劳动量的提高，这与劳动分工的深化促进城市化的含义是一致的，限于篇幅，本书不再深入分析。

同时，从式（2.81）可以看出，规模收益递增强度与中间投入品之间的替代弹性 σ 有关，σ 越小，总产出规模显示的规模收益递增强度就越大。σ 也反映了最终产品生产中，对中间投入品的需求弹性，σ 越小，意味着最终产品的生产对中间投入品的依赖程度越高，也就是最终产品生产技术对中间投入品的多样化需求越强。因此可以说，如果最终产品生产具有规模收益递增特征，那么规模收益递增程度与中间投入品之间的替代弹性有关，替代弹性越小，规模收益递增强度就越大。

另外，从式（2.80）还可以看出，随着劳动力雇佣量的增加，中间投入品种类数量也就变多了，而这使得最终产品的生产更有效率，显示出了规模收益递增的特点。这意味着，最终产品的生产，要求中间投入品生产厂商之间更高水平的分工和专业化。如果一个生产部门面对较大的市场需求，其中间投入品生产商之间的分工越细，专业化程度也就越高，那么最终产品生产中的规模收益递增强度就越大。因此，最终产品的生产对中间投入品的多样化的需求，就决定了中间投入品生产的分工程度和专业化程度，且中间投入品生产中的分工和专业化程度，反过来又影响最终产品生产部门的规模收益递增强度。

三、结论

在 D－S 框架下，规模收益递增既有来自需求方面的原因，也有来自供给方面的原因，归根到底，经济活动参与者的多样化偏好增强了其他经济活动参与者的市场实力，且这种效应是双向的。在消费领域，人们对产品多样化的偏好影响最终消费品生产企业的规模收益递增强度，而一个经济体所具有的多样化产品的生产能力又影响着消费者的效用水平，这种生产能力越强，产出范围越广，则消费者的效用水平也就越大。在生产领域，最终产品生产商对中间投入品的多样化需求，促使中间投入品生产商的规模收益递增；反过来，中间投入品生产者也促使具有投入品多样化偏好的最终产品生产商的规模收益递增，这正是我们在第二部分讨论的情况。虽然模型附加了一些很强的假设，但上面的讨论并没有失去一般性，能够解释经济活动空间聚集与分散的原因。

对经济活动的聚集现象，很多文献是从外部性角度来进行解释的。但我们的结论是，消费和生产领域多样化偏好而导致的规模收益递增，促使经济活动向某一空间聚集。另一个重要的结论是，这种聚集过程是一种内生的过程，而不是外生的过程。

第四节　本章小结

根据D-S框架，作为一种市场形态的垄断竞争，决定于消费者的偏好以及企业对有限生产资源的需求，这就使企业显示出规模收益递增的特征。在消费者的需求方面，消费者具有多样化偏好，消费者的效用函数不仅取决于消费者消费的产品数量，更取决于消费者消费的产品种类的数量。在供给方面，假设每个企业都具有规模经济而不具有范围经济，这就意味着，每个企业与其生产的产品之间存在一对一的关系，即每个企业只生产一种产品，这就使每个企业在其生产领域具有一定的垄断性。在生产中并不存在进入和退出壁垒，因而企业间又具有竞争性，因此，均衡时企业的额外利润为零。

传统的规模经济指的是以单个部件生产为主的规模经济，这要求最低限度的工厂规模，并且所有产出量必须在某一区位集中（也就是集中在一个企业内），这种规模经济与工厂生产规模的扩大有关。单个部件数量增加而部件种类数量不变，则规模收益不变，但单个部件数量不变而部件种类增加时，将导致最终生产部门产出的扩张，显示规模收益递增。这种规模经济反映的是分工的扩大而不是工厂规模的扩大。这种规模经济取决于最终产品市场规模而不是所有制造业产出都集中的某一区位。当然，这种规模经济对单个企业而言是外部的，因此，称其为外部规模经济。

保罗·克鲁格曼的核心边缘模型，从经济主体行为这一微观基础，研究了经济活动空间聚集的向心力与离心力的来源问题。正是消费者对多样化的工业品的偏好、区域间贸易的交易成本等因素的相互作用，导致了经济活动的空间聚集或分散。随着经济的发展，工业化进程的不断演进，人们收入水平的不断提高，人们需求越来越多样化，以及交通、通信技术的改进，交易方式和交易手段不断进步，所有这些都倾向于导致经济活动的空间聚集，这已被人类的发展史所证实。同时，这也给我们提供了有关区域经济政策方面的极其重要的启示。

对经济活动的聚集现象，很多文献是从外部性角度进行解释的。但我们的结论是，消费和生产领域多样化偏好所导致的规模收益递增，促使经济活动向某一空间聚集。同时发现，这种聚集过程是一种内生过程而不是外生过程。

参考文献

[1] 安虎森，等．新经济地理学原理［M］．北京：经济科学出版社，2009.

［2］ Chamberlin, E H. The Theory of Monopolistic Competition ［M］. Cambridge, Mass: Harvard University Press, 1933.

［3］ Dixit, A K. and Stiglitz, J E. Monopolistic Competition and Optimum Product Diversity ［J］. American Economic Review, 1977, 67: 297－308.

［4］ Ethier, W J. National and International Returns to Scale in the Modern Theory of International Trade ［J］. American Economic Review, 1982, 72 (3): 389－405.

［5］ Fujita, M., Krugman P. and A. Venable. The Spatial Economy: Cities, Regions and International Trade ［M］. Cambridge, Mass: MIT Press, 1999.

［6］ Fujita, M. and F. Thisse, Economics of Agglomeration: Cities, Industrial Location and Globalization. Second Edition ［M］. Cambridge, Mass.: Cambridge University Press, 2013.

［7］ Krugman, P. Increasing Returns and Economics Geography ［J］. Journal of Political Economy, 1991a, 99 (3): 483－499.

［8］ Krugman, P. Geography and Trade ［M］. Cambridge, Mass: MIT press, 1991b.

［9］ Ottaviano, G I P. and D. Puga. Agglomeration in the Global Economy: A Survey of the New Economic Geography ［J］. The World Economy, 1998, 21: 707－731.

［10］ Puga Diego. the Rise and Fall of Regional Inequalities ［J］. European Economic Review, 1999, 43: 303－334.

［11］ Richard Baldwin, Rikard Forslid, Philippe Martin, Gianmarco Ottaviano and Frederic Robert－Nicoud. Economic Geography and Public Policy ［M］. Princeton: Princeton University Press, 2003.

［12］ Samuelson, P A. The Transfer Problem and Transport Costs, II: Analysis of Effects of Trade Impediments ［J］. Economic Journal, 1954, 64: 264－289.

［13］ Venables, A J. Equilibrium Locations of Vertically Linked Industries ［J］. International Economic Review, 1996, 37: 341－359.

第三章

核心边缘模型

核心边缘模型是新经济地理学诸多经典模型的基础。该模型最初由保罗·克鲁格曼于 1991 年提出，经过诸多学者补充和完善，形成了本章将要介绍的核心边缘模型。本章的目的有两个：一是详细介绍核心边缘模型的完整思路和建模技巧；二是从核心边缘模型提炼出几个极其重要的理论观点，这些观点是讨论其他新经济地理学模型时的基准尺度或基本参照。

第一节　基本逻辑

保罗·克鲁格曼的核心边缘模型试图回答这样一个问题，即在初始完全无差异的经济空间中，在没有外生力量的持续作用下，是否会出现经济活动的空间聚集现象？如果会，那么又需要什么样的条件？核心边缘模型以厂商规模收益递增、垄断竞争市场、消费者需求多样化等为基本假设，在一般均衡分析框架内讨论了上述问题并给出了答案。为了理解和把握核心边缘模型及其重要特征，我们先交代一下聚集力、分散力、内生的非对称以及突发性聚集等概念，这对理解核心边缘模型的逻辑框架是很有益处的。

一、两种力量——聚集力与分散力

经济活动在空间中的不平衡分布是很普遍的现象，导致空间不平衡的原因既有经济系统的外生因素，即所谓的“第一性”因素，也有经济系统的内生因素，即所谓的“第二性”因素。无论外生因素还是内生因素，对经济活动空间格局的形成和演化会产生两种力量，即“聚集力”和“分散力”。外生的聚集力和分散力，显然是决定和影响经济活动空间格局的重要力量，但核心边缘模型聚焦于内生因素，主要讨论初始无外生差异的经济空间格局是如何演化的，也就是内生的聚集力和分散力是如何产生以及如何发挥作用的。

在核心边缘模型中，有三种效应产生上述两种作用力。第一种效应是“本地市场效应”（home market effect），亦称“市场接近效应”，它是指厂商倾向于在市场规模较大区域进行生产并向市场规模较小区域销售其产品的行为。第二种效应是“价格指数效应”（price index effect），亦称“生活成本效应”，它是指厂商的空间聚集会降低产业聚集区总体的价格水平。在产业聚集区，本地生产的产品种类较多，从外地输入的产品种类较少，而从区外输入产品就得支付运输成本，因此，产业聚集区为输入区外产品所要支付的运输成本较少，这使得产业聚集区总体价格指数相对较低。在名义收入水平相同的情况下，产业聚集区总体价格指数较低，就意味着，实际收入水平相对较高。第三种效应是“市场拥挤效应”（market crowding effect），亦称“市场竞争效应”，它是指厂商倾向于选择竞争者较少的区位的行为。前两种效应促使经济活动的空间聚集，这是一种内生的聚集力，而后一种效应促使经济活动的空间分散，这是一种内生的分散力。

核心边缘模型告诉我们，初始无外生差异的经济空间，其空间格局的形成与演化决定于上述聚集力与分散力，而聚集力与分散力又通过两种机制塑造着经济活动空间格局。

二、两种机制——正反馈机制与负反馈机制

考虑初始无差异的两个区域，分别为“北部”和“南部”，两区域在要素禀赋、技术水平、消费者偏好等方面完全相同，称它们为“对称区域”；存在区际贸易以及区际劳动力转移。显然，如果能够维持初始的这种对称格局，那么它就是长期均衡。如果经过较长的演化过程，空间格局是否会偏离这种对称均衡？核心边缘模型告诉我们，这将取决于经济系统内部是否存在正反馈机制或负反馈机制。如果内生的聚集力大于分散力，经济系统内部存在正反馈机制，那么初始的对称均衡不稳定，空间格局将向空间聚集方向演化；如果内生的分散力大于聚集力，经济系统内部存在负反馈机制，那么初始的对称均衡将是长期稳定的均衡。

举例来说，因为某种原因，突然有部分劳动力从南部迁移到北部，初始的对称格局将受到扰动。这种扰动会引起一系列变化，首先，北部的市场份额相对变大，因为这些劳动力把自己的收入全部支付在他们所居住的地方。一旦市场规模发生变化，则本地市场效应、生活成本效应（价格指数效应）

以及市场拥挤效应将发挥作用，这将改变聚集力和分散力的相对大小，打破原来的力量平衡，随之会出现以下两种可能的情况：第一种，聚集力大于分散力的情况。劳动力向北部转移将扩大北部的市场规模，在市场接近效应作用下厂商将选择需求规模较大的北部作为其生产区位，这就扩大北部的产业份额，这就是本地市场效应；厂商向北部转移将扩大北部的产业份额，这意味着，北部生产的产品种类较多进而为满足消费者多样化偏好从区外输入的产品种类较少，这意味着，北部支付的输入成本较少因而北部整体的价格水平较低，这也意味着，北部劳动力的实际收入水平高于南部，这就是生活成本效应；本地市场效应和生活成本效应共同产生促使经济活动空间集中的聚集力，如果聚集力大于因市场拥挤效应而产生的分散力，则形成一种正反馈的循环累积因果关系，在这种循环累积因果关系作用下，上述扰动逐渐被放大直到所有南部劳动力全部转移到北部为止，这就是聚集力大于分散力的正反馈机制的作用原理。第二种，分散力大于聚集力的情况。前述的循环累积过程并非唯一的过程，如果南部厂商随劳动力转移向北部转移，那么将增加北部的厂商数量，而北部厂商数量的增加不仅导致前述的生活成本效应，而且还导致北部厂商间的激烈竞争。虽然我们假设制造业部门生产的是差异化的产品，但不同产品之间存在一定的替代弹性，正因为这种替代弹性，不同厂商之间为争夺消费者展开竞争，不管这种竞争是产出量竞争还是价格竞争，都会降低厂商的盈利水平。厂商盈利水平的下降，必然支付给劳动力较低的工资以保持厂商的收支平衡，这就是市场拥挤效应。如果，此时北部劳动力的实际收入水平低于南部，那么向北部转移的劳动力将返回南部，从而消除扰动的影响，初始对称的空间格局得以维持，这就是分散力大于聚集力的负反馈机制的作用原理。

当区际运输成本很大以致不存在区际贸易时，经济系统中的每个区域都是自给自足的封闭型经济体，区域之间不存在任何经济往来，显然此时分散力最大，这是因为，此时由于每个区域的厂商和消费者都不可能利用本区域以外的其他区域的市场，他们的生产活动和消费活动全部依靠本地市场，显然，此时对本区域市场的依赖程度也最大，经济活动在空间对称分散分布。当区际运输成本开始下降时，区域之间开始出现商品贸易活动，此时分散力也开始下降，这是由于当区际运输成本下降时，区域的生产活动和消费活动可以部分地利用本区域以外其他区域的市场，对本区域市场的依赖程度开始减弱，从而分散力开始下降。同时，随着区际运输成本的下降，基于本地市场效应和价格指数效应的聚集力也在下降（详见后文力的分析），但分散力下降速度更快，在运输成本的某一临界点上，聚集力超过分散力，此时聚集力占优。如果初始均衡为对称均衡，那么这种聚集力与分散力相对强弱的反转将改变空间系统内的动力机制，从而打破初始的对称均衡，形成核心边缘结构。当区际运输成本进一步下降直至“零”时，从理论上会得出“空间中性”结论，也就是任何经济活动和消费活动都与“区位”无关，任何空间格局都是长期稳定均衡。这意味着，运输成本是决定聚集力和分散力相对大小的重要变量，随着运输成本从高到低的变化，决定经济活动空间格局的聚集力和分散力也在不断变化。

三、一个结果——内生的非对称

核心边缘模型回答了这样一个问题，即在没有外力作用下，初始无差异的对称的经济空间是否会出现空间集聚现象，它的答案是肯定的，这就是内生的非对称现象，即在经济系统内生力量和内在机制作用下，初始无差异的对称结构在一定条件下转变成为非对称的核心边缘结构，且这种非对称结构是在运输成本下降过程中的某个临界点上突然发生的，该临界点就是常说的“突破点”。在运输成本下降过程中，如果到达该临界值，那么突然发生内生的非对称现象，这又称作“突发性聚集”。

劳动力和厂商在空间中的这种突发性聚集，并不是很常见的现象，在很多情况下它只是理论推演的结果。但如果我们接受哲学中的量变和质变关系，以及现实中产业结构调整与产业结构转型升级之间关系，那么我们也可以理解这种突发性聚集的内涵了。贸易成本持续下降所导致的聚集力的持续积累过程是量变过程，也就是通过引进和淘汰过程不断调整区域产业结构的过程；当聚集力积累达到某一临界值时将发生质变，也就是发生区域产业结构的转型升级，这样形成一种全新的发展路径。其实，任何区域的发展过程也是如此的，在区域经济发展过程中，也存在生产要素快速聚集进而区域经济快速发展的时期，这种时期相对于漫长的区域经济发展过程而言是相当短暂的，可以看成区域经济发展过程中的“一瞬间”。在自然现象中，这种突变现象是常见的现象，例如，地壳运动，尽管地引力持续发生变化，但在较长时期内地表仍保持原有景观，但发生地震或火山喷发时，会突然并急剧地改变整个地表的景观。

图 3－1 绘制了核心边缘模型的基本框架。

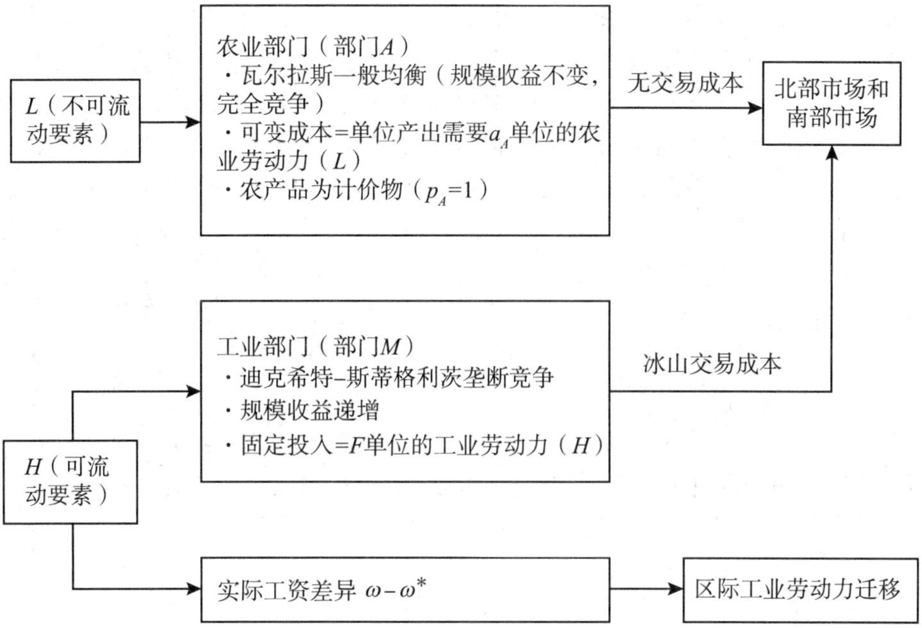

图3－1 核心边缘模型框架

资料来源：笔者整理。

第二节 理论模型

一、基本假设

核心边缘模型及其均衡①是本章的核心内容。核心边缘模型为2×2×2（两区域两部门两要素）模型。经济系统包括两个区域，即北部和南部，每个区域都具有两种生产部门，即制造业部门（M，亦即工业部门）和农业部门（A），每个区域都具有两种生产要素，即工业劳动力（H）和农业劳动力（L）。工业劳动力只能从事制造业部门，农业劳动力只能从事农业部门，两类劳动力不能

① 本部分的编写主要参考了 Richard Baldwin, Rikard Forslid, Philippe Martin, Gianmarco Ottavino and Frederic Robert－Nicoud, Economic Geography and Public Policy [M]. Princeton: Princeton University Press, 2003; Masahisa Fujita, Paul Krugman, and Anthony J. Venables, The Spatial Economy: Cities, Regions and International Trade [M]. Cambridge, Mass: MIT Press, 1999; Ottaviano, G. and Tabuchi, T. and Thisse, J F. Agglomeration and trade revisited [J]. International Economic Review, 2002, 43: 409－436.

相互转换，工业劳动力可以在区域间自由流动，而农业劳动力不能在区域间自由流动。农业部门是规模收益不变的生产部门，生产同质农产品，农产品区际区内贸易无成本；制造业部门是规模收益递增的生产部门，生产差异化的产品，工业品的区内贸易无成本，但区际贸易存在成本。初始，北部和南部两个区域在要素禀赋、生产技术、消费者偏好等方面都完全相同，称它们为对称区域。

核心边缘模型中的产品交易成本，如果没有特别的提醒，则主要指产品的运输成本。对于产品运输成本，核心边缘模型借用了保罗·萨缪尔森的“冰山交易成本”假定，即如果在某一个区域销售一单位工业产品，那么必须从该产品的生产区域运输 τ 单位的工业产品（$\tau \geqslant 1$），也就是说，$\tau - 1$ 个单位的工业产品在运输途中像冰山那样“融化”了，τ 越大，运输过程中的损失就越大，或者空间的阻碍就越大。核心边缘模型就是通过运输成本的方式，把空间纳入一般均衡分析框架中的，此时，运输成本成了权衡经济系统稳定状态的重要变量。

二、消费者行为和生产者行为

（一）消费者行为

1. 两个层面的效用函数以及效用最大化问题的约束条件

核心边缘模型，也采用生产商和消费者的同质性假设。消费者在其收入水平约束下，通过消费不同的产品种类和每种产品的不同数量的方式，尽可能地最大化其效用。核心边缘模型采用两个层面的效用函数来描述消费者的效用水平。第一层面的效用函数是指，消费者把其总收入按不同比例支付在农产品和工业品组合时的效用函数；农产品是同质产品，也可以看成是一种产品，因此，消费的农产品是指单一农产品；工业产品是差异化的产品，因此，消费的工业产品是指一组工业品；第一层面的效用函数是用柯布－道格拉斯型（CD 型）效用函数来表示。第二层面的效用函数是指，消费者消费差异化的工业品组合时的效用函数，消费的工业品不仅种类很多，而且每种工业品的消费数量也不尽相同，第二层面的效用函数用不变替代弹性（CES）效用函数来表示。这样，代表性消费者的效用函数可以写成如下形式：

$$U = C_M^{\mu} C_A^{1-\mu},\ C_M = \left[\int_{i=0}^{n+n^*} c_i^{\rho} \mathrm{d}i\right]^{1/\rho} = \left[\int_{i=0}^{n+n^*} c_i^{(\sigma-1)/\sigma} \mathrm{d}i\right]^{\sigma/(\sigma-1)},\ 0 < \mu, \rho < 1,\ \sigma > 1 \tag{3.1}$$

其中，C_M、C_A 分别表示消费者对差异化工业品组合的消费和同质性农产品的消费，C_M 是 CES 型效用函数，它既表示消费者消费的特定形式的工业品总量，又表示消费者消费工业品所得到的效用水平；n 和 n^* 分别表示北部和南部工业品种类数量；μ 表示消费者对工业品的支付份额；c_i 为消费者对第 i 种工业品的消费量；ρ 为表示消费者偏好多样化程度的一种指标，ρ 越接近于 1，消费者的多样化偏好程度越弱，ρ 越接近于 0，消费者的多样化偏好程度越强；σ 表示任意两种工业品之间的替代弹性，它也反映消费者的多样性偏好程度，σ 越接近于 1，消费者的多样性偏好程度越强；ρ 与 σ 之间存在如下关系，即 $\rho=(\sigma-1)/\sigma$。无论是柯布－道格拉斯型效用函数，还是不变替代弹性效用函数，都满足一阶导数大于 0，二阶导数小于 0 的条件。

如果用 p_A 表示农产品价格，p_i 表示第 i 种工业品价格，消费者收入用 Y 表示，则消费者效用最大化问题的约束条件为：

$$p_A C_A + \int_0^{n+n^*} p_i c_i \mathrm{d}i = Y$$

2. 工业品需求函数和工业品价格指数

消费者效用最大化问题可以分两步求解，第一步考虑消费者消费某工业品组合 C_M 时，或者消费者消费工业品时的效用水平已达到给定的子效用水平 C_M 时，如何选择不同种类工业品的消费量 c_i 使得对工业品的总支出最小化的问题，即：

$$\begin{cases} \min\limits_{c_i} \int_{i=0}^{n+n^*} p_i c_i \mathrm{d}i \\ \text{s. t. } C_M = \left[\int_{i=0}^{n+n^*} c_i^{\rho} \mathrm{d}i\right]^{1/\rho} \end{cases}$$

为此建立拉格朗日函数 $L=\int_0^{n+n^*} p_i c_i \mathrm{d}i - \lambda\left[\left(\int_{i=0}^{n+n^*} c_i^{\rho}\mathrm{d}i\right)^{1/\rho} - C_M\right]$，根据极值一阶条件，对 c_i 求导并令其为 0，可以得到消费者对第 i 种工业品的消费决策，即：

$$p_i = \lambda C_M^{1-\rho} c_i^{\rho-1}$$

同理，可以得到消费者对第 j 种工业品的消费决策，即：

$$p_j = \lambda C_M^{1-\rho} c_j^{\rho-1}$$

两式相除并把 $\rho=(\sigma-1)/\sigma$ 代入，则：

$$\frac{p_i}{p_j} = \frac{c_i^{-1/\sigma}}{c_j^{-1/\sigma}} \Rightarrow \frac{c_i}{c_j} = \left(\frac{p_i}{p_j}\right)^{-\sigma}$$

利用上式，用 c_i 表示 c_j，并代入成本最小化问题的约束式中，则有：

$$C_M = \left[\int_{i=0}^{n+n^*} c_j^{(\sigma-1)/\sigma}\left(\frac{p_i}{p_j}\right)^{1-\sigma} \mathrm{d}i\right]^{\sigma/(\sigma-1)} = c_j p_j^{\sigma}\left[\int_{i=0}^{n+n^*} p_i^{1-\sigma}\mathrm{d}i\right]^{\sigma/(\sigma-1)}$$

故可得：$$c_j = \frac{p_j^{-\sigma}}{\left[\int_{i=0}^{n+n^*} p_i^{1-\sigma} di\right]^{\sigma/(\sigma-1)}} C_M \tag{3.2}$$

在式（3.2）中，C_M 为常数。在工业品价格体系给定的情况下，分母也是一个常数，因此，消费者对任一种工业品的需求价格弹性为 $-\sigma$，式（3.2）就是消费者对任一种工业品的需求函数。可见，在该经济体中，每个消费者对每一种工业品的需求价格弹性都相同，即 $-\sigma$（为方便表述，常省略负号，且直接把 σ 称作需求价格弹性）。$\sigma>1$，在前述中提到 σ 还反映消费者的多样性偏好程度，σ 越接近1，消费者的多样性偏好就越强，为什么呢？考虑两种不同的经济体，假设 $\sigma_1>\sigma_2$，则第一个经济体中的产品的需求价格弹性大于第二个经济体中的需求价格弹性，也就是说在第一个经济体中消费者的需求对产品价格变动是相当敏感的，而这种需求对价格变动相当敏感的产品，通常不是消费者必须要购置的必备品。相对而言，那些需求对价格变动比较迟钝的产品，通常是生活所需的必备品，是消费者无法离开的产品。因此，第二个经济体中的消费者的多样化偏好程度大于第一个经济体中的多样化偏好程度，也就是产品之间的替代弹性越小（替代弹性趋近于1），消费者的多样化偏好就越强。

有了式（3.2）消费者对工业品的需求函数，就可以得到消费者对工业品的总支出，即：

$$\int_{i=0}^{n+n^*} p_i c_i di = \int_{i=0}^{n+n^*} \frac{p_i^{1-\sigma}}{\left[\int_{i=0}^{n+n^*} p_i^{1-\sigma} di\right]^{\sigma/(\sigma-1)}} C_M di = \frac{C_M}{\left[\int_{i=0}^{n+n^*} p_i^{1-\sigma} di\right]^{\sigma/(\sigma-1)}} \int_{i=0}^{n+n^*} p_i^{1-\sigma} di$$

故：$$\int_{i=0}^{n+n^*} p_i c_i di = \left[\int_{i=0}^{n+n^*} p_i^{1-\sigma} di\right]^{1/(1-\sigma)} C_M \tag{3.3}$$

从式（3.3）可以看出，消费者对工业品的总支出，就相当于消费者购买了 C_M 单位的工业品组合，购买价格为 $\left[\int_{i=0}^{n+n^*} p_i^{1-\sigma} di\right]^{1/(1-\sigma)}$，因此，该价格可以看成工业品价格指数。定义工业品价格指数 P_M：

$$P_M \equiv \left[\int_0^{n+n^*} p_i^{1-\sigma} di\right]^{1/(1-\sigma)} \tag{3.4}$$

北部与南部生产的所有工业品种类数为 $n^w=n+n^*$。工业品价格指数会经常用到，为方便，定义 $\Delta n^w \equiv \left[\int_0^{n^w} p_i^{1-\sigma} di\right]$，这样 $P_M=(\Delta n^w)^{1/(1-\sigma)}$。

把 P_M 代入式（3.2）的消费者需求函数中，则需求函数简化为：

$$c_i = p_i^{-\sigma} P_M^{\sigma} C_M \tag{3.5}$$

3. 农产品和工业品组合的需求函数

消费者效用最大化问题求解的第二步是关于消费者如何在农产品消费量 C_A

和工业品组合消费量 c_m 之间进行选择使得总效用最大化的问题，即：

$$\begin{cases} \max\limits_{C_M, C_A} U = C_M^{\mu} C_A^{1-\mu} \\ \text{s. t.} \quad P_M C_M + p_A C_A = Y \end{cases}$$

该最大化问题的解，可以写成：

$$\begin{cases} C_M = \dfrac{\mu Y}{P_M} \\ C_A = \dfrac{(1-\mu) Y}{p_A} \end{cases} \tag{3.6}$$

式（3.6）就是农产品和工业品组合的需求函数。可见消费者对工业品的支出为 $C_M P_M = \mu Y$，对农产品的支出为 $C_A p_A = (1-\mu) Y$，其中，Y 为收入水平，也就是说，每个消费者为了效用水平最大化，都会将自己收入中的 μ 部分购买工业品，$1-\mu$ 部分购买农产品，因此，柯布－道格拉斯型效用函数中的参数 μ 就是消费者对工业品的支出份额。综合式（3.5）和式（3.6），则消费者对工业产品和农产品的需求函数为：

$$\begin{cases} c_i = \dfrac{\mu Y p_i^{-\sigma}}{P_M^{1-\sigma}} \\ C_A = \dfrac{(1-\mu) Y}{p_A} \end{cases} \tag{3.7}$$

4. 间接效用函数与生活成本指数

根据消费者效用最大化时的工业品和农产品价格以及消费者的收入水平，可以得出消费者的最大化的效用水平，即间接效用函数：

$$\begin{aligned} U_{\max} &= C_M^{\mu} C_A^{1-\mu} = (\mu Y / P_M)^{\mu} [(1-\mu) Y / p_A]^{1-\mu} \\ &= \mu^{\mu} (1-\mu)^{1-\mu} P_M^{-\mu} p_A^{-(1-\mu)} Y \end{aligned} \tag{3.8}$$

式（3.8）中，由工业品价格指数和农产品价格组成了该经济体中消费者所面对的全部消费品的完全价格指数，即：

$$P = P_M^{\mu} p_A^{1-\mu} \tag{3.9}$$

在经济体中，工业品多样化程度的提高，也就是工业品种类数量的扩大，可以产生多种效应：首先，工业品种类的扩大可以导致工业品价格指数 P_M 的下降，① 相应地提高了消费者实际收入水平，或者提高了消费者的效用水平；其

① $P_M = (\int_0^{n+n^*} p_i^{1-\sigma} di)^{1/(1-\sigma)}$，考虑一个特殊情况，即所有工业品的价格都等于 p，假设整个经济体生产 n 种工业品，则 $P_M = n^{1/(1-\sigma)} \times p$。对 n 取微分，则 $dP_M / dn < 0$，因此，工业品价格指数随着 n 的扩大而下降。

次，工业品种类的扩大，使消费者对各种工业品的需求曲线向下移动，因为 P_M 下降，故 $c_i=\mu Y p_i^{-\sigma} P_M^{\sigma-1}$ 曲线也相应下降，这也意味着，工业品生产商间的竞争强度在增强。

消费者的收入仅来自工资水平 w，那么在完全价格指数为 P 的情况下，消费者的实际收入水平 ω 如下：

$$\omega=\frac{w}{P_M^{\mu}p_A^{1-\mu}}=\frac{w}{P},\ P=P_M^{\mu}p_A^{(1-\mu)}=(\Delta n^w)^{-a}p_A^{(1-\mu)},\ a=\frac{\mu}{\sigma-1} \tag{3.10}$$

完全价格指数的倒数，又被称为生活成本指数，消费者的名义收入与生活成本指数相乘即可折算成实际收入水平。

$$P=P_M^{-\mu}(p_A)^{-(1-\mu)}=(\Delta n^w)^{a}p_A^{-(1-\mu)} \tag{3.10'}$$

（二）生产者行为

根据基本假设中的经济部门假设，农业部门在完全竞争和规模收益不变条件下生产同质性农产品，不妨假设单位农产品的生产需要投入 a_A 单位的农业劳动力。工业部门在垄断竞争和规模收益递增条件下生产差异化的工业品，不妨假设每个工业企业的生产都需要 F 单位的固定工业劳动力投入，单位工业品生产需要 a_M 单位的可变工业劳动力投入，这种生产就具有规模收益递增的特点，因为当产量扩大时，更多的产量分摊了固定投入，进而产品的平均成本下降。由于消费者对工业品的多样化偏好，任何一种新产品生产出来，都会产生相同的需求，因此，任何一个企业都不会生产与其他企业完全相同的产品，即每一种产品都是独一无二的，都具有市场独占性，但企业的定价却不是随意的，因为企业还要面对消费者需求曲线的约束，因此，工业企业处于垄断竞争市场之中。不存在范围经济和多样化经营行为，这意味着一个企业只生产一种产品，企业数量等于工业品种类数量。

1. 工业企业的价格决策

工业企业在消费者需求约束下，通过产品价格决策和产出决策追求利润最大化。每个企业都把 F 单位劳动力投入作为固定成本，每单位产出需要 a_M 单位劳动力投入作为可变成本，工业劳动力的工资水平用 w 表示，则生产第 i 种差异化产品的企业，其利润为：

$$\pi_i=p_i x_i-w(F+a_M x_i) \tag{3.11}$$

其中，x_i 为第 i 种差异化产品的产量。根据前面讨论的消费者需求函数式 (3.7)，如果设 E 为该经济体的总支出（总购买力），那么该经济体对第 i 种差异化产品的总需求为：

$$x_i=\mu E\frac{p_i^{-\sigma}}{P_M^{1-\sigma}}=\mu E\frac{p_i^{-\sigma}}{\Delta n^w} \tag{3.12}$$

式（3.12）为企业进行利润最大化决策时面临的市场约束条件。由于每个企业产出规模相对于整个经济系统需求规模来说非常小，因此，每个企业的价格决策不会影响经济系统整体工业品的价格指数 P_M。把式（3.12）的 x_i 直接代入式（3.11），π_i 对 p_i 求一阶导数，并令其为0，得：

$$p_i = \frac{\sigma}{\sigma - 1} a_M w \tag{3.13}$$

观察式（3.13）可以发现，生产第 i 种差异化产品的企业的利润最大化定价决策与产品种类 i 无关，这意味着每一个工业企业都采取相同的定价策略。注意到 $a_M w$ 是企业的边际成本，而 $\sigma/(\sigma-1)=1+1/(\sigma-1)$ 是一种加成比例，它的值大于1，故这种定价策略又被称为边际成本加成定价法定价策略，σ 越小（即越接近1），加成的比例就越大，而加成比例越大，意味着企业的垄断性或市场势力就越强，同时 σ 越小，如前文所述还意味着，消费者对工业品的多样化偏好程度越强，因此，消费者多样化偏好程度的提高加强了工业企业的垄断性。与完全竞争市场中企业的边际成本定价策略不同，边际成本的加成定价法定价正是垄断竞争市场中企业的定价特点。

2. 工业企业的产量决策（企业规模）

垄断竞争市场中，每个企业的产品是独一无二的，但对消费者来说不同企业的产品间还存在替代性，因此，企业之间还存在竞争，当实现均衡时，每个企业不可能获得正利润，否则，消费者会离开这种产品转而购买其他替代品，因此，均衡时每个企业的利润只能为零：

$$\pi_i = p_i x_i - w(F + a_M x_i) = \left(\frac{\sigma}{\sigma - 1}\right) a_M w x_i - w(F + a_M x_i) = 0$$

$$\Rightarrow x_i = (\sigma - 1)F/a_M$$

由此可见，企业的产量决策与产品种类无关，每个企业的产量都相同，即企业规模都一样，这样可以去掉下标 i，即：

$$x = (\sigma - 1)F/a_M \tag{3.14}$$

为了讨论的方便，均衡时的厂商规模用 $\bar{x}$ 来表示，则：

$$\bar{x} = (\sigma - 1)F/a_M \tag{3.14'}$$

此时，每个企业雇佣的工业劳动力数量也都相同，都是 $F + a_M x = \sigma F$。

（三）劳动力空间流动方程

在长期，劳动力的空间流动由区际实际工资差异决定。当然，这里的劳动力指工业劳动力，因为农业劳动力是不能流动的。由于每个企业雇佣的劳动力数量都相同，因此，劳动力的空间分布也就决定了企业的空间分布和工业生产的空间分布。在长期均衡条件下，每个区域拥有的劳动力数量与其雇佣的劳动力数量是一致的，不存在失业问题。北部的劳动力数量用 H 表示，南部的劳动力数量用 H^* 表示，整个经济系统的工业劳动力禀赋用 H^w 表示，则 $H^w = H + H^*$。北部拥有的劳动力份额则为 $s_H = H/H^w$。劳动力的空间流动方程可以表示为：

$$\dot{s}_H = (\omega - \omega^*) s_H (1 - s_H) \tag{3.15}$$

其中，$\dot{s}_H = \mathrm{d}s_H/\mathrm{d}t$ 表示北部劳动力份额随时间的变化率，ω 和 ω^* 分别表示北部和南部劳动力的实际工资水平。在长期均衡时，劳动力的空间分布不变，即 $\dot{s}_H = 0$，这意味着存在两类长期均衡，其一是两个区域劳动力的实际工资水平相同，其二是所有劳动力都集中在一个区域，即 $s_H = 0$ 或 $s_H = 1$。由于每个企业雇佣的劳动力数量都相同，因此，劳动力的空间分布也就是企业的空间分布。

三、短期均衡

在短期，可以认为流动要素（工业劳动力）的空间分布是给定的，在这种情况下，考察各内生变量的决定。

（一）农业部门

农业部门是完全竞争部门，规模收益不变，农产品实行边际成本定价。并且农产品的区际贸易不存在交易成本，因此，农产品的价格在任何区域都相同。分别用 L、L^*、L^w 表示北部、南部和整个经济体所拥有的农业劳动力禀赋，则 $L = L^* = L^w/2$。

$$\begin{cases} p_A = w_L a_A \\ p_A^* = w_L^* a_A \end{cases} \tag{3.16}$$

其中，p_A、p_A^* 分别为北部和南部农产品价格，w_L、w_L^* 分别为北部和南部农业劳动力工资，由于农产品区际运输无成本，故 $p_A = p_A^*$，因此，南北两个区域农业劳动力的工资水平也相等，即 $w_L = w_L^*$。

根据消费者对农产品的需求函数式（3.7），北部、南部消费者对农产品的总需求函数可以分别表示为：

$$\begin{cases} C_A = \dfrac{(1-\mu)E}{p_A} \\ C_A^* = \dfrac{(1-\mu)E^*}{p_A} \end{cases} \tag{3.17}$$

其中，E 和 E^* 分别表示北部和南部的总支出（总收入）。整个经济系统可提供

的农产品产出量为 L^w/a，这样农产品市场出清条件为：

$$(1-\mu)(E+E^*)/p_A = L^w/a_A \tag{3.18}$$

（二）工业部门

1. 均衡时的产品价格

由消费者对工业品的需求函数式（3.7），可以写出北部消费者对第 i 种工业品的需求函数：

$$c_i = \mu E \frac{p_i^{-\sigma}}{P_M^{1-\sigma}} = \mu E \frac{p_i^{-\sigma}}{\Delta n^w}, \quad E = wH + w_L L \tag{3.19}$$

其中，E 为北部消费者的总支出（总收入）；p_i 是北部消费者面对的第 i 种工业品的价格。注意北部消费者面对的工业品价格指数，$P_M^{1-\sigma} = \int_0^{n+n^*} p_i^{1-\sigma}\mathrm{d}i$，它既受到北部企业在北部市场的销售价格影响，也受到南部企业在北部市场的销售价格影响。由于工业品跨区域销售存在冰山运输成本，从一个区域向另一个区域运输 τ 单位的工业产品（$\tau \geqslant 1$），到达目的地时只剩下 1 单位，因此，如果北部企业生产的产品在北部市场的销售价格用 p 表示，那么在南部市场的销售价格应该是 τp，这样才能弥补运输途中的损失。

企业利润最大化的定价策略为边际成本加成定价法定价，由式（3.13）的厂商定价，再考虑跨区域销售的冰山运输成本，北部企业生产的产品在北部市场和南部市场销售时的价格分别为：

$$p = \frac{\sigma}{\sigma-1} a_M w, \quad p^* = \frac{\sigma}{\sigma-1} \tau a_M w \tag{3.20}$$

同理，南部企业生产的产品在北部市场和南部市场销售时的价格分别为：

$$\bar{p} = \frac{\sigma}{\sigma-1} \tau a_M w^*, \quad \bar{p}^* = \frac{\sigma}{\sigma-1} a_M w^* \tag{3.21}$$

其中，w 和 w^* 分别为北部和南部工业劳动力的工资水平。由此可见，每个区域的消费者都要面对两类工业品价格，即北部消费者面对的工业品价格为 $p(w)$ 和 $\bar{p}(\tau, w^*)$，南部消费者面对的工业品价格为 $\bar{p}^*(w^*)$ 和 $p^*(\tau, w)$，它们分别影响着北部和南部的工业品价格指数。

2. 企业规模

式（3.14）已经讨论过均衡时企业规模都相等，即：

$$x = \frac{(\sigma-1)F}{a_M} \tag{3.22}$$

3. 北部和南部企业数量

由企业的产出规模式（3.22），一个代表性企业所雇佣的工业劳动力总量为

$F+a_Mx=\sigma F$。如果经济系统所拥有的工业劳动力总禀赋用 H^w 来表示，那么该经济系统可以生产的工业产品种类数量就是 $n^w=H^w/\sigma F$。因此，均衡时北部和南部的企业数量分别可以写成：

$$\begin{cases} n=H/(\sigma F) \\ n^*=H^*/(\sigma F) \end{cases} \tag{3.23}$$

需要指出式（3.22）和式（3.23）反映的两个重要特征。第一，一个区域生产的工业品种类数量与该区域工业劳动力数量成正比，因此，工业劳动力的转移就等同于企业的转移。第二，无论在哪个区域生产，工业企业的产出规模都相同，$x=(\sigma-1)F/a_M$，它只与替代弹性 σ、边际工业劳动力投入 a_M 和固定工业劳动力投入 F 有关，而与区域间运输成本 τ 无关。

4. 工业劳动力工资水平的决定

劳动力的区际转移取决于实际收入水平，而实际收入水平与劳动力的工资水平是直接相关的。因此，研究实际收入水平必须确定劳动力的工资水平。由于工业生产只使用劳动力一种生产要素，因此，工业企业的所有收益全部用来支付劳动力的工资。

首先，计算北部代表性企业的收入水平（南部企业的收入水平也以相同方式计算）。企业产出量为 x，出厂价为 p，企业总收益为：

$$R=px \tag{3.24}$$

要实现这一收益还必须满足市场出清条件，也就是说企业的产出量在两个区域全部销售出去，c 和 c^* 分别表示北部企业在北部市场和南部市场的销售量。由于存在区际运输成本，当北部企业的产品在南部的销售量为 c^* 时，实际供给量应为 τc^*。企业的总产量应包括在运输过程中损失的部分，企业的总产量应等于南北两个区域的供应量之和，即 $x=c+\tau c^*$。而企业的销售收入也等于两个区域的销售收入之和，即：

$$px=pc+p^*c^*$$

由式（3.12），$c=\mu E\dfrac{p^{-\sigma}}{P_M^{1-\sigma}}=\mu E\dfrac{p^{-\sigma}}{\Delta n^w}$，$c^*=\mu E^*\dfrac{(\tau p)^{-\sigma}}{(P_M^*)^{1-\sigma}}=\mu E^*\dfrac{(\tau p)^{-\sigma}}{\Delta^* n^w}$，故：

$$R=\mu E\frac{p^{1-\sigma}}{\Delta n^w}+\mu E^*\frac{(\tau p)^{1-\sigma}}{\Delta^* n^w}$$

根据 Δn^w 和 $\Delta^* n^w$ 的定义：

$$\Delta n^w\equiv\int_0^{n^w}p_i^{1-\sigma}\mathrm{d}i=np^{1-\sigma}+n^*\bar{p}^{1-\sigma}=np^{1-\sigma}+n^*\phi(\bar{p}^*)1-\sigma$$

$$=\left(\frac{\sigma}{\sigma-1}a_m\right)^{1-\sigma}\left[nw^{1-\sigma}+n^*\phi(w^*)^{1-\upsilon}\right]$$

$$\Delta^* n^w \equiv \int_0^{n^w} p i^{1-\sigma} \mathrm{d} i = n^* (\bar{p}^*)^{1-\sigma} + n(\bar{p}^*)^{1-\sigma} = n^* (\bar{p}^*)^{1-\sigma} + n\phi p^{1-\sigma}$$
$$= \left(\frac{\sigma}{\sigma - 1} a_m\right)^{1-\sigma} [n^* (w^*)^{1-\sigma} + n\phi w^{1-\sigma}]$$

其中，$\phi = \tau^{1-\sigma}$表示贸易自由度，它反映市场的开放程度，故又称它为市场开放度，$\phi \in [0, 1]$；而 $\tau \in [1, \infty]$，当 $\tau = 1$ 时，$\phi = 1$；当 $\tau \to \infty$ 时，$\phi = 0$，可见，ϕ 与 τ 反向变化。通过这种方式，新经济地理学把空间纳入一般均衡分析框架中，这是新经济地理学理论的重大贡献之一。

$$R = \mu E \frac{p^{1-\sigma}}{\Delta n^w} + \mu E^* \frac{(\tau p)^{1-\sigma}}{\Delta^* n^w} = \frac{w^{1-\sigma} \mu E}{n w^{1-\sigma} + \phi n^* (w^*)^{1-\sigma}} + \frac{\phi w^{1-\sigma} \mu E^*}{\phi n w^{1-\sigma} + n^* (w^*)^{1-\sigma}}$$

由于后面的研究更关注企业的空间分布，因此，把企业的收入水平 R 用企业空间分布 s_H、区域市场份额 s_E 等结构变量来表示，则：

$$R = \frac{w^{1-\sigma} \mu E}{n w^{1-\sigma} + \phi n^* (w^*)^{1-\sigma}} + \frac{\phi w^{1-\sigma} \mu E^*}{\phi n w^{1-\sigma} + n^* (w^*)^{1-\sigma}}$$
$$= \mu w^{1-\sigma} \frac{E^w}{n^w} \left[\frac{s_E}{s_n w^{1-\sigma} + \phi(1 - s_n)(w^*)^{1-\sigma}} + \frac{\phi(1 - s_E)}{\phi s_n w^{1-\sigma} + (1 - s_n)(w^*)^{1-\sigma}}\right] \tag{3.25}$$

同理：

$$R^* = \mu(w^*)^{1-\sigma} \frac{E^w}{n^w} \left[\frac{1 - s_E}{(1 - s_n)(w^*)^{1-\sigma} + \phi s_n w^{1-\sigma}} + \frac{\phi s_E}{\phi(1 - s_n)(w^*)^{1-\sigma} + s_n w^{1-\sigma}}\right] \tag{3.26}$$

其中，s_n 为北部企业数量占经济系统企业总数量的份额，即 $s_n \equiv n/n^w$；s_E 为北部支出占经济系统总支出的份额，即 $s_E \equiv E/E^w$。

为了表述方便，定义 $\Delta = s_n w^{1-\sigma} + \phi(1 - s_n)(w^*)^{1-\sigma}$，$\Delta^* = \phi s_n w^{1-\sigma} + (1 - s_n)(w^*)^{1-\sigma}$。这里的定义与 $\Delta n^w \equiv \int_0^{n^w} p_i^{1-\sigma} \mathrm{d} i$ 的定义是相同的。[①] 又定义：$B = \frac{s_E}{\Delta} + \phi \frac{1 - s_E}{\Delta^*}$，$B^* \equiv \phi \frac{s_E}{\Delta} + \frac{1 - s_E}{\Delta^*}$，则 R 和 R^* 可以简写成：

$$\begin{cases} R = \mu w^{1-\sigma} \frac{E^w}{n^w} B \\ R^* = \mu (w^*)^{1-\sigma} \frac{E^w}{n^w} B^* \end{cases} \tag{3.27}$$

企业雇佣的劳动力总量为 σF，由于企业只使用劳动力一种生产要素，企业

① 不过，这里利用了后文中的参数标准化条件：$a_M = 1 - 1/\sigma$。

的收益全部用于支付劳动力的工资，因此，工资总量为 σFw，故 $R=\mu w^{1-\sigma}\frac{E^w}{n^w}B=\sigma Fw$，因此：

$$w^\sigma=\frac{\mu E^w}{\sigma Fn^w}B \tag{3.28}$$

同理：

$$(w^*)^\sigma=\frac{\mu E^w}{\sigma Fn^w}B^* \tag{3.29}$$

式（3.28）和式（3.29）决定了短期均衡时每个区域工业劳动力的名义工资水平，但由于以上两式都是有关 w 和 w^* 的非线性方程，我们无法给出名义工资的显函数表达式。

5. 市场规模的确定

北部的总支出（总收入）水平为：$E=w_LL+wH=w_Ls_LL^w+wH$；

南部的总支出（总收入）水平为：$E^*=w_LL^*+w^*H^*=w_L(1-s_L)L^w+w^*H^*$。

上面两式相加，则有：$E^w=w_LL^w+wH+w^*H^*$。另外，整个经济体中工业劳动力的名义收入又等于整个经济体对工业品的总支出，因此，$wH+w^*H^*=\mu E^w$，所以：

$$E^w=\frac{w_LL^w}{1-\mu} \tag{3.30}$$

$$s_E=\frac{E}{E^w}=\frac{w_Ls_LL^w+wH}{w_LL^w/(1-\mu)}=(1-\mu)\left(s_L+\frac{wH^w}{w_LL^w}s_H\right) \tag{3.31}$$

由式（3.31）可知，首先，北部的市场份额是其农业劳动力与工业劳动力份额的加权平均值。其次，支出份额的转移与生产活动的转移是紧密联系在一起的，而产业活动的转移（也就是 s_n 的变动）又与劳动力转移（也就是 s_H 的变动）是紧密联系在一起的，因此，任何影响生产活动转移的因素都影响着区域相对市场规模（在我们的讨论中，$s_L=1/2$，而 $s_n=s_H$，使 s_n 和 s_H 变动的因素又影响着 s_E）。

四、度量单位的选择和参数的标准化

通过选择合适的度量单位，并且对模型涉及的一些参数进行标准化，则使得模型更加简洁，同时又不失一般性。例如，观察式（3.28）：$w^\sigma=B\times\mu E^w/(\sigma Fn^w)$，其中 $\mu E^w/(\sigma Fn^w)$ 项中的分子部分是所有消费者对工业产品的总支出，也就是所有工业企业的总收入，而分母部分是所有的工业劳动力禀赋，

$\mu E^w/(\sigma F n^w)$ 表示工业劳动力的人均收入，可以看作是一个常数，因此，通过度量单位的选取，将该项标准化为 1，这有利于式（3.28）的含义的讨论。具体做法如下文所述。

首先，在农业部门，前文假设生产 1 单位农产品需要 a_A 单位的农业劳动力，即 1 单位农业劳动力生产 $1/a_A$ 单位的农产品，现在把这 $1/a_A$ 单位农产品作为新的农产品产出量的度量单位，且把新的 1 单位农产品的价值作为价格的度量标准，那么新的 1 单位农产品的价格就是 1，则 $a_A=1$，根据式（3.16）可以得出 $p_A=p_A^*=w_L=w_L^*=1$。

其次，在工业部门，前文假设生产 1 单位工业品需要 a_M 单位的可变工业劳动力投入，其单位产品价格为 $[\sigma/(\sigma-1)]\times\sigma_M w$，现定义投入 $(\sigma-1)/\sigma$ 单位工业劳动力生产的工业品产出作为工业产品新的产出量度量单位，那么新的 1 单位工业品等于原来 1 单位工业品的 $[(\sigma-1)/\sigma]\times(1/a_M)$ 倍。根据边际成本加成定价法，新的 1 单位工业品的价格为 $[(\sigma-1)/\sigma]\times(1/a_M)\times[\sigma/(\sigma-1)]\times a_M w=w$，也就是说投入 $(\sigma-1)/\sigma$ 单位工业劳动力生产的工业产品，那么它的价值等于 w，这样可以令 $a_M=(\sigma-1)/\sigma$ 了。经过工业产品度量单位调整后，北部企业在北部市场和南部市场对新的 1 单位工业品所收取的价格分别是 $p=w$、$p^*=\tau w$，而南部企业在北部市场和南部市场收取的价格分别是 $\bar{p}=\tau w^*$、$\bar{p}^*=w$。通过对工业品度量单位的调整，既可以简化工业品的价格表达式，同时也简化了两个区域工业品价格指数的表达式。

再次，无论在哪个区域，工业企业的劳动力雇佣规模都是 σF。不妨标准化参数 $F=1/\sigma$，则企业的劳动力雇佣规模为 $F+a_M x=\sigma F=1$，也就是说，把每个企业雇佣的劳动力标准化为 1 单位，根据式（3.23），可以得出 $n=H$ 和 $n^*=H^*$。接着将全部工业劳动力禀赋标准化为 1，也就是 $H+H^*=H^w=1$，则 $n+n^*=n^w=1$。同时，根据式（3.14'），均衡时厂商的产出水平可以写成 $\bar{x}=1$。

最后，当对称均衡为稳定均衡（也就是 $s_n=s_H=n=H=1/2$）时，如果我们假设 $w=w^*=1$，那么将会发现很多复杂的问题可以大大简化，尤其进行作用力分析时更是如此。同时，如果把经济系统工业部门的总收益 μE^w 标准化为 1，那么 $E^w=1/\mu$。由于 $a_A=p_A=1$，因此，从农产品市场出清条件可以得出 $L^w=(1-\mu)E^w \Rightarrow L^w=(1-\mu)/\mu$。

总结上述度量单位选择和参数标准化结果，有：

$$p=w,\ p^*=\tau w,\ p_A=p_A^*=w_L=w_L^*=1,\ n^w=n+n^*=H+H^*=H^w=1,\ \bar{x}=1,$$
$$n=H=s_H=s_n,\ n^*=H^*,\ E^w=1/\mu,\ L^w=(1-\mu)/\mu,\ w=w^*=1\ (\text{当对称时}) \tag{3.32}$$

五、长期均衡

短期均衡不考虑由式（3.15）表示的劳动力区际转移，并把劳动力的空间分布 s_H 看成是已知的。现在考虑长期均衡问题。在长期，流动要素即工业劳动力可以在区域间转移，即此时工业劳动力的空间分布 s_H 为内生变量，长期均衡由式 $\dot{s}_H=(\omega-\omega^*)s_H(1-s_H)=0$ 所决定。

（一）长期均衡条件

从式（3.15）的劳动力流动方程 $\dot{s}_H=(\omega-\omega^*)s_H(1-s_H)$ 可以看出，存在以下两种类型的长期均衡：一是内点解（即 $0<s_H<1$），此时两个区域劳动力的效用水平相等（也就是实际收入水平相等，$\omega=\omega^*$）；二是角点解，或者核心边缘解，此时 $s_H=0$ 或者 $s_H=1$，当 $s_H=0$ 时，所有工业劳动力全部聚集在南部，当 $s_H=1$ 时，所有工业劳动力全部聚集在北部。工业劳动力不再进行区际转移，使得 $\dot{s}_H=0$ 的条件，称为长期均衡条件，即：

$$\begin{cases}\omega=\omega^*,\ 0<s_H<1\\ s_H=1\\ s_H=0\end{cases} \tag{3.33}$$

其中，$\omega=w\times P$，$\omega^*=w^*\times P^*$，$P=\Delta^a$，$P^*=(\Delta^*)^a$，P 和 P^* 分别为北部和南部的生活成本指数，$a=\mu/(\sigma-1)$，$\Delta=s_nw^{1-\sigma}+\phi(1-s_n)(w^*)^{1-\sigma}$，$\Delta^*=\phi s_nw^{1-\sigma}+(1-s_n)(w^*)^{1-\sigma}$。

为描述长期均衡，判断 ω 和 ω^* 是否相等，必须解出北部和南部工业劳动力的工资水平 w 和 w^*。但正如前文所述，从式（3.28）和式（3.29）无法解出有关工资水平的显函数解，只能通过数值模拟的方法给出解释。但是，当两个区域为对称区域时，也就是 $s_H=1/2$ 时，显然 ω 等于 ω^*，因此，$s_H=1/2$ 是一种长期均衡。另外，两种核心边缘结构（也就是 $s_H=0$ 或 $s_H=1$ 时）显然也是长期均衡，但它们并非因为 $\omega=\omega^*$，而是工业劳动力已经全部聚集在某一区域没有多余的工业劳动力可以在区域之间流动的缘故，此时显然 $\dot{s}_H=0$，故也是长期均衡。

（二）数值模拟与滚摆线图解

滚摆线是根据北部与南部工业劳动力实际工资差异与北部工业劳动力份额之间的函数关系，所确定的点画出的函数［$\Omega(s_H)=\omega-\omega^*$］曲线。在核心边缘模型中，北部工业劳动力份额 s_H 就等于北部工业企业份额 s_n。正如前文所述，因模型系统中的非线性关系，无法得出有关 w 和 w^* 的显函数解，也就无法得到 $\Omega(s_n)$ 的显函数表达式，但利用数值模拟可以分析 Ω 随 s_n 的变化过程。

首先，根据式（3.32）的标准化结果，可以把式（3.28）和式（3.29）改写成 $w^\sigma = B$、$(w^*)^\sigma = B^*$，同时，式（3.31）可简写成 $s_E = (1-\mu)/2 + \mu w s_n$ 以及利用定义 $\Delta = s_n w^{1-\sigma} + \phi(1-s_n)(w^*)^{1-\sigma}$、$\Delta^* = \phi s_n w^{1-\sigma} + (1+s_n)(w^*)^{1-\sigma}$、$B = \frac{s_E}{\Delta} + \phi\frac{1-s_E}{\Delta^*}$、$B^* = \phi\frac{s_E}{\Delta} + \frac{1-s_E}{\Delta^*}$。然后，对系统参数 μ、σ、τ 赋值（例如，赋值 $\mu = 0.4$、$\sigma = 5$、$\tau = 1.75$，等等），并让 s_n 从 0 开始按一定速率（例如，按 0.05 的速率）递增到 1，同时，对 w 和 w^* 赋初值，这样可以计算 s_E、Δ、Δ^*、B、B^* 的值。判断式（3.28）和式（3.29）等号两边的值是否相等，不断调整 w 和 w^* 的值直到式（3.28）和式（3.29）同时成立，这样就利用数值模拟方法得到在赋 s_n 为一定值的情况下的 w 和 w^* 的值，再由 $\omega = w\Delta^a$，$\omega^* = w^*(\Delta^*)^a$，可得 $\Omega = \omega - \omega^*$ 和 s_n 间的关系。在图 3-2 至图 3-5 中，纵轴表示北部与南部工业劳动力的实际工资差（$\omega - \omega^*$），横轴表示北部的工业劳动力份额（s_H）或北部工业企业份额（s_n）。具体利用 EXCEL 软件进行模拟，请参见本章附录 3. A。图 3-2 是 $\mu = 0.4$，$\sigma = 5.0$，$\tau = 2.1$ 时的 $\omega - \omega^*$ 与 s_n 的关系；图 3-3 是 $\mu = 0.4$，$\sigma = 5.0$，$\tau = 1.5$ 时的 $\omega - \omega^*$ 与 s_n 的关系；图 3-4 是 $\mu = 0.4$，$\sigma = 5.0$，$\tau = 1.75$ 时的 $\omega - \omega^*$ 与 s_n 的关系。图 3-2 到图 3-4 的 μ 和 σ 都一样，但运输成本进而市场开放度不同。图 3-5 是以上三种情况的综合。

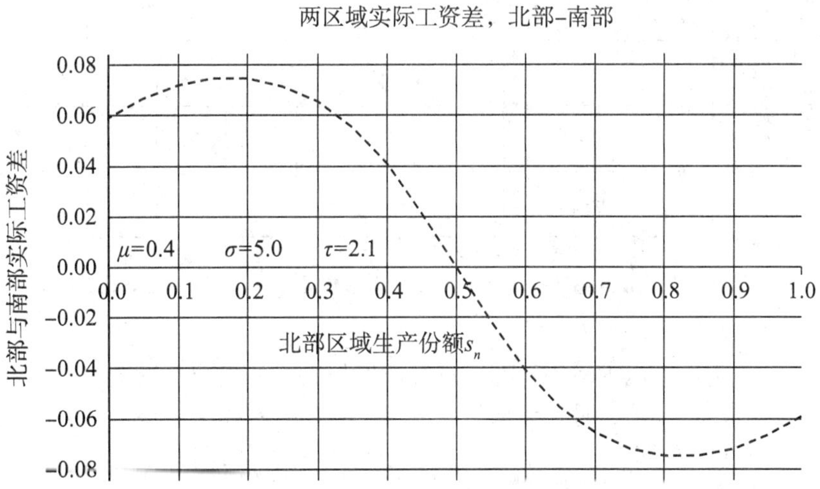

图 3-2 $\omega - \omega^*$ 与 s_n 的关系（$\mu = 0.4$、$\sigma = 5.0$、$\tau = 2.1$）

资料来源：笔者整理。

图 3－2 是运输成本 τ 较大，即市场开放度 ϕ 较低时的情况。图 3－2 中的曲线，反映了运输成本 $\tau=2.1$ 时北部与南部工业劳动力实际工资差 $\omega-\omega^*$ 和北部工业生产份额 s_n（或北部工业劳动力份额 s_H）之间的关系，该曲线上的任一点都是短期均衡点，但只有 1 个点是长期均衡点，即 $s_n=1/2$ 点。注意对应于 $s_n=1/2$ 的均衡点，在这一点上，$\omega=\omega^*$，$\mathrm{d}\Omega/\mathrm{d}s_n<0$，这种情况下，经济系统内部存在负反馈机制，即如果南部的部分工业劳动力因某种偶然的原因迁移到北部，那么北部工业生产份额 s_n 上升，但 Ω 下降，这意味着，北部工业劳动力的实际收入水平低于南部工业劳动力，这必然促使北部的部分工业劳动力返回到南部，直到恢复 $s_n=1/2$ 为止，也就是说，经济系统内存在负反馈机制消除了外生冲击对对称均衡的扰动，故对称均衡是长期稳定均衡。而对应于 $s_n=0$ 和 $s_n=1$ 的长期均衡，不是长期稳定均衡，例如在 $s_n=0$ 点，$\Omega>0$，故北部工业劳动力的实际收入水平高于南部，由于实际工资水平差异，南部工业劳动力持续向北转移，从而扩大北部的工业生产份额，直至 $s_n=1/2$ 为止。$s_n=1$ 的情况，正好与此相反，北部工业劳动力持续向南转移直到 $s_n=1/2$ 为止。

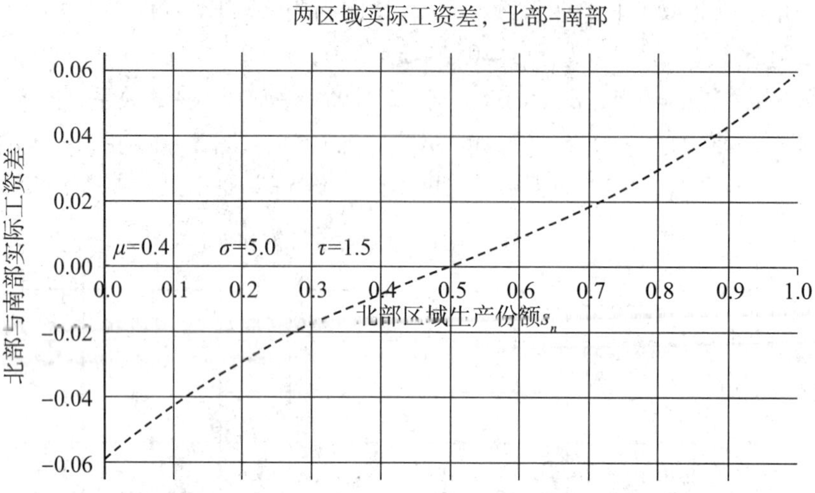

图 3－3　$\omega-\omega^*$ 与 s_n 的关系（$\mu=0.4$、$\sigma=5.0$、$\tau=1.5$）

资料来源：笔者整理。

图 3－3 是运输成本较小，即市场开放度较大时的情况。图 3－3 中的曲线，反映了运输成本 $\tau=1.5$ 时，北部与南部工业劳动力实际工资差 $\omega-\omega^*$ 和北部工业生产份额（或北部工业劳动力份额）之间的关系。在曲线上，存在 2 个稳定的长期均衡点，即 $s_n=0$ 和 $s_n=1$。在 $s_n=1/2$ 点上，$\omega=\omega^*$，但 $\mathrm{d}\Omega/\mathrm{d}s_n>0$，这意味着，存在一种正反馈机制，即如果南部的部分工业劳动力因某种偶然的原因迁移到北部，那么北部工业劳动力份额 s_H（或者 s_n）变大，Ω 也上升，这意

味着，北部工业劳动力的实际收入水平高于南部，这必然促使南部工业劳动力进一步向北迁移直到 $s_n=1$ 时为止，对称均衡不再是稳定的长期均衡。在 $s_n=0$ 或 $s_n=1$，由于北部与南部工业劳动力实际工资差距的存在，所对应的均衡是长期稳定均衡，这就是内生的非对称现象，但最终工业劳动力全部聚集在北部还是南部是不确定的，这取决于初始扰动的方向。

图3－4是运输成本为中等水平，即市场开放度为中等水平时的情况。图3－4中的曲线，反映了运输成本 $\tau=1.75$ 时北部与南部工业劳动力实际工资差 $\omega-\omega^*$ 和北部工业生产份额（或北部工业劳动力份额）之间的关系。在该曲线上有5个长期均衡点，即与 $s_n=0$、$s_n=1$ 对应的两个核心边缘结构以及相交于直线 $\Omega=0$ 的三个均衡点。类似于上面的分析，对称结构和两个核心边缘结构是长期稳定均衡，而对应于直线 $\Omega=0$ 上的两个非对称的均衡不是长期稳定的均衡。可见，在中等运输成本情况下，存在3个稳定的长期均衡，即对称均衡和核心边缘均衡，因此，经济系统的空间模式最终落在何种状态存在着不确定性，历史的、偶然的、人们预期的变化等多种因素，都可能成为影响经济空间格局的决定因素。

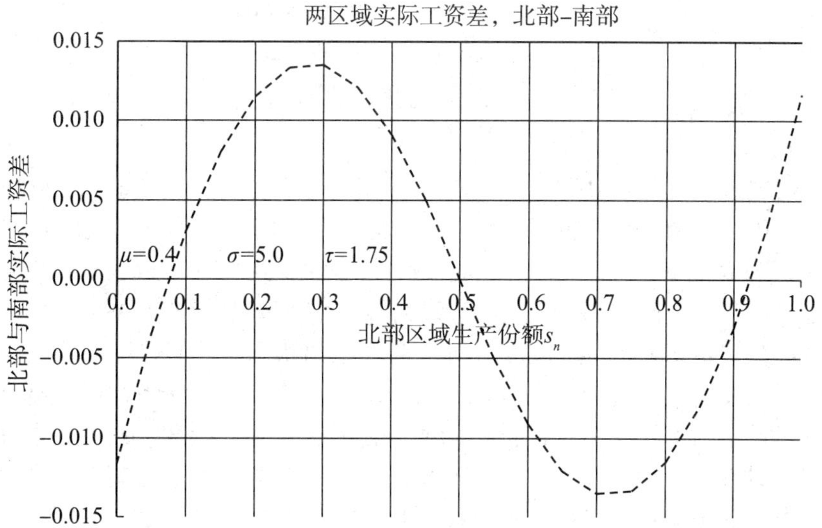

图3－4　$\omega-\omega^*$ 与 s_n 的关系（$\mu=0.4$、$\sigma=5.0$、$\tau=1.75$）

资料来源：笔者整理。

图3－5是分析大量模拟结果后将所有情形综合在一起的示意图，即滚摆线图。在图3－5中，用黑点来表示一些特殊的均衡点，在这些均衡点中，有些是长期稳定均衡，有些不是长期稳定均衡。

当运输成本 τ 很大即市场开放度 ϕ 足够低时，在 S 点（$s_H=1/2$）处，$\mathrm{d}\Omega/$

$ds_H < 0$，这就意味着存在一种负反馈机制，此时如果在外生冲击下南部工业劳动力向北部转移，那么将扩大北部的工业劳动力份额或北部产业份额，但此时北部的实际收入水平却低于南部，这促使北部的部分工业劳动力返回南部，直到 $s_H = 1/2$ 为止，因此，对称均衡（图 3-5 中的 S 点）是长期稳定均衡。但 C 点（$s_H = 0$）或 D 点（$s_H = 1$）处的核心边缘结构不是长期稳定均衡，因为在 C 点处，$\Omega > 0$，区际实际工资差距促使南部的工业劳动力持续向北转移直到 $s_H = 1/2$ 为止；D 点（$s_H = 1$）正好与此相反，北部的工业劳动力持续向南转移直到 $s_H = 1/2$ 为止。这意味着，当市场开放度足够低时，只有对称结构才是稳定的长期均衡。

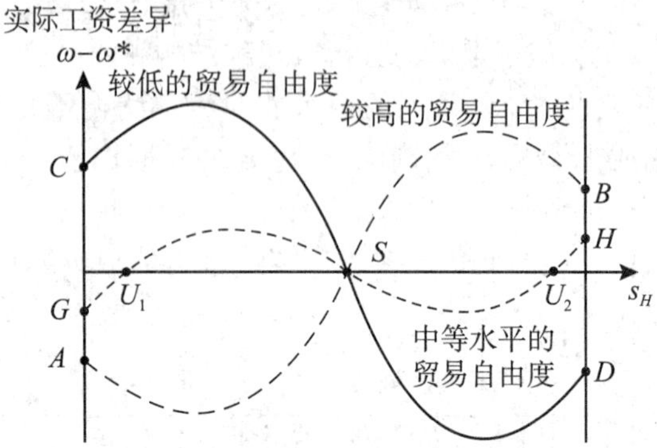

图 3-5　滚摆线图解和局部稳定性

资料来源：笔者整理。

当运输成本 τ 足够小即市场开放度 ϕ 足够高时，在 S 点（$\sigma_H = 1/2$）处，$d\Omega/ds_H > 0$，存在正反馈机制，故对称结构不是长期稳定均衡。此时，在 A 点（$s_H = 0$）和 B 点（$s_H = 1$）处，区际实际工资差距使它们可以保持长期稳定，这意味着，市场开放度很高时，核心边缘结构是长期稳定的均衡。

当运输成本 τ 或市场开放度 ϕ 处于某个中间状态时，同时存在正反馈机制和负反馈机制。具体地说，在 S 点（$s_H = 1/2$）处，$d\Omega/ds_H < 0$，存在负反馈机制，这意味着对称结构是长期稳定均衡；在相交于直线 $\Omega = 0$ 的两个非对称均衡点处，即在 U_1 和 U_2 点处，$d\Omega/ds_H > 0$，存在正反馈机制，故 U_1 和 U_2 两个非对称均衡点是不稳定的；在 G 点（$s_H = 0$）和 H 点（$s_H = 1$）处，区际实际工资差距的存在，意味着核心边缘结构是长期稳定均衡。

那么，决定经济系统存在正反馈机制还是负反馈机制的力量是什么呢？下文聚焦于对称均衡点进行聚集力和分散力的分析。

（三）作用力分析

从上面的讨论中可以看出，根据市场开放度（ϕ）的不同，存在三种类型的最终结果。本部分，要重点讨论促使导致这种不同结果的作用力的存在性问题。在本章的第一节，我们已经指出由本地市场效应（市场接近效应）和生活成本效应（价格指数效应）作用下形成的聚集力和市场拥挤效应作用下形成的分散力的共同作用，促使经济系统具有不同的空间结构。在本地市场效应作用下，常形成需求关联的循环累积因果关系（后向联系），在生活成本效应（价格指数效应）作用下，常形成成本关联的循环累积因果关系（前向联系）。市场拥挤效应，形成分散力，它促使经济活动空间分散。

1. 市场拥挤效应导致的分散力

本部分的讨论是要证明市场拥挤效应导致的分散力的存在性。在核心边缘模型中，这种作用力可以由式（3.25）、式（3.26）和有关定义给出。一部分劳动力的向北转移打破对称均衡，它扩大北部的产业份额（s_n），降低南部的产业份额（s_n^*）。这种趋势，一方面扩大北部企业数量的同时，另一方面又提高北部企业间争夺消费者的竞争，这种厂商间竞争降低北部企业的收益水平 R（只要 $\phi<1$）。为了保持收支平衡，企业将支付给劳动力较低的工资，在其他条件不变的情况下，这种较低的名义工资使得北部比南部缺乏吸引力，部分劳动力返回南部。换言之，这种扰动具有保持原有结构相对稳定的作用。

现在，我们较为规范地分析一下这种分散力。为了区分生产转移和支出转移，我们假设劳动力的区际转移主要由名义工资差异所驱使，而且转移出去的劳动力的收入都返回到原来的居住地。这样，劳动力转移只改变 n 和 n^*，不改变 E 和 E^*。我们从北部代表性工业产品的市场出清条件开始。因为厂商的经营收益是以工资形式全部支付给工业劳动力的。这样，根据式（3.24），市场出清条件为 $w\bar{x}=R$。又根据公式（3.32），$\bar{x}=1$，故市场出清条件可以写成 $w=R$。我们现在关注的是，初始对称（$s_n=1/2$）时，是否 s_n 的稍微提高会改变南北名义工资差距的问题。由于初始为对称结构，因此，如果北部名义工资水平 w 提高，那么南部的名义工资水平 w^* 就降下来。因此，我们就讨论北部名义工资的变动情况就可以了。现在我们要证明的是，当北部的产业份额变大，因而市场拥挤效应起作用时，是否北部劳动力的名义工资 w 下降？如果 w 下降，那么名义工资差距将缩小，北部对南部劳动力的吸引力减弱，南部劳动力不会向北转移。因此，如果分别用 $\hat{w}=\mathrm{d}w/w$ 和 $\hat{n}=\mathrm{d}n/n$ 来表述北部工业劳动力的名义工资变化率和北部产业份额变化率，那么我们就要证明 $\hat{w}$ 与 $\hat{n}$ 之间存在着一种反向关系。

现重新写下 R 和 Δ、Δ^* 的表达式：

$$\begin{cases} R = \dfrac{w^{1-\sigma}\mu E}{\Delta n^w} + \dfrac{\phi w^{1-\sigma}\mu E^*}{\Delta^* n^w} = \dfrac{\mu E^w w^{1-\sigma}}{n^w}\left(\dfrac{s_E}{\Delta} + \dfrac{\phi s_E^*}{\Delta^*}\right),\ s_E = E/E^w,\ s_E^* = E^*/E^w \\ \Delta = \dfrac{nw^{1-\sigma} + \phi n^*(w^*)^{1-\sigma}}{n^w} \\ \Delta^* = \dfrac{\phi nw^{1-\sigma} + n^*(w^*)^{1-\sigma}}{n^w} \end{cases}$$

现在，我们对前面的 $w=R$ 取对数并进行微分：

$$\begin{aligned} \hat{w} = \hat{R} = \mathrm{d}(\ln R) &= (1-\sigma)\hat{w} + \mathrm{d}\left(\frac{s_E}{\Delta} + \frac{\phi s_E^*}{\Delta^*}\right)\Big/\left(\frac{s_E}{\Delta} + \frac{\phi s_E^*}{\Delta^*}\right) \\ &= (1-\sigma)\hat{w} + \left[\frac{s_E}{\Delta}(\hat{s}_E - \hat{\Delta}) + \frac{\phi s_E^*}{\Delta^*}(\hat{s}_E^* - \hat{\Delta}^*)\right]\Big/\left(\frac{s_E}{\Delta} + \frac{\phi s_E^*}{\Delta^*}\right) \\ &= (1-\sigma)\hat{w} + s_R(\hat{s}_E - \hat{\Delta}) + (1-s_R)(\hat{s}_E^* - \hat{\Delta}^*) \end{aligned}$$

其中，$s_R = \dfrac{w^{1-\sigma}s_E}{\Delta R}$，$s_R^* = \dfrac{\phi w^{1-\sigma}s_E^*}{\Delta^* R}$，$s_R + s_R^* = 1$。$s_R$ 和 s_R^* 分别表示北部制造业企业所获得的全部经济收益中，在北部市场获得收益份额和在南部市场获得的收益份额，其和就等于1。从上式可以看出，当对称（也就是 $s_n = s_H = 1/2$）时，只要 $\phi < 1$，则 $s_R > 1/2$；当 ϕ 趋近于1时，s_R 变小并趋向于1/2；当 $s_n = 1/2$ 时，$s_R = 1/(1+\phi)$。

当对称时 $s_n = s_n^* = 1/2$、$s_E = s_E^* = 1/2$、$w = w^* = 1$、$\Delta = \Delta^*$。故对称时 $\mathrm{d}n = -\mathrm{d}n^*$，$\mathrm{d}s_E = -\mathrm{d}s_E^*$、$\mathrm{d}w = -\mathrm{d}w^*$、$\mathrm{d}\Delta = -\mathrm{d}\Delta^*$，进而 $\hat{\Delta} = -\hat{\Delta}^*$、$\hat{s}_E = -\hat{s}_E^*$。重新整理上面的微分结果，则：

$$\sigma\hat{w} = 2(s_R - 1/2)(\hat{s}_E - \hat{\Delta}) \tag{3.34}$$

根据 Δ 的定义，我们又可以写出：

$$\begin{aligned} \hat{\Delta} &= \frac{\mathrm{d}[nw^{1-\sigma} + \phi n^*(w^*)^{1-\sigma}]}{\Delta n^w} \\ &= \frac{nw^{1-\sigma}}{\Delta n^w}[\hat{n} + (1-\sigma)\hat{w}] + \frac{\phi n^*(w^*)^{1-\sigma}}{\Delta n^w}[\hat{n}^* + (1-\sigma)\hat{w}^*] \\ &= s_M[\hat{n} + (1-\sigma)\hat{w}] - (1-s_M)[\hat{n} + (1-\sigma)\hat{w}] \end{aligned}$$

其中，$s_M = \dfrac{nw^{1-\sigma}}{n^w\Delta}$、$s_M^* = \dfrac{\phi n^*(w^*)^{1-\sigma}}{n^w\Delta}$、$s_M + s_M^* = 1$。$s_M$ 和 s_M^* 分别表示在北部消费者总支出中，对北部生产的制造业产品的支出和对南部生产的制造业产品的支出所占份额，其和就等于1。对称时，$s_M = 1/(1+\phi)$，这意味着，只要市场开放度小于1，那么 s_M 总大于1/2，也就是说，不管何种情况，只要初始条件是对称结构，那么消费者总支出的1/2以上主要支付购买本地生产的产品。s_M 随 ϕ 的变大而变小，且趋向于1/2，这意味着当市场开放度很小时，消费者只能依赖本地生产的产品，当市场开放度变大时，消费者开始利用区外生产的产品。

整理上式，则可有：

$$\hat{\Delta}=2(s_M-1/2)[\hat{n}-(\sigma-1)\hat{w}] \tag{3.35}$$

根据假定，工业劳动力的收入是返回原地的，故 $\hat{s}_M=0$。这样把式（3.35）和 $\hat{s}_E=0$ 代入上面的式（3.34）中，可以得出：

$$\hat{w}=\frac{4(s_R-1/2)(s_M-1/2)}{\sigma-(\sigma-1)4(s_R-1/2)(s_M-1/2)}\hat{n}$$

由于 $2s_R-1=2s_M-1=(1-\phi)/(1+\phi)$，可以设 $Z\equiv(1-\phi)/(1+\phi)$，则上式可以写成：

$$\hat{w}=\frac{-Z^2}{(1-Z^2)\sigma+Z^2}\hat{n} \tag{3.36}$$

其中，Z 可以看成是对封闭状态的一种测度，如果 $Z=0$，则意味着经济系统是完全的开放系统，如果 $Z=1$，则整个经济系统是完全封闭的系统。由于 $0\leqslant Z\leqslant1$，故 $1-Z^2\geqslant0$，因此，分母大于零。式（3.36）就是“市场拥挤效应”的表达式，它反映了从对称状态开始的随北部产业份额的扩大而发生的北部劳动力工资水平的变化过程。从式（3.36）可以得出如下结论。

首先，名义工资变化率与产业份额变化率之间存在负向关系，这意味着，劳动力向北转移扩大北部的产业份额，而北部产业份额的扩大降低北部劳动力的名义工资水平，这同时意味着，提高南部劳动力的名义工资水平。

其次，该结论告诉我们劳动力转移本身是不会影响原有空间结构的，原有空间结构发生变化，主要是通过需求关联或成本关联的循环累积因果关系而实现的，如果不存在这种循环累积因果关系，不管是否发生劳动力转移（或产业转移），原有空间结构是稳定的。

再次，随着市场开放度的提高，厂商在本地市场实现的经济收益份额（s_R）和消费者在本地市场支付的支付份额（s_M）都在变小，这意味着，本地厂商之间争夺消费者的竞争随市场开放度的提高而加速减弱，因为市场开放度的提高减弱了北部厂商依赖本地市场的程度和消费者依赖本地市场的程度。这两种作用力的叠加，使得厂商间竞争强度开始迅速减弱，近似于以贸易成本的平方的速率递减。随着市场开放度接近某一临界值，空间结构由对称结构迅速转变为核心边缘结构。

最后，在上述情况下，突破对称结构的突破点和维持核心边缘结构的维持点是同一个点（在其他情况下这两个点是相互分离的，这将在稳定性分析中进行讨论）。由于在交易成本为正的情况下分散力发挥作用，因此，突破点和维持点都位于点 $\phi=1$ 处，故当不存在交易成本时，任何区位都是均衡区位。

2. 需求关联效应导致的聚集力

根据核心边缘模型的假设，现假设劳动力把自己的收入花费在他们从事工作的地方。此时，初始对称的两个区域，如果发生从南部到北部的劳动力转移，那么，因为劳动力把自己的收入花费在他们工作的地方，s_E 变大而 $1-s_E$ 变小，这使得北部的市场规模变大而南部的市场规模变小。在存在交易成本，且其他条件都相同的情况下，任何企业都选择市场规模较大的区位作为生产区位（市场接近效应），因此，劳动力转移导致需求的空间转移，而需求的空间转移又导致生产活动的空间转移。这种过程是自我强化的，生产活动的向北部转移，降低了南部对劳动力的需求而扩大北部对劳动力的需求，南部劳动力就业机会的减少和北部劳动力就业机会的扩大，进一步激励南部劳动力向北转移。

上述的这种机制称为需求关联的循环累积因果关系。“循环累积”指的是人口转移导致消费支出的转移，消费支出的转移导致生产活动的转移，生产活动的转移反过来又激励人口的转移。“需求关联”是指，需求空间分布的变化是上述机制的杠杆。这种机制也叫“后向联系”机制，也就是生产商被买方所吸引。下面，我们较为深入地分析一下需求关联问题，其核心是要证明 $\hat{w}$ 与 $\hat{n}$ 之间存在正向关系。

假设劳动力是根据名义工资水平做出迁移与否的决策，且所有收入都消费在他们工作的地点。尽管这种假定对理性的劳动力而言没有多大意义，但它直观地给出了不考虑成本关联（生活成本效应）时的生产转移（$dH=dn$）和支出转移（dE）之间的关系。

注意的是，分析市场拥挤效应时我们假设劳动力的收入全部返还到劳动力原来居住的区域，因此，$\hat{s}_E$ 等于零。但在这里，劳动力是在其就业的区域进行消费的，因此，$\hat{s}_E$ 不再等于零。我们已知 $s_E=E/E^w$，而根据 $E=L+wn$ 和 $E^w=1/\mu$，$s_E=\mu(L+wn)$。另外，消费者总收入中的 μ 部分是用来购买工业品的，因此，北部工业劳动力的收入（wn）占北部总收入（E）的比重也是 μ，因此，$wn/E=\mu$。

在式 $s_E=\mu\ (L+wn)$，对 w 和 n 进行全微分，则：

$$\hat{s}_E=\frac{wn}{E}(\hat{w}+\hat{n})=\mu(\hat{w}+\hat{n}) \tag{3.37}$$

现把式（3.35）和式（3.37）代入式（3.34），则：

$$\hat{w}=\frac{\mu Z-Z^2}{\sigma-(\sigma-1)Z^2-\mu Z}\hat{n} \tag{3.38}$$

其中，$Z=(1-\phi)/(1+\phi)=(2s_R-1)=(2s_M-1)$。在式（3.38）中，由于 $0\leqslant Z\leqslant 1$ 和 $\sigma>\mu$，分母总是大于零。从式（3.38）中，可以得出如下结论。

首先，分子中的第一项（μZ）为工资水平与产业份额之间的关系，该项大于零，这意味着，北部劳动力工资水平和北部产业份额同向变化，北部产业份额越大，工资水平也就越高。产业份额对劳动力工资水平的影响程度：其一是由工业品支付份额 μ 所决定的，μ 越大，产业份额对工资水平影响也就越大，这等价于需求空间转移破坏对称均衡的程度随工业品支付份额的扩大而增强；其二是由市场开放度的大小所决定，随着市场开放度的提高，企业对本地市场的依赖程度下降，市场开放度越大，企业对本地市场的依赖程度越小，产业份额对本地劳动力工资水平的影响也就越小，这等价于需求空间转移破坏对称均衡的影响力随市场开放度的提高而减弱。

其次，分子中的第二项（$-Z^2$）为市场拥挤效应，市场拥挤效应是尽可能保持原有对称均衡的作用力，也就是南部厂商向北转移导致北部厂商数量的扩大，北部厂商数量的扩大必然导致厂商间激烈竞争，进而支付给劳动力的工资水平较低，降低了对南部劳动力的吸引力。可以看出，市场开放度越小，市场拥挤效应就越大，反之，市场拥挤效应随市场开放度的提高而减弱，当整个系统完全实现一体化时，也就不存在市场拥挤效应了。

3. 成本关联效应导致的聚集力

从南部到北部的劳动力转移，将扩大北部的劳动力数量，降低南部的劳动力数量。根据劳动力完全就业条件，这些转移到北部劳动力将扩大北部厂商数量。本地生产的产品出售在本地市场无须支付交易成本，故在其他条件不变的情况下，北部生产的产品种类较多，将降低北部的总体价格水平，提高南部总体的价格水平。这种机制是自我强化的，北部生活成本的降低等于提高北部的实际收入水平，南部生活成本的提高等于降低了南部的实际收入水平，这进一步激励劳动力的转移。

这种机制称为成本关联的循环累积因果关系。“循环”指的是人口转移导致生产活动转移，生产活动转移降低了生产活动移入区域的生活成本，生活成本的下降就等于提高了实际收入水平，实际收入水平的提高又进一步激励人口向北转移；“成本关联”是指生活成本的变动是上述机制的杠杆。这种机制也称为“前向联系”机制，也就是买方被生产商所吸引。下面我们较为深入地分析生活成本关联性。

由于进口商品要支付交易成本，因此，在其他条件相同的情况下，消费者购买本地生产的商品是很有利的。人口向北转移导致生产向北转移，而生产向北转移降低了北部的生活成本，因而进一步激励人口向北转移。假设劳动力（H）是根据南北实际收入水平差异做出转移与否决策的，同时把自己的所有收入都支付在就业的区域上。北部实际工资取对数并进行微分，则得出 $\hat{\omega}=\hat{w}+$

$a\hat{\Delta}$，其中 $a \equiv \mu/(\sigma-1)$。然后，把式（3.35）代入 $\hat{\omega}$ 表达式中，则可以得出：

$$\hat{\omega} = (1-\mu Z)\hat{w} + \frac{\mu Z}{\sigma-1}\hat{n} \tag{3.39}$$

式（3.39）中的第一项，为需求关联效应和市场拥挤效应之净效应对实际收入水平 ω 的影响。该净效应主要取决于 $1-\mu Z$ 的大小，由于 μ 和 Z 都小于1，因此，$1-\mu Z$ 大于零，这意味着，需求关联效应和市场拥挤效应之净效应仍然促使南部劳动力向北转移，是破坏对称均衡的力量。

式（3.39）中，第二项为生活成本效应（在此项中，实际收入水平变化率 $\hat{\omega}$ 直接与产业份额变化率 $\hat{n}$ 有关），也就是成本关联的循环累积因果效应。该效应指劳动力向北转移导致产业的向北转移，产业转移导致北部生活成本的下降，而生活成本的下降导致实际收入水平的提高，这意味着，劳动力转移导致实际收入水平的差异，因此，该项是破坏对称均衡的力量。首先，由于 $a = \mu/(\sigma-1)$，因此，生活成本效应随 μ 的提高和工业品替代弹性 σ 的下降而得到增强。其次，生活成本效应随 Z 的变大而得到增强，这意味着，生活成本效应随市场开放度的提高而减弱。

4. 本地市场效应导致的聚集力

本地市场效应是核心边缘模型的关键性特征之一。该效应指的是，如果某种外生冲击改变原有需求的空间分布，扩大了某一区域的需求，则大量的厂商改变原来的区位，向该区域集中，扩大该区域的产业份额。如果我们把聚集定义为经济的空间聚集进一步扩大经济活动聚集趋势，那么可以看出本地市场效应就是一种聚集力。

根据北部和南部两个市场出清条件和由等式 $\omega = \omega^*$ 给出的内点区位均衡条件，对 w、w^*、s_H、s_n 和参数 ε（参数 ε 是我们设定的参数，它是指外生冲击扩大市场规模的量）进行全微分，则可以得出由三个方程组成的方程组。这些方程可以解释人口转移所导致的北部产业份额（$s_n = s_H$）的变化，这种产业份额的变化是随着北部市场规模 $ds_H/d\varepsilon$ 的变化而发生的。故称导数 $ds_H/d\varepsilon$ 为区内市场导数，因为该导数可以度量随北部市场规模的扩大而发生的产业活动向北迁移的量。一般来说，核心边缘模型比较复杂，很难进行处理，但如果我们求出在对称点（$\varepsilon = 0$、$s_H = s_n = 1/2$）上的区内市场导数的值，那可以解释当某种外生冲击改变原有需求的空间分布进而扩大某一区域的需求时，厂商向市场规模较大区域转移的现象。

我们的分析仍然从 $\omega = w\Delta^a \Rightarrow \hat{\omega} = \hat{w} + a\hat{\Delta}$ 开始。我们是要回答当外生冲击扩大北部市场规模时，北部产业份额如何变化才能实现空间均衡的问题。注意，本部分要讨论的是外生冲击扩大市场规模后，产业份额将如何发生变化的问题，因此，不能直接拿过来前面的市场规模变化率 $\hat{s}_E$，必须要考虑外生放大市场规模的问题。由前面的讨论，$s_E=\mu(L+wn)$。假设外生冲击扩大了相当于 ε 的市场规模，则 $s_E=\mu(L+wn+\varepsilon)$。两边进行微分，则外生放大后的市场规模变化率 $\hat{s}_E$ 应等于如下：

$$\hat{s}_E=\frac{\mathrm{d}s_E}{s_E}=\frac{\mu wn(\hat{n}+\hat{w})+\mu\mathrm{d}\varepsilon}{s_E}=\mu(\hat{n}+\hat{w})+2\mu\mathrm{d}\varepsilon$$

现在我们把上式和式（3.35）代入式 $\sigma\hat{w}=2(s_R-1/2)(\hat{s}_E-\hat{\Delta})$ 中，然后求出 $\hat{w}$，则：

$$\hat{w}=\frac{\mu Z-Z^2}{\sigma-\mu Z-Z^2(\sigma-1)}\hat{n}+\frac{2\mu Z}{\sigma-\mu Z-Z^2(\sigma-1)}\mathrm{d}\varepsilon$$

现在又把上式和 $\hat{\Delta}=Z[\hat{n}-(\sigma-1)\hat{w}]$ 代入前面的 $\hat{\omega}=\hat{w}+a\hat{\Delta}$ 中，则：

$$\hat{\omega}=\left[\frac{(\mu Z-Z^2)(1-\mu Z)}{\sigma-\mu Z-Z^2(\sigma-1)}+aZ\right]\hat{n}+\frac{2\mu Z(1-\mu Z)}{\sigma-\mu Z-Z^2(\sigma-1)}\mathrm{d}\varepsilon$$

现在要回答当市场规模外生扩大 $\mathrm{d}\varepsilon$ 时，$\hat{n}$ 如何变化才能实现空间均衡？为此令 $\hat{\omega}=0$，则：

$$\left[\frac{(\mu Z-Z^2)(1-\mu Z)}{\sigma-\mu Z-(\sigma-1)Z^2}+aZ\right]\hat{n}+\left[\frac{2\mu Z(1-\mu Z)}{\sigma-\mu Z-(\sigma-1)Z^2}\right]\mathrm{d}\varepsilon=0$$

对上式进行整理，则：

$$\frac{\hat{n}}{\mathrm{d}\varepsilon}=\frac{-2\mu(1-\mu Z)}{a\sigma(1-\mu Z)+\mu-Z}$$

把 $s_H=1/2$ 代入式 $\hat{n}/\mathrm{d}\varepsilon=(\mathrm{d}s_H/s_H)/\mathrm{d}\varepsilon$ 中，并把 $Z=(1-\phi)/(1+\phi)$ 代入，则上式可以写成：

$$\frac{\mathrm{d}s_H}{\mu\mathrm{d}\varepsilon}=\frac{-[(1+\phi)-\mu(1-\phi)]}{a\sigma[(1+\phi)-\mu(1-\phi)]-(1-\phi)+\mu(1+\phi)}$$

现设 $\frac{(1-a\sigma)(1-\mu)}{(1+a\sigma)(1+\mu)}=\phi^B$ 并把它代入上式，则：

$$\frac{\mathrm{d}s_H}{\mu\mathrm{d}\varepsilon}=\frac{1}{(1-a\sigma)(1-\phi/\phi^B)}+\frac{\phi/\phi^B}{(1+a\sigma)(1-\phi/\phi^B)}\tag{3.40}$$

设 ϕ^B 为对称均衡遭到破坏时的市场开放度以及 $a\sigma<1$ 为“非黑洞条件”，这些将在后面详细讨论。我们知道，如果市场开放度足够大，那么对称均衡是不稳定的，此时区内市场导数 $\mathrm{d}s_H/\mathrm{d}\varepsilon$ 不存在。因为当贸易自由度足够大时，已经形成核心边缘结构，当然不存在区内市场导数。因此，我们只能考虑 $\phi<\phi^B$ 时的情况，因为此时对称均衡是稳定的。

从式（3.40）可以看出，其第一项大于 1，第二项大于 0，故 $\mathrm{d}s_H/\mu\mathrm{d}\varepsilon>1$，这就是保罗·克鲁格曼的本地市场效应。在这里，$\mathrm{d}\varepsilon$ 是指外生扩大市场规模的部分，而 $\mu d\varepsilon$ 是市场规模扩大部分中工业品市场份额所占的部分，因此，$ds_H/\mu d\varepsilon>1$ 意味着制造业产品市场规模的边际扩大放大了制造业份额。如果把式（3.40）写成如下形式，则：

$$\frac{ds_H}{d\varepsilon}=\mu\frac{1+a\sigma+(1-a\sigma)(\phi/\phi^B)}{(1-a^2\sigma^2)(1-\phi/\phi^B)} \tag{3.40'}$$

从式（3.40'）可以看出，$ds_H/d\varepsilon$ 随市场开放度的提高而变大，这就是 R. E. 鲍德温的本地市场放大效应，就是说，市场开放度的提高加快了产业转移速度，这又等价于随市场开放度的提高，厂商转移所受到的约束力变小，有利于产业的转移。这一点对区域经济政策分析而言具有重要意义，区域越是实行封闭的政策，为实行封闭政策所支付的成本就越大。这同时也告诉我们，区域政策与市场开放度之间存在非线性关系。

（四）长期均衡稳定性分析

接着讨论，在何种情况下，对称均衡或核心边缘均衡长期稳定的问题。在第二节分析滚摆线图解时，经常提到对称均衡点上的 $d\Omega/ds_n$ 的符号，决定经济系统的反馈机制。在市场开放度由低到高变化过程中，对称均衡点的 $d\Omega/ds_n$ 值由负变正，这意味着，在这一变化过程中必然存在 $d\Omega/ds_n=0$ 的临界点，这个点就是经济系统内的负反馈机制转变为正反馈机制的临界点，与其相对应的市场开放度被称为“突破点”。如果负反馈机制转变为正反馈机制，那么南部（或北部）的所有制造业部门迅速向北部（或南部）转移形成核心边缘结构，而能够维持这种核心边缘均衡的最小市场开放度，我们称为“维持点”。其实，讨论均衡长期稳定性问题，其核心就是求出与这些长期均衡稳定性相关的突破点和维持点。

在对称均衡点，$\omega=\omega^*$，$d\omega=-d\omega^*$，因此，$d\Omega/ds_n=0\Rightarrow d\omega/ds_n=0$。也就是说，对称均衡时，$d\Omega/ds_n$ 的变动方向与 $d\omega/ds_n$ 的变动方向相同，故满足 $d\omega/ds_n=0$ 的市场开放度就是对称均衡遭到破坏时的突破点。但我们知道 ω 没有显函数表达式，故无法直接求出 $d\omega/ds_n$。但另外，（$d\omega/\omega$）$/ds_n$ 的变动方向与 $d\omega/ds_n$ 的变动方向是一致的，满足（$d\omega/\omega$）$/ds_n=0$ 时的市场开放度也就是满足 $d\omega/ds_n=0$ 时的市场开放度。这样，在稳定性分析部分中，分析的重点是求出 $(d\omega/\omega)/ds_n=\hat{\omega}/ds_n=0$ 时的市场开放度（突破点）和核心边缘结构能够维持的最小市场开放度（维持点）。

1. 对称均衡时北部劳动力实际收入变化率

在建立 $(d\omega/\omega)/ds_n=0$ 方程之前，首先要讨论对称均衡时北部劳动力的实际收入变化率 $d\omega/\omega$，也就是当外生冲击扩大北部产业份额 ds_n 时，北部劳动力

实际收入变化率 $\hat{\omega}$ 受到何种作用力的影响的问题。

当对称时，$s_n = s_E = 1/2$，$w = w^* = 1$，$\Delta = \Delta^* = w^{1-\sigma}(1+\phi)/2$，$B = B^* = w^{\sigma-1}$。因此，由 $\omega = w/P$，可以得出：

$$\mathrm{d}\omega = \frac{\mathrm{d}w}{P} - \frac{w\mathrm{d}P}{P^2}$$

用 $\omega = w/P$ 除以上式两边，在对称均衡点，有：

$$\left.\frac{\mathrm{d}\omega}{\omega}\right|_{Sym} = \frac{\mathrm{d}w}{w|_{Sym}} - \frac{\mathrm{d}P}{P} = \mathrm{d}w - \frac{\mathrm{d}P}{P} \tag{3.41}$$

$|_{Sym}$表示在对称均衡点进行的求导或取值。这样，要求出 $\mathrm{d}\omega/\omega$，还得求出 $\mathrm{d}w$ 和 $\mathrm{d}P$。根据式（3.28）及参数标准化条件，可以得出 $w^\sigma = B$。对 $w^\sigma = B$ 的两边在对称均衡点取微分，则：

$$\sigma w^{\sigma-1}|_{sym}\mathrm{d}w = \mathrm{d}B \Rightarrow \sigma\mathrm{d}w = \mathrm{d}B$$

已知 $B = \frac{s_E}{\Delta} + \phi\frac{1-s_E}{\Delta^*}$、$\Delta = s_n w^{1-\sigma} + \phi(1-s_n)(w^*)^{1-\sigma}$、$\Delta^* = \phi w_n w^{1-\sigma} + (1-s_n)(w^*)^{1-\sigma}$，以及 $s_E = \frac{1-\mu}{2} + \mu w s_n$，因此，在对称均衡点附近：

$$\mathrm{d}B = \frac{\Delta\mathrm{d}s_E - \frac{1}{2}\mathrm{d}\Delta}{\Delta^2} + \phi\frac{-\Delta\mathrm{d}s_E - \frac{1}{2}\mathrm{d}\Delta^*}{\Delta^2} = \frac{2(1-\phi)\mathrm{d}s_E}{1+\phi} - \frac{2}{(1+\phi)^2}(\mathrm{d}\Delta + \phi\mathrm{d}\Delta^*)$$

$$= \frac{2(1-\phi)\mathrm{d}s_E}{(1+\phi)} - \frac{2(1-\phi)^2}{(1+\phi)^2}\left[\mathrm{d}s_n + \frac{1-\sigma}{2}\mathrm{d}w\right]$$

把上面的 $\mathrm{d}B$ 代入 $\sigma\mathrm{d}w = \mathrm{d}B$ 中，则：

$$\mathrm{d}w = \frac{(1+\phi)^2}{4\sigma\phi + (1-\phi)^2}\left[\frac{2(1-\phi)}{(1+\phi)}\mathrm{d}s_E - \frac{2(1-\phi)^2}{(1+\phi)^2}\mathrm{d}s_n\right]$$

再把上式 $\mathrm{d}w$ 代入式（3.41）中，则可以得出对称均衡时北部劳动力的实际收入变化率：

$$\left.\frac{\mathrm{d}\omega}{\omega}\right|_{Sym} = \frac{(1+\phi)^2}{4\sigma\phi + (1-\phi)^2}\left[\frac{2(1-\phi)}{(1+\phi)}\mathrm{d}s_E - \frac{2(1-\phi)^2}{(1+\phi)^2}\mathrm{d}s_n\right] - \frac{\mathrm{d}P}{P} \tag{3.42}$$

从式（3.42）可以看出，在对称均衡点，如果某种冲击使北部的生产份额 s_n 发生变化，那么北部劳动力的实际收入变化率由三种效应决定。不妨考虑生产份额边际变化 $\mathrm{d}s_n > 0$，式（3.42）等号右边的第一项是本地市场效应，它倾向于提高北部劳动力的实际收入水平，因为北部生产份额的提高倾向于扩大北部的市场份额，即 $\mathrm{d}s_E/\mathrm{d}s_n > 0$；第二项显然为负，反映北部的市场拥挤效应，该效应倾向于降低北部劳动力的实际收入水平；第三项为正，称为价格指数效应，北部生产份额的提高，扩大了北部生产的产品种类，这就节省了北部支付的区际运输成本，从而降低北部总体价格水平，因而 $-\mathrm{d}P/P>0$，它倾向于提高北部劳动力的实际收入水平。正是这三种效应形成了聚集力和分散力。本地市场效应和价格指数效应构成聚集力，倾向于提高北部劳动力的实际收入水平，从而吸引流动要素的流入；市场拥挤效应构成分散力，倾向于降低北部劳动力的实际收入水平，从而阻止南部劳动力持续向北部转移并促使部分劳动力回流南部。聚集力和分散力的比较又决定了经济系统内存在何种类型反馈机制的问题。如果聚集力大于分散力，经济系统内存在正反馈机制，原来的对称均衡显得很不稳定；如果分散力大于聚集力，经济系统内存在负反馈机制，原来的对称均衡就很稳定。当聚集力和分散力相等处于平衡状态时，那么初始对称的经济系统将处于发生内生非对称现象的临界点，此时的市场开放度就是突破点。

2. 突破点

下面讨论一下在什么样的市场开放度下，对称均衡被打破的问题。在对称均衡点，如果聚集力与分散力平衡，那么已处在对称分布被突破的临界状态了。根据前面的讨论，对称均衡的突破点由方程 $(\mathrm{d}\omega/\omega)/\mathrm{d}s_n=0$ 决定。建立此方程，需要如下三个步骤。

第一步，要求得 $\mathrm{d}s_E$ 和 $\mathrm{d}w$ 关于 $\mathrm{d}s_n$ 的表达式。

当对称时，$s_E=\frac{(1-\mu)}{2}+\mu w s_n$，因此，$\mathrm{d}s_E=\frac{\mu}{2}\mathrm{d}w+\mu\mathrm{d}s_n$。同时 $\mathrm{d}w=\frac{(1+\phi)^2}{4\sigma\phi+(1-\phi)^2}\left[\frac{2(1-\phi)}{(1+\phi)}\mathrm{d}s_E-\frac{2(1-\phi)^2}{(1+\phi)^2}\mathrm{d}s_n\right]$。把以上两式联立起来，解这个二元一次方程组，则：

$$\mathrm{d}s_E=\frac{4\mu\sigma\phi}{[4\sigma\phi+(1-\phi)^2]-\mu(1-\phi^2)}\mathrm{d}s_n \tag{3.43}$$

$$\mathrm{d}w=\frac{2[\mu(1-\phi^2)-(1-\phi)^2]}{[4\sigma\phi+(1-\phi)^2]-\mu(1-\phi^2)}\mathrm{d}s_n \tag{3.44}$$

第二步，求出 $\mathrm{d}P/P$。

由于 $P=\Delta^{-a}\Rightarrow\mathrm{d}P=-a\Delta^{-a-1}\mathrm{d}\Delta:\frac{\mathrm{d}P}{P}=-\frac{a\mathrm{d}\Delta}{\Delta}$。又 $\Delta\equiv s_n w^{1-\sigma}+\phi(1-s_n)(w^*)^{1-\sigma}$，因此，$\mathrm{d}\Delta=\left(\mathrm{d}s_n+\frac{1-\sigma}{2}\mathrm{d}w\right)+\phi\left(-\mathrm{d}s_n+\frac{1-\sigma}{2}\mathrm{d}w^*\right)$。但在对称时，$\mathrm{d}w=-\mathrm{d}w^*$，所以：

$$\mathrm{d}\Delta=(1-\phi)\mathrm{d}s_n+\frac{(1-\sigma)(1-\phi)}{2}\mathrm{d}w$$

把已解出的 $\mathrm{d}w$ 代入上式中，则：

$$\mathrm{d}\Delta=(1-\phi)\mathrm{d}s_n+\frac{(1-\sigma)(1-\phi)}{2}\mathrm{d}w=\sigma(1-\phi)\frac{(1+\phi)^2-\mu(1-\phi^2)}{[4\sigma\phi+(1-\phi)^2]-\mu(1-\phi^2)}\mathrm{d}s_n$$

把 $\mathrm{d}\Delta$ 代入式 $\mathrm{d}P/P=-a\mathrm{d}\Delta/\Delta$，则：

$$\frac{\mathrm{d}P}{P}=-2a\sigma\frac{(1-\phi^2)-\mu(1-\phi)^2}{[4\sigma\phi+(1-\phi)^2]-\mu(1-\phi^2)}\mathrm{d}s_n \tag{3.45}$$

第三步，式（3.43）、式（3.44）和式（3.45）代入式（3.42），并两边除以 $\mathrm{d}s_n$，则：

$$\left.\frac{\mathrm{d}\omega/\omega}{\mathrm{d}s_n}\right|_{sym}=\frac{(1+\phi)^2}{4\sigma\phi+(1-\phi)^2}\left(\frac{2(1-\phi)}{(1+\phi)}\frac{4\mu\sigma\phi}{[4\sigma\phi+(1-\phi)^2]-\mu(1-\phi^2)}-\frac{2(1-\phi)^2}{(1+\phi)^2}\right)$$
$$+2a\sigma\frac{(1-\phi^2)-\mu(1-\phi)^2}{[4\sigma\phi+(1-\phi)^2]-\mu(1-\phi^2)} \tag{3.46}$$

式（3.46）全面反映了在对称均衡点，对北部生产份额的扰动 $\mathrm{d}s_n$ 是如何影响北部劳动力实际收入水平的。分别用 F_1、F_2、F_3 来表示式（3.46）中的第一项、第二项和第三项，则：

$$F_1\equiv\frac{(1+\phi)^2}{4\sigma\phi+(1-\phi)^2}\frac{2(1-\phi)}{(1+\phi)}\frac{4\mu\sigma\phi}{[4\sigma\phi+(1-\phi)^2]-\mu(1-\phi^2)}$$

$$F_2\equiv\frac{(1+\phi)^2}{4\sigma\phi+(1-\phi)^2}\frac{2(1-\phi)^2}{(1+\phi)^2}$$

$$F_3\equiv 2a\sigma\frac{(1-\phi^2)-\mu(1-\phi)^2}{[4\sigma\phi+(1-\phi)^2]-\mu(1-\phi^2)}$$

其中，F_1、F_2、F_3 分别就是本地市场效应、市场拥挤效应、价格指数效应，F_1+F_3 就是聚集力，F_2 就是分散力，它们的大小受到系统参数 μ 和 σ 的影响，同时也随着市场开放度 ϕ 的变化而变化。

由图 3－6 可见，在运输成本较大即市场开放度（贸易自由度）较小的情况下，市场拥挤效应占优势，随着市场开放度的提高，本地市场效应表现为先上升后下降，而价格指数效应和市场拥挤效应一直保持下降趋势。这样，在某一市场开放度，本地市场效应和价格指数效应之和将超过市场拥挤效应。在图 3－7 的聚集力与分散力变化图中，可以更清晰地看到这一点。

随着市场开放度（贸易自由度）的提高，由 F_1+F_3 形成的聚集力在下降，由 F_2 形成的分散力也在下降，但在两条曲线相交之前，分散力大于聚集力，这意味着经济系统内存在负反馈机制，对称均衡是稳定均衡；但分散力下降速度相对于聚集力更快，[①] 因此，两条曲线相交之后，聚集力超过分散力，从而经济系统内存在正反馈机制，对称均衡不稳定，最终变成核心边缘结构。对应于两条曲线相交处的市场开放度就是我们反复提起的“突破点”，并且市场开放度达到最大值（最大值为 1）时，聚集力曲线与分散力曲线再次相交，此时实

① 分散力下降速度快于聚集力下降速度的证明，请参见附录 3C。

现了“空间中性”。

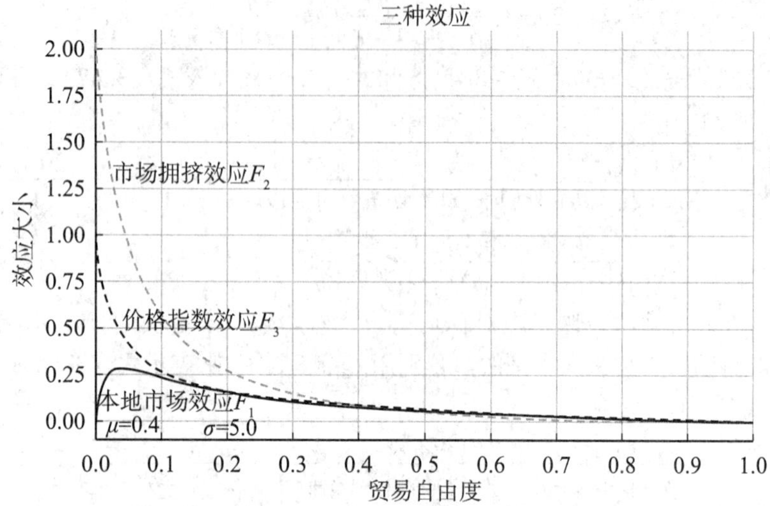

图 3－6　三种效应随市场开放度（贸易自由度）变化

资料来源：笔者整理。

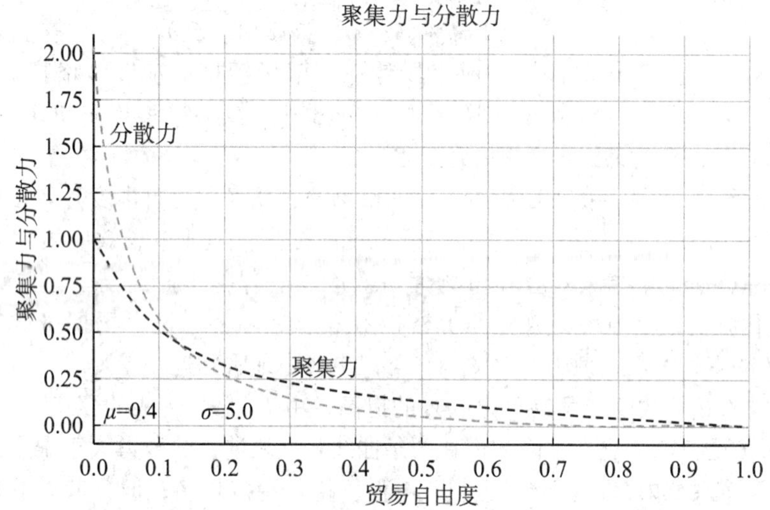

图 3－7　聚集力与分散力随市场开放度（贸易自由度）变化

资料来源：笔者整理。

不仅运输成本或市场开放度影响聚集力和分散力的大小，另外两个重要参数，即消费者对工业品的支出份额μ和工业品间的替代弹性σ也影响着聚集力和分散力的大小。随着μ变大，聚集力在增强，但分散力保持不变；随着σ变大，聚集力与分散力都在增强。图 3－8 中，聚集力与分散力都有一个交点，可见，较高的工业品支出份额和较低的替代弹性促使聚集力超过分散力，有利于核心边缘结构的形成。

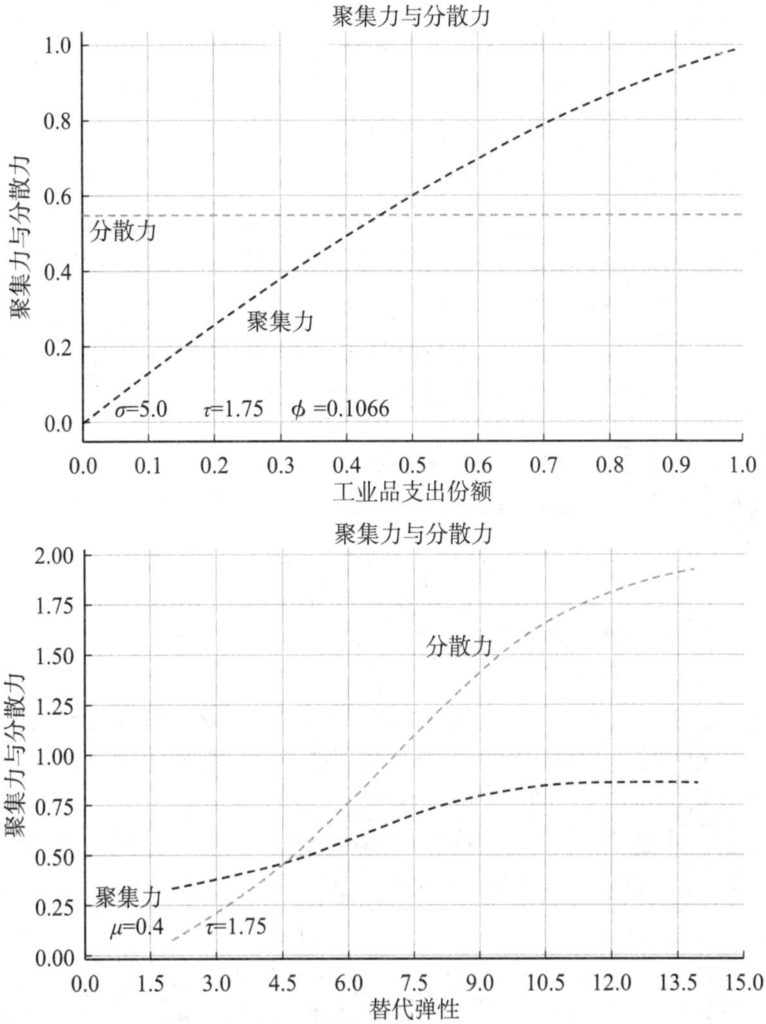

图 3-8　聚集力、分散力与工业品支出份额和替代弹性

资料来源：笔者整理。

接着，推导出突破点的市场开放度表达式。现设式（3.46）中的 $(\mathrm{d}\omega/\omega)/\mathrm{d}s_n=0$，则：

$$\frac{(1+\phi)^2}{4\sigma\phi+(1-\phi)^2}\left\{\frac{2(1-\phi)}{(1+\phi)}\frac{4\mu\sigma\phi}{[4\sigma\phi+(1-\phi)^2]-\mu(1-\phi^2)}-\frac{2(1-\phi)^2}{(1+\phi)^2}\right\}$$

$$+2a\sigma\frac{(1-\phi^2)-\mu(1-\phi)^2}{[4\sigma\phi+(1-\phi)^2]-\mu(1-\phi^2)}=0$$

$$\Rightarrow 4\mu\sigma\phi(1-\phi^2)-(1-\phi)^2\{[4\sigma\phi+(1-\phi)^2]-\mu(1-\phi^2)\}$$

$$+a\sigma[4\sigma\phi+(1-\phi)^2][(1-\phi^2)-\mu(1-\phi)^2]=0$$

$$\Rightarrow[4\sigma\phi+(1-\phi)^2]\{a\sigma[(1-\phi^2)-\mu(1-\phi)^2]-(1-\phi)^2\}$$

$$+\mu[4\sigma\phi+(1-\phi)^2](1-\phi^2)=0$$

$$\Rightarrow[4\sigma\phi+(1-\phi)^2]\{a\sigma[(1-\phi^2)-\mu(1-\phi)^2]-(1-\phi)^2+\mu(1-\phi^2)\}=0$$

$$\Rightarrow[4\sigma\phi+(1-\phi)^2][(a\sigma+\mu)(1-\phi^2)-(a\sigma\mu+1)(1-\phi)^2]=0$$

显然，上式左边第一项不等于0，因此，只能是第二项等于0，所以：

$$\Rightarrow(a\sigma+\mu)(1-\phi^2)-(a\sigma\mu+1)(1-\phi)^2=0$$

$$\Rightarrow(a\sigma+\mu)(1+\phi)-(a\sigma\mu+1)(1-\phi)=0$$

$$\Rightarrow(a\sigma+1)(1+\mu)\phi=(1-\mu)(1-a\sigma)$$

$$\Rightarrow\phi=\frac{(1-a\sigma)(1-\mu)}{(1+a\sigma)(1+\mu)}$$

用 ϕ^B 来表示突破点的市场开放度，则：

$$\phi^B=\frac{(1-a\sigma)(1-\mu)}{(1+a\sigma)(1+\mu)} \tag{3.47}$$

这就是式（3.40）中的 ϕ^B。

3. 维持点

所谓“维持点”就是核心边缘结构得以维持的最小的市场开放度，也就是，从核心边缘结构出发，随着市场开放度的下降，核心边缘结构难以维持下去的临界状态的市场开放度。

在核心边缘结构下，不妨设经济系统的所有工业劳动力全部聚集在北部，此时 $s_n=1$，$w=1$。由 Δ 和 Δ^* 表达式可知 $\Delta=1$，$\Delta^*=\phi$，因此，$\omega=w/P=w/\Delta^{-a}=1$。再由式（3.31），$s_E=(1+\mu)/2$，因此，$B=1$，$B^*=(1+\mu)\phi/2+(1-\mu)/2\phi$。此时南部没有工业生产，在这种情况下考察一下南部潜在的企业可能支付给劳动力的实际工资水平，如果该实际工资水平小于北部劳动力的实际工资水平（$\omega=1$），那么所有劳动力聚集在北部是一个长期稳定的均衡；如果该工资水平等于1，那么南部与北部同样具有吸引力，此时现有的核心边缘结构就不稳定了。因此，核心边缘结构能够维持的条件是南部潜在劳动力的实际工资水平等于1。由式（3.29）可得：

$$(w^*)^\sigma=B^*=\phi\frac{1+\mu}{2}+\frac{1-\mu}{2\phi}\Rightarrow w^*=\left(\phi\frac{1+\mu}{2}+\frac{1-\mu}{2\phi}\right)^{1/\sigma}$$

根据实际工资的定义，则：

$$\omega^* = \frac{w^*}{P^*} = \frac{w^*}{(\Delta^*)^{-a}} = \left(\phi\frac{1+\mu}{2} + \frac{1-\mu}{2\phi}\right)^{1/\sigma}\phi^a$$

令 $\omega^* = 1$，则可以得到维持点市场开放度要满足的方程，即：

$$\left(\phi\frac{1+\mu}{2} + \frac{1-\mu}{2\phi}\right)^{1/\sigma}\phi^a = 1 \Rightarrow \left(\phi\frac{1+\mu}{2} + \frac{1-\mu}{2\phi}\right)\phi^{a\sigma} = 1$$

上式中的市场开放度为核心边缘均衡得以维持的最小的市场开放度，我们用 ϕ^S 来表示该市场开放度，则 ϕ^S 的表达式为：

$$\frac{1+\mu}{2}(\phi^S)^{a\sigma+1} + \frac{1-\mu}{2}(\phi^S)^{a\sigma-1} = 1 \tag{3.48}$$

从式（3.47）和式（3.48）中可以看到，在较低的市场开放度下，即 $\phi < \phi^B$ 时，对称结构是稳定均衡；而在较高的市场开放度下，即 $\phi > \phi^S$ 时，核心边缘结构是稳定均衡。对于突破点的市场开放度 ϕ^B 和维持点的市场开放度 ϕ^S 而言，可以证明 $\phi^S < \phi^B$（证明过程参见附录3B）。在维持点和突破点之间，即在 $\phi \in [\phi^S, \phi^B]$ 区间，对称结构和核心边缘结构都是长期稳定均衡。

在工业品之间替代弹性 $\sigma = 5$ 的情况下，随着消费者对工业品支出份额 μ 的提高，根据式（3.47）、式（3.48）分别计算突破点和维持点的贸易自由度 ϕ^B 和 ϕ^S，从计算数据和图 3－9 可以看到，$\phi^S < \phi^B$；同时，在消费者对工业品支出份额 $\mu = 0.4$ 的情况下，随着工业品替代弹性 σ 的提高，根据式（3.47）、式（3.48）分别计算 ϕ^B 和 ϕ^S，也可以看到，$\phi^S < \phi^B$。这样可以得出一个很重要的结论，即在一定的替代弹性和工业品支出份额情况下，总存在一种市场开放度区间 $[\phi^S, \phi^B]$，在该市场开放度区间内，同时存在着对称结构和核心边缘结构且都是稳定均衡。这就意味着，当经济系统演化处于这种状况时，经济活动空间格局以分散为主还是以聚集为主是不确定的，历史的、现实的、人们预期的变化等各种因素对现有经济活动空间格局都产生重大的影响。从图 3－9 还可以看到，突破点和维持点的贸易自由度随工业品支出份额上升而下降，随替代弹性上升而上升。假设经济系统从对称结构开始演化，随着交通、通信技术的进步，运输成本下降，市场开放度提高到区间 $[\phi^S, \phi^B]$ 内的某个值，此时对称均衡仍是稳定的，但核心边缘结构也是稳定均衡。如果此时区际转移还没有成为大多数劳动力的一致性预期，而只是小规模劳动力的一种预期，那么在负反馈机制作用下仍会保持原有的对称结构；但如果此时区际转移成为大多数劳动力的一致性预期，那么有可能引致剧烈的空间格局变动，从而对称结构转变为核心边缘结构。

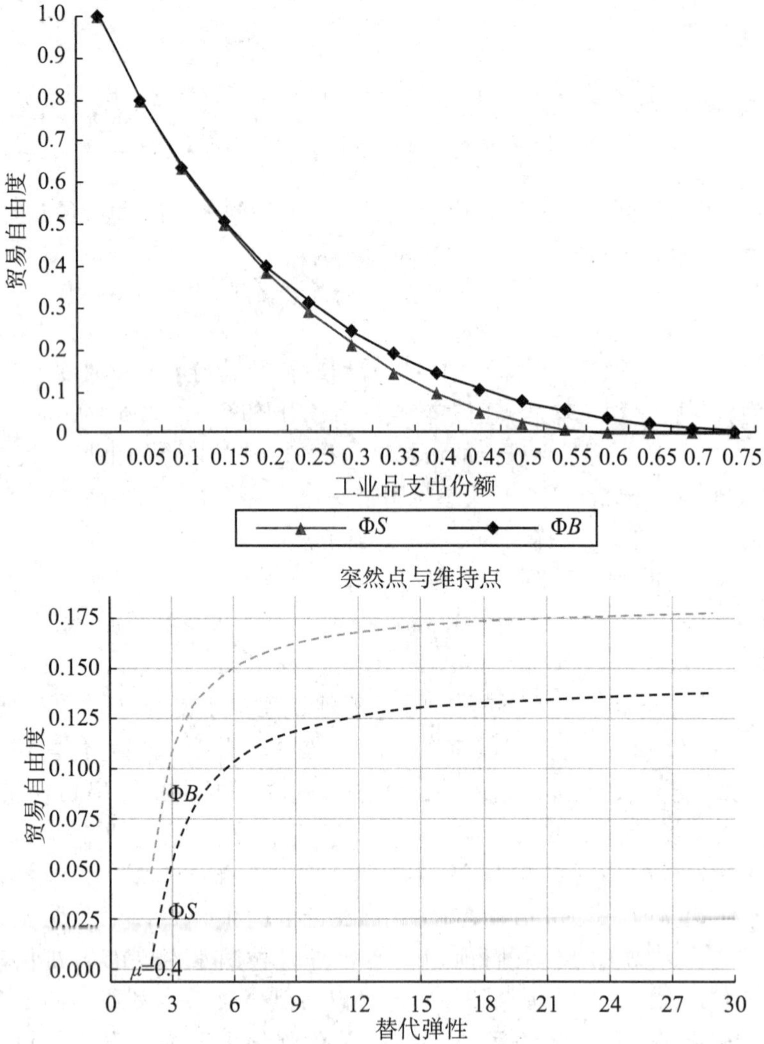

图 3－9　突破点和维持点随 μ（$\sigma=5$）和 σ（$\mu=0.4$）变化

资料来源：笔者整理。

4. 非黑洞条件

在式（3.47）中还可以看到，为了保证 ϕ^B 的存在，必须满足 $a\sigma<1$ 的条件，这一条件称为“非黑洞条件”。如果这一条件得到满足，那么就存在一个 ϕ^B，就存在某一贸易自由度区间，使得对称结构得以保持稳定；如果这一条件不能得到满足，那么此时不管是什么样的贸易自由度，所有的经济活动全部聚集在某一区域。如果对工业品的支出份额 μ 很大或者规模收益递增程度［$\sigma/(\sigma-1)$］很高，那么不管在何种贸易自由度条件下，经济系统中的所有现代部门全部聚集

在一个区域，它像“黑洞”那样把所有可流动的生产要素全部吸引到一个区域内。故非黑洞条件为：

$$a\sigma < 1 \tag{3.49}$$

六、战斧图解

长期均衡的特征和稳定性，如果用图 3－10 的“战斧图”① 来表示则很容易理解。图 3－10 中纵轴表示北部劳动力所占份额 s_H，横轴表示贸易自由度 ϕ，稳定的长期均衡用实线表示，不稳定的长期均衡用虚线表示。在图 3－10 中，这些长期稳定均衡分别用三条水平实线和一条垂直实线表示。对称结构只在 $0<\phi<\phi^B$ 范围内是稳定的，同样核心边缘结构也只在 $\phi^S<\phi<1$ 范围内是稳定的，而对应于 $\phi=1$ 的“空间中性”而言，任何空间模式都是稳定的。弧形上的每个点都是非对称均衡点，但它们都不稳定。我们注意到，在弧形部分（$\phi^S<\phi<\phi^B$），存在五种均衡，即两种核心边缘结构（以北部为核心的核心边缘结构，以南部为核心的核心边缘结构）、一种对称结构、两种内部非对称结构，后两种内部非对称结构是不稳定的均衡。顺便指出，滚摆线图解（图 3－5）中的实线与战斧图解（图 3－10）中的 $\phi\in(0,\ \phi^B)$ 的情况相对应，破折线与战斧图解中的 $\phi\in(\phi^S,\ 1)$ 的情况相对应，点线与战斧图解中的 $\phi\in(\phi^S,\ \phi^B)$ 的情况相对应。这种战斧图解，对解释区域经济政策具有重要意义。

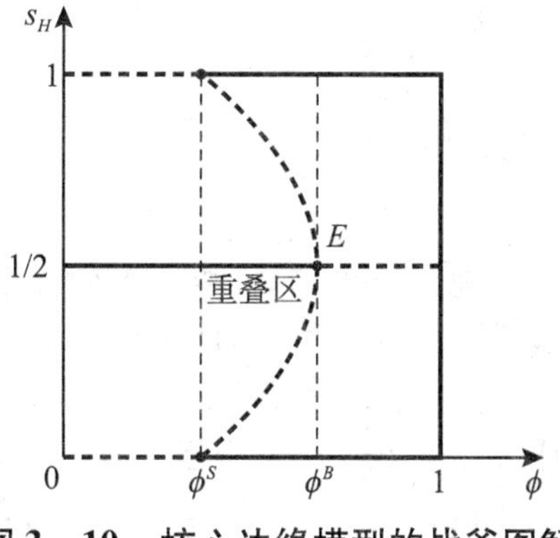

图 3－10　核心边缘模型的战斧图解

资料来源：笔者整理。

① 核心边缘模型问世以后引起了人们的极大关注，然而直到 2002 年，罗伯特－尼科德建立并完善了核心边缘模型的规范的表达方式。可参考 Robert－Nicoud，Frederic. The Structure of Simple “New Economic Geography” Models，Mimeo，London School of Economics，2002。

第三节　主要结论

本节将总结核心边缘模型的关键性特征或主要结论，其后章节介绍的新经济地理学的诸多模型，都是在保罗·克鲁格曼的核心边缘模型基础上发展起来的，核心边缘模型是讨论其他模型的基准尺度和参照系。

一、市场放大效应

“市场放大效应”与“本地市场效应”密切相关，该效应指的是如果某种冲击改变了市场需求的空间分布，扩大了某一区域的市场份额，将引致更大的生产份额的空间调整，使更多的工业企业向该区域集中。

“本地市场效应”是聚集力的两个来源之一，它表示在对称均衡下一个区域工业生产份额的提升将引起该区域市场份额的提高，即 $\mathrm{d}s_E/\mathrm{d}s_n>0$，这种变化倾向于提高该区域工人的实际工资水平。“市场放大效应”是另一角度的本地市场效应，即 $\mathrm{d}s_n/\mathrm{d}s_E>1$，[①] 它表示在对称均衡下，市场份额的一定调整将引起生产份额的更大调整。

市场放大效应或本地市场效应具有重要的现实意义，它为提高区域竞争力提供了理论依据，因为一个区域具有较大的市场规模，将在区域竞争中处于有利的位置。

二、循环累积因果链

在核心边缘模型中，本地市场效应和价格指数效应作为聚集力的组成部分，都具有循环累积因果链的特征，即在聚集力大于分散力情况下，经济系统具有正反馈的机制，具体地说，从对称均衡出发，s_n 的提高引起 s_E 的上升，而 s_E 的上升又进一步引起 s_n 的提高，s_n 的提高又引起下一轮 s_E 的上升，这就形成了一条不断自我强化的循环因果链，这条循环因果链也被称为与需求关联的循环累积因果关系；从对称均衡出发，s_n 的提高引起北部完全价格指数 P 的下降，而

---

① 根据式（3.43），$\mathrm{d}s_n/\mathrm{d}s_E=\dfrac{[4\sigma\phi+(1-\phi)^2]-\mu(1-\phi^2)}{4\mu\sigma\phi}$，而$\dfrac{1+\phi}{1-\phi}>1>\mu\Rightarrow 1+\phi>\mu(1-\phi)\Rightarrow(1+\phi)^2>\mu(1-\phi)^2$，故 $4\phi>\mu(1-\phi^2)-(1-\phi)^2$，再根据非黑洞条件 $a\sigma<1\Rightarrow\sigma\mu<\sigma-1\Rightarrow\sigma(1-\mu)>1$，因此，$4\phi\sigma(1-\mu)>4\phi>\mu(1-\phi^2)-(1-\phi)^2\Rightarrow 4\sigma\phi+(1-\phi)^2-\mu(1-\phi^2)>4\mu\sigma\phi$，因此，$\mathrm{d}s_n/\mathrm{d}s_E>1$。

P 的下降又进一步引起 s_n 的提高，s_n 的提高又引起下一轮 P 的下降，这就形成了另一条不断自我强化的循环因果链，这条循环因果链也被称为与成本关联的循环累积因果关系。在需求关联的循环累积因果链和成本关联的循环累积因果链之间也形成循环累积因果关系。

三、内生的非对称性

内生的非对称性指的是初始对称的两个区域，在没有外生因素作用下，随着市场开放度的提高，最终出现的区域非对称现象。如果把这种现象和新古典理论中降低贸易壁垒时的情形相比较，那么我们就很容易理解这种内生的非对称现象了。赫克歇尔－俄林定理告诉我们，如果持续降低区际贸易壁垒，那么最终形成密集使用本国相对丰富的资源禀赋进行生产的产业部门的专业化，但斯托尔弗－萨缪尔逊定理又告诉我们，如果区际贸易壁垒持续下降为零，那么某一国具有相对优势的产业部门的实际工资水平也在不断下降。这就意味着，可流动要素为实现其收益最大化，在区域之间进行转移，这种生产要素的区际转移可以实现区际要素供给的均衡化，而要素供给均衡化就意味着区际发展差距的收敛。也就是说，在没有包含聚集力的新古典理论中，市场开放度的提高将促进生产要素的区际转移，而生产要素的区际转移将缩小区际发展差距，使得区际的非对称逐渐走向区际的对称。与此相反，包含聚集力的理论告诉我们，要素流动性和市场开放度的提高，进一步放大外生冲击的影响，最终导致所有经济活动高度聚集在某一个区域，也就是市场开放度的提高和要素流动性的增强，促使区际的对称逐渐走向区际的非对称。

四、突发性聚集

在核心边缘模型中，内生的非对称现象的发生具有突发性，这是核心边缘模型最突出的特征之一。正如图 3－10 所示，当区域对称且区际市场开放度较低时，市场开放度达到某一临界值 ϕ^B 以前，市场开放度 ϕ 的提高通常不会影响产业区位，但达到这一临界值以后，市场开放度 ϕ 稍微提高，就发生突发性聚集，因为在这种市场开放度下，所有经济活动全部聚集在某一区域是长期稳定均衡。

五、区位黏性

核心边缘模型第二个突出的特征，就是区位黏性，也就是通常所说的“路径依赖”。可以从两个角度来解释这种路径依赖现象。首先，当市场开放度小于ϕ^B时，随着市场开放度ϕ的提高，区际贸易得到加强，此时，如果没有对原有路径很强的附着力，那么贸易自由度提高到ϕ^S时，应发生所有经济活动聚集在某一区域的突发性聚集现象，正由于存在对原有路径的依赖性，市场开放度提高到ϕ^B时才发生突发性聚集现象。在图 3－10 战斧图解中可以看到，在直线$s_H=0$或直线$s_H=1$上，相当于线段$\phi^S\phi^B$的部分正是这种路径依赖滞缓突发性聚集的部分。其次，像美国采取单边主义和贸易保护主义政策因而导致全球经济一体化大倒退那样，区际市场开放度开始下降时，在市场开放度下降到ϕ^B时应出现对称的空间结构，但市场开放度下降到ϕ^S才出现对称结构，在直线$s_H=1/2$上，相当于线段$\phi^S\phi^B$的部分正是这种路径依赖滞缓对称结构出现的部分。

在现实中，这种路径依赖特征具有重要的意义，假设对区域经济来一个短暂的冲击，比如，某一区域对某些产业部门实行暂时性补贴政策，那么经济系统从现有的均衡状态转入另一种均衡状态，但当这种暂时冲击消除以后，经济系统不会完全恢复到冲击前的均衡状态，而被冲击后的新的路径紧紧地黏住了。这种路径依赖特征对经济政策的分析具有重要意义。

六、驼峰状聚集租金

一般来讲，厂商对其生产区位是有选择性的，这种选择性主要以“聚集租金”为主要目标，聚集租金就是指厂商聚集所带来的额外的经济收益。聚集租金，可以用核心区的可流动要素选择核心区外其他区位时所遭受的损失来进行度量。不妨设北部为核心区，根据前面对维持点的讨论，工业劳动力在北部的实际工资水平$\omega=1$，而南部的潜在工业企业支付给工业劳动力的实际工资水平为$\omega^*=\phi^a[\phi(1+\mu)/2+\phi^{-1}(1-\mu)/2]^{1/\sigma}$，则：

$$\omega-\omega^*\big|_{s_H=1}=1-\phi^a\left(\phi\frac{1+\mu}{2}+\frac{1-\mu}{2\phi}\right)^{1/\sigma} \tag{3.50}$$

重要的是，聚集租金是市场开放度的凹函数。从式（3.50）中容易看出，当$\phi=\phi^S$和$\phi=1$时，聚集租金为零；当$\phi^S<\phi<1$时，租金为正（见图 3－11）；当$\phi=\sqrt{\phi^B}$①时，聚集租金取最大值。另外，随着市场开放度的提高（从ϕ^S提高到 1），聚集租金曲线先升后降，显示出一种“驼峰状”。这意味着与对称结构相比，核心边缘结构更富有效率。

---

① 式（3.50），对ϕ求一阶导数，并令其为 0，则可以得出此式。

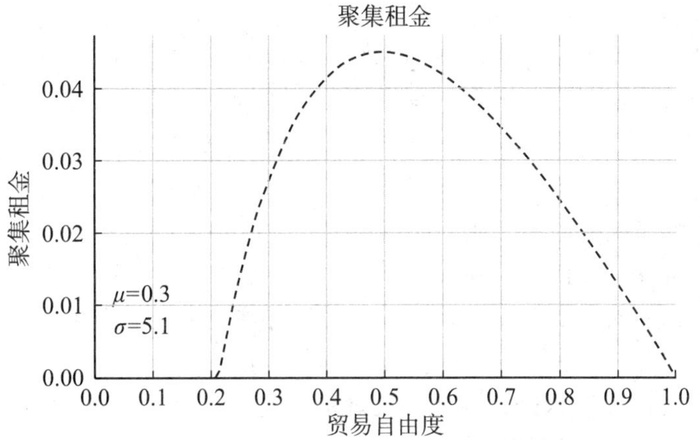

图 3-11　聚集租金

资料来源：笔者整理。

七、重叠区和自我实现预期

如图3-10的战斧图解所示，在核心边缘模型中，当贸易自由度在区间（ϕ^S，ϕ^B）内变动时，对称结构和两种核心边缘结构（以北部为核心的核心边缘结构，或以南部为核心的核心边缘结构）都是长期稳定均衡，区间（ϕ^S，ϕ^B）称为重叠区。这种多重稳定均衡的存在就意味着，经济系统的空间模式是存在不确定性的，如果人们的预期或政府的效率标准发生变化，那么经济空间模式就可能发生变化，原有的空间模式根据变化后的预期，向另一种空间模式转变。

一般认为，那些以科布-道格拉斯（CD）型效用函数、不变替代弹性（CES）偏好、冰山交易成本和固定劳动力工资为特征的新经济地理学模型，都具有上述特征，且经济空间结构也是类同的。如果对原有的假设进行调整，那么经过调整后的新经济地理学模型的部分特征与原有的稳定性特征是相矛盾的，如弗卢格引入准线性效用函数后发现，就不存在突发性聚集和区位黏性特征，自由资本模型也不具有上述的循环累积因果关系、突发性聚集以及区位黏性特征。究竟，上述这些特征与我们的假设有关，还是现实中的空间经济本身具有这种特征，还需要我们更深入的研究。

第四节　本章小结

核心边缘模型是两要素、两部门、两区域模型，即2×2×2模型，两要素指不可流动的农业劳动力和可流动的工业劳动力；两部门指工业部门和农业部门，农业部门以规模收益不变、完全竞争为特征，生产单位农产品需要投入 a_A 单位的农业劳动力，农产品为同质产品，农产品交易无成本；工业部门以规模收益递增、垄断竞争为特征，工业企业的成本函数包括固定成本和可变成本，固定投入为 F 单位的工业劳动力，生产单位工业品需要投入 a_M 单位的工业劳动力，工业品的区际交易遵循冰山交易成本；工业企业在其产品生产领域具有规模收益递增特征，并且每一种工业品都是独特的，因此，在其产品生产领域具有垄断特征，因而每个企业也只生产一种具有垄断特征的产品，整个市场中的产品种类数就等于经济系统中的企业数量；工业产品之间还存在替代性，故在工业企业之间还展开竞争，因此，实现均衡时又要满足零利润条件。两区域，指北部和南部。核心边缘模型重点讨论工业部门和工业劳动力的迁移问题。由于假设两个区域资源禀赋相同，以及农产品区内区际交易不存在贸易成本，故区际农产品价格相等，进而农业劳动力的工资水平也就相同。

核心边缘模型中的消费者效用函数为两个层面的效用函数，第一个层面的效用函数为柯布－道格拉斯型效用函数，它反映农产品和工业品消费带来的效用水平；第二个层面的效用函数为不变替代弹性效用函数，它反映消费者消费一组工业品组合时的效用水平。

核心边缘模型借鉴迪克希特－斯蒂格利兹垄断竞争一般均衡分析框架，首先在消费者收入水平约束下，基于效用最大化原则推导消费者的需求函数；然后在需求函数约束下，企业基于利润最大化原则和零利润一般均衡条件进行产量和价格决策，推导出工业企业的价格和产出水平；接下来引入保罗·萨缪尔森的冰山交易成本，分析企业在不同区域销售工业品的价格策略；然后，讨论在工业劳动力不流动情况下的短期均衡问题，即工人的名义工资水平；最后，基于工业劳动力实际工资的区际差异讨论长期均衡及其稳定性问题。核心边缘模型回答了对称空间如何变成非对称空间这个问题，它解释了对称空间变成非对称空间的机制，同时，也给出了许多与空间经济相关的理论观点。

本地市场的放大效应，揭示了经济系统中的市场规模与产业规模之间的相关关系；它表明，市场规模的边际调整会导致更大的生产规模的调整，即 $\mathrm{d}s_n/\mathrm{d}s_E>1$，这为区域如何提高其竞争力提供了理论依据。

循环累积因果关系揭示了经济系统内存在的正反馈机制，即在需求关联和成本关联的循环累积因果链作用下聚集力不断得到强化的机制。“需求关联”是指，需求空间分布的变化是撬动这种循环累积因果机制的杠杆，这种机制也叫“后向联系”机制；“成本关联”是指，生活成本的变化是撬动这种循环累积因果机制的杠杆，这种机制也称为“前向联系”机制。

内生非对称性揭示了初始对称的两个区域，即使没有外生因素的影响，随着市场开放度的提高，最终变成非对称区域的机制。这与规模收益不变或递减、完全竞争假设下的新古典理论正好相反，新古典理论给出的是区际趋同的情景，而新经济地理学的内生非对称给出的是区际趋异的情景。也就是说，在没有聚集力的新古典理论中，要素流动最终促使区际的非对称走向区际的对称，即区际收敛；而在包含聚集力的新经济地理学理论中，随着要素流动性和市场开放度的提高，要素流动最终促使区际的对称走向区际的非对称，也就是区际发散。

突发性聚集是指，内生的非对称现象的发生是突发性的。这可能是核心边缘模型最突出的特征之一。当处于对称均衡且交易成本很大时，市场开放度达到某一临界值以前，市场开放度的提高不会影响产业的区位。但达到这一临界值以后，市场开放度的边际提升，就促发突发性聚集。

区位的黏性，也就是常说的“路径依赖”，它指的是尽管经济不断演化，但没有足够的冲击力时，仍保持原有的结构。这时，如果来一个短暂的冲击，比如某一区域对生产活动实行暂时性补贴政策，则促使经济系统从这种稳定均衡状态转入另一种稳定均衡状态，但当这种暂时冲击消除以后，经济系统不会完全恢复到冲击前的稳定状态。这种特性的重要性在于，当这种情况存在时，历史事件（或某种政策）起关键作用。

聚集租金是指企业或劳动力从聚集中所得到的“经济收益”。流动性生产要素对区位是有选择性的，而这种选择性主要以“聚集租金”为主要目标。这些租金可以由劳动力从核心区转移到边缘区时遭受到的损失来度量。它的政策含义是很明确的，即当整个经济系统处于稳定的核心边缘均衡时，经济政策上的边际变动不会带来任何空间结构上的一些变化。此时，如果要改变现有的空间经济秩序，那么必须制定力度很大的政策或者实施更加开放的政策，使得厂商在核心区外的区域中也可以实现收益水平的较大幅度的提升。

多种长期稳定均衡状态共存的重叠区的存在，说明宏观经济空间模式存在不确定性，而且劳动力一致性预期的形成，有可能改变原先的空间模式走向另一种空间模式（从区际对称走向区际非对称，或者相反）。

附　　录

3A：利用 Excel 软件的 CP 模型数值模拟方法

在 CP 模型中，短期均衡时北部和南部工业劳动力的名义工资分别为：

$$w^{\sigma}=\frac{\mu E^{w}}{\sigma F n^{w}}B \tag{3A.1}$$

$$(w^{*})^{\sigma}=\frac{\mu E^{w}}{\sigma F n^{w}}B^{*} \tag{3A.2}$$

其中，$B\equiv\frac{S_E}{\Delta}+\phi\frac{1-s_E}{\Delta^{*}}$，$B^{*}\equiv\phi\frac{s_E}{\Delta}+\frac{1-s_E}{\Delta^{*}}$，而 $\Delta\equiv s_n w^{1-\sigma}+\phi(1-s_n)(w^{*})^{1-\sigma}$，$\Delta^{*}\equiv\phi s_n w^{1-\sigma}+(1-s_n)(w^{*})^{1-\sigma}$，可以看到，式（3A.1）、式（3A.2）两式的左边包含 w^{σ} 和（w^{*}）$^{\sigma}$，而右边包含 $w^{1-\sigma}$ 和（w^{*}）$^{1-\sigma}$，这两个方程组成的方程组包含非线性关系，并不能解出 w 和 w^{*} 的显函数表达式。

另外，短期均衡就是 s_n 保持不变时的状态，在这种产业空间分布下，北部的市场份额为：

$$s_E=(1-\mu)\left(s_L+\frac{wH^{w}}{w_L L^{w}}s_n\right) \tag{3A.3}$$

在对称核心边缘模型中，$s_L=1/2$。利用度量单位选择与参数标准化，式（3A.1）、式（3A.2）、式（3A.3）分别可以写成：

$$w^{\sigma}=B \tag{3A.4}$$

$$(w^{*})^{\sigma}=B^{*} \tag{3A.5}$$

$$s_E=(1-\mu)\left(\frac{1}{2}+\frac{\mu w}{1-\mu}s_n\right) \tag{3A.6}$$

式（3A.4）、式（3A.5）、式（3A.6）是短期均衡满足的条件。所谓数值模拟，就是在设定经济系统中的参数 μ、σ 的情况下，考察不同的运输成本 τ（贸易自由度 ϕ）和产业不同的空间配置 s_n 下，分别讨论两个区域工业劳动力的名义工资、价格指数、实际工资的过程。

下面我们设定 $\sigma=5$、$\mu=0.4$ 以及 $\tau=1.75$，此时 $\phi=\tau^{1-\sigma}=0.10662$。然后考察一下系统各内生变量（即 w 和 w^{*}、ω 和 ω^{*}、P 和 P^{*}）的取值。

首先，在 Excel 工作表中对应单元格内对参数 μ、σ、τ 赋值，如表 3A－1 所示。

表 3A－1　　参数赋值

序号	A	B	C
1			
2			CP 模型数值模拟
3		μ	0.4
4		σ	5.0

续表

序号	A	B	C
5		τ	1.75
6		ϕ	0.106622241

资料来源：笔者整理。

接着，把产业空间分布 s_n 作为自变量，考察各内生变量的取值。先对 s_n 赋值为0.5，此时 w、w^* 都取1，因为对称均衡时，两个区域工业劳动力的名义工资是相等的。注意，下面的数值模拟过程，就是考察随着 s_n 取不同的值，w、w^* 取什么样的值使得式（3A.4）、式（3A.5）、式（3A.6）得以成立的过程。这样在Excel中得到见表3A－2的赋值，注意有阴影的变量是在数值模拟过程中是需要调整的变量。

表3A－2　可调整的变量

μ	0.4
σ	5
τ	1.75
ϕ	0.106622241
s_n	0.5
w	1
w^*	1

资料来源：笔者整理。

有了见表3A－2的参数赋值和可调整变量的赋值后，根据式（3A.6）计算 s_E，然后根据 Δ、Δ^*、B、B^* 的定义分别计算它们的值。接下来再利用 $P=P_M^{\mu}(p_A)^{(1-\mu)}$、$P^*=P_M^{*\mu}(p_A)^{(1-\mu)}$、$P_M=(\Delta n^w)^{1/(1-\sigma)}$、$P_M^*=(\Delta^* n^w)^{1/(1-\sigma)}$ 及标准化条件，可分别计算 P、P^*，从而计算 $\omega=w/P$、$\omega^*=w^*/P^*$，如表3A－3所示，即表3A－3中的阴影部分，它们都是计算结果。在数值模拟过程中，随着 w、w^* 取值的不断调整，它们也在不断变化。

表3A－3　利用Excel计算的变量

序号	A	B	C
1			
2			CP模型数值模拟

续表

序号	A	B	C
3		μ	0.4
4		σ	5
5		τ	1.75
6		ϕ	0.106622241
7		s_n	0.5
8		w	1
9		w^*	1
10		s_E	0.5
11		Δ	0.55331112
12		Δ^*	0.55331112
13		B	1
14		B^*	1
15		P	1.060969893
16		P^*	1.060969893
17		ω	0.942533814
18		ω^*	0.942533814

资料来源：笔者整理。

在 Excel 中各数据单元格内的计算公式如下：

$C10 = (1 - C3)[0.5 + C3 \times C8 \times C7/(1 - C3)]$

$C11 = C7 \times POWER(C8, 1 - C4) + C6 \times (1 - C7) \times POWER(C9, 1 - C4)$

$C12 = C6 \times C7 \times POWER(C8, 1 - C4) + (1 - C7) \times POWER(C9, 1 - C4)$

$C13 = C10/C11 + C6 \times (1 - C10)/C12$

$C14 = C6 \times C10/C11 + (1 - C10)/C12$

$C15 = POWER[C11, C3/(1 - C4)]$

$C16 = POWER[C12, C3/(1 - C4)]$

$C17 = C8/C15$

$C18 = C9/C16$

上述过程已包含短期均衡需要满足的式（3A.6），反映在表 3A－4 中 C10 单元格，但还没有涉及式（3A.4）、式（3A.5）。接下来，我们在 Excel 中加上式（3A.4）和式（3A.5）的判定条件，即通过 w、w^* 取值的不断调整，使式

(3A.4)、式 (3A.5) 两式在一定精度控制下得以成立，设这一精度为 1/10000。精度控制如表 3A－4 所示。

表 3A－4　　　　数值模拟的精度控制

序号	A	B	C	D	E	F	G
1							
2			CP 模型数值模拟				
3		μ	0.4				
4		σ	5				
5		τ	1.75				
6		ϕ	0.106622241				
7		s_n	0.5				
8		w	1				
9		w^*	1				
10		s_E	0.5				
11		Δ	0.55331112				
12		Δ^*	0.55331112				
13		B	1				
14		B^*	1				
15		P	1.060969893				
16		P^*	1.060969893				
17		ω	0.942533814				
18		ω^*	0.942533814				
19		(5) 式左端	1	(5) 式右端	1	(5) 式精度控制	0.00%
20		(6) 式左端	1	(6) 式右端	1	(6) 式精度控制	0.00%
21		$\omega-\omega^*$	0				

资料来源：笔者整理。

其中：

$$C19 = POWER(C8,\ C4)$$
$$E19 = C13$$
$$C20 = POWER(C9,\ C4)$$
$$E20 = C14$$
$$G19 = (E19 - C19)/C19$$
$$G20 = (E20 - C20)/C20$$

C21 = C17 - C18

完成上述设定，就可以利用 Excel 对 CP 模型进行数值模拟了，如 $s_n=0.15$ 等。此时，可以看到，在没有调整 w 和 w^* 的情况下，精度控制式存在很大误差，这时需要不断调整 w 和 w^* 的值，使精度控制式的误差达到要求。

表 3A-5 中，w 和 w^* 的值不能满足式（3A.4）和式（3A.5）的精度要求，从精度控制单元格中可以看到，式（3A.4）左端与式（3A.4）右端的值存在 57.488% 的误差，这就需要调整 w 和 w^* 的值来使这一误差逐渐缩小，这是一个不断试错的过程。在调整过程中，可以发现 w 和 w^* 数值的调整方向，使精度控制误差缩小的方向是正确的方向，逐渐降低这两者之间的误差直到满足精度要求为止，调整 w 和 w^* 的值得到满足精度控制要求的结果见表 3A-6。

表 3A-5　　　　不能达到精度控制要求的情况

μ	0.4				
σ	5				
τ	1.75				
ϕ	0.106622241				
s_n	0.15				
w	1				
w^*	1				
s_E	0.36				
Δ	0.240628905				
Δ^*	0.865993336				
B	1.574877263				
B^*	0.898551071				
P	1.153095349				
P^*	1.014491809				
ω	0.867230971				
ω^*	0.985715203				
（5）式左端	1	（5）式右端	1.574877	（5）式精度控制	57.488%
（6）式左端	1	（6）式右端	0.898551	（6）式精度控制	-10.145%
$\omega-\omega^*$	-0.118484				

资料来源：笔者整理。

表 3A－6　　达到精度控制要求的情况

μ	0.4				
σ	5				
τ	1.75				
ϕ	0.106622241				
s_n	0.15				
w	1.15578				
w^*	0.9725				
s_E	0.3693468				
Δ	0.185383286				
Δ^*	0.959262157				
B	2.062438697				
B^*	0.86986362				
P	1.183567258				
P^*	1.004167749				
ω	0.976522451				
ω^*	0.968463687				
(5) 式左端	2.062414128	(5) 式右端	2.062439	(5) 式精度控制	0.001%
(6) 式左端	0.869857375	(6) 式右端	0.869864	(6) 式精度控制	0.001%
$\omega-\omega^*$	0.0080588				

资料来源：笔者整理。

上面以 $s_n=0.15$ 为例说明了如何进行数值模拟的过程，对不同 s_n 取值，重复这一操作，即可得到各模拟数据，见表 3A－7。

表 3A－7　　中等运输成本下（$\tau=1.75$）系统各变量的模拟数据

s_n	P	P^*	s_E	w	w^*	ω	ω^*	$\omega-\omega^*$
0	1.2509	1	0.3	1.2363	1	0.988345	1	－0.01166
0.05	1.227	1.0005	0.324173	1.20867	0.989	0.985072	0.988551	－0.00348
0.1	1.2046	1.0018	0.347272	1.1818	0.97975	0.981051	0.977993	0.003057
0.15	1.1836	1.0042	0.369348	1.1558	0.9725	0.976536	0.968464	0.008072
0.2	1.1635	1.0077	0.390432	1.1304	0.9674	0.971518	0.96004	0.01148
0.25	1.1444	1.0124	0.41057	1.1057	0.9647	0.966198	0.952855	0.013343
0.3	1.126	1.0187	0.429816	1.0818	0.9649	0.960723	0.947191	0.013532
0.35	1.1084	1.0266	0.448246	1.0589	0.9683	0.95532	0.94321	0.01211

续表

s_n	P	P^*	s_E	w	w^*	ω	ω^*	$\omega-\omega^*$
0.4	1.0916	1.0363	0.465952	1.0372	0.9752	0.950188	0.941064	0.009124
0.45	1.0757	1.0478	0.483132	1.0174	0.9858	0.945812	0.940864	0.004948
0.5	1.061	1.061	0.5	1	1	0.942534	0.942534	0
0.55	1.0478	1.0757	0.516876	0.9858	1.0174	0.940864	0.945812	-0.00495
0.6	1.0363	1.0916	0.534048	0.9752	1.0372	0.941064	0.950188	-0.00912
0.65	1.0266	1.1084	0.551758	0.9683	1.0589	0.943206	0.95532	-0.01211
0.7	1.0187	1.126	0.570172	0.9649	1.0818	0.947191	0.960723	-0.01353
0.75	1.0124	1.1444	0.58941	0.9647	1.1057	0.952855	0.966198	-0.01334
0.8	1.0077	1.1635	0.609568	0.9674	1.1304	0.96004	0.971518	-0.01148
0.85	1.0042	1.1836	0.63065	0.9725	1.1558	0.968463	0.976536	-0.00807
0.9	1.0018	1.2046	0.652692	0.9797	1.1818	0.977963	0.981064	-0.0031
0.95	1.0005	1.227	0.67582	0.989	1.2087	0.988551	0.985095	0.003456
1	1	1.2509	0.7	1	1.2363	1	0.988345	0.011655

资料来源：笔者整理。

以表3A－7中的 s_n 为横坐标，以 $\omega-\omega^*$ 为纵坐标，可以画出图3A－1。

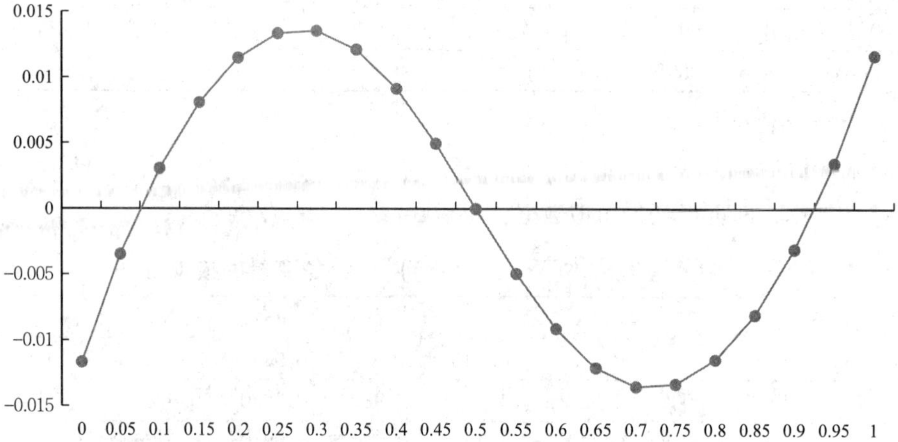

图3A－1　中等运输成本下实际工资率差异与生产分布

资料来源：笔者整理。

3B：核心边缘模型中突破点大于维持点的证明

根据式（3.47），突破点为：

$$\phi^{B}=\frac{1-a\sigma}{1+a\sigma}\times\frac{1-\mu}{1+\mu}$$

观察突破点的表达式，为了 ϕ^B 的存在，必须满足 $1-a\sigma>0$ 的条件，即 $a\sigma<1$，也就是 $\mu<(\sigma-1)/\sigma$，这一条件也就是所谓的“非黑洞条件”。由于 $\sigma>1$、$0\leqslant\mu\leqslant1$，显然 ϕ^B 是区间［0，1］内的值。

再根据式（3.48），维持点满足：

$$\frac{1+\mu}{2}(\phi^{S})^{a\sigma+1}+\frac{1-\mu}{2}(\phi^{S})^{a\sigma-1}=1$$

由于非线性关系，无法解出维持点的显函数表达式，因此，没有办法直接比较维持点和突破点的大小。

根据式（3.48），建立一个函数：

$$f(\phi)=\frac{1}{2}\phi^{a\sigma-1}[(1+\mu)\phi^{2}+(1-\mu)]-1 \tag{3B.1}$$

容易看到，ϕ^S 实际上就是 $f(\phi)=0$ 的一个解，即 $f(\phi^S)=0$。下面重点考察一下 $f(\phi)$ 这个函数的一些特征。

显然，$f(1)=0$；由于 $a\sigma<1$，故：

$$f(0)=\lim_{\phi\to0}\left(\frac{1}{2}\phi^{a\sigma-1}[(1+\mu)\phi^{2}+(1-\mu)]-1\right)=\lim_{\phi\to0}\left(\frac{1-\mu}{2}\phi^{a\sigma-1}-1\right)=+\infty$$

$f(0)>0$、$f(1)=0$，那么函数 $f(\phi)$ 在定义域［0，1］上是否单调下降函数？下面根据 $f(\phi)$ 关于 ϕ 的一阶导数来回答这个问题。

$$f'(\phi)=\frac{1}{2}\phi^{-2+a\sigma}[(1+\mu)(1+a\sigma)\phi^{2}+(1-\mu)(-1+a\sigma)] \tag{3B.2}$$

显然，$f'(1)=\mu+a\sigma>0$，而：

$$\begin{aligned}f'(0)&=\lim_{\phi\to0}\left\{\frac{1}{2}\phi^{-2+a\sigma}[(1+\mu)(1+a\sigma)\phi^{2}+(1-\mu)(-1+a\sigma)]\right\}\\&=\lim_{\phi\to0}\left(\frac{(1-\mu)(-1+a\sigma)}{2}\phi^{-2+a\sigma}\right)\end{aligned}$$

由于 $a\sigma<1$，所以 $\frac{(1-\mu)(-1+a\sigma)}{2}$ 是负值，且 $-2+a\sigma<-1$，因此，$f'(0)=-\infty$。

在定义域［0，1］的两个端点上，$f(\phi)$ 的一阶导数一个为负一个为正，因此，$f(\phi)$ 不是其定义域上的单调函数。

再考察一下 $f(\phi)$ 关于 ϕ 的二阶导数：

$$f''(\phi)=\frac{1}{2}(-1+a\sigma)\phi^{-2+a\sigma}\left[(1+\mu)(1+a\sigma)\phi+\frac{(1-\mu)(-1+a\sigma)}{\phi}\right]$$

$$+\frac{1}{2}\phi^{-1+a\sigma}\left[(1+\mu)(1+a\sigma)-(1-\mu)(-1+a\sigma)\frac{1}{\phi^{2}}\right]$$

$$=\frac{1}{2}\phi^{-1+a\sigma}\left\{\frac{-1+a\sigma}{\phi}\left[(1+\mu)(1+a\sigma)\phi+\frac{(1-\mu)(-1+a\sigma)}{\phi}\right]\right.$$

$$\left.+(1+\mu)(1+a\sigma)-\frac{(1-\mu)(-1+a\sigma)}{\phi^{2}}\right\}$$

$$=\frac{1}{2}\phi^{-1+a\sigma}\left[(1+\mu)a\sigma(1+a\sigma)+\frac{(1-\mu)(a^{2}\sigma^{2}-3a\sigma+2)}{\phi^{2}}\right]$$

$$=\frac{1}{2}\phi^{-1+a\sigma}\left[(1+\mu)a\sigma(1+a\sigma)+\frac{(1-\mu)(1-a\sigma)(2-a\sigma)}{\phi^{2}}\right]$$

即：

$$f''(\phi)=\frac{1}{2}\phi^{-1+a\sigma}\left[(1+\mu)a\sigma(1+a\sigma)+\frac{(1-\mu)(1-a\sigma)(2-a\sigma)}{\phi^{2}}\right] \tag{3B. 3}$$

因为 $a\sigma<1$，所以 $f''(\phi)>0$，因此，$f(\phi)$ 有极小值。又由于 $f(0)>0$、$f(\phi^{S})=0$、$f(1)=0$，因此，$f(\phi)$ 与横轴至少有两个交点，且 $f(\phi)$ 的极小值对应的横坐标在（ϕ^{S}，1）区间内，如图 3B－1 所示。

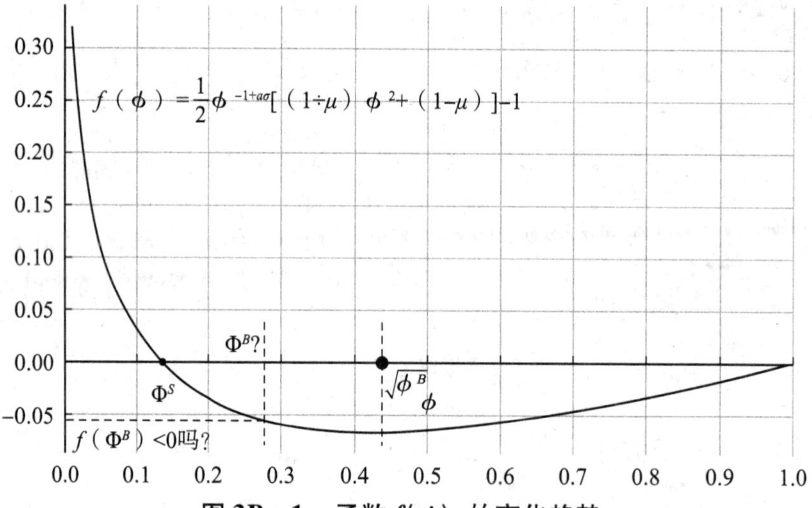

图 3B－1　函数 $f(\phi)$ 的变化趋势

资料来源：笔者整理。

由于 $f''(\phi)>0$，函数存在极小值点，根据式（3B. 2），令 $f'(\phi)=0$，可求得极小值点对应的 ϕ 值：

$$f'(\phi)=0\Rightarrow(1+\mu)(1+a\sigma)\phi^2+(1-\mu)(-1+a\sigma)=0\Rightarrow\phi=\sqrt{\frac{(1-\mu)(1-a\sigma)}{(1+\mu)(1+a\sigma)}}$$

注意，上式根号内的值正是 ϕ^B。在 $\phi=\sqrt{\phi^B}$处，$f(\phi)$ 取得极小值，这一极小值显然是负值。由于 $0\leqslant\phi\leqslant1$，所以 $\phi^B<\sqrt{\phi^B}$，也就是说 ϕ^B 肯定落在 $\sqrt{\phi^B}$的左侧，又由于$f(\phi^S)=0$，如果有$f(\phi^B)<0$，那就说明 $\phi^B>\phi^S$。下面考察$f(\phi^B)$ 的符号。

$f(\phi^B)<0$ 等价于 $(\phi^B)^{a\sigma}\left(\phi^B\frac{1+\mu}{2}+\frac{1-\mu}{2\phi^B}\right)<1$，将 ϕ^B 的表达式代入，这也就等价于：

$$\left(\frac{1-\mu}{1+\mu}\times\frac{1-a\sigma}{1+a\sigma}\right)^{a\sigma}\left(\frac{1-\mu}{2}\times\frac{1-a\sigma}{1+a\sigma}+\frac{1+\mu}{2}\times\frac{1+a\sigma}{1-a\sigma}\right)<1\tag{3B.4}$$

代入 $a=\frac{\mu}{\sigma-1}$，以及 $a\sigma=c\mu$，这里 $c=\frac{\sigma}{\sigma-1}>1$。式（3B.4）可以表示为：

$$\left(\frac{1-\mu}{1+\mu}\times\frac{1-c\mu}{1+c\mu}\right)^{c\mu}\frac{1+c^2\mu^2+2c\mu^2}{(1-c\mu)(1+c\mu)}<1\tag{3B.5}$$

对式（3B.5）两侧取自然对数，并将式（3B.5）小于号左侧表示为 $g(\mu)$，式（3B.5）等价于：

$$\begin{aligned}g(\mu)=&c\mu\ln(1-\mu)-c\mu\ln(1+\mu)-(1-c\mu)\ln(1-c\mu)\\&-(1+c\mu)\ln(1+c\mu)+\ln(1+c^2\mu^2+2c\mu^2)<0\end{aligned}\tag{3B.6}$$

显然有 $g(0)=0$。对 $g(\mu)$ 求导，可以得到：

$$\begin{aligned}g'(\mu)=&c\ln(1-\mu)-\frac{c\mu}{1-\mu}-c\ln(1+\mu)+\frac{c\mu}{1+\mu}+c\ln(1-c\mu)+c-c\ln(1+c\mu)-c\\&+\frac{2c^2\mu+4c\mu}{1+c^2\mu^2+2c\mu^2}=c\ln(1-\mu)-\frac{c}{1-\mu}-c\ln(1+\mu)+\frac{c}{1+\mu}c\ln(1-c\mu)\\&-c\ln(1+c\mu)+\frac{2c^2\mu+4c\mu}{1+c^2\mu^2+2c\mu^2}\end{aligned}$$

显然有 $g'(0)=0$。对 $g'(\mu)$ 求导，可以得到：

$$\begin{aligned}g''(\mu)&=-\frac{c}{1-\mu}-\frac{c}{(1-\mu)^2}-\frac{c}{1+\mu}-\frac{c}{(1+\mu)^2}-\frac{c^2}{1-c\mu}-\frac{c^2}{1+c\mu}+(2c^2+4c)\frac{1-c^2\mu^2-2c\mu^2}{(1+c^2\mu^2+2c\mu^2)}\\&=-\frac{2c}{1-\mu^2}-\frac{2c(1+\mu^2)}{(1-\mu^2)^2}-\frac{2c^2}{1-c^2\mu^2}+(2c^2+4c)\frac{1-c^2\mu^2-2c\mu^2}{(1+c^2\mu^2+2c\mu^2)^2}\\&=-\frac{4c}{(1-\mu^2)^2}-\frac{2c^2}{1-c^2\mu^2}+(2c^2+4c)\frac{1-c^2\mu^2-2c\mu^2}{(1+c^2\mu^2+2c\mu^2)^2}\\&=-4c\left[\frac{1}{(1-\mu^2)^2}-\frac{1-c^2\mu^2-2c\mu^2}{(1+c^2\mu^2+2c\mu^2)^2}\right]-2c^2\left[\frac{1}{1-c^2\mu^2}-\frac{1-c^2\mu^2-2c\mu^2}{(1+c^2\mu^2+2c\mu^2)^2}\right]\end{aligned}\tag{3B.7}$$

很显然，在非黑洞条件下，式（3B.7）的两个中括号均大于零，从而可以判断 $g''(\mu)<0$。进而，可以判断，$g'(\mu)<g'(0)=0$，故可知，$g(\mu)<g(0)=0$，由此式（3B.6）得证。

式（3B.6）和式（3B.4）等价，这也就意味着，$f(\phi^B)<0$，根据 $f(\phi)$ 函数的特点，可以得到 $\phi^B>\phi^S$。

3C：分散力下降速度快于聚集力下降速度的证明

聚集力是 F_1+F_3，分散力是 F_2，随着市场开放度（贸易自由度）的提高，聚集力与分散力都下降，但分散力下降的速度相对更快，下面通过比较 $\mathrm{d}(F_1+F_3)/\mathrm{d}\phi$ 与 $\mathrm{d}F_2/\mathrm{d}\phi$ 的比较来判断。

$$F_1=\frac{8\mu\sigma\phi(1-\phi^2)}{4\sigma\phi+(1-\phi)^2}\times\frac{1}{[4\sigma\phi+(1-\phi)^2]-\mu(1-\phi^2)}$$

$$F_2=\frac{2(1-\phi)^2}{4\sigma\phi+(1+\phi)^2}$$

$$F_3=2a\sigma\frac{(1-\phi^2)-\mu(1-\phi)^2}{[4\sigma\phi+(1-\phi)^2]-\mu(1-\phi^2)}$$

$$\begin{aligned}\frac{1}{8\mu\sigma}\mathrm{d}F_1/\mathrm{d}\phi &=\frac{(1-3\phi^2)[4\sigma\phi+(1-\phi)^2]\{[4\sigma\phi+(1-\phi)^2]-\mu(1-\phi^2)\}}{[4\sigma\phi+(1-\phi)^2]^2\{[4\sigma\phi+(1-\phi)^2]-\mu(1-\phi^2)\}^2}\\
&\quad-\frac{\phi(1-\phi^2)\{(4\sigma+2\phi-2)[4\sigma\phi+(1-\phi)^2-\mu(1-\phi^2)]+[4\sigma\phi+(1-\phi)^2](4\sigma+2\phi-2+2\mu\phi)\}}{[4\sigma\phi+(1-\phi)^2]^2\{[4\sigma\phi+(1-\phi)^2]-\mu(1-\phi^2)\}^2}\\
&=\frac{\{(1-3\phi^2)[4\sigma\phi+(1-\phi)^2]-\phi(1-\phi^2)(4\sigma+2\phi-2)\}\{[4\sigma\phi+(1-\phi)^2]-\mu(1-\phi^2)\}}{[4\sigma\phi+(1-\phi)^2]^2\{[4\sigma\phi+(1-\phi)^2]-\mu(1-\phi^2)\}^2}\\
&\quad-\frac{\phi(1-\phi^2)[4\sigma\phi+(1-\phi)^2](4\sigma+2\phi-2+2\mu\phi)}{[4\sigma\phi+(1-\phi)^2]^2\{[4\sigma\phi+(1-\phi)^2]-\mu(1-\phi^2)\}^2}\\
&=\frac{[-8\sigma\phi^3+(1-\phi)^2(1+2\phi-\phi^2)-2\phi(1-\phi)^2(2\sigma+\phi-1+\mu\phi)][4\sigma\phi+(1-\phi)^2]}{[4\sigma\phi+(1-\phi)^2]^2\{[4\sigma\phi+(1-\phi)^2]-\mu(1-\phi^2)\}^2}\\
&\quad-\frac{\mu(1-\phi^2)[-8\sigma\phi^3+(1-\phi)^2(1+2\phi-\phi^2)]}{[4\sigma\phi+(1-\phi)^2]^2\{[4\sigma\phi+(1-\phi)^2]-\mu(1-\phi^2)\}^2}\\
&=\frac{4\sigma\phi[-8\sigma\phi^3+(1-\phi)^2(1+4\phi-\phi^2)-2\phi(1-\phi^2)(2\sigma+\mu\phi)+2\phi^2\mu(1-\phi^2)]}{[4\sigma\phi+(1-\phi)^2]^2\{[4\sigma\phi+(1-\phi)^2]-\mu(1-\phi^2)\}^2}\end{aligned}$$

$$+\frac{[-8\sigma\phi^3+(1-\phi)^2(1+4\phi+\phi^2)-2\phi(1-\phi^2)(2\sigma+\mu\phi)](1-\phi)^2-\mu(1-\phi^2)(1-\phi)^2(1+2\phi-\phi^2)}{[4\sigma\phi+(1-\phi)^2]^2\{[4\sigma\phi+(1-\phi)^2]-\mu(1-\phi^2)\}^2}$$

$$=\frac{4\sigma\phi[(1-\phi)^2(1+4\phi-\phi^2)-4\sigma\phi(1+\phi^2)]}{[4\sigma\phi+(1-\phi)^2]^2\{[4\sigma\phi+(1-\phi)^2]-\mu(1-\phi^2)\}^2}$$

$$+\frac{[-8\sigma\phi^3+(1-\phi)^2(1+4\phi+\phi^2)](1-\phi)^2-(4\sigma\phi+\mu\phi^2+\mu+2\mu\phi)(1-\phi^2)(1-\phi)^2}{[4\sigma\phi+(1-\phi)^2]^2\{[4\sigma\phi+(1-\phi)^2]-\mu(1-\phi^2)\}^2}$$

$$=\frac{-16\sigma^2\phi^2(1+\phi^2)}{[4\sigma\phi+(1-\phi)^2]^2\{[4\sigma\phi+(1-\phi)^2]-\mu(1-\phi^2)\}^2}$$

$$+\frac{[(1-\phi)^2(1+4\phi+\phi^2)+\mu\phi^3(\phi+2)-\mu(2\phi+1)-4\sigma\phi(1+\phi^2)+4\sigma\phi(1+4\phi+\phi^2)](1-\phi)^2}{[4\sigma\phi+(1-\phi)^2]^2\{[4\sigma\phi+(1-\phi)^2]-\mu(1-\phi^2)\}^2}$$

$$=\frac{-16\sigma^2\phi^2(1+\phi^2)+[(1-\phi)^2(1+4\phi+\phi^2)+\mu\phi^3(\phi+2)-\mu(2\phi+1)+16\sigma\phi^2](1-\phi)^2}{[4\sigma\phi+(1-\phi)^2]^2\{[4\sigma\phi+(1-\phi)^2]-\mu(1-\phi^2)\}^2}$$

$$\therefore dF_1/d\phi=8\mu\sigma\frac{-16\sigma^2\phi^2(1+\phi^2)+[(1-\phi)^2(1+4\phi+\phi^2)+\mu\phi^3(\phi+2)-\mu(2\phi+1)+16\sigma\phi^2](1-\phi)^2}{[4\sigma\phi+(1-\phi)^2]^2\{[4\sigma\phi+(1-\phi)^2]-\mu(1-\phi^2)\}^2}$$

$$dF_2/d\phi=\frac{-4(1-\phi)[4\sigma\phi+(1-\phi)^2]-4(1-\phi)^2(2\sigma-1-\phi)}{[4\sigma\phi+(1-\phi)^2]^2}$$

$$=\frac{-8(1-\phi)[\phi^2-(\sigma-1)\phi+\sigma]}{[4\sigma\phi+(1-\phi)^2]^2}$$

$$dF_3/d\phi=2a\sigma\frac{2(\mu-\mu\phi-\phi)\{[4\sigma\phi+(1-\phi)^2]-\mu(1-\phi^2)\}-2[(1-\phi^2)-\mu(1-\phi)^2](2\sigma+\phi+\mu\phi-1)}{\{[4\sigma\phi+(1-\phi)^2]-\mu(1-\phi^2)\}^2}$$

$$=4a\sigma\frac{(\mu-\mu\phi-\phi)[4\sigma\phi+(1-\phi)^2-\mu(1-\phi^2)]-[(1-\phi^2)-\mu(1-\phi)^2](2\sigma+\phi+\mu\phi-1)}{\{[4\sigma\phi+(1-\phi)^2]-\mu(1-\phi^2)\}^2}$$

$$d(F_1+F_3)/d\phi=8\mu\sigma\frac{16\sigma\phi^2[(1-\phi)^2-\sigma(1+\phi^2)]+[(1-\phi)^2(\phi^2+4\phi+1)+\mu(\phi^4+2\phi^3-2\phi-1)](1-\phi)^2}{[4\sigma\phi+(1-\phi)^2]^2\{[4\sigma\phi+(1-\phi)^2]-\mu(1-\phi^2)\}^2}$$

$$+4a\sigma\frac{(\mu-\mu\phi-\phi)[4\sigma\phi+(1-\phi)^2-\mu(1-\phi^2)]-[(1-\phi^2)-\mu(1-\phi)^2](2\sigma+\phi+\mu\phi-1)}{\{[4\sigma\phi+(1-\phi)^2]-\mu(1-\phi^2)\}^2}$$

$$dF_2/d\phi=\frac{-8(1-\phi)[\phi^2-(\sigma-1)\phi+\sigma]}{[4\sigma\phi+(1-\phi)^2]^2}$$

在 $\phi=0$ 时，$F_1=0$、$F_2=2$、$F_3=2a\sigma$，根据非黑洞条件，显然 $F_1+F_3<F_2$，即分散力大于聚集力；同时在 $\phi=0$ 时，$\mathrm{d}(F_1+F_3)/\mathrm{d}\phi=-\frac{4\mu\sigma}{\sigma-1}<0$，$\mathrm{d}F_2/\mathrm{d}\phi=-8\sigma<0$，故在 $\phi=0$ 处，聚集力和分散力都处于下降趋势中；再由非黑洞条件 $a\sigma<1$，故 $\mu\sigma/(\sigma-1)<1\Rightarrow\sigma>1+\mu\sigma$，所以 $2\sigma>2+2\mu\sigma>2+\mu$，因此，可有：

$$2(\sigma-1)>\mu\Rightarrow 2>\mu/(\sigma-1)\Rightarrow 8\sigma>4\mu\sigma/(\sigma-1),$$

即在 $\phi=0$ 处，有：

$$|\mathrm{d}F_2/\mathrm{d}\phi|>|\mathrm{d}(F_1+F_3)/\mathrm{d}\phi|$$

这意味着，随着市场开放度（贸易自由度）从 0 开始提高，分散力下降的速度比聚集力下降的速度更快。聚集力与分散力对市场开放度（贸易自由度）的导数图（见图 3C－1）。

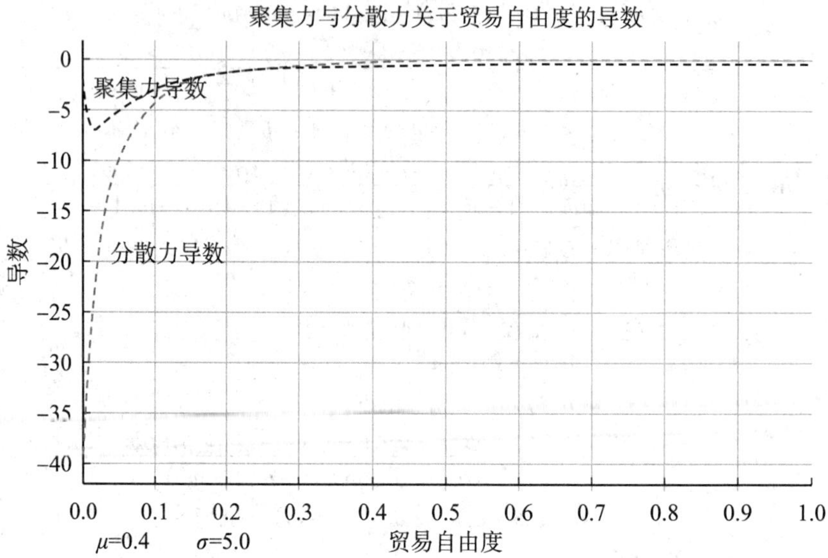

图 3C－1　聚集力与分散力对市场开放度的导数变化曲线

资料来源：笔者整理。

参考文献

[1] Baldwin, R E., Forslid, R. Martin, P., Ottaviano, G I P. and Robert－Nicoud, F. Economic Geography and Public Policy [M]. Princeton: Princeton University Press, 2003.

[2] Baldwin, R E. and Krugman, P R. Agglomeration, Integration and Tax Harmonization [J]. European Economic Review, 2004, 48: 1 -23.

[3] Dixit, A K. and J. E. Stiglitz. Monopolistic Competition and Optimum Product Diversity [J]. American Economic Review, 1977, 67: 297 -308.

[4] Fujita, M., Krugman, P. and Venables, A J. The Spatial Economy: Cities, Regions and International Trade [M]. Cambridge, MA: MIT Press, 1999.

[5] Krugman, P. Increasing Returns and Economic Geography [J]. Journal of Political Economy, 1991, 99: 483 -499.

[6] Krugman, P. Geography and Trade [M]. Cambridge, MA: MIT Press, 1991.

[7] Ottaviano, G I P. and D. Puga. Agglomeration in the Global Economy: A Survey of the "New Economic Geography" [J]. The World Economy, 1998, 21: 707 -731.

[8] Ottaviano, G I P. and Tabuchi, T. and Thisse, J F. Agglomeration and Trade Revisited [J]. International Economic Review, 2002, 43: 409 -436.

[9] Puga, D. The Rise and Fall of Regional Inequalities [J]. European Economic Review, 1999, 43: 303 -334.

[10] Puga, D. The Magnitude and Causes of Agglomeration Economies [J]. Journal of Regional Science, 2010, 50: 203 -219.

[11] Robert -Nicoud, F. The Structure of Simple "New Economic Geography" Models (or, On identical twins) [J]. Journal of Economic Geography, 2005, 5: 2 -1 -234.

第四章

自由资本模型

核心边缘模型虽然能够清晰地揭示了交易成本、要素流动和经济活动空间聚集三者之间的相互作用机制，但其结论常常依赖于大量的数值模拟。尤其是，决定企业和劳动力区位的内生变量（即价格和工资）不存在显性函数表达式，从而大大降低了模型的可操作性。另外，数值模拟只能给出一系列可能的均衡结果，而每一种结果都是在一组特定的参数值下得到的。一方面，人们不能确定数值模拟所刻画的经济空间格局的完整性；另一方面，这种以特定参数、数量有限的数值模拟为依据所得出的政策含义缺乏足够的说服力。

本章将介绍 P. 马丁和 C. A. 罗杰斯于 1995 年建立的自由资本模型（以下简称 FC 模型）。该模型修改了核心边缘模型的一些基本假设，可以用代数方法对相关变量进行求解，极大地提高了模型的可操作性。该模型也显示出了聚集力，但它不具有循环累积因果关系的特征，而循环累积因果关系正是核心边缘模型具有如此丰富的内涵，又是操作起来相当棘手的根本原因。简言之，自由资本模型的这种可操作性特征，就是以丢失部分的经济内涵和空间经济特征为代价的。

自由资本模型的假设不同于核心边缘模型的假设，自由资本模型假设流动要素把所有收入全部返回到流动要素原来的所在地，因此，就不存在核心边缘模型中的需求关联和成本关联的循环累积因果关系。具体地说，自由资本模型假设资本收益不会随着资本流动而在异地消费，资本收益最终都回到资本所有者所在地消费，这样就不存在与需求关联的循环累积因果关系，同时，资本所有者的生活成本与资本使用区位也不相关，这就消除了成本关联的循环累积因果关系。

假如将聚集力定义为经济活动聚集进一步强化经济活动空间聚集趋势，那么自由资本模型则揭示了这种聚集趋势。在自由资本模型中，经济活动的空间聚集将产生于本地市场效应（或者市场接近效应），如果外生的冲击扩大某一区域的市场规模，那么它将产生一种吸引力，这种力量吸引更多的产业集中于此地，形成一个规模更大的市场。自由资本模型的最大价值在于它能够处理区域市场规模和交易成本等外生性因素的非对称问题。

第一节　基本假设

自由资本模型的基本逻辑结构和核心边缘模型很类似，假设存在一个由两个区域、两种部门和两种生产要素组成的经济系统。与核心边缘模型的设定相同，自由资本模型也把经济系统分为北部和南部，它们在偏好、要素禀赋、技术水平以及市场开放度等方面都是对称的（所以我们称为对称的自由资本模型）。两种生产部门是指工业和农业部门，同核心边缘模型的假设一样，工业部门以规模收益递增、垄断竞争和冰山交易成本为特征，工业部门生产的是差异化的产品，不同产品之间具有一定的替代性；农业部门以规模收益不变、完全竞争和产品交易无成本为特征，在瓦尔拉斯一般均衡条件下生产同质商品；劳动力在区域之间是不能流动的，但在区内农业部门和工业部门之间是可以转换的，因此，在自由资本模型中，农业劳动力和工业劳动力的工资水平是一样的。

自由资本模型和核心边缘模型的第一个不同点在生产要素的不同。自由资本模型的生产要素是资本 K 和劳动力 L，且资本可以流动而劳动力不可流动。资本可以在其所在地以外的其他地区使用，但资本所有者不流动，并将资本收益消费在资本所有者所在的地方。此外，资本仅仅作为工业企业的固定成本来使用，劳动力作为可变成本来使用。该经济系统的资本和劳动力的禀赋总量是给定的，分别记作 L^w 和 K^w。

由于资本可以同它的所有者分离，因此，资本禀赋和资本使用也是可以分离的。北部和南部的资本禀赋分别用 K 和 K^* 来表示；北部和南部的资本禀赋在总资本禀赋中所占份额分别用 s_K 和 s_K^* 来表示；北部和南部在产业份额（在生产中具体使用的资本份额）分别用 s_n 和 s_n^* 来表示。北部和南部的劳动力禀赋分别用 L 和 L^* 来表示。在迪克希特－斯蒂格利茨框架下，每个企业只生产一种产品，整个经济系统生产的差异化产品种类数为 n^w，北部和南部的企业数量或者生产的差异化的产品种类数量分别为 n 和 n^*。

自由资本模型和核心边缘模型的另一个不同点在于规模收益递增部门的生产技术的设定。自由资本模型中的代表性工业企业的成本函数是非齐次的，这就是说，固定成本和可变成本两种成本要素的密集程度不同。为简化起见，我们仍假设固定成本只包括资本，可变成本只包括劳动力，并且假定企业只使用一单位资本作为固定成本，每单位产出需要 a_m 单位的劳动力（可变成本），则代表性企业的成本函数可以写成 $\pi + a_m w_L x$，其中，π 和 w_L 分别为资本收益（同时也是资本收益率）和劳动力工资水平，x 是企业的产出。

农业部门的生产只需投入劳动力，生产一单位的农产品需要 a_A 单位的劳动力。

自由资本模型中的消费者偏好与核心边缘模型相同。工业品是差异化的产品，故消费者消费的工业品是指一组工业品；农产品是同质产品，也可以看成是一种产品，故消费者消费的农产品是指一种产品。消费者的效用函数为：

$$U = C_M^{\mu} C_A^{1-\mu},\ C_M = \left(\int_{i=0}^{n^w} c_i^{1-1/\sigma} \mathrm{d}i\right)^{1/(1-1/\sigma)},\ 0 < \mu < 1 < \sigma \tag{4.1}$$

其中，C_M 和 C_A 分别为工业品组合的消费量和农产品的消费量。μ 是消费者的工业品消费支出在总支出中所占的份额，σ 是任意两种工业品之间的替代弹性。

利用最优化方法，则与核心边缘模型相同，消费者所面对的工业品价格指数为 $P_M = \left(\int_{i=0}^{n^w} p_i^{1-\sigma} \mathrm{d}i\right)^{1/(1-\sigma)}$，消费者面对的生活成本指数为 $P = p_A^{-(1-\mu)} P_M^{-\mu}$。①令消费者的名义支出为 E（也等于收入），则其实际购买力（即经过生活成本指数折算后的购买力）为 EP，也就是消费者可以达到的最大效用水平（也等于间接效用函数）。为方便起见，用 $\Delta = \left(\int_0^{n^w} p_i^{1-\sigma} \mathrm{d}i\right)/n^w$ 来表示可购买的工业品价格的某个幂指数的平均值，则 $P_M = (\Delta n^w)^{1/(1-\sigma)}$，因此，间接效用函数可以写成：

$$V = EP = Ep_A^{-(1-\mu)} P_M^{-\mu} = Ep_A^{-(1-\mu)} (\Delta n^w)^a, a = \mu/(\sigma - 1) \tag{4.2}$$

其中，p_A 为农产品价格，p_i 为第 i 种工业品价格。南部消费者的效用函数与北部消费者的效用函数形式上一致，为了区分，我们对南部地区的所有变量都加上“ * ”加以区别。

最后是关于流动要素的讨论。由于资本收入并不在使用资本的区域消费，资本收益全部返回到资本原有所在地，因此，资本流动将取决于两个区域的名义收益率的差异而不是实际收益率（名义收益是指用货币单位来表示的收益，而实际收益是指用实际购买力来表示的收益）的差异，资本流动的方向和速度与这种差异的大小相关。同核心边缘模型一样，区际要素流动由下面的要素流动方程来表示：

$$\dot{s}_n = (\pi - \pi^*) s_n (1 - s_n) \tag{4.3}$$

自由资本模型的最大优势在于能够处理区域非对称性问题，但为了提高模型间的可比性，首先讨论对称区域的情况。

① 具体推导过程参见第三章。

第二节　短期均衡

与核心边缘模型的逻辑相同，这里也需要区分经济系统的短期均衡和长期均衡。在讨论名义收益率最大化条件下的资本的空间分布问题之前，先要讨论在资本空间分布为给定条件（假定短期内资本不再流动）下的各种变量的确定问题。

一、农业部门

农业部门的短期均衡并不复杂，与核心边缘模型中得出的结论一样。由柯布－道格拉斯型效用函数可以看出，消费者的最优决策是将其收入的 $1-\mu$ 部分消费在农产品上，μ 部分消费在工业品组合上。所以，农产品的需求量为 $C_A=(1-\mu)E/p_A$。农业部门是完全竞争部门，故农产品的价格等于其边际成本，即 $p_A=a_Aw_L$ 和 $p_A^*=a_Aw_L^*$。由于农产品区际交易无成本，因此，农产品的价格在任何地方都相等，也就是 $p_A=p_A^*$，因此，$w_L=w_L^*$。只要两个区域都生产农产品，这种关系总能成立，因此，这个条件被称为非完全专业化条件，即没有一个区域具有足够多的劳动力来生产能够满足整体经济系统对农产品的需求，严格的表述为：整个经济系统在农产品上的总支出 $(1-\mu)E^w$ 总大于任意区域的农产品产值 $p_A(\max\{s_L,\ 1-s_L\})L^w/a_A$，其中，$s_L$ 为北部劳动力在整个经济系统劳动力总量中所占的份额，L^w 为经济系统劳动力总量。

二、工业部门

1. 消费者需求函数

利用消费者的效用函数和预算约束条件，可以推导出消费者在工业品上的支出占总支出的份额为 μ，对农产品的支出在总支出中所占份额为 $1-\mu$。对工业品的支出份额已知的情况下，根据工业品效用 $C_M=(\int_{i=0}^{n^w}c_i^{1-1/\sigma}\mathrm{d}i)^{1/(1-1/\sigma)}$ 最大化的一阶条件，可以得出北部消费者对北部生产的第 j 种工业品的需求量 c_j：

$$c_j\equiv\mu E\frac{p_j^{-\sigma}}{P_M^{1-\sigma}}=\mu E\frac{p_j^{-\sigma}}{\Delta n^w},\ \Delta n^w=\int_{i=0}^{n^w}p_i^{1-\sigma}\mathrm{d}i,\ E=\pi K+w_LL \tag{4.4}$$

其中，p_j 为第 j 个工业品的价格，E 为北部的总收入，它又等于总支出。式

（4.4）的推导过程，请参见附录4A。请注意，式（4.4）是一般意义上的表达式，如果详细讨论，它包含下面的四个式子。下标 j 表示北部生产的某种工业品，下标 i 表示南部生产的某种工业品。p_j 表示北部生产且在北部销售的工业品 j 的价格，p_j^* 表示北部生产但在南部销售的该工业品价格；p_i 表示南部生产且在南部销售的工业品 i 价格，p_i^* 表示南部生产但在北部销售的该工业品价格。用 c_j 表示北部消费者对北部生产的第 j 种工业品的需求量，c_j^* 表示南部消费者对北部生产的第 j 种产品的需求量；c_i 表示南部消费者对南部生产的第 i 种工业品的需求量、c_i^* 表示北部消费者对南部生产的第 i 种产品的需求量，则：

$$\begin{cases} c_j = \mu E \dfrac{p_j^{-\sigma}}{P_M^{1-\sigma}} \\ c_j^* = \mu E^* \dfrac{(p_j^*)^{-\sigma}}{(P_M^*)^{1-\sigma}} \end{cases} ; \quad \begin{cases} c_i = \mu E^* \dfrac{p_i^{-\sigma}}{(P_M^*)^{1-\sigma}} \\ c_i^* = \mu E \dfrac{(p_i^*)^{-\sigma}}{P_M^{1-\sigma}} \end{cases}$$

上面的式子是企业在两个分离的市场中，为了实现利润最大化而进行价格和产出决策时的约束条件。产品的区际运输，还需要支付“冰山”运输成本，因此，代表性企业的产出水平为：

$$\begin{cases} x_j = c_j + \tau c_j^* \\ x_i = c_i + \tau c_i^* \end{cases} \tag{4.5}$$

2. 价格决策

在迪克希特－斯蒂格利兹垄断竞争框架中，企业可以自由进入和退出市场，因而，均衡时企业的利润为零。和核心边缘模型一样，企业定价原则是要实现利润最大化，此时企业根据边际成本加成定价法定价。实现均衡时，各个企业都实现最优产出和最优价格。由于区际交易存在冰山交易成本，因此，北部生产的产品在南部销售时的价格和本地销售时的价格之比为 τ，进而可以写出下面的价格：

$$\begin{cases} p = \dfrac{\sigma}{\sigma - 1} w_L a_M \\ p^* = \dfrac{\sigma}{\sigma - 1} \tau w_L a_M \end{cases} \tag{4.6}$$

式（4.6）的推导过程，参见附录4B。在自由资本模型中，每个企业的固定成本都为一单位资本，而可变成本为每单位产出需 a_m 单位的劳动力，因此，增加每一单位产出，增加的成本为 $w_L a_m$。故，从 $p = w_L a_m / (1 - 1/\sigma)$ 中可以看出，单位价格中可变成本 $w_L a_m$ 所占份额为 $1 - 1/\sigma$，固定成本 π 所占的份额为 $1/\sigma$。

需要指出的是，自由资本模型中的代表性企业的产品定价，尽管在形式上与核心边缘模型相同，但在背后的经济学含义上存在较大的区别。在核心边缘模型中，工业企业的可变成本和固定成本都是可流动的劳动力，因此，产品的价格依赖于劳动力要素的价格，即工资水平。在核心边缘模型中，除了两个区域完全对称的情况，在其他情况下劳动力要素的价格在区域之间是不相同的，因此，南部和北部工业品出厂价也不相同。但在自由资本模型中，尽管劳动力不能在区域之间流动，但区内农业部门和工业部门之间是可以随时转换工种的，这意味着工业部门和农业部门的劳动力工资水平是相等的。又通过前面的公式 $w_L = w_L^*$ 可知，区际劳动力的工资水平也是相等的。因此，在自由资本模型中，南北两个区域工业部门的出厂价相等，但由于运输成本的存在，不同区域消费者购买不同区域生产的工业品时的价格就不相同。这就意味着，自由资本模型比核心边缘模型更容易进行操作。

3. 资本收益

考虑一个代表性的北部企业，该企业在北部市场上的销售量为 c，销售价格为 p；在南部市场上的销售量为 c^*，销售价格为 $p^* = \tau p$。企业的总产出为 $x = c + \tau c^*$，因此，企业的总销售收入是 $px = p(c + \tau c^*) = pc + p^* c^*$。在垄断竞争情况下，企业获得的是零利润，因此，销售收入等于生产成本，即 $px = \pi + w_L a_m x$。根据式（4.6），$p = w_L a_m/(1 - 1/\sigma)$，所以 $\pi = px/\sigma$。

由于 $c = \mu E p^{-\sigma} P_M^{-(1-\sigma)}$、$c^* = \mu E^* (p^*)^{-\sigma} (P_M^*)^{-(1-\sigma)} = \mu E^* (\tau p)^{-\sigma} (P_M^*)^{-(1-\sigma)}$，故 $px = \mu p^{1-\sigma}[E P_M^{-(1-\sigma)} + E^* \tau^{1-\sigma} (P_M^*)^{-(1-\sigma)}]$。因此，如果知道两个区域的工业品价格指数 P_M 和 P_M^*，然后把它们代入资本收益表达式 $\pi = px/\sigma$ 中，就可以求出利润函数的表达式。

下面分别计算两区域的工业品价格指数，则：

$$\begin{cases} P_M^{1-\sigma} = \int_0^{n^w} p^{1-\sigma} \mathrm{d}i = np^{1-\sigma} + n^*(\tau p)^{1-\sigma} = n^w p^{1-\sigma}[s_n + \phi(1 - s_n)] \\ (P_M^*)^{1-\sigma} = \int_0^{n^w} p^{1-\sigma} \mathrm{d}i = n(\tau p)^{1-\sigma} + n^* p^{1-\sigma} = n^w p^{1-\sigma}[\phi s_n + (1 - s_n)] \end{cases}$$

其中，$\phi = \tau^{1-\sigma}$，$s_n = n/n^w$ 为北部企业数量在经济系统企业总量中所占的份额，$1 - s_n = n^*/n^w$ 为南部企业所占份额。把上面两个式子代入 π 的表达式，则：

$$\begin{aligned} \pi &= px/\sigma = \frac{\mu p^{1-\sigma}}{\sigma}\left\{\frac{E^w s_E}{n^w p^{1-\sigma}[s_n + \phi(1 - s_n)]} + \frac{E^w(1 - s_E)\phi}{n^w p^{1-\sigma}[\phi s_n + (1 - s_n)]}\right\} \\ &= \frac{\mu}{\sigma}\frac{E^w}{n^w}\left[\frac{s_E}{s_n + \phi(1 - s_n)} + \phi\frac{1 - s_E}{\phi s_n + (1 - s_n)}\right] \end{aligned}$$

其中，$s_E = E/E^w$ 为在总支出中北部支出所占份额，$1 - s_E = E^*/E^w$ 为南部支出所占份额。每个企业只使用一单位资本，因此，$n^w = K^w$。根据式（4.4），$\Delta = P_M/n^w = p^{1-\sigma}[s_n + \phi(1 - s_n)]$，$\Delta^* = P_M^*/n^w = p^{1-\sigma}[\phi s_n + (1 - s_n)]$。在下面

的标准化过程中，本地生产本地销售的产品价格标准化为 1，所以 Δ 和 Δ^* 分别可以简化为 $\Delta = s_n + \phi(1 - s_n)$，$\Delta^* = \phi s_n + (1 - s_n)$，再令 $b = \mu/\sigma$。这样，可以写出北部企业和南部企业的利润函数：

$$\begin{cases} \pi = bB\dfrac{E^w}{K^w} \\ \pi^* = bB\dfrac{E^w}{K^w} \end{cases}, \quad \begin{cases} B = \dfrac{s_E}{\Delta} + \phi\dfrac{1 - s_E}{\Delta^*} \\ B^* = \phi\dfrac{s_E}{\Delta} + \dfrac{1 - s_E}{\Delta^*} \end{cases}, \quad b \equiv \frac{\mu}{\sigma} \tag{4.7}$$

4. 市场份额

如式（4.7）所示，工业企业的利润取决于企业的空间分布 s_n（在短期 s_n 被认为是不变）和消费支出的空间分布 s_E（在短期 s_E 是不变的）。下面讨论一下 s_E 如何决定的问题，也就是市场规模 s_E 的决定条件，这也是我们将要讨论的 EE 曲线的表达式。

首先要求出 E^w。由于我们的模型不考虑储蓄，因此，支出等于收入。因此，E^w 是经济系统总支出同时也是总收入。整个经济系统的总收入等于资本要素收入之和再加上劳动力要素收入之和，因此，可以写成：

$$\begin{aligned} E^w &= w_L L^w + (n\pi + n^*\pi^*) = w_L L^w + n^w[s_n\pi + (1 - s_n)\pi^*] \\ &= w_L L^w + K^w\left[s_n bB\frac{E^w}{K^w} + (1 - s_n)bB^*\frac{E^w}{K^w}\right] = w_L L^w + bE^w[s_n B + (1 - s_n)B^*] \end{aligned}$$

而又有：

$$\begin{aligned} s_n B + (1 - s_n)B^* &= s_n\left(\frac{s_E}{\Delta} + \varphi\frac{1 - s_E}{\Delta^*}\right) + (1 - s_n)\left(\varphi\frac{s_E}{\Delta} + \frac{1 - s_E}{\Delta^*}\right) \\ &= \frac{s_E}{\Delta}[s_n + \varphi(1 - s_n)] + \frac{1 - s_E}{\Delta^*}[\varphi s_n + (1 - s_n)] = 1 \end{aligned}$$

因此，$E^w = w_L L^w + bE^w$，从而可得：

$$\Rightarrow E^w = \frac{w_L L^w}{1 - b} \tag{4.8}$$

下面讨论北部的总收入（总支出）。北部的总收入也包括两部分，即劳动力收入和资本收益。劳动力收入容易得到，即 $w_L s_L L^w$，但计算资本收益比较麻烦。在短期，企业的空间分布的固定的，同时各区域的产业份额也不一定都是对称的，因此，不同区域的资本收益也不尽相同（当 $s_n \neq 1/2$ 且 $s_E \neq 1/2$ 时 $\pi \neq \pi^*$）。这就要求我们必须知道北部的资本禀赋 K 具体在哪一个区域使用，也就是要知道与北部资本禀赋相对应的企业在空间中是如何分布的。根据对称假设，不管 s_n 的大小如何，可以假设每个区域所使用的资本的一半来自北部资本所有者，例如，假设南部使用的资本只占整个经济系统总资本的 1/4，但其中的一半来自北部资本所有者。这种假设就意味着，北部资本禀赋所获取的资本收益率是经济系统平均的资本收益率。我们知道，在北部拥有的资本 K 中，使用在北部的份额为 s_n，因此，在北部获取的资本收益为 $\pi s_n K$；在北部的资本禀赋 K 中，使用在南部的份额为（$1-s_n$），因此，在南部获取的资本收益为 $\pi^*(1-s_n)K$，这样北部资本禀赋所获取的资本总收益为：

$$\pi s_n K+\pi^*(1-s_n)K=bK\frac{E^w}{K^w}[s_nB+(1-s_n)B^*]=bK\frac{E^w}{K^w}$$

在上式中，bE^w/K^w 恰好等于经济系统总资本的平均收益率。可以看出，上面的北部资本禀赋是按经济系统平均收益率获取资本收益的假设是成立的。因此，可以写出北部的总收入（总支出）$E=w_Ls_LL^w+bKE^w/K^w$。这样，可以得出北部的收入（支出）份额：

$$s_E=\frac{E}{E^w}=(1-b)s_L+bs_K,\ s_L\equiv\frac{L}{L^w},\ s_K\equiv\frac{K}{K^w} \tag{4.9}$$

式（4.9）也就是 EE 曲线的表达式。从式（4.9）可以看出：第一，只要区域所拥有的劳动力和资本分布给定，那么能够确定收入（支出）的空间分布，而与资本具体利用在哪一个区域是无关的，即收入（支出）的空间分布与企业的空间分布无关。这是由于在自由资本模型中，假设资本收益全部返回到资本所有者所在区域消费，且不存在资本所有者和劳动力空间转移的缘故。第二，支出的空间分布，也就是市场份额的相对大小是劳动力和资本所有者空间分布的加权平均值，而 $b=\mu/\sigma$；b 越大，也就是 μ 越大而 σ 越小，则市场份额的相对大小主要由资本所有者的空间分布所决定；b 较小，市场份额的相对大小主要由劳动力的空间分布所决定。第三，当两个区域为对称区域时，即 $s_L=s_K=s_K=1/2$ 时，EE 曲线变成一条垂直于横轴的直线。

尽管在上面的讨论中没有直接涉及均衡时的企业规模问题，但是可以通过式（4.6）进行讨论。根据式（4.6）和 $\pi=px/\sigma$，直接得出均衡企业规模为：$x=(\sigma-1)\pi/w_La_m$。由此可知，当资本价格 π 相对于劳动力价格 w_L 变得更加昂贵时，企业必须增大产出来弥补固定成本。因此，企业规模随着资本收益率与劳动力报酬率之比的变化而变化，如果该比值变大，则企业规模也变大。我们将在下面看到，在长期均衡情况下，资本流动性可以保证比值 π/w_L 在区域间相等，且 π 和 w_L 都不会随贸易自由度和产业空间分布的变化而变化。因此，在自由资本模型中，企业规模在各个区域都相等，也不会受到各种政策的影响。

三、标准化处理

选择合理的度量标准，进行标准化处理，可以大大地简化我们的讨论。自由资本模型也采用核心边缘模型中的简化办法。

选择农业部门的产品作为计价单位，并使得一单位劳动力只生产一单位的农产品，这样 $a_A=1$，那么 $p_A=p_A^*=w_L=w_L^*=1$。

在工业部门，利用 a_m 单位的劳动力生产一单位工业品，现在我们以新的度量单位对工业品产出进行度量（例如工业品过去以“公斤”度量，而现在以“斤”或“克”来进行度量），新旧度量单位之间的换算关系为，新度量单位的一单位等于旧度量单位的 $(\sigma-1)/(\sigma a_m)$ 单位（类似于 1 斤 =0.5 公斤）。这样，生产新度量单位的 1 单位工业品，则需要旧度量单位的 $\frac{a_m(\sigma-1)}{a_m\sigma}=\frac{\sigma-1}{\sigma}$ 单位的劳动力，因此，新度量单位的 1 单位工业品的价格为 $p=\frac{\sigma}{\sigma-1}\times\frac{\sigma-1}{\sigma}\times w_L=1$。

如果把经济系统总资本禀赋设定为 1 单位，即 $K^w=K+K^*=1$，那么 $n^w=1$。设定劳动力禀赋的度量单位，使 $L^w=1-b$，则由式（4.8），$E^w=1$。

总结上述的标准化过程，则：

$$p=1,\ p^*=\tau,\ p_A=p_A^*=w_L=w_L^*=1,\ n^w\equiv n+n^*=1,$$
$$K^w\equiv K+K^*=1,\ n=s_n,\ n^*=1-s_n,\ L^w=1-b,\ E^w=1。\tag{4.10}$$

第三节 长期均衡

在长期，流动要素即资本可以在区域之间自由流动，此时资本的空间分布 s_n 为内生变量，长期均衡由式 $\dot{s}_n=(\pi-\pi^*)s_n(1-s_n)=0$ 所决定。

一、长期均衡的条件

根据资本流动方程 $\dot{s}_n=(\pi-\pi^*)s_n(1-s_n)$ 可知，长期均衡存在两种可能情形。其一是两个区域资本收益率相同的均衡状态，即 $\pi=\pi^*$；其二是所有的资本都流向一个区域的核心边缘结构均衡状态，此时 $s_n=0$，或者 $s_n=1$。没有资本流动的状态就是长期均衡状态，即：

$$\begin{cases}\pi=\pi^*,\ 0<s_n<1\\ s_n=0\\ s_n=1\end{cases}\tag{4.11}$$

根据式（4.11）中的第一式和式（4.7），可以得出：

$$s_n = \frac{1}{2} + \frac{1+\phi}{1-\phi}\left(s_E - \frac{1}{2}\right) \tag{4.12}$$

式（4.12）揭示了区域市场份额 s_E 是如何影响区域产业份额或者区域产业规模 s_n 的问题，式（4.12）也就是通常所说的 nn 曲线的表达式。长期均衡条件下，区域实际使用的资本份额与区域市场份额的关系必须满足式（4.12），由于 $0 \leqslant s_n \leqslant 1$，所以 $\phi/(1+\phi) \leqslant s_E \leqslant 1/(1+\phi)$。式（4.12）同时，也揭示了影响区域产业份额的主要因素，区域市场规模越大，区际市场开放度越大，区域产业规模也就越大。

把式（4.9）代入式（4.12），我们就可以得到长期均衡条件下资本使用的空间分布。

$$s_n = \frac{1}{2} + \frac{1+\phi}{1-\phi}\left[(1-b)\left(s_L - \frac{1}{2}\right) + b\left(s_K - \frac{1}{2}\right)\right] \tag{4.13}$$

式（4.9）表示相对市场规模，它揭示了区域劳动力禀赋和资本禀赋是如何决定区域支出规模的问题；而式（4.12）则揭示了如何确定区域产业规模的问题，它告诉我们支出的空间分布是如何决定资本使用的空间分布，也就是产业空间分布。因此，在自由资本模型中，一旦确定了区际劳动力禀赋和资本禀赋的空间分布，那么就通过式（4.9）可以得到支出份额的空间分布，又通过式（4.13）可以得到资本使用的空间分布，也就是产业的空间分布。

二、长期均衡图解

通过图解来讨论均衡，可以更深入地了解自由资本模型的运行原理。在图 4-1 中，由式（4.9）给出的曲线就是 EE 曲线；由式（4.12）给出的曲线就是 nn 曲线，它表示北部产业份额是如何随北部市场份额的变化而发生变化的。稳定的长期均衡由 EE 曲线和 nn 曲线的交点所决定。

nn 曲线的斜率［也就是 $(1+\phi)/(1-\phi)$］随着市场开放度的变化而变化，市场开放度 ϕ 越大（也就是交易成本越小），$(1+\phi)/(1-\phi)$ 就越大，nn 曲线越陡峭。但无论市场开放度如何变化，nn 曲线总经过对称均衡点（1/2，1/2）。nn 曲线的斜率 $(1+\phi)/(1-\phi)$ 总大于 1，或者说自变量 s_E 的系数总大于 1，它告诉我们本地市场规模的变化会导致本地产业份额更大比例的变化，这就是我们常说的本地市场放大效应。

在 nn 曲线上，$\pi = \pi^*$，如果偏离 nn 曲线，那就意味着存在促使资本转移的力量，在 nn 曲线右下方的各点，与具有相同 s_n 值的 nn 曲线上的各点相比，北部市场的支出份额更大（也就是 s_E 更大），因此，对这些点而言，$\pi > \pi^*$，存在资本向北部转移的趋势，这推动北部资本份额的上升；反之，在 nn 曲线左上方的各点而言，存在资本向南部转移的趋势，这种趋势推动北部资本份额的下降，如图 4－1 中 EE 曲线上的箭头所示。nn 曲线分别与 $s_n=0$ 和 $s_n=1$ 相交，两个端点的 s_E 值如图 4－1 上所示。nn 线在两个端点之间的部分，$ds_n/ds_E=(1+\phi)/(1-\phi)>1$，这就是在上面讨论的本地市场放大效应。随着市场开放度的变大，nn 曲线的斜率变大，因此，nn 曲线随着市场开放度的变大，绕对称中心点逆时针旋转。

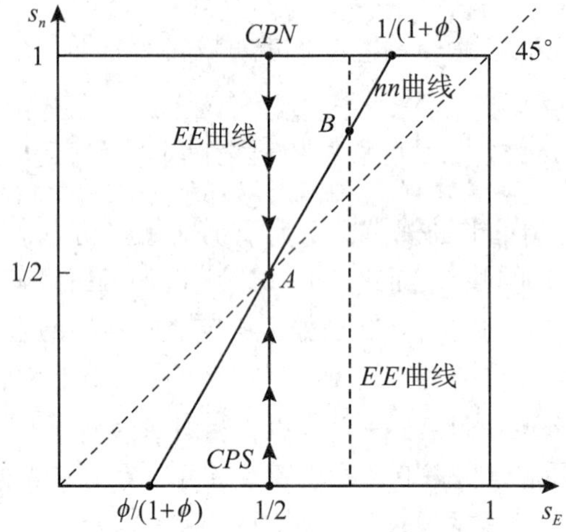

图 4－1　自由资本模型的剪刀图解

资料来源：笔者整理。

EE 曲线则是由 s_L 和 s_K 决定的一条平行于纵轴的直线。EE 曲线代表的是 s_E 和 s_n 的对应关系，因此，长期和短期均衡都在 EE 曲线上反映出来，不同类型的均衡是通过均衡点在 EE 曲线的上下运动来表现出来的。EE 曲线与 nn 曲线相交，就决定长期稳定均衡。当劳动力禀赋和资本禀赋在区域间对称分布时，$s_E=1/2$，EE 曲线为图上经过 A 点（1/2，1/2）的垂直线。此时，EE 曲线和 nn 曲线在 A 点相交，意味着对称分布是长期稳定均衡。如果初始的资源禀赋在空间是非对称分布的，则决定了非对称分布的 s_E，此时 EE 曲线和 nn 曲线的交点决定非对称长期稳定的产业分布模式，如图 4－1 中 $E'E'$ 曲线与 nn 线的交点（B 点）所示。

三、激励资本转移的作用力

资本收益率差距，是驱使资本转移的动力。下面，我们讨论一下区际资本收益率的差距问题。由式（4.7）可得：

$$\pi-\pi^{*}=b\frac{E^{w}}{K^{w}}(B-B^{*})$$

$$B-B^{*}=\left[\frac{s_E}{\Delta}+\phi\frac{1-s_E}{\Delta^{*}}\right]-\left[\phi\frac{s_E}{\Delta}+\frac{1-s_E}{\Delta^{*}}\right]=(1-\phi)\left[\frac{s_E}{\Delta}+\frac{s_E-1}{\Delta^{*}}\right]$$

$$=\frac{1-\phi}{\Delta\Delta^{*}}[(\Delta+\Delta^{*})s_E-\Delta]=\frac{1-\phi}{\Delta\Delta^{*}}[(1+\phi)s_E-(1-\phi)s_n-\phi]$$

$$=\frac{1-\phi}{\Delta\Delta^{*}}\left[(1+\phi)\left(s_E-\frac{1}{2}\right)-(1-\phi)\left(s_n-\frac{1}{2}\right)\right]$$

$$\therefore\pi-\pi^{*}=b\frac{E^{w}(1-\phi)}{K^{w}\Delta\Delta^{*}}\left[(1+\phi)\left(s_E-\frac{1}{2}\right)-(1-\phi)\left(s_n-\frac{1}{2}\right)\right]\tag{4.14}$$

从式（4.14）可以看出，如果区际贸易不存在交易成本，也就是贸易自由度 $\phi=1$，那么区际资本利润率总是相等的，此时，空间在经济系统中是不会起作用的，即经济活动与区位无关。一般情况下，$0<\phi<1$，因此，区际资本利润率差距受到两种相反的力量的作用。式（4.14）中，方括号内第一项为正，可称为聚集力，表示如果北部的支出份额大于对称分布时的支出份额，那么该项对资本利润率差距的影响为正，表明具有较大支出份额的区域对资本具有更大的吸引力，正是这种吸引力导致资本向该区域聚集。同时，s_E 为北部的市场规模，系数 $1+\phi>1$，说明存在本地市场放大效应。第二项是负值，可称为分散力，表明如果北部实际使用的资本份额超过对称分布时的资本份额，那么这一作用力将降低北部的资本利润率，从而阻碍资本向使用较多资本的区域流动，这种效应就是市场拥挤效应。资本最终的流动方向取决于聚集力和分散力的大小。从式（4.14）可以看出，$(1+\phi)/(1-\phi)$ 比值总大于 1，因此，贸易自由度 ϕ 的提高，强化聚集力而弱化分散力。贸易自由度 $\phi=\tau^{1-\sigma}$，因此，运输成本（交易成本）的降低或替代弹性的下降（多样化偏好更强），都有利于提高贸易自由度，进而促使产业的聚集，这一结论与核心边缘模型的结论是一致的。

四、稳定性分析

正如在核心边缘模型中所讨论的那样，讨论均衡的长期稳定性问题，其核心就是求出与这些长期稳定均衡相关的突破点 ϕ^{B} 和维持点 ϕ^{S}。根据式（4.14）以及式（4.10）的标准化公式，区际利润率差距可以写成：

$$\pi-\pi^{*}=b(1-\phi)\left[\left(\frac{s_E}{\Delta}+\frac{s_E}{\Delta^{*}}\right)-\frac{1}{\Delta^{*}}\right]\tag{4.15}$$

1. 突破点

突破点是指对称均衡被打破时的贸易自由度。在对称点（$s_E = s_n = 1/2$）处对式（4.15）求全微分，则有：

$$d(\pi - \pi^*)\big|_{s_E = s_n = 1/2} = b(1-\phi)\,d\left[\left(\frac{s_E}{\Delta} + \frac{s_E}{\Delta^*}\right) - \frac{1}{\Delta^*}\right]_{s_E = s_n = 1/2}$$

因为：

$$d\left(\frac{s_E}{\Delta}\right)\bigg|_{s_e = s_n = 1/2} = \frac{2[(1+\phi)ds_E - (1-\phi)ds_n]}{(1+\phi)^2};$$

$$d\left(\frac{s_E}{\Delta^*}\right)\bigg|_{s_e = s_n = 1/2} = \frac{2[(1+\phi)ds_E + (1-\phi)ds_n]}{(1+\phi)^2};$$

$$d\left(-\frac{1}{\Delta^*}\right)\bigg|_{s_e = s_n = 1/2} = \frac{-4(1-\phi)ds_n}{(1+\phi)^2},$$

$$\therefore\ d(\pi - \pi^*)\big|_{s_E = s_n = 1/2} = 4b\left(\frac{1-\phi}{1+\phi}\right)ds_E - 4b\left(\frac{1-\phi}{1+\phi}\right)^2 ds_n \quad (4.16)$$

由式（4.9）可以看出，在自由资本模型中，资本所有者不流动，资本收益总是返回到资本所有者所在地，加上劳动力也不流动，因此，两个地区的支出并不会因为资本实际使用量的变化而变化，即 s_E 不随 s_n 而变化，因此，$\partial s_E/\partial s_n = 0$，又因为 $ds_E = (\partial s_E/\partial s_n)ds_n$，因此，$ds_E = 0$。这样，式（4.16）可以写成：

$$d(\pi - \pi^*)\big|_{s_E = s_n = 1/2} = -4b\left(\frac{1-\phi}{1+\phi}\right)^2 ds_n < 0$$

这就是说，当 $\phi \neq 1$ 时，支出转移所引起的本地市场放大效应就不存在，只剩下稳定的市场拥挤效应，这种力量始终作为一种分散力阻止经济活动的空间聚集。在对称点附近，任何对 s_n 的冲击都会使利润率差距产生相反的变化，即如果 s_n 大于对称分布时的产业份额，那么北部的利润率就会下降，这种负反馈作用使得资本从北部流向南部，因此，不管贸易自由度 ϕ 取何值，只要 $\phi \neq 1$，对称分布的长期均衡总是稳定的。当贸易完全自由时，即 $\phi = 1$ 时，任何形式的空间分布都是稳定的，也就是企业的区位选择是任意的，此时区位变得无关紧要。因此，根据打破对称均衡的 ϕ 值就是突破点的定义，$\phi = 1$ 是自由资本模型的突破点，即 $\phi^B = 1$。

图 4－1 也可以很好地说明了 $\phi \neq 1$ 时，对称结构的稳定性问题。在 *nn* 曲线上任意一点，都满足 $\pi = \pi^*$ 的条件，但不一定满足 s_E 和 s_n 的对应关系，而 *EE* 曲线反映的是 s_E 和 s_n 的对应关系。*nn* 线以外的点都处于不平衡状态，其左边的点有向下移动的趋势，其右边的点有向上移动的趋势，这些在 *EE* 曲线上的

表现为沿着 EE 曲线上下运动。由图 4－2 可以看出，在 EE 曲线上，A 点以上的部分，都有向下移动的趋势；A 点以下部分，都有向上移动的趋势，只有 A 点是稳定的，因此，在 $\phi \neq 1$ 的情况下，A 点是唯一的稳定均衡点，也就是只有对称均衡才是稳定的。

由于在区际贸易需要支付成本的情况下，对称模式总是稳定的，所以对称的自由资本模型并没有丰富的经济学含义。自由资本模型具有重要意义的部分是初始要素禀赋非对称时的情况。

2. 持续点

下面讨论使核心边缘结构持续保持稳定的条件。由式（4.14），当 $s_n = 1$ 时的区际资本利润率差距为：

$$(\pi - \pi^*)\Big|_{s_n = 1} = \frac{b(1-\phi)}{\phi}\left[(1+\phi)\left(s_E - \frac{1}{2}\right) - \frac{1-\phi}{2}\right]$$

讨论初始禀赋对称分布的情况，即 $s_E = 1/2$，因此：

$$(\pi - \pi^*)\Big|_{s_n = 1} = -\frac{b(1-\phi)^2}{2\phi} \tag{4.17}$$

从式（4.17）中可以看出，如果所有的资本都集中在北部，那么在 $\phi \neq 1$ 的情况下，北部的利润率总是低于南部潜在的利润率，故聚集在北部的资本将向南部转移，因此，聚集是不稳定的；只有在 $\phi = 1$ 的情况下，聚集在北部的资本获得的利润率与南部潜在资本的利润率相等，此时聚集是稳定的。因此，保持核心边缘结构长期稳定的条件是 $\phi = 1$，因此，$\phi^S = 1$。该维持点也可以从图 4－2 容易看出来。当 $\phi = 1$ 时，nn 曲线垂直于横轴，此时 A 点摆脱 nn 曲线对它的束缚，移动到 EE 曲线的两个端点，形成稳定的核心边缘结构均衡。

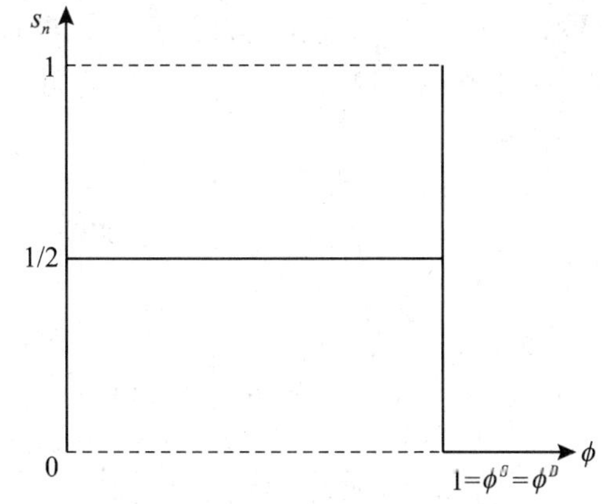

图 4－2　自由资本模型的战斧图

资料来源：笔者整理。

3. 稳定性图解

图 4 - 2 直观地描述了两种均衡。在图 4 - 2 中，实线表示稳定的长期均衡，而虚线表示不稳定均衡。从图 4 - 2 中可以看出，当 $s_n = 1/2$ 时，自由资本模型存在一个对称的内部均衡；当 $s_n = 1$ 或 $s_n = 0$ 时，存在两个核心边缘结构均衡。因此，不同于核心边缘模型，自由资本模型只有一个内部均衡，$\phi \neq 1$ 时只存在一个稳定的对称均衡；$\phi = 1$ 时存在稳定的核心边缘结构均衡（以北部为核心或者以南部为核心）。可知，$\phi = 1$ 既是突破点又是维持点。

第四节　自由资本模型的基本特征

自由资本模型（以下简称 FC 模型）以及后面谈到的自由企业家模型（以下简称 FE 模型）、全域溢出模型（以下简称 GS 模型）、局域溢出模型（以下简称 LS 模型）都是在核心边缘模型的基础上建立起来的。核心边缘模型作为基础模型，它具有一系列重要的特征，如本地市场效应、需求关联和成本关联的循环因果关系、内生的非对称、突发性聚集、区位黏性、驼峰状聚集租金、叠加区的多重均衡等。但对称的自由资本模型并不具有像核心边缘模型那种许多有价值的特征，现归纳总结为如下七点。

1. 本地市场放大效应

聚集可以定义为经济活动的集中促使经济活动进一步集中的趋势。自由资本模型通过本地市场放大效应来显示出这种特征。如果发生外生的支出份额的扩大（打破初始的对称状态），那么支出份额的扩大将导致产业区位的变化，将吸引外来企业，此时企业份额增加的比例大于支出份额增加的比例，进而导致经济活动进一步的集中趋势。由式（4. 12）可以看出，$ds_n/ds_E = (1+\phi)/(1-\phi) > 1$，而 $(1+\phi)/(1-\phi)$ 是本地市场效应与市场拥挤效应的比值，贸易自由度越大，本地市场效应越大，市场拥挤效应越小，吸引企业的数量也就越多，也就是放大了本地市场效应。

2. 循环累积因果关系

自由资本模型既不存在需求关联的循环累积因果关系，也不存在成本关联的循环累积因果关系。在自由资本模型中，虽然支出转移导致生产转移，但生产转移并不能导致支出转移（资本收入返回资本所有者所在地消费），因此，不存在需求关联的循环累积因果关系。在自由资本模型中，资本转移是受名义资本收益率的驱动而不是通过价格指数调整的实际资本收益率的驱动。因此，生产转移会改变生活成本，但生活成本的变化不会驱使经济活动的空间转移，故不存在成本关联的循环累积因果关系。

3. 内生的非对称

由于对称的自由资本模型假定南部和北部的资本收益率都等同于经济系统总资本的平均收益率，而且资本收益不随着资本转移在异地消费，资本收益最终都返回到资本所有者所在的地区消费，所以，南北两个区域的支出总是对称的，因此，总能成立 $s_n = s_n^* = 1/2$，故对称的自由资本模型并不显示出内生的非对称特征。

4. 突发性聚集

就对称的自由资本模型而言，当市场开放度提高时，并不能导致突发性聚集。但当支出的对称性被打破（即 $s_E \neq 1/2$）时，随着交易成本的下降，将发生突发性聚集，甚至较小规模的非对称性也能引发大规模经济活动的空间调整。

5. 区位的黏性

自由资本模型不存在多重均衡的重叠区，因此，不存在区位的黏性特征。

6. 驼峰状聚集租金

在完全对称的自由资本模型中，当区际交易完全自由（也就是 $\phi = 1$）时，经济活动空间聚集是长期稳定均衡，此时经济活动空间聚集对聚集区位不会带来任何影响，也就是说聚集并没有带来额外的收益。但初始资源禀赋的空间分布为非对称的情况下，如果出现聚集，则存在聚集租金，此时的聚集租金和核心边缘模型中的情形是完全一样的，是贸易自由度 ϕ 的凹函数。完全聚集时的区际利润率差距可以写成：

$$(\pi - \pi^*)\Big|_{s_n=1} = \frac{b(1-\phi)}{\phi}\left[(1+\phi)\left(s_E - \frac{1}{2}\right) - \frac{1-\phi}{2}\right] = b\left\{1 - \left[\frac{1}{\phi}(1-s_E) + \phi s_E\right]\right\} \tag{4.18}$$

根据 $(\pi - \pi^*)\Big|_{s_n=1} = 0 \Rightarrow b\left\{1 - \left[\frac{1}{\phi^{CP}}(1-s_E) + \phi^{CP} s_E\right]\right\} = 0$，可以解出 ϕ^{CP}，即：

$$\phi^{CP} = \frac{1 - s_E}{s_E} \tag{4.19}$$

容易看到，当 $\phi = 1$ 时，聚集的区际利润率差距为 0；当 $\phi \in (\phi^{CP}, 1)$ 时，聚集的区际利润率差距为正；当 $\phi = \phi^{CP}$ 时，聚集的区际利润率差距为零；当 $\phi = \sqrt{\phi^{CP}}$ 时，聚集的利润差距达到最大。这就说明，当初始资源禀赋的区际分布为非对称时，如果出现完全聚集，则经济活动空间聚集带来额外的经济收益。非对称自由资本模型中的聚集租金可以表示为图 4－3。

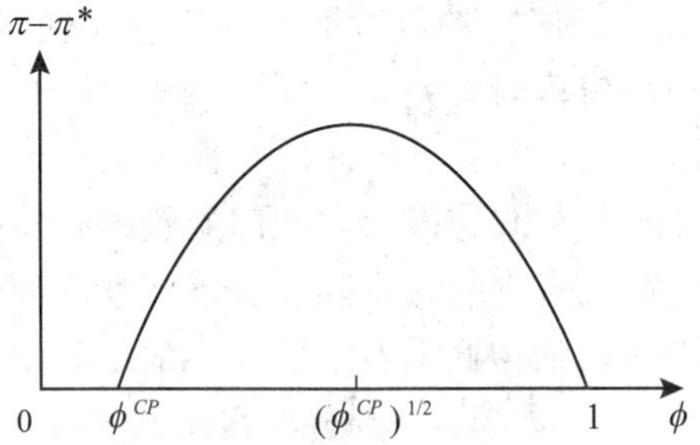

图4－3　非对称自由资本模型的聚集租金

资料来源：笔者整理。

7. 叠加区和预期的自我实现

对称自由资本模型不存在需求关联和成本关联的循环累积因果关系，因此，突破点和持续点的自由度都等于1。两个临界值的重合使得不存在对称结构和核心边缘结构共存的叠加区域，因而，也不存在预期的自我实现问题。

总之，核心边缘模型中的许多特征，在对称的自由资本模型中并不存在，但自由资本模型有一个优点，即它具有很强的操作性。

第五节　非对称自由资本模型

自由资本模型最重要的优点在于，展示了驱使经济活动空间聚集的聚集力，同时，能够得到有关企业空间分布（s_n）的显性解。由于对称自由资本模型假设资本所有者不能跨区域流动，资本收益都返回到资本所有者所在地消费，因此，对称自由资本模型十分简化，但同时，也丢失了许多经济含义。但自由资本模型中的 EE 曲线和 nn 曲线都是直线，根据这些特征，可以求解一系列非对称性问题，如区域市场规模、要素禀赋和交易成本等方面的非对称问题。将会看到，非对称的自由资本模型更具有意义。

1. 市场规模非对称

当两个区域市场规模不对称时，假设北部的市场规模较大，如图4－4所示，$s_E' > 1/2$，内部均衡仍是单一且稳定的（单一是指 m 和 EE' 为线性，稳定是指 EE' 更陡峭）；因为 nn 线总比45°线陡峭，所以相应的企业份额 $s_n' > s_E' > 1/2$。正如前面所讨论的，这就是本地市场效应，就是在市场规模较大的区域，支出份额或市场规模的变化会导致企业份额更大比例的变化。

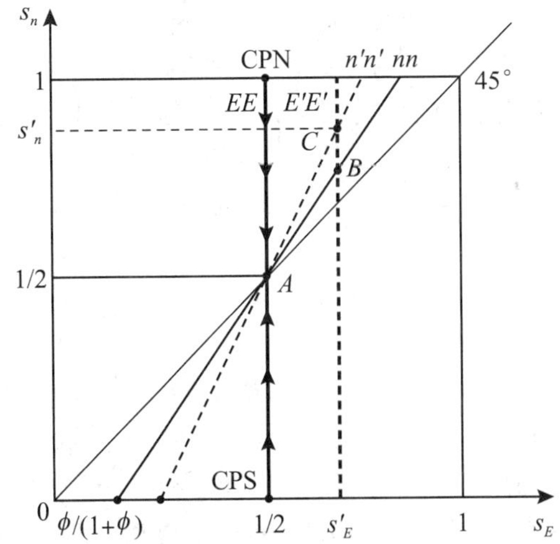

图 4－4　非对称自由资本模型的剪刀图解

资料来源：笔者整理。

如式（4.12）所示，在支出给定的情况下，贸易成本的改变将影响企业的空间分布。随着贸易自由度的提高 s_n 就变大，在贸易完全自由之前就能实现核心边缘结构，即 $s_n=1$。图 4－4 清晰地表明了这一点。如果北部市场规模较大，图 4－4 中的 EE' 和 nn 揭示了相应的状态，在市场开放度为 ϕ 时，B 点代表了产业空间分布的长期均衡。如果市场开放度提高到 ϕ'，那么根据式（4.12），nn 线围绕 A 点旋转到 nn' 的位置，经济活动大量向北部转移，如达到 C 点。市场自由度的进一步提升，将持续有利于市场规模较大的区域，直至形成以北部为核心的核心边缘结构为止。

在式（4.19）中，已经给出了北部产业份额 $s_n=1$ 时的市场开放度的临界值 $\phi^{CP}=(1-s_E)/s_E$。当市场开放度大于该值时，所有的企业全部聚集在北部。

从式（4.12）中可以看出，市场开放度的提高对调整区位弹性的影响，也就是本地市场放大效应的放大比例。这就是说，如果区际贸易更加自由，那么市场规模的扩大会导致企业份额更大比例的变化。

2. 交易成本非对称

所谓交易成本非对称，指的是北部的贸易自由度不等于南部的贸易自由度。如果分别用 ϕ 和 ϕ^* 来表示北部和南部的贸易自由度，那么交易成本非对称就意味着 $\phi \neq \phi^*$。如果北部的贸易自由度小于南部的贸易自由度，也就是 $\phi<\phi^*$，那么就意味着北部产品出口到南部比南部产品出口到北部更便宜。根据贸易成本的变化对南部和北部企业定价和利润的影响，可以容易地写出，相对于贸易自由度 ϕ 对称时的利润函数式（4.7）更加一般化的利润函数表达式：

$$\begin{cases}\pi = bB \\ \pi^* = bB^*\end{cases}, \quad b = \frac{\mu}{\sigma} \tag{4.20}$$

在这里，如果利用标准化结果 $E^w + K^w = 1$ 来简化表达式，则：

$$\begin{cases}B = \dfrac{s_E}{\Delta} + \phi^* \dfrac{s_E^*}{\Delta^*} \\ B^* = \phi \dfrac{s_E}{\Delta} + \dfrac{s_E^*}{\Delta^*}\end{cases}, \quad \begin{cases}\Delta = s_n + \phi(1 - s_n) \\ \Delta^* = \phi^* s_n + (1 - s_n)\end{cases}$$

当 $\pi = \pi^*$ 时，s_n 存在唯一的解：

$$s_n = \frac{1}{2} + \frac{(s_E - 1/2)(1 - \phi\phi^*) - (1/2)(\phi - \phi^*)}{(1 - \phi)(1 - \phi^*)} \tag{4.21}$$

式（4.21）对应于 $0 < s_n < 1$ 时的 ϕ 和 ϕ^* 是成立的；如果 ϕ 和 ϕ^* 超出此范围，那么 $s_n = 0$ 或 $s_n = 1$。式（4.21）也揭示了市场规模非对称（$s_E \neq 1/2$）和贸易成本非对称（$\phi \neq \phi^*$）对企业区位的影响。

内部均衡的稳定性是通过求 $\pi - \pi^*$ 对 s_n 的微分进行讨论的，求对 s_n 的偏微分：

$$\frac{\partial(\pi - \pi^*)}{\partial s_n} = -b(1 - \phi)^2 \frac{s_E}{\Delta^2} - b(1 - \phi^*)^2 \frac{s_E^*}{(\Delta^*)^2}$$

现把式（4.21）代入 Δ 和 Δ^* 的表达式中，则上式为：

$$\frac{\partial(\pi - \pi^*)}{\partial s_n} = \frac{-b(1 - \phi^*)^2(1 - \phi)^2}{s_E(1 - s_E)(1 - \phi\phi^*)^2} \leqslant 0$$

可以看出，内点均衡总是很稳定的，也就是说对称结构是很稳定的。

3. 要素禀赋非对称和资本转移

要素禀赋的非对称指的是两区域的资本禀赋与劳动力禀赋的比值不相等，如果用数学语言表述，则 $K/L \neq K^*/L^*$ 或 $s_L \neq s_K$。事实上，这种情况已经暗含在式（4.13）中了。值得讨论的问题是，在这种情况下，资本是如何转移的问题。资本转移就取决于 $s_n - s_K$ 的符号，如果该份额之差为正值，也就是北部使用的资本量比它所拥有的资本量多，那么北部为资本的净输入区；如果该份额之差为负值，那么北部为净资本的输出区。

从上面的分析可知，如果北部市场规模较大且劳动力份额、资本禀赋份额和市场份额都相同，也就是 $s_L = s_K = s_E$，那么北部是资本输入区，这正是本地市场效应（$s_n > s_E$）作用的结果。在上述条件基础上，如果再假设北部拥有较大份额的资本份额（较大的 s_K），也就是说，北部不仅具有较大规模的市场而且还拥有丰富的资本禀赋，即 $s_K > s_E > 1/2$，那么北部相对丰富的资本将趋向于抵消本地市场效应。根据式（4.12）可以得出式（4.22）：

$$s_n - s_K = \frac{1}{2} + \frac{1 + \phi}{1 - \phi}\left(s_E - \frac{1}{2}\right) - s_K = \frac{2\phi}{1 - \phi}\left(s_E - \frac{1}{2}\right) + (s_E - s_K) \tag{4.22}$$

式（4.22）表明，如果北部的资本禀赋相对充裕（等式的第二项为负），那么即使存在本地市场效应（等式的第一项为正），但北部也可能是一个资本净输出区域。但如果交易成本足够低（第一项足够大），那么此时本地市场效应仍然发挥主导作用，也就是说，尽管北部初始的资本禀赋相当丰富，但仍然是资本输入区域。

第六节　自由资本模型的新特征

自由资本模型只具有核心边缘模型的部分的特征，但它还有一些新的特征，这主要源于自由资本模型中资本要素可以与其所有者分离。当资本可以流动时，如果初始某一区域相对于另一个区域更加富裕，那么此时改变交易成本就等于改变原有的市场分布格局，这甚至还可以改变资本转移的方向。下面，讨论一下自由资本模型的新的特征。

1. 市场开放度决定资本流动方向

先假设两个区域在基本规模方面是相等的，比如区域劳动力份额 $s_L=1/2$，但北部初始的资本劳动比率较高，也就是资本禀赋份额 $s_K>1/2$。这就相当于北部比南部资本更富裕，因为资本劳动比率较高就意味着单位资本收益较高。在 $s_L=1/2$ 时，对式（4.13）适当进行变换，则可以得到北部企业使用的资本份额与北部的资本禀赋份额之间的比值：

$$\frac{s_n-1/2}{s_K-1/2}=b\frac{1+\phi}{1-\phi} \tag{4.23}$$

这样，我们就可以回答“资本所有者的地理分布与生产的地理分布之间的差异”问题，或者更确切地说可以回答“北部应拥有的产业份额 s_K 和北部实际拥有的产业份额 s_n 之间的差异以及贸易自由度如何影响这一差异”的问题。

在对称均衡中，在初始都拥有相同数量的资本的两个区域中，当然不存在资本再配置的问题。如果初始区际资本配置为非均衡配置，例如 $s_K>1/2$，即北部比南部资本更富裕，那么资本流动方向是不确定的，它取决于贸易成本。当贸易成本很高时，即 ϕ 趋近于0时，资本丰富区域的产业份额就会少于它的资本禀赋份额（因为 $b<1$）。换言之，当区际商品市场还没有形成统一的市场而区际金融市场已形成统一的市场时，资本就会从资本充裕地区流向资本贫乏地区。但当贸易自由度超过某一临界值时，资本流动方向就发生变化，产业份额 s_n 将大于资本禀赋份额 s_K，资本贫乏地区将成为资本的净输出地区。当式（4.23）的左边等于1时，我们就可以得到该贸易自由度的临界值 ϕ^K：

$$\phi^{K}=\frac{1-b}{1+b},\ b=\frac{\mu}{\sigma} \tag{4.24}$$

可见，决定资本流动方向的贸易自由度的大小是聚集力 b 的减函数。

资本流动方向的不确定性，主要源于市场拥挤效应和本地市场效应的相互作用。市场拥挤效应使得资本贫乏地区更具有吸引力，因为区位于资本贫乏地区的企业所面对的企业间竞争相对较弱。而本地市场效应，可以看成是资本收入效应，它使得资本丰裕地区更具有吸引力，因为，在收入和支出给定的情况下，本地市场效应表明该区域具有很大的市场规模。当贸易活动受到严格限制（ϕ 很小）时，市场拥挤效应占主导地位，因为在实施贸易保护政策的情况下，南部市场已经脱离开了北部的控制；当资本收益相对低于劳动力收入时，资本收入效应相对较弱，市场拥挤效应占主导地位。

2. 类突发性聚集

在市场规模非对称情况下，市场开放度的变化对工业区位也有影响，市场规模较大区域的产业份额，随市场开放度的提高而上升，在贸易达到完全自由之前可以形成核心边缘结构。根据式（4.21），当 $s_E>1/2$ 时，如果区际市场开放度是相互对称的，那么将吸引南部的企业向北部转移，这就是自由资本模型的一个重要特征，也就是“类突发性聚集”。当区际市场规模差距不大，但 ϕ 趋近于 ϕ^{CP}（经济活动完全聚集时的贸易自由度）时，区位调整弹性变得相当大。为了搞清楚这一点，需要讨论当市场开放度发生变化时，产业份额发生何种变化的问题，我们用数学符号（$\mathrm{d}s_n/\mathrm{d}\phi$）（$\phi/s_n$）来表示。在核心边缘模型中，聚集是突发性的，在突破点，区位调整弹性从 0 变为无穷大。由式（4.12）可以计算自由资本模型中的区位调整弹性，即：

$$\begin{cases}\dfrac{\mathrm{d}s_n/s_n}{\mathrm{d}\phi/\phi}=\dfrac{2\phi(s_E-1/2)}{(1-\phi)[s_E(1+\phi)-\phi]}\\[2ex]\left.\dfrac{\mathrm{d}s_n/s_n}{\mathrm{d}\phi/\phi}\right|_{\phi=\phi^{CP}}=\dfrac{s_E(1-s_E)}{2(s_E-1/2)}\end{cases} \tag{4.25}$$

式（4.25）中的第一个式子表明，当 $s_E=1/2$ 时，区位调整弹性始终为 0，说明 s_n 不会随着市场开放度 ϕ 的变化而发生变化；当 $s_E>1/2$ 时，该弹性为正，说明产业份额 s_n 与市场开放度 ϕ 同向变化，ϕ 越大，s_n 也就越大。

式（4.25）中的第二个式子是 ϕ 接近于 ϕ^{CP}时的区位调整弹性。式（4.19）已经给出了 ϕ^{CP}的表达式。在非对称自由资本模型的战斧图中，它代表了点线与 $s_n=1$ 交点处的斜率变化率。当 $s_E>1/2$ 时，ϕ^{CP}处的区位调整弹性是 s_E 的减函数，因为，该弹性对 s_E 的偏微分 $-(1/2)-1/[8(s_E-1/2)^2]<0$，这意味着，北部市场规模变大时，$\phi^{CP}$处的区位调整弹性逐渐变小；反之，北部市场规模趋

近于 1/2 时，ϕ^{CP}处的区位调整弹性变得相当大。

从图 4－5 中可以直观地看出，市场规模非对称条件下的长期均衡状况。图 4－5 中两条曲线分别是市场规模非对称程度不同的均衡路径，其中的实线是市场规模接近 1/2 时的均衡路径。可以看到，它们都在贸易自由度达到 1 之前形成核心边缘结构。在形成核心边缘结构之前，无论市场规模如何，每一个贸易自由度水平都对应一个唯一的且稳定的内点均衡，但是，因为由初始资源禀赋决定的市场规模不同，随着贸易自由度变化的均衡路径也不同。当市场规模较大时，核心边缘结构均衡点处的区位调整弹性较小；当市场规模趋近 1/2 时，均衡点处的区位调整弹性趋于无穷大。因为在区域非对称情况下，当区际市场规模差距不大且 ϕ 趋近于 ϕ^{cp}（经济活动完全聚集时的贸易自由度水平）时，区位调整弹性变得非常大，所以称非对称情况下的聚集为“类突发性聚集”。

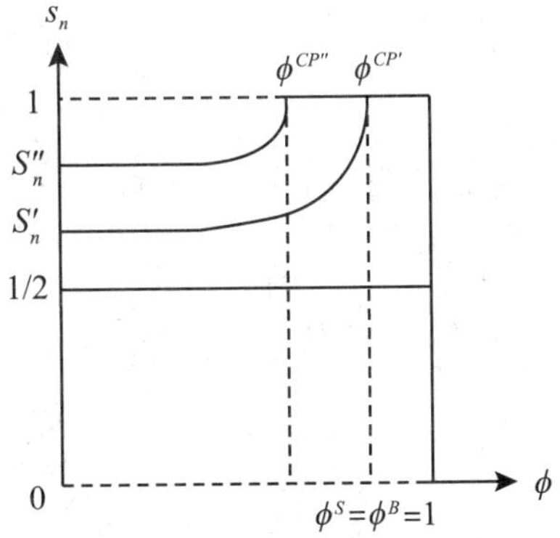

图 4－5　非对称自由资本模型的战斧图

资料来源：笔者整理。

第七节　本章小结

与核心边缘模型相比，由于假设条件的苛刻，对称自由资本模型缺失了核心边缘模型的许多特征，除了本地市场放大效应和驼峰状聚集租金这两个特征之外，核心边缘模型的内生的非对称、需求关联和成本关联的循环因果关系、突发性聚集、区位黏性、叠加区的多重长期均衡五个方面的特征都已不复存在了。不过，自由资本模型操作性很强，且还具有市场开放度决定要素流动方向和类突发性聚集等特征。

自由资本模型的优点在于其中的所有变量都具有显性解，便于分析和推理。另外，自由资本模型中的 EE 曲线和 nn 曲线都是直线，所以根据这些特性可以分析一系列非对称性问题，例如，区际市场规模、要素禀赋和交易成本等方面的非对称问题。非对称情况下，区域市场规模大意味着本地市场放大效应的存在，即需求关联的循环累积因果机制发挥作用；在贸易自由度非对称的情况下，内点解总是稳定均衡，换言之，工业企业不会完全聚集在其中的一个地区；在要素禀赋存在差异的情况下，资本的区际流动方向取决于贸易自由度的大小，只有在贸易自由度足够大（贸易成本足够小）时，资本充裕的地区才有可能成为资本流入区。

附　录

4A：消费者需求函数［式（4.4）的推导］

消费者消费工业品集合所带来的子效用可以用下面的CES函数来表示：

$$C_M = \left[\sum_{i=1}^{N} c_i^{(\sigma-1)/\sigma}\right]^{\sigma/(\sigma-1)},\ \sigma > 1$$

上式中 c_i 为消费者对第 i 种工业品的消费量，p_i 是第 i 种工业品的价格，σ 为任两种工业品之间的替代弹性。消费者，在工业品支出 $\sum_{i=1}^{N} p_i c_i = \mu E$ 的预算约束下，尽可能使子效用 C_M 最大化。为此，建立拉格朗日方程：

$$L = \left[\sum_{i=1}^{N} c_i^{(\sigma-1)/\sigma}\right]^{\sigma/(\sigma-1)} + \lambda\left[\sum_{i=1}^{N} p_i c_i - \mu E\right]$$

对 c_i 求导并令该导数为0，可得：

$$\left[\sum_{i=1}^{N} c_i^{(\sigma-1)/\sigma}\right]^{1/(\sigma-1)} c_i^{-1/\sigma} = -\lambda p_i \tag{4A.1}$$

式（4A.1）两边都开 $-\sigma$ 次方得到：

$$\left[\sum_{i=1}^{N} c_i^{(\sigma-1)/\sigma}\right]^{-\sigma/(\sigma-1)} c_i = -\lambda^{-\sigma} p_i^{-\sigma} \tag{4A.2}$$

式（4A.2）所代表的 N 个式子两边同乘以 p_i（i 从 $1 \sim N$），并相加 N 个式子可得到式（4A.3），这是关键技巧：

$$\left[\sum_{i=1}^{N} c_i^{(\sigma-1)/\sigma}\right]^{-\sigma/(\sigma-1)} \mu E = -\lambda^{-\sigma} \sum_{i=1}^{N} p_i^{1-\sigma} \tag{4A.3}$$

将式（4A.2）和式（4A.3）相除，并将 i 换作 j（$\sum_{i=1}^{N} p_i^{1-\sigma}$ 表示价格指数）

可得到：

$$c_j = (p_j^{-\sigma}\mu E)\Big/\sum_{i=1}^{N} p_i^{1-\sigma}$$

当工业产品种类看作是连续变量时，将分母中离散变量求和改为连续变量求和（换成积分的形式 $\sum_{i=1}^{N} p_i^{1-\sigma} \approx \int_0^{n^w} p_i^{1-\sigma}\mathrm{d}i$），则可得到消费者对代表性工业品 j 的需求函数：

$c_j = \dfrac{p_j^{-\sigma}\mu E}{\Delta n^w}$，$\Delta n^w = \int_{i=0}^{n^w} p_i^{1-\sigma}\mathrm{d}i$（证毕）。

4B：企业的价格决策［式（4.6）的推导］

由附录4A推导的式子 $c_j = p_j^{-\sigma}\mu E\Big/\sum_{i=0}^{N} p_i^{1-\sigma}$ 可知，对第 j 种产品而言，如果忽略 p_j 对 $\sum_{i=0}^{N} p_i^{1-\sigma}$ 的影响（即某种产品的价格变动对整体价格指数几乎没有影响），那么 $\sum_{i=0}^{N} p_i^{1-\sigma}$ 和 μE 就是常数。第 j 种产品的价格和产量之间的关系可以写成：

$$x_j = c_j + \tau c_j^*；\ c_j = kp_j^{-\sigma}；\ c_j^* = k^*(p_j^*)^{-\sigma} = \tau^{-\sigma}k^* p_j^{-\sigma}$$

$$x_j = kp_j^{-\sigma} + \tau^{1-\sigma}k^* p_j^{-\sigma} = (k + \tau^{1-\sigma}k^*)p_j^{-\sigma} \tag{4B.1}$$

其中，$k = \mu E\Big/\left(\sum_{i=0}^{N} p_i^{1-\sigma}\right)$；$k^* = \mu E^*\Big/\left[\sum_{i=0}^{N} (p_i^*)^{1-\sigma}\right]$。

生产 j 产品的企业的利润可以写成：

$$p_j x_j - (\pi + w_L a_m x_j)$$

其中，F 为固定成本。在式（4B.1）的约束下，建立企业利润的拉格朗日方程，则：

$$L = p_j x_j - (\pi + w_L a_m x_j) + \lambda[x_j - (k + \tau^{1-\sigma}k^*)p_j^{-\sigma}] \tag{4B.2}$$

在式（4B.2），分别对 x_j 和 p_j 求导：

$$\frac{\mathrm{d}L}{\mathrm{d}x_j} = p_j - w_L a_m + \lambda = 0 \tag{4B.3}$$

$$\frac{\mathrm{d}L}{\mathrm{d}p_j} = x_j + \lambda(k + \tau^{1-\sigma}k^*)\sigma p_j^{-\sigma-1} = 0 \tag{4B.4}$$

把式（4B.1）代入式（4B.4），求出 λ 后，把 λ 代入式（4B.3），则可得到：

$$p_j = \frac{\sigma w_L a_m}{\sigma - 1} \tag{4B.5}$$

由于 N 个企业为对称性企业，每个企业的产出和价格都相等，因此，可以把下角标 j 去掉。因此，代表性工业企业的价格决策为：

$$p = \frac{\sigma w_L a_m}{\sigma - 1}$$（证毕）。

参考文献

［1］安虎森，等．新经济地理学原理（第二版）［M］．北京：经济科学出版社，2009.

［2］Martin，P. and C A. Rogers. Industrial Location and Public Infrastructure［J］. Journal of International Economics，1995，39：333 –951.

［3］Richard Baldwin，Rikard Forslid，Philippe Martin，Gianmarco Ottaviano and Frederic Robert – Nicoud. Economic Geography and Public Policy［M］. Princeton University Press，2002.

［4］Ottaviano，G I P. Monopolistic Competition，Trade，and Endogenous Spatial Fluctuation［J］. CEPR Discusstion Paper，No. 1327，1996.

［5］Masahisa Fujita，Jacques – Francois Thisse. Economics of Agglomeration：Cities，Industrial Location，and Globalization，Second Edition［M］. Cambridge：Cambridge University Press，2013.

第五章

自由企业家模型

在第四章介绍的自由资本模型通过切割循环累积因果链的方式，解决了核心边缘模型中内生变量没有显性解的问题。但是，这种处理方式的代价是该模型只具有核心边缘模型的部分特征，失去了突发性聚集、区位黏性等重要特征。本章将介绍一个新的模型，即自由企业家模型（以下简称 FE 模型），它是在核心边缘模型和自由资本模型的基础上发展起来的新经济地理学模型，兼有两者的某些重要特征。自由企业家模型，不仅它的主要变量具有显性解，方便操作与处理，而且它还具有核心边缘模型的所有关键特征。自由资本模型假设，作为企业固定投入的物质资本在区域之间可以自由转移；而自由企业家模型假设，作为企业固定投入的人力资本或企业家在区域之间可以自由转移，这使得流动要素的报酬不会影响工业品价格，从而提高了模型的可操作性。

自由企业家模型是詹马科·奥塔维诺（2001）① 和 R. 福斯里德（1999）② 各自独立提出的。这里所介绍的模型主要是基于 R. 福斯里德和詹马科·奥塔维诺在 2003 年的一篇文章中所构建的模型。③

第一节　建模思路

一、与核心边缘模型和自由资本模型的比较

自由企业家模型可以看作是核心边缘模型和自由资本模型相结合的产物，

---

① Ottaviano，G I P. Monopolistic Competition，Trade and Endogenous Spatial Fluctuations［J］. Regional Science and Urban Economics，2001，31：51－77.

② Forslid，R. Agglomeration with Human and Physical Capital：An Analytically Solvable Case［J］. Discussion Paper No. 2102，Center for Economic Policy Research，1999.

③ Forslid R. and Ottaviano，G I P. An Analytically Solvable Core-periphery Model［J］. Journal of Economic Geography，2003，3：229－240.

兼具二者的某些特征。

1. 自由企业家模型（以下简称 FE 模型）与核心边缘模型（以下简称 CP 模型）的比较

与核心边缘模型一样，自由企业家模型中也存在需求关联的循环累积因果关系和成本关联的循环累积因果关系。在自由企业家模型中，可流动生产要素不能脱离要素所有者而单独流动，因此，生产要素的区际转移（意味着经济活动的空间转移）将引起消费支出的空间转移，消费支出的空间转移又导致区际市场规模的变化，在本地市场效应的作用下，市场规模的变化进一步激励生产要素的区际转移，这种循环累积因果关系被称为需求关联的循环累积因果关系或后向联系效应。

生产要素的区际转移取决于资本实际收益率的区际差异，区域工业品产出规模又影响当地的价格水平。生产能力强（人力资本份额较大、生产要素份额较大）的区域，由于从区域外部输入的产品种类较少，消费者支付的运输成本（交易成本）也就较少，这意味着该区域整体的价格水平相对较低，这对人力资本所有者（企业家）具有较强的吸引力。因此，要素转移（生产转移）将改变区域的相对生活成本指数。对于要素流入区域而言，由于该地区的相对生活成本指数较低，因而在名义工资水平相同的情况下，居民的实际收入水平相对较高，这会进一步吸引要素流入，这种循环累积因果关系称为成本关联的循环累积因果关系或前向联系效应。

总之，在自由企业家模型中，作为生产要素的资本可以理解为人力资本或企业家，生产要素和生产要素所有者不能分离，因此，生产要素的区际转移就是要素所有者的区际转移，而生产要素的区际转移将导致消费支出的区际转移。

2. 自由企业家模型（FE 模型）与自由资本模型（FC 模型）的比较

自由企业家模型与自由资本模型的相似之处在于流动要素的处理方式。自由资本模型中的流动要素是物质资本，自由企业家模型中的流动要素是人力资本。这两种模型都把流动要素作为固定成本，纳入代表性企业的生产成本。通过第四章的讨论可知，自由资本模型的易操作性主要表现为流动要素的空间分布具有显性解，这又源于流动要素只是用来作为企业的固定投入这一假设。自由企业家模型充分利用了自由资本模型的这一优点，做出了类似的假设，即不管代表性企业的产出水平，各种工业品的生产都需要一单位人力资本（一个企业家）作为固定成本，因此，企业就随着企业家的迁徙而空间转移。这种处理的结果是，自由企业家模型和自由资本模型的大部分内生变量都具有显性解，大大方便了分析和推理过程。

两个模型的一个重要区别是可流动要素的特点。在自由资本模型中，资本的区际转移并不伴随着资本所有者的区际转移，而且资本收益返回到资本所有者所在地消费。因此，生产的空间转移不会导致支出份额的空间变化，资本转移的动因是追求更高的名义收益率。所以，在对称的自由资本模型中不存在循环累积因果关系。在自由企业家模型中，人力资本与人力资本的所有者是不能分离的，并且人力资本所有者区际转移的动因是追求更高的实际收益率，从而既存在需求关联的循环累积因果关系，又存在成本关联的循环累积因果关系。因此，这使得两种模型在解析能力方面存在较大的差异，自由资本模型的解析力明显强于自由企业家模型的解析力。

二、对称的自由企业家模型的基本假设

对称的自由企业家模型与核心边缘模型的假设几乎相同，两个模型唯一的区别在于制造业部门的生产技术。核心边缘模型假设代表性企业的生产函数是位似函数，即工业品生产的固定投入和可变投入均为工业劳动力，而自由企业家模型则假设固定投入和可变投入为不同的生产要素，固定投入主要为人力资本，可变投入主要为劳动力。如果把固定投入看成是研发活动或者总部服务，那么固定投入的技能相对更加密集。其余的假设则同核心边缘模型相同。

对称自由企业家模型也是 $2\times2\times2$ 模型，它的基本假设概括如下。

两个地区，北部和南部，两个地区在消费者偏好、生产技术、交易效率、资源禀赋等方面都相同；两种生产部门，农业部门（A）和制造业部门（M）；两种生产要素，人力资本或企业家（H）和劳动力（L）。

（1）工业部门以规模收益递增和垄断竞争为特征，使用人力资本和劳动力生产差异化的工业产品，每个企业只生产一种产品，每个企业把一单位人力资本作为固定投入（即 $F=1$），每单位产出需要 a_m 单位的劳动力，这样代表性企业的成本函数可以写成 $w+w_La_mx$；其中，w 为人力资本的名义收益率，也等于企业家的名义收入；w_L 为劳动力的名义工资；x 为产出量。工业品的区际交易存在冰山交易成本，如果某一区域把自己生产的一单位产品出售在区外市场，那么它必须运输 $\tau(\tau\geqslant1)$ 单位产品，在运输过程中 $\tau-1$ 单位产品“融解”掉了。区内交易无交易成本。

（2）农业部门具有规模收益不变特征，具有完全竞争的市场结构，生产同质产品。农业部门仅使用劳动力一种要素作为投入要素，单位农产品产出需要 a_A 单位的劳动力，因此，单位农产品的成本为 w_La_A，其中，w_L 为劳动力的名义工资。农产品交易不存在交易成本，故农产品价格在各个地区都一样。每个区域的劳动力，既从事制造业部门又从事农业部门。

（3）消费者的效用函数。每个地区的消费者都具有两个层面的效用函数，即总效用函数和子效用函数；总效用函数是指消费者消费农产品和差异化的工业产品时的效用函数，它用柯布－道格拉斯型效用函数来表示；子效用函数是指消费者消费一组工业品组合时的效用函数，它用不变替代弹性（CES）效用函数来表示。代表性消费的效用函数如下：

$$U = C_M^{\mu} C_A^{1-\mu}, \ C_M = [\int_{i=0}^{n^w} c_i^{(\sigma-1)/\sigma} \mathrm{d}i]^{\sigma/(\sigma-1)}, 0 < \mu < 1 < \sigma \qquad (5.1)$$

（4）间接效用函数（实际收入函数）：企业家和劳动力的名义收入分别用 w 和 w_L 表示，则可以分别写出与式（5.1）相对应的间接效用函数：

$$\omega = wP, \ \omega_L = w_L P, \ P = p_A^{-(1-\mu)} P_M^{-\mu}, \ P_M = (\int_{i=0}^{n^w} p_i^{1-\sigma} \mathrm{d}i)^{1/(1-\sigma)} \qquad (5.2)$$

其中，$P_M = (\int_{i=0}^{n^w} p_i^{1-\sigma} \mathrm{d}i)^{1/(1-\sigma)}$ 是消费者面对的工业品价格指数，$P = p_A^{-(1-\mu)} P_M^{-\mu}$ 是消费者所面对的生活成本指数。为方便起见，用 $\Delta = (\int_0^{n^w} p_i^{1-\sigma} \mathrm{d}i)/n^w$ 表示消费者消费的工业品价格的某个幂指数的平均值，则 $P_M = (\Delta n^w)^{1/(1-\sigma)}$。则，式（5.2）可以写成：

$$\omega = wp_A^{-(1-\mu)} (\Delta n^w)^a, \ \omega_L = w_L p_A^{-(1-\mu)} (\Delta n^w)^a, \ a = \mu/(\sigma - 1) \qquad (5.2')$$

（5）劳动力在区域间不能流动。在对称自由企业家模型中，两个区域的劳动力数量相等，即 $L = L^W/2$。人力资本具有空间流动性，因此，在自由企业家模型中，企业家或人力资本 H 的空间分布是一个内生变量。企业家或人力资本 H 的空间转移，由人力资本实际收入的空间差异所决定。企业家或人力资本 H 的流动方程为：

$$\dot{s}_H = (\omega - \omega^*) s_H (1 - s_H), \ s_H = H/H^w \qquad (5.3)$$

式（5.3）中，s_H 表示北部的人力资本份额，由于每个企业都只利用 1 单位的人力资本，因此，人力资本的份额也就是工业生产份额，即 $s_n = s_H$。

第二节　短期均衡

在短期，人力资本份额被认为是给定的；但在长期，人力资本是可以流动的，因此，人力资本份额 s_H 成了内生变量。需要注意的是，在自由企业家模型中，s_H 表示的是北部人力资本份额，同时也是北部工业生产份额，从这个意义上说，它与核心边缘模型以及自由资本模型中的 s_n 的意义是相同的。

一、农业部门

在自由企业家模型中，农业部门的短期均衡与核心边缘模型以及自由资本模型中的情况是类同的。对供给方而言，因为完全竞争，生产者按边际成本定价，因此，$p_A = w_L a_m$、$p_A^* = w_L^* a_m$。又由于农产品区际交易不存在交易成本，因此，两个地区农产品价格相等，即 $p_A = p_A^*$，进而 $w_L = w_L^*$。只要两个区域都生产农产品，那么这种关系总能成立，这种条件称为农业非专业化条件，即不存在一个地区专门生产农产品而另一个地区不生产农产品的情况，任何一个区域生产的农产品不能满足经济系统对农产品的总需求，在下面的讨论中，我们认为这一条件可以满足。经济系统对农产品的总需求为 $C_A = (1-\mu)(E+E^*)/P_A$，其中，E 和 E^* 分别表示北部和南部的消费支出。在对称情况下，农业生产的非专业化条件可以写成 $(1-\mu)E^w/p_A > L^w/2a_A$，其中，$(1-\mu)E^w$ 为经济系统对农产品的总支出。

二、工业部门

1. 产出量决策

根据消费者效用最大化的一阶条件，可以得出北部对工业品的支出为 μE，其中，E 为北部收入水平，也等于支出水平（因为我们假设不存在储蓄，因此，收入水平就是支出水平），$E = wH + w_L L$。再根据子效用最大化的一阶条件，可以求出北部对第 j 个工业品的需求量 c_j，即：①

$$c_j \equiv \mu E \frac{p_j^{-\sigma}}{P_M^{1-\sigma}} = \mu E \frac{p_j^{-\sigma}}{\Delta n^w}, \ \Delta n^w = \int_{i=0}^{n^w} p_i^{1-\sigma} \mathrm{d}i, \ E = wH + w_L L \tag{5.4}$$

其中，p_j 为工业品 j 的价格，E 为北部的总收入也是总支出，w 为人力资本工资水平，n^w 为企业总数或者工业品种类总数，w_L 为劳动力工资。生产产品 j 的企业，它的产出包括两个市场上的需求，即本地市场的需求以及外地市场的需求，由于我们假设运输成本为冰山交易成本，因此，生产产品 j 的企业的产出量为：$x_j = c_j + \tau c_j^*$。式（5.4）推导过程请参考第四章的相关部分。

2. 价格决策

在迪克西特－斯蒂格里茨垄断竞争框架中，企业是自由进入和退出的，因此，均衡时企业的净利润为零。和自由资本模型中的情况一样，企业是根据边

① 消费者效用函数与核心边缘和自由资本模型是相同的，因此，消费者的需求函数也相同，具体推导过程参见核心边缘模型和自由资本模型的有关章节。

际成本加成定价法定加的。当实现均衡时，各个企业都实现均衡产出量和均衡价格。由于区际交易存在冰山交易成本，因此，北部产品在南部出售时的价格和在北部出售时的价格之比为 τ，进而得出式（5.5）：

$$\begin{cases} p = \dfrac{w_L a_M}{1-1/\sigma} \\ p^* = \dfrac{\tau w_L a_M}{1-1/\sigma} \end{cases} \tag{5.5}$$

要说明的是，自由企业家模型和自由资本模型中的工业品价格主要取决于不流动要素（劳动力）的价格，而核心边缘模型中的工业品价格则主要取决于流动要素（工业劳动力）的价格。式（5.5）的推导过程请参考第四章的相关部分。

3. 企业利润函数

由于人力资本充当了自由资本模型中的资本的角色，因此，自由企业家模型同自由资本模型类似，企业的经营利润就是人力资本的报酬，即 $w=\pi$，而 $w=px/\sigma$。人力资本的报酬可以写成：

$$w = px/\sigma = \frac{\mu}{\sigma}\frac{E^w}{n^w}\left[\frac{s_E}{s_n+\phi(1-s_n)} + \phi\frac{1-s_E}{\phi s_n+(1-s_n)}\right]$$

Δ 和 Δ^* 的表达式分别为 $\Delta = p^{1-\sigma}[s_n+\phi(1-s_n)]$ 和 $\Delta^* = p^{1-\sigma}[\phi s_n+(1-s_n)]$。但根据式（5.5）进行标准化，则本地生产并在本地销售的产品价格可以标准化为 1，所以 $\Delta = s_n+\phi(1-s_n)$，$\Delta^* = \phi s_n+(1-s_n)$，再令 $b=\mu/\sigma$。同时，在自由企业家模型中的 H^w 等于自由资本模型中的 n^w，即 $H^w=n^w$。这样，北部企业和南部企业的利润函数（也就是人力资本的报酬）分别可以写成：

$$\begin{cases} w = bB\dfrac{E^w}{H^w} \\ w^* = bB^*\dfrac{E^w}{H^w} \end{cases},\quad \begin{cases} B = \dfrac{s_E}{\Delta}+\phi\dfrac{1-s_E}{\Delta^*} \\ B^* = \phi\dfrac{s_E}{\Delta}+\dfrac{1-s_E}{\Delta^*} \end{cases},\quad \begin{cases} \Delta = s_n+\phi(1-s_n) \\ \Delta^* = \phi s_n+(1-s_n) \end{cases},\quad b\equiv\frac{\mu}{\sigma} \tag{5.6}$$

4. 市场份额

工业企业的空间分布（也就是人力资本的空间分布）影响支出份额的空间分布，给定人力资本的分布模式 s_H，则可以得到市场份额的分布模式。

我们先求出经济系统的总支出，总支出等于总收入，也就是 E^w 等于劳动力的工资收入 $w_L L^w$ 加上企业家全体的收入，后者又等于总经营收入，也就是由式（5.6）表示的企业经营利润的总和，即：

$$\begin{aligned} E^w &= w_L L^w + H^w[s_n w+(1-s_n)w^*] = w_L L^w + H^w\left[s_n bB\frac{E^w}{H^w}+(1-s_n)bB^*\frac{E^w}{H^w}\right] \\ &= w_L L^w + bE^w[s_n B+(1-s_n)B^*] \end{aligned}$$

又考虑到 $s_n B+(1-s_n)B^*=1$，所以：$E^w=w_L L^w/(1-b)$。

下面讨论北部的支出问题。类似于经济系统的总支出，它可以写成：

$E=s_L w_L L^w+s_n H^w w=s_L w_L L^w+bBE^w s_n$，同时 $s_n=s_H$，所以：

$$s_E=(1-b)s_L+bBs_H,\ s_E\equiv\frac{E}{E^w},\ s_L\equiv\frac{L}{L^w},\ s_H=\frac{H}{H^w} \tag{5.7}$$

从式（5.7）可以看出，市场份额的大小不仅依赖于劳动力的空间分布，还依赖于当地人力资本的份额。因为在自由企业家模型中，每个企业的固定投入为一单位人力资本，因此，人力资本的数量就等于企业的数量。由于企业家的收益都消费在本地区，因此，人力资本的转移导致生产活动的转移，同时也是消费的转移，最终导致市场份额的变化，这是与自由资本模型的重要区别。在自由资本模型中，生产转移并不会影响市场份额 s_E，而在自由企业家模型中，生产的转移导致市场份额的变化。式（5.7）也就是我们常说的 *EE* 曲线，在下面长期均衡的分析中还要讨论该曲线的一些特征。

三、标准化处理

标准化处理可以大大简化模型，并且使表达式更为简洁。自由企业家模型中的标准化与自由资本模型中的情况是一样的。以单位劳动力生产的农产品作为价格和工资的度量单位，则 $a_A=1$。选择合适的工业品产出度量单位，设 $a_M=1-1/\sigma$、$n^W=1$、$H^W=1$，则 $n=H$、$L^W=1-b$。自由企业家模型相关变量的标准化处理结果可以总结如下：

$$p=1,\ p^*=\tau,\ p_A=p_A^*=w_L=w_L^*=1,\ n^w\equiv n+n^*=1,\ H^w\equiv H+H^*=1,$$
$$n=H=s_n=s_H,\ n^*=H^*=s_H^*=1-s_n,\ L^w=1-b,\ E^w=1 \tag{5.8}$$

第三节　长期均衡

一、长期均衡的条件

长期均衡通过人力资本的空间流动而实现。当不存在人力资本流动时，经济系统实现长期均衡。因此，长期均衡条件可写成：

$$\begin{cases}\omega=\omega^*,\ 0<s_n<1\\ s_n=0\\ s_n=1\end{cases} \tag{5.9}$$

需要注意的是，根据式（5.8）的标准化，可以用 s_n 来替代 s_H。式（5.9）中的 ω 是实际收入，由于人力资本的实际收入涉及区域的生活成本指数，而生活成本指数中具有指数项，因此，我们对实际收入比值取对数，则：

$$\frac{\omega}{\omega^*}=\frac{wP}{w^*P^*}=\frac{BP}{B^*P^*}=\frac{Bp_A^{-(1-\mu)}P_M^{-\mu}}{B^*p_A^{-(1-\mu)}(P_M^*)^{-\mu}}=\frac{B}{B^*}\left(\frac{\Delta}{\Delta^*}\right)^{-\mu/(1-\sigma)}=1$$

变量取对数，可得：

$$\ln\frac{\omega}{\omega^*}=\ln\frac{B}{B^*}-\frac{\mu}{1-\sigma}\ln\frac{\Delta}{\Delta^*}=\ln\left(\frac{s_E\Delta^*+\phi(1-s_E)\Delta}{\phi s_E\Delta^*+(1-s_E)\Delta}\right)+\frac{\mu}{\sigma-1}\ln\frac{\Delta}{\Delta^*}=0$$

由此可得：

$$\ln\left(\frac{s_E\Delta^*+\phi(1-s_E)\Delta}{\phi s_E\Delta^*+(1-s_E)\Delta}\right)+a\ln\frac{\Delta}{\Delta^*}=0,\ a=\frac{\mu}{\sigma-1}\qquad(5.10)$$

式（5.10）给出了人力资本实际收入相同时 n_n 与 s_E 之间的相互关系。式（5.10）对应的函数曲线也就是 nn 曲线。它说明的是，两个区域人力资本的实际收益率相同时，也就是不存在人力资本流动时，人力资本的空间分布与支出份额的空间分布之间必须满足的条件。

二、长期均衡图解

EE 曲线是 s_E 和 s_n 的约束线，包括短期和长期，所有均衡在 EE 曲线上都表现出来。nn 曲线则是经济系统达到长期均衡时，也就是不存在人力资本流动情况下，人力资本空间分布与支出份额的空间分布必须满足的条件。

1. EE 曲线和 nn 曲线的数值模拟

由于式（5.7）和式（5.10）都是非线性的，因此，我们无法得出 s_n 关于 s_E 的显函数形式。所以，自由企业家模型也需要借助数字模拟的方法讨论经济系统的特征。我们先模拟一下这两条曲线。

首先，根据式（5.7），模拟 EE 曲线。先考虑几种特殊的情形。在 $s_n=0$ 时，$s_E=(1-b)/2$；在 $s_n=1$ 时，$s_E=(1+b)/2$。在 $\phi=1$ 时，s_n 与 s_E 之间变成了一种线性关系；在 $\phi=0$ 时，$s_E=s_L$，此时 s_E 与 s_n 不相关。考察这些特征，有助于我们描绘出图 5－2 的 EE 线。

设定 $s_L=1/2$，$\mu=-0.4$，$\sigma=5$，$b=0.08$，我们还假设贸易自由度 ϕ 分别取 1、0.3、0.1。则根据式（5.7），可以得到 s_n 和 s_E 的数据序列。根据这些数据序列，描绘出三条 EE 曲线，如图 5－1 所示。

从表 5－1 和图 5－1 中可以看出，随着 ϕ 变小，EE 线绕着对称均衡点逆时针旋转，但 EE 线两个端点的位置保持不变，因而 EE 曲线逐渐变成两边拉直的倒“Z 字”形。当 $\phi \to 0$ 时，*EE* 曲线在对称均衡点附近的部分将变成垂直于横轴并通过对称均衡点的直线。

表 5－1　　　　　　*EE* 曲线模拟结果

s_E	$s_n(\phi=1)$	$s_n(\phi=0.3)$	$s_n(\phi=0.1)$
0.46	0	0	0
0.468	0.1	0.0658	0.026
0.476	0.2	0.147	0.0655
0.484	0.3	0.248	0.132
0.492	0.4	0.368	0.259
0.5	0.5	0.5	0.5
0.508	0.6	0.632	0.741
0.516	0.7	0.752	0.868
0.524	0.8	0.852	0.9343
0.532	0.9	0.934	0.974
0.54	1	1	1

资料来源：笔者整理。

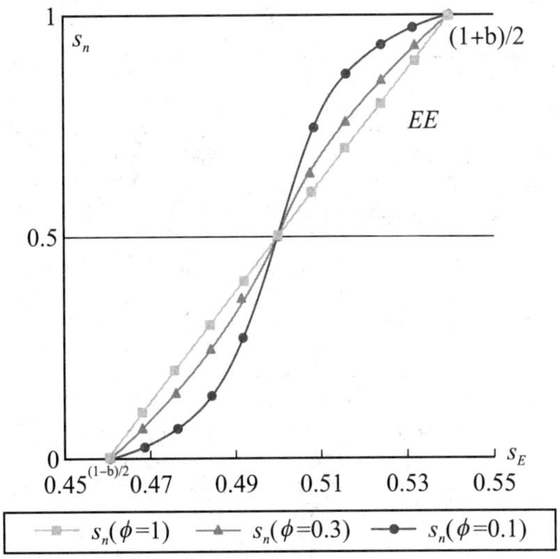

图 5－1　*EE* 曲线模拟结果

资料来源：笔者整理。

接着，根据式（5.10）模拟 *nn* 曲线。下面给出不同的 ϕ 值，然后，在 $\mu=0.4$、$\sigma=5$、$a=0.1$ 的情况下，模拟出两条 *nn* 线。

在表 5－2 和图 5－2 中，给出了两条 nn 曲线，其中，$n'n'$曲线为贸易自由度较大时的情况，nn 曲线为贸易自由度较小时的情况。由图 5－2 中可以看到，当 ϕ 较大时，在对称均衡点处，nn 曲线的斜率为负；当 ϕ 较小时，在对称均衡点处，nn 曲线的斜率为正；当 ϕ 变大时，nn 曲线将围绕对称均衡点逆时针旋转。

表 5－2　　nn 曲线模拟结果

s_E	$s_n(\phi=0.9)$	$s_n(\phi=0.3)$
0.3	—	0.056
0.33	—	0.1197
0.36	—	0.1849
0.4	—	0.2734
0.43	—	0.3409
0.46	—	0.4089
0.468	—	0.4271
0.476	—	0.4453
0.484	0.8367	0.4635
0.492	0.6687	0.48175
0.5	0.5	0.5
0.508	0.3313	0.5183
0.516	0.1633	0.5365
0.524	—	0.5547
0.532	—	0.5729
0.54	—	0.5911
0.57	—	0.6591
0.6	—	0.7266
0.64	—	0.8151
0.67	—	0.8803
0.7	—	0.944

资料来源：笔者整理。

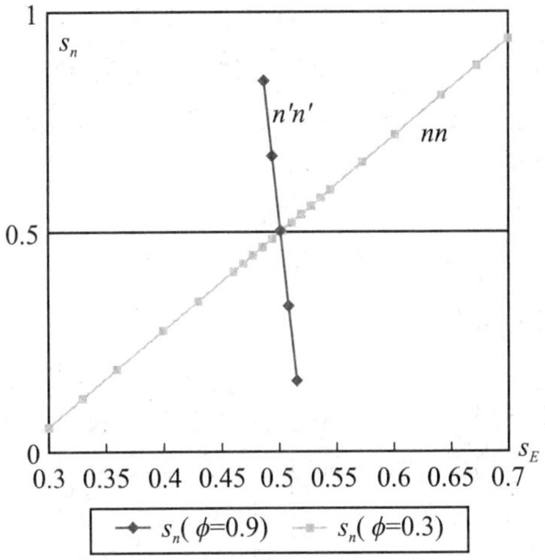

图 5 –2　*nn* 曲线模拟结果

资料来源：笔者整理。

还可以把 nn 曲线和 EE 曲线放在同一个图中，考察它们的相对关系。把 $\phi=0.3$ 的两条曲线画在同一个图中，则如图 5 –3 所示。

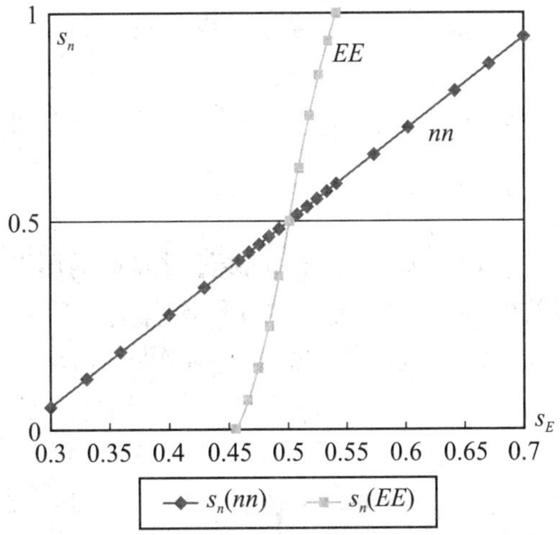

图 5 –3　自由企业家模型的剪刀图

资料来源：笔者整理。

在这种情况下，两条曲线只有一个交点，对称均衡点是稳定的长期稳定点。这是因为，在 nn 曲线的下方，北部资本的实际收益率大于南部资本的实际收益率，人力资本具有向北部流动的趋势；在 nn 曲线的上方，北部资本的实际收益率小于南部资本的实际收益率，人力资本具有向南部流动的趋势。在对称均衡点，如果有某种冲击使得北部资本份额提高，则这将导致北部资本收益率的下降，因此，流向北部的资本将回到原地。因存在这种机制，对称均衡点可以保持长期稳定。随着贸易自由度的提高，*nn* 曲线逆时针旋转，而 *EE* 曲线保持两个端点位置不变的情况下，其中间部分将顺时针扭动。当达到某一特定 ϕ 值时，在对称均衡点，*nn* 曲线的斜率将与 *EE* 曲线在该点的斜率相同，此时对称分布将被打破，超越了这个 ϕ 值，在 $s_n>0.5$ 处，*EE* 曲线转到了 *nn* 曲线的下方，这时存在一种正反馈的机制，越来越偏离对称均衡点，对称均衡就很不稳定。

从图 5－3 中还可以看到，在某些贸易自由度情况下，*EE* 曲线和 *nn* 曲线可能有三个交点，这种情况下，经济系统存在五个均衡点，其中，对称结构和两个核心边缘结构是长期稳定均衡；而 *EE* 曲线和 *nn* 曲线的另外两个交点是内部均衡，这种均衡则是不稳定的。

2. 模拟结果的说明

（1）*EE* 曲线。*EE* 曲线表示的是，经济系统运行过程中，支出份额与生产空间分布之间所需要满足的相互关系。

第一，*EE* 曲线经过对称均衡点（1/2，1/2）。

第二，*EE* 曲线在对称均衡点斜率（ds_n/ds_E）为 $(1+\phi)[(1+\phi)-b(1-\phi)]/4b\phi$（斜率的计算，请参见稳定性分析部分）；当 $\phi=0$ 时，对称点上的斜率趋向无穷大；当 $\phi=1$ 时，对称点上的斜率为 $1/b$，而 b 又等于 $b=\mu/\sigma$。

第三，在两个端点处，s_E 与 ϕ 无关。如果把 $s_n=0$ 和 $s_n=1$ 分别代入式（5.7），则可以得出 $s_E=(1-b)/2$ 和 $s_E=(1+b)/2$。

（2）*nn* 曲线。

第一，对称自由企业家模型中，*nn* 曲线经过对称均衡点（1/2，1/2）。

第二，*nn* 曲线的斜率与 ϕ 有关，在对称均衡点（1/2，1/2）处，*nn* 曲线的斜率（ds_n/ds_E，该斜率的推导请参见稳定性分析）为 $(1+\phi)/[(1-\phi)-a(1+\phi)]$。当贸易自由度很大时，斜率为负；当贸易自由度很小时，斜率为正。

第三，和自由资本模型中的情况一样，在图 5－3 中，如果某一点处于 *nn* 曲线的右方，则该点处的资本有向北部流动的趋势（即 s_n 有变大的趋势，在图 5－3 中则是向上的趋势）；如果某一点处于 *nn* 曲线的左方，则该点处的资本有向南部流动的趋势（即 s_n 有变小的趋势，在图 5－3 中则是向下的趋势）。*nn* 曲线右边的点和 *nn* 曲线上具有相同 s_n 值的点相比，尽管 s_n 相同但 s_E 更大，意味着更大的支出水平，因此，北部资本的实际收益率大于南部资本的实际收益率，人力资本有向北流动的趋势（企业向北部转移的趋势）；反之，在 *nn* 曲线的左边，北部资本的实际收益率小于南部资本的实际收益率，人力资本具有向南流动的趋势（企业向南部转移的趋势）。

3. FE 模型的剪刀图解

根据上面的讨论，现在可以画自由企业家模型长期均衡的剪刀图（见图 5 –4）。

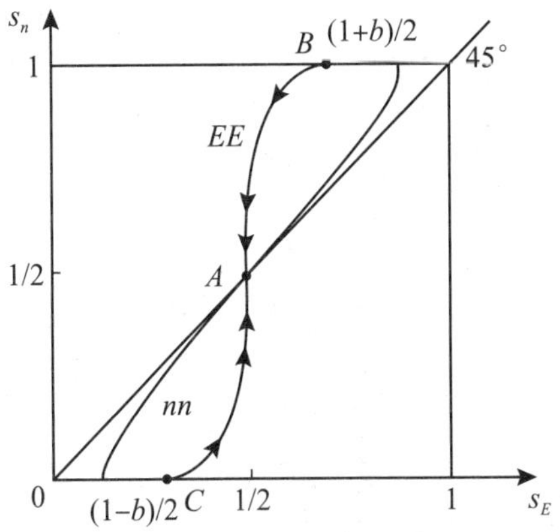

图 5 –4　贸易自由度很低时的剪刀图解

资料来源：笔者整理。

图 5 –4 表示的是贸易自由度 ϕ 很小，即交易成本很高时的情况。此时 EE 非常陡峭，nn 曲线接近 45°线。交易成本很高时，经济系统存在三种长期均衡（对称结构均衡、两个核心边缘结构均衡）。其中，对称结构均衡是稳定的，因为在对称均衡点（图 5 –4 上的 A 点）附近，如果 s_n 变大（当然，在 EE 曲线上表现为向上移动），则该点将处在 nn 曲线的左边，由于 nn 曲线左边的点受到向下的拉力，因此，s_n 又将变小，将回到原来的位置。因此，此时的外生冲击将产生自我纠正的机制。s_n 变小（当然，在 EE 曲线上表现为向下移动）时的情况也是一样的，只不过方向正好相反。两个核心边缘结构则是不稳定的。B 点（$s_n=1$）而言，由于位于 nn 曲线的左边，存在 s_n 变小的趋势，因而存在将沿着 EE 曲线向 A 点处移动的趋势。C 点（$s_n=0$），同样存在向 A 点处移动的趋势。

图 5 –5 表示的是贸易自由度 ϕ 很大，即交易成本很低时的情况。当贸易自由度变大时，尽管 EE 曲线的两个端点不动，但曲线更加拉直了。nn 曲线也绕对称均衡点 A 旋转，但不同于 EE 曲线，nn 曲线的两个端点是移动的。当贸易自由度足够大时，nn 的斜率由正变为负。

图 5 –5 中的实粗线表示贸易自由度很高时的 EE 曲线和 nn 曲线，此时 nn 曲线的斜率为负斜率。在这种情况下，对称均衡是不稳定的，因为经济系统内存在一种正反馈机制，外生冲击将促使经济系统偏离对称结构，在图 5 –5 上表示为沿着箭头方向移动，直至形成核心边缘结构为止，这种正反馈机制就是对冲击的自我强化机制。此时，两个核心边缘结构是长期稳定的均衡。

图 5 –5 中用点线表示的 $E'E'$曲线和 $n'n'$曲线是贸易自由度为中等水平时的

情况。此时，有五种长期均衡，但三种长期均衡是稳定的，包括对称均衡和两个核心边缘均衡。其他两个点（*D* 点和 *E* 点）的内部均衡，是不稳定的。

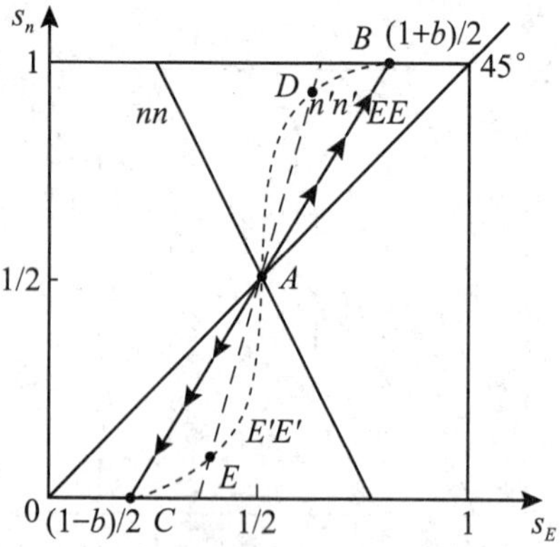

图 5-5 贸易自由度较高时的剪刀图解

资料来源：笔者整理。

三、稳定性分析

由前面的讨论可知，随着 ϕ 的提高，*nn* 曲线逆时针旋转，同时，*EE* 曲线在保持两个端点固定的情况下，中间部分顺时针转动。当两条曲线在对称中心点具有相同的斜率时，对称均衡被打破，也就是，此时的贸易自由度为突破点。因此，要寻找突破点的 ϕ，必须首先计算 *EE* 线和 *nn* 线在对称点的斜率。在对称均衡点，根据定义容易得到：

$$\Delta\big|_{s_n=s_E=1/2}=\Delta^*\big|_{s_n=s_E=1/2}=(1+\phi)/2;\ B\big|_{s_n=s_E=1/2}=1$$

利用上述关系式，在对称点对式（5.7）求全微分，则：

$$\mathrm{d}s_E=b\mathrm{d}(Bs_n)=b\mathrm{d}s_n+\frac{1}{2}b\mathrm{d}B$$

又，$\mathrm{d}B=\dfrac{2(1+\phi)(1-\phi)\mathrm{d}s_E-2(1-\phi)^2\mathrm{d}s_n}{(1+\phi)^2}$，把 $\mathrm{d}B$ 代入上式，可得：

$$\frac{\mathrm{d}s_n}{\mathrm{d}s_E}=\frac{(1+\phi)[(1+\phi)-b(1-\phi)]}{4b\phi}$$

上式为 *EE* 曲线在对称点处的斜率。

从该式可以看出，当 $\phi=0$ 时，*EE* 曲线的斜率趋于无穷大；而当 $\phi=1$ 时，*EE* 曲线退化为一条直线，其斜率为 $1/b$，而 $b=\mu/\sigma$。

对式（5.10），在对称均衡点处求全微分，则：

$$\frac{(1-\phi^2)\mathrm{d}s_E-(1-\phi)^2\mathrm{d}s_n}{(1+\phi)^2/4}+a\frac{(1-\phi^2)\mathrm{d}s_n}{(1+\phi)^2/4}=0$$

求解并整理后，则可得：

$$\frac{\mathrm{d}s_n}{\mathrm{d}s_E}=\frac{1+\phi}{(1-a)-\phi(1+a)}$$

上式为 *nn* 曲线在对称点处的斜率。

1. 突破点

当 *EE* 曲线和 *nn* 曲线的斜率相等时的贸易自由度就是突破点，因此，设这两条曲线的斜率相等，然后解方程，则：

$$4b\phi=[(1-a)-\phi(1+a)][(1-b)+\phi(1+b)]$$
$$\Rightarrow(1+a)(1+b)\phi^2+2(a+b)\phi-(1-a)(1-b)=0$$

从上式解出 ϕ，则 $\phi_1=[(1-a)(1-b)]/[(1+a)(1+b)]$、$\phi_2=1$。贸易自由度不能为负数，故舍去 $\phi_2=-1$。同时此时的贸易自由度为突破对称结构时的贸易自由度，用 ϕ^B 来表示突破点，则：

$$\phi^B=\frac{(1-a)(1-b)}{(1+a)(1+b)} \tag{5.11}$$

2. 维持点

下面计算核心边缘结构得以稳定的最小的贸易自由度，即 ϕ^S。当 $\phi=1$ 时，核心边缘结构是稳定的。当 ϕ 变小时，*nn* 曲线顺时针旋转，*EE* 曲线保持两端点位置不变而逆时针转动。当 ϕ 达到某一临界值时，*nn* 曲线在 $s_n=1$ 和 $s_n=0$ 处与 *EE* 曲线的两个端点重合，此时的贸易自由度为维持核心边缘结构稳定的持续点 ϕ^S。把 $s_n=1$ 和 $s_E=(1+b)/2$，或者把 $s_n=0$ 和 $s_E=(1-b)/2$ 代入式（5.10），则可得：

$$\frac{1+b}{2}(\phi^S)^{a+1}+\frac{1-b}{2}(\phi^S)^{a-1}=1 \tag{5.12}$$

和核心边缘模型一样，在自由企业家模型中，仍然成立 $\phi^S<\phi^B$。

3. 战斧图解

图 5－6 是自由企业家模型长期稳定均衡的战斧图解。实线表示长期稳定均衡，虚线表示不稳定均衡。当 $\phi<\phi^S$ 时，对称结构（$s_n=1/2$）是唯一的长期稳定均衡；当 $\phi>\phi^b$ 时，核心边缘结构是长期稳定均衡，包括以北部为核心的核心边缘结构和以南部为核心的核心边缘结构；当 $\phi^S<\phi<\phi^B$ 时，有三个长期稳定均衡，包括对称结构、以北部为核心的核心边缘结构和以南部为核心的核心边缘结构，此时，还有两个非对称的内部均衡，但不是稳定均衡。

从式（5.11）可以看出，突破点 ϕ^B 与 $b(b=\mu/\sigma)$ 呈反向变化，因此，ϕ^B

与μ反向变化而与σ正向变化。当μ变大时ϕ^B变小，也就是ϕ^B向原点处移动，这意味着对称均衡不稳定的区间（$\phi>\phi^B$）扩大了，因为，当$\phi>\phi^B$时对称均衡不稳定。而σ变大，意味着人力资本的收益率下降，这减弱了聚集力，因此，保持对称均衡稳定的贸易自由度的区间变大了。同时，从式（5.11）可以看出，a必须小于1，这样才可以保证$\phi^B>0$，否则，经济系统就只有核心边缘这一种长期稳定的空间模式了，因此，$a=\mu/(\sigma-1)<1$这一条件类似于核心边缘模型中的“非黑洞条件”。

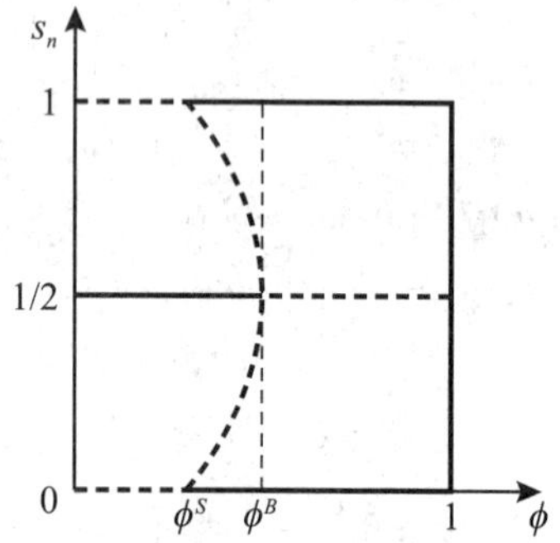

图5－6　自由企业家模型的战斧图解

资料来源：笔者整理。

第四节　自由企业家模型的基本特征

由于核心边缘模型和自由企业家模型在本质上是一致的，因此，自由企业家模型具有核心边缘模型的所有特征。在这两个模型中，要素移动以及要素和要素所有者不能分离，是出现经济活动空间聚集的主要原因，同时要素移动是根据实际收入水平而不是名义收入。但也有不同的地方，在核心边缘模型中，制造业企业的总成本全部由流动要素所组成，而在自由企业家模型中，流动要素（企业家H）只占总成本的一部分。这样，在自由企业家模型中的生产转移和支出转移之间的联系不像核心边缘模型中那样密切，自由企业家模型中的聚集力比起核心边缘模型中的聚集力相对弱一些。

由于自由企业家模型的聚集力小，因此，在自由企业家模型中，维持点的贸易自由度（ϕ^S）相对于核心边缘模型要大，也就是对称均衡持续区间拉长了。同样，突破点的贸易自由度（ϕ^B），也相对于核心边缘模型要大。但自由企业家模型的“非黑洞条件”没有像核心边缘模型中那样很苛刻。

1. 本地市场放大效应

自由企业家模型显示出本地市场放大效应。我们知道，在 $s_n > 1/2$、$s_E > 1/2$ 的区域内（我们考虑的是当北部产业份额与支出份额都大于 1/2 时，是否 nn 曲线的斜率大于 1 的问题，因此，不考虑两个区域对称时的情况，如果两种份额都小于 1/2，那么南部的两种份额都大于 1/2，此时的情况与前一种情况是一样的），随着 ϕ 的上升，nn 曲线逆时针旋转，也就是斜率变大，这意味着，当 $\phi = 0$ 时的 nn 曲线是 nn 曲线簇中斜率最小的曲线。下面我们证明即使在这斜率最小的 nn 曲线，也成立 $s_n > s_E$ 条件，即在 $s_n > 1/2$，$s_E > 1/2$ 的区域内，所有 nn 曲线的斜率都大于 1。

把 $\phi = 0$ 代入式（5.10），其中 $\Delta = s_n + \phi(1 - s_n)$，可以得到：

$$\ln\frac{s_E(1-s_n)}{(1-s_E)s_n} + a\ln\frac{s_n}{1-s_n} = 0 \Rightarrow \ln\frac{s_E}{1-s_E} = (1-a)\ln\frac{s_n}{1-s_n} \Rightarrow \frac{s_E}{1-s_E} = \left(\frac{s_n}{1-s_n}\right)^{1-a}$$

因为，$s_n > 1/2$，$s_E > 1/2$，所以 $s_n/(1-s_n) > 1$，$s_E/(1-s_E) > 1$；

又由于 $a = \mu/(\sigma - 1) > 0$，所以 $1 - a < 1$，因此，有：

$$\frac{s_n}{1-s_n} > \left(\frac{s_n}{1-s_n}\right)^{1-a} = \frac{s_E}{1-s_E} \Rightarrow \frac{1-s_n}{s_n} < \frac{1-s_E}{s_E} \Rightarrow s_n > s_E$$

因此，在 $s_n > 1/2$，$s_E > 1/2$ 区域内的任何一条 nn 曲线，都满足 $s_n > s_E$ 的条件，这表明存在本地市场放大效应，也就是支出份额的区际转移要求更大份额的生产转移，这意味着，支出份额的增加会导致产业份额更大比例的增加。

2. 循环累积因果关系

前文已提到，在自由企业家模型中，也存在与需求关联的循环累积因果关系和与成本关联的循环累积因果关系。流动要素的转移伴随着所有者的转移，因此，生产的转移带来支出的转移，即市场规模变大，存在与需求关联的循环累积因果关系。反过来，生产转移必然导致产品种类的增加，这又必然降低该区域的价格指数，因而存在与成本关联的循环累积因果关系。

3. 内生的非对称

同核心边缘模型中的情况一样，贸易自由度变大，聚集力得到相对增强。随之，初始完全对称的空间结构突然转变为非对称的核心边缘结构。尤其，与核心边缘模型一样，在自由企业家模型中的部分的非对称内部均衡（除对称结构以外），也不是稳定均衡。

4. 突发性聚集

自由企业家模型也显示出突发性聚集特征，在对称分布的突破点和完全聚集的维持点附近，贸易自由度的一个微小的变化都引起突发性的空间结构变动。

5. 区位黏性

当 $\phi > \phi^S$ 时，存在多重稳定的长期均衡。这意味着，经济系统受到某种外生冲击或者政策发生变化时，这些对经济活动区位的影响常常是滞后的，也就是说原有区位模式具有很强的黏性，即路径依赖。

6. 驼峰状聚集租金

类似于核心边缘模型，自由企业家模型中的聚集租金也是贸易自由度 ϕ 的凹函数，它可以用从聚集区转移到非聚集区时的利润损失来度量。把 $s_n = 1$，$s_E = (1+b)/2$ 代入式（5.10），可以得到完全聚集情况下北部人力资本的实际收益率与南部人力资本的潜在实际收益率的比值，对此比值取对数，则：

$$\ln \frac{2\phi}{[(\phi^2-1)(1+b)+2]\phi^a} = -\ln \frac{[(1+b)\phi^2+(1-b)]\phi^a}{2\phi} = -\ln\left(\frac{1-b}{2\phi} + \phi\frac{1+b}{2}\right)\phi^a \tag{5.13}$$

容易看到，当 $\phi = 1$ 时，式（5.13）为0；另外由式（5.12）易知，当 $\phi = \phi^S$ 时，式（5.13）也为0；当 $\phi^S < \phi < 1$ 时，式（5.13）为正；当 $\phi = \sqrt{\phi^B}$ 时，式（5.13）取最大值。因此，如图5－7所示，聚集租金显示出驼峰状。

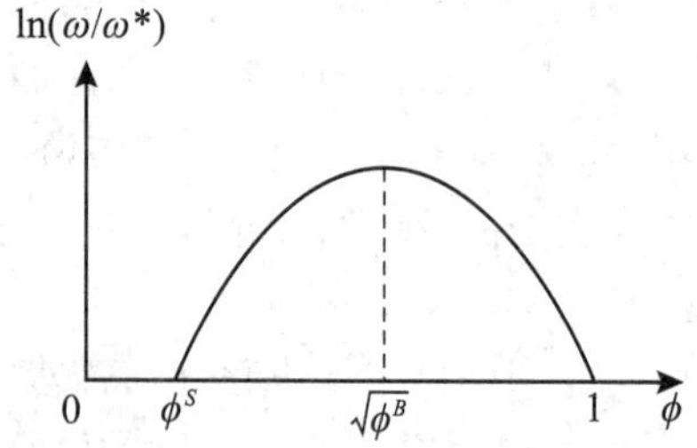

图5－7　自由企业家模型的驼峰状聚集租金

资料来源：笔者整理。

7. 叠加区和自我实现的预期

由于 $0 < \phi^S < \phi^B < 1$，自由企业家模型存在既有对称结构又有核心边缘结构的叠加区。因此，流动要素预期的变化，可能导致经济活动空间分布的变化。

第五节　本章小结

自由企业家模型（FE 模型）引入了人力资本概念。自由企业家模型强调人力资本在经济活动中的重要作用，相对于劳动力而言，人力资本具有更强的空间流动性，而这种流动性是经济活动空间聚集的一个前提条件，这一点与核心边缘模型（CP 模型）和自由资本模型（FC 模型）是相同的。

在自由企业家模型中，企业的固定投入来自人力资本。由于人力资本与资本所有者不可分离，资本流动必然伴随着所有者的流动，因此，在自由企业家模型中，前后向联系（本地市场效应和生活成本效应）都在发挥作用。生产要素的区际转移就是经济活动的空间转移，经济活动空间转移导致消费支出的空间转移，也就是导致市场规模的变化，而市场规模的变化，必然促使本地市场效应发挥作用，它又促使经济活动的空间转移，这就是后向联系。人力资本的空间转移是基于对不同区域实际收入的判断，生产份额较大区域的总体生活成本指数较低，它促使作为消费者的人力资本所有者的空间转移。因此，经济活动的空间转移将促使生产份额较大区域具有较低的生活成本指数，这使得具有较大市场份额的区域更具有吸引力，就会导致人力资本的进一步转移，这就是前向联系。在自由企业家模型中，导致经济活动空间聚集的机制与核心边缘模型是相同的。但也有不同点，在核心边缘模型中，可变投入和固定投入都是劳动力，都具有空间流动性；而在自由企业家模型中，只有固定投入才具有空间流动性，可变投入不具有空间流动性。

本章详细地介绍了自由企业家模型，可以看到，自由企业家模型显示出了核心边缘模型所有的特征，同时，模型的求解也存在必须依赖数值模拟的问题，因此，该模型也不具有很好的解析能力。但相对于核心边缘模型而言，自由企业家模型的解析能力还是有了一定的提高。

参考文献

[1] 安虎森，等．新经济地理学原理（第二版）[M]．北京：经济科学出版社，2009.

[2] Ottaviano，G I P. Monopolistic Competition，Trade and Endogenous Spatial Fluctuations [J]. Regional Science and Urban Economics，2001，31：51 – 77.

[3] Forslid，R. Agglomeration with Human and Physical Capital：An Analytically Solvable Case [J]. Discussion Paper No. 2102，Center for Economic Policy Research，1999.

[4] Forslid R. and Ottaviano G I P. An Analytically Solvable Core – Periphery Model [J]. Journal of Economic Geography，2003，3：229 – 240.

[5] Richard Baldwin，Rikard Forslid，Philippe Martin，Gianmarco Ottaviano and Frederic Robert – Nicoud. Economic Geography and Public Policy [M]. Princeton：Princeton University Press，2002.

第六章

资本创造模型

对于目前已经发展成熟的新经济地理学模型而言，在建立模型时，它们都要权衡模型特征的丰富性与模型解析能力之间的关系。FC 模型的解析能力最强，但丧失了 CP 模型中的许多富有意义的特征。如在 FC 模型中，就不存在循环累积因果关系、突发性聚集、区位黏性以及重叠区等特征；FE 模型虽具有上述特征，解析能力也强于 CP 模型，但是 FE 模型却不能给出对于制定政策至关重要的产业的空间分布的显性解。

本章将介绍一个和 FC 模型有着相同的解析能力，但又具有更多 CP 模型特征的模型。该模型可以得出所有内生变量的显性解，并且在模型中引入了厂商的理性预期，这个模型同时具有突发性聚集和循环累积因果关系等特征。该模型由 R. 鲍德温于 1999 年提出来，被称为资本创造模型（constructed capital model，以下简称 CC 模型）。①

第一节　对称的资本创造模型

一、基本思路

在资本创造模型中，产业重新布局的关键在于资本的损耗与创造。在 CP 模型中，交易成本、市场规模等的变化都会导致生产要素的区际转移。但在资本创造模型中，这些变化表现为繁荣区域创造资本而衰退区域耗损资本的过程。换言之，在资本创造模型中，资本在区域之间是不流动的。繁荣区域通过创造

① Baldwin，R E. Agglomeration and endogenous capital ［J］. European Economic Review，1999，43：253 －280.

更多的资本，增加区内的资本存量，区域市场规模（总需求或总支出）也随之扩大；衰退区域消耗更多的资本，从而区内资本存量缩小，区域市场规模（总支出）也随之萎缩。这样就出现需求关联的循环累积因果关系，即繁荣地区的资本存量会进一步增加而衰退地区的资本存量会进一步减少。正如CP模型以及FE模型中的情况一样，当交易达到充分自由时，这种正向聚集的循环累积因果关系占主导地位，负向聚集的循环累积因果关系（市场拥挤所致）占从属地位。因此，当市场开放度超过了某一临界值时，将发生类似于CP模型中的经济活动突发性聚集现象，结果初始的对称结构转变成为核心边缘结构。

资本创造模型引入了资本形成与资本折旧这两种变量，代替了CP模型中的要素流动。在资本创造模型中，不存在资本的区际流动，但有吸引力的区域通过创造更多的资本，进一步扩大其制造业部门生产份额，没有吸引力的区域则通过资本折旧，进一步损失其制造业部门生产份额。因此，在CC模型中，虽然不存在资本流动，但从资本份额的空间分布发生变化的角度上说，仍然存在着区际的资本流动。

同时，随着资本的创造过程和损耗过程，支出份额的空间分布将发生变化，也就是说，资本份额的空间转移引起支出份额的空间转移，而支出份额的空间转移又影响资本的区域收益率，而这种收益率的空间差异又对资本份额的空间配置产生影响。因此，在资本创造模型中，也存在需求关联的累积因果关系。在一定的条件下（市场开放度要大），这种循环累积因果关系促使经济活动的空间聚集，成了聚集力。另外，产业活动的空间聚集还引起市场的拥挤效应，这种拥挤效应可以理解为它提高了市场竞争强度，进而也就成了促进经济活动空间分散的力量。正是这种聚集力和分散力决定了经济活动的空间分布。

二、基本假设

资本创造模型，同样假设经济系统包括北部和南部两个区域，有工业部门和农业部门两种生产部门，在生产中使用物质资本和劳动力两种生产要素；北部拥有的资本份额和劳动力份额分别用 s_K、s_L 来表示，南部的资本份额和劳动力份额分别用 s_K^*、s_L^* 来表示。

农业部门以规模收益不变和完全竞争为特征；农业部门只使用劳动力一种生产要素，生产同质产品，生产1单位农产品需要1单位劳动，单位农产品可以作为计价物；农产品的区际区内交易无成本。

工业部门以规模收益递增和垄断竞争为特征，工业品区际交易遵循冰山运输成本。工业部门把物质资本作为其固定投入，劳动力作为其可变投入，每种差异化产品的生产需要1单位资本作为其固定成本，单位产品的生产需要投入a_m单位的劳动力。资本和劳动力在区域间不能流动。

假设物质资本的折旧率为δ，在t时刻1单位物质资本在s时刻仍可利用的部分为$\exp[-\delta(s-t)]$。① 同时，还要考虑资本创造过程，这需要引入资本生产部门。假设资本生产部门利用劳动创造资本，创造单位资本需要a_I单位的劳动量，资本生产部门同样以规模收益不变和完全竞争为特征。创造单位资本的成本（F）在任何区域都相等，都为$F=w_La_I$。如果资本生产部门使用的总劳动量为L_I，那么所创造的资本总量为$Q_K=L_I/a_I$，这样资本生产部门的生产技术可以写成：

$$\begin{cases} F=w_La_I \\ Q_K=L_I/a_I \end{cases} \tag{6.1}$$

消费者的偏好和工业部门的成本函数与FC模型一样。另外，由于所创造的资本只能在本区域内使用，因此，资本使用份额与资本所有份额是相同的，即$s_n=s_K$，且由于每个企业只使用一单位资本，因此，$n^w=K^w$，$n=s_nK^w$，$n^*=(1-s_n)K^w$。

三、短期均衡

在短期可以认为，资本的空间分布s_n和总资本存量K^w是固定不变的，但在长期，它们都将发生变化。

1. 农业部门、工业部门的短期均衡

如前所述，农业部门是完全竞争部门且产品交易不存在运输成本，因此，农产品价格在任何地区都相同。在模型中我们仍以农产品为计价物，则有$p_A=p_A^*=w_L=w_L^*=1$。

类似于CP模型、FC模型，每个制造业企业在需求函数约束下，生产一种差异化的产品，且边际成本加成定价法定价，此时可以实现企业利润最大化。由于每个企业都使用1单位资本作为其固定成本，故企业的成本函数为$\pi+a_mw_Lx$。② 这样，本地企业在本地销售的价格为$p=[\sigma/(\sigma-1)]\times a_mw_L$；由于存

① 推导过程如下：由折旧率为δ，t时刻为1单位物质资本可知，$t+1$时刻资本存量$K=1-\delta$，$t+2$时刻$K=(1-\delta)^2$，以此类推，可知s时刻资本存量为$K=(1-\delta)^{(s-t)}$，方程两边取自然对数，则：$\ln K=(s-t)\ln(1-\delta)$，由$\ln(1-\delta)\approx-\delta$，可以得到$\ln K=-\delta(s-t)$，则$K=e^{[-\delta(s-t)]}$，所以，$t$时刻1单位物质资本在$s$时刻可利用的部分为$\exp[-\delta(s-t)]$。

② 在垄断竞争的条件下，均衡时企业的利润用来弥补固定成本，利润与固定成本相等，所以工业企业的成本函数可以表示为$\pi+a_mw_Lx$。

在运输成本，本地企业生产的产品在外地销售时的价格为 $p^* = \tau[\sigma/(\sigma-1)] \times a_m w_L$。选择合适的工业产品度量单位 $a_m = (\sigma-1)/\sigma$，并进行标准化，则 $p=1$，$p^* = \tau$。

综合一下农产品和工业产品价格，则可以写成：

$$p=1,\ p^* = \tau;\ p_A = p_A^* = w_L = w_L^* = 1 \tag{6.2}$$

2. 资本收益

这里，我们不能对总资本存量进行标准化，因为在长期，总资本存量是一个内生变量。与 FC 模型中的情况一样，在短期，北部资本收益为 $\pi = px/\sigma$。① 进一步表示为：②

$$\pi = bB\frac{E^w}{K^w},\ \pi^* = bB^*\frac{E^w}{K^w},\ b = \frac{\mu}{\sigma}$$

$$B = \frac{s_E}{\Delta} + \phi\frac{1-s_E}{\Delta^*},\ B^* = \phi\frac{s_E}{\Delta} + \frac{1-s_E}{\Delta^*}$$

$$\Delta = s_n + \phi(1-s_n),\ \Delta^* = \phi s_n + (1-s_n),\phi = \tau^{1-\sigma} \tag{6.3}$$

式（6.3）说明，短期资本收益是资本空间分布与支出（需求）空间分布的函数，在短期，资本空间分布 s_n 和支出空间分布 s_E 不变。下面讨论如何确定需求的空间分布问题，也就是相对市场规模问题。

3. 相对市场规模

我们先看一下经济系统的总收入（总支出）。总收入包括三个部分，即劳动力收入 $w_L L^w$、资本收益 $\pi s_n K^w + \pi^*(1-s_n)K^w$，以及为了保持短期总资本存量 K^w 不变而必须补充的资本折旧部分 $-\delta K^w a_I w_L$。这三部分构成了经济系统的总收入 E^w。

注意，全部资本的总经营收益是工业品总销售量 μE^w 的 $1/\sigma$ 部分，即 bE^w 代表了所有资本的经营收益之和。③ 因此，在短期总资本存量保持不变的情况下，经济的总支出为：

$E^w = w_L L^w + bE^w - \delta K^w a_I w_L = L^w + bE^w - \delta K^w a_I$，所以：

---

① 在垄断竞争的条件下，均衡时企业获得的正常利润与固定成本相等，所以，我们可以得到：

$$px = \pi + a_m w_L x \Rightarrow \pi = px - a_m w_L x = \left(p - \frac{\sigma-1}{\sigma}p\right)x = \frac{px}{\sigma}$$

② 具体推导过程可参阅 FC 模型。

③ 利用式（6.3），资本的总经营收益为：

$$\pi s_n K^w + \pi^*(1-s_n)K^w = bB\frac{E^w}{K^w}s_n K^w + bB^*\frac{E^w}{K^w}(1-s_n)K^w = bE^w[s_n B + (1-s_n)B^*] = bE^w。$$

注意，上面的推导过程利用了 $s_n B + (1-s_n)B^* = 1$ 这一关系式。

$$E^w = \frac{L^w - \delta K^w a_I}{1 - b} \tag{6.4}$$

接下来，计算北部的总支出，同样，北部的支出也来自三个部分，即：

$$\begin{aligned}
E &= s_L L^w + \pi s_n K^w - \delta s_n K^w a_I = s_L L^w + s_n bBE^w - \delta s_n K^w a_I \\
&= s_L L^w + s_n b\left(\frac{s_E}{\Delta} + \phi\frac{1 - s_E}{\Delta^*}\right)E^w - \delta s_n K^w a_I \\
&= s_L L^w + s_n b\left[E\left(\frac{1}{\Delta} - \frac{\phi}{\Delta^*}\right) + \frac{\phi}{\Delta^*}E^w\right] - \delta s_n K^w a_I \\
\Rightarrow E &= \frac{(s_L L^w - \delta s_n K^w a_I) + s_n b\dfrac{\phi}{\Delta^*}E^w}{1 - s_n b\left(\dfrac{1}{\Delta} - \dfrac{\phi}{\Delta^*}\right)}
\end{aligned}$$

把上述结果与式（6.4）结合，可得：

$$s_E = \frac{E}{E^w} = \frac{s_n b\dfrac{\phi}{\Delta^*} + \dfrac{(1-b)(s_L L^w - \delta s_n K^w a_I)}{L^w - \delta K^w a_I}}{1 - s_n b\left(\dfrac{1}{\Delta} - \dfrac{\phi}{\Delta^*}\right)} \tag{6.5}$$

从式（6.5）可以看出，相对市场规模 s_E 即取决于资本的空间分布 s_n 和总资本存量 K^w，这两个变量在长期均衡条件下都成为内生变量，其他的参数则是外生确定的。

四、长期均衡

在长期，通过总资本存量和资本空间分布的调整使得资本的价值与创造资本的成本相等，这一条件就是长期均衡条件。由于资本生产部门是完全竞争的，因此，在任何地方创造资本的成本都是相等的。长期均衡可以形成两种不同的空间均衡结构。

1. 空间均衡条件

当满足资本价值与资本创造成本相等这一条件时，可以有两种资本空间分布模式，第一种是两个区域都有一定的资本；第二种是所有的资本都集中在一个区域，用公式可以表示为：

$$\begin{aligned}
&v = F = v^* = F^* = a_I,\ s_n \in (0,\ 1),\ or \\
&v = F,\ v^* < F^* = F,\ s_n = 1
\end{aligned} \tag{6.6}$$

其中，v 表示单位资本的价值，而 F 则表示单位资本的创造成本，如前所述，资本生产部门是完全竞争且规模收益不变的生产部门，因此，资本的创造成本在任何区域都是相等的。利用“托宾 q 值”[①] 概念（q 值即资本价值与资本成本的比值），把式（6.6）改写成：

$$q = q^* = 1,\ s_n \in (0,\ 1),\ or$$
$$q = 1,\ q^* < 1,\ s_n = 1 \tag{6.7}$$

接下来，我们确定资本的价值。资本价值，即资本长期收益流的现值，在长期均衡下，资本的当期收益率是固定的，在北部和南部分别用 π 和 π^* 表示；另外，考虑到资本的折旧，即每一期总有一部分资本被消耗掉，也就是未来能带来收益的资本量是减少的，设 ρ 为资本所有者的折现率，则基期 1 单位资本的价值可表示为：

$$v = \int_0^{\infty} \pi e^{-(\rho+\delta)t} \mathrm{d}t = \frac{\pi}{\rho + \delta},\ v^* = \int_0^{\infty} \pi^* e^{-(\rho+\delta)t} \mathrm{d}t = \frac{\pi^*}{\rho + \delta} \tag{6.8}$$

2. 长期均衡

从式（6.6）和式（6.8）可以看出，当两个区域都具有工业部门（即都拥有一定的资本）时，$\pi = \pi^*$ 就可以保证长期稳定均衡，也就是说，此时两个区域的资本收益率都相等。同样，在核心边缘结构下，即所有的资本都集中的一个区域的时候，资本收益率也是相等的。因此，不管资本的空间分布模式如何，单位资本的收益率都相等，这意味着在长期均衡条件下，资本必然得到一个平均的收益率，即 $\pi = \pi^* = bE^w/K^w$。比较该式与式（6.3），则可以看出，在长期均衡时 $B = B^* = 1$,[②] 这一特点有助于下面的分析，它可以极大地简化支出份额的表达式。当 $\pi = \pi^*$ 进而实现长期均衡时，资本分布与市场规模之间的关系，与 FC 模型中的情况是一样的，即 $\pi = \pi^* \Rightarrow B = B^* \Rightarrow s_n = -\frac{\phi}{1-\phi} + \frac{1+\phi}{1-\phi} s_E$，所以：

$$s_n = \frac{1}{2} + \frac{1+\phi}{1-\phi}\left(s_E - \frac{1}{2}\right) \tag{6.9}$$

在 $s_E \in \left[0,\ \frac{\phi}{1+\phi}\right)$ 时，$s_n = 0$；在 $s_E \in \left(\frac{1}{1+\phi},\ 1\right]$ 时，$s_n = 1$。这说明，支出份额的取值落在此区间内时，工业生产将全部集中在一个区域。如果北部支出份额过低，北部将不存在工业生产；同理，如果北部支出份额足够大，生产将全部集中在北部。事实上，式（6.9）是下面的稳定性图解中的 nn 曲线。

上面我们讨论了长期均衡条件下，支出份额是如何影响生产份额的问题。

---

① “托宾 q 值”理论：q = 资本价值/资本成本，当 $q > 1$ 时，说明资本价值大于资本成本，存在继续生产资本的动力；当 $q < 1$ 时，资本价值小于资本成本，应该停止生产；当 $q = 1$ 时，资本价值等于资本成本，收益达到最大化。

② 资本的创造成本 F 在任何区域都相等，$q = v/F = 1$，$q^* = v^*/F = 1$，可得：

$$v = v^* \Rightarrow \pi = \pi^* \Rightarrow bBE^w/K^w = bB^* E^w/K^w \Rightarrow B = B^* = 1。$$

下面，根据资本价值与资本创造成本的等式关系，讨论长期均衡时总资本存量的决定问题。

$$v=F\Rightarrow\frac{\pi}{\rho+\delta}=a_I\Rightarrow\frac{bE^w}{(\rho+\delta)K^w}=a_I,$$

把式（6.4）$E^w=\frac{L^w-\delta K^w a_I}{1-b}$代入上式后，可得长期均衡时的总资本存量，即：

$$\frac{b(L^w-\delta K^w a_I)}{(\rho+\delta)K^w(1-b)}=a_I\Rightarrow K^w=\frac{bL^w}{[\rho(1-b)+\delta]a_I}$$

同时，总支出也内生确定，即：

$$E^w=\frac{L^w-\delta K^w a_I}{1-b}=\frac{L^w-\frac{b\delta L^w}{\rho(1-b)+\delta}}{1-b}=\frac{(\rho+\delta)L^w}{\rho(1-b)+\sigma}$$

令$\beta=\frac{b\rho}{\rho+\delta}$，则：

$$K^w=\frac{bL^w}{[\rho(1-b)+\delta]a_I}=\frac{\beta L^w}{(1-\beta)\rho a_I},\ E^w=\frac{L^w}{1-\beta}\tag{6.10}$$

下面计算长期均衡条件下，不同区域的总支出份额。因为$B=1$，所以：

$$E=s_L L^w+s_n bBE^w-\delta s_n K^w a_I=s_L L^w+s_n bE^w-\delta s_n K^w a_I$$

两端同除以E^w，并利用式（6.10），得：

$$s_E=s_L\frac{L^w}{E^w}+s_n b-\delta s_n a_I\frac{K^w}{E^w}=s_L(1-\beta)+s_n b-\delta s_n a_I\frac{\beta}{\rho a_I}$$

$$\Rightarrow s_E=s_L(1-\beta)+s_n\frac{b\rho-\delta\beta}{\rho}=(1-\beta)s_L+s_n\beta$$

即：

$$s_E=(1-\beta)s_L+\beta s_n=\frac{1}{2}+\beta\left(s_n-\frac{1}{2}\right)+(1-\beta)\left(s_L-\frac{1}{2}\right)\tag{6.11}$$

式（6.11）又可以改写为：$s_E-1/2=\beta(s_n-1/2)+(1-\beta)(s_L-1/2)$。式（6.11）告诉我们，北部支出份额与支出对称分布的偏离量，就是北部资本份额和北部劳动份额与对称分布时的偏离量的加权平均值。在这里，s_E成了一个内生变量。由于s_E与s_n相关，这意味着，生产的转移将导致支出份额的转移，这是资本创造模型与自由资本模型的一个重要的区别。

式（6.9）描述的是资本收益相等时的长期均衡条件，而式（6.11）描述的是生产分布如何影响支出分布的问题，故把式（6.11）代入式（6.9）就可以得到工业分布的长期均衡条件，即：

$$s_n=\frac{1}{2}+\frac{1+\phi}{1-\phi}\left[\beta\left(s_n-\frac{1}{2}\right)+(1-\beta)\left(s_L-\frac{1}{2}\right)\right]$$

$$\Rightarrow s_n = \frac{1}{2} + \frac{(1+\phi)(1-\beta)}{(1-\phi)+(1+\phi)\beta}\left(s_L - \frac{1}{2}\right) \tag{6.12}$$

从式（6.12）可以看出，如果劳动力的空间分布是对称的，那么资本的对称分布总是一个长期均衡，但该均衡不一定是稳定均衡。下面我们将分析长期均衡的稳定性问题。

五、长期均衡的稳定性分析

1. 剪刀图解

在劳动力对称分布的情况下，根据式（6.9）和式（6.11）可以描绘出 nn 曲线和 EE 曲线。nn 曲线由式（6.9）给出，EE 曲线则由式（6.11）给出。[①] 可以看出，nn 曲线和 EE 曲线都是线性的。

当区际贸易自由度较低时，nn 曲线如图 6－1 中黑线所示，在 $s_n=0$ 处，nn 曲线与横轴的交点所对应的北部支出份额为 $\phi/(1+\phi)$；在 $s_n=1$ 处，所对应的北部支出份额为 $1/(1+\phi)$ 这两个端点随着贸易自由度的变化而变化，当贸易自由度 ϕ 变大时，nn 曲线逆时针旋转，这一点也可以从 nn 曲线斜率的变化中看出。EE 曲线的两个端点，即图 6－1 中的 B 点和 C 点所对应的支出份额如图 6－1 所示，这两个点仅与 β 有关，而 β 则是由经济系统的参数所决定的，因此，贸易自由度的变化并不影响 EE 线。从图 6－1 中还可以看出，当贸易自由度较低时，区域对称结构是长期稳定的，而核心边缘结构不是长期稳定均衡；当贸易自由度较高时，nn 曲线的斜率大于 EE 线的斜率，此时存在三种长期均衡，此时，对称均衡是不稳定的，而核心边缘结构是长期稳定均衡。

2. 突破点与维持点

从图 6－1 中还可以看出，当 nn 曲线与 EE 曲线的斜率相同时，对称结构和核心边缘结构都面对着相同的临界点，因此，在 CC 模型中，核心边缘结构的持续点和对称结构的突破点是相同的，该临界点可以通过由式（6.9）和式（6.11）决定的两条直线的斜率相等而得到，也可以通过图 6－1 中 nn 曲线和 EE 曲线与横轴的交点的坐标相等而得到。因此，我们容易得到突破点和持续点的表达式：

$$\phi^B = \phi^S = (1-\beta)/(1+\beta) \tag{6.13}$$

从式（6.13）可以看到，贸易自由度的临界点是 β 的减函数，β 越大，ϕ^B 和 ϕ^S 就越小，此时越有利于聚集。由于 $\beta=b\rho/(\rho+\delta)$，因此，经济中对工业

① 由于劳动力对称分布，所以式（6.11）可以简化为 $s_E = \frac{1}{2} + \beta\left(s_n - \frac{1}{2}\right)$。

品的支出份额μ越大，工业品之间的替代弹性σ越小，资本折旧率δ越小，资本所有者的折现率ρ越大，则资本所有者对当前的收益越看重，因而β也越大，也就越有利于聚集的发生。

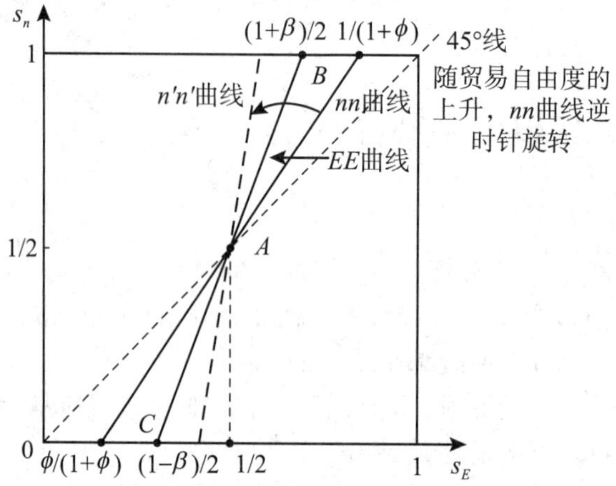

图6－1　资本创造模型长期均衡的稳定性分析

资料来源：Richard Baldwin，Rikard Forslid，Philippe Martin，Gianmarco Ottaviano and Frederic Robert－Nicoud，Economic Geography and Public Policy［M］. Princeton：Princeton University Press，2003：144.

为了更清晰地了解影响工业生产空间分布的作用力，从初始对称的工业分布开始讨论。假设在对称结构下，工业分布s_n受到微小的冲击，如果该冲击导致资本收益率变大，那么对称分布就不稳定；如果该冲击导致资本收益率变小，那么经济系统内存在一种负反馈机制，将自动纠正冲击的影响，此时对称结构是稳定均衡。下面给出此时两个区域资本收益率的表达式：①

$$d(\pi-\pi^*)\big|_{sym}=4(\rho+\delta)a_I\left[\frac{1-\phi}{1+\phi}ds_E-\frac{(1-\phi)^2}{(1+\phi)^2}ds_n\right]$$

① 在对称情况下，$d\pi=-d\pi^*$，因此，$d(\pi-\pi^*)_{sym}=2d\pi$。由式（6.3）可得：

$$d\pi=b\frac{E^w}{K^w}dB，而\ dB=\frac{\Delta ds_E-s_E d\Delta}{\Delta^2}+\phi\frac{-\Delta^* ds_E-(1-s_E)d\Delta^*}{(\Delta^*)^2}。$$

注意到在对称分布下，$\Delta=\Delta^*=(1+\phi)/2$，$s_E=1/2$，把这些值代入$dB$的表达式中，则：

$$dB\Big|_{sym}=\frac{\frac{1+\phi}{2}ds_E-\frac{1-\phi}{2}ds_n}{(1+\phi)^2/4}+\phi\frac{-\frac{1+\phi}{2}ds_E+\frac{1-\phi}{2}ds_n}{(1+\phi)^2/4}=2\frac{1-\phi}{(1+\phi)}ds_E-2\frac{(1-\phi)^2}{(1+\phi)^2}ds_n。$$

所以，$d(\pi-\pi^*)\big|_{sym}=2d\pi=4b\frac{E^w}{K^w}\left[\frac{1-\phi}{1+\phi}ds_E-\frac{(1-\phi)^2}{(1+\phi)^2}ds_n\right]$。再由式（6.10）、式（6.11），可得：

$$d(\pi-\pi^*)\big|_{sym}=4(\rho+\delta)a_I\left[\frac{1-\phi}{1+\phi}ds_E-\frac{(1-\phi)^2}{(1+\phi)^2}ds_n\right]=4(\rho+\delta)a_I\left[\frac{1-\phi}{1+\phi}\beta-\frac{(1-\phi)^2}{(1+\phi)^2}\right]ds_n。$$

$$= 4(\rho+\delta)a_I\left[\frac{1-\phi}{1+\phi}\beta-\frac{(1-\phi)^2}{(1+\phi)^2}\right]ds_n \qquad (6.14)$$

从式（6.14）可以看到，如果该式中括号内的值为正，那么存在正反馈机制，自我强化对对称结构的冲击，因此，对称结构是不稳定的；如果中括号内的值为负，那么存在负反馈机制，此时对称结构是稳定均衡。可以看出，中括号内第一项为正值，这是促使对称结构不稳定的力量，称为聚集力，这一项反映了从大规模市场中所获得的收益部分；第二项为负值，这是维持对称均衡稳定的力量，称为分散力，反映了大规模市场中的拥挤效应。正是这两种方向相反的力量的相互作用，决定了工业生产的空间分布。当这两种力量达到均衡时（即中括号内的值为0）的贸易自由度，就是对称分布被突破的临界点，也是核心边缘结构不能再维持的临界点。

3. 战斧图解

以上的结论可以用图6－2来表示。

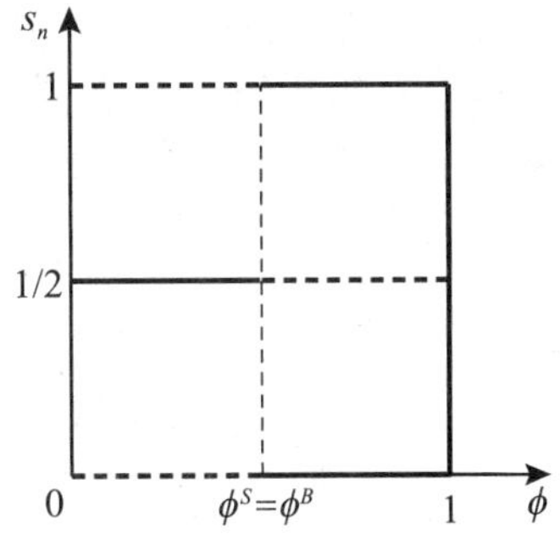

图6－2　资本创造模型的战斧图解

资料来源：笔者整理。

从图6－2中可以看出，当初始劳动力为对称分布时，如果区际贸易自由度较低，那么长期稳定的工业分布模式就是每个区域都拥有一半的工业份额。随着贸易自由度的提高，对称分布模式仍能维持下去，直到贸易自由度达到$\phi^B=\phi^S$为止，此时对称分布将发生突发性变化，所有的工业生产急剧向某一个区域集中。当贸易自由度继续提高时，聚集模式将会持续下去。当贸易自由度达到1时，也就是不存在任何交易成本时，工业分布与区位无关，任何分布模式都是稳定的。

第二节　资本自由流动时的资本创造模型

在上面讨论的资本创造模型中，资本只能在所创造的区域使用，不能转移到其他区域。下面我们讨论另一个极端的情况，即资本在区域之间可以自由流动的情况。仍假设资本所有者在区域之间不能流动，那么资本收益返回到资本所有者所在区域消费。这样，由于资本的空间分布并不影响支出的空间分布，因此，不存在资本转移导致支出转移，支出转移又导致进一步的资本转移这种循环过程。这种模型的结论与自由资本模型的结论是一致的，即 *EE* 曲线垂直于横轴，而 *nn* 曲线的斜率只能是正，即使完全自由的贸易条件，*nn* 线也不可能越过 *EE* 线，因此，对称分布是长期稳定的均衡。在这里，资本的自由流动成了一种促使经济活动空间分散的力量。比较资本自由流动的资本创造模型和资本不能流动的资本创造模型，则可以看出，当资本自由流动时，贸易自由度的变化对初始要素对称分布的空间模式不会产生任何影响；当资本不能流动时，随着贸易自由度的提高，将发生资本要素的空间聚集。

上面的论述可以总结在图 6－3 中，*BAC* 是资本不能流动时的 *EE* 曲线，*B'AC'* 是资本完全流动时的 *EE* 曲线，*A* 点是长期均衡点。在资本自由流动的情况下，*A* 点总是稳定的，贸易自由度的变化不会影响该点的稳定性；在资本不能流动的情况下，*A* 点也是均衡点，但贸易自由度的变化可以影响该点的长期稳定性。这就说明消除资本流动障碍，则可以促进经济活动在空间上的分散趋势。

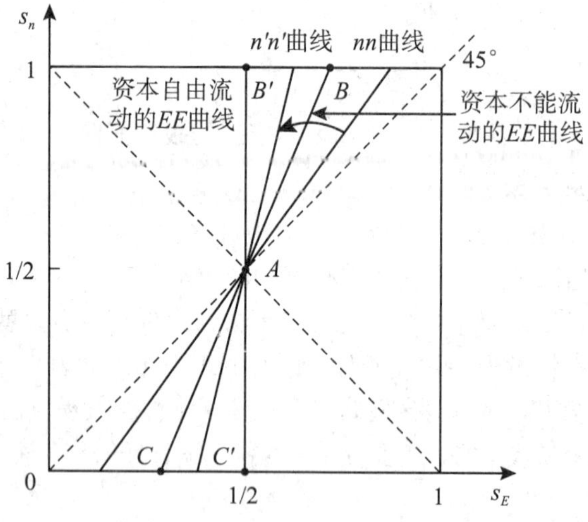

图 6－3　资本自由流动的资本创造模型的剪刀图解

资料来源：Richard Baldwin，Rikard Forslid，Philippe Martin，Gianmarco Ottaviano and Frederic Robert－Nicoud，Economic Geography and Public Policy［M］. Princeton：Princeton University Press，2003：148.

第三节　资本创造模型的主要特征

一、与CP模型的比较

1. 本地市场放大效应

从式（6.9）中可以看出，*nn* 线的斜率大于1，这意味着，支出份额的变化会引起更大的生产份额的变化，这说明存在本地市场放大效应。同时，贸易自由度提高时，*nn* 线会变得更加陡峭，这说明贸易自由度的提高进一步强化本地市场放大效应。

2. 循环累积因果关系

在资本创造模型中，不存在要素的流动，因此，不存在生活成本效应（价格指数效应），进而也不会影响经济活动的空间分布。在资本创造模型中，在不同区域之间，资本创造成本都相同，但资本价值在短期存在差异，这将导致资本积累的空间差异，从而导致广义上的生产活动的区际转移。这种生产活动的区际转移，又导致需求（支出）的区际转移，而需求的区际转移又影响资本价值，这就是与需求关联的循环累积因果关系。但在资本创造模型中，不存在价格指数效应，因而不存在与成本关联的（价格指数效应）循环累积因果关系，这也是资本创造模型操作起来比较容易的主要原因。

3. 内生的非对称

从图6－2战斧图解中可以看到，对称的资本创造模型会产生内生的非对称，这与CP模型的含义是一样的。

4. 突发性聚集

资本创造模型也揭示了空间分布模式的突发性变化。在资本创造模型中，核心边缘结构的维持点和对称结构的突破点是相同的，因此，在此临界点上，会发生经济活动的突发性变化。

5. 区域的黏性

从图6－2战斧图中可以看到，当 $\phi > \phi^B = \phi^S$ 时，存在两种长期稳定的均衡，即两个可能的核心边缘结构（分别以北部或南部为核心区的结构），这意味着某种冲击，包括政策变化，对经济活动区位的影响具有黏性特征，也就是某种政策冲击下所形成的发展路径不会轻易改变，也就是存在路径依赖。

这对政策制定者而言是一种警告，就是“坏”的政策所产生的后遗症很难消除。

6. 驼峰状聚集租金

在完全聚集情况下（假设集中在北部），$n=1$，此时 $q=1$，而 $q^*<1$。利用式（6.1）、式（6.3）、式（6.8），在 $s_L=1/2$ 的情况下进行比较，可以得到下式：①

$$q-q^*|_{n=1}=1-B^*|_{n=1}=1-[\phi s_E+(1-s_E)/\phi]|_{n=1}$$

再由式（6.11），得出聚集条件下的支出份额 $s_E|_{n=1}=(1+\beta)/2$，将其代入上式，则：

$$q-q^*|_{n=1}=1-\frac{1}{2}\left[\phi(1+\beta)+\frac{1-\beta}{\phi}\right] \tag{6.15}$$

式（6.15）显示了聚集租金的驼峰状特征，在 $\phi=1$ 和 $\phi=\phi^B$ 时，区际托宾 q 值之差为 0，而在内部中间点上，托宾 q 值之差为正；当 $\phi=\sqrt{\phi^B}$ 时，托宾 q 值之差最大，因此，显示了驼峰状聚集租金。

7. 重叠区和预期的自我实现

由于突破点和持续点重合，资本创造模型没有重叠区，因此，人们预期的变化不会导致经济活动空间分布的变化。

二、新特征

资本创造模型具有 CP 模型大部分特征，且具有良好的可操作性。同时，它还具有一些新的特征。

1. 经济增长影响经济活动区位

人均资本增长主要来自资本积累。在 FC 模型中，没有资本积累，因此，对称均衡总是稳定的。但在资本创造模型中存在资本积累，因此，贸易自由度足够大时，对称均衡遭到破坏，将形成核心边缘结构。由式（6.10）$K^w=\beta L^w/[(1-\beta)\rho a_I]$ 中可以看出，经济系统的资本存量是内生决定的，且随着 β

---

① 推导过程如下：$q-q^*|_{n=1}=1-\left.\frac{v^*}{F}\right|_{n=1}=1-\left.\frac{\pi^*/(\rho+\delta)}{a_I}\right|_{n=1}=1-\left.\frac{bB^*E^w/K^w}{a_I(\rho+\delta)}\right|_{n=1}$，由式（6.10）知，$E^w=\frac{L^w}{1-\beta}$，$K^w=\frac{\beta L^w}{(1-\beta)\rho a_I}$代入上式，则 $q-q^*=|_{n=1}=1-B^*\left.\frac{b\rho}{\beta(\rho+\delta)}\right|_{n=1}$，由 $\beta=\frac{b\rho}{\rho+\delta}$，可得 $q-q^*|_{n=1}=1-B^*|_{n=1}$，把 $B^*=\phi\frac{s_E}{s_n+\phi(1-s_n)}+\frac{1-s_E}{\phi s_n+(1-s_n)}$和 $s_n=1$ 代入上式，可得到 $q-q^*|_{n=1}-1-B^*|_{n=1}=1-[\phi s_E+(1-s_E)/\phi]|_{s_n=1}$。

的提高而变大，而β反映了资本的净收益（即扣除折旧后的资本收益）与经济系统总收入的比值，这一比值越大，资本存量就越多，越有利于资本积累。同时，从式（6.13）$\phi^B=\phi^S=(1-\beta)/(1+\beta)$中可以看出，$\beta$越大，则出现核心边缘结构时的贸易自由度就越小，越容易发生资本在某一区域的聚集。因此，资本积累（经济增长的主要指标之一）会影响经济区位。也就是说，某一区域的经济开始增长，则该区域的经济环境也随之得到改善。

2. 区位影响经济增长

当资本不能流动时，资本创造模型具有一个很独有的特征，即至少在区域经济发展的中期阶段，区位影响经济增长。此时，经济系统具有佩鲁（1955）的经济“增长极”和“塌陷区”特征。

初始对称的区域，如果区际贸易自由度足够低，则这种对称结构是稳定的。但如果贸易自由度变大，那么这种对称结构是不稳定的。假设发生某种有利于北部的冲击，此时北部经济起步较早，最早成为核心区。在这种过程中，北部的资本回报率较高而南部的资本回报率较低，原有的对称结构变得很不稳定。当北部的资本回报率较高时，存在一种激励使得北部居民纷纷进行投资，投资额度远远超出保持原有资本存量所需的额度。这就是经济聚集诱发的投资拉动型经济增长。北部投资率的提高，推动了资本劳动比的上升，进而提高了人均收入和人均产出。随之，北部的市场规模变大，而市场规模的变大又刺激北部新一轮的投资。总之，北部成了经济“增长极”，而南部经济进一步萎缩，成了经济“塌陷区”。

循环累积因果关系也可以解释上述现象。经济增长地区的需求份额较大，因而人们愿意在经济增长的地区投资，这种高投资率反过来又推动需求份额的上升。南部的情况正好相反，较低的资本回报率导致消费和储蓄率的下降，最终没有人进行资本投资，经济衰退又使得南部的资本存量下降，进而人均收入和人均产出都在下降。在这种经济衰退阶段，南部企业纷纷倒闭，制造业部门萎缩，工人被迫转向农业部门。如果这些工人在农业部门解决就业需要时间，或者农业部门扩大生产规模需要时间，那么出现大量的非正常失业。与此相反，此时经济增长区域的劳动力市场将出现劳动力的短缺现象。这样，最终形成繁荣区和萧条区，也就是“增长极”和“塌陷区”。

3. 持久的收入差距

在CP模型中，贸易自由度的提高使初始对称的区域变成非对称区域，最终形成核心边缘结构。此时，核心区和边缘区居民的名义收入是相同的，不同的是实际收入。核心区和边缘区居民的实际收入差距源于区际贸易成本（主要指运输成本）。核心区生产的产品种类较多，因此，核心区从区外输入的产品种类较少，核心区所支付的贸易成本较少，而边缘区需要输入大量的工业品，边缘区所支付的贸易成本很大，这就导致了核心区与边缘区人均实际收入的差距。当贸易自由度提高到1时，也就是不存在贸易成本时，这种人均实际收入差距也就消失了。从图6－4可以看出，在突破点，所有工业部门都转移到北部（为了讨论的方便，我们假设这种转移是瞬间完成的），此时实际收入差距最大。随着贸易自由度的提高，也就是贸易成本逐渐减少，实际收入差距也逐渐缩小，当不存在贸易成本时，实际收入差距也就消失了。

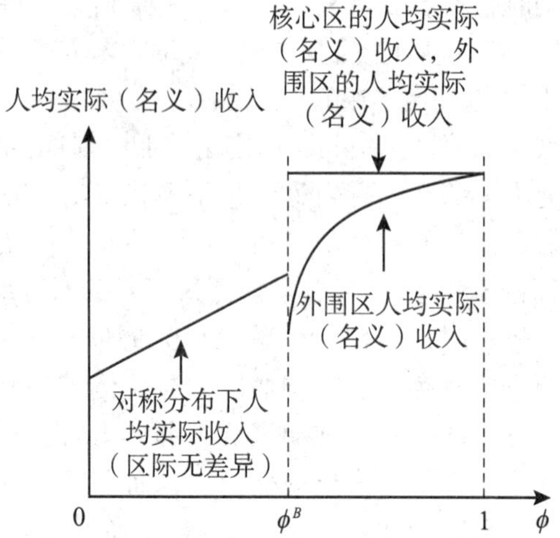

图6－4　CP模型中的人均收入差距

资料来源：Richard Baldwin, Rikard Forslid, Philippe Martin, Gianmarco Ottaviano and Frederic Robert－Nicoud, Economic Geography and Public Policy［M］. Princeton: Princeton University Press, 2003: 152.

但在资本创造模型中，区际人均实际收入差距，即使在区际贸易自由度达到1的情况下也不会消失，而且核心区与边缘区居民之间还存在名义收入方面的差距。由式（6.11）可以看出，核心区的名义收入占总经济收入的$(1+\beta)/2$，边缘区的名义收入占经济总收入的$(1+\beta)/2$。由于区际人口分布是对称的，因此，两种名义收入的比值也就是核心区与边缘区人均名义收入的比值。另外，由于所有的工业活动都集中在核心区，核心区的居民不用支付运输成本，而边缘区的居民还要支付运输成本，因此，核心区与边缘区居民的人均实际收入差距会更大，但随着贸易自由度的提高，运输成本的影响减弱，实际收入的差距在缩小。但名义收入的差距不会随着运输成本的变化而变化，因此，即使在贸易是完全自由的情况下，区际人均实际收入差距不会消失（见图6－5）。

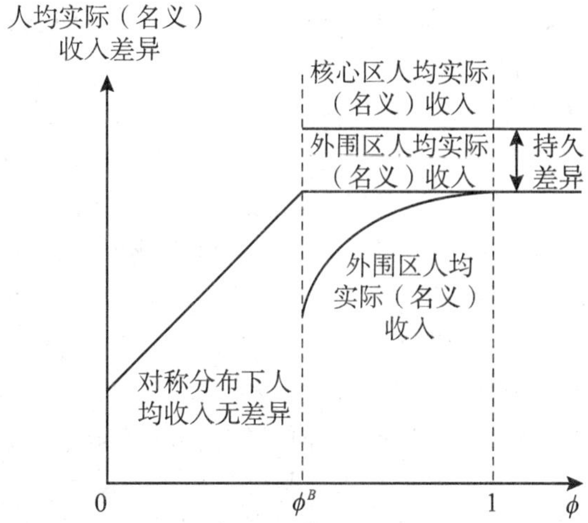

图 6 – 5　CC 模型中的人均收入差距

资料来源：Richard Baldwin，Rikard Forslid，Philippe Martin，Gianmarco Ottaviano and Frederic Robert – Nicoud，Economic Geography and Public Policy [M]. Princeton：Princeton University Press，2003：152.

4. 区域经济一体化的含义

在核心边缘模型中，区域经济一体化主要指交易成本的降低。尽管区域经济一体化还具有降低要素转移成本的含义，但在核心边缘模型的情况下，这种要素转移成本的影响是很微弱的。

如果考虑经济增长，那么区域经济一体化表现为降低交易成本和加强要素流动性两个方面。在资本创造模型中，如果提高贸易自由度，那么将会发生经济增长，但资本是不流动的，因此，最终形成核心边缘结构并出现区际收入差距。如果在资本创造模型中，商品、资本和资本所有者都具有流动性，那么其结果将与 FE 模型相类似，但不同的是在任何情况下都会发生经济活动的空间聚集，因为聚集在一个地区可以节省大量的交易成本。

第四节　本 章 小 结

本章讨论的资本创造模型与自由资本模型有着相同的解析能力，资本创造模型也可以得出所有内生变量的显性解，而且资本创造模型中引入了厂商的理性预期，这样就可以克服 DCI 框架忽视理性预期的缺陷。同时，这个模型又具有自由资本模型所不具有的突发性集聚以及循环累积因果关系等特征。

与核心边缘模型相比，除了成本关联以及重叠区这两个特征以外，资本创造模型具有核心边缘模型所有的其他特征。同时，资本创造模型还具有一些核心边缘模型所不具有的新的特征。

第一，经济增长影响经济区位。在资本创造模型中，经济增长的源泉在于资本的积累。在自由资本模型中，资本是不能积累的，因此，对称均衡总是稳定的。但在资本创造模型框架中，资本可以积累也可以折旧，因此，当交易变得更加自由时，促进某区域扩大生产的力量同时也促进该区域积累资本，也就是说，生产转移以及需求转移的同时，还出现了资本积累，这就使得对称均衡不能保持稳定。

第二，当资本不具有流动性时，经济区位至少在中期内会影响区域经济增长，即该模型中会出现佩鲁的“增长极”和“塌陷区”。

第三，当资本不具有流动性时，即使贸易实现完全自由化，形成了稳定的核心边缘结构，但区际人均实际收入差距永久存在。

第四，该模型还可以从贸易自由度角度或者从资本流动性角度讨论区域经济一体化问题。在核心边缘模型中，实现区域经济一体化的唯一途径是降低区际交易成本。由于核心边缘模型中缺乏理性预期，降低要素流动成本对实现经济一体化的影响是十分有限的。而在资本创造模型中，当我们考虑到经济增长，那么区域经济一体化就可以从降低交易成本或者提高资本流动性角度进行考虑。从资本创造模型中得到的一个主要的结论是，当资本不具有流动性时，随着交易变得越来越自由，原来对称的区域会变得不稳定且最终出现稳定的核心边缘结构，而且在两个区域之间会存在永久的人均收入差距。当商品、资本以及资本所有者均具有流动性时，资本创造模型的均衡特征与自由企业家模型相类似，但不同于自由企业家模型的是，由于经济活动聚集可以避免额外的交易成本进而可以提高人们的福利水平，因此，在资本创造模型中，在任何交易成本水平上都可能出现经济活动的空间聚集。

上面的第二个特征对制定区域经济政策就显得尤为重要。因为，在资本创造模型中，经济发展的中期阶段，经济区位影响经济增长，故在此时，经济增长由经济区位等变量所内生确定；但在长期，经济增长变成外生变量（为了简便，可以认为长期经济增长率为0），因此，经济区位对经济增长没有影响。我们将在第七章全域溢出模型以及局域溢出模型中解决这个缺陷，在那里我们将把长期经济增长作为一种内生变量来考虑。

参考文献

[1] 安虎森，等. 新经济地理学（第二版）[M]. 北京：经济科学出版社，2009.

［2］ Richard Baldwin， Rikard Forslid， Philippe Martin， Gianmarco Ottaviano and Frederic Robert – Nicoud. Economic Geography and Public Policy ［M］. Princeton University Press， 2003.

［3］ Baldwin， R E. Agglomeration and Endogenous Capital ［J］. European Economic Review 1999， 43： 253 –280.

［4］ Fujita， M. and J – F. Thisse， Economics of Agglomeration ［M］. Cambridge： Cambridge University Press， 2002.

［5］ Fujita， M. and J – F. Thisse， Economics of Agglomeration： Cities， Industrial Location， and Globalization. Second Edition ［M］. Cambridge： Cambridge University Press， 2013.

第七章

全域和局域溢出模型

CP 模型、FC 模型以及 FE 模型主要关注产业空间分布的长期均衡问题。然而，对欠发达地区的地方政府而言，最关心的是如何实现地区经济增长的问题。经济增长，也可以通过吸引外资等外生的方式来实现，但重要的还是如何通过地区内生的增长方式来实现的问题。客观而言，经济活动的空间聚集以及这种聚集带来的外生经济增长只是经济增长的一个方面，它不是经济增长的全部内容。

为了提供能够评价这种经济政策的框架，本章将介绍两个内生的经济增长模型：全域溢出模型（global spillover model，以下简称 GS 模型）和局域溢出模型（local spillover model，以下简称 LS 模型）。P. 马丁和詹马科·奥塔维诺（1999）首次把内生经济增长引入新经济地理学中，[①] 在他们的模型中，资本存量产生的溢出效应影响新资本的形成成本，从而促进进一步的资本积累。另外是 R. E. 鲍德温、P. 马丁和詹马科·奥塔维诺（2001）所提出的模型，[②] 在这个模型中，资本存量产生的溢出效应对新资本形成成本的影响，在不同的空间是有区别的。因此，该模型把溢出效应与空间相结合，分析了溢出效应对经济活动空间分布以及内生经济增长率的影响。这两种模型可以看作是 CC 模型的延伸。它们都假定长期经济增长是内生的。由于创新部门技术溢出效应的存在，厂商发现对创造新资本进行持续投资会带来更多的收益。与 FC 模型、CC 模型一样，假定每单位资本生产一种产品，因此，持续的投资使得工业品种类扩大，这将导致价格指数的下降，从而提高实际产出和实际收入水平，也就实现经济的内生增长。

---

① Martin, P. and G. Ottaviano. Growing Locations: Industry in a Model of Endogenous Growth [J]. European Economic Review, 1999, 43: 281 – 302.

② Baldwin, R., P. Martin and G. Ottaviano. Global Income Divergence, Trade and Industrialization: The Geography of Growth Take-off [J]. Journal of Economic Growth, 2001, 6: 5 – 37.

第一节　内生增长模型的基本思路

假设经济增长只依靠资本积累所驱动，这里的资本被宽泛地定义为包括物质资本（机器设备）、人力资本（技能）和知识资本（技术）。新古典的经济增长模型被称为外生经济增长模型，这些模型所关注的是物质资本的内生积累，但物质资本的生产具有规模收益递减特征，这些模型的稳态是由给定的资本劳动比所决定的。当经济处于稳定状态以后，任何经济增长都必须由外生因素（如外生的技术进步）所驱动。在内生经济增长模型中，知识资本或人力资本具有规模收益递增特征，随着资本的增加，溢出效应加强，人们更易于创造新的知识和技术，因而就不存在规模收益递减对经济增长的约束。

相较于全域溢出模型（GS 模型）、局域溢出模型（LS 模型），CC 模型是外生增长模型。在 CC 模型中，一次性冲击将改变长期均衡的资本存量，伴随资本存量接近新的长期均衡水平，区域经济将经历发展过程。然而，长期均衡的资本存量 K^W 和总支出 E^W 是常数，这说明长期经济增长速度为零。其深层次原因在于资本积累的规模收益递减。企业的固定成本是以资本为单位的，因此，新增资本导致新企业的进入，新企业的进入导致市场的拥挤，这将导致企业营业利润的下降。营业利润的下降，最终导致无法支付新资本形成所需的成本，由此资本积累停止。资本存量的增加降低了资本回报率，但它并不影响资本形成成本，因此，经济增长就会停止。

要把长期增长内生化，就必须克服资本积累的规模收益递减规律。有以下两种方法：一是资本的收益率不随资本存量的增加而下降；二是随着资本存量的增加，降低创造新资本所需的成本。为与前面的模型保持一致，GS 模型、LS 模型采用了后者。具体来说，假定资本生产遵循学习曲线。① 这相当于把资本看成是知识资本或人力资本，随着知识的积累，创造知识的边际成本下降。换言之，知识和技术的积累，可以提高知识和技术的创新效率，这是知识的溢出或外部性所致，任何创新都可以从过去的创新中受益。但知识和技术的溢出会随着距离的增加而逐渐衰减。因此，溢出效应具有部分的本地化特征，而这种本地化将产生一种额外的聚集力，将在 LS 模型中讨论这种本地化所导致的聚集力。

---

① Romer, P. Endogenous Technological Change [J]. Journal of Political Economy, 1990, 98 (5): part Ⅱ: S71 – S102.

第二节 对称的全域溢出模型

GS 模型是指知识和技术溢出可以发生在不同地区之间，知识和技术的溢出强度不受空间距离的影响。GS 模型表明，资本积累可以导致突发性聚集，这意味着经济增长强化区位优势。在 GS 模型中，像在 CC 模型中的情形一样，均衡区位对长期经济增长率没有影响，但在 LS 模型中，知识和技术区内溢出所受到的阻力比区际溢出要小，这意味着，均衡区位将影响长期的经济增长率。下面介绍对称的 GS 模型。

一、GS 模型的假设

GS 模型的基本结构非常接近 CC 模型，基本假设已经在 CC 模型中讨论过了，在这里只做简单回顾。经济系统由两个区域（南部和北部）所组成，每个区域都拥有两种生产部门（农业部门 A 和工业部门 M）、两种生产要素（资本 K 和劳动力 L）。农业部门以瓦尔拉斯一般均衡（规模报酬不变和完全竞争）为特征，只使用劳动力生产同质产品，单位劳动力生产单位农产品，并以单位农产品作为计价单位，农产品的区际交易和区内交易无成本。

工业部门以迪克希特－斯蒂格利茨垄断竞争、规模收益递增为特征；工业部门以资本作为固定成本，每种工业品的生产需要投入一单位资本；劳动力作为可变成本，每单位产出需要投入 a_M 单位的劳动力；工业品的区内交易无成本，区际交易遵循冰山交易成本，也就是每向区外运输 $\tau(\tau \geqslant 1)$ 单位工业品，只有一单位工业品到达目的地。

每个区域都拥有经济系统一半的劳动力禀赋，这些劳动力都不能在区域之间流动，这一点同 FC 模型和 FE 模型是相同的（FC 模型和 FE 模型中的劳动力包括从事农业生产的劳动力和在工业部门中充当可变成本的劳动力，这些劳动力都不能在区域间流动；而在 CP 模型中，劳动力分为可流动的劳动力和不可流动的劳动力两种，可流动劳动力是指从事工业生产的劳动力，包括部分充当为固定成本的劳动力和部分充当为可变成本的劳动力，不可流动劳动力是指从事农业生产的劳动力，可流动劳动力可以在区域之间自由流动，但不可流动劳动力不可以在区域之间自由流动）。因此，两个区域的劳动力禀赋是长期不变的。资本是通过资本创造部门来创造，资本还存在折旧。新资本的创造需要消耗劳动，每个时期的资本折旧率用 δ 来表示。资本同样不能跨区流动，两个区域在资本总量方面的差距主要由两个区域资本创造方面的差距所决定。

记住以下事情对理解本模型具有很大的帮助，即GS模型中的资本为知识资本而非为实物资本，故每种工业品生产需要投入一单位资本，就意味着需要投入一种技术（或某种思想）。

1. *I*部门（资本创造部门）的学习曲线

GS模型与CC模型的一个重要区别在于资本创造部门的技术假定。在CC模型中，新资本的生产成本是固定不变的，但在GS模型中因引入了溢出效应，新资本的生产成本随着总资本存量的增加而下降。

在GS模型中，经济增长是经济系统知识存量的持续扩张所驱动的。由于每单位知识资本都与某一产品种类是联系在一起的，因此，知识资本的持续扩张意味着产品种类的不断扩大。在迪克希特－斯蒂格利茨框架内，这种产品种类的不断扩大必然使得每种产品的经营利润下降。因此，在CC模型中的情形一样，如果创造一单位新资本的成本不变，那么新的产品所导致的每种产品经营利润的下降无法弥补创造单位新资本所需的成本，此时资本存量将停止增长，产品种类的扩大和经济增长也将停止。因此，如果在迪克西特－斯蒂格利茨框架内讨论上述问题，那么单位新资本的生产成本必须要随时间而下降。那么何种经济学逻辑可以满足这种成本要求？GS模型就借助学习曲线来解决了这种的要求。假设创造单位知识资本的成本随着知识资本的积累而下降（知识溢出提高了学习效应）。进一步假设，知识资本创造部门（用*I*来表示知识资本创造部门）只利用劳动力来生产新的知识资本，每单位新资本*K*的生产需要a_I单位的劳动力。因此，如果用*F*来表示创造单位新资本的边际成本，那么$F=a_Iw_L$。*I*部门的学习曲线就意味着，因为存在学习效应，或者说存在跨时期的知识和技术的溢出效应，知识资本生产部门的a_I随*I*部门产出的增加而逐渐下降。这样，资本形成成本可以表示为：

$$F=w_La_I,\ F^*=w_L^*a_I^*,\ a_I=a_I^*=1/K^W,\ K^W=K+K^* \tag{7.1}$$

最后，仍然需要假设资本创造部门为完全竞争部门，尽管资本生产部门在总量上存在着动态的规模扩张，但假设每个资本生产企业的规模都很小进而企业内部并不存在溢出效应，因此，每个资本生产企业都视a_I为给定的。

进一步补充说明，*I*部门的知识资本产出可以分为以下两种：一种是私人知识，它可以获得专利并卖给他人来生产产品；另一种是公共知识，它无法获得专利，可以广泛传播并迅速被其他企业消化吸收，因此，可以通过较小的努力创造新的知识资本。

2. 跨期问题

GS模型涉及消费者的跨时期效用最大化问题。效用函数仍由柯布－道格拉斯函数和不变替代弹性函数给出。为了讨论的方便，我们假设消费者的跨期替代弹性为1，并把各期效用函数表示为对数形式，则：

$$U = \int_{i=0}^{\infty} e^{-t\rho}\ln C\mathrm{d}t,\ C = C_A^{1-\mu}C_M^{\mu},\ C_M = \left(\int_{i=0}^{n^w} c_i^{1-1/\sigma}\mathrm{d}i\right)^{1/(1-1/\sigma)} \tag{7.2}$$

其中，ρ 为消费者的时间偏好率，即消费者的效用折现率。

在GS模型中，特定资本有可能贬值，但假设不存在资本整体贬值的可能性。为了实现这一点，我们假设存在很完善的金融市场并实行有效的金融分散化政策，同时存在一种利息率为 r 的安全证券。同时，假设创新投资市场已完全金融化，且不存在金融资产的跨区域交易。

我们同样将南部的利润率设定为 r^*。

二、短期均衡

在GS模型中，经济系统的资本存量 K^W 一直增长，我们用经济系统资本存量增长率 g 来替代经济系统资本存量作为长期变量；另一个长期变量是资本的空间分布 s_n。在短期，这两个变量被认为是固定的。在短期，资本的空间分布可以看成是一个外生变量，保持固定不变，这意味着，此时两个区域的资本增长率必须相同，否则，就会使 s_n 发生变化；在中期，s_n 进行动态的调整，两个区域的资本增长率不同，资本份额较大区域的资本增长率较高；在末期，当实现长期均衡时，s_n 又固定下来，此时两个区域的增长率也必然相等，或者资本全部集中到一个区域（此时经济系统资本增长率就是该区域的资本增长率）。

1. 农业部门和工业部门

在GS模型中，大多数短期均衡表达式和CC模型是一样的，但要记住现在是 $a_I = 1/K^w$。对工业产品度量单位进行标准化，则本地生产本地销售的工业产品价格为1，本地生产异地销售的工业产品价格为 τ，工业部门的生产分布与资本分布相同；农业部门单位劳动产出作为计价单位，则：

$$p = 1,\ p^* = \tau,\ p_A = p_A^* = w_A = w_A^* = 1,\ s_n = s_k \tag{7.3}$$

与CC模型一样，用 s_n 替代 s_K 表示资本的空间分布。GS模型和CC模型可以看成是FC模型的扩展，在FC模型中，s_n 是内生的，而 s_K 是外生的。

2. 资本收益率

由于每个企业都以一个单位资本作为固定成本，资本收益率就是企业的经营利润。企业的经营利润为：

$$\begin{cases}\pi = \dfrac{bE^W}{K^W}B \\ \pi^* = \dfrac{bE^W}{K^W}B^*\end{cases},\ b = \frac{\mu}{\sigma},\ \begin{cases}B = \dfrac{s_E}{\Delta} + \phi\dfrac{1 - s_E}{\Delta^*} \\ B^* = \phi\dfrac{s_E}{\Delta} + \dfrac{1 - s_E}{\Delta^*}\end{cases},\ \begin{cases}\Delta = s_n + \phi(1 - s_n) \\ \Delta^* = \phi s_n + (1 - s_n)\end{cases},\ \phi = \tau^{1-\sigma} \tag{7.4}$$

3. 市场规模

在 GS 模型中，流动要素的收益取决于产业的空间分布 s_n、相对市场规模 s_E。在这里，我们假设把 s_n 看成是既定的，这样我们主要讨论北部的市场份额 s_E。市场份额的大小就是常说的市场规模。我们先从 s_E 的分母 E^W 开始讨论。

经济系统的总支出，等于经济系统要素收入减去创造新资本时的支出。经济系统要素收入，包括劳动力收入 $w_L L + w_L^* L^* = L^W$ 和资本收益（企业经营利润）$\pi s_n K^W + \pi^*(1 - s_n)K^W = bE^W$。新创造的资本有两个用途，一是补偿资本折旧，此部分需要 δK^W；二是保持资本存量以 g 的速率增长，此部分需要 gK^W，因此，新创造的资本总量为 $K_I^W = \delta K^W + gK^W$，创造资本所需的劳动力数量为 $L_I^W = a_I K_I^W = (1/K^W)(\delta K^W + gK^W) = \delta + g$。因此，根据总收入等于总支出，可以写成 $E^W = L^W + bE^W - (g + \delta)K^W a_I = L^W + bE^W - (g + \delta)$，所以：

$$E^W = \frac{L^W - (g + \delta)}{1 - b} \tag{7.5}$$

北部的收入可以写成：

$E = s_L L^W + \pi s_n K^W - (g + \delta)s_n K^W a_I = s_L L^W + s_n bBE^W - (g + \delta)s_n$，同除以 E^W，可以得到：

$s_E = \dfrac{s_L L^W - (g + \delta)s_n}{E^W} + s_n bB = \dfrac{s_L L^W - (g + \delta)s_n}{E^W} + s_n b\left[\dfrac{s_E}{\Delta} + \phi\dfrac{1 - s_E}{\Delta^*}\right]$，把式（7.5）代入，可解得：

$$s_E = \frac{\dfrac{s_n b\phi}{\Delta^*} + (1 - b)\dfrac{s_L L^W - (g + \delta)s_n}{L^W - (g + \delta)}}{1 - s_n b\left(\dfrac{1}{\Delta} - \phi\dfrac{1}{\Delta^*}\right)} \tag{7.6}$$

从式（7.6）可以看出，市场规模取决于长期变 s_n 和长期的经济增长率 g。

4. 跨期支出

为了解决跨期问题，需要刻画支出的最优跨期分配。表述最优跨期消费行为的经典方程为欧拉方程，该方程可以从汉密尔顿方程中直接推导出来，但它还赋予了丰富的经济学含义。最优的支出方式，就是不管何种方式的支出分配，都让消费者感到无差异，也就是延期支出的边际成本等于延期支出的边际收益。

延期支出的边际成本 MC，就等于边际效用随时间递减速率 ρ 加上该期边际效用的递减量 $\dot{E}/E$；延期支出的边际收益 MR，就等于持有证券可获得的利率 r。由于 $MR=MC$，所以 $\dot{E}/E+\rho=r$，从而可以得到欧拉方程：

$$\dot{E}/E=r-\rho,\quad \dot{E}=\frac{\mathrm{d}E}{\mathrm{d}t},\quad \frac{\dot{E}}{E}=\frac{\mathrm{d}E}{E\mathrm{d}t}=\frac{\mathrm{dln}E}{\mathrm{d}t} \tag{7.7}$$

三、长期均衡

GS 模型的长期均衡，由经济系统资本存量的增长率 g 和资本的空间分布 s_n 所给出，s_n 又受到 g 的影响。要求得 g，就得先求出一单位新资本的价值和生产一单位新资本的成本相等时的资本积累率。

（一）长期空间均衡条件

GS 模型的长期均衡，包括一个或多个内点均衡以及两个 CP 结构均衡。实现内点均衡时，两个地区都生产资本；出现 CP 结构时，只有一个地区生产资本。内点均衡时，两个地区的企业发现，继续投资于资本生产部门并以 g 的速率扩大资本存量是值得的；但形成 CP 结构均衡时，只有北部（或南部）的企业继续投资于新资本的生产。因此，类似于 CC 模型，成立如下关系式：

$$\begin{cases} q\equiv\dfrac{v}{F}=1 \\ q^{*}\equiv\dfrac{v^{*}}{F^{*}}=1 \end{cases},\ 0<s_K<1;\quad \begin{cases} q=1 \\ q^{*}<1 \end{cases},\ s_K=1 \tag{7.8}$$

其中，q 为资本价值与资本成本的比值，即托宾的 q 值。下面首先计算一下资本价值，即资本未来收益流的折现值。南部作为核心区的条件，在形式上与式（7.8）中后者的表达式相对应。

首先，把单位新资本（相当于引入一种新的工业品）的价值和资本的增长率联系起来，其表达式与 CC 模型中的表达式非常相似，但存在一个重要的区别。在 CC 模型中，长期经营利润是稳定的，单位资本的价值就是这个稳定收入流的现值。在存在折旧率 ρ 和贴现率 δ 的情况下，这个现值就是 $\pi/(\rho+\delta)$。长期均衡时，新资本的持续投入导致新产品的持续投放，新产品的持续投放将导致市场的拥挤，而市场拥挤导致企业盈利能力的下降。

其次，要求出经营利润下降的稳定比率。在长期均衡条件下，经济增长率 g（资本存量的增长率）和资本空间分布 s_n 达到稳定状态，由式（7.5）可知，经济系统的总收入 E^W 也达到稳定状态并保持不变。资本总收益（总经营利润）

$\pi s_n K^W + \pi^*(1-s_n)K^W = bE^W$，在 E^W 不变的情况下也是一个常数。另外，资本存量以 g 的速率递增，资本存量的增加意味着经济中工业品种类增多，这就导致单位资本经营利润以 g 的速率在下降，即 $\pi(t)=\pi e^{-gt}$，$\pi^*(t)=\pi^* e^{-gt}$。再者，资本还面临着一个固定的折旧率，单位资本在未来仍可使用的资本部分为 $e^{-\delta t}$；另外，还要考虑资本所有者对未来收益的折现值。综上所述，单位资本在当期的价值可以写成：

$$v = \int_0^\infty e^{-\rho t}e^{-\delta t}(\pi e^{-gt})\mathrm{d}t = \frac{\pi}{\rho+\delta+g};\ v^* = \frac{\pi^*}{\rho+\delta+g} \tag{7.9}$$

其中，g 为长期均衡时的资本存量 K^W 的增长速度。

（二）长期均衡的特征

1. 长期经济增长率 g

我们要确定资本的长期增长率 g。长期均衡时，不管资本的空间分布如何，单位资本的收益都是相同的，这是因为新资本的成本在任何地方都相同，同时，还要满足资本价值与资本成本相等的条件（即 $q=1$ 的条件），因此，资本的收益率也都相同。这样每单位资本的收益率就是整个经济系统的总收益与资本存量的比率，即 $\pi=\pi^*=bE^w/K^w$。根据式（7.9）、式（7.5）以及长期均衡时托宾 q 值等于 1 的条件：

$$q=\frac{bE^w}{\rho+\delta+g}=\frac{b(L^w-g-\delta)}{(1-b)(\rho+\delta+g)}=1 \tag{7.10}$$

通过解式（7.10），可以得到长期的经济增长率（资本存量的增长率）；再根据式（7.5）可以得到长期的 E^W：

$$g=bL^W-(1-b)\rho-\delta,\ E^W=L^W+\rho \tag{7.11}$$

由式（7.11）可知，长期经济增长率由劳动力禀赋、折现率、资本折旧率、整个经济系统对工业品的支出份额以及工业品的替代弹性所决定。长期经济增长率，与资本的空间分布无关，两种原因导致这种结果：其一，资本形成成本假设，即原有知识和技术对两个区域资本形成成本的影响相同；其二，在均衡时必须保证资本价值与资本成本相同，因此，资本收益也必然相同。这就意味着，资本增长与资本空间分布无关，也就是对资本创造而言，空间是无关紧要的（资本增长率与资本空间分布无关就意味着，在长期均衡条件下，无论是对称结构还是 CP 结构，资本增长率都是一样的）。另外，经济系统长期的收入水平，由劳动力禀赋和折现率所决定。

2. nn 曲线和 EE 曲线

如同 FC 模型和 CC 模型一样，达到长期均衡时，无论是内点均衡还是 CP

均衡，GS模型中资本收益或资本价值无论在区内还是在区际总是相等的。内点均衡时，由式（7.9）的 $v=v^*$ 可以推出 $\pi=\pi^*$，结合式（7.4）可知 $B=B^*$，整理该式可得下面的式子，也就是 nn 曲线：

$$s_n=\frac{1}{2}+\left(\frac{1+\phi}{1-\phi}\right)\left(s_E-\frac{1}{2}\right) \tag{7.12}$$

接着讨论支出份额的决定问题。北部的总支出是北部的总收入减去北部总投资支出，即 $E=L+s_nbE^W-s_n(g+\delta)$。把式（7.11）中 g 和 E^W 代入式（7.12），则：

$$E=L+s_nb(L^W+\rho)-s_n[bL^W-(1-b)\rho]$$

化简上式，则 $E=L+s_n\rho$，两边同除以式（7.11）的 $E^W=L^W+\rho$，则可以得到式（7.13），即 EE 曲线：

$$s_E=\eta s_n+(1-\eta)s_L,\ \eta=\frac{\rho}{L^W+\rho} \tag{7.13}$$

式（7.13）表明，长期均衡时，北部的市场份额是其所使用的资本份额 s_n 和劳动力份 s_L 的加权平均。如果经济系统的折现率较高（ρ 较大），即人们更看重当前收益而对未来收益不重视，那么资本价值就较低，资本形成就较少，η 就变大。此时，资本份额对市场份额的影响就更大了。

（三）实际收入长期增长

长期均衡下，虽然资本的空间分布不会影响资本增长率，但不同的空间分布对区域的实际收入水平却有影响。这里几个概念需要澄清，经济系统总支出 E^W 是指居民对于农产品和工业品的消费支出，它等于经济系统要素总收入减去创造新资本所需的投资；要素总收入包括劳动力收入和资本收益；创造新资本所需的投资，即资本创造部门的投入，是指补偿资本折旧和维持资本增长所需的投入。经济系统的GDP应包括投资。从整个经济系统角度来考虑，可以用下式来表示这两个总量指标的区别：

$$E^W=L^W+bE^W-(g+\delta)K^Wa_I$$

$$GDP=E^W+Investment=E^W+(g+\delta)K^Wa_I=L^W+bE^W$$

在GS模型中，长期均衡时，E^W 和GDP都不再发生变化。根据式（7.11）中的第二个式子，可以写成：

$$GDP=L^W+bE^W=(1+b)L^W+b\rho$$

这意味着，资本存量的增加不会提高经济系统的名义收入水平，经济系统的名义GDP也不会发生变化。但单位资本对应着一种工业品的生产，因此，随着资本存量的增加，工业品种类以资本增长率相同的速率增加，这将降低每个区域的生活成本指数，进而提高居民的实际收入水平。根据 $\dot{K}^W/K^W=g$，可以得到：

$$K^W(t)=K^W(0)e^{gt}, \quad n^W(t)=n^W(0)e^{gt}$$

北部的工业品的价格指数为：

$$P=\left(\int_0^{n^W}p^{1-\sigma}di\right)^{1/(1-\sigma)}=\left(np^{1-\sigma}+n^*\tau^{1-\sigma}p^{1-\sigma}\right)^{1/(1-\sigma)}$$

资本的空间分布为对称分布时，$n=n^*=n^W/2$，故 $P=p[(1+\phi)/2]^{1/(1-\sigma)}(n^W)^{1/(1-\sigma)}$，也就是工业品价格指数随着工业品种类的增加而下降，即 $P(t)=P(0)e^{gt/(1-\sigma)}$。北部的实际收入水平以及实际 GDP 按式 $[P(t)/P(0)]^{-\mu}=e^{\mu gt/(\sigma-1)}$ 中的 $\mu g/(\sigma-1)$ 的速率提高。南部的工业品价格指数也下降，故南部实际收入以及实际 GDP 也按同样的速率增长。设 $a=\mu/(\sigma-1)$，则，实际 GDP 的增长率为：

$$g_{real\_GDP}=ag \tag{7.14}$$

上面的讨论告诉我们，资本的空间分布为对称时，两个区域的名义收入水平相等，实际收入水平也相等；两个区域的名义收入水平保持不变，但实际收入以不变的速率上升。

当资本聚集在一个区域（假设资本全部集中在北部）时，经济系统的名义收入水平不变，即 $E^W=L^W+\rho$，但南部的名义收入水平为 $L^W/2$，而北部的名义收入水平为 $\rho+L^W/2$；由于资本全部集中在北部，北部居民除获得劳动收入外，还得到了全部的资本收益，而南部居民仅得到劳动收入，因此，南部的人均名义收入低于北部；南部和北部工业品的价格指数存在差异，这使得南部的人均实际收入低于北部。资本存量的增长不会改变居民的名义收入水平，但影响两个区域工业品价格指数，进而影响居民的实际收入水平，因此，两个区域的实际收入增长率仍由式（7.14）给出。

（四）长期均衡下资本生产部门所需的劳动力数量

从 $\pi K^W=bE^W$ 中可以看出，随着资本存量的增加，资本的经营利润（资本收益）下降；同时，从 $a_I=1/K^W$ 中可以看出，随着资本存量的增加，创造新资本的成本也在下降。经济系统长期的资本存量，仍是由托宾的 $q=1$ 的条件，即资本价值与资本成本相等的条件所决定。在长期均衡情况下，每期投入到资本生产部门的劳动为 L_I^W，这些劳动力创造的新资本为 $L_I^W/a_I=L_I^WK^W$，这些新资本一部分用来补偿资本折旧，另一部分用来维持资本的增长，即：

$$L_I^WK^W=(g+\delta)K^W \Rightarrow L_I^W=g+\delta$$

上式就是长期均衡下，资本生产部门每期生产新资本时所需的劳动力数量。

四、长期均衡图解和稳定性分析

1. 长期均衡的剪刀图解

可以利用剪刀图来描述 GS 模型的均衡位置以及它们的局部稳定性特征。图 7－1 表示内点对称均衡。*nn* 曲线由式（7.12）给出，*EE* 曲线由式（7.13）给出。同前面的 CP 模型、FC 模型、FE 模型一样，在 *nn* 线右边 $B>B^*$，因此，满足 $q=1$ 和 $q^*>1$ 的条件。故在 *nn* 线右下方，资本价值低于资本成本，企业有向北转移的趋势，进而 s_n 就变大。在 *nn* 线的左上方，正好相反。贸易自由度 ϕ 并不影响 *EE* 曲线，但贸易自由度使得 *nn* 曲线围绕对称点（1/2，1/2）旋转。当贸易自由度较低时，点 *A*(1/2，1/2) 所表示的对称均衡是稳定均衡；当贸易自由度增加到某一水平 ϕ^B 时，对称结构遭到破坏，CP 结构变得稳定。

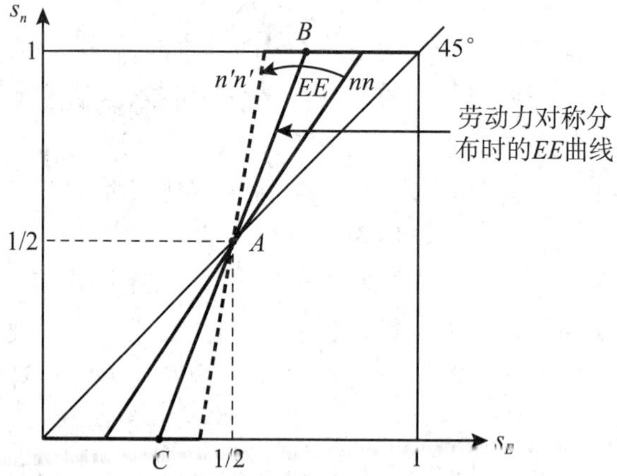

图 7－1　初始劳动力对称分布时的剪刀图解

资料来源：Richard Baldwin，Rikard Forslid，Philippe Martin，Gianmarco Ottaviano and Frederic Robert－Nicoud，Economic Geography and Public Policy ［M］. Princeton：Princeton University Press，2003：166.

图 7－2 表示的是南北两个区域劳动力规模不等，即劳动力非对称分布（$s_L \neq 1/2$）时的情况。此时，*EE* 曲线不经过对称点 *A*(1/2，1/2)，点 *D* 替代点 *A* 成了稳定均衡点。在初始劳动力禀赋非对称分布的情况下，劳动力禀赋较大的区域将得到更高的资本份额，随着贸易自由度的提高，稳定均衡点 *D* 沿着 *EE* 线向点 *B* 靠拢，当贸易自由度达到某一临界值时，点 *B* 成为稳定均衡点，此时出现经济活动的空间聚集，随着贸易自由度的进一步提高，点 *B* 仍然是稳定均衡点。在这种情况下，经济活动不可能聚集在初始劳动力禀赋较少的区域，也就是点 *C* 不会成为稳定均衡点。

在允许资本自由流动的情形下，*EE* 线将成为一条垂直于横轴的直线，在初始对称分布情况下，点 *A* 始终是稳定均衡点，CP 模式只能在完全自由贸易的情况下才可能出现。

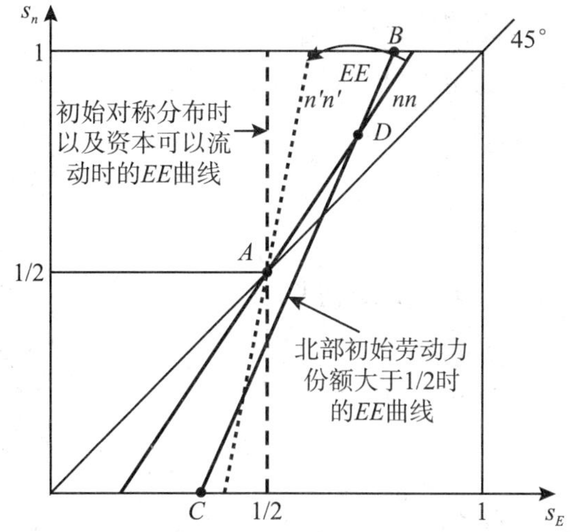

图 7－2　初始劳动力份额不对称时的剪刀图

资料来源：Richard Baldwin, Rikard Forslid, Philippe Martin, Gianmarco Ottaviano and Frederic Robert－Nicoud, Economic Geography and Public Policy [M]. Princeton: Princeton University Press, 2003: 166.

2. 初始劳动力对称分布时的稳定性分析

从图 7－1 中可以看出，当两条直线的斜率相等时，出现对称结构和 CP 结构突变的临界点，故突破点和持续点是相同的。根据式（7.12）和式（7.13）：

$$\phi^S = \phi^B = \frac{1-\eta}{1+\eta} \tag{7.15}$$

因此，当 ϕ 大于 ϕ^B 时，对称结构被打破。如果经济活动主要聚集在北部，那么将会发生经济活动的变化过程，北部的投资、产出和资本规模扩大，南部的投资、产出和资本存量下降，此时南部陷入“恶性循环”。南部由于投资和产出减少，区域财富开始缩小，企业投资萎缩，解聘大量劳动力。相反，北部则进入“良性循环”。总之，北部变成经济发展的增长极，南部变为经济增长的塌陷区。

下面，通过严谨的方式来讨论均衡的稳定性问题。

在资本对称分布的情况下，如果$\partial q/\partial s_n < 0$，则对称分布就是稳定的，这是因为系统内存在负反馈机制，北部资本份额偏离对称分布的冲击将导致托宾 q

值相反的变化，可以自动纠正资本份额空间分布的偏离。下面我们来计算该偏导数。

当对称分布为长期均衡时，$s_L = s_n = s_E = 1/2$。

$$q = \frac{v}{F} = \frac{\pi K^W}{\rho + \delta + g} = \frac{bBE^W}{\rho + \delta + g}$$

长期均衡时，E^W 和 g 不变，b、δ 和 ρ 为给定的参数，因此，q 对 s_n 的微分就只与 B 有关。而 $B = \frac{s_E}{\Delta} + \phi\frac{1 - s_E}{\Delta^*}$，$\Delta|_{s_n = s_E = 1/2} = \Delta^*|_{s_n = s_E = 1/2} = \frac{1 + \phi}{2}$，$B|_{s_n = s_E = 1/2} = 1$，所以：

$$\mathrm{d}q|_{sym} = \frac{bE^W}{\rho + \delta + g}\left[\frac{\partial B}{\partial s_n}\mathrm{d}s_n + \frac{\partial B}{\partial s_E}\mathrm{d}s_E\right]_{sym}$$

而 $\left.\frac{\partial B}{\partial s_n}\right|_{sym} = -\frac{2(1 - \phi)}{(1 + \phi)^2}\mathrm{d}s_n + \frac{2\phi(1 - \phi)}{(1 + \phi)^2}\mathrm{d}s_n = -\frac{2(1 - \phi)^2}{(1 + \phi)^2}\mathrm{d}s_n$，$\left.\frac{\partial B}{\partial s_E}\right|_{sym} = \frac{2(1 - \phi)}{(1 + \phi)}\mathrm{d}s_E$，

因此，$\mathrm{d}q|_{sym} = \frac{2bE^w}{\rho + \delta + g}\left[\frac{1 - \phi}{1 + \phi}\mathrm{d}s_E - \frac{(1 - \phi)^2}{(1 + \phi)^2}\mathrm{d}s_n\right]$

所以，$\left.\frac{\mathrm{d}q}{q}\right|_{sym} = \frac{2(1 - \phi)}{1 + \phi}\mathrm{d}s_E - \frac{2(1 - \phi)^2}{(1 + \phi)^2}\mathrm{d}s_n$，经济系统沿 EE 曲线变化，由式（7.13）：

$$\left.\frac{\mathrm{d}q}{q}\right|_{sym} = \frac{2(1 - \phi)}{1 + \phi}\frac{\partial s_E}{\partial s_n}\mathrm{d}s_n - \frac{2(1 - \phi)^2}{(1 + \phi)^2}\mathrm{d}s_n = \frac{2(1 - \phi)}{1 + \phi}\eta\mathrm{d}s_n - \frac{2(1 - \phi)^2}{(1 + \phi)^2}\mathrm{d}s_n \tag{7.16}$$

由式（7.16）可知，对称均衡时，如果资本分布受到冲击，那么将产生两种相反的现象：等号右边的第一项为正，这就使得对称分布不稳定，可称它为聚集力；等号右边的第二项为负，这是维持对称分布稳定的力量，可称它为分散力。两种力量哪一个占优势，就决定于对称分布的稳定与否。可以看到，随着贸易自由度 ϕ 的提高，聚集力和分散力都在下降，但分散力下降的速度更快一些，因此，当初始贸易自由度 ϕ 较小时分散力占优，对称分布是稳定的；当 ϕ 提高到一定程度时聚集力就开始占优，对称分布就不稳定。从式（7.16）中，我们还可以求出聚集力与分散力相等的临界状态时的贸易自由度，而该贸易自由度就是突破点，它又是维持点。

CP 结构为长期均衡（假设资本全在北部使用，即 $s_n = 1$，$q = 1$）时，$\Delta = 1$，$\Delta^* = \phi$，$B^* = \phi s_E + (1 - s_E)/\phi$。由式（7.13），$s_E = (1 + \eta)/2$，所以 $B^* = [(1 + \phi^2) - (1 - \phi^2)\eta]/(2\phi)$。因此，可有：

$$(q^*)_{s_n=1}=\frac{bB^*E^W}{\rho+\delta+g}=\frac{bB^*E^W}{b(L^W+\rho)}=(B^*)_{s_n=1}=\frac{1}{2\phi}\left[(1+\phi^2)-(1-\phi^2)\frac{\rho}{L^W+\rho}\right]。$$

化简上式，则：

$$(q^*)_{s_n=1}=\frac{(1+\phi^2)L^W+2\phi^2\rho}{2\phi(L^W+\rho)} \tag{7.17}$$

因为，北部的 $q=1$，当南部的托宾 q 值也达到 1 时，北部的聚集就变得不稳定，令 $(q^*)_{s_n=1}=1$，此时得到的临界值与式（7.15）、式（7.16）给出的结论相一致。

3. 战斧图解

图 7－3 是 GS 模型的战斧图。从图 7－3 可以看出，GS 模型的战斧图类似于 CC 模型的战斧图。由于 $\phi^B=\phi^S$，图形不像是战斧而像是锤子。

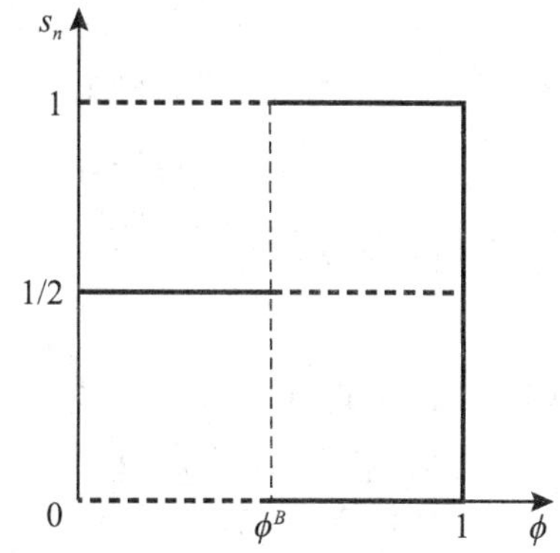

图 7－3　GS 模型的战斧图解

资料来源：笔者整理。

五、资本流动的 GS 模型

放宽模型的假设，允许资本可以在区域之间自由流动，而资本所有者仍不具有空间流动性，在这种情况下，EE 曲线变成一条垂直于横轴的直线，此时 s_E 只与资本禀赋的分布 s_K 有关，而与资本使用的空间分布 s_n 无关，因此，式（7.13）改写为 $s_E=\eta s_K+(1-\eta)s_L$。仍假设劳动力是对称分布的，则由式（7.12）表示的 nn 曲线不变，把 s_E 的表达式代入式（7.12），则：

$$s_n=\frac{1}{2}+\frac{1+\phi}{1-\phi}\left(\eta s_K+\frac{1-\eta}{2}-\frac{1}{2}\right)=\frac{1}{2}+\frac{1+\phi}{1-\phi}\eta\left(s_K-\frac{1}{2}\right)$$

$$\Rightarrow s_n-s_K=\left(s_K-\frac{1}{2}\right)\left(\eta\frac{1+\phi}{1-\phi}-1\right) \tag{7.18}$$

如果初始资本禀赋在区域间是对称分布的，即 $s_K=1/2$，那么资本使用的对称分布总是稳定均衡，与贸易自由度的变化无关。此时由于资本自由流动，不存在与需求关联的循环累积因果关系。

如果北部拥有较多的资本，即 $s_K>1/2$，此时，由于本地市场放大效应，$s_n>1/2$。但资本的流动方向是不确定的，这就要通过判断 s_n-s_K 的正负值来确定，而 s_n-s_K 的正负值由 $\eta[(1+\phi)/(1-\phi)]-1$ 的符号所决定。如果 $\eta[(1+\phi)/(1-\phi)]-1>0$，那么 $\phi>\phi^B$，则 $s_n>s_K>1/2$，说明资本从较落后的南部流向较发达的北部，此时聚集力占优；如果 $\eta[(1+\phi)/(1-\phi)]-1<0$，那么 $\phi<\phi^B$，则 $s_K>s_n>1/2$，北部使用的资本份额小于其拥有的资本份额，此时资本从较发达的北部流向较落后的南部，说明北部的市场拥挤效应较强，分散力占优。

六、GS 模型同 CP 模型和 CC 模型的比较

（一）GS 模型同 CP 模型的比较

1. 本地市场放大效应

同 CP 模型一样，GS 模型的 nn 曲线也表示了本地市场放大效应。当初始收入水平不同时，如果内点均衡是稳定的，那么初始富裕的地区变得更加富裕，收入增加的速率超过资本增加的速率。随着 ϕ 的增加，初始富裕的地区通过扩大资本份额，进一步强化放大效应，直到该地区成为 CP 结构中的核心区为止。

2. 循环累积因果关系

GS 模型假设资本和人口都不流动，资本只因创造而增加，因折旧而减少。资本增加伴随着生产的转移，生产转移后收入的增加导致支出的增加。反之，资本减少将导致支出减少，这样就形成了需求关联的循环累积因果关系。尽管资本增加或者减少，降低或者提高价格指数，但由于人口不能流动，劳动力不能被吸引到价格较低的地区，因此，就不存在与成本关联的循环累积因果关系。

3. 内生的非对称

在 GS 模型中，随着贸易自由度的提高，$s_n=s_K=1/2$ 的对称结构遭到破坏，最终形成 CP 结构，所有产业都集中在一个地区。因此，交易成本的不断降低，最终导致对称结构向非对称结构的转换，即内生的非对称过程，这和 CP 模型是一样的。

4. 突发性聚集

从图 7-3 中可以看出，GS 模型也会在突破点 ϕ^B 处发生突发性聚集，只要 ϕ 略大于 ϕ^B，就会发生突然而激烈的聚集现象，最终形成 CP 结构。

5. 区位黏性

如同 CP 模型，最终聚集发生在何处是不确定的，仍受到原有路径（区位黏性）的影响。当 $\phi>\phi^B$ 时，存在多重 CP 结构均衡，这意味着，聚集可能发生在北部也可能发生在南部。这说明，遭受暂时冲击时，如经济政策发生变化时，企业选择何种区位将受到原有区位的影响，即存在路径依赖。

6. 驼峰状的聚集租金

如同 CP 模型，GS 模型的聚集租金也是贸易自由度的凹函数。为讨论聚集租金，先考虑 $\phi\geqslant\phi^B$ 时，劳动力对称分布（$s_L=1/2$）而资本集中在北部（$s_n=1$）的情况。此时，聚集租金可以用北部和南部的 q 的差额来度量，即：

$$q-q^*=\frac{bE^WB}{K^W(\rho+\delta+g)}F-\frac{bE^WB^*}{K^W(\rho+\delta+g)}F$$

因为 $q=1$ 时，$bE^W/(\rho+\delta+g)=1$，所以：

$$\begin{aligned}q-q^*|_{s_n=1}&=1-\frac{1}{2\phi}[(1+\phi^2)-(1-\phi^2)\eta]\\&=1-\frac{1}{2}\left[\phi(1+\eta)+\frac{1}{\phi}(1-\eta)\right]\end{aligned}\tag{7.19}$$

式（7.19）是 ϕ 的函数，当 $\phi=\phi^B$ 和 $\phi=1$ 时，等于零；在区间［ϕ^B，1］，取正值；在 $\phi=\sqrt{\phi^B}$时，取最大值。随着贸易自由度的提高（从 ϕ^B 提高到 1），聚集租金先升后降，显示出明显的驼峰状。

7. 叠加区和预期的自我实现

在 GS 模型中，由于不存在成本关联的循环累积因果关系，突破点和维持点重合为一点，进而就不存在叠加区。因此，人们预期的变动，不会导致对称结构和 CP 结构之间的转换，也就是说，人们预期的变化无法克服历史的惯性。

（二）GS 模型同 CC 模型的比较

GS 模型同 CC 模型一样，具有许多不同于 CP 模型的特征。GS 模型包含 CC 模型的所有新的特征：经济增长影响经济区位、存在增长极和增长塌、贸易完全自由化导致区际永久性收入差距、经济一体化的两重含义等。

1. 经济增长影响经济区位

在 GS 模型，进行资本积累（也就是经济增长过程），同时，资本收益都支付在本地，因此，经济增长可以改变本地的区位条件。

2. 经济增长极和塌陷区

尽管 GS 模型并不强调传统的经济的动态过程，但 GS 模型中出现传统的经济“增长极”和“塌陷区”。从对称结构转变为 CP 结构的过程中，产业聚集地区的资本投资较早，资本积累和经济增长速度较高，进而成为经济“增长极”；失去原有产业的地区的投资滞后，资本积累和经济增长速度较低，成为经济“塌陷区”。

3. 永久性收入差距

在 CC 模型中的情形一样，在 GS 模型中，收入的空间分布和资本份额的空间分布是联系在一起的。这就意味着，区际产业分布的非对称性既决定区际要素禀赋的非对称性，又受到区际要素禀赋非对称性的影响。因此，核心区的人均资本存量较高，人均实际收入水平也较高。尤其重要的是，不像 CP 模型中那样，收入差距随贸易自由度的提高而消失。

4. 经济一体化的丰富的内涵

在 CP 模型中，经济一体化只是指贸易自由化，但在 GS 模型中，经济一体化不仅包括贸易自由化还包括资本的区际流动。

（三）GS 模型的新特征：经济的内生增长

GS 模型一个很重要的特征是经济的内生增长。在 CC 模型中，这种内生的长期经济增长是不存在的。这种长期的内生增长意味着，GS 模型并不像 CC 模型中那样资本的重新调整是短期的，而是长期的过程。当资本存量的区际分布为非对称、私人知识资本是完全可以流动时，资本流向取决于贸易自由度 ϕ 的大小：当 ϕ 很小时，资本从资本较丰富的地区流向资本匮乏地区；ϕ 很大时，资本从资本匮乏地区流向资本较丰富的地区。

第三节　对称的本地溢出模型

在 GS 模型中，长期的均衡增长率与资本的空间分布是无关的，这种“空间中性”的结果源于 GS 模型假设资本溢出效应不存在随空间的衰减现象，在空间的任何地方，现存的所有人力资本对新资本形成成本的影响都是相同的。这种假设忽略了在知识传播的过程中，空间距离的重要作用，忽视了面对面交流的重要意义。在 LS 模型中，则考虑了空间距离对知识传播的影响，距离越近，知识溢出越大。这样，知识溢出在某种意义上具有本地化的特征。因此，该模型称为“本地溢出模型”，简称 LS 模型。

一、LS 模型的假设

LS 模型与 GS 模型不同的是，LS 模型假设一个区域的研发成本取决于资本的区位，这需要对 I 部门的学习曲线进行一些修改，使得空间因素影响不同空间的资本形成成本。GS 模型假定两个区域的资本创造部门的边际成本相等，即 $F=F^*=a_I=1/K^W$，而 LS 则假设区域的资本形成成本取决于资本区位，北部和南部的有关表达式分别为：

$$\begin{cases}F=w_La_I\\F^*=w_La_I^*\end{cases},\quad\begin{cases}a_I\equiv1/(K^wA)\\a_I^*\equiv1/(K^wA^*)\end{cases},\quad\begin{cases}A\equiv s_K+\lambda(1-s_K)\\A^*\equiv\lambda s_K+1-s_K\end{cases}\tag{7.20}$$

其中，λ 反映知识在空间传播的难易程度，以北部为例，λ 越大，传播就越容易，外区的知识传播到本区时衰减的就越少，A 也就越大，新资本形成的成本就越小；λ 越小，传播的障碍越大，外区的知识传播到本区时衰减的就越多，A 就越小，新资本形成的成本就越大。从某种意义上说，正像 ϕ 度量空间贸易自由度一样，$\lambda\in[0,1]$ 则度量知识在空间传播的自由度；$\lambda=1$ 表示知识资本完全自由地传播，此时，LS 模型退化为 GS 模型；$\lambda=0$ 表示知识资本不能传播（知识溢出只限于当地）；在 $\lambda\in(0,1)$ 范围内，可以认为 $1-\lambda$ 是知识在传播到其他区域时损耗的部分。

对于私人知识资本，同 GS 模型一样，仍然假设它在区域间不能流动。由于私人知识资本专门用于新产品发明和新企业的创建，所以私人知识资本的数量等于企业数量（因为一种差异化产品的生产需要一单位资本作为固定成本）。根据该假设，$s_n=s_K$、$s_n^*=s_K^*$，其中 s_K 和 s_K^* 分别表示北部和南部私人知识资本所占份额。

二、短期均衡

短期均衡中，在区域资本存量既定的条件下，市场完全出清，消费者实现效用最大化，企业实现利润最大化。由于区域资本存量 K 在短期内是不变的，所以除了 a_I 和 a_I^* 以外，所有其他的均衡表达式都与 GS 模型的相同。此外，短期均衡条件也同 GS 模型相似。

1. 工业品和农业品价格

这与 GS 模型相同：

$$p=1,\ p^*=\tau,\ p_A=p_A^*=w_A=w_A^*=1,\ s_n=s_K\tag{7.21}$$

2. 经营利润

北部和南部两区域的营业利润或资本收益为：

$$\begin{cases}\pi=\dfrac{E^W}{K^W}B\\\pi^*=\dfrac{E^W}{K^W}B^*\end{cases},\ b=\frac{\mu}{\sigma},\ \begin{cases}B=\dfrac{s_E}{\Delta}+\phi\dfrac{1-s_E}{\Delta^*}\\B^*=\phi\dfrac{s_E}{\Delta}+\dfrac{1-s_E}{\Delta^*}\end{cases},\ \begin{cases}\Delta=s_n+\phi(1-s_n)\\\Delta^*=\phi s_n+(1-s_n)\end{cases},\ \phi=\tau^{1-\sigma}\tag{7.22}$$

3. 相对市场规模

在 LS 模型中，资本成本发生了变化，式（7.6）和式（7.7）需要重新给出。从经济系统角度来考虑，两个区域的支出为：

$$E = s_L L^W + s_K bBE^W - (g+\delta)Ka_I,\ E^* = (1-s_L)L^W + s_K bB^* E^W - (g+\delta)K^* a_I^*$$

将两个区域的支出相加：

$$\begin{aligned} E^w &= L^W + bE^W - (g+\delta)(Ka_I + K^* a_I^*) \\ &= L^W + bE^W - (g+\delta)\left[\frac{s_K}{s_K+\lambda(1-s_K)} + \frac{1-s_K}{\lambda s_K + (1-s_K)}\right] \end{aligned}$$

从而：

$$E^W = \frac{L^W - (g+\delta)\left[\dfrac{s_K}{s_K+\lambda(1-s_K)} + \dfrac{1-s_K}{\lambda s_K+(1-s_K)}\right]}{1-b}$$

因此：

$$s_E = \frac{\dfrac{s_K b\phi}{\Delta^*} + (1-b)\dfrac{s_L L^W - \dfrac{(g+\delta)s_K}{A}}{L^W - (g+\delta)\left(\dfrac{s_K}{A} + \dfrac{1-s_K}{A^*}\right)}}{1 - s_K b\left(\dfrac{1}{\Delta} - \phi\dfrac{1}{\Delta^*}\right)} \tag{7.23}$$

4. 跨期支出

均衡条件与 GS 模型中的情况一样，即：

$$\dot{E}/E = r - \rho \tag{7.24}$$

三、长期均衡

LS 模型和 GS 模型一样，在长期，两个区域通过资本的生产与折旧，导致区域资本存量的变化以及相对资本份额的变化。和 GS 模型中的情况一样，每一个区域的资本存量不断增加或者减少，直到每单位资本的回报率恰好等于创造新资本的成本。此时，经济系统达到长期均衡，经济系统资本存量 K^W 的增长率、经济系统总支出水平 E^W、北部资本存量份额 s_K 和支出份额 s_E 都不再发生变化。

另外，LS 模型只有两种长期均衡。一是内点均衡（$0 < s_K < 1$），两个区域资本增长率（也就是资本增长率）相同，即 $g = g^*$；二是 CP 结构均衡（s_K 等于 0 或 1），此时一个区域占有经济系统全部的资本，该区域也是唯一创造新资本的区域。北部资本存量增长率 g 和南部资本存量增长率 g^* 长期影响资本份额 s_K。根据 s_K 随时间的变化，可以得到如下恒等式：

$$\dot{s}_K \equiv (g - g^*) s_K (1 - s_K) \quad (7.25)$$

根据长期均衡的定义，产业空间分布必须稳定。根据式（7.25），这种稳定当 $g = g^*$、s_K 等于 0 或 1 时出现。

（一）长期均衡特征

1. 对称均衡下的经济增长

首先，我们考察一下内点对称均衡的情况，此时 $s_K = 1/2$，因此，根据前面的式子，成立如下关系式：

$$E^W = \frac{L^W - (g+\delta)\left[\dfrac{s_K}{s_K + \lambda(1-s_K)} + \dfrac{1-s_K}{\lambda s_K + (1-s_K)}\right]}{1-b} = \frac{1}{1-b}\left[L^W - \frac{2(g+\delta)}{1+\lambda}\right]$$

由于长期对称均衡，所以 $s_L = s_K = s_E = 1/2$，$B = B^* = 1$，因此，：

$q = \dfrac{v}{F} = \dfrac{\pi}{(\rho+\delta+g)w_L a_I} = \dfrac{\pi K^W A}{\rho+\delta+g} = \dfrac{bBE^W A}{\rho+\delta+g} = \dfrac{b(1+\lambda)E^W}{2(\rho+\delta+g)}$，把 E^W 代入，则：

$$q = \frac{b(1+\lambda)}{2(1-b)(\rho+\delta+g)}\left[L^W - \frac{2(g+\delta)}{1+\lambda}\right] = 1$$

从上式，可以得出对称均衡时的长期增长率：

$$g_{sym} = \frac{b(1+\lambda)}{2}L^W - (1-b)\rho - \delta \quad (7.26)$$

式（7.26）代入 E^W 的表达式，则可以得出长期总支出：

$$E^W = L^W + \frac{2\rho}{1+\lambda} \quad (7.27)$$

从式（7.26）可以看出，在对称均衡的情况下，区域间溢出效应的加强（λ 上升），将提高长期均衡增长率。当不存在区际知识传播障碍（$\lambda = 1$）时，长期均衡增长率达到最大，这时的 LS 模型实际上就变成了 GS 模型了。另外，由于 $g = g^*$，式（7.26）给出的均衡增长率也就是经济系统的资本均衡增长率，因而同前面的 GS 模型一样，实际收入增长率也是 g 的 $\mu/(\sigma-1)$ 倍。

2. CP 结构均衡下的经济增长

下面分析 CP 结构下的经济增长率。在这种情况下，$s_K = 1$，$\Delta = 1$，$\Delta^* = \phi$，$A = 1$，$B = 1$，$q = 1$，$q^* < 1$。由于 $E^W = \dfrac{L^W - (g+\delta)}{1-b}$、$q = \dfrac{v}{F} = \dfrac{bBE^W A}{\rho+\delta+g} = \dfrac{b(L^W - g - \delta)}{(1-b)(\rho+\delta+g)} = 1$，所以：

$$g_{CP} = bL^W - (1-b)\rho - \delta \quad (7.28)$$

式（7.28）就是所有资本都集中在北部时的长期均衡增长率，该增长率也就是 GS 模型中的资本增长率，从与式（7.26）的对称均衡下的增长率相比较中看出，这相当于其在 $\lambda=1$ 的情况。这是很自然的事情，因为所有的资本都集中在一个区域，所有的资本都生产在同一个区域，故知识溢出效应也全部集中在该区域，知识在传播中没有衰减，此时 λ 变成无关紧要的参数。

从上面的两种增长率看到，聚集时的经济增长率比对称分布时的经济增长率高。

$$g_{CP}-g_{sym}=\frac{b(1-\lambda)}{2}L^W \tag{7.29}$$

与 GS 模型相比，这里空间是"非中性"了，不同的空间分布模式影响长期的均衡增长率，这是空间因素影响经济增长的一种表现。

（二）长期均衡区位

类似于 GS 模型，LS 模型讨论区位均衡时也利用 EE 曲线和 nn 曲线。

1. EE 曲线

EE 曲线所表达的是 s_K 是如何决定 s_E 的问题。s_E 推导过程如下：

$v=F\Rightarrow\pi=(\rho+g+\delta)F$，北部的资本经营利润（资本收益）为 $\pi K=(\rho+g+\delta)FK$，所以北部的总支出为 $E=L+(\rho+g+\delta)FK-(g+\delta)KF=L+\rho KF=\frac{L^W}{2}+\frac{\rho s_K}{A}$，同样可以得到南部的总支出为 $E^*=L^*+\rho K^*F^*$，两者相加可得经济的总支出，即：

$E^W=L^W+\rho K^W[s_KF+(1-s_K)F^*]=L^W+\rho\left(\frac{s_K}{A}+\frac{1-s_K}{A^*}\right)$，所以：

$$s_E=\frac{E}{E^W}=\frac{\frac{L^W}{2}+\frac{\rho s_K}{A}}{L^W+\rho\left(\frac{s_K}{A}+\frac{1-s_K}{A^*}\right)}=\frac{AA^*L^W+2\rho s_KA^*}{2AA^*L^W+2\rho[A^*s_K+A(1-s_K)]}$$

$$=\frac{1}{2}+\frac{\rho[s_KA^*-(1-s_K)A]}{2AA^*L^W+2\rho[A^*s_K+A(1-s_K)]}$$

由 $A^*=\lambda s_K+1-s_K$ 和 $A=s_K+\lambda(1-s_K)$，可得 $s_KA^*-(1-s_K)A=2\lambda(s_K-1/2)$，故：

$$s_E=\frac{1}{2}+\frac{\rho\lambda(s_K-1/2)}{AA^*L^W+\rho[A^*s_K+A(1-s_K)]} \tag{7.30}$$

式（7.30）反映了资本分布对支出分布的影响。当 $\lambda=1$ 时，$A=A^*=1$，式（7.30）变成：

$$s_E=\eta s_n+(1-\eta)s_L,\quad \eta=\rho/(L^W+\rho)$$

这个结果正好与 GS 模型中的 s_E 表达式一致，这说明 $\lambda=1$ 时，知识资本的空间传输无任何损失，即知识溢出与空间是无关的，此时，LS 模型与 GS 模型是相同的。

2. *nn* 曲线

nn 曲线所表达的是支出份额 s_E 如何决定资本分布 s_K 的问题。当南、北均处于内点均衡时，两区域的资本增长率相同，且 $q=q^*=1$。求 *nn* 曲线的过程如下：

$$q=q^*=1 \Rightarrow A\pi=A^*\pi^* \Rightarrow AB=A^*B^* \Rightarrow A\left(\frac{s_E}{\Delta}+\phi\frac{1-s_E}{\Delta^*}\right)=A^*\left(\phi\frac{s_E}{\Delta}+\frac{1-s_E}{\Delta^*}\right)$$

所以：

$$\begin{aligned}
s_E &= \frac{\Delta(A^*-A\phi)}{\Delta^*(A-A^*\phi)+\Delta(A^*-A\phi)} \\
&= \frac{\frac{1}{2}[\Delta^*(A-A^*\phi)+\Delta(A^*-A\phi)]+\frac{1}{2}[\Delta(A^*-A\phi)-\Delta^*(A-A^*\phi)]}{\Delta^*(A-A^*\phi)+\Delta(A^*-A\phi)} \\
&= \frac{1}{2}+\frac{1}{2}\frac{\Delta(A^*-A\phi)-\Delta^*(A-A^*\phi)}{[\Delta^*(A-A^*\phi)+\Delta(A^*-A\phi)]}
\end{aligned}$$

而 $\Delta=s_K+\phi(1-s_K)=(1-\phi)s_K+\phi$，$\Delta^*=\phi s_K+(1-s_K)=(\phi-1)s_K+1$

s_E 的分母部分：

$$\begin{aligned}
\Delta^*(A-A^*\phi)+\Delta(A^*-A\phi) &= [(\phi-1)s_K+1](A-A^*\phi)+[(1-\phi)s_K+\phi](A^*-A\phi) \\
&= (1-\phi^2)[(1-s_K)A+s_KA^*]
\end{aligned}$$

s_E 的分子部分：

$$\begin{aligned}
\Delta(A^*-A\phi)-\Delta^*(A-A^*\phi) &= [(1-\phi)s_K+\phi](A^*-A\phi)-[(\phi-1)s_K+1](A-A^*\phi) \\
&= (1-\phi)^2s_KA^*+(1-\phi)^2s_KA-A(1+\phi^2)+2\phi A^* \\
&= (1-\phi)^2s_K(A^*+A)-A(1+\phi^2)+2\phi A^* \\
&= (1-\phi)^2(1+\lambda)s_K-(1-\lambda)(1+\phi^2)s_K-\lambda(1+\phi^2)+2\phi \\
&= 2[-2\phi+\lambda(1+\phi^2)]s_K-[-2\phi+\lambda(1+\phi^2)] \\
&= 2[-2\phi+\lambda(1+\phi^2)](s_K-1/2)
\end{aligned}$$

代入 s_E 的表达式，则：

$$\begin{aligned}
s_E &= \frac{1}{2}+\frac{1}{2}\times\frac{2[-2\phi+\lambda(1+\phi^2)](s_K-1/2)}{(1-\phi^2)[(1-s_K)A+s_KA^*]} \\
&= \frac{1}{2}+\frac{[-2\phi+\lambda(1+\phi^2)](s_K-1/2)}{(1-\phi^2)[(1-s_K)A+s_KA^*]} \\
&= \frac{1}{2}+\frac{[-2\phi+\lambda(1+\phi^2)](s_K-1/2)}{(1-\phi^2)[-2(1-\lambda)s_K^2+2(1-\lambda)s_K+\lambda]} \qquad (7.31)
\end{aligned}$$

式（7.31）就是两个区域托宾 q 值等于 1 时要满足的条件，也就是 nn 曲线。从式（7.30）和式（7.31）可以看出，$s_E=s_K=1/2$ 是这两个方程的解。然而，还有另外两个解也可以同时满足这两个方程。

$$\frac{\rho\lambda(s_K-1/2)}{AA^*L^W+\rho[A^*s_K+A(1-s_K)]}=\frac{[-2\phi+\lambda(1+\phi^2)](s_K-1/2)}{(1-\phi^2)[(1-s_K)A+s_KA^*]}$$

$$\Rightarrow\rho\lambda(1-\phi^2)[(1-s_K)A+s_KA^*]=[-2\phi+\lambda(1+\phi^2)]\{AA^*L^W+\rho[A^*s_K+A(1-s_K)]\}$$

$$\Rightarrow2\rho\phi(1-\lambda\phi)[(1-s_K)A+s_KA^*]=AA^*L^W[-2\phi+\lambda(1+\phi^2)]$$

这里，$AA^*=-(1-\lambda)^2s_K^2+(1-\lambda)^2s_K+\lambda$，$(1-s_K)A+s_KA^*=-2(1-\lambda)s_K^2+2(1-\lambda)s_K+\lambda$，代入上式并化简：

$$\begin{aligned}&2\rho\phi(1-\lambda\phi)[-2(1-\lambda)s_K^2+2(1-\lambda)s_K+\lambda]\\&\quad=L^W[-2\phi+\lambda(1+\phi^2)][-(1-\lambda)^2s_K^2+(1-\lambda)^2s_K+\lambda]\\&\quad\Rightarrow\frac{2\rho\phi(1-\lambda\phi)}{L^W[-2\phi+\lambda(1+\phi^2)]}[-2(1-\lambda)s_K^2+2(1-\lambda)s_K+\lambda]\\&\quad=-(1-\lambda)^2s_K^2+(1-\lambda)^2s_K+\lambda\end{aligned}$$

令 $T=\dfrac{2\rho\phi(1-\lambda\phi)}{L^W[-2\phi+\lambda(1+\phi^2)]}$，则上面的方程可以简写为：

$$T[-2(1-\lambda)s_K^2+2(1-\lambda)s_K+\lambda]=-(1-\lambda)^2s_K^2+(1-\lambda)^2s_K+\lambda$$

$$\Rightarrow s_K^2-s_K+\frac{\lambda(T-1)}{(1-\lambda)(1-\lambda-2T)}=0$$

$$\Rightarrow s_K=\frac{1}{2}\pm\frac{1}{2}\sqrt{\frac{(1+\lambda)(1+\lambda-2T)}{(1-\lambda)(1-\lambda-2T)}}\tag{7.32}$$

式（7.32）给出了另外两个同时满足式（7.30）和式（7.31）的均衡解，但这两个解并不总是存在。由于 $s_K\in[0,1]$，因此，只有 ϕ 取中间某区间的值时才存在。ϕ 的取值范围可以通过解不等式 $0<\dfrac{(1+\lambda)(1+\lambda-2T)}{(1-\lambda)(1-\lambda-2T)}<1$ 而得到。超出该取值区间，只有一个交点，即对称均衡解。该不等式等价于：

$$\begin{cases}(1+\lambda)(1+\lambda-2T)>0\\(1-\lambda)(1-\lambda-2T)>0\\(1+\lambda)(1+\lambda-2T)<(1-\lambda)(1-\lambda-2T)\end{cases};\begin{cases}(1+\lambda)(1+\lambda-2T)<0\\(1-\lambda)(1-\lambda-2T)<0\\(1+\lambda)(1+\lambda-2T)>(1-\lambda)(1-\lambda-2T)\end{cases}$$

可解得：$0<(1+\lambda)/2<T<1$，又由 $\dfrac{2\rho\phi(1-\lambda\phi)}{L^W[-2\phi+\lambda(1+\phi^2)]}<1$，可得：

$$\phi>\frac{(L^W+\rho)+\sqrt{(L^W+\rho)^2-\lambda^2L^W(L^W+2\rho)}}{(L^W+2\rho)\lambda}$$

$$\phi<\frac{(L^W+\rho)-\sqrt{(L^W+\rho)^2-\lambda^2L^W(L^W+2\rho)}}{(L^W+2\rho)\lambda}$$

由$\frac{1+\lambda}{2}<\frac{2\rho\phi(1-\lambda\phi)}{L^W[-2\phi+\lambda(1+\phi^2)]}$，可得：

$$\frac{[(1+\lambda)L^W+2\rho]-\sqrt{(1-\lambda^2)[(1+\lambda)L^W+2\rho]^2+4\rho^2\lambda^2}}{\lambda(1+\lambda)L^W+4\rho\lambda}<\phi<$$

$$\frac{[(1+\lambda)L^W+2\rho]+\sqrt{(1-\lambda^2)[(1+\lambda)L^W+2\rho]^2+4\rho^2\lambda^2}}{\lambda(1+\lambda)L^W+4\rho\lambda}$$

综合以上两个不等式的结果，存在三个内点均衡解，贸易自由度的取值范围为：

$$\frac{[(1+\lambda)L^W+2\rho]-\sqrt{(1-\lambda^2)[(1+\lambda)L^W+2\rho]^2+4\rho^2\lambda^2}}{\lambda(1+\lambda)L^W+4\rho\lambda}<\phi<$$

$$\frac{(L^W+\rho)-\sqrt{(L^W+\rho)^2-\lambda^2L^W(L^W+2\rho)}}{(L^W+2\rho)\lambda} \tag{7.33}$$

（三）LS 模型的剪刀图解

图 7 –4 和图 7 –5 是 LS 模型的剪刀图，图 7 –4 中的 *EE* 曲线由式（7. 30）给出，*nn* 曲线由式（7. 31）给出。从图 7 –4 中可以得出以下四个特征。

（1）*EE* 曲线的斜率是固定的，也就是它与贸易自由度无关，不随 ϕ 或者 λ 的变化而变化。当 s_K 等于 0 或 1 时，s_E 是两个定值。*EE* 线的斜率始终为正。

（2）当贸易自由度 ϕ 从小变大时，*nn* 曲线围绕对称均衡点 $A(1/2,\ 1/2)$ 逆时针旋转。*nn* 曲线上的任何一点都满足 $q=q^*=1$ 的条件，而 *nn* 曲线右下方的点，有 $q=1$，而 $q^*<1$。*nn* 曲线右下方任意一点的 s_K 值与同水平方向的 *nn* 曲线上的点 s_K 的值相同，但 *nn* 曲线右下方的点的 s_E 大，这使得北部的 π 大，所以只有北部创造新的资本，*nn* 曲线右下方的点向上移动。同理，*nn* 曲线左上方的点向下移动。

（3）在图 7 –4，根据不同的贸易自由度画了两条 *nn* 曲线。当自由度很低的时候，*nn* 曲线为图 7 –4 中的实线。此时，两条曲线只有一个交点（对称均衡点），因此，对称均衡点（1/2，1/2）是唯一的稳定均衡。如果在点 *A* 处发生某种震荡，经济系统沿着 *EE* 曲线偏离点 *A*，此时受到前面讨论的 *nn* 曲线的约束，这种约束是一种自我恢复的力量，故偏离点重新回到点 *A*。CP 结构均衡由点 *B* 和点 *C* 给出，由于 *EE* 曲线与贸易自由度无关，任何情况下都成立，而 *nn* 曲线只在内点均衡情况下成立，故点 *B*、点 *C* 在 *EE* 曲线上，但不在 *nn* 曲线上。CP 结构均衡是不稳定的，因为以北部为核心的结构在 *nn* 曲线的左边，以南部为核心的结构在 nn 曲线的右边。当区域间贸易几乎封闭时，对称均衡稳定的原因与 FC 模型、CC 模型和 GS 模型中的情况是相同的，即贸易自由度很低时，分散力（市场拥挤效应）远大于聚集力。

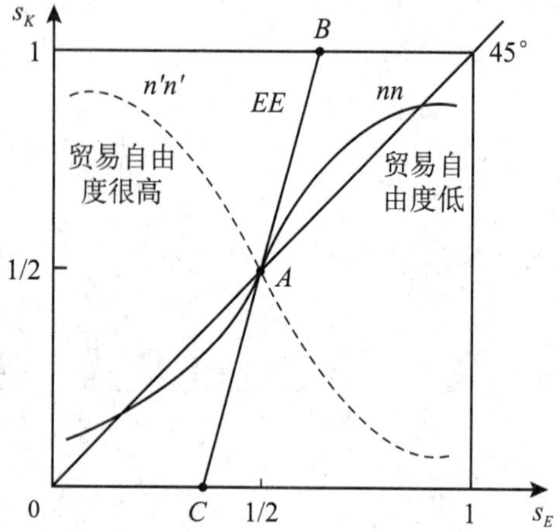

图 7 -4　LS 模型的剪刀图解（1）

资料来源：Richard Baldwin，Rikard Forslid，Philippe Martin，Gianmarco Ottaviano and Frederic Robert - Nicoud，Economic Geography and Public Policy [M]. Princeton：Princeton University Press，2003：176.

图 7 -4 的第二条 nn 曲线是虚线，用 $n'n'$ 来表示，它表示的是贸易自由度很大时的情形。此时，$n'n'$ 曲线的斜率是负的，说明对称均衡是不稳定的。假设在点 A 发生某种震荡，经济系统沿 EE 曲线向上偏离点 A。此时，EE 曲线的斜率为正，处于 $n'n'$ 曲线的右方。由于 $n'n'$ 曲线右方任何一点的 s_E 都大于 $n'n'$ 曲线上相同 s_K 值的点的 s_E，因此，这些点向上移动。此时，初始的震荡产生自我强化的力量，使经济系统继续偏离点 A。同理，在 $n'n'$ 曲线的左方的点向下移动。因此，在 ϕ 很大时，对称均衡点（1/2，1/2）是不稳定的。同理，两个 CP 结构均衡点（点 B、点 C）是稳定的，因为以北部为核心的 CP 结构的均衡点 B 在 $n'n'$ 曲线右边，以南部为核心的 CP 结构的均衡点 C 在 nn 左边。

（4）图 7 -5 中 nn 曲线的贸易自由度 ϕ 是介于图 7 -4 两条 nn 曲线的 ϕ 之间，此时，稳定均衡点既不是点 A 也不是点 B、点 C。由式（7.33）可以看出，贸易自由度处于此范围内时，EE 曲线和 nn 曲线有三个交点。

如果贸易自由度开始变大，当满足条件：

$$\phi = \frac{[(1+\lambda)L^w + 2\rho] - \sqrt{(1-\lambda^2)[(1+\lambda)L^w + 2\rho]^2 + 4\rho^2\lambda^2}}{\lambda(1+\lambda)L^w + 4\rho\lambda}$$

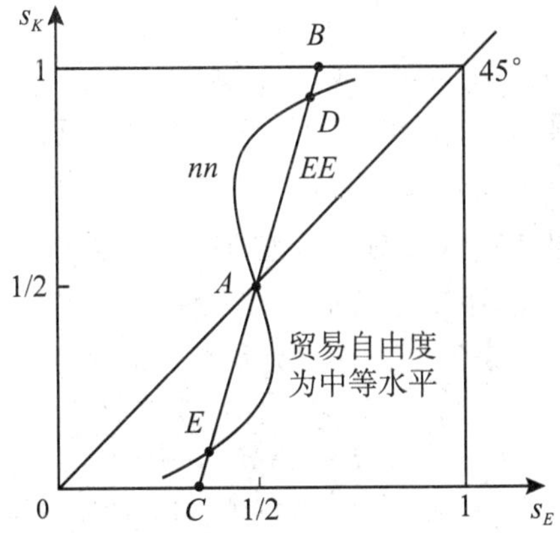

图7－5　LS模型的剪刀图解（2）

资料来源：Richard Baldwin，Rikard Forslid，Philippe Martin，Gianmarco Ottaviano and Frederic Robert－Nicoud，Economic Geography and Public Policy［M］. Princeton：Princeton University Press，2003：176.

在对称均衡点 A 附近出现两个新的交点，这时，对称均衡开始变得不稳定，因此，上式的 ϕ 就是对称分布遭到破坏时的突破点 ϕ^B，随着 ϕ 的继续上升，稳定均衡点沿 EE 曲线从对称均衡点向两侧移动。

如果贸易自由度由1向低的方向变化，那么当 $\phi=\frac{(L^w+\rho)-\sqrt{(L^w+\rho)^2-\lambda^2L^w(L^w+2\rho)}}{(L^w+2\rho)\lambda}$ 时，同样开始出现了两个新的交点，这时聚集结构开始不稳定，因此，上式的 ϕ 就是聚集模式不能持续下去的持续点 ϕ^S，随着 ϕ 的继续下降，稳定均衡点从 EE 线的两个端点向对称均衡点靠拢。

当贸易自由度较低（$\phi<\phi^B$）时，点 A 是稳定的长期均衡点；当贸易自由度很高（$\phi>\phi^S$）时，出现CP结构，以点 B 和点 C 为核心的CP结构是长期稳定均衡；当贸易自由度取中间值（$\phi^B<\phi<\phi^S$）时，点 D 和点 E 是长期稳定的均衡点。

$$\phi^B=\frac{[(1+\lambda)L^W+2\rho]-\sqrt{(1-\lambda^2)[(1+\lambda)L^W+2\rho]^2+4\rho^2\lambda^2}}{\lambda(1+\lambda)L^W+4\rho\lambda} \tag{7.34}$$

$$\phi^S=\frac{(L^W+\rho)-\sqrt{(L^W+\rho)^2-\lambda^2L^W(L^W+2\rho)}}{(L^W+2\rho)\lambda} \tag{7.35}$$

对于 $\lambda=1$，根据式（7.34）和式（7.35）计算的 ϕ^B 和 ϕ^S 相等，且所得到的结果和GS模型中的 $\phi^S=\phi^B=(1-\eta)/(1+\eta)$ 结果一样。这说明，当 $\lambda=1$ 时，LS模型的知识溢出是全域性的，知识溢出与空间无关。

（四）对称均衡的稳定性分析

接着分析对称均衡（1/2，1/2）的稳定性问题。它主要涉及 s_K 的微小变动对北部资本创造和经济增长以及支出产生何种影响的问题。这需要在对称均衡点附近通过托宾 q 值对资本分布的增量进行微分。如果 $\mathrm{d}q/\mathrm{d}s_K$ 的值在对称点是正的，那么 s_K 的正向扰动存在自我强化的机制，它会加速北部的资本创造，阻碍南部的资本创造。如果是负值，存在自我纠正的机制。

$$q=\frac{v}{F}=\frac{\pi K^W A}{\rho+g+\delta}=\frac{bE^W AB}{\rho+g+\delta}$$

在对称均衡点，$s_E=s_K=1/2$、$B\mid_{sym}=1$、$A\mid_{sym}=(1+\lambda)/2$，

$$q\Big|_{sym}=\frac{bE^W(1+\lambda)}{2(\rho+g+\delta)}$$

$$\mathrm{d}q\mid_{sym}=\frac{bE^W}{\rho+g+\delta}(A\mathrm{d}B+B\mathrm{d}A)_{sym}=\frac{bE^W}{\rho+g+\delta}\left(\frac{1+\lambda}{2}\mathrm{d}B+\mathrm{d}A\right)_{sym}$$

$$\mathrm{d}A\mid_{sym}=(1-\lambda)\mathrm{d}s_K$$

$$\mathrm{d}B\mid_{sym}=\frac{\Delta_{sym}\mathrm{d}s_E-\frac{1}{2}(1-\phi)\mathrm{d}s_K}{\Delta_{sym}^2}+\phi\frac{-\Delta_{sym}^*\mathrm{d}s_E-\frac{1}{2}(\phi-1)\mathrm{d}s_K}{(\Delta_{sym}^*)^2}$$

$$=\frac{2(1-\phi^2)}{(1+\phi)^2}\mathrm{d}s_E-\frac{2(1-\phi)^2}{(1+\phi)^2}\mathrm{d}s_K$$

把上式代入 $\mathrm{d}q\mid_{sym}$，则：

$$\mathrm{d}q\mid_{sym}=\frac{bE^W}{\rho+g+\delta}\left\{(1+\lambda)\left[\frac{(1-\phi^2)}{(1+\phi)^2}\mathrm{d}s_E-\frac{(1-\phi)^2}{(1+\phi)^2}\mathrm{d}s_K\right]+(1-\lambda)\mathrm{d}s_K\right\},$$

所以：

$$\frac{\mathrm{d}q}{q}\bigg|_{sym}=\frac{2\ (1-\phi)}{(1+\phi)}\mathrm{d}s_E-\frac{2\ (1-\phi)^2}{(1+\phi)^2}\mathrm{d}s_K+\frac{2\ (1-\lambda)}{1+\lambda}\mathrm{d}s_K \tag{7.36}$$

其中，$\mathrm{d}s_E=\frac{\partial s_E}{\partial s_K}\mathrm{d}s_K=\frac{4\rho\lambda}{(1+\lambda)[(1+\lambda)L^W+2\rho]}\mathrm{d}s_K$，而 $\partial s_E/\partial s_K$ 是从式（7.30）的 EE 曲线求得的，因为 EE 线表示了 s_E 和 s_K 之间的关系。

从式（7.36）可以看出，第一项为我们熟悉的需求关联效应，资本分布（s_K）的空间变化引起支出（s_E）的空间变化，当 s_E 增大时，$2(1-\phi)/(1+\phi)>0$ 又使得 q 值变大。因此，北部开始创造资本，资本份额不断增加，表现为资本在北部的聚集。这是促进聚集的作用力。第二项为我们熟悉的市场拥挤效应，它是一种分散力，阻碍资本向一个地方聚集。资本份额的上升引起竞争的加剧，此时 $-2(1-\phi)^2/(1+\phi)^2<0$ 使得 q 值变小，北部资本创造速度减缓乃至停

止，这样资本不会在北部聚集起来。该项是维持对称均衡稳定的力量。LS 模型，除了需求关联效应和增强稳定性的市场拥挤效应以外，还有第三种作用力，这由第三项所反映，称为“资本溢出效应”。一个区域资本份额的上升，使得本区域创造资本的成本下降，本区域对资本更具有吸引力，因此，这一项也是促进聚集的力量。λ 越小，$2(1-\lambda)/(1+\lambda)$ 越大，也就是知识溢出随着空间距离的变小而变得更强，本地的资本溢出效应得到进一步强化，促进本区域创造资本的作用力也更强。容易看到，这种溢出效应与贸易自由度无关，当区际资本溢出不存在任何障碍时，这一促进聚集的力量也就不存在。

对称均衡是否稳定，由上面的三种力量相对大小所决定（见图 7－6）。

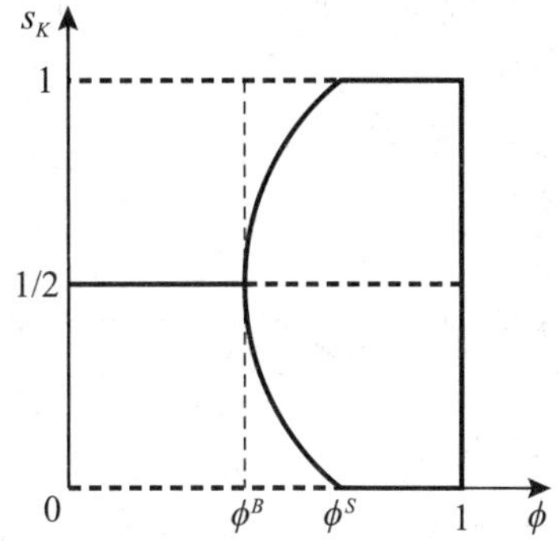

图 7－6　LS 模型的战斧图

资料来源：Richard Baldwin，Rikard Forslid，Philippe Martin，Gianmarco Ottaviano and Frederic Robert－Nicoud，Economic Geography and Public Policy ［M］. Princeton：Princeton University Press，2003：179.

（五）战斧图解

从式（7.34）和式（7.35）可以看出，突破点 ϕ^B 比持续点 ϕ^S 小，这样，当贸易自由度从自给自足的状态开始提高时，对称均衡由稳定变为不稳定，当 $\phi>\phi^S$ 时出现稳定的 CP 结构。从稳定的对称结构到稳定的 CP 结构之间，还存在另外两个内点均衡，如图 7－5 所示，这两个内点均衡在 $s_K=1/2$ 点两侧对称分布。这样，LS 模型的战斧图不像战斧而像一把叉子。

四、LS 模型的主要特征

LS 模型具有 CP 模型的七大特征，也具有 CC 模型和 GS 模型的所有特征，此外，还具有一些新的特征。我们先看一下 LS 模型所具有的七大特征。

（一）LS 模型与 CP 模型的比较

1. 本地市场放大效应

本书中的大多数模型都具有这种效应，LS 模型也不例外。这种效应随着贸易自由度的提高而增强。因此，随着贸易自由度的提高，区际的一些差距显得非常重要，因为这种差距将会进一步得到放大。

2. 循环累积因果关系

同 GS 模型和 CC 模型一样，LS 模型也显现出与需求关联的循环累积因果关系。资本的增加导致生产的扩大，而生产的扩大导致支出的扩大，进而放大本地市场规模。但不同于 CP 模型，这种与需求关联的累积循环因果关系并非因工业部门密集使用的生产要素区际转移而存在，它主要是因为资本创造或资本损耗而存在。因为资本收入在当地消费，因此，创造的资本将扩大本地市场。

在 GS 模型和 CC 模型中不存在与成本关联的循环累积因果关系，但 LS 模型中存在与成本关联的循环累积因果关系。不过，这种与成本关联的循环累积因果关系的形成机制与 CP 模型中的形成机制不同。GS 模型和 LS 模型中的知识溢出意味着，I 部门劳动力的当前劳动生产率主要依赖过去生产经验的积累。但在 GS 模型中，知识溢出不存在随距离的衰减现象，因此，知识资本的大小与生产区位无关，知识资本到处都是一样的。在 LS 模型中，I 部门劳动力不仅掌握从区外溢入的知识，而且从本地过去的生产经验中学到许多知识，这样就存在所谓的“跨期垂直联系”效应。北部的资本以及生产份额的大小，依赖于北部过去的生产状况，这种份额越大，创新部门的生产率也越高，这使得北部对创新者更富有吸引力，进而北部产业份额也就不断扩大。

LS 模型假设溢出效应随距离衰减，因此，越接近知识源，溢出效应越强，创造资本的成本也就越低，资本的创造速度就越快，资本累积导致的支出转移效果也越明显。这种接近知识源降低资本创造成本，进而导致资本积累和支出转移效应，就是 LS 模型中存在成本关联的循环累积因果关系机制的主因。

3. 内生的非对称

从图 7 - 6 中可以看出，随着贸易自由度的提高，内生地出现区际的非对称现象，这种现象在 CP 模型、FE 模型、CC 模型和 GS 模型中同样存在。

4. 突发性聚集

从图 7 - 6 中可以看出，LS 模型并不具有突发性聚集这一特征。这主要是因为 LS 模型中的突破点的自由度小于持续点的自由度（$\phi^B < \phi^S$）的缘故。随着 ϕ 的提高，当 $\phi \geqslant \phi^B$ 时，对称均衡遭到破坏；当 $\phi^B < \phi < \phi^S$ 时，出现两个非对称的内点均衡；当 $\phi \geqslant \phi^S$ 时，两个非对称的内点均衡逼近两个稳定的 CP 结

构均衡。也就是说，在 LS 模型中存在过渡性的内部稳定均衡，因而不存在突发的聚集现象。

5. 区位黏性

区位黏性也就是我们常说的路径依赖。与 GS 模型和 CC 模型一样，LS 模型具有区位黏性特征。当 $\phi > \phi^B$ 时，存在两种局部稳定均衡，经济可能向北部或南部转移（两个非对称的内点均衡结构），或经济最终聚集在北部或南部（两种稳定的 CP 结构）。这意味着，暂时性政策冲击可能导致经济系统处于 CP 结构（以北部为核心，或以南部为核心），或者经济活动从一个地区转移到另一个地区（向北部转移，或向南部转移）的现象。因此，这种暂时性政策冲击将产生永久性的影响，而这种永久性影响是难以消除的，也就是说，难以改变暂时性政策冲击而形成的某种路径。

6. 驼峰状聚集租金

LS 模型的聚集租金也是 ϕ 的凹函数。为讨论聚集租金，先考虑一下所有资本都集中在北部的长期均衡。此时，$\phi \geqslant \phi^S$、$s_K = 1$、$q = 1$、$A = 1$、$B = 1$。具体求解如下：

$$q = \frac{bE^W}{\rho + g + \delta} AB \Rightarrow \frac{bE^W}{\rho + g + \delta} = 1$$

而，$q^* = \frac{bE^W}{\rho + g + \delta} A^* B^* \Rightarrow q^* = A^* B^*$，$A^* = \lambda s_K + (1 - s_K) = \lambda$，$B^* = \phi \frac{s_E}{\Delta} + \frac{1 - s_E}{\Delta^*}$。由式（7.30），$s_E = \frac{L^W + 2\rho}{2(L^W + \rho)} = \frac{1 + \eta}{2}$，$\eta = \frac{\rho}{L^W + \rho}$。所以，$B^* = \phi \frac{1 + \eta}{2} + \frac{1 - \eta}{2\phi}$。

因此：

$$(q - q^*)_{s_K = 1} = 1 - \frac{\lambda}{2} \left[\phi(1 + \eta) + \frac{1 - \eta}{\phi} \right] \tag{7.37}$$

当 $\phi = \phi^S$ 时，$q - q^* = 0$；当 $\phi^S < \phi \leqslant 1$ 时，$q - q^*$ 为正；当 $\phi = \sqrt{\frac{1 - \eta}{1 + \eta}} = \sqrt{\frac{L^W}{L^W + 2\rho}}$ 时，$q - q^*$ 取得最大值。自由度从 ϕ^S 向 1 变化时，聚集租金先升后降，显示出驼峰状。

7. 叠加区和自我实现的预期

在 LS 模型中，由于 $\phi^B < \phi^S$，就不存在稳定的对称均衡和 CP 结构均衡共存的叠加区，因此，人们预期的突然变化不会导致这两种均衡之间的转换，进而不存在如何实现预期的问题。

（二）LS 模型与 GS 模型和 CC 模型的比较

类似于 CC 模型和 GS 模型，LS 模型也具有 CP 模型所没有的特征。而且，LS 模型还具有 CC 模型的所有特征：①经济增长影响经济区位；②形成增长极或塌陷区；③永久性区际收入差距；④经济一体化的两重含义。此外，LS 模型同 GS 模型一样，还具有 CC 模型所没有的新的特征，即经济的内生增长。

1. 经济增长影响经济区位

LS 模型同 GS 模型和 CC 模型一样，资本累积导致生产的集中，由于资本收益消费在本地，因此，资本的空间聚集或者空间分散可以改变经济区位。

2. 增长极和塌陷区

在 LS 模型中，经济系统的动态变动表现为“增长极”和“塌陷区”的形成。经济系统从对称均衡转向非对称均衡时的主要表现为，获得资本或产业的区域快速发展，失去资本或产业的区域进一步萎缩，前者成为经济增长的“增长极”，后者沦落为经济增长的“塌陷区”。这种现象在 GS 模型和 CC 模型中同样存在。

3. 永久性收入差距

区际要素禀赋的非对称性导致区际经济的非对称性，反之，这种区际经济的非对称性又影响要素禀赋的非对称性。最终，核心区的人均资本比较高，从而人均收入水平较高。即使贸易完全开放后，这种差距也不会消失。

4. 更丰富的经济一体化内涵

同 GS 模型一样，经济一体化不仅意味着贸易自由度的提高，也意味着资本流动性的增强。

（三）经济区位影响经济增长

LS 模型除了以上特征之外，还具有不同于 GS 模型和 CC 模型的特征。

1. 经济一体化拥有更丰富的内涵

经济一体化涉及许多方面。在本书大多数模型中，远距离销售商品的成本即区际交易成本 τ 起重要的作用；在 CP 和 FE 模型中，人力资本流动成本起重要作用；在 FC 模型和 CC 模型中，物质资本的流动成本起重要作用；在 GS 模型和 LS 模型中，知识资本的流动成本起重要作用。降低商品销售的交易成本和资本流动的成本，是实现经济一体化的主要的手段之一。在 LS 模型中，降低公共知识扩散成本或溢出成本是实现经济一体化的主要手段之一。

图 7－7 绘出了 ϕ 和 λ 对 LS 模型一体化稳定性的影响。在图 7－7 中，纵轴表示 λ，横轴表示 ϕ，并绘出了对应与不同 λ 值的 ϕ^B 和 ϕ^S，其中实线表示 ϕ^S，

虚线表示 ϕ^B。两条曲线把坐标面分成左上部、中间和右下部三个部分。当交易成本很高，或知识溢出成本很小（图7－7中的左上部）时，对称结构是稳定均衡而CP结构是不稳定的；当贸易自由度很大，或知识溢出成本很高（图7－7中的右下部）时，对称结构不稳定而CP结构是稳定的；在中间区域（ϕ 的取值范围很狭窄），只有两个非对称的内点均衡才是稳定的。图7－7中还给出了一体化的两种途径，第一种途径是只有 ϕ 变动；第二种途径是 ϕ 变大的同时 λ 也变大，两种一体化要素共同起作用。

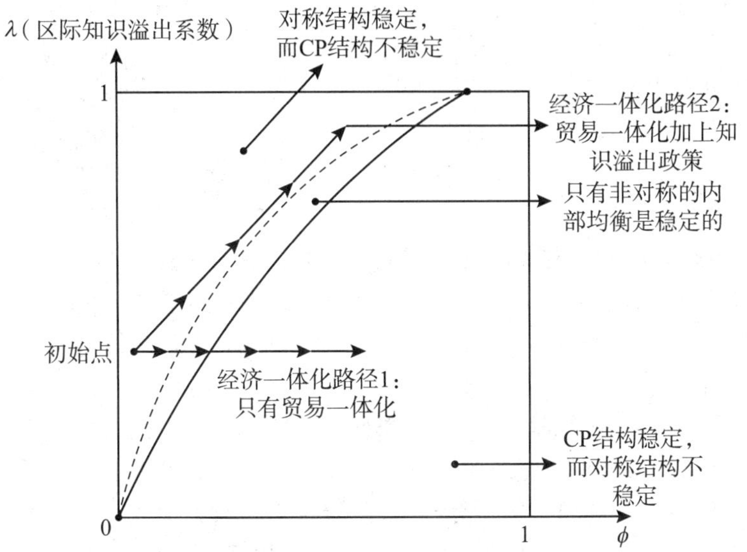

图7－7　LS模型的稳定性图示：一体化的稳定性和不稳定性

资料来源：Richard Baldwin，Rikard Forslid，Philippe Martin，Gianmarco Ottaviano and Frederic Robert－Nicoud，Economic Geography and Public Policy［M］. Princeton：Princeton University Press，2003：183.

2. 内生的经济增长为聚集力

在LS模型中，内生的经济增长本身就是一种聚集力。当 $\lambda=0$（区域间没有知识溢出）时，不管贸易自由度如何，经济系统总是不稳定的，这一点可以从图7－7中看出，当 $\lambda=0$ 时，突破点和持续点的自由度都等于零，这是极端的CP结构。$\lambda=0$ 意味着知识没有溢出，全部用在本地。当初始状态为对称时，如果发生某种微小的震荡，使得某一区域的资本创造速度大于另一个区域，那么此时托宾 q 值中的分母变小，进而 q 值变大，说明该区域把更多的资源配置于资本创造部门，该区域逐渐成为核心区，而另一个区域成为边缘区。这样，资本份额较大区域的经济快速增长，这种经济的内生性增长又吸引更多资源，这就意味着，内生的经济增长成了促进经济活动空间聚集的聚集力。

3. 知识溢出为分散力

在 LS 模型中，内生的经济增长为加速经济聚集的力量，而知识溢出为促使经济分散的力量。这需要从两个方面认识；首先，当 $\lambda=1$（此时不存在知识溢出障碍）时，如果贸易自由度足够低，那么对称均衡是稳定的；其次，从图 7-7 可以看出，随着 λ 增大，维持对称均衡为稳定的 ϕ 的取值范围越大。这些就意味着，知识溢出是促进经济活动空间分散的力量。

4. 经济一体化既是聚集力又是分散力

从上面的讨论中可以看出，在 LS 模型中，经济一体化可能是稳定的，或者是不稳定的。经济一体化是 LS 模型的重要的特性之一，它可以克服 CP 模型中经济一体化总是促使经济的空间聚集的缺陷。从图 7-7 中的经济一体化路径 1 可以看出，单纯降低交易成本的政策促使经济的空间聚集，最终导致经济的极端聚集。与此相反，经济一体化路径 2，同时降低交易成本和知识溢出成本，这样的政策可以避免经济的极端聚集。实际上，扩大知识溢出的政策可以导致经济活动的空间分散。例如，当经济系统中的贸易自由度 ϕ 和知识溢出系数 λ 为中等水平时，如果 ϕ 不变而提高 λ 的水平，那么可以把经济系统从稳定的 CP 结构状态转变为稳定的对称结构状态。

5. 经济起飞

LS 模型最重要的特征为经济区位影响经济增长速度。这可以从知识溢出状态不变而降低交易成本角度来加以说明。当 $\phi<\phi^B$ 时，产业和创新活动分散化的区位是均衡区位。此时，知识溢出很微弱，创新成本很大，对应的资本增长率可由式（7.26）来给出。随着贸易自由度的提高，当 $\phi>\phi^S$ 以后，CP 结构变成了唯一的稳定均衡，所有产业都集中到一个地区。此时，知识溢出强度非常大，创新成本非常小，与此对应的资本增长率可由式（7.11）给出。式（7.11）中的资本增长率（也就是经济增长率）明显大于式（7.26）中的增长率。这告诉我们，通过经济活动空间聚集的方式，可以提高区域的经济增长速度，使得区域经济进入"快车道"。

6. 核心区经济增长可以补偿边缘区

在前面的所有模型中，只要还存在交易成本，那么 CP 结构中的边缘区居民的处境变得非常不利。但 LS 模型克服了这些缺陷。图 7-8 反映了核心区和边缘区福利水平随 ϕ 的变化趋势，图 7-8 中假设北部为核心区。

交易成本的持续下降，最终导致发展水平的区际差距。在名义收入水平相同的情况下，居住在核心区的居民支付较少的交易成本，因而提高了实际收入水平；边缘区居民则要支付较高的交易成本，因而降低了实际收入水平。这种经济发展的空间差距，在区域经济发展（由于前面讨论的经济起飞）过程中普遍存在。因此，失去产业活动而导致的静态损失和获得产业活动而导致的动态收益之间的相对关系，决定了边缘区总体福利水平的变动情况。显然，聚集对核心区福利水平的提高具有正向效应，但对边缘区福利水平的影响是不确定的。

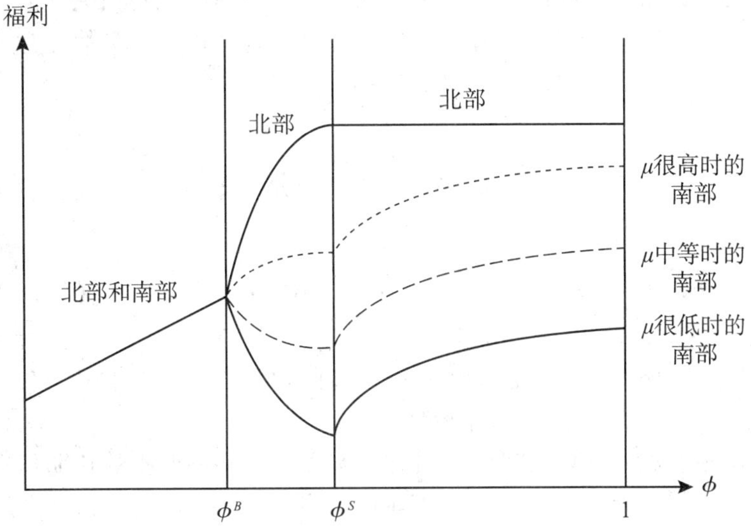

图 7 – 8　边缘区能否从聚集中获得收益

资料来源：Richard Baldwin, Rikard Forslid, Philippe Martin, Gianmarco Ottaviano and Frederic Robert – Nicoud, Economic Geography and Public Policy [M]. Princeton: Princeton University Press, 2003: 185.

图 7 – 8 表示的是两个区域长期的福利水平与贸易自由度之间的关系。可以看出，贸易自由度很高时，存在所有产业向北部集中的趋势。

假设初始贸易自由度很低，此时如果提高贸易自由度，那么可以同时提高两个区域的福利水平。因为在原有的交易成本很高的情况下，如果降低区际交易成本，那么就可以降低输入品的价格。当贸易自由度大于突破点（ϕ^B）时，开始出现北部和南部福利水平的分异现象，北部从经济聚集和经济快速增长中获益，南部从经济快速增长中获益但从经济聚集中遭受损失。这可以解释经济起飞后南部的福利水平低于北部福利水平的原因。当贸易自由度大于持续点（ϕ^S）时，所有经济全部聚集在北部，此后北部的福利水平保持不变。

此时，南部福利水平的分析较为复杂。如果对工业品的支出份额 μ 足够低，那么经济增长率的提高对提升福利水平的影响较小，此时，从经济聚集中受到的静态损失占主导，这意味着经济起飞使得南部的处境变坏。图 7 – 8 中最下面的曲线表示了这种情况。如果对工业产品的支出份额 μ 足够大，那么南部从经济增长中获得的动态收益占主导，两个区域都从经济起飞中获益。在图 7 – 8

中，点线表示了这种情况。如果μ处于中间值，经济起飞初期南部会受到损失，但最终福利水平超过起飞前的福利水平。

值得注意的是，经济起飞后，交易成本的下降会降低从北部输入的商品价格，从而提高南部的福利水平，但南部将从经济聚集中受到损失。但由于这种原因，在南部实施强化交易壁垒的政策，那么对南部福利水平的提升带来更加不利的影响。

第四节 本章小结

本章介绍了两种内生增长模型，GS 模型和 LS 模型。由于在模型中加进了内生增长，因此，GS 模型和 LS 模型具有 CP 模型和 CC 模型所不具有的新的特征。同时，这种包含内生增长的模型应用起来也相对于 CP 模型更方便一些。

1. GS 模型和 LS 模型的基本原理

在 GS 模型和 LS 模型这两种内生增长模型中，知识资本的长期积累依靠资本创造部门的学习效应。因为知识资本的溢出效应，目前的知识资本创造者可以从过去的知识资本积累中获取许多知识。GS 模型中的溢出效应是全域性的，因为这种知识和技术是可以无障碍地传播在区域所有地区的。LS 模型中的溢出效应是局域性的，因为这种知识和技术的传播随距离的增大而逐渐减弱。另外，同 CC 模型一样，在 GS 模型中，均衡区位对长期经济增长没有影响，表现为对称结构和 CP 结构两种均衡的经济增长率都相同。但在 LS 模型中，区际知识和技术溢出要比区内溢出受到更大的阻力，因此，均衡区位影响长期的经济增长率，表现为 CP 结构的经济增长率高于对称结构的经济增长率。

2. GS 模型和 LS 模型与 CP 模型、CC 模型的比较

CP 模型具有以下 7 个重要的特征：①本地市场放大效应，②循环累积因果关系，③内生的非对称，④突发性聚集，⑤区位黏性，⑥驼峰状的聚集租金，⑦叠加区和预期的自我实现。除与上述第 2、第 4 和第 7 条特征有所不同之外，与其余几个特征完全相同。对于循环累积因果关系而言，CP 模型假设工业劳动力是完全自由流动的，因此，具有需求关联和成本关联的循环累积因果关系；GS 模型只具有需求关联的循环累积因果关系而不具有成本关联的循环累积因果关系；LS 模型则同时具有需求关联和成本关联的循环累积因果关系，但成本关联的循环累积因果关系的形成机制与 CP 模型的形成机制不同。对于突发性聚集而言，从 CP 模型和 GS 模型的战斧图中可以看出，两者都存在贸易自由度大于突破点之后立刻出现 CP 结构的突发性聚集，但 LS 模型存在实现非对称性内点

均衡的过程，故就不存在突发性聚集。对于叠加区和预期的自我实现特征而言，CP 模型的突破点大于持续点（$\phi^B > \phi^S$），但 GS 模型和 LS 模型分别为 $\phi^B = \phi^S$ 和 $\phi^B < \phi^S$，因此，后两者都不存在叠加区和预期的自我实现特征。

GS 模型和 LS 模型，还具有许多不同于 CP 模型的特征，它们包括所有 CC 模型的特征：①资本聚集或分散可以改变经济区位，即经济增长影响经济区位；②“增长极”和“塌陷区”的形成；③贸易完全自由化导致区际永久性收入差距；④经济一体化包含着贸易自由化和资本区际自由流动。但不同于 GS 模型，在 LS 模型中，长期均衡区位会对长期经济增长产生影响。

3. GS 模型和 LS 模型所具有的新的特征

GS 模型和 LS 模型，通过加入经济的内生长期增长，极大地丰富了 CC 模型，它们的新的特征是就是经济的内生增长。在 CC 模型中，这种内生的长期增长是不存在的。这种内生的经济增长就意味着，GS 模型和 LS 模型不像 CC 模型中那样资本重新调整过程是短期的，它是一个长期的过程。

由于 GS 模型假设私人知识资本和公共知识资本都是全域溢出的，因此，当资本存量的区际分布为非对称时，资本流向取决于贸易自由度 ϕ 的大小：当 ϕ 很小时，资本从资本比较丰富的地区流向资本匮乏地区，ϕ 很大时，资本从资本匮乏地区流向资本比较丰富的地区。

LS 模型还具有一些不同于 GS 模型的新的特征。①经济一体化的含义，除了包括贸易自由度和资本自由流动之外，降低公共知识扩散成本或溢出成本也是实现经济一体化的重要手段之一。②当区际不存在知识溢出（$\lambda = 0$）时，此时不管贸易自由度如何，CP 结构总是稳定的，即任何对称结构都会转变为 CP 结构，这说明内生的经济增长本身就是一种聚集力。③当区际知识完全自由溢出（$\lambda = 1$）时，此时如果贸易自由度足够低，那么对称结构是稳定的，这意味着知识溢出是促进经济分散的力量。④经济一体化既包括降低交易成本使贸易自由度增大，又包括知识区际溢出成本的降低，前者是促进经济活动空间聚集的力量，这在 CP 模型、GS 模型和 LS 模型中表现得尤为明确，而后者是促进经济活动空间分散的力量，可见经济一体化既是聚集力又是分散力。⑤LS 模型最重要的特征为经济区位影响经济增长。从 LS 模型中可以看出，CP 结构的经济增长率明显高于对称结构的经济增长率，这意味着，可以通过经济活动空间聚集来实现区域经济增长率的提升，这使得区域经济进入“快车道”。⑥LS 模型表明，核心区可以补偿边缘区的福利损失。当形成核心区时，边缘区将失去产业份额，这样将导致边缘区静态的福利损失。另外，经济活动的空间聚集将提高整个系统的经济增长率，这又将提高边缘区的福利水平。这样，边缘区福利水平取决于边缘区静态损失与动态收益之间的权衡。如果边缘区对工业品的支出份额足够大，那么从动态的经济起飞中获得的动态收益占主导，边缘区最终福利水平将会超过起飞前的福利水平。总之，核心区的经济增长就可以补偿边缘区的福利损失。

附　　录

7A：LS 模型的福利分析及对于图 7－8 的补充说明

本章的写作参考了 R. E. 鲍德温等在 2001 年发表在《经济增长杂志》上的《全球收入差异、贸易与工业化：增长起飞的地理位置》（*Global Income Divergence, Trade and Industrialization: The Geography of Growth Take-off*）一文。但需要读者留意的是，原文所给出的表达式存在明显的错误，现给出处理后的结果。

首先，对 LS 模型的福利进行补充推导。根据式（7.2），可以得到稳态时两个区域居民的福利水平，即效用流的现值：

$$
\begin{aligned}
U &= \int_{t=0}^{\infty} e^{-t\rho}\ln C\mathrm{d}t = \int_{t=0}^{\infty} e^{-t\rho}\ln[\mu^{\mu}(1-\mu)^{1-\mu}E(\Delta K^{W})^{a}]\mathrm{d}t \\
&= \int_{t=0}^{\infty} e^{-t\rho}\ln[\mu^{\mu}(1-\mu)^{1-\mu}E(\Delta K_0^{W}e^{gt})^{a}]\mathrm{d}t \\
&= \int_{t=0}^{\infty} agte^{-t\rho}\mathrm{d}t + \ln[\mu^{\mu}(1-\mu)^{1-\mu}E(\Delta K_0^{W})^{a}]\int_{t=0}^{\infty} e^{-t\rho}\mathrm{d}t \\
&= \frac{\mu g}{\rho^2(\sigma-1)} + \frac{1}{\rho}\ln\left\{z_0\left(L+\frac{\rho s_K}{A}\right)[s_K+\phi(1-s_K)]^{\frac{\mu}{\sigma-1}}\right\}
\end{aligned}
$$

同理：

$$
U^{*} = \frac{\mu g}{\rho^2(\sigma-1)} + \frac{1}{\rho}\ln\left\{z_0\left(L^{*}+\frac{\rho s_K^{*}}{A^{*}}\right)[\phi s_K+(1-s_K)]^{\frac{\mu}{\sigma-1}}\right\}
$$

其中，$z_0=\mu^{\mu}(1-\mu)^{1-\mu}(K_0^{W})^{a}$。

在 R. E. 鲍德温等（2001）中，将这两个式子表示为：

$$
\begin{cases}
U=\dfrac{\mu g c_0}{\rho^2(\sigma-1)}\ln\left\{\left(L+\dfrac{\rho s_K}{A}\right)[s_K+\phi(1-s_K)]^{\frac{\mu}{\sigma-1}}\right\} \\
U^{*}=\dfrac{\mu g c_0}{\rho^2(\sigma-1)}\ln\left\{\left(L^{*}+\dfrac{\rho s_K^{*}}{A^{*}}\right)[\phi s_K+(1-s_K)]^{\frac{\mu}{\sigma-1}}\right\}
\end{cases}
$$

其中，c_0 表示与 ϕ 无关的项。很显然，原文中的上述两个表达式存在错误。

不论 ϕ 处在何种区间（经济发展的不同阶段），稳态的福利水平均受到 μ

值的影响，从而在 μ 取不同数值时无法直接呈现出图 7－8。考虑对称的 LS 模型。

（1）对称均衡时，即 $\phi \leqslant \phi^B$ 时，$g_{sym} = \frac{b(1+\lambda)}{2}L^W - (1-b)\rho - \delta$

$$U = U^* = \left\{\frac{\mu g_{sym}}{\rho^2(\sigma-1)} + \frac{1}{\rho}\ln\left[z_0\left(\frac{L^W}{2} + \frac{\rho}{1+\lambda}\right)\right]\right\} + \frac{\mu}{\rho(\sigma-1)}\ln\frac{1+\phi}{2}$$

上式中第二项与 ϕ 有关，随着 ϕ 的增加，两地居民的福利水平非线性递增，$\partial^2 U/\partial\phi^2 < 0$。

（2）CP 结构均衡时，即 $\phi \geqslant \phi^S$ 时，$g_{CP} = bL^W - (1-b)\rho - \delta$

$$\begin{cases} U = \frac{\mu g_{CP}}{\rho^2(\sigma-1)} + \frac{1}{\rho}\ln\left[z_0\left(\frac{L^W}{2} + \rho\right)\right] \\ U^* = \left[\frac{\mu g_{CP}}{\rho^2(\sigma-1)} + \frac{1}{\rho}\ln\left(\frac{z_0}{2}L^W\right)\right] + \frac{\mu}{\rho(\sigma-1)}\ln\phi \end{cases}$$

北部居民的福利与 ϕ 无关，而南部居民的福利随着 ϕ 的提高而非线性递增，$\partial^2 U^*/\partial\phi^2 < 0$。将两区域居民的福利水平相减，则有：

$$U - U^* = \frac{1}{\rho}\ln\left(1 + \frac{2\rho}{L^W}\right) - \frac{\mu}{\rho(\sigma-1)}\ln\phi > 0。$$

对各参数求导，则可得：

$$\begin{cases} \partial(U-U^*)/\partial\phi < 0 \\ \partial(U-U^*)/\partial\mu > 0 \\ \partial(U-U^*)/\partial\sigma < 0 \\ \partial(U-U^*)/\partial\rho < 0 \end{cases}$$

这意味着，北部居民的福利水平始终高于南部，两地福利差距随着 ϕ、σ 和 ρ 的增加而缩小，随着 μ 的提高而扩大；当 ϕ 趋近于 1 时，两地福利差距均与 μ 和 σ 均无关。但 $\partial U^*/\partial\mu > 0$ 通常成立，从而图 7－8 也展示出了消费偏好对于居民福利的影响。

根据 R. E. 鲍德温等（2001）给出的模拟参数 $\sigma = 3$，$\rho = 0.1$，$\lambda = 0.7$，$L^W = 1$，$\delta = 0$，对两个区域居民福利进行模拟，如图 7A－1 所示。对于边缘区，μ 值越大，经济增长带来的动态收益增加幅度越大，弥补了失去产业份额所导致的静态损失，从而提高了净收益。甚至当 μ 值足够大时，$U^*\big|_{CP}^{\phi=1} - U^*\big|_{sys}^{\phi=1} > 0$。达到一定的贸易开放度以后，边缘区居民的福利水平高于对称结构时的福利水平，即聚集的净收益为止。

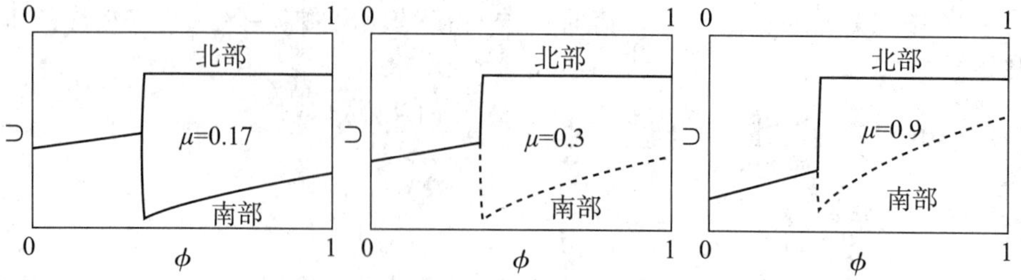

图 7A－1　不同的工业品消费份额下，两区域居民福利水平的演进

注：模拟参数：$\sigma=3$，$\rho=0.1$，$\lambda=0.7$，$L^W=1$，$\delta=0$。

资料来源：笔者整理。

将三张（福利绝对差异较大的）图重叠在一起，即为图 7A－1。当 ρ 充分小，且 μ 值较大或 σ 较小时，经济"起飞"阶段也可能出现动态收益超过静态损失，南部居民的福利持续提升。如图 7A－2 所示，$\mu=0.9$，其余模拟参数同上。

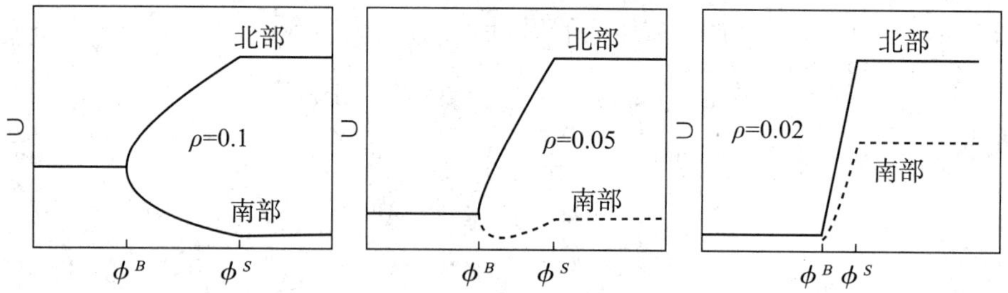

图 7A－2　工业品消费份额较高时，不同的跨期替代弹性下，两区域居民福利水平的演进

注：模拟参数：$\sigma=3$，$\mu=0.9$，$\lambda=0.7$，$L^W=1$，$\delta=0$。

资料来源：笔者整理。

参考文献

［1］ Richard Baldwin, et al. Economic Geography and Public Policy ［M］. Princeton: Princeton University Press, 2003.

［2］ Martin, P. and G. Ottaviano. Growing Locations: Industry in a Model of Endogenous Growth ［J］. European Economic Review, 1999, 43: 281－302.

［3］ Baldwin, R., P. Martin and G. Ottaviano. Global Income Divergence, Trade and Industrialization: The Geography of Growth Take-off ［J］. Journal of Economic Growth, 2001, 6: 5－37.

第八章

垂直联系模型

区际贸易和要素流动是重新塑造经济地理的重要途径。一方面，尽管区域一体化进程已经使得生产要素的流动性获得了很大的提升，但是区际要素流动仍然受到较大的限制；另一方面，产品或服务的区际贸易条件的改善要优于生产要素的流动。为此，人们迫切需要一些模型能够解释虽具有良好的发展前景，但生产要素的区际流动（或转移）受到很大限制的空间经济现象。为此，本章将依次介绍三种垂直联系模型：保罗·克鲁格曼和安东尼·维纳布尔斯(1995)、[①] 藤田昌久、保罗·克鲁格曼和詹马科·奥塔维诺（1999）[②] 建立起来的核心边缘垂直联系模型（以下简称 CPVL 模型）；罗伯特－尼克德（2002）[③] 建立起来的自由资本垂直联系模型（以下简称 FCVL 模型）；詹马科·奥塔维诺(2002)[④] 所建立的自由企业家垂直联系模型（以下简称 FEVL 模型）。

第一节　基本思路

一、简述

在新经济地理学领域，1996 年，安东尼·维纳布尔斯首次介绍了上游与

---

① Paul Krugman, Anthony Venables. Globalization and the Inequality of Nations [J]. Quarterly Journal of Economics, November 1995, 110 (4): 857－880.

② M. Fujita, P. Krugman, A J. Venables. The Spatial Economy: Cities, Regions and International Trade [M]. Cambridge: MIT Press, 1999.

③ Robert－Nicoud, F. A Simple Geography Model with Vertical Linkages and Capital Mobility [M]. LSE, Mimeo, 2002.

④ Ottaviano, G I P. Models of 'New Economic Geography': Factor Mobility vs. Vertical Linkages [M]. GIIS, mimeo, 2002.

下游部门之间的成本联系。为了便于分析，保罗·克鲁格曼和安东尼·维纳布尔斯（1995）、藤田昌久、保罗·克鲁格曼和詹马科·奥塔维诺（1999）将该模型中的两个部门合并为一个部门，[①] 从此投入产出联系就从垂直联系变成了水平联系，但是垂直联系的称呼仍保留下来了，并且沿用至今。在改进后的模型中，不同类型的方程形式与保罗·克鲁格曼（1991）在核心边缘模型中所采用的方程形式非常相似，因此，人们称其为核心边缘垂直联系模型（以下简称 CPVL 模型）。它与核心边缘模型的不同之处在于：在核心边缘模型中，经济活动空间聚集源自生产要素的区际流动；但在 CPVL 模型中，经济活动空间聚集源自企业之间的投入产出联系，即生产要素的部门间流动。

CPVL 模型也与核心边缘模型一样，可操作性较差。为此，人们还建立了两种新的模型，这些模型不仅具有垂直联系的特征，而且还具有良好的操作性。按照模型可操作性的难易程度，第一个模型是自由企业家垂直联系模型（以下简称 FEVL 模型），其方程形式与自由企业家模型中的方程形式基本相似。在 CPVL 模型和 FEVL 模型中，劳动力都是唯一的生产要素，[②] 并且两个部门都是从本地的劳动力市场上获得劳动力要素的；同时，工业部门中的所有企业均把其他企业的产品作为中间投入品。尽管 FEVL 模型和 CPVL 模型有诸多相同之处，但 FEVL 模型更加简单，更具有操作性。类似于自由企业家模型，FEVL 模型也具有可解析性特征，因而完全可以刻画其动态特征的。

第二个模型是自由资本垂直联系模型（以下简称 FCVL 模型）。与在自由资本模型一样，在 FCVL 模型中也有两种生产要素，即劳动力和资本，并且资本可以在区域之间自由流动。我们都知道，在自由资本模型中，资本要素的区际转移并不一定导致经济活动的空间聚集。在自由资本模型中并不存在累积性的聚集力，因为资本可以分离其所有者，可以投资在不同区域，其主要目的就是获取更高的名义收益率，因此，就不存在成本关联的循环累积因果关系；另外，这些投资在不同区域所获得的资本收益全部返回到资本所有者所在地区消费，因此，就不存在需求关联的循环累积因果关系。但是，如果在自由资本模型中加入垂直联系，那么在模型将会出现自我强化的一种聚集力，因此，FCVL 模型

---

① 当存在两种部门时，投入产出联系是指位于上游部门与下游部门企业之间的单向联系；当合成为一个部门时，投入产出联系就成了某一部门内企业之间的相互联系，不再是单向联系了。不过，人们在习惯上仍然称其为垂直联系模型。

② 要提醒的是，劳动力作为生产要素并不一定就是指劳动力直接作为差异化工业品的投入要素，尤其是在本章中，劳动力可能作为投入要素与中间投入品结合，成了一种“投入组合”，而这种投入组合才成为生产差异化工业品的投入要素。上述两种劳动力的使用方式必须注意区分开。

不仅具有自由资本模型的许多优点，还具有一些新的特征。由于FCVL模型的基础模型为自由资本模型，且自由资本模型在新经济地理学模型中是最简单的模型，因而，FCVL模型具有很强的实用性，正好印证了“简单即实用”的谚语。

二、基本逻辑

与本书中其他模型一样，垂直联系模型主要讨论经济活动的空间分布规律。这类模型的基本假设如下。

（1）经济系统包含两个区域（北部和南部）、两种部门（工业部门 M 和农业部门 A）、两种生产要素（FCVL模型）或者一种生产要素（CPVL模型和FEVL模型）。

（2）工业部门 M 以规模收益递增和垄断竞争为特征，生产差异化的工业产品。

（3）差异化的工业品的区际贸易遵循“冰山交易成本”假说，而区内贸易无成本，且工业部门中所有企业均需购买其他企业的产品作为其中间投入品。

（4）农业部门尽可能保持简单，假定市场结构为完全竞争市场，生产技术为规模收益不变技术，农产品的区内区际贸易均无成本。

（5）在农业部门密集使用的生产要素可以在部门间自由转移，但在区域间不能转移。

为便于读者的理解，这里详细地阐述应该如何理解“工业部门中所有企业均需购买其他企业的产品作为其中间投入品”，以及中间投入品是如何使用的。这点关系到垂直联系模型的本质，也就是说“垂直联系”，或者其背后的“水平联系”是指什么。在CPVL模型中，所有企业的固定投入和可变投入都是由劳动力和中间投入品组合“生产”的某种生产要素，不妨称这种生产要素为“投入品组合”。同时，用于生产投入品组合所需的工业品组合包含了所有种类的差异化的工业品，这些工业品分别来自北部和南部。由于劳动力不能跨区域流动，作为中间投入品的差异化的工业品又必需与劳动力结合起来才能“生产出”投入品组合（见图8-1），因而具有了区域属性，也就是说，不同区域的投入品组合具有不同的区域属性。这就意味着，前述的“水平联系”是指任何企业的生产过程都利用了所有企业的产品，它已突破了原来两个部门构成的上下游之间的联系，也就是从“垂直联系”变成了“水平联系”，但在习惯上，仍保留垂直联系的称呼。

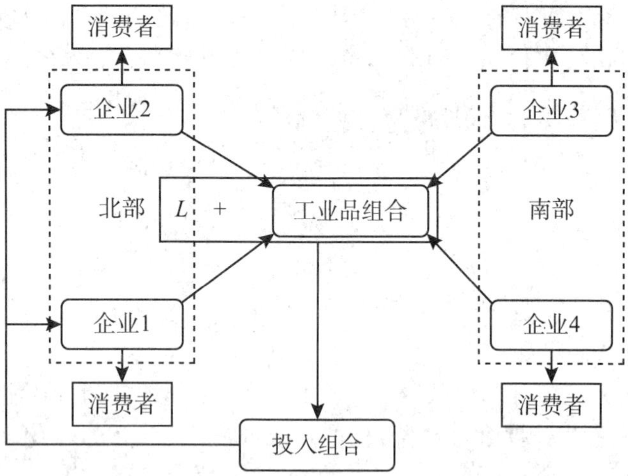

图8－1　北部投入品组合的“生产”过程

资料来源：笔者整理。

与基于劳动力流动的核心边缘模型和自由企业家模型一样，CPVL模型和FEVL模型的聚集或分散机制受到市场接近效应和生产成本效应的影响。市场接近效应是指，在不完全竞争市场中，企业倾向于选择市场规模较大的区位进行生产，并向市场规模较小的区位出口产品。生产成本效应是指，企业的区位选择受到其他企业的生产成本的影响。每个企业只生产一种差异化的产品，且在生产地销售该产品时由于不会支付运输成本（工业品区内交易无成本）因而售价较低，因此，产业份额较大区域的生产成本相对较低，区位于这些区域的生产企业可以节省大量的生产成本，这就是前述的生产成本效应。

在完全竞争的农业部门，劳动力的工资率按其边际产品价值计算。但处于垄断竞争市场中的工业部门，劳动力生产的单位产品的价值要高于对应的劳动力成本，这意味着，工业市场中存在货币外部性（货币外部性源于上下游之间的投入产出链）。由于存在货币外部性，当劳动力考虑选择进入农业部门还是工业部门时，只需比较两种部门的名义工资率即可。

市场接近效应、生产成本效应和生产要素部门间流动，共同组成了循环累积因果关系，也称为前后向联系。我们仍以对称的南、北两个区域为例，解释这种因果链或前后向联系，但暂不考虑市场拥挤效应。假设南部和北部在初始时，它们完全对称。但这种对称将被北部的一个劳动力离开农业部门进入当地工业部门所打破（也可以假设这种情况发生在南部）。我们同样可以假设南部的一个工人离开工业部门进入农业部门。因此，北部的工业产出将增加，而南部的工业产出将下降。紧接着，北部工业产出的增加会伴随着对中间投入品需求的增加。由于存在区际贸易成本，北部的这些需求倾向于选择北部生产的中间投入品。这将提高北部企业的盈利水平，而北部企业盈利水平的提高将吸引新的企业进入。继而，这些新的企业将在北部的农业部门招聘劳动力，如此循环往复下去。由于同样的原因，南部则进入相反的过程。这就是需求关联（后向联系）效应的本质，但在这里的最初的需求不像核心边缘模型那样来自消费者。由于工业部门所有企业都购买其他企业的产品作为其中间投入品，所以需求也来自企业。这种简化版的分析也可以粗略地解释，在生产要素不能跨区域转移的前提下的聚集机制。

在垂直联系模型中，市场接近效应与生产成本效应（或生活成本效应），与在核心边缘模型和自由企业家模型中一样，均属于聚集力，而市场拥挤效应属于分散力。当聚集力大于分散力时，任何部门之间的就业冲击都将引发部门之间劳动力重新配置的循环过程，将导致某个区域成为农业专业化地区，而另一个区域成为工业专业化地区。相反，当分散力大于聚集力时，任何部门之间的就业冲击都降低区域内工业企业的相对盈利水平，从而抵消初始的扰动。换言之，当分散力占主导地位的时候，就业冲击会产生一种自我纠正机制；当聚集力占主导地位时，就业冲击会产生一种自我强化的机制。

那么，什么因素决定聚集力和分散力的相对大小呢？从直觉上讲，应该是贸易成本。我们都知道，随着贸易自由度变大，分散力就逐渐变小，以至于消失。例如，当贸易完全自由时，来自其他区域企业的竞争与来自当地企业的竞争几乎一样重要。换言之，此时企业面临的竞争并不局限于与当地企业的竞争，因此，企业从南部转移到北部并不会对企业的收益产生很大的影响，也不会对他们的盈利水平和进入退出决策产生影响。在另一种极端的情况下，如果贸易成本非常大，甚至达到几乎阻断区际贸易的程度，那么本地企业数量的变化将对本地企业之间的竞争产生很大的影响，进而对企业盈利水平和进入退出决策产生重大影响。

随着区际贸易变得越来越自由，聚集力的强度也逐渐削弱。从生产成本效应角度来看，如果区域的开放程度非常高，那么不管工业品在何处生产，两个区域产品价格指数差距非常小，因此，工业生产的转移对相对生产成本的影响非常小。如果贸易成本很大，本地产品种类份额就会对价格指数产生很大的影响，贸易成本越高，市场接近性优势越强。

在第三章里已经证明过，当贸易成本很高时，分散力大于聚集力；当贸易成本逐渐降低时，分散力下降速度要快于聚集力下降速度。这就意味着，与核心边缘模型、自由企业家模型一样，当贸易成本处于某一水平时，聚集力将大于分散力，所有工业活动最终聚集到某个区域。也就是说，两个初始完全对称的区域，随着贸易成本的逐渐降低最终导致区际的非对称。

第二节　核心边缘垂直联系模型

保罗·克鲁格曼和安东尼·维纳布尔斯（1995）、藤田昌久、保罗·克鲁格曼和詹马科·奥塔维诺（1999）对核心边缘模型做出了一些修改，① 他们剔除了生产要素在区域之间可以自由流动的假设，但考虑了企业之间的投入产出联系，这样就形成了核心边缘垂直联系模型（以下简称 CPVL 模型）。

一、基本假设

CPVL 模型（核心边缘垂直联系模型）的基本假设如下。

（1）经济系统包含两个对称的区域（南部和北部）、两种部门（工业部门 M 和农业部门 A）。

（2）两种部门的产品均可以在区内和区域之间进行交易，农产品的区内区际交易均无成本；工业品的区内交易无成本，但区际贸易遵循“冰山贸易成本”，也就是运输 $\tau \geqslant 1$ 单位产品时只有 1 单位产品到达目的地。

（3）农产品的生产只利用劳动力，生产 1 单位农产品需要 a_A 单位的劳动力。

我们只讨论北部的情况，南部的情况与此类似。在本章中，凡是右上角带有“ * ”标记的都表示南部的对应变量。

（4）假设北部代表性消费者的效用函数为两层嵌套的效用函数，外层的效用函数为柯布—道格拉斯型效应函数，里层的效应函数为不变替代弹性（CES）效应函数：

$$U = C_M^{\mu} C_A^{1-\mu},\ C_M = \left[\int_{i=0}^{n^w} c_i^{(\sigma-1)/\sigma} \mathrm{d}i\right]^{1/(1-1/\sigma)} \tag{8.1}$$

其中，C_M 表示差异化的工业品组合的消费量，C_A 表示农产品消费量，n 和 n^* 分别表示北部和南部差异化工业品的种类数量，$\mu \in (0,\ 1)$ 表示对差异化工业品的支出在总支出中所占的份额，$\sigma \in (1,\ \infty)$ 表示任意两种差异化工业品之间的替代弹性。根据效用最大化或支出最小化的方法，消费者的间接效用函数

---

① M. Fujita, P. Krugman, Venables, A J. The Spatial Economy: Cities, Regions and International Trade [M]. Cambridge: MIT Press, 1999.

可以写成如下形式：①

$$V=\frac{E}{P},\ P=p_A^{1-\mu}p_M^{\mu}=p_A^{1-\mu}(\Delta n^w)^{-a},\ \Delta\equiv\frac{1}{n^w}\int_{i=0}^{n^w}p_i^{1-\sigma}di \tag{8.2}$$

其中，$a\equiv\mu/(\sigma-1)$，p 为完全价格指数，p_A 为农产品价格，P_M 为工业品价格指数，p_i 为第 i 种差异化工业品的价格，$n^w=n+n^*$ 为差异化工业品的种类总数。

从上面的基本假设中可以看出，CPVL 模型和核心边缘模型虽有许多相同点，但是两个模型在三个方面存在着明显的区别。

第一，要素禀赋假设不同。在核心边缘模型中，存在工业劳动力和农业劳动力两种生产要素，但在 CPVL 模型中仅有一种生产要素，即劳动力。两种生产部门都利用一种生产要素，即劳动力，且劳动力的工资率为 w。

第二，要素流动性假设不同。在 CPVL 模型中，尽管劳动力要素在区内可以自由流动，但是在区域之间不能流动。不妨假设两个区域的劳动力禀赋相同：$L=L^*=L^w/2$，其中，L^w 为经济系统的总劳动力禀赋。

第三，工业部门的生产技术假设不同。在 CPVL 模型，生产商的成本函数为齐次函数，同时包含了劳动力和差异化的工业品两种要素。在 CPVL 模型中，差异化的工业品作为中间投入品而非消费品。企业都具有规模收益递增特征，故企业的总成本必然包括固定投入和可变投入（分别用 F 和 a_Mx_i 表示），但这两种投入都包括了由劳动力和工业品组合所“生产”的投入品组合。可以这样理解，即生产商实际只利用投入品组合一种生产要素，但这种投入品组合是利用劳动力和工业品组合“生产”的，且工业品组合包含所有差异化的工业品，包括来自本地和外地的。从生产商角度上看，其生产的差异化工业品，既要满足消费者的需求，还要满足以中间投入品的形式“生产”投入品组合的需求，而且生产投入品组合时的技术还要体现出齐次函数的特征。

（5）为了便于分析，假设投入品组合的生产函数为有关劳动力 L 和工业品组合 C_M 的柯布—道格拉斯型生产函数。同时，还假设工业品组合 C_M 的支出份额也等于 μ，这样消费者和企业对工业品组合的支出份额相同，且都具有多样化偏好。这样，北部代表性企业 i 的成本函数可以写成：

$$C(x_j)=(F+a_Mx_j)P_pP_p=w^{1-\mu}(\Delta n^w)^{-a} \tag{8.3}$$

其中，P_p 是要素价格指数（参见附录 8A1），w 为劳动工资率，x_i 为代表性企业的产出量。

---

① 依据求解过程，$P=\gamma p_A^{1-\mu}P_M^{\mu}$，其中，$\gamma=1/\mu^{\mu}(1-\mu)^{1-\mu}$。尽管式（8.2）中没有参数 γ，但在后面的完全价格指数 p 和要素价格指数 P_p 中都包含参数 γ 的。

为了分析企业的进入、退出决策，通常假设企业根据当前的净利润水平①做出相应的决策，当前净利润为正时，企业进入某个市场，当前净利润为负时，则企业退出该市场。所以，企业的进入或退出决策遵循如下简单的原则：

$$\dot{n} = n\Pi,\quad \dot{n}^* = n^*\Pi^* \tag{8.4}$$

其中，Π 和 Π^* 分别为北部和南部代表性企业的净利润。

二、短期均衡

与前面的章节一样，我们依次讨论模型的短期均衡和长期均衡。在短期，两个区域内的企业数量 n 和 n^* 是给定的；在长期，两个变量将成为内生变量，由追求经营利润的企业的进入或退出行为所决定。所以，在短期均衡中，消费者实现效用最大化，企业实现利润最大化，并在企业数量 n 和 n^* 给定的情况下，实现产品市场出清。

1. 企业的经营利润

我们通过求解代表性消费者的效用最大化问题，可以知道，消费者支出在工业品组合和农产品上的比例为常数。依据基本假设，企业也是如此，对工业品组合的支出占其生产成本的比例也是常数。具体而言，消费者和企业在工业品组合上的支出比例均为常数 μ。根据支出最小化或效用最大化求解差异化工业品的需求函数，可知北部代表性企业 i 所面对的需求曲线为向下倾斜且需求的价格弹性为常数 σ 的曲线：

$$c_i = \mu E \frac{p_i^{-\sigma}}{\Delta n^w} \tag{8.5}$$

其中，E 是北部地区的总支出，实际上包含了消费者和所有企业对代表性企业 i 差异化工业品的支出。

在供给方面，完全竞争的农业部门的产品遵循边际成本定价法则，北部和南部该部门产品价格分别为 $p_A = a_A w$、$p_A^* = a_A w^*$。由于农产品的区际贸易无成本，所以在不存在套利条件的情况下，南部和北部的农产品价格必将相等，即 $p_A = p_A^*$，从而区域间劳动力的工资率将相等，即 $w = w^*$（当然不考虑农业活动全部聚集在某一区域的情况，即必须假设：$\mu < 1/2$）。在工业部门，利润最大化要求垄断竞争市场中的企业遵循边际成本加成定价法则。根据“冰山交易成本”假说，北部企业生产的差异化工业品在外地和本地市场的销售价格之比为

① 此处的净利润，与会计学中的净利润概念是有区别的。会计学中的净利润，等于从企业经营利润减去所得税，而经营利润是指从企业主营业务利润 + 企业各种利润中减去总经营成本。本书中的净利润是指企业经营利润，或者企业经营收益减去固定投入成本。

τ，从而可有：

$$\begin{cases} p = \dfrac{a_M P_p}{1-1/\sigma} \\ p^* = \dfrac{\tau a_M P_p}{1-1/\sigma} \end{cases} \tag{8.6}$$

其中，p 为北部企业将产品出售在本地市场时的价格，即出厂价格；p^* 为北部企业的产品在南部出售时的价格；P_p 为由式（8.3）给出的北部的要素价格指数，即 $P_p = w^{1-\mu}(\Delta n^w)^{-a}$。由于所有北部企业生产的产品的出厂价都相同，因而可以取消右下角标。据此，可以分别写出北部和南部的价格指数 Δ 和 Δ^*：

$$\begin{cases} \Delta \equiv \dfrac{np^{1-\sigma} + n^*(\bar{p})^{1-\sigma}}{n^w} = \dfrac{np^{1-\sigma} + \phi n^*(\bar{p}^*)^{1-\sigma}}{n^w} \\ \Delta^* \equiv \dfrac{n(p^*)^{1-\sigma} + n^*(\bar{p}^*)^{1-\sigma}}{n^w} = \dfrac{\phi np^{1-\sigma} + n^*(\bar{p}^*)^{1-\sigma}}{n^w} \end{cases} \tag{8.7}$$

其中，Δ、Δ^* 分别为北部和南部的价格指数，$\bar{p}^*$、$\bar{p}$ 为南部企业生产的产品分别销售在南部和北部时的价格，$\phi = \tau^{1-\sigma}$ 通常用来度量贸易自由度或市场开放度。

必须提醒的是，工业企业是具有规模报酬递增特征的，因为其成本包含了固定投入和可变投入。企业的进入和退出决策根据当前的经营利润而定，而经营利润来自固定投入的报酬。根据边际成本加成定价法，在任意情形下，固定投入和可变投入恰好“瓜分”净销售收入，并且前者所占份额为 $1/\sigma$，后者所占份额为 $1-1/\sigma$。若以 π 表示企业经营所获得的全部利润，称其为经营利润（或经营收益），则 $\pi = px/\sigma$。南部企业的经营利润 π^* 的表达式与此类似（小写的 π 表示经营收益，大写的 Π 表示净利润）。结合消费者的需求函数式（8.5）和企业定价法则式（8.6），可得 π 和 π^* 的表达式为：①

$$\begin{cases} \pi = \dfrac{bE^w}{n^w}B \\ \pi^* = \dfrac{bE^w}{n^w}B^* \end{cases} \tag{8.8}$$

其中，$b \equiv \mu/\sigma$，E^w 为经济系统的总支出，B 和 B^* 分别定义为：

① 计算如下：$\pi = \dfrac{px}{\sigma} = \dfrac{pc + p^* c^*}{\sigma}$，又因为 $c = \dfrac{\mu^E}{\Delta n^w} p^{-\sigma}$，$c^* = \dfrac{\mu E^*}{\Delta^* n^w}(p^*)^{-\sigma}$，从而：

$$\Rightarrow \pi = \frac{\mu}{\sigma n^w}\left[\frac{E}{\Delta}p^{1-\sigma} + \frac{E^*}{\Delta^*}(p^*)^{1-\sigma}\right] = b\frac{E^w}{n^w}\left(\frac{S_E}{\Delta}p^{1-\sigma} + \frac{1-S_E}{\Delta^*}\tau^{1-\sigma}p^{1-\sigma}\right) = b\frac{E^w}{n^w}p^{1-\sigma}\left(\frac{S_E}{\Delta} + \phi\frac{1-S_E}{\Delta^*}\right) = b\frac{E^w}{n^w}B。$$

$$\begin{cases} B \equiv p^{1-\sigma}\left(\dfrac{s_E}{\Delta} + \phi\dfrac{1-s_E}{\Delta^*}\right) \\ B^* \equiv (\bar{p}^*)^{1-\sigma}\left(\phi\dfrac{s_E}{\Delta} + \dfrac{1-s_E}{\Delta^*}\right) \end{cases} \tag{8.9}$$

其中，相对市场规模 s_E 为北部的总支出占经济系统总支出的份额。利用式（8.8）和式（8.9），人们还可以得出一些简单又实用的结论：一是，$nB+n^*B^*=n^w$,①或 $s_nB+(1-s_n)B^*=1$；二是，经济系统的平均经营收益为：$\bar{\pi}=bE^w/n^w$。

2. 计价物与单位

通过选择合适的计价物和恰当的单位能够化简部分表达式。本节仍然以农产品作为计价物（$p_A=1$）。这要求恰当地选择劳动力数量，从而能够使得农产品的边际成本 a_A 等于 1 单位。由于农产品的区际贸易没有运输成本，依据无套利条件可知：$p_A=p_A^*=w=w^*=1$。根据式（8.2）、式（8.3），这意味着，完全价格指数、工业品价格指数和要素价格指数之间都是相等的：$P=P_M=P_p$ 和 $P^*=P_M^*=P_p^*$。接下来，分别恰当地选择投入品组合的数量，还可以将 a_M 标准化为 $1-1/\sigma$ 单位，F 将标准化为 $1/\sigma$ 单位。如果定义 s_n 为北部企业数量占经济系统企业总数量的份额，可将标准化的结果罗列如下：

$$p=P,\ p^*=\tau P,\ p_A=p_A^*=w=w^*=1,\ n+n^*\equiv n^w,\ n=s_nn^w,$$
$$n^*=(1-s_n)\ n^w,\ F=1/\sigma,\ a_M=1-1/\sigma,\ L^w=1-\mu \tag{8.10}$$

其中，$L^w=1-\mu$ 有助于后文的经济系统总支出 E^w 也标准化为 1。

3. 相对市场规模

由式（8.8）和式（8.9）可知，企业的经营收益是相对市场规模 s_E 的函数，为此有必要求解相对市场规模 s_E 的表达式。当求出 E 和 E^* 的表达式时，要注意到市场对差异化工业品的需求不仅来自消费者还来自企业的事实，据此可有（参见附录 8B）：②

$$E=Y+s_nn^wP_p(F+a_Mx) \tag{8.11}$$

关于等号右边第二项，结合标准化结果可得 $s_nn^wP_p[(\sigma-1)x+1]/\sigma$，

① 证明如下：$nB+n^*B^*=np^{1-\sigma}\left(\dfrac{S_E}{\Delta}+\phi\dfrac{1-S_E}{\Delta^*}\right)+n^*(\bar{p}^*)^{1-\sigma}\left(\phi\dfrac{S_E}{\Delta}+\dfrac{1-S_E}{\Delta^*}\right)$

$$=\frac{S_E}{\Delta}[np^{1-\sigma}+\phi n^*(\bar{p}^*)^{1-\sigma}]+\frac{1-S_E}{\Delta^*}[\phi np^{1-\sigma}+n^*(\bar{p}^*)^{1-\sigma}],$$

$\because \Delta=\dfrac{np^{1-\sigma}+\phi n^*(\bar{P}^*)^{1-\sigma}}{n^w}$；$\Delta^*=\dfrac{\phi np^{1-\sigma}+n^*(\bar{p}^*)^{1-\sigma}}{n^w}$，$\therefore nB+n^*B^*=s_En^w+(1-s_E)n^w=n^w$。

② 附录 8B 进行了详细的阐述。要提醒的是，之所以在这里乘以 s_n 是因为“生产”投入品组合的劳动力必须是本地的，不能够跨区域流动。

它其实是等价于所有北部企业对本地企业 i 生产的差异化工业品的支出。Y 包括北部劳动力的工资收入和平均分配在所有劳动力之间的企业净利润 Π。根据式（8.6）的企业最优定价决策和式（8.3）的企业成本函数，可以得出企业净利润为 $\Pi=\pi-P_pF$，即净利润等于经营收益减去固定成本投入。根据式（8.10）的标准化结果，可把北部和南部企业的净利润分别写成如下形式：

$$\begin{cases}\Pi=\dfrac{p(x-1)}{\sigma}\\ \Pi^*=\dfrac{\bar{p}^*(\bar{x}^*-1)}{\sigma}\end{cases}\tag{8.12}$$

显然，北部消费者的收入，一是来源于劳动力的工资收入，二是来源于企业的经营利润：

$$Y=s_LL^w+n^ws_n\Pi=\frac{L^w}{2}+\frac{s_nn^wP(x-1)}{\sigma}\tag{8.13}$$

其中，s_L 为北部所占的劳动力份额（当对称时，$s_L=1/2$）。

利用标准化的结果，将式（8.13）代入式（8.11）可得：$E=L^w/2+s_nn^wPx$。依据式（8.5）以及之前的 $nB+n^*B^*=n^w$，可以得出经济系统总支出与经济系统劳动力禀赋之间的关系式：①

$$E^w=\frac{L^w}{1-\mu}\tag{8.14}$$

从式（8.14）可以看出，经济系统总支出 E^w 为经济系统劳动力总量 L^w 和 μ 的函数，它不会随着贸易自由度 ϕ 的变化而变化。根据式（8.10），经济系统的总支出还可以标准化为 1 单位，即 $E^w=1$，从而经济系统总经营收益就等于

① 证明如下：$\because E=\frac{L^w}{2}+s_nn^wPx$；$E^*=\frac{L^w}{2}+(1-s_n)n^wP^*x^*$；$x=c+\tau c^*$；$x^*=\tau\bar{c}+\bar{c}^*$；$p=P$；$p^*=\tau P$，

$$\therefore c=\frac{\mu EP^{-\sigma}}{\Delta n^w},\ c^*=\frac{\mu E^*(\tau P)^{-\sigma}}{\Delta^*n^w},\ \therefore x=\frac{\mu P^{-\sigma}}{n^w}\left(\frac{E}{\Delta}+\tau\frac{\tau^{-\sigma}E^*}{\Delta^*}\right)=\frac{\mu P^{-\sigma}}{n^w}\left(\frac{E}{\Delta}+\phi\frac{E^*}{\Delta^*}\right),$$

$$\therefore E=\frac{L^w}{2}+s_n\mu P^{1-\sigma}\left(\frac{E}{\Delta}+\phi\frac{E^*}{\Delta^*}\right)=\frac{L^w}{2}+s_n\mu E^wP^{1-\sigma}\left(\frac{S_E}{\Delta}+\phi\frac{1-S_E}{\Delta^*}\right)$$

$$=\frac{L^w}{2}+s_n\mu E^wB=\frac{L^w}{2}+\mu n\frac{E^w}{n^w}B,$$

同理，$E^*=\frac{L^w}{2}+\mu n\frac{E^{w*}}{n^w}B^*$。$\therefore E^w=E+E^*=L^w+\frac{E^w}{n^w}\mu(nB+n^*B^*)=L^w+\frac{E^w}{n^w}\mu n^w=L^w+\mu E^w$，所以有：$E^w=\frac{L^w}{1-\mu}$。

b，因此，由式（8.11）可得：①

$$s_E = \frac{1-\mu}{2} + \mu s_n B \tag{8.15}$$

三、长期均衡

在长期，企业自由进入或退出市场，因此，长期均衡除满足所有短期均衡的条件外，还应该满足任何市场都不再有企业进入或退出这个条件。也就是说，长期均衡应该满足如下条件，即 $\dot{n}=0$ 和 $\dot{n}^*=0$。如此，根据式（8.4），可发现该模型中存在三种长期均衡：

当 $n>0$ 和 $n^*>0$ 时，如果 $\Pi(n,\ n^*)=\Pi^*(n,\ n^*)=0$，那么存在内点均衡，此时，每个区域均有工业企业；

当 $n=n_0>0$ 和 $n^*=0$ 时，如果 $\Pi(n_0,\ 0)=0$，那么存在以北部为核心的核心边缘均衡；

当 $n=0$ 和 $n^*=n_0>0$ 时，如果 $\Pi^*(0,\ n_0)=0$，那么存在以南部为核心的核心边缘均衡。

由此可知，同核心边缘模型一样，CPVL 模型也存在着多重长期均衡，这意味着，还需要讨论均衡的稳定性问题。

从式（8.15）可以看出，s_E 是内生变量，是 s_n 和 n^w 的函数（当然也是北部和南部企业数目的函数）。另外，从式（8.9）可以看出，B 是 Δ 和 s_n 的函数。但是 Δ 并非是 s_n 和 n^w 的线性函数，因而我们不可能用 s_E 的解析形式来描述 s_n 和 n^w。因此，除个别情况外，如完全对称情形，该模型的短期均衡和长期均衡都无法用显函数形式表述。如果把式（8.7）写成关于 Δ 的递归形式，② 就很容易看出其中的复杂程度：

$$\begin{cases} \Delta \equiv (n^w)^\mu [s_n \Delta^\mu + \phi(1-s_n)(\Delta^*)^\mu] \\ \Delta^* \equiv (n^w)^\mu [\phi s_n \Delta^\mu + (1-s_n)(\Delta^*)^\mu] \end{cases} \tag{8.16}$$

---

① 证明如下：从式（8.14）和式（8.11）可得，$s_E = \frac{E}{E^w} = \frac{L^w/2 + s_n n^w Px}{L^w/(1-\mu)}$，$\because \pi = Px/\sigma$；

$\therefore s_E = \frac{L^w/2 + s_n n^w \pi\sigma}{L^w/(1-\mu)}$，但由于 $\pi = bB\frac{E^w}{n^w}$，$\therefore s_E = \frac{L^w/2 + s_n n^w bB\frac{E^w}{n^w}\sigma}{L^w/(1-\mu)} = \frac{1-\mu}{2} + s_n bB\sigma = \frac{1-\mu}{2} + \mu s_n B$。

② 证明如下：已知：$\Delta = s_n p^{1-\sigma} + \phi(1-s_n)(\bar{p}^*)^{1-\sigma}$，$p=P$，$\bar{p}^*=P^*$，$P=(\Delta n^w)^{-a}=(\Delta n^w)^{\frac{\mu}{1-\sigma}}$，从而：

$\Rightarrow \Delta = s_n p^{1-\sigma} + \phi(1-s_n)p^{*1-\sigma} = s_n(\Delta n^w)^\mu + \phi(1-s_n)(\Delta^* n^w)^\mu = (n^w)^\mu[s_n\Delta^\mu + \phi(1-s_n)(\Delta^*)^\mu]$。

总之，设定 n^w 和 s_n 为外生变量时，该模型的短期均衡可以由满足式（8.9）、式（8.15）和式（8.16）的5个变量，即 B、B^*、Δ、Δ^* 以及 s_E 来定义。

在长期，n^w 和 s_n 不再是外生变量，而是不断地进行调整，使得由式（8.12）给出的经营利润为零。这样共有7个方程，从而能够求解：B、B^*、Δ、Δ^*、s_E、s_n，n^w 等7个内生变量。① 不过，此时对所有的内生变量均不存在显性解。这个麻烦的源头在于：首先，在式（8.9）中的 B 不是 Δ 的线性函数；其次，在式（8.16）中的 Δ 既是自身的函数，又是隐含数，因此，CPVL 模型和核心边缘模型具有相同的缺陷，即模型的大多数特征均需要通过数值模拟才能表述。为了克服这个缺陷，在后面的章节里将介绍另外两个垂直联系模型。

四、图解和作用力

在这里，先通过剪刀图解初步地讨论 CPVL 模型长期均衡的特征。通过图8－2，可以清楚看出该模型的基本特征，图8－2中横轴表示的是北部的支出份额 s_E，纵轴表示的是北部的企业份额 s_n。

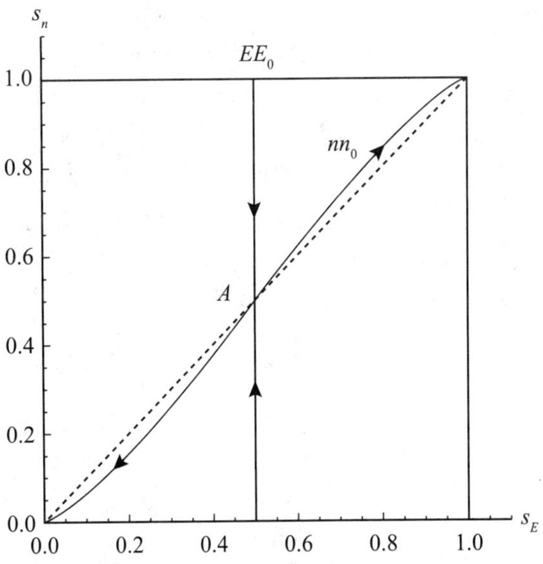

图8－2　CPVL 模型的剪刀图解（$\phi=0$）

注：图8－2、图8－3、图8－4和图8－5中其他参数的设置：$\mu=0.40$，$\sigma=5.00$。
资料来源：笔者整理。

① 从理论角度而言，可以如此求解模型。但实际求解的应该是稳定状态，即均衡，而这还需要结合图形，并区分不同的贸易自由度。

接下来，分别讨论图 8－2 上的 EE 曲线和 nn 曲线。理论上，式（8.15）表示的是市场规模如何随企业空间分布的变化而变化的问题。当 $\Pi=0$ 和 $\Pi^*=0$ 时的显性解，能够给出 s_n 有关 s_E 的表达式，此时企业不再重新选择生产区位，达到了长期均衡。但 Δ 是有关 s_n 和 n^w 的非线性函数，不能把 s_E 表示为 s_n 或者 n^w 的显函数，只有在特定情况下才能得到显性解。

1. 不存在区际交易活动时的剪刀图解

首先，考虑一下工业品不能在区域之间进行交易的情况，也就是 $\phi=0$ 的情况。此时，从式（8.9）和式（8.16）可以得出 $B=s_E/s_n$（B^* 的表达式与此类似）。① 把该式代入式（8.15），就可以得到第一个关键表达式，即 s_E 是常数，也就是 $s_E=1/2$，即图 8－2 中的 EE_0 曲线（也就是 $\phi=0$ 时的 EE 曲线）。

接着，当 $\Pi=\Pi^*=0$ 时，根据式（8.9）可得关系式，② 即 $\mu s_E=(n^w s_n)^c$，其中，c 是各参数的组合，即 $c=[\sigma(1-\mu)-1]/[(1-\mu)(\sigma-1)]$。类似地，还可求得 $\mu(1-s_E)=[n^w(1-s_n)]^c$。这两个关系式就构成了绘制图 8－2 中 nn_0 曲线（也就是 $\phi=0$ 时的 nn 曲线）的方程组。根据“非黑洞条件”（即 $1/c>1$，见下文的稳定性分析），nn_0 曲线在对称均衡点附近要比 45° 线更加陡峭。从这两个表达式可以看出，因为 s_E 随 s_n 和 n^w 的增大而增大，③ 因此，企业进入和退出达到均衡时，规模较大的市场可以容纳更多数量的企业。

另外，nn_0 曲线表示的是，在 n^w 为常数的情况下，当企业的经营利润等于零时的 s_E 和 s_n 组合。很显然，如果北部市场规模较大，那么在市场接近效应的作用下，南部和北部企业的经营利润不可能相等，北部企业的净利润将大于南部，即 $\Pi>\Pi^*$，所以在所有位于 nn_0 曲线右侧的点上均有 $\Pi>0>\Pi^*$。如果企业发现其位于 nn_0 曲线右侧，那么有企业退出南部市场，将进入北部市场，这

---

① 证明如下：已知 $\phi=0$，式（8.9）可以化简为 $B=p^{1-\sigma}\left(\frac{s_E}{\Delta}+\phi\frac{1-s_E}{\Delta^*}\right)=p^{1-\sigma}\frac{s_E}{\Delta}$；式（8.16）也可以化简为 $\Delta=(n^w)^\mu[s_n\Delta^\mu+\phi(1-s_n)(\Delta^*)^\mu]=s_n(\Delta n^w)^\mu$。又已知 $p=P=w^{1-u}(\Delta n^w)^{-a}$，从而根据标准化和 a 的表达式，可得 $p^{1-\sigma}=(\Delta n^w)^u$，那么可有：$\Delta=s_n p^{1-\sigma}$，所以：$B=s_E/s_n$。

② 证明如下：已知 $\phi=0$，从而有：$x=\frac{\mu P^{-\sigma}}{n^w}\frac{E}{\Delta}$；$x^*=\frac{\mu P^{*-\sigma}}{n^w}\frac{E^*}{\Delta^*}$，且有：$\Delta=s_n p^{1-\sigma}$；$\Delta^*=(1-s_n)(\bar{p}^*)^{1-\sigma}$。已知 $\Pi=\Pi^*=0$，依据式（8.12）可知：$x=x^*=1$。由标准化条件可知：$p=P$；$\bar{p}^*=P^*$，因此，可得：$\mu s_E E^w=n^w s_n P$。还已知：$P=(\Delta n^w)^{-a}$；$E^w=1$，根据式（8.16）可得：$\Delta=(n^w)^\mu s_n\Delta^\mu\Rightarrow\Delta=(n^w)^{\mu/(1-\mu)}s_n^{1/(1-\mu)}$；$\Delta^*=(n^w)^{\mu/(1-\mu)}(1-s_n)^{1/(1-\mu)}\Rightarrow\mu s_E=n^w s_n(\Delta n^w)^{-a}=n^w s_n[(n^w)^{\mu/(1-\mu)}s_n^{1/(1-\mu)}n^w]^{-a}=(n^w s_n)^{1-a/(1-\mu)}=(n^w s_n)^c$，其中，$c=\frac{\sigma(1-\mu)-1}{(1-\mu)(\sigma-1)}$。同理，还可以求得：$\mu(1-s_E)=[n^w(1-s_n)]^c$。

③ 根据“非黑洞条件”，$c>0$，故 s_E 是关于 $s_n n^w$ 的单调递增函数。

就使得 s_n 将变大。反过来，对 nn_0 曲线左边的点而言，存在 s_n 变小的趋势。

EE_0 曲线与短期均衡相关（不管经营利润是否等于零，总是成立），因此，s_E 和 s_n 的组合始终在 EE_0 曲线上。因此，除了一些长期均衡，经济系统将根据式（8.4）确定的规则，沿着图 8-2 中 EE_0 曲线上的箭头所示方向进行调整。

2. 存在区际交易活动时的剪刀图解

现在考虑区域之间存在交易活动时的剪刀图（见图 8-3），也就是 $\phi>0$ 的情况。在贸易自由度 ϕ 不等于零的情况下，绘制 EE 曲线和 nn 曲线是比较困难的，幸好现在我们有了数值模拟工具。不过，可以先根据 3 个关键点大致刻画其形状。第一个点是中间点（1/2，1/2）。在对称均衡 $s_n=s_E=1/2$ 上，由于两个区域的生产份额相同，必然支出份额也相同，因此，对于任何贸易自由度，EE 曲线和 nn 曲线都通过这一点。由式（8.15）可以推知，在对称均衡点上，随着贸易自由度 ϕ 的上升，EE 曲线在对称均衡点的斜率总是大于 1 的。①

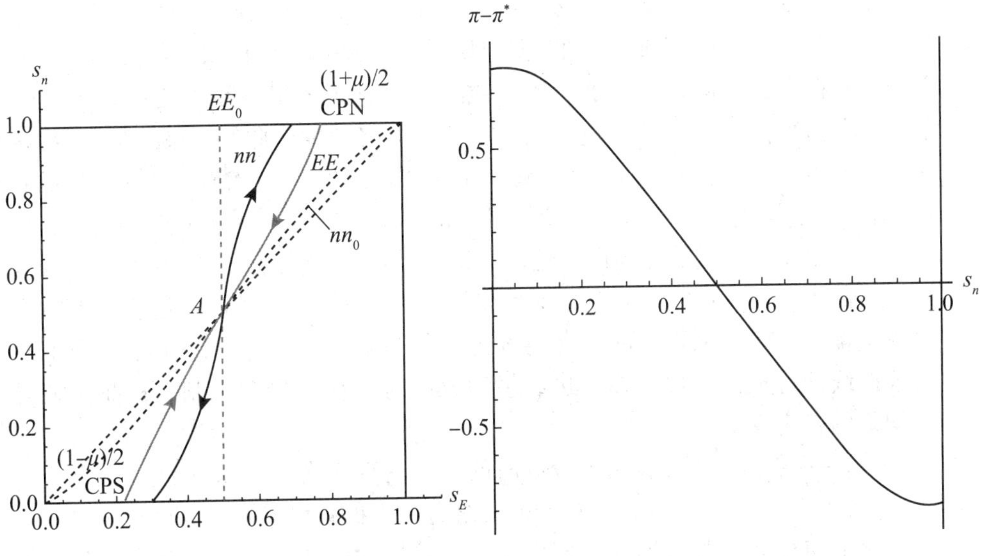

图 8-3　CPVL 模型的剪刀图解和滚摆线（$\tau=2.10$）

注：在绘制 EE 曲线时，n^w 设置为：$n^w(\mu 2^{c-1})^{1/c}$。这个数值就是当 $\phi=0$ 时的对称均衡的 n^w。事实上，n^w 的取值不会影响 s_E 和 EE 曲线，因为根据式（8.15）、式（8.2）和式（8.16），影响 s_E 的变量 n^w 在分子和分母中恰好相互消掉了。

资料来源：笔者整理。

① 在专栏 1 中，将求得 EE 曲线的全微分，其中，偏微分 $\partial s_E/\partial s_n=\mu(1-Z^2)/(1-\mu Z)^2$。可以简单地证明上述偏微分总是小于 1 的（$\mu Z^2<$），说明 EE 曲线在对称均衡点上的斜率总是大于 1，也是本地市场放大效应的体现。

第二个点和第三个点是形成核心边缘结构时（即 $s_n=0$ 或 $s_n=1$ 时）的 EE 曲线和 nn 曲线的端点。先看 $s_n=1$ 的情况。由式（8.16），此时有 $\Delta=(n^w)^{\mu}\Delta^{\mu}$，$\Delta^*=(n^w)^{\mu}\phi\Delta^{\mu}$，从而 $\Delta^*=\phi\Delta$ 且 $\Delta=(n^w)^{\mu/(1-\mu)}$。把该结果代入式（8.9），则可得 $B=P^{1-\sigma}/\Delta=1$，再利用式（8.15），最终可得 $s_E=(1+\mu)/2$。再看 $s_n=0$ 的情况。由式（8.15）便可以直接得到 $s_E=(1-\mu)/2$。因此，在 $\phi>0$ 的情况下，可以确定 EE 曲线的两个端点了。

图 8－3 绘制了贸易自由度较低时的剪刀图解。为了便于比较，图 8－3 中也显示了 EE_0 曲线和 nn_0 曲线的位置。据此容易推知，随着贸易自由度 ϕ 的提高，EE 曲线绕对称均衡点（1/2，1/2）顺时针方向旋转，而 nn 曲线绕该点逆时针方向旋转。这种趋势在后面的图中将会体现得更加清楚。在自由资本模型中，我们已知经济系统始终处于曲线上，因为式（8.15）揭示的是短期均衡。在 nn 曲线上，两个区域内的经营利润相等且均等于零，所以在该曲线上的任何一点都是长期均衡。只要偏离 nn 曲线，就存在企业重新配置的动力。对于那些位于 nn 曲线右下方的点而言，它们与具有相同 s_n 值的 nn 曲线上的点相比，北部市场规模更大（即 s_E 更大），所以，在这些点上都有 $\Pi>\Pi^*$，因而存在扩大北部企业份额，缩小南部企业份额的趋势，s_n 将增加。此时，该点将沿着 EE 曲线将向上运动。相反地，对于那些位于 nn 曲线左上方的点而言，它们将沿着 EE 曲线向下运动。由此可知，位于 nn 曲线右下方的点（即 EE 曲线的下半支）将沿着 EE 曲线的方向向上运动，即向着对称均衡点运动；位于 nn 曲线左上方的点（即 EE 曲线的上半支）将沿着 EE 曲线的方向向下运动，也向着对称均衡点运动，从而此时对称均衡结构将是稳定的。这个结论也得到了右侧滚摆线的佐证。类似于核心边缘模型，此时存在负反馈机制，从而保证对称均衡的稳定性。

图 8－4 绘制了贸易自由度较高时的剪刀图解。此时，EE 曲线的上半支位于 nn 曲线的右下方。此时，位于 nn 曲线右上方的点都将沿着 EE 曲线向上运动，逐渐使得只有北部具有差异化的工业品的生产活动，逐渐形成以北部为核心的核心边缘结构；那些位于 nn 曲线左下方的点都将沿着 EE 曲线向下方运动，从而也逐渐使得只有南部具有差异化工业品的生产活动。右侧的滚摆线也显示对称均衡将不再稳定，核心边缘结构才是稳定的。这些改变都源于贸易自由度 ϕ 的变化。

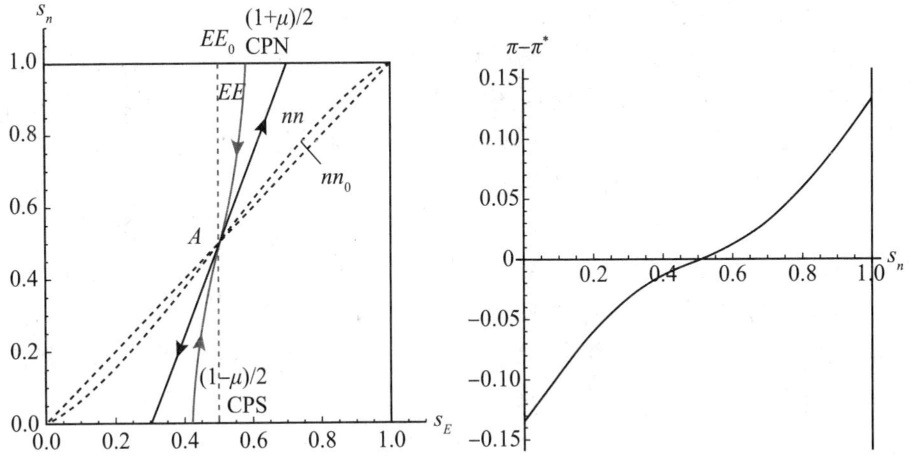

图 8-4　CPVL 模型的剪刀图解和滚摆线（$\tau = 1.50$）

资料来源：笔者整理。

图 8-5 则绘制了贸易自由度中等时的剪刀图解。比较有意思的是，*EE* 曲线和 *nn* 曲线随着贸易自由度的提升而旋转，并由于旋转方向相反因而相交，从而形成 3 个交点。借鉴图 8-3 的分析，对称均衡仍是稳定的。然而，其他两个交点都是不稳定的。以上半支的交点 *B* 为例，只要发生促使离开 *B* 点的外生冲击，那么难以再回到原来的 *B* 点了：如果冲击是导致 s_n 增加的，那么在 *B* 点上方 *nn* 曲线右下方的点，将沿着 *EE* 曲线向上运动，逐渐形成以北部为核心的核

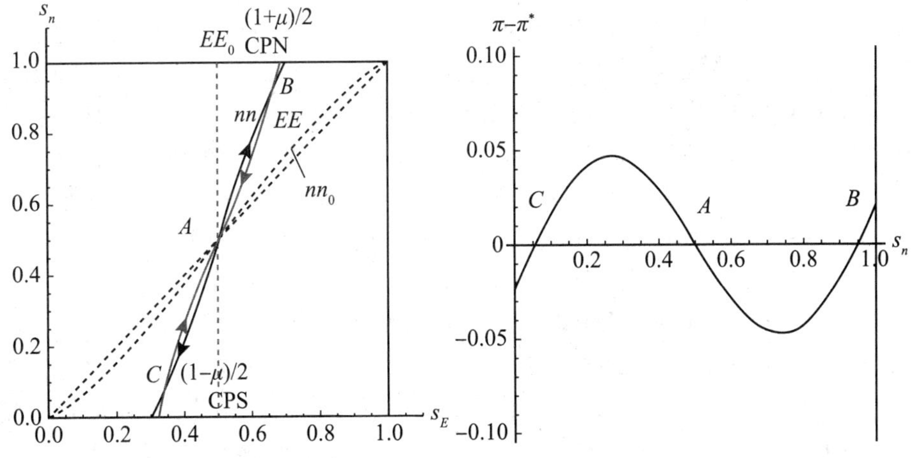

图 8-5　CPVL 模型的剪刀图解

注：为了更好说明多重均衡的存在，两幅图的贸易自由度取了不同的值：左图：τ = 1.75；右图：τ = 1.60。

资料来源：笔者整理。

心边缘结构，只有北部具有差异化的工业品生产活动；如果冲击是导致 s_n 减少的，那么在 B 点下方 nn 曲线左上方的点，将沿着 EE 曲线向下运动，逐渐形成对称结构。C 点处的情况也是类同的。同时，右侧的滚摆线也表明了非对称均衡的两个交点是不稳定的。所以，此时既存在对称均衡，又存在核心边缘结构的均衡，这意味着重叠区的存在。

在观察图 8－3、图 8－4、图 8－5 后发现，CPVL 模型与核心边缘模型有一些相似之处，EE 曲线和 nn 曲线都在（1/2，1/2）处相交；随着贸易自由度 ϕ 的增加，nn 曲线的斜率逐渐变得陡峭，EE 曲线的斜率逐渐变得平缓；EE 曲线的斜率总是大于 1，存在本地市场放大效应。同时，可以看出，图 8－2 刻画的便是 EE 曲线和 nn 曲线的极限位置。

3. 作用力

和核心边缘模型一样，三种不同的作用力决定了长期均衡的稳定性。其中，市场接近效应和生产成本效应（该两种作用力也称为需求关联和成本关联的循环累积因果关系，或者称为后向联系和前向联系）促使经济活动的空间聚集。也就是说，这两种力量破坏对称结构的稳定性。市场拥挤效应（也就是本地竞争效应）则促使经济活动的空间分散，是保持对称结构稳定的力量。

（1）市场接近效应。式（8.9）中，B 的表达式有助于揭示第一种聚集力，即需求关联的循环累积因果关系或者后向联系。我们先考虑两个区域对称的情况。此时，一些企业进入北部市场使 s_n 增大。从式（8.15）可以看出，此时 s_E 也相应地增大，也就是说北部的市场规模相对增大了。在其他条件相同的情况下，由于区际贸易成本的存在，企业优先选择市场规模较大的区域（市场接近效应）。从数值上看，如果 B 变大，那么 B^* 将变小，因此，Π 增加，Π^* 减少，这就是诱导企业离开南部进入北部的动力。企业进入所引致的支出转移，又促成了生产的转移。因此，我们将看到，一些企业的进入而导致的微小冲击，通过需求关联的循环累积因果关系，进一步促使经济活动的空间集聚。

（2）生产成本关联的聚集力。式（8.3）和式（8.16）给出的完全价格指数有助于解释第二种聚集力，即成本关联的循环累积因果关系或者前向联系。我们假设初始时两个区域是对称的。本地生产的产品不需要贸易成本，因此，在其他条件相同的情况下，北部区企业数目 n 稍微增加，将降低北部的生产成本（即生产成本效应或者价格指数效应）。这将提高北部企业的经营利润，进一步吸引更多的企业进入北部市场。从净利润的表达式 $\Pi=\pi-PF$ 中可以看出，在 π 为常数的情况下，当 s_n 增加时，p 相对于 p^* 变小，使得 Π 大于 Π^*。因此，在这个过程中也存在着某种循环累积因果关系，即一些企业进入北部市场而导致的微小冲击降低了北部的生产成本，进而导致更多的企业继续进入北部市场。

（3）市场拥挤效应。从前面的假设可知，该模型之所以出现前向联系和后向联系，是因为企业购买其他企业生产的差异化产品作为其中间投入品。如果企业不购买其他企业的差异化产品作为其中间投入品，那么在式（8.3）、式（8.9）、式（8.15）和式（8.16）中，不妨假设 $\mu=0$。但是市场拥挤效应与 μ 是无关的，因此，在讨论市场拥挤效应时，可以假设 $\mu=0$ 以简化分析。这样，相关等式将变为 $s_E=1/2$、$\Delta=s_n+\phi(1+s)$、$B=s_E/\Delta+\phi(1-s_E)/\Delta^*$。南部的相应表达式与此类似。很显然，$B$ 随着 Δ 的增加而减少，而拥有较多企业的地区的 Δ 较大。因此，较高的意味着北部企业的市场份额较小，我们把这种现象称为企业数量较多时的市场拥挤效应。显然，这是该模型的唯一分散力。

正是以上三种力量的相对强弱，决定了工业活动的空间分布。下面从定量角度分析在对称均衡点附近，如果北部的生产份额发生一个微小的变化，北部企业的经营利润将如何变化的问题。由式 $\Pi=\pi-PF$ 可得：$\mathrm{d}\Pi=\mathrm{d}\pi-F\mathrm{d}P$。根据经营利润的定义，又可得：$\mathrm{d}\pi=(x\mathrm{d}P+P\mathrm{d}x)/\sigma$，因而可知：

$$\mathrm{d}\Pi=\frac{x-1}{\sigma}\mathrm{d}P+\frac{P}{\sigma}\mathrm{d}x$$

在对称均衡点上，以下等式均成立：

$s_E=s_n=1/2$；$\Delta=\Delta^*=(1+\phi)P^{1-\sigma}/2$；$x=x^*=1$；$B=B^*=1$；$P=P^*$；$\mathrm{d}P=-\mathrm{d}P^*$，

从而可得：

$$\mathrm{d}\Pi\big|_{sym}=\frac{P}{\sigma}\mathrm{d}x\big|_{sym}$$

由此可见，在对称均衡点上，净利润 Π 的微分就是产出量 x 微分的 P/σ 倍数。依据经营收益的计算公式，可以推知：$x=\mu E^w B/n^w P$，从而可得：

$$\mathrm{d}x=\frac{\mu E^w}{n^w P}B\left(\frac{\mathrm{d}B}{B}-\frac{\mathrm{d}n^w}{n^w}-\frac{\mathrm{d}P}{P}\right)=\frac{\mu E^w}{n^w P}\mathrm{d}B-\frac{\mu E^w}{(n^w)^2P}B\mathrm{d}n^w-\frac{\mu E^w}{n^w P^2}B\mathrm{d}P$$

根据式（8.9），可有：

$$\mathrm{d}B=(1-\sigma)P^{-\sigma}\left(\frac{s_E}{\Delta}+\phi\frac{1-s_E}{\Delta^*}\right)\mathrm{d}P+P^{1-\sigma}\mathrm{d}\left(\frac{s_E}{\Delta}+\phi\frac{1-s_E}{\Delta^*}\right)$$

代回上式，合并同类项，可得：

$$\mathrm{d}x=\frac{\mu E^w}{n^w P}\left[(1-\sigma)P^{-\sigma}\left(\frac{s_E}{\Delta}+\phi\frac{1-s_E}{\Delta^*}\right)\mathrm{d}P+P^{1-\sigma}\mathrm{d}\left(\frac{s_E}{\Delta}+\phi\frac{1-s_E}{\Delta^*}\right)\right]$$
$$-\frac{\mu E^w}{(n^w)^2P}B\mathrm{d}n^w-\frac{\mu E^w}{n^w P^2}B\mathrm{d}P$$

$$= -\sigma\frac{\mu E^w}{n^w P^2}B\mathrm{d}P + \frac{\mu E^w}{n^w}P^{-\sigma}\mathrm{d}\left(\frac{s_E}{\Delta} + \phi\frac{1-s_E}{\Delta^*}\right) - \frac{\mu E^w}{(n^w)^2 P}B\mathrm{d}n^w$$

其中，在等号右边第二项中的微分部分等于如下，即：

$$\mathrm{d}\left(\frac{s_E}{\Delta} + \phi\frac{1-s_E}{\Delta^*}\right) = \frac{\Delta\mathrm{d}s_E - s_E\mathrm{d}\Delta}{\Delta^2} + \phi\frac{\Delta^*\mathrm{d}s_E - s_E\mathrm{d}\Delta^*}{(\Delta^*)^2}$$

为此，还需要求解微分 $\mathrm{d}\Delta$ 和 $\mathrm{d}\Delta^*$。依据式（8.7）并代入对称均衡点上相关的等式，则：

$$\mathrm{d}\Delta|_{sym} = s_n(1-\sigma)P^{-\sigma}\mathrm{d}P + P^{1-\sigma}\mathrm{d}s_n + \phi[(1-s_n)(1-\sigma)(P^*)^{-\sigma}\mathrm{d}P^* - (P^*)^{1-\sigma}\mathrm{d}s_n]$$

$$= (1-\phi)\frac{1-\sigma}{2}P^{-\sigma}\mathrm{d}P + (1-\phi)P^{1-\sigma}\mathrm{d}s_n$$

$$\mathrm{d}\Delta^*|_{sym} = \phi[s_n(1-\sigma)P^{-\sigma}\mathrm{d}P + P^{1-\sigma}\mathrm{d}s_n] + (1-s_n)(1-\sigma)(P^*)^{-\sigma}\mathrm{d}P^* - (P^*)^{1-\sigma}\mathrm{d}s_n$$

$$= -(1-\phi)\frac{1-\sigma}{2}P^{-\sigma}\mathrm{d}P - (1-\phi)P^{1-\sigma}\mathrm{d}s_n$$

代回上式，经过整理，则：

$$\mathrm{d}\left(\frac{s_E}{\Delta} + \phi\frac{1-s_E}{\Delta^*}\right)\bigg|_{sym} = \left(\frac{1}{\Delta} - \frac{\phi}{\Delta^*}\right)\mathrm{d}s_E + \left[-\frac{s_E}{\Delta^2}(1-\phi)\frac{1-\sigma}{2}P^{-\sigma} + \phi\frac{1-s_E}{(\Delta^*)^2}(1-\phi)\frac{1-\sigma}{2}P^{-\sigma}\right]\mathrm{d}P + \left[-\frac{s_E}{\Delta^2}(1-\phi)P^{1-\sigma} + \phi\frac{1-s_E}{(\Delta^*)^2}(1-\phi)P^{1-\sigma}\right]\mathrm{d}s_n$$

$$= \frac{1-\phi}{\Delta}\mathrm{d}s_E + \frac{(\sigma-1)(1-\phi)^2P^{-\sigma}}{4\Delta^2}\mathrm{d}P - \frac{(1-\phi)^2P^{1-\sigma}}{2\Delta^2}\mathrm{d}s_n$$

将上述结果代入微分 $\mathrm{d}x$ 的表达式，并注意到 $E^w=1$，可得：

$$\mathrm{d}x|_{sym} = \frac{\mu}{n^w}\left[-\frac{\sigma}{P^2}\mathrm{d}P + P^{-\sigma}\left(\frac{1-\phi}{\Delta}\mathrm{d}s_E + \frac{(\sigma-1)(1-\phi)^2P^{-\sigma}}{4\Delta^2}\mathrm{d}P - \frac{(1-\phi)^2P^{1-\sigma}}{2\Delta^2}\mathrm{d}s_n\right)\right] - \frac{\mu}{n^w P}\frac{\mathrm{d}n^w}{n^w}$$

将 $\Delta = (1+\phi)P^{1-\sigma}/2$ 代入并整理，则：

$$\mathrm{d}x|_{sym} = \frac{\mu}{n^w}\left[-\frac{\sigma}{P^2}\mathrm{d}P + 2\frac{1-\phi}{(1+\phi)P}\mathrm{d}s_E + (\sigma-1)\frac{(1-\phi)^2}{(1+\phi)^2P^2}\mathrm{d}P - 2\frac{(1-\phi)^2}{(1+\phi)^2P}\mathrm{d}s_n\right] - \frac{\mu}{n^w P}\frac{\mathrm{d}n^w}{n^w}$$

$$= \frac{\mu}{n^w P}\left[-\frac{(1-\phi)^2+4\sigma\phi}{(1+\phi)^2}\frac{\mathrm{d}P}{P} + 2\frac{1-\phi}{1+\phi}\mathrm{d}s_E - 2\frac{(1-\phi)^2}{(1+\phi)^2}\mathrm{d}s_n\right] - \frac{\mu}{n^w P}\frac{\mathrm{d}n^w}{n^w}$$

由此可得到对称均衡点上的净利润 Π 的微分最终为：

$$\mathrm{d}\Pi|_{sym} = \frac{b}{n^w}\left[-\frac{(1-\phi)^2+4\sigma\phi}{(1+\phi)^2}\frac{\mathrm{d}P}{P} + 2\frac{1-\phi}{1+\phi}\mathrm{d}s_E - 2\left(\frac{1-\phi}{1+\phi}\right)^2\mathrm{d}s_n\right] - \frac{b}{(n^w)^2}\mathrm{d}n^w$$

从上式可以看出，中括号内第一项为正，这是由于随着北部生产份额的提高，北部价格指数趋于下降，故该项就是生产成本效应或者价格指数效应（$dP/P<0$）；第二项也为正，该项表示本地市场效应，随着北部生产份额的提高，北部市场规模扩大；第三项为负，表示市场拥挤效应。

上述三种力量随 ϕ 的增大而变小。当 ϕ 较大时，因为从其他区域进口产品的成本比当地生产的产品的成本相差很小，因此，企业所面临的与本地生产商的竞争强度和来自外地的生产商的竞争强度基本相同，因此，本地企业和外地企业的市场接近性相等，生产成本也几乎相等。

从上述分析中可以看出，该模型同核心边缘模型一样，随着 ϕ 的变大，分散力的下降速度要大于聚集力的下降速度。为了说明这一点，接下来将分析该模型的稳定性问题。

五、稳定性分析

1. 角点均衡（核心边缘结构）的稳定性

首先考虑只在某个区域存在差异化工业品生产活动的情况：即 $n^w=n_0$ 和 $s_n=1$。此时，如果 $\Pi(n^w, s_n)=\Pi(n_0, 1)=0$ 和 $\Pi^*(n_0, 1)<0$，则式（8.4）能够成为一个稳定的长期均衡。根据式（8.3）、式（8.9）、式（8.12）、式（8.15）和式（8.16）求出 $\Pi(n_0, 1)=0$ 的根，则可以得到如下公式：①

$$n_0=\mu^{\frac{(1-\mu)(\sigma-1)}{\sigma(1-\mu)-1}}=u^{1/c}，\text{其中 } c\equiv\frac{\sigma(1-\mu)-1}{(\sigma-1)(1-\mu)}<1 \qquad (8.17)$$

从式（8.17）可以看出，n_0 是 μ（这说明了工业部门的重要性）和 $1/\sigma$（边际经营利润）的增函数。在前面已经讨论过，如果 $\Pi^*(n_0, 1)<0$，只要满

---

① 证明如下：$\because n^w=n_0$，$s_n=1$，$\because \Pi(n^w, s_n)=\Pi(n_0, 1)=0$，$\because x=1$，此时：$\Delta=p^{1-\sigma}$，$\Delta^*=\phi p^{1-\sigma}$，$B=1$，$s_E=\frac{1+\mu}{2}$，

$$\Rightarrow x\Rightarrow\frac{\mu p^{-\sigma}}{n_0}E^w\left(\frac{s_E}{\Delta}+\phi\frac{1-s_E}{\Delta^*}\right)=\frac{\mu P^{-\sigma}}{n_0}\left(\frac{s_E}{\Delta}+\phi\frac{1-s_E}{\Delta^*}\right)=\frac{\mu P-1}{2n_0}\left(\frac{1+\mu}{p^{1-\sigma}}+\phi\frac{1-\mu}{\phi p^{1-\sigma}}\right)=\frac{\mu}{n_0 p}$$

$\because \Delta=(n^w)^\mu[s_n\Delta^\mu+\phi(1-s_n)\Delta^{*\mu}]$，$\therefore \Delta=(n_0)^\mu\Delta^\mu\rightarrow\Delta=(n_0)^{\mu/(1-\mu)}$，从而可得：$p=\Delta^{1/(1-\sigma)}=(n_0)^{[\mu/(1-\mu)][1/(1-\sigma)]}$

$$\Rightarrow x=\frac{\mu}{n_0 p}=\frac{\mu}{n_0}(n_0)^{\frac{\mu}{1-\mu}\frac{1}{1-\sigma}}=\mu(n_0)^{\frac{\mu}{1-\mu}\frac{1}{\sigma-1}-1}=1，\text{可得：}\mu(n_0)^{\frac{\sigma(1-\mu)-1}{(1-\mu)(\sigma-1)}}=1\Rightarrow\mu=(n_0)^{\frac{\sigma(1-\mu)-1}{(1-\mu)(\sigma-1)}}，\text{即：}$$

$n_0=\mu^{1/c}$。

足以下条件，[①] 那么 $s_n=1$ 也是稳定均衡的一部分：

$$\frac{\phi^{[1-\sigma(1-\mu)]/(\sigma-1)}}{2}[(1+\mu)\phi^2+(1-\mu)]-1<0 \tag{8.18}$$

当 $\phi>\phi^S$ 时，式（8.18）成立，其中 ϕ^S 是式（8.18）左边多项式取零值时的最小实根（可以看出，$\phi=1$ 也是它的一个实根）。从而我们知道 CPVL 模型的维持点满足如下方程：

$$(\phi^S)^{a\sigma+1}\frac{1+\mu}{2}+(\phi^S)^{a\sigma-1}\frac{1-\mu}{2}=1 \tag{8.19}$$

可以看出，CPVL 模型的维持点的定义和核心边缘模型的维持点的定义相同。

2. 内点均衡（对称结构）的稳定性

接下来，讨论内点均衡的稳定性问题。前面的分析已经指出，$\Pi(n^w, s_n)=0$ 和 $\Pi^*(n^w, s_n)=0$ 的交点至少有一个但不会超过三个，在图 8－2 和图 8－3 中也表现为 *EE* 曲线和 *nn* 曲线的交点最多不会超过三个。尤其是，它们总会在 $s_n=1/2$ 和 $n^w=n^w|_{sym}$ 处相交，其中 $n^w|_{sym}$ 为对称均衡时的总的产品种类。当 $\Pi(n^w, s_n)=0$ 和 $\Pi^*(n^w, s_n)=$ 时，把 $s_n=1/2$ 代入式（8.9）～式（8.16），就可以得到：[②]

---

① 证明如下：$\because \Pi^*(n^w, s_n)=\Pi^*(n_0, 1)<0 \Rightarrow x^*<1$，此时：$\Delta=p^{1-\sigma}$，$\Delta^*=\phi p^{1-\sigma}=\phi\Delta$，$s_E=\frac{1+\mu}{2}$，

$\because \bar{p}^*=p^*=(\Delta^* n_0)^{-a}=(\phi\Delta n_0)^{-a}$，$\therefore (\bar{p}^*)^{-\sigma}=(\phi\Delta n_0)^{a\sigma}=\phi^{a\sigma}(\Delta n_0)^{a\sigma}$，从而可得：

$\Rightarrow x^*=\frac{\mu E^w(\bar{p}^*)^{-\sigma}}{n_0}\left(\phi\frac{s_E}{\Delta}+\frac{s_E}{\Delta^*}\right)=\frac{\mu\phi^{a\sigma}}{2}\left[(1+\mu)\phi+\frac{1-\mu}{\phi}\right](\Delta n_0)^{a\sigma-1}=\frac{\mu\phi^{a\sigma-1}}{2}[(1+\mu)\phi^2+(1+\mu)]$

$(\Delta n_0)^{a\sigma-1}<1$。

由式(8.16)可知：$\Delta=(n_0)^{\mu/(1-\mu)}$，$\Delta n_0=(n_0)^{1/(1-\mu)}=(\mu^{1/c})^{1/(1-\mu)}=\mu^{\frac{\sigma-1}{\sigma(1-\mu)-1}}$。同时：$a\sigma-1=[1-\sigma(1-\mu)]/(\sigma-1)$，

$\Rightarrow (\Delta n_0)^{a\sigma-1}=[\mu^{\frac{\sigma-1}{\sigma(1-\mu)-1}}]^{a\sigma-1}=[\mu^{\frac{\sigma-1}{\sigma(1-\mu)-1}}]^{\frac{1-\sigma(1-\mu)}{\sigma-1}}=1/\mu$。

② 证明如下：$\because s_n=1/2$ $\therefore s_E=1/2$；$\because p=\bar{p}^*=P=P^*$，依据式（8.7）可得：$\Delta=s_n p^{1-\sigma}+\phi(1-s_n)(\bar{p}^*)^{1-\sigma}=\frac{1+\phi}{2}p^{1-\sigma}$，$\Delta^*=\frac{1+\phi}{2}(\bar{p}^*)^{1-\sigma}=\frac{1+\phi}{2}p^{1-\sigma}=\Delta$；又依据式（8.12）可得：$\Pi=\Pi^*=0\Rightarrow x=x^*=1$；

$\Rightarrow x=\frac{\mu E^w P^{-\sigma}}{n^w}\left(\frac{s_E}{\Delta}+\phi\frac{1-s_E}{\Delta^*}\right)=\frac{\mu}{pn^w}=1\Rightarrow pn^w=\mu$。

由式（8.16）可得，$\Delta=(n^w)^\mu\left(\frac{\Delta^\mu}{2}+\frac{\phi\Delta^\mu}{2}\right)=\frac{1+\phi}{2}(n^w)^\mu\Delta^\mu \therefore \Delta=\left(\frac{1+\phi}{2}\right)^{\frac{1}{1+\mu}}(n^w)^{\frac{\mu}{1-\mu}}$。依据定义式（8.2），有：

$p=P=(\Delta n)^{-a}=\left(\frac{1+\phi}{2}\right)^{-\frac{a}{1-\mu}}(n^w)^{-\frac{a}{1-\mu}}$，

$\Rightarrow \left(\frac{1+\phi}{2}\right)^{-\frac{a}{1-\mu}}(n^w)^{1-\frac{a}{1-\mu}}=\mu \Rightarrow (n^w)^c=\mu\left(\frac{1+\phi}{2}\right)^{\frac{n}{1-\mu}}$，即：$n^w|_{sym}=\mu^{\frac{1}{c}}\left(\frac{1+\phi}{2}\right)^{\frac{a}{(1-\mu)c}}=n_0\left(\frac{1+\phi}{2}\right)^{\frac{\mu}{\sigma(1-\mu)-1}}$。

$$n^w\big|_{sym}=n_0\left(\frac{1+\phi}{2}\right)^{a/(1-\sigma a)},\quad a\equiv\frac{\mu}{\sigma-1} \tag{8.20}$$

从式（8.20）中可以看出，当达到核心边缘结构均衡时的企业数量 n_0 与贸易自由度 ϕ 不相关，但是达到对称均衡时的企业数量$n^w|_{sym}$随贸易自由度的变化而变化（在本节的第七目中还将涉及这个问题）。因此，只要栏目 8－1 中的式（10）的特征根在（n^w，s_n）＝（$n^w|_{sym}$，1/2）处为负，或者说该矩阵为负定矩阵，那么对称均衡就是稳定的。于是，可以解得，当 $\phi\in(0,\ \phi^B)$ 时，对称均衡是稳定的，其中 ϕ^B 是突破点，即对称均衡不再稳定的临界点的贸易自由度：

$$\phi^B=\frac{1-\sigma a}{1+\sigma a}\frac{1-\mu}{1+\mu} \tag{8.21}$$

这与核心边缘模型中的突破点的定义是相同的。显然，当 $\phi^B<0$ 时，$\phi\in(0,\ \phi^B)$ 为空集。为了避免这种情况，与在核心边缘模型中一样要求满足条件：$a\sigma<1$，并称为该模型的“非黑洞条件”。从式（8.21）还可以看出，突破点的贸易自由度随 μ 的变大而变小，随 σ 的变大而变大。这就意味着，对称均衡不稳定时的贸易自由度的范围，随着对工业产品支出份额 μ 的增大而变大。但 σ 较大时所起的作用与此刚好相反，因为，σ 较大意味着工业品价格的加成率较低，进而降低了集聚力。

从上面的分析中以看出，尽管 *CPVL* 模型与核心边缘模型的聚集机制不同，但它们的突破点 ϕ^B、维持点 ϕ^S 的表达式完全一致。

【栏目 8－1】 当 $\phi\in(0,\ \phi^B)$ 时，对称均衡的稳定性证明。

首先，在对称均衡点上，以下等式是成立的：$s_E=s_n=1/2$；$\Delta=\Delta^*=(1+\phi)P^{1-\sigma}/2$；$x=x^*=\mu/n^wP=1$；$B=B^*=1$；$P=P^*$；$\mathrm{d}P=-\mathrm{d}P^*$。

其次，由式（8.15）可得：

$$\mathrm{d}s_E\big|_{sym}=\mu s_n\mathrm{d}B+\mu B\mathrm{d}s_n=\frac{\mu}{2}\mathrm{d}B+\mu\mathrm{d}s_n \tag{1}$$

同时，由式（8.9）可得：

$$\mathrm{d}B\big|_{sym}=(1-\sigma)\frac{4\phi}{(1+\phi)^2}\frac{\mathrm{d}P}{P}+2\frac{1-\phi}{1+\phi}\mathrm{d}s_E-2\left(\frac{1-\phi}{1+\phi}\right)^2\mathrm{d}s_n \tag{2}$$

将式（2）代入式（1），则

$$\left(\frac{1}{\mu}-\frac{1-\phi}{1+\phi}\right)\mathrm{d}s_E\big|_{sym}=(1-\sigma)\frac{2\phi}{(1+\phi)^2}\frac{\mathrm{d}P}{P}+\left[1-\left(\frac{1-\phi}{1+\phi}\right)^2\right]\mathrm{d}s_n \tag{3}$$

由式（8.2）并依据标准化结果，有 $P=(\Delta n^w)^{-a}$。该式两边取对数后求微分可得：

$$-\frac{1}{a}\frac{\mathrm{d}P}{P}=\frac{\mathrm{d}\Delta}{\Delta}+\frac{\mathrm{d}n^w}{n^w} \tag{4}$$

依据式（8.7），在对称均衡点上，应有：

$$\mathrm{d}\Delta\big|_{sym}=\frac{(1-\phi)(1-\sigma)P^{1-\sigma}}{2}\frac{\mathrm{d}P}{P}+(1-\phi)P^{1-\sigma}\mathrm{d}s_n$$

从而可得：

$$\left.\frac{\mathrm{d}\Delta}{\Delta}\right|_{sym}=(1-\sigma)\frac{1-\phi}{1+\phi}\frac{\mathrm{d}P}{P}+2\frac{1-\phi}{1+\phi}\mathrm{d}s_n \tag{5}$$

将式（5）代入式（4），整理可得：

$$(1-\sigma)\left(\frac{1}{\mu}-\frac{1-\phi}{1+\phi}\right)\frac{\mathrm{d}P}{P}=2\frac{1-\phi}{1+\phi}\mathrm{d}s_n+\frac{\mathrm{d}n^w}{n^w} \tag{6}$$

不妨令：$Z=(1-\phi)/(1+\phi)$，则式（6）可以化简为：

$$(1-\sigma)(1-\mu Z)\frac{\mathrm{d}P}{P}=2\mu Z\mathrm{d}s_n+\mu\frac{\mathrm{d}n^w}{n^w} \tag{7}$$

同时式（3）亦可化简为：

$$(1-\mu Z)\mathrm{d}s_E=\frac{\mu(1-\sigma)(1-Z^2)}{2}\frac{\mathrm{d}P}{P}+\mu(1-Z^2)\mathrm{d}s_n \tag{8}$$

在作用力分解时，已经知晓：

$$\mathrm{d}x\big|_{sym}=\frac{\mu}{n^wP}\left[-\frac{(1-\phi)^2+4\sigma\phi}{(1+\phi)^2}\frac{\mathrm{d}P}{P}+2\frac{1-\phi}{1+\phi}\mathrm{d}s_E-2\frac{(1-\phi)^2}{(1+\phi)^2}\mathrm{d}s_n\right]-\frac{\mu}{n^wP}\frac{\mathrm{d}n^w}{n^w}$$

注意到，在对称均衡上，$x=x^*=\mu/(n^wP)$，所以将$\mu/(n^wP)$移到等号左边，可有：

$$\left.\frac{\mathrm{d}x}{\mu/(n^wP)}\right|_{sym}=\left.\frac{\mathrm{d}x}{x}\right|_{sym}=-\frac{(1-\phi)^2+4\sigma\phi}{(1+\phi)^2}\frac{\mathrm{d}P}{P}+2\frac{1-\phi}{1+\phi}\mathrm{d}s_E-2\frac{(1-\phi)^2}{(1+\phi)^2}\mathrm{d}s_n-\frac{\mathrm{d}n^w}{n^w}$$

$$=[-\sigma+(\sigma-1)Z^2]\frac{\mathrm{d}P}{P}+2Z\mathrm{d}s_E-2Z^2\mathrm{d}s_n-\frac{\mathrm{d}n^w}{n^w} \tag{9}$$

先将式（8）代入式（9），有：

$$\left.\frac{\mathrm{d}x}{x}\right|_{sym}=[-\sigma+(\sigma-1)Z^2]\frac{\mathrm{d}P}{P}+\frac{2Z}{1-\mu Z}\left[\frac{\mu(1-\sigma)(1-Z^2)}{2}\frac{\mathrm{d}P}{P}+\mu(1-Z^2)\mathrm{d}s_n\right]$$

$$-2Z^2\mathrm{d}s_n-\frac{\mathrm{d}n^w}{n^w}$$

继续整理，可得：

$$\left.\frac{\mathrm{d}x}{x}\right|_{sym}=\left\{[-\sigma+(\sigma-1)Z^2]+\frac{\mu(1-\sigma)Z(1-Z^2)}{1-\mu Z}\right\}\frac{\mathrm{d}P}{P}$$

$$+\left[\frac{2\mu Z(1-Z^2)}{1-\mu Z}-2Z^2\right]\mathrm{d}s_n-\frac{\mathrm{d}n^w}{n^w}$$

再将式（7）代入上式，则在对称均衡点上可有：

$$\frac{\mathrm{d}x}{x}=2\frac{-[(\sigma-1)+\sigma\mu^2]Z^2+\mu(2\sigma-1)Z}{(\sigma-1)(1-\mu Z)^2}\mathrm{d}s_n$$
$$+\frac{-\mu(1+\mu)(\sigma-1)Z^2+\mu Z[2(\sigma-1)-\mu]+[1-\sigma(1-\mu)]}{(\sigma-1)(1-\mu Z)^2}\frac{\mathrm{d}n^w}{n^w}$$

同理，可以求出 $\mathrm{d}x^*/x^*$ 的表达式，即在对称均衡点上将有：

$$\frac{\mathrm{d}x^*}{x^*}=2\frac{[(\sigma-1)+\sigma\mu^2]Z^2-\mu(2\sigma-1)Z}{(\sigma-1)(1-\mu Z)^2}\mathrm{d}s_n$$
$$+\frac{-\mu(1+\mu)(\sigma-1)Z^2+\mu Z[2(\sigma-1)-\mu]+[1-\sigma(1-\mu)]}{(\sigma-1)(1-\mu Z)^2}\frac{\mathrm{d}n^w}{n^w}$$

事实上，我们也可以利用对称思想，从而简单地写出 $\mathrm{d}x^*/x^*$ 的表达式。此时，可以写出矩阵形式的临界条件：

$$\begin{pmatrix}\mathrm{d}x/x\\ \mathrm{d}x^*/x^*\end{pmatrix}=\begin{bmatrix}J_{11} & J_{12}\\ J_{21} & J_{22}\end{bmatrix}\begin{pmatrix}\mathrm{d}s_n\\ \mathrm{d}n^w/n^w\end{pmatrix}=J\begin{pmatrix}\mathrm{d}s_n\\ \mathrm{d}n^w/n^w\end{pmatrix} \tag{10}$$

其中：

$$J_{11}=-J_{21}=2\frac{-[(\sigma-1)+\sigma\mu^2]Z^2+\mu(2\sigma-1)Z}{(\sigma-1)(1-\mu Z)^2} \tag{11}$$

$$J_{12}=J_{22}=\frac{-\mu(1-\mu)(\sigma-1)Z^2+\mu Z[2(\sigma-1)-\mu]+[1-\sigma(1-\mu)]}{(\sigma-1)(1-\mu Z)^2} \tag{12}$$

类似于核心边缘模型在对称均衡上存在负反馈机制时对称均衡才能稳定的情形，在 CPVL 模型若在对称均衡上稳定，则矩阵 $J=[J_{ij}]$ 也必为负定矩阵，即要求：$J_{11}<0$，$|J|>0$。依据式（11）和 $J_{11}<0$，可有：$-[(\sigma-1)+\sigma\mu^2]Z^2+\mu(2\sigma-1)Z<0$。求解该一元二次不等式，则可以得到 $Z>\mu(2\sigma-1)/[(\sigma-1)+\sigma\mu^2]$。同时，根据定义式 $Z=Z(\phi)$ 可知，$Z'(\phi)<0$。据此可以求解得：当 $\phi\in(0,\ \phi^B)$ 时满足条件时，$J_{11}<0$，其中：

$$\phi^B=\frac{\sigma-1-\mu\sigma}{\sigma-1+\mu\sigma}\frac{1-\mu}{1+\mu}=\frac{a_M-\mu}{a_M+\mu}\frac{1-\mu}{1+\mu}=\frac{1-a\sigma}{1+a\sigma}\frac{1-\mu}{1+\mu} \tag{13}$$

显然，突破点 $\phi^B>$，从而必有非黑洞条件 $a\sigma<1$。依据条件 $|J|=J_{11}J_{22}-J_{12}J_{21}=2J_{11}J_{12}>0$，可知若要 $J_{12}<0$，即要：$f(Z)=-\mu(1+\mu)(\sigma-1)Z^2+$

$\mu Z[2(\sigma-1)-\mu]+[1-\sigma(1-\mu)]<0$。该函数的二次项系数：$-\mu(1+\mu)(\sigma-1)<0$，且与纵轴相交于：$1-\sigma(1-\mu)=(1-\sigma)(1-a\sigma)<0$，其对称轴又满足：

$$Z_0=-\frac{2\ (\sigma-1)\ -\mu}{2\ (1+\mu)\ (\sigma-1)}<0$$

由是可知，对于任意 $Z\geqslant 0$（或 $\phi\in[0,\ 1]$）均满足 $J_{12}<0$。自然地，当 $\phi\in(0,\ \phi^B)$ 时，亦有 $J_{12}<0$。综上可知，对称均衡的稳定性条件是：$\phi\in(0,\ \phi^B)$。

六、战斧图解

因为，CPVL 模型和核心边缘模型中的突破点 ϕ^B、维持点 ϕ^S 的表达式完全相同，CPVL 模型长期均衡的稳定性就可以借用核心边缘模型中的“战斧图解”描述，如图 8－6 所示。图 8－6 表示的是 s_n 与贸易自由度 ϕ 之间的关系，其中稳定的长期均衡用粗实线表示，而不稳定的长期均衡则用虚线表示。这样，三条水平线 $s_n=1$，$s_n=1/2$ 以及 $s_n=0$ 表示的是任意贸易自由度 ϕ 水平下的均衡状态，但是当 $\phi\in(0,\ \phi^B)$ 时，只有对称均衡才是稳定的；当 $\phi\in(\phi^S,\ 1]$ 时，核心边缘结构均衡才是稳定的。图 8－6 中弧形部分页表示均衡状态，但这些均衡是不稳定的。

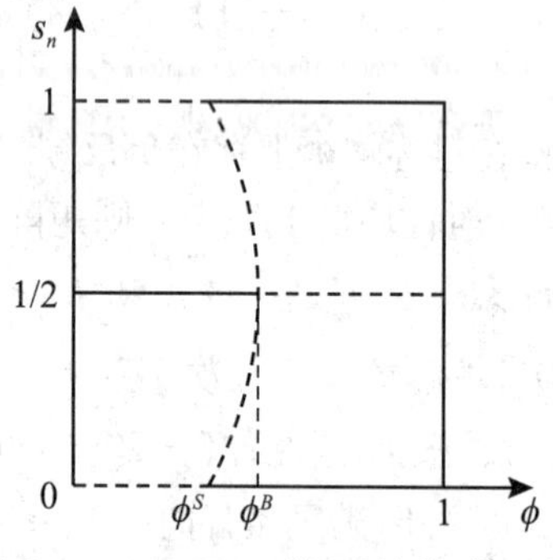

图 8－6　CPVL 模型的战斧图解

资料来源：Richard Baldwin，Rikard Forslid，Philippe Martin，Gianmarco Ottaviano and Frederic Robert－Nicoud，Economic Geography and Public Policy［M］. Princeton：Princeton University Press，2003：203.

从图 8－6 中还可以看出，与大多数的贸易自由度 ϕ 相对应存在着三种不同的长期均衡。但是对于与弧形对应的贸易自由度 ϕ 而言，存在着五种局部均衡，即两个核心边缘结构均衡、一个对称结构均衡，以及两个内点均衡。不过需要注意的是，对这些存在着5种局部均衡的贸易自由度 ϕ 的取值范围而言，只有三种均衡是长期稳定均衡（一个对称结构均衡和两个核心边缘结构均衡）。

七、与核心边缘模型的比较

在第三章曾讨论了核心边缘模型的七大特征，即本地市场效应、需求关联和成本关联的累积因果关系、内生的非对称、突发性聚集、区位的黏性、驼峰状聚集租金以及重叠区与预期的自我实现。因为CPVL模型与核心边缘模型的突破点 ϕ^B 和维持点 ϕ^S 的表达式完全相同，所以它们的均衡和稳定性性质均相同，因而CPVL模型也具有上述核心边缘模型的所有特征。式（8.19）的维持点公式和式（8.21）的突破点公式则描述了CPVL模型和核心边缘模型的主要性质。

不过，CPVL模型也具备新的特征：第一，在满足“非黑洞条件”下，式（8.20）表示 $n^w|_{sym}$ 是贸易自由度 ϕ 的增函数。也就是说，贸易自由度越大，进入市场的企业数量越多。当贸易变得更加自由时，有效市场规模变得更大，因此，经营利润也随之增加，企业进出入也更加自由，这就使得 $n^w|_{sym}$ 变大。然而在其他条件相同的情况下，当 ϕ 变大时，与来自其他区域的企业的竞争越激烈，因此，本地企业的经营利润也就下降。由于企业自由退出，这就使得 $n^w|_{sym}$ 变小。此时，尽管对 $n^w|_{sym}$ 的净效应是不确定的，但是满足“非黑洞条件”的前提下，该净效应须为正。第二，在满足“非黑洞条件”下，式（8.20）表明 $n^w|_{sym} < n_0$，即对称结构均衡时的企业总数量小于核心—边缘结构均衡时的企业总数量。① 该结论与上述第一个特征相关，因为当满足“非黑洞条件”时，如果 ϕ 足够大，那么聚集力大于市场拥挤效应所造成的分散力。因为聚集力的自我强化，因此，对某个 ϕ 而言，核心边缘结构均衡的净聚集力（减去分散力之后）大于对称结构均衡的聚集力（这也说明了为什么 ϕ^S 小于 ϕ^B 的缘故）。这也意味着当企业数量给定时，对称结构均衡时企业的经营利润水平相对较高。因此，在企业自由进入/退出条件下，可以得出 $n_0 > n^w|_{sym}$ 的结论。

当然，CPVL模型也具有核心边缘模型的局限性。最为明显的是，我们无法把那些决定企业区位和劳动力分布的内生变量表示为产业空间分布的显函数。这就使得不能直接描述均衡状态和它们的稳定性特征，而只能借助于数值模拟。

① 满足“非黑洞”条件，也就是满足 $a\sigma < 1$ 的条件，因此，$a/(1-a\sigma) > 0$，又因为 $(1+\phi)/2 < 1$，所以 $[(1+\phi)/2]^{a/(1-a\sigma)} < 1$，从而有 $n^w|_{sym} < n_0$。

在接下来的章节里，我们将发现在分析存在垂直联系的经济政策时，使用CPVL模型不能区分出不同参数对均衡结果的影响，也就不能确定究竟是何种机制在发挥作用。正因为这样，我们将依次介绍两个既具有CPVL模型的大多数特征，又具有良好操作性的模型。

第三节　自由资本垂直联系模型

接下来，本章将介绍操作性较强的自由资本垂直联系模型。该模型是罗伯特—尼克德（2002）建立起来的，它结合了区际生产要素转移和区际贸易两种机制。由于该模型引入的生产要素为物质资本，因而与自由资本模型具有许多相似的特征，所以称为自由资本垂直联系模型（以下简称FCVL模型）。[①] 该模型是把资本的流动性和垂直联系结合起来，但是从本质上说是自由资本模型的拓展，也是CPVL模型的一种变化，即在引入资本作为固定投入的同时，投入品组合现在仅作为可变投入了。不过，我们将发现尽管该模型在减少CPVL模型的复杂性方面取得了不少进展，但是该模型仍不能求得显性解。CPVL模型基于如下经验事实，即相对于劳动力转移，企业之间的垂直联系更有效地解释区际产业空间聚集的现象。但把决定产业聚集模式的主要因素从劳动力转向资本后，也不能忽略区际要素流动性了。为了解决这个问题，FCVL模型在自由资本模型基础上加入了企业间的投入产出联系，从而把资本流动性和垂直联系结合在一起，使得该模型一方面具有CPVL模型的特征，另一方面又具有一些新的特征。

不过，FCVL模型与CPVL模型至少在以下三个方面存在差异：第一，工业企业的生产成本不再具有齐次特征；第二，有两种投入要素；第三，其中的一种要素，也就是用来“生产”投入品组合的中间投入品在区域之间是可以自由转移的。因此，与CPVL模型相比，FCVL模型除了多一个变量外，许多关键表达式都相同。

一、基本假设

自由资本垂直联系模型（FCVL模型）的基本假设为。

① Robert－Nicoud，F.，A Simple Geography Model with Vertical Linkages and Capital Mobility［M］. LSE，Mimeo，2002.

假设8－1：北部代表性型消费者的效用函数仍如式（8.1）所示。

假设8－2：类似于自由资本模型，FCVL模型仍假设存在着两个区域（北部和南部）、两种部门（工业部门 M 和农业部门 A）、两种要素（劳动 L 和资本 K）。但是FCVL模型做了一个关键的改变。在自由资本模型中，生产一单位差异化的工业品需要一单位资本作为固定成本和一定量的劳动力作为可变成本。在FCVL模型中，生产一单位差异化工业品也需要一单位资本作为固定成本和一定量的投入品组合作为可变成本。但同CPVL模型一样，投入品组合的“生产”仍需要劳动力和差异化的工业品组合，而后者包含了所有种类的差异化的工业品（见附录8A）。具体而言，投入品组合关于劳动力 L 和差异化的工业品组合 C_M 的生产函数仍是柯布－道格拉斯型生产函数，而消费差异化的工业品组合 C_M 时的效用函数仍为不变替代弹性（CES）效应函数。

假设8－3：假设企业和消费者对差异化工业品组合的支出份额相等。如果代表性消费者支付在差异化工业品组合上的份额为 μ，那么代表性企业在差异化工业品组合上的支出份额也等于 μ。这样，北部代表性企业 j 的成本函数可以写成：

$$C(x_j)=\pi+a_M x_j P_p,\quad P_p\equiv w^{1-\mu}(\Delta n^w)^{-a},\quad \Delta\equiv\frac{1}{n^w}\int_{i=0}^{n^w}p_i^{1-\sigma}\mathrm{d}i \tag{8.22}$$

其中，$a\equiv\mu/(\sigma-1)$，x_j 为代表性企业的产出量；w 和 π 分别为北部劳动力和资本的名义报酬率；P_p 仍为要素价格指数，其定义与CPVL模型中的定义相同；n^w 为差异化工业品种类总数。要注意的是，由于固定成本仅由一单位资本构成，资本所有者进入某一行业后可以获得经营利润，因此，经营利润 π 等价于资本收益，也是资本收益率。

假设8－4：与自由资本模型一样，我们假设在FCVL模型中，资本使用和资本所有者在空间上可以分离，资本收益又返回到资本所有者所在区域消费。资本为追求更高的名义收益，在国家或区域之间可以自由转移，但劳动力和资本所有者仍然不能够跨区域转移，某区域内的劳动力必须都在当地就业。

假设8－5：与CPVL模型一样，我们假设代理人是短视的，因此，资本为追求更高的名义收益率在区域之间转移，资本的区际流动遵循式（8.23）给出的原则：

$$\dot{s}_n=s_n(1-s_n)(\pi-\pi^*) \tag{8.23}$$

其中，π 和 π^* 分别为北部和南部的资本收益率（或资本收益）。如果资本收益率相等（也就是 $\pi=\pi^*$），或者资本都集中在某个区域内（也就是 $s_n=1$ 或 $s_n=0$），那么经济系统是稳定的（也就是实现了长期均衡）。需要注意的是，n^w

由初始禀赋所决定，因此，该模型中只有一个状态变量 s_n，进而模型所遵循的流动规则也只有与一种变量相关。

假设 8 -6：在 CPVL 模型，我们假设企业的进入或退出均需要时间，因此，在短期，企业的经济利润可能是正也可能为负。与此相对应地，在 FCVL 模型中，我们假设企业的进入和退出是在瞬间完成的，因此，企业就不存在经济利润，资本收益就是经营利润。但是在长期，资本的重新配置也需要时间，因此，当期的经营利润可能和短期的平均利润不相等。

二、短期均衡和长期均衡

1. 短期均衡

和自由资本模型一样，在短期，假设资本在区域之间不发生转移；但是在长期，资本在区域之间必然重新配置。因此，在短期，资本或企业的空间分布是给定的，消费者实现效用最大化，企业实现利润最大化，市场全部出清。要求解短期均衡时资本的名义收益率 π 和 π^*。根据边际成本加成定价法则，作为固定投入的单位资本所获得的名义收益等于企业销售收入的 $1/\sigma$，因此，北部和南部的资本收益率分别为：

$$\begin{cases} \pi = b\dfrac{E^w}{n^w}p^{1-\sigma}\left[\dfrac{s_E}{s_n+\phi(1-s_n)}+\phi\dfrac{1-s_E}{\phi s_n+(1-s_n)}\right] \\ \quad = b\dfrac{E^w}{n^w}p^{1-\sigma}\left(\dfrac{s_E}{\Delta}+\phi\dfrac{1-s_E}{\Delta^*}\right)=\dfrac{bE^w}{n^w}B \\ \pi^* = b\dfrac{E^w}{n^w}(\bar{p}^*)^{1-\sigma}\left[\phi\dfrac{s_E}{s_n+\phi(1-s_n)}+\dfrac{1-s_E}{\phi s_n+(1-s_n)}\right] \\ \quad = b\dfrac{E^w}{n^w}(\bar{p}^*)^{1-\sigma}\left(\phi\dfrac{s_E}{\Delta}+\dfrac{1-s_E}{\Delta^*}\right)=\dfrac{bE^w}{n^w}B^* \end{cases} \tag{8.24}$$

由此可见，在 FCVL 模型中，资本收益率 π 和 π^*，以及 B 和 B^* 在形式上与 CPVL 模型中的式（8.8）、式（8.9）是相同的。

类似于式（8.10），我们也对短期均衡结果进行标准化。假设 $a_A=1$，因为农产品贸易不存在贸易成本，如果没有一个区域实现了完全工业化[①]，那么 $p_A=p_A^*=w=w^*=1$。这也意味着，完全价格指数 p 和投入品组合的要素价格指数 p_P 是相等的：$P=P_P$。企业遵循边际成本加成定价法定价，因此，p 和 p^* 都由式（8.6）定义，其中，p 为北部本地消费者购买价格，而 p^* 为其他

① 这需要 μ 足够小，在特定情况和给定标准化条件下，都需要满足 $\mu(1-1/\sigma)<1/2$ 的条件。

区域消费者的购买价格。在这里，企业的经营利润也就是资本收益，由于每家企业需要1单位的资本作为固定成本，从而资本收益率由式（8.8）和式（8.9）所定义。另外，我们假设固定成本 F 为1，这意味着，产品种类总数 n^w 等于所有资本全部使用时的经济系统资本禀赋总量 K^w。如果采用标准化，令 $K^w=1$，则北部企业数量和北部企业份额就相等，即 $n=s_n$。概括起来，则有：

$$p=P,\ p^*=\tau P,\ p_A=p_A^*=w_L=w_L^*=1,\ n+n^*\equiv n^w=K^w=1,$$
$$n=s_n,\ n^*=1-s_n,\ a_M=1-1/\sigma,\ F=1,\ L^w=1-\mu \tag{8.25}$$

在不引起误解的情况下，在本节用 n 来代替 s_n。从上面的讨论中可知，要素价格指数 P_P 和完全价格指数 p 均等于 Δ^{-a}（当然，南部的表达式与此类似），其中，$a\equiv\mu/(\sigma-1)$。与CPVL模型不同，这里的 Δ 和 Δ^* 虽分别仍须以递推的形式定义，但是已有较大的变化，即 n^w 已不再出现在表达式中：①

$$\begin{cases}\Delta\equiv s_n\Delta^{\mu}+\phi(1-s_n)(\Delta^*)^{\mu}\\ \Delta^*\equiv\phi s_n\Delta^{\mu}+(1-s_n)(\Delta^*)^{\mu}\end{cases} \tag{8.26}$$

不过，这种递推形式的定义仍然使得FCVL模型不能完全求解。

现在，我们转向关于相对市场规模的讨论。由于FCVL模型与CPVL模型不同，故式（8.11）和式（8.13）需要适当的调整。北部对差异化工业品的支出为：

$$\mu E=\mu(Y+na_MxP),\ E=s_EE^w \tag{8.27}$$

其中，Y 为北部居民的收入，μna_MxP 为北部厂商对中间投入品的需求。尽管在FCVL模型中不存在经济利润，但是由于该模型中存在两种投入要素，即劳动力 L 和资本 K，因此，北部居民的收入等于：

$$Y=s_LL^w+s_KK^w\bar{\pi},\ \bar{\pi}\equiv n\pi+(1-n)\pi^* \tag{8.28}$$

其中，$\bar{\pi}$ 是经济系统平均经营利润，s_L 和 s_K 分别为北部的劳动力份额和资本份额。之所以北部资本所有者的资本收益参照了经济系统平均经营利润，是因为这里假设每位资本所有者都依据同样的投资策略，即将 n 的部分投资于北部，而将 $1-n$ 的部分投资于南部，从而每单位资本能够获得的经营利润就是经济系统平均的经营利润。

先讨论对称时的情况，此时。$s_L=s_K=1/2$ 和自由资本模型中一样，式（8.28）暗含了以下两个假设：第一，每个区域所使用的资本中均有一半的来自北部资本所有者，因此，不管资本所有者居住在何处，他们都获得经济系统平

① 证明如下：$\Delta=[np^{1-\sigma}+\phi n^*(\bar{p}^*)^{1-\sigma}]/n^w$，其中 $n^w=1$，$P=\Delta^{-a}$，$P^*=(\Delta^*)^{-a}$，从而可有：$\Delta=s_n\Delta^{\mu}+\phi(1-s_n)\Delta^{*\mu}$，$\Delta^*=\phi s_n\Delta^{\mu}+(1-s_n)\Delta^{*\mu}$。

均的经营利润 $\bar{\pi}$；第二，式（8.28）是大数法则起作用的结果。另外，根据式（8.8）和 $nB+n^{*}B^{*}=1$，可以得到 $\bar{\pi}=bE^{w}$。根据此结果和式（8.27）、式（8.28），以及 $K^{w}=1$，可以得到：①

$$E^{w}=\frac{L^{w}}{1-\mu},\quad s_{E}=\frac{1-\mu+b}{2}+(\mu-b)n\frac{\pi}{\bar{\pi}} \tag{8.29}$$

在这里需要补充以下三点：第一，根据式（8.25），可以得出 $E^{w}=1$，所以需要选择合适的劳动力禀赋单位，从而使得经济系统劳动力禀赋恰为 $1-\mu$ 单位；第二，北部市场规模随着该地区企业数量和盈利能力的增加而扩大。由于不存在经济利润，超过平均水平的经营利润都由企业规模（与之相关的企业销售和要素需求）所抵消；第三，在长期均衡中，$s_{E}=1/2$ 只有当 $n=1/2$ 时（此时 $\pi=\bar{\pi}$），才能成立。

2. 长期均衡

在长期，为了追求更高的资本回报率，资本所有者将对投资目的地进行调整。因此，长期均衡就是指资本不再跨区域流动时的均衡，即 $\dot{s}_{s}=0$。从资本流动公式（8.23）中可以看出，该模型也存在着两种类型的长期均衡。

当 $\pi=\pi^{*}$ 时，成立 $0<n<1$，故存在内点均衡，也就是分散结构均衡。此时，每个区域都有工业企业存在；

当 $n=1$ 或 $n=0$ 时，存在角点均衡，也就是核心边缘结构均衡。此时，只有一个区域存在工业企业。

总之，短期均衡是在企业空间分布既定的情况下，由满足式（8.8）、式（8.26）和式（8.29）的5个变量（p，p^{*}，s_{E}，Δ，Δ^{*}）所决定。在长期均衡中，企业的空间分布会进行调整，使得式（8.23）成立。也就是说，长期均衡

① 证明如下：已知：$\pi=bB\frac{E^{w}}{n^{w}}$，$\pi^{*}=bB^{*}\frac{E^{w}}{n^{w}}$，$n^{w}=1$，从而易得：$\bar{\pi}=n\pi+n^{*}\pi^{*}=bE^{w}(nB+n^{*}B^{*})=bE^{w}$。又已知：$s_{L}=s_{k}=1/2$，代入式（8.28）、式（8.27）后可得：$E=\frac{1}{2}(L^{w}+\bar{\pi})+na_{m}xP=\frac{1}{2}(L^{w}+bE^{w})+na_{m}xP$；依据经营利润的表达式，又可知：$Px=\sigma\pi=\mu BE^{w}/n^{w}=\mu BE^{w}$，从而有：$E=\frac{1}{2}(L^{w}+bE^{w})+na_{M}\mu E^{w}B$。类似地，$E^{*}=\frac{1}{2}(L^{w}+bE^{w})+n^{*}a_{M}\mu E^{w}B^{*}$，从而易知：$E^{w}=E+E^{*}=(L^{w}+bE^{w})+a_{M}\mu E^{w}(nB+n^{*}B^{*})=L^{w}+bE^{w}+\frac{\sigma-1}{\sigma}\mu E^{w}=L^{w}+bE^{w}+(\mu-b)E^{w}=L^{w}+\mu E^{w}$，即应有：$E^{w}=L^{w}/(1-\mu)$。最后结合标准化 $L^{w}=1-\mu$ 便可得：$E^{w}=1$。同时可得：$\pi=bB$，$\pi^{*}=bB^{*}$，$\bar{\pi}=b$，以及：$s_{E}=\frac{E}{E^{w}}=E=\frac{1}{2}(L^{w}+bE^{w})+na_{M}\mu E^{w}B=\frac{1}{2}(1-\mu+b)+n\frac{\sigma-1}{\sigma}\mu B=\frac{1-\mu+b}{2}+\frac{\sigma-1}{\sigma}\mu n\frac{\pi}{b}=\frac{1-\mu+b}{2}+(\mu-b)n\frac{\pi}{\bar{\pi}}$。

便是在上述5个方程的基础上，加上式（8.23），确定出6个变量（p，p^*，s_E，Δ，Δ^*，s_n）。很显然，该模型对所有内生变量而言，都不存在显性解，这仍是式（8.26）中的Δ和Δ^*为隐函数的缘故。但是，FCVL模型的短期均衡和长期均衡的表达式已经比CPVL模型要简化多了，毕竟模型中现在只存在一个状态变量n；而且不论长期均衡还是短期均衡，总利润为常数b，因此，当$\pi > \bar{\pi}$时，必然成立$\pi^* < \bar{\pi}$。因此，可以不考虑南部的情况，只讨论北部的情况就可以了。

三、聚集力、分散力以及稳定性分析

1. 聚集力和分散力

FCVL模型中的聚集力和分散力在本质上和CPVL模型中的情况相同。因此，图8－3及其相关分析在这里仍然适用。为了弄清楚它们的作用机理，我们将从对称均衡（即$n=1/2$和$\pi=\pi^*$）开始讨论。

第一种聚集力与后向联系相关。和前面的情况一样，由于存在运输成本，企业倾向于购买本地“生产”的投入品组合。因此，当北部具有更多的资本份额时，这种生产转移就会导致支出转移，从而扩大北部的需求份额，这就提高北部企业的经营利润，降低南部的经营利润，这又促使北部企业数量进一步变大，这种过程是循环往复的。

第二种聚集力与前向联系相关。由于同样的原因，如果n稍微增大，则北部生产更多种类的产品，从而降低了北部企业的生产成本（P_P），提高了南部企业的生产成本，进而提高π降低π^*，这促使北部企业数量进一步变大，这也形成循环往复的过程。

最后，市场拥挤效应作为一种分散力，起着与前向联系和后向联系相反的作用。当更多的企业集中在北部时，每个企业的市场份额下降，因此，π下降而π^*提高。这就形成了自我减缓初始冲击影响的机制。

与CPVL模型一样，聚集力和分散力随着ϕ的变小而变小，但是分散力的衰减速度要慢于聚集力的衰减速度。因此，当ϕ较小时，将会出现分散结构。反过来，当ϕ接近于1时，将会出现核心边缘结构。为了详细说明这些结构出现的前提条件，也有必要进行稳定性分析。

2. 稳定性分析

先考虑一下角点均衡的情况，也就是所有的企业集中在北部的情况，即$s_n=n=1$的情况。所有资本集中在北部时，π便是经济系统的平均经营利润，即有：$\pi=b$。由此可知：当$\pi^*<b$时，核心边缘结构是稳定的。这就要求ϕ大

于维持点 ϕ^S，而 ϕ^S 由式（8.30）① 的最小实根所给出：

$$(\phi^S)^{\mu-1}\frac{1+\mu-b}{2}+(\phi^S)^{\mu-1}\frac{1-\mu+b}{2}=1 \tag{8.30}$$

这就意味着，在 FCVL 模型中，核心边缘结构为长期均衡的条件与 CPVL 模型的式（8.19）给出的条件在形式上类似的。

我们接着讨论一下内点均衡的情况。经过计算发现，$\pi-\pi^*$ 至少与横轴相交一次但不会多于三次，而且它总是经过对称均衡的点，即：$n=1/2$。在 $n=1/2$ 处，只要 $\pi-\pi^*$ 关于 n 的斜率为负，那么对称均衡总是稳定的。某家企业从南部转移到北部时，$\pi-\pi^*$ 取正（因而资本流动具有自我强化效应）还是取负（此时会产生自我纠正机制），就取决于 $n=1/2$ 时的 $d\pi/d\pi$ 的符号。经过计算（见附录 8C）发现，在突破点 ϕ^B 处，$d\pi/dn$ 的符号发生变化。突破点 ϕ^B 由式（8.31）给出：

$$\phi^B\equiv\frac{1-\mu+b}{1+\mu-b}\frac{1-\mu}{1+\mu} \tag{8.31}$$

很明显，$\phi^B<1$。总之，当 $\phi>\phi^S$ 时，核心边缘结构可以得到维持；当 $\phi<\phi^B$ 时，对称结构可以维持。一般来讲 $\phi^S<\phi^B$，因此，该模型具有区位黏性的特征。

四、与 FC 模型和 CPVL 模型的比较

FCVL 模型和 CPVL 模型（和核心边缘模型）都具有相同的特征：本地市场放大效应（贸易自由度越大，放大效应也就越大）导致的聚集、需求关联和成本关联的循环累积因果关系、内生的非对称性、突发性聚集、区位黏性、驼峰状聚集租金和重叠区存在多重均衡等。其原因是很简单的，因为这两个模型中都存在着企业之间的投入产出联系（就是垂直联系），进而存在前向联

---

① 证明如下：已知：$s_n=1$，$\bar{\pi}=b$，$\pi=b$，以及 $\pi^*<b$，由此可知：$bB\frac{E^w}{n^w}=b$，即：$B=1$；同理：$B^*<1$。

又因为此时：$\Delta=1$，$\Delta^*=\phi$，从而：$s_E=\frac{1-\mu+b}{2}+\mu-b=\frac{1+\mu-b}{2}$。而依据式（8.9）又可得：

$$B=P^{1-\sigma}\left(\frac{s_E}{\Delta}+\phi\frac{1-s_E}{\Delta^*}\right)=P^{1-\sigma}=[(\Delta n^w)^{-a}]^{1-\sigma}=1。$$

类似地，$B^*=P^{*1-\sigma}\left(\phi\frac{s_E}{\Delta}+\frac{1-s_E}{\Delta^*}\right)=P^{*1-\sigma}\left[\phi s_E+\frac{1}{\phi}(1-s_E)\right]=[(\Delta^*n^w)^{-a}]^{1-\sigma}\left[\phi s_E+\frac{1}{\phi}(1-s_E)\right]=\phi^\mu\left(\phi\frac{1+\mu-b}{2}+\frac{1-\mu+b\phi}{2\phi}\right)<1$。在临界条件下，经整理可有：$(\phi^S)^{\mu-1}\left[(\phi^S)^2\frac{1+\mu-b}{2}+\frac{1-\mu+b}{2}\right]=1$。

系和后向联系。但是在 FCVL 模型中，资本的流动性是导致累积因果关系的必要条件，尽管不是充分条件。因此，在 FCVL 模型中若没有垂直联系，FCVL 模型和 FC 模型就没有区别。因此，FCVL 模型可以视为自由资本模型的进一步扩展。

后向联系（需求关联联系）存在的基础在于企业之间相互购买所有其他企业的产出作为其中间投入品，而前向联系（成本关联联系）存在的基础是企业在区位上接近中间投入品供应商时会获利。当然，自由资本模型就缺乏这些联系。如果只存在聚集力，那么企业全部聚集在某一区位将总会盈利。然而，和本书中的其他模型（包括自由资本模型）一样，FCVL 模型中存在着市场拥挤效应所产生的分散力。因此，FCVL 模型中总会存在区位的均衡状态。

与 CPVL 模型相比，FCVL 模型在进行政策分析及应用等方面具有优势。但是该模型不能用模型中的各种参数来表示产业的空间分布 s_n，而产业空间分布的变动是分析经济政策的核心依据。因此，根据该模型进行政策效应分析显得相当复杂。另外，促使企业重新选择区位的核心变量，即经营利润也不能表示为企业空间分布 s_n 的显函数。这同样使得该模型的政策分析显得复杂。因此，下一节将讨论能克服这些缺陷的新模型。

第四节 自由企业家垂直联系模型

既然投入品组合可以作为生产商的投入要素，所以类似于 FCVL 模型中物质资本可以作为固定投入，投入品组合也可以作为生产商的固定投入。正是在上述想法的引领下，与 CPVL 模型不同的第二个模型由詹马科·奥塔维诺于 2002 年①所建立起来了，称它为自由企业家垂直联系模型（以下简称 FEVL 模型）。这个模型与自由企业家模型的基本假设相同，只是引入了垂直联系。而与 CPVL 模型不同的地方在于，在 FEVL 模型中，投入品组合是作为固定投入进入企业成本函数中，而可变投入仍是劳动力。所以，该模型具有了很强的操作性，称为其最大的优点，尽管仍不能给出产业空间分布的显性解，但是该模型中企业的经营利润已经可以表示为产业空间分布的显函数形式了。当然，正如自由资本模型具有核心边缘模型的所有特征一样，FEVL 模型也具有 CPVL 模型的所有特征。

---

① Ottaviano, G I P. Models of ‘New Economic Geography’: Factor Mobility vs. Vertical linkages [M]. GIIS, Mimeo, 2002.

一、基本假设

和 CPVL 模型一样，FEVL 模型也有两个区域（南部和北部）、两种部门（农业部门 A 和工业部门 M）和一种基本要素（劳动力）。只不过，由劳动和所有中间投入品仍然可以“生产”投入品组合，且投入品组合的“生产”方式与 CPVL 模型、FCVL 模型中是完全相同的。

消费者偏好仍如式（8.1）所示。关于生产技术的假设，除了工业部门的生产技术不再具有齐次特征以外，FEVL 模型中生产技术假设与 CPVL 模型相同。所以，在该模型中，投入品组合和劳动力分别构成固定投入和可变投入，其中可变投入仅涉及劳动力，固定投入仅涉及由劳动力 L 和差异化工业品组合 C_M 所“生产”的投入品组合。据此，北部代表性企业 j 的成本函数为：

$$C(x_j)=FP_P+a_Mx_jw,\ P_P\equiv w^{1-\mu}(\Delta n^w)^{-a},\ \Delta\equiv\frac{1}{n^w}\int_{i=0}^{n^w}p_i^{1-\sigma}\mathrm{d}i \tag{8.32}$$

其中，$a\equiv\mu/(\sigma-1)$，P_P 为要素价格指数。企业在两个区域之间的进入或退出决策与 CPVL 模型中的相同：净利润为正时进入，净利润为负时退出，故式（8.4）仍然适用。

二、短期均衡和长期均衡

1. 短期均衡

如前所述，分别讨论模型的短期均衡和长期均衡。在短期内，两个区域中的企业数量既定；而在长期，区域内企业的数量发生变化。因此，在短期，在既定企业数量 n 和 n^* 条件下，消费者实现效用最大化，企业实现利润最大化，所有市场得到出清。

我们仍选择农产品为计价物，并设定生产单位农产品需要单位劳动力，则有 $a_A=1$。因为，农产品贸易无须运输成本，所以，只要任何区域都没有实现工业专门化，那么农产品完全自由地贸易，从而意味着 $p_A=p_A^*=w_L=w=1$。依据式（8.2）、式（8.3），完全价格指数和要素价格指数相等，即 $P=P_P$。为了实现利润最大化，企业遵循边际成本加成定价法定价。这样式（8.6）变成式（8.33）：

$$\begin{cases} p=\dfrac{a_M}{1-1/\sigma} \\ p^*=\dfrac{\tau a_M}{1-1/\sigma} \end{cases} \tag{8.33}$$

不同于 CPVL 模型和 FCVL 模型，在 FEVL 模型中，p 和 p^* 仅取决于模型中的一些参数，这是该模型具有良好的解析能力的关键。事实上，要素价格指数 P_P 和完全价格指数 p 都等于 Δ^{-a}（P_P^*、p^* 的表达式与此类似）。因此，Δ 和 Δ^* 在标准化之后就可以表示为 s_n 和 $1-s_n$ 的显函数形式：

$$\begin{cases}\Delta \equiv p^{1-\sigma}[s_n+\phi(1-s_n)] \\ \Delta^* \equiv p^{1-\sigma}[\phi s_n+(1-s_n)]\end{cases} \tag{8.34}$$

依据边际成本加成定价法则，固定投入所能获得的名义收益率仍由式（8.8）给出，且其中的 B、B^* 也仍由式（8.9）决定。通过类似于式（8.10）的标准化，则可以得到：

$$p=1,\ p^*=\tau,\ p_A=p_A^*=w_L=w=1,\ p=P=P_P,\ \bar{p}^*=p^*=P_P$$
$$n+n^*\equiv n^w,\ n=s_nn^w,\ n^*=(1-s_n)n^w,\ F=1,\ a_M=1-1/\sigma,\ L^w=1-\mu \tag{8.35}$$

同样，我们用 n 来代替 s_n。式（8.35）与式（8.10）的区别在于：第一，因为可变投入仅为劳动力，因此，产品的本地价格和出口价格分别为 1 和 τ；第二，固定投入 F 标准化为 1，而不再是 $1/\sigma$。经过标准化，式（8.34）式和相应的 B、B^* 可以简化，并可以写出固定投入的经营利润表达式，则：

$$\begin{cases}\pi=\dfrac{bE^w}{n^w}B \\ \pi^*=\dfrac{bE^w}{n^w}B^*\end{cases}，其中，\begin{cases}B\equiv\dfrac{s_E}{\Delta}+\phi\dfrac{1-s_E}{\Delta^*} \\ B^*\equiv\phi\dfrac{s_E}{\Delta}+\dfrac{1-s_E}{\Delta^*}\end{cases}，\begin{cases}\Delta\equiv s_n+\phi(1-s_n) \\ \Delta^*\equiv\phi s_n+(1-s_n)\end{cases} \tag{8.36}$$

现在，我们转向关于相对市场规模的求解。为了得出 s_E 和 E^w 的表达式，我们注意到关于差异化工业品的支出不仅包括消费者的，还包括企业的。后者用来“生产”投入品组合，而这是所有生产商的固定投入。类似于 CPVL 模型和 FCVL 模型，北部消费者和企业对差异化工业品的支出应为：

$$\mu E=\mu[Y+s_nn^wPF];\ E\equiv s_EE^w \tag{8.37}$$

方括号中的第二项表示来自企业的对中间投入品的需求，而这些中间投入品最终是与劳动力一起“生产”投入品组合，作为企业生产活动的固定投入部分了；第一项 Y 包括固定投入的净利润 π 和消费者的工资收入在内的全部收入，即 $Y=L^w/2+s_nn^w(\pi-P)$。将此结果代入式（8.37），并根据式（8.8），可得：$E=L^w/2+s_nbBE^w$；同理可得：$E^*=L^w/2+(1-s_n)bB^*E^w$。两式相加可

得 $E^w=L^w+bE^w$。因此，E^w 和 s_E 的表达式应调整为：①

$$E^w=\frac{L^w}{1-b},\ s_E=\frac{1-b}{2}+s_n bB \tag{8.38}$$

从式（8.38）可以看出，FEVL 模型和其他垂直联系模型的相应表达式非常相似。但是，本模型的新颖之处在于其可以得到长期均衡下 Π 和 Π^* 关于一些变量如 s_n 和 n^w 显函数形式。为此，把式（8.36）代入式（8.38）得到：

$$s_E=\frac{1-b}{2}+bs_n\left[\frac{s_E}{s_n+\phi(1-s_n)}+\phi\frac{1-s_E}{\phi s_n+(1-s_n)}\right] \tag{8.39}$$

由此可以看出，s_E 将是可以解析的。②

2. 长期均衡

为追求利润最大化，企业自由进入或退出某一市场，这使得实现均衡时企业的经营利润等于零。在长期，企业的进入或退出达到稳定的状态，即 $\dot{n}=0$

---

① 证明如下：已知：$E=L^w/2+s_n n^w\pi=L^w/2+s_n n^w bBE^w/n^w=L^w/2+s_n bBE^w$，以及 $E^*=L^w/2+(1-s_n)bB^*E^w$，

$\Rightarrow E^w=E+E^*=L^w+bE^w[s_nB+(1-s_n)B^*]=L^w+bE^w$［利用了关系式：$s_nB+(1-s_n)B^*=1$］；

$\Rightarrow E^w=\frac{L^w}{1-b}$和 $s_E=\frac{E}{E^w}=\frac{L^w}{2E^w}+s_nbB=\frac{1-b}{2}+s_nbB$。

② 求解式（8.38）可得：$s_E=\frac{(1-b)\Delta\Delta^*+2b\phi s_n\Delta}{2[\Delta\Delta^*-bs_n(\Delta^*-\phi\Delta)]}$，$1-s_E=\frac{(1+b)\Delta\Delta^*-2bs_n\Delta^*}{2[\Delta\Delta^*-bs_n(\Delta^*-\varphi\Delta)]}$。代入式（8.36）后可有：

$$B=\frac{s_E}{\Delta}+\phi\frac{1-s_E}{\Delta^*}=\frac{(1-b)\Delta^*+2b\phi s_n}{2[\Delta\Delta^*-bs_n(\Delta^*-\phi\Delta)]}+\phi\frac{(1+b)\Delta-2bs_n}{2[\Delta\Delta^*-bs_n(\Delta^*-\phi\Delta)]}=\frac{(1-b)\Delta^*+\phi(1+b)\Delta}{2[\Delta\Delta^*-bs_n(\Delta^*-\phi\Delta)]}$$

$$=\frac{(1-\phi)[b(1+\phi)-(1-\phi)]s_n+[(1-b)+(1+b)\phi^2-2\phi]+2\phi}{2(1-\phi)[b(1+\phi)-(1-\phi)](s_n^2-s_n)+2\phi}$$

$$=\frac{(1-\phi)[b(1+\phi)-(1-\phi)](s_n-1)+2\phi}{2(1-\phi)[b(1+\phi)-(1-\phi)](s_n^2-s_n)+2\phi},$$

分子、分母同除以 $(1+\phi)^2$，可有：$B=\frac{(1-Z^2)-2Z(b-Z)(1-s_n)}{(1-Z^2)-4Z(b-Z)s_n(1-s_n)}$，其中，$Z=(1-\phi)/(1+\phi)$，并直接地利用关系式：$2\phi/(1+\phi)^2=(1-Z^2)/2$。上述结果可以继续简化，尤其是分子，为此进行如下处理：

$$B=\frac{(1-Z^2)-2Z(b-Z)(1-s_n)}{(1-Z^2)-4Z(b-Z)s_n(1-s_n)}-1+1=1+\frac{4Z(b-Z)(1-s_n)(s_n-1/2)}{(1-Z^2)-4Z(b-Z)s_n(1-s_n)}$$

$$=1-\frac{(1-s_n)(s_n-1/2)}{s_n(1-s_n)-(1-Z^2)/4Z(b-Z)}。$$

类似地，$B^*=\frac{(1-\phi)s_n[(1-\phi)-b(1-\phi)]+2\phi}{2\phi-2s_n(1-s_n)(1-\phi)[b(1+\phi)-(1-\phi)]}=\frac{(1-Z^2)-2Z(b-Z)s_n}{(1-Z^2)-4Z(b-Z)s_n(1-s_n)}=1+\frac{s_n(s_n-1/2)}{s_n(1-s_n)-(1-Z^2)/4Z(b-Z)}$。

和 $\dot{n}^*=0$。依据由式（8.4）给出的企业进入或退出原则，FEVL 模型存在着两种长期均衡。

当 n，$n^*>0$ 时，如果 $\Pi(n, n^*)=\Pi^*(n, n^*)=0$，则存在内点均衡，此时每个区域都拥有工业企业。

当 $n>0$ 和 $n^*=0$ 时，如果 $\Pi(n, 0)=0$ 且 $\Pi^*(n, 0)<0$，则存在角点均衡，也就是核心边缘结构均衡，此时只有北部具有工业企业。

当 $n=0$ 和 $n^*>0$ 时，如果 $\Pi(n, 0)<0$ 且 $\Pi^*(n, 0)=0$，则存在角点均衡，也就是核心边缘结构均衡，此时只有南部具有工业企业。

从而可知，求解该模型长期均衡的第一步，就是要计算在短期均衡中的 $\Pi(n, n^*)$ 和 $\Pi^*(n, n^*)$。对于作为固定成本的投入品组合而言，其进入或退出市场的原则仍然是：$\Pi=\pi-PF$，即净利润等于经营收益 π 减去经营成本 PF。依据式（8.35），可有：

$$\begin{cases}\Pi=\pi-P\\ \Pi^*=\pi^*-P^*\end{cases}\tag{8.40}$$

把解得的 $B(s_n)$，$B^*(s_n)$ 分别代入式（8.40），并根据 p 和 p^* 的表达式，可以得到：

$$\begin{cases}\Pi=\dfrac{b}{n^w}\left\{1-\dfrac{(1-s_n)(s_n-1/2)}{s_n(1-s_n)+(1-Z^2)/[4Z(b-Z)]}\right\}-\left[\dfrac{1/n^w}{s_n+\phi(1-s_n)}\right]^a\\ \Pi^*=\dfrac{b}{n^w}\left\{1-\dfrac{s_n(s_n-1/2)}{s_n(1-s_n)-(1-Z^2)/[4Z(b-Z)]}\right\}-\left[\dfrac{1/n^w}{\phi s_n+(1-s_n)}\right]^a\end{cases}\tag{8.41}$$

其中，$Z=(1-\phi)/(1+\phi)$，$a=\mu/(\sigma-1)$。上面的表达式是很容易进行分析的。上述两式右边的第一项表示的是投入品组合获得的经营收益（率）分别为 π 和 π^*。从中可以看出：第一，从 π 的表达式中可以看出，只有在两种情况即 $s_n=1$（此时南部区域没有工业企业，因此，π 就是平均利润）和 $s_n=1/2$（此时为对称结构，$\pi=\pi^*$）时，北部企业的平均经营收益等于经济系统平均经营收益 b/n^w；第二，需要注意的是，当 $s_n=1/2$ 时，$\Pi=\Pi^*$。在上述情况下，关于 n^w 的长期均衡解在式（8.40）中设 $\Pi=0$ 后可以解出。用同样的方式也可以解出当 $s_n=1$ 时的 n^w 的长期均衡解。另外，可以根据式（8.41）讨论长期均衡的稳定性。

三、聚集力、分散力以及稳定性分析

1. 聚集力和分散力

本模型中的聚集力和分散力的性质同 CPVL 模型中的情况一样，因此，

图 8－3 和相关分析在此均可适用。聚集力源于前后向联系。FEVL 模型中的前后向联系作用机制与 CPVL 模型中的情况是完全一样的，因为，它与 CPVL 模型的唯一区别在于它们的函数形式不同。另外，两个模型的市场拥挤效应所导致的分散力也是相同的。

2. 稳定性分析

（1）对称均衡的稳定性。我们先考虑对称均衡的情况。只要专栏 8－2 中矩阵 J 的雅可比行列式的特征根在（n^w，s_n）上和（$n^w|_{sym}$，$s_n=1/2$）上均为负，对称均衡就是稳定的。也就是说，矩阵 J 为负定矩阵时，对称均衡是稳定的。专栏 8－2 已经阐明，当 $\phi\in(0,\ \phi^B)$ 时，会出现这种情况。据此，突破点 ϕ^B 的定义为：

$$\phi^B=\frac{1-a}{1+a}\times\frac{1-b}{1+b}=\frac{\sigma-1-\mu}{\sigma-1+\mu}\frac{\sigma-\mu}{\sigma+\mu} \tag{8.42}$$

很显然，当 $\phi^B<0$ 时，$[0,\ \phi^B)$ 为空集。为了避免出现这种情况，定义 $1<a$（这与自由企业家模型中的情况是一样的），并将其称为该模型的“非黑洞条件”。我们还发现，FEVL 模型中的突破点与自由企业家模型中的定义相同。

（2）核心边缘结构的稳定性。接下来考虑所有企业集中在某个区域的情况，以（n^w，s_n）＝（n_0，1）为例。根据式（8.4），当 $\Pi(n_0,\ 1)=0$ 且 $\Pi^*(n_0,\ 1)<0$ 时，这种均衡是长期稳定的。因为 Π 和 Π^* 有解析式，很容易解出这些条件。首先，如果满足如下条件，那么 $\Pi(n_0,\ 1)=0$ 成立，则应有：①

$$n_0=b^{1/(1-a)} \tag{8.43}$$

如果满足“非黑洞条件”，即 $1>a$，那么 n_0 随 μ 的增大而变大（这就强调了工业部门区域经济中的重要性），随 σ 的增加而变小。具体而言，较大的 σ 意味着较低的价格加成率，故 σ 较低的时候企业获得的利润较高，这又等价于均衡时企业数量较多，因为企业是自由进出入市场的。

我们已经指出，当满足如下条件，即 $\Pi^*(n_0,\ 1)<0$ 时，核心边缘结构均衡是稳定的。这意味着，它需要满足如下条件：②

$$\frac{(1+\phi^2)-b(1-\phi^2)}{2\phi^{1-a}}<1 \tag{8.44}$$

当 $\phi>\phi^S$ 时，式（8.44）成立，其中 ϕ^S 为式（8.44）取等号时，多项式取零值时的最小实根（我们已经知道，$\phi=1$ 也是它的一个根）。经整理，可以

① 证明如下：$s_n=1\Rightarrow\Pi\big|_{s_n=1}=\frac{b}{n^w}-\left(\frac{1}{n^w}\right)^a=0\Rightarrow\frac{b}{n_0}=\left(\frac{1}{n_0}\right)^a\Rightarrow b=(n_0)^{1-a}\Rightarrow n_0=b^{1/(1-a)}$。

② 这需要利用核心边缘结构的下列关系式：$B=1$，$\Delta=1$，$\Delta^*=\phi$，$b/n^w=(n^w)^{-a}$。

得出 ϕ^S 必须满足的方程为：

$$(\phi^S)^{a+1}\frac{1+b}{2}+(\phi^S)^{a-1}\frac{1-b}{2}=1 \tag{8.45}$$

可以看出，该式与自由企业家模型中的持续点 ϕ^S 的表达式相同。

【栏目 8-2】 FEVL 模型突破点 ϕ^B 的求解。

FEVL 模型的突破点 ϕ^B 的求解要比前两个模型的更容易些，原因就在于式（8.41）已经将经营利润表示为有关 s_n、n^w 的显函数了。据此，我们对两式分别求全微分，便可以解得突破点 ϕ^B。

首先，在对称均衡下，以下关系式都是成立的：$s_n=1/2$，$\Delta=\Delta^*=(1+\phi)/2$，$B=B^*=1$。同时由于净利润等于零（$\Pi=0$），从而有 $b/n^w=(\Delta n^w)^{-a}=(\Delta^* n^w)^{-a}$。

其次，在对称均衡下，求解式（8.40）关于 s_n、n^w 的全微分。令 $\Pi=(1)-(2)$，其中 $(1)=bB/n^w$，$(2)=(\Delta n^w)^{-a}$，从而有 $\mathrm{d}\Pi=\mathrm{d}(1)-\mathrm{d}(2)$。

$$\mathrm{d}(1)=\frac{b}{n^w}\left(\frac{\mathrm{d}B}{B}-\frac{\mathrm{d}n^w}{n^w}\right)=\frac{b}{n^w}\left(\mathrm{d}B-\frac{\mathrm{d}n^w}{n^w}\right)$$

$$\mathrm{d}(2)=-a(\Delta n^w)^{-a}\left(\frac{\mathrm{d}\Delta}{\Delta}+\frac{\mathrm{d}n^w}{n^w}\right)=-a\frac{b}{n^w}\left(\frac{\mathrm{d}\Delta}{\Delta}+\frac{\mathrm{d}n^w}{n^w}\right)$$

根据式（8.40）、式（8.41）可再令：$B=1-(3)$，$B^*=1+(4)$，从而有 $\mathrm{d}B=-\mathrm{d}(3)$，$\mathrm{d}B^*=\mathrm{d}(4)$。而在对称均衡下，

$$\mathrm{d}(3)\big|_{sym}=\frac{\left[s_n(1-s_n)-\frac{(1-Z^2)}{4Z(b-Z)}\right]\left[-\left(s_n-\frac{1}{2}\right)+(1-s_n)\right]-(1-s_n)\left(s_n-\frac{1}{2}\right)(1-s_n-s_n)}{\left[s_n(1-s_n)-\frac{(1-Z^2)}{4Z(b-Z)}\right]^2}\mathrm{d}s_n$$

$$=-\frac{2Z(b-Z)}{1-bZ}\mathrm{d}s_n=\mathrm{d}(4)\big|_{sym};$$

$$\mathrm{d}\Delta\big|_{sym}=(1-\phi)\mathrm{d}s_n=-\mathrm{d}\Delta^*\big|_{sym}$$

整理后，得出：

$$\mathrm{d}(1)\big|_{sym}=\frac{b}{n^w}\left[\frac{2Z(b-Z)}{1-bZ}\mathrm{d}s_n-\frac{\mathrm{d}n^w}{n^w}\right]$$

$$\mathrm{d}(2)\big|_{sym}=-a\frac{b}{n^w}\left(2Z\mathrm{d}s_n+\frac{\mathrm{d}n^w}{n^w}\right)$$

由此可得：

$$\frac{d\Pi|_{sym}}{b/n^w}=\left(\frac{2Z\ (b-Z)}{1-bZ}ds_n-\frac{dn^w}{n^w}\right)+a\left(2Zds_n+\frac{dn^w}{n^w}\right)=2Z\left(\frac{b-Z}{1-bZ}+a\right)ds_n+(a-1)\frac{dn^w}{n^w}$$

类似地，也可以求解式（8.41）关于 s_n、n^w 的全微分：

$$\frac{d\Pi^*|_{sym}}{b/n^w}=\left(-\frac{2Z\ (b-Z)}{1-bZ}ds_n-\frac{dn^w}{n^w}\right)+a\left(-2Zds_n+\frac{dn^w}{n^w}\right)$$

$$=-2Z\left(\frac{b-Z}{1-bZ}+a\right)ds_n+(a-1)\frac{dn^w}{n^w}$$

与在 CPVL 模型中的思路类似，我们也可以写出矩阵形式：

$$\frac{1}{b/n^w}\begin{pmatrix}d\Pi\\ d\Pi^*\end{pmatrix}\Bigg|_{sym}=\begin{bmatrix}J_{11} & J_{12}\\ J_{21} & J_{22}\end{bmatrix}\begin{pmatrix}ds_n\\ dn^w/n^w\end{pmatrix}=J\begin{pmatrix}ds_n\\ dn^w/n^w\end{pmatrix},$$

其中，$J_{11}=-J_{21}=2Z\left(\frac{b-Z}{1-bZ}+a\right)$，$J_{12}=J_{22}=a-1$

当对称均衡时存在着负反馈机制，此时对称均衡是长期稳定均衡，这就意味着矩阵 $J=[J_{ij}]$ 必定为负定矩阵，即要求 $J_{11}<0$，$|J|>0$。

首先，考虑一下 $J_{11}<0$。根据定义，此时必有 $1-bZ>0$，从而可以得到：

$$J_{11}<0\Rightarrow Z>\frac{a+b}{1+ab}$$

由此解得突破点为：

$$\phi^B=\frac{1-a}{1+a}\frac{1-b}{1+b}=\frac{\sigma-1-\mu}{\sigma-1+\mu}\frac{\sigma-\mu}{\sigma+\mu}$$

即当 $\phi\in(0,\ \phi^B)$ 时，$J_{11}<0$。

其次，需要检验 $|J|$ 的符号，若要 $|J|=J_{11}J_{22}-J_{12}J_{21}=2J_{11}J_{12}>0$，则必须满足 $J_{12}<0$，即 $a<1$。可以发现，这个条件与 $\phi^B>0$ 的条件是一致的。（证毕）

（3）内点均衡时的情况。接下来讨论出现内点均衡时的情况。因为 $\Pi(n^w,s_n)=0$ 和 $\Pi^*(n^w,s_n)=0$ 曲线至少会相交一次，但是最多不会超过三次。因此，在图 8－3 中，EE 曲线和 nn 曲线最多只有三个交点，并且它们总会经过 $s_n=1/2$ 和 $n^w=n^w_{sym}$ 的对称点。将 $s_n=1/2$ 代入式（8.40）和式（8.41），并且 $\Pi=\Pi^*=0$，可得：①

① 证明如下：已知 $s_n=1/2$，代入式（8.40）可有：

$$\Pi|_{sym}=\frac{b}{n^w|_{sym}}-\left(\frac{2/n^w|_{sym}}{1+\phi}\right)^a=0\Rightarrow\frac{b}{n^w|_{sym}}=\left(\frac{2/n^w|_{sym}}{1+\phi}\right)^a,\ \therefore n^w|_{sym}=b^{1/(1-a)}\left(\frac{1+\phi}{2}\right)^{a/(1-a)}$$（证毕）。

$$n^{w}\big|_{sym}=b^{1/(1-a)}\left(\frac{1+\phi}{2}\right)^{a/(1-a)}=n_0\left(\frac{1+\phi}{2}\right)^{a/(1-a)} \tag{8.46}$$

因此，和 CPVL 模型一样，在聚集情况下的企业的数量（n_0）与贸易自由度无关，而对称均衡时的企业数量（$n^{w}|_{sym}$）则与之有关。综上所述，本模型的战斧图解与图 8－6 相同。

四、与自由企业家模型和 CPVL 模型的比较

FEVL 模型的主要特征可以总结如下。

第一，FEVL 模型具有和 CPVL 模型和核心边缘模型相同的均衡以及稳定性质。尤其，FEVL 模型和自由企业家模型具有相同的突破点和维持点。因此，FEVL 模型就具有如下特征：本地市场放大效应导致的产业聚集（贸易自由度越大，放大效应越大）、需求关联和成本关联的循环累积因果关系、内生的非对称性、突发性集聚、区位的黏性、驼峰状聚集租金和重叠区的多重均衡。

第二，如果满足“非黑洞条件” $a<1$，则式（8.46）表明，$wL=(1-\mu)P_PK$ 和 $P_MC_M=\mu P_PK$ 是 ϕ 的增函数，贸易自由度越大，企业的总数目就越多。因此，与自由企业家模型不同但和 CPVL 模型相同的是，贸易一体化将扩大世界市场，其原因和 CPVL 模型中一样。

第三，式（8.46）还表明，$n^{w}|_{sym}<n_0$，即对称均衡时的企业数量要小于核心边缘结构时的企业数量（当然要满足“非黑洞条件”）。与 CPVL 模型相同的是，如果满足“非黑洞条件”，则 ϕ 足够小时，市场拥挤所导致的分散力要大于聚集力。聚集力具有自我强化的特性。这就是说，在 ϕ 既定情况下，形成核心边缘结构时的聚集力（扣除分散力）大于形成分散均衡时的聚集力（这也说明了 $\phi^S<\phi^B$ 成立的原因）。这同时意味着，在企业数量既定情况下，处于分散均衡条件下的企业盈利状况更好一些。由于企业可以自由进出市场，因此，可以得出 $n^{w}_{sym}<n_0$ 的结论。

第五节　垂直联系模型的特征

在第三章里，我们讨论了核心边缘模型的七个主要特征：本地市场放大效应导致的产业聚集（贸易自由度越大，放大效应就越大）、需求关联和成本关联的累积因果关系、内生的非对称性、突发性聚集、区位的黏性、驼峰状的聚集租金和重叠区存在多重均衡等。在比较垂直联系模型与核心边缘模型时，我

们先讨论这些特征，然后再讨论垂直联系模型新的特征。

和自由企业家模型一样，垂直联系模型具有核心边缘模型所有的主要特征。但是垂直联系模型的聚集力和分散力产生的机制与自由企业家模型和核心边缘模型不同，前者主要是企业之间的投入产出联系所导致的，而后者主要是要素流动所导致的。

一、与核心边缘模型比较

1. 本地市场放大效应

和核心边缘模型一样，垂直联系模型也具有本地市场放大效应。本地市场放大效应指的是在运输成本和规模收益递增共同作用下，规模较大的市场可以容纳更大比例的产业份额。从图 8－1 可以看出，北部市场规模稍微扩大，将导致 *EE* 曲线向右移动。假设贸易成本足够高使得内点均衡稳定，那么这一冲击将导致北部工业份额以一个更大比例地增加，因为在此时，*nn* 曲线的斜率大于 1，而且贸易自由度变得越大，*nn* 曲线将变得越陡峭，本地市场放大效应越大。因此，*EE* 曲线某一程度地向右移动，将导致产业布局更大范围的调整。

2. 循环累积因果关系

在垂直联系模型中，产业聚集受到企业进入和退出所制约，同时，它反过来又制约着企业的进入和退出行为。因为这些企业在当地购买投入品组合，因此，它们密切关注当地的生产成本。这意味着，进入和退出决策是根据当地实际收益率（经营利润减去经营成本）所决定的，因此，成本关联的循环累积因果关系就是通过生产成本效应发挥作用；而企业在本地的支出行为又把生产转移和支出转移联系起来，因而需求关联的循环累积因果关系同样也发挥作用。

3. 内生的非对称

在所有的对称垂直系列模型中，随着贸易成本的逐渐降低，最终导致产业完全聚集。而且和核心边缘模型一样，部分聚集不是稳定均衡，而是对称分布或全部集中在某一区域才是稳定均衡。因此，贸易成本逐渐降低使得初始的对称结构最终变成非对称结构。

4. 突发性聚集

正如战斧图解所示，所有的垂直联系模型对贸易成本微小时的反应都是很大的，常导致突发性聚集。例如，一旦贸易自由度超出 ϕ^B，则就立刻发生突发性聚集。在核心边缘模型中也存在这种现象。

5. 区位的黏性

因为 $0<\phi^S<1$，因此，如果 $\phi>\phi^S$，则同核心边缘模型中的情况一样，垂直联系模型也存在多重稳定均衡。这意味着，暂时性冲击（包括暂时的政策变动等）对产业区位的影响具有黏性特征。

6. 驼峰状聚集租金

和核心边缘模型中一样，在垂直联系模型中，聚集租金是贸易自由度的凹函数。我们假定初始所有的企业都集中在北部（$s_n=1$；$\phi^S\leqslant\phi\leqslant1$）。此时，如果企业从北部转移到南部将损失部分的收入。可以利用所损失的收入度量聚集租金（这里以 FCVL 模型为例，其他模型与此类似），即：

$$\pi-\pi^*\mid_{s_n=1}=1-\phi^{\mu}\left(\phi\frac{1+\mu-b}{2}+\frac{1-\mu+b}{2\phi}\right) \tag{8.47}$$

从式（8.47）可以看出，这是有关 ϕ 的凹函数。当 $\phi=\phi^S$ 和 $\phi=1$ 时，式（8.47）将变为零；而当 $\phi=\sqrt{\phi^B}$ 时，式（8.47）取最大值。ϕ^B 是由式（8.31）定义的突破点。因此，随着贸易自由度变大（从 ϕ^S 逐渐增加到 1），聚集租金曲线先升后降，呈现为驼峰状。

7. 重叠区和自我实现的预期

由于 $0<\phi^S<\phi^B<1$，在垂直联系模型中也存在重叠区。因此，同核心边缘模型中的情况一样，当人们的预期发生变化时，将会调整现有的产业布局（包括对称布局和在某一区域的完全聚集）。

二、FEVL 模型和 FCVL 模型的新的特征

垂直联系模型新的主要特征如下。

（1）在区际不发生劳动力流动的情况下，也可以导致经济活动的空间聚集。由于劳动力在本区域内不同部门间的流动性远大于区域间的流动性，因此，从区际角度来看，该特征具有重要的意义。

（2）FCVL 模型和 FEVL 模型具有可操作性，因而在分析经济政策时这些模型具有较高的适用性。

第六节　本 章 小 结

尽管核心边缘模型在贸易成本、不完全竞争和聚集框架下得出了许多有意义的结论，但是核心边缘模型却过于依赖要素流动。而事实上，这种要素流动可能在某一国内比较常见（尤其在北美地区，我国东南沿海地区），但是在国家间（比如欧盟）却并不是很明显的。因此，本章基于此提出了垂直联系模型，它告诉我们不发生区际劳动力流动的情况下，也可以导致经济活动的空间聚

集。它们不但具有背心边缘模型的大多数特征，同时还具有富有意义的新的特征。

从 CPVL 模型中可以看出，除了区际劳动力流动以外，通过企业间的投入产出联系，也同样得出和核心边缘模型相同的结论。除此之外，CPVL 模型还具有一些核心边缘模型所不具有的特征：第一，在满足“非黑洞”条件下，贸易自由度越大，企业的数量就越多。第二，在满足“非黑洞”条件下，对称均衡下的企业总数量小于出现核心边缘结构均衡时的企业总数量。

然而，CPVL 模型也承袭了核心边缘模型的主要缺陷，比如，不能求出模型的显性解、必须借助于数字模拟才能得出大多数结论等。更为重要的是，当分析包含垂直联系的经济政策时，使用 CPVL 模型不能区分出个体参数对均衡结果的影响，这样就不能得出究竟是何种机制在起作用。正因如此，在本章的后面，讨论了两个易于处理的模型，即 FCVL 模型和 FEVL 模型。

这两个模型分别以自由资本模型和自由企业家模型为基础建立起来的。对 FCVL 模型而言，与 CPVL 模型具有相同的特征。相对于自由资本模型而言，资本的流动性是导致出现累积因果关系的必要条件，但不是充分条件。因此，如果 FCVL 模型中没有垂直联系，那么它和第三章中的自由资本模型就没有区别；与自由资本模型不同的是，在 FCVL 模型中存在市场拥挤效应产生的分散力。因此，FCVL 模型可以视为包括简单的自由资本模型但又比其更为丰富的一种模型。

与 CPVL 模型相比，FCVL 模型的一个新的特征是它把垂直联系和资本转移综合起来考虑，这对分析国家间或区域间产业聚集过程而言，具有非常重要的意义。因此，FCVL 模型在分析具体的经济政策等方面具有优势。但该模型不能用模型中的各种参数来表示产业的空间分布 s_n，而产业空间分布的变动是分析经济政策的核心所在。因此，根据该模型进行政策效应分析显得相当复杂。另外，促使企业重新区位的核心变量，即经营利润也不能表示为企业空间分布 s_n 的显函数形式，这同样使得该模型的政策分析显得很复杂。因此，在本章的最后我们介绍了一个能克服这些缺陷的新的模型 FEVL 模型。

FEVL 模型不仅具有 CPVL 模型的特征，还能解出模型中内生变量的显性解。因此，在分析、制定包含垂直联系的经济政策时，使用 FEVL 模型就比较适合。

附　　录

8A：要素价格指数 P_P

在垂直联系核心边缘模型中，所有企业的固定投入和可变投入都是由劳动力和工业品组合“生产”的某种生产要素，不妨称这种生产要素为某种投入品组合。须指出的是，用来生产投入品组合的工业品组合需要所有种类的差异化工业品，也分别来自北部和南部。投入品组合借鉴了有关中间投入品和最终消费品的概念（Romer，1990），只不过在这里是作为企业的生产要素而已。为了便于理解，人们不妨假设每个区域都有一家生产投入品组合的企业。为何是每个区域都必须有一家这样的企业呢？这主要是因为劳动力不能跨区域流动，作为中间投入品的差异化工业品必须与劳动力结合才能生产出投入品组合，因而它具有了区域属性。在本章中，投入品组合的生产技术由如下函数表示：

$$K = K(C_M, L) = C_M^{\mu} L^{1-\mu}$$

并且工业品组合 C_M 的价格为工业品价格指数 P_M，劳动力 L 的名义工资率为 w。人们既可以通过生产成本最小化，也可以通过效应最大化求解所引致的工业品组合和劳动力的需求，以及投入品组合的价格。这里采用生产成本最小化的方法，其具体过程是：

$$\begin{cases} \min\limits_{C_M, L} P_M C_M + wL \\ s.t.\ K = C_M^{\mu} L^{1-\mu} \end{cases}$$

写出该最小化问题的拉格朗日函数，即：

$$\ell(C_M, L; \lambda) = P_M C_M + wL + \lambda(K - C_M^{\mu} L^{1-\mu})$$

依据一阶条件，可有：

$$\begin{cases} \dfrac{\partial \ell}{\partial C_M} = P_M - \lambda \mu C_M^{\mu-1} L^{1-\mu} = 0 \\ \dfrac{\partial \ell}{\partial L} = w - \lambda(1-\mu) C_M^{\mu-1} L^{1-\mu} = 0 \end{cases}$$

结合约束条件，便可以解得引致的工业品组合和劳动的需求分别为：

$$\begin{cases} C_M^* = \left(\dfrac{\mu}{1-\mu}\right)^{1-\mu} K w^{1-\mu} P_M^{-(1-\mu)} \\ L^* = \left(\dfrac{1-\mu}{\mu}\right)^{\mu} K w^{-\mu} P_M^{\mu} \end{cases}$$

同时，可以求得最小化的生产成本，即成本函数为：

$$P_M C_M^* + wL^* = P_M\left(\frac{\mu}{1-\mu}\right)^{1-\mu} K w^{1-\mu} P_M^{-(1-\mu)} + w\left(\frac{1-\mu}{\mu}\right)^{\mu} K w^{-\mu} P_M^{\mu}$$

$$= \frac{1}{\mu^{\mu}(1-\mu)^{1-\mu}} K P_M^{\mu} w^{1-\mu}$$

不妨令：$P_P = \dfrac{1}{\mu^{\mu}\ (1-\mu)^{1-\mu}} P_M^{\mu} w^{1-\mu} = \gamma P_M^{\mu} w^{1-\mu} = \gamma(\Delta n^w)^{-a} w^{1-\mu}$，易知：$\gamma > 1$。经过计算，还可以发现在成本函数中，工业品组合所占份额恰好为 μ，劳动所

占份额为 $1-\mu$。

8B：北部和南部市场对北部企业的支出

为推出 E 和 E^* 的表达式，先假设对工业品的支出，不仅包括消费者对工业品的支出还包括企业对作为中间投入品的工业品的支出。因此，对式（8.3）使用谢泼德引理，对式（8.2）适用 H. 霍特林引理，则：

$$\mu E=\mu[Y+s_n n^w P(a_M x+F)],\ E=s_E E^w$$

上式中方括号中的第二式，利用标准化条件化简后可得，$\mu n P_P[(\sigma-1)x+1]/\sigma$，就是生产商对中间投入品的支出。$Y$ 表示包括企业净利润（Π）在内的消费者的收入，即：

$$Y=s_L L^w+n^w s_n \Pi=\frac{L^w}{2}+\frac{s_n n^w P(x-1)}{\sigma}$$

其中，s_L 为北部的劳动力份额（对称时，$s_L=1/2$），Π 的表达式见式（8.12）。

但长期以来，人们对上述公式的传统的求解过程感到很困惑，这些困惑来自两个方面：一是对由谢泼德引理和 H. 霍特林引理可以得出该式的过程感到困惑，二是对该式包含的经济学含义感到困惑。本书尝试一种新的求解过程，并努力阐述这些结果的经济学含义。

人们注意到投入品组合的“生产”既需要劳动力，又需要工业品组合，而工业品组合包含了所有种类的差异化的工业品。不妨假设在北部存在一家专门负责“生产”投入品组合的企业。假设北部代表性企业 i 的差异化工业品的产出量为 x_i，则投入品组合的“生产”“消费”过程如图 8－1 所示。以北部的企业 i 为例，其生产要素主要是一种投入品组合，产品的市场需求有两个来源：一是消费者，二是利用投入品组合的生产商。为了生产 x_i 单位的差异化工业品，代表性企业需要的投入品组合的数量为 $F+a_M x_i$ 单位，从而北部所有企业对投入品组合的需求量为 $s_n n^w(F+a_M x_i)$。假设投入品组合能够时刻保持市场出清的状态，依据附录 8A，这便意味着投入品组合的产出量 K 必须满足 $K=s_n n^w(F+a_M x_i)$ 的条件。据此，它引致的关于劳动力和工业品组合的需求分别为：

$$\begin{cases} L=\left(\frac{1-\mu}{\mu}\right)^{\mu} w^{-\mu} P_M^{\mu} K \\ C_M=\left(\frac{1-\mu}{\mu}\right)^{1-\mu} w^{1-\mu} P_M^{-(1-\mu)} K \end{cases}$$

利用要素价格指数 P_P 的表达式，可以分别求出对劳动力和工业品组合的支出：

$$\begin{cases} wL=(1-\mu)P_PK \\ P_MC_M=\mu P_PK \end{cases}$$

从而，可以写出北部企业对代表性企业 i 生产的差异化工业品的需求（c_{i1}）为：

$$c_{i1}=\frac{P_i^{-\sigma}}{P_M^{-\sigma}}C_M=\mu P_PK\frac{P_i^{-\sigma}}{P_M^{1-\sigma}}=\mu P_Ps_nn^w(F+a_Mx_i)\frac{P_i^{-\sigma}}{P_M^{1-\sigma}}$$

进而，可以写出消费者对代表性企业 i 生产的差异化工业品的需求（c_{i2}）为：

$$c_{i2}=\mu Y\frac{P_i^{-\sigma}}{P_M^{1-\sigma}}$$

所以，代表性企业对企业 i 生产的差异化工业品的需求函数（c_i）为：

$$c_i=\mu[Y+P_Ps_nn^w(F+a_Mx_i)]\frac{P_i^{-\sigma}}{P_M^{1-\sigma}}$$

至此，本书就已经补充说明了式（8.11）的求解过程，并且从求解过程来看，人们也可以很好地理解这些结果的经济学含义。为了更好地理解这些含义，有以下三点需要补充说明：第一，关于投入品组合的运输问题。从求解过程来看，上式只考虑了北部市场需求，但如果考虑到南部市场需求，是否还得考虑"冰山交易成本"？此时，可以不考虑南部市场的需求问题，因为这种投入品组合只在本区域内生产，且只供给本地企业，从而无须跨区域运输。第二，作为"生产"投入品组合的要素之一的劳动力。由图 8-1 可知，投入品组合是利用劳动力和工业品组合来"生产"的，但劳动力在区域间是不能迁移的，因此，只能利用当地的劳动力。换言之，劳动力具有区域属性，从而不存在一家可以利用两个区域的劳动力来"生产"投入品组合的情况，即"生产"投入品组合的企业具有很强的区域属性。事实上，假设专门"生产"投入品组合的企业的存在，也只是便于读者理解而已，这种"企业"应该理解为某种生产技术，这种生产技术也可以看成是一种"遍在技术"。也就是说，每个生产差异化的工业品的企业都掌握了利用中间投入品和劳动力"生产"投入品组合，进而生产差异化工业品的技术。有鉴于此，北部投入组合的需求量应为 $s_nn^w(F+a_Mx_i)$。第三，作为"生产"投入品组合的要素之二的工业品组合。用来"生产"投入品组合的工业品组合是包括其他区域生产的差异化工业品的，为运输这种差异化的工业品必须支付运输成本。这种差异化的工业品的区际运输遵循"冰山交易成本"。

8C：FCVL 模型的突破点 ϕ^B

事实上，所有求解突破点的步骤都是相同的，即先求解对称均衡条件 $\pi-\pi^*$ 的全微分，再消去微分 ds_E、dP/P，最终求得 $\pi-\pi^*$ 仅关于 n 的微分。为此，根据 FCVL 模型中资本收益率的表达式 $\pi=bBE^w/n^w$、$\pi^*=bB^*E^w/n^w$，以及标准化的结果可得：

$$d(\pi-\pi^*)=bd(B-B^*)$$

当对称时，以下等式均是成立的：

$$n=1/2,\ s_E=1/2,\ \Delta^{1-\mu}=(\Delta^*)^{1-\mu}=\frac{1+\phi}{2},\ P^{1-\sigma}=(P^*)^{1-\sigma}=\Delta^{\mu},\ B=B^*=1$$

同时，根据定义，以下两个微分也是成立的：

$$d\Delta|_{sym}=(1-\phi)P^{1-\sigma}\left[n(1-\sigma)\frac{dP}{P}+dn\right],$$

$$d\Delta^*|_{sym}=(\phi-1)P^{1-\sigma}\left[n(1-\sigma)\frac{dP}{P}+dn\right]=-d\Delta|_{sym}$$

$$d\left(\frac{s_E}{\Delta}\right)\bigg|_{sym}=\frac{1}{\Delta^2}(\Delta ds_E-s_Ed\Delta),$$

$$d\left(\frac{1-s_E}{\Delta^*}\right)\bigg|_{sym}=\frac{1}{(\Delta^*)^2}[-\Delta^*ds_E-(1-s_E)d\Delta^*]=-d\left(\frac{s_E}{\Delta}\right)\bigg|_{sym}$$

从而可以求得：

$$\begin{aligned}dB|_{sym}&=(1-\sigma)B\frac{dP}{P}+P^{1-\sigma}\left[\frac{1-\phi}{\Delta}ds_E-\frac{(1-\phi)^2}{2\Delta^2}P^{1-\sigma}\left(n(1-\sigma)\frac{dP}{P}+dn\right)\right]\\&=(1-\sigma)\frac{dP}{P}+2\frac{1-\phi}{1+\phi}ds_E-(1-\sigma)\left(\frac{1-\phi}{1+\phi}\right)^2\frac{dP}{P}-2\left(\frac{1-\phi}{1+\phi}\right)^2dn\\&=2Zds_E+(1-\sigma)(1-Z^2)\frac{dP}{P}-2Z^2dn\end{aligned}$$

其中，$Z=(1-\phi)/(1+\phi)$。类似地，也可以求得：

$$dB^*|_{sym}=-2Zds_E-(1-\sigma)(1-Z^2)\frac{dP}{P}+2Z^2dn=-dB|_{sym}$$

从上面可以看出，为求得 $\pi-\pi^*$ 有关 n 的微分，首先必须把 ds_E、$\frac{dP}{P}$ 表示为关于 n 的微分。依据定义 $P=(\Delta n^w)^{-a}=(\Delta)^{-a}$，可得：

$$\frac{dP}{P}\bigg|_{sym}=-\frac{2\mu Z}{(\sigma-1)(1-\mu Z)}dn$$

从这里可以看出，当某个区域企业数量增加时，本地的完全价格指数是下降的，再次印证了工业品多样性偏好的好处。又依据式（8.29）可知，$ds_E=b(\sigma-1)(Bdn+ndB)$，从而在对称点上有：

$$\left[\frac{1}{b(\sigma-1)}-Z\right]ds_E\bigg|_{sym}=\frac{1-\sigma}{2}(1-Z^2)\frac{dP}{P}+(1-Z^2)dn$$

整理后可得：

$$ds_E\big|_{sym}=\frac{\mu a_M(1-Z^2)}{(1-\mu a_M Z)(1-\mu Z)}dn$$

上式实际上就是本地市场效应的表达式，反映了生产份额或生产要素发生“转移”时，相对市场规模的变化，即后向联系。若将上述两式代入 $d(\pi-\pi^*)$，在对称均衡点有：

$$\frac{1}{4bZ}d(\pi-\pi^*)\bigg|_{sym}=\frac{\mu a_M(1-Z^2)}{(1-\mu a_M Z)(1-\mu Z)}dn+\frac{\mu(1-Z^2)}{1-\mu Z}dn-Zdn$$

根据定义，上述微分等于零时便可以求得突破点 ϕ^B，因而就有：

$$\frac{\mu a_M(1-Z^2)}{(1+\mu a_M Z)(1-\mu Z)}+\frac{\mu(1-Z^2)}{1-\mu Z}-Z=0$$

整理后，上式等于：

$$-Z(1+\mu^2 a_M)+\mu(1+a_M)=0,$$

经求解，便可得：

$$\phi^B=\frac{1-\mu a_M}{1+\mu a_M}\frac{1-\mu}{1+\mu}=\frac{1-\mu+b}{1+\mu-b}\frac{1-\mu}{1+\mu}$$ （证毕）。

参考文献

［1］ Richard Baldwin, Rikard Forslid, Philippe Martin, Gianmarco Ottaviano and Frederic Robert – Nicoud. Economic Geography and Public Policy ［M］. Princeton: Princeton University Press, 2003.

［2］ Paul Krugman, Anthony Venables. Globalization and the Inequality of Nations, The Quarterly Journal of Economics ［J］. 1995, 110 (4): 857 – 880.

［3］ Robert – Nicoud, F. A Simple Geography Model with Vertical Linkages and Capital Mobility ［J］. Mimeo, London School of Economics, 2002.

［4］ Ottaviano, G I P. Models of New Economic Geography: Factor Mobility vs. Vertical Linkages ［J］. Mimeo, Graduate Institute of International. Studies, 2002.

［5］ Masahisa Fujita, Paul Krugman, Anthony J. Venables. The Spatial Economy: Cities, Regions, and International Trade ［M］. Cambridge: The MIT Press, 1999.

第九章

线性模型

自1991年保罗·克鲁格曼的核心边缘模型问世以来，新经济地理学的理论模型体系不断地丰富、完善，物质资本、企业家才能、技术溢出等新的生产要素不断纳入以下模型中。然而，新经济地理学模型仍严重依赖于迪克希特－斯蒂格利茨（DS）垄断竞争一般均衡分析框架、不变替代弹性（CES）效用函数、冰山交易成本（icebergs）的分析框架（以下简称DCI框架）。

本章介绍一种非DCI框架的模型，即线性模型。线性模型在模型特征的丰富程度与模型解析能力之间找到了一种新的平衡。相对于自由资本模型（以下简称FC模型）而言，它具有更多的核心边缘模型（以下简称CP模型）的特征，同时，它还具有完全的解析能力，可以得到所有内生变量的显性解，甚至包括影响产业空间分布稳定性的关键值。另外，线性模型还显示了一些新的特征。在线性模型的建立与发展过程中，詹马科·奥塔维诺、田中健太、J. F. 蒂斯等作出了重要贡献。

第一节　基本逻辑

线性模型具有核心边缘模型的许多特征，但其主要表达式是线性的，因此，该模型具有良好的解析分析能力。在介绍线性模型之前，先讨论DCI框架存在的一些不足之处。

一、DCI框架的不足

1. DCI框架忽视了预期的作用

在DCI框架下，通常不涉及对人们预期的讨论。在核心边缘模型及其相关模型的稳定性讨论中，流动要素的区位决策只取决于它们对当前收益之大小的判断。显然，这种分析忽视了预期在区位决策中的作用。在贸易自由度较高的情况下（假设市场主体非常重视未来的收益），忽视预期的作用会导致错误的结论。在线性框架下，可以对此问题展开讨论。

2. 许多新经济地理学模型只能通过数值模拟得出模型的解

DCI 框架下的非线性关系使得许多新经济地理学模型欠缺解析分析的能力，因此，不得不借用数值模拟的方法（设定模型参数，利用计算机模拟经济系统运行）来寻求模型的解。虽然自由资本模型具有较强的解析分析能力，但它又丧失了核心边缘模型的许多关键特征。而本章介绍的线性模型在保留核心边缘模型绝大多数主要特征的前提下，仍具有完全的解析分析能力。

3. 迪克希特－斯蒂格利茨垄断竞争模型和冰山交易成本缺乏现实基础

在 DCI 框架下，消费者对某种工业品需求的价格弹性为常数且等于工业品间的替代弹性，因此，比较静态分析就不能分析不同的价格弹性和交叉价格弹性对企业区位的影响。冰山交易成本假设表明，工业品价格的任何变化都会使运输成本发生同比例的变化，例如，区域 A 生产的产品的出厂价为 p_1，把它运到区域 B 后的价格为 $p_2=\tau p_1$，这样 $p_2-p_1=(\tau-1)p_1$。如果没有其他的套利条件，那么 p_2-p_1 就等于运输成本，很显然，它与产品的出厂价成正比，出厂价越高，运输成本也就越高，这显然不符合实际情况。

为了解决上述这些问题，詹马科·奥塔维诺等（2002）提出了另一种分析框架，即线性模型。最关键的变化在于线性模型采用了准线性二次效用函数，而不是柯布－道格拉斯型和 CES 型效用函数。另一个重要变化是以线性运输成本取代冰山交易成本。

二、线性模型的逻辑

线性模型也具有 DCI 框架下的聚集力和分散力，因此，线性模型中的聚集逻辑以及贸易成本的作用与核心边缘模型、自由资本模型和自由企业家模型是一样的。这里重点说明线性模型框架和 DCI 框架的两个不同之处。

1. 线性模型框架下的事前竞争效应属于分散力

在线性模型中，厂商所面对的需求曲线为向下倾斜的线性需求曲线，因此，厂商的定价策略已经包含了对竞争者定价策略的考虑，这样就产生了所谓的竞争效应（工业品之间存在着一定的替代性，这种替代性使得每种工业品生产商与其他工业品生产商之间存在竞争，但这种竞争不是直接的竞争，而是间接的竞争，也就是，每种工业品生产商的价格决策是通过影响经济系统总体价格水平的方式间接地影响其他生产商的定价策略。当然，当生产商做出其利润最大化决策时，它假定自己的价格决策不会影响区域总体的价格水平）。在比较“拥挤”的市场中，生产商制定的价格相对较低，因此，相对于 DCI 框架下的生产商，线性框架下的生产商更倾向于选择竞争对手较少的市场进行生产。

2. 线性框架下的市场规模只取决于居住在每个区域的消费者数量，而与他们的收入水平无关

准线性二次效用函数意味着，每个消费者支付在工业品上的支出与其收入水平无关（比较线性模型的需求函数与核心边缘模型的需求函数），因此，线性框架下的市场规模只取决于居住在每个区域的消费者数量，而与他们的收入水平无关（线性模型中收入效应的缺失，仅对经济活动空间分布产生较小影响）。在线性自由企业家模型中，要素与其所有者一起流动，因此，生产的转移就伴随着人口的转移，人口的转移就意味着市场份额的变化，而这些变化反过来又促进了生产的进一步转移。线性模型中与需求关联的循环累积因果关系，与在 DCI 框架中是一样的。缺乏收入效应的影响，主要体现在战斧图解中不存在重叠区（多重均衡），也就是说，在线性模型中突破点和维持点是重合的。

总之，线性模型框架仍坚持 DS 垄断竞争的市场结构，放弃了 CD 和 CES 型效用函数及冰山运输成本，取而代之的是准线性二次效用函数及线性运输成本。如果把这一分析框架应用于自由资本模型（FC 模型）、自由企业家模型（FE 模型），那么就形成线性自由资本模型（线性 FC 模型）和线性自由企业家模型（线性 FE 模型）。

第二节　线性自由资本模型

本节将以线性自由资本模型为例，介绍线性模型的基本框架。本质上，线性模型的研究范式与经典模型是一脉相承的，都是从基本假设到短期均衡，再到长期均衡的。

一、基本假设

1. 基本前提

类似于核心边缘模型，线性模型中假设存在两个区域（北部与南部）、使用两种要素（资本与劳动力）、有两个生产部门（工业与农业部门）。在线性自由资本模型中，资本所有者和劳动所有者不具有空间流动性，因此，劳动力要素不能在区域间流动，但资本和资本所有者可以分离，资本可以在区域间自由

流动。$s_L = L/L^w$ 表示北部地区的劳动力禀赋份额，$s_K = K/K^w$ 表示北部拥有的资本禀赋份额，$s_n = n/n^w$ 则表示北部使用的资本份额。再假设每个资本所有者拥有一单位资本，这样整个经济中消费者人数可以表示为 $L^w + K^w$。

与自由资本模型中的假设一样，由于资本所有者不具有空间流动性，因此，资本的区际流动是为了追逐更高的名义收益率，并且资本收益全部返回到资本所有者所在的区域消费。资本流动方程为：

$$\dot{s}_n = (\pi - \pi^*) s_n (1 - s_n) \tag{9.1}$$

其中，π、π^* 分别是北部与南部的资本名义收益率。

农业部门生产同质性农产品，具有规模收益不变的生产技术，在完全竞争的市场结构下，只利用劳动力生产同质农产品，因此，以瓦尔拉斯一般均衡为特征，单位农产品的成本为 $a_A w_L$。工业部门以规模收益递增和垄断竞争为特征，生产差异化的工业品，利用资本和劳动力进行生产，资本是固定投入，劳动力是可变投入，故厂商的成本函数可以写成 $\pi F + a_m w_L x$，其中，π 为资本收益率，F 为资本投入量，a_m 为单位产出所需要的劳动力，w_L 为劳动力的工资水平，x 为某种工业品的产出量。

假设农产品的区际贸易不存在运输成本，工业品区际贸易需要支付运输成本。在线性模型中，不再假设"冰山运输成本"，而假设1单位工业品的运输需要消耗 τ 单位的农产品，$\tau > 0$，且运输成本由产品的输出地区承担。

2. 消费者偏好假设

消费者偏好以"准线性二次效用函数"表示：

$$U = \alpha \int_0^{n+n^*} c_i \mathrm{d}i - \frac{\beta - \delta}{2} \int_0^{n+n^*} c_i^2 \mathrm{d}i - \frac{\delta}{2} \left(\int_0^{n+n^*} c_i \mathrm{d}i \right)^2 + C_A;\ \alpha > 0,\ \beta > \delta > 0 \tag{9.2}$$

其中，c_i 为第 i 种工业品的消费量，C_A 为农产品消费量，a 反映消费者对工业品的偏好程度。$\beta > \delta$ 意味着消费者更偏好多样化的工业品，也就是消费者消费工业品时更看重工业品种类数量。类似于 DCI 框架中的参数 σ，δ 也表示工业品之间的替代能力，当 β 给定时，如果 δ 越大进而越接近 β，那么产品间的替代能力越强，这些产品的需求对价格变化就越敏感，而这种需求对价格变动相当敏感的产品不是消费者的必需品。因此，如果产品间替代能力大，那么消费者的多样化偏好强度就越低。反过来，如果 δ 越小进而越远离 β，那么产品间的替代能力越弱，产品需求对价格变动越不敏感，进而每个产品都是消费者的必需品，此时消费者的多样性偏好强度就越高。

由于准线性二次效用函数是线性空间模型的富有特色的一种假设，下面重点考察一下这种效用函数的特征。

首先，准线性二次效用函数的一阶导数大于0，二阶导数小于0，满足消费的非餍足性和边际效用递减规律。在其他产品消费量不变的情况下，增加某一种产品的消费，将提升消费者的效用水平，即任一种工业品的边际效用为正，同时边际效用递减规律成立。在式（9.2），分别对 c_i 求一阶和二阶导数，则 $dU/dc_i = \alpha - (\beta - \delta)c_i - \delta(\int_0^{n+n^*} c_i di)$，反映第 i 种工业品的边际效用，因此，可以令：

$$\alpha - (\beta - \delta)c_i - \delta(\int_0^{n+n^*} c_i di) > 0$$

继续求二阶导数：

$$d^2U/dc_i^2 = -(\beta - \delta) - \delta = -\beta < 0$$

消费者对第 i 种工业品的消费所带来的效用如图9－1所示。

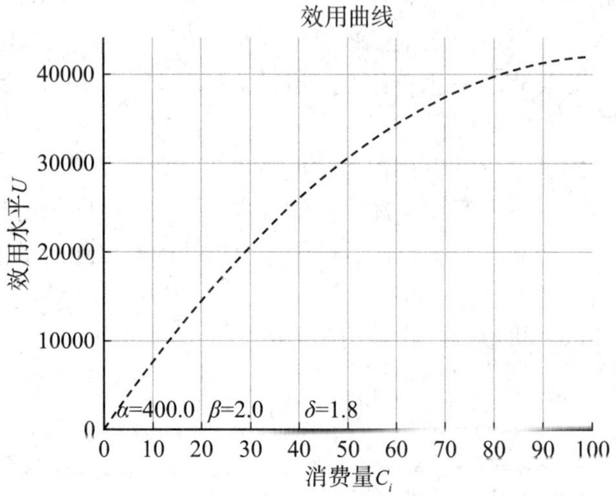

图9－1　准线性二次效用函数的凹性特征

资料来源：笔者整理。

其次，$\beta > \delta$ 反映了消费者对工业品消费的多样性偏好。假设消费者对所有工业品的消费量都相等，那么消费者对工业品的总消费量为 $n^w c$。此时，消费者把这些消费配置在［0，n^w］上比配置在［0，x］（$x < n^w$）上的效用水平更高，关于这一点可以验证如下：假设消费者对所有工业品的购买量都相同，如果消费者在［0，x］上消费，那么，$c_i = n^w c/x$，此时效用水平为：

$$U(x) = \alpha\int_0^x c_i di - \frac{\beta - \delta}{2}\int_0^x c_i^2 di - \frac{\delta}{2}(\int_0^x c_i di)^2 + C_A$$

$$= ax\left(\frac{n^w c}{x}\right) - \frac{\beta - \delta}{2}x\left(\frac{n^w c}{x}\right)^2 - \frac{\delta}{2}\left[x\left(\frac{n^w c}{x}\right)\right]^2 + C_A$$

$$= an^w c - \frac{\beta - \delta}{2}\frac{(n^w c)^2}{x} - \frac{\delta}{2}(n^w c)^2 + C_A$$

所以，$\frac{dU(x)}{dx} = \frac{\beta - \delta}{2}\left(\frac{n^w c}{x}\right)^2 > 0$。

可见随着 x 的上升，消费者效用水平上升，当 $x = n^w$ 时，效用水平最高。因此，只要 $\beta > \delta$，消费者就会在 $[0, n^w]$ 上消费工业品，所以，$\beta - \delta > 0$ 反映了消费者对工业品消费的多样性偏好。

最后，在 β 一定的情况下，δ 的值越大，工业品品种间的替代能力越强，消费者的多样性偏好强度就越低；δ 越小，工业品间的替代能力越弱，消费者的多样化偏好强度就越高。

在无差异曲线上，计算任意两种工业品间的边际替代率：

$$MRS_{ij} = \frac{dc_j}{dc_i} = -\frac{MU_i}{MU_j}$$

假设现有两种工业品，图 9－2 画出了三条效用水平相同、δ 取不同值的无差异曲线或等效用线，一条是直线 $\delta = \beta = 2$，另两条是曲线 $\delta_1 = 1.9$ 和 $\delta_2 = 1.1$。如果 $\delta = \beta$，根据式（9.2）可以得到斜率为 -1 的直线型等效用线，这种情况下，两种工业品完全替代，$dc_1 = -dc_2$，边际替代率 $MRS_{ij} = -1$；如果 $\delta \neq \beta$，如图 9－2 所示，δ 与 β 差值越大，无差异曲线越凸向原点，两种工业品之间越不容易相互替代，每一种工业品都成为必需品的可能性也就越大，从而消费者对工业品消费的多样化偏好强度就越高。

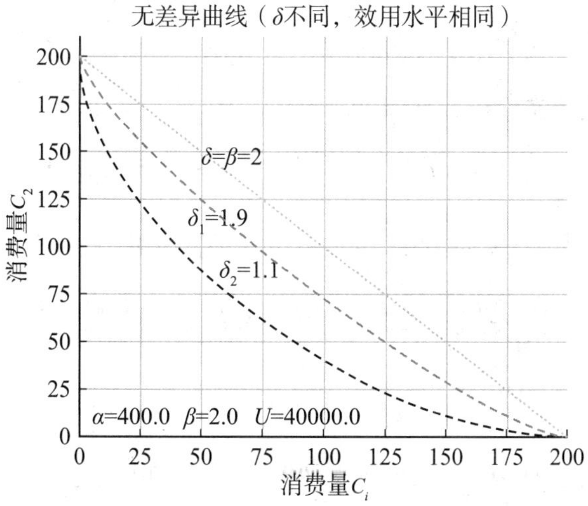

图 9－2　δ 与工业品间的替代性

资料来源：笔者整理。

二、短期均衡

短期均衡就是在资本使用份额 s_n 给定情况下，决定经济系统的各内生变量。

1. 农业部门

农业部门是完全竞争和规模收益不变的生产部门，农产品采取边际成本定价；农产品交易不存在运输成本，在任何地方农产品价格都相同，因此，有 $p_A=p_A^*=a_Aw_L=a_Aw_L^*$，从而 $w_L=w_L^*$。选择一单位农业劳动力生产的农产品作为价格和工资的计量单位，即 $a_A=1$，则有 $p_A=p_A^*=w_L=w_L^*=1$。

2. 消费者行为：效用最大化

根据式（9.2）的效用函数，消费者在预算约束下，使效用最大化。设某一消费者的总支出为 I，则其预算约束为：

$$\int_0^{n^w} p_i c_i \mathrm{d}i + p_A C_A = I$$

建立拉格朗日函数：

$$L = \alpha\int_0^{n^w} c_i \mathrm{d}i - \frac{\beta-\delta}{2}\int_0^{n^w} c_i^2 \mathrm{d}i - \frac{\delta}{2}\left(\int_0^{n^w} c_i \mathrm{d}i\right)^2 + C_A - \lambda\left(\int_0^{n^w} p_i c_i \mathrm{d}i + p_A C_A - I\right)$$

最大化问题的一阶条件为：

$\partial L/\partial C_A = 1-\lambda p_A = 0 \Rightarrow \lambda = 1$，因此，$\partial L/\partial c_i = \alpha-(\beta-\delta)c_i-\delta\int_0^{n^w} c_i \mathrm{d}i - p_i = 0$。

所以，$p_i = \alpha-(\beta-\delta)c_i-\delta\int_0^{n^w} c_i \mathrm{d}i$，此式是一个代表性消费者对某种工业品的需求函数。需求函数两端对 i 积分，则：

$$\int_0^{n^w} p_i \mathrm{d}i = \alpha n^w - (\beta-\delta)\int_0^{n^w} c_i \mathrm{d}i - \delta\left(\int_0^{n^w} c_i \mathrm{d}i\right)n^w,$$

记 $P=\int_0^{n^w} p_i \mathrm{d}i$，表示区域整体的价格水平，所以：

$\int_0^{n^w} c_i \mathrm{d}i = \dfrac{\alpha n^w - P}{\beta+(n^w-1)\delta}$，此式代入上面的需求函数，可有：

$$\alpha-(\beta-\delta)c_i-\delta\frac{\alpha n^w-P}{\beta+(n^w-1)\delta}=p_i$$

$$\Rightarrow c_i = -\frac{p_i}{\beta-\delta}+\left[\frac{\alpha}{\beta-\delta}-\frac{\delta\alpha n^w}{(\beta-\delta)[\beta+(n^w-1)\delta]}\right]+\frac{\delta P}{(\beta-\delta)[\beta+(n^w-1)\delta]}$$

$$\Rightarrow c_i = -\frac{p_i}{\beta-\delta}+\frac{\alpha}{\beta+(n^w-1)\delta}+\frac{\delta P}{(\beta-\delta)[\beta+(n^w-1)\delta]}$$

定义 $a \equiv \frac{\alpha}{\beta+(n^w-1)\delta}$、$c \equiv \frac{\delta}{(\beta-\delta)[\beta+(n^w-1)\delta]}$，则有：$c = \frac{a}{\alpha}\frac{\delta}{(\beta-\delta)}$，再定义 $b = \frac{a}{\alpha}$,则 $c = \frac{b\delta}{\beta-\delta}$。而：

$$b + cn^w = b + \frac{b\delta}{\beta-\delta}n^w = b\left(1+\frac{\delta n^w}{\beta-\delta}\right) = b\frac{\beta+(n^w-1)\delta}{\beta-\delta} = \frac{b\alpha}{a(\beta-\delta)} = \frac{1}{\beta-\delta}$$

利用上面这些记号，需求函数可简写成：

$$c_i = a - (b + cn^w)p_i + cP \tag{9.3}$$

式（9.3）的需求函数表明，消费者对某种工业品的需求量不仅与该工业品的价格 p_i 有关，同时还与区域整体的价格水平 P 有关。这意味着，影响消费者对某种工业品需求量的因素，不仅包括工业品本身的价格水平，还包括其他产品的交叉价格水平，这一特点反映了垄断竞争市场的本质特征。同时还要注意，在需求函数中，不包含消费者的收入水平，因此，在线性模型中，收入的空间效应消失了，这一点与核心边缘模型显著不同。

3. 生产者行为：利润最大化

由于工业品区际贸易存在运输成本，但这里的运输成本不同于 DCI 框架下的冰山运输成本，而是区际运输 1 单位工业品需要消耗 τ 单位农产品。生产商相当于面对着相互分割的两个市场，在北部和南部市场分别制定价格。另外，由于消费者的收入没有进入需求函数，因此，一个生产商在某个市场上的总需求就是单个消费者的需求量乘以该市场（区域）上所有消费者数量。由于一个资本所有者只拥有一单位资本，因此，北部消费者数量为 $M = s_L L^w + s_K K^w$，南部消费者数量为 $M^* = (1-s_L)L^w + (1-s_K)K^w$。由于同一个区域内每个企业都面临相同的需求函数，并且其成本函数也相同，因此，同一区域内所有企业的最优定价策略也都相同。用 p 表示北部企业在北部市场上的定价，$\bar{p}$ 表示北部企业在南部市场上的定价；南部企业在南部市场的定价为 p^*，南部企业在北部市场的定价为 $\bar{p}^*$（注意这里使用的符号与 CP 模型不同）。分别用 P，P^* 表示北部和南部的价格总水平，因此，有：$P = \int_0^{n^w} p_i \mathrm{d}i = np + n^*\bar{p}^*$，$P^* = \int_0^{n^w} p_i \mathrm{d}i = n^*p^* + n\bar{p}$。

北部每个企业的利润即销售收入扣除劳动力成本和运输成本为：

$$(p-a_m)[a-(b+cn^w)p+cP]M + (\bar{p}-a_m-\tau)[a-(b+cn^w)\bar{p}+cP^*]M^* \tag{9.4}$$

南部每个企业的利润为：

$$(p^*-a_m)[a-(b+cn^w)p^*+cP^*]M^* + (\bar{p}^*-a_m-\tau)[a-(b+cn^w)\bar{p}^*+cP]M \tag{9.4'}$$

现在考虑生产商利润最大化问题。首先，假设在经济系统中存在数量众多的生产商，每个生产商进行其价格决策时，总认为自己的定价不会影响经济系统的总价格水平，也就是，在实施利润最大化决策过程中，生产商认为 P、P^* 是固定不变的。其次，考虑企业的定价形成了区域价格总水平，即总价格水平要满足约束条件：$P=\int_0^{n^w} p_i \mathrm{d}i=np+n^*\bar{p}^*$ 和 $P^*=\int_0^{n^w} p_i \mathrm{d}i=n^*p^*+n\bar{p}$。这样，我们就可以得到不同区域生产商的定价策略：①

$$\begin{cases} p=\dfrac{[a+a_m(b+cn^w)]+c\tau n^*/2}{2b+cn^w}=\dfrac{2[a+a_m(b+cn^w)]+c\tau n^*}{2(2b+cn^w)},\ \bar{p}^*=p+\dfrac{\tau}{2} \\ p^*=\dfrac{[a+a_m(b+cn^w)]+c\tau n/2}{2b+cn^w}=\dfrac{2[a+a_m(b+cn^w)]+c\tau n}{2(2b+cn^w)},\ \bar{p}=p^*+\dfrac{\tau}{2} \end{cases} \tag{9.5}$$

从生产商定价策略中可以看到，在线性模型中，企业的定价不是 DCI 框架下的边际成本加成定价，在这里企业的定价与企业的空间分布有关，北部企业在北部的定价受到南部企业数量的影响，而南部企业在南部市场的定价也受到北部企业数量的影响，即企业在本地的定价受到外地企业数量的影响，与外地企业数量正相关（而与本地企业数量负相关）。区域市场竞争强度可以通过当

---

① 在式（9.4），对 p 求一阶导数并令其为0，得：

$$2(b+cn^w)p=a+a_m(b+cn^w)+cP \tag{1}$$

在式（9.4'），对 $\bar{p}^*$ 求一阶导数并令其为0，得：

$$2(b+cn^w)\bar{p}^*=a+(a_m+\tau)(b+cn^w)+cP \tag{2}$$

以上两式分别反映了北部企业和南部企业，在认为北部市场价格总水平不会被它们的定价策略所影响时，在北部市场上的定价。上述讨论是企业定价策略的第一步，第二步讨论总价格水平，也就是价格指数。

利用（1）$\times n+(2)\times n^*$ 并结合 $P=np+n^*p^*$，可得：

$$(2b+cn^w)P=[a+a_m(b+cn^w)]n^w+\tau n^*(b+cn^w)$$

这样可以得到 P，并把 P 代入式（1）：

$$\begin{aligned} 2(b+cn^w)p &= a+a_m(b+cn^w)+\frac{c}{2b+cn^w}\{[a+a_m(b+cn^w)]n^w+\tau n^*(b+cn^w)\} \\ &= \frac{[a+a_m(b+cn^w)](2b+cn^w)+c\{[a+a_m(b+cn^w)]n^w+\tau n^*(b+cn^w)\}}{2b+cn^w} \\ &= \frac{[a+a_m(b+cn^w)](2b+2cn^w)+c\tau n^*(b+cn^w)}{2b+cn^w} \\ \Rightarrow p &= \frac{[a+a_m(b+cn^w)]+c\tau n^*/2}{2b+cn^w}=\frac{2[a+a_m(b+cn^w)]+c\tau n^*}{2(2b+cn^w)}, \end{aligned}$$

此式为正文中的式（9.5）。

同理，把 P 代入式（2）中，可得：$\bar{p}^*=p+\tau/2$。

上面推导出北部企业在北部市场的定价以及南部企业在北部市场的定价，同理可以得到，南部企业在南部市场的定价以及北部企业在南部市场的定价。

地企业数量来反映，如果一个区域内的企业数量较少，市场竞争相对宽松，企业在当地市场就具有较强的市场势力，因而定价也较高，这也反映了垄断竞争市场的特点。同时运输成本也影响企业的定价决策，如果运输成本较高或者区域间贸易壁垒很大，那么企业从当地的贸易壁垒中得到保护，可以在当地市场收取更高的价格。另外，受运输成本影响，外地企业在本地定价比本地企业的本地定价高 $\tau/2$。

另外，只要区际运输成本足够低，那么就存在区际的双向贸易，出现这种双向贸易的条件，就是北部企业在南部的销售价格足以补偿其可变成本和运输成本，同时，南部企业在北部市场的销售价格也足以补偿企业的可变成本和运输成本。这一条件可以写成：

$$\left.\begin{aligned}\bar{p}-a_m-\tau>0\Rightarrow p^*>a_m+\frac{\tau}{2}\Rightarrow\tau<\frac{2(a-a_mb)}{2b+cn}\\ \bar{p}^*-a_m-\tau>0\Rightarrow p>a_m+\frac{\tau}{2}\Rightarrow\tau<\frac{2(a-a_mb)}{2b+cn^*}\end{aligned}\right\}\Leftarrow\tau<\frac{2(a-a_mb)}{2b+cn^w}\tag{9.6}$$

因此，只要满足 $\tau<\dfrac{2(a-a_mb)}{2b+cn^w}$，上述两个不等式都成立，定义：$\tau^{trade}=\dfrac{2(a-a_mb)}{2b+cn^w}$，因此，只要满足 $\tau<\tau^{trade}$ 的条件，那么就可以发生双向贸易。事实上这一条件是相当严格的约束条件。宽松一点来说，只要 $\tau<\min\left(\dfrac{2(a-a_mb)}{2b+cn},\dfrac{2(a-a_mb)}{2b+cn^*}\right)$，双向贸易就可以发生。下面的讨论，都假设 $\tau<\tau^{trade}$ 的条件得到满足。

现在考察北部一个企业的利润(资本收益)。如前所述，生产商的成本函数为 $\pi F+a_mw_Lx$，每一个生产商都把单位的资本作为其固定投入，用 π 来表示资本利润率，则由式(9.4)可得企业利润表达式，同时把式(9.5)的均衡价格水平代入式(9.4)，得到：

$$\pi F=(p-a_m)[a-(b+cn^w)p+cP]M+(\bar{p}-a_m-\tau)[a-(b+cn^w)\bar{p}+cP^*]M^*。$$

又将：

$$\begin{cases}P=np+n^*\bar{p}^*=np+n^*(p+\tau/2)=n^wp+n^*\tau/2\\ P^*=n^*p^*+n\bar{p}=n^*(\bar{p}-\tau/2)+n\bar{p}=n^w\bar{p}-n^*\tau/2\end{cases}$$

代入上式，可有：

$$\begin{aligned}\pi F&=(p-a_m)\left(a-bp+\frac{c\tau n^*}{2}\right)M+(\bar{p}-a_m-\tau)\left[a-(b+cn^w)\bar{p}+c\left(n^wp-\frac{n^*\tau}{2}\right)\right]M^*\\&=(p-a_m)\left(a-bp+\frac{c\tau n^*}{2}\right)M+(\bar{p}-a_m-\tau)\left(a-b\bar{p}-\frac{c\tau n^*}{2}\right)M^*。\end{aligned}$$

而：

$$(p-a_m)\left(a-bp+\frac{c\tau n^*}{2}\right)=(p-a_m)\left[a-b\frac{2[a+a_m(b+cn^w)]+c\tau n^*}{2(2b+cn^w)}+\frac{c\tau n^*}{2}\right]$$

$$=(p-a_m)\left[\frac{2a(2b+cn^w)-2ab-2a_mb(b+cn^w)+bc\tau n^*+c\tau n^*(2b+cn^w)}{2(2b+cn^w)}\right]$$

$$=(p-a_m)\left[\frac{2a(b+cn^w)-2a_mb(b+cn^w)+c\tau n^*(b+cn^w)}{2(2b+cn^w)}\right]$$

$$=(p-a_m)(b+cn^w)\left[\frac{2a-2a_mb+c\tau n^*}{2(2b+cn^w)}\right]=(b+cn^w)(p-a_m)^2$$

上式推导的最后一步利用了：

$\dfrac{2a-2a_mb+c\tau n^*}{2(2b+cn^w)}=p-a_m$。同样：

$$(\bar{p}-a_m-\tau)(a-b\bar{p}-\frac{c\tau n^*}{2})=(\bar{p}-a_m-\tau)\left[a-b\frac{2[a+a_m(b+cn^w)]+c\tau n}{2(2b+cn^w)}-\frac{\tau(b+cn^*)}{2}\right]$$

$$=(\bar{p}-a_m-\tau)\left[\frac{2a(2b+cn^w)-b\{2[a+a_m(b+cn^w)]+c\tau n\}-(2b+cn^w)\tau(b+cn^*)}{2(2b+cn^w)}\right]$$

$$=(\bar{p}-a_m-\tau)\left[\frac{2a(b+cn^w)-2ba_m(b+cn^w)-[bcn+(2b+cn^w)(b+cn^*)]\tau}{2(2b+cn^w)}\right]$$

把 $bcn+(2b+cn^w)(b+cn^*)=2b^2+bcn^*+2cbn^w+c^2n^wn^*=(b+cn^w)(2b+cn^*)$代入上式，则：

$$(\bar{p}-a_m-\tau)\left(a-b\bar{p}-\frac{c\tau n^*}{2}\right)=(\bar{p}-a_m-\tau)(b+cn^w)\left[\frac{2a-2ba_m-(2b+cn^*)\tau}{2(2b+cn^w)}\right]$$
$$=(b+cn^w)(\bar{p}-a_m-\tau)^2$$

上式的最后一步推导利用了$\dfrac{2a-2ba_m-(2b+cn^*)\tau}{2(2b+cn^w)}=\bar{p}-a_m-\tau$。上述结果代入利润表达式 $\pi F=(p-a_m)\left(a-bp+\dfrac{c\tau n^*}{2}\right)M+(\bar{p}-a_m-\tau)\left(a-b\bar{p}-\dfrac{c\tau n^*}{2}\right)M^*$中，则：

$$\pi F=(b+cn^w)[(p-a_m)^2M+(\bar{p}-a_m-\tau)^2M^*] \tag{9.7}$$

同理，南部企业的利润（资本收益）也可以写成：

$$\pi^*F=(b+cn^w)[(p^*-a_m)^2M^*+(\bar{p}^*-a_m-\tau)^2M] \tag{9.7'}$$

由于每个企业都使用 F 单位的资本，因此，北部地区的企业数可写成：

$$n=s_nK^w/F \tag{9.8}$$

据此，人们可以选择合适的资本度量单位，使得：$K^w=F$，从而简化模型。

这样的话，将有：$n=s_n$，$n^*=1-s_n$，$n^w=1$。

三、长期均衡

在长期，资本在区域间自由流动以寻求更高的收益率，同时，由于每个企业使用的资本量相同且不变，因此，资本的空间分布也就决定了生产的空间分布。

1. 长期均衡的决定

由式（9.1）的资本流动方程可以知道，当两个区域资本收益率相等时，资本就没有空间转移的激励；而当资本全部集中在一个区域，也就是资本分布出现核心边缘情况，可以用式（9.9）表示长期均衡：

$$\begin{cases}\pi=\pi^*,\ 0<s_n<1\\ \pi>\pi^*,\ s_n=1\\ \pi<\pi^*,\ s_n=0\end{cases} \tag{9.9}$$

由式（9.7）、式（9.7'），可以计算资本收益率的区际差距：

$$\begin{aligned}\pi-\pi^*&=\frac{(b+cn^w)}{F}[(p-a_m)^2M+(\bar{p}-a_m-\tau)^2M^*-(p^*-a_m)^2M^*\\&\quad-(\bar{p}^*-a_m-\tau)^2M]\\&=\frac{(b+cn^w)}{F}\{[(p-a_m)^2-(\bar{p}^*-a_m-\tau)^2]M+[(\bar{p}-a_m-\tau)^2\\&\quad-(p^*-a_m)^2]M^*\}\end{aligned}$$

利用$\bar{p}^*=p+\tau/2$，$\bar{p}=p^*+\tau/2$，上式可化简为：

$$\pi-\pi^*=\frac{(b+cn^w)}{F}\left[\frac{\tau}{2}\left(2p-2a_m-\frac{\tau}{2}\right)M-\frac{\tau}{2}\left(2p^*-2a_m-\frac{\tau}{2}\right)M^*\right]$$

再利用$M=s_LL^w+s_KK^w$，$M^*=(1-s_L)L^w+(1-s_K)K^w$，把均衡价格代入上式，得：

$$\begin{aligned}\pi-\pi^*&=\frac{\tau(b+cn^w)}{4F(2b+cn^w)}\{[4a+4a_m(b+cn^w)+2\tau cn^*-4a_m(2b+cn^w)\\&\quad-\tau(2b+cn^w)]M-[4a+4a_m(b+cn^w)+2\tau cn-4a_m(2b+cn^w)\\&\quad-\tau(2b+cn^w)]M^*\}\\&=\frac{\tau(b+cn^w)}{4F(2b+cn^w)}\{[8(a-ba_m)-4b\tau](s_LL^w+s_KK^w)\\&\quad-[4a-4ba_m+\tau(cn-cn^*-2b)](L^w+K^w)\}\\&=\frac{\tau(b+cn^w)}{4F(2b+cn^w)}\left\{4(2a-2ba_m-b\tau)\left[\left(s_L-\frac{1}{2}\right)L^w+\left(s_K-\frac{1}{2}\right)K^w\right]\right.\end{aligned}$$

$$+2(2a-2ba_m-b\tau)(L^w+K^w)-[4a-4ba_m+\tau(cn-cn^*-2b)](L^w+K^w)\}$$

$$=\frac{\tau(b+cn^w)}{2F(2b+cn^w)}\left\{2(2a-2ba_m-b\tau)\left[\left(s_L-\frac{1}{2}\right)L^w+\left(s_K-\frac{1}{2}\right)K^w\right]-\tau c\left(n-\frac{1}{2}\right)(L^w+K^w)\right\}$$

$$=\frac{\tau(b+c)}{2F(2b+c)}\left\{2(2a-2ba_m-b\tau)\left[\left(s_L-\frac{1}{2}\right)L^w+\left(s_K-\frac{1}{2}\right)K^w\right]-\tau c\left(n-\frac{1}{2}\right)(L^w+K^w)\right\}$$

因此：

$$\pi-\pi^*=\frac{\tau(b+c)}{2F(2b+c)}\left\{2(2a-2ba_m-b\tau)\left[\left(s_L-\frac{1}{2}\right)L^w+\left(s_K-\frac{1}{2}\right)K^w\right]-\tau c\left(n-\frac{1}{2}\right)(L^w+K^w)\right\} \tag{9.10}$$

式（9.10）的推导过程利用了：$n+n^*=n^w=1$。

从式（9.10）可以看出，如果区际运输成本 $\tau=0$，则区际不存在利润率的差距，这说明在完全自由贸易条件下，空间因素在经济系统中不起作用了，即“空间中性”。另外，如果区际资本与劳动力禀赋是完全对称的，那么此时工业企业空间分布也为对称分布，① 因此，也不存在区际利润率差距。

首先，从式（9.10）可以看出，利润率差距受到两种作用力的影响。在区域之间存在双向贸易的情况下，即：

$$\tau<\tau^{trade}=\frac{2(a-a_m b)}{2b+cn^w}\Rightarrow(2b+cn^w)\tau<2(a-a_m b)$$

$$\Rightarrow 2a-2ba_m-b\tau>(b+cn^w)\tau>0$$

因此，在式（9.10）中，右边第一项（方括号内的项）所表示的是“本地市场效应”，正如上面的式子所给出的那样该项的系数为正，这意味着本地市场效应对企业收益率的影响是正向的，该项为一种聚集力；第二项（$n-1/2$）表示区际产业分布偏离对称分布的程度，它反映企业间的竞争强度，该项的系数为负，意味着企业间竞争对企业收益率的影响是负向的，可称为“市场拥挤效应”，这是一种分散力。正是这两种力量的权衡决定了长期的资本空间

① 此时式（9.10）成为：$\pi-\pi^*=\tau(b+c)[-\tau c(n-1/2)(L^w+K^w)]/2F(2b+c)$，如果 $n>1/2$，即北部使用的资本份额较高，则 $\pi<\pi^*$，由于资本是可以自由流动的，因此，必然就会形成资本从北部向南部的流动，从而使资本使用份额趋向于均等，同时两个区域的利润率也趋于相同。

分布。从式（9.10）中还可看到，c 越大，市场拥挤效应就越强，而 c 又由下式决定：

$$c=\frac{\delta}{(\beta-\delta)[\beta+(n^{w}-1)\delta]}$$

这说明 δ 越大，c 也越大，而 δ 反映了工业品间的替代能力，δ 越大，工业品间的替代能力就越强，表明消费者的多样性偏好强度越弱。在这种情况下，分散力越大。

其次，式（9.10）还告诉我们，工业品的区际运输成本是影响聚集力和分散力的另一个重要因素。随着 τ 的提高，对聚集力的影响显现为先升后降，但分散力在不断加大。当两个区域资本收益率的差额为 0 时，可以给出资本分布的长期均衡条件。由式（9.10）可得：

$$\begin{aligned}\pi-\pi^{*}=0&\Rightarrow 2(2a-2ba_{m}-b\tau)[(s_{L}-1/2)L^{w}+(s_{K}-1/2)K^{w}]\\&\quad-\tau c(n-1/2)(L^{w}+K^{w})=0\\&\Rightarrow\frac{\tau c(n-1/2)}{2(2a-2ba_{m}-b\tau)}=\frac{(s_{L}-1/2)L^{w}+(s_{K}-1/2)K^{w}}{(L^{w}+K^{w})}=s_{E}-\frac{1}{2}\end{aligned}$$

因此：

$$s_{n}=n=\frac{1}{2}+\frac{2(2a-2ba_{m}-b\tau)}{\tau c}\left(s_{E}-\frac{1}{2}\right)\qquad(9.11)$$

$$s_{E}=\frac{M}{M+M^{*}}=\frac{s_{L}L^{w}+s_{K}K^{w}}{L^{w}+K^{w}}\qquad(9.11')$$

式（9.11）是两个区域资本收益率相等时资本的空间分布与要素禀赋（支出或市场规模）空间分布之间的关系，可以看出，如果资本与劳动力的初始禀赋在区域间是对称的，那么资本使用也必然是对称的，也就是说，这种情况下，资本使用的对称分布是长期稳定均衡。另外，如果要素禀赋是不对称的，即 $s_E\neq1/2$，那么在这种情况下，随着运输成本的下降，将出现核心边缘结构。例如如果假设 $s_E>1/2$，那么令 $s_n=1$，则可以得出形成核心边缘结构的运输成本条件，即：

$$1=\frac{1}{2}+\frac{2\ (2a-2ba_{m}-b\tau^{CP})}{\tau^{CP}c}\left(s_{E}-\frac{1}{2}\right)$$

$$\therefore\ \tau^{CP}=\frac{8(a-ba_{m})(s_{E}-1/2)}{c+4b(s_{E}-1/2)}\qquad(9.12)$$

当 $\tau\leqslant\tau^{CP}$ 时，初始禀赋非对称分布的两个区域可以形成核心边缘结构的空间模式。

最后，从 $\frac{(s_{L}-1/2)L^{w}+(s_{K}-1/2)K^{w}}{(L^{w}+K^{w})}=s_{E}-\frac{1}{2}$ 还可以看到，整个经济系统劳

动力和资本禀赋的相对丰度对区域市场份额具有不同的影响。相对丰富的资源禀赋的作用更为重要，例如，如果劳动力相对更为丰富，即 $L^w/K^w>1$，那么相同程度的劳动力和资本份额的偏离对市场份额偏离的影响，劳动力要素的权重更大。

2. 长期均衡的剪刀图解

式（9.11）是长期均衡时，北部工业生产份额 s_n 与市场份额 s_E 间必须满足的关系，如果偏离这一关系，资本就开始转移直到这一关系得到满足为止，或者形成核心边缘结构为止。

在 s_n-s_E 坐标系可以看出，式（9.11）是一条直线，称为 nn 曲线。该直线必然经过坐标为 $s_n=1/2$，$s_E=1/2$ 的点，斜率为 $ds_n/ds_E=2(2a-2ba_m-b\tau)/c\tau$。根据双向贸易条件，$\tau<\tau^{trade}\Rightarrow 2a-2ba_m-b\tau>(b+c)\tau$，故 $ds_n/ds_E>2(b+c)/c>2$，因此，线性自由资本模型中存在市场放大效应，nn 曲线是一条斜率大于 2 的直线，并且这条直线的斜率随着运输成本 τ 的下降而变大，nn 曲线绕对称均衡点（$s_n=s_E=1/2$）逆时针旋转，当 $\tau\to 0$ 时，即不存在空间成本，完全自由贸易时，nn 曲线最终旋转到垂直于 s_E 轴。式（9.11'）给出了外生的初始禀赋决定的市场份额，称为 EE 曲线，在线性自由资本模型中，s_E 的值固定不变，在 s_n-s_E 坐标空间中，这是一条垂直于 s_E 轴的直线。图 9－3 描绘了这两条线。

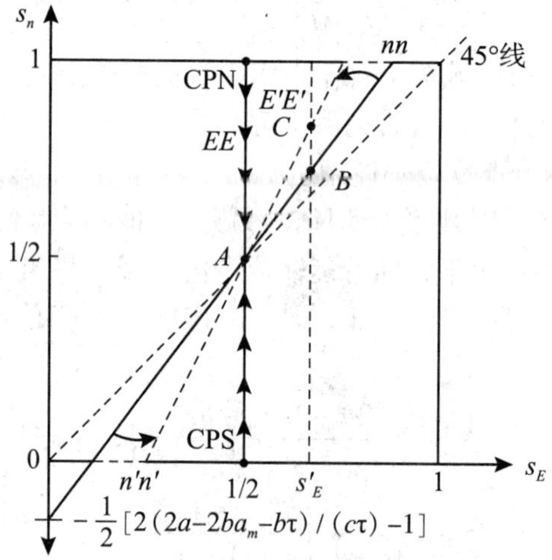

图 9－3　线性 FC 模型的剪刀图解

资料来源：笔者整理。

初始禀赋对称分布时，如果 $s_n > 1/2$，即图 9 - 3 中的上半部分，此时，EE 曲线总在 nn 曲线的左上方，EE 曲线上任何一点都表示对 nn 曲线的偏离程度。如前所述，在 nn 曲线上两个区域资本收益率相等，也就是说，对于 EE 曲线上 $s_n > 1/2$ 的某个点，必须达到 nn 曲线上的相同 s_n 所要求的 s_E 值才能保证两个区域资本收益率相同，但 EE 曲线上任一点的 $s_E = 1/2$，小于保证资本收益率相等的 s_E 值，因此，北部资本收益率小于南部资本收益率，存在资本从北部向南部转移的趋势，从而推动 s_n 下降，如图 9 - 3 中箭头所示。而对于 EE 曲线上 $s_n < 1/2$ 的某个点，情况正好相反。随着运输成本下降，nn 曲线绕 A 点逆时针旋转，见图 9 - 3 所示。但 $n'n'$ 曲线不可能有负的斜率，因此，EE 曲线上资本转移的方向并不改变。综上所述，对称均衡点 A 是长期稳定的均衡点，在内生作用力作用下，任何对 A 点的偏离都将返回到 A 点。在初始要素禀赋对称的情况下，对称结构将长期维持下去，不可能出现产业的空间聚集现象。

在初始要素禀赋非对称分布的情况下，根据式（9. 11’），不妨设 $s_E > 1/2$，EE 曲线向右平移至 $E'E'$，将可能出现资本使用的非对称现象，由于 nn 曲线的斜率大于2，故 nn 曲线和 $E'E'$ 曲线的交点（B 点）是长期稳定的均衡点，在这个均衡点上 $s_n > s_E$，显示出市场规模放大效应。并且在初始要素禀赋非对称情况下，运输成本的下降将导致核心边缘结构的形成，但这种核心边缘结构的形成并不是突发性的，而是渐进的过程，从图 9 - 3 中 nn 曲线的旋转过程中可以看出这一点。出现核心边缘结构时的运输成本由式（9. 12）给出。

3. 稳定均衡的战斧图解

在初始要素禀赋对称的情况下，$s_E = 1/2$，此时不管运输成本的大小，对称结构总是稳定的，如图 9 - 4 中实线 $s_n = 1/2$ 所示。只有在不存在空间成本的情况下，其他非对称结构才有可能是稳定均衡，即“空间中性”。而核心边缘结构总是不稳定的，如图 9 - 4 中的虚线所示。同时，在对称结构情况下，突破点和维持点都在 $\tau = 0$ 处，故不存在核心边缘模型中的那种突发性聚集。

在初始要素禀赋非对称情况下，例如，$s_E > 1/2$ 时，因市场放大效应，$s_n > s_E > 1/2$，也就是说，产业的空间分布也是非对称的，并且生产份额的偏离大于市场份额的偏离。随着 τ 的下降，s_n 逐渐上升，直到 $\tau \leqslant \tau^{CP}$，工业生产全部转移到北部地区，出现产业空间分布的核心边缘结构。

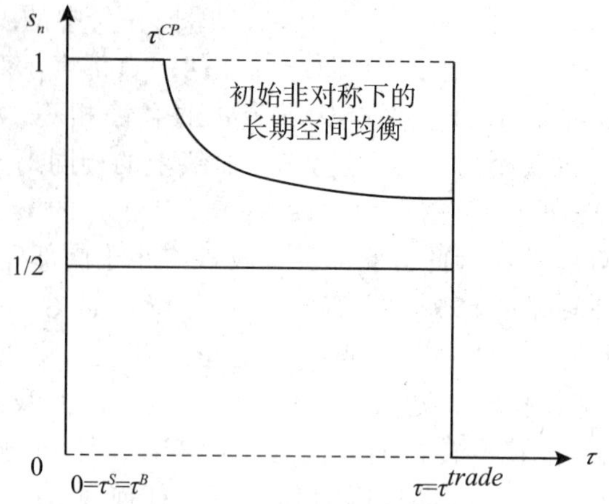

图9－4　稳定均衡的战斧图解

资料来源：笔者整理。

四、线性自由资本模型的主要特征

1. 市场规模放大效应

由式（9.11）描述的 *nn* 曲线，决定了长期均衡时资本收益率相等的条件。该直线的斜率为：

$$ds_n/ds_E = 2(2a - 2ba_m - b\tau)/c\tau > 2 \qquad (9.13)$$

因此，存在市场规模放大效应，即如果有一种外生冲击导致区域间市场份额的变化，那么将导致区域间更大比例的生产份额的变化（见图9－5）。

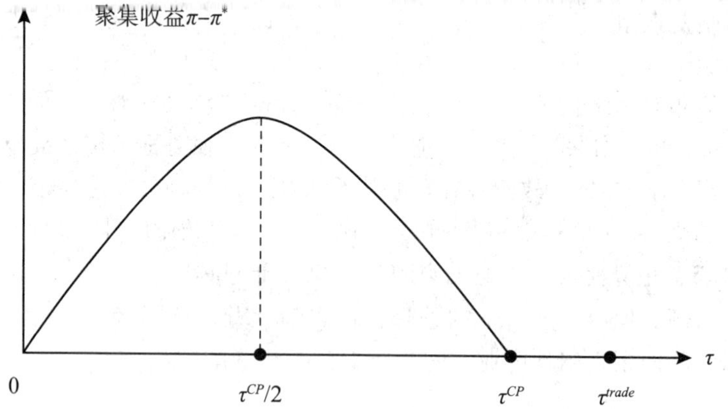

图9－5　驼峰状聚集租金

资料来源：笔者整理。

2. 驼峰状聚集租金

在 $\tau<\tau^{CP}$，$s_E>1/2$ 的情况下，将出现完全聚集的现象，即核心边缘模式。根据式（9.10），可以计算聚集租金，即聚集下的北部资本收益率与南部潜在的资本收益率之差：

$$\pi-\pi^*\Big|_{s_n=1}=\frac{\tau(b+c)}{2F(2b+c)}\left\{2(2a-2ba_m-b\tau)\left[\left(s_L-\frac{1}{2}\right)L^w+\left(s_K-\frac{1}{2}\right)K^w\right]-\frac{\tau c}{2}(L^w+K^w)\right\}$$

$$=\frac{\tau(b+c)(L^w+K^w)}{2K^w(2b+c)}\left[2(2a-2ba_m-b\tau)\left(s_E-\frac{1}{2}\right)-\frac{\tau c}{2}\right]$$

$$\therefore\ \pi-\pi^*\Big|_{s_n=1}=\frac{\tau(b+c)(L^w+K^w)}{4K^w(2b+c)}\left\{8(a-ba_m)\left(s_E-\frac{1}{2}\right)-\tau\left[4b\left(s_E-\frac{1}{2}\right)+c\right]\right\}\tag{9.14}$$

式（9.14）推导过程利用了度量单位标准化条件中的 $s_n=n$ 和 $K^w=F$ 及式（9.11'）。注意到 $8(a-ba_m)(s_E-1/2)-\tau[4b(s_E-1/2)+c]=[4b(s_E-1/2)+c](\tau^{CP}-\tau)$，所以：

$$\pi-\pi^*\Big|_{s_n=1}=\frac{(b+c)(L^w+K^w)}{4K^w(2b+c)}\left[4b\left(s_E-\frac{1}{2}\right)+c\right](\tau^{CP}-\tau)\tau\tag{9.15}$$

式（9.15）表明聚集租金是运输成本的函数，当 $\tau=\tau^{CP}$ 和 $\tau=0$ 时，聚集租金最小，而在 $0<\tau<\tau^{CP}$ 时聚集租金为正，在 $\tau=\tau^{CP}/2$ 时，聚集租金最大，如图 9-5 所示。

3. 贸易成本与资本流向

初始要素禀赋分布为非对称情况下，还可以讨论经济的贫富程度如何影响资本流向与交易成本之间的关系。假设初始情况下，劳动力是对称分布的，而北部拥有更多的资本，因此，北部相对富裕，而南部相对贫穷，$s_L=1/2$ 而 $s_K>1/2$。在这种情况下，根据式（9.11'）可以写出：

$$s_E-\frac{1}{2}=\frac{(s_L-1/2)L^w+(s_K-1/2)K^w}{L^w+K^w}=\frac{K^w}{L^w+K^w}(s_K-1/2)\tag{9.16}$$

由式（9.11）：

$$s_n-\frac{1}{2}=\frac{2(2a-2ba_m-b\tau)}{\tau c}\frac{K^w}{L^w+K^w}\left(s_K-\frac{1}{2}\right)\tag{9.17}$$

可以看到，虽然 $s_n>s_E>1/2$，但由于 $\frac{K^w}{L^w+K^w}$，s_n 却有可能小于 s_K。如果

$s_n > s_K$，说明资本从贫穷地区向富裕地区转移；如果 $s_n < s_K$，则资本从富裕地区向贫穷地区转移。由式（9.17），资本转移受到系数$\frac{2(2a-2ba_m-b\tau)}{\tau c}\frac{K^w}{L^w+K^w}$的影响，如果该系数大于 1，则 $s_n > s_K$，资本向富裕地区转移；如果该系数小于 1，则 $s_n < s_K$，资本向贫穷地区转移。这个系数与交易成本以及整个经济中劳动力和资本的比率有关，令该系数等于 1，可以得到资本禀赋份额与资本使用份额相等（即 $s_n = s_K$）时的交易成本：

$$\tau^K = \frac{4(a-ba_m)}{2b+c(1+L^w/K^w)} \tag{9.18}$$

在 L^w/K^w一定的情况下，如果 $\tau < \tau^K$，则 $s_n > s_K$，资本将从贫穷地区向富裕地区转移；如果 $\tau > \tau^K$，则 $s_n < s_K$，资本从富裕地区向贫穷地区转移。它的含义是，如果区际贸易自由度较小（即区际运输成本较大 $\tau > \tau^K$），并且资本可以在区际自由转移，那么资本丰裕地区的拥挤效应起主要作用，导致资本向稀缺地区转移；如果区际贸易自由度较大（即区际运输成本较小 $\tau < \tau^K$），那么资本丰裕地区的市场放大效应起主要作用，导致资本向丰裕地区转移。这就告诉我们，在一个贸易的空间成本不断下降的经济中，如果资本的区际转移不受限制，那么当贸易的空间成本降到足够低时，将会出现资本从相对稀缺的地区向相对丰裕地区转移的情况。

从式（9.18）中还可以看出，如果整体经济比较富裕（即资本禀赋与劳动力禀赋的比率较高），且 τ^K 比较大，那么当交易成本比较大（$\tau^K < \tau < \tau^{trade}$）时，资本从富裕地区向贫穷地区转移；当交易成本充分小（$\tau < \tau^K$）时，资本流动方向反转，即从贫穷地区向富裕地区转移。在相对贫穷的经济中，即资本禀赋与劳动力禀赋的比率较低，τ^K 就比较小，则资本从贫穷地区向富裕地区转移相对迟缓一些。

第三节　线性自由企业家模型

一、流动要素的实际收益

自由企业家模型与自由资本模型最大的区别在于资本的含义。在自由资本模型中，资本是物质资本，可以脱离资本所有者而流动；在自由企业家模型中，资本更多具有人力资本的含义，不能脱离资本所有者，其流动必然伴随着所有者的空间转移，同时，也伴随着资本所有者的支出的空间转移。在自由资本模型中，资本的空间分布 s_n 与资本禀赋的空间分布 s_K 是不同的，资本的空间分布代表了生产的空间分布，而资本禀赋的空间分布则是支出（市场规模）空间分布 s_E 的一个组成部分。在自由企业家模型中，资本的使用和资本的拥有是一回事了，资本的空间分布就是资本禀赋的空间分布，同时，也是生产的空间分布，即 $s_n = s_H$。因此，在自由企业家模型中，资本所有者的空间转移就带来了支出的空间转移，同时，也是生产的空间转移，这就使得在自由企业家模型中前后向联系都发挥作用。

自由资本模型和自由企业家模型的另一个重要区别在于资本流动所追求的目标不同。在自由资本模型中，资本追求的是更高的名义收益率，资本流动的结果是资本的名义收益率在任何地方都相同；而在自由企业家模型中，资本追求的是更高的实际收益（即经过生活成本指数折算后的收益），资本流动的结果是资本的实际收益率在任何地方都相同。

同样，人力资本的流动方程可以写成：

$$\dot{s}_H = (\omega - \omega^*) s_H (1 - s_H), \quad s_H = s_n \tag{9.19}$$

其中，s_H 表示北部拥有的人力资本份额，s_n 表示北部使用的人力资本份额，也就是工业生产份额。像自由资本模型一样，假设每种差异化工业品的生产使用 F 单位的人力资本，每个人力资本所有者只拥有一单位的人力资本，单位人力资本的名义收益（工资水平）为 w，作为消费者的人力资本所有者，其预算约束为 $\int_0^{n^w} p_i c_i \mathrm{d}i + C_A = w$。作为消费者，人力资本所有者的效用函数仍由式（9.2）的准线性二次效用函数给出：

$$U = \alpha \int_0^{n+n^*} c_i \mathrm{d}i - \frac{\beta - \delta}{2} \int_0^{n+n^*} c_i^2 \mathrm{d}i - \frac{\delta}{2} \left(\int_0^{n+n^*} c_i \mathrm{d}i \right)^2 + C_A; \quad \alpha > 0, \ \beta > \delta > 0 \tag{9.20}$$

所有消费者的偏好都是相同的，虽然人力资本所有者与劳动力的收入水平是不同的，但他们作为效用最大化的微观主体，其需求函数仍是相同的。由于收入水平不同，资本所有者与劳动力的间接效用水平是不相同的。需求函数仍由式（9.3）给出，即：

$$c_i = a - (b + cn^w) p_i + cP \tag{9.21}$$

在预算约束下，资本所有者的间接效用水平就是资本所有者最大化的效用水平。需求函数式（9.21）代入式（9.20），并计算相应的积分，再利用预算约束式，可以得到间接效用函数，[①] 亦是单位人力资本的实际收入水平：

$$\begin{cases} \omega = \dfrac{a^2 n^w}{2b} - a\int_0^{n^w} p_i \mathrm{d}i + \dfrac{b + cn^w}{2}\int_0^{n^w} p_i^2 \mathrm{d}i - \dfrac{c}{2}(\int_0^{n^w} p_i \mathrm{d}i)^2 + w \\ \omega^* = \dfrac{a^2 n^w}{2b} - a\int_0^{n^w} p_i \mathrm{d}i + \dfrac{b + cn^w}{2}\int_0^{n^w} p_i^2 \mathrm{d}i - \dfrac{c}{2}(\int_0^{n^w} p_i \mathrm{d}i)^2 + w^* \end{cases} \tag{9.22}$$

注意，式（9.22）价格积分号中工业品的价格都是指消费者在当地所面临的工业品的价格，对于北部和南部的消费者来说，这些价格通常并不相同。

间接效用水平将成为人力资本所有者进行比较、做出转移决策的主要依据。而工业产品的价格与线性 FC 模型中的价格一样，仍用式（9.5）表示，而人力

---

① 对式（9.21）两边积分，得：

$$\int_0^{n^w} c_i \mathrm{d}i = \int_0^{n^w} a\mathrm{d}i - \int_0^{n^w}(b + cn^w)p_i \mathrm{d}i + \int_0^{n^w} cP\mathrm{d}i \Rightarrow \int_0^{n^w} c_i \mathrm{d}i = an^w - bP,$$

因此：$[\int_0^{n^w} c_i \mathrm{d}i]^2 = (an^w)^2 - 2abn^w P + b^2P^2$

$$\begin{aligned} \int_0^{n^w} c_i^2 \mathrm{d}i &= \int_0^{n^w}[(a + cP) - (b + cn^w)p_i]^2 \mathrm{d}i \\ &= (a + cP)^2 n^w - 2(a + cP)(b + cn^w)P + (b + cn^w)^2\int_0^{n^w} p_i^2 \mathrm{d}i \\ &= (a + cP)[an^w - (2b + cn^w)P] + (b + cn^w)^2\int_0^{n^w} p_i^2 \mathrm{d}i \end{aligned}$$

$$\int_0^{n^w} p_i c_i \mathrm{d}i = \int_0^{n^w} p_i[a - (b + cn^w)p_i + cP]\mathrm{d}i = (a + cP)P - (b + cn^w)\int_0^{n^w} p_i^2 \mathrm{d}i$$

为了简便起见，记 $\int_0^{n^w} p_i^2 \mathrm{d}i = Q$，注意到 $C_A = w - \int_0^{n^w} p_i c_i \mathrm{d}i$，把上述各式的计算结果代入式（9.20），可以得到间接效用函数：

$$\begin{aligned} \omega &= \alpha(an^w - bP) - \frac{\beta - \delta}{2}\{(a + cP)[an^w - (2b + cn^w)P] + (b + cn^w)^2 Q\} \\ &\quad - \frac{\delta}{2}(an^w - bP)^2 + w - (a + cP)P + (b + cn^w)Q \\ &= \left[\alpha an^w - \frac{\beta - \delta}{2}a^2 n^w - \frac{\delta}{2}(an^w)^2 + w\right] + \left\{-\alpha b - \frac{\beta - \delta}{2}[acn^w - a(2b + cn^w)] + \frac{\delta}{2}2abn^w - a\right\}P \\ &\quad + \left[\frac{\beta - \delta}{2}c(2b + cn^w) - \frac{\delta}{2}b^2 - c\right]P^2 + \left\{-\frac{\beta - \delta}{2}(b + cn^w)^2 + (b + cn^w)\right\}Q \\ &= a^2 n^w\left[\frac{\alpha}{a} - \frac{\beta + (n^w - 1)\delta}{2}\right] + w + \{ab[\beta + (n^w - 1)\delta] - \alpha b - a\}P \\ &\quad + \left[\frac{\delta b}{2}(2b + cn^w) - \frac{\delta}{2}b^2 - c\right]P^2 + (b + cn^w)\left[1 - \frac{\beta - \delta}{2}(b + cn^w)\right]Q \\ &= \frac{a^2 n^w}{2b} + w - aP - \frac{c}{2}P^2 + \frac{b + cn^w}{2}Q \end{aligned}$$

（注意：a,b,c 的定义式及 $b + cn^w = \dfrac{1}{\beta - \delta}$），因此：

$$\omega = \frac{a^2 n^w}{2b} - a\int_0^{n^w} p_i \mathrm{d}i + \frac{b + cn^w}{2}\int_0^{n^w} p_i^2 \mathrm{d}i - \frac{c}{2}(\int_0^{n^w} p_i \mathrm{d}i)^2 + w$$

同理：

$\omega^* = \dfrac{a^2 n^w}{2b} - a\int_0^{n^w} p_i \mathrm{d}i + \dfrac{b + cn^w}{2}\int_0^{n^w} p_i^2 \mathrm{d}i - \dfrac{c}{2}(\int_0^{n^w} p_i \mathrm{d}i)^2 + w^*$（证毕）。

资本的名义收益则仍如式（9.7）给出。

$$\begin{cases} p = \dfrac{2[a + a_m(b + cn^w)] + c\tau n^*}{2(2b + cn^w)}, & \bar{p}^* = p + \tau/2 \\ p^* = \dfrac{2[a + a_m(b + cn^w)] + c\tau n}{2(2b + cn^w)}, & \bar{p} = p^* + \tau/2 \end{cases} \tag{9.23}$$

$$\begin{cases} wF = (b + cn^w)[(p - a_m)^2 M + (\bar{p} - a_m - \tau)^2 M^*] \\ w^* F = (b + cn^w)[(p^* - a_m)^2 M^* + (\bar{p}^* - a_m - \tau)^2 M^*] \end{cases} \tag{9.24}$$

其中，$M = \dfrac{s_L L^w + s_n H^w}{L^w + H^w}$，$M^* = \dfrac{(1 - s_L)L^w + (1 - s_n)H^w}{L^w + H^w}$。

二、短期均衡

在短期，人力资本的空间分布保持不变，消费者效用最大化，人力资本利润最大化，市场出清。由于每个企业都使用 F 单位的人力资本，因此，北部的企业数量可以写成：

$$n = s_n H^w / F \tag{9.25}$$

人们可以选择合适的人力资本度量单位进行标准化，使 $H^w = F$，以便简化模型。这样，$n = s_n$，$n^* = 1 - s_n$，$n^w = 1$。短期均衡仍可以用式（9.5）、式（9.7）描述。

三、长期均衡

1. 长期均衡特征

长期均衡就是所有短期均衡条件再加上不存在人力资本空间转移这一条件。根据人力资本的流动方程［式（9.19）］，长期均衡条件为：

$$\begin{cases} \omega = \omega^*, & 0 < s_n < 1 \\ s_n = 1, & \omega > \omega^* \\ s_n = 0, & \omega < \omega^* \end{cases}$$

下面计算人力资本实际收入的差距，由式（9.22）可得：

$\omega = \dfrac{a^2 n^w}{2b} - a\int_0^{n^w} p_i \mathrm{d}i + \dfrac{b + cn^w}{2}\int_0^{n^w} p_i^2 \mathrm{d}i - \dfrac{c}{2}\left(\int_0^{n^w} p_i \mathrm{d}i\right)^2 + w$，把 $\bar{p}^* = p + \dfrac{\tau}{2}$ 代入并化简，得：

$$\begin{aligned} \omega &= \frac{a^2}{2b} - a[np + (1 - n)\bar{p}^*] + \frac{b + c}{2}[np^2 + (1 - n)(\bar{p}^*)^2] - \frac{c}{2}[np + (1 - n)\bar{p}^*]^2 + w \\ &= \frac{a^2}{2b} - a\left(p + \frac{1 - n}{2}\tau\right) + \frac{b}{2}[p^2 + (1 - n)\tau p] + \frac{(1 - n)\tau^2(b + cn)}{8} + w \end{aligned}$$

同理：

$$\omega^* = \frac{a^2}{2b} - a\left(p^* + \frac{n}{2}\tau\right) + \frac{b}{2}[(p^*)^2 + n\tau p^*] + \frac{n\tau^2[b + c(1-n)]}{8} + w^*$$

所以可有：

$$\omega - \omega^* = a\left(p^* - p + \frac{2n-1}{2}\tau\right) + \frac{b}{2}\{[p^2 - (p^*)^2] + [(1-n)\tau p - n\tau p^*]\}$$
$$+ \frac{(1-2n)b\tau^2}{8} + w - w^*$$

由，$p = \dfrac{2[a + a_m(b+c)] + c\tau(1-n)}{2(2b+c)}$，$p^* = \dfrac{2[a + a_m(b+c)] + c\tau n}{2(2b+c)}$，又可得：

$$p - p^* = \frac{\tau c(1-2n)}{2(2b+c)},\ p + p^* = \frac{4[a + a_m(b+c)] + \tau c}{2(2b+c)},$$

$$(1-n)\tau p - n\tau p^* = \frac{2[a + a_m(b+c)](1-2n)\tau + c\tau^2[(1-n^2) - n^2]}{2(2b+c)}$$
$$= \frac{(1-2n)\tau\{2[a + a_m(b+c)] + c\tau\}}{2(2b+c)}$$

把上述三个表达式代入 $\omega - \omega^*$ 的表达式：

$$\omega - \omega^* = -a\tau(1-2n)\frac{b+c}{2b+c} + \frac{(1-2n)b\tau}{4(2b+c)} \times \frac{8(b+c)[a + a_m(b+c)] + 2c(2b+c)\tau + c^2\tau}{2(2b+c)}$$
$$+ \frac{(1-2n)b\tau^2}{8} + w - w^*$$
$$= -a\tau(1-2n)\frac{b+c}{2b+c} + \frac{(1-2n)b\tau\{8(b+c)[a + a_m(b+c)]\}}{8(2b+c)^2}$$
$$+ \frac{(1-2n)bc\tau^2(4b+3c)}{8(2b+c)^2} + \frac{(1-2n)b\tau^2}{8} + w - w^*$$

再由式（9.10）得：

$$w - w^* = \frac{\tau(b+c)}{2H^w(2b+c)}\left\{2(2a - 2ba_m - b\tau)\left[\left(s_L - \frac{1}{2}\right)L^w + \left(s_H - \frac{1}{2}\right)H^w\right]\right.$$
$$\left. - \tau c\left(n - \frac{1}{2}\right)(L^w + H^w)\right\}$$

若限定在只讨论初始劳动力禀赋对称时的情况，即 $s_L = 1/2$，可有：

$$w - w^* = \frac{\tau(b+c)}{2H^w(2b+c)}\left[2(2a - 2ba_m - b\tau)\left(n - \frac{1}{2}\right)H^w - \tau c\left(n - \frac{1}{2}\right)(L^w + H^w)\right]$$
$$= \frac{\tau(b+c)(2n-1)}{4H^w(2b+c)}\{4(a - ba_m)H^w - \tau[cL^w + (2b+c)H^w]\}$$
$$= \frac{(b+c)(a - ba_m)(2n-1)}{2b+c}\tau - \frac{(b+c)(2n-1)[cL^w + (2b+c)H^w]}{4H^w(2b+c)}\tau^2$$

上式代入 $\omega-\omega^*$ 的表达式中，在归并 τ 和 τ^2 的系数：

$$\omega-\omega^*=\frac{(b+c)^2(1-2n)b\tau^2}{2(2b+c)^2}+\frac{(b+c)^2(a_mb-a)(1-2n)\tau}{(2b+c)^2}$$
$$+\frac{(b+c)(a-ba_m)(2n-1)}{2b+c}\tau-\frac{(b+c)(2n-1)[cL^w+(2b+c)H^w]}{4H^w(2b+c)}\tau^2$$
$$=\frac{(1-2n)(b+c)\tau}{4H^w(2b+c)^2}\{[2b(b+c)H^w+(2b+c)[cL^w+(2b+c)H^w]]\tau$$
$$+4H^w(3b+2c)(a_mb-a)\}$$
$$=\tau\left(n-\frac{1}{2}\right)\frac{(b+c)}{2H^w(2b+c)^2}\{4H^w(3b+2c)(a-a_mb)$$
$$-[[6b(b+c)+c^2]H^w+c(2b+c)L^w]\tau\}$$
$$=\frac{(b+c)[[6b(b+c)+c^2]H^w+c(2b+c)L^w]}{2H^w(2b+c)^2}$$
$$\left\{\frac{4H^w(3b+2c)(a-a_mb)}{[[6b(b+c)+c^2]H^w+c(2b+c)L^w]}-\tau\right\}\tau\left(n-\frac{1}{2}\right)$$

若令：

$$\Theta=\frac{(b+c)\{[6b(b+c)+c^2]H^w+c(2b+c)L^w\}}{2H^w(2b+c)^2}$$

显然 $\Theta>0$，再令：

$$\tau^T=\frac{4H^w(3b+2c)(a-a_mb)}{[6b(b+c)+c^2]H^w+c(2b+c)L^w} \tag{9.26}$$

最终可得：

$$\omega-\omega^*=\Theta(\tau^T-\tau)\tau\left(n-\frac{1}{2}\right) \tag{9.27}$$

式（9.27）即为区际人力资本实际收益差异与运输成本 τ 和资本空间分布 $n=s_n$ 之间的关系。在长期均衡条件下，区域资本实际收益差异必然为0。

由式（9.27）可以知道，资本在空间的对称分布总可以使资本实际收益的空间差异为0，也就是说，不管运输成本的大小如何，$n=1/2$ 总是一个长期均衡点，但这个均衡点是不是稳定的呢？这就要看 τ 和 τ^T 的大小。如果 $\tau<\tau^T$，可以看到 $\omega-\omega^*$ 与 $n-1/2$ 具有相同的符号，这说明经济系统内存在正反馈机制，区域的资本份额偏离对称状态将引起资本实际收益的差异，实际收益的差异将导致资本份额进一步偏离对称状态。如果 $\tau>\tau^T$，可以看到 $\omega-\omega^*$ 与 $n-1/2$ 具有相反的符号，说明经济系统内存在负反馈机制，即生产份额的偏离将导致资本收益向相反方向变化，将阻碍生产份额的进一步偏离，从而维持对称均衡的稳定。因此，τ^T 既是对称分布被打破的临界点，也是核心边缘结构刚好维持的临界点。如果 $\tau > \tau^{T}$，那么对称结构是稳定的；如果 $\tau < \tau^{T}$，那么核心边缘结构是稳定的。在线性自由企业家模型中，突破点和维持点是相同的。

2. 非黑洞条件

在前面，已经讨论过区际存在双向贸易的条件（即 $\tau < \tau^{trade}$）。从式(9.27)中可以看出，如果 $\tau^{T} < \tau^{trade} < \tau$，那么总会发生聚集且是稳定的，结果只有一个，即其中一个区域将成为吸引人力资本的黑洞，这时就没有继续讨论的必要了。为排除这种极端情况，假设 $\tau^{T} < \tau^{trade}$，这一条件类似于核心边缘模型中的"非黑洞条件"。

$$\tau^{T} = \frac{4H^{w}(3b+2c)(a-a_{m}b)}{[6b(b+c)+c^{2}]H^{w}+c(2b+c)L^{w}} < \tau^{trade} = \frac{2(a-a_{m}b)}{2b+c}$$

$$\Rightarrow 2(3b+2c)(2b+c) < 6b(b+c)+c^{2}+c(2b+c)\frac{L^{w}}{H^{w}}$$

$$\Rightarrow \frac{L^{w}}{H^{w}} > \frac{6b^{2}+3c^{2}+8bc}{c(2b+c)} > \frac{3c^{2}+6bc}{c(2b+c)} = 3 \tag{9.28}$$

如果给定经济系统的参数值，那么可以得到 τ^{T} 的值。当运输成本从高到低变化到临界值 τ^{T} 时，将出现内生的非对称现象，也就是运输成本的下降有利于核心边缘结构的形成。另外，工业品之间替代能力的下降（δ 下降，也是 c 下降），将提高消费者的多样化偏好强度，提高了 τ^{T} 的值，有利于核心边缘结构形成，图9-6显示了 τ^{T} 与 δ 的反向变动关系。这些结论与核心边缘模型的结论是一致的。不同于线性自由资本模型，在线性自由企业家模型中，区域市场份额 s_E 成了内生变量，生产份额与市场份额密切相关。这样，线性自由企业家模型，具有了在线性自由资本模型中所缺失的与需求关联的循环累积因果关系。

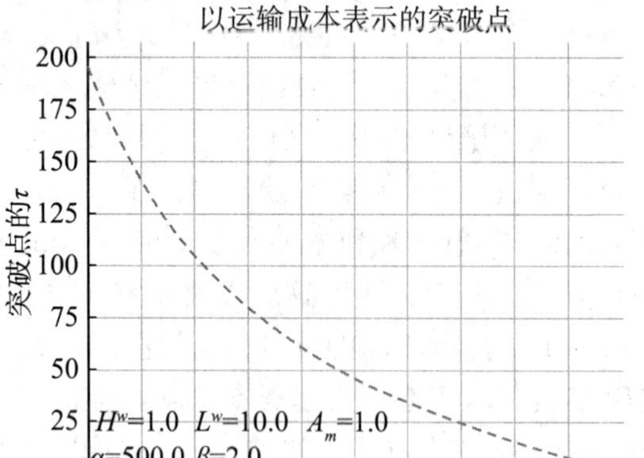

图9-6 τ^{T} 与 δ 反向变动

资料来源：笔者整理。

3. 稳定均衡图解

长期均衡下，$\omega-\omega^*=0$，这一条件称为长期均衡条件。根据区际人力资本实际收益差异公式的推导过程：

$$\omega-\omega^*=\frac{(b+c)^2(1-2n)b\tau^2}{2(2b+c)^2}+\frac{(b+c)^2(a_mb-a)(1-2n)\tau}{(2b+c)^2}+w-w^*$$

由式（9.10）：

$$w-w^*=\frac{\tau(b+c)}{2H^w(2b+c)}\left\{2(2a-2ba_m-b\tau)\left[\left(s_L-\frac{1}{2}\right)L^w+\left(s_H-\frac{1}{2}\right)H^w\right]\right.$$
$$\left.-\tau c\left(n-\frac{1}{2}\right)(L^w+H^w)\right\}$$
$$=\frac{\tau(b+c)(L^w+H^w)}{2H^w(2b+c)}\left[2(2a-2ba_m-b\tau)\left(s_E-\frac{1}{2}\right)-\tau c\left(n-\frac{1}{2}\right)\right]$$

上式利用了 $s_E-\frac{1}{2}=\frac{(s_L-1/2)L^w+(s_H-1/2)H^w}{L^w+H^w}$，该式即图 9-7 中的 EE 线。把 $w-w^*$ 代入 $\omega-\omega^*$ 并令 $\omega-\omega^*=0$，可得：[1]

---

[1] 把 $w-w^*$ 的表达式代入 $\omega-\omega^*$ 的表达式，并令其为 0，则有：

$$\frac{(b+c)^2(1-2n)b\tau^2}{2(2b+c)^2}+\frac{(b+c)^2(a_mb-a)(1-2n)\tau}{(2b+c)^2}+\frac{\tau(b+c)(L^w+H^w)}{2H^w(2b+c)}$$
$$\left[2(2a-2ba_m-b\tau)\left(s_E-\frac{1}{2}\right)-\tau c\left(n-\frac{1}{2}\right)\right]=0$$
$$\Rightarrow(b+c)(1-2n)b\tau+2(b+c)(a_mb-a)(1-2n)+\frac{(2b+c)(L^w+H^w)}{H^w}$$
$$\left[2(2a-2ba_m-b\tau)\left(s_E-\frac{1}{2}\right)-\tau c\left(n-\frac{1}{2}\right)\right]=0$$
$$\Rightarrow-2H^w(b+c)\left(n-\frac{1}{2}\right)b\tau+4H^w(b+c)(a-a_mb)\left(n-\frac{1}{2}\right)+(2b+c)(L^w+H^w)$$
$$\left[2(2a-2ba_m-b\tau)\left(s_E-\frac{1}{2}\right)-\tau c\left(n-\frac{1}{2}\right)\right]=0$$
$$\Rightarrow\left(n-\frac{1}{2}\right)[2H^w(b+c)b\tau-4H^w(b+c)(a-a_mb)+(2b+c)(L^w+H^w)\tau c]$$
$$=2(2b+c)(L^w+H^w)(2a-2ba_m-b\tau)\left(s_E-\frac{1}{2}\right)$$
$$\Rightarrow\left(n-\frac{1}{2}\right)\{[2b(b+c)H^w+c(2b+c)(L^w+H^w)]\tau-4H^w(b+c)(a-a_mb)\}$$
$$=2(2b+c)(L^w+H^w)(2a-2ba_m-b\tau)\left(s_E-\frac{1}{2}\right)$$
$$\Rightarrow s_n=\frac{1}{2}+\frac{2[2(a-a_mb)-b\tau](2b+c)(L^w+H^w)}{\tau[2b(b+c)H^w+c(2b+c)(L^w+H^w)]-4(a-a_mb)(b+c)H^w}\left(s_E-\frac{1}{2}\right)。$$

$$s_n = \frac{1}{2} + \frac{2[2(a-a_m b)-b\tau](2b+c)(L^w+H^w)}{\tau[2b(b+c)H^w + c(2b+c)(L^w+H^w)] - 4(a-a_m b)(b+c)H^w}\left(s_E - \frac{1}{2}\right) \tag{9.29}$$

式（9.29）给出了两个区域人力资本实际收益相等时人力资本的空间分布与市场份额分布之间的关系，即图 9－7 中的 *nn* 线。

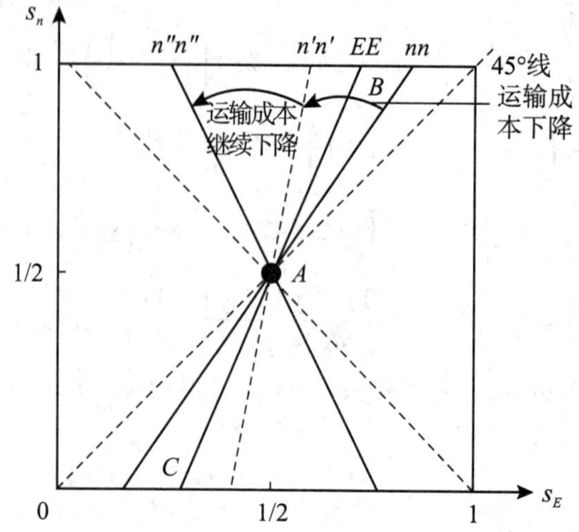

图 9－7　线性 FE 模型的剪刀图解

资料来源：笔者整理。

从式（9.29）中可以看出，第一，s_n 和 s_E 是一种线性关系；第二，直线总是通过坐标为（1/2，1/2）的点；第三，直线的斜率是运输成本 τ 的函数，容易看出，当 τ 很小时，斜率为负值（例如 $\tau \to 0$），而当 τ 较大时，直线的斜率为正值（见图 9－8）。随着运输成本由低到高变化，*nn* 线的斜率不是一个连续函数，运输成本小于间断点时，*nn* 线的斜率为负；运输成本大于间断点时，*nn* 线的斜率为正。

EE 线表示市场分布与生产分布间的一种关系，即：

$$s_E - \frac{1}{2} = \frac{(s_L - 1/2)L^w + (s_H - 1/2)H^w}{L^w + H^w}$$

若初始劳动力禀赋是对称分布的，另外 *FE* 模型中 $s_H = s_n$，这样 *EE* 线可以写成：

$$s_n = \frac{1}{2} + \frac{L^w + H^w}{H^w}\left(s_E - \frac{1}{2}\right) \tag{9.30}$$

从式（9.30）中可以看出，*EE* 线也是一条直线，总是通过对称均衡点，*EE* 线的斜率大于 1，且与运输成本无关，仅与人力资本和劳动力禀赋的比率有关，在要素禀赋给定情况下，*EE* 线是固定不变的。

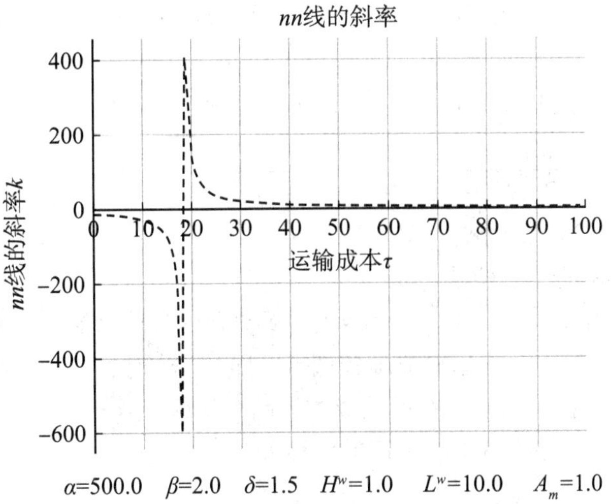

图9-8　*nn* 线的斜率与运输成本之间关系

资料来源：笔者整理。

在 *nn* 线的右下方，存在资本向北部转移的趋势；而在 *nn* 线的左上方，存在资本向南部转移的趋势。*EE* 线如图9-7中粗实线 *BAC* 所示。假设初始运输成本较高，*nn* 线的斜率较小，小于 *EE* 线的斜率，这种情况下，对称点是长期稳定的均衡点，而核心边缘模式则不稳定。随着运输成本下降，*nn* 线绕 *A* 点逆时针转动到 $n'n'$时，对称均衡就不稳定了，而核心边缘模式下的 *B* 点和 *C* 点成为长期稳定的均衡点。当运输成本进一步下降，*nn* 线转到 $n''n''$时，其斜率成为负值，此时 *B* 点和 *C* 点仍是长期稳定的均衡点，而对称结构不稳定。

当 *nn* 线旋转到斜率与 *EE* 线的斜率相等时，出现长期均衡稳定性的临界点，也就是突破点和维持点，在线性模型中，这两个临界点是同一个点。下面通过两条直线的斜率相等而计算突破点和维持点的运输成本。

nn 线的斜率：

$$\mathrm{d}s_n/\mathrm{d}s_E=\frac{2[2(a-a_m b)-b\tau](2b+c)(L^w+H^w)}{\tau[2b(b+c)H^w+c(2b+c)(L^w+H^w)]-4(a-a_m b)(b+c)H^w}$$

EE 线的斜率：

$$\mathrm{d}s_n/\mathrm{d}s_E=\frac{L^w+H^w}{H^w}$$

所以可有：

$$\frac{2[2(a-a_m b)-b\tau](2b+c)(L^w+H^w)}{\tau[2b(b+c)H^w+c(2b+c)(L^w+H^w)]-4(a-a_m b)(b+c)H^w}=\frac{L^w+H^w}{H^w},$$

故可得：

$$2[2(a-a_m b)-b\tau](2b+c)H^w=\tau[2b(b+c)H^w+c(2b+c)(L^w+H^w)]-4(a-a_m b)(b+c)H^w$$

$$\Rightarrow 4(a-a_m b)(3b+2c)H^w=\tau[2b(3b+2c)H^w+c(2b+c)(L^w+H^w)]$$

$$\Rightarrow \tau=\frac{4(a-a_m b)(3b+2c)H^w}{2b(3b+2c)H^w+c(2b+c)(L^w+H^w)}=\tau^T$$

这与式（9.26）的结论一致。

4. 稳定均衡的战斧图解

在图 9－9 中，纵轴表示 $s_n=s_H=n$，横轴表示交易成本 τ，粗实线反映空间分布的长期稳定均衡。在运输成本较低时，即 $\tau<\tau^T$ 时，核心边缘结构，即 $n=1$ 或 $n=0$ 为长期稳定均衡；在运输成本较高时，即 $\tau^T<\tau<\tau^{trade}$ 时，初始对称分布的两个区域，仍将维持工业生产的对称分布。

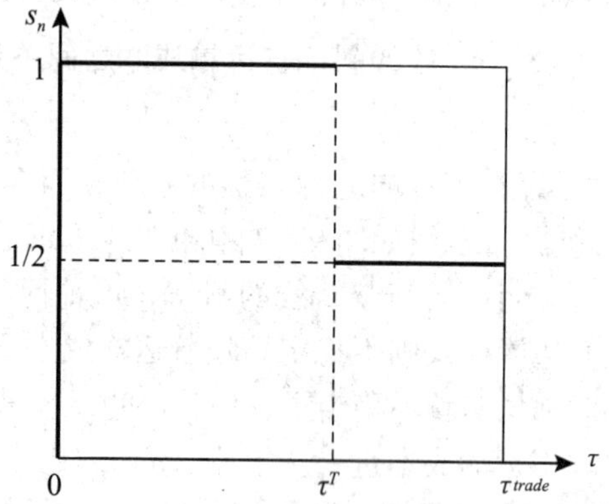

图 9－9　线性 FE 模型的战斧图解

资料来源：笔者整理。

四、线性自由企业家模型的主要特征

1. 市场规模放大效应

根据 nn 线的斜率，可以断定存在市场规模放大效应。下面仔细分析一下该斜率。

若记：

$$k(\tau)=\mathrm{d}s_n/\mathrm{d}s_E=\frac{2[2(a-a_m b)-b\tau](2b+c)(L^w+H^w)}{\tau[2b(b+c)H^w+c(2b+c)(L^w+H^w)]-4(a-a_m b)(b+c)H^w}$$

同时上式可以改写为：

$$k(\tau)=\frac{4(a-a_m b)(2b+c)(L^w+H^w)-2b(2b+c)(L^w+H^w)\tau}{\tau[2b(b+c)H^w+c(2b+c)(L^w+H^w)]-4(a-a_m b)(b+c)H^w},$$

所以可有：

$$\frac{\mathrm{d}k(\tau)}{\mathrm{d}\tau}=\frac{4(a-a_m b)(2b+c)(L^w+H^w)\{2b(b+c)H^w-[2b(b+c)H^w+c(2b+c)(L^w+H^w)]\}}{\{\tau[2b(b+c)H^w+c(2b+c)(L^w+H^w)]-4(a-a_m b)(b+c)H^w\}^2}$$

$$=\frac{-4c(a-a_m b)(2b+c)^2(L^w+H^w)^2}{\{\tau[2b(b+c)H^w+c(2b+c)(L^w+H^w)]-4(a-a_m b)(b+c)H^w\}^2}<0$$

因此，随着运输成本的下降，nn 线绕对称均衡点逆时针旋转。容易验证，$k(\tau^{trade})>1$ 而 $k(0)<-1$。因此，在 $\tau\in(0,\ \tau^{trade})$ 区间内，nn 线的转动范围在两条45°对角线之内。也就是说，$|k(\tau)|>1$，显示出市场规模放大效应。

2. 循环累积因果关系

像自由企业家模型一样，在线性自由企业家模型中也存在两种类型的循环累积因果关系，即后向联系和前向联系，或需求关联效应和成本关联效应。

3. 内生的非对称

线性自由企业家模型也存在内生的非对称现象，但不同于自由企业家模型，这里不存在部分聚集的非稳定均衡。

4. 突发性聚集

在突破点（维持点）附近运输成本的一个很小的变化可以导致空间经济活动的分布模式发生突发性变化，因此，具有突发性聚集的特征。

5. 区位黏性

当运输成本没有超出突破点（维持点）的运输成本时，运输成本的变化并不改变经济活动的空间格局，因此，显现出一定的黏性特征。另外，在形成核心边缘结构时，两个区域都有可能成为核心区，一旦某个区域成为核心区，那么改变这种空间格局并不容易，临界点前的运输成本变化不足以突破区位黏性。但相对于核心边缘模型而言，由于不存在多重均衡重叠区，当运输成本超越临界值时的短暂冲击或政策变化会改变空间分布格局，但这种外生冲击消失后，又恢复到原来的格局，这与核心边缘模型是不同的。

6. 驼峰状聚集租金

根据式（9.27），当形成核心边缘结构时，核心区实际资本收益与边缘区潜在的实际资本收益的差距为：

$$\omega-\omega^*|_{n=1}=\frac{1}{2}\Theta(\tau^T-\tau)\tau \tag{9.31}$$

式（9.31）显示，在 $\tau=0$ 和 $\tau=\tau^T$ 处，聚集租金为0；在区间 $[0,\ \tau^T]$ 内的各个点，聚集租金为正；在 $\tau=\tau^T/2$ 处，聚集租金最大，显示出驼峰状。

7. 不同工业品之间的替代能力

准线性二次效用函数使不同工业品间替代能力（通过参数 δ 反映）进入模

型，而这种替代能力的大小影响经济活动的空间分布。

8. 工业品定价受区位影响

工业企业的价格决策，包含了对其他区域产品生产能力的考量。工业企业间的竞争通过影响企业定价从而直接影响企业的区位选择。

第四节　引入拥挤效应的线性自由企业家模型

一、基本假设

如果利用线性自由企业家模型来分析在一维空间上的区位选择问题，那么还可以讨论包含居住拥挤效应时的情境。假设一维连续空间包含了两个区域，每个区域都有一个中央商务区（CBD），每个区域的企业全部集中在中央商务区。每个区域的人口（人力资本所有者）均匀分布在 CBD 周围（一维），都要支付一定的土地租金以及从居住地到 CBD 的通勤成本。为简便起见，假设每个人都使用一单位土地，通勤成本是与 CBD 间距离的线性函数，每单位距离的通勤成本是 θ 单位的农产品。根据区域人口份额，可以确定两个区域城市的范围分别为 $n/2$ 和 $(1-n)/2$。假设见图 9－10。

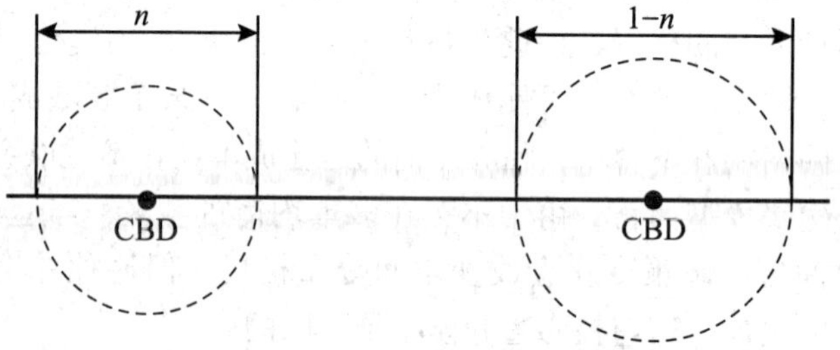

图 9－10　一维空间的两个区域

资料来源：笔者整理。

图 9－10 中画出两个区域的 CBD，实线表示一维空间，在虚线园内的实线部分表示两个区域的城市规模。居住在离 CBD 距离为 x 的居民需支付的通勤成本为 $\theta\times x$，该地点的单位土地租金为 $R(x)$。

二、短期均衡

在短期，人口不具有区际流动性，人力资本所有者通勤本区域的城市中央商务区，他们根据土地租金和通勤成本权衡结果来选择居住区位。实现均衡时，每个区位对居民而言都是无差异的。假设城市的土地属于本市全体居民，土地租金最后均等地分发给本市每个居民，因此，这笔收入对居民的居住区位决策并无影响。这样，可以写出每个居民的短期均衡条件：

$$R(x)+\theta x=R(0)+\theta\times 0=R(n/2)+\theta\times(n/2)$$

城市边缘的土地的机会成本为0，因此，$R(n/2)=0$，所以：

$$R(x)=\theta(n/2-x) \tag{9.32}$$

城市土地租金总收入为 $2\int_0^{n/2}R(x)\mathrm{d}x=2\int_0^{n/2}\theta(n/2-x)\mathrm{d}x=\theta n^2/4$，该租金平均分发给每一位城市居民，因此，每个居民得到的土地租金收入为 $\theta n/4$。这样，就可以算出一个城市的居住成本（土地租金加通勤费用减去租金补贴）：

$$R=R(x)+\theta x-\theta n/4=\theta(n/2-x)+\theta x-\theta n/4=\theta n/4$$

同理，居住在另一个区域的居民的居住成本为：

$$R^*=\theta(1-n)/4$$

可见，居住成本与城市规模和城市内单位通勤成本成正比，在长期这将成为促使人力资本所有者空间分散的一种力量。

三、长期均衡

在长期人力资本所有者可以在区域间自由流动，其空间分布服从运动方程：

$$\dot{s}_H=[(\omega-R)-(\omega^*-R^*)]s_H(1-s_H) \tag{9.33}$$

1. 均衡特征

存在两种类型的长期均衡解：一是内点解，即 $\omega-R=\omega^*-R^*$，$0<s_H<1$；二是角点解（核心边缘结构），即 $\omega-R>\omega^*-R^*$，$s_H=1$，或 $\omega-R<\omega^*-R^*$，$s_H=0$。

根据式（9.27），区际间接效用差距为：

$$\Omega=(\omega-R)-(\omega^*-R^*)=\left[\Theta(\tau^T-\tau)\tau-\frac{\theta}{2}\right]\left(n-\frac{1}{2}\right) \tag{9.34}$$

在式（9.34）中，如果方括号内的值为正，那么系统中存在正反馈机制，对称结构不稳定，将形成核心边缘结构；如果方括号内的值为负，那么系统中存在负反馈机制，对称结构为长期稳定均衡，而核心边缘结构不稳定。下面考察方括号内的函数的特征。

令：$g(\tau)=\Theta(\tau^T-\tau)\tau-\theta/2$，显然这是一个关于区际运输成本 τ 的二次函数，$g(\tau)=0$ 有两个根，分别为：

$$\tau_1=\frac{\tau^T-\sqrt{(\tau^T)^2-2\theta/\Theta}}{2};\quad \tau_2=\frac{\tau^T+\sqrt{(\tau^T)^2-2\theta/\Theta}}{2} \tag{9.35}$$

可以看到，$\tau\in(0,\ \tau_1)\cup(\tau_2,\ \tau^{trade})$ 时，$g(\tau)<0$，此时，系统中存在负反馈机制，对称结构是长期稳定均衡；而在 $\tau\in(\tau_1,\ \tau_2)$ 时，$g(\tau)>0$，此时，系统中存在正反馈机制，核心边缘结构是长期稳定均衡（见图 9－11）。

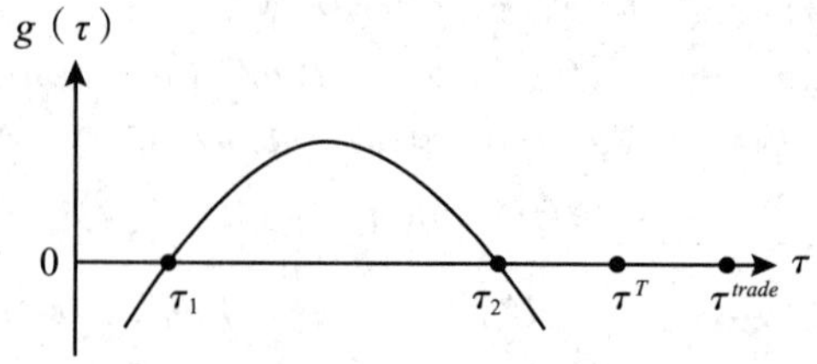

图 9－11　$g(\tau)$ 函数的特征

资料来源：笔者整理。

与线性自由企业家模型相比，引入城市居住成本后，生产的空间分布模式变得更复杂了。在线性自由企业家模型中，当区际运输成本 $\tau<\tau^T$ 时产生聚集。但在这里 τ_1 和 τ_2 把（0，τ^T）的区间分成了三段，形成三种空间分布模式，相应地，产生聚集的运输成本范围也缩小了。从式（9.35）还可以看出，θ 越大，即城市内的运输成本越大，τ_1 和 τ_2 间的距离就越小。因此，城市内的通勤成本成了促使生产活动空间分散的一种力量。

2. 长期均衡图解

EE 线仍由式（9.30）描述，并无变化。下面看 *nn* 线的变化。

由长期均衡条件，$\Omega=(\omega-R)-(\omega^*-R^*)=0\Rightarrow\omega-\omega^*=\theta(n-1/2)/2$，所以：

$$\omega-\omega^*=\frac{(b+c)^2(1-2n)b\tau^2}{2(2b+c)^2}+\frac{(b+c)^2(a_mb-a)(1-2n)\tau}{(2b+c)^2}$$

$$+\frac{(b+c)(L^w+H^w)\tau}{2(2b+c)H^w}\left[2(2a-2a_mb-b\tau)\left(s_E-\frac{1}{2}\right)-c\left(n-\frac{1}{2}\right)\tau\right]$$

$$=\frac{\theta}{2}\left(n-\frac{1}{2}\right)$$

$$\Rightarrow\left(n-\frac{1}{2}\right)\left\{\frac{(b+c)^2[b\tau-2(a-a_mb)]\tau}{(2b+c)^2}+\frac{(b+c)c(L^w+K^w)\tau^2}{2(2b+c)H^w}+\frac{\theta}{2}\right\}$$

$$=\frac{(b+c)(L^w+K^w)\tau}{(2b+c)H^w}(2a-2a_mb-b\tau)\left(s_E-\frac{1}{2}\right)$$

$$\Rightarrow\left(n-\frac{1}{2}\right)\{2H^w(b+c)^2[b\tau-2(a-a_mb)]\tau+(b+c)c(2b+c)$$

$$(L^w+K^w)\tau^2+(2b+c)^2\theta H^w\}$$

$$=2(b+c)(2b+c)(L^w+K^w)\tau(2a-2a_mb-b\tau)\left(s_E-\frac{1}{2}\right)$$

$$\Rightarrow\left(n-\frac{1}{2}\right)\{(b+c)\tau[[2b(b+c)H^{w}+c(2b+c)(L^{w}+H^{w})]\tau$$
$$-4H^{w}(b+c)(a-a_{m}b)]+(2b+c)^{2}\theta H^{w}\}$$
$$=2(b+c)(2b+c)(L^{w}+K^{w})\tau(2a-2a_{m}b-b\tau)\left(s_{E}-\frac{1}{2}\right)$$

所以：

$$n=\frac{1}{2}+\frac{2(b+c)(2b+c)(L^{w}+H^{w})\tau(2a-2a_{m}b-b\tau)(s_{E}-\frac{1}{2})}{(b+c)\tau\{[2b(b+c)H^{w}+c(2b+c)(L^{w}+H^{w})]\tau-4H^{w}(b+c)(a-a_{m}b)\}+(2b+c)^{2}\theta H^{w}} \tag{9.36}$$

式（9.36）就是 nn 线的表达式，即区际实际收益率相等时，生产空间分布与市场空间分布间的关系。从 nn 线的斜率可以知道，当 τ 较小或较大时，该斜率都可取正值，并且小于 EE 线的斜率，在这种情况下，对称结构是长期稳定均衡；当 τ 取中间值时，nn 线的斜率可以为负，或虽为正值但大于 EE 线的斜率，在这种情况下，对称结构就不稳定了，核心边缘结构成为长期稳定均衡。因此，在区际运输成本 τ 从大到小的变化过程中，nn 线先由较小的正斜率逆时针旋转，转至大于 EE 线的斜率，继续逆时针旋转至负斜率，在某个临界点开始转向，即开始顺时针旋转，直至转到小于 EE 线的斜率。

比较式（9.29）和式（9.36）可以看出，当 $\theta=0$ 时，还原为线性自由企业家模型的情形了。

3. 战斧图

引入地方拥挤效应的线性自由企业家模型的长期稳定均衡的特征，可以用图 9－12 的战斧图解来表示。

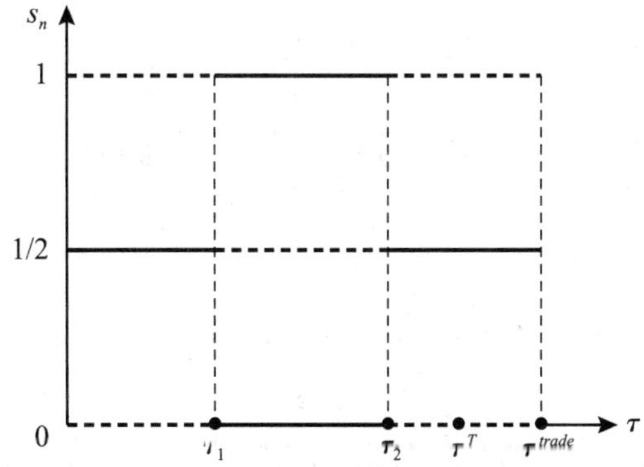

图 9－12　引入城市拥挤效应后的自由企业家模型的战斧图解

资料来源：笔者整理。

在图 9 - 12 中，纵轴表示 $n = s_n = s_H$，横轴表示 τ，粗实线表示长期稳定均衡。当 $\tau < \tau_1$ 或 $\tau > \tau_2$ 时，对称结构为长期稳定均衡；当 $\tau_1 < \tau < \tau_2$ 时，核心边缘结构为长期稳定均衡。同时可以看出，突破点和维持点重合，没有重叠区。

四、引入拥挤效应的自由企业家模型的主要特征

1. 本地市场放大效应

由于引入了一种新的扩散力量，与线性自由企业家模型相比，本地市场放大效应减弱，nn 线在某些运输成本范围内并不会比 45°线更陡峭。

2. 循环累积因果关系

尽管引入新的分散力后，循环累积因果关系的作用力有所削弱，但该作用仍然存在。

3. 内生的非对称

从图 9 - 12 的战斧图解中可以看出，这一特征仍然存在，且有两个突破点和维持点。

4. 突发性聚集

在两个关键的运输成本点上，这一特征仍很明显。

5. 区位黏性

区位黏性特征也很明显。

6. 驼峰状聚集租金

在 $\tau_1 < \tau < \tau_2$ 范围内形成聚集，由式（9.34）可以得到聚集租金为：

$$\Omega_{n=1} = (\omega - R) - (\omega^* - R^*) = \frac{1}{2}\left[\Theta(\tau^T - \tau)\tau - \frac{\theta}{2}\right]$$

该式同样显示了驼峰状聚集租金。

7. 空间再扩散

随着区际运输成本从高向低的变化，生产的空间分布显示出扩散—聚集—再扩散的独特特征。

第五节　本章小结

一直以来，新经济地理学严重依赖于迪克希特 - 斯蒂格利茨垄断竞争分析框架、CD 和 CES 型双重效用函数、冰山交易成本，即所谓的 DCI 框架。在 DCI 框架下，内生变量间的非线性关系一直是困扰新经济地理学模型的一个难题，

这使得新经济地理学的许多结论必须借助于数值模拟。虽然，许多学者通过数值模拟，揭示了各种参数和变量对经济活动空间分布的影响，所得到的结论与保罗·克鲁格曼经典的核心边缘模型的结论相一致，但数值模拟却不能涵盖所有的情形。另外，数值模拟在政策分析中，不仅烦琐，而且所得到的结论比起解析分析所得到的结论更难以令人信服。自核心边缘模型诞生以来，许多经济学家就把克服核心边缘模型缺乏解析分析能力的缺点作为一个研究方向，进行了长期的研究。

詹马科·奥塔维诺所开发的线性模型，是新经济地理学理论研究的一个重要的进展。与核心边缘模型相比，在线性模型中，最主要的进展是利用准线性二次效用函数替代了 CD 和 CES 双重效用函数，用线性运输成本替代了冰山交易成本。由于线性模型中所有的内生变量都可以用解析式表达，这使得线性模型具有完全的解析分析能力。

本章首先讨论了 DCI 框架的一些缺点，指出了线性模型在开发过程中对核心边缘模型的主要突破。接下来介绍了线性模型的基本框架。虽然线性模型放弃了 DCI 框架，但线性模型仍然没有放弃一般均衡分析方法。线性分析框架与自由资本模型、自由企业家模型的结合就形成了线性自由资本模型和线性自由企业家模型。

正如自由资本和自由企业家模型的区别类似，线性自由资本和线性自由企业家模型的主要区别也在于资本的含义不同，同时，资本流动所追求的目标不同。在线性自由资本模型中，资本与资本所有者可以分离，资本禀赋分布与资本使用分布是不同的，资本收益返回到资本所有者的所在地消费，因此，资本的空间转移并不导致支出的空间转移，从而在线性自由资本模型中，支出的空间分布就由资源禀赋的分布外生决定了，这使得在线性自由资本模型中，不存在前后向联系效应。对于初始资本与劳动力禀赋对称分布的两个区域，生产的对称分布就是稳定的长期均衡；对于初始资本与劳动力禀赋非对称分布的两个区域，随着区际运输成本的降低，可以出现区际生产活动的非对称分布，也可以出现生产的完全聚集现象，但聚集的形成过程是渐进的而不是突变的。

在线性自由企业家模型中，资本指的是人力资本，人力资本与所有者不可分离，因此，资本的空间转移必然伴随着所有者的空间转移，这意味着，资本空间转移将导致市场规模的变化，从而生产空间分布与支出空间分布之间建立了相互作用关系；另外，人力资本追逐的是实际收入水平的最大化，这样不同区域的总体价格水平成了影响人力资本空间分布的一个重要因素，从而前向联系效应发挥作用了。因此，类似于自由企业家模型，在线性自由企业家模型中，市场接近性优势既来自本地市场效应（后向联系效应）也来自价格指数效应

（前向联系效应）。

线性模型显示了核心边缘模型大部分的主要特征，并且具有完全的解析分析能力，因此，线性模型的开发可以说是新经济地理学理论研究的一大进展。在本章的最后部分，利用线性自由企业家模型分析了城市内部通勤成本对经济空间分布的影响。可以看到，城市内部的空间成本使经济系统增加了一种促进分散的力量，进而空间分布模式显得更加丰富多彩，随着城际运输成本的下降，经济空间系统经历了分散－聚集－再分散的过程。

线性模型有很多优点，但丧失了核心边缘模型的另一个重要特征，就是多重均衡重叠区。在线性模型中，因为打破对称结构的突破点和维持核心边缘结构的维持点是重合的，因此，就不存在多重均衡的重叠区。

参考文献

[1] Richard Baldwin, et al. Economic Geography and Public Policy [M]. Princeton: Princeton University Press, 2003.

[2] Fujita, M., P. Krugman and A J. Venables. The Spatial Economy: Cities, Regions and International Trade [M]. Cambridge, Mass: MIT Press, 1999.

[3] Ottaviano, G I P. Home Market Effects and the (in) Efficiency of International Specialization [J]. Mimeo, Graduate Institute of International Studies, 2001.

[4] Ottaviano, G I P., T. Tabuchi and J. -F. Thisse. Agglomeration and Trade Revisited [J]. International Economic Review, 2002, 43: 409 -436.

[5] Pflüger, M. A Simple, Analytically Solvable, Chamberlinian Agglomeration Model [J]. Regional Science and Urban Economics, 2004, 34 (5): 565 -573.

[6] Oyama, D., Sato, Y., Tabuchi, T. and Thisse, J F. On the Impact of Trade on the Industrial Structures of Nations [J]. International Journal of Economic Theory, 2011, 7 (1): 93 -109.

[7] Gaspar, J., Castro, S B. and da Silva, J C. The Footloose Entrepreneur Model with A Finite Number of Equidistant Regions [J]. SSRN Electronic Journal, 2017 (a).

[8] Gaspar, J., Castro, S B S D. and Correia-da Silva, J., Agglomeration Patterns in a Multi -Regional Economy Without Income Effects. Economic Theory [J]. forthcoming, 2017 (b): 1 -37.

第十章
异质性新经济地理学模型

传统的经济学研究，通常假设消费者为“代表性”消费者，厂商为“代表性”厂商，所有的消费者是同质的，所有的厂商也是同质的。这种假设使得模型易于处理，但同时，也失去了一些重要的结论。20 世纪 90 年代后期，国际贸易实证研究中发现，只有那些具有高生产效率的企业才有能力把产品出口到国外市场。M. J. 梅里兹（Marc J. Melitz，2003）将厂商生产效率的异质性内生化，引起了相关学科对企业异质性研究的极大关注。

“代表性”消费者和“代表性”厂商的假设，在理论研究中经常出现，但这种同质性在现实世界中并不存在。事实上，不仅厂商在生产效率方面存在差异，消费者在消费偏好和收入水平方面同样存在较大的差异。在新经济地理学的模型中加入厂商和消费者异质性，也就形成了“异质性新经济地理学模型”。本章主要介绍企业异质性经济地理模型和劳动力迁移异质性经济地理模型，其中，企业异质性经济地理模型包括自由资本企业异质性模型（以下简称 FCH 模型）和自由资本垂直联系企业异质性模型（以下简称 FCVLH 模型），劳动力迁移异质性经济地理模型包括迁移偏好的异质性模型（以下简称 MTH 模型）。考虑 M. J. 梅里兹（2003）在企业异质性方面做出的开创性的研究，本章将首先以 M. J. 梅里兹（2003）为基础，介绍企业异质性的相关内容。其次，分别介绍由 R. 鲍德温和大久保（2005）在自由资本模型中加入 M. J. 梅里兹（2003）的企业生产效率异质性而形成了 FCH 模型，以及大久保（2009）在自由资本垂直联系模型基础上加入市场进入成本而形成了 FCVLH 模型。最后，介绍田中健太和 J. F. 蒂斯（2002）在线性模型基础上加入了离散选择理论，并以此为基础探讨了劳动力异质性对经济活动空间分布的影响而形成的 MTH 模型。

第一节　企业异质性的理论基础

在前面章节新经济地理学模型中，厂商被假设为同质性的厂商，这样的假设忽视了企业生产效率差异带来的影响。M. J. 梅里兹（2003）假设厂商的生产效率存在着差异，在保罗·克鲁格曼（1980）产业内贸易模型的基础上，引入了霍彭海恩（1992）的动态行业模型，从而开启了企业异质性贸易理论的研究。本节将重点介绍 M. J. 梅里兹（2003）的与企业异质性经济地理学理论相关联的内容，为第二节 FCH 模型以及第三节 FCVLH 模型的介绍做出铺垫。

一、基本假设

第一，假设经济系统包括 $m+1$ 个国家，m 为与本国贸易的国家数量。

第二，假设经济系统仅包括劳动力一种要素，劳动力为不可流动要素，国家的劳动力总数量为 L。

第三，假设经济系统仅包括工业部门；工业部门为规模收益递增和垄断竞争部门，使用劳动力作为固定投入和可变投入。

第四，假定不同企业具有不同的生产效率 φ，从而不同企业在边际产品的劳动力投入数量上存在差异；处于生产阶段的企业生产效率分布函数始终为 $\mu(\varphi)$。

第五，假定企业生产需要支付固定成本 F，进入国内市场销售需要支付的固定成本为 F_D，进入国外市场销售需要支付的固定成本为 F_X；而企业进入国内外市场销售后，会面临着一定的淘汰率 δ。

不考虑农产品的情况下，假定消费者为代表性消费者，效用函数为工业品组合的 CES 效用函数：

$$U=\left[\int_0^{n^w}(c_i)^{\rho}\mathrm{d}i\right]^{1/\rho} \tag{10.1}$$

其中，i 为第 i 种工业品，n^w 为消费的工业品种类总数，ρ 为消费者对商品多样性的偏好。与前面的章节相同，任意两种商品之间的替代弹性 $\sigma=1/(1-\rho)$。对应地，工业品组合的价格指数：

$$P=\left[\int_0^{n^w}(p_i)^{1-\sigma}\mathrm{d}i\right]^{\frac{1}{1-\sigma}} \tag{10.2}$$

根据式（10.1）和消费者的预算约束，消费者效用水平最大化时，第 i 种工业品的需求数量和支出额分别为：

$$c_i=C_M(p_i)^{-\sigma}P^{\sigma},\ r_i=R(p_i)^{-\sigma}P^{\sigma-1} \tag{10.3}$$

其中，C_M 为代表性消费者消费的工业品组合的数量，$R=PC_M=\int_0^{n^w}(r_i)\mathrm{d}i$ 为代表性消费者总支出水平。假定生产中仅使用劳动力一种投入要素，工业企业 i 在生产过程中使用的劳动力数量与企业的产量 x_i、固定成本 F 以及异质性的生

产效率 φ_i 相关：$l_i = F + x_i/\varphi_i$。企业生产效率 φ_i 越高，企业边际投入劳动力的数量越少。设定工资水平为 w，那么工业企业的成本函数为：$w(F + x_i/\varphi_i)$，对应的边际成本为 w/φ_i。由于工业企业为垄断竞争厂商，因此，企业的采取加成定价，从而产品价格 $p(\varphi_i) = \sigma w/(\sigma - 1)\varphi_i = w/\rho\varphi_i$，即生产效率为 φ_i 的工业企业产品售价为 $w/\rho\varphi_i$。在不失一般性的情况下，设定工资水平为 1，生产效率为 φ_i 的工业企业利润函数：①

$$\pi(\varphi_i) = r(\varphi_i) = l(\varphi_i) = \frac{r(\varphi_i)}{\sigma} - F \tag{10.4}$$

将 $p(\varphi_i) = w/p\varphi_i$ 代入式（10.3）中，得到 $r(\varphi_i) = R(P\rho\varphi_i)^{\sigma-1}$。进一步代入式（10.4）中，则有 $\pi(\varphi_i) = R(P\rho\varphi_i)^{\sigma-1} - F$。此外，根据 $r(\varphi_i) = R(P\rho\varphi_i)^{\sigma-1}$ 以及 $r(\varphi_i) = p(\varphi_i)c(\varphi_i)$，不同生产效率的企业的收益和产出关系如下：

$$\frac{r(\varphi_i)}{r(\varphi_j)} = \left(\frac{\varphi_i}{\varphi_j}\right)^{\sigma-1},\quad \frac{x(\varphi_i)}{x(\varphi_j)} = \left(\frac{\varphi_i}{\varphi_j}\right)^{\sigma} \tag{10.5}$$

式（10.5）表明，企业生产效率越高（φ 值越大），企业总收益越高［$r(\varphi)$ 值越大］、企业总产量越大［$x(\varphi)$ 值越大］。而企业的总收益越高［$r(\varphi)$ 值越大］，根据式（10.4），企业总利润越高［$\pi(\varphi)$ 值越大］。

结论 10-1：在企业生产效率异质性的模型中，企业生产效率越高，企业总产量越大、企业的总产出越多，并且企业总利润越高。

假设一国企业的数量为 n，企业生产效率的分布函数为 $\mu(\varphi)$，φ 区间为（0，∞）。那么，企业加权平均生产效率（同时也是加总的生产效率）：

$$\tilde{\varphi} = \left[\int_0^\infty \varphi^{\sigma-1}\mu(\varphi)\mathrm{d}\varphi\right]^{\frac{1}{\sigma-1}} \tag{10.6}$$

在只考虑一个国家的情况下，$n^w = n$。由式（10.2）可以得到：$P = n^{1/(\sigma-1)} p(\tilde{\varphi})$。② 考虑到 $\tilde{\varphi}$ 为加权平均的生产效率，同时，也是经济系统的总生产效率，从而工业企业总收益 $R = nr(\tilde{\varphi})$，工业品组合的数量 $C_M = n^{1/\rho}x(\tilde{\varphi})$，工业企业的总利润 $\Pi = n\pi(\tilde{\varphi})$。其中，$R = \int_0^\infty nr(\varphi)\mu(\varphi)\mathrm{d}\varphi$，$\Pi = \int_0^\infty n\pi(\varphi)\mu(\varphi)\mathrm{d}\varphi$。由此，得到工业企业的平均收益 $\bar{r} = R/n$，平均利润 $\bar{\pi} = \Pi/n$。

---

① 企业利润函数等于总收益减去总成本，$\pi(\varphi) = r(\varphi) - l(\varphi)$。注意，这里的工资已经进行了单位化处理，设定为 1。根据企业总收益 $r(\varphi) = p(\varphi)c(\varphi)$ 以及垄断竞争厂商的加成定价 $p(\varphi) = 1/\rho\varphi$，得 $q(\varphi)/\varphi = \rho r(\varphi)$。代入利润函数中，$\pi(\varphi) = r(\varphi) - l(\varphi) = r(\varphi)(1-\rho) - F = r(\varphi)/\sigma - F$。

② $P = \left[\int_0^\infty np(\varphi)^{1-\sigma}\mu(\varphi)d\varphi\right]^{1/(1-\sigma)} = n^{1/(1-\sigma)}\left[\int_0^\infty p(\varphi)^{1-\sigma}\mu(\varphi)d\varphi\right]^{1/(1-\sigma)} = n^{1/(1-\sigma)}p(\tilde{\varphi})$。

二、封闭经济中的均衡

M. J. 梅里兹（2003）的企业异质性贸易模型中，假定企业生产效率存在差异。企业首先需要进入生产阶段，此时，企业尚无法观察到自身的生产效率。产品生产出来之后，企业需要进入市场去销售，这时需要一次性支付一定数额的市场进入成本 F_D（$F_D>0$）。这项成本一旦支付后，都属于已经投入的"沉没成本"。当企业进入市场销售阶段时，一些生产效率较低的企业出现了亏损，此时，企业将退出市场。

假定每一期退出市场的概率为 δ，不考虑时间的贴现因素，企业预期的利润流（价值函数）：$\nu(\varphi)=\max\{0,\ \sum_{t=0}^{\infty}(1-\delta)^t\pi(\varphi)\}=\max\{0,\ \pi(\varphi)/\delta\}$。对于不同生产效率的企业而言，有些企业存在亏损退出市场，有些企业存在盈利继续生产销售。不妨设定工业企业进入市场销售的最低临界生产效率 $\varphi^*=\inf\{\varphi:\ \nu(\varphi)>0\}$，如果企业生产效率 $\varphi<\varphi^*$，企业将退出市场。假设进入市场销售阶段的企业生产效率分布函数为 $g(\varphi)$，累积分布函数为 $G(\varphi)$，考虑到一部分企业退出市场，那么处于生产阶段的企业生产效率分布将发生变化：

$$\mu(\varphi)=\begin{cases}\dfrac{g(\varphi)}{1-G(\varphi^*)}，当\ \varphi\geqslant\varphi^*\ 时\\ 0，当\ \varphi<\varphi^*\ 时\end{cases} \tag{10.7}$$

其中，$P\equiv 1-G(\varphi^*)$ 为企业成功进入市场销售阶段的概率。对应地，式（10.6）可以写成：

$$\tilde{\varphi}(\varphi^*)=\left[\frac{1}{1-G(\varphi^*)}\int_0^{\infty}\varphi^{\sigma-1}g(\varphi)\mathrm{d}\varphi\right]^{\frac{1}{\sigma-1}} \tag{10.8}$$

式（10.8）表明，企业的平均生产效率 $\tilde{\varphi}$ 的大小由工业企业进入市场的临界生产效率 φ^* 来决定。而根据 $R=nr(\tilde{\varphi})$、$\Pi=n\pi(\tilde{\varphi})$ 以及 $\bar{r}=R/n$ 和 $\bar{\pi}=\Pi/n$ 可知，$\bar{r}=r(\tilde{\varphi})$ 以及 $\bar{\pi}=\pi(\tilde{\varphi})$。联合式（10.4）和式（10.5），

$$\bar{r}=r(\tilde{\varphi})=\left[\frac{\tilde{\varphi}(\varphi^*)}{\varphi^*}\right]^{\sigma-1}r(\varphi^*),$$

$$\bar{\pi}=\pi(\tilde{\varphi})=\left[\frac{\tilde{\varphi}(\varphi^*)}{\varphi^*}\right]^{\sigma-1}\frac{r(\varphi^*)}{\sigma}-F,\ \bar{r}=\sigma(\bar{\pi}+F) \tag{10.9}$$

工业企业进入市场生产时，临界生产效率为 φ^* 的工业企业将获得零利润，称为零利润条件（zero cut-off profit condition，以下简称 ZCP 条件）。零利润条件意味着 $\pi(\varphi^*)=0$，从而根据式（10.4）有 $r(\varphi^*)=\sigma F$。代入式（10.9）中，

可以得到 ZCP 条件：

$$\overline{\pi} = Fk(\varphi^*) \tag{10.10}$$

其中，$k(\varphi^*) = [\tilde{\varphi}(\varphi^*)/\varphi^*]^{\sigma-1} - 1$。此外，从企业的价值函数中可以得知，企业进入市场生产时平均利润流现值 $\overline{v} = \overline{\pi}(\varphi)/\delta$。考虑到企业进入市场获得平均利润的概率为 $P \equiv 1 - G(\varphi^*)$，工业企业进入市场销售还需要支付市场进入成本 F_D，那么企业还面临着市场进入（free entry，FE）的条件。进入市场的临界企业利润变成 $[1 - G(\varphi^*)]\overline{\pi}(\varphi)/\delta - F_D$，临界企业的利润应当为零，否则就会有工业企业进出市场。对应地，可以得到 FE 条件：

$$\overline{\pi} = \frac{\delta F_D}{1 - G(\varphi^*)} \tag{10.11}$$

由于 $k(\varphi)$ 和 $G(\varphi)$ 均为单调函数，联合式（10.10）的零利润条件和式（10.11）的市场进入条件，可以得到唯一稳定的均衡（φ^*，$\overline{\pi}$）。

结论 10－2：在企业异质性模型中，零利润条件和市场进入条件共同决定了工业企业临界生产效率与企业平均利润，总是能够找到唯一稳定的均衡解（φ^*，$\overline{\pi}$）。当企业生产效率高于 φ^* 时，企业将进入市场销售；当企业生产效率低于 φ^* 时，企业将退出生产。

封闭经济中的均衡，除了上述的 ZCP 条件和 FE 条件需要得到满足外，市场中进入和退出的企业数量需要保持不变，劳动力市场也需要出清。市场中进入退出企业数量保持均衡时，始终应该有：$Pn_e = \delta n$。而劳动力市场均衡时，$L = L_p + L_e$。其中，$L_p(L_e)$ 代表现有企业生产（新进入企业生产）使用的劳动力数量。对于现有工业企业而言，$\Pi = R - wL_p$，因此，$L_p = R - \Pi$。而对于新进入企业而言，$L_e = n_e F_D$。将 $Pn_e = \delta n$、$P \equiv 1 - G(\varphi^*)$、$\Pi = n\pi(\tilde{\varphi})$、$\overline{\pi} = \pi(\tilde{\varphi})$ 以及式（10.11）代入，$L_e = \Pi$。[1] 由此，可以得到 $L = R$。而根据 $\overline{r} = R/n$ 以及式（10.9），可以得到封闭经济中一国企业的数量：

$$n = \frac{R}{\overline{r}} = \frac{L}{\sigma(\overline{\pi} + F)} \tag{10.12}$$

前文中假定工人的工资水平为 1，根据式（10.1）可以得到工人的间接效用函数 $V = P^{-1}$。将 $P = n^{1/(1-\sigma)}p(\tilde{\varphi})$、$p(\tilde{\varphi}) = w/\rho\tilde{\varphi}$ 代入，消费者的间接效用函数 $V = n^{1/(\sigma-1)}\rho\tilde{\varphi}$。由此可知，在封闭经济中，大国（人口更多的国家）企业的数量通常会更多，加权平均的生产效率更高，从而工人的福利水平更高。

---

① $L_e = n_e F_e = \frac{\delta n}{P} F_e = n \frac{\delta F}{1 - G(\varphi^*)_e} = n\overline{\pi} = n\pi(\tilde{\varphi}) = \Pi$。

三、开放经济中的均衡

开放经济中，部分企业产品将同时销售到国际和国内两个市场。在国内市场上，企业的产品定价与上文相同，$p_D(\varphi)=w/\rho\varphi=1/\rho\varphi$；在国际市场上，由于产品存在冰山交易成本 τ，产品的定价中需要考虑运输成本，$p_X(\varphi)=\tau/\rho\varphi=\tau p_D(\varphi)$。对应地，企业在国内市场和国际市场获得的收益分别为 $r_D(\varphi)=R(P\rho\varphi)^{\sigma-1}$ 和 $r_X(\varphi)=\tau^{1-\sigma}r_D(\varphi)$。此时，企业的总收益：

$$r(\varphi)=\begin{cases}r_D(\varphi)\text{，如果企业不出口}\\ r_D(\varphi)=mr_X(\varphi)=(1+\phi m)r_D(\varphi)\text{，企业向其他所有国家出口}\end{cases}\tag{10.13}$$

其中，$\phi=\tau^{1-\sigma}$ 为贸易自由度。假设企业向他国出口面临着相同的运输成本，企业要么选择不出口，要么选择向所有国家出口。如果企业出口，那么企业需要一次性投入国际市场销售进入成本 F_{ex}，或者分批次地投入国际市场进入成本 $F_x=\delta F_{ex}$。需要指出的是，不同于进入国内市场销售，进入国际市场销售并非是一个必选项。因此，企业会选择每次进入国际市场销售投入固定成本 F_X。封闭经济中，在国内市场进入销售时，如果企业不投入一次性的固定成本 F_D，则意味着企业生产的产品无法销售。但开放经济中，如果企业生产效率相对较低，那么企业完全可以选择只在国内市场销售而退出国际市场销售。类似于式（10.4），可以得到企业在国内和国际市场销售的利润函数：

$$\pi_D(\varphi)=\frac{r_D(\varphi)}{\sigma}-F\text{，}\pi_X(\varphi)=\frac{r_X(\varphi)}{\sigma}-F_X\tag{10.14}$$

如果企业选择在国际市场销售，那么企业同样会面临着最低的临界出口生产效率：$\varphi_X^*=\inf\{\varphi:\varphi\geqslant\varphi^*\text{ 且 }\pi_X(\varphi)>0\}$。当 $\varphi_X^*=\varphi$ 时，所有的企业将在国内和国际两个市场上销售产品。开放经济中，均衡时临界出口企业的利润函数 $\pi_X(\varphi_X^*)=0$，并且企业成功出口的概率 $P_X=[1-G(\varphi_X^*)]/[1-G(\varphi^*)]$。假设企业数量为 n，那么每个国家出口企业的数量 $n_X=nP_X$，消费的工业品种类数 $n^W=n(1+mP_X)$。类似于式（10.6），国内所有工业企业的加权平均生产效率：

$$\tilde{\varphi}_t=\left\{\frac{1}{n^W}[n\,\tilde{\varphi}^{\sigma-1}+m\,(n_X\tilde{\varphi}_X)^{\sigma-1}]\right\}^{\frac{1}{\sigma-1}}\tag{10.15}$$

同样，可以得到：$P=(n^W)^{1/(1-\sigma)}/\rho\tilde{\varphi}_t$，$R=n^Wr_d(\tilde{\varphi}_t)$，$W=R\,(n^W)^{1/(1-\sigma)}\rho\tilde{\varphi}_t/L$。对应地：

$$\bar{r}=r_D(\tilde{\varphi})+P_Xmr_X(\tilde{\varphi}_X)\text{，}\bar{\pi}=\pi_D(\tilde{\varphi})+P_Xm\pi_X(\tilde{\varphi}_X)\tag{10.16}$$

在均衡时，$\pi_D(\varphi^*)=0$，$\pi_X(\varphi_X^*)=0$，由此可以得到：$\pi_D(\tilde{\varphi})=Fk(\varphi^*)$，

$\pi_X(\tilde{\varphi}_X)=F_Xk(\varphi_X^*)$。而根据式（10.14）可知：$\varphi_X^*=\varphi^*\tau(F_X/F)^{1/(\sigma-1)}$。① 开放经济中，ZCP 条件变化为：

$$\bar{\pi}=Fk(\varphi^*)+P_XmF_Xk(\varphi_X^*) \tag{10.17}$$

需要注意的是，开放经济中的 FE 条件并未发生变化，$\bar{\pi}=\delta F_D/[1-G(\varphi^*)]$。由 ZCP 条件和 FE 条件，同样得到唯一稳定的均衡点。所不同的是，由于式（10.17）比式（10.10）增加了出口带来的利润 $P_XmF_Xk(\varphi_X^*)$，因此，ZCP 曲线出现了上移。这也意味着，均衡时临界进入生产的企业生产效率 φ^* 变大，进入生产阶段的企业平均利润 $\bar{\pi}$ 变高。② 根据式（10.14）和式（10.16），$\bar{r}=\sigma(\bar{\pi}+F+P_XmF_X)$。③ 类似地，人们可以得到开放经济中一国的企业数量为：

$$n=\frac{R}{\bar{r}}=\frac{L}{\sigma(\bar{\pi}+F+P_XmF_X)} \tag{10.18}$$

四、国际贸易以及贸易自由化带来的影响

从上文的分析中可以看出，贸易影响了国内企业的生产效率、企业的数量，进而影响着国内消费者的福利等。比较式（10.12）和式（10.18）不难发现，由于 $\bar{\pi}$ 变大，并且分母中增加了 P_XmF_X 项，因此，在开放经济中企业的数量 n 出现了下降。尽管如此，由于开放经济中消费品不仅包括本国生产的产品，同时，还包括从国外进口的产品，因此，$n^W=n(1+P_Xm)$，最终各国消费者消费的商品种类总数仍然是增加的。④ 封闭经济中，一国消费的产品种类数为 $n_a=L[\tilde{\varphi}(\varphi^*)/\varphi^*]^{\sigma-1}/\sigma F$；开放经济中，一国消费的产品种类数 $n^W=L[\tilde{\varphi}_t(\varphi^*)/\varphi^*]^{\sigma-1}/\sigma F$。由于 $\varphi_X>\varphi^*$，因此，总有 $n^W>n$，即本国消

① $\frac{r_X(\varphi_X^*)}{r_D(\varphi^*)}=\varphi(\frac{\varphi_X^*}{\varphi^*})^{\sigma-1}=\frac{F_X}{F}$。

② 根据式（10.17）ZCP 条件和 FE 条件，均衡时 $\delta F_D/[1-G(\varphi^*)]=Fk(\varphi^*)+P_XmF_Xk(\varphi_X^*)$。移项处理，$\delta F_D=[1-G(\varphi^*)]Fk(\varphi^*)+[1-G(\varphi_X^*)]mF_Xk(\varphi_X^*)$。由于第二项大于零，因此，与封闭经济中相比，只有在 φ^* 变大后等式才可能成立。

③ 由式（10.14）可以得到，$\pi_D(\tilde{\varphi})=r_D(\tilde{\varphi})/\sigma-F$，$\pi_X(\tilde{\varphi})=r_X(\tilde{\varphi})/\sigma-F_X$。代入式（10.16），$\bar{\pi}=r_D(\tilde{\varphi})/\sigma-F+P_Xm[r_X(\tilde{\varphi})/\sigma-F_X]$，移项得到 $r_D(\tilde{\varphi})+P_Xmr_X(\tilde{\varphi})=\sigma(\bar{\pi}+F+F_X)$。再根据 $\bar{r}=r_D(\tilde{\varphi})+P_Xmr_X(\tilde{\varphi}_X)$，从而 $\bar{r}=\sigma(\bar{\pi}+F+F_X)$。

④ 封闭经济中，由 ZCP 条件和 $k(\varphi^*)=[\tilde{\varphi}(\varphi^*)/\varphi^*]^{\sigma-1}-1$，$\bar{\pi}+F=[\tilde{\varphi}(\varphi^*)/\varphi^*]^{\sigma-1}F$。开放经济中，由 ZCP 条件、$k(\varphi^*)=[\tilde{\varphi}(\varphi^*)/\varphi^*]^{\sigma-1}-1$ 以及 $k(\varphi_X^*)=[\tilde{\varphi}(\varphi_X^*)/\varphi_X^*]^{\sigma-1}-1$，可以得到开放经济中 $\bar{\pi}+F+P_XmF_X=[\tilde{\varphi}(\varphi^*)/\varphi^*]^{\sigma-1}F+[\tilde{\varphi}(\varphi_X^*)/\varphi_X^*]^{\sigma-1}P_XmF_X$。将 $\varphi_X^*=\varphi^*\tau(F_X/F)^{1/(\sigma-1)}$ 代入，$\bar{\pi}+F+P_XmF_X=(1+P_Xm)[\tilde{\varphi}_t(\varphi^*)/(\varphi^*)]^{\sigma\ 1}F$。

费的产品种类数在增加。在消费者福利方面，根据消费者的间接效用函数 $V=n^{1/(\sigma-1)}\rho\tilde{\varphi}$ 可知，封闭经济和开放经济中一国消费者的福利水平为 $\rho(L/\sigma F)^{1/(\sigma-1)}\varphi^{*}$。由于开放经济中的 φ^{*} 更大，因此，开放经济中消费者的福利水平因国际贸易而得到了提高。

结论 10－3：在企业异质性模型中，国际贸易增加了企业间的竞争，各国企业的数量将出现了减少，但本国消费者消费的产品的种类数量将增加，消费者的福利水平也将得到了提高。

在企业收益方面，由式（10.4）、式（10.5）以及临界生产效率企业利润为零时 $r(\varphi^{*})=\sigma F$ 可知，非出口型企业收益 $r(\varphi)=(\varphi/\varphi^{*})\sigma F$。与封闭经济相比，开放经济中 φ^{*} 值更大，因此，非出口型企业收益出现了下降，同时，企业的利润也出现了下降。而对于出口型企业而言，$r(\varphi)=(1+n\phi)(\varphi/\varphi^{*})\sigma F$，只要企业数量 n 和贸易自由度 ϕ 大于零，那么其收益总是超过非出口型企业收益和利润。当贸易自由度趋近于零时，封闭经济中的企业收益和开放经济中的非出口型企业以及出口型企业的收益趋同。而随着贸易自由化水平的提高，出口型企业的收益增加得更多，因此，可以推断出开放经济中的出口型企业的收益要高于封闭经济的企业收益。需要注意的是，出口型企业需要额外支付成本 F_X，因此，在开放经济中只有生产效率更高出口型企业能够获得更多的利润。

结论 10－4：在企业异质性模型中，国际贸易降低了本国非出口型企业的收益和利润，但提高了本国出口型企业的收益。至于出口型企业能否获得更高的利润，则取决于国外市场获得的收益与额外支付的成本之间的大小。

国家与国家之间的贸易自由化可以从多方面展开，包括增加贸易国数量 m、降低冰山交易成本 τ（或者提高贸易自由度 ϕ）以及降低国际市场进入成本 F_X。其带来的影响同样是多方面的，包括对临界生产效率的影响、企业收益和福利的影响、加总的生产效率的影响以及居民的福利影响等。从式（10.17）可知，贸易国数量 m 增加，将引起 ZCP 曲线的上移。同样，将 $\varphi_X^{*}=\varphi^{*}\tau(F_X/F)^{1/(\sigma-1)}$ 代入式（10.17）中，可以发现，冰山交易成本 τ 下降，将会导致开放经济中 ZCP 曲线的上移。而根据 $\varphi_X^{*}=\varphi^{*}\tau(F_X/F)^{1/(\sigma-1)}$ 可知，国际市场进入成本 F_X 的下降与冰山交易成本 τ 下降影响是相同的。因此，对于这三种类型的贸易自由化可以综合在一起来分析。贸易自由化水平提高，无论是临界生产效率 φ^{*} 还是临界的出口生产效率 φ_X^{*} 都会变大。类似于上面开放经济和封闭经济的比较分析，这也就意味着，贸易自由化水平的提高，本地型企业的收益和利润将进一步下降，生产效率最低的本地型企业将退出市场，生产效率较高的出口型企业利润会进一步增加。此外，企业整体的生产效率将得到提升，居民的福利水平将得到进一步的提高。

结论 10 -5：在企业异质性模型中，贸易自由化水平的提高将降低了本国非出口型且的收益和利润，部分低效率的企业将退出市场；本国出口型企业的收益将得到提高，部分高效率的出口型企业将获得更高的利润；企业整体的生产效率得到提升；居民的福利水平得到进一步的提高。

第二节　自由资本企业异质性模型

P. 马丁和 C. A. 罗杰斯（1995）的自由资本模型（FC 模型）是新经济地理学模型中最易于处理的模型之一，因此，很容易进行拓展。R. 鲍德温和大久保（2005）在自由资本模型基础上，结合 M. J. 梅里兹（2003）的异质性贸易理论（HFT），形成了自由资本企业异质性模型（以下简称 FCH 模型）。

一、基本假设

FC 模型的基本假设，在第四章中已经详细介绍过，在这里进行一些简单的回顾。

该模型为两地区、两部门和两要素模型：两地区为北部和南部，它们在偏好、技术条件以及贸易开放程度方面是对称的，但不同于标准的对称的自由资本模型，两个地区在要素禀赋上存在差异，设定北部为市场规模较大的区域；两种部门为工业部门和农业部门，工业部门以规模收益递增、垄断竞争和冰山交易成本为特征，农业部门以规模收益不变、完全竞争和零交易成本为特征；两种生产要素为资本和劳动力，劳动力在地区间不能流动，资本可以在地区间流动；资本收益返回到国内消费，这就排除了需求关联的循环累积因果关联。

1. 消费者行为

仍然假设消费者的效用函数为两层效用函数，第一层（上层）效用函数为工业品组合和农产品的拟线性效用函数；第二层（下层）效用函数为工业品的不变替代弹性效用函数。代表性消费者的效用函数：

$$U = \mu \ln C_M + C_A,\ C_M \equiv \left[\int_{i=0}^{n+n^*} c_i^{(\sigma-1)/\sigma} \mathrm{d}i\right]^{(\sigma-1)/\sigma},\ 0 < \mu < 1 < \sigma \tag{10.19}$$

其中，C_M 和 C_A 分别为代表性消费者对工业品组合和农产品的消费量，n 和 n^* 分别为北部和南部工业产品的种类数量；c_i 为消费者对第 i 种工业品的消费量；

σ 为不同工业品之间的替代弹性；μ 为消费者对工业品组合的支出份额。给定消费者的预算约束为 y，设定农产品价格 p_A，工业品组合的价格指数为 p_M，则可以得到消费者的预算约束函数：

$$P_M C_M + p_A C_A = y,\ P_M = \left[\int_0^n p_i^{1-\sigma} \mathrm{d}i + \int_0^{n^*} (\tau p_j)^{1-\sigma} \mathrm{d}j\right]^{1/(1-\sigma)} \tag{10.20}$$

根据式（10.19）和式（10.20），可以得到消费者的需求函数（直接需求函数）：

$$C_M = \mu / p_M,\ c_i = \mu (p_i)^{-\sigma} P_M^{\sigma-1} \tag{10.21}$$

从式（10.21）中可以看出，代表性消费者对工业品组合的总支出为 μ。设定北部劳动力数量为 L，南部劳动力数量为 L^*，经济系统中劳动力的总数为 L^W。对应地，北部对工业品的总支出为 $E = \mu L$，南部对工业品的总支出为 $E^* = \mu L^*$，经济系统对工业品的总支出为 $E^W = \mu L^W$。在不失一般性的情况下，设定 $L^W = 1/\mu$，则始终有 $E^W = \mu L^W \equiv 1$。

2. 生产者行为

农业部门为规模收益不变和完全竞争部门，生产中使用 a_A 单位的劳动力作为边际投入，因此，$p_A = a_A w$。由于农产品的区际贸易不存在贸易成本，并且 $a_A = a_A^*$，如果进行标准化处理，则 $w = w^* = 1$，即两地区劳动力的名义工资相等。

工业部门为规模收益递增和垄断竞争部门，生产中利用单位资本作为固定成本，利用劳动力作为可变成本。不同于 FC 模型中的代表性企业，FCH 模型中的企业存在着异质性，它们在生产效率方面存在差异。遵循 M. J. 梅里兹（2003）的思路，假定企业固定投入相同，企业生产效率的差异主要体现在边际成本方面。企业为了进行生产，假定企业支付 F_I 单位的劳动力创造资本，并把它作为固定投入（创新成本）。企业 i 除了这笔成本以外，还需要支付 a_i（$0 \leqslant a_i \leqslant a_0 \equiv 1$）单位的边际投入。假定企业的边际投入 a 服从帕累托概率分布，则企业边际投入的概率密度函数为：①

$$G[a \mid a_0] = (a/a_0)^{\rho},\ 0 \leqslant a_i \leqslant a_0 \equiv 1 \tag{10.22}$$

其中，$\rho \geqslant 1$ 为形状参数（shape parameter），a 为企业的边际投入，a_0 为最低效率企业的边际投入。② 当 $\rho = 1$ 时，$G[a \mid a_0]$ 即为线性概率密度函数。选择经济

① L. M. B. 卡布拉尔和 J. 马塔（2003）对企业规模分布的研究中发现，企业生产效率近似于服从帕累托分布。R. E. 鲍德温和大久保（2006）在新经济地理学研究中较早使用了这一假设，但是在该文的工作论文以及大久保后续研究中，对密度函数的设定并没有严格遵循帕累托密度函数的定义。

② 在 M. J. 梅里兹（2003）模型中，一些不能盈利的企业会退出市场，从而存在着一个生产的临界值。

系统中生产效率最低的企业的边际投入 a_0 作为基数 1，那么在 $a \leqslant a_0 = 1$ 时，可以得到 $G[a] = a^{\rho}$。

除了进入市场的成本以外，按照 M. J. 梅里兹的假设，新企业进入市场销售，也需要支付成本，比如，满足特定市场标准和法规的成本以及建立品牌名称等的成本。设定进入国内市场销售需要支付的固定成本为 F_D，进入国外市场销售需要支付的固定成本为 F_X。生产投入成本 F_I 和进入国内外市场的成本 F_D 和 F_X 共同构成了企业的固定成本，并且该固定成本为一次性投入，是一种沉没成本。除了面临这些成本之外，市场上的企业还面临新企业进入带来的冲击，部分高效率企业进入市场，同时部分低效率企业淘汰出局。类似于 M. J. 梅里兹（2003）的假设，假设企业淘汰率为 δ，且淘汰率 δ 服从泊松分布。[①]

二、短期均衡

在一个模型中，同时考虑企业进入和退出以及区位选择行为是相当麻烦的。为与前面章节保持一致，讨论短期均衡时只考虑企业的进入和退出情况，而企业的区际迁移行为将放在长期均衡中去讨论。这种讨论类似于异质性贸易理论，下面的介绍类似于 M. J. 梅里兹的研究。[②]

1. 企业进入不同市场的决策

上文指出，企业首先要支付创新成本 F_I，然后，做出进入国内市场还是国际市场的决策。对于企业而言，只有它预期到销售在国内市场的收益超过成本时，它才支付进入国内市场的固定成本 F_D。同样，只有预期到销售在国际市场上的收益超过成本时它才支付进入国际市场的成本 F_X。在企业支付创新成本、进入国内市场和进入国际市场几个不同的阶段，企业支付的固定成本是逐步增加的。最终，具有不同效率的企业就会做出不同的选择。

如图 10－1 所示，横轴为边际成本，纵轴为累积密度函数。如果把企业销售在国内市场和国际市场的边际成本临界值分别设定为 a_D 和 a_X，那么当企业边际成本 a_j 与这两个门槛值进行比较时，就会出现以下三种情形：（1）第一种情形：$a_j \geqslant a_D$，此时，企业的边际成本大于国内市场销售的边际成本门槛值。因此，企业选择不生产，称为“N 型”（不生产型）企业。（2）第二种情形：$a_D > a_j > a_X$，此时，企业的边际成本小于国内市场销售的边际成本门槛值，但

① 这里我们采用了与 Melitz（2003）的研究方法类似的方法，并没有考虑企业的折现，而是通过死亡率来实现贴现。更详细的介绍参见 R. E. 鲍德温（2005）。

② M J. Melitz. The Impact of Trade on Intra-Industry Reallocations and Aggregate Industry Productivity [J]. Econometrica, 2003, 71 (6): 1695－1725.

大于国际市场销售的边际成本门槛值。因此，企业仅在国内市场销售，称为“D 型”（本地型）企业。（3）第三种情形：$a_j \leqslant a_X$，此时，企业的边际成本小于国际市场销售的边际成本门槛值。因此，企业选择在国内外市场上同时销售，称为“X 型”（出口型）企业。

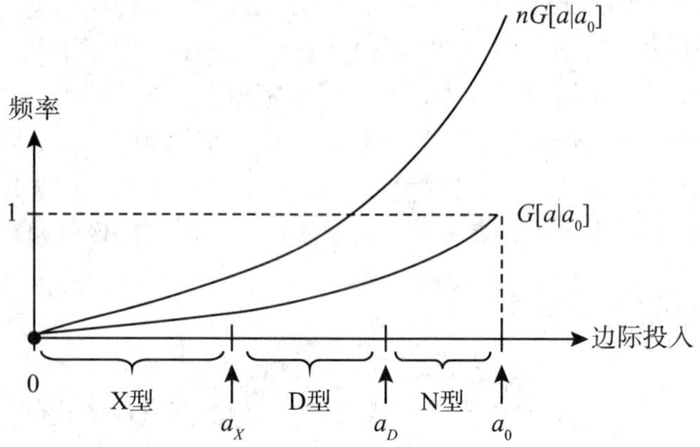

图 10－1　N 型、D 型和 X 型企业

资料来源：Baldwin，R E. and T. Okubo. Agglomeration and the Heterogeneous Firms Trade Model［J］. Working Paper，2005.

2. 企业进入市场的零利润条件（ZCP）

工业部门为垄断竞争部门，根据上述的假设，企业的利润函数可以写成：

$$\pi_i = p_i x_i - w(F + a_i x_i) \tag{10.23}$$

其中，F 包括生产成本 F_I，还可能包括销售成本 F_D 和 F_X，这取决于企业最终在哪里销售商品。根据企业利润最大化的一阶条件，可以写成：

$$\rho_i = \frac{\sigma}{\sigma - 1} w a_i \tag{10.24}$$

从式（10.24）可以看出，商品的价格与固定成本 F 无关，仅与边际成本 wa_i 相关。并且，企业的经营利润（不含固定成本部分），始终为总收入的 $1/\sigma$ 倍。因此，即使企业的投入和收入不会在同一个时期发生，但这两点仍然是不变的。将式（10.24）代入式（10.20）的第二式，可以得到：

$$(P_M)^{1-\sigma} = \left(\frac{\sigma}{\sigma - 1}\right)^{1-\sigma} n^W \Delta,$$

$$\Delta = s_n \int_0^{a_D} a^{1-\sigma} \mathrm{d}G[a \mid a_D] + (1 - s_n)\phi \int_0^{a_X} a^{1-\sigma} \mathrm{d}G[a \mid a_D] \tag{10.25}$$

其中，s_n 为北部的产业份额，ϕ 为贸易自由度，且 $0 \leqslant \phi \equiv \tau^{1-\sigma} \leqslant 1$。式（10.25）中的第二式右边第一项是北部地区企业在本地的边际销售成本，右边第二项是南部地区企业在北部地区销售时的边际成本。为简化起见，假定企业在国内市场销售的成本为 $F_D = F$，在国际市场销售的成本为 $F_X = F$。当企业的经营利润与成本相等时，可以得出企业进入国内市场和进入国际市场时的临界条件，即企业进入市场的零利润条件（ZCP）。考虑到企业的死亡率，企业利润应当进行折现，即在现有经营利润的基础上除以 $\int_o^{\infty} e^{-\delta t}\mathrm{d}t$ ，即 δ。此时，根据企业进入国内外市场的零利润条件，成立 $p_i x_i/\delta\sigma = F$。设定 $f = F\delta\sigma$，则根据式（10.21）、$E = \mu L$ 以及式（10.25），可以得到本地型企业进入市场的零利润条件：

$$a_D^{1-\sigma}B = f,\ B \equiv \frac{s_E E^W}{\Delta n^W} \tag{10.26}$$

值得注意的是，本地型企业产品只供应本地市场。企业想要进入国外市场，还要额外支付进入国外市场的成本，此时的收益也只是在国外市场新增销售所获得的收益。当北部企业进入南部市场时，商品在南部的销售价变为 τp_i，商品在南部的销售量为 $L^* c_i^*$，故 $p_i x_i = f$ 的零利润条件也就变成了 $\tau p_i E^*(\tau P_I)^{-\sigma}(P_M^*)^{\sigma-1} = f$，从而得到：

$$\phi a_X^{1-\sigma}B^* = f,\ B^* \equiv \frac{(1-s_E)E^W}{\Delta^* n^W} \tag{10.27}$$

3. 企业自由进出市场的条件

前面讨论了企业在国内市场和国外市场销售的临界条件，也称为市场进入的零利润条件。对于多数企业而言，企业的边际投入 a 并不等于 a_D 或 a_X 这种临界值，因此，企业的盈利情况是不同的。潜在进入企业在进入销售产品阶段前，首先需要支付一定的创新成本。对于企业而言，是不是要去冒这个风险，则取决于所能获得的预期收益。

在上文中已经介绍，企业一旦考虑进入北部市场，可能存在三种情形：(1) 成为 N 型企业，此时预期收益为 0；(2) 成为 D 型企业，预期收益为 $\int_0^{a_D}(a^{1-\sigma}B/\delta\sigma - F)\mathrm{d}G[a \mid a_D]$；(3) 成为 X 型企业，在国外市场获得额外的预期收益为 $\phi\int_0^{a_X}(a^{1-\sigma}B^*/\delta\sigma - F)\mathrm{d}G[a \mid a_D]$。同样，设定 $f_1 = F_1\delta\sigma$，南北两个区域企业自由进出的均衡条件分别为：

$$\begin{cases} \int_0^{a_D}\{a^{1-\sigma}B - f\}\mathrm{d}G[a \mid a_D] + \phi\int_0^{a_X}\{a^{1-\sigma}B^* - f\}\mathrm{d}G[a \mid a_D] = f_I \\ \int_0^{a_D^*}\{a^{1-\sigma}B^* - f\}\mathrm{d}G[a \mid a_D] + \phi\int_0^{a_X^*}\{a^{1-\sigma}B - f\}\mathrm{d}G[a \mid a_D] = f_I \end{cases} \tag{10.28}$$

根据R. 鲍德温和大久保（2005）的研究，企业自由进出两国市场，就意味着两国的边际成本临界值是相同的，这与两个国家的市场规模无关。由于两个市场的进入成本相同，这必然意味着，每个市场的企业数量调整到每个市场对企业具有同等吸引力的程度。考虑到市场吸引力的对称性，南部企业向北部市场销售产品时的边际成本门槛值与北部企业向南部市场销售产品时的边际成本门槛值相同。也就是说，尽管市场规模不同，但 $a_D = a_D^*$、$a_X = a_X^*$ 以及 $B = B^*$。这样，对于式（10.28）的分析，只需要分析其中第一个式子就可以。

工业企业进入市场销售时，会预期市场的平均经营利润和固定成本。工业企业预期可能存在三种情况，前文中已经假定这三种情况的固定成本。由于企业成为N型、D型和X型企业的概率是不同的，而企业想要成为一个能够生产销售的企业（D型或X型企业）的预期的固定成本应为：

$$\bar{F} \equiv F_1 \frac{1}{G[a_D \mid a_0]} + F + F \frac{G[a_X \mid a_0]}{G[a_D \mid a_0]} \tag{10.29}$$

式（10.29）中，第一项中的 F_I 为所有工业企业都需要支付的创新成本，如果以D型企业为参照，则其概率为 $1/G[a_D \mid a_0]$；第二项中为D型工业企业支付的固定成本，所有D型工业企业都需要支付；第三项为X型工业企业支付的固定成本，概率为 $G[a_X \mid a_0]/G[a_D \mid a_0]$。企业预期的经营利润为所有企业的平均经营利润，可以根据经济系统对工业品的总支出（总销售）进行计算。在经济系统中，对工业品的总支出 E^W 等于工业品总销售额，该销售额的 $1/\sigma$ 为所有企业的经营利润。因此，单个企业的预期经营利润为 $E^W/\sigma n^W$。均衡时，预期的经营利润等于企业预期固定成本，考虑到企业死亡率，可以得到：

$$E^W/n^W = \bar{f},\ \bar{f} = \bar{F}\delta\sigma,\ E^W \equiv 1 \tag{10.30}$$

4. 短期均衡分析

根据式（10.25）、式（10.26）和式（10.27），可以得到：

$$\begin{cases} B = \dfrac{(\beta - 1)s_E/n^W}{\phi\beta a_X^{1-\sigma}[s_n + \phi^\beta(1 - s_n)]} \\ B^* = \dfrac{(\beta - 1)(1 - s_E)/n^W}{\phi\beta a_X^{1-\sigma}[\phi^\beta s_n + (1 - s_n)]} \end{cases},\ \beta \equiv \frac{\rho}{\sigma - 1} > 0 \tag{10.31}$$

均衡时 $B = B^*$，代入式（10.28）、式（10.29）和式（10.30），可以得到：

$$s_n = \frac{1}{2} + \frac{1 + \phi^\beta}{1 - \phi^\beta}\left(s_E - \frac{1}{2}\right),\ n^W = \frac{\beta - 1}{f\beta(1 + \phi^\beta)},$$

$$a_D = \left[\frac{f_I}{f(1 + \phi^\beta)}\right]^{1/\rho},\ a_X = \left[\frac{f_I\phi^\beta}{f(1 + \phi^\beta)}\right]^{1/\rho} \tag{10.32}$$

式（10.32）为短期均衡时，北部市场份额、经济系统企业总数、北部本地型企业边际成本临界值和北部出口型企业边际成本临界值。根据式（10.32），可以讨论贸易自由化（ϕ 变大）所带来的影响。

第一，本地型和出口型企业的边际成本临界值趋同。根据式（10.32），$da_D/d\phi<0$，$da_X/d\phi>0$，因此，两者逐渐趋同。这意味着贸易自由化带来竞争，这进一步加剧了国内和国外两个市场上的企业间竞争。

第二，由于竞争的加剧，厂商总数出现了下降。根据式（10.32），$dn^W/d\phi<0$，即贸易自由化导致经济系统中的企业数量下降了。这一点也可以从 $da_D/d\phi<0$ 中得到印证，贸易自由化导致只有生产效率较高的企业存活，生产效率较低的厂商将遭到淘汰，经济系统中的厂商（包括潜在的进入企业）数量将减少。

第三，本地市场效应发生变化。从式（10.32）中可以看出，本地市场效应从原来的 $(1+\phi)/(1-\phi)$ 变成了现在的 $(1+\phi^\beta)/(1-\phi^\beta)$。由于 $\beta>1$ 且 $0\leqslant\phi\leqslant1$，$d\phi^\beta/d\beta\leqslant0$。而 $d[(1+\phi^\beta)/(1-\phi^\beta)]/d\phi^\beta>0$，因此，$d[(1+\phi^\beta)/(1-\phi^\beta)]/d\beta<0$，即在企业异质性模型中，本地市场效应减弱了。

第四，由于 $B=B^*$ 是自由进出市场的均衡条件，此时，不存在企业的区际转移现象。换句话说，此时所有的企业都没有动机转移到其他地区形成新的集群。贸易自由化的推进，会导致地区新企业的诞生和低效率企业的淘汰。

关于贸易自由化带来的影响，R. E. 鲍德温和大久保（2005）进行了解释（见图 10-2）。从图 10-2 中可以看出，贸易自由化首先导致 a_D 的变小和 a_X 的变大。贸易自由化使得市场竞争趋于更加激烈，这导致从事生产和销售活动的企业数量变少，但参与国际市场的企业数量变多了。R. E. 鲍德温和大久保（2005）认为，企业异质性模型中的贸易类型也发生变化。本地型企业只供应本地市场，他们生产的产品是非贸易品；而出口型企业则会生产多样化的产品并大量出口，当然此时的贸易类型为产业内贸易。

三、长期均衡

上文探讨的是进出市场较快，区际转移较慢的情形。这种情况下，模型还没有涉及企业的区际迁移问题，因此，本质上与异质性贸易理论是一致的。由于企业进入和退出通常并不是即时的，因此，探讨进出市场较慢但区际迁移是迅速的情形是有必要的。在这种情形下，n^W、a_D 和 a_X 仍保持不变。

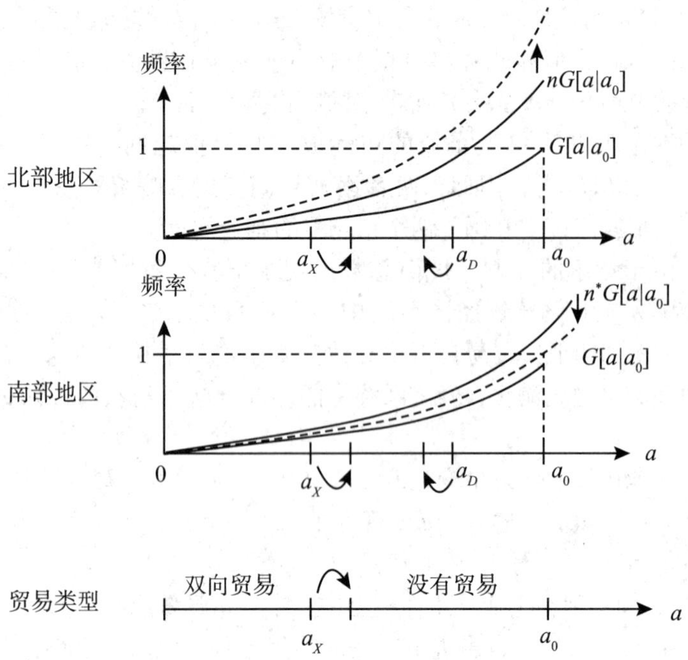

图 10－2　贸易自由化对截止条件的影响

资料来源：Baldwin，R. E. and T. Okubo. Agglomeration and the Heterogeneous Firms Trade Model［J］. Working Paper，2005.

1. 迁移过程

在本部分的分析中，不考虑企业进入和退出市场的问题。初始时，两个国家劳动力和资本的比例是相同的，两国的区别仅在于国家规模的大小。每个国家的工业份额和市场规模是相同的，即 $s_E = s_n$。D 型企业迁移时，迁移前后所面临的市场是发生变化的。以南部 D 型企业向北部迁移为例，迁移前所面对的市场为南部的市场，而迁移后所面向的市场为北部的市场。由于假设两地区进入市场的成本是相同的，因此，南部 D 型企业迁移前后的收益变化主要体现在经营利润方面，该利润为总收入的 $1/\sigma$。

相应地，D 型企业迁移后的收益变化为：

$$\nu[a] = \frac{a^{1-\sigma}}{\sigma}(B - B^*), \quad a_X \leqslant a \leqslant a_D \tag{10.33}$$

类似地，X 型企业迁移后的收益变化为：

$$\nu[a] = \frac{a^{1-\sigma}}{\sigma}(1-\phi)(B - B^*), \quad 0 \leqslant a \leqslant a_X \tag{10.34}$$

2. 迁移均衡

如果 $B > B^*$，那么部分企业从南部向北部迁移。从式（10.33）和式

（10.34）可以得到 $d\nu[a]/da<0$，这就表明，无论是对于 D 型还是 X 型企业，生产效率高（边际投入 a 小）的企业会率先迁移。不妨设南部向北部迁移的企业的生产效率门槛值为 a_R，那么此时北部的价格指数发生了变化，除了原来的 D 型企业和南部 X 型企业为北部提供工业产品外，南部向北部迁移的企业（记作 R 型）现在也为北部提供工业产品。当然，由于部分 X 型企业从南部向北部迁移，南部 X 型企业也数量发生了变化。此时，B 从形式上保持不变，依然为 $s_E E^W/\Delta n^W$，但 Δ 发生变化，即：

$$\begin{cases}\Delta = s_E\int_0^{a_D}a^{1-\sigma}dG[a\mid a_D]+(1-s_E)\int_0^{a_R}a^{1-\sigma}dG[a\mid a_D]\\ \qquad +(1-s_E)\phi\int_{a_R}^{a_X}a^{1-\sigma}dG[a\mid a_D]\\ \Delta^* = (1-s_E)\int_{a_D}^{a_R}a^{1-\sigma}dG[a\mid a_D]+\phi s_E\int_{a_R}^{a_X}a^{1-\sigma}dG[a\mid a_D]\end{cases} \tag{10.35}$$

当迁移均衡时，$\nu[a]=0$，即 $B=B^*$。先把式（10.22）代入 Δ 和 Δ^* 得到 B 和 B^*：

$$\begin{cases}B=\dfrac{s_E(\beta-1)a_D^{\rho}/\beta n^W}{s_E a_D^{1-\sigma+\rho}+(1-s_E)[(1-\phi)a_R^{1-\sigma+\rho}+\phi(a_X^*)^{1-\sigma+\rho}]}\\ B^*=\dfrac{s_E(\beta-1)a_D^{\rho}/\beta n^W}{\phi s_E a_X^{1-\sigma+\rho}+(1-s_E)[(1-\phi)a_R^{1-\sigma+\rho}+(a_X^*)^{1-\sigma+\rho}]}\end{cases}$$

然后，根据 $B=B^*$，就可以得到：

$$a_R^{1-\sigma+\rho}=\frac{2(s_E-1)\phi}{(1-\phi)(1-s_E)}a_X^{1-\sigma+\rho} \tag{10.36}$$

随着企业从南部迁移到北部，北部的企业份额发生了变化。南部原来的工业份额为 $(1-s_E)$，根据式（10.22）的迁移概率 $(a_R/a_D)^{\rho}$，迁移的产业份额为 $(1-s_E)(a_R/a_D)^{\rho}$。由此可以得到北部新的工业份额为：

$$s_n=s_E+(1-s_E)\left[\frac{(2s_E-1)\phi^{\beta}}{(1-\phi)(1-s_E)}\right]^{\frac{\beta}{\beta-1}} \tag{10.37}$$

3. 迁移的两个阶段

根据式（10.36）和式（10.32），可以看出贸易自由度的变化将导致不同类型企业边际投入门槛值的变化。首先，在 ϕ 接近于 0 时，无论是 a_R 还是 a_X 都接近于零。这就表明，迁移和出口都是极其困难的。其次，在 ϕ 足够小的时候，$a_R<a_X$，即在南部率先迁移的企业是 X 型企业。再次，随着 ϕ 进一步提高，$a_R=a_X$，南部所有 X 型企业都迁移到北部。最后，ϕ 继续提高，$a_R>a_X$，南部 D 型企业开始发生迁移，迁移进入第二个阶段。第一个阶段，称为 XX 迁移；第二个阶段，称为 DD 迁移。

根据式（10.36），$a_R = a_X$ 时有：

$$\phi^p = \frac{1 - s_E}{s_E} \tag{10.38}$$

其中，ϕ^p 为贸易自由化的分割点。在 $\phi < \phi^p$，只有 XX 迁移；在 $\phi > \phi^p$，出现 DD 迁移。根据上述分析，可以得出结论 10－6。

结论 10－6：随着贸易自由度的提高，南部生产效率最高的企业首先迁移至北部。当贸易自由度达到 $\phi^p = (1 - s_E)/s_E$ 时，南部所有的 X 型企业全部迁移至北部。贸易自由度的进一步提高，将会导致南部 D 型企业也向北部迁移。

随着南部企业向北部迁移，不同类型企业在空间上的分布也发生了变化，图 10－3 给出了企业自由迁移时的企业地理分布。随着南部 X 型企业向北部迁移，南部 X 型企业消失，北部 X 型工业企业增加。

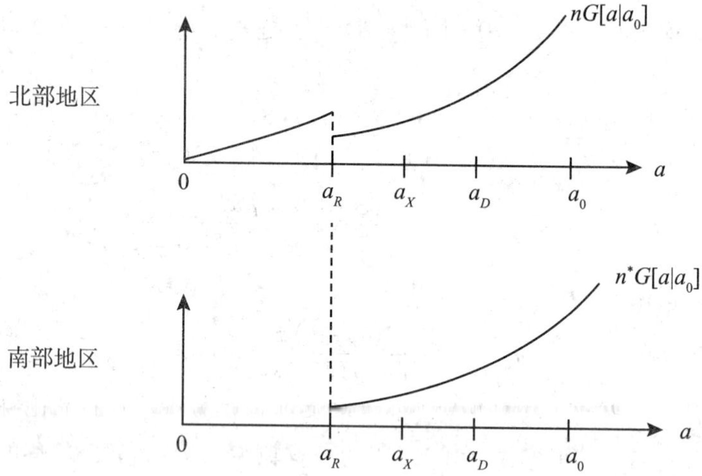

图 10－3　工业企业自由迁移时的企业地理分布

资料来源：Baldwin，R. E. and T. Okubo. Agglomeration and the Heterogeneous Firms Trade Model［J］. Working Paper，2005.

当 $\phi > \phi^p$ 时，迁移进入第二阶段，DD 型企业将从南部向北部迁移。此时，南部不再存在 X 型企业，此时，地区工业品价格指数发生了变化。在 DD 型企业迁移时，对应的 Δ 和 Δ^* 发生变化：

$$\begin{cases} \Delta = \int_0^{a_R} a^{1-\sigma} \mathrm{d}G[a \mid a_D] + s_E \int_{a_R}^{a_X} a^{1-\sigma} \mathrm{d}G[a \mid a_D] \\ \Delta^* = \phi \int_0^{a_X} a^{1-\sigma} \mathrm{d}G[a \mid a_D] + (1 - s_E) \int_{a_R}^{a_D} a^{1-\sigma} \mathrm{d}G[a \mid a_D] \end{cases}$$

随之，B 和 B^* 也发生变化：

$$\begin{cases} B = \dfrac{s_E(\beta - 1)a_D^{\rho}/\beta n^W}{(1 - s_E)a_R^{1-\sigma+\rho} + s_E a_D^{1-\sigma+\rho}} \\ B^* = \dfrac{s_E(\beta - 1)a_D^{\rho}/\beta n^W}{\phi a_X^{1-\sigma+\rho} + (1 - s_E)(a_D^{1-\sigma+\rho} - a_R^{1-\sigma+\rho})} \end{cases}$$

均衡时，同样有 $B = B^*$，因而，

$$a_R^{1-\sigma+\rho} = \frac{s_E \phi}{1 - s_E} a_X^{1-\sigma+\rho} \tag{10.39}$$

在标准的新经济地理学模型中，当所有的企业都集中到一个地区时的贸易自由度，称为突破点。当 $a_R = a_D$ 时，这一个情况将会出现，南部 D 型企业全部迁移到北部。由式（10.29）知 $a_D - \phi^{\beta/\rho} a_X$，把它代入式（10.39）可以得到突破点的表达式：

$$\phi^B = [(1 - s_E)/s_E]^{1/\beta} \tag{10.40}$$

由于 $\beta > 1$ 以及 $s_E > 1/2$，因此，$\phi^B < 1$。请注意，由于假设条件不同，此处的突破点的表达式与核心边缘模型中的表达式不同。当满足 $\phi > \phi^B$ 条件时，将会发生完全聚集。

结论 10－7（排序效应）：市场开放度的提高将导致小区域的企业迁移到大区域，迁移时，企业是遵循效率高低的顺序而迁移的。如果进入市场的成本足够大，则迁移过程将分为两个阶段：首先迁移的是 X 型企业，迁移后在新区位上仍属于 X 型企业；当所有 X 型企业全部迁移后，D 型企业开始迁移，迁移后在新区位上仍属于 D 型企业。

第三节　自由资本垂直联系异质性模型

上一节介绍了自由资本异质性模型，得出了一些不同于传统新经济地理学模型的结论。比如，企业异质性降低了聚集企业的数量，并且企业在迁移中出现了排序效应。但如同自由资本模型一样，该模型也丢失了核心边缘模型中一些关键特征，比如，前后向关联或者循环累积因果联系、内生的非对称性和突发性集聚以及重叠区和自我预期实现等。本节将重点介绍大久保（2009）在 FCVL 基础上引入企业异质性的模型，并探讨前后向关联导致的自我强化的循环累积因果联系。①

① Okubo, T. Trade Liberalization and Agglomeration with Firm Heterogeneity: Forward and Backward Linkages [J]. Regional Science and Urban Economics, 2009, 39 (5): 53－541.

一、基本假设

在第八章中，对自由资本垂直联系模型做了详细的介绍，在这里只简单回顾相关的假设。首先，该模型仍是两区、两部门、两要素模型。两个区域为北部和南部，两个部门为规模收益不变和完全竞争的农业部门以及规模收益递增和垄断竞争的工业部门，两要素为资本和劳动力两种要素。初始时，两个区域在偏好、技术、对外开放度以及要素禀赋等方面都是完全相同的。假设消费者的效用函数为 CP 模型中两层效用函数：

$$U = C_M^{\mu} C_A^{1-\mu},\ C_M \equiv \left[\int_{i=0}^{n+n^*} c_i^{(\sigma-1)/\sigma} \mathrm{d}i\right]^{(\sigma-1)/\sigma},\ 0 < \mu < 1 < \sigma \tag{10.41}$$

式（10.41）中变量的含义与前文保持一致，μ 为对工业品支出占总支出的比重。假设企业生产需要投入一单位资本作为固定投入，投入劳动力和中间品作为可变投入，并且劳动力和中间品的投入遵循柯布—道格拉斯生产函数。这样，可以得到北部生产效率为 a_i 的企业的成本函数：

$$C(x_i) = \pi_i + P_P a_i x_i,\ P_P \equiv w^{1-\mu} m^{\mu},\ m \equiv \left[\int_{i=0}^{n} p_j^{1-\sigma} \mathrm{d}j + \int_{i=0}^{n^*} \phi p_k^{1-\sigma} \mathrm{d}k\right]^{1/(1-\sigma)} \tag{10.42}$$

与上一节相同，仍然假定企业边际投入 a 的概率密度函数为：

$$G[a \mid a_0] = (a/a_0)^{\rho},\ 0 \leqslant a \leqslant a_0 \equiv 1 \tag{10.43}$$

根据消费者效用最大化的一阶条件，可以得到第 i 种产品的需求函数 c_i 为：

$$c_i = \mu E(p_i)^{-\sigma} P_M^{\sigma-1} \tag{10.44}$$

二、短期均衡与长期均衡

与前面的章节保持一致，这里分别分析短期均衡和长期均衡。分析时，仍从对称均衡（企业数各占一半）开始分别探讨短期均衡和长期均衡。

1. 短期均衡

农业部门仍然作为基准部门，是以规模收益不变和完全竞争为特征的部门。由于农产品区内区际贸易不存在交易成本，故两个区域农产品的价格相同，都设定为1。在不失一般性的情况下，假定农产品的边际投入为1单位，则劳动力的工资在两个区域相等，始终为 $w = w^* = 1$。

工业部门为规模收益递增和垄断竞争部门，根据企业利润最大化的一阶条件，可以得到：

$$p_i = \frac{\sigma}{\sigma - 1} P_P a_i \tag{10.45}$$

式（10.45）和式（10.24）的区别在于边际成本从原来的 w 变成了现在的 P_P。由于初始时两区域是对称的，因此，有：

$$\begin{aligned} P_P &= \left[\int_0^1 \frac{1}{2} \left(\frac{P_P a}{1 - 1/\sigma} \right)^{(1-\sigma)} \mathrm{d}G(a) + \int_0^1 \frac{1}{2} \left(\frac{\tau P_P^* a}{1 - 1/\sigma} \right)^{1-\sigma} \mathrm{d}G(a) \right]^{\mu/(1-\sigma)} \\ &= \left[\frac{1}{2(1 - 1/\sigma)^{1-\sigma}} \right]^{\mu/(1-\sigma)} \left[(P_P)^{(1-\sigma)} \int_0^1 a^{(1-\sigma)} \mathrm{d}G(a) + \phi (P_P^*)^{(1-\sigma)} \int_0^1 a^{(1-\sigma)} \mathrm{d}G(a) \right]^{\mu/(1-\sigma)} \end{aligned} \tag{10.46}$$

根据 $\Delta \equiv P_P^{(1-\sigma)/\mu}$ 以及 $\Delta^* \equiv (P_P^*)^{(1-\sigma)/\mu}$，可以写出：

$$\begin{cases} \Delta = \dfrac{(1 - 1/\sigma)^{\sigma-1}}{2} \left[\Delta^\mu \displaystyle\int_0^1 a^{(1-\sigma)} \mathrm{d}G(a) + \phi (\Delta^*)^\mu \int_0^1 a^{(1-\sigma)} \mathrm{d}G(a) \right] \\ \Delta^* = \dfrac{(1 - 1/\sigma)^{\sigma-1}}{2} \left[\phi \Delta^\mu \displaystyle\int_0^1 a^{(1-\sigma)} \mathrm{d}G(a) + (\Delta^*)^\mu \int_0^1 a^{(1-\sigma)} \mathrm{d}G(a) \right] \end{cases} \tag{10.47}$$

类似于第二节，在不失一般性的情况下，设定 $L^W = 1 - \mu$，则有 $E^W = 1$。与此同时，对资本总量进行单位化，则 $K^W = 1$。类似地，企业经营利润为：

$$\begin{cases} \pi_i = \beta B (a_i)^{1-\sigma} \\ \pi_i^* = \beta B^* (a_i)^{1-\sigma} \end{cases}, \quad \begin{cases} B \equiv \Delta^\mu \left(\dfrac{s_E}{\Delta} + \phi \dfrac{1 - s_E}{\Delta^*} \right) \\ B^* \equiv (\Delta^*)^\mu \left(\phi \dfrac{s_E}{\Delta} + \dfrac{1 - s_E}{\Delta^*} \right) \end{cases}, \quad \beta \equiv \frac{\mu (1 - 1/\sigma)^{\sigma-1}}{\sigma} \tag{10.48}$$

2. 长期均衡

当企业在两个区域获得的利润不同时，企业就有迁移的动机。由于不同企业生产效率不同，因而不同企业迁移的动力也是不一样的。根据式（10.48），企业从南部迁移到北部时：

$$V(a_i) = \beta (a_i)^{1-\sigma} (B - B^*) \tag{10.49}$$

从式（10.49）中可以看出，对称均衡时两个区域的企业是没有迁移动机的。根据式（10.49）可以得到，$\mathrm{d}V(a_i)/\mathrm{d}a_i < 0$。因此，如果发生迁移，一定是生产效率最大（边际投入 a_i 最小）的企业率先迁移。为了探讨这个迁移的过程，设定迁移企业的边际投入集为 $\{0, \cdots, a_R\}$，a_R 代表的是最后一个从南部迁移到北部的企业的边际投入，也是长期企业迁移均衡的临界条件。此时，南部企业不再向北部迁移，两区域对应的 Δ 和 Δ^* 分别为：

$$\begin{cases}\Delta = \dfrac{(1-1/\sigma)^{\sigma-1}}{2}\{\Delta^{\mu}\displaystyle\int_0^1 a^{(1-\sigma)}\mathrm{d}G[a] + \Delta^{\mu}\int_0^{a_R} a^{(1-\sigma)}\mathrm{d}G[a] + \phi(\Delta^*)\mu\int_{a_R}^1 a^{(1-\sigma)}\mathrm{d}G[a]\} \\ \Delta^* = \dfrac{(1-1/\sigma)^{\sigma-1}}{2}\{\phi\Delta^{\mu}\displaystyle\int_0^1 a^{(1-\sigma)}\mathrm{d}G[a] + \phi\Delta^{\mu}\int_0^{a_R} a^{(1-\sigma)}\mathrm{d}G[a] + (\Delta^*)\mu\int_{a_R}^1 a^{(1-\sigma)}\mathrm{d}G[a]\}\end{cases}$$

（10.50）

根据式（10.48）、式（10.50）以及 s_E 的定义，可以计算 $\mathrm{d}(B-B^*)/\mathrm{d}a_R|_{a_R=0}=0$ 是的贸易自由度，即突破点：

$$\phi^B = \frac{(1-\mu)(1-\mu+b)}{(1+\mu)(1+\mu-b)} \tag{10.51}$$

其中，$b=\mu/\sigma$。如果考虑完全聚集时的均衡，就是南部所有企业都转移到北部时的均衡，此时 $a_R=1$。这种完全聚集要保持稳定，那么应满足 $B>B^*$ 的条件。将 $a_R=1$ 代入，则可以得到持续点：

$$\left[\frac{1+(\mu-b)}{2}(\phi^S)^{\mu+1} + \frac{1-(\mu-b)}{2}(\phi^S)^{\mu-1}\right]=1 \tag{10.52}$$

长期均衡时，$s_n=1/2+(a_R)^{\rho}$。根据 $B=B^*$ 以及式（10.48）和式（10.50），进行数值模拟可以得到企业异质性的自由资本垂直联系模型战斧图。图 10－4 横轴为贸易自由度，纵轴为北部的工业份额。模拟设定 $\mu=0.6$，$\sigma=2$，较大的 ρ 取值为 5，较小的 ρ 取值为 2。

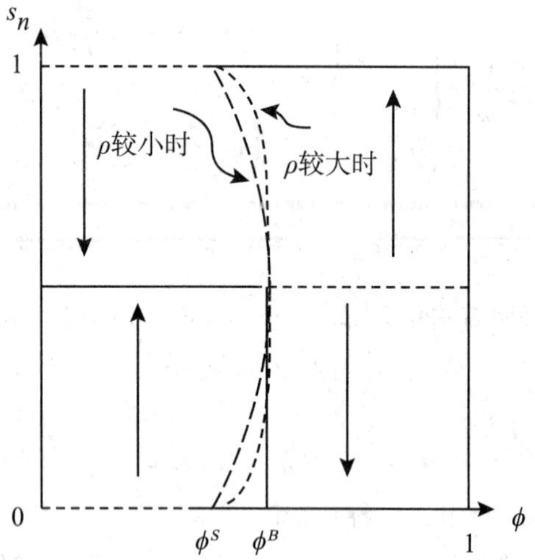

图 10－4　企业异质性自由资本垂直联系模型战斧图

资料来源：Okubo, T. Trade Liberalization and Agglomeration with Firm Heterogeneity: Forward and Backward Linkages［J］. Regional Science and Urban Economics, 2009, 39（5）: 530－541.

从图 10－4 中可以看出：（1）突破点 ϕ^B 和持续点 ϕ^S 的大小与 ρ 没有关系，

并且和 CP 模型中一样，$\phi^B > \phi^S$。表示企业异质性程度的 ρ 的大小，与突破点和持续点没有关系。(2) 表示企业异质性程度的 ρ 的大小，虽然与突破点和持续点没有关联进而也不会影响到重叠区范围，但会影响到重叠区内不同区域产业份额的大小。ρ 越大，即企业异质性越强，聚集过程越和缓。换言之，企业异质性减缓了非对称均衡中的企业迁移强度。由此，得到结论 10 - 8。

结论 10 - 8：企业异质性只在区域结构为非对称结构时才发挥作用，它起到减缓企业迁移强度的作用，企业异质性越大，减缓企业迁移强度的能力就越强。

三、国外市场进入成本

在讨论 R. E. 鲍德温和大久保（2005）的企业异质性模型时，已经加入了创新成本、本地市场进入成本和国外市场进入成本。但由于自由资本垂直联系异质性模型显得相当复杂，大久保（2009）讨论企业异质性模型时，只考虑了国外市场进入成本，而没有考虑本地市场进入成本。在市场进入环节，我们仍然采用与上一节相同的方式，即只有那些生产效率足够大的企业会考虑进入国外市场。仍然假设国外市场进入成本为 F，X 型企业的边际投入临界值 $a_X(a_X^*)$ 满足如下条件：

$$\begin{cases}\beta\phi\ (a_X)^{1-\sigma}\Delta^{\mu}\dfrac{1-s_E}{\Delta^*}=F\\[2ex]\beta\phi\ (a_X^*)^{1-\sigma}\ (\Delta^*)^{\mu}\dfrac{s_E}{\Delta}=F\end{cases}\tag{10.53}$$

其中，

$$\begin{cases}\Delta=\dfrac{(1-1/\sigma)^{\sigma-1}}{2}[\Delta^{\mu}\displaystyle\int_0^1\rho a^{\rho-\sigma}\mathrm{d}a+\phi(\Delta^*)\mu\int_0^{a_X^*}\rho a^{\rho-\sigma}\mathrm{d}a]\\[2ex]\Delta^*=\dfrac{(1-1/\sigma)^{\sigma-1}}{2}[(\Delta^*)\mu\displaystyle\int_0^1\rho a^{\rho-\sigma}\mathrm{d}a+\phi\Delta^{\mu}\int_0^{a_X}\rho a^{\rho-\sigma}\mathrm{d}a]\end{cases}\tag{10.54}$$

与前文类似，假设从南部向北部迁移的企业的边际投入为 $a\in\{0,\cdots,a'\}$，则对应的企业利润差距为：

$$V_X(a')=\beta(a')^{1-\sigma}(B_X-B_X^*)\tag{10.55}$$

其中，

$$\begin{cases}\Delta=\dfrac{(1-1/\sigma)^{\sigma-1}}{2}[\Delta^{\mu}\displaystyle\int_0^1\rho a^{\rho-\sigma}\mathrm{d}a+\phi(\Delta^*)\mu\int_{a'}^{a_X^*}\rho a^{\rho-\sigma}\mathrm{d}a+\Delta^{\mu}\int_0^{a'}\rho a^{\rho-\sigma}\mathrm{d}a]\\[2ex]\Delta^*=\dfrac{(1-1/\sigma)^{\sigma-1}}{2}[(\Delta^*)\mu\displaystyle\int_{a'}^1\rho a^{\rho-\sigma}\mathrm{d}a+\phi\Delta^{\mu}\int_0^{a_X}\rho a^{\rho-\sigma}\mathrm{d}a+\phi\Delta^{\mu}\int_0^{a_X}\rho a^{\rho-\sigma}\mathrm{d}a]\end{cases}\tag{10.56}$$

对应地，

$$s_E = \frac{1-\mu+b}{2} + \frac{(\sigma-1)b\left(\int_0^{a_X} B_X a^{\rho-\sigma}\mathrm{d}a + \int_{a_X}^1 B_D a^{\rho-\sigma}\mathrm{d}a + \int_0^{a'} B_X a^{\rho-\sigma}\mathrm{d}a\right)}{\int_0^{a_X} B_X a^{\rho-\sigma}\mathrm{d}a + \int_{a_X}^1 B_D a^{\rho-\sigma}\mathrm{d}a + \int_0^{a'} B_X a^{\rho-\sigma}\mathrm{d}a + \int_{a'}^{a_X^*} B_X^* a^{\rho-\sigma}\mathrm{d}a + \int_{a_X^*}^1 B_D^* a^{\rho-\sigma}\mathrm{d}a} \tag{10.57}$$

类似于前述的方式，可以得到突破点为：

$$\phi^B = \frac{(1-\mu)(1-\mu+b)}{(1+\mu)[1+(\mu-b)\tilde{a}_X^{\alpha}]} \tag{10.58}$$

其中，$\tilde{a}_X$为对称均衡时出口型企业的边际投入临界值，是把 $s_E=1/2$ 代入式（10.53）而求得的。如果贸易自由度超过突破点，那么工业企业将开始迁移。在第二节中，曾把企业分为 D 型企业和 X 型企业了。随着企业开始迁移，两地区的 a_X 和 a_X^* 将发生变化。在这种过程中，有可能发生新的变化，即在南部的 D 型企业迁移到北部后变成 X 型企业。因此，迁移出现了 XX、XD 和 DD 三个阶段。其原因在于，由于垂直联系导致南部的 D 型企业迁移到北部后能够更好地获得投入品，企业的边际生产成本下降了，进而从原来的 D 型企业变为 X 型企业。

类似于式（10.55），也可以得到 XD 阶段和 DD 阶段两个区域之间的利润差：

$$\begin{cases} V_{XD}(a') = \beta(a')^{1-\sigma}(B_X - B_D^*) - F \\ V_D(a') = \beta(a')^{1-\sigma}(B_D - B_D^*) \end{cases} \tag{10.59}$$

其中，$B_X \equiv B$，$B_X^* \equiv B$，$B_D = s_E/\Delta^{1-\mu}$，$B_D^* = (1-s_E)/(\Delta^*)^{1-\mu}$。值得注意的是，在不同类型的迁移过程中，Δ、$\Delta^*$ 以及 s_E 是发生变化的。因此，在不同阶段，迁移所获得的收益是不相同的。当所有的工业全部迁移到北部（$a_R=1$）时，可以得到维持点。特别地，$V_D(a')=0$ 和 $a_R=1$ 可以得到：

$$\phi^S = \left(\frac{1-s_E}{s_E}\right)^{1/(1-\mu)}\left(\frac{1}{\bar{a}_X}\right)^{a} \tag{10.60}$$

其中，$\bar{a}_X = [(1-s_E)b/\lambda F]^{1/\rho}$，$s_E = (1+\mu-b)/2$。从式（10.60）和式（10.52）中可以看出，存在国外市场进入成本时的持续点和不存在国外市场进入成本时的持续点有不相同的。由式（10.58）和式（10.60）可知，维持点大于突破点，即 $\phi^S > \phi^B$，此时区位均衡图更像是分叉图而不是战斧图（见图 10－5）。由于 $\phi^S > \phi^B$，在该模型也没有重叠区。随着贸易自由度的提高，工业活动开始在空间上聚集。在贸易自由度提高的过程中，均衡首先出现在XD阶段，其次出现在DD阶段。类似于垂直联系模型，在自由资本垂直联系异质性模型中，垂直联系导致的前后向关联效应是一种聚集力，市场拥挤效应是一种分散力。

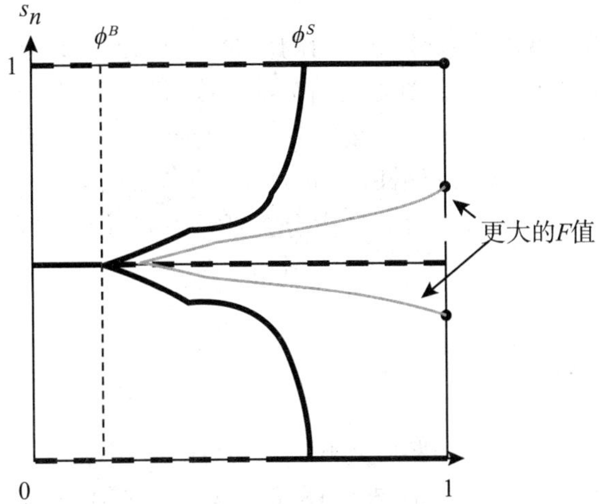

图10-5　区位均衡分叉图

资料来源：Okubo，T. Trade Liberalization and Agglomeration with Firm Heterogeneity：Forward and Backward Linkages [J]. Regional Science and Urban Economics，2009，39（5）：530-541.

模拟图10-5时，设定$\sigma=2$，$\rho=2$，$\mu=0.6$，图10-5中粗线部分的$F=0.5$，细线部分的$F=2.5$。相对于不存在市场进入成本的自由资本垂直联系异质性模型，存在市场进入成本时的战斧图，就变成了分叉图。其原因在于，国外市场进入成本导致迁移后的D型企业不能出口商品到其他市场。D型企业迁移后虽然强化了北部的前后向关联效应，但也导致北部市场拥挤效应增强。相比而言，X型企业可以通过扩大出口的方式扩大在南部的市场份额，并以此来弥补市场拥挤带来的损失，因此，相较于D型企业具有更大的聚集力。在国外市场进入成本较高（λ较大）和企业异质性强度较大（ρ较小）时，企业迁移很快进入DD阶段。此时，拥挤效应带来的分散力迅速增强，最终导致产业活动的部分聚集（见图10-5中的细线部分）。为此，可以得出如下结论：

结论10-9：当存在国外市场进入成本时，D型企业迁移后将会出现分散力增强的现象，因而也就不能发生突发性聚集。企业异质性阻碍了产业的聚集过程，因而聚集过程也变成渐进式聚集，均衡时的战斧图也变成了分叉图。

第四节　劳动力迁移偏好异质性模型

消费者的异质性偏好包括多个方面的内容，但新经济地理学重视的是劳动力迁移的异质性偏好问题。劳动力从一个地区或者国家迁移到其他地区或者国家，除了工资差异、失业率差异、公共基础设施差异外，劳动力本身的偏好差异也起到重要的作用。本节介绍田中健太和 J. F. 蒂斯（2002）的 MTH 模型，从劳动力迁移偏好的异质性出发，重点分析迁移偏好导致的经济活动空间分布的变化。

一、基本假设

第一，假设经济系统包括两个区域，北部与南部。

第二，假设经济系统包括两种生产要素，数量为 A 的农业劳动力和数量为 L 的工业劳动力；其中，农业劳动力为不可流动要素，工业劳动力为可流动要素。

第三，假设经济系统包括两种生产部门，农业部门和工业部门；农业部门为规模收益不变和完全竞争部门，使用农业劳动力作为可变投入；工业部门为规模收益递增和垄断竞争部门，利用工业劳动力作为固定投入，利用农业劳动力作为可变投入。

与第九章中保持一致，假设消费者效用函数为"准线性二次效用函数"：

$$U = \alpha \int_0^{n+n^*} c_i \mathrm{d}i - \frac{\beta-\delta}{2}\int_0^{n+n^*} (c_i)^2 \mathrm{d}i - \frac{\delta}{2}\left(\int_0^{n+n^*} c_i \mathrm{d}i\right)^2 + C_A \quad (10.61)$$

对应的预算约束为：

$$\int_0^{n+n^*} p_i c_i \mathrm{d}i + p_A C_A = w + \overline{C}_A \quad (10.62)$$

其中，$\overline{C}_A$ 为初始的禀赋，其余的变量含义与第九章的含义完全相同。根据消费者效用最大化的一阶条件，可以得到消费者对工业品 i 的需求函数［详见第九章式（9.3）的推导］：

$$c_i = a - (b + cn^W)p_i + cP \quad (10.63)$$

其中，$P \equiv \int_0^{n+n^*} p_i \mathrm{d}i$，$a \equiv a/[\beta + (n^W - 1)\delta]$，$b \equiv \alpha/a$，$c \equiv b\delta/\beta - \delta$。对应的，将式（10.65）代入式（10.63），得到消费者的间接效用函数：

$$V(p_i,\ w) = \frac{a^2 n^W}{2b} - a\int_0^{n^W} p_i \mathrm{d}i + \frac{b + cn^W}{2}\int_0^{n^W} (p_i)^2 \mathrm{d}i - \frac{c}{2}(\int_0^{n^W} p_i \mathrm{d}i)^2 + w + \overline{C}_A \tag{10.64}$$

同样，假设农业部门为规模收益不变和完全竞争部门，农产品的区内区际贸易不存在贸易成本。因此，两地区农业劳动力的工资水平相等，即 $w_A = w_A^*$。工业部门为规模收益递增和垄断竞争部门，生产中使用 γ 单位的工业劳动力和 $a_m c_i$ 单位的农业劳动力。为了简化起见，田中健太和 J. F. 蒂斯（2002）采用了产出组织理论中常用的假设，即 $a_m = 0$。此外，设定北部工业劳动力在经济系统工业劳动力总数中所占的比例为 λ，北部厂商占整个经济系统中的比例为 s_n，则劳动力市场出清时 $s_n = \lambda L/\gamma$，且 $n^W = L/\gamma$。对应的，工业企业利润函数为：

$$p_i c_i (A/2 + \lambda L) + (\bar{p} - \tau)\bar{c}_i [A/2 + (1 - \lambda)L] - \gamma w \tag{10.65}$$

其中，w 为工业劳动力的工资，其他变量与第九章含义相同。类似于式（9.5），$P = np + n^* \bar{p}^*$，$P^* = n^* p^* + n\bar{p}$，可以得到：

$$p = \frac{1}{2}\frac{2a + \tau cn^*}{2b + cn^W},\ \bar{p} = p + \frac{\tau}{2} \tag{10.66}$$

同样，这里也存在第九章中提到的双向贸易发生的冰山交易成本门槛值：

$$\tau_{trads} = \frac{2a\gamma}{2b\gamma + cL} \tag{10.67}$$

只要 $\tau < \tau_{trads}$，总存在双向贸易。需要注意的是，田中健太和 J. F. 蒂斯（2002）在 MTH 中设定的工业企业的固定投入为 γ 单位的工业劳动力，且 $a_m = 0$。这一假设与第九章中假设存在一些差异，导致式（10.68）和式（10.69）与第九章中的相应式子在形式上存在一些差异，但本质是一致的。

不同于前面章节提道的新经济地理学模型，异质性模型中加入了消费者的异质性或者厂商异质性。在以往的研究中，影响劳动力迁移的主要因素包括地区或国家的工资水平、预期的失业率以及基础设施等。但实际上，在劳动力之间也存在着较大的差异，包括年龄结构、教育水平、劳动技能，甚至个人对家乡的眷恋等。遵循着 J. E. 安德森（1992）的假设，设定工业劳动力迁移是一个随机变量 ε。该变量为双指数函数，均值为零，协方差为 $\pi^2\mu^2/6$，服从独立同分布。工业劳动力选择北部的概率，遵循逻辑斯蒂函数：

$$P(\lambda) = \frac{\exp[V(\lambda)/\mu]}{\exp[V(\lambda)/\mu] + \exp[V(\lambda)^*/\mu]} \tag{10.68}$$

其中，μ 代表个人的偏好：μ 值越大，迁移偏好的异质性越强；$\mu = 0$，所有的工业劳动力的迁移偏好相同，不存在异质性。

二、均衡分析

由于厂商是自由进入和退出市场的，故均衡时厂商所获得的利润为零。根据式（10.67）计算零利润条件并将式（10.68）代入，可以得到均衡时北部工业劳动力均衡工资水平为：[1]

$$\tilde{w} = \frac{1}{\gamma}[(b+cn^W)(\tilde{p})^2(A/2+\lambda L)+(b+cn^W)(\tilde{p}-\tau)^2(A/2+\lambda L)] \tag{10.69}$$

正如在上文中所指出的那样，如果出现聚集过程，则要求：$\tilde{\tau} < \tau_{trade}$。根据式（10.69），可以得到：

$$A/L > \frac{6b^2\gamma^2+8bc\gamma L+3c^2L^2}{cL(2b\gamma+cL)} > 3 \tag{10.70}$$

由于 $b/c=\beta/\delta-1>0$，故第二个不等式成立。如果式（10.72）不成立，那么将不会发生产业活动的空间聚集。类似于第九章中的资本流动过程，工业劳动力流动方程为：

$$\frac{\mathrm{d}\lambda}{\mathrm{d}t} = (1-\lambda)P(\lambda)-\lambda P(\lambda)^* \tag{10.71}$$

均衡时，$\mathrm{d}\lambda/\mathrm{d}t=0$，即两地区工业劳动力双向流动数量相等。由于 $P(\lambda)$ 和 $P(\lambda)^*$ 的分母相同，因此，均衡条件实际上变成了 $(1-\lambda)\exp[V(\lambda)/\mu] = \lambda\exp[V(\lambda)^*/\mu]$。对该式两边取对数，工业劳动力流动的均衡条件改写为如下形式：

$$J(\lambda;\ \tau) \equiv \Delta V(\lambda)-\mu\log\frac{\lambda}{1-\lambda}=0 \tag{10.72}$$

根据式（10.66），北部和南部的福利差距：

$$\Delta V(\lambda) \equiv V(\lambda)-V(\lambda)^* = \tilde{C}\tau(\tilde{\tau}-\tau)(\lambda-1/2) \tag{10.73}$$

其中，

$$\begin{cases} \tilde{C} \equiv [2b\gamma(3b\lambda+3cL+cA)+c^2L(A+L)]\dfrac{L(b\gamma+cL)}{2\gamma^2(2b\lambda+cL)^2} \\ \tilde{\tau} \equiv \dfrac{4a\gamma(3b\gamma+2cL)}{2b\gamma(3b\gamma+3cL+cA)+c^2L(A+L)} > 0 \end{cases}$$

因为，假设两个区域初始时为对称区域，故 $\lambda=1/2$。当 $\lambda=1/2$ 时，下面的式（10.74）总是成立的。因此，$\lambda=1/2$ 是一个均衡点。在式（10.74）中，

---

① 注意这里的 $\tilde{p}$、$\tilde{w}$ 分别代表均衡时的工业品价格和工资水平。

求 λ 的一阶导数，则可以得到：

$$\frac{\partial J(\lambda;\ \tau)}{\partial \lambda}=\tilde{C}\tau(\tilde{\tau}-\tau)-\frac{\mu}{\lambda(1-\lambda)} \tag{10.74}$$

当 $\tilde{C}\tau(\tilde{\tau}-\tau)<4\mu$ 时，由式（10.76）得到 $\partial\tau(1/2;\ \tau)/\partial\lambda<0$，此时 $\lambda=1/2$ 是一个稳定均衡。换言之，在异质性 μ 足够大时，此均衡是一个稳定均衡（SE）。如果不存在工业劳动力迁移异质性，即 $\mu=0$，那么将回到经典的新经济地理模型中去了。当 $\tau<\tilde{\tau}$ 时，$\partial J(\lambda;\ \tau)/\partial\lambda<0$，工业企业的空间分布对称分布；当 $\tau>\tilde{\tau}$ 时，$\partial J(\lambda;\ \tau)/\partial\lambda>0$，工业企业的空间分布为完全聚集。如果存在工业劳动力迁移异质性，即 $\mu>0$，那么就变成 MTH 模型了。对称均衡是否稳定，可以从 $\partial J(1/2;\ \tau)/\partial\lambda$ 是否大于零来进行判断，即 $\tilde{C}\tau(\tilde{\tau}-\tau)$ 是否大于 4μ。根据 $\tilde{C}\tau(\tilde{\tau}-\tau)=4\mu$，可以得到突破该对称均衡的异质性门槛值 $\tilde{\mu}=\tilde{C}\tau(\tilde{\tau}-\tau)/4$。如果工业劳动力迁移的异质性较小，$\mu<\tilde{\mu}$，那么要成立 $\tilde{C}\tau(\tilde{\tau}-\tau)=4\mu$，则 τ 需要满足一定的条件。在 $\tilde{C}\tau(\tilde{\tau}-\tau)=4\mu$ 时，可以得到两个根：

$$\begin{cases}\tilde{\tau}_1=\dfrac{\tilde{\tau}}{2}-\sqrt{\dfrac{(\tilde{\tau})^2}{4}-\dfrac{4\mu}{\tilde{C}}}\\[2ex]\tilde{\tau}_2=\dfrac{\tilde{\tau}}{2}+\sqrt{\dfrac{(\tilde{\tau})^2}{4}-\dfrac{4\mu}{\tilde{C}}}\end{cases} \tag{10.75}$$

从式（10.77）中可以看出，$0<\tilde{\tau}_1\leqslant\tilde{\tau}/2\leqslant\tilde{\tau}_2<\tilde{\tau}<\tau_{trade}$。根据上面的分析，在工业劳动力迁移异质性较小时，$0<\mu<\mu^*$，此时，工业的空间分布将出现不同的分布模式。当 $\tau>\tilde{\tau}_2$ 时，工业的空间分布为完全聚集；当 $\tilde{\tau}_2>\tau>\tilde{\tau}_1$ 时，工业的空间分布为部分聚集；当 $\tau\leqslant\tilde{\tau}_1$ 和 $\tau>\tau_{trade}$ 时，工业的空间分布为完全分散。并且，当 $\tilde{\tau}/2>\tau>\tilde{\tau}_1$ 时，随着 τ 的提高，两地区工业份额差距开始拉大；当 $\tilde{\tau}_2>\tau>\tilde{\tau}/2$ 时，随着 τ 的提高，两地区工业份额差距开始缩小。由此，可以得到 HMT 模型的钟状战斧图解。图 10－6 为异质性较小时 HMT 模型中钟型战斧图，横轴为运输成本（非冰山交易成本），纵轴为均衡时北部的工业份额。由于工业企业在生产中投入固定单位的工业劳动力，因此，区域工业劳动力份额实际上就是区域工业企业份额。其中，虚线为不稳定均衡（*UE*），实线为稳定均衡（*SE*）。

结论 10－10：在工业劳动力迁移异质性模型中，当异质性相对较弱时，随着运输成本的下降，产业在空间上的分布先由对称结构变成为核心边缘结构，再由核心边缘结构变成对称结构。当异质性较强时，分散力较大，此时对称结构是唯一的均衡结构。

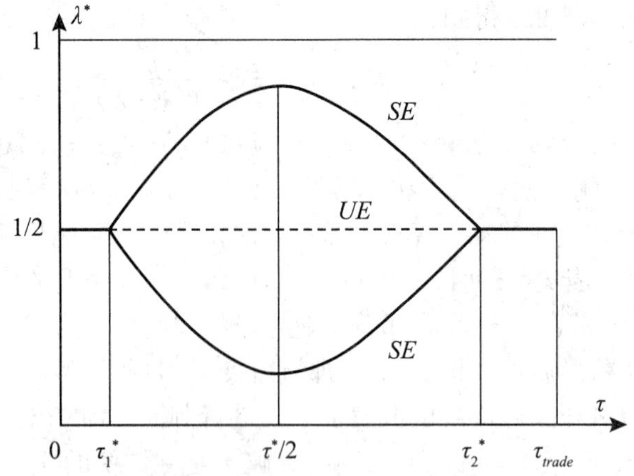

图 10 -6　异质性较小时 HMT 模型中钟型战斧图

资料来源：Tabuchi，T. and J. Thisse. Taste Heterogeneity，Labor Mobility and Economic Geography［J］. Journal of Development Economics，2002，69（1）：155 - 177.

第五节　本 章 小 结

本章主要介绍了融入企业劳动生产效率异质性和劳动力迁移偏好异质性的新经济地理学模型，包括企业异质性贸易模型（Melitz 模型）、自由资本企业异质性模型（FCH 模型）、自由资本垂直联系企业异质性模型（FCVLH 模型）以及迁移偏好异质性模型（MTH 模型）。不同于经典的新经济地理学模型，这些模型中加入了厂商或者消费者的异质性，从而得出不同于经典新经济地理学模型的结论。

本章介绍的第一个模型是企业异质性贸易模型（Melitz 模型），该模型虽然为国际贸易模型，但该模型在企业生产效率异质性方面开创性的工作，推动了企业异质性经济地理学模型的发展，因此，本章首先对该模型进行了详细的介绍。在企业异质性贸易理论模型中，企业生产效率越高，企业总产量越大、企业的总产出越多，并且企业总利润越高。贸易自由化水平的提高将降低了本国非出口型企业的收益和利润，部分低效率的企业将退出市场；本国出口型企业的收益将得到提高，部分高效率的出口型企业将获得更高的利润；企业整体的生产效率得到提升；居民的福利水平得到进一步的提高。

本章介绍的第二模型是自由资本企业异质性模型（以下简称 FCH 模型），该模型在经典的自由资本模型基础上加入了企业异质性。在存在市场进入成本时，企业间生产效率的差异导致企业出现了出口型、本地型和非生产型三种类型。随着贸易自由度的逐步提高，南部生产效率最高的企业首先迁移至北部。当贸易自由度达到 $\phi^{P}=(1-s_E)/s_E$ 时，南部所有 X 型企业全部迁移至北部；贸易自由度的进一步提高，将导致南部 D 型企业也向北迁移。如果进入市场的成本足够大，那么迁移过程分为两个阶段：首先发生迁移的是 X 型企业，迁移后在北部仍属于 X 型企业；当南部所有的 X 型企业都迁移到北部时，南部的 D 型企业开始迁移，迁移后在北部仍属于 D 型企业。

本章介绍的第三个模型是自由资本垂直联系异质性模型（FCVLH 模型），该模型在经典的自由资本垂直模型基础上加入了企业异质性。该模型相对于 FCH 模型，加入了前后向关联导致的循环累积因果联系，因此，得出了一些新的结论。企业异质性只影响非对称结构的均衡，它减缓企业迁移过程。企业异质性越大，这种减缓迁移过程的能力越强。在存在国外市场进入成本的情况下，D 型企业迁移后导致分散力增强，因此，不会发生突发性聚集。企业异质性减缓了产业的空间聚集过程，因而聚集过程也变成渐进式聚集过程，均衡时的战斧图也变成了分叉图。

本章介绍的最后一个模型是迁移偏好异质性模型（以下简称 MTH 模型），该模型在经典的线性模型基础上加入了劳动力迁移的异质性。加入异质性后，模型中出现了新的分散力。相对于不存在迁移偏好异质性的模型，在存在迁移偏好异质性的模型中，不再成立经典的核心边缘模型中的从对称均衡突变到核心边缘结构的结论。在存在劳动力迁移异质性的模型中，当异质性相对较弱时，随着运输成本的下降，产业在空间上的分布先由对称结构变成核心边缘结构，再由核心边缘结构变成对称结构；当异质性较强时，分散力较大，对称结构是唯一的均衡结构。

相对于以往的新经济地理学模型，无论是企业生产效率的异质性，还是劳动力迁移的异质性，模型中新加入的异质性都成了重要的分散力。我们知道，新经济地理学模型中出现核心边缘结构的最为重要的原因，就是聚集力超过分散力并形成自我强化的过程。异质性的加入增强了分散力，因此，随着贸易自由度变化，产业活动在空间上的分布出现了新的变化：原来的“对称均衡到核心边缘结构”的演进过程，变成了“对称均衡 - 核心边缘结构 - 对称均衡”的演进过程，或者“对称均衡到部分聚集均衡”过程。这些结论表明，微观主体的异质性影响着产业活动的空间聚集过程。

参考文献

[1] Richard Baldwin. et al. Economic Geography and Public Policy [J]. Prin-

ceton University Press, 2003.

[2] Fujita, M., P. Krugman and A J. Venables. The Spatial Economy. Cities, Regions and International Trade [M]. Cambridge, MA: MIT Press, 1999.

[3] Ottaviano, G I P. Home Market Effects and the (in) Efficiency of International Specialization [J]. Graduate Institute of International Studies, Mimeo, 2001.

[4] Ottaviano, G I P., T. Tabuchi and J. -F. Thisse Agglomeration and Trade Revisited [J]. International Economic Review 2002, 43: 409-436.

[5] Pflüger, M. ASimple, Analytically Solvable, Chamberlinian Agglomeration Model [J]. Regional Science and Urban Economics, 2004, 34 (5): 565-573.

[6] Oyama, D., Sato, Y., Tabuchi, T. & Thisse, J. -F. On the Impact of Trade on the Industrial Structures of Nations [J]. International Journal of Economic Theory, 2011, 7 (1): 93-109.

[7] Gaspar, J., Castro, S B. & Da Silva, J C. The Footloose Entrepreneur Model with a Finite Number of Equidistant Regions [J]. SSRN Electronic Journal, 2017a.

[8] Gaspar, J., Castro, S B S D. & Correia-da Silva, J. Agglomeration Patterns in a Multi-regional Economy without Income Effects [J]. Economic Theory, Forthcoming, 2017b: 1-37.

第十一章

知识创新与扩散模型

新经济地理学把促进经济活动空间聚集的内生力量分为以下两类：一类是传统经济活动（商品与服务的生产与交换）产生的关联，称为“经济关联”（e-linkages），另一类是知识（这里的知识是广义的概念，包含信息、技术以及思想）创新和知识扩散或传播（学习）所产生的关联，称为“知识关联”（k-linkages）。这两类关联都能产生聚集力，促进经济活动的空间聚集，是现实世界经济聚集力的主要源泉。

主流经济学常常用知识溢出或知识（技术）外部性来描述知识创新和扩散所产生的经济活动空间聚集。但从新经济地理学角度看，溢出或者外部性都无法准确地表述知识创新和知识扩散对经济活动空间聚集的影响，认为用“知识关联”（k-linkages）来表述则更合适。M. 伯利安特和藤田昌久（2009）[①] 以及藤田昌久（2007）详细界定了知识关联的内涵，[②] 并建立了动态的知识创新和扩散模型—“两个人模型”（two person model，以下简称 TP 模型）。

第一节　基本思想

TP 模型，描述了二人间的知识关联过程，并通过这种关联过程来解释了如何创新知识和扩散知识，以及它对经济活动产生何种影响的问题。如图 11－1 所示，$K_i = D_{ij} + C_{ij}$，$K_j = D_{ji} + C_{ij}$，其中，K_i 和 K_j 分别为个人 i 和 j 的现有知识总量（当然这里的个人是很抽象的概念，它可以是一个人、一个企业、一个区

---

① Berliant, M. and Fujita, M. Dynamics of Knowledge Creation and Transfer: The Two Person Case [J]. International Journal of Economic Theory, 2009, 5: 155－179.

② Fujita, M. Towards the New Economic Geography in the Brain Power Society [J]. Regional Science and Urban Economics, 2007, 37: 482－490; Berliant, Marcus, and Masahisa Fujita. Culture and Diversity in Knowledge Creation [J]. Regional Science and Urban Economics, 2012, 42 (4): 648－662.

域或一个国家），D_{ij}为i拥有的而j所没有的知识，D_{ji}为j拥有的而i所没有的知识，C_{ij}为两个人共同的知识和技术。详见图 11－1 所示。

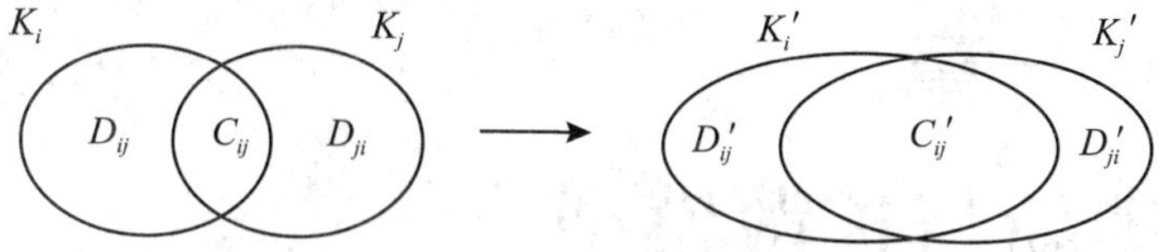

图 11－1　两人间知识关联

资料来源：笔者整理。

在共同知识的基础上，通过一定的知识扩散和交流渠道，二人通过交流各自的不同知识和相互学习，生产出新的知识和技术。在 TP 模型中，共同知识C_{ij}显得尤为重要，如果共同知识过多，二人间缺乏知识互补，则缺乏合作创新知识的动力；而共同知识过少，二人间又缺乏相互交流和学习的基础，二人间合作创新的效率也较低。

然而，从动态的视角看，即使两人在初始知识状态上具有足够的异质性，但随着在知识创造方面持续合作，二人间的异质性将会不断减弱，因为在知识创新的长期合作过程中，通过分享新的思想并相互交流差异化的知识，扩大了他们的共同知识。当二人间的共同知识超过临界值时，这种合作创新知识的作用力逐渐变小。

TP 模型正是以共同知识为基础，分析了i和j之间“在什么时候、以什么方式、如何有效”地扩散知识和创新知识问题。根据图 11－1，设$n_{ij}^c(t)$表示t时刻二人所共有的知识量，$n_{ij}^d(t)$ 表示D_{ij}的大小，$n_{ji}^d(t)$ 表示D_{ji}的大小，且令：

$$\begin{cases} n_i(t) = n_{ij}^c(t) + n_{ij}^d(t) \\ n_j(t) = n_{ij}^c(t) + n_{ji}^d(t) \end{cases}$$

则，$n_i(t)$ 和$n_j(t)$ 分别表示t时期的K_i 和K_j 的大小。

在每一个时刻，都通过两种方式来创造新知识或新思想：第一种方式是每个技能劳动力（发明家）独自工作；第二种方式是合作创新。在时刻t，如果技能劳动力i独自进行创新，那么就可以定义$\delta_{ii}(t)=1$，否则，$\delta_{ii}(t)=0$。在时刻t，如果技能劳动力i选择与其他人合作进行创新，且其选择的对象为技能劳动力j，则可以定义$\delta_{ij}(t)=1$；如果技能劳动力i没有与技能劳动力j合作创新，那么可以定义$\delta_{ij}(t)=0$。

先考虑一下技能劳动力i独自进行创新时的情况。此时，新知识的产生是技能劳动力i在时期t知识存量$n_i(t)$ 的函数，即：

当 $\delta_{ii}(t)=1$ 时，$a_{ii}(t)=\alpha\times n_i(t)$

其中，$a_{ii}(t)$ 为技能劳动力 i 在时期 t 的个人知识创新能力，α 为常数且 $\alpha>0$。α 为独自进行创新状态下，技能劳动力 i 的知识存量增长速度。若在时期 t，技能劳动力 i 与技能劳动力 j 进行合作创新，则：

当 $\delta_{ij}(t)=1$ 且 $i\neq j$ 时，$a_{ij}(t)=\beta\times[n_{ij}^c(t)]^{\theta}\times[n_{ij}^d(t)\times n_{ji}^d(t)]^{(1-\theta)/2}$

其中，$a_{ij}(t)$ 为技能劳动力 i 在时期 t 与技能劳动力 j 合作创新时的知识创新能力，β 为常数且 $\beta>0$。当技能劳动力 i 与技能劳动力 j 的共同知识 $n_{ij}^c(t)$、技能劳动力 i 的专有知识 $n_{ij}^d(t)$ 以及技能劳动力 j 的专有知识 $n_{ji}^d(t)$ 的比例处于平衡状态时，新知识的创造能力最大。参数 θ 表示在创新知识时，共同知识相对于差异化知识所占的权重。共同知识对于提高交流效率是必要的，但技能劳动力 i 或 j 独有的想法使得合作创新具有更多的异质性或独创性。如果合作中的一个人没有独特性的知识，那么另一个人就没有理由与他合作。

当技能劳动力 i 和 j 合作创新时，二人间还会同时发生知识扩散，用常数 $\gamma(\gamma>0)$ 来表示知识扩散率，γ 越大，知识扩散速率越高，即：

$$\begin{cases}b_{ij}(t)=\gamma\times[n_{ij}^d(t)\times n_{ij}^c(t)]^{1/2}\\ b_{ji}(t)=\gamma\times[n_{ji}^d(t)\times n_{ji}^c(t)]^{1/2}\end{cases}$$

其中，$b_{ij}(t)$ 为从技能劳动力 i 扩散到技能劳动力 j 的知识量，$b_{ji}(t)$ 为从技能劳动力 j 扩散到技能劳动力 i 的知识量。$b_{ij}(t)$ 的大小取决于两人共同的知识量 $n_{ij}^c(t)$，以及技能劳动力 i 有而 j 无的独特的知识量 $n_{ij}^d(t)$，$b_{ji}(t)$ 的大小也是如此。高技能劳动力 i 和 j 具有一定的共同知识且各自具有创新能力是他们之间进行合作的前提条件。因为：第一，技能劳动力之间的相互交流促进知识的扩散，而要进行交流，他们必须具备一些共同的想法 $n_{ij}^c(t)$；第二，从技能劳动力 i 扩散到技能劳动力 j 的知识，是技能劳动力 i 拥有而技能劳动力 j 没有的知识 $b_{ij}(t)$。随着知识的扩散，技能劳动力 j 掌握了原先仅由技能劳动力 i 拥有的知识，$b_{ij}(t)$ 成为 i 和 j 的共同知识。$b_{ji}(t)$ 也是如此。

当技能劳动力 i 和 j 进行合作创新时，他们共同的知识总量 $\dot{n}_{ij}^c(t)$ 包含三个部分：技能劳动力 i 和 j 合作创新的新知识 $a_{ij}(t)$，从技能劳动力 i 扩散到 j 的知识量 $b_{ij}(t)$，以及从技能劳动力 j 扩散到 i 的知识量 $b_{ji}(t)$。从技能劳动力 i 的角度上看，他在时刻 t 拥有的知识总量 $\dot{n}_i(t)$ 是二人共同创造的知识总量 $a_{ij}(t)$ 以及从技能劳动力 j 扩散到 i 的知识量 $b_{ji}(t)$ 之和。技能劳动力 i 拥有但 j 没有的独特知识量，随着从技能劳动力 i 到 j 的知识扩散而逐渐减少。

因此，当 i 和 j 在时期 t 进行合作创新时，技能劳动力 i 的知识结构变动情况如下：

$$\dot{n}_i(t)=a_{ij}(t)+b_{ji}(t),\quad \dot{n}_{ij}^c(t)=a_{ij}(t)+b_{ij}(t)+b_{ji}(t),\quad \dot{n}_{ij}^d(t)=-b_{ji}(t)$$

其中，$\dot{n}_i(t)$ 为技能劳动力 i 在时期 t 的知识总量 $\dot{n}_{ij}^c(t)$；为技能劳动力 i 和 j 进行交流后的共同知识总量；$\dot{n}_{ij}^d(t)$ 为技能劳动力 i 在时期 t 所具有的独特的知识总量。

定义在时期 t 技能劳动力 i 和 j 拥有的知识总量为：

$$n^{ij}=n_{ij}^c+n_{ij}^d+n_{ji}^d,$$

并定义新变量：

$$m_{ij}^c=m_{ji}^c=n_{ij}^c/n^{ij}=n_{ji}^c/n^{ij},\ m_{ij}^d=n_{ij}^d/n^{ij},\ m_{ji}^d=n_{ji}^d/n^{ij},$$

其中，m_{ij}^c为技能劳动力 i 和 j 拥有的共同知识量在二人各自拥有的知识总量中所占的比例，m_{ij}^d为技能劳动力 i 所独有的知识量在技能劳动力 i 和 j 的知识总量中所占的比例，m_{ji}^d为技能劳动力 j 所占的比例。进一步可以得到：

$$m_{ij}^d+m_{ji}^d+m_{ij}^c=1$$

则，在时刻 t 技能劳动力 i 的知识总量可以重新表示为：

$$n_i(t)=(1-m_{ji}^d)\times n^{ij}$$

重新给出 $a_{ij}(t)$ 的表达式，则：

$$\begin{aligned}a_{ij}(t)&=\beta\times[n_{ij}^c(t)]^\theta\times[n_{ij}^d(t)\times n_{ji}^d(t)]^{(1-\theta)/2}\\&=\beta\times n_{ij}\times(1-m_{ij}^d+m_{ji}^d)^\theta\times(m_{ij}^d\times m_{ji}^d)^{(1-\theta)/2}\end{aligned}$$

$$\therefore\qquad a_{ij}(t)=\beta\times n_i(t)\frac{(1-m_{ij}^d+m_{ji}^d)^\theta(m_{ij}^d\times m_{ji}^d)^{(1-\theta)/2}}{1-m_{ij}^d}$$

因此，当技能劳动力 i 和 $j(i\neq j)$ 合作创新时，技能劳动力 i 的知识增长率为：

$$g=G(m_{ij}^d,\ m_{ji}^d)=\frac{a_{ij}}{n_i}=\frac{(1-m_{ij}^d+m_{ji}^d)^\theta(m_{ij}^d\times m_{ji}^d)^{(1-\theta)/2}}{1-m_{ij}^d}$$

在 TP 模型中，假设知识一旦被掌握就不会被遗忘。技能劳动力 i 的收入与其掌握的知识总量成正比，即 $y_i(t)=n_i(t)$。这样，技能劳动力的收入增长速度与其知识增长速度一致，$\dot{y}_i(t)=\dot{n}_i(t)$。因此，技能劳动力 i 而言，其效用最大化问题是如何把其时间有效配置在 $\delta_{ii}(t)$ 和 $\delta_{ij}(t)$ 之间，使得最大化其收入增长的问题：

$$\max_{\{\delta_{ij}(t)\}_{j=1}^N}\delta_{ii}(t)\times a_{ii}(t)+\sum_{j\in A_{-i}}\delta_{ij}(t)\times[a_{ij}(t)+b_{ji}(t)]$$

其时间约束为：$\sum_{j=1}^N\delta_{ij}(t)=1$。$N$ 为技能劳动力数量。根据 M. 伯利安特和藤田昌久（M. Berliant & Fujita，2008）的分析，技能劳动力 i 为了最大化其收入增长，将选择与其知识结构差异最大的技能劳动力 j 进行合作创新，但随着合作时间的推移，两者知识结构开始变得很相似，两者的合作创新效率下降，将导致寻求新的合作伙伴。

TP 模型指出，技能劳动力 i 和 j 的知识创新和扩散效率是不相同的，当且仅当合作创新时的收益大于独自创新时的收益时，技能劳动力 i 才将选择与 j 合作创新知识。当两人间的 D_{ij}、D_{ji} 和 C_{ij} 达到均衡时，知识创新和扩散的效率最高，但这种均衡是不稳定的，从而导致了知识创新方式各不相同。在同一对合作者 i 和 j 之间，随着两者持续进行合作创新，技能劳动力 i 和 j 的共同知识增加而差异化知识减少，从而使得技能劳动力 i 和 j 的合作创新效率下降，i 和 j 都会寻找新的合作者。i 和 j 合作产生的新知识 $a_{ij}(t)$，对于 i 和 j 来说是共同知识，但这些知识对于 i 和 j 之外的其他人则是新的知识。N 个人之间的知识交互过程将以逐次匹配的形式进行，每个人依次寻找新的合作伙伴进行共同创新。

在人口规模既定的特定区域内，随着人们相互之间的交流范围越来越广，交流越来越深入，个体间共同创造的知识和相互转移的知识增多，同一地区内部个体间的共同知识变得越来越多，合作者之间的独特知识越来越少，将导致该区域的知识创新效率越来越低。当本地区内技能劳动力之间的共同知识比例过高时，为了提高创新效率，技能劳动力将不得不跨区域寻找新的合作伙伴，从而产生了内生的技能劳动力的区际转移或区际合作创新行为。

每位技能劳动力接触同一地区内技能劳动力的频率比接触区外人的频率高，因此，每个地区自然会形成一套区别于其他地区的共同知识或“文化”。通常，同一区域内（比如区域 A）一对合作人（i 和 j）所积累的公共知识，比起不同区域间一对合作人（例如 i 和 m）所积累的公共知识更多。这样，每个地区都将发展其独特的文化，而整个经济系统又将通过不同文化之间的互动产生一种协同效应。①

在 TP 模型中，如果引入区际技能劳动力流动，那么将得出更丰富的结论。见图 11－2，假设有 A 和 B 两个地区，当受外生冲击时，区域 A 的技能劳动力 $i(i\in A)$ 进入区域 B 与区域 B 的技能劳动力 $m(m\in B)$ 进行合作创新，这样产生区际知识关联。一方面，这将导致区域 B 的知识创新部门的规模变大，由此产生聚集力（本地市场效应和生活成本效应），在循环累积因果效应作用下，区域 A 的制造业企业逐步使用区域 B 的知识作为中间投入品，于是两区域间形成投入产出链，导致经济活动的空间聚集。在一定的贸易自由度条件下，区域 B 成为技能劳动力和知识创新部门的聚集地，区域 A 的技能劳动力逐渐流入区域 B。另一方面，技能劳动力 $i(i\in A)$ 进入区域 B，i 所携带的知识将导致

① M. 伯利安特和藤田昌久（2012）在两地区框架下，分析了聚集、文化和创新之间的联系。

区域 B 与区域 A 有更高比例的共同知识，进一步提高区域 A 其他技能劳动力流入区域 B，促进技能劳动力的不断聚集，区域 B 将成为技能劳动力的聚集地、专业化知识的扩散和创新中心、制造业部门的聚集地（藤田昌久称它为城市），初始对称的两个区域最终演化成为以区域 B 为核心的核心边缘结构。

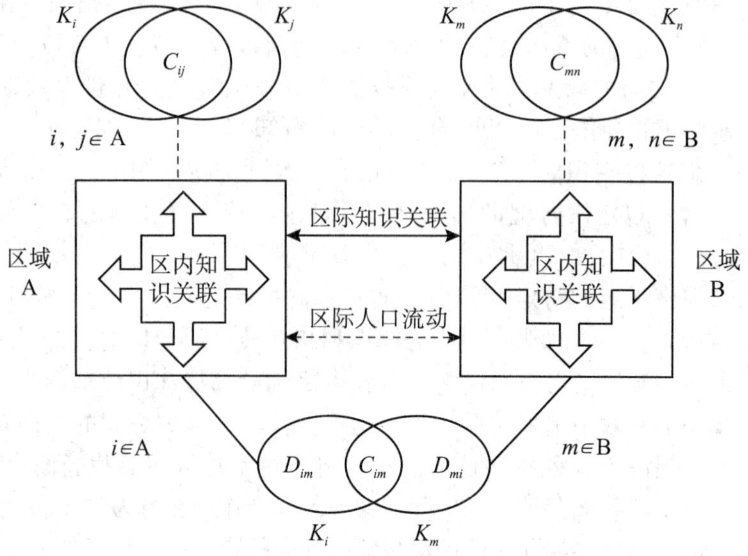

图 11－2　两区域间知识关联

资料来源：Fujita，M. Towards the New Economic Geography in the Brain Power Society［J］. Regional Science and Urban Economics，2007，37：482－490.

第二节　短期均衡

一、基本假设

研发部门的创新活动涉及技能劳动力之间的知识溢出，知识资本的创造效率取决于技能劳动力之间的互动结果。技能劳动力之间的知识溢出水平，不仅取决于其与其他技能劳动力接触的机会，也取决于技能劳动力之间的知识互补性。某一地区技能劳动力之间的知识互补性越高，则在技能劳动力总量给定情况下，该地区创造的知识资本也就越多。

以二人间知识关联为基础的知识关联模型，其核心是要分析“两区域、三部门和两要素”的知识关联及其所产生的聚集力。

两区域，是指北部和南部，两区域初始时对称；

三部门，是指农业部门（A）、制造业部门（M）和知识创造部门（R）；

两要素，是指一般劳动力（L）和技能劳动力（H）。

农业部门和制造业部门都使用创新能力较低的一般劳动力（L），它为不变常数，这些劳动力不能在区域间流动。知识创新部门使用创新能力较高的技能劳动力，技能劳动力可以在区域之间流动，技能劳动力的区际流动需要支付迁移成本，两区域的技能劳动力总量保持不变，可以把它标准化为1。

农业部门遵循瓦尔拉斯一般均衡分析框架，生产同质产品，区内区际交易无成本，其价格可以标准化为1。制造业部门遵循D-S分析框架，生产差异化的产品，每个制造业企业生产一种产品，需要投入一种新知识（专利）作为固定成本和一定量的一般劳动力作为可变成本，制造业产品的区内交易无成本，区际交易遵循“冰山”交易成本。投入的新知识从知识创新部门购买，它是知识创新部门投入大量技能劳动力生产出来的，是知识创新部门的唯一产出，新知识本身是异质的，它直接导致制造业部门产品的差异化，新创知识可以在区域之间自由扩散。技能劳动力是理性的经济人，当他们选择合作对象进行创新活动时只根据即期收益进行决策而不以长期预期做出决策，技能劳动力的区际转移是动态的过程。

二、消费者行为

该模型遵循核心边缘模型的分析框架，知识关联模型中的代表性消费者的即期效用函数为：

$$U = C_M^{\mu} C_A^{1-\mu},\ C_M = \left[\int_{i=0}^{n^w} c^{\rho}(i)\,\mathrm{d}i\right]^{1/\rho}, \tag{11.1}$$

$$C_A = (1-\mu)\varepsilon, \tag{11.2}$$

其中，$\varepsilon(t)$ 为消费者在时期 t 的支出，C_A 为农产品需求量。工业品需求函数为：

$$c_i = \mu\varepsilon(p_i)^{-\sigma}(P_M)^{\sigma-1} \tag{11.3}$$

其中，P_M 为工业品价格指数，即 $P_M = \left[\int_{i=0}^{n^w} p^{1-\sigma}(i)\,\mathrm{d}i\right]^{1/(1-\sigma)}$。

现在，关注一下任意消费者 j 的跨时期消费行为。

将式（11.2）和（11.3）代入式（11.1），可以得到消费者间接效用函数 $\nu = \varepsilon(P_M)^{-\mu}$。时期 $t \in [0,\ \infty)$ 时，$\varepsilon_j(t) \geqslant 0$；$r_j(t)$ 为区位路径，$r_j(t) \in$ {北部，南部}；$P_{r_j(t)}$ 为区域 $r_j(t)$ 在时期 t 的工业品价格指数。这样，消费者 j 在时期 t 的间接效用为：

$$\nu_j(t) = \varepsilon_j(t)[P_{r_j(t)}(t)]^{-\mu} \tag{11.4}$$

技能劳动力是可以在区域之间自由迁移的，设 t_H 为技能劳动力的区际迁移次序。区际迁移将引发一系列迁移成本和心理成本问题，这对迁移者产生负面影响。技能劳动力在时期 t 的迁移，将生成区际迁移成本 $T(t)$。因此，消费者 j 的在初始时点 0 的跨期效用函数为：

$$U_j(0) = V_j(0) - \sum_h e^{-\gamma t_h} T(t_h) \tag{11.5}$$

其中，

$$V_j(0) \equiv \int_0^{\infty} e^{-\gamma t} \ln[\nu_j(t)] \mathrm{d}t \tag{11.6}$$

式（11.6）是未减去迁移成本的终身效用，其中，γ 为消费者的效用折现率，$\gamma > 0$。

进一步讨论消费者的预算约束。消费者可以在资本市场上借入（或贷出）部分货币，从而在时期 t 支付比当期收入 $w_{r_j(t)}$ 更多（或少）的支出。假设区域共同资本市场利率为 $\nu(t)$，$\bar{\nu}(t)$ 为时期 t 的平均利率，$w_{r_j(t)}$ 为消费者在时期 t 地点 r 的工资率，a_j 为消费者初始资产的价值，则消费者收入的现值可以写成：

$$W_j(0) = \int_0^{\infty} e^{-\bar{\nu}(t)t} w_{r_j(t)}(t) \mathrm{d}t$$

如果考虑到预算流量约束，那么消费者 j 的跨期预算约束为：

$$\int_0^{\infty} \varepsilon_j(t) e^{-\bar{\nu}(t)t} \mathrm{d}t = a_j + W_j(0) \tag{11.7}$$

考虑任意的区位路径 $r_j(\cdot)$，设 $\varepsilon_j(\cdot)$ 为约束条件（式 11.7）下最大化式（11.5）的支出路径，则由一阶条件可知，每个追求效用最大化的消费者都必须遵循下式：

$$\dot{\varepsilon}_j(t)/\varepsilon_j(t) = \nu(t) - \gamma, \quad t \geqslant 0$$

其中，$\dot{\varepsilon}_j(t) = \mathrm{d}\varepsilon_j(t)/\mathrm{d}t$。

由于所有消费者都要遵循上述条件，由此可以得到欧拉公式：

$$\dot{E}_j(t)/E_j(t) = \nu(t) - \gamma \tag{11.8}$$

三、生产者行为

对于农业部门，假定对农产品 A 的支出份额 $1-\mu$ 足够大，这样就可以确保两个区域都进行农产品生产，即 $1-\mu > \rho/(1+\rho)$。由于农产品区际交易不存在交易成本，因此，每个地区的农产品价格都相等。由于各地区农产品技术相同且农业部门为规模收益不变的生产部门，故两个区域一般劳动力的工资率相等，

即 $w_L = w_L^* = p_A = p_A^* = 1$。带星号的是南部的工资率水平和农产品价格。

对于工业部门，每一种产品的生产都需要与其相对应的特定专利。工业品区际交易遵循冰山交易成本，p_i 为北部工业品的出厂价格，p_i^* 为北部生产的产品在南部销售时的价格，则 $p_i^* = \tau p_i$。

因此，结合式（11.3），可得南北两地区对北部工业品 i 的需求总量为：

$$c_i = \mu E \frac{(p_i)^{-\sigma}}{(P_M)^{1-\sigma}} + \mu E^* \tau \frac{(\tau p_i)^{-\sigma}}{(P_M^*)^{1-\sigma}}$$

工业品的价格与其种类无关，因此，$p_i = p$。假设工业企业的边际成本①为1，所有工业品都按边际成本加成定价法定价以实现利润最大化，加成率为：$1/\sigma$，则由 $\rho = 1 - 1/\sigma$ 可知，均衡价格为：$p = 1/\rho$。

北部地区工业品价格指数为：

$$P_M = (1/\rho)(n + \phi n^*)^{1/(1-\sigma)}$$

北部和南部任意工业品的均衡产出量分别为：

$$\begin{cases} x = \mu\rho\left(\dfrac{E}{n + \phi n^*} + \dfrac{\phi E^*}{\phi n + n^*}\right) \\ x^* = \mu\rho\left(\dfrac{\phi E}{n + \phi n^*} + \dfrac{E^*}{\phi n + n^*}\right) \end{cases} \tag{11.9}$$

其中，ϕ 为贸易自由度，$\phi = \tau^{1-\sigma}$。由于（$1/\rho$）$-1 = 1/(\sigma - 1)$，企业均衡利润与其产出量成正比例，即：

$$\pi = \frac{x}{\sigma - 1} \tag{11.10}$$

设 L_M 和 L_M^* 分别为北部和南部制造业部门对劳动力的需求量，L_A 为农业部门对劳动力的需求量。n 和 n^* 分别为北部和南部的企业数量，故北部制造业部门和南部制造业部门对劳动力的需求量，分别为 $L_M = nx$ 和 $L_M^* = n^* x^*$。结合式（11.9），那么 $L_M + L_M^* = \mu\rho(E + E^*)$。如果根据条件 $E^w \equiv E + E^*$，则整个经济系统的制造业部门对劳动力的总需求，又可以写成 $L_M + L_M^* = \mu\rho E^w$。

根据式（11.2）中的对农业部门产品的总需求 $C_A = (1-\mu)\varepsilon$，可以得到农业部门对劳动力的总需求量 $L_A = (1-\mu)E^w$。则经济系统劳动力市场出清应满足条件：

$$L = L_A + L_M + L_M^* = \mu\rho E^w + (1-\mu)E^w$$

经整理可得，均衡时经济系统的总支出为：$E^w = L/[1 - \mu(1-\rho)]$

均衡利率水平等于消费者关于时间的主观贴现率，则：

① 注意，本章假设工业部门边际成本为1，与CP、FC、FE等模型对边际成本的设定不同。

$$\nu(t)=\gamma,\ t\geqslant 0 \tag{11.11}$$

由式（11.7）和式（11.11），可以得出代表性消费者 j 的总支出为：

$$\varepsilon_j=\gamma[a_j+W_j(0)]$$

四、知识创新部门

根据内生增长理论，假设技能劳动力的生产率会随着其所积累的知识资本总量的增长而提高。知识资本具有（地方性）公共物品属性。不同于前面讨论的 GS 模型和 LS 模型，本章主要依据不同技能劳动力之间的知识互补性，构建不变替代弹性（CES）类型的知识资本总量函数。

1. 知识创新率

技能劳动力总量保持不变，即 $H+H^*=1$。因此，当北部的技能劳动力份额为 s_H 时，北部的知识总量生产函数为：

$$N=s_H K \tag{11.12}$$

其中，

$$K=[\int_0^{s_H}h(j)^{\beta}\mathrm{d}j+\eta\int_0^{1-s_H}h(j)^{\beta}\mathrm{d}j]^{1/\beta},\ 0<\beta<1,\ 0\leqslant\eta\leqslant 1 \tag{11.13}$$

在式（11.13）中，K 为北部可获得的知识资本，$1/\beta$ 为技能劳动力之间在创新时的互补参数，即技能劳动力的知识结构异质性，它决定技能劳动力的创新效率；η 反映区域间的知识扩散强度和地区知识吸收能力，它随距离而发生变化，当 $\eta=1$ 时，知识扩散不存在距离衰减现象，此时知识成了纯公共物品；当 $\eta=0$ 时，知识的扩散局限于本地。

如前所述，代表性技能劳动力 j 的知识量增长依赖于现存的知识量，任一新知识的时效都是无限期的。由于每个制造业企业只生产一种产品，生产产品都需要一种新知识（或新专利），因此，现存的知识存量等于制造企业数量 n^w。为了简化模型，假设不同技能劳动力所掌握的知识，在结构上存在差异，但数量是相同的。假设每个技能劳动力所掌握的知识总量与知识存量成正比例，即 $h(j)=\alpha n^w$。不失一般性的情况下，将 α 标准化为 1，则由式（11.13）可得：

$$K=n^w[s_H+\eta(1-s_H)]^{1/\beta},\ 0<\beta<1 \tag{11.14}$$

当 $\eta=1$ 时，$K=n^w$，此时区域间知识扩散不受任何影响，知识成为纯粹的公共产品；当 $\eta=0$ 时，$K=n^w(s_H)^{1/\beta}$，此时区域间没有知识扩散，知识成为地方性公共产品。

把式（11.14）代入式（11.12）中，则可以得到北部知识总量生产函数为：

$$N = n^{w} s_{H}[s_{H} + \eta(1 - s_{H})]^{1/\beta} \tag{11.15}$$

则，经济系统知识总量的变动情况为：

$$\dot{n}^{w} = N + N^{*} = n^{w}\{s_{H}[s_{H} + \eta(1 - s_{H})]^{1/\beta} + (1 - s_{H})[\eta s_{H} + (1 - s_{H})]^{1/\beta}\}$$

如果用 s_H 来表示技能劳动力的空间分布，那么北部和南部知识增长率分别为：

$$\begin{cases} k(s_{H}) \equiv [s_{H} + \eta(1 - s_{H})]^{1/\beta} \\ k^{*}(s_{H}) \equiv [(1 - s_{H}) + \eta s_{H}]^{1/\beta} \end{cases}$$

这样，经济系统的知识增长率为：

$$g(s_{H}) \equiv s_{H} \times k(s_{H}) + (1 - s_{H}) \times k^{*}(s_{H})$$

可以看出，经济系统新知识的增长率为 s_H 的函数，经济系统知识总量的变化可以写成：

$$\dot{n}^{w} = g(s_{n}) n^{w} \tag{11.16}$$

容易证明，两区域的知识增长率 $g(s_H)$，对 $s_H = 1/2$ 是对称的，且满足 $g(0) = g(1) = 1$；同时，在 $\eta < 1$ 的情况下，成立下式：

$$\begin{cases} s_{H} > 1/2 \Rightarrow g'(s_{H}) \geqslant 0 \\ s_{H} < 1/2 \Rightarrow g'(s_{H}) \leqslant 0 \end{cases}，且\ g''(s_{H}) > 0，\ s_{H} \in [0,\ 1]$$

也就是说，区域间的知识扩散强度 η 直接影响知识创新效率，当 $\eta < 1$ 时，如果知识创新部门聚集在一个区域，则知识创新效率最高；如果知识创新部门分散分布，那么创新效率最低；知识创新效率决定于技能劳动力的空间分布。

$g(s_H)$ 随着 η 的变大而提高，当 $\eta = 1$ 时达到最大值。尤其，当 $\eta = 1$ 时，$g(s_H) = 1$，此时，研发部门的空间分布对创新效率（知识增长率）不再产生影响。

2. 技能劳动力的工资率

从知识创新部门来看，技能劳动力的边际生产力水平为

$$K = n^{w}[s_{H} + \eta(1 - s_{H})]^{1/\beta} = n^{w} k(s_{H})$$

如果将技能劳动力的工资率为 w，那么单位新知识生产成本为 $w/[n^{w} \times k(s_{H})]$。企业自由进入和退出知识创新部门，因此，在零利润条件下，新知识（专利）的市场价格就等于利用新的专利来生产新产品的制造业企业的资产价值 π。设专利的市场价格等于新知识的生产成本，则 $\pi = w/[n^{w} \times k(s_{H})]$。因此，技能劳动力的工资率为：

$$w = \pi n^{w} k(s_{H}) \tag{11.17}$$

3. 技能劳动力的支出

在时点 0 时，一般劳动力的工资水平为 1，且假设一般劳动力的初始禀赋为

0。根据式（11.7），一般劳动力的跨期预算约束为 $W_j(0) = \int_0^\infty e^{-\gamma t}\mathrm{d}t = 1/\gamma$。根据式（11.11），一般劳动力的支出水平为 $\varepsilon_j = \gamma[W_j(0)] = 1(j \in L)$。

由式（11.7）和式（11.11）可知，技能劳动力支出水平为：

$$\varepsilon_j = \gamma[a_H + W_j(0)](j \in H) \tag{11.18}$$

其中，a_H 为每个技能劳动力的初始禀赋。假设在时点0时，每个技能劳动力都以等份额地拥有所有制造业企业。每个技能劳动力所拥有的初始资产价值为 $a_H = n \times \pi(0) + n^* \times \pi^*(0)$。

4. 技能劳动力的区际迁移

当技能劳动力从一个区域迁移到另一个区域时，他所遭受的效用损失由迁入比率和迁移者对其他人施加的负外部性所决定。假定技能劳动力在时刻 t 迁移时的迁移成本为：

$$T(t) = |\dot{s}_H(t)|/\delta,\ \delta > 0$$

其中，$\dot{s}_H(t)$ 为技能劳动力迁移流量，技能劳动力从南部迁移到北部时 $\dot{s}_H(t) > 0$，从北部迁移到南部时 $\dot{s}_H(t) < 0$。δ 是技能劳动力迁移时的调整速度。

设 $\tilde{s}_H \in (0,\ 1)$ 为稳定均衡时的技能劳动力的空间分布。在不失一般性的情况下，假设技能劳动力的初始分布 $s_H(0) < \tilde{s}_H$。当 $t > 0$ 时，技能劳动力从南部向北部迁移，且在时刻 T 停止技能劳动力的迁移并达到稳定均衡，因此：

$$\dot{s}_H(t) > 0,\ t \in (0,\ T);\ s_H(t) = \tilde{s}_H,\ t \geq T$$

此时，居住在南部的所有技能劳动力的技能水平是相同的，除了他们的迁移时间以外。因此，可以根据技能劳动力的迁移时间对他们进行区分。对于任意的 $t \in (0,\ T)$，假设 $W(0;\ t)$ 为第 t 时刻由南部迁移到北部的移民跨期工资水平，则：

$$W(0;\ t) = \int_0^t \mathrm{e}^{-\gamma s} w^*(s)\mathrm{d}s + \int_t^\infty \mathrm{e}^{-\gamma s} w(s)\mathrm{d}s$$

其中，$w^*(s)$ 为该技能劳动力在南部获得的收入水平，$w(s)$ 为该技能劳动力迁移到北部后所获得的收入水平。

根据式（11.5），技能劳动力的跨期效用水平为：

$$U(0;\ t) = V(0;\ t) - e^{-\gamma t}\dot{s}_H(t)/\delta \tag{11.19}$$

其中，$V(0;\ t)$ 为在时刻 t 迁移的技能劳动力，在未减去迁移成本时的终身效用水平。根据式（11.4）、式（11.6）和式（11.18）中的 $\varepsilon_j = \gamma[a_H + W_j(0)]$，式 $V(0;\ t)$ 可以写成如下：

$$\begin{aligned} V(0;\ t) &= \int_0^\infty e^{-\gamma s}\ln[\varepsilon_j(s) \times P(s)]\mathrm{d}s \\ &= (1/\gamma)\ln\gamma + (1/\gamma)\ln[a_H + W(0;\ t)] \\ &\quad - \mu\left\{\int_0^t e^{-\gamma s}\ln[P^*(s)]\mathrm{d}s + \int_t^\infty e^{-\gamma s}\ln[P(s)]\mathrm{d}s\right\} \end{aligned} \tag{11.20}$$

由于在均衡状态下，南部的技能劳动力不想将其迁移时间推迟到 T 之后，技能劳动力将尽可能早一点迁移。因此，$\lim_{t\to T}T(t)=0$。在式（11.19），求 $t\to T$ 的极限，则：

$$U(0;\ T)=V(0;\ T) \tag{11.21}$$

在均衡状态下，所有迁移的技能劳动力的跨期效用，相对于其迁移时间是无差异的。这就意味着，较早迁移的技能劳动力，较早地在北部获取较高的收入，但早期的迁移成本很高；较晚迁移的技能劳动力，虽然其迁移成本趋于0，但更长的时间在南部获取较低的收入。因此，$U(0;\ t)=U(0;\ T)$，$t\in(0,\ T)$。

利用式（11.19）、式（11.20）和式（11.21），对任意 $t\in(0,\ T)$，就可以得到：

$$\begin{aligned}\dot{s}_H(t)&=\delta e^{\gamma t}[V(0;\ t)-V(0;\ T)]\\&=\frac{\delta}{\gamma}e^{\gamma t}\ln\left[\frac{a_H+W(0;\ t)}{a_H+W(0;\ T)}\right]-\delta\mu e^{\gamma t}\int_t^T e^{-\gamma s}\ln\left[\frac{P(s)}{P^*(s)}\right]\mathrm{d}s\end{aligned}$$

其中，$\delta>0$。上述式子描述了动态均衡时技能劳动力的迁移行为，δ 为技能劳动力迁移时间的调整系数。

五、短期均衡

制造业企业，可以自由选取一种知识（购买新的专利），在任意区域和时段内从事生产活动，也就是，它不受新创知识的性质和所属地的限制，因此，$\pi=\pi^*$。利用式（11.10），可以得 $x=x^*$，同时由式（11.9）和 $E+E^*=E^w$，$n+n^*=n^w$，可得：

$$s_n=\frac{1+\phi}{1-\phi}s_E-\frac{\phi}{1-\phi} \tag{11.22}$$

其中，$s_n=n/n^w$ 为北部的产业份额，$s_E=E/E^w$ 为北部的支出份额。因此：

（1）如果 $\phi/(1+\phi)<s_E<1/(1+\phi)$，那么，$0<s_n<1$，则由式（11.8）、式（11.9）和式（11.22）可得：

$$\begin{cases}P=(1/\rho)[(1+\phi)s_E n^w]^{1/(1-\sigma)}\\P^*=(1/\rho)[(1+\phi)(1-s_E)n^w]^{1/(1-\sigma)}\end{cases} \tag{11.23}$$

$$x=x^*=\mu\rho(E^w/n^w) \tag{11.24}$$

（2）如果 $s_E\geqslant1/(1+\phi)$，那么 $s_n=1$，则：

$$\begin{cases}P=(1/\rho)(n^w)^{1/(1-\sigma)}\\P^*=(1/\rho)(\phi n^w)^{1/(1-\sigma)}\end{cases} \tag{11.25}$$

$$x=\mu\rho(E^w/n^w)\geqslant x^*=\mu\rho\{[\phi E+(1/\phi)E^*]/n^w\} \tag{11.26}$$

（3）如果，$s_E \leqslant \phi/(1+\phi)$，那么 $s_n=0$，则：

$$\begin{cases} P=(1/\rho)(\phi n^w)^{1/(1-\sigma)} \\ P^*=(1/\rho)(n^w)^{1/(1-\sigma)} \end{cases} \tag{11.27}$$

$$x=\mu\rho\{[(1/\phi)E+\phi E^*]/n^w\} \leqslant x^*=\mu\rho(E^w/n^w) \tag{11.28}$$

在上述三种情况，均衡时所有制造业企业的利润均相同。故均衡时企业平均利润为北部和南部的制造业企业利润的最大值，[①] 则由式（11.10）、式（11.24）、式（11.26）和式（11.28）可得：

$$\pi \equiv \max\{\pi, \ \pi^*\} = \frac{\mu E^w}{\sigma n^w} \tag{11.29}$$

第三节　长期均衡

一、技能劳动力空间分布为固定时

选择任意的 $s_H \in [0, 1]$ 来讨论长期均衡问题。由式（11.16）可得，时期 t 的新知识总量（等于制造业企业数）为：

$$n^w(t)=[n^w(0)]e^{g(s_H)t} \tag{11.30}$$

其中，$n^w(0)$、$n^w(t)$ 分别为初始、时期 t 时的制造业企业数量。由式（11.29）可得，时期 t 的任一制造业企业的资产价值为：

$$\pi(t) \equiv \int_t^{\infty} e^{-\gamma(\tau-t)}\pi(\tau)\mathrm{d}\tau = \int_t^{\infty} e^{-\gamma(\tau-t)} \frac{\mu E^w}{\sigma n^w(\tau)}\mathrm{d}\tau$$

上述公式中的 $\pi(t)$，实际上是时期 t 创造的一种新知识的均衡价格。因此，时期 t 的所有制造业企业资产价值为：

$$n^w(t)\pi(t) = \frac{\mu E^w}{\sigma}\int_t^{\infty} e^{-\gamma(\tau-t)} \frac{n^w(t)}{n^w(\tau)}\mathrm{d}\tau$$

上式中的 $[n^w(t)/n^w(\tau)]=\exp[-g(s_H)(\tau-t)]$。根据式（11.16），可以得出时期 t 所有制造业企业资产总值为：

$$n^w(t)\pi(t) = \frac{\mu E^w}{\sigma[\gamma+g(s_H)]} = a(s_H) \tag{11.31}$$

可见，当技能劳动力空间分布 s_H 给定时，制造业企业资产总值 $n^w(t)\pi(t)$

① 核心边缘结构下，边缘区的企业利润水平低于核心区，但边缘区产业份额为0，则均衡时经济系统企业平均利润水平等于核心区企业利润水平。

不为随时间发生变化，它等于均衡时技能劳动力拥有的初始资产价值。$k(s_H)$ 为北部地区知识增长率，$k^*(s_H)$ 为南部地区知识增长率，则 $n^w k(s_H)$ 为北部技能劳动力单位时间创造新知识的数量（效率），$\pi(t)$ 为新知识的市场价值。任意时期所有制造业企业资产价值都相等，可以用技能劳动力所拥有的初期资产价值 $a(s_H)$ 替换 $n^w(t)\pi(t)$，则利用式（11.17）分别得到北部和南部技能劳动力的均衡工资率：

$$w(s_H)=\pi(t)n^w k(s_H)=a(s_H)k(s_H) \tag{11.32}$$

$$w^*(s_H)=\pi(t)n^w k^*(s_H)=a(s_H)k^*(s_H) \tag{11.33}$$

由于 $a_H=a(s_H)$，$W_j(0)=w(s_H)/\gamma$，由式（11.18）的 $\varepsilon_j=\gamma[a_H+W_j(0)]$，可以得到北部一般劳动力和技能劳动力在任意时期的总支出为：

$$E_r(s_H)=L/2+\gamma s_H[a(s_H)+w_r(s_H)/\gamma]=L/2+s_H a(s_H)[\gamma+k_r(s_H)] \tag{11.34}$$

一般劳动力在区域间的分布为对称分布，故 $L/2$ 为各个区域一般劳动力数量，且一般劳动力的工资水平为 1，故 $L/2$ 又表示一般劳动力的工资总量。根据式（11.32）和式（11.33），可以得到北部与南部市场规模的相对比值：

$$\frac{s_E(s_H)}{1-s_E(s_H)}=\frac{(L/2)+s_H\times\alpha(s_H)\times[\gamma+k(s_H)]}{(L/2)+(1-s_H)\times a(s_H)\times[\gamma+k^*(s_H)]}$$

由上式可以得出：

$$\begin{cases}\dfrac{s_E(1)}{1-s_E(1)}=\dfrac{\sigma+\mu}{\sigma-\mu}\\[2ex]\dfrac{s_E(1/2)}{1-s_E(1/2)}=1\\[2ex]\dfrac{s_E(0)}{1-s_E(0)}=\dfrac{\sigma-\mu}{\sigma+\mu}\end{cases} \tag{11.35}$$

其中，$s_E(1)$ 为 $s_H=1$ 时北部的市场份额；$s_E(1/2)$ 为 $s_H=1/2$ 时北部的市场份额；$s_E(0)$ 为 $s_H=0$ 时北部的市场份额。在式（11.34）中，$E_r(s_H)$ 随着 s_H 的变大而变大，则：

$$\frac{\mathrm{d}\{s_E(s_H)/[1-s_E(s_H)]\}}{\mathrm{d}s_H}>0,\ s_H\in(0,\ 1) \tag{11.36}$$

由此可见，在初始时如果已选定 s_H 的初始值，那么在不同贸易自由度（$\phi\equiv\tau^{1-\sigma}$）情况下，对称的知识创新与扩散模型存在两种长期均衡。根据式（11.22），如果满足 $\phi<[s_E/(1-s_E)]<1/\phi$ 条件，那么制造业企业的空间分布具有内点解，在两个区域都具有制造业部门。

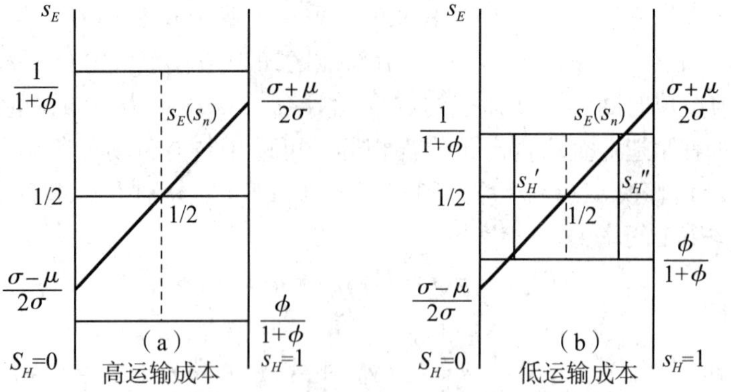

图 11－3　区域间相对市场规模

注：图 11－3 中横轴为 s_H，取值范围为［0，1］；纵轴为 s_E，其取值范围为$\left[\frac{\sigma-\mu}{2\sigma},\ \frac{\sigma+\mu}{2\sigma}\right]$。

资料来源：Masahisa Fujita and J. Thisse. Does Geographical Agglomeration Foster Economic Growth? And who gains and who loses from it? ［J］. The Japanese Economic Review，2003，54（2）：121－145.

首先，当贸易自由度满足如下条件时，即满足：

$$\phi \leqslant (\sigma-\mu)/(\sigma+\mu) \tag{11.37}$$

从式（11.35）、式（11.36）和式（11.37）中可以看出，如下不等式成立，即：

$$\phi/(1+\phi) < s_E(s_H) < 1/(1+\phi),\ 0 < s_E < 1,\ s_H \in [0,\ 1] \tag{11.38}$$

因此，如图 11－3（a）所示，当运输成本很高［$\tau^{\sigma-1} \geqslant (\sigma+\mu)/(\sigma-\mu)$］或者贸易自由度较低［$\phi \leqslant (\sigma-\mu)/(\sigma+\mu)$］时，在任意的技能劳动力空间分布条件｛$s_H \in [0,\ 1]$｝下，北部和南部都有制造业企业分布。

其次，当运输成本很小［$\tau^{\sigma-1} \leqslant (\sigma+\mu)/(\sigma-\mu)$］或者贸易自由度较大［$\phi \geqslant (\sigma-\mu)/(\sigma+\mu)$］时，将会出现经济活动的完全聚集。当 s_H 接近于 1/2（即 s_H 处于 s_H' 和 s_H'' 之间）时，式（11.38）成立，两个区域都拥有制造业企业。但当 $s_H < s_H'$ 或者 $s_H > s_H''$ 时，技能劳动力份额较大的区域所产生的本地市场效应和价格指数效应形成聚集力，制造业企业将聚集在该区域。当技能劳动力初始份额 $s_H > s_H'$ 时，$s_E \geqslant 1/(1+\phi)$，此时 $s_n = 1$，所有制造业企业聚集在北部；当技能劳动力初始份额 $s_H < s_H''$ 时，$s_E \leqslant \phi/(1+\phi)$，此时 $s_n = 0$，所有制造业企业聚集在南部。

二、技能劳动力可以自由地转移时

在上面，分析了在技能劳动力空间分布为固定情况下的长期均衡问题。现在，分析一下在初始技能劳动力空间分布为任意情况［$s_H(0)=s_{H_0}$］下，也就是技能劳动力在区域之间自由转移时的长期均衡问题。在技能劳动力初始分布 s_H 发生变化的情况下，比较两个区域技能劳动力的跨期效用水平以确定达到长期均衡状态时技能劳动力的空间分布。

在长期均衡时，由于不存在技能劳动力的迁移，所以迁移成本为0。由式（11.5）和式（11.6）可以得出南北两个区域技能劳动力的跨期效用函数为：

$$V_r(0;\ s_H) \equiv \int_0^{\infty} e^{-\gamma t}\ln[\nu_r(t;\ s_H)]\mathrm{d}t$$

因此，北部和南部技能劳动力的效用差距为：

$$V(0;\ s_H) - V^*(0;\ s_H) = \int_0^{\infty} e^{-\gamma t}\ln[\nu(t;\ s_H)/\nu^*(t;\ s_H)]\mathrm{d}t \tag{11.39}$$

利用式（11.6）、式（11.18）、式（11.32）和式（11.33），可以得到区域 r 内任一技能劳动力的支出函数为 $\varepsilon_r=a(s_H)[\gamma+k_r(s_H)]$，而由式（11.4）得 $\nu_r(t;\ s_H)=a(s_H)\times[\gamma+k_r(s_H)]\times[P_r(t)]^{-\mu}$。这样，北部和南部间接效用之比为：

$$\frac{\nu(t;\ s_H)}{\nu^*(t;\ s_H)} = \frac{\gamma+k(s_H)}{\gamma+k^*(s_H)}\left(\frac{P(t)}{P^*(t)}\right)^{-\mu} \tag{11.40}$$

由式（11.21）、式（11.24）和式（11.27）可以推导出下式：

$$[P(t)/P^*(t)]^{-\mu} = [E(t)/E^*(t)]^{\mu/(\sigma-1)},\quad \phi/(1+\phi)<s_E<1/(1+\phi)$$

$$[P(t)/P^*(t)]^{-\mu} = \phi^{-\mu/(\sigma-1)},\quad s_E\geqslant 1/(1+\phi)$$

$$[P(t)/P^*(t)]^{-\mu} = \phi^{\mu/(\sigma-1)},\quad s_E\geqslant \phi/(1+\phi)$$

上面三个式子表明，当 s_H 固定不变时，不同时期北部和南部的间接效用比式（11.40）是相同的。设 $\Phi(s_H)\equiv\nu(t;\ s_H)/\nu^*(t;\ s_H)$，则当 s_H 为固定不变时，$\Phi(s_H)$ 为常数。因此，结合式（11.39），可以得出：

$$V(0;\ s_H) - V^*(0;\ s_H) = (1/\gamma)\ln\Phi(s_H) \tag{11.41}$$

因此，

$$\begin{cases}\Phi(s_H)\geqslant 1\Rightarrow V(0;\ s_H)\geqslant V^*(0;\ s_H)\\ \Phi(s_H)\leqslant 1\Rightarrow V(0;\ s_H)\leqslant V^*(0;\ s_H)\end{cases}$$

容易验证，当 $s_H=1/2$ 时，$\Phi(1/2)=1$，因此，$V(0;\ 1/2)=V^*(0;\ 1/2)$。这意味着技能劳动力初始分布为对称时，经济系统的对称结构是一种稳定均衡。另外，式（11.36）表明，s_E 随着 s_H 变大而变大。同时，当 $\eta<1$ 时，北部知识总量 $k(s_H)$ 是随 s_H 的变大而变大，南部知识总量 $k^*(s_H)$ 是随 s_H 的变大而变小；当 $\eta=1$ 时，对于任意的 s_H，都成立 $k(s_H)=k^*(s_H)=1$。因此，当 $\eta\in[0,1]$ 时，可得：

$$d\Phi(s_H)/ds_H \geqslant 0，\ s_H \in (0,\ 1) \tag{11.42}$$

根据式（11.41），则：

$$d[V(0;\ s_H) - V^*(0;\ s_H)]/ds_H \geqslant 0 \tag{11.43}$$

当 s_H 处于 1/2 的相邻范围内时，不等式 $\phi < [s_E/(1-s_E)] < (1/\phi)$ 是成立的，但式（11.42）和式（11.43）在此范围内为严格不相等，即：

$$\begin{cases} V(0;\ s_H) \geqslant V^*(0;\ s_H)，\ 当\ s_H \geqslant 1/2 \\ V(0;\ s_H) \leqslant V^*(0;\ s_H)，\ 当\ s_H \leqslant 1/2 \end{cases}$$

这表明，经济系统只存在三种长期均衡，即 $\tilde{s}_H = 1$、$\tilde{s}_H = 0$ 和 $\tilde{s}_H = 1/2$。此外，根据式（11.43），如果技能劳动力在区域之间完全自由转移，那么当 $\tilde{s}_H = 1/2$ 时的均衡是很不稳定的，只有 $\tilde{s}_H = 1$ 和 $\tilde{s}_H = 0$ 时的均衡才是长期稳定均衡。

当 $\tilde{s}_H \in [0,\ 1]$、$s_{H_0} \in [0,\ 1]$、$s_{H_0} \neq \tilde{s}_H$ 时，如果均衡路径 $\{s_H(t)\}_{t=0}^{\infty}$ 满足初始条件 $s_H(0) = s_{H_0}$，那么，$\{\tilde{s}_H(t)\}_{t=0}^{\infty}$ 是单调收敛的。因此，当 $0 < T \leqslant \infty$ 时，可得：

当 $s_{H_0} < \tilde{s}_H$ 时，$\dot{s}_H(t) > 0$，$t \in (0,\ T)$，$s_H(t) = \tilde{s}_H$，$t \geqslant T$；

当 $s_{H_0} > \tilde{s}_H$ 时，$\dot{s}_H(t) < 0$，$t \in (0,\ T)$，$s_H(t) = \tilde{s}_H$，$t \geqslant T$。

当 $\tilde{s}_H = 1$ 时，知识创新全部聚集在北部，但此时制造业企业的空间分布将会存在如下两种情况。

（1）如果 $\tau^{\sigma-1} \equiv \dfrac{1}{\phi} > \dfrac{\sigma+\mu}{\sigma-\mu}$，那么 $\dfrac{1-s_n(1)}{s_n(1)} = \dfrac{\sigma-\mu-\phi(\sigma+\mu)}{\sigma+\mu-\phi(\sigma-\mu)} < 1$。

我们把这种情况称为稳定的“核心边缘”结构 A：北部集中了所有的知识创新部门和大部分的制造业企业。

随着 $1/\phi$ 趋于 $(\sigma+\mu)/(\sigma-\mu)$，北部产业份额 $s_n(1)$ 趋于 1，南部产业份额趋于 0。

（2）如果 $\tau^{\sigma-1} \equiv \dfrac{1}{\phi} \leqslant \dfrac{\sigma+\mu}{\sigma-\mu}$，那么 $s_n = 1$。

把这种情况称为稳定的“核心边缘”结构 B：北部集中了所有的知识创新部门和所有的制造业企业。

因此，当技能劳动力在区域之间自由转移时，区域对称结构是很不稳定的。在两种“核心边缘”结构中，知识创新部门全部集中在“核心”区域，而创新知识完全聚集时的效率是最高的，如此强烈的经济聚集趋势是由于缺少足够大的分散力。当区际运输成本 τ 降低并趋向于 1 时，“核心边缘”结构 A 逐渐转变为结构 B。

结论 11-1：当新创知识在区域之间自由扩散，技能劳动力在区域间自由转移时，将存在两种稳定的“核心边缘”结构。

（1）当 $\tau^{\sigma-1}\equiv 1/\phi>(\sigma+\mu)/(\sigma-\mu)$ 时，存在稳定的“核心边缘”结构 A：所有知识创新部门和大部分的制造业企业聚集在核心区。

（2）当 $\tau^{\sigma-1}\equiv 1/\phi\leqslant(\sigma+\mu)/(\sigma-\mu)$ 时，存在稳定的“核心边缘”结构 B：所有知识创新部门和所有制造业企业全部聚集在核心区。

第四节　对称情形下的区域福利分析

通过前面的分析发现，知识创新的空间聚集加速经济增长。在这一节，我们讨论一下经济增长效率与区域福利公平之间是否存在冲突，换言之，区域经济一体化是否一种零和博弈的问题。因此，如前所述，当新创知识部门在区域间自由转移，技能劳动力在区域之间自由迁移时，贸易自由度的边际变动将会导致整个经济系统从对称结构向核心边缘结构的转变。同时，我们还假设技能劳动力的迁移行为的调整速率 δ 值足够大，也就是，技能劳动力的迁移周期足够短，因而能够比较在两种稳定的“核心边缘”均衡下的北部和南部一般劳动力和技能劳动力的福利状况。由于稳定的核心边缘结构具有结构 A 和结构 B，我们分别比较 A、B 两种核心边缘结构相对于对称结构时的福利水平的变化情况。

一、核心边缘结构 A 的区域福利水平

当区际运输成本足够高时，即 $\tau^{\sigma-1}\equiv(1/\phi)>[(\sigma+\mu)/(\sigma-\mu)]$ 时，形成核心边缘结构 A。对于两地区的一般劳动力，都有 $w_L=w_L^*=\varepsilon_L=\varepsilon_L^*=1$，因此，由式（11.4）可得，$r$ 地区的一般劳动力在时期 t 的间接效用为：

$$\nu_r^L(t;\ s_H)=[P_r(t)]^{-\mu}$$

由式（11.23）、式（11.30）、式（11.31）和式（11.34）可得，北部的一般劳动力分别在 $s_H=1$ 和 $s_H=1/2$ 时的效用的比值为：

$$\frac{\nu_L(t;\ 1)}{\nu_L(t;\ 1/2)}=\left(\frac{\sigma+\mu}{\sigma}\right)^{\mu/(\sigma-1)}\exp\left\{\frac{\mu}{\sigma-1}\left[1-\left(\frac{1+\eta}{2}\right)^{1/\beta}\times t\right]\right\}$$

当 $\mu>0$ 时，上述比值大于 1，因此，利用式（11.39）可得：

（1）北部（核心区）一般劳动力的福利变动情况。

$$V_L(0;\ 1)-V_L(0;\ 1/2)=\frac{\mu}{\gamma(\sigma-1)}\left\{\frac{1-[(1+\gamma)/2]^{1/\beta}}{\gamma}+\ln\left(\frac{\sigma+\mu}{\sigma}\right)\right\}>0 \tag{11.44}$$

式（11.41）表明，居住在核心区（北部）的一般劳动力偏好经济活动空间聚集而不是分散。

（2）南部（边缘区）一般劳动力的福利变动情况。

$$\frac{\nu_L^*(t;\ 1)}{\nu_L^*(t;\ 1/2)}=\left(\frac{\sigma-\mu}{\sigma}\right)^{\mu/(\sigma-1)}\exp\left\{\frac{\mu}{\sigma-1}\left[1-\left(\frac{1+\eta}{2}\right)^{1/\beta}\times t\right]\right\}$$

$$V_L^*(0;\ 1)-V_L^*(0;\ 1/2)=\frac{\mu}{\gamma(\sigma-1)}\left\{\frac{1-[(1+\gamma)/2]^{1/\beta}}{\gamma}-\ln\left(\frac{\sigma}{\sigma-\mu}\right)\right\}$$

（11.45）

其中，$1-[(1+\eta)/2]^{1/\beta}$表示知识创新聚集对经济增长率的影响，聚集时的经济增长率为$g(1)=k(1)=1$，对称结构时的经济增长率为$g(1/2)=[(1+\eta)/2]^{1/\beta}$。当$\eta<1$时，南部一般劳动力因经济活动空间聚集而增加的福利部分为$\{1-[(1+\eta)/2]^{1/\beta}\}/\gamma>0$；因经济活动空间聚集而损失的福利部分为$\ln[\sigma/(\sigma-\mu)]$。因此，当一般劳动力福利增加部分大于损失部分，即$\{1-[(1+\eta)/2]^{1/\beta}\}/\gamma>\ln[\sigma/(\sigma-\mu)]$时，边缘区的一般劳动力倾向于选择聚集式的经济增长模式。即在消费者效用贴现率（γ）越低、技能劳动力的异质性越大（β越低）、知识扩散效应（η）越弱、工业化程度（μ）越高、产品差异化程度越大（σ越小）的情况下，知识创新聚集而带来的经济增长率足够高。此时，南部一般劳动力的净福利才会得到增加，边缘区一般劳动力才会倾向于选择聚集式的经济增长模式。

（3）北部和南部一般劳动力的福利水平差距。

由式（11.41）、式（11.42）可知，在北部和南部一般劳动力福利水平存在着永久的差距，这就意味着不同的居住区位导致一般劳动力之间在收入水平方面的不平等。当$s_H=1$时，北部为核心区，北部和南部一般劳动力之间的福利差距为：

$$\frac{\nu_L(t;\ 1)}{\nu_L^*(t;\ 1)}=\left(\frac{\sigma+\mu}{\sigma-\mu}\right)^{\mu/(\sigma-1)}$$

$$V_L(0;\ 1)-V_L^*(0;\ 1)=\frac{\mu}{\gamma(\sigma-1)}\ln\left(\frac{\sigma}{\sigma-\mu}\right)>0$$

（4）技能劳动力福利水平变动情况。

由式（11.40）得到$\dfrac{\nu_H(t;\ 1)}{\nu_H(t;\ 1/2)}=\dfrac{\nu_L(t;\ 1)}{\nu_H(t;\ 1/2)}$

$$V_H(0;\ 1)-V_H(0;\ 1/2)=\frac{\mu}{\gamma(\sigma-1)}\left[\frac{1-(1+\eta)/2)^{1/\beta}}{\gamma}+\ln\left(\frac{\sigma+\mu}{\sigma}\right)\right]>0$$

因此，当存在技能劳动力区际转移时，技能劳动力倾向于选择经济活动聚集区域，故边缘区的技能劳动力必然向核心区转移。

二、核心边缘结构 B 的区域福利水平

当 $\tau^{\sigma-1}\equiv 1/\phi\leqslant(\sigma+\mu)/(\sigma-\mu)$ 时。

（1）北部一般劳动力福利水平变动情况。

$$V_L(0;1)-V_L(0;1/2)=\frac{\mu}{\gamma(\sigma-1)}\left[\frac{1-(1+\eta)/2)^{1/\beta}}{\gamma}+\ln\left(\frac{2}{1+\tau^{1-\sigma}}\right)\right] \tag{11.46}$$

（2）南部一般劳动力福利水平变动情况。

$$V_L^*(0;1)-V_L^*(0;1/2)=\frac{\mu}{\gamma(\sigma-1)}\left[\frac{1-(1+\eta)/2)^{1/\beta}}{\gamma}-\ln\left(\frac{1+\tau^{\sigma-1}}{2}\right)\right] \tag{11.47}$$

同理，当且仅当 $\{1-[(1+\eta)/2]^{1/\beta}\}/\gamma>\ln[(1+\tau^{\sigma-1})/2]$ 时，南部一般劳动力的净福利才会增加，边缘区的一般劳动力才会倾向于选择聚集式的经济增长模式。同时，区际运输成本越低，南部一般劳动力的福利水平就越高。

（3）北部和南部一般劳动力的福利水平差距。

$$V_L(0;1)-V_L^*(0;1)=\frac{\mu}{\gamma}\ln\tau>0$$

根据上述福利分析，可得到如下结论。

结论 11－2：当新创知识在区域之间自由扩散，技能劳动力在区域之间自由转移时，当且仅当知识创新空间聚集所导致的经济增长足够大，也就是当满足如下条件时：

（1）当 $\tau^{\sigma-1}\equiv\frac{1}{\phi}>\frac{\sigma+\mu}{\sigma-\mu}$ 时，$\frac{1-[(1+\eta)/2]^{1/\beta}}{\gamma}>\ln\frac{\sigma}{\sigma-\mu}$。

（2）当 $\tau^{\sigma-1}\equiv\frac{1}{\phi}\leqslant\frac{\sigma+\mu}{\sigma-\mu}$ 时，$\frac{1-[(1+\eta)/2]^{1/\beta}}{\gamma}>\ln\frac{1+\tau^{\sigma-1}}{2}$。

核心边缘结构下的所有劳动力（包括北部和南部技能劳动力和一般劳动力）的福利水平相对于对称结构是帕累托改进的。

结论 11－3：当 $\eta=1$ 时，知识扩散是无边界的，此时，不存在创新知识空间聚集以及经济增长，边缘区居民也无法提升其福利水平，故在核心边缘结构下的边缘区一般劳动力的福利水平相对于对称结构是存在福利损失的。

第五节　本 章 小 结

本章介绍了对称的知识关联模型。知识关联模型在两部门的基础上，加入

了知识创新部门的知识创新、扩散与技能劳动力的转移行为，因此，知识关联模型不仅具备了CP模型和LS模型绝大多数的特征，而且还具有一些CP模型、LS模型所没有的新的特征。

一、知识创新与扩散模型的基本原理

知识关联模型从知识创新与扩散的最基本原理出发，描述了人与人以及区域之间的知识关联过程，分析了合作创新行为的时间、方式和效率，从而解释了知识创新和扩散如何进行及其产生的影响。为了更好地分析这一问题，整个知识关联模型不考虑物质资本的运作过程及作用，只设定了一个世界性的共同资本市场，同时，为了强调高技能劳动力的行为与作用，模型中把劳动力分为低技能的一般劳动力与高技能的技能劳动力，并排除了一般劳动力的流动性，只关注技能劳动力的生产（创新）与转移行为。知识关联模型指出，只有当$g>\alpha$时，知识创新才是有效率的。知识创新和扩散是动态的、多重的，从而导致区域知识创新和扩散方式各不相同。当特定区域内共同知识变大时，该区域的知识创新效率变低，从而导致内生的技能劳动力的区际转移，区际转移的技能劳动力改变技能劳动力的空间分布与区域创新效率，从而进一步改变区域知识创新部门和制造业部门的数量和生产行为，最终改变区域经济增长方式、效率和经济福利。因此，知识关联模型的核心是强调技能劳动力的空间分布与区域经济增长方式、经济增长效率及经济福利之间的动态变化关系。

二、知识创新与扩散模型与CP模型、LS模型的对比

相对于核心边缘模型的七个特征，除了叠加区和预期的自我实现这一个特征外，知识关联模型具有核心边缘模型其余六个特征。由于技能劳动力在选择合作对象进行创新时，只根据即期收益而不以长期预期进行决策且$\phi^B<\phi^S$，因此，知识关联模型中不存在叠加区和预期的自我实现。

同时，知识关联模型具备了LS模型的所有特征，即经济增长与经济区位的相互影响；增长极的存在；永久性的区际收入差异；经济一体化的两重含义和经济的内生增长。不同的是，在LS模型中不存在突发性聚集，而知识关联模型中，虽然制造业企业的聚集是缓慢形成的，但知识创新部门的聚集是突发性的。同时，LS模型中不具备基于“知识关联”的循环累积因果关系，而知识关联模型中，由于制造业的空间聚集是跟随技能劳动力空间聚集而形成的，因此，知

识关联模型中物质资本和新创知识等要素的聚集都会形成力量强大的循环累积因果式的“经济关联”和“知识关联”效应。另外，知识关联模型中并没有强调“塌陷区”的概念，“塌陷区”的存在与否，完全取决于知识创新给边缘区带来的经济增长和福利增加是否大于其所承受的福利损失。知识关联模型中的“经济一体化”的内涵，主要指贸易自由度的提高和新创知识（专利）在区域间的自由扩散。

三、知识创新与扩散模型的新特征

知识关联模型的重要性表现在，它把新经济地理学理论与新增长理论的核心思想完美地结合起来，形成了一种崭新的、动态的内生增长模型，因此，它具有一些其他模型所不具备的新特征。

1. 强调“文化”对经济活动的作用

知识关联模型非常关注区域“文化”（共同性知识）的作用，“文化”是区内和区际进行“经济关联”和“知识关联”的基础，只有在“文化”的基础上，人们才能进行相互交流和学习，从而生产出新的知识和技术，“文化”基础薄弱则人们缺乏相互交流和学习的平台，如果长期囿于同一“文化”，人们也缺乏创新的动力。

2. 以知识创新为基础的内生增长

在新经济地理学现有的模型中，GS 模型、LS 模型是强调创新对经济增长作用的两种内生增长模型，但从严格意义上说，它们也只是从创新对物质资本产生的影响角度描述了内生的经济增长而已。而知识关联模型深入分析了知识创新的内涵、行为特征及其对经济系统产生的决定性影响，从而指出创新型内生增长以及创新在空间上的聚集，是区域经济增长以及增长方式转变的本质特征，把新增长理论的核心思想与新经济地理学的核心理论完美结合起来，丰富和拓展了新经济地理学的理论内涵。

3. 从静态分析转向动态分析

在经济研究中，对经济发展过程中的空间与时间交互作用的分析是相当困难的。知识关联模型一改新经济地理学以往模型中的比较静态分析方式，在内生经济增长模型中融入了技能劳动力动态的区际转移现象。技能劳动力在区域之间可以自由转移，技能劳动力的空间转移都具有明确的方向，而且所有技能劳动力不可能在同一时间内同时转移。因此，不同的贸易自由度和区域经济政策对技能劳动力的区际转移决策产生决定性的影响。知识关联模型，无疑是打开了动态地分析空间经济现象的大门。

4. 关注效率与公平之间的关系

长期以来，经济增长效率与区际福利公平之间关系的研究，一直是区域经济研究的核心内容之一，“效率”与“公平”之间是否存在矛盾也是争论的焦点之一。在知识关联模型中，“效率”与“公平”并不是矛盾的，知识关联模型指出，聚集式的经济增长方式是最有效率的，而这种增长方式能否稳定持续存在，其关键在于经济增长能否给边缘区的居民带来福利水平的改进。如果知识创新聚集导致的经济增长足够大，能够给边缘区带来福利水平的提升，那么边缘区将选择聚集式的经济增长方式，反之边缘区将降低区际贸易自由度，拒绝选择一体化的发展道路。

参考文献

[1] Berliant, M., Reed, R., Wang, P. Knowledge Exchange, Matching, and Agglomeration [J]. Journal of Urban Economics, 2006, 60: 69 - 95.

[2] Berliant, M., Fujita, M. Knowledge Creation As a Square Dance on the Hilbert Cube [J]. International Economic Review, 2008, 49: 1251 - 1295.

[3] Berliant, M. and Fujita, M. The Dynamics of Knowledge Diversity and Economic Growth [J]. MPRA Paper No. 7088, 2008.

[4] Berliant, M., Fujita, M. Dynamics of Knowledge Creation and Transfer: The Two Person Case [J]. International Journal of Economic Theory, 2009, 5: 155 - 179.

[5] Berliant, M., Fujita, M. The Dynamics of Knowledge Diversity and Economic Growth [J]. Southern Economic Journal, 2011, 77: 856 - 884.

[6] Berliant, M. and M. Fujita. Culture and Diversity in Knowledge Creation [J]. Regional Science and Urban Economics, 2012, 42 (4): 648 - 662.

[7] Berliant, M. and M. Fujita. Knowledge Creation through Multimodal Communication [J]. MPRA Paper, 2023, 117452, https://mpra.ub.uni-muenchen.de/117452/.

[8] Fujita, M. and Thisse, J. F. Agglomeration and Growth with Migration and Knowledge Externalities [J]. Discussion Paper, Institute of Economic Research, Kyoto University, 2001, 531.

[9] Fujita, M. and Thisse, J. - F. Does Geographical Agglomeration Foster Economic Growth? And Who Gains and Lose from It? [J]. The Japanese Economic Review, 2003, 54: 121 - 145.

[10] Fujita, M. and Mori, T. Frontiers of the New Economic Geography [J]. Papers of Regional Science, 2005, 84: 377 - 405.

[11] Fujita, M. Spatial Economics [M]. Edward Elger, Cheltenham, 2005.

[12] Fujita, M. Towards the New Economic Geography in the Brain Power Society [J]. Regional Science and Urban Economics, 2007, 37: 482 - 490.

第十二章

新经济地理学的福利、效率和公平问题

目前，人们分析区域经济政策效应时采用的术语非常多，以贸易效应为例，贸易创造、贸易转移、资本转移、生产转移、动态效应、规模效应、增长效应等，都是不同作者为分析不同经济现象而提出来的术语。为了统一区域经济政策分析时的术语，本章将重点提出一种分析框架，阐述我们对政策变动如何影响福利方面的思考。当然，本章并没有详细分析特定的经济政策与各种内生变量之间的关系，仅仅是提出了分析政策变动影响福利水平的主要途径。尽管詹姆斯·米德首先提出了本章所采用的分析方法，不过本章仍以 A. K. 迪克希特和 V. 诺曼（Victor Norman，1980）、[1] E. 赫尔普曼（Elhanan Helpman）和保罗·克鲁格曼（1989）[2] 的分析框架为主要框架进行讨论。截至当前，有关福利、效率和公平问题的研究至今还没有引起新经济地理学足够的重视。通过本章的讨论，我们希望能够或多或少推动该领域的研究与探索，并为基于特定模型的特定政策的分析提供基本的理论框架。

第一节　区域视角下的福利效应类型

一、基本框架

首先推导一个基于一般性偏好的基本分析框架。由于关注的是北部的福利

① Dixit, A. and V. Norman. Theory of International Trade [M]. London: Cambridge University Press, 1980.

② Helpman, E. and P. Krugman. Trade Policy and Market Structure [M]. Cambridge, Mass: MIT Press, 1989.

问题，因此，本章将基于实用主义的社会福利函数进行讨论。在社会福利分析框架下，社会赋予每位居民具有不同权重的效用，并将不同权重的所有居民的效用相加得到北部社会的福利函数，并认为公平的资源配置应该是努力使得该社会福利函数最大化。在新经济地理学领域，这种权重通常采用算术平均值，也就是每位居民的权重都是相同的。此外，由于只需解出均衡点附近的微小变动所导致的影响，因此，本章的分析隐含着经济活动始于稳定的内部均衡的假设。

1. 假设

假设某一经济系统包括两个区域，即北部和南部；两个部门，即农业部门（A）和工业部门（M）；两种生产要素，即资本（K）和劳动力（L）。农业部门以完全竞争和生产同质产品为特征；工业部门以垄断竞争和生产差异化产品为特征，共生产 n 种差异化产品。每个区域的劳动力禀赋（L）是固定的，劳动力在区域之间不能转移。资本（K）是否在区域之间转移就取决于模型的基本假设（对两种情况都予以考虑）。根据如下跨期可分偏好进行讨论：

$$\int_{t=0}^{\infty} e^{-\rho t} V(p,\ n,\ E)\,\mathrm{d}t \tag{12.1}$$

其中，ρ 是主观贴现因子，V 是效用函数，p 是消费品价格向量，n 是产品种类数量，E 是消费总支出。由于本部分的效用函数为价格、产品种类数量和支出的函数，因此，V 应该理解为间接效用函数，也是福利分析常见的讨论对象。此外，我们注意到间接效用函数通常都是效用最大化或支出最小化等约束最优化的结果，因此，可以直接运用静态分析所得出的许多结论。

总支出等于国内收入减去国内储蓄，其中国内收入是国内要素收入加上关税和其他进口收入（主要指因贸易壁垒而得到的间接收益，并假设回馈给消费者），以及经济利润：

$$E = wL + rK + Tm + \Pi - S, \tag{12.2}$$

其中，w 为劳动力工资率，r 为资本收益率，L 为国内劳动力禀赋，K 为国内资本存量，m 为部门的贸易向量（进口为正，出口为负，相当于净进口），Π 为净利润，S 为储蓄。关税税率向量 T 等于 $p-p^*$，其中，p^* 是产品的边界价格，也就是实际支付给进口品的价格，或向出口品实际索要的价格。以上是借用了国际贸易学的术语讨论区域视角下的福利效应问题。因此，p^* 并不需要等于经济系统的价格，例如当存在摩擦性贸易壁垒（如运输成本）时，北部对进口品的实际支付价格就等于境外出口商接受的价格加上运输成本。

净利润与当地价格向量 p、部门产出向量 Q 和部门平均成本向量 $a(w,\ r,\ x)$ 有关，并遵循：

$$\Pi=(p-a)Q,\ a_i(w,\ r,\ x_i)=\frac{c_i(w,\ r,\ x_i)}{x_i},\ Q_i=n_ix_i \tag{12.3}$$

其中，Q_i 是部门产出向量 Q 的代表性元素；a_i 是部门平均成本向量 a 的代表性元素，定义为代表性厂商（假定国内某产业内所有厂商都为相同的）的总成本 $c_i(w,\ r,\ x_i)$ 除以产出量 x_i。一般来说，总成本是生产要素价格 w、r 和产出量 x 的函数。净利润 Π 分解到单个商品中，可以看成是某个部门所有产品都按国内价格 p 销售时的利润。至于此时部门是完全竞争部门还是迪克希特－斯蒂格利茨型垄断竞争部门并不重要，因为在这种情况下，生产商在所有市场上索取相同的生产者价格（在完全竞争市场结构下的厂商不会对不同的市场实行价格差别化；在迪克希特－斯蒂格利茨垄断竞争市场结构下，边际成本加成定价是最优的）。寡头垄断部门（在线性模型中可能存在），可能在不同的市场上索取不同的价格，对于这样的部门，式（12.2）中的 $Tm=(p-p^*)m$ 可以表示实施价格差别化所获得的利润部分。①

2. 求解

对式（12.1）中的 V 进行全微分，并进行变换（除以偏导数 V_E），可得：

$$\frac{\mathrm{d}V}{V_E}=\frac{V_p}{V_E}\mathrm{d}p+\frac{V_n}{V_E}\mathrm{d}n+\mathrm{d}E=-C\mathrm{d}p+\frac{V_n}{V_E}\mathrm{d}n+\mathrm{d}E \tag{12.4}$$

其中，V_E、V_p 和 V_n 是效用函数 V 分别关于总支出 E、价格 p 和产品种类数 n 的偏微分向量；第二个等号是依据罗伊恒等式（Roy's Identity）对 V_p/V_E 进行变换的结果，其中，C 表示北部区域的消费量。为了求解 dE，还需要对式（12.2）求解全微分，并注意到 $T=p-p^*$，从而可得：

$$\begin{aligned}\mathrm{d}E=&w\mathrm{d}L+L\mathrm{d}w+K\mathrm{d}r+r\mathrm{d}K+(p-p^*)\mathrm{d}m+m\mathrm{d}p-m\mathrm{d}p^*\\&+(p-a)\mathrm{d}Q+Q(\mathrm{d}p-\mathrm{d}a)-\mathrm{d}S\end{aligned} \tag{12.5}$$

其中，$w\mathrm{d}L=0$ 是因为已假定每个区域的劳动力禀赋是固定的，且在区域间不能流动。其中，

$$Q\mathrm{d}a=\sum_i\left(Q_i\frac{\partial a_i}{\partial w}\mathrm{d}w+Q_i\frac{\partial a_i}{\partial r}\mathrm{d}r+Q_i\frac{\partial a_i}{\partial x_i}\mathrm{d}x_i\right)=L\mathrm{d}w+K\mathrm{d}r+\sum_i Q_i\frac{\partial a_i}{\partial x_i}\mathrm{d}x_i \tag{12.6}$$

在式（12.6）中，加总是指对所有部门 i 而言的，第二个等号是利用谢泼德引理（Shephard Lemma）实施变换的结果。

① 举个例子：当市场是可分割且存在出口成本时，如果追求利润最大化的寡头垄断厂商对出口商品索要一个较低的生产者价格，那么厂商的总利润是 p^aq^a 加上 p^bq^b 减去 $a(w,\ r,\ q^a+q^b)\times(q^a+q^b)$，其中，$a$ 表示本地销售部分，b 表示出口部分。但依据式（12.3）的定义，厂商的经济利润为 $p^a(q^a+q^b)-a(w,\ r,\ q^a+q^b)*(q^a+q^b)+(p^b-p^a)q^b$，其中，最后一项实际上已经包含在贸易租金项 Tm 中了。

栏目 12－1：罗伊恒等式和谢泼德引理

1. 关于罗伊恒等式的说明

罗伊恒等式定义为，如果间接效用函数 $V(p, E)$ 可微且 $\partial V(p, E)/\partial E \neq 0$，那么成立下式：

$$c_i(p, E) = -\frac{\partial V(p, E)/\partial p_i}{\partial V(p, E)/\partial E}$$

其中，$i=1, \cdots, n$，表示任意一种产品。该结论的证明如下：

依据定义可知 $V(p, E) = \max\limits_{x \in R^n_+} U(x)$，也就是说间接效用函数是由约束最优化的直接效用函数所定义的。求解 $\max\limits_{x \in R^n_+} U(x)$，首先要建立拉格朗日函数：

$$\ell(c; \lambda) = U(c) + \lambda(pc - E)$$

该函数的最优解 (c_i^*, λ^*) 显然满足下列等式：

$$\frac{\partial \ell(c^*; \lambda^*)}{\partial p_i} = \frac{\partial U(c^*)}{\partial p_i} + \lambda^* c_i^* = 0$$

把上面的最优解代入拉格朗日函数，并利用等式约束条件 $pc = E$，则有：

$$\frac{\partial \ell(c^*; \lambda^*)}{\partial E} = \frac{\partial U(c^*; \lambda^*)}{\partial E} - \lambda^* = \frac{\partial V(p, E)}{\partial E} - \lambda^* = 0$$

由于最优解代入了效用函数中，故第二个等号后的 V 就相当于外生变量的函数了。

也可以利用包络定理（Envelope theorem）进行证明，即 $V(p, E)$ 关于 E 的偏导数，也就是求最大化的效用函数 $\max\limits_{x \in R^n_+} U(x)$ 关于 E 的偏导数。需要说明的是，因为效用函数是严格递增的，从而保证 $\lambda^* > 0$。上述两个条件相除便可得罗伊恒等式：

$$c_i(p, E) = -\frac{\partial V(p, E)/\partial p_i}{\partial V(p, E)/\partial E}$$

2. 关于谢泼德引理的说明与应用

当讨论生产要素需求时，人们是直接把厂商视为生产要素需求者的，正如消费者是产品的需求者那样。据此，厂商的成本函数（指厂商最优化的生产成本）就可以理解为“消费者”的支出函数，从而为利用谢泼德引理做好了铺垫。谢泼德引理是指，成本函数关于生产要素价格的（偏）导数等价于条件要素需求函数。当条件要素需求函数标记为 $z_i(w, x_i)$ 时，如果成本函数为 $\alpha_i(w, x_i)$（指总成本）且可微，则成立下式：

$$z_i(w, x_i) = \frac{\partial \alpha_i(w, x_i)}{\partial w}, \ i = 1, \cdots, n$$

须强调的是，上述条件要素需求函数是生产要素价格 w 和厂商产出量 x_i 的函数。具体地，不同的生产要素满足条件：

$$l_i(w, r, x_i) = \frac{\partial \alpha_i(w, r, x_i)}{\partial w}$$

其中，l_i 为代表性厂商关于劳动力的需求量。同理：

$$k_i(w, r, x_i) = \frac{\partial \alpha_i(w, r, x_i)}{\partial r}$$

其中，k_i 为代表性厂商关于资本的需求量。这样的话，加总到部门层面后，该部门的劳动力需求量将为 $L_i = n_i l_i$，资本需求向量为 $K_i = n_i k_i$。这些结论运用于式（12.6），并结合 $Q_i = n_i x_i$，则可得：

$$\begin{aligned}
\sum_i Q_i \frac{\partial a_i}{\partial w}\mathrm{d}w + Q_i \frac{\partial a_i}{\partial r}\mathrm{d}r + Q_i \frac{\partial a_i}{\partial x_i}\mathrm{d}x_i &= \sum_i Q_i \frac{\partial \alpha_i}{\partial w}\frac{\mathrm{d}w}{x_i} + Q_i \frac{\partial \alpha_i}{\partial r}\frac{\mathrm{d}r}{x_i} + Q_i \frac{\partial a_i}{\partial x_i}\mathrm{d}x_i \\
&= \sum_i n_i l_i \mathrm{d}w + n_i k_i \mathrm{d}r + Q_i \frac{\partial a_i}{\partial x_i}\mathrm{d}x_i \\
&= \mathrm{d}w \sum_i n_i l_i + \mathrm{d}r \sum_i n_i k_i + \sum_i Q_i \frac{\partial a_i}{\partial x_i}\mathrm{d}x_i \\
&= L\mathrm{d}w + K\mathrm{d}r + \sum_i Q_i \frac{\partial a_i}{\partial x_i}\mathrm{d}x_i
\end{aligned}$$

我们继续求 V 的全微分，并将式（12.6）代入式（12.5）可得：

$$\mathrm{d}E = r\mathrm{d}K + (p - p^*)\mathrm{d}m + m\mathrm{d}p - m\mathrm{d}p^* + (p - a)\mathrm{d}Q + Q\mathrm{d}p - \sum_i Q_i \frac{\partial a_i}{\partial x_i}\mathrm{d}x_i - \mathrm{d}S$$

将上式代入式（12.4），并利用 $-C = -m - Q$①，则：

$$\frac{\mathrm{d}V}{V_E} = \frac{V_n}{V_E}\mathrm{d}n + r\mathrm{d}K + (p - p^*)\mathrm{d}m - m\mathrm{d}p^* + (p - a)\mathrm{d}Q - \sum_i Q_i \frac{\partial a_i}{\partial x_i}\mathrm{d}x_i - \mathrm{d}S$$

由于国内某个部门所有厂商被假定为同质的，故代表性厂商的平均成本 a_i 和产出量 x_i 就等于所在部门平均成本 a 和部门平均生产规模 x。这是采用同质性假设的结果，由此可得：

$$\sum_i Q_i \frac{\partial a_i}{\partial x_i}\mathrm{d}x_i = \frac{\partial a}{\partial x}\mathrm{d}x \sum_i Q_i = Q a_x \mathrm{d}x$$

① 即 $C = Q + m$，表示本地消费量等于本地产出量加上净进口量。

其中，$a_x = \partial a/\partial x$ 为一个偏导数。我们调整顺序，则本地福利变化可以写成如下形式：

$$\frac{\mathrm{d}V}{V_E} = [(p-p^*)\mathrm{d}m - m\mathrm{d}p^*] + [(p-a)\mathrm{d}Q - a_x Q\mathrm{d}x + (V_n/V_E)\mathrm{d}n] + [r\mathrm{d}K - \mathrm{d}S] \tag{12.7}$$

3. 福利效应分析

式（12.7）就构成了福利分析的一般框架，式（12.7）中的福利效应可以归纳为三种类型，分别对应于三个中括号中的多项式。

（1）瓦尔拉斯效应（贸易数量和价格效应）。式（12.7）等式右边第一个中括号内式子所表示的是不考虑规模经济和不完全竞争时的效应，也可以理解为完全竞争市场结构下的福利效应，这是该部分被称为瓦尔拉斯效应的原因。与有关公共财政文献中的情况一样，瓦尔拉斯世界里的福利效应来自初始价格差乘以贸易量变化 $(p-p^*)\mathrm{d}m$，以及边界价格变化乘以净出口量 $(-m)\mathrm{d}p^*$（净进口量 m 的相反数）。因此，我们将称前者为贸易数量效应，称后者为贸易价格效应。

（2）生产租金、规模和区位效应。式（12.7）等式右边第二个中括号内式子表示的是存在规模经济以及市场为不完全竞争市场时的效应（以下简称为 ICIR 效应），即不完全竞争（imperfect competition）和收益递增（increasing returns）所带来的效应。其中的第一项 $(p-a)\mathrm{d}Q$，又称为生产租金效应。也就是说，如果某部门中存在正的经济利润，即 $p-a>0$，那么该部门产出的增加能够提高区域的福利水平。第二项 $(-a_x Q)\mathrm{d}x$ 为规模效应。在规模经济下，平均成本随产出量的增加而递减，因此，必然 $a_x<0$，从而生产规模的扩大也能提高区域的福利水平。第三项 $(V_n/V_E)\mathrm{d}n$ 包括了两个截然相反的效应，即广为熟知的多样化效应 V_n/V_E 和区位效应 $\mathrm{d}n$。多样化效应是指生产种类的增加（$V_n>0$）能够提高区域的福利水平。区位效应是指产品生产区位变化所带来的福利水平的变化，例如当贸易成本很高时，区域扩大生产的产品种类以取代进口（类似于进口替代策略），可以大量降低贸易成本，从而提高区域的福利水平。关于区位效应的讨论将留给下一小节，当采用迪克希特－斯蒂格利茨偏好时，可以做出精确的分析。

（3）累积和转移效应。式（12.7）等式右边第三个中括号内式子表示来自累积效应和转移效应的影响。在前面已阐述的 CP 模型、FE 模型、FC 模型等模型中，经济系统的人力资本和物质资本存量是固定的，因此，储蓄被定义为零。在这种情况下，$r\mathrm{d}K$ 就是生产要素（K）的转移对区域消费支出的影响。而在 CC 模型、LS 模型、GS 模型等模型中，北部的资本存量取决于储蓄，也就是说，资本存量 K 与储蓄 S 之间将产生关联。此时，第三个中括号内式子就表示资本形成和储蓄的福利含义，而资本形成将产生两个相反的福利效应。第一项 $r\mathrm{d}K$ 反映的是随着资本存量的扩大，增加了收入从而提高了支出水平。它带来福利水平的提升，因此，对福利水平具有正向影响。第二项（$-\mathrm{d}S$）反映的却是，若要增加资本存量，就必须增加投资和储蓄，就必须降低消费支出。因此，它对福利水平具有负向影响。人力资本、物质资本的积累和知识的增长是人均产出增长的源泉，因此，许多学者认为累积效应就是增长效应，或者动态效应。感兴趣的读者可以扩展这种框架去分析其他一些效应。

二、迪克希特－斯蒂格利茨偏好下的福利效应

在本书中，除了线性模型以外，我们基本上都是利用迪克希特－斯蒂格利茨的垄断竞争框架以及冰山贸易成本假设。我们将以这些假设为例，分析前文中提到的福利效应问题。假设经济系统由南北两个区域（或国家）所组成，且假设每个区域的生产部门之间都是对称的。在迪克希特－斯蒂格利茨框架下，间接效用函数应为：

$$V=\frac{E}{P},\ P=(n^{w})^{\mu/(1-\sigma)}\Delta^{\mu/(1-\sigma)}p_A^{1-\mu},\ \Delta=s_n p^{1-\sigma}+(1-s_n)(p^*)^{1-\sigma} \tag{12.8}$$

其中，p 和 p^* 分别为区内生产的代表性产品和从区外输入的代表性产品的消费价格，s_n 为北部生产的产品种类数在经济系统产品种类总数中所占的份额（也就是 $s_n=n/n^w$，n 是北部生产的产品种类数，n^w 为经济系统总的产品种类数），E 为北部的总支出，μ 为消费者对工业产品的支出在总支出中所占的份额，σ 为任意两种差异化产品之间的替代弹性系数，P 为完全价格指数。

在任何时期，支出都等于收入（收入等于国内要素收入和经济利润之和加上关税、税收等，再减去财政补贴或转移支付）。由于模型假设只存在摩擦性贸易壁垒，所以就暂不考虑关税收入了。通常认为政府的税收和财政支出受到平衡预算的约束，所以税收、补贴和转移支付的总和也为零，从而可有：

$$E=wL+rK+\Pi,\ \Pi=[p-a(w,\ r,\ x)]s_n n^w x+(p_A-wa_A)A \tag{12.9}$$

其中，x 为达到均衡时厂商的生产规模。假设农业部门只利用劳动力一种要素，并选择农产品为计价物，则 $p_A=1$。除此之外，我们通过适当选择 K 的单位就可以使得：$n^w=1$，从而可有：$n=s_n$。

1. 求解

首先，对式（12.8）求全微分并根据前文的思路进行变换，可得：

$$\frac{\mathrm{d}V}{V_E}=\mathrm{d}E-E\frac{\mathrm{d}P}{P} \tag{12.10}$$

其次，对式（12.9）进行全微分，则 $\mathrm{d}E=w\mathrm{d}L+L\mathrm{d}w+r\mathrm{d}K+K\mathrm{d}r+\mathrm{d}\Pi$。然后，利用 $n=s_n n^w$ 对经济利润求全微分，则：

$$\begin{aligned}\mathrm{d}\Pi&=(p-a)\mathrm{d}(nx)+(nx)\mathrm{d}(p-a)+(p_A-wa_A)\mathrm{d}A+A\mathrm{d}(p_A-wa_A)\\&=(p-a)\mathrm{d}(nx)+(p_A-wa_A)\mathrm{d}A+(nx)\mathrm{d}p-(nx)\mathrm{d}a+A\mathrm{d}p_A-Aa_A\mathrm{d}w\end{aligned}$$

把 $w\mathrm{d}L=0$ 代入 $\mathrm{d}E$ 的表达式，并调整次序可得：

$$\begin{aligned}\mathrm{d}E=&[L\mathrm{d}w+K\mathrm{d}r-(nx)\mathrm{d}a-Aa_A\mathrm{d}w]+[(nx)\mathrm{d}p+A\mathrm{d}p_A+(r-\Gamma)\mathrm{d}K]\\&+[(p-a)\mathrm{d}(nx)+(p_A-wa_A)\mathrm{d}A]\end{aligned}$$

$$\mathrm{d}a(w,\ r,\ x)=a_w\mathrm{d}w+a_r\mathrm{d}r+a_x\mathrm{d}x$$

其中，Γ 是一个与模型设定有关的外生变量，在不同的模型中，外生变量 Γ 具有不同的含义，比如可以代表政策，将在下文展开详细的讨论。

在上式中，第一个方括号中的式子总和应为零，原因在于要素收益的增加部分（$L\mathrm{d}w+K\mathrm{d}r$）被利润的下降部分［$-(nx)\mathrm{d}a-Aa_A\mathrm{d}w$］所抵消，[①] 而且在迪克希特－斯蒂格利茨框架下，厂商规模是不变的，是一个常数（$\mathrm{d}x=0$）。第三个方括号中的表达式也等于零，原因在于实现均衡时各个不同部门都按平均成本定价，[②] 也就是 $p=a$、$p_A=a_Aw$。很显然，此时所有不同部门厂商的经济利润为零，包括农业部门在内。所以，$\mathrm{d}E$ 就只等于第二个方括号内的部分：

$$\mathrm{d}E=(nx)\mathrm{d}p+A\mathrm{d}p_A+(r-\Gamma)\mathrm{d}K \tag{12.11}$$

根据式（12.8）中完全价格指数的定义可以计算式（12.10）中的第二项。先对完全价格指数取对数，则 $\ln P=\mu/(1-\sigma)\ln(n^w)+\mu/(1-\sigma)\ln\Delta+(1-\mu)\ln p_A$，然后再对两边求全微分，则：

$$\frac{\mathrm{d}P}{P}=\mathrm{d}\ln P=\frac{\mu}{1-\sigma}\frac{\mathrm{d}n^w}{n^w}+\frac{\mu}{1-\sigma}\frac{\mathrm{d}\Delta}{\Delta}+(1-\mu)\frac{\mathrm{d}p_A}{p_A}$$

---

① 方括号内的式子等于零。在均衡状态下，厂商的生产规模为定值，从而 $\mathrm{d}x=0$，因此，$\mathrm{d}a=a_w\mathrm{d}w+a_r\mathrm{d}r$。将把此结果代入方括号内，整理后可得 $L\mathrm{d}w+K\mathrm{d}r-nx\mathrm{d}a-Aa_A\mathrm{d}w=(L-nxa_w-Aa_A)\mathrm{d}w+(K-nxa_r)\mathrm{d}r$。依据定义，$Aa_A$ 是农业部门所雇用的劳动力数量。另外，根据平均成本的定义应有：

$$a_w=\frac{\partial a}{\partial w}=\frac{\partial\alpha}{x\partial w}$$

其中，α 表示总成本，从要素使用的角度来看，它可以写成 $\alpha=wl+rk$（略去了右下角标 i），因此，偏微分 $\partial\alpha/\partial w$ 就是厂商 i 所雇用的劳动力数量，所以 $nxa_w=nxl/x=nl$。它表示工业部门所雇用的劳动力数量。类似地，人们可以写出：$nxa_r=nxk=nk$，表示工业部门所利用的资本数量。在生产要素市场出清的前提下，有 $L=nl-Aa_A$ 以及 $K=nk$。据此，可以认为第一个方括号内的表达式应为零。

② 在工业部门，当价格等于平均成本时，厂商的经济利润等于零。不过，这并不妨碍各生产要素获取自身的报酬，并将销售收入恰好瓜分干净。鉴于此，在均衡状态下厂商设定的价格应等于平均成本。不过，这与边际成本加成定价法是有差别的，应该依据这里的解释进行简单的理解便可。

为了简化，利用均衡状态下 $dn^w=0$ 以及 $s_n^*=1-s_n$，则可得：

$$d\Delta = s_n(1-\sigma)dp^{-\sigma}+p^{1-\sigma}ds_n+(p^*)^{1-\sigma}ds_n^*+s_n^*(1-\sigma)d(p^*)^{-\sigma}$$

由于 $ds_n=-ds_n^*$，故上式进一步简化为：

$$d\Delta=(1-\sigma)[s_n dp^{-\sigma}+s_n^* d(p^*)^{-\sigma}]+[p^{1-\sigma}-(p^*)^{1-\sigma}]ds_n$$

把 $d\Delta$ 代入上面的式子，则可得：

$$E\frac{dP}{P}=\frac{(1-\mu)E}{p_A}dp_A+\mu E\left(s_n\frac{p^{-\sigma}}{\Delta}dp+s_n^*\frac{p^{*-\sigma}}{\Delta}dp^*\right)+\frac{\mu E}{1-\sigma}\left(\frac{p^{1-\sigma}-p^{*1-\sigma}}{\Delta}\right)ds_n \tag{12.12}$$

根据消费者需求函数，前两项应该分别为 $C_A dp_A$ 和 $ncdp+n^*c^*dp^*$（其中，c 和 c^* 分别为消费者对代表性区内产品和代表性输入产品的需求）。根据消费支出的定义，最后一项为两种消费支出之差，即 $\mu E(s-s^*)/(1-\sigma)$ 乘以 ds_n，其中，s 和 s^* 分别为消费者对代表性区内产品和代表性输入产品的支出份额。[①] 在贸易成本为正的情况下，应有 $s-s^*>0$。据此可有：

$$E\frac{dP}{P}=C_A dp_A+ncdp+n^*c^*dp^*+\frac{\mu E}{1-\sigma}(s-s^*)ds_n$$

至此，我们把式（12.12）和式（12.11）都代入式（12.10）中，可得：

$$\frac{dV}{V_E}=(nx)dp+Adp_A+(r-\Gamma)dK-\left[C_A dp_A+ncdp+n^*c^*dp^*+\frac{\mu E}{1-\sigma}(s-s^*)ds_n\right]$$

$$=[(nx)dp+Adp_A-(C_A dp_A+ncdp+n^*c^*dp^*)]+(r-\Gamma)dK-\frac{\mu E}{1-\sigma}(s-s^*)ds_n$$

不妨令：

$$-mdp^B=(nx)dp+Adp_A-(C_A dp_A+ncdp+n^*c^*dp^*)$$
$$=-(C_A-A)dp_A-(nc-nx)dp-n^*c^*dp^*$$

其中，m 是贸易向量，其实是净进口向量，其各分量仍表示各类产品的净进口数量，即等于消费的数量减去区内生产的数量。dp^B 代表边界价格变化向量（即 dp_A，dp，dp^*）。那么，在迪克希特－斯蒂格利茨偏好下，福利效应最终可以表示为：

$$\frac{dV}{V_E}=-mdp^B+\frac{\mu E}{\sigma-1}(s-s^*)ds_n+(r-\Gamma)dK \tag{12.13}$$

在对称均衡下，代表性区内产品的支出份额与代表性进口产品的支出份额之差为 $s-s^*$。在贸易成本为正时，它的值大于零。这个表达式也就是大多数经济地理模型所设定的严格假设下的福利分析一般框架。

① 以本地生产的产品为例，消费者对该产品的需求函数为 $\mu Ep^{-\sigma}/\Delta$。若将其乘以价格 p，再除以支出 p，即可得支出份额，即 $s=(\mu Ep^{1-\sigma}/\Delta)/E=\mu p^{1-\sigma}/\Delta$。

2. 福利效应分析

式（12.13）表明，CP模型、FE模型和FC模型（同样是因为它们都假设没有储蓄行为）包含了三种类型的福利效应。

（1）边界价格效应。式（12.13）中的第一项（$-m\mathrm{d}p^B$）为传统的贸易价格效应。如果降低进口价格，或者提高出口价格，就可以提高区域的福利水平。由于只考虑了摩擦性贸易障碍，所以，其他类型的贸易量效应并不存在（因为，国内价格和边界价格是一致，所以，贸易量的微小变动并没有对净福利产生影响①）。

（2）区位效应。式（12.13）中的第二项$\mu(s-s^*)\mathrm{d}s_n/(\sigma-1)$为所谓的区位效应，或者生活成本效应。它是指在产品种类数保持不变的前提下（所以，这里不存在经典的产品多样化效应），某种产品的生产从南部转移到北部（即s_n增加）将会提高北部的福利水平。研究结果表明，区位效应随贸易成本的提高而变大，因为当贸易成本提高时，消费者减少对进口产品的支出（即s^*减少）而扩大对当地生产的产品的支出，进而扩大对当地产品与进口产品的支出份额之间的差额。

（3）转移效应。式（12.13）中的第三项$(r-\Gamma)\mathrm{d}K$为资本转移的福利效应。在CP模型和FE模型中，资本流入提高实际收入水平，进而提高资本流入区域的福利水平。由于在CP模型和FE模型中：$\Gamma=0$，因此，转移效应的大小取决于资本收益率r。

我们知道，那种注重北部所有居民间接效用的实用主义的方法，并不是分析福利效应的唯一的方法，但这种方法的好处是其结果通常与居民实际收入水平这一可观察到的变量相一致。如果人们只关注当地居民的福利水平，那么根据当地居民的福利水平来进行福利效应分析是完全可行的。但是与这不同，实用主义的社会福利函数关注的是平均效用，也就是，关注全体居民的福利而不是部分居民的福利，故模型的标准化有时会带来很不利的影响。当对称均衡时，我们通常把资本收益率r和不可流动的劳动力的工资率w都标准化为1，因此，此时生产要素区际转移对区域效用水平的影响是中性的，这就意味着，如果采用不同类型的标准化，那么生产要素的区转移会对区域福利产生正向的或负向的影响。②

在FC模型中，资本收益是返回资本所有者所在的区域（或国家）的，因此，$\Gamma=r^*$。这里的r^*表示北部资本流向南部时能够获得的收益率。因为我们

① 这里是与式（12.7）相比较，要强调此时$\mathrm{d}m=0$。

② 通常人们认为，标准化不会导致任何影响，它只会简化模型，但前述的情况表明并非如此简单。

是从稳定内点均衡角度分析的，因此，在 FC 模型的情况下将成立 $r^*=r$，此时，式（12.13）的第三项将变为零。这意味着，在对称均衡下，资本的区际转移并不会影响福利水平，即转移效应为零。

三、允许要素禀赋可变

在已讨论的 CP 模型、FC 模型和 FE 模型中，资本存量 K 都是假设固定不变的。然而，资本积累才是经济增长的本质，而能否实现经济增长已成为评价区域经济政策的一个重要依据，所以，现在需要把模型扩展成能够包含资本创造的情形。这样，在 CC 模型（资本创造模型）基础上进行讨论。但需要对模型进行四个方面的修正。

第一，支出发生了变化。因为存在资本创造，所以消费支出等于收入减去资本创造成本，并且假设资本创造部门只使用不可流动的劳动力 L：

$$E = wL + rK + \Pi - wL_I \tag{12.14}$$

第二，保持或增加资本存量需要消耗实际资源，所以资本收益率需要进行调整。在 CC 模型中，均衡状态下的资本收益率为 $r=F(\rho+\delta)$。因为增加资本存量必须消耗实际资源，所以 dK 不是“免费”的。根据资本创造部门（I 部门）的生产函数，创造一单位的资本需要 F 单位的劳动力，保持一单位资本存量需要 δF 单位的劳动力，因此，资本创造部门雇用的劳动力数量应该为：

$$L_I = F(\delta K + \dot{K}) \Rightarrow dL_I = \delta F \mathrm{d}K + F\mathrm{d}\dot{K} \tag{12.15}$$

其中，$\dot{K}$ 是与 CC 模型不同的地方。在 CC 模型里，资本存量保持不变，因而资本创造部门只需补充因折旧而减少的资本存量。然而在这里，资本存量是不断增加的，并且不妨假设增长率就是 ρ，以通过资本积累驱动经济增长。

第三，当存在资本的贴现和折旧现象时，应考虑 dK 对收入水平的影响。把式（12.15）代入式（12.14）中，则可以得到 $E=wL+rK+\Pi-wF\ (\delta K+\dot{K})$。已知均衡状态下的资本收益率为 $r=F(\rho+\delta)$，又因为在均衡路径上厂商能够获得的经济利润 Π 为零，故而可得：

$$E = wL + \rho FK - F\dot{K}$$

第四，我们是从长期均衡角度进行讨论的，因此，长期中 E 和 P 不会随时间发生变化。这意味着，间接效用 $V(t)$ 也不会随时间发生变化。由于是在经济增长背景下讨论福利效应的，因此，如果从长远的角度来考虑上述不随时间变化的变量，那么要考虑贴现问题。间接效用 V 应为每个时期间接效用函数的现值：

$$V = \int_{t=0}^{\infty} V(t)e^{-\rho t}\mathrm{d}t = \int_{t=0}^{\infty} V(0)e^{-\rho t}\mathrm{d}t = \int_{t=0}^{\infty} \frac{E(0)}{P(0)}e^{-\rho t}\mathrm{d}t = \frac{E}{P}\int_{t=0}^{\infty} e^{-\rho t}\mathrm{d}t = \frac{1}{\rho}\frac{E}{P} \tag{12.16}$$

尽管在长期间接效用 V 的表达式不同，但是参照式（12.8）、式（12.10），将仍有：

$$\frac{\mathrm{d}V}{V_E} = \mathrm{d}E - E\frac{\mathrm{d}P}{P}$$

与式（12.11）的求解略有不同的是，这里的 $\mathrm{d}E$ 已经考虑 L_I 的影响了，即：[①]

$$\mathrm{d}E = (nx)\mathrm{d}p + A\mathrm{d}p_A + \rho F\mathrm{d}K - F\mathrm{d}\dot{K} \tag{12.17}$$

参照式（12.12）和式（12.13），最终可得：

$$\frac{\mathrm{d}V}{V_E} = -m\mathrm{d}p^B + \frac{\mu E}{\sigma - 1}(s - s^*)\mathrm{d}s_n + F(\rho\mathrm{d}K - \mathrm{d}\dot{K}) \tag{12.18}$$

很显然，等号右边的第三项应为零，[②] 所以，引致资本的形成对间接效用 V 没有影响。这个结论是非常直观的。在 CC 模型中，当增加一单位资本 K 的价值恰好等于其创造成本时，资本存量停止增长。此后，经济体中的任何导致资本存量增加的冲击都不会带来福利的增进，因为创造一单位资本能够带来的价值恰好被创造成本完全抵消了（Baldwin，1992）。不妨把这里的解释挑得更明白些，如在式（12.14）中，尽管增加资本存量能够带来资本收益 rK，但是增加资本需要消耗实际资源，比如劳动力，从而就得再扣除相应的成本，而这已经包含在 wL_I 项中了。

四、允许内生经济增长

我们继续将分析扩展到内生经济增长的情形，将揭示出两种效应：增长效

① 证明过程：根据式（12.11）的求解，已知：

$$\begin{aligned}\mathrm{d}E &= [L\mathrm{d}w + K\mathrm{d}r - (nx)\mathrm{d}a - Aa_A\mathrm{d}w] + [(nx)\mathrm{d}p + A\mathrm{d}p_A + (r - \Gamma)\mathrm{d}K] \\ &\quad + [(p-a)\mathrm{d}(nx) + (p_A - wa_A)\mathrm{d}A] - (L_I\mathrm{d}w + w\mathrm{d}L_I) \\ &= [L\mathrm{d}w + K\mathrm{d}r - (nx)\mathrm{d}a - Aa_A\mathrm{d}w - L_I\mathrm{d}w] + [(nx)\mathrm{d}p + A\mathrm{d}p_A + (r - \Gamma)\mathrm{d}K] \\ &\quad + [(p-a)\mathrm{d}(nx) + (p_A - wa_A)\mathrm{d}A] - w\mathrm{d}L_I\end{aligned}$$

在上式中，第一个中括号、第三个中括号内的表达式为零。在 CC 模型中，资本和劳动在区域之间都不可流动，从而 $\Gamma = 0$。依据标准化的结果，还可知 $w = 1$。结合式（12.15），则有：

$$\mathrm{d}E = (nx)\mathrm{d}p + A\mathrm{d}p_A + \rho F\mathrm{d}K - F\mathrm{d}\dot{K}$$

② 既然在扣除折旧后，资本存量仍然不断地积累，那么资本存量的增长就符合如下方程：$\dot{K}/K = \rho$。这其实就是资本累积方程，且依据该方程，可有 $\rho K - \dot{K} = 0$，从而两边取微分，则有 $\rho\mathrm{d}K - \mathrm{d}\dot{K} = 0$。

应和知识溢出效应。在分析之前，需要对模型进行3个方面的改造：首先，在LS模型中，资本创造成本与资本存量相关，即 $F=1/AK^{w}$（在GS模型，$A=1$），因此，资本创造成本随着资本存量的增加而逐渐减少，这就成了内生经济增长的源泉。资本折旧、资本创造、维持 $\dot{K}$ 所"耗费"的劳动力总量为 $L_I=F[(\delta+g)K+\dot{K}]$，此时内生经济增长率为 g（此时 g 为变量），从而成立下式：

$$dL_I=F[(\delta+g)dK+Kdg+d\dot{K}]$$

参照前文，还可以推知支出为 $E=wL+rK+\Pi-wL_I$。其次，在贴现时必须考虑如下事实：价格指数以 $(gs_K+g^*s_K^*)\mu/(\sigma-1)$ 的速率下降，其中，g 和 g^* 分别为 K 和 K^* 的增长率，且在初始均衡状态时 g 和 g^* 相等。最后，资本收益率与创造成本间的关系式为 $r=F(\delta+\rho+g)$。据此支出可化简为 $E=wL+\rho FK-\dot{F}K$。

有了上述的调整，每个时期间接效用函数的现值可以写成如下形式：

$$V=\int_{t=0}^{\infty}V(t)e^{-\rho t}dt=\int_{t=0}^{\infty}\frac{E(0)}{P(0)e^{-\theta g' t}}e^{-\rho t}dt=\int_{t=0}^{\infty}\frac{E(0)}{P(0)}e^{-(\rho-\theta g')t}dt=\frac{1}{\rho-\theta g'}\frac{E}{P} \tag{12.19}$$

其中，$g'=gs_K+g^*s_K^*=g$，$\theta=\mu/(\sigma-1)$。根据式（12.19），可以得出：

$$\frac{dV}{V_E}=dE-E\frac{dP}{P}-\frac{E}{\rho-\theta g}d(\rho-\theta g)$$

根据支出表达式 $E=wL+rk+\Pi-wL_I$，可以得出如下微分：

$$dE=(nx)dp+Adp_A+\rho FdK-Fd\dot{K}-FKdg$$

最后一项便是视增长率 g 为变量后的结果。将上述结果以及式（12.12）代入 dV/V_E，可得：

$$\frac{dV}{V_E}=-mdp^B+\frac{\mu E}{\sigma-1}(s-s^*)ds_n+F(\rho dK-d\dot{K})+s_K\left(\frac{\theta E}{\rho-\theta g}-\frac{1}{A}\right)dg \tag{12.20}$$

式（12.20）等号右边的第四项是全新的，dg 前面的系数为正，[①] 所以，被称为增长效应。这意味着，经济增长有利于提高福利水平。其中的道理也是非常直接易懂的。考虑到这里的经济增长是由知识的全域或局域溢出效应驱动的，而在诸如CC模型中，私有部门忽略了两种外部性。首先是作为微观个体，它们忽视了其不断的创新活动对价格指数随时间变化的影响。随着创新的不断涌现，产品种类是不断增加的，从而能够降低一般价格水平。其次是它们忽视了在创新部门随处可见的学习效应，也就是知识溢出效应。如果考虑到这两个方

① 潜在要求：$\theta AL>\rho-\theta g$。由此可知，满足该条件并不苛刻。

面的话，市场配置资源所导致的经济增长只是社会次优而不是最优的结局。

第二节　效率、公平和最优聚集问题

一、基本思路

在垄断竞争市场，规模收益递增和存在贸易成本的背景下，人们通常利用前面阐述的新经济地理学模型研究经济聚集和区域发展之间的关系问题。在本节中，我们将转向有关效率与公平，以及这些与经济活动空间聚集之间关系的问题。从公平角度来看，人们通常关注的是，谁是聚集的受益者，谁是聚集的受损者？哪个区域从聚集中获益，哪个区域又从聚集中受损？受益者是否能对受损者进行补偿？从效率角度来看，人们通常关注的是，市场的自由运行能否形成社会最优的聚集规模？如果答案是否定的，那么对整个经济系统来说，是聚集过度，还是聚集不足？政府的调控能否形成有效的聚集规模？

正确地认识公平和效率之间的区别是很重要的。如果把经济系统的福利看成是蛋糕，那么效率是指蛋糕的大小，公平是指蛋糕在不同利益群体之间的分配。詹马科·奥塔维诺等（2002a）、詹马科·奥塔维诺和 J. F. 蒂斯（2002b）、詹马科·奥塔维诺（2001）和罗伯特—尼科德（2002）等，早已在新经济地理学框架内分析了公平与效率问题。虽然本节的逻辑框架借鉴了以线性模型为基础的詹马科·奥塔维诺（2001）的研究，[①] 但我们也将在自由资本（FC）模型和自由企业家（FE）模型基础上讨论公平和效率问题：在 FC 模型中，我们通过分析生活成本（价格指数）来讨论厂商区位选择的福利含义；在 FE 模型中，我们通过分析要素收益来讨论要素转移的福利含义。所以后者的经济含义要比前者更丰富，但是为了便于理解，先从 FC 模型开始讨论。

二、自由资本模型（FC 模型）中的公平与效率问题

人们通常从三种不同分类角度去分析公平问题。第一种分类，是指把区内

① 因此，在詹马科·奥塔维诺（2001）中，计价商品的边际效用在消费者之间是相同的，与他们的收入不相关（源于拟线性的偏好结构）。在本节中，边际效用是变动的，因此，将产生一个对公平驱动的再分配方案的内在偏离。

要素所有者分类为流动要素所有者和不可流动要素所有者。由于每个区域中都包括可流动和不可流动要素，且每种要素都涉及福利问题，因此，在这种分类下的公平问题将涉及四类群体的福利问题，即北部和南部不可流动要素所有者的福利、北部和南部可流动要素所有者的福利问题。第二种分类是指把经济系统划分为不同的区域，例如把经济系统划分为北部和南部两个区域。在这种分类下讨论公平问题时，通常把一个区域内的所有要素都看成是同一个利益相关群体，因此，在这种分类下的公平问题的讨论就回答诸如厂商的区际转移如何影响转入区域或转出区域的福利水平等问题。这种分类通常把同一个区域内的居住者视为利益相关群体。第三种分类是指不同要素所有者之间的分类。在这种分类下，整个经济系统中的同种要素所有者都看成是同一个利益相关群体，也就是北部和南部流动性要素所有者是一个利益群体，北部和南部不可流动要素所有者是另一个利益群体。

1. FC 模型的简要描述

在 FC 模型中有两个区域：北部和南部。当两个区域规模不对称时，一般可以认为北部的规模比南部的规模要大（这也是约定俗成的）。每个区域都有两种生产要素：物质资本 K 和劳动力 L。劳动力在区域之间不能流动，所以在总劳动力份额中北部雇用的劳动力份额就等于北部的劳动力禀赋。南部也是如此。资本可以在区域之间流动但资本所有者不能跨区域流动。鉴于此，北部使用的资本份额和北部居民所拥有的资本份额，分别表示为 s_n（也等于北部区域的厂商数量份额）和 s_K。在每个区域内只有两种生产部门，即工业部门 M 和农业部门 A。农业部门是以瓦尔拉斯一般均衡为特征的，只利用劳动力从事生产活动。工业部门是以迪克西特－斯蒂格利茨垄断竞争和规模收益递增为特征的，不论产出水平如何，每种产品的生产都需要 1 单位资本和 a_M 单位的劳动力。工业产品的运输遵循冰山贸易成本，而农业品运输没有成本。

（1）效用函数。

消费者的效用函数包含两个层面的效用函数：第一个层面的效用函数是关于农产品和工业品消费的柯布—道格拉斯效用函数；第二个层面的效用函数是关于不同种类工业产品的效用函数，采用不变替代弹性（CES）效用函数：

$$V = \ln\left(\frac{E}{P}\right), \quad P = p_A^{1-\mu}\left(\int_{i=0}^{n^w} p_i^{1-\sigma}\mathrm{d}i\right)^{-a}, \quad \int_{i=0}^{n^w} p_i^{1-\sigma}\mathrm{d}i = n^w\Delta \quad (12.21)$$

其中，$a\equiv\mu/(\sigma-1)$，$0<\mu<1<\sigma$，E 是北部的消费支出，P 是北部的完全价格指数，$\ln(\cdot)$ 是效用函数的位似变换，它不会改变效用函数的特性，如增函数、二阶导数为负等，因此，不会影响经济含义，但却便于后面的求解。南部的变量也类似，只是都在右上角带有“·”标记。n^w 是经济系统工业产品种类

数量。

(2) 标准化。

通常，标准化可以简化表达式的书写和运算。农业部门的市场结构是完全竞争的，并在规模收益不变的生产技术下生产同质产品，因此，农产品的价格等于其边际成本，即 $p_A = a_A w_L$，其中 w_L 为劳动力的工资水平，a_A 为单位产出所需的劳动力，且适当地选择该劳动单位数，就可以使得 $a_A = 1$。农产品贸易无成本，因此，两个区域农产品的价格相等。两个区域农业生产非专业化所需的充分条件是 $\mu < 1/2$。① 这样，可以选择农产品作为计价物，从而有 $p_A = w_L = 1$。在工业部门，通过选择合适的劳动力单位可以使得 $a_M = 1 - 1/\sigma$。这意味着，工业产品在国内销售的市场价格为 $p = w_L = 1$，向区外销售的市场价格为 $p^* = Tw_L = T$，其中 $T > 1$ 表征了冰山交易成本，等于 1 加上每单位产品的运输成本。

假设 $K^w = 1$，意味着所有工业品种类数之和等于 1，即：$n + n^* = n^w = 1$。这样，北部和南部的完全价格指数分别为：

$$\begin{cases} P = \Delta^{-a} \\ P^* = (\Delta^*)^{-a} \end{cases}, \quad \begin{cases} \Delta \equiv s_n + \phi s_n^* \\ \Delta^* \equiv \phi s_n + s_n^* \end{cases} \tag{12.22}$$

其中，s_n 和 s_n^* 分别为北部和南部的工业品种类份额（根据标准化，已知 $n = s_n$，$n^* = s_n^*$，所以 $s_n + s_n^* = 1$）。因为每种工业产品的生产需要 1 单位的资本，所以 s_n 也是北部使用的资本在总资本中所占的份额。$\phi = T^{1-\sigma}$ 表示贸易自由度（因而 $\phi = 0$ 表示没有贸易，$\phi = 1$ 表示完全自由贸易）。

资本在区域之间自由转移是为了获得高的名义收益率。因此，在均衡时，将有 $\pi = \pi^*$，或者所有的资本集中在一个区域内。无论是哪种情况，在均衡状态下的资本收益率等于经济系统的平均资本收益率，即 bE^w/K^w，其中 $b = \mu/\sigma$。这也意味着，经济系统的总支出等于经济系统的总收入，且有 $E^w = L^w + bE^w + L^w/(1-b)$。因此，在均衡状态下，要素收益率（如 w_L 和 π）在区域之间是均等的。再者，这些收益水平对于生产区位和贸易成本来说都是不变的。特别是，劳动力的工资率固定为 1，而资本收益与资本—劳动比成反比：

$$w_L = 1, \ \pi = \beta; \ \beta = \frac{bL^w}{(1-b)K^w} \tag{12.23}$$

(3) 区位均衡。

通过求解均衡条件 $\pi = \pi^*$ 可以求得资本在空间中的分布状况 s_n。当资本没有完全集中在某个区域时，均衡时北部使用的资本份额为：

① 准确的条件是：$\mu < \sigma/(2\sigma - 1)$，那么条件 $\mu < 1/2$ 显然成立。

$$s_n=\frac{1}{2}+\frac{1+\phi}{1-\phi}\left(s_E-\frac{1}{2}\right),\ s_E-\frac{1}{2}=(1-b)\left(s_L-\frac{1}{2}\right)+b\left(s_K-\frac{1}{2}\right) \tag{12.24}$$

其中，s_n 为北部使用的资本份额，s_K 为北部拥有的资本份额。在区域完全对称的条件下，式（12.24）的解 $s_L=s_K=s_E=s_n=1/2$ 是一个均衡解。由于 s_L 和 s_K 反映的是固定的资源禀赋，因此，在 FC 模型中，相对市场规模 s_E 也是固定的。同时，依据式（12.24）易知 $ds_n/ds_E>1$。这意味着，本地市场效应发挥作用，并且区域的市场规模越大，产业份额就越大。如果 s_E 和 ϕ 的取值使得式（12.24）给出的 s_n 大于 1 或小于 0，那么此时取其角点值，即 s_n 等于 1 或者 0。[①]

2. 帕累托福利改进状况分析

帕累托福利改进状况分析需要解决两个问题：首先，当市场达到均衡时，每个群体的福利水平如何；其次，当个体在群体之间不能自由转移（即关注于具体的利益群体）时，如果地方政府强制性地改变产业活动的空间布局，那么哪一类群体的福利将变得更好。在下一小节，我们不再关注具体的利益群体，而是把所有的利益群体视为一个整体，讨论地方政府强制性地改变产业活动空间布局能否提升社会福利水平的问题。

公平问题首先涉及经济系统中四类利益群体（即北部和南部的资本所有者、北部和南部的劳动力）的福利水平，分别表示为：

$$\begin{cases}V_K=\ln(\beta/\Delta^{-a})\\ V_K^*=\ln[\beta/(\Delta^*)^{-a}]\end{cases},\ \begin{cases}V_L=\ln(1/\Delta^{-a})\\ V_L^*=\ln[1/(\Delta^*)^{-a}]\end{cases} \tag{12.25}$$

其中，假定每位劳动力所有者都拥有 1 单位的劳动力，每位资本所有者拥有 1 单位资本，V 的右下标表示个体所拥有的要素类别（星号表示南部的变量）。

FC 模型的福利分析比较简单，四类利益群体的“名义收入”与产业的空间分布 s_n、贸易成本有关。利用上一节提供的分析框架，便可得到 $dV_K=d\ln\beta-d\ln(\Delta^{-a})=d\beta/\beta+a d\Delta/\Delta$，又依据式（12.23）和标准化结果可知 β 为一个常数，所以 $d\beta=0$。依据式（12.22）可以求解得到：$d\Delta=s_n d(1-\phi)+(1-\phi)ds_n+d\phi$，经整理后可得：$d\Delta=(1-s_n)d\phi+(1-\phi)ds_n$，最终可得：

$$\begin{cases}dV_K=a\dfrac{(1-s_n)d\phi+(1-\phi)ds_n}{(1-\phi)s_n+\phi}\\ dV_K^*=a\dfrac{s_n d\phi-(1-\phi)ds_n}{1-(1-\phi)s_n}\end{cases}$$

---

① 对于 $s_E\in[\phi/(1+\phi),\ 1/(1+\phi)]$，存在内点解 $s_n=1/2$；对于 $s_E<\phi/(1+\phi)$，存在角点解 $s_n=0$；对于 $s_E>1/(1+\phi)$，也存在角点解 $s_n=1$。

可以发现，$dV_K = dV_L$，$dV_K^* = dV_L^*$。所以，福利效应都来自“区位效应”或者“生活成本效应”，也就是厂商生产区位的变化所带来的 P 和 P^* 的变化。由于贸易成本的存在使得厂商大量聚集的区域的生活成本较低（至少无须支付贸易成本），因此，降低北部完全价格指数 P 的厂商生产区位调整将提高南部的完全价格指数 P^*（需要进口更多种类的产品，从而支付更多的贸易成本），进而提高北部的实际收入水平，降低南部的实际收入水平。反之亦然。所以，就产业区位调整而言，类似于零和博弈，区域之间在实际收入水平方面存在很大的冲突。因此，只要 $s_n > 1/2$，北部区域的福利水平就高于南部。故从 FC 模型中，可以得出如下结论。

结论 12－1（区域之间的利益冲突）：可流动要素的重新布局导致产业活动的重新布局，而这种产业活动的重新布局使得一个区域受益，另一个区域受损。

实际上，北部的资本和劳动力所有者的利益都取决于价格指数 P，这对南部的要素所有者同样适用，因此，可以得出结论 12－2。

结论 12－2（区内不同要素所有者之间不存在利益冲突）：产业活动空间分布发生变化时，同一个区域内的不同要素所有者之间不存在利益冲突。

这意味着，在前述的三种分类中只有从区域角度分类的公平问题才有意义的，是需要讨论的。综合结论 12－1 和结论 12－2，可以得到如下结论。

结论 12－3（不存在帕累托改进）：如果现有的产业分布格局保持不变，那么可以保证不损害其他群体利益，同时也不会增加某一个群体的利益，这就意味着，市场选择的结果就是帕累托最优。

为了更详细地讨论区位效应，我们还需要讨论强制性变动 s_n 对劳动力福利的影响问题。北部和南部劳动力的福利之和为 $\ln(1/P)+\ln(1/P^*)$。求该式对 s_n 的导数，则：①

$$\frac{d[\ln(1/P)+\ln(1/P^*)]}{ds_n} = -2a\frac{(1-\phi)^2(s_n-1/2)}{\Delta\Delta^*} \tag{12.26}$$

式（12.26）说明，如果产业活动空间分布偏离对称结构，那么将加剧区际福利冲突，也就是说，当每个区域都拥有一半的产业活动份额时（$s_n = 1/2$），如果

① 求解过程：已知 $\ln(1/P)+\ln(1/P^*) = a(\ln\Delta+\ln\Delta^*)$，又已知 $\partial\Delta/\partial s_n =（1-\phi）$，$\partial\Delta^*/\partial s_n =（1-\phi）$，从而：

$$\frac{\partial[\ln(1/P)+\ln(1/P^*)]}{\partial s_n} = a\left(\frac{\partial\Delta}{\Delta\partial s_n}+\frac{\partial\Delta^*}{\Delta^*\partial s_n}\right) = a(1-\phi)\left(\frac{1}{\Delta}-\frac{1}{\Delta^*}\right) = -2a(1-\phi)\frac{\Delta^*-\Delta}{\Delta\Delta^*}$$

$$= -2a\frac{(1-\phi)^2(s_n-1/2)}{\Delta\Delta^*}\ \text{（证毕）。}$$

强制性地把产业活动从南部向北部转移，那么北部受益，南部受损，并且北部增加的收益等于南部损失的收益。如果初始时的 s_n 偏离了 1/2，受损者的损失程度要大于受益者的收益程度。概括起来得出以下结论。

结论 12－4（区位效应的凹性）：产业转移导致的区际受益－受损关系具有凹性特征：当初始产业活动空间分布为非均衡分布时，如果这种非均衡分布状况得到部分的改善（实现部分的均衡），那么受益者的受益程度要大于受损者的受损程度；反之，如果非均衡状况进一步恶化，那么受损者的受损程度远大于受益者的受益程度。

这个结论有些费解，是因为关于 s_n 的偏微分，即式（12.26）又是 s_n 的函数。该结论在后面的全局福利分析中是非常有用的。

3. 全局福利分析

人们已经知道帕累托最优不一定就是社会最优的。在 FC 模型中，市场选择的结果不会实现帕累托改进，但是假如存在地方政府，那么从实用主义社会福利函数的视角出发，他们能否通过调整产业空间分布的方式实现帕累托改进呢？

原理上，地方政府需要解决许多潜在的无效率问题。这些潜在的无效率问题主要包括：第一，厂商产品的定价高于边际成本；第二，当资本所有者选择投资区域时，不考虑他们的决策对两个区域消费者剩余的影响；第三，资本所有者也不考虑他们的决策对其他厂商经营利润的影响；第四，当厂商做出进入或退出决策时，经常忽略其决策对消费者剩余及其他厂商经营利润的影响，所以一些厂商被“无辜地”淘汰掉了。不过，厂商数量是由工业部门的生产技术（固定成本）和资源要素禀赋（$K^w=1$）所确定的，所以，进入或退出可能已是最优选择。这就意味着，第四种无效率的源泉与我们的讨论无关，地方政府只考虑前三种无效率问题就可以了。

现在，我们定义社会福利就是所有个体间接效用之和，即：

$$W=K^w\left(s_K\ln\frac{\beta}{P}+s_K^*\ln\frac{\beta}{P^*}\right)+L^w\left(s_L\ln\frac{1}{P}+s_L^*\ln\frac{1}{P^*}\right)\qquad(12.27)$$

其中，β 为均衡状态下的资本收益率，劳动力工资率 w_L 为 1。虽然 K^w 可以标准化为 1，但是为了凸显其经济含义，将加以保留它。

（1）社会最优的产业分布。如果上述三种无效率问题都解决，那么经济系统就能达到最优状态。为此，地方政府对当地销售和运往其他区域销售的工业品强制实行边际成本定价法定价，所以，代表性工业品的本地价格为 $1-1/\sigma$，出口价格为 $\tau(1-1/\sigma)$。最终，北部的完全价格指数为 $P=(1-1/\sigma)^{\mu}\Delta^{-a}$，南部的完全价格指数为 $P^* = (1-1/\sigma)^{\mu}\ (\Delta^*)^{-a}$。[①] 由于采取了边际成本定价，厂商的经营利润为零（不变投入不再获得收益），因此，地方政府就需要提供一次性支付以维持资本所有者的消费。为了简化分析，假设一次性支付是由外生的 $\overline{\pi}$ 决定，地方政府则需要确定某个 s_n 水平，使得社会福利 W 最大化。

依据式（12.27）和完全价格指数，经整理可有：

$$W = \ln\overline{\pi} - \mu(K^w + L^w)\ln(1-1/\sigma) + a(K+L)\ln\Delta + a(K^* + L^*)\ln\Delta \tag{12.28}$$

其中，$\ln\overline{\pi} = s_K K^w \ln\beta + {}^* s_K K^w \ln\beta$。等号右边的第二项（为正）为因边际成本定价而获得的福利改进，并且不随产业空间分布的变化而变化。

在式（12.28）中，由于对数函数为凹函数，同时前两项为常数，所以，W 也是关于 s_n 的凹函数。这就保证了福利最大化的二阶条件能够成立，使得依据一阶条件为零求得的最优值就是最大值。据此，社会福利函数关于 s_n 求导可得：

$$\frac{\mathrm{d}W}{a(K^w + L^w)\mathrm{d}s_n} = \frac{\mathrm{d}\ln\Delta}{\mathrm{d}s_n}s_{pop} + \frac{\mathrm{d}\ln\Delta^*}{\mathrm{d}s_n}(1 - s_{pop}) = 0 \tag{12.29}$$

其中，$s_{pop} = (K+L)/(K^w + L^w)$ 是北部总人口（包括了劳动力所有者和资本所有者）在经济系统总人口中所占的份额。结合结论 12－4，该式表明，追求社会福利最优的地方政府在尝试改变 s_n 时，必须在两个区域利益群体的收益与受损之间尽可能实现平衡，毕竟在式（12.29）中每个区域的权重反映的是各自区域人口规模所占的份额。继续求解 Δ 和 Δ^* 的（偏）导数，可得：

$$\frac{\mathrm{d}W}{a(K^w + L^w)\mathrm{d}s_n} = \frac{1-\phi}{(1-\phi)s_n + \phi}s_{pop} + \frac{\phi - 1}{(\phi - 1)s_n + 1}(1 - s_{pop}) = 0$$

整理该方程可得：

$$(1-\phi)\left[(1+\phi)\left(s_{pop} - \frac{1}{2}\right) - (1-\phi)\left(s_n - \frac{1}{2}\right)\right] = 0 \tag{12.30}$$

当贸易完全自由（$\phi = 1$）时，地方政府并不关心厂商区位问题，因为厂商选择何地对消费者的福利水平不会产生什么影响。当贸易不是完全自由时（$\phi < 1$），地方政府通过权衡正反两种影响后选择某种最优的产业空间分布 s_n。式（12.30）中括号内的两项就反映出这种权衡关系。第一项是 $1+\phi$ 乘以北部在经济系统总要素禀赋中所占的份额，该份额取决于劳动力和资本所有者的空

---

① 求解过程：已知 $P = p_A^{1-\mu}\left(\int_{i=0}^{n^w} p_i^{1-\sigma}di\right)^{-a}$，$\int_{i=0}^{n^w} p_i^{1-\sigma}di = n^w\Delta$，$p_A = 1$，$p = 1-1/\sigma$，$p_i = 1-1/\sigma$，$p_i = T\ (1-1/\sigma)\ n^w = 1$；$\Rightarrow P = \left(\int_{i=0}^{n} p_i^{1-\sigma}di + \int_{j=0}^{n^*} p_j^{1-\sigma}dj\right)^{-a} = (p^{1-\sigma})^{-a}(n+\phi n^*)^{-a} = (1-1/\sigma)^{\mu}\Delta^{-a}$。

间分布，该项反映的是贸易成本节约效应。也就是说，在其他条件相同的情况下，北部要素禀赋（人口规模）份额 s_{pop} 越大，则北部的最优厂商份额 s_n 也就越大。第二项是 $1-\phi$ 乘以北部的产业份额，反映的是个体福利效应。正如结论12－4所指出的那样，产业活动的空间分布越不均衡，居住在北部和南部的个体之间的福利水平差异就越大。换言之，产业活动的空间分布越不均衡，那么边际福利成本也就越大。如果地方政府能够改变这种不均衡格局，那么将会提高个体的福利水平。个体福利效应是促使产业均衡分布的力量。

因为 $\phi=T^{1-\sigma}$，故式（12.30）表明，随着不变替代弹性系数 σ 变小，相对于个体福利水平的变化，贸易成本节约效应的权重就变大。尤其，任意两种工业产品间的替代弹性（σ）越小，个体福利损失效应的相对权重就越小。该权重也随着贸易成本 T 的下降而变小。所以，不变替代弹性系数越小，且贸易成本也越小，那么地方政府越倾向把产业活动配置到消费者份额更大的区域。

求解式（12.30）中的 s_n，并记其为 s_n^S，它表示社会最优的产业布局：

$$s_n^S=\frac{1}{2}+\frac{1+\phi}{1-\phi}\left(s_{pop}-\frac{1}{2}\right) \tag{12.31}$$

其中，$s_{pop}\in[\phi/(1+\phi),\ 1/(1+\phi)]$。如果北部要素禀赋份额不在此区间内，那么地方政府将把所有的产业活动都布局在生产要素禀赋规模更大的区域。概括上述讨论，则有如下结论。

结论12－5（社会最优时的本地市场效应）：社会最优的产业活动空间分布要求，在生产要素禀赋规模较大的区域配置更大规模的产业份额。

这个结论意味着，“社会最优本地市场效应” ds_n^S/ds_{pop} 大于1。[①] 比较式（12.24）和式（12.31）可以看出，社会最优的产业配置公式与市场行为下的产业配置公式是同构的，只不过用生产要素禀赋份额替代了支出份额。这样，又可以得出如下结论。

结论12－6（社会最优时的放大效应）：如果贸易趋向于更加自由，那么社会最优的产业活动空间分布趋向于更加不均衡而不是趋向于更加均衡。

这就是社会最优的产业活动放大效应。类似于自由放任经济中的情形，社会最优本地市场效应取决于社会最优放大效应。

（2）社会次优的产业分布。社会次优的情形而言，假设消费者无法向企业提供一次性支付，或者无法实行边际成本定价法定价，因此，厂商仍以利润最大化为目标完全自由定价（按边际成本加成定价法定价）。因此，只能追求社

① 依据式（12.31）易知，$\frac{ds_n^S}{ds_{pop}}=\frac{(1+\phi)}{(1-\phi)}$。

会次有结果的地方政府，尽可能最大化由式（12.27）给出的社会福利函数，同时，尽可能使得包含 $\ln(1-1/\sigma)$ 的项为零。[①] 由于包含 $\ln(1-1/\sigma)$ 的项中没有 s_n，所以，在社会次优的情况下，追求社会次优的地方政府的一阶条件和二阶条件，与社会最优中的情形是完全相同的。

结论 12－7（社会次优的产业活动空间分布）：社会次优的产业活动空间分布和社会最优的产业活动空间分布是一致的。

其原因在于，经济系统资本禀赋决定了工业品种类数量，同时在迪克希特－斯蒂格利茨垄断竞争市场结构下边际成本加成定价是最优的，并且还采用了“冰山贸易成本”假说。前两点意味着，由于产品定价高于边际成本，因此，所有种类的产品都进行生产，所以资本禀赋不会存在利用不充分的问题；其次，无论社会最优的情形还是社会次优的情形，从其他区域进口的产品与本地生产的产品的价格之比正好等于 T，所以边际成本定价不会影响资本所有者的区位决策。

4. 聚集过度还是聚集不足（第 1 部分）

在市场力的作用下，产业活动的空间聚集是过多还是过少呢？这就得比较 s_n 和 s_n^S 的大小。为此，利用式（12.24）减去式（12.31），则有：

$$s_n - s_n^S = \frac{1+\phi}{1-\phi}(s_E - s_{pop}) \tag{12.32}$$

式（12.32）表明，产业活动的市场配置与社会配置之间的差距取决于区域的支出份额与要素禀赋份额的相对大小。原因在于，不管个体的收入和居住地如何，式（12.27）给出的效用标准都以相同的方法评价每位个体的效用。如果要说市场配置与社会配置的区别何在，那就是市场标准更加注重支出，显然，收入较高群体所占份额较大地区的支出规模较大。这样就形成了式（12.32）右边的差额项。

结论 12－8：当且仅当人口规模较大的区域拥有较高的人均收入时，市场配置才会使得更多的厂商聚集在该区域。

人口规模较大区域的人均收入水平取决于两个方面：一是区域的相对要素禀赋，二是两种要素的相对收益率。举个简单的例子，假设资本所有者的收入高于劳动力所有者的收入，那么当一个区域拥有较多的资本禀赋时，该区域作为人口规模较大区域就比较富裕，聚集的厂商也更多。

当市场配置为最优状态时，可能存在两种特殊情形：其一是每个区域拥有

① 依据边际成本加成定价法，厂商定价为 $p = a_M w_L/(1-1/\sigma)$，标准化后变成 $p=1$，故取对数后就等于零。

的两种要素的规模相等（$s_L = s_K$），其二是每个区域中两种要素的收益相等，也就是 $\beta = 1$。① 总结如下。

结论 12－9（无效率聚集）：除了区域相对要素禀赋相等或资本收益率和劳动力报酬率相等这两种锋刃情况，市场配置下的产业活动空间分布都是社会次优的。

两种要素收益率差距越大，区域相对要素禀赋的差距越大（贸易自由度 ϕ 越低，这些差距就越大），这种无效率程度就越大。就社会福利水平而言，如果把式（12.24）中的 s_n 和式（12.31）中的 s_n^S 代入式（12.27），则可以看出，相对于社会最优的产业配置，市场配置的绝对福利损失与贸易自由度 ϕ 是无关的。② 为得出这种结论，有必要讨论下面的式子：

$$W^{Soc} = \ln\overline{\pi} - \mu(K^w + L^w)\ln(1 - 1/\sigma) + a(K^w + L^w)$$
$$[\ln(1+\phi)s_{pop}\ln s_{pop} + (1 - s_{pop})\ln(1 - s_{pop})]$$
$$W^{Mar} = \ln\beta + a(K^w + L^w)[\ln(1+\phi) + s_{pop}\ln s_E + (1 - s_{pop})\ln(1 - s_E)] \tag{12.33}$$

其中，W^{Soc} 和 W^{Mar} 分别是社会最优的产业配置和市场配置下的社会福利水平。如果从 W^{Soc} 减去 W^{Mar}，则可以消去包含 $\ln(1+\phi)$ 的项，这意味着 $W^{Soc} - W^{Mar}$ 与贸易自由度无关。$W^{Soc} - W^{Mar}$ 与 ϕ 无关，再加上 W^{Mar} 随着贸易自由度的提高而递增，就意味着区际贸易受到更大限制时，福利损失将更大。

结论 12－10：随着贸易壁垒的降低，市场条件下的产业空间分布与社会最优的产业空间分布之间的差距逐渐变大，但相对福利损失逐渐变小。

5. 聚集过度还是聚集不足（第 2 部分）

本部分的讨论，主要集中在不同要素所有者之间的冲突问题。上面的所有结论都隐含要素所有者之间存在一种潜在的冲突，但是在同一个区域内的不同要素所有者之间不存在福利方面的冲突（见结论 12－2）。实际上，经济系统劳动力所有者整体所偏好的产业活动空间分布与全体资本所有者所偏好的产业活动空间分布是不同的。如果用 W_L 表示全体劳动力的间接效用总和，用 W_K 表示全体资本所有者的间接效用总和，那么上述两类群体偏好的最优的产业空间配置③为：

---

① 这里要求经济系统的资本—劳动力禀赋之比 K^W/L^W 正好等于 $(1-b)/b$。

② 依据式（12.28），计算公式均为：$W = \ln\overline{\pi} - \mu(K^w + L^w)\ln(1 - 1/\sigma) + a(K + L)\ln[(1-\phi)s_n + \phi] + a(K^* + L^*)\ln[1 - (1-\phi)s_n]$。

③ 计算过程：仍从实用主义视角进行讨论，则全体劳动力和资本禀赋所有者的福利函数分别为：$W_L = L\ln(1/\Delta^{-a}) + L^*\ln[1/(\Delta^*)^{-a}] = aL\ln\Delta + aL^*\ln\Delta^*$，$W_K = K\ln(\beta/\Delta^{-a}) + K^*\ln[\beta/(\Delta^*)^{-a}] = K^w\ln\beta + (aK\ln\Delta + aK^*\ln\Delta^*)$。

从而可以求得两个导数分别为：$\frac{dW_L}{ds_n} = aL^w\left[s_L\frac{1-\phi}{\Delta} + (1-s_L)\frac{\phi-1}{\Delta^*}\right] = 0$，$\frac{dW_K}{ds_n} = aL^w\left[s_K\frac{1-\phi}{\Delta} + (1-s_K)\frac{\phi-1}{\Delta^*}\right] = 0$。

$$s_n^L = \frac{1}{2} + \frac{1+\phi}{1-\phi}\left(s_L - \frac{1}{2}\right),\ s_n^K = \frac{1}{2} + \frac{1+\phi}{1-\phi}\left(s_K - \frac{1}{2}\right) \tag{12.34}$$

等式左边的变量，分别表示劳动力所有者和资本所有者所偏好的产业空间分布。如果将式（12.34）中的第一个表达式与式（12.24）和式（12.31）进行比较，则可以得出结论 12－11。

结论 12－11：从劳动力的角度来看，市场配置和地方政府配置都把产业活动过多地配置在了资本禀赋富裕的区域（资本禀赋份额大于劳动力禀赋份额的区域）。

对一个只包括南北两个区域的国家而言，这种结论显得更加重要，因为当这些不同区域的劳动力所有者都居住在一个区域内时，他们的这种思维具有相当大影响力。从全体资本禀赋所有者的角度来看，上述结论同样是成立的。

三、自由企业家模型（FE 模型）中的公平与效率问题

FE 模型（自由企业家模型）及其福利分析比 FC 模型要复杂得多，主要是因为 FE 模型中的价格指数是非整数次幂函数。尽管比较困难，但是它能够揭示更多的经济规律。由于可流动要素在选择区位时要考虑价格指数，并且区位决策本身也影响价格指数，因此，在 FE 模型中，很难求解均衡时的产业活动空间分布。但如果两个区域的规模相等，也就是各自的不可流动要素禀赋分别占经济系统总数的一半，则可以进行分析了。因此，本部分将集中考虑对称的 FE 模型（$s_L = 1/2$）。

1. FE 模型简述

FE 模型和 FC 模型的基本结构大致相同，都假设有两个区域（北部和南部），两种要素（劳动力和资本），两个部门（农业和工业）。农业部门为完全竞争部门，贸易无成本，生产中只使用不可流动要素。工业部门以迪克希特－斯蒂格利茨垄断竞争为特征，仅使用可流动要素作为固定投入，也仅使用不可流动要素作为可变投入；区际贸易遵循冰山交易成本。在 FC 模型中，可流动要素为 K，其收益率为 π，但在 FE 模型中，可流动要素由劳动力构成，称为 H（人力资本），其名义工资率为 w。可流动要素可以理解为企业家，也就是人力资本的所有者，他们选择能够获得更高实际工资率的区域。

2. 标准化和市场均衡

我们继续利用前述 FC 模型所设定的标准化条件。从对称情况（$s_L = 1/2$）开始考虑。选择北部为投资区位的企业家的（名义）工资率为：

$$w = \frac{px}{\sigma} = b\frac{E^w}{n^w}\left[\frac{s_E}{s_n + \phi(1-s_n)} + \phi\frac{1-s_E}{\phi s_n + (1-s_n)}\right]$$
$$= b\frac{E^w}{n^w}\left(\frac{s_E}{\Delta} + \phi\frac{1-s_E}{\Delta^*}\right) = b\frac{E^w}{n^w}B$$

其中，$b=\mu/\sigma$，$E^w = w_L L^w/(1-b)$。同时，北部相对市场规模为：

$$s_E = (1-b)s_L + bBs_H$$

假设不存在范围经济，每家企业只生产一种工业品，所以北部人力资本份额与厂商数量份额相等，也就是 $s_H = s_n$。若将相对市场规模代入企业家名义工资率，并经化简和整理，从而可知此时名义工资率仅是产业活动空间分布 s_n 的函数（见附录12A）：

$$w = b\frac{L^w}{1-b}\frac{1-Z[b+2(Z-b)(s_n-1/2)]}{1-Z[b+4(Z-b)(s_n-1/2)^2]} \tag{12.35}$$

其中，$Z=(1-\phi)/(1+\phi)$ 是关于贸易封闭化程度的度量指标：当 $\phi=0$ 时，$Z=1$，表示区际贸易完全封死；当 $\phi=1$ 时，$Z=0$，表示贸易完全自由化。南部企业家的均衡工资（w^*）的表达式与此同构。w 和 w^* 之比为：

$$\frac{w}{w^*} = \frac{1-Z[b+2(Z-b)(s_n-1/2)]}{1-Z[b-2(Z-b)(s_n-1/2)]} \tag{12.36}$$

由式（12.36）可以看出，产业活动空间分布 s_n 显著影响可流动要素的名义工资率。

企业家选择向实际收入率较高的区域转移。因此，实现内点均衡时，企业家的空间分布（由于每位企业家只生产一种产品，因此，企业家的空间分布与产业活动的空间分布是相同的）实现区域间实际收益率均等化。假设模型是对称的，那么 $s_n=1/2$ 就是一个内点均衡，但是它不能永远保持稳定。正如前面章节所说，只有在贸易自由度较低时（即 $\phi<\phi^B$，也就是贸易自由度达到突破点以前），$s_n=1/2$ 才是一个稳定的长期均衡。如果经济系统处于核心边缘结构，那么那些产业活动高度聚集的区域能够提供很高的实际收益率。只有贸易自由度较高时（即 $\phi>\phi^S$，也就是贸易自由度达到维持点以后），核心边缘结构才能保持长期稳定。由 FE 模型的稳定性分析可得，贸易自由度的两个门槛值定义为：

$$\phi^B = \frac{1-a}{1+a}\frac{1-b}{1+b},\quad \frac{1+b}{2}(\phi^S)^{a+1} + \frac{1-b}{2}(\phi^S)^{a-1} = 1 \tag{12.37}$$

其中，ϕ^B 是突破点，ϕ^S 是维持点。当“非黑洞条件（$a<1$）”成立时，$\phi^S<\phi^B$ 且 $\phi^B>0$。如果这个条件不成立，对称结构 $s_n=1/2$ 就永远不会稳定，经济系统的长期趋势是产业活动在空间的完全聚集。通常地，我们假设非黑洞条件总是成立的。

3. 帕累托福利分析

通常，最合适的分类利益群体的方式，是把他们分类为四类群体：北部劳动力群体、南部劳动力群体、北部企业家群体和南部企业家群体。与FC模型一样，在FE模型中，北部和南部劳动力的福利水平也随着产业活动空间配置 s_n 和贸易自由度 ϕ 的变化而变化。

由于两个区域中劳动力的工资率标准化为1，所以劳动力的效用水平仅随价格指数的变化而变化。正如结论12-1所指出的，在这种情况下，可能存在北部和南部工人之间的利益冲突。例如，北部产业份额的增加会提高北部劳动力的福利水平，降低南部劳动力的福利水平。这就是类似于FC模型中的情形，FE模型中也存在无法通过产业活动重新布局实现帕累托改进的可能性。

结论12-12（不存在实现帕累托改进的可能性）：在FE模型中，不存在通过产业活动重新布局来实现帕累托改进的可能性。

从中推出的一个推论便是，当存在多重稳定均衡时，无法它们之间进行有关帕累托改进方面的排序。

上面的推论是要阐述，不同的稳定均衡之间无法进行有关帕累托改进方面的比较。毕竟，不同的稳定均衡之间的福利水平是有大小的，但无法确定实现某种均衡时另一种均衡能否实现帕累托改进的问题。不过从人力资本所有者 H 的角度来看，是否就可以在多重稳定均衡之间进行帕累托改进方面的排序呢？如前所述，对应于不同的贸易自由度，FE模型存在3个稳定均衡：$s_n=0$、$s_n=1$ 和 $s_n=1/2$。把它们代入式（12.35）和式（12.36），可以得到：

当 $s_n=0$ 时，$s_n^*=1$，$w^*=bL^w/2(1-b)$，与 w 无关；

当 $s_n=1$ 时，$s_n^*=0$，$w=bL^w/2(1-b)$，与 w^* 无关；

当 $s_n=s_n^*=1/2$ 时，$w=w^*=bL^w/2(1-b)$。

由此可见，在三种情况下，人力资本所有者的报酬率均相等。这就意味着，即便是在不同的稳定均衡下，人力资本所有者的名义报酬率都是相等的。这点与劳动力的情况类似。所以，这也意味着，福利分析的关键应是生活成本的大小，也就是价格水平的高低。我们知道在所有产业活动聚集的区域，价格指数水平都是较低的。

结论12-13：从人力资本所有者的角度来看，产业活动空间聚集时的帕累托效率优于产业活动空间分散时的帕累托效率。

对于人力资本所有者 H 来说，不管初始条件如何，只要 $\phi>\phi^B$，那么市场配置的结果就是帕累托最优的，因为，此时完全聚集是唯一的稳定均衡。

但当 $\phi<\phi^{B}$ 时，人力资本所有者 H 的理性选择是维持帕累托次优的对称均衡。

4. 全局福利分析

当我们从考虑公平转向考虑效率，地方政府能否提高经济活动分散时的福利水平？在 FE 模型中，地方政府需要面对的无效率的源泉与 FC 模型中是一样的。只不过 FE 模型新增了生产活动区位变化导致消费支出区位变化的特征。从实用主义角度出发，我们仍然定义社会福利函数是个体效用的简单加总。

（1）最优结果。在最优结果里，所有的无效率问题都被消除掉，因此，地方政府可以强制性地推行边际成本定价法，该定价法使得流动要素的回报率归为零。同时，为了保障人力资本所有者 H 的消费支出，有必要从劳动力的收入中，一次性向人力资本所有者转移一笔收入。强制实施边际成本定价法，地方政府的目标函数如下（见附录 12B）：

$$W=\ln\bar{w}-\mu(H^{w}+L^{w})\ln(1-1/\sigma)+aH^{w}[s_{n}\ln\Delta+(1-s_{n})\ln\Delta^{*}]+\frac{aL^{w}}{2}\ln(\Delta\Delta^{*}) \tag{12.38}$$

其中，第一项 $\{\ln\bar{w}=H^{w}[s_{n}\ln w+(1-s_{n})\ln w^{*}]\}$ 为一次性转移给人力资本所有者的收入部分；第二项为实施边际成本定价法后的福利水平的变动情况 $[\ln(1-1/\sigma)<0]$；第三项为完全价格指数对人力资本所有者间接效用的影响（Δ 和 Δ^{*} 均为产业空间分布 s_n 的函数，同时也是人力资本所有者 H 的函数）；最后一项表示的是劳动力的福利水平，劳动力是不可流动要素，其工资率为 1 单位，且在两个区域之间平均分布。

人力资本所有者的名义工资率强制性地维持在 $\bar{w}$ 上，已经极大地简化了分析过程，毕竟可以不再考虑 s_n 对名义工资率 w 和 w^{*} 的影响。尤其，人力资本所有者偏好更高水平的聚集。当经济系统处于完全聚集状态时（$s_n=0$ 或 $s_n=1$），所有人力资本所有者，进而所有产业活动都集中在一个区域，此时，任何一位人力资本所有者都面对着最低的完全价格指数，也就是，当核心区为北部时 $P=1$，当核心区为南部时 $P^{*}=1$。当经济系统处于分散状态时（$0<s_n<1$），所有人力资本所有者所面对的完全价格指数都大于 1。简言之，人力资本所有者的福利函数是有关 s_n 的严格的凸函数，且当经济系统处于核心边缘结构时，其福利水平达到最大值。

不可流动的劳动力的福利情况与之截然不同。由于劳动力不能流动且平均分布在两个区域，所以产业活动完全均衡分布时，劳动力效用的总和才是最大的（这可以从结论 12－4 得出）。即便如此，这种结论背后其实也暗含着北部的劳动力希望聚集发生在北部，南部劳动力希望聚集发生在南部，从而实现各自福利水平最大化的愿望。综上所述，可得到如下结论。

结论 12－14（区域和要素之间的利益冲突）：两个区域的劳动力，都希望经济活动空间聚集发生在他们自己的区域，北部劳动力希望经济活动空间聚集发生在北部，南部劳动力希望发生在南部。需要权衡的这些效用具有明显的凹性特征，因此，经济活动的均衡分布可以实现两区域劳动力效用之和的最大化。与劳动力不同，所有可流动要素都希望所有经活动高度聚集在某一区域，但并不关心具体聚集在哪一区域。

上述结论，帮助我们更好地理解社会福利函数的一阶条件（见附录 12B）：

$$\frac{\mathrm{d}W}{a\mathrm{d}s_n}=\ln\left[1+\frac{2(1-\phi)}{\Delta^*}\left(s_n-\frac{1}{2}\right)\right]+(1-\phi)\frac{2\phi-(1-\phi)L^w}{\Delta\Delta^*}\left(s_n-\frac{1}{2}\right) \tag{12.39}$$

式（12.39）中，右边第一项所表示的是，在既定价格指数不变的情况下，人力资本所有者或者产业活动的重新配置对其本身和社会福利水平的影响。在任意贸易自由度下，当 $s_n>1/2$ 时，该项为正；当 $s_n<1/2$ 时，该项为负。第二项所表示的是，从 H（指 2ϕ 项）和 L［指 $-(1-\phi)L^w$ 项］角度分析的产业活动空间分布 s_n 的边际调整对价格指数的影响。该项的符号取决于 s_n 和贸易自由度。当 ϕ 大于 $L^w/(2+L^w)$ 时，如果 $s_n>1/2$，那么该项为正；如果 $s_n<1/2$，则该项为负。

需要说明的是，对于希望实现社会福利最大化的产业布局的地方政府而言，社会福利最大化时的产业完全聚集的充分条件是 $\phi>L^w/(2+L^w)$。当贸易自由度超过该值时，地方政府的目标函数随 s_n 的增加而增加，所以，角点解 $s_n=1$ 是最优的。依据结论 12－14，这个结论是非常直观的。$L^w/(2+L^w)$ 正好是经济系统刚脱离对称均衡时受损的人口数量（$L^w/2$）与受益的人口数量（$1+L^w/2$）之比。可以看出，当留在萧条区域的 L 的份额（$L^w/2$）非常小或者贸易自由度非常高时，$s_n=1/2$ 是在地方政府能够选择的不同产业分布模式中福利水平最小的分布模式了。所以，从实用主义角度来看，当留在去工业化区域并受生活成本上升之影响的不可流动的劳动力数量相对很少，或者贸易自由度很高使得区域之间生活成本差异很小时，不选择对称分布模式是一种更好的策略。

第一，社会福利突破点。尽管 $s_n=1/2$ 始终是式（12.39）的一个解，但此时对称结构代表的是福利最大值还是福利最小值是不确定的。为了证明对称结构所代表的是福利最大值，尚且需要求解社会福利函数的二阶导数：

$$\left.\frac{\mathrm{d}^2W}{\mathrm{d}s_n^2}\right|_{s_n=1/2}=4a\frac{1-\phi}{(1+\phi)^2}\left[(L^w+3)\phi+1-L^w\right] \tag{12.40}$$

当 ϕ 小于 ϕ_{FB}^{B}时，社会福利函数的二阶导数为负数，从而 $s_n=1/2$ 使得社会福利最大化。ϕ_{FB}^{B}的表达式如下：

$$\phi_{FB}^{B} \equiv \frac{L^w-1}{L^w+3} \tag{12.41}$$

右下角标 *FB* 代表最优。在上面已经分析过，当贸易自由度足够大，以及相对于可流动要素（以 $H^w=1$ 表示）来说不可流动要素所占份额较小时，$s_n=1/2$ 时的社会福利水平是福利水平的局部最小值。在这种情况下，对称分散模式把社会福利水平降低到最小。

结论 12－15：如果不可流动要素数量小于可流动要素数量，那么不管贸易自由度多大，当 $s_n=1/2$ 时的社会福利水平，始终是社会福利水平的局部最小值。

因此，$L^w>H^w=1$ 是地方政府寻找最优社会福利水平时的“非黑洞条件”。

第二，社会福利持续点。现在转换方式，以图形的方式来讨论全局的福利水平问题。人们可以发现式（12.38）在 $s_n=1/2$ 附近是对称的，并且函数曲线的凹凸性将发生两次变化，这又意味着，它至多可以存在三个极值。[①] 换言之，地方政府根据一阶条件至多可以求得五个零解，即三个内点解、两个角点解。具体而言，函数曲线存在着 3 种可能情况，如图 12－1 所示。[②] 在图 12－1 中，纵轴表示社会福利水平 *W*，横轴表示产业活动的空间分布 s_n。最下面的曲线，在 $s_n=1/2$ 时存在唯一的福利水平最大值，因此，地方政府将选择对称分布模式。位于中间的曲线，在 $s_n=1/2$ 时存在福利水平的一个局部最小值，在最小值的两边存在着两个对称的内点全局最大值，因此，地方政府将选择部分聚集的模式。最上面的曲线，在 $s_n=1/2$ 时也存在一个局部最小值，同时在 $s_n=0$ 和 $s_n=1$ 时存在两个角点全局最大值，因此，地方政府将选择完全聚集模式。

已经知道当 ϕ 小于社会突破点 ϕ_{FB}^{B}时，$s_n=1/2$ 处存在福利水平的局部最大值，所以当 ϕ 大于突破点 ϕ_{FB}^{B}时，$s_n=1/2$ 必定是一个局部最小值。因此，当 $\phi>\phi_{FB}^{B}$时，经济系统不会是类似于位于最下面的曲线的情形，所以接下来我们主要对最上面和位于中间的曲线进行讨论。换言之，就是讨论在何种条件下完全聚集是一个局部最大值（最上面的情况），以及在何种条件下完全聚集是一

① 函数曲线的凹凸性发生两次改变，应该等价于有 3 个极值点。容易想象到，如果函数曲线的凹凸性发生两次改变，那么曲线应该类似于字母“M”或者“W”。这与后文的 5 个解也能够保持一致。关于凹凸性，它是参照坐标系原点而言的。

② 参数设置：$\sigma=4.0$，$\mu=0.3$，$L^w=1.1$，$\phi=0.02$；0.09；0.20。参考多次数值模拟的结果，$\ln\bar{w}$的取值定为 0.04。

个局部最小值（位于中间的情况）的问题。

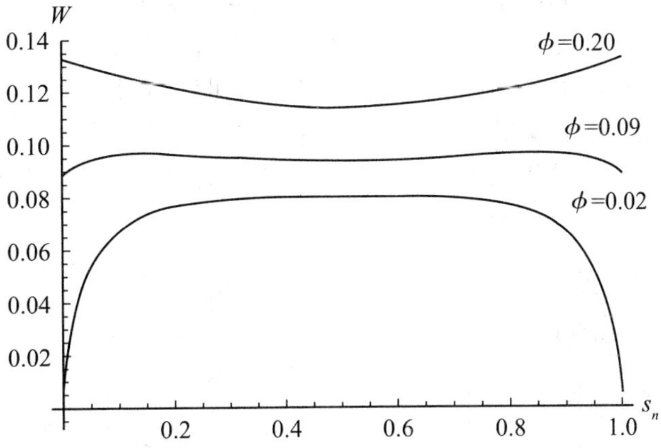

图 12－1　最优福利目标

资料来源：笔者整理。

当 $s_n=1$ 时，中间位置的曲线的 $\mathrm{d}W/\mathrm{d}s_n$ 将取负值，而最上面的曲线的 $\mathrm{d}W/\mathrm{d}s_n$ 将取正值。因此，关键是找出当 $s_n=1$ 时 $\mathrm{d}W/\mathrm{d}s_n$ 符号变化的临界值。将 $s_n=1$ 代入式（12.39）并令其等于零，则可以解出该临界值：

$$L^w+2\phi_{FB}^S\frac{\ln\phi_{FB}^S-(1-\phi_{FB}^S)}{(1-\phi_{FB}^S)^2}=0 \tag{12.42}$$

由此可以知道，只有 $\phi>\phi_{FB}^S$ 时，完全聚集才是社会最优的，所以 ϕ_{FB}^S 可以认为是社会最优的“持续点”。特别地，与市场行为下的多重均衡不同，数值模拟结果表明社会最优的持续点大于突破点，即 $\phi_{FB}^S>\phi_{FB}^B$。

综上所述，如果 $\phi<\phi_{FB}^B$，就遵循最下面的曲线，地方政府将选择产业活动的对称布局模式；如果 $\phi_{FB}^B<\phi<\phi_{FB}^S$，则就遵循位于中间的曲线，地方政府将选择产业活动的部分聚集模式；如果 $\phi>\phi_{FB}^S$，则遵循最上面的曲线，地方政府将选择产业活动的完全聚集模式。图 12－2 完整地表述了随着贸易自由度而变化的最优的产业活动空间分布模式，实线代表着社会福利最大化的区位选择。

（2）次优结果。在次优结果中，不可能把劳动力的部分收入一次性地转移给人力资本所有者，因此，地方政府也不能强制性地要求厂商遵循边际成本定价法定价，只能允许厂商根据利润最大化的定价法制定产品价格。因此，参照式（12.38），地方政府的社会福利函数将调整为如下形式：

$$W=\ln w^{s_n}(w^*)^{1-s_n}+a\ln\Delta^{s_n}(\Delta^*)^{1-s_n}+\frac{aL^w}{2}\ln\Delta\Delta^* \tag{12.43}$$

其中，w 和 w^* 分别由式（12.35）和附录 12A 给出。右边第一项所表明的是最优目标和次优目标之间的主要区别，它可以用来度量人力资本所有者收益的社会福利价值，而该福利水平取决于人力资本所有者在两个区域中的报酬率和空间分布。在 $s_n=1/2$ 处，该项是 s_n 的凹函数，说明人力资本所有者趋向于分散分布，以获得更高的名义收入。反之，它们趋向于聚集，以期获得更低的生活成本。因此，相对于最优结果，在次优结果中，人力资本所有者的收入成了一种分散力。

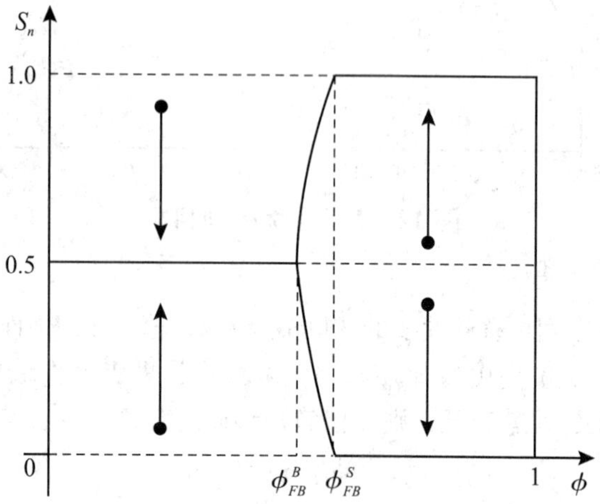

图 12－2　福利最优区位

资料来源：笔者整理。

同样发现，在式（12.43）至多有三个内部极值，所以如果像市场行为中的最优结果一样求出一阶微分，则可以看出社会福利函数也存在五个零解。与前面的情况一样，这就意味着社会福利函数曲线也存在着三种情形。图 12－3 的参数取值与图 12－1 中的取值相同。[①] 同样，纵轴表示社会福利水平 W，横轴表示产业活动的空间分布 s_n。最下面的曲线在 $s_n=1/2$ 时存在唯一的社会福利最大值；位于中间位置的曲线在 $s_n=1/2$ 时存在一个局部最大值，以最大值为中心，两侧对称地分布着内部全局福利最小值点；最上面的曲线在 $s_n=1/2$ 时存在局部最小值，在角点 $s_n=0$ 和 $s_n=1$ 存在两个全局最大值。不难发现，位于中间位置的曲线与图 12－1 中的中间位置的曲线是不同的，这两者在曲线的凹凸性上完全相反。

① 但贸易自由度不同，从下往上分别是 $\phi=0.02$；0.10；0.45。

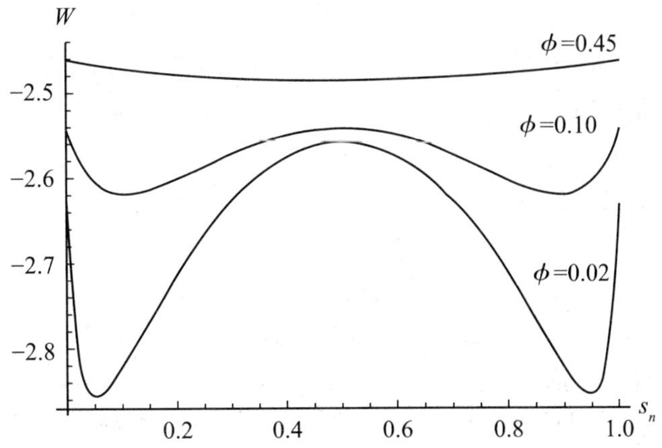

图 12－3　次优福利目标

资料来源：笔者整理。

位于中间位置的曲线和最上面的曲线之间的转换，也是通过贸易自由度 ϕ 的变化来实现的，而临界值仍由 ϕ 取值使得当 $s_n=1/2$ 时能够成立方程 $d^2W/dn^2=0$ 所给出的。类似地，我们不妨称这个临界值为 ϕ_{SB}^{S}（见附录 12C）。最下面的曲线和位于中间位置的曲线之间的转换，也是通过贸易自由度 ϕ 的变化来实现的，此时的 ϕ 可以用 ϕ_{SB}^{B} 来表示，它将取与当 $s_n=0$、$s_n=1/2$ 和 $s_n=1$（经计算，$s_n=0$ 与 $s_n=1$ 施加的约束相同，故可以只考虑它们之一即可）时式（12.43）所取的值相同的值，也就是取那些能使下面的方程成立的 ϕ 值（见附录 12C）：

$$(\phi_{SB}^{B})^{L^*/2}-[(1+\phi_{SB}^{B})/2]^{1+L^w}=0 \tag{12.44}$$

上面的 ϕ_{SB}^{B} 值是关键性的门槛值，只要 $\phi<\phi_{SB}^{B}$，那么在 $s_n=1/2$ 处，社会福利水平达到最大值，此时地方政府将选择产业活动对称分布模式；当 $\phi>\phi_{SB}^{B}$ 时，在 $s_n=0$ 或 $s_n=1$ 处，社会福利水平达到最大值，此时地方政府将选择聚集分布模式。

5. 聚集过度还是聚集不足

为了讨论市场行为下的产业活动空间分布是否全局有效的问题，必须比较 ϕ^B、ϕ^S、ϕ_{FB}^{B}、ϕ_{FB}^{S}、ϕ_{SB}^{B} 五个门槛值。显然，上述有关贸易自由度的讨论都限定在区间［0，1］上展开。同时，考虑到 3 个基本事实。

第一，在市场条件下，随着贸易自由度从 0 变化到 1，在对称结构遭到破坏之前，聚集是可持续的：

$$\phi^S<\phi^B \tag{12.45}$$

第二，数值模拟表明，次优结果中的突破点 ϕ_{SB}^{B} 位于两个最优结果的门槛值之间；

$$\phi_{FB}^{B} < \phi_{SB}^{B} < \phi_{FB}^{S} \tag{12.46}$$

第三，ϕ^B 和 ϕ^S 与 L^w 无关，但是 ϕ_{FB}^{B}、ϕ_{FB}^{S}和 ϕ_{SB}^{B}均与 L^w 有关，所以给定其他参数不变的条件下，门槛值的排序随着 L^w 的不同而不同。尤其，如果 $\phi < L^w/(2+L^w)$，那么 $d\phi_{FB}^{B}/dL^w > 0$，$d\phi_{FB}^{S}/dL^w > 0$，$d\phi_{SB}^{B}/dL^w > 0$。因此，当 L^w 充分小时，下面的排序成立：

$$\phi_{FB}^{B} < \phi_{SB}^{B} < \phi_{FB}^{S} < \phi^{S} < \phi^{B} \tag{12.47}$$

但当 L^w 比较大时，转而下面的排序成立：

$$\phi^{S} < \phi^{B} < \phi_{FB}^{B} < \phi_{SB}^{B} < \phi_{FB}^{S} \tag{12.48}$$

图 12－4 描绘了前一种排序。根据横轴表示的贸易自由度大小，均衡区位和最优区位已按照相对大小排序了。举例来说，如果贸易自由度非常小（$\phi < \phi_{FB}^{B}$），那么市场行为偏好产业活动的分散分布，地方政府也偏好分散分布。从而，可以发现一个很有趣的现象，也就是将存在一个贸易自由度取值区间，在此区间内，市场行为促使产业活动的分散分布，而地方政府却促使产业活动的聚集分布。在图 12－4 中可以看出，这类区间的一个非常明确的子集是（ϕ_{FB}^{S}，ϕ^{S}），当贸易自由度位于这个区间时，在寻求社会福利最大化的地方政府来看，市场行为偏好的分散分布是一种无效率的分布。图 12－5 描绘了后一种排序。在

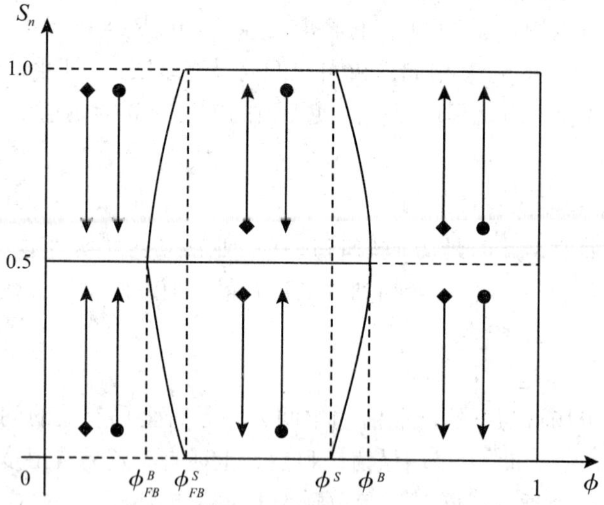

图 12－4　无效率分散

注：凡带圆点的箭头表征地方政府的偏好指向，凡带方点的箭头表征市场行为的偏好指向，图 12－5 类同。

资料来源：Richard Baldwin，Rikard Forslid，Philippe Martin，Gianmarco Ottaviano and Frederic Robert－Nicoud. Economic Geography and Public Policy ［M］. Princeton：Princeton University Press，2003：271.

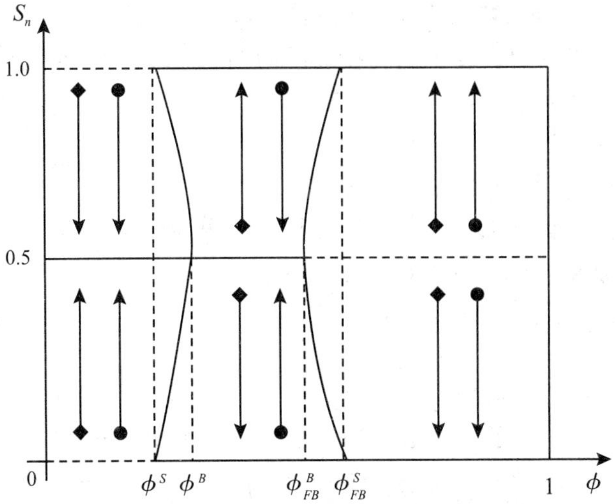

图 12－5　无效率聚集

资料来源：Richard Baldwin, Rikard Forslid, Philippe Martin, Gianmarco Ottaviano and Frederic Robert－Nicoud. Economic Geography and Public Policy［M］. Princeton：Princeton University Press, 2003：271.

图 12－5 中，也明确存在着某个贸易自由度的取值区间，在这个区间内，市场行为促使产业活动的空间聚集，但是地方政府将选择产业活动的分散分布。这类区间的一个非常明确的子集是（ϕ^B，ϕ^B_{FB}）。这就表明市场行为偏好的聚集分布也是一种无效率的分布。所以，此时的情况恰好与图 12－4 相反。

进一步深入分析，由式（12.37）和式（12.41）可知，如果式（12.49）成立，那么 ϕ^B_{FB} 就大于 ϕ^B。

$$L^w - 1 > 2\frac{(1-a)(1-b)}{a+b} \tag{12.49}$$

在式（12.49）中，只要最优结果和非黑洞条件成立，那么两边都是正的。同时，式（12.49）的右边是 σ 的增函数，以及 μ 的减函数。当 σ 很小，μ 很大时，经营利润就很大，人力资本所有者的工资率也就很高。在这种情况下，从市场角度上看，人力资本所有者的权重应该要大。但是如果与 $H^w=1$ 相比，L^w 很大时，从地方政府的角度上看，市场赋予人力资本所有者的权重太大了，因为它关心的是人口数量而不是收入水平。因为人力资本所有者偏好聚集，所以在市场条件下，当工业品之间替代弹性系数（σ）较小、对工业品的支出份额（μ）较大，以及劳动力人数规模（L^w）很大时，将出现产业活动的空间聚集。然而，地方政府尽可能使产业活动在空间上分散分布（$\phi^B < \phi^B_{FB}$）。

从式（12.45）、式（12.46）和式（12.47）中可以得出如下结论。

结论 12 – 16：当聚集力很强（也就是 $1/\sigma$ 和 μ 都很大）且比值 L^w/H^w 很大时，存在一个贸易自由度区间，在该区间内，市场行为促使产业活动的空间聚集而地方政府尽可能使产业活动分散布局。当聚集力很弱且比值 L^w/H^w 较小时，情况正好相反。

6. 过度聚集和聚集不足：依据要素群体的分析

与 FC 模型一样，如果分为两类不同的利益群体，探讨不同要素群体之间的利益冲突是很有意义的。首先，看一下劳动力所有者 L，作为一个群体，它们的总福利水平为（假定 $s_L=1/2$）：

$$W_L=\frac{aL^w}{2}\ln(\Delta\Delta^*) \tag{12.50}$$

式（12.50）是关于 s_n 的凹函数，当经济完全对称（$s_n=1/2$）时，W_L 有一个最大值；当 $s_n=0$ 和 $s_n=1$ 时，W_L 有两个最小值。

其次，看一下人力资本所有者 H，作为一个群体，它们的福利水平为：

$$W_H=\ln w^{s_n}(w^*)^{1-s_n}-\ln P^{s_n}(P^*)^{1-s_n} \tag{12.51}$$

式（12.51）是关于 s_n 的凸函数，当 $s_n=1/2$ 时，W_H 有一个最小值；当 $s_n=0$ 和 $s_n=1$ 时，W_H 有两个最大值，即完全聚集要优于对称分布。这样，在 FE 模型情况下，会得出如下重要的结论。

结论 12 – 17：劳动力所有者群体偏好产业活动的分散模式，人力资本所有者群体偏好产业活动的聚集模式。

第三节　本章小结

至此，本章就已经提供了一套完整的术语和一个完备的分析框架，用以探讨新经济地理学领域内的福利、效率与公平问题。假设经济系统中存在两个区域、两个部门，以及两种生产要素；农业部门以瓦尔拉斯一般均衡为特征，工业部门以垄断竞争和生产差异化产品为特征；劳动力供给固定且不能在区域之间流动，资本能否在区域之间流动就主要取决于模型。在传统偏好情况下，福利效应可以归纳为三种类型：瓦尔拉斯效应；生产租金、规模和区位效应；累积和转移效应。在迪克希特 – 斯蒂格利茨偏好下，CP 模型、FE 模型和 FC 模型包含三种类型的福利效应：边界价格效应；区位效应；要素转移的福利效应。在 CC 模型中，资本创造对福利没有影响。

FC 模型、FE 模型和 CC 模型常用来研究在垄断竞争、规模报酬递增和贸易成本条件下的聚集和区域经济发展问题，聚集和区域经济发展与经济主体的福利水平密切相关。FC 模型中的福利效应来自“区位效应”或者“生活成本效应”。流动要素的重新布局导致产业活动的重新布局，从而导致区际利益冲突，但是同一个区域内的要素所有者之间不存在利益冲突。因此，采取不干涉策略就是帕累托有效的。在社会最优时的本地市场效应和社会最优时的放大效应的作用下，社会最优的产业活动空间布局要求规模较大的区域拥有较大的产业份额，贸易自由度的提高会促使产业活动空间布局变得更加不平衡。

对市场均衡条件下，产业活动空间聚集程度（过多与过少）的分析表明，产业的市场配置与社会配置相比，市场配置更加注重支出，两者的差距取决于支出份额与人口份额。因此，只有当较大区域具有较高的人均收入时，市场才会使更多的产业聚集在较大区域；并且除了区域相对要素禀赋相等或资本收益和劳动力报酬相等这两种锋刃情况，市场条件下的产业分布是社会次优的。随着贸易壁垒的降低，市场标准下的产业活动分布越来越不同于最优分布，但是相对的福利损失逐渐减小。从要素群体来看，它们之间存在着潜在的冲突，劳动力所有者认为市场配置和地方政府配置都在资本富裕的地区配置了过多的企业。

与 FC 模型一样，FE 模型不存在能够实现帕累托改进的产业活动空间分布。从人力资本所有者的角度上看，帕累托有效的分散结果是 $s_n=1/2$。人力资本所有者的福利水平在经济系统处于核心—边缘结构时达到最大值。如果产业活动在空间上均衡分布，那么劳动力所有者的效用的总和最大，但劳动力所有者都偏好产业活动在本地区内聚集。在市场均衡条件下，存在一个贸易自由度区间，在区间内，市场力促使产业活动聚集分布，而地方政府尽可能使产业活动分散分布。当聚集力很弱时，发生的情况将会相反。在 FE 模型中，劳动力所有者群体偏好产业活动的分散分布，而人力资本所有者群体偏好产业活动的聚集分布。

附　　录

12A：FE 模型中企业家的名义工资率

在 FE 模型中，根据北部的市场份额公式和函数 B 的表达式，可有：

$$B=\frac{s_E}{s_n+\phi(1-s_n)}+\phi\frac{1-s_E}{\phi s_n+(1-s_n)}=\frac{(1-b)s_L+bBs_n}{s_n+\phi(1-s_n)}+\phi\frac{1-(1-b)s_L-bBs_n}{\phi s_n+(1-s_n)}$$

如果不可流动要素 L 的分布为对称分布，那么有 $s_L=1/2$。若将其代入上式，并初步整理可得：

$$[s_n+\phi(1-s_n)][\phi s_n+(1-s_n)]B=[(1-b)/2+bBs_n][\phi s_n+(1-s_n)]$$
$$+\phi[(1+b)/2-bBs_n][s_n+\phi(1-s_n)]$$

在这里，先整理等号右边，将含有 B 和不含有 B 的区分开来，从而可得：

$$RH=\frac{1-b}{2}[\phi s_n+(1-s_n)]+\frac{1+b}{2}\phi[s_n+\phi(1-s_n)]$$
$$+bBs_n\{[\phi s_n+(1-s_n)]-\phi[s_n+\phi(1-s_n)]\}$$

继续按照分别含有 s_n 和 $1-s_n$ 的部分进行归类，可得：

$$RH=s_n\left(\phi\frac{1-b}{2}+\phi\frac{1+b}{2}\right)+(1-s_n)\left(\frac{1-b}{2}+\phi^2\frac{1+b}{2}\right)+bBs_n(1-s_n)(1-\phi^2)$$

回到原式，并通过移项处理，可得：

$$\{[s_n+\phi(1-s_n)][\phi s_n+(1-s_n)]-bs_n(1-s_n)(1-\phi^2)\}B=$$
$$\phi s_n+\frac{1-b+\phi^2+b\phi^2}{2}(1-s_n)$$

等号左边 B 的系数乘开来，并依次按照 s_n^2、s_n 和常数项归类，可得：

$$LH=\{-s_n^2[(1-\phi)^2-b(1-\phi^2)]+s_n[(1-\phi)^2-b(1-\phi^2)]+\phi\}B$$
$$=\{-s_n^2(1-\phi)[(1-\phi)-b(1+\phi)]+s_n(1-\phi)[(1-\phi)-b(1+\phi)]+\phi\}B$$

据此可知：

$$\{-s_n^2(1-\phi)[(1-\phi)-b(1+\phi)]+s_n(1-\phi)[(1-\phi)-b(1+\phi)]+\phi\}B$$
$$=\frac{1}{2}\{2\phi s_n+(1-s_n)[(1+\phi^2)-b(1-\phi^2)]\}$$

两边同时除以 $(1+\phi)^2$，并整理，可得：

$$\left[-s_n^2\frac{1-\phi}{1+\phi}\left(\frac{1-\phi}{1+\phi}-b\right)+s_n\frac{1-\phi}{1+\phi}\left(\frac{1-\phi}{1+\phi}-b\right)+\frac{\phi}{(1+\phi)^2}\right]B$$
$$=\frac{1}{2}\{[(1+\phi^2)-b(1-\phi^2)]-s_n[(1-\phi)^2-b(1-\phi^2)]\}$$
$$=\frac{1}{2}\left[\frac{1+\phi^2}{(1+\phi)^2}-b\frac{1-\phi}{1+\phi}-s_n\frac{1-\phi}{1+\phi}\left(\frac{1-\phi}{1+\phi}-b\right)\right]$$

令 $Z=(1-\phi)/(1+\phi)$，则上式可以化简为：

$$\left[(b-Z)Zs_n^2-(b-Z)Zs_n+\frac{1-Z^2}{4}\right]B=\frac{1}{2}\left[\frac{1+Z^2}{2}-bZ-Z(Z-b)s_n\right]$$

将上式处理成关于 $s_n-1/2$ 而非 s_n 的表达式，并最终可有：

$$B=B(s_n)=\frac{1-Z[b+2(Z-b)(s_n-1/2)]}{1-Z[b+4(Z-b)(s_n-1/2)^2]}$$

类似地，南部的企业家名义工资率为：

$$B^*=B^*(s_n)=\frac{1-Z[b-2(Z-b)(s_n-1/2)]}{1-Z[b+4(Z-b)(s_n-1/2)^2]}\quad（证毕）$$

12B：FE模型的社会福利函数

参考式（12.27），我们定义社会福利函数为所有个体间接效用之和，从而可有：

$$W=H^w\left(s_n\ln\frac{w}{P}+s_n^*\ln\frac{w^*}{P^*}\right)+L^w\left(s_L\ln\frac{1}{P}+s_L^*\ln\frac{1}{P^*}\right)$$

若地方政府强制要求厂商依据边际成本定价，则有：$P=(1-1/\sigma)^{\mu}\Delta^{-a}$，$P^*=(1-1/\sigma)^{\mu}(\Delta^*)^{-a}$。据此可以分别求得：

$$\ln\frac{1}{P}=\ln(1-1/\sigma)^{-\mu}\Delta^{a}=-\mu\ln(1-1/\sigma)+a\ln\Delta,$$

$$\ln\frac{1}{P^*}=\ln(1-1/\sigma)^{-\mu}(\Delta^*)^{a}=-\mu\ln(1-1/\sigma)+a\ln\Delta^*$$

将其代入上式，可得：

$$W=\ln\overline{w}-\mu(H^w+L^w)\ln(1-1/\sigma)+aH^w[s_n\ln\Delta+(1-s_n)\ln\Delta^*]+\frac{aL^w}{2}\ln(\Delta\Delta^*)$$

其中，$\ln\overline{w}=H^w[s_n\ln w+(1-s_n)\ln w^*]$，即为需要一次性转移收入的相关表达式。

若要社会福利函数最大化，则需要求解关于 s_n 的导数：

$$\frac{\partial W}{a\partial s_n}=(\ln\Delta-\ln\Delta^*)+(1-\phi)\left(\frac{s_n}{\Delta}-\frac{1-s_n}{\Delta^*}\right)+(1-\phi)\frac{L^w}{2}\left(\frac{1}{\Delta}-\frac{1}{\Delta^*}\right)$$

经整理，最终可得：

$$\frac{\partial W}{a\partial s_n}=\ln\left[1+\frac{2(1-\phi)}{\Delta^*}\left(s_n-\frac{1}{2}\right)\right]+(1-\phi)\frac{2\phi-(1-\phi)L^w}{\Delta\Delta^*}\left(s_n\ \frac{1}{2}\right)\quad（证毕）$$

12C：FE模型次优结果中的 ϕ_{SB}^S 和 ϕ_{SB}^S

首先，当 $s_n=1/2$ 时，以下等式关系是成立的：

$$\Delta=\Delta^*=(1+\phi)/2,\ w=w^*=bL^w/(1-b),\ \Delta'=1-\phi=-(\Delta^*)'$$

为了方便书写，我们记：$\chi=1-Z[b+4(Z-b)(s_n-1/2)^2]$，$\varepsilon=1-Z[b+2(Z-b)(s_n-1/2)]$，以及 $\eta=1-Z[b-2(Z-b)(s_n-1/2)]$，从而有：

$$w=\frac{bL^w}{1-b}\frac{\varepsilon}{\chi},\ w^*=\frac{bL^w}{1-b}\frac{\eta}{\chi}$$

其中，当 $s_n=1/2$ 时，$\chi_0=1-bZ$，$\varepsilon_0=1-bZ$，$\eta_0=1-bZ$。

其次，依据式（12.43），求解社会福利函数 W 关于 s_n 的导数，可得：

$$\frac{dW}{ds_n}=\ln w-\ln w^*+s_n\frac{w'}{w}+(1-s_n)\frac{(w^*)'}{w^*}+a\left[\ln\Delta-\ln\Delta^*+s_n\frac{\Delta'}{\Delta}+(1-s_n)\frac{(\Delta^*)'}{\Delta^*}\right]$$
$$+\frac{aL^w}{2}\left(\frac{\Delta'}{\Delta}+\frac{(\Delta^*)'}{\Delta^*}\right)$$

我们已知，当 $s_n=1/2$ 时，定有 $dW/ds_n=0$。为了有利于求解二阶导数，我们仅将等号右边部分结果代入，而不做过多的数值计算。根据式（12.35），可有：

$$w'\big|_{s_n=1/2}=\frac{bL^w}{1-b}\frac{2Z(Z-b)}{\chi_0},\quad (w^*)'\big|_{s_n=1/2}=\frac{bL^w}{1-b}\frac{2Z(Z-b)}{\chi_0}$$

据此，可以初步整理得到当 $s_n=1/2$ 时的导数：

$$\frac{dW}{ds_n}=(\ln w-\ln w^*)-\frac{bL^w}{1-b}\frac{2Z(Z-b)}{\chi_0}\left(\frac{s_n}{w}-\frac{1-s_n}{w^*}\right)$$
$$+a\left[\ln\Delta-\ln\Delta^*+(1-\phi)\left(\frac{s_n}{\Delta}-\frac{1-s_n}{\Delta^*}\right)\right]+\frac{a(1-\phi)L^w}{2}\left(\frac{1}{\Delta}-\frac{1}{\Delta^*}\right)$$

最后，基于上式，我们就可以继续求解二阶导数：

$$\frac{d^2W}{ds_n^2}=\frac{w'}{w}-\frac{(w^*)'}{w^*}-\frac{bL^w}{1-b}\frac{2Z(Z-b)}{\chi_0}\left(\frac{w-s_nw'}{w^2}-\frac{-w^*-(1-s_n)(w^*)'}{w^*}\right)$$
$$+a\left[\frac{\Delta'}{\Delta}-\frac{(\Delta^*)'}{\Delta^*}+(1-\phi)\left(\frac{\Delta-s_n\Delta'}{\Delta^2}-\frac{-\Delta^*-(1-s_n)(\Delta^*)'}{(\Delta^*)^2}\right)\right]$$
$$-\frac{a(1-\phi)L^w}{2}\left(\frac{\Delta'}{\Delta^2}-\frac{(\Delta^*)'}{(\Delta^*)^2}\right)$$

代入当 $s_n=1/2$ 时各变量相关的取值，并整理可知 ϕ_{SB}^B 须满足方程：

$$\frac{Z(Z-b)^2}{(1-bZ)^2}-a(1+L^w)Z+2a=0$$

其中，$Z=(1-\phi_{SB}^S)/(1+\phi_{SB}^S)$。

现在，我们转向求解 ϕ_{SB}^B。根据该临界值的要求，需要依据式（12.43）分别求解当 $s_n=0$、$s_n=1/2$ 和 $s_n=1$ 时的社会福利水平：

当 $s_n=0$ 时，易知：$\Delta=\phi$，$\Delta^*=1$，$w^*=w_0=bL^w/(1-b)$，从而可有：

$$W\big|_{s_n=0}=\ln w^*+a\ln\Delta^*+\frac{aL^w}{2}(\ln\Delta+\ln\Delta^*)=\ln w_0+\frac{aL^w}{2}\ln\phi$$

当 $s_n=1/2$ 时，易知：$\Delta=\Delta^*=(1+\phi)/2$，$w=w^*=w^0=bL^w/(1-b)$，从而可有：

$$W\big|_{s_n=0}=\ln w+a\ln\Delta+aL^w\ln\Delta=\ln w_0+a(1+L^w)\ln\frac{1+\phi}{2}$$

当 $s_n=1$ 时，易知：$\Delta=1$，$\Delta^*=\phi$，$w=w_0=bL^w/(1-b)$，从而可有：

$$W|_{s_n=1}=\ln w+a\ln\Delta+\frac{aL^w}{2}(\ln\Delta+\ln\Delta^*)=\ln w_0+\frac{aL^w}{2}\ln\phi$$

由此可知，临界值 ϕ_{SB}^B 须满足的方程为：

$$\frac{L^w}{2}\ln\phi=(1+L^w)\ln\frac{1+\phi}{2}$$

经适当变换，即可得：

$$(\phi_{SB}^B)^{L^w/2}-[(1+\phi_{SB}^B)/2]^{1+L^w}=0\text{（证毕）}$$

参考文献

[1] Richard Baldwin, Rikard Forslid, Philippe Martin, Gianmarco I. P. Ottaviano & Frederic Robert – Nicoud. Economic Geography and Public Policy [M]. Princeton University Press, 2003.

[2] Dixit, A. and V. Norman. Theory of International Trade [M]. London: Cambridge University Press, 1980.

[3] Helpman, E. and P. Krugman. Trade Policy and Market Structure. Cambridge [M]. MA: MIT Press, 1989.

[4] Ottaviano, G I P. Home Market Effects and the (in) efficiency of International Specialization [J]. Mimeo, Graduate Institute of International Studies, 2001.

第十三章

产业聚集和分散与经济增长

在经济发展过程中，伴随着运输成本的变化，厂商的利润结构以及消费者的福利结构都将发生变化，此时，厂商将依据其利润最大化原则，消费者依据其福利最大化原则重新选择各自的活动区位，最终形成新的均衡区位。这一过程，通常就是产业空间布局的变化过程，通过这种变化过程，最终实现产业空间分布的平衡或产业空间分布的非平衡，这就是本章要讨论的产业活动的空间扩散和空间聚集问题。本章的讨论，基本沿用了藤田昌久、保罗·克鲁格曼和安东尼·维纳布尔斯（1999）建立的中间投入品模型①和R. E. 鲍德温等（2002）建立的垂直联系模型，② 但在编写过程中对中间产品模型进行了适当的调整。

第一节　产 业 扩 散

中间投入品模型（垂直联系模型）表明，由于前向和后向联系，运输成本的下降使得先形成核心边缘结构，也就是，在经济系统中存在着核心区和边缘区，但随着运输成本的持续下降，核心边缘结构将发生变化，原因在于工业品需求的长期增长以及核心区和外围区之间的工资差距持续增大，最终使得核心边缘结构变得无法持续维持下去，将发生产业活动的空间扩散，其结果是实现经济活动空间分布的平衡。下面将对产业扩散的机制、过程以及结果作具体的分析。

---

① Masahisa Fujita, Paul Krugman, Anthony J. Venables. The Spatial Economy: Cities, Regions and International Trade [M]. Cambridge, Mass, The MIT Press, 1999: 241 -261.

② Richard Baldwin, Rikard Forslid, Philippe Martin, Gianmarco Ottaviano and Frederic Robert - Nicoud. Economic Geography and Public Policy [M]. Princeton: Princeton University Press, 2003: 190 -223.

一、经济增长与可维持的工资差异

（一）基本假定

本章在讨论中间投入品模型时，在基本假定上做了相应修正，假定如下。

第一，两区域（用下标1、2表示），两部门（农业部门A和工业部门M），两要素（劳动力L和中间投入品I）。

第二，工业部门为垄断竞争部门，利用劳动力和中间投入品进行生产，区内运输不存在运输成本，而区际运输存在运输成本（τ）。

第三，农业部门为生产技术遵循规模收益递减的部门，其生产函数假设为：$A(1-\lambda)=(K/\eta)\times[(1-\lambda)/K]^{\eta}$；农业部门劳动力的工资水平等于农业部门的边际产出，即$w_j=A'(1-\lambda_j)$。

第四，工业部门的投入要素为工业劳动力λ_j和中间投入品I；其中，λ_j的价格即工业劳动力的工资水平为w_j；中间投入品的价格即工业品的价格指数[①]记为P_j，它为CES型函数，即$P_j=[\sum_{i=1}^{R}n(\tau_{ij}p_i)^{1-\sigma}]^{1/(1-\sigma)}$；在工业部门总投入中，中间投入品所占份额为$\alpha$，劳动力所占份额为$1-\alpha$。参照前面章节的思路，选择适当的产品计量单位使得厂商的边际投入等于投入品成本之加成（$MC=\rho$），则j区域厂商的工业品价格为$p_j=w_j^{1-\alpha}P_j^{\alpha}$。

第五，各区域的劳动力数量不变，且不能跨区流动，但可以在区内工业部门和农业部门之间转移。

第六，假定经济增长过程是外生的，技术进步可以看成是所有初始要素数量增加的过程，通过以效率单位度量初始要素的方式把技术进步纳入模型中（也就是说，技术进步可以提高效率水平，而效率水平的提高可以视为增加了初始要素禀赋的数量）。用L来表示效率水平，则λ_jL、$(1-\lambda_j)L$分别表示区域j的工业劳动力和农业劳动力的效率单位数量，此时，w_j表示每效率单位工业劳动力的工资水平。[②]

第七，本章假设消费者对工业品的支出份额μ是可变的。随着收入水平

---

① P_j与Δ_j的关系是$P_j=(\Delta_j)^{1/(1-\sigma)}$。

② 这里的w_j表示的是每效率单位工业劳动力的工资水平，它与加入技术进步要素的效率单位工业劳动力$L\lambda_j$是相对应的。为简便起见，假定技术进步后的工资水平与前面的每单位工业劳动力工资水平相同，即技术进步后劳动力的工资水平并没有发生变化，但可投入的劳动力数量变为原来的L倍。

的提高，消费者对工业品的支出份额也是变大的。假设消费者对工业品的支出额为$\mu(Y-\bar{Y})$，其中，$\bar{Y}$代表最低食物消费水平，Y代表消费者收入，若$Y<\bar{Y}$，则消费者收入全部用来购买农产品；若$Y>\bar{Y}$，则在收入Y超出$\bar{Y}$的部分中，相当于μ比例的部分用来购买工业品，相当于$1-\mu$比例的部分用来购买农产品。[①]

（二）基本模型

1. 基础模型

根据上述假定，修正的中间投入品模型如下。

假设区域j的工业品价格为$p_j=w_j^{1-\alpha}P_j^{\alpha}$，如果要得出区域$j$的工业品价格指数，那么要确定区域$j$所生产的产品种类数量（即企业数量）$n_j$。在厂商投入要素中劳动力所占份额为$1-\alpha$，故$w_jL\lambda_j=(1-\alpha)n_jp_jq^*$。对厂商规模实施标准化，则$q^*=1/(1-\alpha)$。因此，可以得到$n_j=Lw_j\lambda_j/p_j$。

把n_j和p_j代入工业品价格指数$P_j=[\sum_{i=1}^{R}n_i(p_i\tau_{ij})^{1-\sigma}]^{1/(1-\sigma)}$，则可以得到区域$j$的工业品价格指数方程：

$$P_j^{1-\sigma}=\sum_{i=1}^{R}L\lambda_i w_i^{1-\sigma(1-\alpha)}p_i^{-\alpha\sigma}\tau_{ij}^{1-\sigma} \tag{13.1}$$

其中，就业数量由原来的λ_i变为效率单位数量$L\lambda_i$，以技术进步引入模型中。

由市场出清条件可知企业生产规模为$q^*=\sum_{i=1}^{R}(p_j\tau_{ji})^{-\sigma}E_iP_i^{\sigma-1}\tau_{ji}$，把$q^*=1/(1-\alpha)$、$p_j=w_j^{1-\alpha}P_j^{\alpha}$代入，则可以得到效率单位劳动力的工资方程：

$$\frac{(w_j^{1-\alpha}P_j^{\alpha})^{\sigma}}{1-\alpha}=\sum_{i=1}^{R}P_i^{\sigma-1}E_i\tau_{ji}^{1-\sigma} \tag{13.2}$$

对工业品的支出，来自居民的直接消费需求以及厂商对中间投入品的需求。区域j的中间投入品需求为$\alpha n_jp_jq^*$，由$w_jL\lambda_j=(1-\alpha)n_jp_jq^*$可以得$n_jp_jq^*=w_jL\lambda_j/(1-\alpha)$，则，区域$j$对工业品支出方程为：

$$E_j=\mu(Y_j-\bar{Y})+\frac{\alpha w_jL\lambda_j}{1-\alpha} \tag{13.3}$$

---

① 式$\mu(Y-\bar{Y})$表明，随着收入水平的提高，对工业品的支出份额也提高。证明如下：线性体系下的工业品支出份额设为γ，则$\gamma=\mu(Y-\bar{Y})/Y$，求γ关于Y的导数，则$d\gamma/dY=\mu\bar{Y}/Y^2>0$，即$\gamma$随$Y$的增长而提高。

区域 j 的收入方程为：

$$Y_j = w_j L\lambda_j + A(1-\lambda_j)L \tag{13.4}$$

式（13.4）中的第一项为工业部门劳动力的工资收入，第二项为农业部门劳动力的工资收入（它等于农业部门的产值）。由于两种部门初始资源要素的技术进步率相同，因此，两个项均乘以 L。

本章假定函数 $A(1-\lambda_j)$ 是严格凹的，这意味着，每个区域都会保留农业部门，经济系统中农业部门和工业部门共存且劳动力在两部门之间自由流动。因此，两部门每效率单位劳动力最终具有相同的工资率：

$$w_j = A'(1-\lambda_j) \tag{13.5}$$

根据上述式（13.1）~式（13.5），可以从这种情形开始分析，初始产业聚集在某个区域形成工业中心，然后开始分散。为此，我们需要确定产业开始从工业中心向其他区域扩散的临界点。这个点，可以通过寻找持续点的方法来确定。假定恰有两个区域，生产集中在区域1，所以 $\lambda_1>0$ 而 $\lambda_2=0$。

根据这种产业分布模式，结合式（13.1）和式（13.2），可以得到两个区域工业部门的相对效率工资率水平：①

$$\tau^{\alpha\sigma}(w_2/w_1)^{(1-\alpha)\sigma} = \frac{E_1\tau^{1-\sigma}+E_2\tau^{\sigma-1}}{E_1+E_2} \tag{13.6}$$

由于工业部门全部集中在区域1，所以有 $w_1=A'(1-\lambda_1)$，即区域1的农业劳动力的工资率等于工业劳动力的工资率；区域2无工业部门，只存在农业部门，所以区域2的工业劳动力份额为 $\lambda_2=0$，农业劳动力份额为 $1-\lambda_2=1$。只要 $w_2 \leqslant A'(1)$，区域2的劳动力没有激励从农业部门转到工业部门，全部工业集中在区域1的这种核心边缘结构就会维持下去。因此，$A'(1)\geqslant w_2$ 可以看作是核心边缘结构的维持条件。根据 $w_1=A'(1-\lambda_1)$ 和式（13.6），维持条件 $A'(1)\geqslant w_2$ 变成如下形式（维持条件方程）：

$$A'(1) \geqslant A'(1-\lambda_1)\left[\left(\frac{E_1}{E_2+E_1}\tau^{1-\sigma}+\frac{E_2}{E_2+E_1}\tau^{\sigma-1}\right)\tau^{-\alpha\sigma}\right]^{1/[(1-\alpha)\sigma]} \tag{13.7}$$

区域1的工业品生产要满足两个区域对工业品的总指出。区域1的工业部门劳动力工资收入占企业总收益的比例为 $1-\alpha$。因此，区域1的劳动力工资满足等式：

① 证明如下：由 $\lambda_1>0$、$\lambda_2=0$，可以得出工业品价格指数 $P_1=[L\lambda_1 w_1^{1-\sigma(1-\alpha)}P_1^{-\alpha\sigma}]^{1/(1-\sigma)}$ 和 $P_2=[L\lambda_1 w_1^{1-\sigma(1-\alpha)}P_1^{-\alpha\sigma}\tau^{1-\sigma}]^{1/(1-\sigma)}$，进而可得 $P_2/P_1=\tau$。由式（13.2）可以得出，

$$\frac{w_2^{(1-\alpha)\sigma}}{w_1^{(1-\alpha)\sigma}}\tau^{\alpha\sigma} = \frac{E_1\tau^{1-\sigma}+(P_2/P_1)^{\sigma-1}E_2}{E_1+(P_2/P_1)^{\sigma-1}E_2\tau^{1-\sigma}} = \frac{E_1\tau^{1-\sigma}+E_2\tau^{\sigma-1}}{E_1+E_2},$$

进而式（13.6）得证。

$$w_1 L\lambda_1 = (1-\alpha)(E_1 + E_2) \tag{13.8}$$

根据式（13.3）和式（13.4），E_1 和 E_2 在 $\lambda_1>0$、$\lambda_2=0$ 的情况下可以由式（13.9）表示：

$$\begin{cases} E_1 = \mu[w_1 L\lambda_1 + A(1-\lambda_1)L - \bar{Y}] + (\alpha w_1 L\lambda_1)/(1-\alpha) \\ E_2 = \mu[A(1)L - \bar{Y}] \end{cases} \tag{13.9}$$

把式（13.9）中 E_1 和 E_2 相加，并代入式（13.8）可得：

$$w_1 L\lambda_1(1-\mu) = \mu[A(1)L + A(1-\lambda_1)L - 2\bar{Y}] \tag{13.10}$$

式（13.10）与 $w_1 = A'(1-\lambda_1)$ 一起可以计算出 w_1 和 λ_1，继而可以计算式（13.9）中的 E_1 和 E_2。因此，在 E_1、E_2 和 λ_1 已知的情况下，计算式（13.7）的维持条件方程，则可以得出所有变量的解。利用数值模拟方法，模拟维持条件方程，[①] 就可以得到有关 L 和 T 之间关系的不等式 $L \leqslant f(\tau)$ 的形式（见图 13－1）。

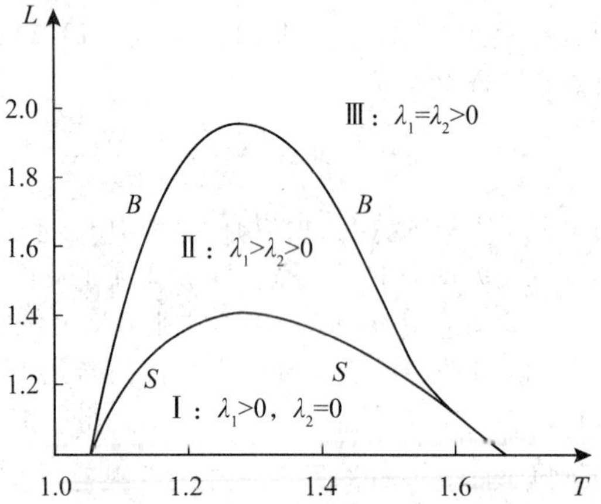

图 13－1　突破点和持续点

资料来源：Masahisa Fujita，Paul Krugman，Anthony J. Venables. The Spatial Economy：Cities，Regions and International Trade［M］. Cambridge，Mass：The MIT Press，1999：267.

2. 图 13－1 的说明

SS 曲线：首先，图 13－1 的中横轴和纵轴分别表示 τ 和 L，*SS* 曲线指的是核心边缘结构的维持线。*SS* 曲线是各个参数值代入式（13.7）所得到的维持条件，且不等号取等号的情况下得到的。在 *SS* 曲线的下方（区域Ⅰ），制造业集

① 相关参数值如下：$\sigma=5$、$\alpha=0.4$、$\mu=0.9$、$\eta=0.95$、$\bar{Y}=0.67$。农业部门的生产函数为 $A(1-\lambda_j)=(K/\eta)[(1-\lambda_j)/K]^{\eta}$，其中，$K$ 是一个常数，可以把它看成是农业部门的特征要素，比如土地存量，当进行数值模拟时，选择适当的 K 的单位，使得对称均衡时的农业部门的工资为 1。

中在区域Ⅰ的核心边缘结构是可以维持的，即 $\lambda_1 > 0$，$\lambda_2 = 0$ 的状况可以维持；在 SS 曲线的上方，这种核心边缘结构是不能维持的。其次，维持线呈驼峰状，这意味着，当贸易成本很低或很高时，难以形成核心边缘结构；当贸易成本处于中间状态时，易于形成核心边缘结构。

本章并不是要重点讨论贸易成本（τ）的变化对核心边缘结构的影响，而是要讨论效率水平（L）的变化对核心边缘结构的影响。图 13－1 表明，随着效率水平的提高，即随着技术进步和经济增长，产业聚集在区域Ⅰ的核心边缘结构最终不能维持，因为当 $\bar{Y} > 0$ 时，效率水平的提高，促使区域Ⅰ的工业劳动力工资水平（w_1）的上升和工业劳动力数量（λ_1）的增加，[①] 原因是收入水平的提高扩大对工业品的需求，而工业品生产主要集中在区域Ⅰ，因此，工资水平和劳动力数量都在增长。

总之，技术进步，即效率水平的提高对维持条件式（13.7）有两方面的影响。

第一，技术进步提高了劳动力的工资水平，这表明区域Ⅰ的生产成本上升，因此，区域Ⅱ相对于区域Ⅰ对厂商更有吸引力，也就是说，区域Ⅰ劳动力工资水平的提高，促成了区域Ⅰ生产成本的上升，这就促成了制造业活动的空间扩散。

第二，技术进步导致区域Ⅰ的工业劳动力数量的增加和劳动力工资水平的提高，也就是区域Ⅰ聚集了众多的制造业部门并支付给工业劳动力更高水平的工资。这就扩大了区域Ⅰ的支出规模，提高了区域Ⅰ的支出份额，这加强了后向联系，强化了聚集过程。

因此，技术进步所导致的净效应，将取决于相对工资水平和后向联系强度之间的相互关系。相对工资水平的变化将导致产业活动的空间扩散，而后向联系的加强将导致产业活动的空间聚集。这样，分散力和聚集力的相对强度决定技术进步的净效应。

在式（13.7）的维持条件方程中，工资变化项［$A'(1-\lambda_1)$］为扩散因素，支出变化项［$\tau^{1-\sigma} \times E_1/(E_1+E_2) + \tau^{\sigma-1} \times E_2/(E_1+E_2)$］为聚集因素。就图 13－1 而言，是分散力占主导，即随着技术的进步，初始的核心边缘结构不能再维持，超出了 SS 曲线。在通常情况下，工业品支出份额（μ）越小，SS 曲线所处位置越高，产业活动空间聚集会持续更长时间；投入产出联系（α）越大，SS 曲线所处位置越高，产业活动空间聚集会持续更长时间。

---

① 对式（13.10）作全微分，可得 $d\lambda_1/dL > 0$，再对式（13.11）作全微分，可得 $dw_1/d\lambda_1 > 0$。

BB 线：上述分析主要集中在核心边缘结构持续的情况，但如果核心边缘结构已被打破，也就是 *SS* 曲线被穿破，将会是什么样的情况呢？这取决于战斧图是战斧状还是叉状，若是战斧状，则存在不连续性，即产业活动空间分布从核心边缘结构（图 13－1 中的区域Ⅰ）跳跃至对称结构（图 13－1 中的区域Ⅲ，$\lambda_1=\lambda_2$）；如果是叉状，则产业活动空间分布是连续变化的，即 λ_1 和 λ_2 随 L 的提高连续变化，进入 $\lambda_1>\lambda_2>0$ 的区间，即图 13－1 中的区域Ⅱ，最终达到 *BB* 曲线上方的对称均衡（趋同）的区域，即 $\lambda_1=\lambda_2>0$。图 13－1 中 *BB* 曲线上所有点，原本为对称均衡遭到破坏时的突破点，故 *BB* 线可称作为对称均衡的突破线，但如果是从下而上（L 从小到大）变化的角度来分析，那么图 13－1 中的 *BB* 曲线可以理解为对称均衡的恢复线，如果是从上而下（L 从大到小）变化的角度来分析，那么 *BB* 曲线可以看成是对称均衡的突破线。

上述分析表明，随着 L 的增加，产业活动空间结构，由核心边缘结构演变为非对称结构，最终它又演变为完全均衡结构，这就意味着发生了产业活动的空间扩散。实际上，随着技术进步（L 变大），区域Ⅰ（核心区）和区域Ⅱ（边缘区）的实际工资差距也发生相应的变化，这可以通过考察各区域实际工资与两区域平均实际工资的比值（$\omega_i/\bar{\omega}$）与 L 的关系来进行判断，① 具体见图 13－2。

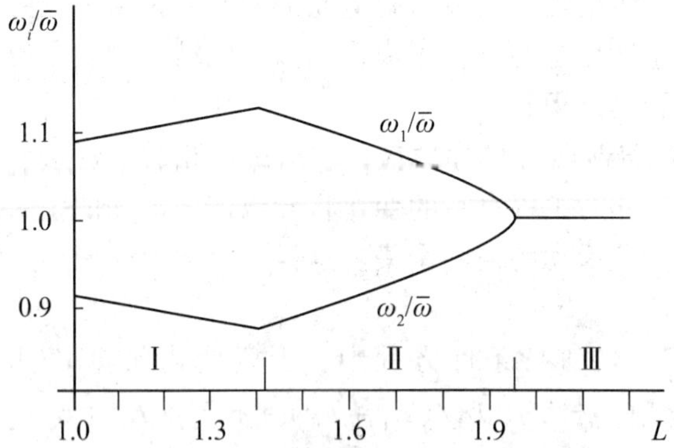

图 13－2　相对实际工资，两国模型

资料来源：Masahisa Fujita，Paul Krugman，Anthony J. Venables. The Spatial Economy：Cities，Regions and International Trade［M］. Cambridge，Mass：The MIT Press，1999：269.

3. 图 13－2 的说明

当 L 位于横轴上的区间Ⅰ时，生产活动集中在区域Ⅰ，区域Ⅰ的工资水平

① 参数值为 $\sigma=5$、$\alpha=0.4$、$\mu=0.9$、$\eta=0.95$、$\bar{Y}=0.67$、$\tau=1.3$。

高于区域Ⅱ。L 的增长扩大了对工业品的需求，强化了区域Ⅰ的产业聚集趋势，提高了工业部门劳动力的工资水平，但区域Ⅰ的农业部门进一步萎缩。在这一阶段，区际的经济结构以及工资水平逐渐发生分化。

当 L 处于第二阶段时，区域Ⅱ开启了工业化进程。其工业化开始于这样的时刻，即两区域的工资差距达到一定程度，对一些厂商而言，从区域Ⅰ转移到区域Ⅱ变得有利可图，尽管此时区域Ⅰ的投入产出联系仍对厂商有利，但逐渐被区域Ⅰ的工资持续增长趋势所抵消。L 的增加缩小了区际工资差距，工资差距以递增的速度缩小，原因是当产业向区域Ⅱ扩展时，产生了它自己的投入产出联系，加快了与区域Ⅰ的趋同化过程。另外在此过程中，区域Ⅰ的产业份额的下降、劳动力实际工资或升或降，都取决于在工业部门或农业部门就业机会、价格指数变化以及潜在的技术进步速率。

最后，当 L 继续增长时，整个经济系统进入了成熟阶段，实现了区际的完全趋同。可以看出，区际工资差距缩小的过程就是产业活动空间扩散的过程。

二、多产业多区域情况下的产业扩散

上面着重分析的是两区域两部门的产业扩散，而本部分将分析多区域多产业的扩散情况。多区域分析，强调产业由一个区域向另一个区域扩散的空间结构。假设我们是从产业聚集在某一个区域的情况开始分析，那么产业是同时向其他各区域扩散，还是逐一向其他区域扩散？多产业分析强调诸如产业结构以及各区域在工业化阶段的贸易模式问题，例如，哪些产业首先从现有产业聚集体中转移出去？通过这样的分析，我们能否确定某一区域的产业结构在工业化阶段会发生何种变化以及在工业化成熟阶段，其产业是否会向新兴工业化区域转移？又因为各个产业对其他产业所产生的前后向联系不相同，有些部门可能前向联系（原材料供给）占重要地位，另一些部门可能后向联系（市场需求）占重要地位，此时各区域工业化的速度和特征如何取决于向外转移的产业呢？

对这些问题，KFV 分析框架（保罗·克鲁格曼、藤田昌久和安东尼·维纳布尔斯的理论框架），在一些假定前提下，通过模拟 5 个区域 7 种产业模型得出了很直观的结论。该分析框架的具体假定如下。

第一，假设 5 个区域的潜在偏好都相同，技术水平（L）以及各区域的禀赋相同，所有产业都集中在一个区域（区域 1），即区域 1 是核心区，其他 4 个区域都是边缘区。

第二，7 种产业假设。7 种产业在劳动力密集度、前后向联系、运输成本等诸多方面存在差异，但重点讨论的是各产业的投入产出联系不同而产生的影响，主要通过投入产出矩阵来分析不同地区的工业化进程。

（一）劳动密集度不同

从最简单的情况开始分析，即除了劳动密集度，7 种产业在其他方面都相同，从产业 1 到产业 7，劳动密集度递减，图 13－3 和图 13－4 给出了这种情况下区域 1、区域 2、区域 3 的经济结构的演进过程。①

图 13－3 的说明。

代入各参数值可以得到每效率单位劳动力的相对实际工资，把它作为效率水平的函数。在横轴，标出了发展阶段。

在Ⅰ阶段：所有产业集中在区域 1，此时，工资差距表示的是区域 1 和区域 2、区域 3 之间的差距（此时，区域 2 和区域 3 的相对工资水平相同）。L 的增加促进经济的发展，导致区际工资差距的扩大，直到在其他区域（2、3）设厂有利可图时，开始进入Ⅱ阶段。

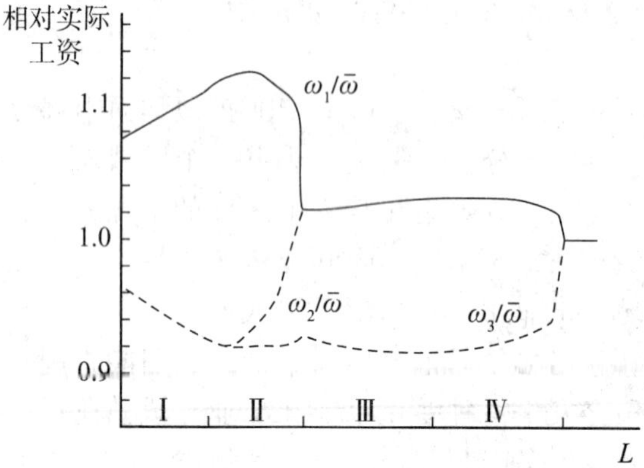

图 13－3　多国模型中的相对实际工资

资料来源：Masahisa Fujita，Paul Krugman，Anthony J. Venables. The Spatial Economy：Cities，Regions and International Trade［M］. Cambridge，Mass：The MIT Press，1999：271.

在Ⅱ阶段：区域 2 开始工业化，区域 1 和区域 2 的工资差距以递增的速率缩小，直到两区域实现完全趋同。需要注意的是，在Ⅱ阶段，区域 3 的相对工资与区域 2 的相对工资的变化情况表明，产业由核心区向外围区扩散时并非同

① 藤田昌久等（1999）在《空间经济学：城市、区域和国际贸易》一书中给出的图 13－3 的参数值为 $\sigma=5$、$\eta=0.94$、$\bar{Y}=0.7$、$\tau=1.2$；需求份额 $\mu^i=0.086$，$i=1$，2，…，7；劳动力份额 $\alpha^i=0.67$、0.61、0.56、0.51、0.45、0.40、0.34；中间投入品份额 $\alpha^{ij}=0.0471$，$i=1$，…，7，$j=1$，…，7。图 13－4 的参数值与图 13－3 的参数值设置相同。

时扩散，而是依次扩散。在Ⅱ阶段开始时，区域2和区域3都开始工业化，即在Ⅱ阶段开始时的某个阶段，区域2和区域3的相对实际工资是相同的，但随着区域2和区域3各自建立其内部的投入产出联系，区域2和区域3的产业结构不再相同。此时，如果某一区域获得某种发展优势，那么这一优势将进一步得到放大，将把其他区域甩在后头，尽管现存的框架并不能说明哪个区域先起飞、哪个区域将滞后，但两区域之间很小的初始差别都将产生很大的影响，使得某区域在关键时刻超出另一个区域。

在Ⅱ阶段结束时，区域2完全赶上区域1，此时区域1和区域2的相对实际工资相同，两区域与区域3的工资差距开始扩大，阶段Ⅲ开始。在此阶段，区域1和区域2的工业劳动力数量不断增加，导致两区域与区域3的工资差距扩大，当工资差距大到不能再维持时，区域3开启工业化进程，即Ⅳ阶段开始了。在Ⅳ阶段，区域3的工资以递增的速率赶上区域1和区域2。

结论13－1：产业由一个核心区向多个外围区扩散时，一般是依次扩散的（先向得到初始优势的区域扩散）。

图13－4给出了产业扩散过程中产业的具体情况。藤田昌久等在1999年模拟时包括了七个产业，但图13－4只展示了其中三个产业的情况，即由上至下按劳动密集度递减的顺序为产业1、产业4、产业7。横轴表示效率参数L，纵轴是各个区域的产出份额，即$s_i(i=1, 2, 3)$，$\sum_{i=1}^{3} s_i = 1$。

结论13－2：劳动密集度高的产业率先转移，因为此类产业对工资差距较为敏感，最先从核心区转移出去。

（二）前向联系与后向联系

若劳动密集度相同，但产业间的投入产出结构不同，那么产业扩散过程又是怎样的呢？为简便起见，我们分以下两种情况讨论。

第一，销售指向不同的情况。

假设所有7种产业有相同的成本结构，但具有不同的销售指向，即从投入产出系数矩阵来看，所有的列要素都相同，但行要素不等（列要素反映该部门对其他部门中间投入品的投入结构，行要素反映其他部门对该部门产品的需求结构）。由于所有产业都使用相同的中间投入品的投入比例，因此，它们所形成的后向联系强度都相同（享受的前向联系强度相同），但是对于行要素较小的产业而言，它所形成的后向联系强度较弱，享受的前向联系强度也较弱，其产出品主要作为最终消费品销售给最终消费者而非作为中间投入品销售给厂商。其结果，消费指向最强的产业率先从现有产业聚集区中转移出去，因为这类产业绝大部分需求来自分散在各个区域的最终消费者，而非与产业聚集区的投入产出关联的中间投入品需求方，因此，消费导向最强的产业率先迁出区域1。

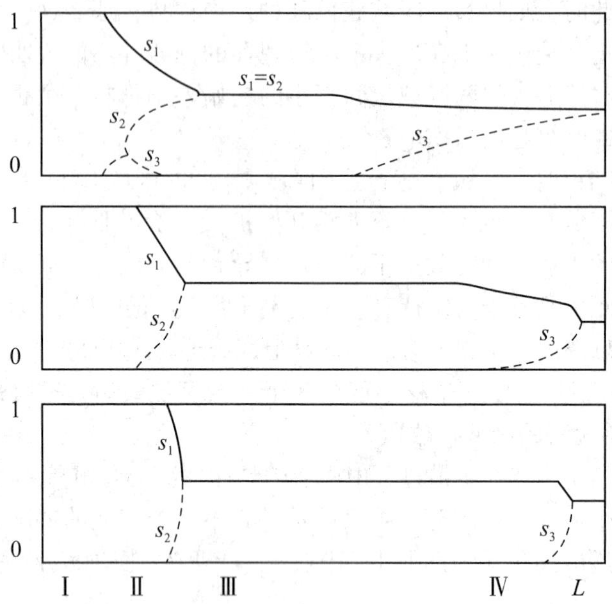

图13－4　各区域产业份额变化趋势（由上到下产业劳动密集度递减）

资料来源：Masahisa Fujita，Paul Krugman，Anthony J. Venables. The Spatial Economy：Cities，Regions and International Trade［M］. Cambridge，Mass：The MIT Press，1999：272.

结论13－3：消费指向最强的产业首先从产业聚集区转移出去。

第二，投入指向不同的情况。

假设所有产业具有相同的销售模式，但中间投入品需求不相同，从投入产出矩阵上看，行要素相等但列要素不等，可见具有较小列要素的产业的中间投入品需求较少，因而从前向联系中获益较少，产生较少的后向联系。无疑，中间投入品需求较低的产业首先转移出去，因为它们很少依赖其他厂商的供给，这些产业的区位选择对工资差距更加敏感，没有太大的必要选择产业聚集区，因而率先从产业聚集区迁移出去。

结论13－4：中间投入品需求较低的产业率先从产业聚集区转移出去。

（三）上游和下游产业

假设所有产业的前向联系和后向联系都不相同，即成本结构和销售结构都不相同，简便起见，分两种情况讨论。

第一，每种产业产生的前向联系和后向联系强度的大小在位次上完全相反。即对于“最上游产业”而言，它具有很强的前向联系，具有最大的行要素，但同时它具有很弱的后向联系，具有最小的列要素。与此相反，“最下游产业”具有很弱的前向联系，具有很强的后向联系，即具有最大的列要素，最小的行要素。藤田昌久等（1999）模拟结果①（见图 13－5），其中，最上方的图是上游产业，最下方的图是下游产业。

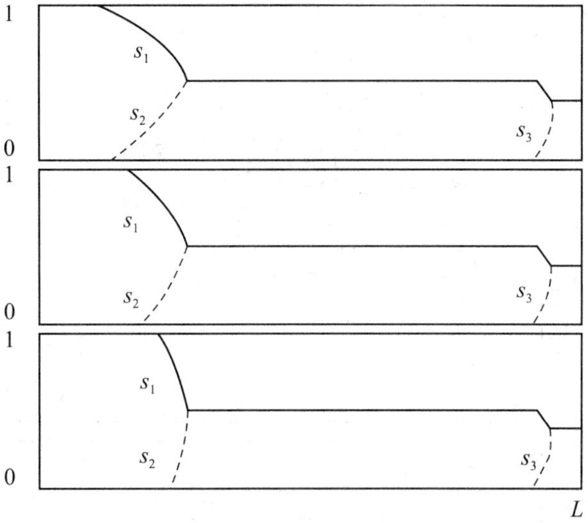

图 13－5　产业份额（最上面是上游产业）

资料来源：Masahisa Fujita, Paul Krugman, Anthony J. Venables. The Spatial Economy: Cities, Regions and International Trade [M]. Cambridge, Mass: The MIT Press, 1999: 276.

1. 图 13－5 的说明

从图 13－5 上可以看出以下两个特点：第一，上游产业首先转移出去。其次，边缘区在发展过程中，一旦开始工业化，将发展得非常迅速，表现为 s_3、s_2 比 s_1 更陡峭，中游和下游产业在上游产业开始转移后，其转移速度将加快。

① 参数值取 $\sigma=5$、$\eta=0.94$、$\overline{Y}=0.70$、$\tau=1.20$ 时，模拟结果如下：需求份额 $\mu^i=0.083$、0.088、0.094、0.100、0.105、0.111、0.116；劳动力份额 $\alpha^i=0.5(i=1,\ \cdots,\ 7)$。投入产出矩阵

$$a^{ij}=\begin{bmatrix} 0.042 & 0.049 & 0.056 & 0.063 & 0.070 & 0.077 & 0.084 \\ 0.038 & 0.045 & 0.051 & 0.058 & 0.064 & 0.070 & 0.077 \\ 0.035 & 0.041 & 0.047 & 0.052 & 0.058 & 0.064 & 0.070 \\ 0.031 & 0.037 & 0.042 & 0.047 & 0.052 & 0.058 & 0.063 \\ 0.028 & 0.032 & 0.037 & 0.042 & 0.047 & 0.051 & 0.056 \\ 0.024 & 0.029 & 0.033 & 0.037 & 0.041 & 0.045 & 0.049 \\ 0.021 & 0.024 & 0.023 & 0.031 & 0.035 & 0.038 & 0.042 \end{bmatrix}$$

原因是前向联系大于后向联系，所以此产业对中间投入品的需求较少，由前面的讨论可知，中间投入品需求较少的产业首先从现有的聚集区中转移出去，但由于它具有很强的前向联系，因此，吸引其他产业跟进，导致边缘区 2、边缘区 3 的经济快速发展。

第二，每种产业产生的前向联系和后向联系强度在位次上完全正相关，前向联系强的产业，其后向联系也强。将前向联系和后向联系统称为关联度，如果根据关联度强度的大小，把不同产业从小到大的顺序依次排列，则数值模拟的结果如图 13-6 所示。①

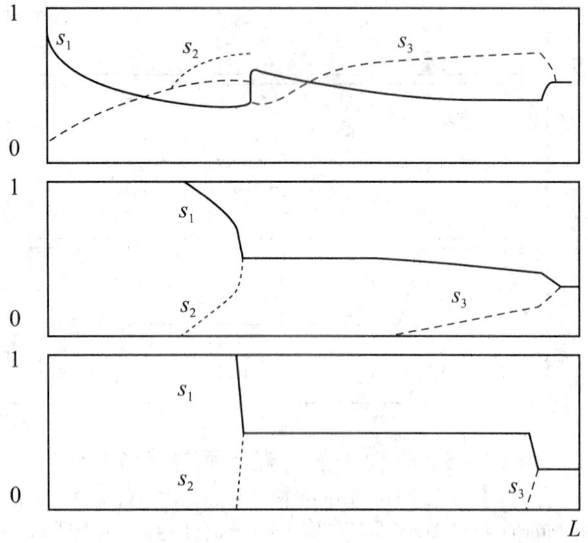

图 13-6　产业份额（最上面的是关联度最弱的产业）

资料来源：Masahisa Fujita，Paul Krugman，Anthony J. Venables. The Spatial Economy: Cities，Regions and International Trade [M]. Cambridge，Mass：The MIT Press，1999：277.

① 参数值取 $\sigma=5$、$\eta=0.94$、$\overline{Y}=0.70$、$\tau=1.20$ 时，模拟结果如下：需求份额 $\mu^i=0.117$、0.112、0.106、0.101、0.095、0.090、0.084；劳动力份额 $\alpha^i=0.5(i=1,\cdots,7)$。

$$a^{ij}=\begin{bmatrix} 0.021 & 0.024 & 0.028 & 0.031 & 0.035 & 0.038 & 0.042 \\ 0.024 & 0.029 & 0.033 & 0.037 & 0.041 & 0.045 & 0.049 \\ 0.028 & 0.033 & 0.037 & 0.042 & 0.047 & 0.051 & 0.056 \\ 0.031 & 0.037 & 0.042 & 0.047 & 0.052 & 0.058 & 0.063 \\ 0.035 & 0.041 & 0.047 & 0.052 & 0.058 & 0.064 & 0.070 \\ 0.038 & 0.045 & 0.051 & 0.058 & 0.064 & 0.070 & 0.077 \\ 0.042 & 0.049 & 0.056 & 0.063 & 0.070 & 0.077 & 0.084 \end{bmatrix}$$

2. 图 13－6 的说明

关联度最弱的产业先发生转移，但速度较为缓慢，原因是这种产业的前向联系和后向联系都较弱。在这种情况下，对于新兴工业化的区域 2 和区域 3 而言，区域 1 向两者扩散过多的产业，导致在第二阶段，区域 2 和区域 3 拥有很大份额的关联度很弱的产业。尽管最终的结果是与完全工业化区域的产业结构趋同，但在过渡阶段，新兴工业化区域都从农业品净出口者变为关联度最弱产业部门的净出口者，直到经济达到完全趋同为止。

另外，最上面的图说明，关联度最弱的产业在区域 1、区域 2、区域 3 之间的扩散有交叉反复的情况，这是因为该产业关联度最弱，对工资差距尤为敏感，这必然导致该类产业在某一区域不会待在很长时间，而依据工资（成本）变动情况在 3 个区域之间灵活选址，结果形成最上面图中的 s_1、s_2、s_3 的形状。最下面的图说明，关联度最强的产业虽然转移时间最晚，但由于很强的前后向联系，其转移速度最快。

综上所述，可以得到关于产业扩散的两点结论。

结论 13－5：区域经济增长过程并非是一个平滑的收敛过程，可以分为富裕区域俱乐部和贫穷区域俱乐部发展模式，发展则是各个区域依次由一个俱乐部向另一个俱乐部过渡的过程。

结论 13－6：如果所有产业的特征都相同，那么不同区域的经济发展都有其生命周期，即区域的经济发展通常依赖于某种产业的发展，然后，把这些产业转移给后来者，自己则转向更具有发展空间的产业部门。

第二节　产 业 聚 集

产业聚集，已成为世界经济发展过程中的最突出的特征之一。为系统研究产业聚集问题，必须深入研究投入产出结构。藤田昌久等（1999）通过建立两部门或多部门模型，讨论了产业聚集的基本机理问题。这些模型可以使我们很好地理解每个产业内部的聚集力以及整个制造业内部的聚集力，也使得我们的思路从产业会聚集在何种地区转移到何种产业会聚集在何种地区的问题上。

在本节的建模过程中，我们假定经济已经完全实现工业化，农业部门不包括在模型中；另一个重要假定是各产业部门的各种参数与投入产出矩阵是完全对称的。本节所涉及的模型主要有三个，第一个是两区域、两部门、单一生产要素模型。假定所有产业都聚集在某个区域，然后讨论贸易成本的变化是如何影响产业区位和实际工资的；第二个模型是加入了一个新的生产要素，即 2 ×

2×2赫克希尔-俄林贸易模型；第三个模型假定多个产业，每种产业聚集在一个区域，也就是说，不存在两个区域有相同产业部门的情形，但每个区域的产业份额是不确定的，某个区域或许具有更大的产业份额，因而工资水平更高。

一、基本模型：2×2×2结构下的产业聚集

（一）基本假定

第一，假设存在2×2×1结构，即两个区域、两种工业部门、一种要素，已经完全实现工业化，不存在农业部门。

第二，每个区域拥有一单位的劳动力，劳动力在区域间不能流动，但可以在区内两种部门之间自由流动。

第三，右上标1、2表示不同的工业部门，两种工业部门都以垄断竞争为特征。

第四，模型中只出现一个区域，即本区域，不再使用表示区域的下标符号，在变量上加“~”来区别外区域。

第五，对称假定。两种工业部门具有相同的消费需求参数，各占消费支出的一半，且需求弹性σ都相同。

第六，投入产出矩阵表现为表13-1。

表13-1　　投入产出矩阵

项目	工业部门1	工业部门2
工业部门1	α	γ
工业部门2	γ	α
劳动力	β	β

表13-1表明，矩阵中产业部门间交易部分是对称的，对每种产业部门而言，来自其他部门的投入占总成本的份额为γ，来自同一部门的投入所占份额为α，$\alpha>\gamma$，这意味着，产业内联系相对于产业间联系更大，劳动力所占份额为β，显然$\alpha+\beta+\gamma=1$。

通过标准化得到本区域每种产业的价格方程：

$$\begin{cases} p^1=(w^1)^{\beta}(P^1)^{\alpha}(P^2)^{\gamma} \\ p^2=(w^2)^{\beta}(P^2)^{\alpha}(P^1)^{\gamma} \end{cases} \tag{13.11}$$

其中，P^1 和 P^2 分别为本区域两种产业的价格指数，w^1 和 w^2 分别为本区域两种产业部门的工资率，λ^1 和 λ^2 分别为本区域两种产业部门各自所占的份额，$\tilde{\lambda}^1$ 和 $\tilde{\lambda}^2$ 为外区域两种产业各自所占的份额。

本区域两种产业部门的价格指数方程如式（13.12）所示：[①]

$$\begin{cases}P^1=[\lambda^1(w^1)^{1-\beta\sigma}(P^1)^{-\alpha\sigma}(P^2)^{-\gamma\sigma}+\tilde{\lambda}^1(\tilde{w}^1)^{1-\beta\sigma}(\tilde{P}^1)^{-\alpha\sigma}(\tilde{P}^2)^{-\gamma\sigma}\tau^{1-\sigma}]^{1/(1-\sigma)}\\P^2=[\lambda^2(w^2)^{1-\beta\sigma}(P^2)^{-\alpha\sigma}(P^1)^{-\gamma\sigma}+\tilde{\lambda}^2(\tilde{w}^2)^{1-\beta\sigma}(\tilde{P}^2)^{-\alpha\sigma}(\tilde{P}^1)^{-\gamma\sigma}\tau^{1-\sigma}]^{1/(1-\sigma)}\end{cases}\tag{13.12}$$

本区域的工资方程如式（13.13）所示：[②]

$$\begin{cases}[(w^1)^{\beta}(P^1)^{\alpha}(P^2)^{\gamma}]^{\sigma}=\beta[E^1(P^1)^{\sigma-1}+\tilde{E}^1(\tilde{P}^1)^{\sigma-1}\tau^{1-\sigma}]\\[(w^2)^{\beta}(P^2)^{\alpha}(P^1)^{\gamma}]^{\sigma}=\beta[E^2(P^2)^{\sigma-1}+\tilde{E}^2(\tilde{P}^2)^{\sigma-1}\tau^{1-\sigma}]\end{cases}\tag{13.13}$$

本区域的支出方程如式（13.14）所示：[③]

$$\begin{cases}E^1=\left[\dfrac{w^1\lambda^1+w^2\lambda^2}{2}\right]+\left[\dfrac{\alpha w^1\lambda^1+\gamma w^2\lambda^2}{\beta}\right]\\E^2=\left[\dfrac{w^1\lambda^1+w^2\lambda^2}{2}\right]+\left[\dfrac{\alpha w^2\lambda^2+\gamma w^1\lambda^1}{\beta}\right]\end{cases}\tag{13.14}$$

式（13.12）、式（13.13）和式（13.14）确定了本区域的短期均衡。在长期，劳动力是根据两种部门工资差异，在两种部门之间流动。

（二）2×2×2 框架下的集中与分散

2×2×1 模型可能支持两种均衡：一种是分散，即每个区域拥有每种产业的1/2；另一种是集中（或专业化），即每种产业仅分布在一个区域。

1. 聚集持续的情况

为简化起见，作双重对称假定，即假定两个区域、两种产业都是对称的，假设产业 1 全部集中在本区域，产业 2 全部集中在外区域，具体假定如下：

$$\begin{cases}\lambda^1=\tilde{\lambda}^2=1\\\lambda^2=\tilde{\lambda}^1=0\end{cases}\tag{13.15}$$

双重对称决定了本区域产业 1 的相关变量等于外区域产业 2 的相关变量，即：

---

① 推导如下：在式 $P^1=[n^1(p^1)^{1-\sigma}+\tilde{n}^1(\tilde{p}^1\tau)^{1-\sigma}]^{1/(1-\sigma)}$ 中，代入 $n^1=w^1\lambda^1/p^1$ 和 $\tilde{n}^1=\tilde{w}^1\tilde{\lambda}^1/\tilde{p}^1$，以及 $p^1=(w^1)^{\beta}(P^1)^{\alpha}(P^2)^{\gamma}$ 和 $\tilde{p}^1=(\tilde{w}^1)^{\beta}(\tilde{P}^1)^{\alpha}(\tilde{P}^2)^{\gamma}$，则得式（13.12）。同理可得证 P^2。

② 推导如下：根据市场出清条件，部门 1 的某类产品的最优产出水平为 $(q^1)^*=1/\beta$，总需求为 $c^1=(p^1)^{-\sigma}[E^1(P^1)^{\sigma-1}+\tilde{E}^1(\tilde{P}^1)^{\sigma-1}\tau^{1-\sigma}]$，再由 $(q^1)^*=c^1$ 可得式（13.13），同理可得另一个等式。

③ 在式（13.14）中第一个式子的第一项，表示工业部门总收入的一半用于购买产业部门 1 的产品，而另一半用于购买部门 2 的产品；第二项表示产业部门 1 和 2 对产业部门 1 的产品的中间投入需求（$q^{1*}=1/\beta$）。第二个式子也与此类同。

$$\begin{cases}P^1=\tilde{P}^2\\P^2=\tilde{P}^1\end{cases},\quad\begin{cases}E^1=\tilde{E}^2\\E^2=\tilde{E}^1\end{cases},\quad\begin{cases}w^1=\tilde{w}^2\\w^2=\tilde{w}^1\end{cases}\tag{13.16}$$

式（13.16）也意味着两区域实际工资水平相等，即 $w^1(P^1)^{-1}=\tilde{w}^2(\tilde{P}^2)^{-1}$。

再看价格指数方程式（13.12），如果产业 1 仅分布在本区域，产业 2 仅分布在外区域，那么，考虑冰山型运输成本 τ，则两区域价格指数有如下关系：

$$\begin{cases}\tilde{P}^1=\tau P^1\\P^2=\tau\tilde{P}^2\end{cases}\tag{13.17}$$

再根据式（13.16）的对称条件，可得：

$$\frac{\tilde{P}^1}{P^1}=\frac{P^2}{\tilde{P}^2}=\frac{P^2}{P^1}=\frac{\tilde{P}^1}{\tilde{P}^2}=\tau\tag{13.18}$$

利用上述假定分析聚集均衡得以维持的条件。首先，计算本区域产业 2 与产业 1 的工资比率为：①

$$(w^2/w^1)^{\beta\sigma}\tau^{(\alpha-\gamma)\sigma}=\left[\frac{\tilde{E}^2\tau^{1-\sigma}+E^2\tau^{\sigma-1}}{E^1+\tilde{E}^1}\right]\tag{13.19}$$

产业聚集条件下，结合式（13.19），可将支出方程改写为：

$$\begin{cases}E^1=\tilde{E}^2=w^1[(\beta+2\alpha)/2\beta]\\E^2=\tilde{E}^1=w^1[(\beta+2\gamma)/2\beta]\end{cases}\tag{13.20}$$

把式（13.20）代入式（13.19）的工资比率方程，加上 $\alpha+\beta+\gamma=1$ 的条件，可以得出聚集维持的条件方程：

$$(w^2/w^1)^{\beta}=\tau^{-(\alpha-\gamma)}\left[\left(\frac{1+\alpha-\gamma}{2}\right)\tau^{1-\sigma}+\left(\frac{1-\alpha+\gamma}{2}\right)\tau^{\sigma-1}\right]^{1/\sigma}\tag{13.21}$$

分析式（13.21），首先，如果产业 1 集中在本区域的状况是可以维持的，即维持条件成立，那么必定存在 $w^2\leqslant w^1$，否则劳动力从产业 1 转移到产业 2，产业 1 集中在本区域的状况不可维持。即对于式（13.21）而言：

$$(w^2/w^1)^{\beta}=\tau^{-(\alpha-\gamma)}\left[\left(\frac{1+\alpha-\gamma}{2}\right)\tau^{1-\sigma}+\left(\frac{1-\alpha+\gamma}{2}\right)\tau^{\sigma-1}\right]^{1/\sigma}\leqslant 1$$

其次，看式（13.21）各项具有的经济含义。$\tau^{-(\alpha-\gamma)}$ 代表前向联系，表明如果本区域产业 1 内的某厂商转移到外区域，那么它使用产业 1 的产品作为中间投入品（α）就变得很昂贵，使用产业 2 的产品作为中间投入品（γ）变得很便宜。

中括号中的项为后向联系项，其中 $(1+\alpha-\gamma)/2=E^1/(E^1+E^2)=s_E^1$ 为本区域产业 1 的支出份额，$(1+\alpha-\gamma)/2=E^2/(E^1+E^2)=s_E^2$ 为本区域产业 2 的支

① 式（13.13）中的第二个式子除以第一个式子，并对其等号左边除以式（13.18），对其等号右边分子、分母同除以 $(P^1)^{\sigma-1}$，则可以得出式（13.19）。

出份额。

最后，对式（13.21）的聚集维持条件进行讨论：若 $\alpha-\gamma<0$，则产业间联系 γ 强于产业内联系 α，对于所有的 $\tau>1$，式（13.21）的等号右边大于1，说明 $w^2>w^1$，即聚集状况不能维持，因为产业1与产业2之间具有较强的联系，通过迁移到外区域（与产业2接近）或通过发展产业混合体，本区域的厂商可以提高其收益。相反，若 $\alpha-\gamma>0$，则产业内联系大于产业间联系，当 τ 值足够小时，产业聚集是可以维持的，且 $\alpha-\gamma$ 越大，则聚集可以维持的 τ 值范围越大。

2. 产业对称分布的突破

假定经济初始状态是对称均衡，即 $\lambda^1=\lambda^2=1/2$，结合式（13.13），可得一组均衡变量值如下：

$$\lambda=1/2,\ w=1,\ E=1/(2\beta),\ P^{1-\sigma\beta}=(1+\tau^{1-\sigma})/2 \tag{13.22}$$

根据前面的设定求对称均衡的突破条件，则如式（13.14）所示：①

$$\tau^{\rho/(1-\rho)}=\frac{(\rho+\alpha-\gamma)(1+\alpha-\gamma)}{(\rho-\alpha+\gamma)(1-\alpha+\gamma)} \tag{13.23}$$

式（13.23）的突破条件表明，当贸易成本 τ 值很高时，两种产业均匀分布在两个区域，但随着 τ 的降低，聚集变得可能而且必要，最终在某个临界点，即式（13.23）表示的 τ 值上，经济系统完全实现专业化，每个区域只存在一种产业部门。

（三）实际工资及其调整

上述 2×2×1 模型的经济含义是什么？如果 τ 的降低导致了产业的重新分布，那么这种分布的成本收益如何？为此，建立本区域实际工资（ω^i，$i=1$，2）与 λ^1 之间的函数关系：②

$$\omega^i=w^i(P^1P^2)^{-1/2} \tag{13.24}$$

经过化简得到 $\omega^i=f(\lambda^1)$ 的形式，在此式中含有 τ 以及其他参数，令 $\tau=\tau(B)$，根据数值模拟，得到图13-7中的粗实线和粗虚线；令 $\tau=\tau(S)$，根据数值模拟，得到图13-7中的细实线和细虚线。其中的 $\tau(B)$ 由式（13.23）得到，$\tau(S)$ 则由式（13.21）等号右边等于1得到，见图13-7。③

① 对式（13.12）和式（13.14）进行全微分，得出 $\mathrm{d}w/\mathrm{d}\lambda$ 在 $\lambda=1/2$ 处的参数表达式，然后根据突破条件 $\mathrm{d}w/\mathrm{d}\lambda=0$，可得式（13.23）。其中的 ρ 表示偏好，且 $\rho=(\sigma-1)/\sigma$。

② 1/2 表示本区域对产业部门2的产品的支出所占份额。

③ 参数取值如下：$\sigma=5$，$\alpha=0.4$，$\beta=0.6$，$\gamma=0$，$\tau=1.8$ 和 1.625。

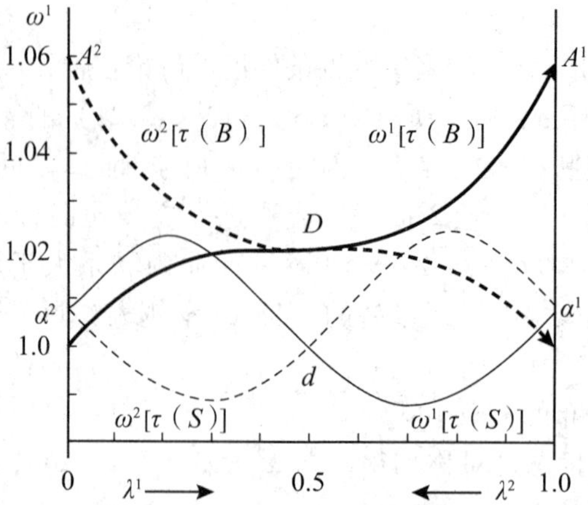

图 13 -7　部门就业和实际工资

资料来源：Masahisa Fujita，Paul Krugman，Anthony J. Venables. The Spatial Economy：Cities，Regions and International Trade［M］. Cambridge，Mass：The MIT Press，1999：291.

图 13 -7 的说明。

第一，实线表示产业 1 的实际工资水平与 λ^1 的关系，虚线表示产业 2 的实际工资水平与 λ^1 的关系。图 13 -7 下方的一组细线 $\omega^1[\tau(S)]$ 和 $\omega^2[\tau(S)]$ 由较高的 τ 值，即 $\tau=\tau(S)=1.8$ 得出，两条工资曲线相交于三点，即 a^1、a^2、d；图 13 -7 上方的一组粗线 $\omega^1[\tau(B)]$ 和 $\omega^2[\tau(B)]$ 是 $\tau=\tau(B)=1.625$ 时的工资曲线。

第二，对下方的一组工资曲线 $\omega^1[\tau(S)]$ 和 $\omega^2[\tau(S)]$ 而言，三个交点 a^1、a^2、d 都是稳定均衡点。通过图 13 -7 中可以看出，这三个交点恰好位于 $\tau(S)$ 与 $\tau(B)$ 之间的重叠区，即在这一范围内，对称均衡（d）和聚集均衡（a^1、a^2）都是稳定均衡。

第三，图 13 -7 还表明，聚集状态时的实际工资水平高于分散状态时的实际工资，即聚集会带来本区域该产业实际工资水平的提高，图中表现为 a^1、a^2 点的工资水平高于 d 点的工资水平。原因在于，产业聚集提高最终产品的运输成本（产业分散的主要原因是尽可能要靠近最终消费者），从而提高消费者面临的产品价格，降低消费者福利；但产业聚集却降低中间投入品的运输成本，降低中间投入品的投入成本。若聚集可以维持，说明后者起主导作用，也可以理解为厂商为追求聚集收益愿意支付高工资来弥补因聚集给消费者福利带来的损失，净效应是实际工资水平的提高。

第四，随着 τ 的下降，实际工资曲线将上移并发生旋转，当 τ 值在 $\tau(S)$ 与 $\tau(B)$ 之间时，两条工资曲线有 5 个交点，即两个聚集点，一个对称点，对称点两侧各有一点，其中对称点两侧的两个点是不稳定的，其余三个是稳定的，

当 τ 继续下降至 $\tau=\tau(B)$ 时，达到突破点，两种产业实际工资曲线相交于 D 点，但 D 点已经不是稳定点，因为对称均衡在此处被突破，只有两个聚集点 A^1、A^2 是稳定的。

第五，在 τ 降到 $\tau(B)$ 时，对称均衡不稳定，发生产业的空间聚集。假设对称均衡遭到突破，本区域吸引产业 1 的聚集，则此时本区域产业 1 的份额迅速上升，导致本区域产业 1 的实际工资水平 $\omega^1[\tau(B)]$ 逐渐上升，ω^1 由 D 上升到 A^1。这种变化将导致产业 2 发生何种变化？如图 13－7 所示，在资本和劳动力向产业 1 聚集过程中，本区域产业 2 的劳动力的实际工资水平下降，最终结果是产业 2 的工人全部转移到产业 1 并享受高水平工资，即 $\lambda^1=1$、$\lambda^2=0$。但劳动力就业部门调整需要职能培训和适应时间，这些都需要支付较大的成本，故在就业调整过程中劳动力的福利受到了损失。产业部门 2 的劳动力受到的损失，取决于其职业调整速度以及劳动力市场的完善程度。

二、多要素下的产业聚集

在 2×2×1 框架下只存在一种要素即劳动力，但为了更贴近现实，需要把模型扩展到两个或多个要素，本部分集中讨论两要素的情况，即 2×2×2 型的赫克希尔－俄林框架。为简化起见，根据前面 2×2×1 框架的结果，做如下假定。前述的 2×2×1 框架中作为要素比例的 λ^1 和 λ^2 在这里不再视其为要素分配比例，而是把它们看作由两个或两个以上初级要素生产出来的合成中间品，也就是由诸如劳动力、资本等初级要素生产出来的合成中间品，合成中间品 λ^1 专用于产业 1，合成中间品 λ^2 专用于产业 2。生产可能性边界（PPF）展示了一国或地区在既定资源和技术条件下，生产两种合成中间品的最大可能组合。两种合成中间品使用的初级要素密集度有所不同，λ^1 和 λ^2 之间边际转换率递减，所以，经济具有严格凹的生产可能性边界（PPF）。即在经济体既定资源和技术条件下，随着生产合成中间品 λ^1 的数量增加，每增加一单位 λ^1 所需放弃的另一种合成中间品 λ^2 的数量也增加。图 13－8 说明了 PPF。

ν^1 为单位 λ^1 的生产成本，ν^2 为单位 λ^2 的生产成本，由于假定合成要素市场为完全竞争市场，故两种产品 λ^1、λ^2 的出厂价也分别为 ν^1 和 ν^2，图 13－8 的结构与最终产品的生产可能性边界就完全一样，最优条件即为边际转换率与价格比率相等，而边际转换率恰是上述 PPF 的斜率，这样最终结果为 PPF 的斜率＝边际转换率（$\Delta\lambda^1/\Delta\lambda^2$）＝价格比率（$\nu^2/\nu^1$）。

与 2×2×1 模型类似，在 2×2×2 模型中，仍需要分析产业聚集和分散的条件，找出相应的维持点和突破点。因此，在图 13－8 中，我们着重分析三个点，即聚集均衡点 A^1、A^2 和对称均衡点 D。

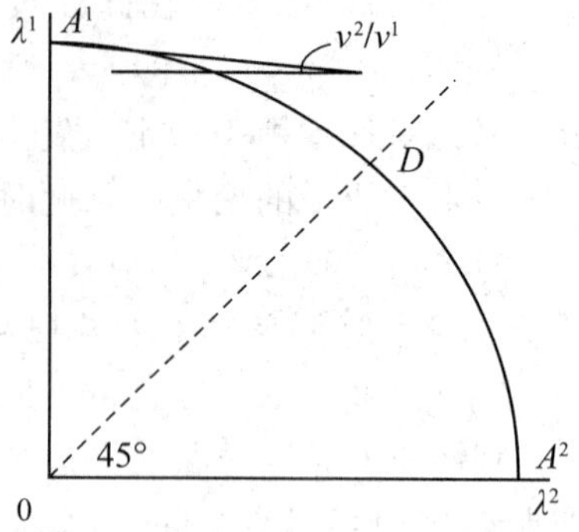

图 13－8　两合成要素的生产可能性边界

资料来源：Masahisa Fujita，Paul Krugman，Anthony J. Venables. The Spatial Economy: Cities，Regions and International Trade［M］. Cambridge，Mass：The MIT Press，1999：294.

（一）聚集分析：维持条件

仍遵循以前的假定即产业 1 集中在本区域，产业 2 集中在外区域。从图 13－8 中的 A^1 点开始分析，本区域厂商支付给 λ^1、λ^2 的价格分别为 w^1、w^2，价格比率由式（13. 21）的工资比率方程给出：

$$(w^2/w^1)^{\beta}=\tau^{-(\alpha-\gamma)}\left[\left(\frac{1+\alpha-\gamma}{2}\right)\tau^{1-\sigma}+\left(\frac{1-\alpha+\gamma}{2}\right)\tau^{\sigma-1}\right]^{1/\sigma} \tag{13.25}$$

潜在要素市场所决定的 λ^2、λ^1 的价格比率为 ν^2/ν^1（由 PPF 曲线在 A^1 点处的斜率给出），因此，产业 1 聚集在本区域的状况能够维持的条件就变为 $w^2/w^1\leqslant\nu^2/\nu^1$，若这一不等式成立，那么本区域合成要素 λ^2 的价格低于生产该要素的机会成本，这意味着本区域厂商放弃产业 1，转向产业 2 是无利可图的。原因是，w^2/w^1 所表示的价格比率是本区域厂商愿意在产业 1 和产业 2 选择的交换比率，即厂商为实现利润最大化，向产业 2 多投入 1 单位要素 λ^2，而向产业 1 少投入要素 λ^1 的数量，因此，w^2/w^1 反映的是厂商的转换意愿；ν^2/ν^1 所表示的价格比率是市场决定的要素转换比率，也就是潜在要素价格决定了当增加一单位 λ^2 投入时在现有技术条件下会减少多少单位 λ^1 的投入的问题。因此，$w^2/w^1\leqslant\nu^2/\nu^1$ 说明由产业 1 转向产业 2 是无利可图的，厂商不会转向的；相反，若 $w^2/w^1\geqslant\nu^2/\nu^1$，那么转向对厂商是有利的，直到 $w^2/w^1=\nu^2/\nu^1$ 为止。

对于维持条件 $w^2/w^1\leqslant\nu^2/\nu^1$，藤田昌久等（1999）通过数值模拟得到图 13－9 的结果。①

① 参数取值如下：$\sigma=5$，$\alpha=0.4$，$\beta=0.6$，$\gamma=0$，$\delta=0.4$。

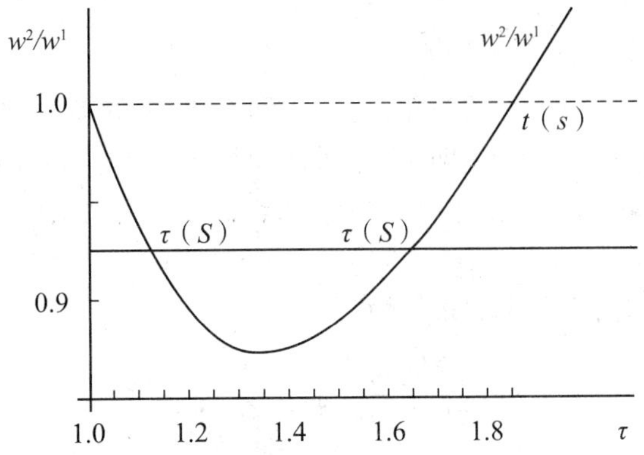

图 13－9　维持点

资料来源：Masahisa Fujita，Paul Krugman，Anthony J. Venables. The Spatial Economy：Cities，Regions and International Trade［M］. Cambridge，Mass：The MIT Press，1999：295.

图 13－9 的说明。

图 13－9 表明的是 w^2/w^1 与 τ 之间的关系，由式（13.25）和相应的参数值模拟得出。其中，w^2/w^1 表示厂商对合成要素 λ^2 和 λ^1 的意愿支付价格比；平行于 τ 轴的实线 $(\nu^2/\nu^1)^{A1}$ 表示的是 ν^2/ν^1 在点 A^1 的值（PPF 在点 A^1 的斜率），反映本区域专业化于产业 1 时，合成要素 λ^2 和 λ^1 的成本之比，由 PPF 的形状（凹状）可知，$(\nu^2/\nu^1)^{A1}<1$。平行于 τ 轴的虚线表示的是，当潜在要素只有一种时 PPF 退化为斜率为 －1 的直线在点 A^1 的斜率，即此时 $(\nu^2/\nu^1)^{A1}=-1$，采用绝对值的形式即为 $(\nu^2/\nu^1)^{A1}=1$，可见虚线只是 $(\nu^2/\nu^1)^{A1}$ 在潜在要素退化为一种要素时的特例，而此时维持条件变为 $w^2/w^1\leqslant 1$，这恰好是 2×2×1 模型中的聚集维持条件，可见 2×2×1 模型中的维持条件是 2×2×2 模型中的维持条件的一种特例，2×2×2 模型较 2×2×1 模型，聚集更难形成、更难维持。

另外，图 13－9 中的 $\tau(S)$ 表示的是 2×2×2 模型中产业聚集的维持点，$t(S)$ 则表示 2×2×1 模型中产业聚集的维持点。若 PPF 的斜率 ν^2/ν^1 不是太小，则在 τ 的一定区间，即两个 $\tau(S)$ 点之间，聚集是可以维持的，但当 τ 很高或很低［在两个 $\tau(S)$ 点之外］时，聚集就不能维持。直观的解释是：当 τ 很高时，厂商按接近最终消费者的原则进行布局以节约运输成本，即此时厂商权衡区位优劣时，最终产品销售重于中间投入品需求；当 τ 很低时，若某个产业聚集在某个区域，则在该区域该产业中密集使用的要素价格高于另外区域该产业的相应要素价格，这一要素价格的差异促使厂商转向其他区域。需要指出的是，这种要素价格差异在完全自由贸易时不可能维持下去，$\tau=1$ 时，实现要素价格均等化，此时聚集也不可能成立。

（二）分散分析：突破条件

在 2×2×2 模型中，突破条件需要对图 13－8 中的 D 点进行分析。对称均衡在下列情况下变得不稳定，即 λ^1 的增加使得产业 1 所支付的工资 w^1 的增量大于 λ^1 的成本增量 ν^1。在图 13－8 中的 D 点，有下列关系成立：①

$$w^2/w^1 = \nu^2/\nu^1 = 1 \tag{13.26}$$

此时，对称均衡不稳定的条件为：②

$$\mathrm{d}w/\mathrm{d}\lambda > \mathrm{d}\nu/\mathrm{d}\lambda \tag{13.27}$$

根据各参数值模拟，得到关于突破点的图 13－10。③

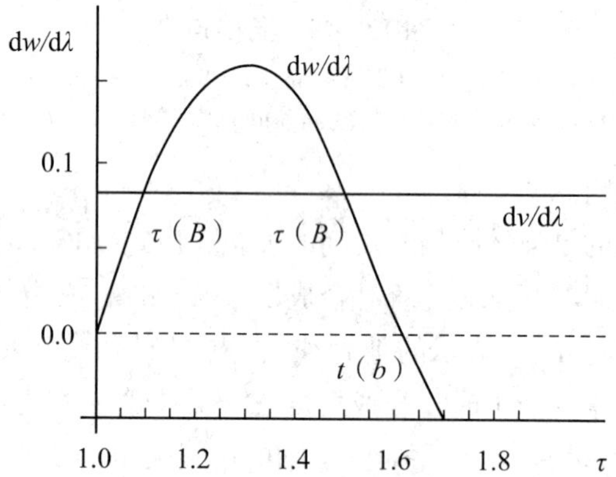

图 13－10　突破点

资料来源：Masahisa Fujita，Paul Krugman，Anthony J. Venables. The Spatial Economy：Cities，Regions and International Trade［M］. Cambridge，Mass：The MIT Press，1999：296.

1. 图 13－10 的说明

图 13－10 表示的是 $\mathrm{d}w/\mathrm{d}\lambda$ 与 τ 的关系，平行于 τ 轴的实线表示，当 PPF 为凹形时，$\mathrm{d}\nu/\mathrm{d}\lambda>0$，$\tau(B)$ 为 2×2×2 模型中的突破点；当潜在要素退化为一种时，PPF 成为斜率为－1 的直线，此时 $\mathrm{d}\nu/\mathrm{d}\lambda=0$，即是图中平行于 τ 轴的虚线，而此时的突破条件变为 $\mathrm{d}w/\mathrm{d}\lambda>\mathrm{d}\nu/\mathrm{d}\lambda=0$，突破点为 $t(b)$，恰是 2×2×1 模型中的结果。

若 $\mathrm{d}\nu/\mathrm{d}\lambda$ 不是太大，则存在两个突破点，且 $\mathrm{d}\nu/\mathrm{d}\lambda$ 越大，对称均衡就越不易打破，但分散力 $\mathrm{d}\nu/\mathrm{d}\lambda$ 不会必然大于聚集力（前后向联系），因此，对称均衡在一定条件下总会被突破，即总会存在突破点。

根据前面的有关聚集、对称均衡的数值模拟结果，可以得到下面的战斧

① 当对称均衡时，$w^1=w^2$，$\lambda^1=\lambda^2$，且潜在 2 要素需求相等，故价格也相等，即 $\nu^1=\nu^2$。

② 对称均衡稳定性分析见附录。

③ 参数取值如下：$\sigma=5$，$\alpha=0.4$，$\beta=0.6$，$\gamma=0$，$\delta=0.4$。

图 13－11。[1]

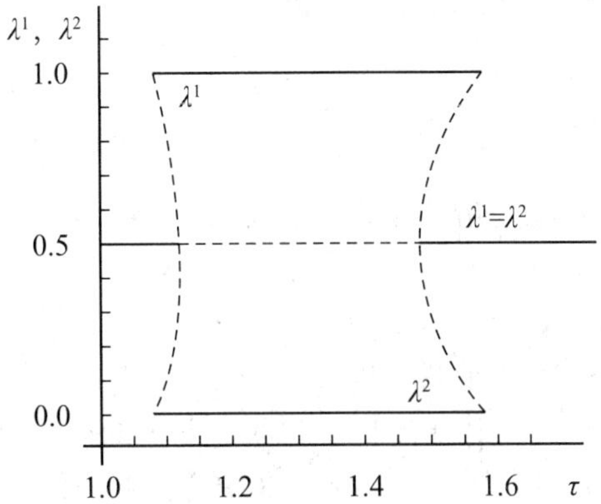

图 13－11　两要素战斧图

资料来源：Masahisa Fujita，Paul Krugman，Anthony J. Venables. The Spatial Economy: Cities，Regions and International Trade［M］. Cambridge，Mass：The MIT Press，1999：297.

2. 图 13－11 的说明

在 τ 很大和很小时，对称均衡 $\lambda^1=\lambda^2=0.5$ 是稳定的。原因是 τ 很大时，厂商为靠近最终消费者选择分散；τ 很小时，聚集导致要素价格攀升导致产业活动分散，而 τ 为中间值时聚集均衡 $\lambda^1=1$、$\lambda^2=0$ 可以维持。图 13－11 的两端的凹进部分为重叠区，在这一区间内，对称均衡和聚集均衡都为稳定均衡。

三、多产业和可维持的区际差距

本部分将介绍第三个模型，它与 2×2×2 模型唯一的不同之处在于，产业是多个而不是两个，其余假定都相同。另外，该模型还有一些附加假定。

第一，所有产业数量为 H。

第二，所有产业都是对称的。

第三，产业间联系 $\gamma=0$，产业内联系 $\alpha>0$，$\alpha+\beta=1$。

根据上述假定，成立如下式子。

本区域 i 产业厂商的最优定价：

$$p^i=(w^i)^{\beta}(p^i)^{\alpha},\quad i=1,\ \cdots,\ H \tag{13.28}$$

价格指数方程：

$$P^i=\left[\lambda^i\ (w^i)^{1-\beta\sigma}(p^i)^{-\alpha\sigma}+\tilde{\lambda}^i(\tilde{w}^i)^{-\alpha\sigma}\tau^{1-\sigma}\right]^{1/(1-\sigma)} \tag{13.29}$$

① 参数取值如下：$\sigma=5$，$\alpha=0.4$，$\beta=0.6$，$\gamma=0$，$\delta=0.4$。

工资方程：

$$[(w^i)^{\beta}(P^i)^{\alpha}]^{\sigma}=\beta[E^i(P^i)^{\sigma-1}+\tilde{E}^i(\tilde{P}^i)^{\sigma-1}\tau^{1-\sigma}] \tag{13.30}$$

支出方程：

$$E^i=(1/H)\sum_{j=1}^{H}(w^j\lambda^j)+[\alpha/(1-\alpha)]w^i\lambda^i \tag{13.31}$$

多产业情况下的聚集，指的是每个产业完全聚集在一个区域，聚集的维持分析要假定 H 个产业在两区域间的分布情况，然后，再讨论这种分布是否可以维持的问题。具体假定如下。

第一，所有产业分别属于两个集合Ⅰ和Ⅱ。

第二，集合Ⅰ中的产业位于本区域，集合Ⅱ中的产业位于外区域。

第三，集合Ⅰ的产业数量为 h，集合Ⅱ中的产业数量为 $\tilde{h}$，则 $h+\tilde{h}=1$。

第四，用上标Ⅰ和Ⅱ表示两个集合产业变量，如 λ^{I} 表示本区域集合Ⅰ中某个产业雇用的劳动力份额。每个区域拥有 1 单位劳动力禀赋，劳动力被平均配置到本区域拥有的多个产业中，所以有；

$$\lambda^{\mathrm{I}}=1/h,\ \lambda^{\mathrm{II}}=0,\ \tilde{\lambda}^{\mathrm{I}}=0,\ \tilde{\lambda}^{\mathrm{II}}=1/h \tag{13.32}$$

若 $h>\tilde{h}$，则 $\lambda^{\mathrm{I}}<\tilde{\lambda}^{\mathrm{II}}$即若本区域的产业数量多，则本区域每个产业中的就业量要小于外区域的就业量。

根据上述假定，还得到如下推论：①

$$\frac{w^{\mathrm{I}}}{\tilde{w}^{\mathrm{II}}}=\frac{h}{\tilde{h}} \tag{13.33}$$

即两区域所聚集的两种产业的相对工资是各自拥有的产业数量的比值，这说明区域较高的工资水平与较多的产业数量相对应，较低的工资水平与较少的产业数量相对应。

将式（13.32）代入，支出方程变为：②

$$\begin{cases}E^{\mathrm{I}}=w^{\mathrm{I}}\left(\dfrac{1}{H}+\dfrac{\alpha}{1-\alpha}h\right)\\ \tilde{E}^{\mathrm{II}}=\tilde{w}^{\mathrm{II}}\left(\dfrac{1}{H}+\dfrac{\alpha}{(1-\alpha)\tilde{h}}\right)\end{cases},\quad\begin{cases}E^{\mathrm{II}}=\dfrac{w^{\mathrm{I}}}{H}\\ \tilde{E}^{\mathrm{I}}=\dfrac{\tilde{w}^{\mathrm{I}}}{H}\end{cases} \tag{13.34}$$

---

① 推导如下：H 个产业完全对称，故经济系统总收入为 $\sum_{i=1}^{H}(n^ip^iq^i)$，而每个产业的收入水平为 $(1/H)\sum_{i=1}^{H}(n^ip^iq^i)$；在不同产业的收入中，劳动力支出所占份额都为 β，所以经济系统中各产业的劳动力工资收入都相等，即 $w^{\mathrm{I}}\lambda^{\mathrm{I}}=\tilde{w}^{\mathrm{II}}\tilde{\lambda}^{\mathrm{II}}$，由 $\lambda^{\mathrm{I}}=1/h$ 和 $\tilde{\lambda}^{\mathrm{II}}=1/\tilde{h}$，可以得出式（13.33）。

② 把式（13.32）代入式（13.31），即得式（13.34）。

每个产业仅存在于一个区域时，价格指数方程化简为：①

$$\begin{cases} P^{\mathrm{I}} = w^{\mathrm{I}}(\lambda^{\mathrm{I}})1/[1-\sigma(1-\alpha)] \\ \widetilde{P}^{\mathrm{II}} = \widetilde{w}^{\mathrm{II}}(\widetilde{\lambda}^{\mathrm{II}})1/[1-\sigma(1-\alpha)] \end{cases}, \begin{cases} P^{\mathrm{II}} = \tau\widetilde{P}^{\mathrm{II}} \\ \widetilde{P}^{\mathrm{I}} = \tau P^{\mathrm{I}} \end{cases} \tag{13.35}$$

要讨论本国产业聚集的维持条件，那么要知道劳动力的工资比率。由式（13.30）的工资方程可知，本区域Ⅰ类产业和Ⅱ类产业的工资比率为：

$$\left(\frac{w^{\mathrm{II}}}{w^{\mathrm{I}}}\right)^{\beta\sigma}\tau^{\alpha\sigma} = \left(\frac{P^{\mathrm{I}}}{\widetilde{P}^{\mathrm{II}}}\right)^{1/[1-\sigma(1-\alpha)]}\left(\frac{\widetilde{E}^{\mathrm{II}}\tau^{1-\sigma} + E^{\mathrm{II}}\tau^{\sigma-1}}{E^{\mathrm{I}} + \widetilde{E}^{\mathrm{I}}}\right) \tag{13.36}$$

把式（13.32）、式（13.33）、式（13.34）、式（13.35）代入式（13.36），则可以得到：

$$\left(\frac{w^{\mathrm{II}}}{w^{\mathrm{I}}}\right)^{\beta} = \tau^{-\alpha}\left(\frac{\widetilde{h}}{h}\right)^{\beta}\left(\frac{\widetilde{h} + \alpha h}{H}\tau^{1-\sigma} + \frac{(1-\alpha)h}{H}\tau^{\sigma-1}\right)^{1/\sigma} \tag{13.37}$$

式（13.37）是聚集状态（产业Ⅰ全部在本区域，产业Ⅱ全部在外区域，$h \neq \widetilde{h}$）的第一维持条件，即若式（13.37）右边小于1，则 $w^{\mathrm{II}} < w^{\mathrm{I}}$，所以本区域集合Ⅰ的产业的劳动力不会转移到本区域集合Ⅱ的产业部门就业。

根据数值模拟，式（13.37）的维持条件可以由图13－12的形式表示：②

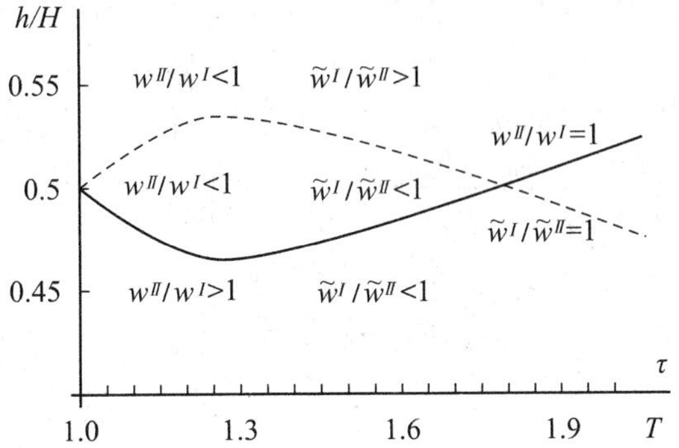

图13－12　可维持均衡的集合

资料来源：Masahisa Fujita，Paul Krugman，Anthony J. Venables. The Spatial Economy: Cities，Regions and International Trade［M］. Cambridge，Mass：The MIT Press，1999：302.

图13－12中的实线表示的是数值模拟后的函数关系 $h/H = f(\tau)$，其中，纵轴表示本区域产业份额 h/H，横轴表示运输成本 τ。对于实线上方的任何产业份额 h/H 而言，由于 $w^{\mathrm{II}} < w^{\mathrm{I}}$，所以没有一个集合Ⅱ的产业（外区域）想进入本区域设厂，则 h/H 的聚集状态（本区域拥有 h 个产业，外区域拥有 $\widetilde{h}$ 个产业）

① 把式（13.32）代入式（13.29），即得式（13.35）。

② 参数取值如下：$\sigma = 5$，$\alpha = 0.4$，$\beta = 0.6$，$H = 100$。

可以维持，而对于实线下方的所有 h/H 而言，由于 $w^{\mathrm{II}}>w^{\mathrm{I}}$，所以，集合Ⅱ（外区域）想进入本区域设厂。

上述分析仅集中于实线，即说明聚集状况可以维持的条件之一是外区域产业Ⅱ中的厂商无动机进入本区域市场，因为无利可图；但多产业聚集状况可以维持的另外一个条件是本区域产业Ⅰ的厂商无动机进入外区域市场，即本区域厂商溢出无利可图，这一维持条件与式（13.37）相似，但需要把式（13.37）的左边改为 $\tilde{w}^{\mathrm{I}}/\tilde{w}^{\mathrm{II}}$，右边的 h 和 $\tilde{h}$ 互换，这样我们把这一维持条件称为第二维持条件，即：

$$\left(\frac{\tilde{w}^{\mathrm{I}}}{\tilde{w}^{\mathrm{II}}}\right)^{\beta}=\tau^{-\alpha}\left(\frac{h}{\tilde{h}}\right)^{\beta}\left(\frac{h+\alpha\tilde{h}}{H}\tau^{1-\sigma}+\frac{(1-\alpha)\tilde{h}}{H}\tau^{\sigma-1}\right)^{1/\sigma}<1 \qquad (13.38)$$

第二维持条件经过数值模拟可以得到（$\tilde{h}/H$）$<f(\tau)$ 形式的不等式。在图 13-12 中虚线下方部分：（$\tilde{w}^{\mathrm{I}}/\tilde{w}^{\mathrm{II}}$）$<1\Rightarrow\tilde{w}^{\mathrm{I}}<\tilde{w}^{\mathrm{II}}$，在此维持条件下，产业集合Ⅰ中的厂商在外区域生产无利可图，$\tilde{h}/H$ 稳定；而在虚线上方部分：（$\tilde{w}^{\mathrm{I}}/\tilde{w}^{\mathrm{II}}$）$>1\Rightarrow\tilde{w}^{\mathrm{I}}>\tilde{w}^{\mathrm{II}}$，此时，外区域工资水平低，本区域厂商溢出有利可图，$\tilde{h}/H$ 不稳定。

在实线上方，本区域进入产业集合Ⅱ无利可图；在虚线下方，外区域进入产业集合Ⅰ无利可图。综合考虑两个维持条件，则多产业框架下的产业聚集状况（产业在区域间的分布状况）的可维持的区域位于实线和虚线之间。此时，本区域的产业集合既不会增加也不会减少。从图 13-12 中可以看出，当 τ 处于中间状态时，产业均衡分布（h/H，$\tilde{h}/H$）的可维持范围很大；如果参数 α 很大，则表明产业内联系就很大，产业均衡分布可维持的范围就很大，即 h/H 与 $\tilde{h}/H$ 之间的距离越大，本区域和外区域可维持的工资差距也就越大。

第三节　本章小结

本章以中间产品模型为基础，解释了产业扩散与聚集的机制和规律。在两区域两部门模型中，产业扩散源于核心区工资成本的持续上升，产业扩散的具体过程可以做如下规范描述：假定经济系统中某个区域在初始时有自我强化的生产优势，这就使得该区域较其他区域可以支付较高的工资。但随着时间的推移，经济系统对工业品的需求增长了，这就扩大了核心区的产出水平，使生产活动更加活跃，强化产业聚集的同时进一步提高工资水平，这一过程的循环累积，使得区际的工资差距过大而难以维持，此时对厂商而言，在其他区域设厂进行生产是有利可图的，产业逐渐扩散到其他区域。

此外，在考虑多区域多产业的情况下，产业扩散具有一定的规律：首先，在多区域情况下，产业由某个核心区向其他外围区扩散，但并非同时扩散，而是依次扩散，至于最先向那个外围区域扩散，则就取决于某些外围区因外生偶然因素而获得的初始工业化优势，一旦获得初始发展优势，这些外围区就可以迅速吸纳从核心区转移出来的所谓的“夕阳产业”，逐渐锻造自身的工业基础，并迅速超越不具备初始发展优势的外围区，实现经济腾飞；其次，多产业情况下，依各产业的劳动要素密集度以及投入产出结构等特征的不同，产业转移的先后次序不尽相同，具体而言，遵循以下规律：第一，劳动密集度高的产业首先从聚集区转移出去；第二，消费指向的产业首先从聚集区转移出去；第三，中间投入较少的产业首先从聚集区转移出去；一句话，对工资成本比较敏感以及关联度较弱的产业对聚集区的依赖程度较弱，因此，首先转移出去。

最后，在新古典经济增长模式下（技术外生），产业转移的最终结果是经济系统走向趋同，表现为核心区和外围区实际工资水平的趋同。

产业聚集过程与产业扩散过程相反，若源于产业前向联系和后向联系的成本节约足以超越聚集导致的工资成本的上升，那么产业聚集状况会维持下去，不会发生产业扩散。

此外，具体分析产业聚集时所采用的三个理论模型由简到繁，逐步放松假定，亦逐渐贴近现实，尽管模型本身没有说明哪些因素决定了区域间的产业分布情况，但每个模型都揭示出了产业聚集的相关规律：首先，$2\times2\times1$框架表明，产业内联系的强化是促使产业聚集的主要因素，而产业间联系的增大则导致产业扩散；某产业向某区域聚集伴随着另一产业在该区域的萎缩，其结果是，与两种产业在两区域对称分布时相比，向该区域聚集的产业部门劳动力的实际工资水平不断提升，而该区域萎缩的产业部门劳动力的福利状况却不断恶化；其次，三个理论模型都揭示出这样的规律，即运输成本τ处于中间状态时，产业聚集最易发生；最后，第三个理论模型即多产业模型更具有现实意义，数值模拟的结果表明，在聚集均衡可维持的范围内，各区域的实际收入都随着其拥有的产业份额的增加而增长，特别是在区位黏性普遍存在的前提下，一旦发生产业流失，那么即使经济发展恢复到产业流失前的最初状态，也不存在产业的返回机制，因此，考虑到切身利益，各区域都会尽最大努力吸引更多产业进入本区域，关联度较强的产业更成为各区域竞相争夺的焦点。

附　　录

13A：对称均衡稳定性分析

在对称均衡处，有 $\lambda = 1/2$、$w = 1$、$E = 2/\beta$、$P^{1-\beta\sigma} = (1+\tau^{1-\sigma})/2$，定义 $Z = [\lambda(1-\tau^{1-\sigma})]/P^{1-\beta\sigma} = (1-\tau^{1-\sigma})/(1+\tau^{1-\sigma})$，则：

$$\begin{cases}\lambda^1 = \tilde{\lambda}^2 = 1 \\ \lambda^2 = \tilde{\lambda}^1 = 0\end{cases} \tag{13A.1}$$

双重对称决定了本区域产业 1 的相关变量等于外区域产业 2 的相关变量，即：

$$\begin{cases}P^1 = \tilde{P}^2 \\ P^2 = \tilde{P}^1\end{cases},\ \begin{cases}E^1 = \tilde{E}^2 \\ E^2 = \tilde{E}^1\end{cases},\ \begin{cases}w^1 = \tilde{w}^2 \\ w^2 = \tilde{w}^1\end{cases} \tag{13A.2}$$

根据对称性 $\begin{cases}d\lambda = d\lambda^1 = -d\lambda^2 \\ dP = dP^1 = -dP^2 \\ dw = dw^1 = -dw^2\end{cases}$，对式（13.12）中价格指数进行全微分，则 $P^{1-\sigma} = \lambda^1(w^1)^{1-\beta\sigma}(P^1)^{-\alpha\sigma}(P^2)^{-\gamma\sigma} + \tilde{\lambda}^1(\tilde{w}^1)^{1-\beta\sigma}(\tilde{P}^1)^{-\alpha\sigma}(\tilde{P}^2)^{-\gamma\sigma}\tau^{1-\sigma}$。由此可以得到：

$$[1-\sigma+\sigma(\alpha-\gamma)Z]\frac{dP}{P} = Z\frac{d\lambda}{\lambda} + (1-\beta\sigma)Zdw \tag{13A.3}$$

进一步，对本区域工资方程（式 13.13）进行全微分，然后进行整理，可得：

$$\beta\sigma dw = Z\frac{dE}{E} + [(\sigma-1)Z - \sigma(\alpha-\gamma)]\frac{dP}{P} \tag{13A.4}$$

同时，根据支出方程（式 13.14），可得：

$$\frac{dE}{E} = (\alpha-\gamma)\left(dw + \frac{d\lambda}{\lambda}\right) \tag{13A.5}$$

将式（13A.5）代入式（13A.4），消去 dE/E，则可得包含 dw、$d\lambda/\lambda$、dP/P 的方程：

$$[\beta\sigma - (\alpha-\gamma)Z]dw - [(\sigma-1)Z - \sigma(\alpha-\gamma)]\frac{dP}{P} = (\alpha-\gamma)Z\frac{d\lambda}{\lambda} \tag{13A.6}$$

联立方程（13A.3）和方程（13A.6），组成联立方程组，即：

$$\begin{cases}[\beta\sigma-(\alpha-\gamma)Z]\mathrm{d}w-[(\sigma-1)Z-\sigma(\alpha-\gamma)]\dfrac{\mathrm{d}P}{P}=(\alpha-\gamma)Z\dfrac{\mathrm{d}\lambda}{\lambda}\\[1-\sigma+\sigma(\alpha-\gamma)Z]\dfrac{\mathrm{d}P}{P}=Z\dfrac{\mathrm{d}\lambda}{\lambda}+(1-\beta\sigma)Z\mathrm{d}w\end{cases} \tag{13A.7}$$

解式（13A.7）并消去 $\mathrm{d}P/P$，则可得在对称均衡处 $\mathrm{d}\lambda/\lambda$ 变动对 $\mathrm{d}w$ 的影响：

$$\frac{\mathrm{d}w}{\mathrm{d}\lambda}=\{(\alpha-\gamma)(2\sigma-1)-Z[\sigma(1+(\alpha-\gamma)^2)-1]\}\frac{Z}{\lambda\Delta} \tag{13A.8}$$

其中，

$$\Delta=\sigma(1-\sigma)\beta+Z(\alpha-\gamma)(2\sigma-1)-Z^2[\sigma(\alpha-\gamma)^2+(\sigma-1)(1-\beta\sigma)] \tag{13A.9}$$

如果 $[(\sigma-1)/\sigma]>(\alpha-\gamma)$，则式（13A.9）中 Δ 值为负。

参考文献

[1] Masahisa Fujita, Paul Krugman, Anthony J. Venables. The Spatial Economy Cities, Regions, and International Trade [M]. Cambridge, Mass: The MIT Press, 1999.

[2] Richard Baldwin, et al. Economic Geography and Public Policy [M]. Princeton: Princeton University Press, 2002.

[3] Puga, D. and A J. Venables. The Spread of Industry: Spatial Agglomeration and Economic Development [J]. Journal of the Japanese and International Economics, 1996, 10 (40): 440 -464.

[4] Venables, A J. Equilibrium Locations of Vertically Linked Industries [J]. International Economic Review, 1996, 37: 341 -359.

[5] Smith, A. and A J. Venables. Completing the Internal Market in the European Community: Some Industry Simulations [J]. European Economic Review, 1988, 32: 1501 -1525.

[6] Porter, M E. The Competitive Advantage of Nations [M]. New York: Macmillan, 1990.

[7] Robert -Nicoud, F. A Sample Model of Agglomeration with Vertical Linkages and Capital Mobility [J]. Mimeo, London School of Economics, 2002.

[8] Fujita, M. and J F. Thisse. Economics of Agglomeration [M]. Oxford: Oxford University Press, 2002.

第十四章

单边贸易政策与区域发展

经典的新经济地理学模型，如保罗·克鲁格曼的核心边缘模型，通常假设双方的冰山交易成本对等。采用这样假设有两个方面的原因：一是，假定两个区域初始情况完全相同，从而更加便于分析“第二天性”对区域经济的影响；二是，假定两个区域冰山交易成本相同，从而易于进行模型分析。但是，现实中区域之间或国家之间的商品交易成本很难相同，可能是源于区域或国家间的运输成本差异，也可能是源于不同地区或国家的关税等贸易壁垒不同，或两者兼而有之。本章侧重从非对称的冰山交易成本出发，重点分析单边的贸易政策。

由于通常假设双方冰山交易成本相等，因此，早期的新经济地理学理论中缺乏对非对称贸易成本的分析。这一缺陷引起了新经济地理学家们的重视，并在此领域展开了丰富的研究，比较具有代表性的进展主要包括三个方面：一是，如 J. E. 安德森等（James E. Anderson，2004），重点探讨了新经济地理学模型中的各种类型的贸易成本；[①] 二是，如 K. 贝伦斯等（2007），严格区分了新经济地理学模型中的运输和非运输成本；[②] 三是，如阿朗索－维拉（Olga Alonso－Villar，2005）和 P. 麦肯（Philip McCann，2005）等，修正了冰山交易成本。[③] 此外，R. 鲍德温等（2003）系统地分析了贸易政策的效应，弥补了新经济地理学中非对称贸易成本理论研究不足的缺陷。[④]

---

① Anderson, J E. and E V. Wincoop. Trade Costs [J]. Journal of Economic Literature, 2004, 42 (3): 691 – 751.

② Behrens, K. , A R. Lamorgese, G I P. Ottaviano and T. Tabuchi. Changes in Transport and Non – transport Costs: Local vs Global Impacts in a Spatial Network [J]. Regional Science and Urban Economics, 2007, 37 (6): 625 – 648.

③ Alonso – Villar, O. The Effects of Transport Costs Revisited [J]. Journal of Economic Geography, 2005, 5 (5): 589 – 604; McCann, P. Transport Costs and New Economic Geography [J]. Journal of Economic Geography, 2005, 5 (3): 305 – 318.

④ Richard Baldwin, Rikard Forslid, Philippe Martin, Gianmarco Ottaviano and Frederic Robert – Nicoud. Economic Geography and Public Policy [M]. Princeton: Princeton University Press, 2003.

本章延续 R. E. 鲍德温等（2003）单边贸易政策的分析框架，主要探讨了以下三个方面的内容：第一，贸易保护政策导致本地商品价格的下降，即贸易保护降价效应（price-lowing protection effect，以下简称 PLP 效应）；第二，贸易保护政策对工业化的影响，包括不同类型贸易自由化对工业化的影响，以及市场规模、比较优势对工业化的影响；第三，两种贸易保护政策（关税和配额）等价性比较研究，包括对产品价格、资本收益率和产业空间分布的影响以及 PLP 效应问题。

第一节　贸易保护降价效应

从新经济地理学的模型中可以发现，不同国家实施贸易保护主义政策具有降价效应。所谓贸易保护降价效应，是指通过单边的贸易保护或贸易壁垒降低本国国内商品价格。在不存在聚集力的新贸易模型中，安东尼·维纳布尔斯（1987）得出了贸易保护存在降价效应的结论；而在存在聚集力的模型中，R. E. 鲍德温（1999）也得出了相同的结论，并指出聚集力的存在进一步强化了 PLP 效应。为了说明 PLP 的含义，本节首先介绍 PLP 效应，以便易于了解该效应产生的原因。然后，通过一个简单的模型来分析和证明 PLP 效应。

一、PLP 效应概述

尽管在新古典贸易模型中，比如，大卫·李嘉图模型或者赫克歇尔－俄林模型，指出关税会导致国家进口产品数量的减少，进而会导致国内商品的总体价格水平上涨。但需要指出的，本章所述的 PLP 效应，与新古典贸易理论中的关税带来价格上涨效应并不相同。PLP 效应，初看起来是令人困惑的，但它又是真实存在的。在核心边缘模型中，设置进口更高贸易壁垒的国家，厂商可以得到更高的收益，劳动力会因经济集聚获得较高名义工资，同时消费者能够获得商品价格低廉的好处。换言之，单边的贸易保护政策不仅提高了本国消费者和厂商的福利水平，同时还可以降低国内总体的价格水平。

（一）PLP 效应的分解

新经济地理学模型包括标准的核心边缘模型，都以垄断竞争为特征。这些模型中，消费者是同质性消费者，他们对多样化产品的偏好是相同的。此外，从核心边缘模型中也可以看出，这些多样化产品的价格也是相同的。在这样的假设下，本国工业品的价格指数可以表示为：

$$P=P(n\nu(p),\ n^{*}\nu(p^{*})),\ P_1,\ P_2,\ \nu'<0 \tag{14.1}$$

其中，n 和 n^{*} 分别代表本国生产的产品种类数量和进口的产品种类数量，p 和 p^{*} 分别表示本国生产的和进口的工业品价格。假设国家对进口商品实施单边的贸易保护政策（比如关税），即对式（14.1）进行全微分，则：

$$\frac{\mathrm{d}P}{\mathrm{d}\tau}=P_1\times\left(n\nu'(p)\frac{\mathrm{d}p}{\mathrm{d}\tau}+\nu(p)\frac{\mathrm{d}n}{\mathrm{d}\tau}\right)+P_2\times\left(n^{*}\nu'(p^{*})\frac{\mathrm{d}p^{*}}{\mathrm{d}\tau}+\nu(p^{*})\frac{\mathrm{d}n^{*}}{\mathrm{d}\tau}\right) \tag{14.2}$$

其中，τ 为对本国商品的保护程度。① $P_1=\partial P/\partial[n\nu(p)]$，$P_2=\partial P/\partial[n^{*}\nu(p^{*})]$，这两个偏导数都是负值，反映了消费者对工业品的偏好特征；ν' 也是负值，反映了工业品价格与函数 ν 的反向关系。通常，单边贸易保护政策有可能引起要素价格和市场结构的变化，式（14.2）是非常复杂的，但根据新经济地理学常用的简化假设，可以进行讨论。

假设两个国家生产的多样化的产品种类数量是相同的，即工业生产在两个国家对称分布，此时两国的价格指数相同，则 $P_1=P_2$。为简捷起见，记 $P_1=P_2=P'$。在新经济地理学模型中，边际成本加成定价法是厂商最优的定价策略，因此，p 和 p^{*} 分别与两国的工资率 w 和 w^{*} 成正比。由于 p^{*} 是进口品的价格，考虑到进口商品的冰山交易成本，因此，p^{*} 与 $w^{*}\tau$ 成正比。当处于对称时，两国所有效应方向相反且绝对值相等，比如 $\mathrm{d}w/\mathrm{d}\tau=-\mathrm{d}w^{*}/\mathrm{d}\tau$。设定 $n=s_n n^{w}$，$n^{*}=(1-s_n)n^{w}$，则当对称时，即 $s_n=1/2$ 时，式（14.2）可以写成：

$$\frac{\mathrm{d}P}{\mathrm{d}\tau}=P'n^{W}[\nu(p)-\nu(p^{*})]\frac{\mathrm{d}s_n}{\mathrm{d}\tau}+\frac{n^{W}P'}{2}\left[\nu'(p)\frac{\mathrm{d}p}{\mathrm{d}\tau}+\nu'(p^{*})\frac{\mathrm{d}p^{*}}{\mathrm{d}\tau}\right]+\frac{P'[\nu(p)+\nu(p^{*})]}{2}\frac{\mathrm{d}n^{W}}{\mathrm{d}\tau} \tag{14.3}$$

（二）PLP 效应的组成及含义

式（14.3）将单边贸易壁垒对本国消费者价格指数的影响分解成三个部分。

等式右边的第一项，即为"区位效应"，它反映了实施贸易保护政策所导致的地区产业份额的变化对本国价格指数的影响。由于贸易保护使得国外企业向国内转移，从而 $\mathrm{d}s_n/\mathrm{d}\tau>0$；并且，进口品的价格中包含了交易成本，所以 $p^{*}>p$，有 $\nu(p)>\nu(p^{*})$；以及根据上文，$P'<0$。因此，第一项为负，其含义是贸易保护政策形成区位效应导致产业转移，从而将会降低本国的消费者价格

① 这里的 τ 和本书前面章节的 τ 是一致的，冰山交易成本本身含有关税等贸易壁垒。在其他条件不变时，该值越大，意味着贸易保护程度越高，商品越难以自由流通。

指数。

等式右边的第二项，即为“贸易价格效应”，它反映了实施贸易保护政策所导致的工业品价格变化对本国总体价格水平的影响。根据 p^* 与 $w^*\tau$ 的关系，从而 $dp^*/d\tau>0$；并且，由于贸易保护导致对本国产品和要素需求的增加，使得本国生产的工业品价格上涨或保持不变，因此，$dp/d\tau\geqslant 0$；以及上文提到的 $P'<0$，$\nu'<0$。因此，第二项为正，其含义是贸易保护政策将会提高本国的消费者价格指数。

等式右边第三项，即为“多样化效应”，它反映了交易成本的变化影响产品种类数量，进而对价格指数产生影响。由于多数新经济学地理模型中，经济系统中商品的种类总数 n^w 并不会随冰山交易成本的变化而变化。因此，贸易保护政策的实施，并不会带来消费者价格指数的变化。

从上面的分析中可以看到，单边贸易保护政策对本国消费者价格的最终影响取决于式（14.3）中的第一项和第二项绝对值的大小。如果“区位效应”的绝对值大于“贸易价格效应”，那么 PLP 效应成立；如果“区位效应”的绝对值小于“贸易价格效应”，那么 PLP 效应不成立。因此，PLP 效应存在的条件是：

$$\frac{ds_n}{d\tau}>\frac{1}{2}\frac{\nu'(p)dp/d\tau+\nu'(p^*)dp^*/d\tau}{\nu(p^*)-\nu(p)} \tag{14.4}$$

结论 14-1：实施贸易保护政策时，该政策吸引国外企业转入国内所导致的价格指数下降效应（区位效应），通常会被该政策所导致的价格指数上升效应（贸易价格效应）所抵消。因此，只有在区位效应足够大时才存在 PLP 效应。

二、FC 模型中的 PLP 效应

安东尼·维纳布尔斯（1987）首次揭示了 PLP 效应，在他的研究中，区位效应足够大。为了揭示新经济地理学中的 PLP 效应，我们将利用自由资本模型（FC 模型）和资本创造模型（CC 模型）进行讨论。根据这两个模型的经济系统中工业品产品种类数量固定不变的假设，我们不再考虑“多样化效应”，只比较“区位效应”和“贸易价格效应”之大小。

（一）基本假设

前面的章节已经详细介绍了 FC 模型，这里我们简要回顾一下该模型的基本内容及区位均衡条件。该模型为 2×2×2 模型，即经济系统由本国（北部）和外国（南部）所组成，每个国家（区域）都具有农业和工业两个部门以及资本和劳动力两种要素。假设资本在国家之间无成本地自由流动，但资本所有者和劳动力不能自由流动，并且资本的所有收益都将返回到资本所有者所在的国家消费。农产品和工业品可以在国家间进行交易，农产品的国际国内交易不存在交易成本，工业品的国内交易不存在交易成本，但工业品国际贸易需要支付一个固定比例的交易成本。为了分析单边贸易政策的效应，我们允许两个国家对工业品进口实行不同的关税。类似于冰山交易成本，即从外国进口 1 单位某种工业品，那么就需要从外国购买 $1+t$ 单位的该种产品，这里的 t 是指相当于本国关税的交易成本，$\tau=1+t$；同理，外国从本国购买 $1+t^*$ 单位的本国生产的工业品，才能进口 1 单位该种产品，$\tau^*=1+t^*$。

假设两国具有相同的消费偏好和生产技术，这样两国消费者的效用函数和生产者的生产函数将相同。为了使分析更为简单，假设两国具有相同的要素禀赋，这样无须考虑“第一性”对经济区位的影响。消费者的效用函数依然为两层效用函数，第一层效用函数为消费者同时消费农产品和工业品组合时的效用，该效用函数用柯布－道格拉斯型效用函数来表示；第二层的效用函数为消费者消费多样化的工业品组合时的效用函数，该效用函数用不变替代弹性效用函数来表示。国家的总收入水平可以用不同要素的收益水平 $wL+\pi K$ 来表示。[①] 由于农业部门为规模收益不变的完全竞争部门，因此，在标准化条件及非完全专业化条件下，成立 $p_A=p_a^*=w=w^*=1$。工业部门为规模收益递增的垄断竞争部门，厂商遵循边际成本加成定价法定价，实现均衡时厂商额外利润为零。设定本国生产并在本国销售的工业品价格 $p=1$，本国生产并销售在外国的工业品价格 $p=\tau$。用相同的方法设定南部的生产的产品价格。这样，本国（北部）和外国（南部）代表性企业的经营利润分别可以写成如下：

$$\begin{cases}\pi=bB\dfrac{E^w}{K^w}\\[2ex]\pi^*=bB^*\dfrac{E^w}{K^w}\end{cases},\quad\begin{cases}B\equiv\dfrac{s_E}{\Delta}+\dfrac{\phi^*(1-s_E)}{\Delta^*}\\[2ex]B^*\equiv\dfrac{1-s_E}{\Delta^*}+\dfrac{\phi^* s_E}{\Delta}\end{cases},\quad\begin{cases}\Delta\equiv s_n+\phi(1-s_n)\\ \Delta^*\equiv(1-s_n)+\phi^* s_n\end{cases}\tag{14.5}$$

其中，$b\equiv\mu/\sigma$，$\phi\equiv\tau^{1-\sigma}$，$\phi^*\equiv\tau^{*1-\sigma}$。$\phi$ 和 ϕ^* 度量本国与外国的贸易自由度，其他变量的含义与标准 FC 模型相同。与标准 FC 模型一样，资本可以在两国间无成本地自由流动，并且重点讨论内点均衡，因此，资本流动的均衡条件是 $\pi=\pi^*$。实现内点均衡时，所有资本的收益率相同，即 $\pi=\pi^*=bL^w/(1-b)K^w$，这一收益率与资本的空间分布无关，并且不随资本空间分布的变化而变化。由于假定两国具有相同的要素禀赋，并且要素的收益返回属地消费，因此，两国

① 注意这里的关税仍然假设为“冰山型”的，故关税并不进入该国的总收入水平中。

的支出份额相同，即 $s_E=1/2$。

（二）FC 模型中的区位效应

根据上面条件，可以得到均衡时的北部产业份额的表达式：$\pi=\pi^*\Rightarrow B=B^*$。根据式（14.5）以及 $s_E=1/2$，可以得 $\Delta(1-\phi^*)=\Delta^*(1-\phi)$，再根据此式可得：

$$s_n=\frac{1}{2}+\frac{\phi^*-\phi}{2(1-\phi)(1-\phi^*)} \tag{14.6}$$

式（14.6）是一个关键的表达式，从中可以看到：如果两国执行相同的贸易政策，即 $\phi=\phi^*$，那么两国的产业份额相同；如果本国执行单边贸易保护政策，即 $\phi<\phi^*$，那么 $s_n>1/2$。从中可以看出，如果一个国家单方面地实行贸易保护政策，会提高其生产份额。假设初始时两国实行对等的贸易政策，现在如果某国突然开始实行单边贸易保护政策，那么会对产业份额产生怎样的影响呢？对于这一问题，可以根据式（14.6）进行分析，即 $\mathrm{d}s_n/\mathrm{d}\phi$ 或 $\mathrm{d}s_n/\mathrm{d}\tau$：

$$\frac{\mathrm{d}s_n}{\mathrm{d}\phi}=-\frac{1}{2\ (1-\phi)^2}<0\ ,\ \frac{\mathrm{d}s_n}{\mathrm{d}\tau}=\frac{(\sigma-1)\tau^{-\sigma}}{2\ (1-\tau^{1-\sigma})^2}>0 \tag{14.7}$$

从式（14.7）可以看到，如果 ϕ 下降，也就是本国实行贸易保护政策，那么将提高 s_n。这表明，贸易保护政策促进了本国产业份额的提高。值得一提的是，如果初始两国贸易开放度都很低，则此时单边贸易保护政策所导致的产业转移现象很不明显。但如果初始两国贸易开放度都很高（即 ϕ 较大），那么单边贸易保护政策将导致很大的产业区位变动（因为 $\mathrm{d}s_n/\mathrm{d}\phi$ 的绝对值更大）。由此，可以得出如下结论。

结论 14-2：实施单边贸易保护政策会提高该国的产业份额，如果初始贸易自由度较高（贸易保护较小），那么实施单边贸易保护政策将导致很大的产业区位变动。

（三）FC 模型中的贸易价格效应

上面分析了 FC 模型中单边贸易保护政策所导致的生产区位的变动情况，如前所述，这种生产区位调整机制的存在是 PLP 效应存在的一个前提条件。接下来，进一步分析 FC 模型中的 PLP 效应。消费者总价格指数可以写成：

$$P=(\Delta n^w)^{-a},\ a=\mu/(\sigma-1)>0 \tag{14.8}$$

将式（14.6）代入 Δ 的定义式中，得出 $\Delta=(1-\phi\phi^*)/[2(1-\phi^*)]$，进一步代入式（14.8），则可以得到 $P=(\Delta n^w)^{-a}=[(1-\phi\phi^*)/2(1-\phi^*)]^{-a}(n^w)^{-a}$。对其求 ϕ 的导数，则：

$$\frac{\mathrm{d}P}{\mathrm{d}\phi}=(n^{w})^{-a}(-a)\left(\frac{1-\phi\phi^{*}}{2(1-\phi^{*})}\right)^{-a-1}\frac{-\phi^{*}}{2(1-\phi^{*})}=\frac{a\phi^{*}}{1-\phi\phi^{*}}P$$

上式等号的两边除以 P，则有：

$$\frac{\mathrm{d}P/\mathrm{d}\phi}{P}=\frac{a\phi^{*}}{1-\phi\phi^{*}}>0 \tag{14.9}$$

从式（14.9）可以看出，消费者价格指数（P）与贸易自由度（ϕ）同向变化。这意味着，单边贸易保护政策（贸易自由度的下降）将降低本国的消费者价格指数。

结论 14-3：实施单边贸易保护政策可以降低本国消费者总体价格水平。

（四）FC 模型中 PLP 效应的综合分析

从上述分析中可以看出，FC 模型中单边贸易保护导致了本国产业份额的扩大，从而形成了负向的区位效应和正向的贸易价格效应，这与在第一节中分析的情形是相同的。根据上文的分析，我们还可以深入探讨以下三个方面的问题。

第一，贸易保护政策所导致的国家间产业份额的变化是存在 PLP 效应的主要原因。从式（14.9）可以看到，PLP 效应强度与 $a\equiv\mu/(\sigma-1)$ 成正比，人们对工业品的支出份额越大（μ 越大），规模收益递增强度越大（σ 越小），PLP 效应就越强。另外，如果贸易保护政策不影响产业份额在国家间的分布，即 $\mathrm{d}s_n/\mathrm{d}\phi=0$，PLP 效应发生作用的机制不存在了，那么实施贸易保护政策的国家因为贸易障碍的提高，必然导致进口产品价格上升，从而总价格指数上升，即 $\mathrm{d}P/\mathrm{d}\phi<0$，即贸易保护政策导致本地价格水平的提高。

第二，从式（14.9）还可以看到，如果初始两国之间市场开放程度较低，这时一个国家单方面提高贸易壁垒所获得的收益就很小；如果初始两国间贸易开放程度较高，那么一个国家从单方面提高贸易壁垒所获得的收益就比较大。因此，在经济一体化程度较高的两个国家间，每个国家背离互惠的自由贸易的诱惑力都很大，这与传统的观点是相反的。R. E. 鲍德温（2000）认为，这种观点有助于解释为什么在一些经济一体化组织，如 EU 和 EEA 要比 NAFTA 和 EFTA 等自由贸易区需要更多监督与谈判的原因。

结论 14-4：初始国家间贸易开放程度较高时，如果实施单边贸易保护政策，则实施保护政策的国家所获得的收益就很大，因而背离自由贸易体系的诱惑力也就很大。

第三，如果采用新经济地理学中聚集力更强的模型，那么有可能在单边贸易保护政策下的迁移企业数量将更多。换言之，此时单边贸易保护政策所导致的“区位效应”更强。

（五）PLP 效应引起的报复性贸易保护

在 FC 模型中，厂商的生产区位在国家间的重新调整是一个“零和博弈”，一个国家产业份额的提高意味着另一个国家产业份额的下降。因此，实施贸易保护政策的国家所获得的 PLP 效应，实际上是以外国的损失为代价的。为了更清楚地看到这一点，我们考虑本国贸易自由度的变化对外国间接效用水平的影响。在 FC 模型中，贸易政策对两国的支出水平没有影响，即 E 和 E^* 都是不变的。国外消费者的间接效用函数为 $V^*=E^*/P^*$，该函数对贸易自由度求导，得到：①

$$\frac{\mathrm{d}V^*/\mathrm{d}\phi}{V^*}=a\frac{\mathrm{d}\Delta^*/\mathrm{d}\phi}{\Delta^*}=a\frac{1-\phi^*}{(1-\phi)(1-\phi\phi^*)}>0 \qquad (14.10)$$

从式（14.10）可以看出，本国贸易自由度的降低会降低外国居民的福利水平，即本国单边的贸易保护政策损害了国外居民的福利，且贸易开放度比较高时对外国居民的伤害就更大。因此，当一国采取贸易保护政策时，另外一国也会选择贸易保护政策，并且得到唯一的纳什均衡结果，就是完全贸易壁垒。同样，在式 $V=E/P$ 中，求对贸易自由度 ϕ 的导数，则得到：

$$\frac{\mathrm{d}V/\mathrm{d}\phi}{V}=-a\frac{\phi^*}{1-\phi\phi^*}\leqslant 0 \qquad (14.11)$$

式（14.11）表明，本国贸易自由度越低，本国的福利水平越高。换言之，每一个国家都有强化贸易保护政策的动机。因此，双方将展开纳什博弈，并且唯一的纳什均衡解是零，也就是 $\phi^{ne}=\phi=\phi^*=0$。

结论 14－5：如果国家间展开贸易自由化方面的纳什博弈，那么唯一的均衡是完全的贸易壁垒。

这一结论与直觉是一致的。对于本国而言，如果采取贸易保护政策，那么将会吸引外国资本流向本国，这将扩大本国的产业份额，降低本国的总体价格水平。与此同时，将缩小外国的产业份额，提高外国的总体价格水平。在这种情况下，本国最优的选择将是采取极端的贸易保护政策，即完全的贸易壁垒。这纯粹是从产业份额角度考虑的，完全的贸易壁垒虽然是两国的纳什均衡解，但并非是最优的策略均衡，因为双方都陷入了“囚徒困境”。

三、几种情况下的 PLP 效应

在上面的论述中可以看到，进口替代的贸易政策（以保护本国产业来替代

① $\Delta^*=\phi^* s_n+(1-s_n)\Rightarrow \mathrm{d}\Delta^*/\mathrm{d}\phi=(\phi^*-1)\mathrm{d}s_n/\mathrm{d}\phi$，在对称情况下，由式（14.6）和式（14.7），得 $\Delta^*=(1-\phi\phi^*)/2(1-\phi)$，$\mathrm{d}\Delta^*/\Delta^*\mathrm{d}\phi=(1-\phi^*)/2(1-\phi)^2\Delta^*$，这样可得式（14.10）。

进口品的贸易政策）对一个国家来说总是有利的。但 FC 模型有特定的假设，放松这些假设后能否依然得出存在 PLP 效应的结论？这里从突发性聚集、企业迁移成本、不同市场规模以及比较优势等四个角度放松并分析。

（一）存在突发性聚集时的 PLP 效应

从前文的分析中可知，单边的贸易保护政策会导致国家（区域）产业份额的变化，从而导致"区位效应"。需要注意的是，新经济地理学中的许多模型都具有突发性聚集的特征，此时国家（区域）的产业份额突然从 1/2 变成了 0 或者 1。较为遗憾的是，FC 模型虽然能够很好地解释 PLP 效应，但不具有突发性聚集的特征，因而无法分析这一情形下的 PLP 效应。

那么，具有这种突发性聚集特征时，PLP 效应会发生何种变化？我们不妨根据 CC 模型来进行讨论。在 CC 模型中，有两个关键的表达式，即：[①]

$$s_n = \frac{(1-\phi\phi^*)s_E}{(1-\phi)(1-\phi^*)} - \frac{\phi}{1-\phi},\quad s_E = (1-\beta)s_L + \beta s_n \tag{14.12}$$

其中，$\beta \equiv b\rho/(\rho+\delta)$，$b \equiv \mu/\sigma$。式（14.12）中的第一个式子反映了支出份额的变化对产业份额的影响，第二个式子反映了产业份额的变化对支出份额的影响。[②] 如果第一个式子中的 s_n 对 s_E 的斜率大于第二个式子中 s_n 对 s_E 的斜率，那么模型的内点均衡就会突然变得很不稳定。[③] 导致这种结果的原因是，当贸易自由度达到某一临界值时，如果发生改变生产区位的某种冲击，那么这种冲击将扩大某一国的产业份额，这又导致该国支出份额的扩大，支出份额的扩大又引起产业份额的进一步扩大，从而在经济系统中形成一种自我强化的循环累积因果机制。最终，所有的产业活动都将集中到某一个国家。

由于假设两国初始要素禀赋相同且劳动力不能流动，因此，$s_L = 1/2$。将 $s_L = 1/2$ 以及 $s_E = (1+\beta)s_L + \beta s_n$ 代入式（14.12）的第一个式子，将得到：

$$s_n = \frac{1}{2}\,\frac{1+\phi\phi^* - 2\phi - (1-\phi\phi^*)\beta}{(1-\phi)(1-\phi^*) - (1-\phi\phi^*)\beta} \tag{14.13}$$

从式（14.13）可以看出，如果 $\phi = \phi^*$，即两国实施相同强度的贸易自由化政

---

① 由 Δ，Δ^*，B，B^* 的定义，根据 $\pi = \pi^* \Rightarrow B = B^* \Rightarrow \Delta(1-\phi^*)(1-s_E) = \Delta^*(1-\phi)s_E$，所以 $(1-\phi^*)(1-s_E)[\phi+(1-\phi)s_n] = (1-\phi)s_E[1-(1-\phi^*)s_n] \Rightarrow (1-\phi)s_E - \phi(1-\phi^*)(1-s_E) = (1-\phi)(1-\phi^*)s_n$，即得式（14.12）中的第一式；第二式详见前面章节。

② 值得注意的是，在 FC 模型中不存在这一项。因为在 FC 模型中假定本国的要素收益都返回本国消费，因此，尽管两国在产业份额以及经济总量上虽然不同，但两国的总支出水平是相同的，两国支出份额始终保持为 1/2。

③ 详见本书第六章 CC 模型的分析。

策，那么两国的产业份额是相等的。现在假设 ϕ 有一个微小的变化，令 $\phi=\varepsilon\phi^*(\varepsilon\leqslant1)$，我们就可以分析 ϕ 的微小变化对本国产业份额的影响。为此，当 $\varepsilon=1$ 时，求 s_n 对 ε 的导数，则：

$$\frac{\mathrm{d}s_n}{\mathrm{d}\varepsilon}=-\frac{\phi}{2[(1-\phi)^2-(1-\phi^2)\beta]}\tag{14.14}$$

当式（14.14）等号右边的分母为 0 时，$\mathrm{d}s_n/\mathrm{d}\varepsilon$ 将变成∞，此时任何微小的贸易保护政策都将引起突发性的聚集。对应地，此时 $\phi=(1-\beta)/(1+\beta)$，这一临界点与资本创造模型中的突破点是一致的。

结论 14-6：在具有自我强化的循环累积因果链的模型中，当贸易自由度趋近于突破点时，如果某一国家单方面采取贸易保护措施，那么大量的产业活动将转移到该国家。实施贸易保护政策的国家，以牺牲外国的利益为代价，降低本国的价格水平，提高本国的福利水平。

（二）存在企业迁移成本时的 PLP 效应

现实中厂商的区位调整是有成本的，即企业转移是存在成本的。这种转移成本对企业重新选择区位起到极其重要的作用。但在前面根据 FC 模型讨论 PLP 效应时，我们并没有考虑到区位调整成本。如果考虑转移成本，那么 PLP 效应将发生何种变化？

企业重新选择生产区位时的成本，主要包括自然成本和制度成本两类。自然成本是指因两国在语言、文化和气候等方面的差异以及远距离运输而导致的成本，制度成本则是指一些国家各种法律法规所导致的生产运营方面的额外的成本。为讨论的方便，假设厂商的国际（区际）转移存在一个固定比例的重置成本，不妨设定为 $1-\kappa(0\leqslant\kappa\leqslant1)$。$\kappa$ 越大，厂商转移成本越小，κ 反映了资本流动的自由度。当 $\kappa=1$ 时，资本完全自由流动，这样我们的分析就回到了上一个小节的结论；当 $\kappa=0$ 时，资本完全不具有流动性，类似于工业品的冰山交易成本，所有的资本都在流动中“融化掉”。

1. 产业区位黏性区间

为了更好地说明企业迁移时 PLP 效应的变化，我们先从两国市场规模相同、贸易保护政策不同以及厂商不流动的情形开始讨论，这种情形实际上也是标准 FC 模型中短期均衡时的情形。如果 $s_n=1/2$，那么实行单边贸易保护的国家（本国）就更有吸引力，此时 $\pi>\pi^*$。如果存在资本收益率差异和迁移成本，那么国外企业会从外国迁移到本国吗？显然，如果迁移成本足够低，单位资本收益差异又足够大，那么国外企业将会迁移到本国。更正规的表述是，如果 $s_n=1/2$，那么，当 $\pi\kappa>\pi^*$ 时，国外企业将迁移到本国。可以写出下面的迁移条件：

$$\text{当 } \phi < \phi^*, \text{ 如果 } \pi\kappa \geqslant \pi^*, \text{ 则 } s_n \geqslant 1/2$$
$$\text{当 } \phi > \phi^*, \text{ 如果 } \pi \leqslant \pi^*\kappa, \text{ 则 } s_n \leqslant 1/2 \qquad (14.15)$$

式（14.15）的资本迁移条件表明，由于存在转移成本，即使一个国家的资本收益率高于另一个国家，但若式（14.15）的条件不满足，资本仍然不会转移，仍维持初始的对称的产业布局。这种因迁移成本的存在而厂商无法迁移的贸易自由度区间，称为“产业区位黏性区间”（后文也简称“黏性区间”）。现在我们需要确定黏性区间的贸易自由度范围，也就是需要确定当 ϕ^*、κ 给定时 ϕ 取何值的问题。处于黏性区间内时，s_n 保持不变，但此时，如果 ϕ 不等于 ϕ^*，那么 π 不等于 π^*，因此，s_E 将发生变化。例如，尽管初始完全对称的情况，但如果本国实施贸易保护政策，那么将提高 π 而降低 π^*，π 的提高又将扩大市场份额 s_E，这反过来进一步扩大 π 而进一步降低 π^*。因此，要求出黏性区间的贸易自由度，那么先要求出本国的市场份额 s_E。注意此时处于黏性区间，因此，s_n 固定不变，则 s_E 为：①

$$s_E = \frac{1}{2}\frac{(1+\phi)[b(1-\phi^*)-(1+\phi^*)]}{b(1-\phi\phi^*)-(1+\phi)(1+\phi^*)} \qquad (14.16)$$

式（14.16）所表示的是均衡时本国的支出份额。在对称的贸易政策下（即 $\phi = \phi^*$），求式（14.16）对 ϕ 的导数，则 $\mathrm{d}s_E/\mathrm{d}\phi = -b/2(1+\phi)[1-b+(1+b)\phi] < 0$。这就表明，如果本国实施贸易保护政策，那么将扩大本国支出份额。但如果此时实施的贸易保护政策之强度仍不超出黏性区间的贸易自由度范围，那么相对市场规模的扩大不会导致产业的空间转移。

下面，讨论一下产业区位黏性区间的贸易自由度范围。根据式（14.5）和式（14.16）、$\pi\kappa = \pi^*$ 和 $\pi = \kappa\pi^*$，以及 $s_n = 1/2$，可以得出 κ 和 ϕ^* 一定时的产业区位黏性区间的贸易自由度的下限和上限，分别用 ϕ^{Lower} 和 ϕ^{Upper} 来表

① 在 $\phi \neq \phi^*$ 的情况下，有 $E^w = w_L L^w + bE^w[s_n B + (1-s_n)B^*] = w_L L^w + bE^w$，得到：$E^w = \frac{w_L L^w}{1-b} = \frac{L^w}{1-b}$。在资本与劳动力对称分布和资本不流动的情况下，$E = w_L s_L L^w + \pi K^w/2 = L^w/2 + bBE^w/2$，由此得到 $s_E = \frac{E}{E^w} = \frac{1-b}{2} + \frac{bB}{2}$。根据式（14.5）$B = \frac{s_E}{\Delta} + \phi^*\frac{1-s_E}{\Delta^*}$，$\Delta = \frac{1+\phi}{2}$，$\Delta^* = \frac{1+\phi^*}{2}$，由此可得：

$$s_E = \frac{1-b}{2} + \frac{b}{2}\left[\frac{2s_E}{1+\phi} + \frac{2\phi^*(1-s_E)}{1+\phi^*}\right]。$$

可进一步简化为：

$$s_E = \frac{1}{2}\frac{(1+\phi)[b(1-\phi^*)-(1+\phi^*)]}{b(1-\phi\phi^*)-(1+\phi)(1+\phi^*)}。$$

示，则：[①]

$$\phi^{Lower}=\frac{2\kappa\phi^{*}-(1-b)(1-\kappa)}{2+(1-\kappa)(1+b)\phi^{*}},\ \phi^{Upper}=\frac{2\phi^{*}+(1-b)(1-\kappa)}{2\kappa-(1-\kappa)(1+b)\phi^{*}}\qquad(14.17)$$

当 ϕ 处于式（14.17）的两个值之间时，即使两个国家资本收益率存在一定差异，但由于产业迁移成本的限制，产业不会发生转移。另外还可以注意到，随着 ϕ^{*} 的提高，黏性区间的范围在扩大，这是因为在贸易自由化程度很高的世界中，一个国家从非对称的贸易保护中所获得的利益较少的缘故。

从图 14－1 中可以看出，产业区位黏性区间的范围。在这一范围内，单边的贸易保护政策并不会导致产业在国家间转移；而在这一范围外，单边的贸易保护政策将吸引国外企业转移到本国。随着产业转移成本的下降（产业转移自由度 κ 的提高），黏性区间范围在缩小；随着 ϕ^{*} 的提高，整体贸易壁垒下降所导致的非对称贸易所得将下降，产业区位黏性区间的范围在扩大。

在产业区位黏性区间内，由于 $ds_n/d\phi=0$，只有"贸易价格效应"起作用。因此，单方面的贸易保护政策将提高本国总体的价格水平。例如，当国外的 ϕ^{*} 不变而本国降低 ϕ，使得 ϕ 从 $\phi=\phi^{*}$ 处接近 ϕ^{Lower} 时，本国总体的价格水平必然上升。这是因为，进口产品价格水平提高的同时，没有吸引外国资本流入本国的缘故。

结论 14－7：在产业区位黏性区间的贸易自由度范围内，有关单边贸易保护政策的理论与经典贸易理论是一致的，即单边的贸易保护政策将导致本国总体价格水平的上升。

---

① 这里只给出式（14.17）中的第一个式子的推导。

$B=\frac{s_E}{\Delta}+\phi\frac{1-s_E}{\Delta^{*}}$，$B^{*}=\frac{1-s_E}{\Delta^{*}}+\phi\frac{s_E}{\Delta}$，$\kappa\pi=\pi^{*}\Rightarrow\kappa B=B^{*}$，同时 $s_n=1/2$，$\Delta=(1+\phi)/2$，$\Delta^{*}=(1+\phi^{*})/2$，所以有 $(\kappa-\phi)\frac{s_E}{\Delta}=(1-\phi^{*}\kappa)\frac{1-s_E}{\Delta^{*}}$，即：$\frac{\kappa-\phi}{1+\phi}s_E=\frac{1-\phi^{*}\kappa}{1+\phi^{*}}(1-s_E)$。把式（14.16）代入并化简，得：$[(\kappa+1)-\phi^{*}(\kappa+1)\phi][b(1-\phi^{*})-(1+\phi^{*})]=2(1-\phi^{*}\kappa)[(b-1-\phi^{*})-(b\phi^{*}+\phi^{*}+1)\phi]$，由此可解得：$\phi=\frac{(\kappa+1)[b(1-\phi^{*})-(1+\phi^{*})]-2(1-\phi^{*}\kappa)(b-1-\phi^{*})}{\phi^{*}(\kappa+1)[b(1-\phi^{*})-(1+\phi^{*})]-2(1-\phi^{*}\kappa)(b\phi^{*}+\phi^{*}+1)}$。进一步化简后，分子部分为：

$$-(1+\phi^{*})[2\kappa\phi^{*}-(1-b)(1-\kappa)],$$

分母部分为：

$$-(1+\phi^{*})[2+(1+b)(1-\kappa)\phi^{*}],$$

从而可有：

$$\phi^{Lower}=\frac{2\kappa\phi^{*}-(1-b)(1-\kappa)}{2+(1-\kappa)(1+b)\phi^{*}}。$$

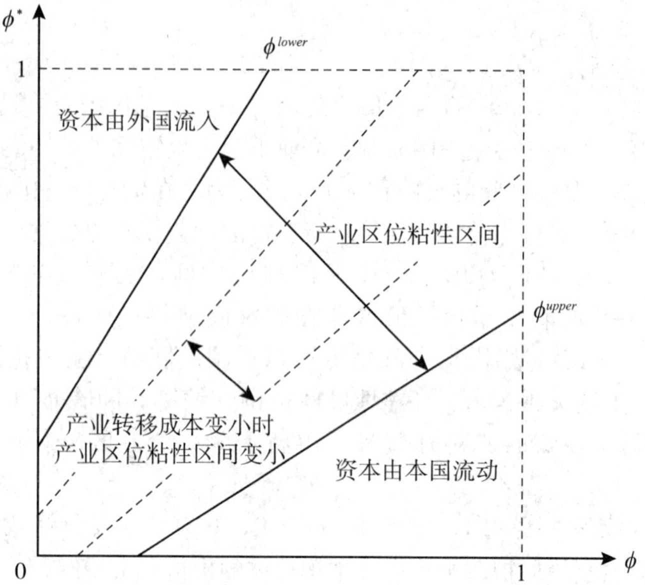

图 14-1　产业区位黏性区间示意图

资料来源：Richard Baldwin, Rikard Forslid, Philippe Martin, Gianmarco Ottaviano and Frederic Robert - Nicoud. Economic Geography and Public Policy [M]. Princeton: Princeton University Press, 2003: 289.

当贸易自由度 ϕ 低于 ϕ^{Lower} 时，如果两国资本收益率的差异足以弥补产业迁移成本，那么国外产业就有了转移的动力。此时，本国可以吸引外国资本的进入，直到 $\pi\kappa=\pi^*$ 重新得以成立为止。$\phi<\phi^{Lower}$ 时，本国所拥有的产业份额为：

$$s_n\mid_{\phi<\phi^{Lower}}=\frac{1}{2}\frac{(1-\phi\phi^*)(1-\kappa)b+2[\kappa-\phi(1-\kappa\phi^*)]}{(1+\kappa)(1+\phi\phi^*)-2(\phi+\kappa\phi^*)} \tag{14.18}$$

在式（14.18），求 ϕ 的导数，则：

$$\frac{\mathrm{d}s_n\mid_{\phi<\phi^{Lower}}}{\mathrm{d}\phi}=-(1-\kappa\phi^*)\{[2-b(1-\kappa)](1-\phi^*)+2\phi^*(1-\kappa)\} \tag{14.19}$$

其中，ϕ^* 和 κ 都小于 1，因而式（14.19）为负。不同于产业区位粘性区间范围内的情形，此时资本从国外转移到本国，并且区位效应绝对值超过了贸易价格效应的绝对值，因此，总的 PLP 效应为负。在产业区位粘性区间范围外部，随着 ϕ 的持续下降，PLP 一直发挥作用，直到所有的工业生产都集中到本国为止。

图 14－2 为资本转移成本与 PLP 效应的关系图，横轴为本国的贸易自由度，纵轴为国内价格总指数。初始两国的贸易自由度相等，即 $\phi=\phi^*$，此后本国开始实施单边贸易保护政策，也就是降低本国的贸易自由度 ϕ。在 A 点，初始对称的两个国家都拥有一半的产业份额。随着 ϕ 的下降，在 $\phi^*>\phi>\phi^{Lower}$ 的区间内，单边贸易保护政策并不能产生“区位效应”，只有“贸易价格效应”。此时，单边贸易保护政策导致本国总体价格水平的上升。由于在产业区位黏性区间范围内，产业不能转移，因此，到 B 点时两个国家产业份额仍然各占一半。从 B 点开始，ϕ 已经小于 ϕ^{Lower}，产业区位黏性区间不再发挥作用。此时，单边贸易保护政策带来负的“区位效应”和正的“贸易价格效应”，但前者绝对值大于后者，因而总效应为负。进一步地，当 ϕ 下降到 ϕ^{CP} 时，所有的产业活动都转移到本国，本国价格总指数下降为 1。

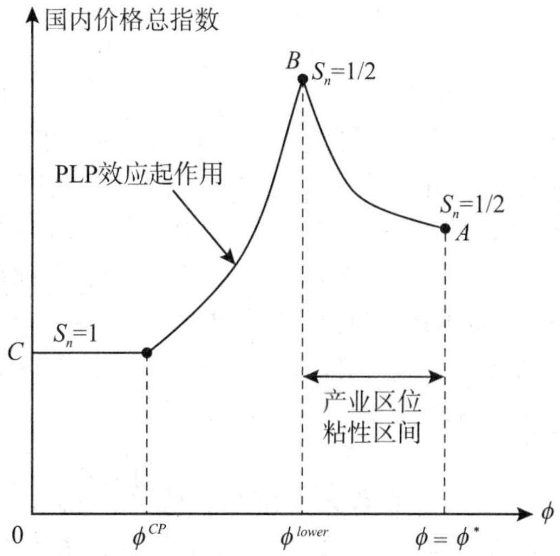

图 14－2　资本转移成本与 PLP 效应

资料来源：Richard Baldwin，Rikard Forslid，Philippe Martin，Gianmarco Ottaviano and Frederic Robert－Nicoud. Economic Geography and Public Policy［M］. Princeton：Princeton University Press，2003：290.

结论 14－8：当实施单边贸易保护政策的国家的贸易自由度低于产业区位黏性区间的贸易自由度下限时，单边贸易保护政策可以降低该国总体的价格水平。

2. 完全限制进口时的 PLP 效应

从图 14－2 中可以看出，实施单边贸易保护政策的国家最终吸引了所有工业生产。在 $0\leqslant\phi\leqslant\phi^{CP}$ 范围内，该国的价格指数水平保持在最低点，但这并不是唯一的结果。如果以完全限制进口的贸易政策（$\phi=0$）来替代对称的贸易政策（$\phi=\phi^*$），那么是否仍然降低该国的价格指数，从而存在“全面的降价效应”呢？如果不存在这种全面的降价效应，那么维持原有对称的贸易政策是最好的选择。可以看出，此问题的答案取决于 κ、ϕ^* 和 b。

为了便于讨论这一问题，我们仍然假设两个国家初始禀赋是相同的，即两个国家各占有一半的市场份额。根据本国的价格总指数 $P=(\Delta n^w)^{-a}$ 可知，比较价格指数的大小，实际上比较 Δ 在两种情况下的大小即可。我们知道 Δ 越大，P 就越小，对应地，当 $\phi=0$ 时，$\Delta|_{\phi=0}=s_n+\phi(1-s_n)=s_n$，而从式（14.18）可以得到 s_n；当 $\phi=\phi^*$ 时，$s_n=1/2$，$\Delta|_{\phi=\phi^*}=s_n+\phi(1-s_n)=1/2+\phi/2=(1+\phi)/2=(1+\phi^*)/2$。两者进行比较，只要满足式（14.20），则存在全面的降价效应：

$$\frac{b+\kappa(2-b)}{2[\kappa(1-\phi^*)+1-\kappa\phi^*]}>\frac{1+\phi^*}{2} \tag{14.20}$$

从式（14.20）中可以看出：首先，如果资本完全自由流动（$\kappa=1$），则式（14.20）成立，这意味着存在贸易保护的降价效应。事实上，当 $\kappa=1$ 时，模型中的降价效应就是自由资本模型中的降价效应；其次，如果资本完全不能流动（$\kappa=0$），那么式（14.20）就不成立，此时就不存在贸易保护的降价效应，这种情况类似于前文中的产业区位黏性区间内的情形；再次，对式（14.20）取等号并求出资本流动自由度的临界值 κ'，则 $\kappa'=(1-\phi^*-b)/[1-\phi^*-b+2(\phi^*)^2]$，如果 $\kappa>\kappa'$，则式（14.20）成立，存在贸易保护的降价效应；最后，如果 ϕ^* 较高和 b 较大，则临界值 κ' 将变小，因此，贸易保护的降价效应更加明显。

结论 14-9：如果资本迁移成本超出临界值（$1-\kappa>1-\kappa'$），那么实施单边贸易保护政策将提高国内的总体价格水平，此时不存在贸易保护的降价效应。如果外国实施高水平的开放政策（ϕ^* 较大）或产业聚集力较强（b 值较大），那么资本迁移自由度的临界值下降，这种情况下更容易出现贸易保护的降价效应。

这一结论是比较容易理解的：当国外实施很高的开放政策时，本国出口产品较为容易，此时如果本国实施贸易保护政策，则更容易吸引外国资本流入；当聚集力较强时，本国实施贸易保护政策将加强聚集力的自我强化作用，更容易吸引外国资本流入。当这两个条件满足时，更容易出现贸易保护的降价效应。

3. 贸易保护的政治经济学

从上文的分析中可以看出，采取单边的贸易保护政策可能会带来 PLP 效应。

因此，一些国家的利益集团总会游说政府要实施贸易保护政策，如进口替代政策等。在这里，我们讨论一下贸易保护的政治经济学问题。

我们利用自由资本模型来讨论贸易保护的政治经济学问题，并假设存在产业转移成本。现在考虑两种极端情况：一是，存在产业转移成本（$\kappa<1$），但不存在单边贸易保护（$\phi=\phi^*$）；二是，不存在产业转移成本（$\kappa=1$），但存在单边贸易保护（$\phi<\phi^*$）。在第一种情况，由于存在产业转移成本且 $\pi=\pi^*$，因此，任何产业都没有转移到其他地方的意愿。此时，无论是否存在额外的资本进入壁垒，都不会影响最终结果。因此，国内的各种利益集团也就没有游说政府对资本进入设置壁垒的动机。在第二种情况，由于不存在迁移成本，因此，只要资本在不同国家或地区获得的收益率不同，那么总会发生资本的转移，直到 $\pi=\pi^*$ 为止。此时，由于资本收益率并不受单边贸易保护政策的影响，因此，国内各种利益集团也没有动机去游说政府。

结论 14-10：如果产业转移是无成本的，那么各种利益集团就没有动机去游说政府实行单边贸易保护政策，因为实行单边保护将导致外国资本的进入，进而资本收益率回复到保护前的水平；如果两个国家都实行相同的贸易政策，那么国内各种利益集团也不会游说政府设置资本进入壁垒，因为，在这种情况下就没有企业愿意转移到其他国家。

上述两种情况是极端的情况，如果存在迁移成本和实施单边贸易保护政策，那么结果将发生变化。从政策层面来看，单边的贸易保护政策和设置资本进入壁垒的政策组合，确实会提高本国资本所有者的收益。因此，本国的资本所有者就有了游说政府设置资本进入壁垒的动机。为避免他国实施报复性的贸易保护政策，实行单边贸易保护政策的政府也会以进口替代的名义去实施这种政策组合。当实施贸易保护政策和设置资本进入壁垒时，本国的资本所有者将从中获益，因此，他们会以游说者的身份出现，其目标是实行单边贸易保护政策，同时不让外国资本进入，让均衡总是处在产业区位黏性区间内。

类似于上文，在这里我们还探讨当 $\kappa<1$ 且 ϕ 下降时，资本实际收益（π/P）发生何种变化的问题。根据式（14.5）、式（14.16），在对称点上求导，则：

$$\frac{d(\pi/P)}{d\phi}=\frac{b(1+Z)^{1-a}}{4(1-bZ)}[2a-1-(1+2ab)Z] \tag{14.21}$$

其中，$Z\equiv(1-\phi)/(1+\phi)$。式（14.21）右边第一个乘数始终为正，故该导数的符号由方括号内的乘数所决定。由于 $0<Z<1$，因此，如果 $a<1/2$，那么方括号内的值为负数；如果 $a>1/2$，此时如果 ϕ 足够小（Z 足够大）时，那么方括号内的值也为负数。对上述两种情况而言，政府的单边贸易保护政策都将提高本国资本所有者的实际收益。

结论 14－11：一个国家如果实施贸易保护政策，且还设置资本进入壁垒，那么将会提高该国各种利益集团的实际收入。如果具有政治势力的利益集团能够影响政府的贸易政策，并影响政府实施管制、税收等措施来阻碍外国资本的流入，那么很难实现进口替代政策之目标。

（三）存在比较优势时的 PLP 效应

单边贸易保护政策可以降低国内总体价格水平，这一结论与传统的观点是相冲突的。如果考虑上述分析与传统分析的差异，不难发现在上述分析中忽略了比较优势。新经济地理学的模型中，假设两个国家初始的要素禀赋相同，就排除了赫克歇尔－俄林的比较优势；假定两个国家具有相同的生产技术，就排除了大卫·李嘉图的比较优势。为了便于分析存在比较优势时的 PLP 效应，我们引入大卫·李嘉图的比较优势。

1. 引入大卫·李嘉图比较优势的 FC 模型

R. 福斯里德和伍顿（2001）在 FC 模型的基础上引入了比较优势，假定两个国家除了工业部门的生产技术不同外，在其他方面都相同。技术的不同带来了生产成本的不同，因此，可以通过设定企业生产成本不同来引入比较优势。为简化起见，设定不同企业的可变成本相同，但固定成本不同，本国生产的第 i 种工业品的成本可以表示为：

$$rF_i + wa_m x_i \tag{14.22}$$

$$F_i = \beta i^{\chi},\ \chi \geqslant 0,\ \beta > 0 \tag{14.23}$$

其中，F_i 为生产第 i 种工业品的固定资本，r 为资本收益率，χ、β 为参数，其余变量的含义与前面讨论的情况相同。这样设定固定成本函数，可以将一国的工业部门按固定成本的大小进行排序。同样，国外厂商的成本函数也采取类似设定，进行排序后刚好和本国的情形相反。这种假设就意味着，本国低成本生产的产品在国外生产时的成本较高，而本国高成本生产的产品在国外生产时的成本较低，两国存在着比较优势。

在上面模型中，参数 χ 是度量比较优势的一种测度。如果 $\chi=0$ 且 $\beta=1$，这一模型也就是标准的 FC 模型。如果 χ 大于 0，那么某种工业品在本国的生产时的成本与在国外生产时的成本之比不等于 1，就存在比较优势。从前文的分析中可知，固定成本的设定并不会影响工业企业的经营利润。假定本地生产本地销售的工业品价格为 1，进口品价格为 $1+t$，外国从本国进口的工业品价格为 $1+t^*$（t，t^* 分别相当于本国和外国的进口壁垒，比如进口关税等）。这样，前面的式（14.5）仍然成立。由于固定成本在不同国家和部门之间都不相同，结果模型发生了两个重大的变化。

第一，资本在国际间存在着套利行为。由于生产的固定投入仍然是资本，并且不同国家之间生产同种产品所需的资本量不同，因此，在每一种产品的生产必须考虑使用多少单位资本的问题。这样就有如下的套利方程：

$$\frac{\pi(s_n,\ n^w)}{F(s_n n^w)}=\frac{\pi^*(s_n,\ n^w)}{F^*(s_n n^w)} \tag{14.24}$$

第二，贸易政策的变化会导致全球生产的产品种类数量的变化。在标准的FC模型中，资本被完全利用的条件是比较简单的，也就是 $n^w=K^w$，并且这一条件不受贸易政策的影响。但是，在存在比较优势时，将会出现“多样化效应”。根据式（14.23），资本完全利用的条件变为：①

$$K^w=\beta\frac{s_n^{\chi+1}+(1-s_n)^{\chi+1}}{1+\chi}(n^w)^{\chi+1} \tag{14.25}$$

此外，由于市场规模并不影响每个国家的比较优势，因此，下面的讨论中可以假定两个国家的市场规模相同，也就是 $s_E=1/2$。

2. 特殊情况下的解析解

式（14.25）含有指数式，对于一般的χ值，我们无法利用解析法进行讨论。然而，对于一些特殊的χ值，可以利用解析法进行讨论，最简单的情况是$\chi=0$和$\chi=1$。在$\chi=0$的情况下，每种工业品的生产都把同样数量的资本作为固定投入，模型则回到标准的FC模型，正如式（14.9）分析的那样，总是存在PLP效应。在$\chi=1$的情况下，由资本套利方程（式14.24）以及资本完全利用条件（式14.25），可以得到均衡时的资本分布：②

---

① 在本国，每个企业所需的固定资本从小到大序列为：$\{\beta i^\chi\}$，$i=0,\ \cdots,\ s_n n^w$，因此，本国使用的所有资本量为：$\int_0^{s_n n^w}\beta i^\chi \mathrm{d}i=\beta\frac{i^{\chi+1}\big|_0^{s_n n^w}}{1+\chi}=\beta\frac{(s_n n^w)^{\chi+1}}{1+\chi}$。同理外国企业需要的资本量为：$\beta\frac{[(1-s_n)n^w]^{\chi+1}}{1+\chi}$，两者相加即得式（14.25）。

② 由式（14.24）知$\frac{s_n bBE^w/K^w}{F(s_n n^w)}=\frac{(1-s_n)bB^*E^w/K^w}{F^*(s_n n^w)}$，再由式（14.25）知$F(s_n n^w)=\beta\frac{(s_n n^w)^{\chi+1}}{1+\chi}$，$F^*(s_n n^w)=\beta\frac{[(1-s_n)n^w]^{\chi+1}}{1+\chi}$。在$\chi=1$的情况下有：$\frac{s_n B}{s_n^{\chi+1}}=\frac{(1-s_n)B^*}{(1-s_n)^{\chi+1}}\Rightarrow(1-s_n)B=s_n B^*$，再根据式（14.5）及$s_E=1/2$，可得：$(1-s_n)(1/\Delta+\phi^*/\Delta^*)=s_n(\phi/\Delta+1/\Delta^*)$，化简得：$[1-(1+\phi)s_n]\Delta^*=[(1+\phi^*)s_n-\phi^*]\Delta$。把$\Delta=s_n+\phi(1-s_n)$，$\Delta^*=(1-s_n)+\phi^*s_n$代入并化简，可得二次方程：$2(\phi-\phi^*)s_n^2-2[(1+\phi)-\phi^*(1-\phi)]s_n+(1+\phi\phi^*)=0$，解之并根据经济意义舍掉一根，即得式（14.26）。

$$s_n = \frac{1+\phi+\phi\phi^* - \phi^* - \sqrt{(1+\phi^2)(1+\phi^{*2})}}{2(\phi-\phi^*)} \tag{14.26}$$

由式（14.25），当$\chi=1$时，可以得到资本完全利用时的世界工业品种类总数，即：

$$n^w = \sqrt{\frac{2K^w}{\beta[s_n^2+(1-s_n)^2]}} \tag{14.27}$$

从式（14.27）中可以看出，如果 $s_n=1/2$，那么 n^w 取最大值；如果 $s_n=0$ 或 $s_n=1$，那么 n^w 取最小值。由式（14.27）可知，单边贸易保护政策降低了消费者可以消费的产品种类数量，非对称的贸易壁垒通过降低世界生产的产品种类数量的方式，扭曲了资源配置。因此，单边贸易保护政策具有提高总体价格水平的负效应。把式（14.26）代入式（14.25），可得：

$$n^w = \sqrt{\frac{2K^w}{\beta}\left(1+\frac{1+\phi\phi^*}{\sqrt{(1+\phi^2)(1+\phi^{*2})}}\right)} \tag{14.28}$$

从式（14.28）中可以看出，当 $\phi=\phi^*$ 时，n^w 取最大值，这就意味着单边贸易保护政策通过降低 n^w 的方式影响价格指数。为了讨论$\chi=1$时的 PLP 效应，把式（14.26）和式（14.28）代入价格指数的定义式，并在 $\phi=\phi^*$ 处，价格指数对本国贸易自由度进行微分，则：①

$$\frac{\mathrm{d}\ln(P)}{\mathrm{d}\phi} = -a\frac{1+\phi+2\phi^2}{2(1+\phi)(1+\phi^2)} < 0 \tag{14.29}$$

式（14.29）表明，单边提高贸易自由度可以降低本国的价格指数，这意味着具有很强的比较优势（论$\chi=1$）时，不存在 PLP 效应。

3. 一般情况下的数值模拟解

在上面的分析中看到，比较优势较弱时，PLP 效应是成立的，但比较优势很强时，PLP 效应就失灵了。当$\chi\in(0,1)$时，只能利用数值解法，图 14－3 给出了数值模拟的结果。设定 $\phi=0.5$、$\mu=0.4$、$\sigma=4$，针对不同的χ值，得到 $\mathrm{d}P/\mathrm{d}\phi$ 值，然后描绘在图 14－3 上。显然，曲线 $\mathrm{d}P/\mathrm{d}\phi$ 与横轴的交点位于$\chi=1/100$ 和$\chi=1/20$ 之间。

图 14－3 清晰地描述了 PLP 效应有效和无效的两个区域，如果比较优势较弱，则单边保护政策可以降低该国的总价格水平，此时存在 PLP 效应；如果比较优势较强，则单边保护政策反而提高该国总体的价格水平，不存在 PLP 效应。

① 根据 $P=(\Delta n^w)^{-a}$，$\Delta=s_n+\phi(1-s_n)$，把式（14.26）、式（14.28）代入，即可得到 P，然后再取对数并对贸易自由度求导，即得式（14.29）。

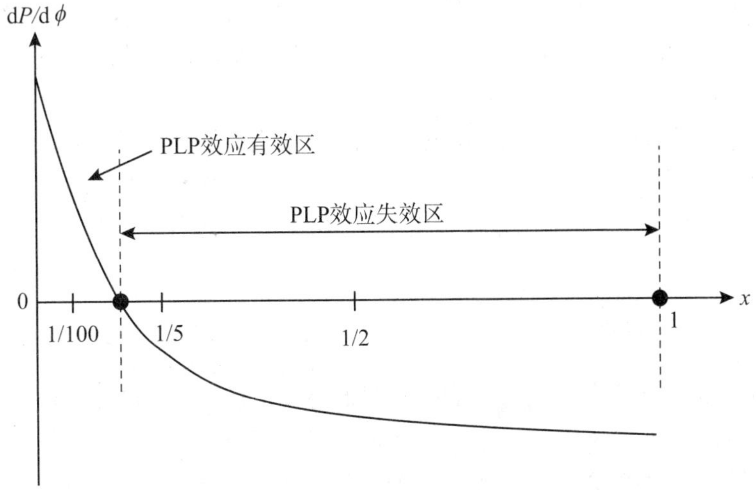

图 14-3 比较优势与 PLP 效应

资料来源：Richard Baldwin, Rikard Forslid, Philippe Martin, Gianmarco Ottaviano and Frederic Robert-Nicoud. Economic Geography and Public Policy [M]. Princeton: Princeton University Press, 2003: 298.

第二节 贸易自由化与工业经济发展

FC 模型中的 PLP 效应指出，单边贸易保护政策通过吸引外国资本的进入，提高本国的产业份额，降低本国的总体价格水平。但从上面的分析中看出，得到这一结论实际上是有着很强的假设条件的，如果放松这些假设，上面的一些结论并不一定能成立。从许多发展中国家的实践来看，虽然这些国家都曾实施进口替代发展战略，但大多并没有获得成功。本节重点探讨贸易自由化与工业经济发展问题。

一、贸易自由化与工业化

关于贸易自由化能不能促进工业经济的发展，帕格和安东尼·维纳布尔斯（1997，1999）进行了深入的研究。在 1999 年的研究中，他们假定两个国家中的小国只拥有大国 1/3 的要素禀赋，关税税率为 15%。大国并不设置除关税以外的其他贸易壁垒，而小国设置了一些其他的贸易壁垒。如果小国另外设置相当于关税 30%～60% 的其他贸易壁垒，那么小国没有任何工业活动；如果小国设置的其他壁垒超过关税的 60% 或低于关税的 30%，小国会促进工业化进程。

在引入中间投入品的模型中，他们还讨论了贸易自由化提高国家工业竞争力的可能性，并指出在一些情况下，单边的市场开放政策可以促进工业化的发展。

在不存在中间投入品的模型中，单边的贸易保护使消费支出从进口品转向国内产品。因此，单方面提高贸易自由度就会降低对本国资本的吸引力。但如果考虑到中间投入品，那么贸易自由化有助于降低进口的中间投入品价格，本国的生产成本也会出现下降，从而能够吸引更多的资本流入本国从事生产活动。

（一）基本假设

为了讨论上述问题，我们考虑一下罗伯特－尼科德（2002）所建立的包括垂直联系的FC模型（第八章中的FCVL模型）。该模型基本的分析框架与FC模型相同。该模型为2×2×2模型，即包括两国、两部门、两要素。两部门分别为规模收益不变且完全竞争的农业部门和规模收益递增且垄断竞争的工业部门；两要素为不可跨国流动的劳动力和可以自由流动的资本。在贸易成本方面，农产品的区内区际贸易不存在贸易成本，工业品区内交易不存在交易成本，但区际交易存在冰山交易成本。

假定厂商将单位资本作为固定投入，劳动力和工业品组合作为可变投入。其中，中间投入品组合为各种工业品的不变替代弹性（CES）函数型组合，劳动力和工业品的组合为柯布－道格拉斯（C－D）函数型组合。因此，厂商的成本函数可写成$\pi + a_M w^{1-\mu} P_M^{\mu} x$，其中，$P_M$为工业品价格指数，$x$为企业产出量。同时，假定资本在国际间自由流动，因此，内点均衡的区位条件为$\pi = \pi^*$，完全聚集均衡的区位条件为$\pi > \pi^*$。仍然假定资本收益返回到资本所有者所在的国家，这样不管国家间的贸易自由度及资本使用的空间分布模式如何，均衡时资本收益率始终相同。

FCVL模型既显示需求关联特征，又显示供给关联特征，两者形成了循环累积因果联系。① 尽管从FCVL模型中无法得出有关产业分布的显性解，但可以得到流动要素收益率与产业份额之间的关系。在此模型中，可以用三个均衡表达式来描述区位均衡特征。北部和南部（本国和外国）资本收益率的表达式（标准化$E^w = 1$，$n^w = K^w = 1$），可以分别写成：②

① 企业购买工业品作为中间投入，因此，生产的转移将引起支出的转移，形成了需求关联；一个国家工业生产份额的上升，可以降低中间投入品价格指数，因而对工业生产的吸引力更大，形成了供给关联。由于需求关联和供给关联互为因果，因此，形成了循环累积因果链。

② 详细的推导过程参见第八章中的FCVL模型。

$$\begin{cases}\pi = b\left(\dfrac{s_E}{\Delta} + \phi^* \dfrac{1-s_E}{\Delta^*}\right)\Delta^{\mu} \\ \pi^* = b\left(\phi \dfrac{s_E}{\Delta} + \dfrac{1-s_E}{\Delta^*}\right)(\Delta^*)^{\mu}\end{cases} \tag{14.30}$$

其中，

$$\Delta = n^w[s_n\Delta^{\mu} + \phi(1-s_n)(\Delta^*)^{\mu}],\ \Delta^* = n^w[\phi^* s_n\Delta^{\mu} + (1-s_n)(\Delta^*)^*\mu] \tag{14.31}$$

北部（或本国）市场规模可以写成：

$$s_E \equiv \frac{E_m}{E_m^w} = (1-\mu)s_L + bs_K + \frac{\mu-b}{b}\pi s_n \tag{14.32}$$

其中，E_m 为北部（或本国）对包括最终消费品和中间投入品的工业品的总支出，E_m^w 为世界对包括最终消费品和中间投入品的工业品的总支出，如果把 E^w 标准化为 1，则 $E_m^w = \mu$。在继续讨论之前，要先讨论一下这些表达式的三个特征。第一，利润率的表达式类似于 FC 模型中相应的表达式，只是多了一项 Δ^{μ}，这一项反映了中间投入品的价格对利润率的影响。由于 $P_m \equiv \Delta^{-\mu/(\sigma-1)}$，如果 P_m 很大，也就是 Δ 很小，那么北部的利润率就会较低。第二，由于式（14.31）是关于 Δ 的递归式，从式（14.31）解不出相应的 Δ，这使得 FCVL 模型并不具有完全的易处理性。第三，在要素禀赋对称分布（$s_L = s_L = 1/2$）的情况下，对称的产业分布（$s_n = 1/2$）是 FCVL 模型的一个解，但这个解未必是稳定的解。另外，该模型的突破点小于维持点，因此，该模型具有突发性聚集和区位黏性特征。

（二）中间投入品的贸易自由化与工业化

在引入进口中间投入品的模型中，贸易保护对工业生产的影响通过两个完全不同的渠道发生作用：一是，影响本国进口中间投入品的价格；二是，影响本国生产商与国外生产商之间的竞争，进而影响最终消费品价格。

为了区分这两种作用，可以假定南部（外国）对中间投入品和最终消费品设置不同的贸易壁垒。为简化起见，假设两个国家在要素禀赋方面是对称的。并且，为了讨论工业化进程，我们还假设初始的贸易自由度水平正好处在完全聚集的维持点上，这时所有的工业生产都集中在北部（本国）。此时区位均衡条件可以写成：$\pi(\phi^S, s_n) = \pi^*(\phi^S, 1-s_n)$，$s_n = 1$，其中 ϕ^S 是完全聚集的维持点。

下面将重点讨论，在这种情况下，南部（外国）通过提高贸易自由度是否可以提高 π^*。如果回答是肯定的，那么南部会吸引一部分工业生产，因此，单边贸易自由化政策会促进工业化进程。完全聚集是可以解出 Δ 值的特殊情况，由式（14.31），可以得 $\Delta=1$，$\Delta^*=\phi^*$。由于南部（外国）对最终消费品和中间投入品实行不同的进口政策，因此，根据式（14.30），南部的利润率可以写成：①

$$\pi^*=\frac{1}{\sigma}\left(\phi E_m+\frac{E_m^*}{\phi^*}\right)(\phi^*\gamma)^\mu,\ \phi=\phi^*=\phi^S \tag{14.33}$$

从式（14.33）中可以看出，提高 γ 的值，也就是降低南部进口中间投入品壁垒，可以提高南部企业的利润率。因此，在这种情况下，贸易自由化程度的提高可以吸引厂商流入南部。

上述这种类型的贸易自由化促进了工业化的发展。在现实中，许多发展中国家也正是通过提高最终消费品进口壁垒而降低中间投入品的进口壁垒，促进了本国的工业化进程。因为这种案例的存在，国际贸易理论中出现了一个新词，即“贸易保护的有效性”。这就是说，当最终消费品和中间投入品进口壁垒不同时，贸易保护是否有效并不仅仅取决于最终消费品的关税上。

（三）全面的贸易自由化与工业化

上面我们讨论了部分贸易自由化，即提高中间投入品的贸易自由度，可以促进国家的工业化进程，那么全面的贸易自由化是否也可以促进国家的工业化进程？为了讨论这个问题，设式（14.33）中的 $\gamma=1$，然后求南部企业利润率 π^* 对贸易自由度 ϕ^* 的导数，则：

$$\frac{\mathrm{d}\pi^*}{\mathrm{d}\phi^*}=\frac{1}{\sigma}\left(\mu\frac{\phi E_m}{1}-(1-\mu)\frac{E_m^*}{\psi^*}\right)(\phi^*)^{\mu-1} \tag{14.34}$$

如果该导数为正，那么单边贸易自由化有利于该国的工业化进程。假设式（14.34）等于0，则可以解出 ϕ^* 的一个临界值，如果 ϕ^* 大于该临界值，则导数为正，贸易自由化就可以促进国家工业化进程。容易得到该临界值为 $(1-\mu)E^*m/\mu\phi E_m$。由于 ϕ^* 不能超过1，因此，必须保证该临界值足够小，才有可

---

① 把 $\Delta=1$，$\Delta^*=\phi^*$ 代入式（14.30）中的第二式，得：$\pi^*=b\left(\frac{\phi E_m}{E_m^w}+\frac{E_m^*}{\phi^* E_m^w}\right)(\phi^*)^\mu$。根据 $E_m^w=\mu$，$b=\mu/\sigma$，$\pi^*=\frac{1}{\sigma}\left(\frac{\phi E_m}{1}+\frac{E_m^*}{\phi^*}\right)(\phi^*)^\mu$。注意到该式中 $(\phi^*)^\mu$ 项反映的是南部进口中间投入品的贸易自由度对南部工业企业利润率的影响，在这一模型中，为了区分最终消费品与中间投入品的贸易自由度的不同影响，在 $(\phi^*)^\mu$ 项中乘以一个系数 γ，如果 $\gamma>1$，说明南部对中间投入品的进口壁垒较低；如果 $\gamma<1$，则说明南部对最终消费品进口壁垒较低。这样，南部企业的利润率就可以写成式（14.33）的形式。

能 ϕ^* 超过该临界值。可以看到，如果南部的市场规模相对较小，且北部的市场开放度较大，以及对工业品的支出份额较大，那么该临界值较小。此时，如果南部提高贸易自由度，那么可以促进南部的工业化进程。

结论 14－12（促进工业化的经济开放政策）：当一国或地区实施一项经济开放政策，该政策能够降低中间投入品进口成本却不会提高最终消费品进口成本，那么该经济开放政策可以加快本国工业化进程。如果某国的市场规模相对较小且国外实行高度开放的政策，那么全面的经济开放政策也可以促进该国的工业化发展。

二、工业发展、市场规模与比较优势

从前面的讨论中可知，在某种情况下，单边贸易自由化可以促进工业化进程。在本部分，我们将重点讨论市场规模、比较优势以及国外贸易壁垒与工业化之间的关系问题。

（一）工业化所需的市场规模临界值

当发达国家的工会抱怨制造业岗位大量流失到发展中国家时，大多数发展中国家却抱怨发展中国家劳动力成本如此低廉也无法吸引大量的制造业活动到发展中国家。

在进行分析之前，我们先思考一个问题：发展中国家的制造业比较优势在哪里？发展中国家的工业劳动力生产率普遍低下，从而劳动力的工资水平很低。一方面，生产率低下造成了发展中国家单位产品成本劣势；另一方面，低工资带来了发展中国家的成本优势。如果低工资的成本优势无法弥补低生产率的成本劣势，那么这些发展中国家无法吸引产业活动；如果低工资的成本优势能够弥补低生产率的成本劣势，那么这些发展中国家也可以开启工业化进程。

产业活动的空间分布，除了取决于相对市场规模和国内及国际的贸易开放度外，还存在第三个因素，也就是比较优势。研究上述这些力量之间相互作用的一个简便的办法，就是要分析所谓的工业生产的“临界点”，也就是贫穷小国可以吸引一些工业生产的最小市场规模。我们仍从标准的FC模型开始。假设北部最初是一个贫穷的农业小国，而南部则是一个发达的工业大国。并且两国在工业生产技术方面存在较大的差距，从而引入大卫·李嘉图比较优势。假设两个国家劳动力投入系数方面存在差异，也就是 $a_M/a_A \neq a_M^*/a_A^*$。在农业部门，和标准FC模型一样，仍假设不存在劳动生产率方面的差距且可以无成本地进行

产品交易，即 $a_A = a_A^* = 1$。这样，名义工资率在两个国家仍是相同的。资本收益率可写成：①

$$\begin{cases}\pi = b\left(\dfrac{s_E}{\Delta} + \phi\dfrac{1-s_E}{\Delta^*}\right)\chi \\ \pi^* = b\left(\phi\dfrac{s_E}{\Delta} + \dfrac{1-s_E}{\Delta^*}\right)\end{cases},\quad \begin{cases}\Delta = \chi s_n + \phi(1-s_n) \\ \Delta^* = \phi^*\chi s_n + (1-s_n)\end{cases},\quad \chi \equiv \left(\dfrac{a_M}{a_M^*}\right)^{1-\sigma} \tag{14.35}$$

其中，χ 是比较优势的一种度量指标，注意它与式（14.25）中的 χ 没有任何关系，$\chi>1$ 表明小国具有某种比较优势。记住在 FC 模型中，相对市场规模 s_E 是外生的。在市场规模、贸易开放度、比较优势方面存在差异的情况下，根据区位均衡条件 $\pi=\pi^*$，可以得到工业生产分布的显性表达式：

$$s_n = \frac{[(1-s_E)\phi\phi^* + s_E]\chi - \phi}{(\chi-\phi)(1-\chi\phi^*)} \tag{14.36}$$

其中，$s_n\in[0,\ 1]$。如果式（14.36）右边的值超过了这个区间，s_n 就取区间的端点值。与通常的情况一样，实际收入水平取决于产业活动空间分布和贸易自由度。如果两个国家的贸易自由度是相同的，那么市场规模较小的国家只能拥有低于其市场份额的生产份额，从而具有较高的价格指数。换言之，小国仍是一个穷国。

上面的模型是一般化的模型。其实，我们感兴趣的是这些穷国在工业生产方面具有某种比较优势（$\chi>1$）时的情况。根据新古典理论，不管国家间交易成本如何，具有比较优势的小国总会拥有一定的工业生产份额，这与传统空间经济学中的市场接近性优势可以形成专业化分工模式的观点不同。同时，根据我们的假设，国家间的工资水平是相同的。因此，小国在工业生产方面的某种比较优势，意味着小国工业生产中的劳动力投入系数较低，因而单位工业品的成本较低。令式（14.36）中的 $s_n=0$，则可以得出小国开始工业化所需的最小的市场规模，也就是工业生产的市场规模临界值：

$$s_E^P = \frac{\phi}{1-\phi\phi^*}\left(\frac{1}{\chi} - \phi^*\right) \tag{14.37}$$

其中，s_E^P 就是工业生产的市场规模临界值。当小国的市场规模低于这个临界值时，不存在任何工业活动；当小国的市场规模超过这个临界值时，小国就能吸引部分的工业活动。

从式（14.37）中可以看出，尽管小国具有在工业生产方面的某种比较优势（$\chi>1$），且小国的单位生产成本低于大国，但如果小国的市场规模小于临界值，

① χ 反映了生产效率的差异，它是指数形式，可以参考标准 FC 模型中利润率函数的推导过程。

那么工业活动仍然全部集中在发达的大国。换言之，虽然在工业生产方面具有某种比较优势，然而如果不满足某些条件，那么仍然无法吸引工业活动。此外，s_E^P 随着 χ 和 ϕ^* 的提高而变小，随着 ϕ 的提高而变大。这意味着，如果小国在工业生产中的比较优势越强，那么小国吸引工业生产所需的最小市场规模就越小；如果大国的市场开放度 ϕ^* 越大，那么小国吸引工业生产所需的最小市场规模也就越小；如果小国的市场开放度越小，那么小国所需的最小市场规模也就越小。

结论 14－13（市场规模）：如果聚集力较大且国际贸易存在成本，那么市场规模较小的国家往往缺乏对工业生产的吸引力。市场规模较小国家开展工业生产的最小市场规模，取决于其比较优势和两国的贸易自由度。

由于 s_E^P 随着 ϕ^* 的提高而变小，因此，如果大国对小国设置贸易壁垒越大，那么小国的工业化就越不易实现。世贸组织所设置的最惠国待遇制度，本质上就是为促进发展中国家的工业化进程。

结论 14－14：如果发达国家对欠发达国家实行更加严格的贸易保护政策，那么欠发达国家更难以实现工业化，陷入贫困的陷阱。

（二）具有聚集效应时的工业化

在诸多新经济地理学模型中，FC 模型具有最强的解析能力，但同时也丧失了循环累积因果关系效应。在上文中也提道，聚集力对工业化所需的市场规模临界值有着重要的意义。因此，本部分利用具有自我强化的聚集效应的资本创造模型（CC 模型）来进行分析。

相对于 FC 模型，CC 模型的一个重要的特征是，相对市场规模成为内生变量。式（14.35）和式（14.36）仍适用于 CC 模型。除此之外，还有相对市场规模的表达式：①

$$s_E=(1-\beta)s_L+\beta s_n,\ 0<\beta\equiv\frac{b\rho}{\rho+\delta}<1 \tag{14.38}$$

其中，ρ 为贴现率，δ 为折旧率。根据区位均衡条件 $\pi=\pi^*$，以及式（14.35）、式（14.38），可以得出一个有关 s_n 的表达式。然后，令 $s_n=0$，解出 s_L，就得到在 CC 模型中的开启工业化进程所需的市场规模临界值：

$$s_L^P=\frac{\phi}{1-\phi\phi^*}\left(\frac{1}{\chi}-\phi^*\right)\frac{1}{1-\beta} \tag{14.39}$$

假设北部和南部具有相同的相对要素禀赋（即 $s_L=s_K$），则 $s_E=s_L$。在这种

---

① 详见 CC 模型的有关章节。

情况下，可以通过式（14.39）和式（14.37），直接比较CC模型和FC模型的市场规模临界值。由于$0<\beta<1$，因此，CC模型中的临界值大于FC模型的临界值。这一点是相当直观的，在CC模型中，当聚集力较强时，小国吸引工业生产所需的最小市场规模就很大。事实上，在CC模型中，β是度量聚集力的一个指标，因此，我们得到一个结论：聚集力越强，则一国开启工业化所需的最小市场规模就越大。

结论14－15（聚集力与市场规模临界值）：存在聚集力时开启工业化所需的市场规模临界值，大于不存在聚集力时开启工业化所需的市场规模临界值。聚集力越大，一国开启工业化进程所需的市场规模临界值就越大。

第三节　两种贸易保护措施比较

传统的贸易理论假设市场是完全竞争的，关税和配额都可以把进口量限定在相同的水平，并且这两种政策对消费者价格、生产者价格以及进口品价格的影响也是相同的。尽管配额管理方式的不同会导致配额所带来的租金分配不同，但如果政府对配额权采取拍卖的方式，那么关税和配额的作用就完全相同了。那么，在新经济地理学中两种贸易保护措施带来的PLP效应是否相同呢？

一、关税与配额的等价性与非等价性

在具体讨论PLP效应之前，我们有必要探讨关税和配额这两种常见的贸易保护措施所带来的影响是否等价的问题。在不同市场模式下，两者的结论是不相同的，因此，我们从完全竞争市场和寡头垄断市场角度分别进行讨论。

（一）完全竞争市场中关税与配额的等价性

图14－4为完全竞争市场条件下的关税与配额的等价性示意图，横轴为进口量，纵轴为产品的价格。MS是产品的供给曲线，MD是产品的需求曲线。没有关税和配额时，均衡的进口量（市场规模）为M。但是如果采取征税和配额的贸易保护，进口商品的数量和价格都将发生变化。

如果政府对该进口品征收关税，商品在国内市场的价格由p^b上升到p^d，市场规模也缩小为M'。政府通过征收关税，获得的关税收益为$(p^d-p^b)M'$，即图中$A+B$的面积；征收关税导致商品价格的上涨和供给数量的减少，国内消

费者剩余减少了 $A+C$ 的面积，国外生产者剩余减少了 $B+D$ 的面积。很明显，征收关税导致国外生产者的福利受到了损害，损失为 $B+D$ 的面积。政府如果将关税收入用于补贴国内消费者，那么国内消费者总福利净变动为 $B-C$ 的面积。如果该值为正，那么可以提高国内消费者的福利水平；如果该值为负，那么降低国内消费者的福利水平。

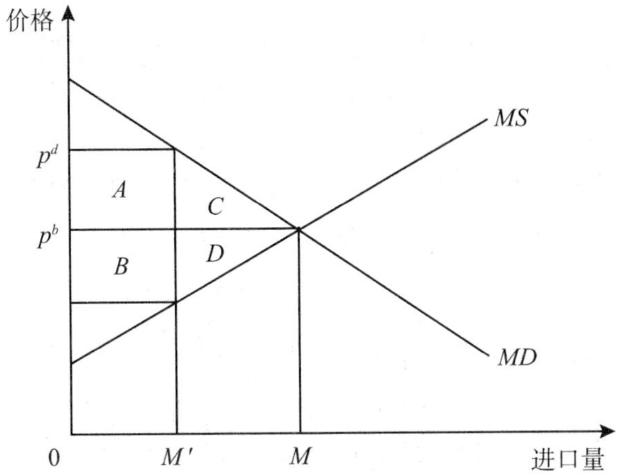

图 14-4　完全竞争下关税与配额的等价性

资料来源：笔者整理。

如果政府对该进口品实行配额管理，并且将配额数量定为 M'，此时均衡价格和进口数量与前面关税的例子是一致的。但现在有一个问题，配额的数量分配给谁？如果政府把配额分配给国内的进口商，那么对国内总福利的影响与征收关税时的影响是一致的，但区别是关税收益从公共福利转变为配额持有者的私人福利；如果政府把配额分配给国外的出口商，那么国内消费者剩余损失为 $A+C$，国外出口商的净福利变动为 $A-D$。

从上面的分析中可以看出，关税和配额对进口商品的价格和数量的影响是一致的，对总福利的影响也是一致的，都会导致净损失 $C+D$。从这个角度上说，关税和配额具有等价性特征。同时也可以看出，不同类型的贸易壁垒带来的福利分配是存在差异的。对国外产品实施的进口关税或给予本国进口商的进口配额，我们称为“国内福利指向的贸易壁垒”（以下简称 DCR）；国外获得租金的贸易壁垒（给予外国出口商的进口配额），比如自愿出口限额（以下简称 VERs）和价格承诺，我们称为“国外福利指向的贸易壁垒”（以下简称 FCR）。那些不产生贸易壁垒租金但却可以导致国内外产品价格差异的贸易壁垒，如技术、标准等，称为“摩擦性壁垒”。

（二）完全垄断市场中关税与配额的等价性与非等价性

从新古典贸易理论中也可以得出丰富的结论，但因过于简化假设而失去了一般性。当市场不再是完全竞争的市场时，如所面对的是不完全竞争、规模收益递增等极其复杂的现实世界时，人们总怀疑这些从新古典贸易模型中得出来的结论是否还有效的问题。

新古典贸易理论的关税与配额的等价性，并不是在坚实的理论基础上所得出的结论，它是模型简化假设的结果。一般而言，进口量限制水平相等的关税和配额，对产品价格的影响是不同的。那么，在非完全竞争和规模收益递增的情况下，关税和配额的作用为什么是不等价呢？其原因很简单，这些政策对产业空间分布的影响是不相同的。在本部分，我们将讨论关税和配额的区位效应的非等价性问题。

1. 完全垄断市场中关税与配额的等价性问题

首先讨论一个简单模型，在这里，所有的工业产品之间都不具有替代性（这相当于在 CES 效用函数中 $\sigma=1$ 的情况），因此，每种产品的生产者都是唯一的垄断厂商。这里我们利用线性 FC 模型，经济系统中存在两个国家，每个国家都具有两个部门、两种生产要素。农业部门是瓦尔拉斯一般均衡部门，产品的交易不存在交易成本，这使得劳动力工资水平在两个国家都相同。每种工业品生产需要 1 单位资本品作为固定投入，资本的空间分布与生产的空间分布相同。与 FC 模型的主要区别来源于需求方面，消费者偏好用准线性二次效用函数来表示，这种偏好下的效用最大化的需求函数为线性函数。此外，假设我们所关注的某一垄断厂商目前在南部进行生产，并且运输成本足够低，因此，他的产品供应两个市场。

北部和南部对该厂商的产品的需求函数分别为 $L(a-bp)$ 和 $L^*(a-bp^*)$。其中，p 和 p^* 是在两地的产品价格，L 和 L^* 则是两地市场规模，a 和 b 是两个正参数（注意，这两个参数与本章其他部分的参数是无关的）。为简化起见，我们假设产出的边际成本为 0；区域间的运输成本为 τ；相当于关税的区际贸易成本为 λ（在线性模型中，这些成本不再遵循冰山交易成本）。由于政府征收关税后，再把它们全部分配给本国居民，因此，关税对本国居民的需求并无影响。最后，假设厂商所面对的是两个分割的市场，可以在两个市场中实施差别化的价格而不会导致套利行为的出现。

在上述假设下，厂商根据经营利润最大化原则确定价格，其利润函数为：

$$\pi^*=L(a-bp)(p-\tau-\lambda)+L^*(a-bp^*)p^* \tag{14.40}$$

与标准线性 FC 模型一样，厂商的最优定价为：$p^*=a/2b$，$p=p^*+(\lambda+$

$\tau)/2$。由于厂商在北部市场每销售一单位产品就要支付 λ 单位的关税，因此，均衡时的利润水平为：[①]

$$\pi^* = b(L+L^*)(p^*)^2 - bL(\lambda+\tau)p^* + bL\left(\frac{\lambda+\tau}{2}\right)^2 \tag{14.41}$$

其中，$p^* = a/2b$。从式（14.41）可以看出，南部厂商的均衡利润随着运输成本 τ 和贸易成本 λ 的上升而下降。我们在前面已经假设 λ 相当于一种关税，这样北部政府获得的关税收入（贸易壁垒租金）[②] 为：

$$R = \lambda Lb\left(p^* - \frac{\lambda+\tau}{2}\right) \tag{14.42}$$

如果北部采取配额方式的进口限制政策，那么厂商把产品价格定在把配额量全部销售在北部市场上时的最高价格。假如配额政策与关税政策（税率为 λ）可以把进口量限制在同一个水平上，那么厂商在配额政策和关税政策下的定价策略是完全相同的。所不同的是，在配额政策下，贸易租金被南部厂商所获取。

上述结论的原因是很明显的。在配额政策下，如果南部厂商在北部市场上的定价低于 $p^* + (\lambda+\tau)/2$，那么北部市场上的需求就会超过配额，此时在北部市场上就会有其他机构从南部厂商那里购入产品并以 $p^* + (\lambda+\tau)/2$ 的价格销售，这种套利行为的出现说明厂商的定价策略出现了问题。如果南部厂商在北部市场上的定价高于 $p^* + (\lambda+\tau)/2$，那么北部市场的需求就会低于配额，这时就会有一些产品卖不出去，从而厂商无法实现利润最大化。综上所述，在配额政策下，厂商的最优定价与关税政策下的定价是相同的。最后我们还注意到，与自由贸易相比，无论是关税还是配额都降低了厂商的利润。

结论 14－16：控制相同进口量的关税政策和配额政策对本国进口商品价格的影响是相同的，但都降低了外国厂商的利润。在关税政策下，贸易租金由本国政府获得；在配额政策下，贸易租金由外国厂商获得。

2. 完全垄断市场中关税与配额的非等价性问题

从上文的分析中可以看出，在完全垄断市场中，关税政策和配额政策对本国商品价格的影响是相同的。但需要注意的是，在垄断市场中，关税和配

---

① 由式（14.40）以及 $p^* = a/2b$，$p = p^* + (\lambda+\tau)/2$，可以得出：

$$\pi^* = L\left[a - b\left(p^* + \frac{\lambda+\tau}{2}\right)\right]\left(p^* - \frac{\lambda+\tau}{2}\right) + L^*(a-bp^*)p^* = (L+L^*)p^*(a-bp^*) - aL\frac{\lambda+\tau}{2} + bL\left(\frac{\lambda+\tau}{2}\right)^2$$

$$= (L+L^*)p^*bp^* - 2bp^*L\frac{\lambda+\tau}{2} + bL\left(\frac{\lambda+\tau}{2}\right)^2 = b(L+L^*)(p^*)^2 - bL(\lambda+\tau)p^* + bL\left(\frac{\lambda+\tau}{2}\right)^2.$$

② 即北部销售额与关税税率的乘积。通过式（14.40）及价格的表达式与需求函数容易得到式（14.42）。

额的影响远不止这些，在这里我们继续讨论关税和配额区位效应的非等价性问题。

第一，在这个简单的模型中，可以注意到贸易保护政策可以降低国内价格指数。假设初始两个完全对称的国家进行自由贸易，但如果本国在某一时刻开始采取贸易保护主义政策，即对进口品征收关税或实行配额制，那么将会吸引外国厂商到本国生产。为了搞清楚这一点，我们讨论关税政策下的情况，用 π 表示国外厂商转移到本国生产时获得的利润，实际上 π 就是式（14.41）在 $\lambda=0$ 时的表达式。转移到本国的生产商的收益为：

$$\pi-\pi^{*}=\frac{\lambda L}{2}\left(a-b\,\frac{\lambda+2\tau}{2}\right) \tag{14.43}$$

根据上面参数值的界定，式（14.43）是正值。另外由于 $p>p^{*}$，企业从国外转移到本国就会使本国消费者可以节省运输成本，从而降低本国的价格指数，此时任何贸易保护都形成 PLP 效应。

第二，不同形式的贸易壁垒对空间均衡和消费者价格指数具有不同的影响。为了看到这一点，现假设两个国家具有不同的市场规模，本国规模较小（$L<L^{*}$），小国对进口产品征收关税，起初国外厂商进入本国时所获得的净收益为：①

$$\pi-\pi^{*}=\frac{\lambda L}{2}\left(a-b\,\frac{\lambda+2\tau}{2}\right)-\frac{\tau(L^{*}-L)}{2}\left(a-b\,\frac{\tau}{2}\right) \tag{14.44}$$

当 $L=L^{*}$ 时，式（14.44）变成式（14.43）。式（14.44）右边的第一项反映了厂商转移到实施贸易保护主义政策的国家时节约关税后所获得的收益；第二项则反映了厂商离开较大市场所带来的损失，如果运输成本 $\tau=0$，则这种损失就不存在了。上面两项对净收益的影响正好相反，因此，关税的区位效应在这里是不清晰的。为了搞清楚关税与配额的区位非等价性特征，假定在式（14.44）中关税 λ 与市场规模的组合可以使 $\pi-\pi^{*}>0$，就是说如下条件成立：

---

① 由式（14.40），企业定位于外国时，其利润函数为：

$$\pi^{*}=L(a-bp)(p-\tau-\lambda)+L^{*}(a-bp^{*})p^{*},\ p^{*}=a/2b,\ p=p^{*}+(\tau+\lambda)/2;$$

企业定位于本国时，其利润函数为：

$$\pi=L(a-bp)p+L^{*}(a-bp^{*})(p^{*}-\tau),\ p=a/2b,\ p^{*}=p+\tau/2$$

把价格分别代入利润函数中，可得：

$$\pi=L\,\frac{a^{2}}{4b}+L^{*}\,\frac{(a-b\tau)^{2}}{4b},\ \pi^{*}=L\,\frac{[a-b(\lambda+\tau)]^{2}}{4b}+L^{*}\,\frac{a^{2}}{4b},$$

所以：

$$\pi-\pi^{*}=\frac{L}{4b}[2a-b(\lambda+\tau)]b(\lambda+\tau)-\frac{L^{*}}{4b}(2a-b\tau)b\tau=\frac{L}{4}(\lambda+\tau)[2a-b(\lambda+\tau)]-\frac{L^{*}}{4}\tau(2a-b\tau)$$

此式与式（14.44）一致。

$$\frac{\lambda}{\tau}\left(a-b\frac{\lambda+2\tau}{4}\right)=\frac{L-L^{*}}{L}\left(a-b\frac{\tau}{2}\right)+\varepsilon \tag{14.45}$$

其中，ε 是一个任意小的正数，式（14.45）可以保证 $\pi-\pi^{*}>0$，因此，原来位于较大市场的厂商就会转移到市场规模较小且实行贸易保护政策的国家。现在我们要问的是：如果小国实行配额政策，使配额与实施关税政策时的进口量相同，并且把配额直接分配给国外厂商，那么对厂商的区位选择会产生什么影响？我们知道，在满足式（14.45）的情况下，厂商会把资本转移到实行贸易保护的国家，如果原来通过关税执行贸易保护的国家转而利用配额的方式限制进口，那么厂商还会把资本转移到该国吗？正如前面的分析，配额政策对厂商的伤害比起关税政策要小一些，因此，厂商转移资本而获得的收益部分也相对少一些。由于在满足式（14.45）的情况下，厂商转移资本所获得的收益已经足够小，而配额政策带给厂商的收益部分就可能超过厂商重新选择区位所带来的收益，从而在配额政策下，厂商就不会再转移到实行贸易保护政策的国家。利用式（14.42），可以计算厂商转移资本可能带来的预期收益：

$$\pi-\pi^{*}=L\left(\frac{\varepsilon\tau}{2}-\lambda\frac{a-b(\lambda+\tau)}{2}\right) \tag{14.46}$$

在 ε 和 τ 足够小的情况下，这一预期收益是负值。因此，在两个国家具有不同市场规模的情况下，小国的配额政策可能吸引不了国外厂商转移到本国生产。这个例子的核心含义是：关税政策有可能降低国内总体的价格水平，但具有“等价性”的配额政策则可能提高国内总体的价格水平。

结论 14－17：当存在厂商调整其生产区位的可能性时，控制进口量相同的关税政策和配额政策具有不同的效应：实行关税政策，可以吸引国外资本并降低国内总体价格水平，同时因为该种产品在国内生产，不再进口该种产品；与此等价的配额政策却不能吸引国外厂商在本国进行生产，将导致国内总体价格水平的提升，同时也降低部分进口量。相对于配额政策，关税政策具有更强的区位效应。

二、FC 模型中关税与配额的 PLP 效应

在 FC 模型中，每一种产品的生产商都是该产品的垄断者，不同的生产商之间都通过产品之间的替代性间接展开竞争。比起关税形式的贸易保护，生产商在配额保护下可以得到更高的收益。配额政策影响着资本收益，进一步影响到两国相对支出份额。在现实世界中，相对市场规模（也就是支出份额）的大小与贸易壁垒特性之间的联系并不是很明显，我们引入准线性偏好消除这种联系。

引入准线性偏好，则消费者对多样性产品的需求函数不再依赖于区域的相对支出份额。尤其是，初始两个国家对称时，每种产品在不同国家的需求函数可以写成：①

$$\begin{cases} c^{*}=\dfrac{(\mu/2)(p^{*})^{-\sigma}}{np^{1-\sigma}+n^{*}(p^{*})^{1-\sigma}} \\ c=\dfrac{(\mu/2)p^{-\sigma}}{np^{1-\sigma}+n^{*}(p^{*})^{1-\sigma}} \end{cases} \tag{14.47}$$

在迪克希特－斯蒂格利兹垄断竞争一般均衡分析框架内，每个企业都把其需求函数的分母部分看作是不变的，这样每个企业都面对一条等弹性的需求曲线。

图14－5给出了在外国（南部）企业在本国（北部）的定价策略。*DD*是一条等弹性需求曲线，*MR*则是企业的边际收益曲线，a_m是边际成本曲线。关税税率为t的情况下，企业的边际成本曲线向上移动到$a_m(1+t)$。在自由贸易情况下，根据边际收益与边际成本相等的原则，外国企业向本国出口量为c^0，收取的价格为p^0，$p^0(1-1/\sigma)=a_m$。征收关税的情况下，外国企业向本国出口量为c'，收取的价格为p'，$p'(1-1/\sigma)=a_m(1+t)$。

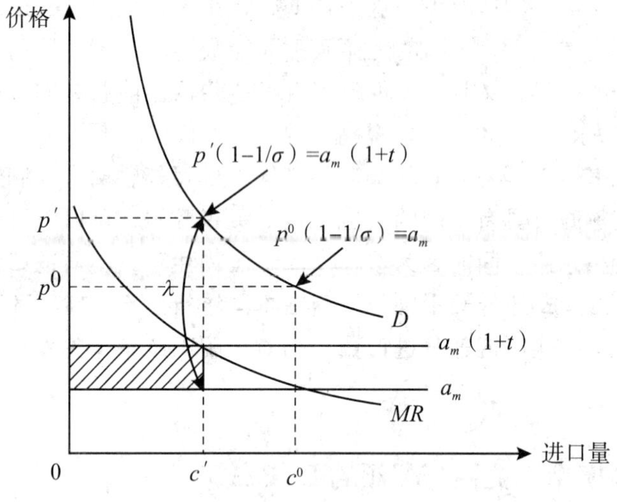

图14－5　关税与配额下的定价策略

资料来源：Richard Baldwin，Rikard Forslid，Philippe Martin，Gianmarco Ottaviano and Frederic Robert－Nicoud. Economic Geography and Public Policy［M］. Princeton：Princeton University Press，2003：312.

① 具体参见线性FC模型。

如果本国政府对进口产品采取配额制，把进口量限制在 c'，这时企业仍会在本国市场上收取 p'的价格，在这种情况下，外国企业的收益有所提高，贸易租金被外国企业所占有，比在关税情况下，提高了 $a_m tc'$部分的收益，见图 14－5 中斜线部分所示。

（一）空间均衡条件

现在我们转向更正规的方法讨论这个问题。与通常一样，仍然假设外国不设置贸易障碍而本国可以通过关税或配额设置贸易壁垒，我们仍然讨论一个企业在外国生产与在本国生产时经营利润如何发生变化的问题。用 τ 表示冰山交易成本或从价关税，λ 表示配额的影子价格。考虑更一般的情况，即模型既包含运输成本（用 T 表示），也包含关税（用 t 表示），因此，$\tau \equiv 1 + T + t$。为方便表述，下面我们用南部和北部表示外国与本国。这样南部企业的利润最大化问题可以写成：

$$\max_{p,p^*}[(p_{SS} - a_m)x_{SS} + (p_{SN} - a_m\tau)x_{SN}] \tag{14.48}$$

式（14.48）使用了双下标，其中第一个表示生产地，第二个表示产品销售地。根据最优化的一阶条件，可以得到企业的定价策略为：

$$p_{SN} = \tau + \lambda/a_m,\ p_{SS} = 1 \tag{14.49}$$

把式（14.49）代入式（14.48），利用标准 FC 模型中企业经营利润的表达式，可得：

$$\begin{cases}\pi = b\left(\dfrac{1}{\Delta} + \dfrac{\phi^*}{\Delta^*}\right)\\[2ex] \pi^* = b\left(\dfrac{\phi\xi}{\Delta} + \dfrac{1}{\Delta^*}\right)\end{cases} \tag{14.50}$$

其中，$\phi \equiv (\tau + \lambda/a_M)^{1-\sigma}$，$\xi \equiv (\tau + \sigma\lambda/a_M)/(\tau + \lambda/a_M) \geqslant 1$。在 ϕ 中既包括了关税，也包括了配额。当北部实行配额制时，比起北部征收关税，南部企业可以得到更多的经营利润，ξ 大于 1 正反映了这种情况。生产区位的均衡条件仍然是 $\pi = \pi^*$，解之得到内点均衡解为：

$$s_n = \frac{1}{2} + \frac{\phi^* - \phi + \phi^*(1+\phi) - (1-\phi^*)\phi\xi}{2(1-\phi^*)[2-(1+\xi)\phi]} \tag{14.51}$$

这说明，北部实行自由贸易政策时，即 $\lambda = t = 0$、$\phi = \phi^* = (1+T)^{1-\sigma}$时，产业活动是均匀分布的，即 $s_n = 1/2$。

（二）进口量控制水平相同的关税与配额的区位效应差异

下面分析进口量控制水平相同的关税与配额的不同效应。考虑以下两种情况，第一种情况，假设北部对进口只征收关税，南部自由贸易，$t>\lambda=0$，北部市场的开放度低于南部市场，我们用$\delta\equiv\phi^{*}/\phi\geqslant1$来表示；第二种情况，假设北部的贸易保护程度不变，但采用配额制，即$\delta\equiv\phi^{*}/\phi\geqslant1$，与第一种情况下的值相同，但$\lambda>t=0$。在上述两种情况下，区位均衡时的产业份额可以写成：

$$s_n=\frac{\phi^2\delta+1-(1+\xi)\phi}{(1-\delta\phi)[2-(1+\xi)\phi]} \tag{14.52}$$

从式（14.50）中可以看出，在第一种情况，即只有关税时，$\xi=1$；在第二种情况，只有配额制时，$\xi>1$。通过对式（14.52）的观察，可以看出$s_n|_{\xi=1}>s_n|_{\xi>1}$，这意味着与北部征收关税相比，北部实施配额制时南部地区的区位黏性效应更强。这种结论也是容易理解的，相对于关税而言，配额制有利于南部企业通过出口获得更多的利润，因此，南部企业缺乏转移到北部的激励，从而具有更强的区位黏性。通过这一结论，并结合 PLP 效应，可以认为，北部实行关税政策比起实施配额制更有利于降低北部的价格指数。

把式（14.52）代入式（14.50），则可以计算出整个经济系统的总经营收益为：

$$n^w[s_n\pi+(1-s_n)\pi^*]=b\left(\frac{1-\delta\phi^2\xi}{1-\delta\phi^2}\right)\left(\frac{1-\phi(1+\xi)/2}{1-\xi\phi}\right) \tag{14.53}$$

在式（14.53）中，采用了标准化$n^w=1$。从式（14.53）中可以看出，当$\xi>1$时（配额保护），式（14.53）右边两个括号内的值都大于1；当$\xi=1$时（关税保护），式（14.53）两个括号内的项的值都等于1。因此，相对于关税保护，配额保护可以提高经济系统总体的利润水平。

结论 14－18：进口量控制水平相同的关税政策和配额政策，对产业空间分布、国内总体价格水平、资本收益率的影响是不相同的。相对于实施关税，实施配额制对国外企业更加有利，因此，实施配额制时吸引国外企业迁入国内较少，PLP 效应也相对较弱。

第四节　本 章 小 结

本章详细讨论了 PLP 效应形成的机制，并在更符合现实的新经济地理学模型中讨论了 PLP 效应可能成立的条件。

PLP 效应包括区位效应、贸易价格效应和多样化效应。其中，区位效应反映了实施贸易保护政策所导致的地区产业份额的变化对价格指数的影响；

贸易价格效应反映了实施贸易保护政策所导致的产品价格变化对价格指数的影响；多样化效应反映了交易成本的变化影响产品种类的数量，进而对价格指数产生的影响。通常情况下，只有在区位效应足够大时，PLP 效应才存在。PLP 效应指出，在一定条件下，贸易保护政策有可能促进一个国家的工业化进程，它可以提高实施这种政策的国家的产业份额。另外，在现实世界中，许多发展中国家的进口替代策略都失败了，这为 PLP 效应提供了反证素材。

贸易自由化可以促进工业化的发展，但这是有条件的。如果一个国家在最终产品市场上通过贸易壁垒避免同外国企业的竞争，并在中间投入品市场上提高贸易自由度，则可以降低本国工业生产成本，提高该国对工业生产的吸引力，这种局部的贸易自由化政策有利于工业化的发展。全面的贸易自由化政策也可以促进工业化的发展，但需要一定的条件，即该国的市场规模相对要小，同时国外市场又是相当开放的。市场规模也是经济发展的一个重要条件。在聚集力发挥重要作用的情况下，市场规模过小的国家往往对工业生产没有什么吸引力。小国能够保持工业生产份额的最小市场规模取决于其比较优势的大小和两国的贸易开放度。如果发达的工业化国家对欠发达的小国实行更严格的贸易保护政策，那么小国难以开启工业化进程并陷于贫困。

在新古典国际贸易理论中，贸易保护的两种方式，即关税与配额的等价性是一个相当牢固的结论。但这与市场完全竞争的假设是有关的，如果将市场放松到不完全竞争的市场，那么这一结论值得重新斟酌。新经济地理学模型对这一等价性命题提出了质疑，详细讨论了不同的贸易保护政策的空间效应，特别是对产业分布的影响，而对产业分布的不同影响又影响到价格水平和资本收益率。进口量控制水平相同的关税政策和配额政策，对产业空间分布、国内市场价格水平、资本收益率都有着不同的影响。实施配额政策所导致的产业活动的空间转移较少，这意味着实施配额政策的 PLP 效应是较弱的。实施配额政策有利于提高国内和国外的资本收益率，实施关税政策所导致的资本收益率的提高通常被资本转移所完全抵消。

参考文献

[1] Richard Baldwin, Rikard Forslid, Philippe Martin, Gianmarco Ottaviano and Frederic Robert - Nicoud. Economic Geography and Public Policy [M]. Princeton: Princeton University Press, 2003.

[2] Puga, Diego and A. Venables. Preferential Trading Arrangements and

Industrial Location [J]. Journal of International Economics, 1997, 43: 347 - 368.

[3] Robert - Nicoud, F. A Sample Model of Agglomeration with Vertical Linkages and Capital Mobility [M]. Mimeo, London School of Economics, 2002.

[4] Forslid, R. and I. Wooton. Comparative Advantage and the Location of Production [J]. Review of International Economics in Press, 2001.

第十五章

优惠贸易协定下的经济发展

2020年11月15日，东盟10国和澳大利亚、中国、日本、韩国、新西兰共同签署《区域全面经济伙伴关系协定》（*Regional Comprehensive Economic Partnership*, RCEP）。2023年6月2日，随着《区域全面经济伙伴关系协定》对菲律宾的正式生效，RCEP对15个签署国全面生效。RCEP的全面生效为我国推进高水平对外开放提供了强劲的助力，为我国与成员方扩大货物贸易创造了有利的条件，还带动了相应的服务贸易和投资开放，促进贸易便利化和营商环境的提升。我国同时已向《全面与进步跨太平洋伙伴关系协定》（*Comprehensive and Progressive Agreement for Trans－Pacific Partnership*，CPTPP）递交了加入CPTPP的交流文件，有意愿、有能力加入CPTPP。RCEP成为我国加入世界贸易组织二十多年以来最重要的开放成果，它有利于深入推进区域产业链、供应链的融合发展，有利于地方、产业和企业拓展国际经贸合作的新空间，有利于在更高的起点上，推动实现更高水平的制度型开放。

存在聚集力的空间经济模型所揭示的一个重要结论就是本地市场放大效应。正是由于这种效应的存在，发展水平相似的大国和小国之间实施双边贸易的结果，往往是随着国家之间贸易开放度的提高，大国吸引了大部分的产业，而小国原有的产业基础会受到损害，因此，一些小国通常抵制与大国之间的贸易自由化。因此，在实施自由贸易协定或多边贸易自由化的过程中，允许小国在与大国的贸易往来中保持较高的贸易壁垒，例如，WTO谈判的重要内容之一就是发达国家和发展中国家之间在关税方面的差别化。

本章主要讨论双边或多边优惠贸易协定对产业区位以及各国福利的影响。我们将讨论以下两个问题：一是自由贸易协定对产业区位会产生何种影响？二是产业区位的改变对贸易协定的参与国以及非参与国的福利会产生何种影响？为简便起见，首先，在自由资本模型基础上，构建多国自由资本模型来探讨优惠贸易条件下的生产转移和福利问题；其次，利用自由资本垂直联系模型分析优惠贸易协定下的突发性聚集问题。

第一节　多国自由资本模型

新经济地理学模型中，一个重要的变量就是贸易自由度。研究表明，各国之间贸易自由度的变化足以导致各国产业份额的最终变化，那么，在现实世界中与贸易自由度变化最为契合的无疑是贸易活动中各类贸易政策的变化，当然包括 WTO 多边会谈中各类贸易协定的签署，这些贸易协定的存在意味着，参与国家之间市场开放程度的变化，这在抽象模型中可以用表示市场开放程度的符号 ϕ 来表示。那么一些贸易协定的签署会对参与国和非参与国产生哪些影响？新经济地理学是从市场开放度的变化引起市场规模的变化，市场规模的变化导致生产和投资分布发生变化的角度来讨论这一问题的。由于讨论生产和投资转移问题的基本模型是多国自由资本模型，因此，有必要先简单地回顾自由资本模型。多国自由资本模型是由两国或两个区域自由资本模型推广到多国或多个区域而得出的模型，两国自由资本模型是最简单的新经济地理学模型之一，它的优势在于能够简化分析，可由此推导出产业空间分布的确切形式，而不必使用数值模拟；但两国自由资本模型排除了突发性聚集的存在，而这种突发性聚集在优惠贸易研究中却颇有意义，因此，在后面将利用较为复杂的自由资本垂直联系模型讨论突发性聚集问题。

一、两国自由资本模型回顾

自由资本模型虽在前面章节已有详细的介绍，但为方便读者，再简要地回顾一下该模型的基本框架，自由资本模型的基本假定如下。

两区域（北部和南部）、两部门［农业部门（A）和制造业部门（M）］、两要素［资本（K）和劳动力（L）］模型；农业部门 A 是完全竞争部门，使用要素 L 生产同质产品，产品的区际区内贸易无成本；制造业部门 M 是垄断竞争部门，K 用作固定投入（一种产品生产用一单位 K 作为固定投入），L 用作可变投入，工业品区内贸易无成本，区际贸易遵循冰山运输成本 τ；每个地区（国家）的劳动供给 L 是固定的，L 不能跨区流动，劳动者拥有所有资本；消费者的第一层效用函数为柯布－道格拉斯型（$C-D$）效用函数：$U=C_A^{1-\mu}C_M^{\mu}$，第二层效用函数为不变替代弹性（CES）效用函数：$C_M=\left[\int_0^n c_i^{(\sigma-1)/\sigma}\mathrm{d}i\right]^{\sigma/(\sigma-1)}$。

二、多国自由资本模型的基本表述

多国自由资本模型是两国自由资本模型的拓展，基本假定如下：国家或区域数量 $R>2$；任意国家或区域之间的贸易成本（开放度）相同；任意国家或区域都具有相同的资本劳动比，即单位劳动力拥有相同的资本量；相对资源禀赋相等，即对于任意区域 j 而言，$s_K^j=s_L^j$ 且 $s_E^j=s_L^j$，其中，s_K^j 为区域 j 的资本份额，s_L^j 为区域 j 的劳动力份额，s_E^j 为区域 j 的支出份额；贸易自由度局限于一定的范围，使得每个区域或国家都拥有一些工业部门，即对于任意的 j 而言，$s_n^j\neq 0$。

利用上述假定条件，则可以得出位于区域 j 的厂商的经营收益，[①] 即：

$$\pi_E^j=\left(\frac{s_E^j}{\Delta^j}+\phi\sum_{i\neq j}\frac{s_E^j}{\Delta^i}\right)\times b\frac{E^w}{K^w},\ \Delta^j\equiv s_n^j+(1-s_n^j)\phi \tag{15.1}$$

资本的流动导致资本的均衡收益相等，如前面章节自由资本所述，单位资本获得的平均资本收益[②]为 b，在多区域情况下，区位均衡条件为 $\pi_E^j=\pi_E^i=b$ $(i\neq j)$，解此区位条件，可以得出如式（15.2）所示：[③]

$$s_n^j-\frac{1}{R}=\left(1+\frac{\phi R}{1-\phi}\right)\left(s_E^j-\frac{1}{R}\right) \tag{15.2}$$

可见，当 $R=2$ 时，式（15.2）正是前面章节中两国自由资本模型所表述的 nn 曲线，式（15.2）可以认为是多国自由资本模型中 nn 曲线的一般形式。

---

① 当 $R>2$ 时，可以设 $R=1,\ 2,\ \cdots,\ j,\ j+1,\ R$，则 $\pi_E^j=(p^jx^j/\sigma)+\sum_{i\neq j}^{R}(p^ix^i/\sigma)$。根据标准化 $p^j=1$ 以及 $p^i=\tau p^j$，可以得出 $p^i=\tau$。故，

$$\pi_E^j=\frac{x^j}{\sigma}=\sum_{i\neq j}^{R}\frac{\tau x^i}{\sigma} \tag{1}$$

已知：

$$x^j=\frac{\mu E^j(p^j)^{-\sigma}}{\Delta^j n^w},\ x^i=\frac{\mu E^i(\tau)^{-\sigma}}{\Delta^i n^w} \tag{2}$$

把式（2）代入经营利润表达式（1），则可以得出：

$$\pi_E^j=\frac{\mu}{\sigma}\frac{E^w}{n^w}\left(\frac{s_E^j}{\Delta^j}+\tau^{1-\sigma}\sum_{i\neq j}^{R}\frac{s_E^i}{\Delta^i}\right) \tag{3}$$

把 $b=\mu/\sigma$、$n^w=K^w$、$\phi=\tau^{1-\sigma}$ 代入式（3），则可以得出式（15.1）（证毕）。

② 资本平均收益 $\bar{\pi}=\frac{\mu E^w}{\sigma}\frac{1}{K^w}$，而 $E^w=K^w=1$，故 $\bar{\pi}=\frac{\mu}{\sigma}=b$（证毕）。

③ 把 $\pi_E^j=b$、$E^w=K^w=1$ 代入式（15.1），可以得出 $\pi_E^j=\left(\frac{s_E^j}{\Delta^j}+\phi\sum_{i\neq j}\frac{s_E^i}{\Delta^i}\right)=1$。已知 $\Delta^j\equiv s_n^j+(1-s_n^j)\phi$，$\Delta^i\equiv s_n^i+(1-s_j^i)\phi$。而且，根据各个区域完全对称的假定，得出 $s_E^i=s_E^j$，$s_n^i=s_n^j$。把上述这些代入上述经营利润简化公式，则可以得出式（15.2）（证毕）。

从式（15.2）中可以得出如下结论。

结论 15－1（多国本地市场效应）：[①] **市场规模大于平均市场规模的国家是工业品的净出口国，这意味着，在多国的情况下，也存在本地市场效应（home market effect，HME）。由于本地市场效应随市场开放度 ϕ 的变大而增强，所以，同样存在本地市场放大效应。**

式（15.2）还表明，全球经济自由化提高了大国的工业份额，降低了小国的工业份额。这里需要确定一个外围点 ϕ^{pj}，其实质是确定一个市场开放度的临界值。当某一国的市场份额小于平均规模（即 $s_E^j<1/R$）时，ϕ^{pj}表示，一旦市场开放度 ϕ 大于此临界值（即 $\phi>\phi^{pj}$），则 j 国的工业全部转移出去，j 国沦落为边缘国家（即 $s_n^j=0$）。ϕ^{pj}可以如下定义：

$$\frac{1/R}{1/R-s_E^j}=\left(1+\frac{\phi^{pj}R}{1-\phi^{pj}}\right) \tag{15.3}$$

式（15.3）表明，随着市场开放度 ϕ 的提高，对于 $s_E^j<1/R$ 的所有区域 j 而言，从市场规模最小的区域开始，依次成为农产品专业化区域（工业生产全部转移出去）；如果 j 的市场规模 s_E^j 越小，那么它被边缘化所需的市场开放度的临界值 ϕ^{pj}越小。当经济完全自由化时，所有工业全部集中在市场规模最大的区域，则可以得出如下结论。

结论 15－2（核心边缘结构）：由于存在本地市场放大效应，全球经济自由化有利于大国而不利于小国。在经济自由化过程中，市场规模最小的国家首先失去所有工业份额，随着自由化的推进，其他市场规模小于平均市场规模的国家依次失去其工业份额。当经济完全自由化时，所有工业部门将全部聚集在市场规模最人的国家。

当然，上述结论只是简化多国自由资本模型的结果，若考虑分散力的存在，如资本转移成本或各国间的比较优势差异，那么这一结论也发生变化。尽管如

---

① 此结论可由式（15.2）得到。若 j 国的市场规模大于平均规模即 $s_E^j>1/R$，但 $1+\phi R/(1-\phi)>1$。所以（s_n^j-1/R）>（s_E^j-1/R），即 $s_n^j>s_E^j$，因而，j 国是工业品的净出口者，而其他国家 $i(i\neq j)$ 是工业品的净进口者。此外，在 R 既定的前提下，随着市场开放度 ϕ 的提高，斜率或比例 $1+\phi R/(1-\phi)$ 变大，即此时 s_E^j 的变大将带来 s_n^j 更大比例的增大，说明存在本地市场放大效应。但是这种直接观察式（15.2）所得到的结论未免过于简单，实际上，如果各国之间的市场开放度 ϕ 不等（这恰是现实存在的），那么，本地市场规模 s_E^j 本身并不足以预测工业活动分布 s_n^j。所以，比较严谨的方法是把式（15.2）做一下调整，把 s_n 表示为 s_E 的函数，具体做法是把式（15.2）两边平方，再对区域或国家 j 求和，得到 $\sum_{j=1}^{R}\left(s_n^j-\frac{1}{R}\right)^2=\left[\frac{1+(R-1)\phi}{1-\phi}\right]^2\sum_{j=1}^{R}\left(s_E^j-\frac{1}{R}\right)^2$。显然，中括号的值大于 1，所以，多国自由资本模型表明，产业活动的空间分布较收入或支出分布更不平衡。

此，这一结论揭示了多国自由资本模型所具有的聚集力的一般含义。

第二节　生产和投资转移

多国自由资本模型所揭示的一般结论表明，存在聚集力（源于本地市场放大效应）的情况下，优惠贸易协定使得贸易集团内部成员获益，这就是所谓的“生产转移”效应。[①] 实际上，“生产转移”效应也是政策制定者经常考虑的因素。例如，欧洲市场条块分割的“欧洲病”，使得欧洲工业比起美国和日本的工业，其竞争力大大下降。建立欧洲统一的市场，意在通过创建可以与美国、日本市场相抗衡，甚至比他们更大的本地市场来医治所谓的“欧洲病”。

一、生产转移效应

（一）自由贸易区（FTA）情况下的生产转移

生产转移效应是本地市场效应的必然结果。对参与优惠贸易协定的成员而言，降低贸易壁垒就扩大了所有成员国的本地市场，而本地市场的扩大反过来使得集团内部区位更具有吸引力。这一过程可用下面的例子来说明。

假设有 R 个规模相等的区域，现在讨论一下由其中两个区域（设为区域 1 和区域 2）形成完全自由贸易区（*Free Trade Area*，FTA）所带来的影响。

FTA 形成前：由于 R 个区域完全对称，则区域 1 和区域 2 的产业份额和市场份额分别为：$s_n^1 = 1/R$，$s_n^2 = 1/R$；$s_E^1 = 1/R$，$s_E^2 = 1/R$。两区域的产业份额和市场份额之和分别为：$s_n^1 + s_n^2 = 2/R$，$s_E^1 + s_E^2 = 2/R$。

FTA 形成后：由于区域 1 和区域 2 组成一个更大的区域 FTA，故 FTA 的市场份额为：$s_E^{FTA} = s_E^1 + s_E^2 = 2/R$，恰是 FTA 形成前的 2 倍；由于本地市场的放大效应，产业份额将以高于 2 倍的比例增加，则 FTA 的产业份额为 $s_n^{FTA} > 2/R = s_n^1 + s_n^2$，可见 FTA 形成后，一部分 FTA 外的产业转移到了 FTA 内部，即由于存在本地市场效应，必然存在生产转移效应。

（二）优惠贸易协定（PTA）情况下的生产转移

上述 FTA 的例子只是生产转移效应的特例，一般情况是在《优惠贸易协

① Baldwin, Richard E. and A. J. Venables. Regional Economic Integration [M]. In Handbook of International Economics, Volume Ⅲ, edited by G. Grossman and K. Rogoff. Amsterdam: North - Holland, 1995.

定》（*Preferential Trade Agreement*，PTA）下的生产的转移问题。在 PTA 情况下，其内部成员的市场开放度仍低于完全自由贸易时的开放度。具体假定如下。

假定存在两种市场开放度 ϕ'（PTA 内部成员之间的市场开放度）和 ϕ（PTA 与所有非 PTA 成员之间的市场开放度），且 $1>\phi'>\phi$；$R=3$，且 PTA 内部成员包括区域 1 和区域 2，区域 3 在 PTA 之外；交易成本足够高，以致所有国家或区域都拥有一定的工业部门，即 $s_n^j\neq 0$，$j\in(1,\ 2,\ 3)$。则，区位均衡结果如式（15.4）所示：①

$$s_n^1=\frac{(1+\phi'-2\phi^2)[s_E^1+(s_E^1-s_E^2)(\phi'-\phi)/(1-\phi')]}{(1-\phi)(1-\phi+\phi'-\phi)}-\frac{\phi}{1-\phi+\phi'-\phi} \tag{15.4}$$

把 PTA 形成后的区域 1 和区域 2 的产业份额之和记为 s_n^{PTA}，PTA 形成前两区的产业份额之和记为 $s_n^1+s_n^2$，则结果如下：②

$$s_n^{PTA}-(s_n^1+s_n^2)=\frac{2\phi(\phi'-\phi)[1-(s_E^1+s_E^2)]}{(1-\phi)(1-\phi+\phi'-\phi)}>0 \tag{15.5}$$

由于式（15.5）不等式成立，所以 $s_n^{PTA}>s_n^1+s_n^2$ 必然成立。可以看出，PTA 形成后，的确存在生产转移。式（15.5）恰是 PTA 形成后生产转移的规模。由式（15.5）可知，这一转移规模取决于三个因素，即 ϕ'、ϕ 和 $s_E^1+s_E^2$。

首先，随着 ϕ' 的提高，边际生产转移效应也提高，故最终转移规模随 ϕ' 的提高而变大。③

其次，若 $\phi'-\phi$（也可以理解为边际优惠）为常数，那么，生产转移规模随全球开放度 ϕ 的提高而变大。这是本地市场效应的必然结果，随着市场开放度的提高，企业变得更加自由，优惠贸易协定的生产转移效应随着 ϕ 的提高而不断增强。④

---

① 由式（15.1），可以得出：

$$\pi^1=b\left(\frac{s_E^1}{\Delta^1}+\phi'\frac{s_E^2}{\Delta^2}+\phi\frac{s_E^3}{\Delta^3}\right),\ \pi^2=b\left(\frac{s_E^2}{\Delta^2}+\phi'\frac{s_E^1}{\Delta^1}+\phi\frac{s_E^3}{\Delta^3}\right),\ \pi^3=b\left(\frac{s_E^3}{\Delta^3}+\phi\frac{s_E^1}{\Delta^1}+\phi\frac{s_E^2}{\Delta^2}\right)。$$

而 $\Delta^1=s_n^1+\phi's_n^2+\phi s_n^3$，$\Delta^2=\phi's_n^1+s_n^2+\phi s_n^3$，$\Delta^3=\phi s_n^1+\phi s_n^2+s_n^3$。把 $s_n^3=1-(s_n^1+s_n^2)$、$s_E^3=1-(s_E^1+s_E^2)$ 分别代入上述三个区域的经营利润表示式，然后，解区位平衡方程 $\pi^1=\pi^2$ 和 $\pi^2=\pi^3$，则可以得出式（15.4）以及 s_n^3、s_n^2 的表达式（证毕）。

② PTA 形成后，区域 2 的产业份额 s_n^2 求法同上，其与 s_n^1 同形；PTA 形成前的 s_n^1 和 s_n^2 可根据式（15.2）求得。这样，可求得式（15.5），但由于 $1>\phi'>\phi$，所以等号右边一定大于零。

③ 推导过程如下：$d(LS)/d\phi'=2\phi s_E^2/(1-\phi'-2\phi)^2>0$［$LS$ 表示式（15.5）中的等号左边］，可得边际转移效应大于零。

④ 即 $d[\ln(LS)]/d\phi=(1-\phi^2+\delta)/[\phi(1-\phi)(1-\phi+\delta)]>0$（$LS$ 的含义同注释 12 相同，且 $\delta=\phi'-\phi$ 为常数）。

再次，生产转移的绝对规模随 PTA 的规模，即 $s_E^1 + s_E^2$ 的减少而增加。原因很简单，如果 PTA 包括整个世界，那么，就不再有可以转移到 PTA 的产业了，产业转移的规模取决于可转移企业的数量。

二、投资转移

在自由资本模型中，产业转移等同于区际资本转移。因此，PTA 形成后的产业转移也会导致投资转移效应。[①] 可以得出结论如下。

结论 15 -3（生产转移效应和投资转移）：优惠贸易协定导致产业由非 PTA 成员国向 PTA 成员国转移，这导致资本由非 PTA 成员国流向 PTA 成员国，生产转移也意味着投资转移。

结论 15 -4（生产转移效应规模）：生产转移规模随 PTA 市场开放度 ϕ'的提高而变大。若 $\phi' - \phi$ 为常数，那么，生产转移效应随全球市场开放度 ϕ 的提高而变大。最后，生产转移规模随 PTA 规模变小而变大。

三、福利含义

生产和投资转移将导致各国福利水平的变化，而要想讨论福利水平的变化，需要建立福利函数，新经济地理学模型的普遍做法是用间接效用函数来代替福利函数，间接效用函数即用收入除以价格指数。具体到自由资本模型，福利水平将简化为工业品价格指数 Δ。为简化起见又不失一般性，R. 福斯里德（2002）等讨论《优惠贸易协定》（*Preferential Trade Agreement*，PTA）的情况时，假设只包括三个国家，其中，PTA 包括国家 1 和国家 2。首先，分别确定三个国家的工业品价格指数 Δ_1，Δ_2 和 Δ_3 的表达式，然后，分别对 PTA 内部市场开放度 ϕ'求偏微分，用这种方法可以确定当 PTA 内部市场开放度和外部市场开放度相等（$\phi' = \phi$）时，PTA 内部市场开放度 ϕ'的边际提升会导致多大的工业品价格指数 Δ 的变化的问题，如此，便可知福利水平变动情况。

（一）模型表述

自由资本模型中，代表性区域的代表性消费者的间接效用函数可以写成如下形式：

---

① Baldwin, Richard E., Rikard Forslid and Jan Haaland. Investment Creation and Diversion in Europe [J]. The World Economy, 1996, 19 (6): 635 -659.

$$V = \frac{E}{P},\ P \equiv p_A^{1-\mu}\Delta^{-a},\ \Delta \equiv (\int_{i=0}^{nw} p_i^{1-\sigma}\mathrm{d}i),\ a \equiv \frac{\mu}{1-\sigma} \tag{15.6}$$

其中，由于 $p_A=1$，且名义收入 E 在任何均衡条件下都相等，所以，政策变动所导致的福利水平改进只取决于价格指数 P，进而取决于 Δ。由于 $a>0$，所以 $\Delta\uparrow$，$\Delta^{-a}\downarrow$，$P\downarrow$，$V\uparrow$，即 Δ 与 V 呈同向变动。因此，Δ 可以作为评价政策变动改进福利水平的一个统计量。

为了简化而不失一般性，集中讨论《优惠贸易协定》（PTA）的情况，且只讨论三个国家的情况，其中，PTA 包括国家 1 和国家 2。则国家 1 的工业品价格指数①为 $\Delta_1 \equiv s_n^1+\phi' s_n^2+\phi s_n^3$，非 PTA 成员国国家 3 的相应值为 $\Delta_3 \equiv \phi s_n^1+\phi s_n^2+s_n^3$。

具体的福利分析需要从 $\phi'=\phi$ 时开始讨论，先讨论 ϕ' 的边际提升所引起的 Δ 的变化，也就是求 $\frac{\partial\Delta}{\partial\phi'}$，然后分别计算 PTA 成员国 1 和非成员国 3 的情况，其结果如下：②

$$\frac{\partial\Delta_1}{\partial\phi'} = s_n^2+(1-\phi)\frac{\partial s_n^1}{\partial\phi'}+(\phi'-\phi)\frac{\partial s_n^2}{\partial\phi'},\ \frac{\partial\Delta_3}{\partial\phi'}=(1-\phi)\frac{\partial s_n^3}{\partial\phi'} \tag{15.7}$$

首先，分析 ϕ' 的变化所引起的 PTA 成员国（国家 1 和国家 2）的福利水平变化情况。为此，先分析式（15.7）中的第一个表达式，可以把此表达式分解为两部分，即直接效应和间接效应：

$$\frac{\partial\Delta_1}{\partial\phi'} = \underbrace{s_n^2}_{direct} + \underbrace{(1-\phi)\frac{\partial s_n^1}{\partial\phi'}+(\phi'-\phi)\frac{\partial s_n^2}{\partial\phi'}}_{indirect}$$

直接效应：由于 $\phi'\uparrow$，$\tau'\downarrow$，因此，国家 1 从国家 2 进口工业品可以节约交易成本，进而可以提高国家 1 的福利水平。

间接效应：由于 $\phi'\uparrow$，本地市场效应导致生产转移，最终 PTA 内两国的产业份额都有所增加，进而提高国家 1 的福利水平。

直接效应和间接效应的共同结果：$\phi'\uparrow$，$\Delta_1\uparrow$，$V_1\uparrow$，即提高了国家 1 福利水平。

同理，可以对国家 2 的福利情况进行分析，得到相同的结果：$\phi'\uparrow$，$\Delta_2\uparrow$，

---

① 根据式（15.6）给出的 Δ 的表达式，可以得出 $\Delta_1 \equiv \int_{i=0}^{s_n^1} p_i^{1-\sigma}\mathrm{d}i + \int_{i=0}^{s_n^2}(\tau' p_i)^{1-\sigma}\mathrm{d}i + \int_{i=0}^{s_n^3}(\tau p_i)^{1-\sigma}\mathrm{d}i$。但 $p_i=1$，$\tau'^{1-\sigma}=\phi'$，$\tau^{1-\sigma}=\phi$，故 $\Delta_1 \equiv s_n^1+\phi' s_n^2+\phi s_n^3$；同理可得 $\Delta_2 \equiv \phi' s_n^1+s_n^2+\phi s_n^3$，$\Delta_3 \equiv \phi s_n^1+\phi s_n^2+s_n^3$（证毕）。

② 根据上述 Δ_1 的表达式，可得 $\frac{\partial\Delta_1}{\partial\phi'}=\frac{\partial s_n^1}{\partial\phi'}+\left(s_n^2+\phi'\frac{\partial s_n^2}{\partial\phi'}\right)+\phi\frac{\partial s_n^3}{\partial\phi'}$，整理后得式（15.7）的第一个式子。同理，根据 Δ_3 的表达式，可得式（15.7）的第二个式子（证毕）。

V_2↑，即提高了国家 2 的福利水平。

其次，分析 ϕ' 的变化（提高）对非 PTA 成员国福利水平的影响。讨论式（15.7）的第二个表达式 $\partial\Delta_3/\partial\phi'=(1-\phi)(\partial s_n^3/\partial\phi')$，很明显，由于生产转移，PTA 非成员国的产业转移到 PTA 成员国，进而导致福利水平的下降，即 ϕ'↑，Δ_3↓，V_3↓。

根据式（15.6）和式（15.7）的相关表述，可以得出以下结论。

结论 15－5（PTA 对成员国的影响）：PTA 的形成可以提高 PTA 成员国居民的实际收入水平。

但这一结论的前提是自由资本模型中名义收入与政策无关的假设，即名义收入恒定不变，因此，这一结论只是自由资本模型的简化假设的结果，而不是一般性结论。

结论 15－6（PTA 对非成员国的影响）：PTA 的形成会使得非 PTA 成员国受到损失。

这一结论具有普遍意义，可以适用于自由资本模型以外的模型，但仍有例外。

（二）两个层面的本地市场效应：空间不平衡以及福利水平变动分析

前面的分析，主要集中在 PTA 形成后，产业在 PTA 成员国以及非成员国之间的重新分配以及它所带来的福利改进问题，而本部分将讨论 PTA 形成对 PTA 成员国间的产业分布的影响问题，它涉及两个层面的本地市场效应。

首先，PTA 形成了特定的优惠贸易区，该贸易区内的市场变成了一个很大的本地市场，为该贸易区内的企业创造了利好条件，吸引更多的企业流入该贸易区。这是第一个层面上的本地市场效应。

其次，只要贸易区内各成员国之间的市场规模不完全相同，那么，第二个层面的本地市场效应就发挥作用，即随着 ϕ' 的提高，产业倾向于优惠贸易区内市场份额较大的成员国转移。因此，在 PTA 内部，市场份额最大的成员国进一步扩大其产业份额，市场份额较小的成员国会逐渐失去产业，这是第二个层面上的本地市场效应。

1. 两个层面的本地市场效应的图形表述

根据式（15.4）可以得出的三个国家，在 PTA 情况下的企业数量（产业份额）n^1、n^2 和 n^3 的均衡表达式。令 $\phi=0.55$、$\mu=0.4$，$\sigma=5$；由于相对禀赋相等，可令 $s_E^1=1/3+\delta$、$s_E^2=1/3-\delta$、$s_E^3=1/3$、$\delta=1/200$，并把这些代入上述企业数量均衡表达式中，则分别得出三者与变量 ϕ' 以及参数 δ 之间的函数关系，并依此得出图 15－1。

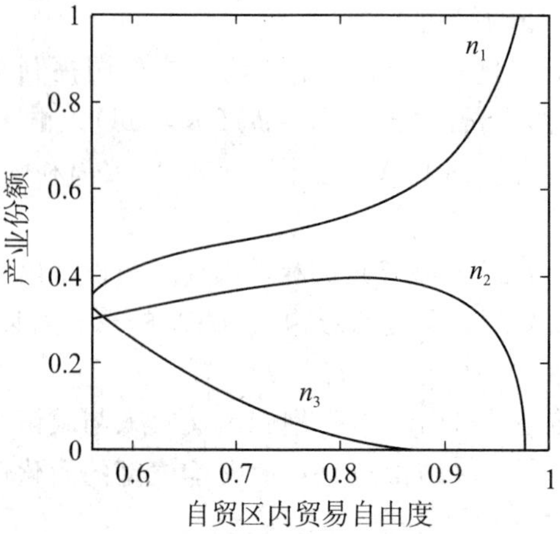

图 15－1　两个层面的本地市场效应

资料来源：Richard Baldwin, Rikard Forslid, Philippe Martin, Gianmarco Ottaviano and Frederic Robert－Nicoud. Economic Geography and Public Policy [M]. Princeton: Princeton University Press, 2003: 330.

从图 15－1 中可以看到，首先，《优惠贸易协定》（PTA）的形成，使得优惠贸易区外的产业向区内转移，即 n^3 随 ϕ'的提高一直下降至零；其次，《优惠贸易协定》使市场规模最大的 PTA 成员国始终受益，即 n^1 一直呈上升态势；最后，两个层面的本地市场效应集中体现在 n^2 的变化趋势上，在 $n^3=0$ 之前，市场规模较小的 PTA 成员国 2 的产业份额一直是上升的，说明在此阶段，第一个层面的本地市场效应发挥主导作用，也就是，优惠贸易区相对于贸易区外的世界形成一个本地市场，因此，$n^1\uparrow$，$n^2\uparrow$，$n^3\downarrow$；PTA 成员国 2 的产业份额 n^2 在 $n^3=0$ 后，也就是，PTA 以外国家的产业全部转移到 PTA 成员国后，开始下降至零，这说明在此阶段，第二个层面的本地市场作用发挥主导作用，随 ϕ'的提高，PTA 集团内市场规模最大的成员国开始发挥本地市场效用，开始吸引 PTA 集团内市场规模较小成员国的产业份额，产业开始由市场规模较小的成员国逐渐转移到市场规模较大的成员国，当 ϕ'提高到某一临界值时 $n^2=0$，即产业全部转移到市场规模大的 PTA 成员国 1。

2. PTA 集团内部空间不平衡的度量及相关结论

从式（15.4）中得出的 s_n^1 和 s_n^2 的表达式，可以用来表述 PTA 集团内成员国 1 和成员国 2 的产业的空间分布不平衡情况，即：

$$s_n^{1'}-s_n^{2'}=\frac{(1-\phi^2+\phi'-\phi^2)(s_E^1-s_E^2)}{(1-\phi)(1-\phi')} \tag{15.8}$$

由式（15.8）可知，PTA 集团内产业空间分布不平衡的程度取决于以下因素。

第一，PTA 成员国的市场规模差距越大，即 $s_E^1-s_E^2$ 越大，PTA 集团内部产业空间分布越不平衡。

第二，PTA 成员国之间的市场开放度 ϕ' 越大，PTA 集团内部产业空间分布越不平衡。

第三，PTA 集团外市场开放度 ϕ 对 PTA 集团内部产业空间分布不平衡程度的影响是不确定的，[①] 这将视 ϕ 的具体情况而定，若 PTA 集团外部是非常封闭的，即 $\phi \to 0$，则 PTA 集团内部成员国之间的关系非常接近于两国自由资本模式（此时本地市场效应起作用），因此，当 $\phi \uparrow$ 时，PTA 集团内部产业空间分布不平衡加剧。相反，若 ϕ 很大且 $\phi' - \phi$ 很小，那么当 $\phi \uparrow$ 时，PTA 集团内部产业空间分布不平衡趋势将缩小。

实际上，只要 PTA 成员国的市场规模不等，那么，随着市场开放程度的提高，最终的结果是 PTA 集团内部形成核心边缘结构，可以举例说明如下。

假定 PTA 成员国 1 和成员国 2 的市场份额分别为，$s_E^1 = (1+\varepsilon)/3$，$s_E^2 = (1-\varepsilon)/3$，参数 ε 表明不平衡的程度，且 $\varepsilon \in (1, 1/3)$，那么，根据核心边缘结构的特征，产业活动最终全部聚集在市场规模最大的区域，最终 $s_n^1 = 1$。把 s_n^1，s_E^1，s_E^2 的值代入式（15.4）中，可以得出 $\phi'^{CP} = f(\phi, \varepsilon)$，其为 PTA 成员间开放度 ϕ' 的临界值，一旦 $\phi' > \phi'^{CP}$ 成立，则 PTA 集团内就形成 CP 结构，即：

$$\phi'^{CP} = \frac{-2\varepsilon(1-\phi-\phi^2) + \phi(3-\phi) + (1-\phi)\sqrt{(2-\phi^2) + (2\phi\varepsilon-2)^2 - 4(\varepsilon\phi^2 + 2\varepsilon\phi + 1)}}{2(1+\varepsilon)} \tag{15.9}$$

式（15.9）说明，ϕ 既定，市场规模非对称程度 ε 越大，则 PTA 内部成员达到 CP 结构所需 ϕ'^{CP} 越小；ε 既定，外部开放度 ϕ 越大，则 PTA 内部成员达到 CP 结构所需 ϕ'^{CP} 越大，即越不容易形成 CP 结构。总结上述讨论，可得到如下结论。

结论 15－7（两个层面的本地市场效应）：PTA 的形成，将扩大 PTA 集团的市场规模进而发挥本地市场效应。因此，如果提高 PTA 集团与集团外的市场开放度，那么，PTA 集团外的产业活动将向集团内转移，扩大 PTA 集团的产业份额，这是第一个层面的本地市场效应。PTA 的形成，又促使 PTA 集团内部形成本地市场效应，集团内的产业活动将向集团内市场规模最大的成员国转移，进一步放大市场规模最大的成员国的产业份额，这进一步加剧了集团内产业空间分布的不平衡，这是第二个层面的本地市场效应。

结论 15－8（渐进式开放）：如果 PTA 集团内部的市场开放度是逐步提高的，那么，PTA 集团内所有产业将在内部市场开放度达到最大值前的某一市场

---

① 在式（15.8）中，对 ϕ 求导，则可以得出 $(s_E^1 - s_E^2)[(1-2\phi)(1-\phi) + \phi' - \phi]/(1-\phi)^2(1-\phi')$。由此可见，上式的正负将取决于具体的 ϕ 值。

开放度下，聚集在市场规模最大的成员国。如果 PTA 集团内部市场规模非对称程度较大，且 PTA 集团和集团外部的市场开放度都很低，那么，PTA 集团内部的这种非对称状态将会长期存在。反之，如果 PTA 集团内部市场开放度和 PTA 集团与集团外的市场开放度会同时得到提升，那么 PTA 集团内部的这种非对称状态不会持续下去。

如果同时提高 PTA 集团内部市场开放度和 PTA 集团与集团外的市场开放度，那么 PTA 集团内部的非对称状态不会持续下去，这就意味着，优惠贸易区内部的市场规模较小的成员国对多边贸易自由化更感兴趣。如果不同国家对这种集团内部的产业转移现象产生反感，进而进行抵制，那么无法签订《优惠贸易协定》。如果此时要建立贸易集团，那么，发达国家必须大幅度降低对市场规模较小国家的贸易壁垒，也就是，必须采取“休克式疗法”，这种做法不会加剧空间不平衡现象。这样，又可以得出如下结论。

结论 15－9（突发式开放）：如果 PTA 集团内部市场开放是迅速推进的，那么，可以在短时间内消除集团内部的贸易壁垒，此时，不会导致市场规模较小国家的产业向外转移或市场规模进一步缩小，进而不会在贸易集团内部形成核心边缘的非对称结构，这对提高集团内市场规模较小国家的福利水平是很有意义的。

但现实常常与这种理论分析结果是相反的，尤其以美国为首的西方发达国家，常常利用其军事、经济上的“霸权”，对中小型发展中国家以及新兴国家实行经济胁迫、单边制裁、“长臂管辖”等，这严重影响了中小型发展中国家福利水平的改善。

（三）福利分析

PTA 形成对 PTA 集团成员国以及非 PTA 成员国的福利影响已在式（15.7）中详细讨论过。但上述 PTA 内部产业空间分布的不平衡表明，除非 PTA 成员国的市场规模恰好相等，否则，对市场规模较小的成员国来说，$ds_n^i/d\phi'$在内部市场开放度 ϕ'超过某一范围后将变为负数，这说明，此时贸易自由化对 PTA 集团内市场规模较小成员国的福利影响是不确定的。为此，在前面的讨论中，把两个 PTA 成员国的规模非对称情况用参数 ε 来表示，则 $s_E^1=(1+\varepsilon)/3$，$s_E^2=(1-\varepsilon)/3$。现把上述两个式子代入从式（15.4）所得出的 s_n^1 和 s_n^2 的表达式，再代入各自福利统计量 Δ_1 和 Δ_2 中，则可以得出：[①]

$$\Delta_1=\frac{1+\varepsilon}{3}\frac{1+\phi'-2\phi^2}{1-\phi},\quad \Delta_2=\frac{1-\varepsilon}{3}\frac{1+\phi'-2\phi^2}{1-\phi} \tag{15.10}$$

---

① $\frac{\partial\Delta_1}{\partial\phi'}=\frac{1+\varepsilon}{3(1-\phi)}>0$，$\frac{\partial\Delta_2}{\partial\phi'}=\frac{1-\varepsilon}{3(1-\phi)}>0$。

式（15.10）表明，尽管市场规模较大的 PTA 成员国在贸易自由化过程中获益更多，但市场规模较小的成员国的福利水平也在提高。由此可以得出如下结论。

结论 15－10（不存在受损者）：对自由资本模型框架而言，PTA 集团内部的产业转移规模较小，因此，所有 PTA 集团成员国在任何优惠贸易自由化条件下都会改善其福利水平。

第三节 “多米诺效应”和内生的集团规模

上述有关结论表明，随着优惠贸易集团规模的不断扩大，加入该集团所获得的利益也就越大。这正是存在本地市场效应的表现。随着集团规模的扩大，集团内部的产业份额以更大比例扩大，集团内部的生活成本也随着集团规模的扩大而下降。同理，不参与贸易集团的成本损失也随着集团规模的扩大而变大，这种成本上升源于集团外国家的产业流失。这说明贸易集团形成，可能导致“多米诺效应”的形成。①

“多米诺效应”的根源在于，优惠贸易区的形成或现有贸易区优惠程度的提高所导致的产业或投资的转移。这种转移使得非成员国内部产生了新的政治经济压力，这种要求加入贸易集团的压力随着贸易集团规模的扩大而与日俱增。显然，某些区域经济一体化举措可能诱发好几轮的非成员国加入 PTA 集团的行动。因此，形象地称为“多米诺效应”，其结果是 PTA 规模越来越大。最典型的例子就是欧盟，1957 年，欧盟的前身欧共体成立时成员国只有 6 个；1993 年欧盟成立时，成员国数量达到了 12 个；而截至 2023 年 6 月，欧盟成员国数量则增加到 27 个（英国除外）。

用图 15－2 表示如下。

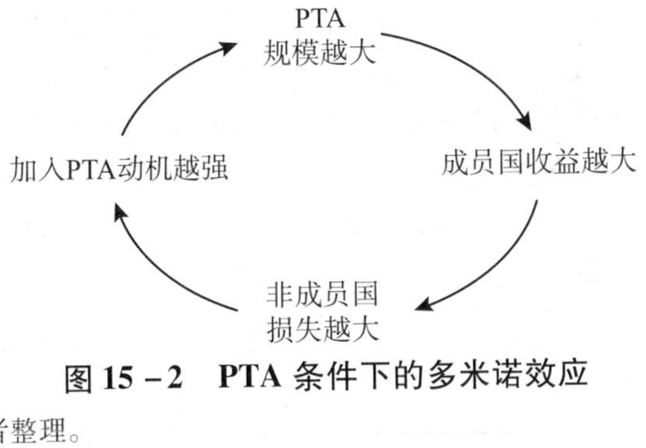

图 15－2　PTA 条件下的多米诺效应

资料来源：笔者整理。

① Baldwin, Richard E. A Domino Theory of Regionalism [J]. NBER Working Paper No. 4465, 1993; Baldwin, Richard E. The Causes of Regionalism [J]. The World Economy, 1997, 20 (7): 865－888.

一、“多米诺效应”的模型表述

为了简化起见，做出如下假定。

所有国家或区域的市场规模完全相等；假设其中两个国家组成 FTA（自由贸易区）；其他国家会陆续加入 FTA，直至整个世界成为一个大的 FTA。

在上述假定下，讨论的主线是 FTA 扩张对产业空间分布的影响，根据产业的这种分布，再比较 FTA 内部代表性消费者的福利水平和 FTA 外部代表性消费者的福利水平。

要确定成员国厂商和非成员国厂商的经营利润，且根据标准化，假定 $K^w=1$，$E^w=1$，则可以得出式（15.11），① 即：

$$\pi=b\left[\frac{M/R}{\Delta}+\phi\frac{(R-M)/R}{\Delta^*}\right],\quad \pi^*=b\left[\frac{M/R}{\Delta}+\frac{\phi(R-M-1)/R}{\Delta^*}+\frac{1/R}{\Delta^*}\right]$$

$$\Delta\equiv s_n+\phi(1-s_n),\quad \Delta^*\equiv\phi\left(1-\frac{1-s_n}{R-M}\right)+\frac{1-s_n}{R-M}\tag{15.11}$$

其中，R 为国家数量（对称假定决定，各国的产业份额和市场份额都是 $1/R$），M 为 FTA 成员国数量（$\phi'=1$），s_n 为 FTA 所有成员的产业份额，Δ 为 FTA 内代表性国家的需求函数的分母，Δ^* 为 FTA 外代表性国家的需求函数的分母，ϕ 为 FTA 外部的市场开放度，也可以称它为全球开放度。$\frac{1-s_n}{R-M}$为每个 FTA 外国家所拥有的产业份额。

求解区位条件 $\pi=\pi^*$，则可以得到：

$$s_n^{FTA}=\frac{m[1+(1-m)R\phi]-\phi}{1-\phi},\quad m\equiv\frac{M}{R}\text{（FTA 市场份额）}\tag{15.12}$$

式（15.12）表明，若 m：0→1，则由于本地市场效应，s_n^{FTA}：0→1。由 $s_n^{FTA}=1$，可以得出所有产业聚集在 FTA 时 m 的临界值，即为：$m^s=1/(\phi R)$。可见，在 ϕ 既定的情况下，R 越大，m^s 就越小，即所有产业越容易集中在 FTA。按这一逻辑，“多米诺效应”的最终结果是所有国家都会加入 FTA，整个世界实现完全的贸易自由化。但世界经济运行的现实表明，情况并非如此，所有的贸易集团都有一定的最优规模。

二、FTA 最优规模的确定

首先，要确定某国由 FTA 非成员国变为成员国的福利增量，则应找到成员

① 由式（15.1）可以得出本式。

国间接效用（E/P）和非成员国间接效用（E^*/P^*）的比值，这一比值可由式(15.13）所示：①

$$\frac{E/P}{E^*/P^*}=\left(\frac{\Delta}{\Delta^*}\right)^a=M^a \tag{15.13}$$

很显然，效用的比值随 FTA 规模 M 的增加而增大，这一比值增加到 $s_n^{FTA}=1$ 为止，此时，$M=m^sR=R/(\phi R)=1/\phi$。即，此时的效用比值为常数 ϕ^{-a}，效用比值虽然不再增加，但非成员国加入 FTA 的效用却以不变的增量 $\phi^{-a}-1$ 在增加，因此，在不计成本的情况下，非成员国一直会选择加入 FTA，直到全部加入为止（$M=R$）。但事实并非如此，原因是非成员国加入 FTA 需要付出一定代价，即会导致部分自主权的丧失，这引起一些国家的抵制（可视为加入 FTA 的成本），而只有把福利增加和主权丧失一起考虑，才能最终确定 FTA 的最优规模。具体见图 15－3。

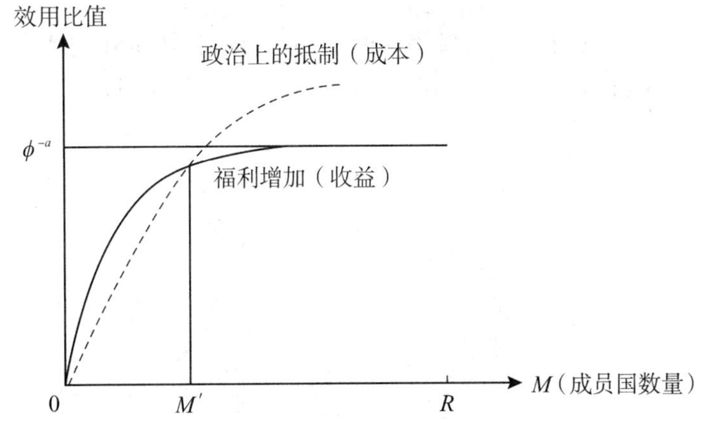

图 15－3　“多米诺效应”图形解析

资料来源：笔者整理。

第一，对提高福利水平（收益曲线）的解释：此曲线先上升，在 M 达到 $1/\phi$ 后处于水平状态。如果不计成本，M 将继续扩大到 $M=R$ 为止。

第二，对政治抵制（成本曲线）的解释：需要借助横轴来说明，在解释政治上的抵制时，M 代表序数，即代表第 M 个国家，横轴上从左到右是根据政治抵制由强到弱的变化顺序排列的国家顺序。

第三，收益和成本的共同考虑：可见两者的交点对应第 M' 个国家，说明在此国家，加入 FTA 的收益等于成本，其成为最后一个愿意加入 FTA 的国家。在

① 根据 $E=E^*$、$P=\Delta^{-a}$、$P^*=\Delta^{-a}$ 以及式（15.11）和式（15.12）即可推得。

其之后，由于加入 FTA 的成本大于收益，因此，不再有国家加入，即此时 FTA 的最优规模是 M'。

第四，依据上述分析，可以把 FTA 的情况扩展到 PTA 的情况，由于 $\phi' < 1$，即存在一定贸易壁垒，它会降低收益曲线，但成本曲线不会改变，结果比起 FTA，PTA 的最佳规模要小。也可以得出，PTA 集团中每一次的贸易成本的降低，都会引发新一轮的加入申请，导致 PTA 规模随市场开放度的提高而不断扩大。

第四节　轴心国和附属国协定

与前述的 PTA 或 FTA 不同的另一种比较普遍的优惠贸易的形式是《“轴心和附属”协定》（以下简称《协定》），在此《协定》中，一些大国或区域像美国或欧盟，位于一系列双边贸易协定的中心，但这种协定在现实中并不常见。具体如图 15－4 所示（其中的 1 是轴心国，其他的是附属国）。

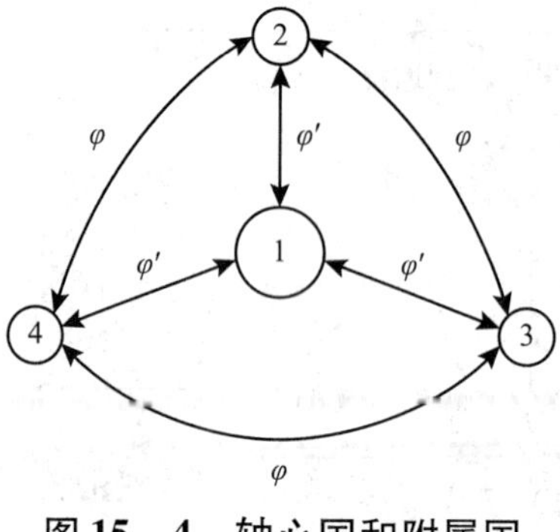

图 15－4　轴心国和附属国

资料来源：笔者整理。

《“轴心和附属”协定》产生保罗·克鲁格曼所说的“轴心效应”,[①] 正如“条条大路通罗马”的运输体系会对罗马产业区位产生有利影响一样，这种协定最终有利于轴心国，而不利于附属国。

为论述轴心效应以及相应的福利结果，做出如下假设。

$R=3$ 且国家 2 和国家 3（附属国）与国家 1（轴心国）签订双边优惠贸易

① Krugman, Paul. The Hub Effect: or Threeness in Interregional Trade [J]. In Theory, Policy and Dynamics in International Trade [M]. edited by W. Ethier, E. Helpman and J. Neary. Cambridge: Cambridge University Press, 1993.

协定；ϕ 为附属国之间的市场开放度，ϕ' 为轴心国与附属国之间的市场开放度，假设 $\phi > \phi'$；假设三国支出分别占总支出的 1/3。

根据假定，可得轴心国与附属国的资本收益率：

$$\pi = b\left(\frac{1/3}{\Delta} + \phi'\frac{2/3}{\Delta^*}\right), \ \pi^* = b\left(\frac{1/3}{\Delta^*} + \phi'\frac{1/3}{\Delta} + \phi\frac{1/3}{\Delta^*}\right) = b\left(\phi'\frac{1/3}{\Delta} + \frac{1/3 + \phi/3}{\Delta^*}\right)$$

$$\Delta \equiv s_n + \phi'(1 - s_n), \ \Delta^* \equiv \phi' s_n + \frac{1 - s_n}{2}(1 + \phi) \tag{15.14}$$

其中，s_n 为轴心国的产业份额，$(1 - s_n)/2$ 为每个附属国的产业份额。

求解区位条件 $\pi = \pi^*$ 得到：

$$s_n^H = \frac{1}{3} + \frac{2\phi'(\phi' - \phi)}{3(1 - \phi')(1 + \phi - 2\phi')}, \ s_n^s = \frac{1}{3} - \frac{\phi'(\phi' - \phi)}{3(1 - \phi')(1 + \phi - 2\phi')} \tag{15.15}$$

在式（15.15），首先，当 $\phi = \phi'$ 时，不存在轴心和附属协定，轴心效应也不存在；其次，确定轴心效应需要式（15.15）的两个式子相减，$s_n^H - s_n^S = \phi'(\phi' - \phi)/(1 - \phi')(1 + \phi - 2\phi')$。可以看出，此式的正负是无法确定的，它取决于 $\phi' - \phi$ 的大小。当 ϕ' 足够大即 $\phi' > (1 + \phi)/2$ 时，式（15.15）为负值，此时 $s_n^H < 1/3$，而 $s_n^S > 1/3$。当 ϕ' 大到一定程度时，$s_n^H = 0$。原因是，当 ϕ' 足够大而 ϕ 足够小时，说明附属国之间的市场开放程度较低，而轴心国的对外开放程度很高，这就提高了轴心国的市场吸引力，导致附属国的产业向轴心国聚集，但同时也导致轴心国当地市场竞争更加激烈，当 ϕ' 增大到一定程度，即 $\phi' > (1 + \phi)/2$ 时，市场拥挤效应占主导，导致轴心国产业份额的降低，进而不具有所谓的轴心效应。当 $\phi' - \phi$ 很小时，即 $\phi < \phi' < (1 - \phi)/2$ 时，$s_n^H - s_n^S = \phi'(\phi' - \phi)/(1 - \phi')(1 + \phi - 2\phi') > 0$，此时，轴心国的市场吸引效应占主导，轴心效应发挥作用，轴心国最终拥有更多的产业份额。

结论 15－11（轴心－附属效应）：第一种情况，当两种市场开放度相等即 $\phi = \phi'$ 时，不存在轴心和附属协定，轴心效应不存在；第二种情况，当两种市场开放度满足 $\phi' > (1 + \phi)/2$ 的条件时，市场拥挤效应占主导，降低轴心国的产业份额，不具有轴心效应；第三种情况，当 $\phi' - \phi$ 很小进而满足 $\phi < \phi' < (1 + \phi)/2$ 时，轴心国的市场吸引效应占主导，轴心效应发挥作用，轴心国最终拥有更多的产业份额。

第一种情况和第三种情况是容易理解的。第二种情况，ϕ' 足够大而 ϕ 足够小，意味着，附属国之间的保护程度很高而轴心国的开放度很大，这就提高了轴心国的吸引力，导致附属国的产业趋向于轴心国聚集，但这又导致轴心国当地市场竞争更加激烈，当 ϕ' 增大到一定程度即满足 $\phi' > (1 + \phi)/2$ 的条件时，市场拥挤效应占主导，不具有所谓的轴心效应了。

轴心效应带来产业分布的变化，也必然导致轴心国和附属国福利水平的改变，分析福利水平变化的工具仍是Δ，采用的方法是取偏微分，见式（15.16）：

$$\frac{\partial\Delta}{\partial\phi'}=(1-s_n)+(1+\phi')\left(\frac{\partial s_n}{\partial\phi'}\right)\geqslant 0,\ \frac{\partial\Delta^*}{\partial\phi'}=s_n+\left(\phi'-\frac{1+\phi}{2}\right)\frac{\partial s_n}{\partial\phi'}<0 \tag{15.16}$$

与PTA的福利分析类似，上述两个表达式中的第一项是直接效应，第二项是生产转移效应。从$\phi'=\phi$开始，讨论一下ϕ'或ϕ的提高对轴心国和附属国各自福利水平的影响问题。

轴心国：显然，轴心附属体系的形成，也就是ϕ'的提升，提高了轴心国的福利水平。从第一个表达式中可以看出，直接效应和间接效应呈同向变动，因此，当s_n取内点解时，也就是$s_n\in(0,1)$时，轴心国一直从《轴心附属协定》中受益。反之，如果ϕ'不变而提高ϕ，也就是，提高附属国之间市场开放度，那么，轴心国将受到损失。根据式（15.15）和式（15.16）的结果，可得：

$$\frac{\partial\Delta}{\partial\phi}=\frac{-2(1-\phi')\phi'}{3(1+\phi-2\phi')^2}<0,\ s_n^H\in(0,1) \tag{15.17}$$

附属国：如果提高ϕ'，那么直接效应显然是正向的，但生产转移效应使得附属国受到损失，因而，该效应又是负向的，因此，净效应无法确定。偏微分结果是：

$$\frac{\partial\Delta^*}{\partial\phi'}=\frac{2(1-\phi')^2-(1-\phi)}{3(1-\phi)^2}<0 \tag{15.18}$$

式（15.18）仅在s_n取内点解时成立；当$s_n^H=1$或0时，$\partial\Delta/\partial\varphi'$等于$-1$或1。在$\psi'-\psi$处，则有如下等式成立：

$$\lim_{\phi'\to\phi}\frac{\partial\Delta^*}{\partial\phi'}=-\frac{1-2\phi}{3(1-\phi)} \tag{15.19}$$

当初始市场开放度ϕ很大时，从$\phi'=\phi$开始，ϕ'的稍微提升，会使生产转移效应起主导作用，此时，式（15.19）为负。另外，当初始市场开放度很小时，从$\phi'=\phi$开始，ϕ'的稍微提升，将直接效应起主导作用，此时，式（15.19）为正，即此时轴心附属协定使得附属国受益。

如果ϕ'不变而ϕ变大，那么，附属国的福利损失将会越来越小，因为$\partial\Delta^*/\partial\phi\geqslant 0$。

结论15－12（轴心国和附属国福利变动）：轴心附属体系的形成，也就是ϕ'变大，会提高轴心国的福利水平；如果ϕ'不变而ϕ变大，也就是，提高附属国间的市场开放度，那么，轴心国受损。ϕ'的变化对附属国福利水平的影响是不确定的，这取决于ϕ和ϕ'之间的相对变化；当初始市场开放度ϕ很

大时，从 $\phi'=\phi$ 开始，ϕ'的稍微提升，将导致产业转向于轴心国的转移效应起主导作用，轴心附属体系使得附属国受损；当初始贸易自由度 ϕ 很小时，从 $\phi'=\phi$ 开始，ϕ'的稍微提升，将附属国更加便宜地进口轴心国生产的工业品，使得附属国从直接进口中获得的福利水平改进效应大于产业转移到轴心国而受到的福利水平损失，故轴心附属体系使附属国受益。当轴心国与附属国之间的市场开放度 ϕ'既定时，随着附属国之间市场开放度 ϕ 的提高，附属国的福利损失将会变小。

第五节　自由贸易区和内部突变

前面对自由贸易区的分析表明，《优惠贸易协定》将导致两个基本效应：一是生产转移效应，即存在产业由贸易集团外向贸易集团内部转移的趋势；二是两个层面的本地市场效应，它将加剧集团内部产业空间分布的不平衡和集团内部与外部产业空间分布的不平衡。在核心边缘垂直联系模型中，优惠贸易协定导致产业空间分布不平衡的一种极端形式是突发性聚集，这使得所有产业最终都转移到贸易集团中的某个成员国。但核心边缘垂直联系模型需要借助数值模拟才能得出相关结论，所以，本节将应用操作性较强的自由资本垂直联系模型来分析自由贸易区内部的突发性聚集现象，由于要分析多国的情形，因此，理论基础是多区域自由资本垂直联系模型。与自由资本模型相比，自由资本垂直联系模型具有突发性聚集的特点，因此，本部分主要是在自由资本垂直联系模型框架内讨论自由贸易区内部突变问题，也就是，在自由资本垂直联系模型框架内，讨论自由贸易区内外各国产业分布的均衡问题以及相应的福利变化问题，显然，这要比自由资本框架内讨论时情况复杂得多。既然涉及突发性聚集，还得分析突破点和持续点。

一、多区域自由资本垂直联系模型

假定存在多国或多个区域，用 R 来表示数量；厂商把工业品作为中间投入品，类似于消费者的工业品消费份额，工业品投入占总收入的份额为 μ；类似于最终消费品的 CES 效用函数，中间投入品的效用函数也以 CES 效用函数形式来表示，σ 的意义不变，则多国自由资本垂直联系模型的资本收益率如下：

$$\pi^j=(\Delta^j)^{\mu}\left(\frac{s_E^j}{\Delta^j}+\phi\sum_{J\neq j}^{R}\frac{s_E^J}{\Delta^J}\right)b,\ \Delta^j\equiv s_n^j(\Delta^j)^{\mu}+\phi\sum_{J\neq j}^{R}s_n^J(\Delta^J)^{\mu}\quad(15.20)$$

要注意的是 R 个国家的 Δ 都类似于第二个方程，共有 R 个方程。各国的市场份额在自由资本垂直联系模型中是内生的，由对最终消费品和中间投入品的支出所组成，具体如下：①

$$s_E^j = s_L^j + (\mu - b)(s_n^j - s_L^j) + (\mu - b)\frac{\pi^J - \bar{\pi}}{\bar{\pi}}s_n^j, \quad \bar{\pi} = \frac{bL^w}{(1-\mu)K^w} \tag{15.21}$$

由于自由资本垂直联系模型中存在突发性聚集，因此，必须分析突破点和持续点。

基本假定：R 个国家或区域完全对称，即所有国家的禀赋完全相等，对所有 j 而言，$s_L^j = 1/R$，且所有国家在全球范围都使用最惠国条款，即任意两国间的市场开放度都是 ϕ。

在这种情况下，很容易证明在任意的 ϕ 下，所有内生变量相等就构成一个均衡。假设系统的外生扰动导致了国家 1 的厂商份额 s_n^j 下降，且这种下降趋势不能自我纠正，那么，该对称均衡是不稳定的；但如果从国家 1 转移出去的厂商的经营利润开始下降，那么，这些厂商将返回国家 1，也就是，存在纠正这种外生扰动的自我纠正机制，此时，对称均衡是稳定的，之所以如此，是因为此时分散力大于聚集力。

聚集力大于分散力到一定程度时的市场开放度，也就是，达到突破点时的市场开放度，记为 $\phi \in [\phi_{MFN}^{break}, 1)$，其中，$\phi_{MFN}^{break}$ 为 R 个国家的对称均衡均遭到破坏时的市场开放度，此时，对称均衡不再稳定。反之，如果没有一个厂商认为离开产业聚集区（假设为国家 j）会是有利可图的，那么，所有产业集中在国家 j 的模式是可持续的。正规的表达为：若 $Max_{J \neq j}\pi^J \leqslant \pi^j$，（$\pi^j$ 是 $s_n^j = 1$ 时的营业收入，也就是，产业都集中在国家 j 时的各个企业的营业收入），则当市场开放度 ϕ 达到持续点的市场开放度 $\phi \in [\phi_{MFN}^{sust}, 1)$（$\phi_{MFN}^{sust}$ 是指 R 个区域所有产业都集中于 j 的核心边缘结构可以维持时的市场开放度）时，核心边缘结构是稳定的。

二、突发聚集时的 FTA 的实证分析

通常情况下，对称结构随着市场开放度的提高而变得不稳定。那么，几个国家组成自由贸易区时会出现何种情形呢？如前所述，优惠贸易协定会导致两个层面的本地市场效应，内部贸易成本的降低促使市场规模扩大的同时，使得

① 这里 $\bar{\pi}$ 是资本的均衡收益，可由 $\bar{\pi}$ 的定义得到式（15.21）中的第二个表达式；另外第一个表达式表明，市场份额 s_E^j 随着区域 j 的人口份额 s_L^j、产业份额 s_n^j 以及利润率 π^j 的变大而增大。显然，若 $s_n^j = s_K^j = s_L^j$，且 $\pi^j = \bar{\pi}$，则 $s_E^j = s_L^j$。本式的具体推导参见前面章节自由资本垂直联系模型的介绍。

贸易区外国家的产业向贸易区内国家转移，而垂直联系进一步加强了这一进程。尤其重要的是，源于垂直联系的循环累积因果关系使得产业向 FTA 内的某个国家聚集。

（一）自由贸易区产业分布的变化趋势

讨论上述问题的最简洁的方法仍是构造一个理想的三国 FTA 模型，假定与前面一样，即三个国家完全对称，每个国家拥有全部要素禀赋的 1/3，其中，ϕ 表示 FTA 内部的市场开放度，ϕ^* 表示 FTA 成员国与非成员国之间的市场开放度。根据假设条件，可以分别得出三个国家的短期均衡的区位表达式，每个国家的均衡表达式由三个方程式组成。当然每个国家的均衡只是短期均衡，长期均衡是需要用三个国家短期均衡共九个方程共同来确定。在长期均衡下，所有厂商都满足零利润条件。假设 s_n^j 遵循 $\dot{s}_n^j = s_n^j(1 - s_n^j)(\pi^j - \overline{\pi})$ 的产业转移规律，即实现长期均衡时，产业空间分布不再变化，也就是 $\dot{s}_n^j = 0$。这意味着，存在三种类型的长期均衡：一是 j 个国家的资本收益率都等于资本平均收益率，此时，j 个国家的产业分布完全对称，各占 $1/j$；二是所有产业都集中在某一个国家，当然，由于 FTA 内部市场开放度大于 FTA 与外部国家之间的市场开放度，所以，最终产业聚集的国家，在理论上应该是 FTA 内部的国家；三是某个国家失去全部产业，这种情况比较复杂，失去产业的可能是非 FTA 成员国，也可能是 FTA 成员国。

根据三国 FTA 长期均衡的表达式，需要着重讨论以下四种情形的长期均衡。

一是 FTA 成员国 1 和成员国 2 完全对称（FTA 对称均衡），且非成员国 3 没有任何产业的情形。这是当 FTA 对称均衡遭到破坏时，FTA 非成员国的工业已全部转移出去的情形，即 $s_n^3 = 0$ 且 $s_n^1 + s_n^2 = 1(s_n^1 = s_n^2 = 1/2)$。

二是 FTA 成员国 1 和成员国 2 完全对称（FTA 对称均衡），且非成员国 3 仍有部分产业的情形，即 $s_n^1 = s_n^2 < 1/2$ 且 $s_n^3 > 0$。

三是 FTA 内形成核心边缘结构，而非成员国 3 仍有部分产业的情形，如果假设 FTA 内产业聚集在成员国 1，那么 $s_n^3 > 0$，$s_n^1 > 0$，$s_n^2 = 0$。

四是整个经济系统已形成核心边缘结构的情形，也就是，所有产业全部集中在某一个 FTA 成员国的情形，即 $s_n^1 = 1$，$s_n^2 = 0$，$s_n^3 = 0$。

那么，这四个长期均衡是否稳定呢？这一讨论相当复杂，所以，直接给出结论。

第一种情形的均衡不存在，即 FTA 对称均衡（$s_n^1 = s_n^2 = 1/2$）和非成员国没有任何产业（$s_n^3 = 0$）不能同时达到稳定状态，也就是，那种 FTA 成员国 1 和成员国 2 完全对称（FTA 对称均衡）且非成员国 3 没有任何产业的长期均衡，在任何情况下都不稳定。

第二种长期均衡，即 FTA 成员国 1 和成员国 2 完全对称（FTA 对称均衡）且非成员国 3 仍有部分产业（$s_n^1 = s_n^2 < 1/2$ 且 $s_n^3 > 0$）的均衡，只有在 $\phi \in [\phi^*, \phi_{FTA}^{bust})$ 的区间内是稳定的。其中，ϕ^* 为 FTA 与其外部第三国之间的贸易自由度，这里假设它的值总是等于三国完全对称时的各国之间的开放度，即 ϕ^* 处于不变状态。ϕ_{FTA}^{bust} 指的是 $s_n^1 = s_n^2 < 1/2$ 且 $s_n^3 > 0$ 这种稳定均衡的突破点，具体而言，当 FTA 内部市场开放度达到这一点时，FTA 内部首先发生了突发性聚集，国家 2 瞬间失去全部产业，即 $s_n^1 = s_n^2 < 1/2$ 这种状况首先被突破，而 FTA 外部的国家 3，在 FTA 内部市场开放度达到突破点的瞬间，尽管损失了部分产业份额但没有全部失去。但此时，$s_n^1 = s_n^2 < 1/2$ 且 $s_n^3 > 0$ 的均衡已被打破，不再是稳定均衡了。

第三种长期均衡，即在 FTA 内部形成产业聚集体而非成员国 3 仍有部分产业份额（$s_n^3 > 0$，且 $s_n^1 > 0$ 和 $s_n^2 = 0$）的情形。在 FTA 内部发生突发性聚集后，在 $\phi \in [\phi_{FTA}^{bust}, \phi_{FTA}^{sust}]$ 的区间内（ϕ_{FTA}^{sust} 为三个国家 FTA 的核心边缘结构的维持点），FTA 内部的核心边缘结构仍保持稳定。但随着 FTA 内部市场开放度的进一步变大，FTA 内部核心边缘结构的聚集力变大，FTA 外部的国家 3 的产业逐渐转移到 FTA 国家，国家 3 的产业份额逐渐下降。当达到三国 FTA 核心边缘结构维持点时，国家 3 的产业全部转移到 FTA 内部。此时，在 FTA 内部形成产业聚集体且非成员国内仍有部分产业份额的情形，也就不复存在了。

第四种长期均衡，也就是，在 FTA 内部的市场开放度达到维持点 ϕ_{FTA}^{sust} 后，FTA 内部的核心边缘结构变为稳定，此时，三国的所有产业全部聚集在 FTA 国家 1，出现产业活动的极端的聚集情况。

总结上面的四种均衡，可以得出如下结论。

结论 15 – 13（贸易自由化下最终产业分布格局）：随着 ϕ 的持续提高，最终稳定结果是所有产业全部聚集到自由贸易区内的某一成员国，其他的成员国和非成员国都失去所有的产业份额。

由上述结论可知，优惠贸易导致产业空间分布不平衡的一种极端形式是发生突发性聚集，即所有国家的产业最终都转移到贸易集团中的某个成员国。很显然，这一结论是理论推演的结果，至今现实中还没有出现这种极端情况，但它提醒我们在存在聚集力的世界中，产业分布的这种极端不平衡趋势是存在的，而这种极端不平衡对弱小国家或地区而言是致命的。

（二）自由贸易区突发性聚集的福利变动

在自由资本垂直联系模型中，名义工资保持不变。所以，福利分析的统计量仍然是 Δ，而 Δ 的变化取决于交易成本和产业份额的变化。通过偏微分，可以得到如下结论。

结论 15－14（突发性聚集的福利变动）：当 ϕ^* 保持不变而 ϕ 变大时，将出现自贸区外国家的产业向自贸区内国家转移的趋势，这不利于自贸区外的国家，有利于自贸区内的国家。

对国家 3 而言，不存在直接效应（由于 ϕ^* 保持不变，无法从直接进口中获益）而存在间接效应（其产业转移到市场规模大的区域），但间接效应却不利于它，这样第三国的产业份额下降。对于国家 1 和国家 2 而言，直接效应和间接效应都对其有利。

当 FTA 内部发生突发性聚集后，还发生更为有趣的变化，如图 15－5 所示。图 15－5 说明的是这样一种情形，当 ϕ 超过突破点 ϕ_{FTA}^{bust} 时，s_n^2 有个离散的跳跃式变动，随着与国家 1 的贸易自由度的提高，国家 2 在突破点处遭到损失。尽管在这一突破点之前，两国是对称的，但此点之后，FTA 内两国在生产结构和人均收入方面都发生了分化。更为有趣的是，在突破点的右侧，国家 2 的福利状况甚至一度比国家 3 还差，但随着 ϕ 增至 1，国家 2 的福利水平有所上升（贸易一体化的直接效应），国家 1 的福利水平也上升（本地市场效应，更多产业转向 FTA），最终结果是，FTA 内两国的实际收入再次趋同，但国家 3 的福利状况恶化。

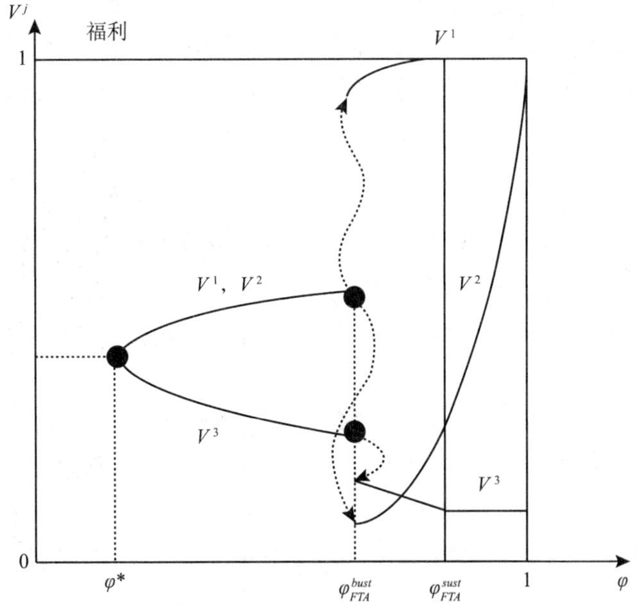

图 15－5　FTA 的福利效果

资料来源：Richard Baldwin，Rikard Forslid，Philippe Martin，Gianmarco Ottaviano and Frederic Robert－Nicoud. Economic Geography and Public Policy［M］. Princeton：Princeton University Press，2003：359.

（三）轴心—附属国协定下的突发聚集以及福利变动

当自我强化的聚集力不存在的时候，对称均衡是唯一的均衡，且是 ϕ 的连续函数。但当存在聚集力时，情况就不一样了。前面的分析表明，《自由贸易协定》和《轴心附属协定》所涉及的国家都是对称的，而且不存在聚集力时的均衡条件比存在聚集力时的均衡条件更宽松，也就是说，自由资本垂直联系模型比自由资本模型的含义更丰富。假定条件 $\phi-\phi'<1-\phi$ 成立。随着 ϕ 大于 ϕ' 且持续提高，即轴心国和两个附属国之间的双边开放度进一步提高，产业开始从附属国转向轴心国，此时，如果产业间的垂直联系越大，则产业的转移趋势越强，附属国的产业活动变得更加不稳定，最终发生突发性聚集，所有产业全部转移到国家1。

轴心附属体系下的福利效应，对于国家 1 而言是确定的，即轴心国 1 从直接效应中受益，因为从附属国进口的价格更低了；国家 1 从间接效应中获得的效益更大，因为生产转移效应使得更多产业转向轴心国。但轴心附属体系对附属国的福利效应是不确定的，附属国的确从直接效应中获益，因为随着 ϕ 的提高，附属国从轴心国进口产品的价格更便宜了。但产业从附属国转移到轴心国，因而附属国的产业基础萎缩，需要进口更多的工业品，所以，最终的净效应是不确定的。当发生突发性聚集后，轴心国的福利水平得到了改善，附属国的福利水平趋于恶化。由于假定附属国之间的市场开放度不变，因此，国家 2 和国家 3 的实际工资水平无法趋同于国家 1 的实际工资水平。

第六节　本章小结

《优惠贸易协定》中一旦考虑聚集力的存在，就会得出很多具有重要意义的结论。

结论之一是生产转移效应（本地市场效应的必然结果）。若两国或多国之间取消贸易壁垒，那么就会产生一个很大的本地市场，新经济地理学模型表明，这一扩大了的市场中的产业将因此，而获益。一句话，当存在聚集力时，贸易集团的形成（签订优惠贸易协定）会导致“投资创造效应”和“投资转移效应”。

结论之二是两个层面的本地市场效应。这涉及《优惠贸易协定》对贸易集团内部产业空间分布的影响，即当很多国家通过彼此之间的《优惠贸易协定》形成贸易集团后，第一层面的本地市场效应使得贸易集团内部所有成员受益。

但随着贸易自由化的推进，第二层次的本地市场效应，即所谓的内部本地市场效应开始发挥作用，这会使得集团内部市场规模最大的成员受益。实际上，如果集团内部所有成员间的贸易壁垒完全消除，那么，贸易集团内的所有产业将聚集于集团内的市场份额最大的成员国。

结论之三是“多米诺效应”。这就涉及各国加入贸易集团的动机，考虑到前面提到的生产转移和投资转移效应，很容易理解各国加入贸易集团的政治经济动机。贸易集团吸引的产业规模取决于贸易集团的规模，且随着贸易集团规模的扩大，贸易集团拥有的产业份额越大，贸易集团内部的实际收入水平就越高，加入贸易集团的利益也就越大，相应地，不加入贸易集团的机会成本也就越大。这说明，随着贸易集团的形成，将产生一种自我强化的吸引力，即贸易集团规模越大，贸易集团外成员加入贸易集团的意愿就越强烈，因此，集团规模再次扩大，如此循环往复。简言之，外生冲击导致贸易集团的形成，而一旦形成贸易集团，就会诱发多米诺效应，这将导致贸易自由化向全世界逐步扩散。

结论之四是“轴心效应”。这一效应源于“轴心—附属”协定，即一个国家（轴心国）与其贸易伙伴（附属国）签订一系列双边优惠贸易协定，但附属国之间不存在优惠贸易。“轴心效应”表明，由于市场吸引效应，轴心国作为产业区位会更受青睐。

为了更好地说明这些重要结论，在前面的论述中，引用了自由资本模型。在分析各类贸易协定参与国与非参与国的产业布局和福利变化之间关系时，自由资本模型能够给出比较合理的解释。但由于自由资本模型过于简化，不存在循环累积因果关系导致的突发性聚集，无法说明自由贸易区内部产生的突变现象。由于自由资本垂直联系模型加入因循环累积因果关系所导致的突发性聚集，该模型也成了分析自由贸易区内部突变问题的合适工具。

尽管自由资本模型框架也涉及两个层面的本地市场效应，也论述随着自贸区内市场开放度的提高，自贸区内部的产业分布也开始出现不稳定状态，有向其中某国聚集的趋势，但这种聚集是连续的渐进过程，不会发生突发性聚集现象。因此，在自由资本模型框架下，自贸区内的产业转移规模较小，自由贸易区内各国都不会受到很大的损失。在自由资本垂直联系模型框架下，自由贸易区内部存在突发性聚集，也就是说，在自由贸易区内部存在产业大规模的转移现象。在这种情况下，当自由贸易区内部市场开放度达到某一临界点（自由贸易区内部对称均衡突破点）时，自由贸易区内部的某些国家将会失去其全部产业，此时，其福利状况将出现严重恶化，甚至还不及未加入自由贸易区的第三国（第三国虽然也因本地市场效应失去部分产业，但由于与自由贸易区之间保持一定的贸易壁垒，因此，受损状况并不像内部国家那样严重）的福利水平，改善其福利状况的唯一途径就是继续扩大与自由贸易区内部国家之间的市场开放度，通过贸易一体化的直接效应（从贸易区内核心国家进口更加便宜）逐步提高其福利水平。最终结果是，当达到完全自由贸易时，即从自由贸易区内核心国进口无任何成本时，将会出现自由贸易区内边缘国与核心国的福利水平的趋同趋势。

参考文献

[1] 安虎森，等．新经济地理学原理［M］．北京：经济科学出版社，2009.

[2] Richard Baldwin, Rikard Forslid, Philippe Martin, Gianmarco Ottaviano and Frederic Robert - Nicoud. Economic Geography and Public Policy [M]. Princeton: Princeton University Press, 2003.

[3] Forslid, R., J. Haland, K. Midlefart Knarvik. A U - Shaped Europe? A Simulation Study of Industrial Location [J]. Journal of International Economics, 2002, 57 (2): 273 - 297.

[4] Puga, Diego and A. Venables. Preferential Trading Arrangements and Industrial Location [J]. Journal of International Economics, 1997, 43: 347 - 368.

[5] Baldwin, Richard E., Rikard Forslid and Jan Haaland. Investment Creation and Diversion in Europe [J]. The World Economy, 1996, 19 (6): 635 - 659.

[6] Baldwin, Richard E., and A. J. Venables. Regional Economic Integration. in: G.. Grossman and K. Rogoff. (Eds.), Handbook of International Economics [M]. Amsterdam: North - Holland, 1995, Volume Ⅲ.

[7] Baldwin, Richard E. The Causes of Regionalism [J]. The World Economy, 1997, 20 (7): 865 - 888.

[8] Baldwin, Richard E. A Domino Theory of Regionalism [J]. Working Paper No. 4465, National Bureau of Economic Research, 1993.

[9] Krugman, Paul. The Hub Effect: Or Threeness in Interregional Trade. in: Theory, Policy and Dynamics in International trade [M]. Cambridge: Cambridge University Press, 1993.

[10] Robert - Nicoud, F. A Sample Model of Agglomeration with Vertical Linkages and Capital Mobility [J]. Mimeo, London School of Economics, 2002.

[11] Forslid, R. and I. Wooton. Comparative Advantage and the Location

of Production [J]. Review of International Economics, 2003, 11 (4): 588 - 603.

[12] Masahisa Fujita, Jacques - Francois Thisse. Economics of Agglomeration: Cities, Industrial Location, and Globalization. Second Edition [M]. Cambridge: Cambridg University Press, 2013.

第十六章
交通运输与经济增长

亚当·斯密（Adam Smith）在《国民财富的性质和原因的研究》（*An Inquiry into the Nature and Causes of the Wealth of Nations*）中指出，市场规模由运输效率决定。他是从空间规模的角度论述交通运输发展与市场规模之间关系；他认为，交通运输业的发展有助于冲破市场边界约束进而扩大市场规模，市场规模的扩大有助于分工与专业化的发展，而分工的发展又提高经济效率进而实现经济增长。进入21世纪，新经济地理学也认为运输成本的降低能够大幅拓展市场的空间边界，从而形成市场的聚集和市场规模的扩大，导致区域经济增长。两种学术思想殊途同归，都探讨了受制于交通运输效率的市场规模是如何影响经济增长的问题。不同的是，新经济地理学通过区际贸易成本的变化，把综合性交通及其网络结构纳入市场规模结构的分析框架中，进一步发扬和延伸了亚当·斯密的市场和分工理论。交通网络的扩张，为厂商扩大其经营范围创造了条件，使得厂商具有很大的交通优势竞争更远处的市场，扩大其市场规模；交通网络结构的改善，将大幅度提升运输效率，并且能够大幅降低运输成本，使得厂商具有更大的成本优势展开竞争，进一步扩大市场规模。从交通网络的视角看，多种运输方式的发展，可以形成交通网络中的各种运输方式之间的相互协同作用，因此，形成了一种网络效应，提高了综合性交通结构的经济效应；当局部的交通网络发生变化时，市场规模也随之发生动态的变化。这就为实现多种运输方式的联程、联运，提高“前后一公里”运输效率提供了条件。

第一节　理论模型

自20世纪90年代以来，中国进行了大规模的交通基础设施建设。截至2023年底，我国铁路营业里程已经达到了15.9万公里，其中，高速铁路总里程就达到了4.5万公里；而我国铁路的总里程位居世界第二，且高速铁路的总里程位居世界第一。截至2022年底，我国高速公路的通车里程已经达到17.7万公里，稳居世界第一。交通基础设施的迅猛发展创造了举世瞩目的“中国速度”，成为推动“经济奇迹”的重要措施。[①]“要想富，先修路”的朴实观念也深刻揭示了交通运输与经济增长之间的关系。然而，不同于其他基础设施，交通运输基础设施更加注重结构的网络效应，交通运输经济理论就认为，交通运输在结构上具有网络效应，所以，一条线路的价值不仅取决于它本身，还与网络中的其他线路相关。[②] 根据梅特卡夫定律，当交通线路连接的城市增加时，整个交通网络的价值能够成倍地增加。如果不同运输方式的交通网络之间相互密切衔接，那么，交通运输的网络效应更加明显。在一个具有多种运输方式的综合交通体系中，各种运输方式之间的相互补充与高效衔接形成综合交通运输网络。本节将重点从理论出发，讨论综合交通运输网络的经济效应问题。

本章以D. 唐纳森和R. 霍恩贝克（Dave Donaldson & Richard Hornbeck，2016）的市场规模机制[③]和阿明顿（1969）模型[④]为基础，构建综合交通运输网络影响区域经济增长的理论模型。阿明顿模型通常用来描述国家之间的贸易，假设了不同国家生产的产品为差异化产品，并引入替代弹性。D. 唐纳森和R. 霍恩贝克（2016）的市场规模机制，则考虑了城市规模与城市生产率之间的相互关系，从而较为精辟地描述了城市与城市之间的贸易模式。

（一）消费者行为

1. 需求函数

假设城市j的代表性消费者在本地无弹性地供给1单位劳动，获得w_j单位的工资作为劳动报酬。该消费者将全部工资用于消费，以最大化其效用。消费者在本地市场上购买的产品来自不同的城市。基于差异化产品的概念，这些来自不同城市的产品相互之间存在着不变的替代弹性（σ）。本章将消费者购买的产品采用不变替代弹性函数的形式进行加总，从而可以构建城市j的消费者购买产品的数量指数（C_j）。这个数量指数也就决定了消费者的效用水平。如果用c_{ij}表示城市j的消费者对城市i生产的产品的消费量，那么，城市j的消费者的

① 刘生龙，胡鞍钢．基础设施的外部性在中国的检验：1988～2007［J］．经济研究，2010，45（3）．

② 白重恩，冀东星．交通基础设施与出口：来自中国国道主干线的证据［J］．世界经济，2018，41（1）．

③ Donaldson，D. and Hornbeck，R. Railroads and American Economic Growth：A “Market Access” Approach［J］. Quarterly Journal of Economics，2016，131（2）：799－858.

④ Armington，P. A Theory of Demand for Products Distinguished by Place of Production［J］. IMF Working Paper No. 1，1969.

效用水平（即数量指数）可以表示为：

$$u_j = C_j = \left[\sum_{i \in S} c_{ij}^{(\sigma-1)/\sigma} \right]^{\sigma/(\sigma-1)} \tag{16.1}$$

其中，S 表示所有城市的集合。如果城市 i 生产的产品运到城市 j 销售的价格表示为 p_{ij}，那么，消费者的预算约束可以表示为 $\sum_{i \in S} p_{ij}c_{ij} = w_j$。由此可知，本章暗含地假设了每个城市专业化生产1种差异化的产品，[①] 然后，运至各个城市进行销售。

在预算约束下，消费者通过效用水平最大化决定需求函数 c_{ij}，由此可以写出如下消费者效用最大化的表达式：

$$\begin{cases} \max u_j = C_j = \left[\sum_{i \in S} c_{ij}^{(\sigma-1)/\sigma} \right]^{\sigma/(\sigma-1)} \\ \text{s. t.} \sum_{i \in S} p_{ij}c_{ij} = w_j \end{cases}$$

据此，拉格朗日方程为：

$$L_j(c_{ij};\ \lambda) = \left[\sum_{i \in S} c_{ij}^{(\sigma-1)/\sigma} \right]^{\sigma/(\sigma-1)} + \lambda\left(w_j - \sum_{i \in S} p_{ij}c_{ij}\right)$$

其中，λ 表示拉格朗日乘子。求解拉格朗日方程关于变量 c_{ij} 的一阶偏导数，并令其等于零，则：

$$\frac{\partial L_j}{\partial c_{ij}} = \left[\sum_{i \in S} c_{ij}^{(\sigma-1)/\sigma} \right]^{1/(\sigma-1)} c_{ij}^{-1/\sigma} - \lambda p_{ij} = 0$$

经整理，可有：

$$c_{ij} = \lambda^{-\sigma} p_{ij}^{-\sigma} \left[\sum_{i \in S} c_{ij}^{(\sigma-1)/\sigma} \right]^{\sigma/(\sigma-1)}$$

同理，消费者对城市 k 生产的差异化产品的需求亦满足条件：

$$c_{kj} = \lambda^{-\sigma} p_{kj}^{-\sigma} \left[\sum_{i \in S} c_{ij}^{(\sigma-1)/\sigma} \right]^{\sigma/(\sigma-1)}$$

上述两式相除，便可以得到：

$$\frac{c_{ij}}{c_{kj}} = \frac{p_{ij}^{-\sigma}}{p_{kj}^{-\sigma}}$$

从而可知：

$$c_{ij} = p_{ij}^{-\sigma} c_{kj} p_{kj}^{\sigma} \tag{16.2}$$

式（16.2）说明，由于不同城市生产的差异化产品可以相互替代，城市 j 对城市 i 的产品需求可以表示为对产自另一个城市 k 的产品需求，并且根据两种差异化产品的价格比例调整产品需求。鉴于价格 p_{ij} 是异地供应的产品价格，

① 亦可以理解为一个城市内所有厂商生产的产品为同质产品。

也就意味着交通运输条件的变化能够影响贸易成本，进而影响两个城市产品的相对价格，最终影响产品需求。

2. 价格指数

消费者价格指数是指在本地购买的一篮子产品（来自不同城市的产品）的一般价格水平。该一篮子产品是随着消费者的数量指数所决定的，因此，价格指数也可以采用不变替代弹性函数的形式加总。将式（16.2）代入消费者的数量指数式（16.1），并整理可得：

$$c_{kj}=\frac{p_{kj}^{-\sigma}}{(\sum_{i\in S}p_{ij}^{1-\sigma})^{\sigma/(\sigma-1)}}C_j \tag{16.3}$$

式（16.3）表明，城市 j 对城市 k 的差异化产品的需求是由两个因素决定的：一是城市 j 的消费者购买的产品数量指数；二是城市 k 的差异化产品的价格与在城市 j 销售的所有产品价格加总之比值。式（16.3）的两边同时乘以 p_{kj}，可得：

$$p_{kj}c_{kj}=\frac{p_{kj}^{1-\sigma}}{(\sum_{i\in S}p_{ij}^{1-\sigma})^{\sigma/(\sigma-1)}}C_j$$

上式对所有城市加总，又可得：

$$\sum_{k\in S}p_{kj}c_{kj}=\frac{\sum_{k\in S}p_{kj}^{1-\sigma}}{(\sum_{i\in S}p_{ij}^{1-\sigma})^{\sigma/(\sigma-1)}}C_j$$

更换记号，便可得：

$$\sum_{k\in S}p_{ij}c_{ij}=(\sum_{i\in S}p_{ij}^{1-\sigma})^{1/(1-\sigma)}C_j\equiv P_jC_j \tag{16.4}$$

在式（16.4）中，等号的左边是消费者的预算，右边是加总后的价格和数量指数的乘积，因此，可以用 P_j 表示价格指数。这样，消费者的价格指数又可以写成：

$$P_j=(\sum_{i\in S}p_{ij}^{1-\sigma})^{1/(1-\sigma)} \tag{16.5}$$

式（16.5）便是城市 j 消费者的价格指数。一个城市的价格指数是对城市消费的所有产品价格采用不变替代弹性函数加总而得到的。当然，这是由采用的数量指数，也就是效用函数的形式决定的。因为，城市 j 内销售的差异化产品的价格受到交通运输条件的影响，所以价格指数水平 P_j 也反映城市 j 与其他城市之间的交通运输条件。

3. 福利水平

消费者的所有收入都用于消费，并且通过购买一篮子产品满足效用水平，所以，消费者的收入越高，产品价格越低，消费者购买的产品就越多；产品消费得越多，消费者的效用水平也就越高。因此，消费者的福利由消费者的名义收入和所购买产品的价格决定。式（16.2）的两边同时乘以 p_{ij}，再对所有城市加总，则可以得到：

$$p_{ij}c_{ij} = p_{ij}^{1-\sigma}c_{kj}p_{kj}^{\sigma} \Rightarrow \sum_{i\in S} p_{ij}c_{ij} = c_{kj}p_{kj}^{\sigma}\sum_{i\in S} p_{ij}^{1-\sigma} \Rightarrow w_j = c_{kj}p_{kj}^{\sigma}\sum_{i\in S} p_{ij}^{1-\sigma}$$

将消费者的价格指数 P_j 代入上式，则有：

$$w_j = c_{kj}p_{kj}^{\sigma}P_j^{1-\sigma} \Rightarrow c_{kj} = w_j p_{kj}^{-\sigma}P_j^{\sigma-1}$$

把上式代入消费者的效用函数，则有：

$$u_j = w_j P_j^{\sigma-1}\left(\sum_{i\in S} p_{ij}^{1-\sigma}\right)^{\sigma/(\sigma-1)} = w_j P_j^{\sigma-1}P_j^{-\sigma}$$

因此，最后可以得到：

$$u_j = \frac{w_j}{P_j} \tag{16.6}$$

式（16.6）即为城市 j 消费者的间接效用函数，用来衡量消费者的福利水平。消费者的福利等于其所获得的工资除以价格指数。由于假设消费者是短视的，也就是消费者不进行储蓄，把全部收入都用来购买产品并获得效用，因此，消费者的福利水平可以由消费者的实际工资水平来表示。在人口自由流动的假设前提下，追求效用最大化的消费者将选择最大化其效用水平的城市居住。当人口流动达到均衡时，消费者在所有城市获得的效用水平将会达到相同，因此，福利方程，即式（16.6）可以写成：$\bar{u} = u_j = w_j/P_j$。福利方程以及城市福利均等化可以把劳动力流动内生化，① 从而将劳动力的区际流动纳入本章的分析框架之中，使得有关空间经济的研究更加贴近现实。

（二）生产者行为

1. 利润最大化

城市 i 的代表性厂商所面对的要素市场是完全竞争市场，它雇佣 L_i 单位的劳动力从事生产活动，劳动力的工资率为 w_i；厂商还向资本家租赁② K_i 单位的资本，资本租金率即利息率为 r_i。厂商利用租借的资本和雇佣的劳动力进行生产，生产函数为柯布－道格拉斯型生产函数。如果用 A_i 表示技术水平，用 Y_i 表示产出，那么，厂商的生产函数为 $Y_i = A_i L_i^{\alpha} K_i^{\beta}$，其中，$\alpha$ 和 β 分别为劳动力和资

① Allen, T. and Arkolakis, C. Trade and the Topography of the Spatial Economy [J]. Quarterly Journal of Economics, 2014, 129 (3): 1085－1140; Donaldson, D. and Hornbeck, R. Railroads and American Economic Growth: A 'Market Access' Approach [J]. Quarterly Journal of Economics, 2016, 131 (2): 799－858.

② 如果是长期租赁，则可以理解为购买，那么购买价格就是租金流的现值。

本的产出弹性系数，且满足条件 $\alpha+\beta=1$，即厂商的生产技术为规模收益不变的生产技术。

依据定义，生产要素的边际产出可以通过对生产函数求偏微分而得到：

$$\begin{cases} MPL_i = \alpha A_i L_i^{\alpha-1} K_i^{\beta} = \alpha Y_i / L_i \\ MPK_i = \beta A_i L_i^{\alpha} K_i^{\beta-1} = \beta Y_i / K_i \end{cases}$$

对于追求利润最大化的厂商而言，其对生产要素的使用原则符合生产要素价格等于生产要素的边际产出价值，即：

$$\begin{cases} w_i = \alpha Y_i / L_i \\ r_i = \beta Y_i / K_i \end{cases}$$

2. 运输方式选择理论

如果城市 i 生产的产品的出厂价为 p_i，那么，将把该产品运到城市 j 销售时的价格为 p_{ij}。假设产品运输遵循“冰山交易成本”假说，那么，到达城市 j 后的价格（无套利条件）为 $p_{ij}=\tau_{ij}p_i$。冰山运输成本反映，在产品运输过程中存在着路上损耗，这种路上损耗是双向的，即 $\tau_{ij}=\tau_{ji}$。

在完全竞争的产品市场上，厂商采用边际成本定价法定价，所以，产品的出厂价就等于边际成本。因此，城市 i 生产的产品运到城市 j 销售时的价格，与城市 i 的利率、劳动工资率和两个城市之间的冰山运输成本成正比。当城市 i 与城市 j 之间的运输网络扩张或改善时，两个城市之间的冰山运输成本 τ_{ij} 下降，产品在城市 j 的销售价格与城市 i 的出厂价之间的差距缩小。也就是说，当城市 i 到其他城市的运输网络越便捷，城市 i 生产的产品运到其他城市销售时的价格越接近出厂价。当与其他城市生产的产品竞争时，如果城市 i 拥有运输网络优势，那么，城市 i 的厂商生产的产品更具有竞争优势。因此，运输网络借助“冰山交易成本”构建的空间无套利条件，被纳入模型中。

冰山运输成本作为城市之间贸易的无套利条件，不仅取决于运输时间，而且还与运输价格密切相关。在跨区域贸易的情况下，冰山运输成本还受到贸易壁垒的影响。此外，代理人在选择运输方式时，通常还表现出其他方面的偏好。当城市之间的运输线路是由多种运输方式构成时，代理人将综合考虑由运输时间、运输价格、贸易壁垒所决定的运输成本。而理性的代理人将结合自己的偏好选择成本最低的运输方式。根据艾伦·川博和 C. 阿克拉基斯（Allen Treb & Coatas Arkolakis，2014）的运输方式离散选择理论，某种运输方式 $m \in M$ 的冰山运输成本可以设定为如下形式：

$$e^{\phi^m T_{ijt}^m + \rho^m \Gamma_{ijt}^m + f^m + b_{ij} + \nu^m} \tag{16.7}$$

其中，右下角标 i 和 j 分别表示出发地和目的地城市，t 表示时期，$m(m \in M)$ 表示某种特定的运输方式，M 是由高铁、铁路、高速公路、水路等运输方式组成的集合，T_{ijt}^{m}表示运输方式 m 的运输时间，Γ_{ijt}^{m}表示运输价格，ϕ^{m} 和 ρ^{m} 分别表示运输时间和运输价格的系数，f^{m} 表示与运输方式 m 相关的固定的运输成本，b_{ij}表示城市之间的贸易壁垒，ν^{m} 表示其他影响代理人选择运输方式 m 的不可观测的因素。

不妨视 ν^{m} 为一个随机变量，服从某种概率分布，如正态分布、指数分布、帕累托分布等。须提醒的是，代理人关注的并不是随机变量 ν^{m} 服从何种概率分布的问题，而是其极值服从何种概率分布的问题。这是因为从城市 i 到城市 j 存在着 M 种（潜在的）交通运输方式，每种交通运输方式的冰山运输成本都不相同，而理性的代理人只选择冰山运输成本最小的交通运输方式，所以，相较于随机变量 ν^{m}，代理人更关注的是它的极值。也正是从这种意义上讲，运输方式选择理论与极值分布理论（附录 16A）是密切相关的。本章假设随机变量 ν^{m} 的极值服从 Gumbel 分布，即服从如下费伯・本杰明和高波特・塞西尔（Faber Benjamin & Gaubert Cecile，2019）[①] 提出的分布函数：

$$F(z)=Prob[z_i\leqslant z]=e^{-e^{-z}}$$

值得注意的是，这个分布函数描述的是随机变量 ν^{m} 的极大值的概率分布，而非极小值的概率分布。随机变量 ν^{m} 的极小值的分布函数为：

$$\widetilde{F}(z)=1-F(-z)$$

不过，当交通运输方式 m 的冰山运输成本取极小值时，理性的代理人并不一定就选择该运输方式，面对着多种交通运输方式，他将会选择运输成本最低的运输方式。这就意味着，当存在 M 个极小值时，理性的代理人将会选择那种运输成本最小的运输方式。基于极值分布理论，代理人选择运输方式的策略为：

$$tr_{ijt}^{m}=\min_{m\in M}(\phi^{m}T_{ijt}^{m}+\rho^{m}\Gamma_{ijt}^{m}+f^{m}+b_{ij}+\nu^{m})$$

理性的代理人是在交通运输成本最小化的驱使下选择运输方式的。如果交通运输方式 m 的成本均小于其他交通方式 $m\in M\setminus m$，那么，根据 J. 伊顿和 S. 克顿（Jonathan Eaton & Samuel Kortum，2002）的离散选择理论，[②] 该事件发生的概率是在多种交通运输方式下选择该方式的可能性：

$$\Lambda_{ijt}^{m}=Prob[tr_{ijt}^{m}\leqslant \mathop{\mathrm{Min}}_{m\in M\setminus m}(tr_{ijt}^{m})]$$

其中，Λ_{ijt}^{m}表示从城市 i 到城市 j 的所有运输方式中选择交通运输方式 m 的可能

① Faber, B. Gaubert, C. Tourism and Economic Development: Evidence from Mexico's Coastline [J]. American Economic Review, 2019, 109 (6): 2245 - 2338.

② Eaton, J and Kortum, S. Technology, Geography, and Trade [J]. Econometrica, 2002, 70 (5): 1741 - 1820.

性，Prob 表示求概率。依据极值分布理论可以求得该概率的表达式，[①] 该表达式可以写成如下：

$$\Lambda_{ijt}^{m} = Prob[\,tr_{ijt}^{m} \leq \underset{m \in M \setminus m}{\mathrm{Min}}(tr_{ijt}^{m})\,] = \frac{e^{-\phi^{m}T_{ijt}^{m}-\rho^{m}\Gamma_{ijt}^{m}-f^{m}-b_{ij}}}{\sum_{m \in M} e^{-\phi^{m}T_{ijt}^{m}-\rho^{m}\Gamma_{ijt}^{m}-f^{m}-b_{ij}}} \tag{16.8}$$

代理人根据交通运输成本最小化的原则选择不同情形下的交通运输方式，因而对于总体而言，交通运输成本是所有交通运输方式的期望值。根据式（16.7），城市 i 与城市 j 之间的平均冰山运输成本为：[②]

$$\tau_{ijt} = \sum_{m=1}^{M} \Lambda_{ijt}^{m} e^{tr_{ijt}^{m}} = \frac{M}{\sum_{m \in M} e^{-\phi^{m}T_{ijt}^{m}-\rho^{m}\Gamma_{ijt}^{m}-f^{m}-b_{ij}}} \tag{16.9}$$

例如，两个城市之间存在三种运输方式，每种运输方式的冰山运输成本的期望值分别为 2、3、4，根据式（16.7）可知，行为人选择这三种运输方式的概率分别是 $\frac{1/2}{1/2+1/3+1/4}$、$\frac{1/3}{1/2+1/3+1/4}$、$\frac{1/4}{1/2+1/3+1/4}$，即冰山运输成本越大，选择该运输方式的概率就越低。以此概率为权重，对两市间的三种运输方式的冰山运输成本求加权平均值，得到这两个城市间平均冰山运输成本，在本例中为 $\frac{(1/2)\times 2+(1/3)\times 3+(1/4)\times 4}{1/2+1/3+1/4} = \frac{3}{1/2+1/3+1/4} \approx 2.77$。

（三）一般均衡状态

1. 城际贸易流

城市之间的贸易流受到城市需求的影响，而城市对贸易伙伴产品的需求又受到供给价格的影响，供给价格又由交通运输发展水平和厂商的出厂价所决定。这就意味着，如果给定厂商的出厂价格不变，交通运输发展水平就决定了城际贸易流的大小。下面本章就先求出城际贸易流。具体的推导过程如下。

首先，在消费者需求函数，即式（16.2）的两边同乘以 p_{ij} 并对 i 进行加总，则可得：

$$\sum_{i \in S} p_{ij}c_{ij} = c_{kj}p_{ij}^{\sigma} \sum_{i \in S} p_{ij}^{1-\sigma}$$

代入消费者预算约束和价格指数，则可得：

$$w_j = c_{kj}p_{ij}^{\sigma}P_j^{1-\sigma}$$

其次，将消费者福利方程代入，则可得：

① 该表达式的推导过程，请参见附录 16B。

② 式（16.9）的推导过程，请参见附录 16B。

$$c_{kj}=\bar{u}p_{kj}^{-\sigma}P_j^{\sigma} \tag{16.10}$$

在前文，本章已经讨论过城市 j 对另一个城市 k 生产的差异化产品的需求量 c_{kj}。若将需求量乘以供给价格 p_{kj}，便得到城市 j 对城市 k 生产的差异化产品需求的价值总量。由于 k 表示为该城市集合 S 中的任意城市，故可以把 k 改写为该集合内的任意序号。这意味着，该价值量也可以表示为城市 i 生产的差异化产品运到城市 j 销售时的城际贸易流。若用 x_{ij} 表示城市 i 到城市 j 的贸易流，则有 $x_{ij}=p_{ij}c_{ij}$。如果以 π_{ij} 表示城市 j 从城市 i 进口的产品在城市 j 的需求总额中所占的份额，那么结合城际贸易流方程，该进口份额可以写成：

$$\pi_{ij}=\frac{x_{ij}}{\sum\limits_{k\in S}x_{kj}}=\frac{p_{ij}c_{ij}}{\sum\limits_{k\in S}p_{kj}c_{kj}}$$

将式（16.10）代入上式。可得：

$$\pi_{ij}=\frac{p_{ij}\bar{u}p_{ij}^{-\sigma}P_j^{\sigma}}{\sum\limits_{k\in S}p_{kj}\bar{u}p_{kj}^{-\sigma}P_j^{\sigma}}$$

上式化简后，最终可得进口份额方程：

$$\pi_{ij}=\frac{P_{ij}^{1-\sigma}}{\sum\limits_{k\in S}p_{kj}^{1-\sigma}}=\frac{p_{kj}^{1-\sigma}}{p_j^{1-\sigma}} \tag{16.11}$$

2. 城市市场规模

在城际贸易模型中，如果厂商的出厂价是给定的，那么城际贸易流取决于交通运输发展水平。这就是说，一个城市到另一城市的交通运输条件越好，冰山运输成本越低，两个城市之间的贸易流就越大。对于生产差异化产品的城市而言，这也意味着该城市具有了更大的市场规模。J. 雷丁和安东尼·维纳布尔斯（2004）首次利用市场规模分析了国际贸易，① 他们认为，运输成本越大，贸易受到市场规模的惩罚也就越大，所面临的额外成本也就越大。在此基础上，D. 唐纳森和 R. 霍恩贝克（2016）把城市市场规模表示为，以交通运输发展水平为权重加总贸易伙伴城市要素价格的形式，以此来反映交通运输发展水平影响厂商融入市场的程度。

若对消费者价格指数取 $1-\sigma$ 次方，则可得：

$$P_j^{1-\sigma}=\sum_{i\in S}p_{ij}^{1-\sigma}$$

在上式，如果代入冰山运输成本对市场价格的影响，那么可以定义城市 j

① Redding, S. and Venables, A. Economic Geography and International Inequality [J]. Journal of International Economics, 2004, 62 (1): 53-82.

的消费者所面对的市场规模为：

$$CMA_j = P_j^{1-\sigma} = \sum_{j \in S} (\tau_{ij} p_i)^{1-\sigma} \tag{16.12}$$

其中，CMA_j 表示城市 j 的消费者所面对的市场规模。由此可见，如果城市 j 与贸易伙伴城市之间冰山运输成本越低，贸易伙伴城市厂商的出厂价越低，那么城市 j 的消费者所面对的市场规模就越大。换句话说，在贸易伙伴城市厂商的出厂价给定的情况下，如果城市 j 到其他城市的（综合）运输网络越发达，城市 j 到其他城市的冰山运输成本越低，那么城市 j 的消费者所面对的市场规模就越大。

根据收入恒等关系式，即一个城市的收入应等于其销售总额，也就是等于它向其他城市出口的贸易总额（当然，也应包括销售给自己的部分）：

$$Y_i = \sum_{j \in S} x_{ij}$$

类似地，一个城市的收入也应等于总支出，也就是等于该城市为进口其他城市生产的产品所支付的总支出（当然，也应包括自己销售给自己的部分）：

$$Y_j = \sum_{i \in S} x_{ij}$$

在事实上，上述两个等式可以分开来理解，其成立的关键都在于无须考虑储蓄问题。若将进口份额方程式（16.11）代入收入等于总销售额的条件中，则可得：

$$Y_i = \sum_{j \in S} \pi_{ij} Y_j = \sum_{j \in S} p_{ij}^{1-\sigma} \left(\sum_{i \in S} p_{ij}^{1-\sigma} \right)^{-1} Y_j = \sum_{j \in S} p_{ij}^{1-\sigma} P_j^{-1} Y_j$$

再将消费者市场规模方程式（16.12）代入上式，则可以替换掉 $\sum_{i \in S} p_{ij}^{1-\sigma}$。利用冰山运输成本方程 $p_{ij} = \tau_{ij} p_i$，则可得：

$$Y_i = \sum_{j \in S} \pi_{ij} Y_j = \sum_{j \in S} p_i^{1-\sigma} \tau_{ij}^{1-\sigma} CMA_j^{-1} Y_j = p_i^{1-\sigma} \sum_{j \in S} \tau_{ij}^{1-\sigma} CMA_j^{-1} Y_j = p_i^{1-\sigma} FMA_i \tag{16.13}$$

在式（16.13）中，$\sum_{j \in S} \tau_{ij}^{1-\sigma} CMA_j^{-1} Y_j$ 是城市 i 的厂商销往所有城市的销售总额。根据 D. 唐纳森和 R. 霍恩贝克（2016）的研究，可以定义该式为城市 i 的厂商所面对的市场规模：

$$FMA_i = \sum_{j \in S} \tau_{ij}^{1-\sigma} CMA_j^{-1} Y_j$$

若将式（16.13）代入式（16.12）中，则可以得到：

$$CMA_j = \sum_{i \in S} \tau_{ij}^{1-\sigma} FMA_i^{-1} Y_i$$

同理，可以写出 $CMA_i = \sum_{j \in S} \tau_{ij}^{1-\sigma} FMA_j^{-1} Y_j$。不妨再将城市 i 消费者所面对的

市场规模和厂商所面对的市场规模相除，则可以得出两者之间的比值关系：

$$\frac{FMA_i}{CMA_i}=\frac{\sum\limits_{j\in S}\tau_{ij}^{1-\sigma}CMA_j^{-1}Y_j}{\sum\limits_{j\in S}\tau_{ji}^{1-\sigma}FMA_j^{-1}Y_j}=\frac{\sum\limits_{i\in S}\tau_{ji}^{1-\sigma}CMA_i^{-1}Y_i}{\sum\limits_{i\in S}\tau_{ij}^{1-\sigma}FMA_i^{-1}Y_i}=\frac{FMA_j}{CMA_j}=\phi$$

上式中的第二个等式，实际上只是互换了记号 i 和记号 j 的位置。为了清晰地呈现这种过程，上式中的冰山运输成本都是严格地按照从出发地到目的地的顺序书写的，但根据冰山运输成本的对称性，可以得到 $\tau_{ij}=\tau_{ji}$。这样，第三个等式也是成立的，其依据还参考了两者的定义公式。由于任意两个城市消费者所面对的市场规模和厂商所面对的市场规模之比都相等，那么不妨定义该比值为 ϕ。

既然消费者面对的市场规模和厂商面对的市场规模成比例，不妨定义市场规模为：

$$MA_i=FMA_i=\phi CMA_i$$

采用厂商面对的市场规模定义市场规模是因为在经济学研究中，人们更多关注的是厂商行为，毕竟厂商才需要解决产品市场出清的问题。若将 $w_iL_i=\alpha Y_i$ 代入并依据 FMA_i 的定义公式，则可得：

$$MA_i = 1/\alpha\sum_{j\in S}\tau_{ij}^{1-\sigma}CMA_j^{-1}w_jL_j$$

再把 $\overline{u}=w_j/P_j$ 代入上式，可得：

$$MA_i = (\overline{u}/\alpha)\sum_{j\in S}\tau_{ij}^{1-\sigma}CMA_j^{-1}P_jL_j$$

最后，将 $CMA_j=P_j^{1-\sigma}$ 和 $MA_i=\phi CMA_i$ 代入，则可以得到：

$$MA_i = \delta\sum_{j\in S}\tau_{ij}^{1-\sigma}L_jMA_j^{\sigma/(1-\sigma)}$$

其中，$\delta=(\overline{u}/\alpha)\phi^{\sigma/(\sigma-1)}$。在这里，本章采用标准化，使得 $\overline{u}=\alpha\phi^{\sigma/(1-\sigma)}$，从而可以将参数 δ 简化为 1。这样，上式可以改写为：

$$MA_i = \sum_{j\in S}\tau_{ij}^{1-\sigma}L_jMA_j^{\sigma/(1-\sigma)} \tag{16.14}$$

一个城市的市场规模是以交通运输发展水平（以冰山运输成本表示）为权重的所有贸易伙伴城市的市场规模和人口规模乘积的总和。这也就意味着，市场规模度量的是全局性的交通运输网络效应，因为交通运输环节的任何变化，都能够通过贸易渠道影响与整个交通运输网络中所有节点城市的贸易量。于是，本章得出如下重要的结论。

结论 16－1：经济体中某个城市的市场规模，是以该经济体的运输网络效应为权重的该系统中所有城市的市场规模和人口规模乘积的总和。

3. 城市产出水平

根据厂商利润最大化的一阶条件，可以得出 $L_i=(\alpha r_i/\beta w_i)K_i$。将其代入生产函数则可有：

$$K_i = Y_i A_i^{-1} (\alpha/\beta)^{-\alpha} (w_i/r_i)^{-\alpha}$$

同理，可以写出 $L_i = Y_i A_i^{-1} (\beta/\alpha)^{-\beta} (w_i/r_i)^{-\beta}$。若利用最优化后的劳动力和资本的需求计算成本函数，则厂商的总成本函数可以写成：

$$TC_i = w_i L_i + r_i K_i = \alpha^{-\alpha} \beta^{-\beta} Y_i A_i^{-1} w_i^{\alpha} r_i^{\beta}$$

继续对厂商的总成本函数进行微分，那么厂商的边际成本应为：

$$MC_i = \partial TC_i / \partial Y_i = \alpha^{-\alpha} \beta^{-\beta} A_i^{-1} w_i^{\alpha} r_i^{\beta} = r_i K_i / \beta Y_i = \beta^{-1} K_i Y_i^{-1} r_i$$

由于假设产品市场是完全竞争市场，因此，厂商的定价法则为边际成本定价法，即有 $p_i = \beta^{-1} K_i Y_i^{-1} r_i$。资本在城市间是自由流动的，当处于均衡状态时，所有城市的资本回报率都相等，故当资本流动处于均衡状态时 $r_i = \bar{r}$。若把这些代入式（16.13），则可得：

$$Y_i = (\beta^{-1} K_i Y_i^{-1} r)^{1-\sigma} FMA_i \Rightarrow Y_i = \beta^{(\sigma-1)/(2-\sigma)} \bar{r}^{(1-\sigma)/(2-\sigma)} k_i^{(1-\sigma)/(2-\sigma)} FMA_i^{1/(2-\sigma)}$$

再将 MA_i 替代 FMA_i，则可得：

$$Y_i = \theta K_i^{(1-\sigma)/(2-\sigma)} FMA_i^{1/(2-\sigma)} \qquad (16.15)$$

其中，$\theta = \beta^{(\sigma-1)/(2-\sigma)} \bar{r}^{(1-\sigma)/(2-\sigma)}$。式（16.15）表明，一个城市的产出水平是由资本存量和市场规模所决定的，而根据式（16.13），其市场规模又是由劳动力数量和交通运输网络所共同决定的。在资本存量和劳动力数量给定的前提下，一个城市到其他城市的运输网络越发达，它的冰山运输成本就越低，与其他城市开展贸易的能力就越强，市场融入程度也就越高，所以该城市的市场规模就越大。相应地，这个城市的产出水平也就越高。这样就得出如下重要的结论。

结论 16－2：经济系统中任何城市的产出水平都由该城市的资本存量、劳动力数量，以及交通运输条件所决定，故在资本存量和劳动力数量给定情况下，该城市的产出水平主要取决于该城市与其他所有城市之间的交通运输条件：运输网络越发达，该城市融入市场的程度就越高，市场规模就越大，产出水平也就越大，经济发展水平也就越高。

4. 一般均衡的基本条件

本章已经建立了一个纳入交通运输网络的城际贸易模型，包括消费者和厂商在内的两种代理人，即消费者通过消费决策实现效用最大化，厂商通过调整其生产策略实现利润最大化，而城市之间的运输网络承担了城际贸易的功能并实现产品的市场出清。遵循 K. 德斯米特和 E. 罗西－汉斯伯格（Klaus Desmet & Esteban Rossi－Hansberg，2014）的空间经济均衡思路，[1] 这里的城际贸易数

---

① Desmet, K. and Rossi－Hansberg, E. Spatial Development [J]. American Economic Review, 2014, 104 (4): 1211－1254.

理模型也必须满足如下条件才能存在均衡。

第一，消费者效用最大化。消费者受效用最大化行为所驱动，通过选择产品消费量和产品种类实现效用最大化，故要满足式（16.2）。

第二，厂商利润最大化。厂商以利润最大化为目标，故要满足边际产出等于价格的条件，即：$w_iL_i=\alpha Y_i$ 和 $r_iK_i=\beta Y_i$。

第三，产品市场出清和贸易均衡。城市总收益等于向其他城市销售产品（出口）所获得的收益，定义为产品市场出清，即 $Y_i=\sum_{j\in S}x_{ij}$；城市的总支出等于从其他城市购买（进口）产品的总额，定义为贸易均衡，即 $Y_i=\sum_{j\in S}x_{ji}$。结合这两个条件，可以得到 $Y_i=\sum_{j\in S}x_{ij}=\sum_{j\in S}x_{ji}$，该式意味着一个城市的总出口等于总进口，也就是说，一个城市向其他城市销售的产品总额等于从其他城市购买的产品总额。

第四，劳动力和资本市场出清。本章中的劳动力和资本都是内生的：一方面，劳动力被允许在城市之间自由流动，追求效用最大化的劳动力选择能够实现其效用最大化的城市居住，所以，当劳动力流动处于均衡状态时满足条件：$u=\bar{u}$；另一方面，资本也是可以在城市之间自由流动的，当处于均衡状态时，所有城市的资本回报率都相等，故当资本流动处于均衡状态时要满足条件：$r_i=\bar{r}$。

第二节　交通网络度量方法

冰山运输成本是本章模型中的唯一的无套利条件，我们是借助该无套利条件把交通网络纳入模型中的。本章中的冰山运输成本 τ_{ij} 主要受城市 i 和城市 j 之间的交通运输距离的影响，本章把冰山运输成本定义为 $\tau_{ij}\equiv\exp(d_{ij})$，其中，$d_{ij}$ 为城市 i 和城市 j 之间进行贸易时的最优运输成本。换言之，该运输成本是两座城市之间的实际运输距离最优时的运输成本。① 为了计算最优的交通运输距离，本节把两座城市之间的交通线路看作是二维空间中的一条连续曲线。如果城市之间的交通线路是由多种类型的交通线路所组成，也就是，由不同权重的多条曲线组合而成，那么，最优的交通运输距离就是指，在这些由具有不同权重的曲线组合而成的线路之中交通运输距离最短者。例如，两座城市之间交通线路的最优组合是先乘坐高铁再换乘高速公路，那么，这两座城市之间的最优交通

① 这里的最优交通距离考虑了不同类型交通换乘后的最佳路程距离。

线路组合就是乘坐的具有不同权重的高速铁路线路和高速公路线路的长度之和。

（一）参数化交通线路

1. 交通线路的参数化

如果把交通线路作为二维空间的曲线来进行计算，那么先把交通运输线路表示为参数化的曲线才能对它进行计算。如果用 $\gamma(t)$：［a，b］表示一段连续的曲线（交通线路），那么该曲线的参数化就是指一段连续的曲线［a，b］，其长度可以映射到一个实空间中。参数化曲线（交通线路）的两端点 i 和 j 分别表示为 $\gamma(a)=i$ 和 $\gamma(b)=j$［见图 16－1（a）］。假设 $\gamma(t)$ 是连续可微的，通过积分可以求出这条线路的长度为 c。我们利用符号 $\|\cdot\|$ 表示范数。如图 16－1（b）所示，两个城市之间有 3 条线路，用 γ_{ij} 表示连接城市 i 和城市 j 之间线路的集合。在这种情况下，交通运输成本最低的交通线路可以表示为在该集合中的线路距离最短的，即应该有：$d_{ij}=\min\limits_{\gamma\in\Upsilon}\int_a^b\|\gamma'(t)\|\mathrm{d}t$。在实际运输过程中，采用不同的运输方式，将会产生不同的运费。因此，在路径中加入单位运费，这样使得冰山运输成本更加符合实际情况。在求解线路长度的过程中，把这个运费率加总到线路上。也就是说，在求曲线的长度的过程中，把权重加到曲线，从而可以得到：

$$d_{ij}=\min_{\gamma\in\Upsilon}\int_a^b\phi[\gamma(t)]\|\gamma'(t)\|\mathrm{d}t \tag{16.16}$$

其中，$\phi[\gamma(t)]$ 表示线路 $\gamma(t)$ 的权重（平均运费率）。式（16.16）可以用以计算两座城市之间最优交通运输组合的包含权重的运输距离长度之和，即两座城市之间的最优交通线路的总成本。

2. 制作速度图

计算冰山运输成本，首先需要制作一张速度图，其次利用计算机技术对速度图进行处理，以获取最优交通线路的运输成本。根据数据可得性，首先，本章选取了包括高速公路、高速铁路和铁路的交通网络图。通常，这种交通网络图来源于国家基础地理信息系统数据库（本章主要参考了 2015 年版的《中国地图》）。其次，对交通网络图进行处理，本章进行了如下处理。

（1）从历年的《中国铁道年鉴》、历年各省的《交通年鉴》以及百度百科，获得历年（本章的案例研究只考虑了 2004～2013 年期间的通车线路）各种类型交通的通车线路，并对终点年份（本章中为 2015 年）的矢量地图进行逆向工程，依次得到从始点年份到终点年份（在本章中，始点年份为 2004 年，终点年份为 2015 年）期间历年交通网络图。

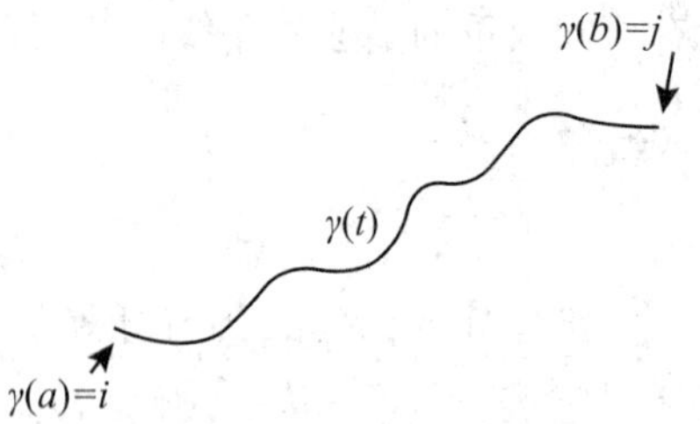

（a）一条线路

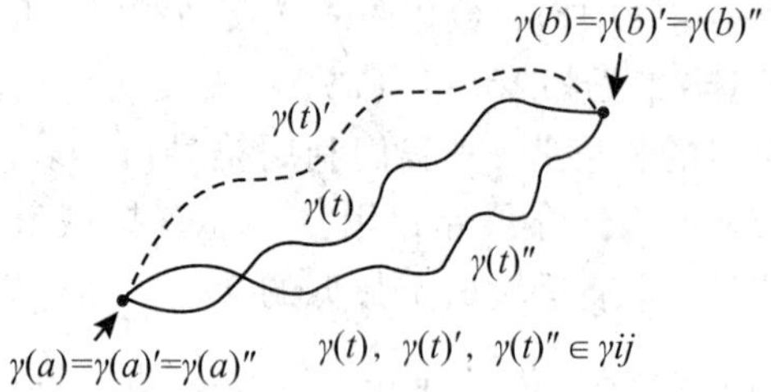

（b）三条线路

图 16－1　交通线路的参数化

资料来源：笔者整理。

（2）对历年的交通网络图进行投影处理，将其投影到平面，可以得到一张图片（其像素是根据研究需要来确定，本章所举的例子是 1059×1881 像素的图片），并记录图片三个角的经纬度。通过离散方法编制连续的空间，即把连续的地理平面离散成一张网格，每个单元格（像素）就是一个点，本章举例的每个单元格实际代表约 4×4 平方公里。

（3）用 i 代表其中的一个单元格，并假设经过该单元格时产生的运输成本为 $K(i)$。分别对图上的高速公路、高速铁路和铁路赋予不同的权重（单位交通成本），便得到一张速度图（带权重的图像）。根据 K. 德斯米特等（2015）的速度图的制作方法，[①] 对交通网络进行加权后并把它转化为速度图，具体的制作过程由下式给出：

$$K(i)=\kappa_1 H(i)+\kappa_2 G(i)+\kappa_3 R(i)+\kappa_4 O(i) \tag{16.17}$$

其中，$H(i)$、$G(i)$、$R(i)$ 和 $O(i)$ 分别表示高速公路、高速铁路、铁路和其他道路的虚拟变量（0～1 变量），$\kappa_m(m=\{1, 2, 3, 4\})$ 表示速度图上相应类型交通网络的权重。如果 $H(i)$ 等于 1，则表示在速度图上高速公路经过单元格 i；如果等于 0，则表示高速公路不经过该单元格；同理，变量 $G(i)$

① Desmet, Klaus, David Krisztian Nagy and Esteban Rossi－Hansberg. The Geography of Development: Evaluating Migration Restrictions and Coastal Flooding [J]. Working Paper, 2015.

和 $R(i)$ 分别表示在速度图上是否有高速铁路和铁路经过单元格 i，1 表示有相应类型交通线路经过单元格 i，反之，0 表示交通线路不经过单元格 i。如果变量 $O(i)$ 等于 1，则表明在速度图上是除了高速公路、高速铁路和铁路外的其他道路经过单元格 i。为了提高计算速度，本章把速度图上除了高速公路、高速铁路和铁路外的区域都视为其他道路，理由是除了这三种交通网络外，县道、省道和国道的密度很高，并且都覆盖了本章所研究的地级市。式（16.17）通过把多种类型的交通网络进行加权，可以形成一张可计算的速度图。

速度图的制作还需要确定相应类型交通网络的权重。κ_m 是相应类型的交通运输方式经过单元格 i 时所产生的交通成本，既包括距离成本，又包括时间成本。通过以下三个步骤便可以算出 κ_m。

第一步，定义速度图上相应类型的运输方式 m 经过一个单元格的运输成本 κ_m 为时间的函数，即 $\kappa_m = \Omega_{m_i}^{\eta}$，$\Omega_{m_i}$ 表示相应类型的运输方式 m 经过单元格 i 所需的时间，η 为运输成本对运输时间的弹性。

第二步，确定运输成本对运输时间的弹性。M. 罗伯特等（2012）[①] 利用中国交通网络估计运输成本对运输时间的弹性为 0.6。本章参照其研究，把运输成本对运输时间的弹性设定为 0.6。

第三步，确定相应类型的运输方式 m 经过一个单元格所需的时间 Ω_{m_i}。每个单元格的实际距离分别除以每种交通方式的速度，即可以得到各种交通方式经过一个单元格所需时间。根据我国相关的法律法规和行业规范，高速公路的平均速度为 90 公里/小时，[②] 高速铁路的平均速度为 267 公里/小时，[③] 铁路的平均速度为 160 公里/小时，[④] 其他按照城市道路平均速度为 30 公里/小时。[⑤]

① Roberts, M., U. Deichmann, B. Fingleton and T. Shi. Evaluating China's Road to Prosperity: A New Economic Geography Approach [J]. Regional Science and Urban Economics, 2012, 42 (4): 580 - 594.

② 《中华人民共和国道路新交通安全法》第七十八条高速公路应当标明车道的行驶速度，最高车速不得超过每小时 120 公里，最低车速不得低于每小时 60 公里。据此计算得到高速公路的平均速度为 (120 + 60)/2 = 90 公里/小时。

③ 由《高速铁路设计规范》（TB 10621—2014）把高铁的速度规定为 250 ~ 350 公里/小时，以及铁道部令第 34 号第五条规定高铁运营初期速度为 200 公里/小时。据此计算得到高铁的平均速度为（250 + 350 + 200)/3 = 267 公里/小时。

④ 铁道部令第 34 号第七条客货共线铁路为旅客列车与货物列车共线运营、设计速度 200km/h 及以下的铁路。新建客货共线铁路旅客列车最高运行速度 200km/h，快运货物列车最高运行速度 160km/h，普通货物列车最高运行速度 120km/h。据此计算得到铁路的平均速度为（200 + 160 + 120)/3 = 160 公里/小时。

⑤ 《中华人民共和国道路新交通安全法》第四十五条规定，有道路中心线的道路，城市道路为每小时 30 公里。

这样可以算出 κ_m 的值：[1] $\kappa_1=0.154$、$\kappa_2=0.080$、$\kappa_3=0.109$ 和 $\kappa_4=0.299$。由于综合考虑了交通运输成本和时间成本，可以看到高速铁路的交通成本参数是最低的，其他道路的交通成本参数是最高的，而高速公路和铁路介于两者之间。

3. 快速步进法

在制作速度图后，人们可以利用 Matlab 软件中的 FMM 工具箱对交通线路的参数方程（即式 16.16）进行数值计算，得出交通线路上任意两点间的运输成本最低的运输距离。FMM 工具箱通过循环确定等成本线的方法，在速度图上寻找最优路径。在速度图上，人们可以某点为起点，以一定的交通成本增量，找出以起点为中心的等交通成本线。从起点到该等交通成本线上任意一点的交通成本距离是相同的。以该等交通成本线为基础，给出任意小的交通成本增量，则可以画出与该任意小的交通成本增量相对应的等交通成本线。按照这种方法，保持成本增量不变，以该起点为中心，不断画等成本线直至覆盖整个速度图为止。如图 16－2（a）所示，从起点 i 开始，根据成本 C，可以找到与此相对应的等成本线（图 16－2 中的实线），再赋予增量 ε，根据该增量同样可以画出等成本线（图 16－2 中的实线），如此循环直至画出所有成本线覆盖整个速度图为止。因此，FMM 工具箱可以应用于运输成本距离的计算。图 16－2（b）以铁路线路距离的计算为例，图 16－2（b）中的实线表示的是一条铁路。从起点 i 开始，该实线上的每一点都是铁路线路与不同等成本线的交点，等成本线上的任何一点到起点 i 的运输成本距离都是相等的。此时，如果要计算铁路线上任意两点间的运输成本距离，则只需计算从其中一点到下一个等成本线上的点之间的运输成本距离即可。如图 16－2（b）所示，如果要找出 i 点沿铁路线到 k 点的运输成本距离，只需找出以 i 点为中心，k 点所在的等成本线的成本就可以。利用 FMM 工具箱对上面的速度图进行空间距离计算时，可以自动对不同类型的交通网络进行换乘，以此实现两个城市之间的最优路径的选择。

下面以简单的例子来说明如何制作高速公路、高速铁路、铁路以及其他道路加权后的速度图的问题，并举例说明 FMM 工具箱制作速度图的工作原理。根据式（16.17），将高速公路、高速铁路、铁路以及其他道路分别赋予不同的权重，[2] 则在加权之后便成为一幅多类型交通网络速度图（见图 16－3）。这是一张 20×30 个单元格的网络图[3]，现把它转换成为包含 20×30 个元素的矩阵，每

① 计算公式为 κ_ν =（一个网格的实际边长/相应类型交通网络的平均速度）交通成本对时间的弹性。$\kappa_1=(4/90)^{0.6}=0.154415357$，$\kappa_2=(4/267)^{0.6}=0.080413551$，$\kappa_3=(4/160)^{0.6}=0.109336207$，$\kappa_4=(4/30)^{0.6}=0.298512995$。

② 示意图为了方便说明，没有采用 κ_m，而是采用了简单数字作为各类交通网络的权重。

③ 本章实际计算的是一个 1059×1881 的速度图，这是为了方便说明，举例为一个 20×30 的速度图。

个单元格为矩阵中的一个元素，每个单元格的值为该元素的值。从图 16－3 中可以看到，高速公路、高速铁路和一般铁路分别由图上的 3 、 1 和 2 表示。除了这三种运输网络外，其他区域用 4 表示，代表其他交通线路，也就是，假设不存在未连通交通设施的地区，在任何区域至少拥有高速公路、高速铁路、铁路或其他道路这四种交通网络中的一种。原因是：第一，我国除了高速公路、高速铁路和铁路外，县道、省道和国道基本已经覆盖本章所研究的地级城市，并且这些网络很密集；第二，FMM 工具箱能实现不同类型交通网络的换乘，并且该假设有利于提高 FMM 工具箱的计算速度。从图 16－3 中还可以看到，每个单元格都赋予了不同的数字，这些数字表示每个单元格的权重。在该例子中， 3 代表高速公路，其权重为 3； 1 代表高速铁路，其权重为 1； 2 代表一般铁路，其权重为 2； 4 区域代表其他道路，其权重为 4。这种对不同类型交通网络赋予不同权重的图就是交通网络速度图，FMM 工具箱是根据这种速度图计算城市之间最优运输成本距离的。

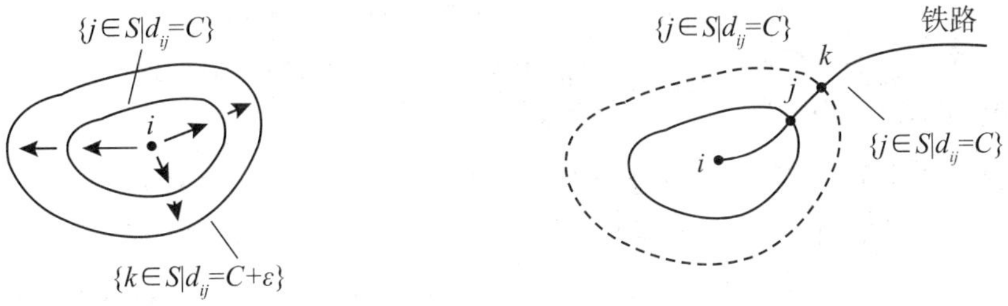

（a）等运输成本线　　（b）FMM计算铁路距离

图 16－2　FMM 原理

资料来源：笔者整理。

在制作交通网络速度图后，人们利用 FMM 工具箱就可以计算两个城市之间的最优运输路线和成本。在图 16－3 中，FMM 工具箱计算了从城市 i 到城市 j 的最优运输路线和运输成本。在图 16－3 中，连接城市 i 和城市 j 的最优运输路线为图中的黑色实线。在该线路上，从城市 i 开始，黑色实线先后经过权重为 4 的 4 单元格（其他道路）、权重为 1 的 1 单元格（高速铁路）、权重为 3 的 3 单元格（高速公路）、权重为 2 的 2 单元格（一般铁路），也就是，从城市 i 到城市 j 先后换乘了 4 次，乘坐了 4 种不同的交通工具。

以上通过一个简单的例子，介绍了交通网络速度图的制作过程以及 FMM 工具箱在速度图上，计算最优运输线路和最优运输成本的原理。现在结合我国实际的交通线路图，制作交通网络速度图，并利用 FMM 对其进行计算。

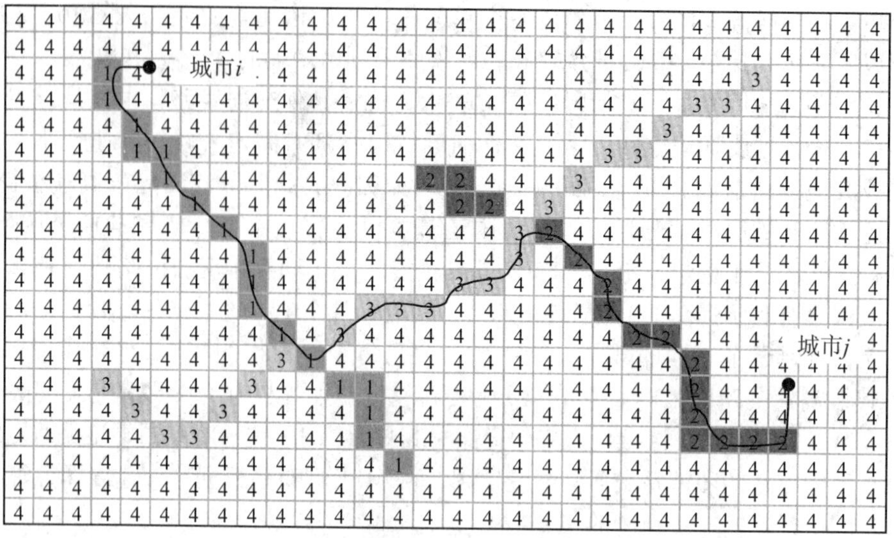

图例：　高速公路 3　　高速铁路 1　　一般铁路 2　　其他道路 4

图 16－3　交通网络速度图与 FMM 计算成本距离

资料来源：笔者整理。

（1）根据我国 2015 年高速公路、高速铁路和铁路的交通网络，分别采用不同的颜色来表示高速公路（3）、高速铁路（1）和一般铁路（2）。同时，把这三种单元格形式的交通网络图转换成包含 1059×1881 个元素的矩阵形式，并用（x_{min}、x_{max}、y_{min}、y_{max}）来表示网络图三个角的经纬度，图 16－3 左上角的纵坐标为 y_{max}，左下角的纵坐标为 y_{min}，左上角的横坐标为 x_{min}，右上角的纵坐标为 y_{max}。

（2）根据有关速度图的式（16.16）以及已计算出的交通网络图中的成本权重，把三个矩阵形式的交通网络转变为交通网络速度图，这是一张包含 1059×1881 个单元格的速度图。

（3）从国家地理信息系统数据库获取城市的经纬度数据，每个城市的经纬度是每个城市地区核心点的经纬度。城市 i 的经度记为 $LONG_i$，纬度记为 LAT_i。

（4）有了城市经纬度数据后，可以把城市的经纬度转换为速度图上的单元格地址，也就是说，通过一个城市的经纬度可以计算出该城市所在的单元格在速度图中的地址。单元格的地址采用行列索引的形式，从速度图的左上角往下为行索引，往右为列索引。把经纬度转换为速度图单元格的地址的公式为下式，其中，$xind_i$ 为速度图单元格的行索引，$yind_i$ 为速度图单元格的列索引，$INT[\cdot]$ 为取整数的符号，1059 和 1881 分别为 1059×1881 的速度图上的行单元格总数和列单元格总数：

$$\begin{cases} xind_i = INT\left[1059 \times \dfrac{LAT_i - x_{\min}}{x_{\max} - x_{\min}}\right] \\ yind_i = \left[1881\ \dfrac{LONG_i - y_{\min}}{y_{\max} - y_{\min}}\right] \end{cases}。 \tag{16.18}$$

（5）在制作好速度图，并转换城市经纬度为速度图单元格索引之后，可以利用 FMM 工具箱对速度图进行计算。选择某一个城市作为原点，利用 FMM 工具箱对速度图进行处理，也就是从原点开始，以较少的成本增量为间距，在速度图上画等成本线直到等成本线覆盖整个速度图为止。

图 16－4 是在已制作的交通网络速度图上，以北京为原点画等成本线并以热力型数据图来表示的结果。图 16－4 中，中心最深点为北京的质心点，可以看出，从北京开始，按照交通网络的疏密和距离北京的远近，交通成本逐渐上升，颜色逐渐由浅变深。这幅图说明了两点：一是离北京越远，交通成本就越大；二是交通越疏，交通运输成本也就越大。

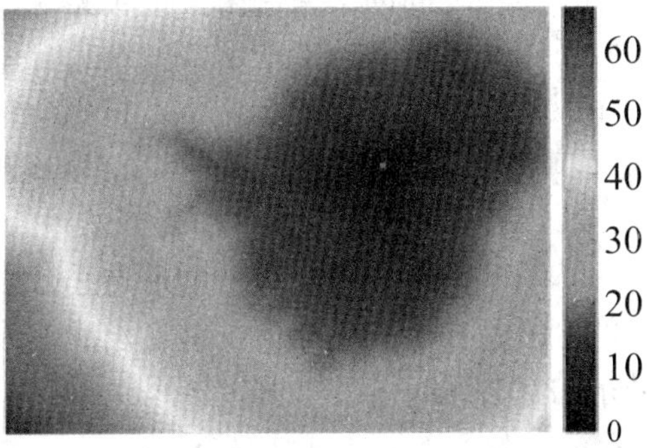

图 16－4　FMM 计算的交通网络热力型数据

资料来源：笔者整理。

（6）在计算好的等成本线图上，计算出原点城市与其他城市之间最优交通线路，并获取交通总成本。例如，可以计算以北京为原点，到昆明的最优交通路径。可以看出，连接北京和昆明的最优交通线路需要换乘多种交通方式。有了最优线路后，可以获取最优线路的交通总成本。

（二）交通网络规划方法

交通网络通常根据地形地貌、经济和社会发展等因素进行规划。经济和社会因素可能会导致交通网络的内生性问题。如果根据地形地貌来规划交通网络，那么可以解决内生性问题，但在不同的地形地貌建设交通网络，其建设成本是大不相同的。根据地形地貌来规划交通网络，通常交通网络的建设成本最低。这种依据地形地貌来规划交通网络的方法，需要根据已经建成的交通网络，估测出在不同地形地貌上修建交通网络时的成本。依据地形、地貌进行交通网络规划，通常指根据草原、耕地、各种建筑物、森林、水域和未利用土地六种土地覆盖物，以及地形高程进行规划。根据每条交通线路的投资额，以及该交通线路经过各类地形地貌的长度，人们可以确定交通线路在各类地形地貌的平均建设成本。根据这种思路，建立一个计量模型可以估测出在不同地形地貌上建设交通设施时的成本，例如，类似于式（16.19）的计量模型。在式（16.19）中，被解释变量 *Investment* 是建设交通线路的投资额，解释变量 $Line_i$ 为交通线路经过第 i 种类型地形地貌的线路长度，ε_i 为随机扰动项，ϕ_0 为截距项，$\phi_i(i=1, 2, \cdots, 7)$ 为所要估计的 7 种地形地貌的交通线路建设成本。

$$Investment = \phi_0 + \sum_{i=1}^{7} \phi_i Line_i + \varepsilon \tag{16.19}$$

在估计出在不同地形、地貌上建设交通线路的成本之后，根据这些建设成本和地形地貌可以规划出城市之间的交通网络。把各类地形地貌的建设成本作为权重，然后根据该权重再把不同类型的地形、地貌进行加权，得到一幅建设成本图。成本图的加权方法如式（16.20）所示，根据要估计的成本参数 ϕ_i，把高程图中的 DEM 以及草原、耕地、建筑物、森林、水域和未利用土地 6 种土地覆盖物 $Land_i(i=1, 2, \cdots, 6)$ 进行加权，所得到的图为成本图 *CostMap*。城市之间的交通线路是根据成本图上的成本最低的地点进行修建的，也就是，城市间交通线路所经过的区段是在不同地形地貌中建设成本最低的区段。根据这种方法规划出一对城市的交通网络（见图 16－5）。

$$CostMap = \phi_1 DEM + \sum_{i=2}^{7} \phi_i Line_i \tag{16.20}$$

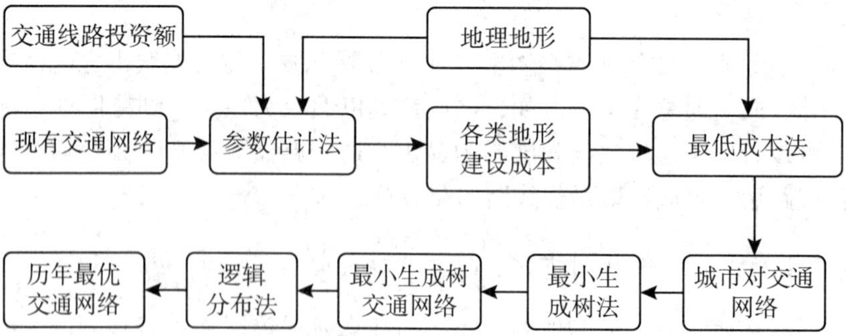

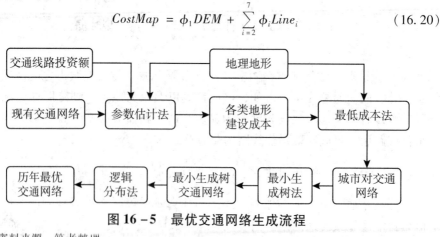

图 16－5　最优交通网络生成流程

资料来源：笔者整理。

利用已制作的城市之间的交通网络图，人们可以利用最小生成树法生成一个最优的交通网络图。最小生成树法就是根据交通线路的权重（交通线路的长度），尽可能以最小的总权重（交通线路的总长度）把所有城市连接起来，并且不允许交通线路出现环路。换言之，利用最小生成树法所规划的交通线路将连接所有城市，并且沿该交通线路走一遍所有城市时的总路程是最短的。这里采用 Kruskal 算法来构建最小生成树。[①] 该算法是依据“贪心”的理念来实施的。它首先把所有城市之间的交通线路按权重（两个城市之间交通线路长度）从小到大的顺序进行排列，接着按照顺序把不同路径作为最小生成树的枝干，并且舍去使最小生成树出现环路的枝干。如图 16 -6 所示，有 A、B、C、D、E 五个城市，图 16 -6 中用圆圈来表示一个城市，城市间连线表示交通线路，线路上的数值为城市对交通线路的长度（权重）。

首先，将城市对的交通线路，按长度的大小，从小到大进行排序，如图 16 -6（1）所示。

其次，把交通线路按从小到大的顺序依次纳入最小生成树的枝干，如图 16 -6（2）所示，图中城市 AE 之间的线路最短，纳入最小生成树的枝干，图中用虚线表示已加入最小生成树枝干的线路；

再次，按照这种方法继续增加最小生成树的枝干，如图 16 -6（2）至图 16 -6（5）所示。此时，如果把城市 BE 之间的交通线路加入最小生成树，那么城市 ABE 之间形成一种环路，所以舍去城市 BE 之间的交通线路。

最后，利用“贪心”算法，根据从小到大顺序把交通线路加入最小生成树的枝干，直到把所有的城市都连接起来为止，如图 16 -6（6）所示。这样，把城市对总路程为 28 的城市 BAECD，可以由最小生成树连接起来了。可以发现，当通过最小生成树法走完这五个城市时，其总路程只有 11。

交通网络内生性不仅有选址方面的内生性，也有建设时间方面的内生性。最小生成树解决的是交通网络选址方面的内生性，而解决交通网络建设时间方面的内生性需要对最小生成树法进行扩展。利用最小生成树法生成的最优交通网络是一个静态的网络，而现实中的交通网络随时间呈现出动态扩张态势。这就需要将静态的最小生成树扩展为动态的最小生成树，以解决交通网络建设时间的内生性问题。交通网络的动态扩张，还体现在面板数据的时间维度上。在最小生成树生成过程中，根据交通线路的权重，不断把交通线路加入最小生成树中成为最小生成树的枝干，这样可以通过每年加入最小生成树的交通线路的数量，形成一个交通网络动态的扩张过程。每年加入最小生成树的交通线路数

① 郑宗汉、郑晓明．算法设计与分析（第二版）［M］．北京：清华大学出版社，2011.

量服从逻辑斯蒂（Logistic）分布，具体函数为：

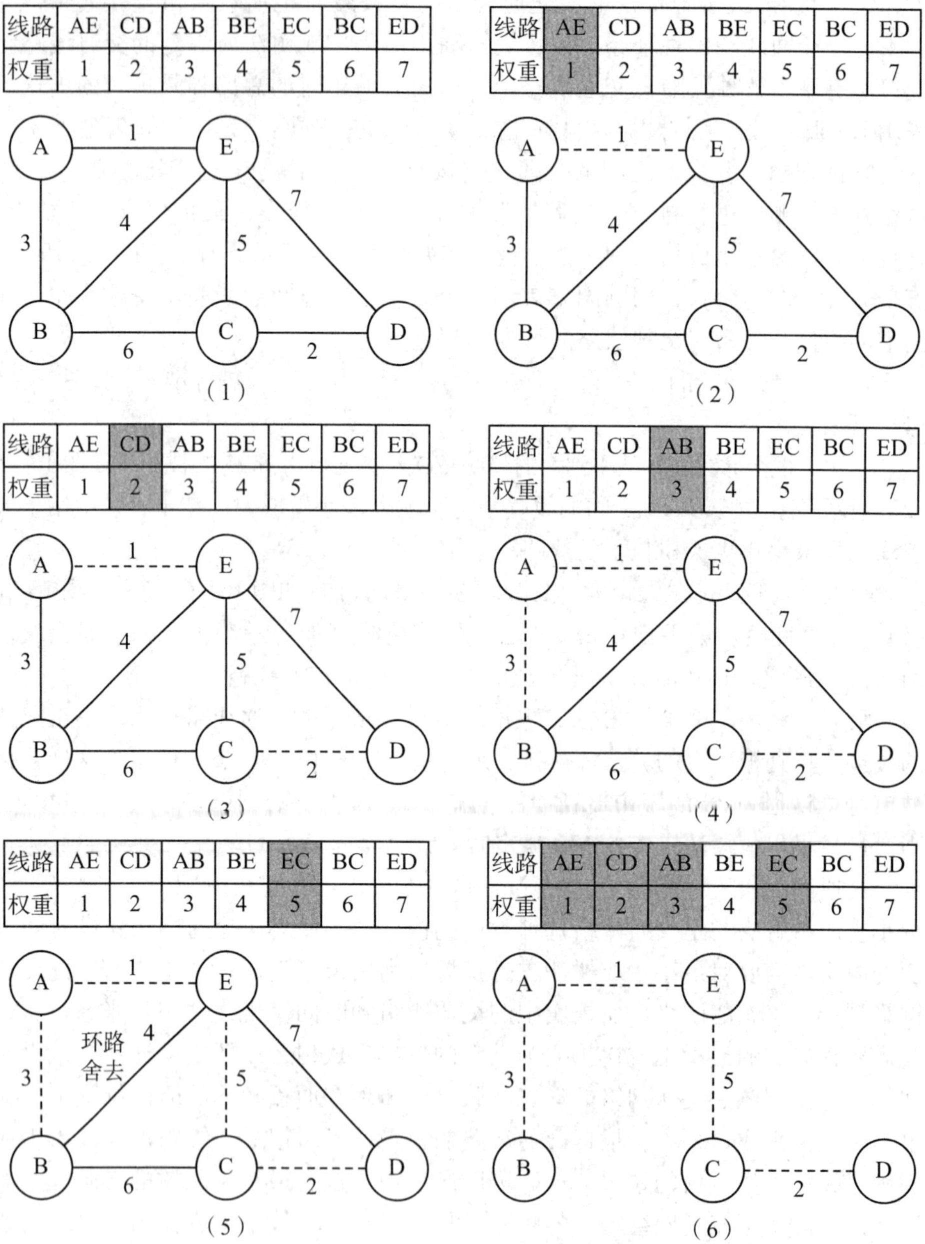

图 16－6　最小生成树算法图解

资料来源：笔者整理。

$$f(x \mid \mu, \delta) = \frac{e^{(x-\mu)/\delta}}{\delta[1 + e^{(x-\mu)/\delta}]^2}$$

其中，μ 为均值，δ 位放大系数。逻辑斯蒂分布曲线呈现为“S”形，起初阶段增长较为缓慢，中间阶段大致以指数增长，然后变得饱和，增长变得缓慢。这种特点与交通网络的扩张是相类似的。在交通网络发展的初始阶段，交通线路数量较少；随着交通网络的扩张，交通网络呈现为具有网络外部性特征，加入交通网络的城市数量的增多。加入城市的增多将导致交通网络中城市收益的几何级数增长，又吸引更多城市加入交通网络中；到了交通网络比较成熟的阶段，由于边际收益递减的原理，新建交通线路数量逐渐下降。

第三节　交通运输网络的经济效应分析

（一）实证模型设定

理论模型告诉我们，交通运输效率的提高降低了运输成本，运输成本的降低使得厂商具有低成本优势。这种低成本优势扩展厂商的市场边界并扩大厂商的市场规模，厂商市场规模的扩大必然提高厂商的收益水平进而促进区域整体的经济增长。本节的实证分析以理论模型为基础，所采用的计量回归模型是对数理模型推导的方程两边取对数所得，其中的市场规模指标是经过严格的数理模型推导而得到的。式（16.15）的两边取对数后可以得到如下计量模型：[①]

$$\ln Y_{it} = \eta_0 + \eta_1 \ln MA_{it} + \eta_2 \ln K_{it} + \delta_i + \mu_t + \varepsilon_{it} \qquad (16.21)$$

其中，Y_{it} 为城市 i 在第 t 年的生产总值，MA_{it} 为市场规模，K_{it} 为资本存量，所有变量都取对数。计量回归模型式（16.21）作为本节基准分析的计量模型，我们所关注的是系数 η_1 的变化情况，因为，该系数表示的是城市生产总值对市场规模变量的弹性。

① 本章所建立的计量模型与传统的柯布道格拉斯生产函数推导的计量模型含义吻合，可以认为是在柯布道格拉斯生产函数基础上扩展了交通网络的机制。第一、在经典的柯布道格拉斯生产函数推导的实证模型中，产出由技术水平、资本和劳动力所决定。我们的模型也包括了资本，劳动力和交通网络构成了市场规模指标，此外，由于市场规模指标需要由量化模型计算得到，这决定了我们不能直接采用柯布道格拉斯生产函数来推导实证模型。第二、柯布道格拉斯生产函数中的技术水平通常作为索罗剩余来处理，并且在计量上通常将随机扰动项作为索罗剩余的估计，而本章计量模型的随机扰动项也可以作为技术水平的估计。

本节还借鉴廖茂林等（2018）研究交通网络时间效应时，采用的交互模型，[①] 对交通网络效应的特征做进一步的研究。具体做法是，利用交互模型在时间和不同运输方式之间可以相互衔接的特征，对交通网络对经济增长的影响效应进行检验。为此，建立如下交互模型：

$$\ln Y_{it} = \eta_0 + \eta_1 \ln MA_{it} + \eta_2 D_{it} + \eta_3 \ln MA_{it} \times D_{it} + \eta_4 \ln K_{it} + \varepsilon_{it} \quad (16.22)$$

其中，D_{it}为因子变量（Factor variable），根据研究问题的分类可以建立相应的因子变量，尤其是当只存在两类情况时，因子变量如同虚拟变量一样。此时，我们关心的是模型主效应系数 η_1 和交互项系数 η_3。主效应系数反映的是当其他变量保持不变的情况下市场规模对经济增长的影响程度，而交互效应系数反映的是不同类别在市场规模效应方面的差距。对模型（16.22）求有关市场规模的导数，则 $\partial \ln Y_{it}/\partial \ln MA_{it} = \eta_1 + \eta_3 D_{it}$。由此可知，我们所关心的交互模型的总效应为 $\eta_1 + \eta_3$。具体来说，D_{it}是一个 0 和 1 的虚拟变量，当 $D_{it} = 1$ 时，总效应为 $\eta_1 + \eta_3$；当 $D_{it} = 0$ 时，总效应为主效应，即 η_1。本章根据时间段和不同运输方式之间的衔接紧密程度，分别建立因子变量并与市场规模的连续变量交互，进而分析交通网络影响区域经济增长时所呈现出的结构性特征。

（二）交通参数校准方法

交通运输成本不仅取决于运输时间，还取决于相应交通类型的价格。因此，冰山运输成本模型中的交通时间弹性 ϕ^m 和交通价格弹性 ρ^m 对于交通运输成本的计算至关重要。本节将采用中国实际运输经济环境，对冰山运输成本中的时间和价格弹性参数进行校准，估计出与中国经济相符合的参数。利用艾伦·川博和C. 阿克拉基斯（2014）和马和汤（2020a、2020b）的冰山运输成本参数的非线性估计方法估计交通时间和交通价格参数。

在进行参数估计前，本章需要将交通方式选择模型进行变换，使其适合中国城市交通运输数据统计的特点。我们采用《中国城市统计年鉴》中的交通运输统计数据，因为该数据是目前地级市一级唯一公开的官方数据，该数据统计了每一个地级市每年完成的运输量，包括一个地级市运输到其他城市和从其他城市运输到该城市的运输总量。

具体估计方法如下：交通方式离散选择框架已经计算出城市对每种运输方式运量在总运量中所占的比例，该比例可以理解为某种交通运输方式 m 被

① 廖茂林，许召元，胡翠，等. 基础设施投资是否还能促进经济增长？——基于 1994 ~ 2016 年省际面板数据的实证检验［J］. 管理世界，2018，34（5）.

代理人选中的概率 Λ_{ij}^{m}。该比例乘上该城市对所有交通运输方式总量，则可以得到交通运输方式 m 的运输数量。如果用 ψ_{ij} 表示城市 i 到城市 j 的交通运输总量，那么从城市 i 到城市 j 的利用交通运输方式 m 进行运输的运输量为 $\psi_{ij}\Lambda_{ij}^{m}$。根据马和汤（2020a）的研究，城市 i 利用运输方式 m 进行运输时的运输总量，包括从城市 i 运往各个城市和从各个城市运往城市 i 的运输量，可以写成如下形式：①

$$W_{it}^{m} = \sum_{j \in S} e^{-\phi^m T_{ij}^m - \rho^m \Gamma_{ij}^m - f^m - b_{ij}} + \sum_{j \in S} e^{-\phi^m T_{ij}^m - \rho^m \Gamma_{ij}^m - f^m - b_{ij}} \tag{16.23}$$

本章，将利用上面的非线性方程，估计出相应运输方式有关运输时间和运输成本的系数（ϕ^m，ρ^m）。我们采用常规的非线性最小二乘法，也就是，通过最小化模型中的 W_{it}^{m} 和实际数据之间的差距来估计参数。在估计出各种运输方式关于运输时间和运输价格的系数后，利用冰山运输成本的计算公式（16.9）求出城市对的平均冰山运输成本。

（三）数据处理及来源

1. 交通成本测算

为了测算交通成本，本章以国家测绘局提供的 2015 年中国 1∶100 万交通电子地图为基础图，其中，包括铁路、高铁、高速公路和水路的网络，② 以及铁路车站、高铁站、高速公路出入口、港口码头和城市质心点的经纬度，结合 1999～2014 年，中国地图出版社出版的《全国交通地图》进行逐年逆向删除历年新建的交通线路和港口码头，最终得到 1999～2015 年的铁路、高铁、高速公路和港口码头历年电子地图。利用所建立的历年交通网络电子地图，借鉴艾伦·川博和 C. 阿克拉基斯（2014）、马和汤（2020a，2020b）的方法计算冰山运输成本，也就是利用式（16.9）计算冰山运输成本。式（16.9）的计算，还需要运输时间 T_{ijt}^{m}、运输价格 Γ_{ijt}^{m} 和区域壁垒 b_{ij} 的数据。首先，交通时间由运输线路长度除以运输速度获得，由此可以分别计算出铁路、高铁、高速公路和水路的运输时间；其次，各种运输方式的价格分别从中国铁路官方网站、好物流 123

---

① 城市 i 到城市 j 间的运输总量 ψ_{ijt} 与城市之间交通运输方式比例 Λ_{ijt}^{m} 的分母成比例，约去该比例也不会影响回归结果。此外，由于《中国城市统计年鉴》统计的运输方式是铁路（R，包括高铁和普通铁路）、公路（包括高速公路和普通公路）和水路的运输数据。故，建立如下高铁（H）和普通铁路（G）参数实际估计方程：

$$W_{it}^{R} = \sum_{j} e^{-(\phi^H T_{ijt}^H - \rho^H \Gamma_{ijt}^H - f^H - b_{ij})} + \sum_{j} e^{-(\phi^H T_{jit}^H - \rho^H \Gamma_{jit}^H - f^H - b_{ji})} + \sum_{j} e^{-(\phi^G T_{ijt}^G - \rho^G \Gamma_{ijt}^G - f^G - b_{ij})} + \sum_{j} e^{-(\phi^G T_{jit}^G - \rho^G \Gamma_{jit}^G - f^G - b_{ji})}$$

同理，高速公路也采用相同的估计方程，但水路运输参数估计采用方程式（16.16）。

② 水路采用全国三级以上主要通航河流，以及中国沿海通航海域。

专业运输平台和上海航运交易所获得；[1] 最后，区域贸易壁垒通过城市对是否边界接壤和是否属于相同省份两个固定效用进行控制。

测算运输时间的具体方法是：首先，为了提高计算速度，将运输线路的矢量图转换为图片格式。其次，根据城市的经纬度，利用 Matlab 的灰度计算命令来计算每条交通线路相邻两个城市之间运输路程的长度。再次，利用运输速度和运输路程长度计算出相邻城市之间的运输时间。根据相关法律法规和行业规范，高铁和高速公路的单位速度分别设置为 267 公里/小时和 90 公里/小时。[2] 由于铁路经过几次全国大范围的提速，并且每条铁路线路有相应的最高时速标准，因此，我们收集《铁道年鉴》和历年的《列车时刻表》来设定每条铁路的单位速度。水路运输速度则根据《中国沿海内河水运航行规则》设定沿海各个海域和内河各个河段的航行速度。最后，城市对的运输距离除以相应运输方式的速度可以获得该城市对的运输时间。

2. 市场规模测算

市场规模衡量企业通过运输网络进入的市场范围。具体来说，市场规模以运输网络为权重，对贸易伙伴的市场容量进行加总，而市场容量是用劳动者数量和本地的市场规模来度量。综合运输将每个城市的市场规模链接起来组成了一个全国性的市场规模系统，这个系统反过来又决定了每个城市的市场规模。每个城市的市场规模体现了综合交通中各种运输方式的联程联运、动态变动的均衡结果。每个城市的代表性企业通过综合运输网络进入这个全国性的市场，如果运输网络得到扩张或结构得到改善，那么该城市代表性企业市场空间边界就得到扩张，其市场规模就变大。设有 n 个城市，可以把市场规模方程式（16.14）改写为全国性的市场规模系统，如下所示：

---

[1] 高速公路运输价格通过好物流 123 专业平台获得，铁路和高铁运输价格通过 12306、59306 和中铁快运网站获得，水路运输价格通过上海海运交易所网站和前瞻数据库获取。此外，结合数据的可得性，最后采用 1999～2015 年的数据。

[2] （1）铁道部令第 34 号第七条客货共线铁路为旅客列车与货物列车共线运营、设计速度 200km/h 及以下的铁路。新建客货共线铁路旅客列车最高运行速度 200km/h，快运货物列车最高运行速度 160 km/h，普通货物列车最高运行速度 120km/h。据此计算得到铁路的平均速度为（200＋160＋120）/3 公里/小时，如没有规定速度的则按照该速度作为铁路线路的速度。（2）由《高速铁路设计规范》（TB 10621—2014）把高铁的速度规定为 250～350 公里/小时，以及铁道部令第 34 号第五条规定高铁运营初期速度为 200 公里/小时，高铁的速度取平均值为 267 公里/小时。（3）《中华人民共和国道路新交通安全法》第七十八条高速公路应当标明车道的行驶速度，最高车速不得超过每小时 120 公里，最低车速不得低于每小时 60 公里。（4）《中华人民共和国道路新交通安全法》第四十五条规定没有道路中心线的道路，城市道路为每小时 30 公里。

$$\begin{bmatrix} MA_1 \\ MA_2 \\ \vdots \\ MA_n \end{bmatrix} = \begin{bmatrix} \tau_{11}^{1-\sigma} & \tau_{12}^{1-\sigma} & \cdots & \tau_{1n}^{1-\sigma} \\ \tau_{21}^{1-\sigma} & \tau_{22}^{1-\sigma} & \cdots & \tau_{2n}^{1-\sigma} \\ \vdots & \vdots & \ddots & \vdots \\ \tau_{n1}^{1-\sigma} & \tau_{n2}^{1-\sigma} & \cdots & \tau_{nn}^{1-\sigma} \end{bmatrix} \begin{bmatrix} MA_1^{\sigma/(1-\sigma)} L_1 \\ MA_2^{\sigma/(1-\sigma)} L_2 \\ \vdots \\ MA_n^{\sigma/(1-\sigma)} L_n \end{bmatrix} \tag{16.24}$$

这是一个非线性方程组，有 n 个方程和 n 个变量，其中，市场规模 MA_i 是未知变量。人口数据 L_i 来自《中国城市统计年鉴》的年末总人口和就业人口，其中，年末总人口将用于基准分析，就业人口将用于稳健性检验；冰山运输成本 τ_{ij}是本章经过测算所得到的；参考蒙特等（2018）的研究,① 替代弹性 σ 取值为 4，但是在做稳健性检验时分别取 3 和 5。由数据可得性，本章选取了 319 个城市，即 n 为 319。给定冰山运输成本 τ_{ij}、城市人口 L_i 和替代弹性 σ，则可以通过 Matlab 的 fsolve 工具箱求解方程组，解得未知变量 MA_i。此外，借鉴艾伦·川博和 D. 阿特金（2016）的方法,② 还可将市场规模设置为 $MA_j \approx \sum_{i=1}^{n} L_i/\tau_{ij}$，进行近似计算作为稳健性检验。

3. 其他数据

回归方程中 Y_{it}的数据分别采用 1999 ~ 2015 年《中国城市统计年鉴》中的地区生产总值、工业总产值、批发零售业销售总额、社会消费品零售总额四种数据。其中的资本存量 K_{it}作为控制变量，将采用张学良（2012）在研究城市运输网络经济效应时的资本存量测算方法,③ 即采用“永续盘存法”进行城市资本存量测算，基期设定和折旧率的选取均与该研究相同。主要变量的描述性统计如表 16 - 1 所示。

表 16 - 1　　　　主要变量的描述性统计

指标	交通结构	样本	均值	方差	指标	交通结构	样本	均值	方差
ln*MA*1	铁路、高铁、高速公路、水路	4592	1. 2596	0. 3416	ln*Y* 工业总产值	—	6164	6. 0078	1. 5910
ln*MA*2	铁路	4879	0. 6027	0. 1886	ln*Y* 地区生产总值	—	6702	5. 8018	1. 4238

① Monte, F. Redding, S. and Rossi - Hansberg, E. Commuting, Migration and Local Employment Elasticities [J]. American Economic Review, 2018, 108 (12): 3855 - 3945.

② Allen, T. and Atkin, D. Volatility and the Gains from Trade [J]. NBER Working Paper No. 22276, 2016.

③ 张学良 . 中国交通基础设施促进了区域经济增长吗——兼论交通基础设施的空间溢出效应 [J]. 中国社会科学, 2012 (3).

续表

指标	交通结构	样本	均值	方差	指标	交通结构	样本	均值	方差
ln*MA*3	高铁	4879	0.7009	0.1408	ln*Y* 批发零售业销售总额	—	5151	4.9850	1.6091
ln*MA*4	高速公路	4879	0.7067	0.3961	ln*Y* 社会消费品零售总额	—	6300	4.8096	1.4230
ln*MA*5	水路	3994	0.5160	0.2108	Di	高铁－铁路衔接距离	4250	1.8882	0.3151
ln*MA*6	铁路、高铁	4592	0.9610	0.4047	Di	高速公路－铁路衔接距离	6800	1.9890	0.1044
ln*MA*7	铁路、高速公路	4592	0.8197	0.4786	Di	高铁－高速公路衔接距离	4525	1.9890	0.1046
ln*MA*8	高铁、高速公路	4592	0.8097	0.4786	Di	高铁－城市中心距离	4325	1.8092	0.3929
ln*MA*9	铁路、水路	4879	0.7887	0.7060	Di	铁路－城市中心距离	6575	1.8479	0.3591
ln*MA*10	高速公路、水路	4879	0.7368	0.4396	Di	高铁－铁路衔接距离	4250	1.8882	0.3151

资料来源：笔者利用 Stata 软件进行估计。

（四）实证分析

1. 基准分析

在进行基准分析之前，先利用交通运输统计数据和冰山运输成本的非线性模型（16.21）对城际运输时间系数和运输价格系数进行估计，并以此来估计出符合中国实际运输经济环境的参数。估计的参数均在统计意义上显著，并且系数的符号符合经济含义。

根据综合运输网络的扩张导致市场规模的扩大，市场规模的扩大促进城市经济发展的结论，首先分析综合运输网络（铁路、高铁、高速公路和水路）的发展对经济增长的影响。本节利用市场规模指标来实证分析综合运输网络的经济效应，利用计量模型（16.21）进行回归分析，表 16－2 给出了基准回归的结果。① 在回归过程中，控制了城市和年份的固定效应，并采用 Hausman 检验对

① 模型的控制变量（ln*K*）的系数较小，参考艾伦·川博和 D. 阿特金（2016）的研究，将系数乘以 10^5 方便阅读，下同。

固定效应模型设定的合理性进行了检验。由结果可知，Hausman 检验的 P 值均小于0.05，显著地拒绝了随机效应方法与固定效应方法无系统性差异的原假设，故模型采用固定效应方法。表 16－2 中的模型（1）为城市生产总值对市场规模的回归，其系数在 1% 的显著性水平上显著且为正值，约为 0.12。这说明市场规模扩大 1%，生产总值提高 0.12%。表 16－2 的结论验证了上文的理论分析，交通运输的发展扩大了企业市场规模进而促进经济发展，这种结论与其他一些学者的结论是相吻合的。[①]

表 16－2　　　　基准回归结果

模型	(1)	(2)	(3)	(4)
被解释变量 lnY	生产总值	工业总产值	批发零售业销售总额	社会消费品零售总额
ln*MA*1	0.1171*** (0.0138)	0.1320*** (0.0170)	0.1850*** (0.0216)	0.1714*** (0.0141)
ln*K*	0.0080*** (0.0002)	0.0083*** (0.0003)	0.0116*** (0.0003)	0.0083*** (0.0002)
城市固定效应	是	是	是	是
年份固定效应	是	是	是	是
Hausman 检验	58.87***	57.75***	78.11***	36.94***
样本容量	4856	4462	4733	4504
R^2	0.7175	0.7496	0.6382	0.7291

注：lnY 为对数化的被解释变量，表示经济增长；ln*MA*1 为对数化的核心解释变量，表示市场规模，利用铁路、高铁、高速公路和水路的数据进行计算；ln*K* 为对数化的控制变量，表示城市资本存量。***、** 和 * 分别表示在 1%、5% 和 10% 水平上显著，括号内为聚类到地级市层级的稳健标准误。回归过程控制了城市和年份的固定效应，并采用多维固定效应线性回归命令对固定效应进行了吸收。

资料来源：笔者利用 Stata 软件进行估计。

交通运输是国民经济发展的重要的基础设施，对社会生产、消费等诸多环节都发挥支撑作用。基于此考虑，本节还分别利用工业总产值、批发零售业销售总额和社会消费品零售总额对市场规模进行了回归，其结果如表 16－2 中模型（2）至模型（4）所示，其系数均为显著且都为正值。可以发现，工业生产总值对市场规模的弹性比生产总值对市场规模的弹性大约 0.015 个百分点。从

① Donaldson, D. and Hornbeck, R. Railroads and American Economic Growth: A 'Market Access' Approach [J]. The Quarterly Journal of Economics, 2016, 131 (2): 799－858; 唐宜红，俞峰，林发勤，等. 中国高铁、贸易成本与企业出口研究 [J]. 经济研究，2019，54 (7).

核算的角度可以看出，生产总值不仅包括公私部门的消费和净出口以及投资，相较于贸易和消费，交通运输对投资的影响是间接的，故交通运输对工业总产值的影响略强些。同理，交通运输对批发和零售业也有相对较大的影响。在所有模型的回归结果中，模型（1）的系数显著性水平较高，标准误差也较小，同时样本容量也较大，因此，本节的后续部分都以生产总值对市场规模的回归分析为基准展开讨论。

2. 稳健性和内生性

进行基准分析时，估计的结果可能受到一些变量测度选择和计算精度等一系列潜在问题的干扰。为此，通常采用多种方法进行稳健性检验。本节是在以下几个方面进行了稳健性检验和内生性分析。第一，本节提出的市场规模指标是由非线性系统所决定的，我们担心是否在市场规模指标设定方法和计算精确等方面的问题，会导致回归结果出现偏误。为此，采用市场规模指标另一种近似的计算方法（$MA_j \approx \sum_{i=1}^{n} L_i/\tau_{ij}$）进行变量替代，重新计算并进行了回归，结果表明，回归结果是很稳健的。第二，市场规模指标的计算需要替代弹性值，我们担心替代弹性（σ）的取值是否会对回归分析产生不稳健的结果，为此替代弹性值分别取 5 和 3 计算了市场规模指标，并重新进行了回归，分析结果表明回归结果是很稳健的。第三，市场规模指标是本节考察交通扩张影响经济发展的核心变量，我们担心人口增长是否通过市场规模指标来影响经济增长。为此，本章参考多纳尔森和 R. 霍恩贝克（2016）的方法，用第一年（即 1999 年）的人口作为不变人口来计算市场规模，试图控制人口增长对回归分析的影响，结果表明人口增长的影响十分有限（市场规模系数仅仅变动了 0.007）。这意味着，本章回归结果仍是很稳健的。第四，本节还采用样本重新选择的方法进行稳健性检验。当交通线路是通过借贷来修建时，地方政府通常在选址决策上，倾向于选择高经济回报预期的地方，这导致选择线路区位的非随机性。本节将中心城市从全样本数据中剔除，[①] 剩下非中心城市的样本进行基准回归分析，从而避免了交通规划部门选择中心城市修建交通线路所导致的回归误差。将中心城市剔除后剩下的样本进行回归分析，其结果和基准分析的结果完全一致。

本章所考察的综合运输与城市经济之间关系可能会受到内生性的影响，进

① 参考孙浦阳等的中心城市的划分方法（2019），本章中的中心城市主要指北京、长春、长沙、成都、大连、福州、广州、贵阳、哈尔滨、海口、杭州、合肥、呼和浩特、济南、昆明、拉萨、兰州、南昌、南京、南宁、宁波、青岛、上海、深圳、沈阳、石家庄、太原、天津、乌鲁木齐、武汉、西安、西宁、厦门、银川、郑州、重庆。

而所估计的系数可能出现偏误。内生性一般是由遗漏变量、双向因果关系、变量测量误差、选择偏差等原因所造成的，而运输网络的内生性通常来源于双向因果关系，也就是交通线路的修建促进了城市经济增长，另外，经济水平较好的城市更倾向于修建交通线路。交通内生性问题通常采用工具变量来解决。本节是参考费伯·本杰明（2014）解决交通运输网络内生性的办法，[①] 依据地形、地貌构建最小生成树作为理想的交通线路，并把它作为工具变量进行了两阶段回归分析，结果表明，各组回归的系数在1%的显著性水平上显著且为正值，是符合预期的。

上述的分析表明，本节的研究方法和基准回归结果是稳健且可靠的，[②] 内生性问题也在一定程度上得到了解决。

3. 交通结构分析

（1）不同运输方式的联运结构。为了考察交通运输结构对运输经济效应的影响，本章利用不同运输方式所组成（铁路与高铁、铁路与高速公路、高铁与高速公路、铁路和水路、高速公路和水路）的联运结构，分别计算了市场规模指标，并对计量模型（16.19）进行了回归，结果如表16－3所示。从回归结果可以看出以下两个特点。

第一，从单一运输方式的经济效应来看，铁路、高铁、高速公路和水路的经济效应分别约为0.1808、0.1777、0.1285和0.0034。首先，早在1990年全国铁路营业里程就已经有5.79万公里，到了2015年全国铁路营业里程达10.2万公里，路网密度超过100公里/万平方公里，可见铁路网络覆盖面广，并且路网成熟，已经和城市经济相融合，因此，有较充分的理由说明在这四种交通方式中，铁路的经济效益是最高的。其次，高速公路在过去25年期间，从营业里程几乎为零，发展到2015年已拥有12.4万公里的里程，并且在2013年跃居世界总里程最长，创造了“中国速度”，但是高速公路的经济效应相对于铁路的效应低0.0523，这与高速公路的空间布局有关。2015年，东部、中部、西部的高速公路总里程分别为3.97、3.94、4.4万公里，而人均里程分别为6.95、8.91、12.08米/人。[③] 西部的高速公路的人均里程约为东部的两倍，而西部的

---

① Faber, B. Trade Integration, Market Size and Industrialization: Evidence from China's National Trunk Highway System [J]. Review of Economic Studies, 2014, 81 (3): 1046－1070.

② 我们控制城市固定效应消除了城市异质性的因素，控制年份固定效应消除了一些随时间变动的因素，但是我们还担心有其他影响城市市场规模的因素，故尝试在回归分析中控制市场化指数，但是与固定效应有较大的共线性问题，这一方面说明，本章回归分析所控制的城市与年份的固定效应吸收了其他影响市场规模的因素；另一方面说明，本章的市场规模是基于微观基础经过严格的数理推导获得，模型的设定是科学合理的。

③ 根据本章的数据计算所得。

表 16－3　　不同运输方式的联运结构效应

指标	单一运输网络				不同运输方式网络的组合结构				
模型	(1)	(2)	(3)	(4)	(5)	(6)	(7)	(8)	(9)
交通结构	铁路	高铁	高速公路	水路	铁路＋高铁	铁路＋高速公路	高铁＋高速公路	铁路＋水路	高速公路＋水路
解释变量	ln*MA*2	ln*MA*3	ln*MA*4	ln*MA*5	ln*MA*6	ln*MA*7	ln*MA*8	ln*MA*9	ln*MA*10
ln*MA*	0. 1808 ** (0. 0655)	0. 1777 *** (0. 0304)	0. 1285 *** (0. 0276)	0. 0034 *** (0. 0004)	0. 1966 *** (0. 0169)	0. 1546 *** (0. 0186)	0. 0533 ** (0. 0171)	0. 0058 *** (0. 0011)	0. 0025 ** (0. 0010)
ln*K*	0. 0126 *** (0. 0003)	0. 0004 ** (0. 0001)	0. 0081 *** (0. 0002)	0. 0112 *** (0. 0002)	0. 0114 *** (0. 0002)	0. 0079 *** (0. 0002)	0. 0080 *** (0. 0002)	0. 0077 *** (0. 0003)	0. 0080 *** (0. 0002)
城市固定效应	是	是	是	是	是	是	是	是	是
年份固定效应	是	是	是	是	是	是	是	是	是
样本容量	4856	2293	4856	4856	2293	4572	2293	4207	4835
R^2	0. 5021	0. 9737	0. 7145	0. 5872	0. 5763	0. 7082	0. 7043	0. 7005	0. 7142

注：ln*Y* 为对数化的地区生产总值，表示经济增长，作为被解释变量；ln*MA* 为对数化的核心解释变量，表示市场规模；ln*K* 为对数化的控制变量，表示城市资本存量。***、** 和 * 分别表示在 1%、5% 和 10% 水平上显著，括号内为聚类到地级市一级的稳健标准误。回归过程控制了城市和年份的固定效应，并采用多维固定效应线性回归命令对固定效应进行吸收。模型（1）至模型（4）为单一交通网络的经济效应回归分析，模型（5）至模型（9）为不同运输方式组合的经济效应分析。

资料来源：利用 Stata 软件进行估计。

人均产出是东部的人均产出的一半，高速公路现有的空间布局与出行需求和经济发展水平匹配程度欠佳，这在一定程度上，解释了高速公路总里程长于铁路而经济效应低于铁路的原因。同时，这也对高速公路与其他运输方式组合而成的交通结构的科学性和合理性提出了质疑。再次，2015 年的高铁营业里程超过 1.9 万公里，约为铁路和高速公路的 1/5，虽然其经济效应在铁路、高铁和高速公路三种陆路运输方式中最低，但是在给定营业总里程的前提下，高铁带动经济增长的效应却是相当强劲的，这与一些学者的研究结论是相一致的。① 最后，水路依靠天然河道和海域进行运输，其运输网络较为固定，扩展性较低，加之现代造桥技术和其他交通工具的快速发展，对水路形成较为激烈的竞争，故在四种运输方式中水路的经济效益是最低的。

第二，为考察不同运输方式组成的联运结构所产生的效应，本章分别计算了不同运输方式组合所形成的联运结构的市场规模指标，并分别进行回归分析，结果如表 16 - 3 中模型（5）至模型（9）所示。如果交通运输联运结构的经济效应比单一运输方式的经济效应高，那么该交通运输结构将产生网络溢出效应，否则，该交通运输结构限制交通网络经济效应的溢出。首先，铁路和高铁组合结构的效应如模型（5）所示，② 回归系数为 0.1966，经过 t 检验，系数分别显著异于模型（1）和模型（2）的系数（p 值分别为 0.0463 和 0.0021），且系数高为 0.0158 ~ 0.0189。这说明相较于单一的交通网络，铁路和高铁所组成的交通运输联运结构，相互补充并降低运输成本，扩大了厂商进入全国市场的范围，带来了交通网络效应的溢出。其次，铁路和高速公路组合结构的经济效应相对于铁路组合的经济效应要低，这说明，这种交通组合结构未产生网络效应的溢出，制约着“公转铁”的联运能力，限制着运输网络的经济效应。再次，高铁和高速公路组合结构也未显现溢出效应，其运输经济效应约为 0.1275（0.1808 ~ 0.0533）。最后，铁路和水路、高速公路和水路的组合结构，也未形成网络溢出效应。

综上所述，铁路和高铁同为铁道部统筹规划的交通网络，相对容易结成良好的联运结构，能够发挥交通网络溢出效应。但是，由铁道部规划的铁路运输网络和交通部规划的高速公路网络所结成的联运结构，并未产生网络溢出效应。这同时也验证了上文，关于高速公路与其他交通方式组合所形成的交通结构的科学性和合理性的质疑。此外，水路与其他运输方式组合也未显现出溢出效应

① 王雨飞，倪鹏飞．高速铁路影响下的经济增长溢出与区域空间优化［J］．中国工业经济，2016（2）．

② 在铁路和高铁的组合中，2008 年以前高铁未开通，因此，在这之前的计算只采用铁路的数据，我们在文章后面通过划分时间段的回归分析来验证稳健性。

的存在。

（2）不同时期的交通结构效应。为了研究交通运输结构影响运输经济效应随时间的变化，本章划分时间段来分析了不同时期交通运输结构的经济效应，所利用的模型是式（16.22）给出的模型。先把 1999 ~ 2015 年的交通发展历程按每 5 年为一个时间段进行划分，并利用一个因子变量来表示时间段，与市场规模指标构成交互项进行回归分析。回归分析结果如表 16 – 4 所示，因为第一条高铁线路在 2008 年建成通车，与高铁相关的实证分析都是从 2008 年开始的。通过求解计量模型式（16.22）关于市场规模变量的偏导数就可知道，我们所关心的系数是市场规模变量的系数和交互项的系数之和，而两个系数之和完整地反映了不同时期交通运输业的经济效应。

从单一运输方式的交通网络来看，首先，我们发现铁路、高速公路和水路这三种运输方式交互项的系数显著且为负数，同时系数的绝对值逐渐增大，这说明，这三种运输方式的经济效应呈现边际效应递减特征。本章的结论与廖茂林等（2018）的研究结论是不谋而合的。其次，高速公路交互项的系数显著，并且系数的符号先是正而后变为负。这是意味着，高速公路与经济增长之间为倒“U”形关系，即初始高速公路的发展有力地促进经济发展，其经济效应相对保持稳定；而在某个临界值点后，高速公路的经济效应转而呈现负向效应了。

为了分析不同运输方式组合结构的交通运输网络效应，表 16 – 4 的模型（5）至模型（9），对不同运输方式组合的联运结构进行了实证检验。根据中国实际交通组合结构，对不同运输方式的组合进行回归分析，其交互项系数均为显著且都为正值，并且大致呈现出递增态势。这意味着，不同运输方式组合能够实现优势互补，能够克服单一运输方式所具有的弊端。随着时间推移，交通方式组合结构导致的边际效应递增，使得交通组合结构的经济效应超过了单一运输方式的经济效应，从而产生交通运输网络的溢出效应。此外，不同运输方式的联运结构所产生的经济效应一直处于递增状态。这正好验证了交通线路的价值不仅取决于它本身，还取决于与之衔接的其他运输方式的线路的理论观点。由上面的分析可知，我国不同交通运输方式所组成的联运结构还存在较大的提升空间，交通运输结构的改善能产生网络溢出效应，能够克服单一运输方式的效应递减现象。综合交通网络最鲜明的特点是不同运输方式之间相互补充，有效地连接起来不同的节点城市，共同提高运输服务效率。根据网络经济学，用交通线路连接起来的城市越多，整体的网络规模就越大，从交通运输网络中得到的实惠就越多。当不同运输方式组成的两种运输网络高效衔接时，网络的经济效应呈几何级数增长。

表 16－4　不同时期交通结构效应

模型	单一运输网络				不同运输网络组合				
	（1）	（2）	（3）	（4）	（5）	（6）	（7）	（8）	（9）
交通结构	铁路	高铁	高速公路	水路	铁路＋高铁	铁路＋高速公路	高铁＋高速公路	高速公路＋水路	铁路＋水路
解释变量	ln*MA*2	ln*MA*3	ln*MA*4	ln*MA*5	ln*MA*6	ln*MA*7	ln*MA*8	ln*MA*10	ln*MA*9
ln*MA*	0.2803*** （0.0601）	0.2020* （0.0853）	0.0879*** （0.0230）	0.0044* （0.0023）	0.1571** （0.0564）	0.0620* （0.0359）	0.0405* （0.0173）	0.0432** （0.0150）	0.0038*** （0.0007）
ln*MA*×*D*＝2001～2005	－0.1101* （0.0584）		0.0657 （0.0386）	－0.0007 （0.0005）		0.0492* （0.0417）		0.0324** （0.0118）	0.0296* （0.0127）
ln*MA*×*D*＝2006～2010	－0.2441*** （0.0635）		－0.0624** （0.0238）	－0.0009* （0.0005）		0.0783* （0.0414）		0.1034*** （0.0135）	0.1948*** （0.0210）
ln*MA*×*D*＝2011～2015	－0.2706*** （0.0666）	－0.1688* （0.0856）	－0.1404*** （0.0373）	－0.0013** （0.0005）	0.1316* （0.0762）	0.0734* （0.0367）	0.0325* （0.0174）	0.2263*** （0.0183）	0.2597*** （0.0315）
D＝1999～2005	3.5059*** （0.7199）		－0.0154 （0.0182）	0.4687*** （0.0138）		0.1269*** （0.0270）		－0.0039 （0.0226）	－0.0025*** （0.0006）
D＝2006～2010	3.7908*** （0.7198）		0.0700*** （0.0158）	1.2771*** （0.0140）		0.3861*** （0.0269）		－0.0528* （0.0235）	－0.0025*** （0.0006）

续表

模型	单一运输网络				不同运输网络组合				
	（1）	（2）	（3）	（4）	（5）	（6）	（7）	（8）	（9）
交通结构	铁路	高铁	高速公路	水路	铁路 + 高铁	铁路 + 高速公路	高铁 + 高速公路	高速公路 + 水路	铁路 + 水路
解释变量	ln*MA*2	ln*MA*3	ln*MA*4	ln*MA*5	ln*MA*6	ln*MA*7	ln*MA*8	ln*MA*10	ln*MA*9
D = 2011 ~ 2015	3. 9180 *** （0. 7196）	0. 2157 *** （0. 0223）	0. 1497 *** （0. 0255）	1. 9725 *** （0. 0142）	0. 5575 *** （0. 0750）	1. 1147 *** （0. 0240）	0. 6829 *** （0. 0180）	－0. 0444 ** （0. 0150）	－0. 0027 *** （0. 0006）
ln*K*	0. 7714 *** （0. 0138）	0. 4973 （0. 2763）	0. 9505 *** （0. 0116）	0. 0119 *** （0. 0017）	0. 0002 *** （0. 0006）	0. 0453 *** （0. 0016）	0. 0004 *** （0. 0001）	0. 7729 *** （0. 1749）	0. 3675 *** （0. 8804）
城市固定效应	是	是	是	是	是	是	是	是	是
样本容量	4876	2293	4876	4876	2293	3920	2773	4835	4856
R^2	0. 9105	0. 8919	0. 9025	0. 8728	0. 8776	0. 7781	0. 6789	0. 9317	0. 9306

注：ln*Y* 为对数化的地区生产总值，表示经济增长，作为被解释变量；ln*MA* 为对数化的核心解释变量，表示市场规模；ln*K* 为对数化的控制变量，表示城市资本存量。***、** 和 * 分别表示在 1%、5% 和 10% 水平上显著，括号内为聚类到地级市一级的稳健标准误。回归过程控制了城市固定效应，并采用多维固定效应线性回归命令对固定效应进行吸收。模型（1）至模型（4）为单一交通网络的经济效应回归分析，模型（5）至模型（9）为不同组合运输方式的经济效应分析。

资料来源：利用 Stata 软件进行了估计。

上述情况正好印证了梅特卡夫定律。梅特卡夫定律指出，交通运输网络具有极强的网络效应和正反馈性，不同运输方式网络组成的联运结构将会放大各个单一运输方式的效应。

（3）交通结构一体化。构建现代综合交通就是为了实现客运的“零距离”换乘、货运的“无缝化”衔接。这就要求推进各种运输方式交汇融合成一体化，提高交通运输结构整体的效率。交通运输效率的提高，扩大厂商的市场规模，市场规模的扩大带来的更大的经济收益，加快了区域经济发展。要实现交通运输的一体化既要打通交通运输的“前后一公里”、提高“门到门”，又要提高多种运输方式的中转和衔接能力，推进运输方式高效的联程联运。构建综合交通结构一体化，对发挥各种运输方式的比较优势和综合运输的组合效率，具有重要的意义。

基于以上的讨论，本部分分别对“前后一公里”问题和不同运输方式衔接效率进行了实证分析，讨论了交通一体化结构对运输经济效应的影响。具体方法是，利用计量模型式（16.22）进行回归分析。首先，分别利用各种运输方式的车站到城市质心点的平均距离和各种运输方式车站之间的平均距离构建了虚拟变量；① 其次，利用交互项回归的方法，分别估计了这两种交通结构对交通运输的经济效应的影响程度。在计量模型（16.22）中，求有关市场规模变量的微分，其结果表明，我们所关心的系数是交互项的系数大小及其经济意义，回归结果如表 16 - 5 所示。

4. 结论与启示

对“前后一公里”问题而言，从表 16 - 5 的模型（1）至模型（4）中可以看出，各种交通方式的车站到城市质心点的平均距离大于 10 公里时，② 铁路、高铁、高速公路回归结果的交互项系数均为显著且呈现为负值，表示这三种运输方式受“前后一公里”影响比较大，其经济效应降低 0.1 ~ 0.6 个百分点；而水路到城市质心点距离的交互项系数显著为正值，这与水路运输网络的依靠天然河道呈现出固定的网络模式有关，码头港口到城市质心点距离越大，水陆码头港口腹地越大，该码头港口的市场范围就越大。由此可见，“前后一公里”，对主要运输方式发挥经济效应具有很大的影响，构建综合交通体系时不容小觑“前后一公里”问题。对各种交通方式的衔接问题而言，从表 16 - 5 的模型（5）至模型（9）中可以看出，各运输方式衔接的平均距离大于 10 公里时，其经济效应下降 0.006 ~ 0.20 个百分点。上述这些表明，提高交通结构一体化对发挥运输经济效应具有重要的意义。

---

① 车站到城市中心平均距离是指高铁站、铁路火车站、高速公路出入口、码头港口到城市地理质心点的距离，当一个城市出现多个车站或多个高速公路出入口时，求其平均距离。车站之间平均距离是指高铁站、铁路火车站、高速公路出入口、码头港口之间的平均距离。

② 本章也尝试采取 15 公里、20 公里作为衔接距离进行分析，获得的结果也能支持本章的结论。

表 16 – 5　　交通结构一体化的经济效应

项目	前后一公里问题（车站到城市中心平均距离）				不同运输方式衔接问题（车站之间平均距离）				
模型	（1）	（2）	（3）	（4）	（5）	（6）	（7）	（8）	（9）
交通结构	ln 铁路	ln 高铁	ln 高速公路	ln 水路	lnY 铁路 + 高铁	lnY 铁路 + 高速公路	lnY 高铁 + 高速公路	LnY 铁路 + 水路	LnY 高速公路 + 水路
核心解释变量	lnMA2	lnMA3	lnMA4	lnMA5	lnMA6	lnMA7	lnMA8	lnMA9	lnMA10
lnMA	0.8637*** (0.1346)	0.4115*** (0.1080)	0.3214*** (0.0463)	0.0019* (0.0009)	0.2658*** (0.0506)	0.4024*** (0.0435)	0.2103*** (0.0380)	0.0161*** (0.0042)	0.0107** (0.0035)
LnMA × D = 大于 10 公里	−0.6001*** (0.1691)	−0.3082* (0.1216)	−0.1096** (0.0337)	0.0023* (0.0010)	−0.1754** (0.0589)	−0.1286* (0.0562)	−0.1495** (0.0528)	−0.0141*** (0.0042)	−0.0064* (0.0037)
D = 大于 10 公里	−0.1298*** (0.0272)	−0.1277 (0.0980)	0.2278** (0.0781)	0.0190 (0.0335)	0.1343* (0.0586)	−0.2086*** (0.0284)	−0.0129 (0.0581)	−0.1378* (0.0582)	−0.2006*** (0.0432)
lnK	0.0153*** (0.0003)	0.0129*** (0.0003)	0.0152*** (0.0003)	0.0146*** (0.0005)	0.0083*** (0.0003)	0.0149*** (0.0003)	0.0137*** (0.0003)	0.0707*** (0.0049)	0.0165 (0.0181)
城市固定效应	是	是	是	是	是	是	是	是	是
年份固定效应	是	是	是	是	是	是	是	是	是
样本容量	4635	2773	4669	2864	2773	4316	2773	2923	2916
R^2	0.3768	0.4469	0.3908	0.5617	0.4807	0.3787	0.3698	0.4386	0.5997

注：lnY 为对数化的地区生产总值，表示经济增长，作为被解释变量；lnMA 为对数化的核心解释变量，表示市场规模；lnK 为对数化的控制变量，表示城市资本存量。***、** 和 * 分别表示在 1%、5% 和 10% 水平上显著，括号内为聚类到地级市一级的稳健标准误。回归过程控制了城市，并采用多维固定效应线性回归命令对固定效应进行吸收。模型（1）至模型（4）为单一交通网络的经济效应回归分析，模型（5）至模型（9）为不同组合运输方式的经济效应分析。

资料来源：利用 Stata 软件进行了估计。

本部分以综合交通及其交通结构为研究对象，讨论了现有综合交通的运输经济效应和交通结构如何影响运输经济效应的问题。本节采用结构化检验方法，利用 1999～2015 年中国交通网络数据，对空间结构模型进行交通成本参数的校准，并结合实际经济数据反演市场规模指标，对综合交通及其结构的网络经济效应进行了回归分析。本节的讨论，得到了以下几个方面的重要结论。

首先，交通运输联运结构具有明显的网络效应，正因为这种网络效应的存在，其经济效应远大于单一运输方式的经济效应；其次，高速公路的经济效应呈现为倒“U”形，其他单一运输方式的效应呈现为边际效应递减，而交通运输联运结构呈现为边际效应递增；再次，交通运输联运结构发挥网络作用的关键是不同运输方式之间的无缝衔接和畅通无阻，我国一般铁路和高铁所组成的交通运输联运结构具有明显的网络溢出效应，但高速公路与其他运输方式组成的交通运输联运结构由于交通规划工作衔接不畅、未进行统筹规划，并不具有这种溢出效应；最后，打通交通末梢和构建相互衔接的一体化的交通运输结构，对提高交通运输经济效应具有重大的促进作用。

上述结论对新时代我国交通提质增效、实现交通强国建设具有重要的政策启示。首先，单一运输方式对经济增长具有很大的局限性，应推进各种运输方式协调发展；以联程联运结构为重点，科学地布局综合交通网络体系，强调交通运输的组合效率和整体效能。其次，无论是里程数据，还是实证结果，均表明当前以及未来一段时间内的交通建设应从关注“规模”转向关注“质量”，既要对既有交通网络进行结构性调整，又要加大对未来综合交通网络建设的统筹规划，以大局意识协调各部门的工作联动，加快完善统一规划和统一管控的相关政策法规。最后，在打通“前后一公里”和提高换乘衔接等方面持续发力，融合互联网、大数据、区块链、人工智能等技术创新，培育新技术、新业态，打造一体化的交通网络结构，实现“零距离”换乘和“无缝化”衔接，弥补运输经济效应放缓的短板。

第四节　本 章 小 结

本章在阿明顿模型的基础上，导入 D. 唐纳森和 R. 霍恩贝克的市场规模机制，建立了综合交通运输作用于区域经济增长的综合模型，分析了交通网络结构影响城际贸易成本以及厂商市场规模，最终影响区域经济增长的基本机理。本章还介绍了交通线路的参数化、制作速度图、最小生成树方法等交通网络度量方法。本章最后以中国综合交通网络结构变化为例，分析了交通运输网络的经济效应。

首先，本章结合阿明顿模型和D. 唐纳森和R. 霍恩贝克的市场规模机制，建立了一个综合型的贸易模型。阿明顿模型用于描述国家间的贸易，它假设不同国家生产的产品之间存在差异，并引入替代弹性。D. 唐纳森和R. 霍恩贝克的市场规模机制，考虑了城市规模与城市生产率之间的关系，准确地描述了城市之间贸易的模式。在城际贸易中，城际贸易流受城市需求的影响，城市对贸易伙伴产品的需求又受供给价格的影响，而供给价格由交通运输发展水平和出厂价格所决定。这意味着，如果给定出厂价格不变，那么交通运输发展水平就决定了城际贸易流。这就是说，城市之间的交通运输条件越好，冰山运输成本越低，城市之间的贸易流就越大，这又意味着，城市具有更大规模的市场空间。这样，市场规模可以表示为以交通发展水平为权重的所有贸易伙伴城市的市场规模和人口规模的总和，这还意味着，市场规模所度量的是全局的交通网络效应，因为交通运输环节中的任何变化，都将通过贸易渠道影响网络中的所有节点城市。城市的产出水平，又是由资本、市场规模所决定，市场规模又由劳动力和交通运输网络共同决定。当资本存量和劳动力供给给定时，如果某一城市到其他城市的交通网络越发达，那么该城市到其他城市的运输成本就越低，市场融入程度越高，市场规模就越大，经济发展水平就越高。

其次，如果把交通线路作为二维空间的曲线来进行计算，那么必须把交通运输线路表示为参数化的曲线才能对其进行计算。为此，本章详细介绍了交通线路的参数化方法，以及速度图的制作方法、利用FMM工具箱处理速度图的方法和最小生成树方法。

最后，本章运用城市贸易模型以及运输网络度量方法，以中国综合交通运输网络的变化为例，分析了交通网络结构对区域经济增长的影响。本章采用结构化检验方法，利用1999～2015年交通网络数据对空间结构模型进行交通成本参数的校准，并结合实际经济数据反演市场规模指标，对综合交通网络的效应进行了回归分析，得到了如下几个重要的结论：首先，交通运输联运结构具有明显的网络效应，正因为这种网络效应的存在，其效应远大于单一运输方式的效应；其次，除高速公路以外的其他单一运输方式都呈现为边际效应递减，高速公路呈现为倒“U”字形，而交通运输联运结构呈现为边际效应递增；最后，打通交通末梢和构建相互衔接的一体化的交通运输结构是交通运输联运结构发挥网络效应的关键。

附　　录

16A：极值分布理论

极值分布定理（Fisher－Tippett 极限类型定理）：对于一组独立且同分布的随机变量而言，在这组随机变量经过适当的规范化处理后，它们极大值的分布必然属于以下三种分布类型之一：（1）Gumbel 分布；（2）Frechet 分布；（3）Weibull 分布。

该定理揭示出了独立且同分布随机变量的极大值的概率分布。该定理又可以由广义极值理论阐述。广义极值理论（generalized extreme value theory）指出，随机变量序列 $\{x_n\}$ 的极大值分布可以写成 $Prob[M_n \leqslant x] = F^n(x)$，但 $n \to \infty$ 时，$F^n(x)$ 不一定能收敛，因此，需要引入广义极值分布描述随机变量 M_n。对于标准化后的 M_n，其广义极（大）值分布（以分布函数描述）一定是下列 3 种类型之一：

$$H_\xi = \begin{cases} e^{-(1+\xi x)^{-1/\xi}}, & \xi \neq 0 \\ e^{-e^{-x}}, & \xi = 0, \ 1+\xi x > 0 \end{cases}$$

当 $\xi = 0$ 时，$H_\xi(x)$ 称为 Gumbel 分布；

当 $\xi > 0$ 时，$H_\xi(x)$ 称为 Frechet 分布；

当 $\xi < 0$ 时，$H_\xi(x)$ 称为 Weibull 分布。

何谓标准化？它是指对于实际的随机变量 M_n 而言，若存在常数序列 $\{c_n\}$、$\{d_n\}$ 使得 $\lim\limits_{n\to\infty} Prob\left[\dfrac{M_n - d_n}{c_n} \leqslant x\right] = \lim\limits_{n\to\infty} F^n(c_n x + d_n) = H_\xi(x)$，则称 $\dfrac{M_n - d_n}{c_n}$ 为标准化。

通常，人们利用极小值分布与极大值分布之间的关系式，根据恒等关系：

$$\min\{X_1, X_2, \cdots, X_n\} = -\max\{-X_1, -X_2, \cdots, -X_n\}$$

由此可知，极小值的分布函数为：

$$\tilde{F}(x) = 1 - F(-x)。$$

简单地说，该定理给出了如何利用极大值分布求解极小值的分布。当然，需要注意的就是研究者感兴趣的是极大值，还是极小值；否则，利用该公式时容易犯错误。

16B：运输方式 *m* 的选择概率

两个城市之间的冰山运输成本 τ_{ij} 与交通运输成本之间满足如下关系：

$$\tau_{ij} = e^{tr_{ij}} \tag{16B.1}$$

其中，tr_{ij} 表示运输成本。不同运输方式的成本是不同的，而这种运输成本与交通运输方式密切相关，某种运输方式 $m \in$ {高铁、高速公路、铁路、水路} 的运输成本记为 tr_{ij}^m。根据运输方式选择理论（艾伦·川博和 C. 阿克拉基斯，2014），任何一种运输方式 m 的成本由 5 个部分所组成：

$$tr_{ij}^m = \phi^m T_{ij}^m + \rho^m \Gamma_{ij}^m + f^m + b_{ij} + \nu^m \tag{16B.2}$$

其中，随机变量 ν^m 表示影响代理人选择运输方式的不可观测因素，如天气、灾害等，且服从某种概率分布，如指数分布、帕累托分布，或标准正态分布等。须强调的是，随机变量 ν^m 服从何种分布对本章的分析而言并不重要，重要的是不同运输方式的 ν^m 是不相同的，进而可以进行排序并会存在极大值和极小值。本章感兴趣的正是这些极值的概率分布。还需提醒的是，既然随机变量 ν^m 服从某种概率分布，某一运输方式 m 的运输成本 tr_{ij}^m 也是一个随机变量，且服从相同的概率分布。为了简化书写，我们将运输成本中的确定性部分标记为：

$$\Psi_{ij}^m = \phi^m T_{ij}^m + \rho^m \Gamma_{ij}^m + f^m + b_{ij} \tag{16B.3}$$

我们假设其极大值服从 Gumbel 分布，其分布函数为 $Prob[X \leqslant x] = F(x) = e^{-e^{-x}}$。

本章感兴趣的正是随机变量 ν^m（或 tr_{ij}^m）的极小值 V^m（或 TR_{ij}^m）。从城市 i 到城市 j 的所有（潜在）交通运输方式中，代理人将选择成本最小的运输方式。根据极小值与极大值之间的关系式，可以得到极小值 V^m 的分布函数为：

$$Prob[V^m \leqslant x] = 1 - F(-x) = 1 - e^{-e^{-x}} \tag{16B.4}$$

又根据计算运输成本的式（16B.2）以及式（16B.3），可以得到 $TR_{ij}^m = \psi_{ij}^m + V^m$，从而得出：

$$TR_{ij}^m - \psi_{ij}^m = V^m$$

据此，可以推导出随机变量 TR_{ij}^m 的分布函数，不妨记其为 $G_{ij}^m(tr)$：

$$\begin{aligned} G_{ij}^m(tr) &= Prob[TR_{ij}^m \leqslant tr] = Prob[TR_{ij}^m - \psi_{ij}^m \leqslant tr - \psi_{ij}^m] \\ &= Prob[V_{ij}^m \leqslant tr - \psi_{ij}^m] = 1 - e^{-e^{tr - \psi_{ij}^m}} \end{aligned} \tag{16B.5}$$

根据交通运输方式选择理论，代理人先确认每种交通运输方式的成本极小值，再从这 M 个极小值中选择最小值作为最终选择，即：

$$\overline{TR}_{ij}^{m}=\min_{m\in M}\{tr_{ij}^{m}\}=\min_{m\in M}\{TR_{ij}^{m}\}$$

不妨记这个最小值$\overline{TR}_{ij}^{m}$的分布函数为 $G_j^m(tr)$，表示选定的交通运输方式 m 的成本极小值要比所有交通运输方式的成本极小值都要小，因而这是一个逻辑性事件：

$$\begin{aligned}G_j^m(tr)&=Prob[\overline{TR}_{ij}^{m}\leqslant TR_{ij}^{m}]=Prob[\overline{TR}_{ij}^{m}\leqslant tr\leqslant TR_{ij}^{m}]\\&=\prod_{m=1}^{M}Prob[tr\leqslant TR_{ij}^{m}]=\prod_{m=1}^{M}(1-Prob[TR_{ij}^{m}\leqslant tr])\\&=\prod_{m=1}^{M}[1-G_{ij}^{m}(tr)]=\prod_{m=1}^{M}e^{-e^{tr-\psi_{ij}^{m}}}=e^{-\sum\limits_{m=1}^{M}e^{tr-\psi_{ij}^{m}}}\\&=e^{-e^{tr}\times\sum\limits_{m=1}^{M}e^{-\psi_{ij}^{m}}}=e^{-\Phi_{ij}\times e^{tr}}\end{aligned}\tag{16B.6}$$

在式（16B.6）中，$\Phi_{ij}=\sum\limits_{m=1}^{M}e^{-\psi_{ij}^{m}}$。第一个等式表明了 $G_j^m(tr)$ 是最小值$\overline{TR}_{ij}^{m}$小于所有极小值 TR_{ij}^{m} 的概率；第二个等式仅是将第一个等式重新书写了一遍，引入随机变量 tr；第三个等式是第二个等式的等价形式，其实也就是在说所有极小值应该同时比最小值要大。“同时”就是逻辑并事件的体现，因而必须采用概率连乘形式。

接下来便可转向讨论从城市 i 到城市 j，代理人选择运输方式 m 而非其他的运输方式，所以，该随机事件的数学表达形式为：

$$\Lambda_{ij}^{m}=Prob[TR_{ij}^{m}\leqslant\min_{k\neq m}\{TR_{ij}^{k},\ k\in M\}]\tag{16B.7}$$

根据随机事件的定义，该概率的计算公式应为：

$$\begin{aligned}\Lambda_{ij}^{m}&=Prob[TR_{ij}^{m}\leqslant\min_{k\neq m}\{TR_{ij}^{k},\ k\in M\}]\\&=\int_{-\infty}^{\infty}\prod_{k\neq m}[1-G_{ij}^{k}(tr)]\mathrm{d}G_{ij}^{m}(tr)\\&=\int_{-\infty}^{\infty}\frac{\prod\limits_{k=1}^{M}[1-G_{ij}^{k}(tr)]}{1-G_{ij}^{m}(tr)}\mathrm{d}G_{ij}^{m}(tr)\end{aligned}\tag{16B.8}$$

如果冰山运输成本的定义修正为对应于每种交通运输方式的冰上交易成本的期望（或平均值），那么平均冰山运输成本为：

$$\begin{aligned}\tau_{ij}&=\sum_{m=1}^{M}\Lambda_{ijt}^{m}\times e^{tr_{ijt}^{m}}=\sum_{m=1}^{M}\frac{e^{-\psi_{ij}^{m}}}{\Phi_{ij}}\times e^{tr_{ijt}^{m}}=\sum_{m=1}^{M}\frac{e^{-\phi^{m}T_{ij}^{m}-\rho^{m}\Gamma_{ij}^{m}-f^{m}-b_{ij}}}{\sum\limits_{m=1}^{M}e^{-\phi^{m}T_{ij}^{m}-\rho^{m}\Gamma_{ij}^{m}-f^{m}-b_{ij}}}\times e^{tr_{ijt}^{m}}\\&=\frac{1}{\sum\limits_{m=1}^{M}e^{-\phi^{m}T_{ij}^{m}-\rho^{m}\Gamma_{ij}^{m}-f^{m}-b_{ij}}}\sum_{m=1}^{M}e^{-\phi^{m}T_{ij}^{m}-\rho^{m}\Gamma_{ij}^{m}-f^{m}-b_{ij}}\times e^{tr_{ijt}^{m}}=\frac{M}{\sum\limits_{m=1}^{M}e^{-\phi^{m}T_{ij}^{m}-\rho^{m}\Gamma_{ij}^{m}-f^{m}-b_{ij}}}\end{aligned}$$

$$\therefore \qquad \tau_{ij} = \frac{M}{\sum_{m=1}^{M} e^{-\phi^m T_{ij}^m - \rho^m \Gamma_{ij}^m - f^m - b_{ij}}} \tag{16B.9}$$

式（16B.9）就是正文中的式（16.9）。

参考文献

［1］白重恩，冀东星．交通基础设施与出口：来自中国国道主干线的证据［J］．世界经济，2018，41（1）．

［2］［美］范里安．微观经济学：现代观点［M］．费方域等译，上海：格致出版社，2009.

［3］江小涓．服务全球化的发展趋势和理论分析［J］．经济研究，2008（2）．

［4］李涵，唐丽淼．交通基础设施投资、空间溢出效应与企业库存［J］．管理世界，2015（4）．

［5］廖茂林，许召元，胡翠，等．基础设施投资是否还能促进经济增长？——基于1994~2016年省际面板数据的实证检验［J］．管理世界，2018，34（5）．

［6］刘生龙，胡鞍钢．基础设施的外部性在中国的检验：1988~2007［J］．经济研究，2010，45（3）．

［7］孙浦阳，张甜甜，姚树洁．关税传导、国内运输成本与零售价格——基于高铁建设的理论与实证研究［J］．经济研究，2019，54（3）．

［8］唐宜红，俞峰，林发勤，等．中国高铁、贸易成本与企业出口研究［J］．经济研究，2019，54（7）．

［9］王雨飞，倪鹏飞．高速铁路影响下的经济增长溢出与区域空间优化［J］．中国工业经济，2016（2）．

［10］杨传堂，李小鹏．奋力开启建设交通强国的新征程［J］．中国水运，2018，（3）．

［11］张睿，张勋，戴若尘．基础设施与企业生产率：市场扩张与外资竞争的视角［J］．管理世界，2018，34（1）．

［12］张学良．中国交通基础设施促进了区域经济增长吗——兼论交通基础设施的空间溢出效应［J］．中国社会科学，2012（3）．

［13］Allen，T. and Arkolakis，C. Trade and the Topography of the Spatial Economy［J］. The Quarterly Journal of Economics，2014，129（3）：1085－1140.

[14] Allen, T. and Atkin, D. Volatility and the Gains from Trade [J]. NBER Working Paper No. w22276, 2016.

[15] Allen, T., Arkolakis, C. and Takahashi, Y. Universal Gravity [J]. Journal of Political Economy, 2020, 128 (2): 393 -433.

[16] Armington, P. A Theory of Demand for Products Distinguished by Place of Production [J]. IMF working paper No. 1, 1969.

[17] Baldwin, R., Forslid, R., Martin, P., Ottaviano, G. and Robert - Nicoud, F. Public Policies and Economic Geography [J]. Oxford: Princeton University Press, 2003.

[18] Desmet, K. and Rossi - Hansberg, E. Spatial Development. American Economic Review, 2014, 104 (4): 1211 -1254.

[19] Donaldson, D. Railroads of the Raj: Estimating the Impact of Transportation Infrastructure [J]. American Economic Review, 2018, 108 (4 -5): 899 - 934.

[20] Donaldson, D. and Hornbeck, R. Railroads and American Economic Growth: A Market Access Approach [J]. The Quarterly Journal of Economics, 2016, 131 (2): 799 -858.

[21] Duranton, G. and Turner, M. Urban Growth and Transportation [J]. The Review of Economic Studies, 2012, 79 (4): 1407 -1447.

[22] Eaton, J. and Kortum, S. Technology, Geography, and Trade [J]. Econometrica, 2002, 70 (5): 1741 -1820.

[23] Faber, B. Trade Integration, Market Size, and Industrialization: Evidence from China's National Trunk Highway System [J]. Review of Economic Studies, 2014, 81 (3): 1046 -1070.

[24] Faber, B. Gaubert, C. Tourism and Economic Development: Evidence from Mexico's Coastline [J]. American Economic Review, 2019, 109 (6): 2245 - 2338.

[25] Fujita, M., Krugman, P. and Venables, A. The Spatial Economy: Cities, Regions, and International Trade [M]. Cambridge, Mass.: MIT Press, 1999.

[26] Krugman, P. Increasing Returns and Economic Geography [J]. Journal of Political Economy, 1991, 99 (3): 483 -499.

[27] Ma, L. and Tang, Y. Geography, Trade, and Internal Migration in China [J]. Journal of Urban Economics, 2020, 115 (3): 1031 -1055.

[28] Ma, L. and Tang, Y. The Distributional Impacts of Transportation Net-

works in China [J]. Technical Report working paper, 2020.

[29] Monte, F. Redding, S. and Rossi - Hansberg, E. Commuting, Migration and Local Employment Elasticities [J]. American Economic Review, 2018, 108 (12): 3855 - 3945.

[30] Redding. S. and Venables, A. Economic Geography and International Inequality [J]. Journal of International Economics, 2004, 62 (1): 53 - 82.

[31] Redding, S. and Rossi - Hansberg, E., Quantitative Spatial Economics [J]. Annual Review of Economics, 2017, 8 (9): 21 - 58.

[32] Roberts, M., U. Deichmann, B. Fingleton, and T. Shi. Evaluating China's Road to Prosperity: A New Economic Geography Approach [J]. Regional Science and Urban Economics, 2012, 42 (4): 580 - 594.

第十七章

城市和城市体系的形成

在讨论了区域和贸易问题后，本章将转向城市问题。为此，我们致力在新经济地理学的框架下，重点讨论城市与城市体系结构的形成与演化问题，不仅需要深入讨论城市体系形成理论，而且需要借助数值模拟工具初步再现城市体系的演化过程。藤田昌久、保罗·克鲁格曼，以及安东尼·维纳布尔斯（1999）为研究城市及城市体系的形成过程，做出了开创性工作。党的二十大报告指出，推进以人为核心的新型城镇化，加快农业转移人口市民化。以城市群、都市圈为依托构建大中小城市协调发展格局，推进以县城为重要载体的城镇化建设。目前，北京、上海、广州、深圳等超大城市面临着城市承载力极限的巨大挑战，因而，研究如何优化提升东部发达地区的超大城市及其城市群，引导超大城市功能合理疏解，加快其周边城市群的发展，使周边城市分享其发展成果，加强城市间分工协作，就显得非常重要。同时，我国中西部地区的成都、西安、武汉、长沙等中心城市的现有发展水平，还不足以带动周边地区的发展。因此，研究如何培育发展中西部城市群催生一批新的增长中心和增长带，促进集约化发展，强化中心城市辐射带动功能，使中西部增长极的空间分布更为合理，显得非常迫切。这就意味着，本章需要讨论的城市体系形成理论，将为研究城市群、城市圈形成机理以及城市群形成过程，提供坚实的理论基础；对提升我国城市群或城市圈的功能具有重要的指导意义。

第一节　基本模型

一、微观基础

城市和城市体系形成的理论模型，仍将以迪克西特－斯蒂格利茨垄断竞争模型为基本框架。这种市场结构的形成依赖两个重要假设：消费者具有的多样化偏好和生产者具有的规模报酬递增特性。从消费者的角度而言，消费者的效用水平不仅取决于消费品的数量，而且取决于消费品的种类，消费者能够选择的商品种类越多，效用就越大。从生产者的角度而言，企业在某种产品的生产技术方面具有规模收益递增特性，因此，企业不会选择范围经济。这就意味着，企业与产品之间存在着一一对应的关系，也意味着，每个生产者都是其产品生产领域的垄断者。这种垄断并非是完全垄断，因为，不同企业生产的产品尽管是差异化的，但是相互之间存在着一定的替代性，进而企业之间必然为争夺市场而展开激烈竞争。企业是自由进入或退出市场的，尽管一家企业的进入或退出行为不会直接影响其他企业，但是产品之间的替代性能够通过消费者的多样化选择而间接地影响其他企业的收益。多样性偏好和规模收益递增是迪克西特－斯蒂格利茨垄断竞争模型的核心概念，同时，构成了城市和城市体系形成的理论模型的微观基础。

现假设，存在两种生产部门：一是在迪克西特－斯蒂格利茨垄断竞争市场结构下的工业部门 M，二是在完全竞争市场结构下的农业部门 A。

1. 消费者和生产者行为

代表性消费者的效用，通常用双层效用函数来表述（详细内容请参见第三章的相关部分）。第一层效用函数是指消费者把总支出按不同比例分别购买农产品和工业品组合。由于农产品是同质产品，因此，可以把农产品消费看成是单一种类产品的消费。工业品是差异化产品，因此，工业品的消费被视为是对由不同种类工业品所形成的某种组合的消费。这种工业品组合的效用函数就由第二层效用函数来表述。在某个行业内，不同种类工业品之间具有某种程度的替代性。具体地，第一层效用函数可用柯布－道格拉斯型效用函数表示，第二层效用函数通常可用不变替代弹性效用函数表示。因为，在前面已经多次讨论过这些效用函数，故不再详细讨论它们，而是直接给出需求函数、工业品价格指数、完全价格指数（或生活品价格指数）以及间接效用函数：

$$\begin{cases} c_i = \mu Y \dfrac{p_i^{-\sigma}}{\int_{i=1}^{N} p_i^{1-\sigma} \mathrm{d}i}, \quad \forall i \\ P^M = \left(\int_{i=1}^{N} p_i^{1-\sigma} \mathrm{d}i\right)^{1/(1-\sigma)} \\ P = (P^M)^{\mu}(p^A)^{1-\mu} \\ U = \mu^{\mu}(1-\mu)^{1-\mu} Y/(P^M)^{\mu}(p^A)^{1-\mu} \end{cases} \tag{17.1}$$

这些表达式，与前面章节中的完全相同，不过由于前面常常假设经济系统只包含两个区域且南部的变量都是用“*”表示的，故这些表达式通常用下标表示不同部门的。在本章中，基本模型包含了多个地点，因此，通常用下标表示不同地点，用上标来表示不同部门。

在迪克西特－斯蒂格利茨垄断竞争模型中，消费者的多样性偏好具有重要的意义：首先，工业品种类的增加可以提高消费者的效用水平。其次，产品种类的增加可以导致工业品价格指数 p^M 的下降，降低消费者的生活成本。如果说，工业品种类的增加提升了消费者的效用水平，那么，生活成本的降低通过增加每种工业品的消费数量，则提高了消费者的效用水平。最后，消费者多样化偏好假设的存在加剧了生产者之间的竞争。从接下来的分析中可看出，这将影响生产者的行为。

在农业部门，单位农产品的生产需要 a^A 单位的劳动力。在城市和城市体系形成的理论模型中，农产品的生产还需要一种生产要素，即土地。通过假设单位农产品生产需要固定面积的土地，农业部门仍满足规模收益不变的假设。在工业部门，假设企业在迪克西特－斯蒂格利茨垄断竞争框架下从事生产活动。差异化产品使得每家企业都是自己生产的产品领域的垄断者。多样化偏好意味着代表性消费者购买的产品必须囊括所有工业品种类，并且在规模收益递增假设下，消费者购买的产品数量越多，企业的收益就越大。企业，又是自由进入或退出市场的，因此，如果在位企业制定了过高的垄断价格，那么潜在进入企业通过制定比该垄断企业的价格略低的价格可以夺走全部市场，故任何企业都不能制定过高的垄断价格。企业的生产技术具有规模收益递增的特性，故可以假设生产成本由固定成本和可变成本组成，无论生产多少单位，固定成本总是为 F 单位的劳动力，每单位产品的生产还需要 a^M 单位的劳动力。当企业的产出量为 x_i 时，其生产成本为 $w^M(F + a^M x_i)$，其中，w^M 表示劳动力的工资水平。随着产出量 x_i 的增加，分摊到每单位产品的生产成本，即平均成本不断下降，从而企业的生产具有了规模收益递增特征。代表性企业在满足市场出清的条件下，选择利润最大化的价格和产出量。由于差异化产品的种类很多，所以单个企业的定价行为对工业品价格指数的影响很小，可以忽略不计。满足市场出清条件，就意味着企业所面对的是需求价格弹性不变的向下倾斜的需求曲线［见式（17.1）］。这样，可以求出代表性企业所制定的产品价格和生产规模（不再给出具体的推导过程）：

$$\begin{cases} p = \dfrac{\sigma}{\sigma - 1} w^M a^M \\ x = (\sigma - 1) \dfrac{F}{a^M} \end{cases} \tag{17.2}$$

2. 连续型“冰山交易成本”

J. H. 杜能在《孤立国与农业和国民经济的关系》（*The relationship between isolated countries and agriculture and national economy*）一文中指出，利用马车运输谷物至城市销售时，部分谷物在途中损耗掉，其相当大的部分是由运输成本所造成的，如用作饲料等。利用数学分析工具深入阐述“冰山交易成本”是由保罗·萨缪尔森（1952，1954）所完成的。① 他认为，在国际贸易中，运输成本和关税是不可忽略的，比如，欧洲生产的商品的出售价格在欧洲自然要比在美国低，而美国生产的商品的价格在美国也自然比在欧洲低，所以，有必要在国际贸易理论中引入运输成本概念。1954 年，保罗·萨缪尔森深入阐述了运输成本概念，提出了所谓的“冰山交易成本”概念，他认为，如果要把商品跨过大洋运输到彼岸，那么就得损耗掉一部分商品。他认为，与其建立一个有关商船和其他无形支出的复杂模型，倒不如假设出口的商品将像“冰块”一样在运输过程中融化，只有一定比例的“冰块”没有融化，能够被运输到目的地，而该比例总小于 1。

一直以来，构建“冰山交易成本”的数学方法有很多。在连续空间里，采用自然指数法是比较方便的一种。假设在运输过程中，商品运输单位距离的损耗比率是一个常数：

$$\frac{\mathrm{d}x(r)/x(r)}{\mathrm{d}r} = -\tau$$

其中，$\tau > 0$，变量 $x(r)$ 是运输距离为 r 时的商品重量，$x(0)$ 就是开始运输时的商品重量。求解该微分方程，可以得到：

$$x(r) = x(0)e^{-\tau r} \tag{17.3}$$

所以，运输距离为 r 时，在单位重量的商品中，能够剩余下来的部分只有 $e^{-\tau r}$。

广义来讲，“冰山交易成本”不仅是指商品重量的损耗，还可以包括其他任何形式的损耗。这种损耗更多的是指商品价值的损耗，而且这些损耗的商品

① Samuelson, Paul A. The Transfer Problem and Transport Cost: The Terms of Trade When Impediments are Absent [J]. The Economic Journal, 1952, 62 (246): 278 - 304. Samuelson, Paul. A. The Transfer Problem and Transport Cost II: Analysis of Effects of Trade Impediments [J]. The Economic Journal, 1954, 64 (254): 264 - 289.

价值可以转嫁给消费者，使得商品的到岸价格和离岸价格存在一个差距，其比值就是 $e^{\tau r}$。其实，这也是商品销售空间套利的结果。

二、杜能经济体

1. 基本假设

杜能经济体①是一个理想化的模型，是一个研究在连续空间中经济活动如何分布的理论模型。该模型承继了杜能农业区位论中的许多假设，但其核心内容已与农业区位理论完全不同了。杜能经济体理论是在新经济地理学框架下，以垄断竞争和规模收益递增为基本假设，主要研究了工业和农业活动如何在城市和农村地区分布的问题，而杜能农业区位论以及以该区位论为基础的模型，是建立在完全竞争和规模收益不变的基本假设之上的，仍是属于新古典经济学的范畴。

所有经济活动沿着一个连续的直线空间分布，② 且不妨假设直线的两端可以无限地延伸（见图 17 -1）。线性空间是均质的，但是经济活动空间分布不是均匀的，因为作为一种聚集经济，城市将以不同的规模，依据一定的规律离散地坐落在该直线上。作为生产要素之一的土地是同质的，并且沿着直线均匀地分布。作为另一种生产要素的劳动力可以在线性空间里自由地迁徙并选择生产部门，并设其总数为 N。既然引入土地要素，就必然涉及地租和土地所有者。假设土地所有者享有土地的全部地租，这些地租与劳动报酬一样全部用来购买农产品和工业品，只不过都是在获取地租的区位上进行消费。也就是说，从事农业生产的劳动者占有土地，并且享有自己生产的农产品的全部剩余价值，从而能够实现真正的“耕者有其田”。这个假设与中国当代国情是十分吻合的。

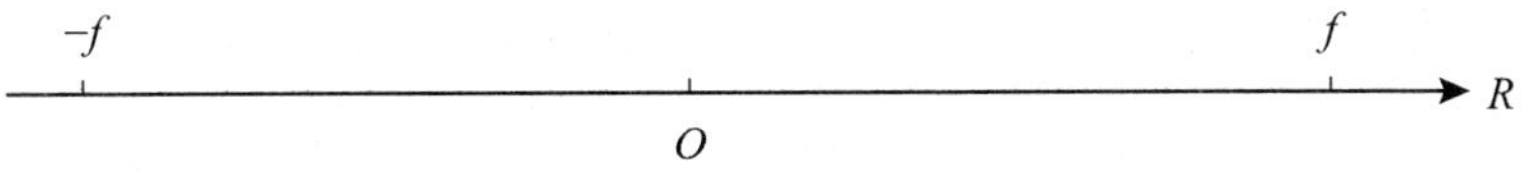

图 17 -1　杜能经济体

资料来源：笔者整理。

在杜能经济体里，存在两种部门：农业部门 A 和工业部门 M。农业部门的市场结构是完全竞争的，工业部门的则是迪克西特 - 斯蒂格利茨垄断竞争市场

① 在本章，杜能经济体是指仅包括中心城市时的城市体系。

② 本章将把这个连续空间限定在一维空间里。即使在讨论城市群的分布时，本章也把二维空间分布处理为一维空间分布。

结构。农产品的生产需要两种生产要素，即土地和劳动。假设1单位农产品的生产需要1单位土地和 a^A 单位的劳动力。① 农产品的运输遵循连续性“冰山交易成本”假说，也就是运输单位距离的农产品的损耗率为一个常数 τ^A。因此，运输距离为 r 时，只有 $e^{-\tau^A r}$ 的部分能够到达目的地。在线性空间里，农产品市场是一个统一的市场，也就是每个区位上生产的农产品除了满足当地的需求外，全部运往邻近的城市出售。“冰山交易成本”的存在不仅使得农产品在运输途中存在损耗，而且还使得农产品价格存在区位差异。在单中心城市体系里，通常随机选择一个点作为原点，并假设第一个城市就坐落在该点上。② 如果记区位 r 上农产品的价格为 $p^A(r)$，那么第一个城市的农产品价格可记为 $p_1^A=p^A(0)$。根据到岸价与离岸价之间的关系，$p^A(r)$ 与 p_1^A 之间满足关系式：$p^A(r)=p_1^A e^{-\tau^A|r|}$——距离城市越远，农产品价格就越低。在区位 r 上，单位农业劳动力的报酬（率）为 $w^A(r)$，地租（率）为 $R^A(r)$。由于生产要素“瓜分”所有的产品收益，所以，在单位土地上存在着如下关系式：

$$p^A(r)=R^A(r)+a^A w^A(r)$$

尽管土地没有边界，但农业生产活动是有边界的：当地租为零，即当 $R^A(f)=0$ 时，便不再有人耕种该区位上的土地。如果边界为 f，那么农业生产活动的区间只有 $[-f, f]$，并且该区位上农业劳动力的报酬满足条件：

$$w^A(f)=\frac{1}{a^A}p^A(f) \tag{17.4}$$

所有工业品的生产活动都集中在城市里，或者说有工业品生产活动聚集的地方就形成了城市。在中心城市（即第一个城市）里，工业品的生产只需要一种生产要素，即劳动力。假设中心城市的工业劳动力的报酬（率）为 w_1^M。根据式（17.2），在满足产品市场出清的条件下，企业 i 所需劳动力的数量为 $l_i=\sigma F$。假设从事工业品生产的劳动力总数为 l_1，则企业数量应为：

$$n=\frac{l_1}{\sigma F} \tag{17.5}$$

通常，令生产者的固定成本 F 标准化为 $1/\sigma$，即取 $F=1/\sigma$，从而有：$n=l_1$。

假设运输单位距离的工业品的损耗率为常数 τ^M，所以在区位 r 上，由于“冰山交易成本”的存在，工业品的价格为 $p(r)=p(0)e^{-\tau^M|r|}$，其中，$p(0)$ 是工业品的出厂价格，也就是中心城市里工业品的价格。如果采用标准化，可将

① 准确地说是劳动，不过由于劳动力提供劳动，而当前的模型暂不考虑多时期的问题，所以借用劳动力指称劳动。后文说到劳动力时，均是以这种方式理解。

② 在确定坐标原点后，线性空间呈现为一个对称空间，从原点向着两端无限地延伸。

工业品的边际成本设定为 $a^M=1-1/\sigma$，则工业品的价格与工业劳动力报酬率之间将成立关系式：$p(0)=w_1^M$。① 同时，本章选择工业品的出厂价作为计价物，即 $p(0)=1$。经过这些准备，就可以写出区位 r 的工业品价格指数 $P^M(r)$ 和完全价格指数 $P(r)$：

$$P^M(r)=\left[\int_{i=1}^{n}p_i^{1-\sigma}(r)\mathrm{d}i\right]^{1/(1-\sigma)}=\left\{\int_{i=1}^{n}\left[p(0)e^{\tau^M|r|}\right]^{1-\sigma}\mathrm{d}i\right\}^{1/(1-\sigma)}=(l_1)^{1/(1-\sigma)}e^{\tau^M|r|}$$

$$P(r)=\left[P^M(r)\right]^{\mu}\left[p^A(r)\right]^{1-\mu}=(l_1)^{\mu/(1-\sigma)}(p_1^A)^{1-\mu}e^{[\mu\tau^M-(1-\mu)\tau^A]|r|}$$

依据上述等式，可以写出中心城市的工业品价格指数 $p^M(0)$ 和完全价格指数 $P(0)$，分别为 $P^M(0)=(l_1)^{1/(1-\sigma)}$ 和 $P(0)=(l_1)^{\mu/(1-\sigma)}(p_1^A)^{1-\mu}$。令 $P^M=P^M(0)$、$P=P(0)$，则区位 r 的工业品价格指数和完全价格指数可以简化为：

$$P^M(r)=P^Me^{\tau^M|r|} \tag{17.6}$$

$$P(r)=Pe^{[\mu\tau^M-(1-\mu)\tau^A]|r|} \tag{17.7}$$

2. 一般均衡

在杜能经济体中，整体均衡是由三个条件构成的：第一，农产品市场的出清条件（见图 17－2）；第二，劳动力的空间流动方程；第三，充分就业条件。由这些条件组成的方程组可以求出杜能经济体实现均衡时的条件，即城市农产品价格 p_1^A、农业生产边界 f 和从事工业生产的劳动力数量 l_1。

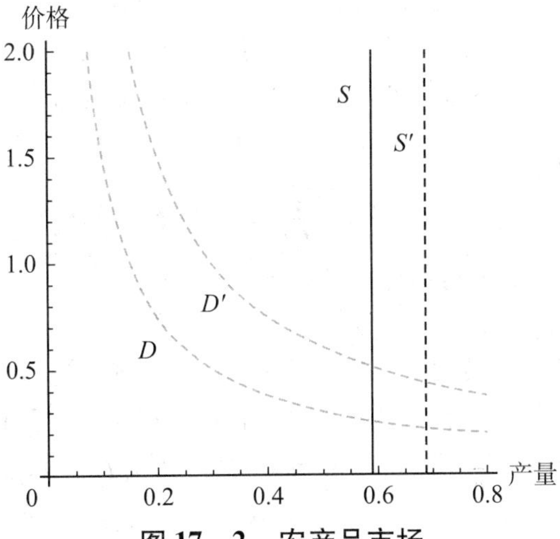

图 17－2　农产品市场

资料来源：笔者整理。

在区位 r 上，单位面积土地生产 1 单位的农产品，其销售收入为 $p^A(r)$。无

① 这里的标准化并不影响每家企业所需要的劳动力的数量，从而也不会影响企业的数目。

论把它分成土地所有者获得的地租 $R^A(r)$ 和农业劳动力获得的报酬 $a^A w^A(r)$，还是将它作为一个整体来看待，都是有 $1-\mu$ 的部分消费在当地，而将剩余的 μ 部分运往中心城市。据此，农业部门向中心城市供给的农产品数量为：

$$S^A(0)=\int_{-f}^{f}\mu e^{-\tau^A|s|}\mathrm{d}s=2\frac{\mu}{\tau^A}(1-e^{-\tau^A f})$$

在该表达式中，向中心城市供给的农产品数量并不受农产品价格的影响，因此，中心城市农产品的供给具有价格刚性。只有随着农业部门生产边界 f 向外移动，中心城市的农产品供给才会增加。依据农产品需求函数，中心城市对农产品的总需求为：

$$D^A(0)=(1-\mu)\frac{l_1 w_1^M}{p_1^A}$$

由此可见，中心城市对农产品的需求是价格的减函数。依据农产品市场的出清条件可有：

$$(1-\mu)\frac{l_1 w_1^M}{p_1^A}=2\frac{\mu}{\tau^A}(1-e^{-\tau^A f}) \tag{17.8}$$

在长期里，劳动力的空间流动是由部门实际工资率差异所决定的。在这里，之所以空间和部门可以混用，是因为不同区位上从事的是不同的生产活动。以 $\omega^M(0)$ 表示中心城市单位工业劳动力的实际工资水平，以 $\omega^A(r)$ 表示区位 r 上单位农业劳动力的实际工资水平，则在均衡时，劳动力的空间流动方程满足条件 $\omega^M(0)=\omega^A(r)$，即不论从事何种生产部门，也不论在何处从事工作，所要求的实际工资率应是相等的。自然，在农业边界 $r=f$ 上也要满足这种关系。据此，经整理可有：

$$p_1^A=a^A e^{\mu(\tau^M+\tau^A)f} \tag{17.9}$$

在劳动力市场上，充分就业条件要求：

$$N=l_1+2a^A f \tag{17.10}$$

其中，N 为劳动力供给数量，或者说是总人口规模。至此，式（17.8）、式（17.9）和式（17.10）就构成了杜能经济体的一般均衡。在总人口规模 N 给定的情况下，通过求解这个方程组可得到均衡解（p_1^A，f，l_1），进而确定其他变量的取值。

3. 劳动力市场

（1）劳动力空间流动的均衡分析。在杜能经济体中，存在着几个市场：农产品市场、第 i 种工业品市场和劳动力市场。尽管差异化工业品的种类共有 n 类，然而由于生产者行为的对称性，可以将它们视为 1 种产品。如此，产品市场上仅有两种商品，即工业品和农产品。

在迪克西特－斯蒂格利茨垄断竞争分析框架中，由于工业品的市场结构不是完全竞争市场，因此，并不能贸然适用瓦尔拉斯一般均衡的前提条件。尽管阿罗－德布鲁（1954）把瓦尔拉斯均衡存在性的证明限定在完全竞争的市场结构下，[①] 但是，如果生产要素仅有一种，那么即使在企业的生产技术为规模收益递增的假设下，也可以满足阿罗－德布鲁定理中可能性生产集合 Y_i 为 n 维空间中上闭的凸集合的假设。[②] 所以，迪克西特－斯蒂格利茨垄断竞争模型中仍然存在着瓦尔拉斯的一般均衡。因此，当农产品市场出清时，工业品市场也就出清了，这也是前文在讨论一般均衡时无须讨论工业品市场出清的主要原因。[③]

对于劳动力市场而言，当劳动力的空间流动达到均衡时，劳动力在部门之间的分工也实现了均衡。当人口规模 N 给定时，如果从事农业生产的劳动力多一点，也就是农业生产边界 f 向两端延伸一点，那么从事工业生产的劳动力就会少一点。在本小节，我们需要分析均衡状态下，如果发生劳动力从农业部门转移到工业部门，那么部门实际工资差异将会发生何种变化的问题。这种分析与本章其他部分的内容存在着很大不同，因为它是需要在总人口规模保持一定的前提下展开分析。然而，这种分析是必要的，至少它可以表明，当前的均衡状态是否是稳定，若要稳定，其条件又是什么。

劳动力的空间（部门）流动是由部门实际工资差异所决定的，因此，可以选择比较工业劳动力与农业生产边界 f 上劳动力之间的实际工资差异：

$$\frac{\omega^A(f)}{\omega^M(0)}=\frac{w^A(f)/P(f)}{w_1^M/P}=\frac{w^A(f)/w_1^M}{P(f)/P} \tag{17.11}$$

由此可见，比较两种劳动力实际工资的相对大小，需要分别比较名义工资和完全价格指数的相对大小。从式（17.7）中可以看出，完全价格指数 p 取决于农产品和工业品的价格。随着距离 r 的增加，它们呈现出相反的变化规律，即农产品价格越来越低，而工业品价格却越来越高。换言之，冰山交易成本的存在使得农产品生产成为分散力的源泉之一，工业品生产则是聚集力的源泉之一。

实际工资差异还取决于名义工资差异。从式（17.4）中可以看出，随着距

---

① Arrow, Kenneth. J. and Debreu Gerard. Existence of an Equilibrium for a Competitive Economy [J]. Econometrica, 1954, 22 (3): 265－290.

② 实际上，为了证明瓦尔拉斯均衡的存在性，也就是证明存在一个价格向量 $\bar{p}$ 使得商品市场出清，阿罗和G. 德布鲁更多地关注了需求价格而较少地关注了供给价格。甚至，引入完全竞争的市场结构就是为了忽略生产者对价格的影响。在垄断竞争模型里，尽管每个生产者是垄断者，但是由于消费者偏好多样性和企业的自由进入与退出，生产者实际上也是依据市场价格决定理性的生产计划。关于这点，在企业利润最大化的求解过程中可得非常明显。所以，只要生产者对价格没有影响［不同的企业制定的产品价格都相同］，那么就符合于瓦尔拉斯均衡的证明过程。

③ 附录17A 给出了在均衡状态下，工业品也实现市场出清的证明过程。

离 r 增加，农业劳动力的工资率呈现指数下降。这似乎意味着距离越远的区位对农业部门越缺乏吸引力。实则不然，原因在于内生变量 p_1^A 也是决定农业劳动力名义工资的重要变量。如果 p_1^A 越大，名义工资 $w^A(f)$ 也就越大，区位 f 就对农业生产越具有吸引力。实际上，这里已经揭示出农业劳动力的供给机制，表明如果农业劳动力的工资率越高，选择从事农业生产的劳动力数量就会增加，农业劳动力供给曲线将向上倾斜。在农业劳动力的需求方面，式（17.8）已经给出了答案。如果从事农业生产的劳动力增加，使得中心城市农产品供给曲线向右侧移动，那么中心城市的农产品均衡价格 p_1^A 会降低。反之，如果中心城市的农产品均衡价格 p_1^A 越低，对农产品的需求就越高，从而吸引更多的劳动力从事农业生产。这表明农业劳动力的需求曲线是向下倾斜的（见图 17－3）。

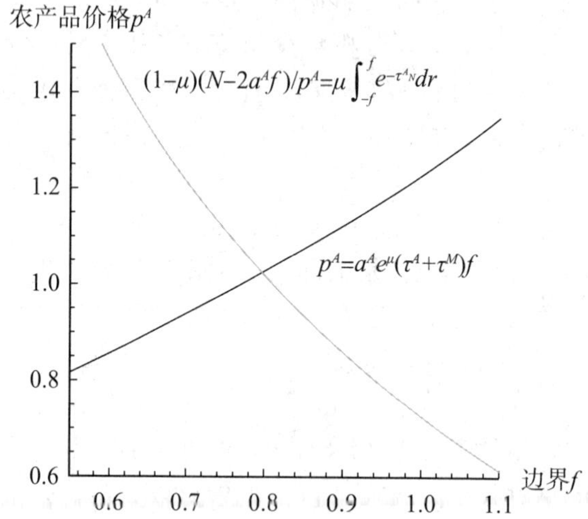

图 17－3　农业劳动力市场

注：单行业下城市体系数值模拟的参数设置为：$\mu=0.5$，$\sigma=4$，$\tau^A=0.8$，$\tau^M=1.0$。

资料来源：笔者整理。

我们还可以通过数学分析，精确地计算出农业生产边界 f 的变化对部门实际工资差异的影响。在一般均衡状态下，如果部门实际工资差异对农业生产边界 f 的导数为正，则此时在经济系统中存在正反馈机制，均衡状态是不稳定的；如果部门实际工资差异对农业生产边界 f 的导数为负，则此时在经济系统中存在负反馈机制，均衡状态是稳定的；当这个导数为零时，就是均衡状态被突破的临界点。总而言之，“冰山交易成本”的存在对部门实际工资差异具有重要的影响。一方面，它通过对区位 r 的工业品价格指数和农产品价格的不同影响，分别促进和阻碍经济活动在城市的聚集；另一方面，通过降低农业劳动力的名义工资水平，这时表现为一种聚集力。除此之外，农产品价格是一种导致经济分散的作用力。附录17B给出了这个导数的求解过程，结论是：

$$d[\omega^M(0)-\omega^A(f)]\mid_{Equilibrium}=-\frac{dp_1^A}{p_1^A}+\tau^A df+[\mu\tau^M-(1-\mu)\tau^A]df\equiv 0 \tag{17.12}$$

这表明，在人口规模N给定（均衡解是唯一的且不变的）时，任意数量的劳动力的跨部门迁移都触发一种反向的作用力（或负反馈），努力地维持原有的均衡。比如，如果1单位农业劳动力转移到中心城市，那么中心城市的工业劳动力的实际工资率必然下降，使得农业部门成了对劳动力而言更具吸引力的部门，从而发生从工业部门向农业部门的劳动力回迁。反之亦然。在当前的人口规模下实现的均衡是一种动态的均衡，只要保持劳动力在部门之间的配比不变，则就可以保持均衡。也就是，尽管此时微观的劳动力可以在部门之间仍然进行转移，但只要保持相向转移的劳动力数量相等，则可以仍然维持原有的动态均衡。

该结论也表明，当前的均衡状态是不稳定的。虽然作为内生变量的农业生产边界f的变化不会改变部门之间的实际工资差异，然而某些外生变量的变化，比如人口规模N的变化，会很容易地破坏均衡的稳定性。在后文读者将会看到，随着总人口规模的扩大，城市体系实际上就是一个均衡遭到破坏，又重建，再破坏，再重建的过程。

（2）人口规模的比较静态分析。如图17－3所示，农产品的市场出清条件和劳动力的空间流动方程，确定了中心城市农产品均衡价格p_1^A和农业部门的生产性边界f。从图17－3中可以看出，人口规模N的扩大使得农产品市场出清曲线向右侧水平移动，从而中心城市农产品均衡价格p_1^A上涨和农业部门生产边界f扩大。这表明，农业部门的生产边界是人口规模的增函数。这个结论也可以通过求解一般均衡体系的全微分（见附录17C）而得到：

$$\frac{df}{dN}=\left\{2a^A+l_1\left[\mu(\tau^A+\tau^M)+\frac{\tau^A e^{-\tau^A f}}{1-e^{-\tau^A f}}\right]\right\}^{-1}>0 \tag{17.13}$$

在均衡状态下，劳动力在部门之间的分工达到一种动态的平衡：如果1单位的劳动力从工业部门转移到农业部门，那么必然导致另外1单位的劳动力从农业部门转移到工业部门。这表明，此时所有劳动力实际工资率应是相等的。所以，可以用中心城市工业劳动力实际工资率受到人口规模N的变动的影响来替代所有劳动力的实际工资率所受到的影响。通过计算，在均衡状态下，中心城市中工业劳动力的实际工资率应为：

$$\omega^M(0)=[a^A e^{\mu(\tau^A+\tau^M)f}]^{\frac{\mu\sigma}{\sigma-1}-1}\left[\frac{2\mu(1-e^{-\tau^A f})}{\tau^A(1-\mu)}\right]^{\frac{\mu}{\sigma-1}} \tag{17.14}$$

前面已经证明，在任意人口规模 N 下，只要时间足够长，那么杜能经济体总能达到一般均衡状态。不过，这种一般均衡很不稳定，只要人口规模稍有增加，原有的均衡就被打破，马上建立起新的均衡状态。这就要求随着人口规模的增加（或减少），工业劳动力和农业劳动力的实际工资率都要同向变化，即要么同时提高，要么同时下降。但是具体的情形应该如何，还须通过求解工业劳动力的实际工资率对人口规模的导数才能辨析清楚。由式（17.12）可得：

$$\frac{\mathrm{d}\omega^M(0)}{\mathrm{d}f}=\omega^M(0)\frac{\mu(\tau^A+\tau^M)}{\sigma-1}\left(\frac{\mu-\rho}{1-\rho}+\frac{\tau^A}{\tau^A+\tau^M}\frac{e^{-\tau^A f}}{1-e^{-\tau^A f}}\right) \tag{17.15}$$

如果满足条件 $\mu>\rho$，那么式（17.15）等号右侧中括号中所有项均为正数，此时，中心城市工业劳动力的实际工资率是农业生产边界的增函数。但如果该条件不能满足，那么右侧中括号内的第一项将变为负数，同时，随着农业生产边界 f 的向外扩展，中括号中的第二项也不断变小，这样整个中括号内的项有可能成为一个负数。此时，中心城市中工业劳动力的实际工资率是农业生产边界的减函数。我们将这个条件，即 $\mu<\rho$，称为非黑洞条件。通过式（17.13）和式（17.15），可以求得劳动力的实际工资率对总人口规模的微分：

$$\frac{\mathrm{d}\omega^M(0)}{\mathrm{d}N}=\omega^M(0)\frac{\mu(\tau^A+\tau^M)}{\sigma-1}\frac{\dfrac{\mu-\rho}{1-\rho}+\dfrac{\tau^A}{\tau^A+\tau^M}\dfrac{e^{-\tau^A f}}{1-e^{-\tau^A f}}}{2a^A+l_1\left[\mu(\tau^A+\tau^M)+\dfrac{\tau^A e^{-\tau^A f}}{1-e^{-\tau^A f}}\right]} \tag{17.16}$$

通过以上分析可以知道，劳动力的实际工资率与农业生产边界（或总人口规模）可能呈现倒“U”形关系（见图 17－4）。当满足非黑洞条件 $\mu<\rho$ 时，比如 $\mu=0.5$ 和 $\rho=0.75$，那么城市工业劳动力的实际工资率曲线显示为：随着人口规模从零开始增长，实际工资率也迅速增长，但到达某个临界人口规模后，实际工资增长率随人口规模的持续扩大而开始下降，呈现类似于边际效用递减的变化规律；如果总人口规模持续增长，那么实际工资率最终也开始下降，但下降时的速率比之前增长时的速率要小很多。人口是可以自由迁徙的，故城市中，工业劳动力实际工资率的变化规律也就是农业劳动力实际工资率的变化规律。这就表明：对整个经济体而言，劳动力的实际工资率是随人口规模的增长而先快速增长后缓慢下降。

当不满足非黑洞条件时，实际工资率是人口规模的严格单调递增函数。例如，当 $\mu=\rho=0.5$ 时，无论人口规模多大，总是成立 $\mathrm{d}\omega^M(0)/\mathrm{d}N>0$。此时，随着人口规模的扩大，实际工资率不断地上升，此时城市也吸引更多的劳动力的迁入，故此时整个经济体中只有一个城市的城市体系结构是稳定的结构。参数 ρ 表征的是消费者多样化偏好的程度，ρ 越大，消费者多样化偏好程度就越低。随着生活水平的提高和可供选择的商品种类的增加，消费者的多样化偏好程度逐渐上升，故参数ρ逐渐变小，实际工资率曲线逐渐下移。其实，只要满足非黑洞条件$\mu<\rho$，那么实际工资率曲线终究是要下降的。在图 17－4 中，当$\rho=0.6$时，似乎实际工资率不会随人口规模的扩大而下降，但这仅仅是囿于作图范围。从公式上看，因子$e^{-\tau^A f}/(1-e^{-\tau^A f})$是农业生产边界$f$的减函数，因为随着人口规模的扩大，$f$就变大。只要它开始小于$-(\mu-\rho)/(1-\rho)>0$，那么实际工资率曲线就会向下倾斜，不过倾斜斜率是非常小的，ρ越小，实际工资率曲线向下倾斜速率就越小。

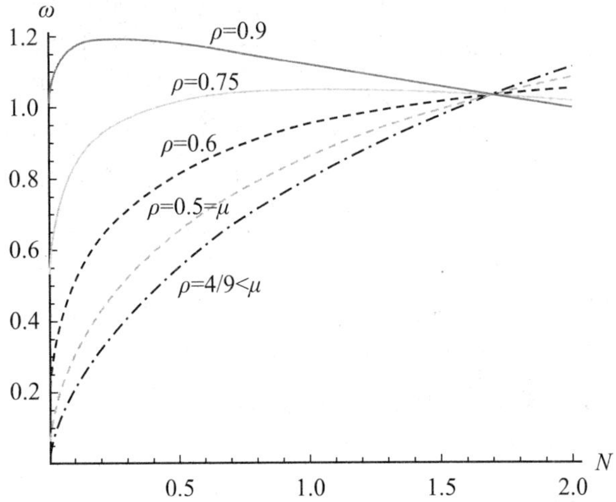

图 17－4　总人口规模对实际工资率的影响

资料来源：笔者整理。

这种结论，与 J. V. 亨德森（J. V. Henderson，1974）的研究，[①] 既有相似之处也有较大的差异。首先，随着总人口规模的增长，劳动力的实际工资率都呈现先升后降的变化规律。在 J. V. 亨德森的研究中，劳动力的实际工资率是以间接效用函数给出的，但两者表征的都是劳动者在付出一定劳动之后所获得的福利水平的大小，因此，在本质上是类同的。J. V. 亨德森认为，如果间接效用函数（或者实际工资率）呈现先升后降的规律，就意味着存在一个最优城市规模，使得该效用水平达到极大值。但是，这种只有一个中心城市的结构是很不稳定的，有可能在工资率达到极大值之前就已经出现新的城市了。其次，间接效用函数（或者实际工资率）曲线呈现为先升后降的变化规律，就要求必须满

① J. V. Henderson. The Sizes and Types of Cities [J]. The American Economic Review，1974，64（4）：640－656.

足某种非黑洞条件。在 J. V. 亨德森研究中的该非黑洞条件是指 $\alpha_1 \geq \rho_1$，其中，α_1 是城市生产出口产品所需的土地要素投入强度，ρ_1 是指对该种产品生产的规模收益递增程度的测度。容易发现，该非黑洞条件主要涉及生产者的生产技术层面，但难以解释其经济学含义。然而，这里的非黑洞条件是指 $\mu < \rho$，它要求消费者花费在每一种多样化的工业品上的支出份额尽可能要小，从而可以把消费者的总支出分摊在更多种类的产品之上。可见，尽管两者都要求满足某种非黑洞条件，但是 J. V. 亨德森的非黑洞条件主要涉及生产者的生产技术，这里的非黑洞条件主要涉及消费者的偏好。实际上，除了这两个方面的差异外，还存在更大的差异，即不同于 J. V. 亨德森的研究，这里的城市规模是存在差异而非都是相同的，还可以解释城市区位在空间的分布规律，从而具有更强的解释力。

（3）人口构成及城市化率。尽管在任意人口规模 N 下，杜能经济体总能实现某种均衡，进而劳动力在农业部门和工业部门之间的自由转移可以实现相对稳定的劳动力配置，但新增的人口并不一定在两部门之间按 1∶1 的比例进行配置的。图 17－5 展示了随着人口规模的扩大，农业劳动力和工业劳动力数量的变化规律。从图 17－5 中可以看出，在扩大的总人口中，工业人口所占的比例相对较大而农业人口所占比例相对较少，且工业人口增加比例是不断变大的。由于在杜能经济体中，所有工业劳动力只能在城市中工作和居住，因此，随着总人口规模的扩大，城市化率应该是不断提高的，图 17－6 证实了这种推测。①

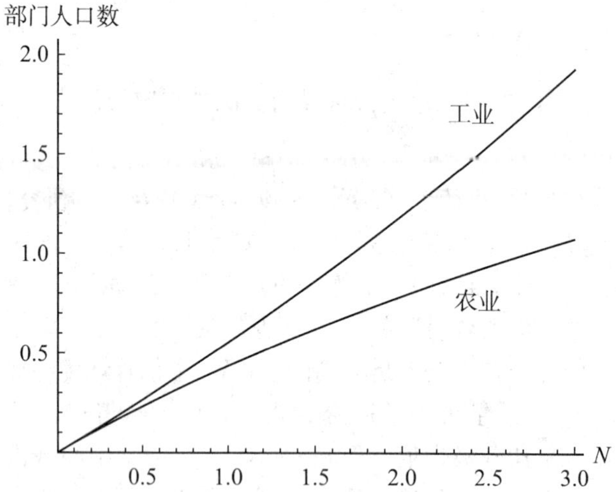

图 17－5　人口构成

资料来源：笔者整理。

① 假设在原点附近，在少量增加的人口中，一半是工业劳动力，一半是农业劳动力，也就是说，假设在原点的城市化率为 50%。

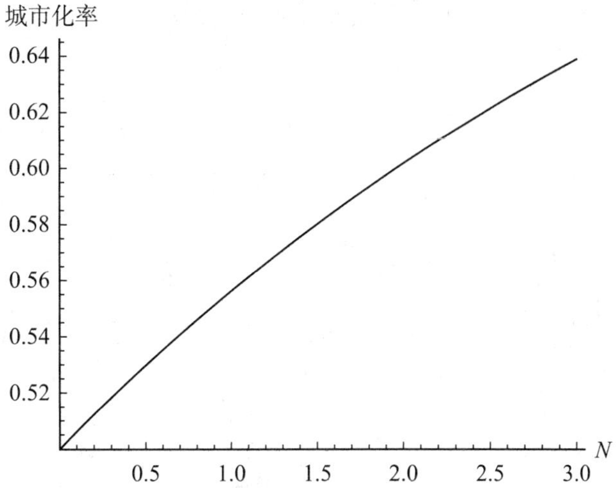

图 17－6　总人口规模对城市化率的影响

资料来源：笔者整理。

三、市场潜能函数

1. 市场潜能

在影响生产者区位选择的要素中，有些要素是推动产业活动的空间聚集，就构成了聚集力；有些要素推动产业活动的空间分散，就构成了分散力。产业之间的联系通常形成一种聚集力，一种产业间联系被称为前向联系，另一种产业间联系被称为后向联系。前向联系，通常涉及要素投入方面，如果大量生产者聚集在某个区位，那么该区位所提供的产品（零部件）种类就很多。如果在当地可供选择的产品种类的很多因而能够在当地实现各种零部件的配套，那么不必从外地购入大量零部件。这就大量节省了生产者的成本，从而吸引更多的生产者（或生产要素所有者）向该区位聚集。后向联系，通常涉及产品需求方面，如果生产要素所有者大量聚集在某个区位，那么当地购买力大幅度提高，也就是市场需求大幅度提高。在需要支付"冰山交易成本"的情况下，大规模的市场需求将吸引更多的生产者聚集在该区位。如果将生产者的前向和后向联系结合起来，就构成所谓的循环累积因果关系（见图 17－7）。前向和后向循环累积因果关系是促使生产者聚集的关键因素。当然，企业之间展开竞争进而降低企业的利润率水平构成了推动产业活动分散分布的主要因素。由此可见，企业必须权衡好要素市场和产品市场对其利润率的影响，而其核心是所谓的市场潜能问题。这就要求人们开始要研究所谓的市场潜能问题。

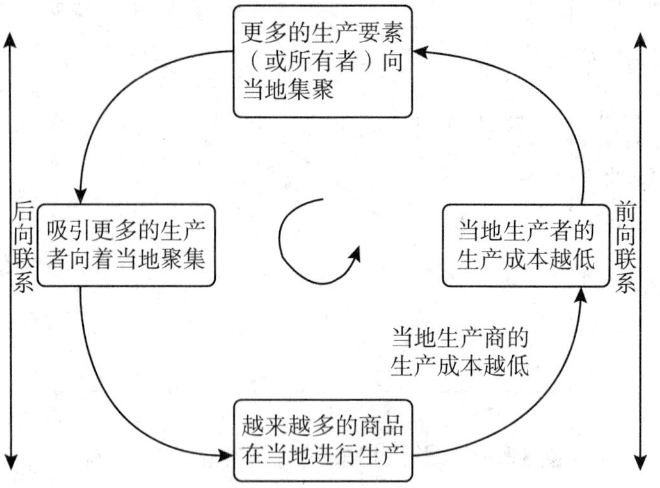

图 17－7　循环累积因果关系链

资料来源：笔者整理。

在市场潜能研究领域作出开创性贡献的是 C. 哈里斯（C. Harris，1954）。①他发现在 1820～1950 年，美国就业人数的产业构成存在某种规律性：第一产业的份额从 72% 下降至 13%，第二产业、第三产业的份额分别从 12%、15% 上升至 33%、53%；在制造业内部，靠近生产链终端的部门的就业人数迅速地增加，靠近生产链起点的原料部门的就业人数急剧地减少。以钢铁行业为例，生产每吨钢铁所需的煤和铁矿石大大地减少了，反过来从市场回收来的废铁的份额增加了。C. 哈里斯认为，传统的燃料和原料来源地在生产者的区位选择中的重要性下降了，市场的重要性逐渐上升了。C. 哈里斯进一步指出，市场和人口在空间中并不是均匀分布的，同时相较于人口规模，收入或者零售商品总额更好地表征市场的重要性。为了精确地计算出不同地区对美国广阔市场的相对可达性，C. 哈里斯提出了某一区位的“市场潜能”概念。该概念是指可达区位的市场规模经过距离调整之后的加总。若以 P 表示市场潜能，以 M 表示市场规模，以 d 表示距离的大小，那么某一区位的市场潜能可以表示为：

$$P = \sum \frac{M}{d} \tag{17.17}$$

① Chauncy D. Harris, The Market as a Factor in the Localization of Industry in the United States [J]. Annals of The Association of American Geographers, Dec. 1954, 44 (4): 315－348.

市场潜能与人口潜能（Stewart，1947）概念①十分相似，都是衡量存在潜在可达性的市场规模的抽象指数。C. 哈里斯提出的“市场潜能”概念在新经济地理学中得到广泛应用，如果距离 d 由受到“冰山交易成本”影响的生活价格指数所替代，市场规模 M 由要素所有者的收入水平所替代，此时的市场潜能就成了每个具有可达性区位上商品的销售收入之加总。在这些应用中，藤田昌久和保罗·克鲁格曼（1994）所提出的“市场潜能函数”最具有代表性。在某一区位上，“虚拟的”名义工资与“现实的”名义工资进行比较，如果该比值大于1，那么新的工业劳动力将向该区位聚集，产生新的城市；如果该比值小于1，那么不会出现新的城市。正是通过对“市场潜能”概念的改进，藤田昌久和保罗·克鲁格曼深入地研究了城市的空间分布规律，从而就成了本章的理论基础。

2. 市场潜能函数

生产要素为追逐高回报率而自由流动，既是要素所有者最大化自身利益的过程，又是生产者努力提升效率和促进技术进步的过程，推动了整个社会的不断进步。市场潜能函数就是这种思想的重要体现。在本章，假设所有的工业劳动力都聚集在中心城市里，然而，随着总人口规模的增加，农业生产边界在不断地向外扩展。这些分散在中心城市之外的农业劳动力所在地区是多样化工业品的主要销售市场，也是促使工业生产从中心城市向外围分散的主要力量。随着农业生产边界不断向外扩展，分散力逐渐变大，此时，在中心城市之外的区位上从事工业生产是有利可图的，该区位也能够支付给工业劳动力比中心城市更高的工资率。当这样一种区位出现时，中心城市将不再是唯一的生产多样化的工业产品的区位。为此，本章把任意区位 r 的市场潜能函数定义为如下：

$$\Omega(r)=\frac{[\omega^{M}(r)]^{\sigma}}{[\omega^{A}(r)]^{\sigma}} \tag{17.18}$$

其中，$\omega^{A}(r)$ 为区位 r 的农业劳动力的实际工资率，$\omega^{M}(r)$ 为虚拟的区位 r，图 17-8 上的工业企业能够支付给工业劳动力的实际工资率。在一般均衡下，农业劳动力的实际工资率与中心城市中工业劳动力的实际工资率是相等的，即 $\omega^{A}(r)=\omega^{M}(0)$。如果对所有区位 $r(r\neq 0)$ 都有 $\Omega(r)<1$ 成立，那么中心城市就是稳定的，没有企业能够向工业劳动力支付比中心城市里企业更高的实际工资率。

① John Q. Stewart, Empirical Mathematical Rules Concerning the Distribution and Equilibrium of Population [J]. Geographical Review, 1947, 37: 461-485.

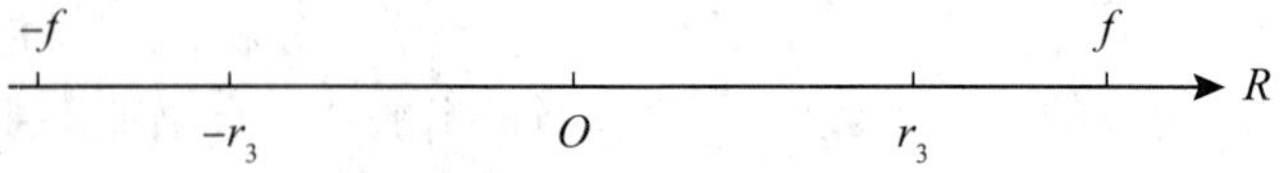

图 17－8　市场潜能函数

资料来源：笔者整理。

由于在区位 r 上，工业劳动力和农业劳动力面对的完全价格指数都是一样的，因此，区位 r 的市场潜能函数可以转化为名义工资率之比，即 $\Omega(r)=[w^M(r)]^\sigma/[w^A(r)]^\sigma$。由于均衡时区位 r 的农业劳动力的实际工资率与中心城市工业劳动力的实际工资率相等，因此，如下等式成立，即：

$$\omega^A(r)=w^A(r)[P^M(r)]^{-\mu}[p^A(r)]^{-(1-\mu)}=[P^M(0)]^{-\mu}[p_1^A]^{-(1-\mu)}=\omega^M(0)$$

从中可以求得：

$$[w^A(r)]^\sigma=e^{\sigma[\mu\tau^M-(1-\mu)\tau^A]|r|} \tag{17.19}$$

似乎，市场潜能函数［见式（17.18）］与 C. 哈里斯的市场潜能函数没有什么相似之处。如果把式（17.19）代入之后发现，市场潜能函数主要与区位 r 的工业劳动力的名义工资率有关。这个工资率主要涉及潜在的市场需求，而且市场需求与要素所有者的收入水平和产品价格都有关，并且“冰山交易成本”的存在使得价格成为空间距离的函数。此时便可以看出，这里的市场潜能函数是对 C. 哈里斯提出的“市场潜能”概念的进一步拓展。同时，市场潜能函数兼顾了生产要素报酬的套利法则，是该函数的最大的优点与特色。

对于区位 r 上虚拟的工业企业而言，在实现利润最大化目标的约束下，能够支付给劳动力的名义工资率是与其销售收入密切相关的。具体而言，它满足下面的等式：

$$[w^M(r)]^\sigma=\frac{\mu Y(0)e^{(1-\sigma)\tau^M|r|}}{[P^M(0)]^{1-\sigma}}+\int_{-f}^{f}\frac{\mu Y(s)e^{(1-\sigma)\tau^M|s-r|}}{[P^M(s)]^{1-\sigma}}\mathrm{d}s \tag{17.20}$$

其中，等号右边第一项的是区位 r 上的生产者在中心城市取得的销售收入，第二项是在广大农业生产区位上取得的销售收入的总和。此外，$Y(0)$ 是中心城市的总收入：$Y(0)=l_1w_1^M$；$Y(s)$ 是区位 s 上农业劳动力和土地所有者的收入，即 $Y(s)=p^A(s)$。由于区位 r 上的工业企业是虚设的，所以区位 s 上的工业品价格指数 $P^M(s)$ 是由已有的工业品种类决定的，即 $P^M(r)=(l_1)^{1/(1-\sigma)}e^{\tau^M|r|}$。

结合式（17.19）和式（17.20），可以求得区位 r 的市场潜能函数为（见附录 17D）：

$$\Omega(r)=e^{\sigma[\mu\tau^M-(1-\mu)\tau^A]r}\left[\frac{1+\mu}{2}e^{-(\sigma-1)\tau^Mr}+\frac{1-\mu}{2}e^{(\sigma-1)\tau^Mr}\psi(r,f)\right],\ r>0 \tag{17.21}$$

其中，$\psi(r, f) = 1 - \{\int_0^r e^{-\tau A_s}[1 - e^{-2(\sigma-1)\tau M(r-s)}]ds\}/(\int_0^f e^{-\tau A_s}ds)$。由于市场潜能函数是关于原点对称的，所以仅写出了杜能经济体的正半轴部分。图 17－9 给出了不同人口规模下的市场潜能函数的模拟曲线。当人口规模为 $N=3.0$ 时，市场潜能函数都小于 1，说明此时的人口规模尚不足以支撑新的城市的出现，也意味着，任何区位上的实际工资率都要比农业劳动力和中心城市工业劳动力的低。人口规模为 $N=3.5$ 的情形与此相类似，不过市场潜能函数在逐渐靠近水平直线 $\Omega=1$。当人口规模为 $N=\tilde{N}$ 时，[①] 市场潜能函数与水平直线恰好相切，且在区位 $r=\tilde{r}$ 上的虚拟工业企业开始能够支付的实际工资率与中心城市的持平。如果在这个区位上能够出现工业劳动力的不断聚集，那么人口规模为 $N=5.0$ 的曲线就不再出现了，此时，人们要考虑新城市的出现对市场结构的影响了。

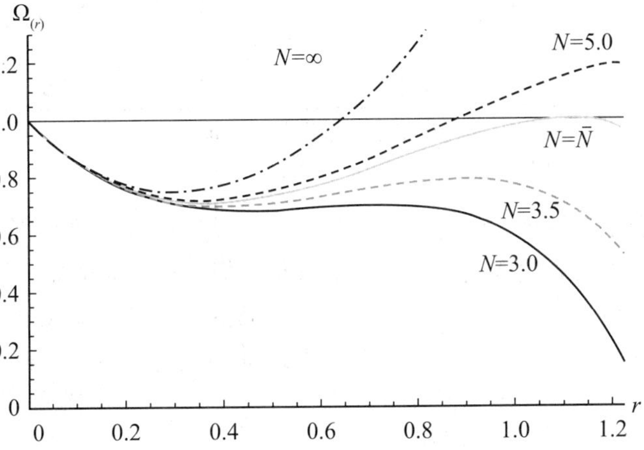

图 17－9 市场潜能函数

资料来源：笔者整理。

从图 17－9 中还可以发现，除了人口规模的影响，市场潜能函数也与参数密切相关。在讨论了非黑洞条件之后，人们需要进一步揭示这些经济规律，其中一个关键问题是：市场潜能函数在原点的右导数是否为负？如果为负，那么对参数的限制条件又是什么？之所以提出这个疑问，是因为倘若该导数为正，那么在原点附近存在实际工资率大于 1 的区位，这就意味着在原点不可能出现工业人口的聚集，进而在原点不可能出现城市。根据式（17.21），可以求得该右导数为（见附录 17E）：

① 在本章的通用参数条件下，临界人口总规模为 $\bar{N}\approx 4.3563$，临界区位为 $\bar{r}\approx 1.1043$。

$$\left.\frac{\mathrm{d}\Omega(r)}{\mathrm{d}r}\right|_{r\to 0^+}=\sigma[(1-\mu)\tau^A-(1+\rho)\mu\tau^M] \tag{17.22}$$

依据上述结果，如果参数不满足条件 $(1-\mu)\tau^A-(1+\rho)\mu\tau^M<0$，中心城市就不可能出现，因为其邻域内任意区位的实际工资率都比它高。只有满足以上条件时，中心城市才会出现。不过，必须结合杜能经济体的非黑洞条件，即 $\mu<\rho$。如果不满足非黑洞条件，那么中心城市的实际工资率会随着人口规模的增加而一直上升，从而它的规模就一直增加。如果满足了非黑洞条件，随着人口规模的增加，图 17－9 表明市场潜能函数将不断地上移，直至与水平直线 $\Omega=1$ 恰好相切为止。此时，新的城市就出现了。本章将中心城市可持续存在的参数条件概括于表 17－1 中。

表 17－1　　　　新城市出现的充分条件

$(1-\mu)\tau^A-(1+\rho)\mu\tau^M>0$	$(1-\mu)\tau^A-(1+\rho)\mu\tau^M<0$	
	$\mu\geqslant\rho$	$\mu<\rho$
不会出现新城市	总能出现新城市	只在 N 较小时出现 *

注：也就是总人口规模必须小于临界总人口规模，即 $N<\tilde{N}$。
资料来源：笔者整理。

尽管出现了新城市，但这并不意味着中心城市的原有规模一定要减小，甚至消亡。随着人口规模 N 的扩大，中心城市的规模有可能增加，也有可能减小；在新区位上出现的城市也可能是不稳定的，其规模将逐渐地减小直至消失，也有可能不断吸引劳动力迁移，从而其规模逐渐增大。这就要求建立起一个稳定性分析框架，本章将在剩余部分讨论这些内容。

第二节　一个简单的城市体系

当摊开《中国地图》时容易发现，城市并非以单个城市的形式出现，而通常以城市群、城市带的形式出现，比如，位于长江三角洲地区的长三角城市群、位于珠江三角洲地区的珠三角城市群、位于华北平原北部的京津冀城市群以及沿长江分布的长江中下游城市带，等等。城市在空间中以城市群或者城市带的形式存在，是一种非常重要的经济现象。它们的存在对城市经济学提出了一种挑战。在杜能经济体中，已经阐述了中心城市出现和持续存在的条件，并且借助市场潜能函数分析了新城市可能出现的区位和对人口规模的要求。

假设当人口规模达到临界值，即达到 $N=\tilde{N}$ 时，在临界区位 $r=\tilde{r}$ 上的市

场潜能函数满足 $\Omega(\tilde{r})=1$ 的条件。这意味着，工业企业迁往该临界区位是有利可图的，工业劳动力也将获得与农业劳动力和中心城市工业劳动力同样的实际工资率。随着人口规模的持续增长，如果该区位能够持续地吸引工业企业迁入，或者新迁入的工业企业能够稳定地在该区位从事生产活动，那么该区位的城市规模不断扩大，从而在原有的中心城市外侧各出现一个新的侧翼城市。侧翼城市的出现，使得原有的城市体系结构发生了变化，从 1 城市结构变为 3 城市结构。这使得各个区位的价格指数、名义工资率等都随之发生了结构性突变。

在分析侧翼城市形成时，本章仍将借助市场潜能函数的概念。在图 17－9 中，当人口规模达到临界值时，市场潜能函数曲线恰好与水平直线 $\Omega=1$ 相切，所以，只要人口规模稍微增加，那么工业企业将聚集在临界区位上。这说明图 17－9 中，对应人口规模 $N=0.5$ 的市场潜能函数曲线就不会出现了。那么，当人口规模达到某临界规模时，对应的城市体系结构和市场潜能函数将如何发生变化?

一、城市体系——3 城市结构

假设在临界区位（令 $r_1=0$，$r_3=\tilde{r}$）上出现了新的侧翼城市 3。① 出于对称性考虑，图 17－10 仅绘出了位于右半轴的城市。② 农产品市场在空间上是可分割的。具体而言，位于区间［$-f_1$，f_1］之间的农业生产者向位于原点的城市 1 供给农产品，而位于［f_1，f_1］之间的农业生产者将向位于 r_3 的城市 3 供给农产品。假设城市 3 的农产品价格为 p_3^A，那么 3 城市体系下的农产品价格函数为：

$$p^A(r)=\begin{cases}p_1^A e^{-\tau^A r}, & 0\leqslant r<f_1\\ p_3^A e^{-\tau^A|r-r_3|}, & f_1\leqslant r\leqslant f\end{cases}$$

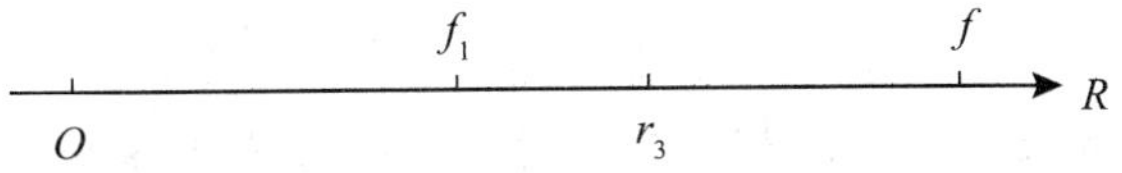

图 17－10　城市体系（3 城市）

资料来源：笔者整理。

根据之前的假设，单位面积土地产出 1 单位的农产品，所需的劳动力数量为 a^A，因此，仍有以下关系成立，即 $R^A(r)=p^A(r)-a^A w^A(r)$。在农业生

① 该城市记号为 3。在这里，记号为 2 和记号为 3 的城市都是新的侧翼城市。

② 当然，在负半轴 $-\tilde{r}$ 的区位上也存在着一个新的侧翼城市，其位序记为 2。

产的边界上，由于土地所有者能够赚取的地租为零：$R(f)=0$，因此，可以建立农业劳动力的名义工资率 $w^A(f)$ 与侧翼城市农产品的市场价格 p_3^A 之间的函数关系：

$$w^A(f)=p_3^A e^{-\tau^A(f-r_3)}/a^A \tag{17.23}$$

在农产品市场的分割点（分割的依据是向哪个城市供应农产品）上，两个农产品的市场价格必然是相等的，所以应有：

$$p_1^A e^{-\tau^A f_1}=p_3^A e^{-\tau^A|f_1-f_3|} \tag{17.24}$$

假设侧翼城市的工业劳动力数量为 l_3，那么劳动力充分就业方程为：

$$N=l_1+2l_3+2a^A f \tag{17.25}$$

容易发现，在中心城市生产的工业品的种类数量为 $n_1=l_1$，在侧翼城市生产的工业品的种类数量为 $n_3=l_3$。

如果农产品市场在空间上是可分割的，那么分别存在着各自市场的出清条件。如果中心城市对农产品的需求量为 $(1-\mu)l_1 w_1^M/p_1^A$，而该城市周边的农业部门对其的供给量为 $\int_{-f_1}^{f_1}\mu e^{-\tau^A|s|}\mathrm{d}s$，那么该区间农产品市场的出清条件为：

$$(1-\mu)l_1 w_1^M/p_1^A=\int_{-f_1}^{f_1}\mu e^{-\tau^A|s|}\mathrm{d}s \tag{17.26}$$

在侧翼城市里，农产品的需求量为 $(1-\mu)l_3 w_3^M/p_3^A$，而该城市周边的农业部门对其的供给量应为 $\int_{f_1}^{f}\mu e^{-\tau^A|s-r_3|}\mathrm{d}s$，则该区间内农产品市场的出清条件为：

$$(1-\mu)l_3 w_3^M/p_3^A=\int_{f_1}^{f}\mu e^{-\tau^A|s-r_3|}\mathrm{d}s \tag{17.27}$$

现在，中心城市里工业企业的产品市场已经大大地扩展了。侧翼城市的出现扩大了中心城市工业企业的产品市场，并且改变了工业品价格指数的结构。此时工业品价格指数应为：

$$[P^M(r)]^{1-\sigma}=l_1(w_1^M)^{1-\sigma}e^{\tau^M(1-\sigma)r}+l_3(w_3^M)^{1-\sigma}[e^{\tau^M(1-\sigma)|r-r_3|}+e^{\tau^M(1-\sigma)|r+r_3|}] \tag{17.28}$$

其中，w_3^M 是侧翼城市工业劳动力的名义工资率。容易发现，相较于式（17.26），式（17.28）增加了侧翼城市生产的工业品部分。如果在侧翼城市之外再出现新的城市，新的工业品价格指数的变化规律与此类似。依据工业品价格指数，中心城市工业品市场出清条件为：

$$(w_1^M)^{\sigma}=\frac{\mu l_1 w_1^M}{[P^M(0)]^{1-\sigma}}+\frac{2\mu l_3 w_3^M}{[P^M(r_3)]^{1-\sigma}}e^{\tau^M(1-\sigma)r_3}+2\int_0^f \mu p^A(s)\frac{e^{\tau^M(1-\sigma)s}}{[P^M(s)]^{1-\sigma}}\mathrm{d}s \tag{17.29}$$

在长期，劳动力自由流动达到均衡状态时，各部门和各城市的劳动力的实际工资率都必须相等，这就要求满足以下两个条件：

$$\frac{w_1^M}{(p_1^A)^{1-\mu}[P^M(0)]^{\mu}}=\frac{w_3^M}{(p_3^A)^{1-\mu}[P^M(r_3)]^{\mu}} \tag{17.30}$$

$$\frac{w_1^M}{(p_1^A)^{1-\mu}[P^M(0)]^{\mu}}=\frac{w^A(f)}{[p^A(f)]^{1-\mu}[P^M(f)]^{\mu}} \tag{17.31}$$

至此，式（17.24）、式（17.25）、式（17.26）、式（17.27）、式（17.29）、（17.30）、式（17.31）就构成了3城市体系的一般均衡。通过联立方程，人们可以求得对应于每个总人口规模 N 的解（p_1^A，p_3^A，w_3^M，l_1，l_3，f_1，f）。容易发现，这个方程组较为复杂，尤其是涉及微分的求解，所以本章所有方程组的求解和数值模拟都是借助软件 Mathematica 实现的。

二、城市的市场潜能函数

在3城市的城市体系中，由于受到侧翼城市出现的影响，市场潜能函数不再像只有中心城市时那样可以解析的，所以只能写出其数学表达式，再利用数值模拟软件 Mathematica 绘制其图形，以便展开定性分析。正因如此，人们也可以获得市场潜能函数更清晰的通用表达式。

对于给定的人口规模 N，通过求解3城市的城市体系的一般均衡解之后，理论上就可以计算出市场潜能函数（见附录17F）了。图17－11给出了3城市的市场潜能函数的模拟曲线。当人口规模为 $N=5.0$ 时，市场潜能函数正如图17－11所示而非如图17－9所示，二者的最大区别就在于侧翼城市的出现。所以，随着人口规模的扩大，城市结构变化不一定是原有城市规模的持续增长，可能在一些临界值上发生结构性突变，也就是又将出现新的城市。随着人口规模的进一步扩大，当满足 $N=\tilde{N}$ 时，① 市场潜能函数将第3次达到水平直线 $\Omega=1$ 处，并且恰好与其相切。这说明出现了新的城市，也就是出现了位序为5的城市。这同时说明图中人口规模 $N=8.0$ 时的市场潜能曲线就不存在了。

基于杜能经济体的理论模型，结合市场潜能函数的数值模拟曲线，可以类似地分析位序为7、9、11……的城市出现的临界人口规模和临界区位。当然，在负半轴上还对称地存在着位序分别为2、4、6、8、10……的城市。然而，这种单中心城市体系不是杜能经济体的唯一的空间结构，也有可能出现双中心的空间结构。这就说明，每次新城市出现时应进行其稳定性分析。

① 此时的临界总人口规模为：$\tilde{N}\approx 7.4740$；临界区位为：$\tilde{r}\approx 2.0958$。

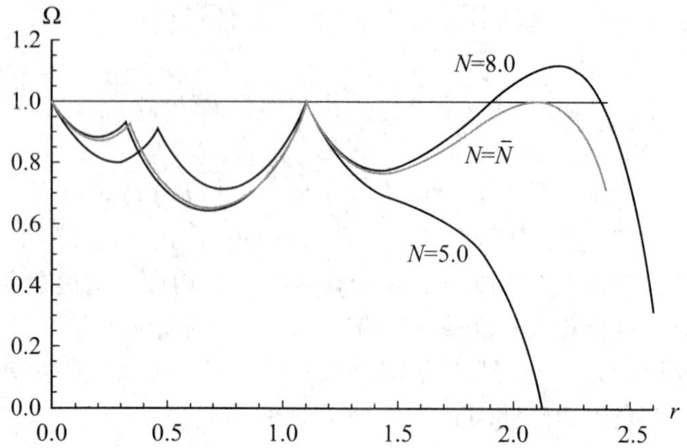

图 17－11　市场潜能函数（3 城市）

资料来源：笔者整理。

三、3 城市结构下新城市出现的充分条件

在分析 1 城市结构的市场潜能函数时，本章探讨了新城市出现的充分条件，即在中心城市的右邻域内，市场潜能函数的导数必须小于零。与此类似，为了保证在 3 城市时新城市能够出现，也必须要求在侧翼城市的右邻域内，市场潜能函数的导数必须小于零。唯有如此，才有可能研究后续城市的形成问题。

根据附录 17F 中的式（17F. 3）和式（17F. 4），在 3 城市的城市体系中侧翼城市的右邻域内导数应为（参见附录 17G）：

$$\left.\frac{\mathrm{d}\Omega(r)}{\sigma \mathrm{d}r}\right|_{r\to r_3^+} \doteq (1-\mu)\tau^{A}-\left(1+\frac{\rho}{\mu}\right)\mu\tau^{M}$$

新城市出现的充分条件要求该导数总是小于零。附录 17F 也说明了，如果在 1 城市结构下新城市出现的条件式（17. 22）能够成立，那么上式总是小于零的。

第三节　城市体系的逐渐形成

在新经济地理学的框架下，杜能经济体具有了新内涵，也拥有了坚实的微观基础。同时，运用市场潜能函数使得模型中城市的数目可以从单个拓展到多个，因此，研究领域也从单个城市体系拓展到多城市体系。在数值模拟软件的帮助下，本节将详细地分析城市体系形成和演化过程，还将探讨城市体系的特征和新城市出现的充分条件。随着城市数目的增加，不同区位上的城市在空间中形成一定的城市体系结构。然而，依据空间相互作用原理，不同区位的城市之间必然互相联系、相互影响。例如，当位序为3的侧翼城市出现时，新城市的人口规模并不是从零开始增长，而是呈现一种“跳跃式”增长。如果是这样，那么新城市的人口只能是从原有的中心城市中“吸引”过来的，有时这种劳动力转移规模相当大进而原有城市就消亡了。所以，在城市体系形成和演化的过程中，结构稳定性是人们必须解决的问题。

尽管藤田昌久等（1999）提出了分析城市体系结构稳定性的工具，即滚摆线分析，但是没能把这个分析工具推广到多维城市体系中。本章将明确提出城市体系结构的稳定性分析框架。城市体系的形成和稳定性将是城市体系理论的两个重要的支撑点，也是多行业下城市体系理论的基础。

一、城市体系：从3个到5个到7个到9个到……n个城市

1. 城市体系——5个城市

依据3城市结构时的市场潜能函数以及在该结构下新城市出现的充分条件可知，当人口规模为 $N=8.0$ 时，不可能出现图17－11中的市场潜能函数曲线，因为，在侧翼城市的外侧出现新的城市了。此时，城市体系中城市数目已达到5个。假设在临界区位 $r=r_5$ 上出现新的侧翼城市（在正半轴，其位序为5）。考虑到了对称性，图17－12仅绘制了正半轴的城市体系。

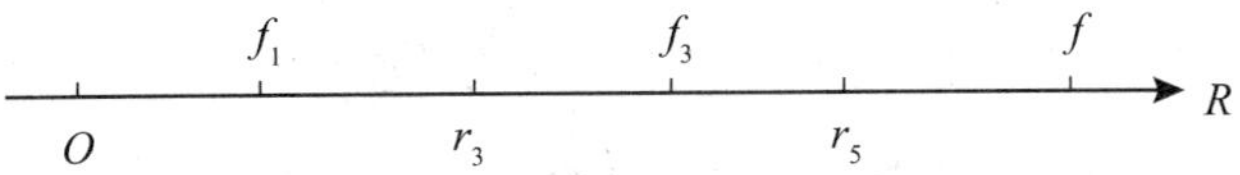

图17－12　城市体系（5城市）

资料来源：笔者整理。

根据前文的分析，农产品市场的需求与供给具有本地特征。也就是说，农产品市场在空间上是可以分割的，农产品供给不能跨越邻近的城市进行跨区域供给，比如为中心城市提供农产品的区域只能是区间［$-r_3$，r_3］内，不会跨越该区间。在含有5个城市的城市体系中，农产品市场分割成为5个区间了，分别是位于区间［$-f_1$，f_1］的农业生产者向中心城市供给农产品，位于区间［f_1，f_3］的农业生产者向侧翼城市3供给农产品，而位于区间［f_3，f］的农业生产者则向新出现的城市5供给农产品。假设新城市农产品的均衡价格为 p_5^A，那么此时的农产品均衡价格体系为：

$$p^A(r)=\begin{cases}p_1^A e^{-\tau^A r}, & 0\leqslant r<f_1\\ p_3^A e^{-\tau^A|r-r_3|}, & f_1\leqslant r<f\\ p_5^A e^{-\tau^A|r-r_5|}, & f_3\leqslant r<f\end{cases}$$

继续假设农业生产的技术水平为单位面积土地生产 1 单位的农产品，所需的劳动力数量为 a^A，仍有以下关系式成立：$R^A(r)=p^A(r)-a^A w^A(r)$。在农业生产边界 f 上，土地所有者出租自己拥有的土地所获得的租金只能为零，因此，在该区位上，农业劳动力的名义工资率 $w^A(f)$ 与新出现的城市农产品均衡价格 p_5^A 之间的函数关系可以写成如下：

$$w^A(f)=p_5^A e^{-\tau^A(f-r_5)}/a^A \tag{17.32}$$

在农产品市场的分割点上，相邻两个市场的农产品价格必然相等，所以，以下两个等式必然是成立的：

$$p_1^A e^{-\tau^A f_1}=p_3^A e^{-\tau^A|f_1-r_3|} \tag{17.33}$$

$$p_3^A e^{-\tau^A|f_3-r_3|}=p_5^A e^{-\tau^A|f_3-r_5|} \tag{17.34}$$

在单个行业情形下，5 个区位变量（f_1，r_3，f_3，r_5，f）是在线性空间中从左到右依次排列的，但是式（17.33）和式（17.34）中仍然保留了绝对值符号，这是为了强调空间距离概念而保留的。如果农产品市场在空间上是可分割的，那么在分割成“块状”的各个市场上必然都存在市场出清条件。在中心城市里，农产品的市场需求量为 $(1-\mu)l_1w_1^M/p_1^A$，邻近农村地区的供给量为 $\int_{-f_1}^{f_1}\mu e^{-\tau^A|s|}\mathrm{d}s$，这样该区间内农产品的市场出清条件为：

$$(1-\mu)l_1w_1^M/p_1^A=\int_{-f_1}^{f_1}\mu e^{-\tau^A|s|}\mathrm{d}s \tag{17.35}$$

在侧翼城市里，农产品的市场需求量为 $(1-\mu)l_3w_3^M/p_3^A$，而邻近的农村地区的市场供给量为 $\int_{f_1}^{f_3}\mu e^{-\tau^A|s-r_3|}\mathrm{d}s$，则该区间内农产品的市场出清条件为：

$$(1-\mu)l_3w_3^M/p_3^A=\int_{f_1}^{f_3}\mu e^{-\tau^A|s-r_3|}\mathrm{d}s \tag{17.36}$$

在新出现的城市，农产品的市场需求量为 $(1-\mu)l_5w_5^M/p_5^A$，其中，l_5 是新出现的城市中工业劳动力数量，w_5^M 是该城市工业劳动力的名义工资率。邻近农村地区的市场供给量为 $\int_{f_3}^{f}\mu e^{-\tau^A|s-r_5|}\mathrm{d}s$。这样，该区间农产品的市场出清条件为：

$$(1-\mu)l_5w_5^M/p_5^A=\int_{f_3}^{f}\mu e^{-\tau^A|s-r_5|}\mathrm{d}s \tag{17.37}$$

新城市的出现就意味着更多的工业企业迁往该区位从事工业品生产，不仅丰富了工业品种类，而且还改变了原有的工业品销售的市场结构。这是对任意工业企业而言的，它主要体现在工业品价格指数的变化上：

$$[P^M(r)]^{1-\sigma}=l_1(w_1^M)^{1-\sigma}e^{\tau^M(1-\sigma)r}+l_3(w_3^M)^{1-\sigma}[e^{\tau^M(1-\sigma)|r-r_3|}+e^{\tau^M(1-\sigma)|r+r_3|}]$$
$$+l_5(w_5^M)^{1-\sigma}[e^{\tau^M(1-\sigma)|r-r_5|}+e^{\tau^M(1-\sigma)|r+r_5|}] \tag{17.38}$$

与式（17.28）相比，式（17.38）增加了新城市所生产的工业品部分（即等式右边最后一项）。当然，随着新城市的出现，工业劳动力在城市之间的配置也发生变化，这点将在后文进行阐述。位于中心城市的工业企业所生产的产品的市场出清条件为：

$$(w_1^M)^\sigma=\frac{\mu l_1 w_1^M}{[P^M(0)]^{1-\sigma}}+\frac{2\mu l_3 w_3^M}{[P^M(r_3)]^{1-\sigma}}e^{\tau^M(1-\sigma)r_3}$$
$$+\frac{2\mu l_5 w_5^M}{[P^M(r_5)]^{1-\sigma}}e^{\tau^M(1-\sigma)r_5}+\int_{-f}^{f}\frac{\mu p^A(s)e^{\tau^M(1-\sigma)s}}{[P^M(s)]^{1-\sigma}}ds \tag{17.39}$$

位于侧翼城市的工业企业所生产的产品的市场出清条件为：

$$(w_3^M)^\sigma=\frac{\mu l_1 w_1^M}{[P^M(0)]^{1-\sigma}}e^{\tau^M(1-\sigma)r_3}+\frac{\mu l_3 w_3^M}{[P^M(r_3)]^{1-\sigma}}[1+e^{2\tau^M(1-\sigma)r_3}]$$
$$+\frac{\mu l_5 w_5^M}{[P^M(r_5)]^{1-\sigma}}[e^{\tau^M(1-\sigma)|r_5-r_3|}+e^{\tau^M(1-\sigma)|r_5+r_3|}]$$
$$+\int_{-f}^{f}\frac{\mu p^A(s)e^{\tau^M(1-\sigma)|s-r_3|}}{[P^M(s)]^{1-\sigma}}ds \tag{17.40}$$

与3城市的城市体系不同，5城市的城市体系不仅增加了新的农产品市场，而且增加了新的工业产品市场出清条件。与位于中心城市的工业企业所面临的市场出清条件不同，侧翼城市的市场在线性空间中并不是对称分布的。实际上，式（17.40）已表明，位于侧翼城市（正半轴）的工业企业所获取的销售收入中，等式右边第一项是其在中心城市获得的销售收入，第二项是其在两个侧翼城市获得的销售收入，第三项是其在新出现的两个城市获得的销售收入，最后一项则是其在广大农村地区所获得的销售收入。需要注意的是，在广大农村地区，购买工业品的消费者不仅有从事农业生产的劳动力，还有获取地租的土地所有者。

假设新城市里的工业劳动力数量为 l_5，那么总人口 N 的充分就业条件为：

$$N=l_1+2l_3+2l_5+2a^A f \tag{17.41}$$

同时，中心城市所生产的工业品种类数量为 $n_1=l_1$，侧翼城市所生产的工业品的种类数量为 $n_3=l_3$，新城市所生产的工业品种类数量为 $n_5=l_5$。式（17.41）隐含着一个严格的假设，即充分就业的假设。

劳动力的空间分布不仅需要满足充分就业条件，而且还在部门之间和城市之间达到均衡。这就要求部门之间和城市之间的劳动力的实际工资率必须相等，从而不会发生劳动力的跨城市、跨部门流动，即必须满足如下三个条件：

$$\frac{w_1^M}{[p_1^A]^{1-\mu}[P^M(0)]^{\mu}}=\frac{w_3^M}{[p_3^A]^{1-\mu}[P^M(r_3)]^{\mu}} \tag{17.42}$$

$$\frac{w_1^M}{[p_1^A]^{1-\mu}[P^M(0)]^{\mu}}=\frac{w_5^M}{[p_5^A]^{1-\mu}[P^M(r_5)]^{\mu}} \tag{17.43}$$

$$\frac{w_1^M}{[p_1^A]^{1-\mu}[P^M(0)]^{\mu}}=\frac{w^A(f)}{[p^A(f)]^{1-\mu}[P^M(f)]^{\mu}} \tag{17.44}$$

至此，当人口规模 N 给定时，需要求解的 5 城市体系实现均衡时的未知变量数已经达到了 11 个，[①] 分别是 p_1^A，p_3^A，p_5^A，w_3^M，w_5^M，l_1，l_3，l_5，f_1，f_3，f。通过联立式（17.33）、式（17.34）、式（17.35）、式（17.36）、式（17.37）、式（17.39）、式（17.40）、式（17.41）、式（17.42）、式（17.43）、式（17.44）就可以求得此时的一般均衡解。如果已经求得了一般均衡的解，就能够以其为基础分析 5 城市体系中各个变量的变化规律，如名义工资率、城市人口分布等。

2. 5 城市体系的市场潜能函数

对于给定的人口规模 N，通过求解 5 城市体系结构的均衡解之后，理论上就可以计算出市场潜能函数了。图 17－13 给出的就是 5 城市体系结构的市场潜能函数的模拟结果。从图 17－13 中可以看出，当人口规模为 $N=8.0$ 时，市场潜能函数如图 17－13 中所示而非如图 17－11 所示。随着人口规模的进一步扩大，当满足 $N=\bar{N}$ 时，[②] 市场潜能函数第 4 次达到 $\Omega=1$ 的水平直线，且恰好与其相切。这说明新的城市，位序为 7 的城市出现了。同时，这表明图 17－13 中，人口规模 $N=11.0$ 的市场潜能函数曲线又不再出现了。

3. 多城市的城市体系

在分析了单城市、3 城市和 5 城市的城市体系后，人们便可以很容易地将分析范畴扩展到多城市的城市体系。

通过依次分析杜能经济体（仅有 1 个城市的情形）、3 城市体系和 5 城市体系，人们可以发现随着人口规模的扩大，农业生产的边界是不断扩展的。伴随着农业生产边界的扩展，潜在工业企业的生产区位也不断以经济活动聚集体（城市）的形式出现。在这个过程中，农业边界对工业产品的需求是促使工业生产向外扩展的因素之一。这是后向联系所导致的结果，表明企业总是选择接近市场的区位上从事生产活动。当然，本章假设在新增加的人口规模中，部分劳动力是熟练的工业劳动力。所以，在潜在工业企业所在的生产区位上也存在

① 方程个数的变化规律如下：在单个行业下，每出现一对新城市，增加 4 个方程，分别为新的农产品市场分割条件、新出现的城市中农产品市场出清条件、新出现的城市里工业企业产品的市场出清条件、新出现城市中工业劳动力的实际工资率均衡条件。

② 此时，临界人口总规模为 $N\approx10.5038$，临界区位为 $\bar{r}\approx3.0691$。

着可供企业选择的熟练劳动力，以及其他投入要素。这说明，前向联系导致的循环累积因果关系至少也不会阻碍工业生产在空间上的扩散。综合这些因素，随着人口规模的扩大，工业企业就能够不断在新出现的城市里聚集。

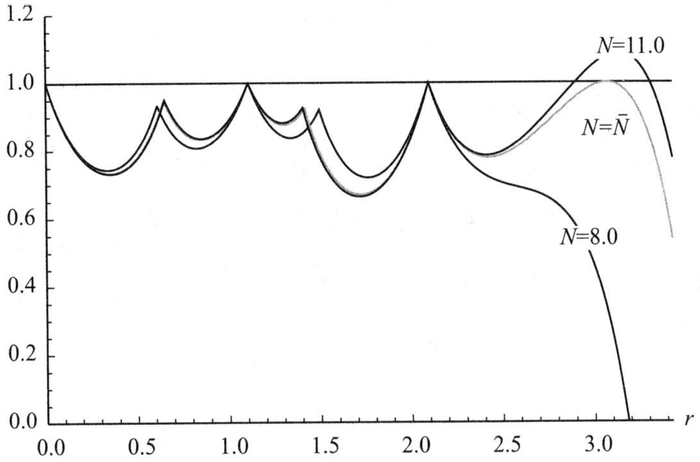

图 17－13　市场潜能函数（5 城市）

资料来源：笔者整理。

现在，我们把城市形成过程扩展到多城市结构。需要强调的是，人口规模的增长过程是一个长期的过程。因此，城市体系形成过程是指很长的历史时期内发生的过程。图 17－14 依次展示了包含有 7 个、9 个、11 个以及 13 个城市时的市场潜能函数曲线，并且每幅图均给出了 3 条对应着不同的总人口规模的市场潜能函数曲线，还给出了位序为 9、11、13 以及 15 的城市出现时的市场潜能函数曲线。从这些图中可以看出，城市数量由少到多、由近到远的动态的过程。这个过程也就是城市体系形成和演进的过程。

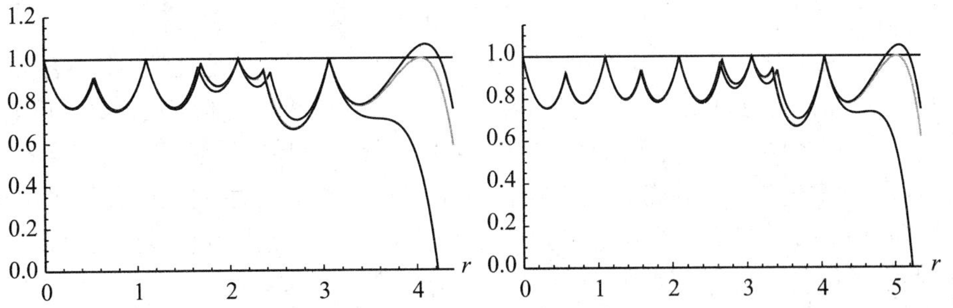

（a）　　　　（b）

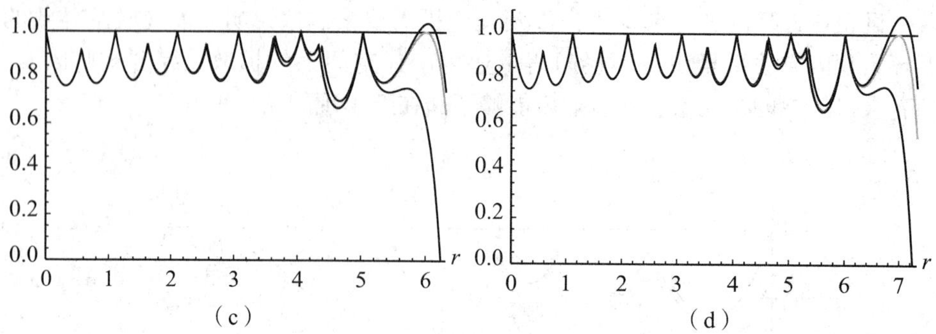

图 17－14 市场潜能函数（多城市）

资料来源：笔者整理。

二、稳定性分析：滚摆线和草叉图

1. 滚摆线

生产要素自由流动有利于实现生产要素在空间中的有效配置。在这里，生产要素主要是指劳动力和资本。在空间经济学的背景下，生产要素在空间中的有效配置，通常表现为产业活动空间分布的变化。城市经济学主要的研究内容之一为探讨劳动力或人口在城市之间自由流动的问题，那些能够提供更高的实际工资率的区域或城市才能吸引更多的熟练劳动力，劳动力的区际或城际流动还将导致不同城市规模的此消彼长和新城市的出现。当劳动力的实际工资率在不同区域或不同城市之间相等的时候，劳动力在空间中的配置过程将实现一种动态的均衡。这种动态均衡并不意味着劳动力是静止不动的，其实劳动力在区域或城市之间仍然是流动的，只不过从某个区位流出的劳动力数量和流进该区位的劳动力的数量几乎相等罢了。这种动态均衡的观点将有助于理解城市体系的形成和演进过程。

滚摆线是分析劳动力空间配置的有效的工具。在新经济地理学中，[①] 滚摆线以及与其相似的剪刀图就是分析生产要素在空间流动和配置的常见工具。例如，在核心—边缘模型中，滚摆线绘制出了实际工资率差异［即函数 $\Omega(s_H)=\omega-\omega^*$］与北部地区（或南部地区）所占可流动要素份额 s_H 之间的函数关系。当然，人们通过绘制滚摆线还可以辨明在所有可能的均衡点中？哪些是稳定的？哪些是不稳定的？从而得到生产要素配置均衡状态的最终集合。

（1）滚摆线与稳定性判断。在滚摆线上，判断潜在均衡点的稳定性时，通

① 安虎森，等．新经济地理学原理（第二版）［M］．北京：经济科学出版社，2009.

常需要区分交点与端点的类型（见图 17－15）。

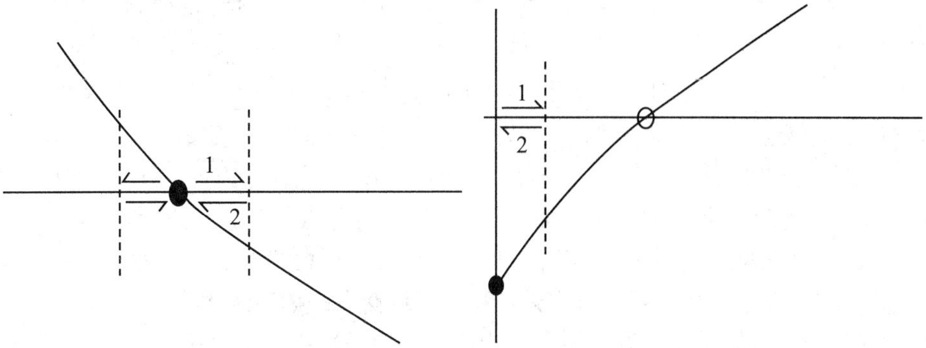

图 17－15　滚摆线与稳定性判断

资料来源：笔者整理。

在图 17－15 中，左图为交点时的情形，即滚摆线与水平直线 $\omega_3^M/\omega_1^M=1$ 的交点，且在交点邻域内滚摆线是递减的。假设自变量 λ（通常指生产要素份额，如工业劳动力的份额）沿着如图 17－15 中“1”所示方向变化，也就是发生了工业劳动力从中心城市向侧翼城市的转移。这种转移使得工业劳动力在侧翼城市和中心城市的实际工资率之比变小了，也就是，侧翼城市的实际工资率相对于中心城市的实际工资率较低，或者说，中心城市的实际工资率相对于侧翼城市较高。实际工资率的这种变化，将吸引工业劳动力从侧翼城市重新流向中心城市，即发生了如图 17－15 中“2”所示方向的变化，这样就“消除”了初始变化的影响。同理，如果发生了工业劳动力从侧翼城市向中心城市的转移，那么中心城市的实际工资率相对于侧翼城市将下降，侧翼城市的实际工资率相对于中心城市将上升。由于这些实际工资率的相对变化都发生在交点邻域内，一条递减的滚摆线保证了任何方向的工业劳动力迁移都将通过负反馈而消除，所以这种类型的交点是稳定的均衡点。与此相反，如果在该交点邻域内滚摆线是递增的，那么任何方向的工业劳动力的转移都通过正反馈机制而得到放大，所以这种类型的交点是不稳定的均衡点。

在图 17－15 中，右图为端点时的情形，滚摆线与两端的垂直线相交，而且滚摆线与左端垂直线相交于水平直线 $\omega_3^M/\omega_1^M=1$ 的下方。假设自变量 λ 经历如图 17－15 中“1”所示方向的变化，即发生了工业劳动力从中心城市向侧翼城市的转移。尽管侧翼城市的实际工资率相对于中心城市较高，而中心城市的实际工资率相对于侧翼城市较低，但实际工资率之比 ω_3^M/ω_1^M 在端点 $\lambda=0$ 的邻域内都是小于 1 的，也就是总有 $\omega_3^M<\omega_1^M$，所以，所有从中心城市转移出去的工业劳动力都将重新回到中心城市，即发生如图 17－15 中“2”所示方向的变化。

此外，滚摆线与左侧垂直线相交的交点共有 4 种情形。总结这些端点的稳定性类型可知：凡是位于水平直线 $\omega_3^M/\omega_1^M=1$ 下方的交点都是稳定的均衡点；凡是位于水平直线 $\omega_3^M/\omega_1^M=1$ 上方的交点都是不稳定的均衡点。关于滚摆线与右端垂直线相交的交点的稳定性分析表明：凡是位于水平 $\omega_3^M/\omega_1^M=1$ 线下方的交点都是不稳定的均衡点；凡是位于水平直线 $\omega_3^M/\omega_1^M=1$ 上方的交点都是稳定的均衡点。与此相反，如果在该交点邻域内滚摆线是递增的，那么任何方向的工业劳动力的转移都通过正反馈机制而得到放大，所以，这一类型的交点是不稳定均衡点。

假设滚摆线与水平直线 $\omega_3^M/\omega_1^M=1$ 的交点恰好在 $\lambda=0$ 处，如果滚摆线在 $\lambda=0$ 的右邻域内是递增的，那么该点是不稳定的均衡点；如果滚摆线在 $\lambda=0$ 的右邻域内是递减的，那么该交点为稳定的均衡点。假设滚摆线与水平直线 $\omega_3^M/\omega_1^M=1$ 的交点恰好在 $\lambda=1$ 处，如果滚摆线在 $\lambda=1$ 的左邻域内是递增的，那么该交点是不稳定的均衡点；如果滚摆线在 $\lambda=1$ 的右邻域内是递减的，那么该交点就是稳定的均衡点。可以看出，所有这些都与滚摆线和水平直线 $\omega_3^M/\omega_1^M=1$ 相交的类型有关。总之，当利用滚摆线分析城市体系的稳定性时存在着 10 种类型的均衡，其稳定性判断规则已总结于表 17－2。

图 17－16 中的左图是一条滚摆线，所对应的总人口规模恰好是侧翼城市出现时的人口规模临界值，也就是，市场潜能函数曲线首次与水平直线 $\Omega=1$ 相切时的人口规模 $\tilde{N}=4.3563$。随着自变量 λ 变大，工业劳动力在侧翼城市和中心城市之间的实际工资率之比 ω_3^M/ω_1^M 呈现出先上升，后下降，又上升的变化规律。只有那些滚摆线与水平直线 $\omega_3^M/\omega_1^M=1$ 相交的点，以及与左、右两端垂直线相交的点才是城市体系长期的均衡状态。

表 17－2　　　　滚摆线的稳定性判断

项目	条件		图例	判断
	ω_3^M/ω_1^M	$d(\omega_3^M/\omega_1^M)/d\lambda$		
交点	=1	+	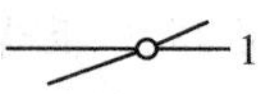	不稳定
	=1	−	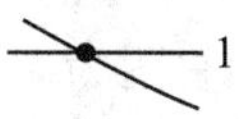	稳定
左侧端点	<1	+	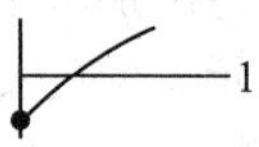	稳定
		−	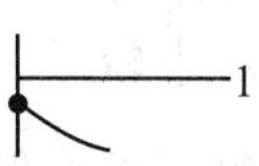	稳定

续表

项目	条件		图例	判断
	ω_3^M/ω_1^M	$d(\omega_3^M/\omega_1^M)/d\lambda$		
左侧端点	>1	+	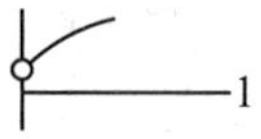	不稳定
		-	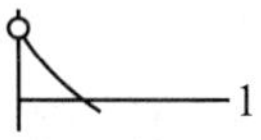	不稳定
右侧端点	<1	+	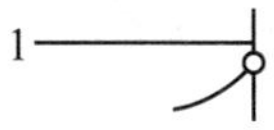	不稳定
		-	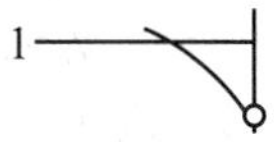	不稳定
	>1	+	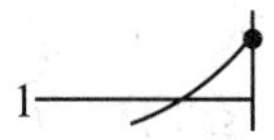	稳定
		-	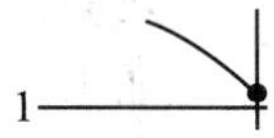	稳定

注：空心圆圈表示不稳定的均衡状态，而实心圆圈表示稳定的均衡状态。
资料来源：笔者整理。

在点 A 上，自变量 $\lambda=0$，对应着仅有中心城市的城市体系结构。在点 C，自变量 $\lambda=1$，对应着仅有侧翼城市的城市体系结构。只有在点 B，中心城市和侧翼城市同时存在。回顾第 2 节阐述的新城市出现的过程，就可以知道点 B 对应着侧翼城市刚出现时的临界状态。依据表 17－2，易知点 A 是不稳定均衡点，点 B 是稳定均衡点，点 C 也是不稳定均衡点。因此，只有点 B 是城市体系结构的长期稳定状态。补充说明两点：一是滚摆线在其最大值邻域内是不可导的。实际上，该点对应着中心城市的农产品市场结束跨区域供给时的临界状态。二是在两侧端点处，滚摆线是连续的。尽管在两侧端点处，城市体系的结构发生了突变，但中心城市和侧翼城市的实际工资率是连续变化的，因而滚摆线也是连续变化的。总之，只有点 B 才是城市体系长期稳定均衡点的结论，就意味着，当人口规模达到临界值 $\tilde{N}$ 时，侧翼城市的工业劳动力数量并不等于零而是某个大于零的数值，也就是新城市出现时的人口数量并不等于零，但它经历着人口规模的“突发性”增长。与此相反，中心城市的人口规模却经历了“突发性”减少。这种“突变”是城市体系形成和演化过程中的常见现象。

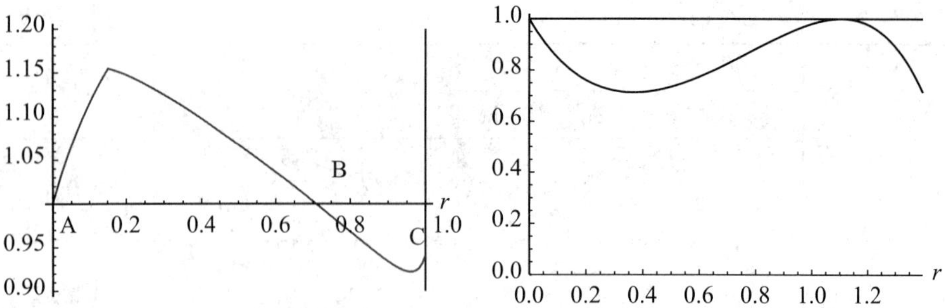

图 17－16　滚摆线（$N=\tilde{N}$）

资料来源：笔者整理。

（2）滚摆线的数学方程组。本章之所以借助滚摆线分析劳动力流动的空间均衡状况，尤其是分析工业劳动力在不同城市之间的流动，是因为随着人口规模的扩大，工业劳动力在城市之间的流动，一方面表现为不同城市规模的变化过程，甚至表现为新城市出现或原有城市消亡过程，另一方面表现为不同城市产业活动的发展或衰退过程。在单行业的情况下，工业劳动力在城市之间的流动表现为产业在不同城市之间的转移；在多行业的情况下，它表现为不同产业之间的竞争与合作关系。如果经济系统的人口规模给定，那么工业劳动力在不同城市之间的流动表现为城市体系结构的变化。由上面的滚摆线可知，城市体系的变化过程并不是一个连续的过程，在临界状态下，这种变化过程可能是一种突变的过程。本章利用滚摆线进行分析，还有一个重要的原因。在前面，利用市场潜能函数分析了城市体系形成和演化过程，并利用数学分析工具探讨了新城市出现的充分条件。但有一个关键问题仍悬而未决，那就是已经出现的城市能否长期存在下去？如果能，那么持续存在的条件是什么？若不能，那么城市体系接下来又要经历何种演化过程，能否形成一种新的稳定结构？本质上，这些所有的问题都指向了城市体系的稳定性问题，滚摆线就是辅助市场潜能函数解决这些问题的最有力的工具之一。不过，滚摆线是随着城市体系的变化而改变的，因此，人们的关注点仍然集中在新城市的出现问题上。①

中心城市的稳定性问题是指随着人口规模的扩大，出现侧翼城市以后，中心城市的工业劳动力是否有可能全部转移到侧翼城市的问题。同理，侧翼城市的稳定性也是指，当外侧位序为 5 的城市出现以后，侧翼城市的劳动力是否有可能全部转移到新出现的城市的问题。当然，后者的稳定性分析必须以中心城

① 由于篇幅所限，本小节仅以中心城市为例，其他城市的分析与此类同。

市已经能够稳定存在为前提。在城市体系的稳定性分析过程中，位序较高的城市的稳定性分析必须以位序较低的城市的稳定性为其前提条件。所以，随着人口规模的扩大，城市体系的稳定性分析就体现为一种承继关系。也正因如此，中心城市的稳定性分析应该在3城市的城市体系处于稳定均衡状态下进行。在这里，滚摆线绘制了在不同人口规模下，侧翼城市与中心城市中工业劳动力实际工资率之比 ω_3^M/ω_1^M 与侧翼城市所拥有的工业劳动力份额 $2l_3/(l_1+2l_3)$ 之间的函数关系，其中，ω_1^M 和 ω_3^M 分别为中心城市和侧翼城市工业劳动力的实际工资率。假设区位 r 的农业劳动力的实际工资率为 $w^A(r)$，那么劳动力的平均实际工资率应为：

$$\overline{\omega}=\frac{1}{N}[l_1\omega_1^M+2l_3\omega_3^M+2a^Af\omega^A(r)]$$

劳动力的平均实际工资率并非是实际存在的工资率，它只是反映劳动力报酬水平的一种变化趋势。这意味着，在实现实际工资率均等化的过程中，可以假设成立 $\omega^A(r)=\overline{\omega}$。同时，根据式（17.25）可有 $l_1+2l_3=N-2a^Af$。这样，上面的式子可以改写为：

$$\omega^A(r)=\frac{l_1}{l_1+2l_3}\omega_1^M+\frac{2l_3}{l_1+2l_3}\omega_3^M \tag{17.45}$$

式（17.45）表明，在现有假设下，农业劳动力的实际工资率是中心城市和侧翼城市中工业劳动力实际工资率的加权平均，权重就是不同层级①城市规模占总城市人口的比重，比如 ω_1^M 的权重为 $l_1/(l_1+2l_3)$。所以不妨令：

$$\lambda=2l_3/(l_1+2l_3) \tag{17.46}$$

这样，式（17.45）可以简化为：

$$\omega^A(r)=(1-\lambda)\omega_1^M+\lambda\omega_3^M \tag{17.47}$$

参数 λ 表征的是工业劳动力在不同层级城市中的分布。当人口规模 N 给定时，如果城市体系处于均衡状态，那么通过参数 λ 可以求解侧翼城市工业劳动力的名义工资率（w_3^M），接着可以计算出实际工资率的比值（ω_3^M/ω_1^M），从而可以绘制出表征不同层级城市工业劳动力实际工资率之比的滚摆线［$\omega_3^M(\lambda)/\omega_1^M(\lambda)$］。具体而言，这个方程组除了式（17.46）和式（17.47），还包括式（17.25）、式（17.24）、式（17.26）、式（17.27）、式（17.29）共7个方程。因此，对于任意给定数值的 $\lambda\in[0,1]$，都可以计算出一组解 l_1，l_3，f_1，f，p_1^A，p_3^A，w_3^M，并计算出比值 ω_3^M/ω_1^M（见附录17H）。不同的人口规模 N 对应着不同的滚

① 若以 k_1 表示城市的层级，以 k_2 表示城市的位序，那么在单中心城市体系里，层级与位序之间满足简单的数学关系：$k_1=(k_2+1)/2$；在双中心城市体系里，这个简单的数学关系应为：$k_1=k_2/2$。

摆线，并可以分析出人口规模对城市体系结构的影响。

随着自变量 λ 的变化，方程组需要进行调整。这些调整包括两个方面的调整：一方面，将要涉及城市体系结构的变化；另一方面，将涉及农产品跨区域供给问题。城市体系结构方面的调整，又可以分为两种情形：当 $\lambda=0$ 时，城市体系中只有中心城市，也就是说城市数目只有 1 个；当 $\lambda=1$ 时，城市体系包括两个侧翼城市。在这两种情形下，方程组的个数将发生变化（见附录 17I）。数值模拟的结果表明，当自变量 λ 取定义域的端点值时，城市体系结构发生突变，但是工业劳动力的实际工资率之比将会是连续的。之所以要进行农产品供给市场方面的调整，是因为工业劳动力全部聚集在中心城市（即自变量 λ 较小）时该区位对农产品的需求是非常大的，以致位于区间 $[-f_1, f_1]$ 的农业生产剩余不足以满足该需求。因此，向中心城市供给农产品的区间就会跨越侧翼城市范围，这要求必须对农产品市场分割条件（式 17.24）、市场出清条件［见式（17.26）和式（17.27）］，以及中心城市企业的产品的市场出清条件［见式（17.29）］做出必要的调整。

2. 草叉图（bifurcation）

每个人口规模都对应着一条滚摆线，而不同滚摆线的均衡点个数和稳定性判断都是不相同的。这意味着，尽管滚摆线是分析城市体系结构稳定性的有力工具，然而难免有其自身的不足之处。"草叉图"可以弥补滚摆线的不足。草叉图是基于滚摆线绘制的，它表征了人口规模 N 和城市体系结构稳定性之间的关系。如果说，滚摆线是在经济系统人口规模给定情况下分析城市体系结构稳定性的工具，那么草叉图是在任意人口规模下分析城市体系结构稳定性的工具。这是因为，草叉图的自变量恰好是人口规模 N，而因变量则是城市体系的结构变量 λ。这点就类似于新经济地理学中的战斧图了。

图 17－17 就是一张草叉图，其中，横轴是人口规模 N，纵轴则是城市体系的结构变量 λ。草叉图上所有的点都是由均衡点构成的，也就是说，草叉图上的每个点，都对应着在不同人口规模 N 下的城市体系结构的所有均衡状态（包括稳定的和不稳定的）。横轴 $\lambda=0$ 和水平直线 $\lambda=1$ 均为草叉图的组成部分，例如，图 17－17 中的线段 ABC 和线段 DEF。这些线段的点所对应的城市体系就是仅有中心城市，或只有 2 个侧翼城市的城市体系，其稳定性判断根据表 17－2 中左、右侧端点的情况。曲线 BGHJIE 则对应着滚摆线与水平直线 $\omega_3^M/\omega_1^M=1$ 相交的情形（$0<\lambda<1$）。

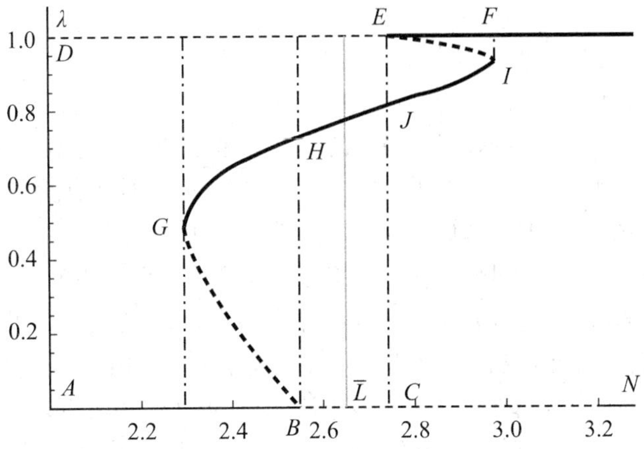

图 17－17　草叉图

注：实线表示的是稳定均衡，虚线表示的是不稳定均衡。
资料来源：笔者整理。

虽然图 17－17 标出了城市体系所有的均衡结构，但是难以判断出各均衡结构的稳定性问题。为此，首先判断各临界点的稳定性问题，然后划分出稳定均衡所在区间。在图 17－17 中，垂直线 BH 所对应的恰好是临界人口规模为 $\tilde{N}_3$时的均衡状态，因为，如果人口规模大于该临界规模，那么只有 1 个城市的城市体系就不再是稳定均衡了，故线段 BC 是以虚线来表示的。这里的 B 点，实际上对应着图 17－16 中的 A 点的情形，而 H 点则对应着图 17－16 中的 B 点的情形，线段与水平直线 λ＝1 的交点则对应着图 17－16 中 C 点所示的不稳定的均衡。与此类似地，在 G 点所示的人口规模 N 情况下，滚摆线与水平直线 $\omega_3^M/\omega_1^M=1$ 恰好在下方相切。因此，对应于该临界规模 N 的滚摆线如图 17－16 的左图所示。同理，垂直线 FI 对应着滚摆线与水平直线 $\omega_3^M/\omega_1^M=1$ 恰好在上方相切的情形。但 G 点和 I 点所对应的城市体系都是不稳定的结构，但仅有 1 个城市和仅有 2 个侧翼城市的城市结构分别是在各自人口规模下的稳定的城市体系结构。垂直线 CJE 所对应的滚摆线恰好满足条件，即当 λ＝1 时，有 $\omega_3^M/\omega_1^M=1$。但，E 点所对应的仅有 2 个侧翼城市的城市体系是不稳定体系结构。稳定结构则是与 J 点所对应的城市体系结构，它是由 1 个城市和 2 个侧翼城市共存的城市体系结构。红色垂直线所对应的人口规模为位序为 5 的城市出现时的临界规模。如果这条垂直线位于由 1 个城市和 2 个侧翼城市共存的人口规模区间，那么当位序为 5 的城市出现时，中心城市仍然不会消亡。综合以上分析，在图 17－17 中，稳定均衡的轨迹应包括 3 段：线段 AB、弧线段 GHJI，以及线段 EF；而不稳定均衡的轨迹共有 4 段：线段 BC、弧线段 BG、弧线段

IE，以及线段 DE。

图 17－18 是农产品“冰山交易成本 $\tau^A=0.8$”时中心城市的草叉图。垂直线 BH 对应着临界人口规模 $N=\tilde{N}_3$，并且 B 点对应着不稳定的仅有 1 个城市的城市体系结构，而 H 点则对应着稳定的由 1 个城市和 2 个侧翼城市共存的城市体系结构。与 G 点相对应的滚摆线如图 17－16 所示，但该点所对应的城市体系结构是不稳定的。垂直线 CJE 对应着滚摆线的右侧端点恰好位于水平直线 $\omega_3^M/\omega_1^M=1$ 上的情形，但此时城市体系的稳定结构仍是 1 个城市和 2 个侧翼城市共存的结构。垂直线 FI 对应着滚摆线恰好在水平直线 $\omega_3^M/\omega_1^M=1$ 的上方相切的情形。根据数值模拟的结果，此时的临界人口规模为 $N=19.7405$。容易发现，此时的人口规模远远大于位序为 5 的城市刚出现时的人口规模。综合以上分析，当农产品的“冰山交易成本 $\tau^A=0.8$”时，稳定均衡的轨迹应该共有 3 段：线段 AB、弧线段 GHJI 以及线段 EF；而不稳定均衡的轨迹应该共有 4 段：线段 BC、弧线段 BG、弧线段 IE，以及线段 DE。

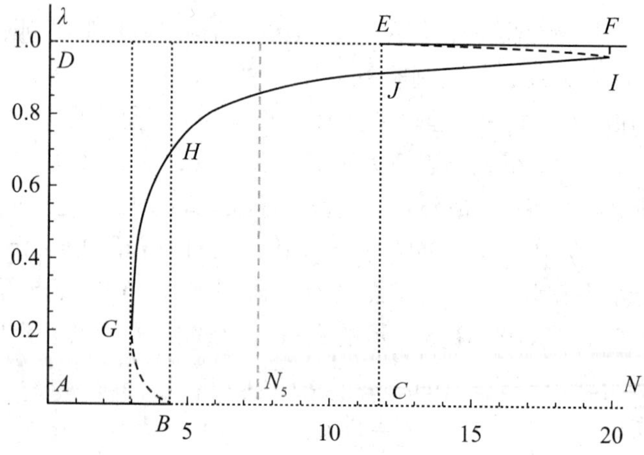

图 17－18　中心城市的草叉图

资料来源：笔者整理。

在图 17－18 中的 G 点和 B 点对应的人口规模区间内，以及在 J 点和 I 点对应的人口规模区间内，城市体系结构的稳定均衡不是唯一的，而是存在着双重稳定均衡。双重稳定均衡的出现意味着城市体系的形成和演化路径并不是唯一的。尽管模型本身不能决定现实的城市体系结构到底是哪一种，但是分析人口规模的变动（增加或减少）情况，可能是确定城市体系稳定结构的一种方式。如果人口规模是从小到大连续地扩大，且考虑到新建城市时企业的重置成本，那么城市体系的形成和演化路径就具有一定的惯性。结果就是随着总人口规模的增加，稳定均衡的轨迹就是图 17－18 中从 A 点到 B 点，再跳至 H 点，后到 J

点。这些轨迹也是市场潜能函数模拟所显示的城市体系形成和演化的过程。

虽然利用草叉图可以分析任意人口规模下的城市体系结构的稳定性问题，但常用的稳定性分析工具仍然是滚摆线。其中的原因非常简单，人们通常是在绘制滚摆线的基础上才能绘制出草叉图。在利用草叉图判断城市体系结构的稳定性时，人们首先要分析临界点的稳定性，这样才能了解哪些线段（或弧线段）为稳定均衡的轨迹的问题。所以，本章较多地利用滚摆线来判断了城市体系结构的稳定性问题，仅在少数情形下利用草叉图进行了补充性分析。

第四节　城市体系的区位和规模分布规律

一、区位分布规律

本章在杜能经济体的基础之上，利用市场潜能函数，并结合数值模拟分析了城市体系的形成与演化过程。杜能经济体是仅有一个城市的城市体系，也是单中心城市体系空间结构形成的起点。在外生参数给定的情形下，随着人口规模的持续增长，不断涌现出新城市，位序为3、5、7、9、11、13、15……的城市依次出现在临界区位。市场潜能函数的模拟结果表明，新城市只能在出现在特定区位上，形成一定形式的空间结构。前文还着重分析了城市体系空间结构的稳定性问题，尤其是滚白线和草叉图的使用。城市体系空间结构的稳定性分析表明，城市体系中仅有1个城市的结构是相当稳定的。随着总人口规模扩大，中心城市、侧翼城市、位序为5的城市、位序为7的城市……相继出现并稳定存在。当然，人口规模持续增长对城市体系空间结构的稳定性具有决定性的作用，本章也主要分析了人口规模持续增长时的城市体系的结构问题。

在城市体系中，城市的空间分布具有一些特殊规律。首先，不同位序的城市之间保持着一定的空间距离。随着人口规模扩大，新城市能够稳定存在就意味着，相互邻近的城市都没有处在对方的影响范围内。如果某个城市处于另一个城市的影响范围内，那么该城市难以持续存在下去。每个稳定存在的城市都有一定的影响范围，在其影响范围内不可能出现新的城市（阴影区）。所以，城市体系内相邻城市间总是保持着一定间隔，如图17－19所示。

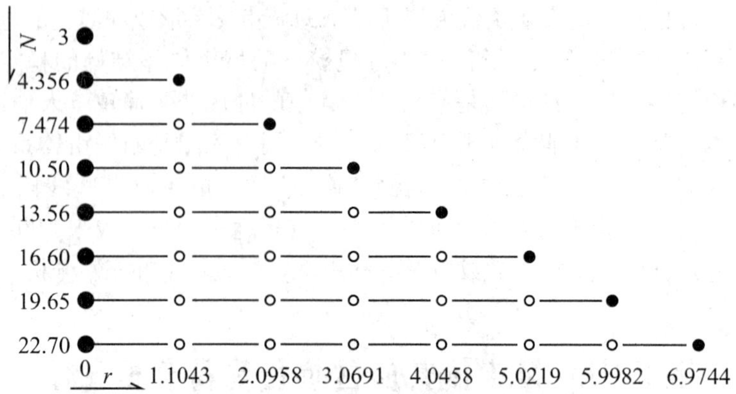

图 17-19　城市区位的空间分布

资料来源：笔者整理。

其次，随着人口规模持续扩大，新城市不断涌现，且城市之间的距离呈现出有规律的变化（见表 17-3）。位序为 3 的城市与中心城市之间的距离为 d_{31} = 1.1043，而位序为 5 的城市与位序为 3 的城市之间的距离为 d_{53} = 0.9915。从中可见，位序为 5 的城市与位序为 3 的城市之间的距离要小于位序为 3 的城市与中心城市之间的距离。同时，位序为 7 的城市与位序为 5 的城市之间的距离为 d_{75} = 0.9733。这表明位序为 7 的城市与位序为 5 的城市之间的距离比位序为 5 的城市与位序为 3 的城市之间的距离更小。位序为 9 的城市与位序为 7 的城市之间的距离为 d_{97} = 0.9767。此后，随着人口规模的持续扩大，新城市不断涌现，但是新出现的城市之间的距离相对稳定在 d = 0.9760 左右。所以，随着城市体系的形成，城市之间的距离一开始逐渐变小，最终该距离将趋向于稳定。

总之，随着人口规模的持续增长，新的城市不断出现。在城市体系形成的初始阶段，新城市之间的距离逐渐变小，但随着城市体系中城市数目的增加，城市之间的距离趋向于稳定。

表 17-3　　城市区位的空间分布

位序	1	3	5	7	9	11	13	15
1	0	—	—	—	—	—	—	—
3	1.1043	0	—	—	—	—	—	—
5	2.0958	0.9915	0	—	—	—	—	—
7	3.0691	1.9648	0.9733	0	—	—	—	—
9	4.0458	2.9415	1.9500	0.9767	0	—	—	—

续表

位序	1	3	5	7	9	11	13	15
11	5.0219	3.9176	2.9261	1.9528	0.9761	0	—	—
13	5.9982	4.8939	3.9024	2.9291	1.9524	0.9763	0	—
15	6.9744	5.8701	4.8786	3.9053	2.9286	1.9525	0.9762	0

资料来源：笔者整理。

二、规模分布规律

在城市经济学中，齐普夫定律是描述城市规模空间分布的统计规律。本章的城市和城市体系理论可以进一步佐证该定律。在这里，我们的探讨只限于新城市出现时的城市规模的空间分布规律。图 17－20 显示了在临界人口规模下,[①] 城市规模的空间分布规律。首先，随着城市体系的形成，城市的位序越大，城市的规模越小。比如在图 17－20（e）中，中心城市、位序为 3 的城市、位序为 5 的城市的人口规模分别为 0.9954、0.9322、0.8168；而在图 17－20（f）中，中心城市、位序为 3 的城市、位序为 5 的城市、位序为 7 的城市的人口规模分别为 1.0247、0.9400、0.8713、0.8475。从中可以看出，城市的位序越大，其人口规模越小。

其次，在临界人口规模下，新城市的人口规模总是比相邻城市的人口规模要大。在图 17－20（a）中，中心城市的人口规模仅为 0.7485，而侧翼城市的人口规模则为 0.9121；在图 17－20（b）中，侧翼城市的人口规模为 0.7094，而位序为 5 的城市的人口规模则为 1.0973；在图 17－20（f）中，位序为 11 的城市的人口规模仅为 0.6631，而位序为 15 的城市的人口规模高达 1.5251。同时，在临界人口规模下，与新城市相邻的城市的内侧城市的人口规模要大于该相邻的城市的人口规模。比如在图 17－20（f）中，位序为 9 的城市的人口规模是 0.9517，要大于位序为 11 的城市的人口规模。这说明，在临界人口规模下，原有位序最高的城市的人口规模将急剧地减少，其大多数劳动力转移到新城市，部分的转移到位序低一级的城市中去，而位序更低的城市的人口规模则很少发生变化。

① 在本章，城市体系空间分布规律的讨论，只限于临界人口规模下的城市体系分布规律，也就是新城市出现时的城市体系的空间分布规律。

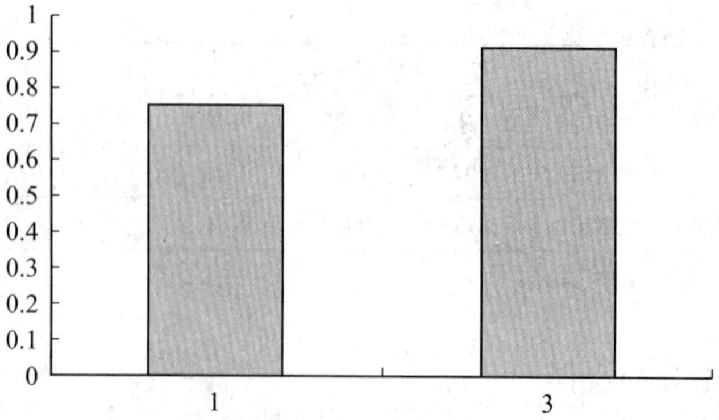

（a）$N=\bar{N}_3$

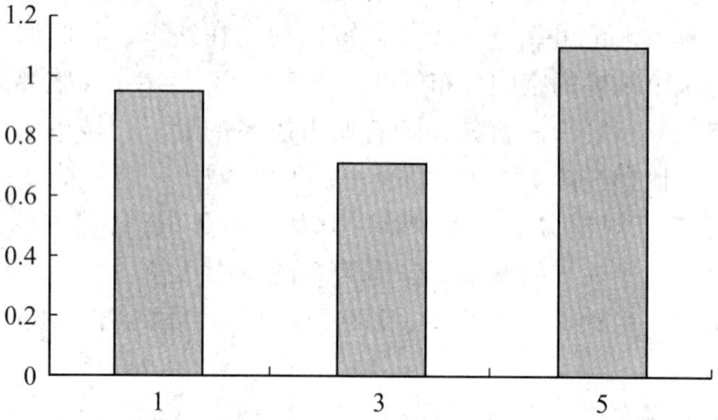

（b）$N=\bar{N}_5$

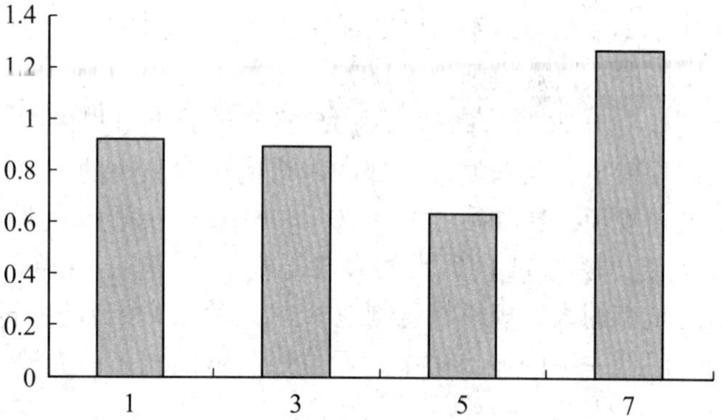

（c）$N=\bar{N}_7$

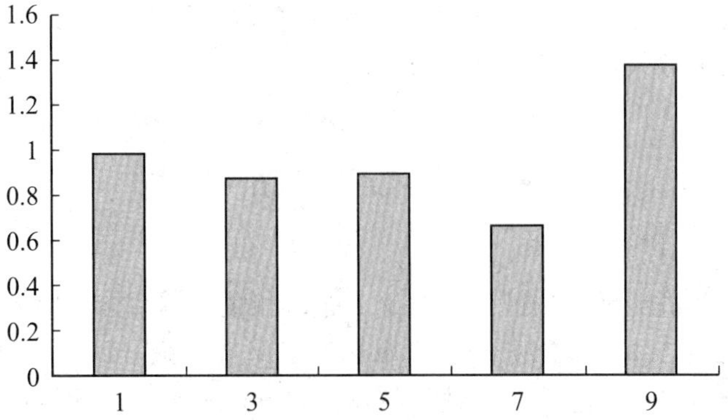

（d）$N=\bar{N}_9$

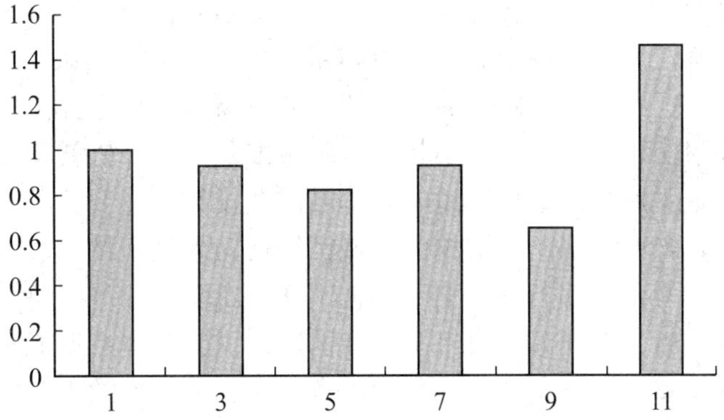

（e）$N=\bar{N}_{11}$

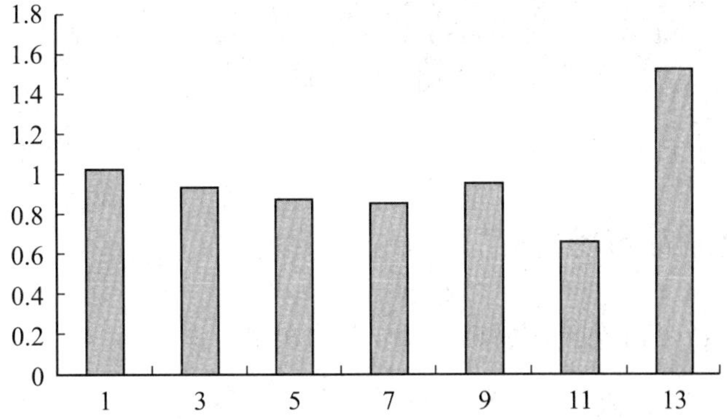

（f）$N=\bar{N}_{13}$

图 17－20　城市规模的空间分布

资料来源：笔者整理。

总之，在城市体系中，位序越高的城市（指在中心城市之后形成的城市）的人口规模越小。在新城市出现时，原有位序最高的城市的人口规模将急剧地减少，其中大多数人口迁移到新城市中。

第五节　本章小结

本章在新经济地理学的框架内讨论了城市和城市体系结构形成和演化规律。首先，在杜能经济体的基础上，利用市场潜能函数讨论了城市和城市体系的形成过程。这部分，不仅包含了阐述侧翼城市出现过程和条件的简单的城市体系，还包含了从单中心城市结构到包括 3 个、5 个、7 个、9 个城市……的城市体系结构的演变过程。其中，前者不仅是分析后者的基础，而且能够单独地作为分析城市体系的基本模型，用于分析城市与城市之间的经济联系。其次，为了探讨城市体系的稳定性，本章依次简要介绍了分析新出现城市体系空间结构稳定性的工具，即滚摆线和草叉图。实际上，新城市稳定性分析就构成了城市体系稳定性分析的重要内容，也是探讨城市体系演变规律的重要途径。这些分析工具的介绍，也暗含着城市体系结构由单城市结构向多城市结构转变的条件。同时，本章的讨论为分析多行业条件下城市体系的形成与演变过程奠定了基础。最后，本章从距离、规模等视角出发，分别讨论了城市体系形成和演变过程中的空间分布规律和规模分布规律。尽管本章包含了大量的数理分析的内容，但是本章强调的仍是这些模型和结论所揭示的基本机理。

附　　录

17A：工业品市场出清

根据式（17.2），长期均衡时企业 i 的产出量应该是：

$$x_i^S = \frac{(\sigma - 1)F}{a^M} \tag{17A.1}$$

市场对企业 i 的产品的需求分别来自城市和农村。根据消费者的需求函数，城市对工业品 i 的需求为：

$$x_i^D(r=0)=\frac{\mu l_1 w_1^M[p_i(0)]^{-\sigma}}{\int_{j=1}^{n}[p_j(0)]^{1-\sigma}\mathrm{d}j}=\frac{\mu l_1 w_1^M}{np_i(0)} \tag{17A.2}$$

由于“冰山交易成本”的存在，为了满足区位 r 对工业品 i 的需求 $c_i(r\neq 0)$，企业 i 应供给的产品数量为 $e^{\tau^M|\gamma|}c_i(r\neq 0)$。因此，农村对工业产品 i 的需求为：

$$x_i^D(r\neq 0)=\int_{-f}^{f}e^{\tau^M|s|}c_i(s)\mathrm{d}s=\int_{-f}^{f}e^{\tau^M|s|}\times\frac{\mu p^A(s)[p_i(s)]^{-\sigma}}{\int_{j=1}^{n}[p_i(s)]^{1-\sigma}dj}\mathrm{d}s$$

$$=\frac{\mu p_1^A}{np_i(0)}\int_{-f}^{f}e^{-\tau^A|s|}\mathrm{d}s$$

根据式（17.8），上式可简化为：

$$x_i^D(r\neq 0)=\frac{(1-\mu)l_1 w_1^M}{np_i(0)} \tag{17A.3}$$

结合式（17A.2）和式（17A.3），市场对工业品 i 的总需求为：

$$x_i^D=\frac{l_1 w_1^M}{np_i(0)}=\frac{(\sigma-1)F}{a^M}=x_i^S$$

17B：部门实际工资差异的全微分

为了求解部门之间实际工资差异对农业生产边界的导数，需要分别求解工业劳动力的实际工资和农业劳动力的实际工资的全微分。依据实际工资的表达式，两边取对数，则：

$$\ln\omega^M(0)=\ln w_1^M-\ln P \tag{17B.1}$$

对式（17B.1）求解全微分，可得：

$$\frac{\mathrm{d}\omega^M(0)}{\omega^M(0)}=\frac{\mathrm{d}w_1^M}{w_1^M}-\frac{\mathrm{d}P}{P}$$

类似地，可以写出农业生产边界 f 上农业劳动力的实际工资的全微分，并结合该区位上的完全价格指数的全微分，可得：

$$\frac{\mathrm{d}\omega^A(f)}{\omega^A(f)}=\frac{\mathrm{d}w^A(f)}{w^A(f)}-\left\{\frac{\mathrm{d}P}{P}+[\mu\tau^M-(1-\mu)\tau^A]\mathrm{d}f\right\}$$

在上式中，方括号内的正是工业品价格指数和农产品价格指数对该处实际工资的不同影响。等号右边第一项为名义工资对实际工资的影响。在均衡状态下，部门实际工资差异的微分满足：

$$d\omega^M(0) - d\omega^A(f)\big|_{Equilibrium} = \omega^M(0)\left\{-\frac{dw^A(f)}{w^A(f)} + [\mu\tau^M - (1-\mu)\tau^A]df\right\} \tag{17B.2}$$

需要强调的是：首先，城市的完全价格指数 P 不会影响部门实际工资差异。其次，由于计价物的选择，工业劳动力的名义工资已经标准化了，这种转换也不会对部门实际工资差异造成影响，但这只是一个城市时的特例。不过也正因如此，三种基本效应里的市场拥挤效应没有出现，全微分中只包含市场接近效应和生活成本效应。再次，从作用力来看，生活成本效应使得工业部门对劳动力更有吸引力，这是聚集力的源泉。如果农业生产边界处的名义工资越高，那么农业部门对劳动力更具有吸引力。不过，这个名义工资受到两个变量的影响：

$$\frac{dw^A(f)}{w^A(f)} = \frac{dp_1^A}{p_1^A} - \tau^A df$$

同时注意到，劳动力流动方程在均衡状态下满足一定的条件，即式（17.9），从而可有：

$$\left.\frac{dp_1^A}{p_1^A}\right|_{Equilibrium} = \mu(\tau^A + \tau^M)df \tag{17B.3}$$

据此，通过整理式（17B.2）可得：

$$\left.\frac{d[\omega^M(0) - \omega^A(f)]}{df}\right|_{Equilibrium} \equiv 0$$

17C：一般均衡体系的全微分

对农产品的市场出清条件［见式（17.4）］求解全微分，可有：

$$\frac{dl_1}{l_1} - \frac{dp_1^A}{p_1^A} = \frac{\tau^A e^{-\tau^A f}}{1 - e^{-\tau^A f}}df \tag{17C.1}$$

由上述结果可知，影响中心城市农产品需求的因素有两个：一是中心城市中工业劳动力的购买力。在工业劳动力的报酬率已标准化的前提下，影响购买力的剩下因素就是工业劳动力总数 l_1。二是中心城市中农产品的价格 p_1^A，该价格越高，当然需求量就越低。影响中心城市农产品供给的因素只有一个，即农业生产边界 f。前面已经提到，中心城市农产品的供给量是农业生产边界的增函数，且该供给量不受价格 p_1^A 的影响。当农产品市场出清时，中心城市中农产品的需求和供给达到均衡状态。

又对劳动力的动方程［见式（17.5）］求解全微分，可有：

$$\frac{dp_1^A}{p_1^A} - \mu(\tau^A + \tau^M)df = 0 \tag{17C.2}$$

结合式（17.4）、式（17.7）和式（17.11），影响农业生产边界f上劳动力的实际工资率的因素包括两个：一是农业边界f上农产品价格$p^A(f)$。中心城市中农产品的价格p_1^A越高，$p^A(f)$就越高，从而吸引更多的劳动力向农业生产边界转移。二是生活成本，这体现在完全价格指数$P(f)$上，一般来讲，距离中心城市越远，其完全价格指数也就越大，生活成本也就越高，越不能够吸引劳动力向农业生产边界上转移。当两种作用力的大小相当时，劳动力的空间流动也就达到均衡状态。

对劳动力充分就业条件［见式（17.10）］求解全微分，可有：

$$\frac{\mathrm{d}l_1}{\mathrm{d}N}+2a^A\frac{\mathrm{d}f}{\mathrm{d}N}=1 \tag{17C.3}$$

人口规模N的变动，将导致中心城市工业劳动力数量l_1和农业劳动力数量$2a^Af$的变化。通过计算可以证明，它们变动的方向与人口规模N的变动方向是一致的。

至此，通过这些全微分的求解，可以分别解得中心城市中工业劳动力总数l_1和农业生产边界f对人口规模N的导数：

$$\frac{\mathrm{d}l_1}{\mathrm{d}N}=\frac{l_1\left(\mu(\tau^A+\tau^M)+\dfrac{\tau^Ae^{-\tau^Af}}{1-e^{-\tau^Af}}\right)}{2a^A+l_1\left(\mu(\tau^A+\tau^M)+\dfrac{\tau^Ae^{-\tau^Af}}{1-e^{-\tau^Af}}\right)} \tag{17C.4}$$

$$\frac{\mathrm{d}f}{\mathrm{d}N}=\frac{1}{2a^A+l_1\left(\mu(\tau^A+\tau^M)+\dfrac{\tau^Ae^{-\tau^Af}}{1-e^{-\tau^Af}}\right)} \tag{17C.5}$$

17D：市场潜能函数的计算

在式（17.20），去掉绝对值符号，则可以划分为4个区间：

$$\begin{aligned}[w^M(r)]^\sigma &= \mu Y(0)e^{(1-\sigma)\tau^M r}P^M(0)^{-(1-\sigma)} \\ &\quad+\int_{-f}^{0}\mu Y(s)e^{(1-\sigma)\tau^M(r-s)}[P^M(s)]^{-(1-\sigma)}\mathrm{d}s \\ &\quad+\int_{0}^{r}\mu Y(s)e^{(1-\sigma)\tau^M(r-s)}[P^M(s)]^{-(1-\sigma)}\mathrm{d}s \\ &\quad+\int_{r}^{f}\mu Y(s)e^{(1-\sigma)\tau^M(s-r)}[P^M(s)]^{-(1-\sigma)}\mathrm{d}s\end{aligned}$$

也就是，把从事农业生产的地区（农村市场）划分为三个区间：［$-f$, 0），［0，r），［r，f］。依次计算各区间可得：

$$A=\mu Y(0)e^{(1-\sigma)\tau^M r}P^M(0)^{-(1-\sigma)}=\mu e^{-(\sigma-1)\tau^M r};$$

$$\begin{aligned}B&=\int_{-f}^{0}\mu p^A(s)e^{(1-\sigma)\tau^M(r-s)}\left[P^M(s)\right]^{-(1-\sigma)}\mathrm{d}s\\&=\frac{\mu p_1^A}{l_1}e^{-(\sigma-1)\tau^M r}\int_{-f}^{0}e^{-\tau^A s+(1-\sigma)\tau^M s-(1-\sigma)\tau^M s}\mathrm{d}s\\&=\frac{1-\mu}{2}e^{-(\sigma-1)\tau^M r};\end{aligned}$$

$$\begin{aligned}C&=\int_{0}^{r}\mu p^A(s)e^{(1-\sigma)\tau^M(r-s)}\left[P^M(s)\right]^{-(1-\sigma)}\mathrm{d}s\\&=\frac{\mu p_1^A}{l_1}e^{-(\sigma-1)\tau^M r}\int_{0}^{r}e^{-\tau^A s+2(\sigma-1)\tau^M s}\mathrm{d}s\\&=\frac{1-\mu}{2}e^{-(\sigma-1)\tau^M r}\frac{\int_0^r e^{[-\tau^A+2(\sigma-1)\tau^M]s}\mathrm{d}s}{\int_0^f e^{-\tau^A s}\mathrm{d}s};\end{aligned}$$

$$\begin{aligned}D&=\int_{r}^{f}\mu Y(s)e^{(1-\sigma)\tau^M(s-r)}\left[P^M(s)\right]^{-(1-\sigma)}\mathrm{d}s\\&=\frac{\mu p_1^A}{l_1}e^{(\sigma-1)\tau^M r}\int_{r}^{f}e^{-\tau^A s}\mathrm{d}s\\&=\frac{1-\mu}{2}e^{(\sigma-1)\tau^M r}\frac{\int_r^f e^{-\tau^A s}\mathrm{d}s}{\int_0^f e^{-\tau^A s}\mathrm{d}s}。\end{aligned}$$

以上的计算过程中，利用了农产品市场的出清条件 $\mu p_1^A\int_0^f e^{-\tau^A s}\mathrm{d}s=(1-\mu)l_1w_1^M/2$。将以上各项相加并整理，即可得：

$$\Omega(r)=e^{\sigma[\mu\tau^M-(1-\mu)\tau^A]r}\left[\frac{1+\mu}{2}e^{-(\sigma-1)\tau^M r}+\frac{1-\mu}{2}e^{(\sigma-1)\tau^M r}\psi(r,f)\right],\ r>0,$$

其中，$\psi(r,f)=1-\dfrac{\int_0^r e^{-\tau^A s}\left[1-e^{-2(\sigma-1)\tau^M(r-s)}\right]\mathrm{d}s}{\int_0^f e^{-\tau^A s}\mathrm{d}s}$。

一般地，只有在单中心城市体系或只有一个城市的条件下，才能够完全地计算出市场潜能函数的简易表达式。在多数情形下，市场潜能函数都没有简易的表达式，从而只能利用积分来表示，并利用数值模拟软件对结果进行分析。

17E：市场潜能函数在原点的右导数

当 $r>0$ 时，式（17.21）两边取对数，可得：

$$\ln\Omega(r)=\sigma[\mu\tau^M-(1-\mu)\tau^A]r+\ln\left[\frac{1+\mu}{2}e^{-(\sigma-1)\tau^M r}+\frac{1-\mu}{2}e^{(\sigma-1)\tau^M r}\psi(r,f)\right]$$

不妨令 $[1]=\frac{1+\mu}{2}e^{-(\sigma-1)\tau^M r}+\frac{1-\mu}{2}e^{(\sigma-1)\tau^M r}\psi(r,f)$ 以简化书写，然后上式对 r 求导，从而可以得到：

$$\begin{aligned}\frac{\mathrm{d}\ln\Omega(r)}{\mathrm{d}r}&=\sigma[\mu\tau^M-(1-\mu)\tau^A]\\&\quad+\frac{1}{[1]}\Big\{-\frac{1+\mu}{2}(\sigma-1)\tau^M e^{-(\sigma-1)\tau^M r}+\\&\quad\frac{1-\mu}{2}[(\sigma-1)\tau^M e^{(\sigma-1)\tau^M r}\psi(r,f)+e^{(\sigma-1)\tau^M r}\psi'(r,f)]\Big\}\end{aligned}$$

其中，函数 $\psi(r,f)$ 的导数为：

$$\psi'(r,f)=-\frac{2(\sigma-1)\tau^M}{\int_0^f e^{-\tau^A s}\mathrm{d}s}\int_0^r e^{-[\tau^A s+2(\sigma-1)\tau^M(r-s)]}\mathrm{d}s \tag{17E. 1}$$

具体到计算原点的右导数时，很容易发现 $[1]\big|_{r\to0^+}=1$，$\psi'(r,f)\big|_{r\to0^+}=0$，$\Omega(r)\big|_{r\to0^+}=1$，$\psi(r,f)\big|_{r\to0^+}=1$。将以上计算结果代入导数计算式中，可得：

$$\begin{aligned}\frac{\mathrm{d}\Omega(r)}{\mathrm{d}r}\bigg|_{r\to0^+}&=\sigma[\mu\tau^M-(1-\mu)\tau^A]+\left[-\frac{1+\mu}{2}(\sigma-1)\tau^M+\frac{1-\mu}{2}(\sigma-1)\tau^M\right]\\&=\sigma[(1-\mu)\tau^A-(1+\rho)\mu\tau^M]\end{aligned} \tag{17E. 2}$$

17F：3 城市结构下的市场潜能函数

对于给定的人口规模 N，通过求解由式（17.24）、式（17.25）、式（17.26）、式（17.27）、式（17.29）、式（17.30）、式（17.31）给出的 3 城市的城市体系的一般均衡体系，联立这 7 个方程便可以求得均衡解（p_1^A，p_3^A，w_3^M，l_1，l_3，f_1，f）。依据市场潜能函数：

$$\Omega(r)=\frac{[\omega^M(r)]^\sigma}{[\omega^A(r)]^\sigma}$$

当劳动力的流动达到均衡时，实际工资率在部门间是相等的，即 $\omega^A(r)=\omega^M(0)$。据此可得：

$$w^A(r)=w_1^M\frac{[p^A(r)]^{1-\mu}[P^M(r)]^{\mu}}{[p_1^A]^{1-\mu}[P_M(0)]^{\mu}} \tag{17F.1}$$

在3城市结构下的农产品的市场价格体系为：

$$p^A(r)=\begin{cases}p_1^Ae^{-\tau^Ar}, & 0\leqslant r<f_1\\ p_3^Ae^{-\tau^A|r-r_3|}, & f_1\leqslant r\leqslant f\end{cases}$$

同时，注意到农产品市场在空间上是可分割的，从而要求满足条件 $p_1^Ae^{-\tau^Af_1}=p_3^Ae^{-\tau^A|f_1-r_3|}$。农产品的市场价格函数可以整理为中心城市农产品市场价格 p_1^A 的函数：

$$p^A(r)=\begin{cases}p_1^Ae^{-\tau^Ar}, & 0\leqslant r<f_1\\ p_1^Ae^{-\tau^A[f_1-|f_1-r_3|+|r-r_3|]}, & f_1\leqslant r\leqslant f\end{cases} \tag{17F.2}$$

依据式（17.28），中心城市的工业品价格指数应为：

$$P^M(0)=\{l_1(w_1^M)^{1-\sigma}+2l_3(w_3^M)^{1-\sigma}e^{\tau^M(1-\sigma)r_3}\}^{1/(1-\sigma)}$$

侧翼城市的工业产品价格指数应为：

$$P^M(r_3)=\{l_1(w_1^M)^{1-\sigma}e^{\tau^M(1-\sigma)r_1}+l_3(w_3^M)^{1-\sigma}[1+e^{2\tau^M(1-\sigma)r_3}]\}^{1/(1-\sigma)}$$

至此，人们便可以直接写出任意区位 r 的农业劳动力的名义工资率 $w^A(r)$ 为：

$$w^A(r)=\begin{cases}w_1^Me^{-\tau^A(1-\mu)r}\left[\dfrac{P^M(r)}{P^M(0)}\right]^{\mu}, & 0\leqslant r<f_1\\ w_1^Me^{-\tau^A(1-\mu)(f_1-|f_1-r_3|+|r-r_3|)}\left[\dfrac{P^M(r)}{P^M(0)}\right]^{\mu}, & f_1\leqslant r\leqslant f\end{cases} \tag{17F.3}$$

对于区位 r 的虚拟企业而言，其产品的市场出清条件要求：

$$\begin{aligned}w^M(r)=&\frac{\mu l_1w_1^M[p(0)]^{1-\sigma}}{[P^M(0)]^{1-\sigma}}+\frac{\mu l_3w_2^M[p(-r_3)]^{1-\sigma}}{[P^M(-r_3)]^{1-\sigma}}\\&+\frac{\mu l_3w_3^M[p(r_3)]^{1-\sigma}}{[P^M(r_3)]^{1-\sigma}}+\int_{-f}^{f}\frac{\mu p^A(s)[p(s)]^{1-\sigma}}{[P^M(s)]^{1-\sigma}}\mathrm{d}s\end{aligned}$$

其中，$w_2^M=w_3^M$ 为负半轴上的侧翼城市工业劳动力的名义工资率。等号右边第一项是虚拟的工业企业在中心城市获得的销售收入，第二和第三项则是其在侧翼城市获得的销售收入，并且这两个部分是相等的，第四项则是其在农村地区获得的销售收入。由于“冰山交易成本”的存在，位于区位 r 的虚拟工业企业的产品的市场价格体系 $p(s)$ 为：

$$p(s)=w^M(r)e^{\tau^M|s-r|}$$

从而，可以将产品的市场出清条件整理成：

$$[w^M(r)]^{\sigma}=\frac{\mu l_1w_1^M}{[P^M(0)]^{1-\sigma}}e^{\tau^M(1-\sigma)r}+\frac{\mu l_3w_3^M}{[P^M(r_3)]^{1-\sigma}}[e^{\tau^M(1-\sigma)|r+r_1|}+e^{\tau^M(1-\sigma)|r-r_1|}]$$

$$+2\int_0^f \frac{\mu p^A(s)e^{\tau^M(1-\sigma)|r-s|}}{[P^M(s)]^{1-\sigma}}\mathrm{d}s \tag{17F.4}$$

17G：3 城市结构下，侧翼城市的市场潜能函数的右导数

根据定义，3 城市时的市场潜能函数为 $\Omega(r)=[w^M(r)]^\sigma/[w^A(r)]^\sigma$。对其取对数，然后依次对区位 r 求导数，则在区位 $r=r_3$ 成立如下式子：

$$\left.\frac{\mathrm{d}\Omega(r)}{\mathrm{d}r}\right|_{r\to r_3^+}=\frac{\sigma}{w^M(r_3)}\left[\frac{\mathrm{d}w^M(r)}{\mathrm{d}r}-\frac{\mathrm{d}w^A(r)}{\mathrm{d}r}\right]\Bigg|_{r\to r_3^+} \tag{17G.1}$$

又根据式（17F.3）可有：

$$\left.\frac{\mathrm{d}w^A(r)}{\mathrm{d}r}\right|_{r\to r_3^+}=w^M(r_3)[\mu\tau^M-(1-\mu)\tau^A] \tag{17G.2}$$

依据数值模拟的参数设置，可知 $\left.\frac{\mathrm{d}w^A\ (r)}{\mathrm{d}r}\right|_{r\to r_3^+}>0$。根据式（17F.4）可以求得在区位 r 的虚拟工业企业支付给工业劳动力的名义工资率的导数，该导数为：

$$\begin{aligned}\left.\frac{\mathrm{d}w^M(r)}{\mathrm{d}r}\right|_{r\to r_3^+}=&\frac{1-\sigma}{\sigma}\tau^M[w^M(r)]^{1-\sigma}\Bigg\{\frac{\mu w_1^M l_1}{[P^M(0)]^{1-\sigma}}e^{(1-\sigma)\tau^M r}+\frac{\mu w_3^M l_3}{[P^M(r_3)]^{1-\sigma}}\\&\times[e^{(1-\sigma)\tau^M(r+r_3)}+e^{(1-\sigma)\tau^M(r-r_3)}]+\mu\Bigg[\int_0^f p^A(s)\frac{e^{(1-\sigma)\tau^M(r+s)}}{[P^M(s)]^{1-\sigma}}\mathrm{d}s\\&+\int_0^r p^A(s)\frac{e^{(1-\sigma)\tau^M(r-s)}}{[P^M(s)]^{1-\sigma}}\mathrm{d}s-\int_r^f p^A(s)\frac{e^{(1-\sigma)\tau^M(s-r)}}{[P^M(s)]^{1-\sigma}}\mathrm{d}s\Bigg]\Bigg\}\Bigg|_{r\to r_3^+}\end{aligned} \tag{17G.3}$$

虽然 $w^M(r)$ 的导数在区位 r_3 上不连续，但在区位 r_3 的左、右区间上连续。因此，求解 $w^M(r)$ 在区位 r_3 的右导数并把 $r=r_3$ 代入该区间的导数。比较式（17F.4）可以发现，式（17G.3）等号右边大括号部分与 $[w^M(r)]^\sigma$ 十分类似，所不同的只是积分 $\int_r^f p^A(s)e^{(1-\sigma)\tau^M(s-r)}/[P^M(s)]^{1-\sigma}\mathrm{d}s$ 前面的符号为“负”号而已。同时，可以证明大括号部分是大于零的：

首先，可以计算出该部分的积分：

$$-\mu\int_r^f p^A(s)\frac{e^{(1-\sigma)\tau^M(s-r)}}{[P^M(s)]^{1-\sigma}}\mathrm{d}s\Big|_{r\to r_3^+}=-\frac{\mu p_3^A e^{\tau^A r_3}}{[P^M(r_3)]^{1-\sigma}}\int_{r_3}^f e^{-\tau^A s}\mathrm{d}s$$

其次，需要注意到，在 3 城市时城市体系的一般均衡中，侧翼城市的农产品市场出清条件为：

$$\frac{(1-\mu)w_3^M l_3}{p_3^A}=\mu\left(e^{-\tau^A r_3}\int_{f_1}^{r_3}e^{\tau^A s}\mathrm{d}s+e^{\tau^A r_3}\int_{r_3}^f e^{-\tau^A s}\mathrm{d}s\right)$$

从而有以下不等式成立：

$$-\frac{\mu p_3^A e^{\tau^A r_3}}{[P^M(r_3)]^{1-\sigma}}\int_{r_3}^{f} e^{-\tau^A s}\mathrm{d}s > -\frac{\mu p_3^A e^{\tau^A r_3}}{[P^M(r_3)]^{1-\sigma}}\frac{(1-\mu)w_3^M l_3}{\mu p_3^A e^{\tau^A r_3}} = -\frac{(1-\mu)w_3^M l_3}{[P^M(r_3)]^{1-\sigma}} \tag{17G.4}$$

在式（17G.3），等号右侧大括号里第二部分可以整理为：

$$\frac{\mu w_3^M l_3}{[P^M(r_3)]^{1-\sigma}}[e^{(1-\sigma)\tau^M(r+r_3)}+e^{(1-\sigma)\tau^M(r-r_3)}]\Big|_{r\to r_3^+}=$$

$$\frac{\mu w_3^M l_3}{[P^M(r_3)]^{1-\sigma}}[1+e^{2(1-\sigma)\tau^M r_3}] > \frac{\mu w_3^M l_3}{[P^M(r_3)]^{1-\sigma}} \tag{17G.5}$$

这意味着，将式（17G.3）等号右侧大括号中第二项与符号为“负”号的积分相加，则两者之和是大于零的，即：

$$\frac{\mu w_3^M l_3}{[P^M(r_3)]^{1-\sigma}}[e^{(1-\sigma)\tau^M(r+r_3)}+e^{(1-\sigma)\tau^M(r-r_3)}]-\mu\int_r^f p^A(s)\frac{e^{(1-\sigma)\tau^M(s-r)}}{[P^M(s)]^{1-\sigma}}\mathrm{d}s\Big|_{r\to r_3^+}>0$$

既然该部分大于零，而且其他部分都是大于零，因此，$w^M(r)$ 在侧翼城市 $r=r_3$ 的右导数 $\mathrm{d}w^M(r)/\mathrm{d}r|_{r\to r_3^+}<0$ 总是成立的（$1-\sigma<0$）。将上述结果代入式（17G.1），则：

$$\left.\frac{\mathrm{d}\Omega(r)}{\mathrm{d}r}\right|_{r\to r_3^+}<0$$

只要满足 $\mu\tau^M-(1-\mu)\tau^A>0$，就 $\mathrm{d}\Omega(r)/\mathrm{d}r|_{r\to r_3^+}<0$ 成立。尽管表面上看来这个结论依赖数值模拟参数的设置，但如果对 $\mathrm{d}w^M(r)/\mathrm{d}r|_{r\to r_3^+}$ 进行适当缩放，人们就可以发现 $\mathrm{d}\Omega(r)/\mathrm{d}r|_{r\to r_3^+}$ 与 $\mathrm{d}\Omega(r)/\mathrm{d}r|_{r\to 0^+}$ 是等价的。带“负”号的积分仅是侧翼城市在其右侧区域内所获得的销售收入，该部分收入在总销售收入中的占比很小，故可以假设该部分的影响可以忽略，这样就得到：

$$\left.\frac{\mathrm{d}w^M(r)}{\mathrm{d}r}\right|_{r\to r_3^+}\doteq\frac{1-\sigma}{\sigma}\tau^M[w^M(r)]^{1-\sigma}[w^M(r)]^{\sigma}\Big|_{r\to r_3^+}=\frac{1-\sigma}{\sigma}\tau^M w^M(r_3)$$

从而式（17G.1）可以进一步整理为：

$$\left.\frac{\mathrm{d}\Omega(r)}{\sigma\mathrm{d}r}\right|_{r\to r_3^+}\doteq\frac{1-\sigma}{\sigma}\tau^M-\mu\tau^M+(1-\mu)\tau^A=(1-\mu)\tau^A-\left(1+\frac{\rho}{\mu}\right)\mu\tau^M \tag{17G.6}$$

由于 $\mu<1$，从而 $\rho/\mu>\rho$，所以当条件 $(1-\mu)\tau^A-(1+\rho)\mu\tau^M<0$ 成立时，式（17G.6）也必然是个负数。这就表明，只要市场潜能函数在原点的右导数小于零的条件成立，那么侧翼城市的右导数小于零的条件也必然成立。

17H：计算滚摆线所需的方程组

与城市体系的一般均衡有所不同，计算滚摆线时所用的方程组事先给出了两个层级城市的工业劳动力比例（λ）。所以，未知变量 l_1 和 l_3 之间必须满足特定的函数关系。不过，整个方程组仍然满足一般均衡条件。这就意味着以下 5 个条件仍是成立的：

人口规模的充分就业条件，即式（17.25）：

$$N = l_1 + 2l_3 + 2a^A f$$

农产品市场的可分割条件，即式（17.24）：

$$p_1^A e^{-\tau^A f_1} = p_3^A e^{-\tau^A (f_1 - r_3)}$$

两个层级城市中的农产品市场出清条件，即式（17.26）和式（17.27）：

$$(1-\mu) l_1 w_1^M / p_1^A = 2\int_0^{f_1} \mu e^{-\tau^A s} \mathrm{d}s$$

$$(1-\mu) l_3 w_3^M / p_3^A = \int_{f_1}^{f} \mu e^{-\tau^A (s - r_3)} \mathrm{d}s$$

中心城市企业的产品的市场出清条件，即式（17.29）：

$$(w_1^M)^\sigma = \frac{\mu l_1 w_1^M}{[P^M(0)]^\sigma} + \frac{2\mu l_3 w_3^M}{[P^M(r_3)]^\sigma} e^{\tau^M (1-\sigma) r_3} + 2\mu\left(\int_0^{r_3} + \int_{r_3}^{f_1} + \int_{f_1}^{f}\right) \frac{p^A(s) e^{\tau^M (1-\sigma) s}}{[P^M(s)]^{1-\sigma}} \mathrm{d}s$$

注意，在式（17.24）、式（17.26）和式（17.27）中，绝对值符号都已经进行了处理。在式（17.29）中，积分上、下限也已经清晰地列出来了。这些都表明，$0 < r_3 < f_1 < f$ 是成立的。但该不等式只有在自变量 λ 较小的时候才成立。随着自变量 λ 的增加，侧翼城市中工业劳动力的数量不断地增加，对农产品的需求也在不断增加。中心城市中工业劳动力的数量不断减少，因而对农产品的需求也在不断减少。这些变化意味着，对于两个分割成的农产品市场，向侧翼城市供给农产品的区域在扩大，向中心城市供给农产品的区域在缩小。这些变化的结果，就是未知变量 f_1 不断地变小，越过一定的临界值①以后，农产品跨区域供给就消失。除此外，还表现为农业生产边界 f 略微地增加。当然，最重要的变化还是体现在方程上：

农产品市场的可分割条件参照式（17.24）可有：

$$p_1^A e^{-\tau^A f_1} = p_3^A e^{-\tau^A (f_1 - r_3)}$$

① 求解该临界值 $\bar{\lambda}$ 仅需在方程组中添加条件 $f_1 = r_3$ 即可。

侧翼城市的农产品市场出清条件参照式（17.27）可有：

$$(1-\mu)l_3w_3^M/p_3^A = \mu[\int_{f_1}^{r_3} e^{-\tau^A(r_3-s)}\mathrm{d}s + \int_{r_3}^{f} e^{-\tau^A(s-r_3)}\mathrm{d}s]$$

中心城市企业的产品的市场出清条件参照式（17.29）可有：

$$(w_1^M)^\sigma = \frac{\mu l_1 w_1^M}{[P^M(0)]^{1-\sigma}} + \frac{2\mu l_3 w_3^M}{[P^M(r_3)]^{1-\sigma}}e^{\tau^M(1-\sigma)r_3}$$

$$+ 2\mu(\int_0^{f_1} + \int_{f_1}^{r_3} + \int_{r_3}^{f})\frac{p^A(s)e^{\tau^M(1-\sigma)s}}{[P^M(s)]^{1-\sigma}}\mathrm{d}s$$

除了以上 5 个方程，该方程组还必须加上工业劳动力空间配置方程，这是计算滚摆线的前提要求，即式（17.46）：

$$\lambda = 2l_3/(l_1+2l_3)$$

此外，还有劳动力流动方程，即式（17.47）：

$$\omega^A(r) = (1-\lambda)\omega_1^M + \lambda\omega_3^M$$

需要注意的是，利用该方程组只能计算自变量 λ 取某一确定值时的实际工资率的比值 ω_3^M/ω_1^M。若要绘制整条滚摆线，那么必须自变量 λ 取区间［0，1］内的值。

17I：当 $\lambda=0$ 和 $\lambda=1$ 时的城市体系

当自变量 λ 取区间［0，1］的端点值时，计算滚摆线所用的方程组将发生变化，具体体现为方程个数的变化。

首先，$\lambda=0$ 时。

当 $\lambda=0$ 时，城市体系中仅有中心城市，侧翼城市是虚拟的。此时方程组的构成为：

规模为 N 的人口充分就业的条件：

$$N = l_1 + 2a^A f \tag{17I.1}$$

中心城市的农产品市场出清条件：

$$\frac{(1-\mu)w_1^M l_1}{p_1^A} = 2\mu\int_0^f e^{-\tau^A s}\mathrm{d}s \tag{17I.2}$$

劳动力流动方程：

$$\frac{w_1^M}{(p_1^A)^{1-\mu}[P^M(0)]^\mu} = \frac{w^A(f)}{[p^A(f)]^{1-\mu}[P^M(f)]^\mu} \tag{17I.3}$$

通过求解上述 3 个方程构成的方程组，能够解出（l_1，f，p_1^A）。不过，由于此时的侧翼城市是虚拟的，所以该城市的工业劳动力的名义工资率也是虚拟的。

其次，$\lambda=1$ 时。

当 $\lambda=1$ 时，城市体系中仅有中心城市，侧翼城市是虚拟的。这时方程组的构成应为：

规模为 N 的人口充分就业条件：

$$N=2l_3+2a^A f \tag{17I.4}$$

侧翼城市的农产品市场出清条件：

$$\frac{(1-\mu)w_3^M l_3}{p_3^A}=\mu\left(e^{-\tau^A r_3}\int_0^{r_3}e^{\tau^A s}\mathrm{d}s+e^{\tau^A r_3}\int_{r_3}^{f}e^{-\tau^A s}\mathrm{d}s\right) \tag{17I.5}$$

劳动力流动方程：

$$\frac{w_3^M}{(p_3^A)^{1-\mu}[P^M(r_3)]^{\mu}}=\frac{w^A(f)}{[p^A(f)]^{1-\mu}[P^M(f)]^{\mu}} \tag{17I.6}$$

此外，还有侧翼城市企业的产品市场出清条件。不过，由于在标准化的过程中，中心城市的工业劳动力的名义工资率设定为1，所以为了计算的方便，采用了虚拟的中心城市企业的产品市场出清条件：

$$(w_1^M)^{\sigma}=\frac{2\mu w_3^M}{[P^M(r_3)]^{1-\sigma}}e^{(1-\sigma)\tau^M r_3}+2\mu\int_0^f p^A(s)\frac{e^{(1-\sigma)\tau^M s}}{[P^M(s)]^{1-\sigma}}\mathrm{d}s \tag{17I.7}$$

通过求解上述4个方程构成的方程组，能够求解出（l_3，f，p_3^A，w_3^M）。此时，不再需要额外地计算侧翼城市的工业劳动力的名义工资率。

参考文献

［1］安虎森，等．新经济地理学原理（第二版）［M］．北京：经济科学出版社，2009.

［2］Masahisa Fujita，Paul Krugman，Anthony J. Venables. The Spatial Economy：Cities，Regions，and International Trade［M］. Cambridge，Massachusetts & London，England：The MIT Press.

［3］Arrow，Kenneth J. and Debreu，Gerard. Existence of an Equilibrium for a Competitive Economy［J］. Econometrica，1954，22（3）：265 –290.

［4］Chauncy D. Harris. The Market as a Factor in the Localization of Industry in the United States［J］. Annals of The Association of American Geographers，1954，44（4）：315 –348.

［5］Dixit，Avinash. K. and Stiglitz，Joseph E. Monopolistic Competition and Optimum Product Diversity［J］. American Economic Review，1977，67（3）：297 –308.

[6] Henderson J V. The Sizes and Types of Cities [J]. The American Economic Review, 1974, 64 (4): 640 - 656.

[7] John Q. Stewart. Empirical Mathematical Rules Concerning the Distribution and Equilibrium of Population [J]. Geographical Review, 1947, 37: 461 - 485.

[8] Masahisa Fujita, Paul Krugman. When Is the Economy Monocentric?: Von Thünen and Chamberlin Unified [J]. Regional Science and Urban Economics, 1995 (25): 505 - 528.

[9] Samuelson, Paul A. The Transfer Problem and Transport Cost: The Terms of Trade When Impediments are Absent [J]. The Economic Journal, 1952, 62 (246): 278 - 304.

[10] Samuelson, Paul A. The Transfer Problem and Transport Cost Ⅱ: Analysis of Effects of Trade Impediments [J]. The Economic Journal, 1954, 64 (254): 264 - 289.

第十八章

空间发展模型

目前，分析空间经济活动主要有以下三种方法。第一种方法是新经济地理学模型及其动态化的扩展。这些模型中的经济活动空间聚集是由保罗·克鲁格曼（1991）式的金融外部性所推动的，也就是区际实际收入水平的差异导致劳动力的区际转移，劳动力的区际转移又导致制造业的区际转移，最终推动经济活动在某一空间上的聚集。这些模型通常把资本积累或技术创新引入模型中，因而具有动态化的特征，其最重要的动态特征就是经济聚集与技术创新相互强化而形成的循环累积过程，并最终导致增长极和塌陷区。这些模型所表述的经济系统一般具有"突发性"聚集特征，而且通常只发生在其中一个地区，另一地区则沦为边缘区。新经济地理学模型很好地解释了经济增长和经济聚集的驱动力，但由于模型所涉及的区域数量较少（一般为两个），难以有效刻画经济活动空间分布特征，也难以与现实经济系统运行过程中的连续性数据相匹配，因而大大降低了模型的预测能力。尽管藤田昌久、保罗·克鲁格曼和安东尼·维纳布尔斯（2001）也曾试图对新经济地理学模型进行连续空间的动态化扩展，然而至今还没有明显的进展。因此，目前为止，这些新经济地理学模型仍然是进行理论分析的工具而非进行经验分析的工具。

第二种方法主要用来解释城市规模和结构的城市经济学的研究方法。这种方法以 B. 布莱克和 J. V. 亨德森（B. Black & J. V. Henderson，1999）、J. 伊顿和 Z. 埃克斯坦（J. Eaton & Z. Eckstein，1997）的研究为代表。相对于前一种方法，这些方法有利于分析那些分布在不同区位上的各具不同特性的城市，但由于把外部性导致的聚集效应处理为"黑箱"，因而就无法解释经济活动空间聚集的内在机制。后来 X. 加贝克斯（X. Gabaix，1999）、G. 杜兰顿（G. Duranton，2007）、E. 罗西－汉斯伯格和 M. 赖特（Rossi－Hansberg & M. Wright，2007）建立了动态的城市规模扩张模型以解释城市区域在空间中的扩展机制。然而，这种方法的主要缺陷是缺乏空间维度，它把整个城市看成是从事经济活动的基本单元。尽管这种方法也研究城市内部的土地、劳动力、资本等生产要素，同时，也分析与这种要素相对应的地域结构，但认为这种空间特性仅存在于城市内部而不存在于城市之间。从这种意义上讲，第二种方法没能提供有关经济活动空间分布的空间动态理论。

第三种方法是空间动态化的研究方法。主要以 K. 德斯米特和 E. 罗西 - 汉斯伯格等为主的一些学者（Desmet & Rossi - Hansberg，2009，2012，2014；Boucekkine、Camacho & Zou，2009；Brock & Xepapadeas，2008，2010）发展起来的研究空间问题的模型为代表。为克服前两种方法的缺陷，K. 德斯米特和汉斯伯格在借鉴多种理论基础上建立了一种内生的、具有空间异质性的动态空间发展理论，该理论既可以分析区域的经济增长过程和机制，又能够刻画区域通过产业布局的变化而展现出的经济结构的演进过程及其基本原理。前者是指整体技术水平提高所导致的区域整体的经济增长，后者是指制造业和服务业重新布局所导致的区域经济结构的变化过程。空间动态化的研究方法，把具有前瞻性的代理人和要素积累纳入模型中，又通过资本转移和劳动力流动、技术溢出或扩散，把空间相互作用纳入模型中。与研究空间的其他方法的主要区别在于，该方法假设企业位于有序而连续的生产区位上，在模型中，这些区位通常表示为在线性市场上的连续的点，但在研究具体区位时又把各个点看成是离散的点，这样既可以保留模型的空间特征，又能够建立可解的动态模型。目前，这种动态空间分析方法经过不断完善，已发展成为一种同时研究经济结构演进与空间发展的新的范式。

本章将详细介绍空间发展模型的基本分析框架，主要包括基本思路和假设、理论模型构建、模型的数值模拟、参数的比较静态分析等部分。

第一节　思路和假设

一、空间发展模型的基本思路

空间发展模型的基本思路如下。假设经济系统中存在制造业和服务业两种生产部门，在初始时刻，制造业技术水平较高并处于产业发展的成熟阶段，随着制造业技术水平的不断提高，制造业部门所能雇佣的劳动力数量将减少，从制造业部门退出来的多余劳动力将向周边的服务业部门转移。[①] 这些劳动力具

① 在假设消费者（代理人）具有不变替代弹性效用函数，同时要求替代弹性小于 1 的前提下，随着制造业技术水平提高其所能容纳的劳动力数量将减少，如果经济系统不存在失业，那么大量的制造业部门的劳动力将涌入服务业部门。

有与当时制造业技术水平相适应的技术创新能力，[①] 故这些劳动力大量进入服务业部门参与生产活动，就开启了服务业部门内生的技术创新过程。此时，制造业部门已经是成熟的产业部门，故进一步提高劳动生产率的空间很小，而服务业部门是新兴的产业部门且处于快速发展阶段，因而进一步提高劳动生产率的空间很大。因此，高新技术的应用对服务业部门的推动作用远大于制造业部门，服务业部门技术水平提升速度远大于制造业部门的提升速度，因此，服务业部门的技术水平将快速接近制造业部门或在有些部门开始超出制造业部门的技术水平。技术水平提高将为服务业部门带来更高的利润水平，服务业部门可以与制造业部门展开土地使用权的竞争，土地使用权将由出价最高的企业获取，因此，这种竞争将促使土地价格上涨。当服务业部门的技术水平高于周边制造业部门技术水平因而能够支付高于制造业的土地租金时，它把制造业从其区位上“挤出”并完成替换，服务业聚集于此地，制造业则向土地价格较低的区域转移。这种替换和聚集过程，提高了服务业的就业份额和技术水平，服务业部门在空间上越来越集中，高地价现象也向周边地区扩散。服务业部门劳动生产率的提高，随后又带动制造业部门劳动生产率提高，[②] 最终导致整个国家经济的持续增长[③]和经济结构的演进。

从上述的思路中可以看出，每个区位上的土地资源有限性是经济分散力的主要源泉，是阻碍经济聚集的力量，也是该理论将空间因素纳入一般均衡框架的主要手段。土地是稀缺的，企业要持续从事生产活动，必须在每一时期获取土地使用权。由于企业面临的是完全竞争的市场结构，加之规模收益不变（或递减）的生产函数，限制了企业通过要素投入获取超额利润的可能性，因此，企业必须进行技术创新活动，以最大化技术水平进而提高利润，并与其他企业竞争土地使用权。企业竞争土地使用权的行为，必将耗尽其前一时期的所有利润（即事前利润为零），否则，或者企业出价过低无法获取土地所有权，或者出价过高出现亏损不利于企业在下一期争夺土地使用权。

企业利用劳动力进行技术创新活动，如果创新失败企业只能使用当前所掌握的技术，如果创新成功则使用最新的技术，即技术创新成功与否具有随机性，且服从帕累托分布。因此，本章模型属于动态随机一般均衡模型，随机性来源于企业创新活动的不确定性。模型假设企业、劳动力区位于连续空间上，因此，经济系统中存在大量的企业和劳动力。根据大数定律，这些经济代理人的行为，

---

① 劳动力是同质的，可在两个生产部门间无障碍转换，这样可引申出在经济系统中制造业部门和服务业部门的技术可以通用，既不存在专门的生产技术，也不存在专利保护。

② 技术的空间溢出，将提升制造业部门的技术水平。

③ 表现为土地价格的上涨和技术水平的提升。

从整体上而言是具有确定性的。因此，类似于动态一般均衡模型，空间发展模型依然从消费者效用最大化、企业利润最大化、市场均衡三个方面考察经济系统的运行过程。由于企业创新的随机性，模型不能给出解析解，模型的主要结论来自数值模拟，以图形的方式刻画经济的发展和经济结构的演化过程，也就是空间发展过程。

K. 德斯米特和 E. 罗西－汉斯伯格（2014）根据第二次世界大战后美国制造业部门就业份额的下降以及制造业部门的分散化趋势，20 世纪 90 年代，服务业部门进入快速发展阶段以及服务业部门呈现出空间聚集趋势、进入成熟阶段的制造业技术增速低于正处于快速发展阶段的服务业的技术增速等产业布局的演化现实，对产业空间分布的变化以及产业空间聚集机理进行了解释。这为将空间因素引入一般均衡模型，研究经济结构演化和经济增长提供了新的范式。

二、空间发展模型的基本假设

空间发展模型是建立在如下五个假设基础上的。这样，可以大幅度地简化所建立的可解模型，同时，还保留了与现实数据相匹配的丰富内涵，使得模型具有良好的解释力和预测力。所有假设均将以数理形式量化在模型中，参与模型的求解过程。

1. 连续空间

假设经济系统位于一个连续的线性空间中，① 每一个点代表一个生产区位，每个区位上只有一单位土地，企业使用一单位土地作为投入要素进行生产。②企业均位于一个连续的区位上，该经济空间中有大量的制造业和服务业企业。企业使用劳动力和土地两种投入要素进行生产，相对于技术水平，这些生产要素具有规模收益不变的性质，但由于每个区位上只有一单位土地，因此，生产函数实际上规模收益递减，土地资源有限性在该经济系统中起到分散力的作用。

2. 冰山运输成本

经济系统中的制造业产品和服务业产品均可运输和交易。运输成本遵循保罗·萨缪尔森的冰山交易成本，并且任意两地间的单位运输成本相同，运输成

① 这些企业依次排列位于线性空间市场［0，1］中的无数个区位上。

② 闭合区间内的任何一点都看成是生产区位，且假设每个区位上的土地密度为1，故整个经济系统的土地总量就等于1。

本是两地间距离的函数，距离越远运输成本就越大。由于冰山运输成本，故任意两地间的无套利价格水平可以设定为两地间运输成本的倍数。如果该经济系统中的每种产品的超额供给为零，[①] 那么该经济系统的产品市场实现了均衡。

3. 劳动力供给与迁移

劳动力在就业区位无弹性地供给一单位劳动，[②] 并将获取的收入花费在当地，最大化自身的跨期效用水平。不同区位上的产品需求，由该区位上的劳动力数量及其消费水平所决定。劳动力对居住用地无需求，可在不同区位之间自由转移，即没有通勤成本，同时也不存在由居住、生活、教育等其他成本所形成的迁移障碍。劳动力在不同区位间的迁移决策，仅取决于区位提供的实际收入水平的高低。因此，当经济系统处于均衡状态时，劳动力在任意区位上的实际工资水平或间接效用水平都相同，否则，劳动力转移将不会停止，劳动力市场不会实现均衡，以致产品市场也不会实现均衡。

4. 技术创新投资

因为土地资源有限，企业的生产函数实际上表现为规模收益递减，企业利用要素投入从规模收益中获利的途径被阻断，因此，对技术创新进行投资成为企业获取利益并持续生存下去的唯一的方式。在一个新的生产周期开始前，每个企业都为争夺某一区位的土地使用权展开竞争，在这种区位竞争中，能出较高租金的企业才能获得土地使用权，因此，技术水平较高的企业将在竞争中占据优势，提高土地竞拍价格获取土地使用权。企业是在当前掌握的最先进的技术基础上进行创新，并以一定的概率提升当前技术水平（其技术提升倍数至少为 1）。[③] 企业创新的成本包括固定成本和可变成本[④]且均由同质化的劳动力组成，企业可通过提高研究人员的数量提升创新成功的概率，即当创新成功的概率趋向于 1 时，创新成本中的可变成本趋向于无穷大。在模型中，技术创新成功与否在时间上是独立同分布的，在空间上是相互关联的。如果两个区位在空间上相互接近，则设定两区位创新成功后技术提升因子的空间相关系数为 1，超出一定范围后，则设定空间相关系数为 0，进而确保经济系统的技术水平收敛于一个确定的值，否则技术的空间溢出效应将使得技术水平趋于无穷大，经

① 任意一个区位的市场供求可能不等，但整个经济系统的市场可以实现出清。

② 劳动力可直接参与生产活动，也可参与企业的创新活动，即产业工人与研究人员均由普通劳动力担任，模型假设他们是同质劳动力。

③ 企业创新可能成功，此时将以大于 1 倍的倍率提升现有技术水平；如果失败，则使用当前掌握的技术水平，倍数为 1。

④ 固定成本为企业研发机构使用的固定数量的劳动力（可认为是管理人员），可变成本为研发人员数量。

济系统无法实现均衡，这也与现实不符。

5. 技术空间扩散

模型不存在供特定企业使用的核心生产技术，也不存在专利部门，因此，通用技术没有排他性，也不具有竞争性。技术可在两部门各自内部通用，即制造业部门或服务业部门的技术只能在部门内部传播或使用，两部门各自的生产技术不能通用。企业的技术创新活动具有正外部性，其当前使用的生产技术可以以固定衰减率在空间中传播，距离越远，传播效率越低，反之，则越高。技术在空间中的溢出，为经济系统提供了聚集力，距离较近的企业在时间和空间上都具有优先获取先进技术的优势，这将驱使企业向同一区位聚集。

第二节　理论模型

本节将以线性的连续空间为基础，构建分析空间发展的动态一般均衡分析框架，这些框架包括消费者行为、技术演进、生产者行为、市场均衡四个部分。

一、消费者行为

消费者为同质性消费者，每个消费者都持有由企业股权和土地所有权构成的资产组合，并在劳动力市场无弹性地供给 1 单位劳动，企业支付其工资；消费者的收入来自工资和资产组合的收益，经济系统中不存在储蓄行为，故不存在资本积累。在满足预算约束的条件下，消费者最大化从制造业和服务业产品消费中获得的各期效用的现值总和。

根据线性连续空间假设，经济系统中存在大量企业，故辛钦大数定律得以成立，[①] 企业的创新活动不存在总体上的不确定性，理性消费者可以准确地预测企业的行为。因此，根据理性预期和劳动力的自由流动假定，消费者（即劳动力）在选择就业区位之前，能够准确预测最大化其效用水平的所有变量（产

① 设 x_1，x_2，…，x_n，…是独立同分布的随机变量序列，该序列的数学期望 $Ex_n=\mu$ 且是有限值，则对于任意的 $\varepsilon>0$，均有 $\lim\limits_{n\to\infty}P\left\{\left|\frac{1}{n}\sum\limits_{i=1}^{n}x_i-\mu\right|<\varepsilon\right\}=1$ 成立，该定律为使用算术平均值估算数学期望提供了理论依据。在本章的模型中，假设企业规模足够小，那么可以认为在给定区间内存在大量独立同分布的企业（样本），各企业的创新满足该定律的前提条件，由此可以得出以下结论：尽管单个企业的创新结果服从概率分布，具有不确定性，但整个经济系统最终的创新结果是稳定的，为该分布的均值，而创新使得经济系统的技术水平趋于达到均值水平。

品价格、工资水平、土地租金、总利润水平)。模型假定消费者的效用函数为CES形式，且两种商品的替代弹性小于1，进而在某一生产部门的总体技术水平提高时，将会出现该部门劳动力被“挤出”并流向另一个具有较低技术水平部门的现象。

消费者的效用最大化行为由式(18.1)给出：

$$\begin{cases}\max E\sum_{t=0}^{\infty}\beta^{t}U(c_{it}^{M},c_{it}^{S})\\ \text{s.t. } p_{it}^{M}c_{it}^{M}+p_{it}^{S}c_{it}^{S}=w_{it}+PI_{t}\end{cases}\tag{18.1}$$

其中，c_{it}^{M}与c_{it}^{S}分别指t时刻位于区位i的消费者消费制造业产品(M)和服务业产品(S)的数量；$\beta\in[0,1]$为效用折现率，β越小，消费者越看重当期消费，β^{t}为第t时刻消费者效用的折现因子；在模型中企业创新成功的概率是随机变量，E是一个期望算子，它将提供消费者各期效用现值总和的期望值，这与前文的消费者理性预期相对应；p_{it}^{M}、p_{it}^{S}为两种产品在经济系统中的无套利价格(通过冰山成本获得)，它将经济系统中的纯商业行为排除在外；w_{it}是企业在做出利润最大化决策后支付给劳动力的名义工资水平；R_{t}是经济系统的总地租收益，Π_{t}是经济系统中所有企业的总利润，$PI_{t}=(R_{t}+\Pi_{t})/L_{t}$表示第$t$期每一个消费者(劳动力)平均的资产组合收益。

每个时期劳动力在企业进行创新和生产之前做出迁移决策，企业创新行为具有不确定性，但基于大数定律和理性预期，消费者可以预测做出相应决策所需的所有变量值，因此，消费者的单期效用最大化问题就可代表其在生命周期内的行为。从式(18.1)中剔除贴现算子β^{t}、求和算子$\sum_{t=0}^{\infty}$和期望算子E，则可以得到式(18.1)的简化表达式：①

$$\begin{cases}\max U(c_{it}^{M},\ c_{it}^{S})=[h^{M}(c_{it}^{M})^{\alpha}+h^{S}(c_{it}^{S})^{\alpha}]^{1/\alpha}\\ \text{s.t. } p_{it}^{M}c_{it}^{M}+p_{it}^{S}c_{it}^{S}=w_{it}+PI_{t}\end{cases}\tag{18.2}$$

式(18.2)不同于式(18.1)，在式(18.2)中预算约束代表的是第t期的情形，即一旦选定某一时期，那么它只代表选定的那一时期的预算约束，而在式(18.1)中的预算约束，虽然形式与式(18.2)中的相同，但它代表了所有t期的预算约束。为求解式(18.2)的最优化问题，先建立拉格朗日方程：

$$\Omega=[h^{M}(c_{it}^{M})^{\alpha}+h^{S}(c_{it}^{S})^{\alpha}]^{1/\alpha}+\Lambda[(w_{it}+PI_{t})-p_{it}^{M}c_{it}^{M}-p_{it}^{S}c_{it}^{S}]\tag{18.3}$$

分别对c_{it}^{M}、c_{it}^{S}求偏导，并令一阶导数为零：

① 这里使用CES效用函数，且替代弹性为$1/(1-\alpha)<1$。

$$\begin{cases}\dfrac{\partial\Omega}{\partial c_{it}^{M}}=\dfrac{1}{\alpha}\times[h^{M}(c_{it}^{M})^{\alpha}+h^{S}(c_{it}^{S})^{\alpha}]^{(1-\alpha)/\alpha}\times h^{M}\times\alpha\times(c_{it}^{M})^{\alpha-1}-\Lambda p_{it}^{M}=0\\ \dfrac{\partial\Omega}{\partial c_{it}^{S}}=\dfrac{1}{\alpha}\times[h^{M}(c_{it}^{M})^{\alpha}+h^{S}(c_{it}^{S})^{\alpha}]^{(1-\alpha)/\alpha}\times h^{S}\times\alpha\times(c_{it}^{S})^{\alpha-1}-\Lambda p_{it}^{S}=0\end{cases}\tag{18.4}$$

从式（18.4）中可以得出：

$$\frac{c_{it}^{M}}{c_{it}^{S}}=\left(\frac{p_{it}^{M}/h^{M}}{p_{it}^{S}/h^{S}}\right)^{1/(\alpha-1)}\tag{18.5}$$

将式（18.5）代入预算约束得：

$$\begin{cases}c_{it}^{M}=\dfrac{w_{it}+PI_{t}}{p_{it}^{M}+p_{it}^{S}\times\left(\dfrac{p_{it}^{M}/h^{M}}{p_{it}^{S}/h^{S}}\right)^{1/(1-\alpha)}}\\ c_{it}^{S}=\dfrac{w_{it}+PI_{t}}{p_{it}^{S}+p_{it}^{M}\times\left(\dfrac{p_{it}^{M}/h^{M}}{p_{it}^{S}/h^{S}}\right)^{1/(\alpha-1)}}\end{cases}\tag{18.6}$$

根据消费者效用理论，瞬时效用函数可以用价格和财富表示为间接效用函数。设 $\overline{U}$ 为消费者的间接效用，由以上各式可得：

$$\overline{U}=\left\{h^{M}\left\{\frac{w_{it}+PI_{t}}{p_{it}^{M}+p_{it}^{S}\times[(p_{it}^{M}/h^{M})/(p_{it}^{S}/h^{S})]^{1/(1-\alpha)}}\right\}^{\alpha}+h^{S}\left\{\frac{w_{it}+PI_{t}}{p_{it}^{S}+p_{it}^{M}\times[(p_{it}^{M}/h^{M})/(p_{it}^{S}/h^{S})]^{1/(\alpha-1)}}\right\}^{\alpha}\right\}^{1/\alpha}\tag{18.7}$$

由式（18.7）解得：

$$w_{it}=\overline{U}\times\left[p_{it}^{M}\times\left(\frac{p_{it}^{M}/h^{M}}{p_{it}^{S}/h^{S}}\right)^{1/(\alpha-1)}+p_{it}^{S}\right]\Big/\left[h^{M}\times\left(\frac{p_{it}^{M}/h^{M}}{p_{it}^{S}/h^{S}}\right)^{\alpha/(\alpha-1)}+h^{S}\right]^{1/\alpha}-PI_{t}\tag{18.8}$$

至此，完成了对消费者效用最大化行为的分析，式（18.6）、式（18.7）、式（18.8）是使用 MATLAB 软件模拟作图的关键方程，下文涉及此问题时，将做深入的讨论。

二、技术的演进

企业专业化于一个部门的生产，即如果从事制造业部门，那就不能从事服务业部门，反之亦然。企业的主要投入要素是土地和劳动力，每个企业都需要一单位土地作为投入要素，因此，每个区位上只能有一家企业。两种专业化部门的生产活动均需要特定的技术，制造业生产技术和服务业生产技术之间不能相互通用，但在各部门内的技术是通用的，也就是，各部门内的技术是同质的。在模型中，技术的先进程度只体现在技术总量的大小上，因此，同一行业内的技术只有量的区别而没有质的区别，不存在不能扩散的核心技术。基于以上假定，对技术扩散进行如下设定：每个企业在本期使用的生产技术，在下一个时期以一定的衰减率在空间中进行扩散，扩散效应随两地距离的扩大而下降。企业利用它能接触的从其他区位扩散到它所在区位的技术中最先进的技术，企业在此基础上进行技术创新活动。如果创新成功，那么企业将以大于1的倍率提升原来的技术；反之，如果创新失败，则企业使用原来的技术。

1. 技术扩散

在不同时期，技术以指数衰减率在空间中扩散，这种扩散被看成是局部扩散，因为它随距离的增加而呈指数衰减。企业在进行生产前需要在扩散到本地的所有技术水平中选择最先进的技术，如式（18.9）所示：

$$\underline{A}_{it}^{\varphi} = \max_{j \in [0,1]} \{ e^{-\delta |i-j|} \overline{A}_{jt-1}^{\varphi} \}, \quad \varphi \in \{M, S\} \tag{18.9}$$

其中，$\overline{A}_{jt-1}^{\varphi}$为位于$j$的企业在$t-1$期所使用的技术，$\underline{A}_{it}^{\varphi}$为位于$i$的企业在$t$期所接触的从其他区位扩散而来的最先进的技术，企业将在此基础上进行创新活动；$|i-j|$表示区位i和区位j之间的距离；δ为技术在空间上的衰减率，可以用来表征技术的扩散强度，δ越大，技术扩散强度越弱，反之，δ越小，技术的扩散强度就越强。技术扩散是空间分散的一种机制，接近扩散源的区位在时空上能够更便利地获取技术创新的好处，这就吸引企业向该区位迁移。随着企业间距离的缩短，将出现产业在某一区域聚集的现象，此时，该区域的技术水平将持续提高并形成同一产业的技术创新中心，在模型中，技术扩散是形成经济活动空间聚集的外生源泉。

2. 技术创新

技术扩散过程结束后，企业在当前所掌握的技术基础上进行创新，① 并以一定概率获得技术水平大于1倍的提升，如果创新失败则使用当前技术。基于以上特征，设定创新成功后技术水平提升倍率a^{φ}服从于帕累托分布，即$a^{\varphi} \sim P_r(a < a^{\varphi}) = (1/a)^b$。此概率分布的特征是：$a^{\varphi}$的最小值为1,② 平均值为$b/(b-1)$，其中，$b>1$。

企业创新成功时的期望技术水平为：

---

① 可能是企业在前一时期使用的技术，也可能是从其他区位扩散而来的技术。

② 这里的1是指帕累托分布参数$a_{min}=1$，前文假定技术提升倍率至少为1，因此，将参数a_{min}设定为1是符合模型假设的。

$$\bar{\bar{A}}_{it}^{\varphi} \mid (\underline{A}_{it}^{\varphi}, IS) = [b/(b-1)]\underline{A}_{it}^{\varphi} \tag{18.10}$$

如果创新失败，企业只能使用已有技术 $\underline{A}_{it}^{\varphi}$，在设定创新成功概率为 η 的条件下（则 $1-\eta$ 为创新失败的概率），把企业基于 $\underline{A}_{it}^{\varphi}$ 的创新活动结束后的期望技术水平表示为：

$$E(\bar{A}_{it}^{\varphi} \mid \underline{A}_{it}^{\varphi}) = \eta_{it}^{\varphi}[\bar{\bar{A}}_{it}^{\varphi} \mid (\underline{A}_{it}^{\varphi}, IS)] + (1-\eta_{it}^{\varphi})\underline{A}_{it}^{\varphi} = [\eta_{it}^{\varphi}/(b-1)+1]\underline{A}_{it}^{\varphi} \tag{18.11}$$

一般情况下，各区位实现的创新服从跨期独立同分布，但在空间上却不一定如此。在企业创新成功的前提下，使用 $s(i_1, i_2)$ 来表示区位 i_1 和区位 i_2 实现的技术乘以 $a_{i_1t}^{\varphi}$ 和 $a_{i_2t}^{\varphi}$ 之间的相关系数，假设该相关系数为非负且对称。当两区位间的距离趋向于零时（极限情况是两地重合），$s(i_1, i_2)$ 的左右极限都等于1，此时两地实现的技术水平相等；相反，当两区位间距离增加时，$s(l_1, l_2)$ 就越小，极限情况是 $s(l_1, l_2)$ 为零，即企业创新不具有空间相关性。

在模型中，实现创新具有空间相关性，距离相近的相同部门的企业可以获得相同的技术水平。相反，如果没有空间相关性，那么技术扩散与无数无约束的独立同分布的技术创新相结合，将导致每一个区位无限水平的劳动生产率。为避免这种情况的发生，模型假设空间相关系数 $s(l_1, l_2)$ 随距离的增加，而迅速衰减到恰好满足大数定律仍然成立的条件的状态，进而确保不存在整体的不确定性。例如，如果把县看成是基本的区位单元，那么县内同行业企业之间可以实现相同的技术水平创新（相关系数为1），而县内与县外同行业之间则无法实现相同的技术水平创新（相关系数为0），这相当于县之间是相互独立的。同时，又由于在连续空间中县的数量很多，故在这种条件下大数定律仍然成立，可以确定经济系统达到的创新水平，这种可确定的创新水平即为式（18.11）中的根据前期期末技术水平所预期的技术水平期望值。

三、生产者行为

为方便叙述，将企业的生产过程划分为四个阶段。

第一阶段：在 $t-1$ 期期末，企业利用水平为 $\bar{A}_{it-1}^{\varphi}$ 的技术进行生产，随后该技术在 $t-1$ 期期末到 t 期期初期间向其他区位局部扩散，同时，其他区位的技术也以这种方式向本区位扩散。

第二阶段：在 t 期期初，企业比较自有技术和从其他区位扩散到本区位的技术，并从中选出最先进的技术。

第三阶段：在 t 期中期，由于空间中存在大量企业，使得大数定律得以成立，且代理人是理性的，因此，经历本期经济增长的劳动力可以准确预测最大化效用的所有变量，他们根据预期效用水平自由迁移，参与企业下一期的生产活动。企业根据利润最大化原则进行土地竞价，出价最高的企业获得土地使用权并雇佣劳动力进行生产，而土地竞价低于此企业的所有企业均被置换掉。

第四阶段：在 t 期后期，企业获得土地使用权、雇用劳动力后，开始进行技术创新，进行 $t+1$ 期的生产。

以上四个阶段首尾相连构成了企业完整的生产过程。

1. 生产函数与利润函数

企业使用技术、劳动力和 1 单位土地进行生产。当不存在土地约束，也就是土地数量可变时，企业的生产函数为关于劳动力和土地的规模收益不变的柯布—道格拉斯型生产函数（$\beta_M+\beta_l=1$，$\beta_S+\beta_l=1$）。但模型假定土地数量是有限的，因此，就劳动力和土地两种生产要素而言，企业的生产函数实际上是规模收益递减的函数。因为，在土地资源有限的情况下扩大劳动力投入，如果产出扩大 n 倍，那么劳动力总成本扩大的倍数必然大于 n，同时，如果在土地资源有限的情况下扩大生产，则必然要支付更高的土地租金。β_l 是在生产函数中劳动力作出贡献的份额，生产函数如下所示：

$$\begin{cases} M(L_{it}^M,\ 1)=(\bar{A}_{it}^M)^{\theta}(L_{it}^M)^{\beta_M}1^{\beta_l}=(\bar{A}_{it}^M)^{\theta}(L_{it}^M)^{\beta_M} \\ S(L_{it}^S,\ 1)=(\bar{A}_{it}^S)^{\theta}(L_{it}^S)^{\beta_S}1^{\beta_l}=(\bar{A}_{it}^S)^{\theta}(L_{it}^S)^{\beta_S} \end{cases} \tag{18.12}$$

与技术扩散相反，生产函数的规模收益递减属性是经济系统中的主要的分散力，将阻碍企业向同一区域的持续聚集。

企业尽可能最大化其跨期利润现值总和。设 $\tilde{\eta}_{it}^{\varphi}$ 是企业的最优创新决策，$C(\tilde{\eta}_{it}^{\varphi})$ 是获得创新概率 $\tilde{\eta}_{it}^{\varphi}$ 所支付的成本，$\tilde{R}_{it}^{\varphi}$ 是企业能够给出的最大化赢得土地拍卖概率（获取土地使用权）的投标租金。

企业跨期利润函数如下所示：

$$\max_{L_{it}^{\varphi}} E_{t_0}\left\{\sum_{t=t_0}^{\infty}\beta^{t-t_0}\left\{p_{it}^{\varphi}\left\{\left[\tilde{\eta}_{it}^{\varphi}/(b-1)+1\right]\underline{A}_{it}^{\varphi}\right\}^{\theta}(L_{it}^{\varphi})^{\beta_{\varphi}}-w_{it}L_{it}^{\varphi}-C(\tilde{\eta}_{it}^{\varphi})-\tilde{R}_{it}^{\varphi}\right\}\right\} \tag{18.13}$$

2. 劳动力决策

劳动力可以自由迁移，技术可以在空间中扩散。各区位现有企业均要与潜在进入者竞争劳动力和土地，由于区位上所有企业在某一时期所面临的外部环境相同，因此，这些潜在进入者能够获得与已有企业相同的技术水平且是经过技术扩散后能达到的最高的技术水平。在每一期的期初，区位上的所有企业将面临相同的情况，可以把企业在不同时期有关劳动力和土地的动态决策转化为静态决策。企业当期的创新投资决策将影响它将来的创新，因此，在本模型中，唯一的动态问题是企业的创新决策。

经济系统中存在着大量的代理人，产品、劳动力要素是同质的，企业和消费者都是价格接受者，经济系统内的价格由无套利条件决定，这就意味着本地创新不会影响本地生产的产品价格。如前所述，创新服从跨期独立同分布，且遵循辛钦大数定律。因此，尽管不同区位上的企业的创新活动是随机变量，但可以以创新期望值为基础进行理性预期，也就是企业创新是确定的，一般均衡具有可预测的解析解，可从一般均衡中得出价格体系。综上所述，理性预期将确保企业和消费者可以对技术、价格水平进行预期，在求解各变量的最优化问题时，不必考虑其与价格的交互作用。

企业对劳动力的需求只需考虑单期最优化问题，如下所示：

$$\max_{L_{it}^{\varphi}} p_{it}^{\varphi}\{[\tilde{\eta}_{it}^{\varphi}/(b-1)+1]\underline{A}_{it}^{\varphi}\}^{\theta}(L_{it}^{\varphi})^{\beta_{\varphi}}-w_{it}L_{it}^{\varphi}-C(\tilde{\eta}_{it}^{\varphi})-\tilde{R}_{it}^{\varphi} \tag{18.14}$$

在式（18.14）中，L_{it}^{φ}是需要求解的变量，$\tilde{\eta}_{it}^{\varphi}$、$\tilde{R}_{it}^{\varphi}$是已做出最优化选择的变量，在地租决策和创新决策环节中做类似处理，不再赘述。

求式（18.14）的一阶条件，可得劳动力最优雇佣量（为使均衡唯一，[①] 令 $\theta+\beta_{\varphi}=1$）：

$$\tilde{L}_{it}^{\varphi}=\{w_{it}/[(1-\theta)p_{it}^{\varphi}]\}^{-1/\theta}[\tilde{\eta}_{it}^{\varphi}/(b-1)+1]\underline{A}_{it}^{\varphi} \tag{18.15}$$

3. 地租决策

将 $\tilde{L}_{it}^{\varphi}$代入式（18.14）并令其为零，则直接解得最优地租决策：

$$\tilde{R}_{it}^{\varphi}=p_{it}^{\varphi}\{[\tilde{\eta}_{it}^{\varphi}/(b-1)+1]\underline{A}_{it}^{\varphi}\}^{\theta}(\tilde{L}_{it}^{\varphi})^{\beta_{\varphi}}-w_{it}\tilde{L}_{it}^{\varphi}-C(\tilde{\eta}_{it}^{\varphi}) \tag{18.16}$$

4. 创新决策

现在讨论企业的创新投资问题。虽然每个时期企业都做出有关创新的最优决策，但由于劳动力转移以及企业对土地使用权的竞争，在每个时期企业的预期收益必然为零。企业当期的创新决策影响当期的技术水平和劳动力雇佣数量，进而影响生产规模。由于下一时期的创新决策是在当期创新带来的生产规模基础上进行的，因此，当期的创新决策是否影响将来的创新决策？但这种过程不会发生，如前所述，企业本期创新获得的技术将在下一时期早期发生扩散，任何区位上企业的生产规模也取决于相邻区位上企业的创新投资，即存在技术创新的外部性。同时，区位实现创新存在空间相关性，因此，企业当期的创新决策不会影响下一期面对的技术水平，也不会改变未来的创新决策。综上所述，可以得出如下命题。

命题 18－1：企业动态化的最优创新决策是最大化当期利润，企业选择创新水平时只考虑能否最大化当期利润。[②]

---

① 假设 $\theta+\beta_{\varphi}=1$ 时式（18－15）存在唯一均衡的证明，参见附录 18A。

② 参见附录 18B。

该命题使得空间模型可解，并有效衔接模型和现实数据。在已知要素价格（由 w_{it}和 $\tilde{R}_{it}$分别给出均衡时的劳动力工资水平和获得土地租赁权时的土地租金）和劳动力数量（由 $\tilde{L}_{it}^{\varphi}$的包络线给出）的前提下，企业的创新决策表示如下：

$$\max_{\eta_{it}^{\varphi}} p_{it}^{\varphi}\{[\eta_{it}^{\varphi}/(b-1)+1]\underline{A}_{it}^{\varphi}\}^{\theta}(\tilde{L}_{it}^{\varphi})^{\beta_{\varphi}}-w_{it}\tilde{L}_{it}^{\varphi}-C(\eta_{it}^{\varphi})-\tilde{R}_{it}^{\varphi} \tag{18.17}$$

其中，$C(\eta)$ 为企业获得概率为 η 的技术水平提升所支付的成本，创新成本函数由固定成本和可变成本两部分组成，均以同质的劳动力数量来衡量，同时设定，当创新概率接近于1时，创新成本趋于无穷大。综上所述，创新成本函数如下：

$$C(\eta, w_{it})=w_{it}[C_F+C_V/(1-\eta)],\ C_V>0 \tag{18.18}$$

其中，C_F 为固定劳动力数量，C_V 为可变劳动力数量。劳动力是同质的，用 w_{it} 来表示劳动力的名义工资。

将式（18.18）代入式（18.17）中并求出关于 η_{it}^{φ}的一阶导数，则：

$$\theta p_{it}^{\varphi}\left(\frac{\eta_{it}^{\varphi}+b-1}{b-1}\underline{A}_{it}^{\varphi}\right)^{\theta-1}\times\frac{\underline{A}_{it}^{\varphi}}{b-1}\times(\tilde{L}_{it}^{\varphi})^{\beta_{\varphi}}=w_{it}\frac{C_V}{(1-\eta_{it}^{\varphi})^2} \tag{18.19}$$

求式（18.14）关于 L_{it}^{φ}的一阶导数，则：

$$\beta_{\varphi}\times p_{it}^{\varphi}\left(\frac{\eta_{it}^{\varphi}+b-1}{b-1}\underline{A}_{it}^{\varphi}\right)^{\theta}(\tilde{L}_{it}^{\varphi})^{\beta_{\varphi}-1}=w_{it} \tag{18.20}$$

将 $\theta+\beta_{\varphi}=1$ 代入式（18.19）和式（18.20），并整理可得式（18.21）：

$$\tilde{\eta}_{it}^{\varphi}=1-\left[\frac{C_V(b-1)}{\theta(1-\theta)^{(1-\theta)/\theta}}\times\frac{1}{\underline{A}_{it}^{\varphi}}\times(w_{it}/p_{it}^{\varphi})^{1/\theta}\right]^{1/2} \tag{18.21}$$

另外，也可以直接求式（18.17）关于 $\tilde{L}_{it}^{\varphi}$的导数（$\theta+\beta_{\varphi}=1$）：

$$\tilde{\eta}_{it}^{\varphi}=(b-1)\left\{\left[\frac{w_{it}}{(1-\theta)p_{it}^{\varphi}}\right]^{1/\theta}\frac{\tilde{L}_{it}^{\varphi}}{\underline{A}_{it}^{\varphi}}-1\right\} \tag{18.22}$$

在式（18.22）中，最优创新概率 $\tilde{\eta}_{it}^{\varphi}$是 $\tilde{L}_{it}^{\varphi}$的增函数，随着劳动力数量的增加，企业的创新概率将提高，进而对土地使用权的竞争行为更加激烈，这意味着，劳动力密度较大的区位其土地租金也较高。

四、市场均衡

模型假设无储蓄，不存在金融市场，只需考察劳动力市场、土地市场和产品市场的均衡。劳动力可在区位间无成本地转移，因此，劳动力市场的均衡只要求各区位参与生产活动的劳动力总和与经济系统的劳动力总量相等；每个企业占用一单位土地且消费者对土地无需求，假设土地得到充分利用，那么当企业土地总需求等于土地总供给时土地市场达到均衡。在产品市场中，商品在不同区位间运输需要支付运输成本，因此，产品市场均衡需要考虑区位商品净供给以及与此关联的运输成本。如果某区位超额供给大于零则需要把这部分产品运输到其他超额供给小于零的区位，相反，如果该区位超额供给小于零则需要从其他超额供给大于零的区位运输产品到本区位，运输成本与这种产品的流通相关，并利用商品来支付运输成本。

1. 劳动力市场均衡

劳动力生命周期无限，数量为 L_0 且人口无增长，在任意时期的劳动力总量均相同，每一期的劳动力市场均衡表示如下：

$$\int_{i=0}^{1}\left(\sum_{\varphi}\varepsilon_{it}^{\varphi}\tilde{L}_{it}^{\varphi}\right)\mathrm{d}i = L_0,\ \varphi\in\{M,\ S\} \tag{18.23}$$

劳动力在各区位间无成本转移，因此，将每一区位或者参与制造业生产（$\varphi=M$），或者参与服务业产品生产（$\varphi=S$）的就业数量加总后并令其与每一时期的总人口相等，即实现了劳动力市场均衡。为便于模拟作图，用离散形式对式（18.23）进行改写：

$$\sum_{i=0}^{1}\sum_{\varphi}\varepsilon_{it}^{\varphi}\tilde{L}_{it}^{\varphi} = L_0,\ \varphi\in\{M,\ S\} \tag{18.24}$$

其中，$\varepsilon_{it}^{\varphi}\in\{0,\ 1\}$ 代表专业化程度：当 $\tilde{R}_{it}^{M}>\tilde{R}_{it}^{S}$时，制造业获得土地使用权，因此，$\varepsilon_{it}^{M}=1$；反之，当 $\tilde{R}_{it}^{M}<\tilde{R}_{it}^{S}$时，$\varepsilon_{it}^{S}=1$；当 $\tilde{R}_{it}^{M}=\tilde{R}_{it}^{S}$时，$\varepsilon_{it}^{M}=1$。①

2. 土地市场均衡

在［0，1］线性系统中，假设每个区位的土地密度为 1 单位，土地总量为 1。土地供给无弹性，每个企业均占用 1 单位土地进行生产。模型中的土地均被充分利用，在任意 1 单位土地上均有企业开展生产，土地使用权归属于竞拍价最高的企业，区位地租水平使得企业事后利润变为零。总体上看，在均衡时土地数量与企业数量相等，地租水平则随区位而发生变化，任意区位的地租水平与土地最高竞拍价相同。土地市场均衡如下所示。

令 N 为企业总数量，均衡时每个企业使用的土地为 $1/N$；区位 i 在 t 时刻的土地租金为 $R_{it}=\tilde{R}_{it}^{\varphi}$，$t$ 时刻的土地总租金为各区位的土地租金加总 $R_t=\sum_{1}^{N}\tilde{R}_{it}^{\varphi}$。从经济系统总体上看，当土地市场均衡时，土地总供给 = 土地总需求 = 1，均衡租金为 R_i；任意区位的土地市场实现均衡，则要求区位的土地供给 = 企业土地

① 若做出相反的假定（$\varepsilon_{it}^{S}=1$），结论仍然成立。

需求 $=1/N$，均衡租金为 $\tilde{R}_{it}^{\varphi}$。

3. 产品市场均衡

经济系统中的制造业和服务业产品均可进行交易，产品在运输中的损耗采用冰山运输成本形式。因此，经济系统中产品交易的无套利价格表示如下：

$$p_{it}^{\varphi}=\tau^{ij}p_{jt}^{\varphi}，\ \tau^{ij}=e^{\tau|i-j|}，\ \varphi\in\{M，S\} \tag{18.25}$$

其中，τ^{ij}代表 i 和 j 之间的冰山运输成本，参数 τ 将两地的距离 $|i-j|$ 通过自然指数转化为冰山运输成本 τ^{ij}，冰山运输成本假设规避了地区间可能存在的套利行为，经济系统不存在价格扭曲、商品错配以及与此相关的效率损失。

与劳动力的无成本流动不同，产品在不同区域间的运输则需耗费成本，因此，不可直接将市场出清条件设定为总需求等于总供给。根据理性代理人假设，将市场出清过程设定如下：如果区位 i 的超额供给小于零，那么该区位将从与本区位距离最近的超额供给大于零的区位购买商品，如仍不能满足本区位消费，那么继续从次近距离且超额供给大于零的区位购买商品，直到本区位供需均衡为止。与这一过程对应，超额供给大于零的区位则向距离近的区位优先供给产品，如仍不能消耗完本地的超额供给，那么继续向次近区位运输产品，直至超额供给完全消耗（包括运输成本消耗的部分），实现经济系统产品市场均衡时的运输成本最小化。

对于产品在区位间的运输问题，可以设定如下过程：假设存在一条运输通道贯穿本书所描述的连续的线性经济体，运输工具可在通道上来回运转并且运输工具装载足够的产品可供调配。运输工具必须从经济系统起点一直运行到终点，除非到达终点，否则，不可掉头。从起始点开始，若任意区位 i 的超额供给大于零，那么运输工具需将这部分超额供给装载，若任意区位 i 的超额供给小于零，那么该区位将获得运输工具上的商品使得供需均衡，在这一过程期间，要满足就近原则来分配产品。在运输工具运行一个周期后（在一个周期内运行一个来回），如果运输工具上的扣除运输成本的产品仍与原有数量相同，同时，各区位供需相等达到均衡状态，那么经济系统的产品市场达到了均衡。

根据以上产品市场均衡实现过程，可使用关于超额供给的偏微分方程来刻画产品市场均衡条件，设 ES_{it}^{φ}，$\varphi\in\{M，S\}$ 为区位 i 与起始区位 0 之间的所有区位，在 t 时期产品的总超额供给总和。因此，产品市场均衡的条件为 $ES_{it}^{\varphi}=0$，

即［0，1］间的总超额供给为零。其一阶偏微分方程为：①

$$\partial ES_{it}^{\varphi}/\partial i = \varepsilon_{it}^{\varphi} x_{it}^{\varphi} - c_{it}^{\varphi}\left(\sum_{\varphi} \varepsilon_{it}^{\varphi} \tilde{L}_{it}^{\varphi}\right) - \tau \left| ES_{it}^{\varphi} \right| \tag{18.26}$$

其中，x_{it}^{φ}为企业产出扣除创新成本后的可供出售的部分，即：

$$\begin{cases} x_{it}^{M} = M(\tilde{L}_{it}^{M}) - C(\eta_{it}^{M},\ w_{it})/p_{it}^{M} \\ x_{it}^{S} = S(\tilde{L}_{it}^{S}) - C(\eta_{it}^{S},\ w_{it})/p_{it}^{S} \end{cases},$$

而 $c_{it}^{\varphi}(\sum_{\varphi} \varepsilon_{it}^{\varphi} \tilde{L}_{it}^{\varphi})$ 为 i 区位 t 时期的消费总量。因此，式（18.26）即可表示两区位间超额供给偏微分方程。为方便模拟起见，采用式（18.26）的一阶差分形式：

$$\Delta ES^{\varphi} = ES_{it}^{\varphi} - ES_{i-1t}^{\varphi} = x_{it}^{\varphi} - c_{it}^{\varphi} \tilde{L}_{it}^{\varphi} - \tau \left| ES_{i-1t}^{\varphi} \right| \tag{18.27}$$

其中，x_{it}^{φ}为企业产出扣除创新成本的部分，$c_{it}^{\varphi} \tilde{L}_{it}^{\varphi}$为 i 区位 t 时期的消费总量，$\tau \left| ES_{i-1t}^{\varphi} \right|$为将 $i-1$ 区位的超额供给运到 i 区位所耗的成本，式（18.27）表示两区位间超额供给的差值。

第三节 数 值 模 拟

由于企业创新成功与否服从概率分布，因此，本章模型属于动态随机一般均衡，没有解析解，需要校准模型参数②后利用 MATLAB 软件求解非线性方程组，获取线性经济系统中企业决策信息，判断各区位的经济特征。

一、模拟方法

将参数代入式（18.1）至式（18.27），在假定劳动力市场、土地使用权交

---

① 证明：不妨假设 $ES_{it}^{\varphi} > 0$，若区位 i 与 j 充分接近，那么 $ES_{jt}^{\varphi} > 0$，区位 i 的超额供给表示如下：

$$ES_{it}^{\varphi} \approx \varepsilon_{it}^{\varphi} x_{it}^{\varphi}(i-j) - c_{it}^{\varphi}\left(\sum_{\varphi} \varepsilon_{it}^{\varphi} \tilde{L}_{it}^{\varphi}\right)(i-j) + \left[ES_{jt}^{\varphi}/e^{\tau(i-j)}\right]$$

上式两端同时减去 ES_{jt}^{φ}得：

$$ES_{it}^{\varphi} - ES_{jt}^{\varphi} \approx \varepsilon_{it}^{\varphi} x_{it}^{\varphi}(i-j) - c_{it}^{\varphi}\left(\sum_{\varphi} \varepsilon_{it}^{\varphi} \tilde{L}_{it}^{\varphi}\right)(i-j) + \left[ES_{jt}^{\varphi}/e^{\tau(i-j)}\right] - ES_{jt}^{\varphi}$$

构造区位 i 与 j 间超额供给差的极限：

$$\lim_{j \to i}\left[(ES_{it}^{\varphi} - ES_{jt}^{\varphi})/(i-j)\right] = \lim_{j \to i}\left\{\varepsilon_{it}^{\varphi} x_{it}^{\varphi} - c_{it}^{\varphi}\left(\sum_{\varphi} \varepsilon_{it}^{\varphi} \tilde{L}_{it}^{\varphi}\right) + \left\{\left[1 - e^{\tau(i-j)}\right]/(i-j)\right\} \times \left[ES_{jt}^{\varphi}/e^{\tau(i-j)}\right]\right\}$$

$\partial ES_{it}^{\varphi}/\partial i = \varepsilon_{it}^{\varphi} x_{it}^{\varphi} - c_{it}^{\varphi}(\sum_{\varphi} \varepsilon_{it}^{\varphi} \tilde{L}_{it}^{\varphi}) - \tau ES_{it}^{\varphi}$，证毕。

② 参见附录 18C。

易市场、产品市场都实现均衡的前提下，利用 MATLAB 软件求解模型的非线性方程组。均衡按照以下方式确定：人工设定一个精度和迭代次数，求解方程组并计算出模型中三个市场的总需求与总供给的差额，如果这一差额小于预设的精度，那么就认为该市场达到了均衡状态，具体如下。

利用 MATLAB 软件，求解每一期制造业企业和服务业企业在［0，1］区间上的所有区位的地租水平，同时，比较制造业和服务业在某一区位上可以提供的地租（$\tilde{R}_{it}^{M}$，$\tilde{R}_{it}^{S}$）的相对大小：如果 $\tilde{R}_{it}^{M} > \tilde{R}_{it}^{S}$，则令 $\varepsilon_{it}^{M}=1$，制造业企业将获得该区位上的土地使用权；如果 $\tilde{R}_{it}^{M} < \tilde{R}_{it}^{S}$，则令 $\varepsilon_{it}^{M}=0$，服务业企业将获得该区位上的土地使用权；如果 $\tilde{R}_{it}^{M} = \tilde{R}_{it}^{S}$，则令 $\varepsilon_{it}^{M}=1$，即当两类企业提供的最高竞拍地租相等时，制造业企业优先获取土地使用权。①

模型假定创新成功与否是随机事件②（技术提升倍数服从最小值为 1 的帕累托分布），因此，为最大限度地消除随机因素的影响，模拟程序进行了 100 次蒙特卡洛实验，③ 将所获得的［0，1］区间上每一点的一百个 ε_{it}^{M} 值加总，除以实验次数 100，并将该值标记在［0，1］区间的相应点上。由上可知，所求得的比率近似为制造业企业在该点上进行生产活动的概率，其值越大表示相对于服务业，制造业企业越可能出现在该点上。通过以上过程，就可以刻画出每一期产业在［0，1］区间上的分布情况，随着时间的推移，可以描绘出产业结构的演化过程。

二、模拟结论

1. 产业结构空间演化

根据上述的模拟方法，可以获得产业结构演化趋势图。在图 18－1 中，纵轴是线性经济空间的位置变量，模拟程序在［0，1］区间内设置了 500 个点，点的序号在该区间内依次变大。④ 横轴表示经济系统运行的时期数，模型中的 2 个时期为一年，时期 0 与经济开始运行时刻对应。左上图浅色区域代表制造业专业化区域，右上图浅色区域代表生产性服务业（或轻工业）专业化区域。由于经济系统只有两种产业，对于某一区位，如果制造业出现在该区位的概率为

① 由于创新结果的随机性，模型出现 $\tilde{R}_{it}^{M} = \tilde{R}_{it}^{S}$ 的可能性较小，因此，如果做出相反假设，则不会影响最终的模拟结果。

② 若模型均衡时的最优创新概率 $\tilde{\eta}_{it}^{e}$ 大于模拟程序的随机数发生器掷出的数值，则认为创新成功；反之，则认为创新失败。

③ 随着试验次数增多，那么事件发生的频率即为该事件的发生概率。

④ 纵轴正向表示北方，负向表示南方。

P，那么服务业出现的概率为 $1-P$，两者是非此即彼的关系。图 18－1 中颜色深、浅表示两类企业出现在该区位的概率大小。因此，每个时期 t 的纵垂线的颜色深浅变化表征了各区位产业专业化程度，以时间为横轴变量，便可描绘出产业结构的时空演化规律。

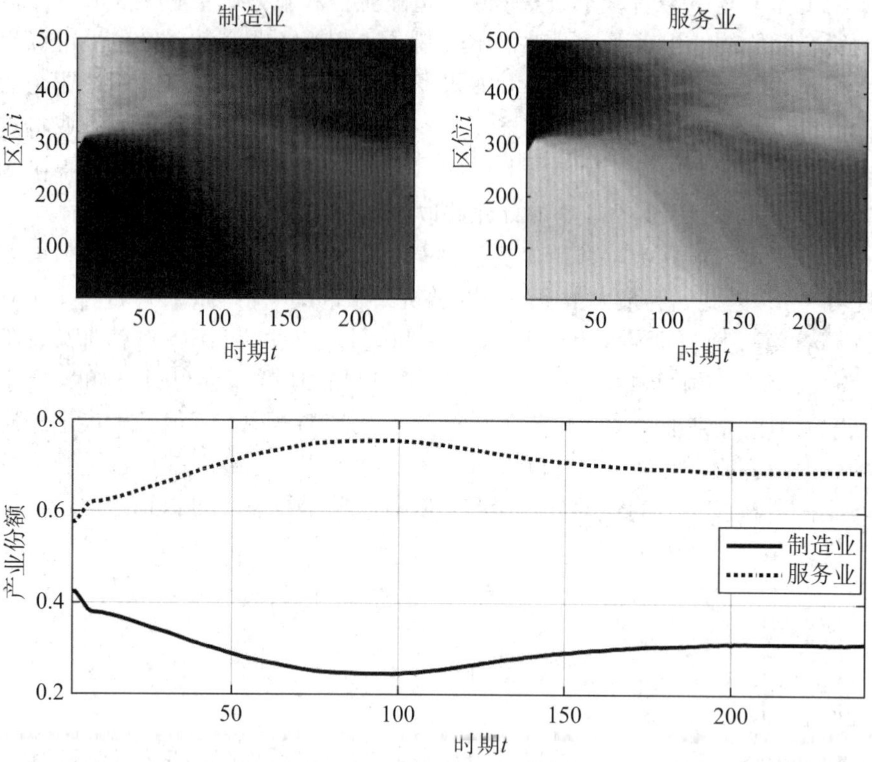

图 18－1　产业结构空间演化

资料来源：笔者整理。

从图 18－1 中可以看出，在初始时刻，北部专业化于制造业生产（左上子图浅色区域），南部专业化于生产性服务业（右上子图浅色区域）。随着经济的运行，北部的制造业开始向南部转移和聚集，最终形成北部专业化于生产性服务业，南部专业化于制造业的产业空间格局。下方子图是两部门产业份额曲线，在经济运行初期，制造业产业份额逐渐降低，随后上升；服务业则相反，表现为先上升后下降。最终，两部门产业份额保持相对稳定，服务业份额大于制造业份额。当两部门产业份额达到势均力敌的状态时，产业份额则维持相对稳定。正是两部门产业相互竞争，导致了以上产业份额的相对变化。

以上过程是容易理解的：在经济发展初期，相对于服务业，制造业的技术水平较高，结合替代弹性小于1的效用函数，此时制造业部门的劳动力将从该产业退出，当劳动力市场达到均衡时，从制造业部门退出的劳动力将流向服务业部门，大量高技能劳动力涌入服务业将为服务业部门技术创新创造了条件，进而加快服务业的技术创新过程。服务业部门的技术创新将为该部门创造更多的利润，进而提高服务业企业争夺土地使用权的竞标价格。相反，制造业部门已进入成熟期，相对于服务业部门，制造业部门的创新能力较弱，该部门利润水平的提升也相当缓慢，因此，当制造业企业与服务业企业竞争土地使用权时，只能提供较低的竞拍价格，服务业企业获取原本属于制造业企业的土地使用权，这表现为服务业部门将制造业厂部门从原来的区位上“挤出”并替换的过程，制造业部门则转移至土地租金较低的南部。随着反复上述过程，最终形成北部专业化于服务业，南部专业化于制造业的新的产业空间格局。但这种过程并未结束。在模型中，企业使用1单位土地进行生产活动，即土地作为固定要素出现在企业的生产函数中，因此，企业不能同比例扩大要素投入，这就造成企业的生产活动具有规模收益递减的特征。随着服务业企业不断追加劳动力投入，最终技术创新带来的好处被生产函数的规模收益递减特性完全抵消，服务业部门也不能再大量吸收从制造业部门退出来的劳动力。如果服务业的技术水平超过制造业，那么相反的过程将会出现，劳动力开始由服务业部门流向制造业部门，进而开启制造业部门的创新过程，提升该部门的技术水平。制造业重新具备了与服务业企业竞争土地使用权的能力，服务业再次被制造业部门所取代，产业空间结构将向相反的空间结构演化，区域的专业化特征再次翻转。随着时间的推移，上述经济演化过程将重复上演，表现为区域经济结构的不断演进。在这一产业结构演进过程中，经济系统的地租水平、技术水平都在不断提高，这种地租、技术水平的持续提升以及知识和技术的空间扩散，就是区域经济高质量发展的标志性指标。

从图18－1中还可发现，服务业从北部开始替换制造业，原因如下：模型假设不同区位之间运输产品需要支付运输成本，因此，输入某种产品的区位的产品价格高于输出该种产品的区位的产品价格，这必然降低产品输入区位消费者的实际收入水平或福利水平。因此，理性消费者为最大化自身效用，将选择在距制造业和服务业企业均较近的区位就业。当制造业技术水平较高进而减少劳动力雇佣量时，从制造业部门退出来的劳动力将就近进入服务业部门就业，这样区位于制造业集群周围的服务业部门便开启了创新过程。随着服务业技术水平或劳动生产率的提高，服务业部门具备了与制造业部门竞争土地使用权的经济能力，服务业不断取代制造业，制造业企业不得不向地租水平较低的南部转移，进而完成产业结构替换和经济结构的升级。据此，可以预测运输成本在一定程度上提高区域的创新能力，因为，运输成本的存在导致劳动力聚集在某些区位上，劳动力聚集度越高，创新成功的概率就越高，进而提高技术水平和劳动生产率。可以看出，该种结论与前面的章节所给出的有关运输成本的结论完全不同，是一种全新的理论观点。在比较静态分析部分，还要涉及运输成本问题。

2. 技术水平的空间演化

企业为生产活动而展开对土地使用权的竞争，一方面需要雇用劳动力进行技术创新，提高自身技术水平才能参与土地的竞拍活动；另一方面企业的土地竞拍行为将直接推高经济系统的地租水平。这表明产业结构的演进过程，必然伴随着技术水平的空间演化、高地租的空间扩散以及劳动力的空间迁移过程。

图 18－2 的左上子图是制造业技术在空间上的演化过程。[①] 在初始时刻，北部的制造业技术水平高于南部。随着经济的运行，北部的制造业技术不断提高，同时，制造业技术创新中心也在逐渐向南部迁移（与制造业向南部转移对应）。右上子图是生产性服务业技术在空间上的演化过程。由于制造业技术不断提升，导致劳动力从制造业部门退出来并流向服务业部门，这将提高服务业部门的技术创新概率，加速服务业技术创新过程。从这两个子图中，可以发现类似于图 18－1 中的规律，即制造业部门技术与服务业部门技术的空间演化过程具有协同定位特征，这与产业的协同定位原理一致。由于存在运输成本，在制造业集群周围总是伴随着服务业集群，随着两部门对土地使用权竞争的加剧，技术水平不断提高。这些表明，产业结构演进总是从制造业专业化程度较高的区位开始，技术水平提升也从制造业技术水平较高的区位开始。随着北部制造业部门逐渐向南迁移，制造业的创新中心也向南迁移，与此不同，服务业创新中心则出现在北部。以上验证了前文的判断，当制造业技术水平提高后，大量劳动力将从制造业部门退出并流向服务业，服务业开启创新过程，服务业在逐渐替换制造业的同时也进行着技术创新过程。

在图 18－2 的下方子图中，制造业部门的技术水平和服务业部门的技术水平，随着经济运行过程不断得到提升。初始时刻，制造业部门的技术水平提升速度高于服务业部门，但由于规模收益递减的生产函数（土地数量不变），制造业的发展达到了瓶颈，不能再大量雇佣劳动力，其技术水平提升速度基本不变，相反服务业部门的技术水平不断得到提升。最终服务业部门的技术水平提升速度将赶上或超过制造业部门。[②] 技术水平的不断提升过程，就是经济持续的增长过程，也是经济结构不断演进的过程。这种既包括经济增长过程又包括

① 颜色随时间轴的深浅变化表征技术的演化过程，颜色越浅其代表的技术水平则越高。

② 在 250 期前，服务业技术增长率将超过制造业增长率。

经济结构演进过程，就是空间发展过程。

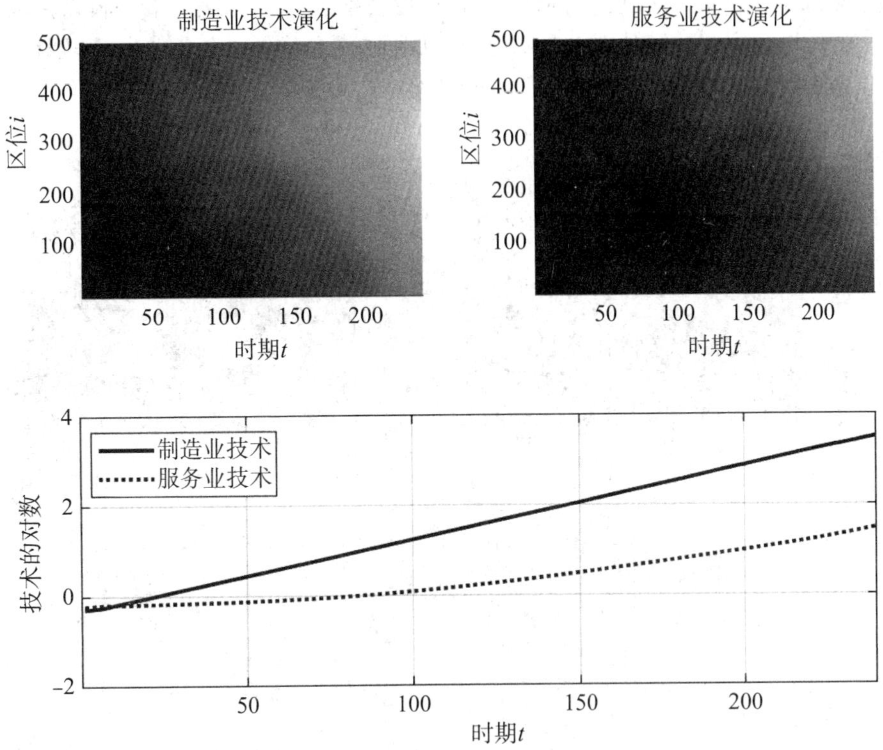

图 18－2　技术水平空间演化

资料来源：笔者整理。

3. 地租水平空间演化

企业竞拍土地使用权的行为将推高地租水平，同时，产业的空间转移又将高地租延伸到经济系统的其他区位，这一过程表现为高地租在空间中的扩散现象，即随着产业的转移，产业所到之处的地租水平也在不断提升。

如图 18－3 所示的左上方子图是制造业地租的空间演化过程。① 在初始阶段，由于处于制造业部门劳动力向服务业部门转移的初期阶段，劳动力尚未大量涌入服务业，服务业部门技术水平仍然较低，未具备能够与制造业部门竞争土地使用权的能力。随着经济运行过程，从制造业部门退出来的大量劳动力进入服务业部门，雇用劳动力的增加加快其创新过程，以致服务业部门的利润水平快速提高。此时，两种产业部门开始竞拍土地使用权，随着技术水平的不断

① 颜色随时间轴的深浅变化表征地租的演化过程，颜色越浅其代表的地租水平则越高。

提升，这种竞拍行为则更加激烈，提供更高竞拍价格的企业将获取土地使用权。那些技术水平较低因而利润较低的企业则被替换，并转向地租水平较低的其他区位，并与区位上的其他企业展开土地使用权竞争。这种企业的空间转移以及对土地使用权的竞争，表现为土地租金在空间上的演化过程。

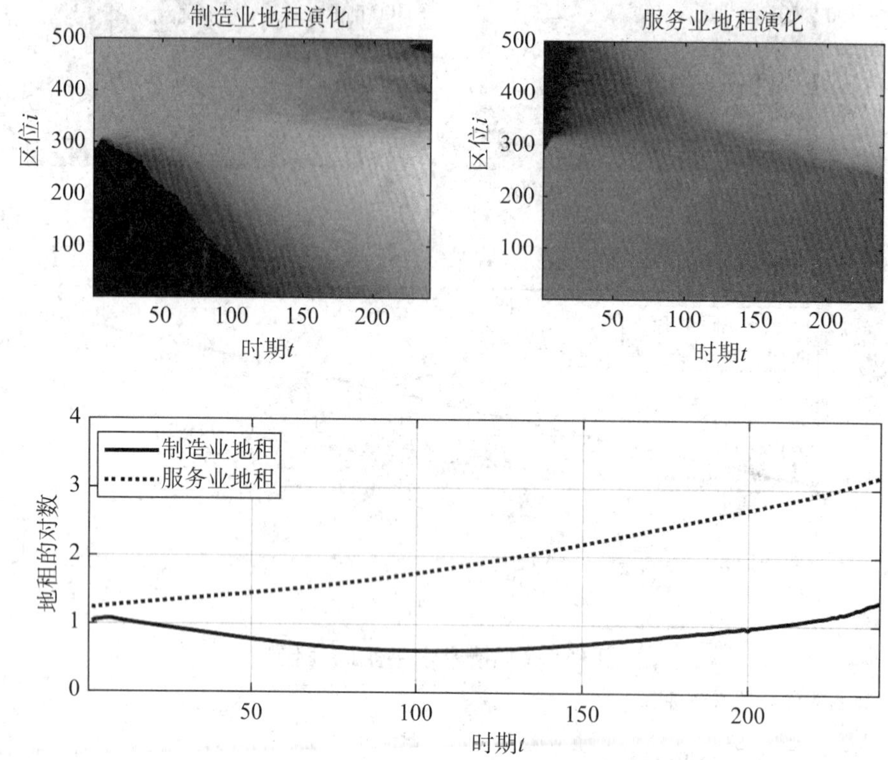

图 18－3　地租水平空间演化

资料来源：笔者整理。

图 18－3 的右上方子图是服务业地租的空间演化过程，由于制造业由北向南转移，因此，制造业的地租水平由北向南依次提升，逐渐呈现出北低南高的态势。服务业部门替换制造业部门则是从北部开始，服务业部门的地租水平在制造业部门向南部转移后，开始增加并有向南部延伸的趋势。但由于此时服务业部门主要集中在北部，在此经济运行周期内，该行业地租向南扩散的趋势最终被截断，形成北部服务业部门的地租水平较高，南部制造业部门的地租水平较高的格局。下方的子图表示，从总体上说，经济系统任意区位的地租水平随时间而都不断提高。在经济运行初期，制造业部门的地租和服务业部门的地租水平相当，但由于服务业部门逐渐开启了创新过程，服务业部门地租提升速度

快于制造业部门，此后它以不断递增的速率提升。随着制造业部门被服务业部门所替换并迁移至地租较低的地区，该产业地租提升速度表现为先负后正的变动规律。

地租来源于企业的利润，而企业的利润又来源于技术创新，因此，地租水平的高低反映了区域创新能力的大小，这正是空间发展的另一种表现形式。

4. 劳动力空间演化

模型假设经济系统是连续的线性空间，每一个区位上有一单位土地，每个企业使用一单位土地进行生产活动，经济系统包含了大量的企业；消费者（劳动力）的居住活动不受到土地资源的限制，经济系统中包含着大量的消费者。上述假定确保了整个经济系统是完全竞争的市场，同时，辛钦大数定律也成立，因此，无论是企业还是消费者，都能准确预测经济系统运行的各个变量（均值），劳动力就可以根据自身对经济变量的预期，准确计算各个区位上能够获得的最大效益，并最终选择从事劳动和消费活动的区位。消费者在任何时刻都会做出最优的决策，最大化其终身跨期效用（消费者寿命无限）。从时间序列上看，消费者在空间上不断进行迁移，这就表现为劳动力随时间的动态演化过程。如图 18－4 所示，左上子图是制造业部门劳动力空间演化趋势（浅色），右上方子图是服务业部门劳动力空间演化趋势（浅色），下方子图则是两部门劳动力相对份额的变化趋势，由于劳动力或者从事制造业生产或是从事服务业生产，因此，两部门劳动力份额之和为 1。

从图 18－4 中可以看出，制造业部门劳动力的空间分布由北向南演化，或者是由北高南低变为北低南高，同时，其所占的比例逐渐降低。相反，服务业部门劳动力的空间分布由北低南高变为北高南低，同时，该部门劳动力比例逐渐升高。上述有关劳动力迁移现象的结论，与产业结构空间演化、技术水平空间演化、地租水平空间演化的结论是相一致的。正是由于劳动力的空间迁移和在部门间的转移开启了服务业的创新过程，空间创新加剧了企业间关于土地使用权的竞争，提高了地租水平，推动了地租水平的空间演化，而地租水平的空间演化推动了产业在区位上的替换过程。在图 18－4 下方子图中，我们发现，制造业部门劳动力份额不断下降，服务业部门劳动力份额则不断上升，最终两部门劳动力比例相对稳定。可以预期，当经济发展到一定阶段后，由于规模收益递减的生产函数，与制造业的初期情况类似，服务业的发展也将达到发展瓶颈，技术的持续提升将劳动力从服务业中挤出，并流向制造业部门，此时制造业将重新开启技术创新过程。这样，产业结构、技术、地租、劳动力的空间演化则将以相反的情形出现。经济系统就是在这种演化过程中得以持续发展，实现空间经济的高质量发展。

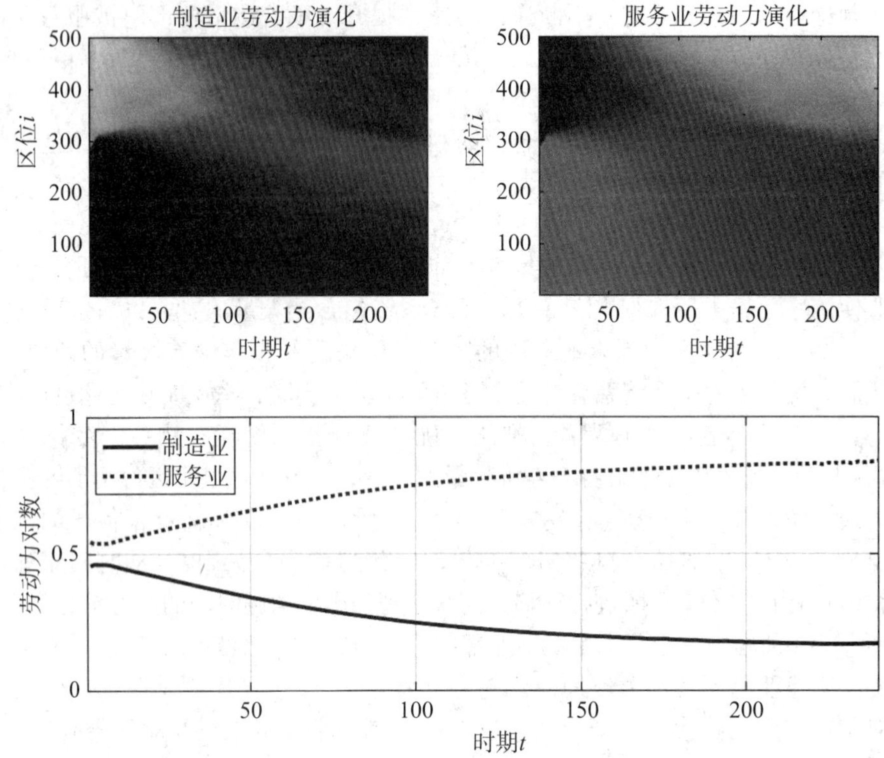

图 18－4　劳动力空间演化

资料来源：笔者整理。

此外，由于商品运输需支付运输成本，因此，为节约成本，劳动力总是选择两部门同时专业化的区位进行就业。当制造业部门技术水平提升后，从该部门退出来的劳动力优先选择邻近区位的服务业部门就业，因此，在图 18－4 中可以发现，从制造业部门退出来的劳动力并未向南部大规模迁移，而是选择就近的服务业部门进行就业，由制造业部门的劳动力转化为服务业部门的劳动力。这就意味着，北部制造业部门的劳动力并未随着制造业部门向南迁移，而是留在北部成为服务业部门的劳动力。在制造业企业从北部向南部迁移后，南部的劳动力则就近进入制造业部门变为制造业部门的劳动力。

第四节　比较静态分析

本节通过调整关键模拟参数的数值，探讨参数变化对经济发展演化的影响。在进行比较静态分析时，原始的校准参数作为对照组，变化后的参数作为实验组。

一、技术扩散效率的影响

图 18－5 给出了技术扩散效率对技术空间演化的影响。第一列图给出的是制造业部门的技术空间演化过程，第二列图给出的是服务业部门的技术空间演化过程，同时，第一行图的技术扩散效率低于第二行图中的扩散效率。①在图 18－5 中，浅色表示技术水平较高的区域，深色表示技术水平较低的区域，颜色随时间的深浅变化就是技术水平在空间上的变化过程。模型假设在初始时期制造业部门位于北部，相对于服务业其技术水平较高，随着劳动力不断从制造业退出来，邻近制造业聚集地区的服务业部门首先开始创新过程，随之服务业部门也具备与制造业部门竞争土地使用权的能力。

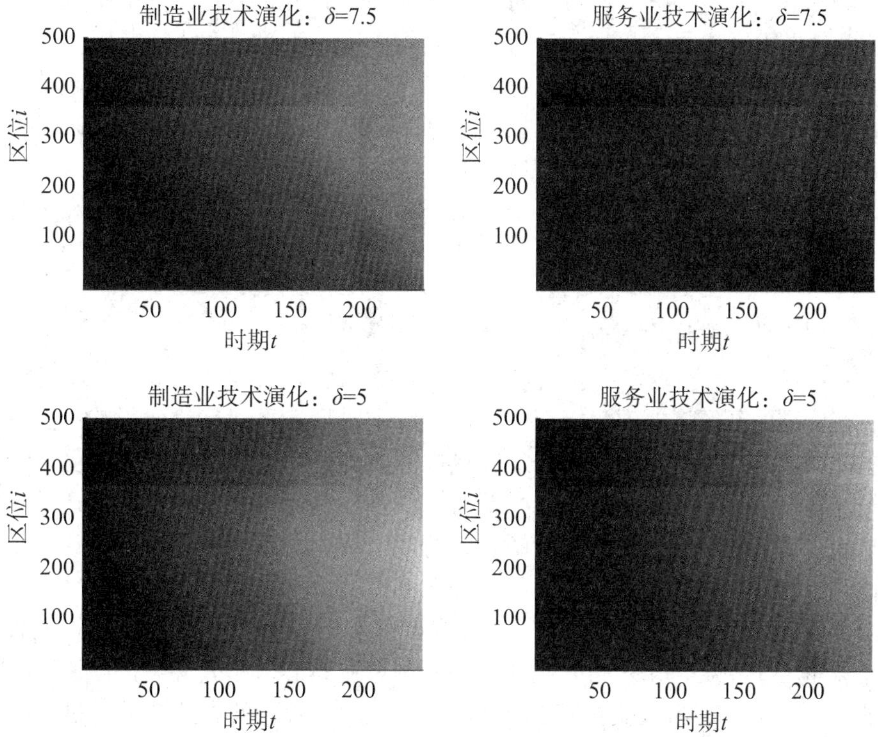

图 18－5　技术扩散效率对技术空间演化的影响

资料来源：笔者整理。

① δ 是技术溢出参数，其值越大技术扩散效率越低，反之，则越高。

从图 18－5 中可以看出，随着服务业部门逐渐取代北部的制造业部门（制造业向地租更低的南部转移），制造业的“创新中心”将由北向南迁移，同时服务业的“创新中心”则出现在与北部制造业的邻近地区。

对比图 18－5 上下两行图可以发现：当技术扩散效率提高时，服务业部门开启技术创新过程的时间节点提前。通过比较上下两行子图发现，不同区位之间的技术水平差距得到了缓解，这是因为企业是在自有技术（上一期使用的生产技术）和从其他区位扩散到本区位的技术中选择最先进的技术进行生产活动。因此，技术扩散的高效率抵消了空间距离导致的技术壁垒，进而提高了企业所能够获取的技术水平。这表现为经济系统整体技术水平的提升，以及技术水平空间差距的缩小。

此外，在技术扩散效率提高后，两部门的技术创新中心有向中心地区集中的趋势。这是容易理解的，随着两部门技术水平的不断提升，竞争土地使用权的能力也在不断增强，此时分散力发挥主要作用，两部门企业均有逃离原有区域的趋势。北部服务业有逃离北部的趋势，南部制造业有逃离南部的趋势。随着企业逃离原区域（它在空间上是连续的过程），它们必然在中心地区相遇并展开对土地使用权的竞争，中心地区的技术水平也将随着劳动力的流入、产业的转移，以及相互竞争而快速提升，从而在中心地区形成新的制造业和服务业协同创新中心。

二、运输成本的影响

在标准的新经济地理学模型中，运输成本对静态福利有负面影响。这是贸易模型的基本常识，因为较高的运输成本意味着商品在运输过程中遭受较大的损失，消费者从专业化中获得的收益将因这种损耗而减少。但较高的运输成本意味着，在其他部门的生产区位附近进行生产更为有利可图。这就是说，如果运输成本相对较高，并且某一部门已经在某种程度上在某一区域聚集，那么另一个部门的经济活动将聚集在它周围，因为，这样可以节约运输成本进而提高产品竞争力。相反，如果服务业部门远离制造业集群，那么将会提高服务业部门的产品价格（因为提高了运输成本）。因此，如果服务业部门靠近制造业生产区域，那么其生产规模将会变大（因为技术水平高、产品价格低、劳动力资源丰富），从而进一步提高其创新能力。值得注意的是，如果某个区位开始创新，那么由于较高的技术溢出效应，它将提高其他邻近区位的劳动生产率，从而导致产业集群中出现更多的创新。虽然技术扩散并不必然导致这种结果，但可以在一定程度上强化这种过程。[1] 综上所述，可以总结出一个重要的结论。

结论 18-1：当运输成本取自某一区间值时，如果某种产业部门的经济增长处于停滞状态，那么该产业部门的劳动生产率是运输成本的不减函数，尤其在特定的运输成本区间范围内，劳动生产率更是运输成本是严格递增函数。[2]

根据这个结论，可以得到如下推论。

推论 18-1：假设经济系统包含两种产业部门，其中一个部门处于增长状态而另一个部门处于停滞状态，如果此时提高运输成本，那么停滞的产业部门就开启提高劳动生产率的过程。

以制造业和服务业部门为例，假设制造业部门的技术水平相对较高，那么较高的运输成本将使得劳动力聚集在制造业周围。当制造业部门技术水平提高时，从制造业退出来的劳动力大量进入服务业部门就业，这将加速服务业的创新过程，进而迅速提高其劳动生产率水平。

以上讨论表明，与标准的新经济地理模型相比，运输成本导致的静态损失可能被创新活动所抵消，因此，提高运输成本时，可能会提高技术水平和整体福利水平。这一结论与核心边缘模型（以及其他新经济地理学模型）给出的更高的运输成本（较低的贸易自由度）导致经济活动空间分散的结论不同。在核心边缘模型中，较高的运输成本阻止了流动要素在空间中的流动，由于聚集带来的收益不能补偿两地区之间的贸易成本，因此，企业只能在两个地区分散化地进行生产活动。因此，在此类模型中，如果认为经济活动聚集将推动经济增长，那么这意味着运输成本与经济增长之间是负向关系。

两种理论在运输成本方面得出不同的结论，其原因如下：第一，在空间发展模型中，劳动力不仅直接参与生产活动，而且还参与技术创新活动，因此，在该模型中劳动力是具有横向效应和垂直效应的，它可以提高整体的技术水平；在大多数新经济地理学模型中，劳动力只参与生产活动而不参与技术创新，因此，它只具有横向效应而不具有垂直效应，不能提高技术水平。第二，在空间发展模型中，如果提高某一部门的技术水平，那么将导致该部门劳动力流出并流向另一产业部门，进而推动另一个产业部门的创新过程。最后，类似于新经济地理学模型，在空间发展模型中，运输成本限制了产业和要素的空间转移，然而正是这种流动性的下降，使得劳动力能够聚集在同一区域，进而提高就业密度并加速技术创新过程（见图 18-6），当运输成本增加时，

---

① 技术扩散是一个被动的过程，因此，它只具有水平效应，但劳动力是直接参与技术创新过程的，劳动力参与是主动过程，因而它具有增长效应。

② 参见附录 18D。

制造业和服务业的技术水平均提高。同时还可以发现，相较于制造业，服务业的技术水平演化和提升速度更快。以上结论与本章开头关于空间发展模型的思路中的讨论一致。

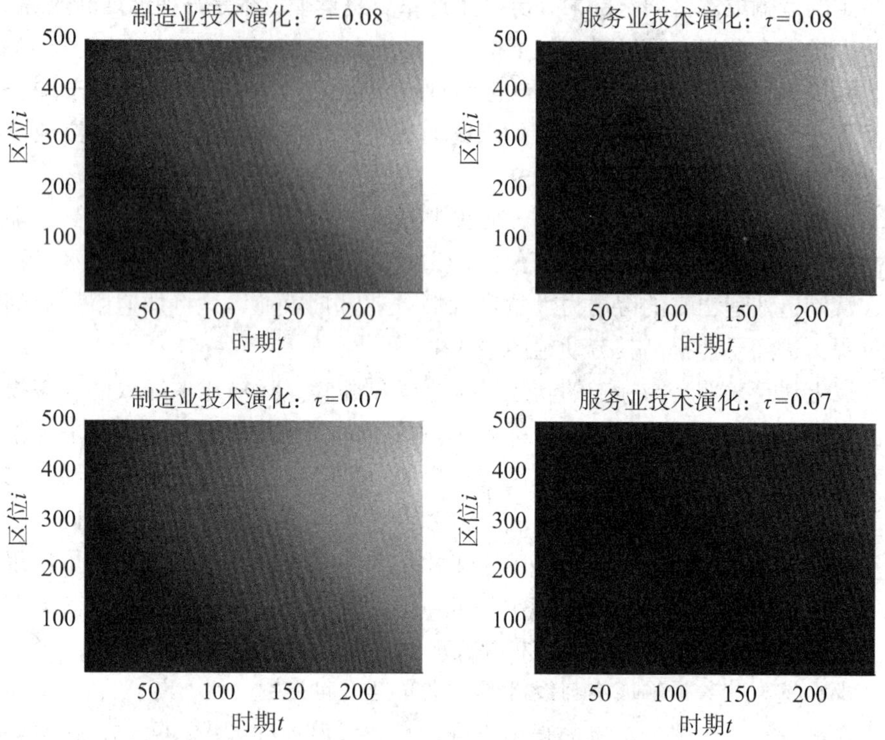

图 18－6　运输成本对技术空间演化的影响

资料来源：笔者整理。

三、土地份额的影响

在空间发展模型中，土地是作为固定要素进入企业的生产函数的，每个企业只能使用一单位土地。除土地要素外，其他生产要素均为可变要素，因此，土地的有限性导致企业生产函数规模报酬递减，是阻碍企业空间聚集的主要力量。

模型假设，相对于技术，两部门生产函数关于劳动和土地是规模报酬不变的，即式 $\beta_M+\beta_l=1$ 和 $\beta_S+\beta_l=1$ 成立，这就是说，如果劳动力份额 β_φ 由 0.6 降为 0.5，那么土地份额由 0.4 提高为 0.5。土地是固定生产要素，其所占份额对经济运行的影响是通过劳动力的份额大小来实现。同时，为使均衡具有唯一解，模型假定技术参数 θ 与劳动力份额之和为 1，即 $\theta+\beta_\varphi=1$，这样 θ 将等于

β_l，即 $\theta=\beta_l$。因此，当 β_φ 变小，则 θ 与 β_l 同时变大，也就是说，当劳动力在生产函数中的重要性下降时，技术和土地的重要性提高。

以上表明，随着劳动力份额的增加，生产函数关于技术的二阶导数（为负）的绝对值变大，因此，经济随技术水平的提升缓慢增长，同时服务业在初始时就已经开始增长过程（见图 18－7）。随着土地份额的提高，土地有限性所导致的分散力变大，这导致两种产业集群不再协同定位或相邻，相反，两部门在空间上分散分布，制造业集群聚集在北部区域，服务集群聚集在南部区域，区际产业转移现象几乎不存在。在南北部的接合部位，由于相邻区位间距离较短，技术溢出效应较大，出现了一条狭长的产业转移活跃带，产业结构处于变动过程中。因此，如果从整体的经济空间角度来考虑，则南部和北部的经济运行空间是分割开来的，较少发生经济互动。从产业份额曲线中可以发现，由于两地区缺乏经济互动，产业份额基本不会随时间而发生变化。

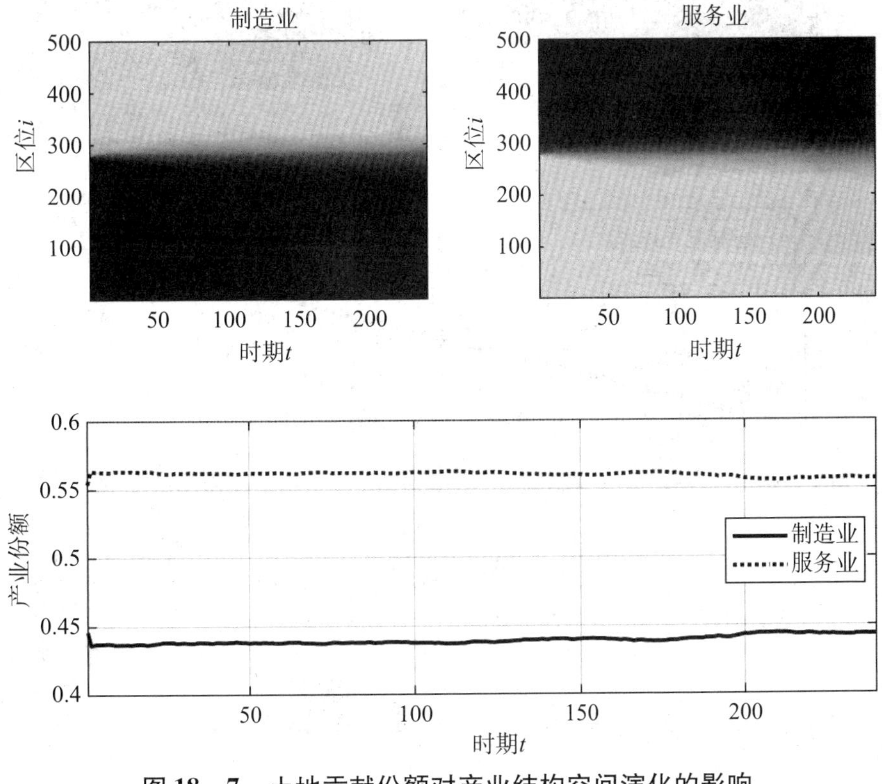

图 18－7　土地贡献份额对产业结构空间演化的影响

资料来源：笔者整理。

如图 18 - 8 所示，与产业结构演化图中的产业南北分离对应，当劳动份额 β_φ 由 0.6 降为 0.5 后，制造业创新中心与服务业创新中心也是分离开的，形成北部既为制造业聚集地也是制造业创新中心，南部既为服务业聚集地也是服务业创新中心的格局。从图 18 - 8 的技术演化过程中可以发现，尽管两部门技术均有向对方产业所在区位溢出的趋势，但由于土地要素导致的产业分散力抵消了技术溢出效应引致的产业聚集力。因此，当土地份额变大时，经济系统只能形成北部为制造业、南部为服务业的产业格局。制造业和服务业部门技术水平增长率最终趋向于相同，经济系统将处于平衡增长路径之上。

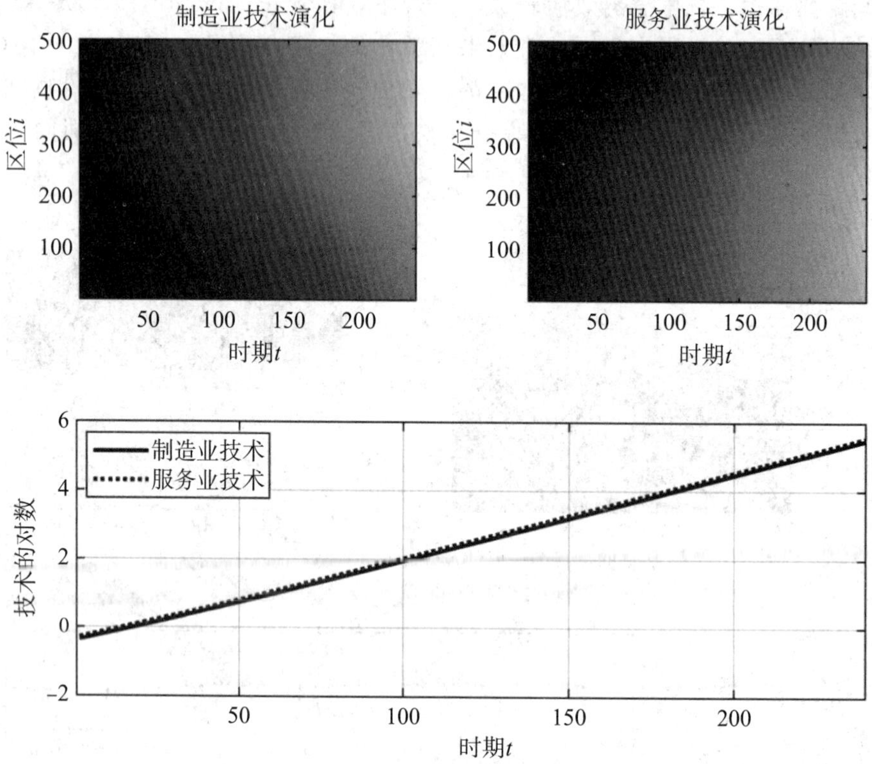

图 18 - 8　土地贡献份额对技术空间演化的影响

资料来源：笔者整理。

第五节　本 章 小 结

目前，研究经济活动空间分布的方法主要有以下三种：第一种是新经济地理学模型及其动态化扩展，第二种是解释城市形成、分布及其规模的城市经济学方法，第三种就是本章介绍的空间动态研究方法。

新经济地理学模型而言，由于模型所涉及的区域数量较少，难以有效刻画经济活动空间分布特征，也难以与现实经济系统运行过程中的连续性数据相匹配。此外，新经济地理模型还指出，随着贸易自由度的提高，经济系统中将会发生突发性的聚集现象，虽然模型认为突发性聚集是内生的，但无法确定哪一个区域将最终成为核心区，哪一区域为边缘区。实际上，区域经济运行是一种连续的过程，并不存在经济变量在瞬间转移的现象。城市经济学的研究方法，主要用来解释城市规模和结构。这些方法通常把外部性导致的聚集效应处理为“黑箱”，因而就无法解释经济活动空间聚集的内在机制。

通常所说的区域经济发展，也就是空间经济发展，它不仅包括区域经济增长，还包括区域经济结构的演进过程：区域经济增长表现为生产能力、经济规模的扩大以及技术水平的不断提升，主要从时间维度进行考察；区域结构演进表现为新的、更加高级的经济结构不断取代原有的、低级的经济结构，是产业结构优化升级的过程，它主要是从空间维度进行考察。因此，要完整地解释区域发展过程，一方面要解释区域经济增长的机理，另一方面要解释原有经济结构被新的经济结构所替代的机理。尽管新古典的区域经济理论很好地诠释了区域经济增长的机理，新经济地理学理论也很好地阐述了经济活动空间聚集以及区域经济增长的机理，但这些理论对区域经济结构如何演进都缺乏解释。若要从时间和空间两个维度解释区域经济增长过程，那么就必须建立既包括区域经济增长又包括区域经济结构演进的空间经济分析框架，K. 德斯米特和 E. 罗西－汉斯伯格为建立这种空间经济分析方法作出了重要贡献。

本章的连续时空视角的空间经济研究，不仅关注区域经济增长，还强调通过产业布局的变动而呈现出的经济结构演进。假设连续线性经济系统中存在制造业和服务业两个部门，企业使用劳动力和土地两种要素进行生产活动，由于土地资源是有限的，所以企业的生产函数实际上具有规模收益递减的特征。初始时制造业部门的技术水平较高，处于产业发展的成熟阶段，而服务业部门的技术水平较低，处于产业发展的初期阶段。制造业部门是成熟的产业部门，发展历史较长技术水平较高，就业人数相对于服务业部门较多，就业份额大于服务业部门。由于行业的技术创新概率常与受过培训的劳动力数量有关，高技能劳动力较多，则技术创新成功的概率也就较高，大量技能劳动力聚集的制造业部门，因其技术创新成功的概率较高，该部门的技术水平和生产率水平也较高。

劳动力大量就业于制造业部门，一方面，提升了制造业部门的技术水平和劳动生产率；另一方面，技术水平的提升又意味着劳动力需求将逐渐减少。同时，劳动力聚集导致的技术水平提升效应逐渐由规模收益递减效应所抵消，故技术水平达到某种水平时，制造业部门不能再雇佣更多的劳动力，大量的劳动力从制造业部门退出来。为了解决就业问题，这些从制造业部门退出来的劳动力就转向开始起步的服务业部门，同时，自然增长的劳动力也主要进入服务业部门。这些从制造业部门退出来的劳动力，具有与当时制造业技术水平相适应的人力资本水平，是高水平人力资本，因此，尽管制造业部门生产技术和服务业部门生产技术不可通用，但这些高水平人力资本在服务业部门的聚集，创造了服务业部门进行技术创新的条件，开启了服务业部门的技术创新过程。从制造业部门转移到服务业部门的高水平劳动力越多，服务业部门技术创新成功的概率也就越高。

技术存在空间溢出效应，每个企业均使用它所能接触的从其他区位扩散到本区位的最先进的技术进行创新活动或生产活动，同时，技术溢出遵循空间衰减规律，距离越远技术衰减越多，企业所能够获得的技术就越少。尽管制造业部门和服务业部门的技术不可通用，但这种技术溢出对新兴的服务业部门技术水平的提升具有很大的促进作用。此时，制造业部门已步入产业发展的成熟阶段，这意味着，制造业部门通过技术创新进一步提高劳动生产率的空间较小。相反，由于服务业部门刚进入快速发展阶段，通过技术创新进一步提高劳动生产率的空间还很大。因此，劳动力向服务业部门大量转移以及技术的空间溢出效应，极大地促进了服务业部门技术创新能力。当这种外生技术创新冲击下的服务业部门的技术创新达到某一水平时，服务业部门将开启内生的技术创新过程，这种内生的技术创新过程与外生的技术溢出的交互作用，使得服务业部门的技术水平逐渐接近制造业部门（或出现服务业部门技术水平超过制造业部门的现象），且逐渐发展成为新兴的产业部门。

随着劳动力的转移和技术的空间溢出，两部门间的相对技术水平也将发生变动。如果服务业部门的技术水平超过制造业部门的技术水平，那么其劳动生产率水平也将高于制造业部门，在其他条件相同的情况下，生产性服务业部门的单位面积土地产值将大于制造业部门。企业对土地使用权的竞争导致单位土地面积的产值不断增长，这表现为地价和地租的不断上升，而地租的不断上涨就是区域经济增长的表现之一。此后，服务业部门逐渐具备了与制造业部门竞标优势区位使用权的经济能力，新兴的生产性服务业部门最终取代优势区位上的制造业部门，完成了区域经济结构的转换过程，这表现为产业结构的优化升级过程。如果时间足够长，那么基于同样的运行机理，服务业部门也将再次被更高层次的制造业部门取代，如此反复。在时间维度上，技术水平的不断提升、地租的不断上涨即为区域经济的不断增长；在空间维度上，制造业与服务业企业间的不断相互取代，即为产业结构的不断优化升级。

综上所述，空间发展模型的基本内涵是由于经济系统中的土地资源的有限性迫使或推动具有利润最大化倾向的企业开展技术创新活动。隐藏在企业争夺土地使用权行为背后的是技术的不断进步和土地租金的不断提高，而技术的进步过程是经济发展过程的直接反映，土地租金的不断提升则是产值不断增长、区域经济不断发展的真实写照。此外，同一区位不同生产企业的相互替代则是产业结构演进的最直观体现。总之，空间发展模型把空间因素纳入完全竞争框架中，很好地解释了经济增长（技术进步）和产业结构演进的基本机理和过程。

附　　录

18A：式（18.14）的均衡存在性证明

令 $\max\limits_{L_{it}^{\varphi},\eta_{it}^{\varphi}\geqslant 0}\Phi(\eta_{it}^{\varphi},\ L_{it}^{\varphi})\equiv\max\limits_{L_{it}^{\varphi},\eta_{it}^{\varphi}\geqslant 0}p_{it}^{\varphi}\{[\eta_{it}^{\varphi}/(b-1)+1]\underline{A}_{it}^{\varphi}\}^{\theta}(L_{it}^{\varphi})^{\beta_{\varphi}}-w_{it}L_{it}^{\varphi}-C(\eta_{it}^{\varphi})$，其中，$\theta\in(0,\ 1)$、$\beta_{\varphi}\in(0,\ 1)$、$C'(\eta_{it}^{\varphi})$、$C''(\eta_{it}^{\varphi})>0$。分别求有关 η_{it}^{φ} 和 L_{it}^{φ} 的一阶导数并令其为零，则：

$$\begin{cases}\Phi(\eta_{it}^{\varphi},\ L_{it}^{\varphi})_{\eta}=\dfrac{\theta p_{it}^{\varphi}}{b-1}(\underline{A}_{it}^{\varphi})^{\theta}\left(\dfrac{\eta_{it}^{\varphi}}{b-1}+1\right)^{\theta-1}(L_{it}^{\varphi})^{\beta_{\varphi}}-C'(\eta_{it}^{\varphi})=0\\ \Phi(\eta_{it}^{\varphi},\ L_{it}^{\varphi})_{L}=\beta_{\varphi}p_{it}^{\varphi}(\underline{A}_{it}^{\varphi})^{\theta}\left(\dfrac{\eta_{it}^{\varphi}}{b-1}+1\right)^{\theta}(L_{it}^{\varphi})^{\beta_{\varphi}-1}-w_{it}=0\end{cases}\tag{18A.1}$$

进一步求出二阶导数：

$$\begin{cases}\Phi(\eta_{it}^{\varphi},\ L_{it}^{\varphi})_{\eta\eta}=\dfrac{\theta(\theta-1)p_{it}^{\varphi}}{(b-1)^{2}}(\underline{A}_{it}^{\varphi})^{\theta}\left(\dfrac{\eta_{it}^{\varphi}}{b-1}+1\right)^{\theta-2}(L_{it}^{\varphi})^{\beta_{\varphi}}-C''(\eta_{it}^{\varphi})<0\\ \Phi(\eta_{it}^{\varphi},\ L_{it}^{\varphi})_{LL}=\beta_{\varphi}(\beta_{\varphi}-1)p_{it}^{\varphi}(\underline{A}_{it}^{\varphi})^{\theta}\left(\dfrac{\eta_{it}^{\varphi}}{b-1}+1\right)^{\theta}(L_{it}^{\varphi})^{\beta_{\varphi}-2}<0\\ \Phi(\eta_{it}^{\varphi},\ L_{it}^{\varphi})_{\eta L}=\Phi(\eta_{it}^{\varphi},\ L_{it}^{\varphi})_{L\eta}=\dfrac{\theta\beta_{\varphi}p_{it}^{\varphi}}{b-1}(\underline{A}_{it}^{\varphi})^{\theta}\left(\dfrac{\eta_{it}^{\varphi}}{b-1}+1\right)^{\theta-1}(L_{it}^{\varphi})^{\beta_{\varphi}-1}>0\end{cases}\tag{18A.2}$$

如果目标函数的海塞矩阵（二阶偏导数矩阵）为负定，那么将有唯一解，这等价于海塞矩阵的奇数阶顺序主子式为负，偶数阶顺序主子式为正。由式（18A.2）可知，海塞矩阵的一阶顺序主子式为负，二阶顺序主子式如下所示：

$$\begin{cases}\Phi(\eta_{it}^{\varphi}, L_{it}^{\varphi})_{\eta\eta}\times\Phi(\eta_{it}^{\varphi}, L_{it}^{\varphi})_{LL}-\Phi(\eta_{it}^{\varphi}, L_{it}^{\varphi})_{\eta L}\times\Phi(\eta_{it}^{\varphi}, L_{it}^{\varphi})_{L\eta}\\ =\Phi(\eta_{it}^{\varphi}, L_{it}^{\varphi})_{\eta\eta}\times\Phi(\eta_{it}^{\varphi}, L_{it}^{\varphi})_{LL}-[\Phi(\eta_{it}^{\varphi}, L_{it}^{\varphi})_{\eta L}]^2\\ =-C''(\eta_{it}^{\varphi})\beta_{\varphi}(\beta_{\varphi}-1)p_{it}^{\varphi}(\underline{A}_{it}^{\varphi})^{\theta}[\eta_{it}^{\varphi}/(b-1)+1]^{\theta}(L_{it}^{\varphi})^{\beta_{\varphi}-2}\\ \quad+[1/(b-1)^2][\theta(\theta-1)\beta_{\varphi}(\beta_{\varphi}-1)](p_{it}^{\varphi})^2(\underline{A}_{it}^{\varphi})^{2\theta}[\eta_{it}^{\varphi}/(b-1)+1]^{2\theta-2}(L_{it}^{\varphi})^{2\beta_{\varphi}-2}\\ \quad-[1/(b-1)^2][\theta^2(\beta_{\varphi})^2](p_{it}^{\varphi})^2(\underline{A}_{it}^{\varphi})^{2\theta}[\eta_{it}^{\varphi}/(b-1)+1]^{2\theta-2}(L_{it}^{\varphi})^{2\beta_{\varphi}-2}\\ =\underbrace{-C''(\eta_{it}^{\varphi})\beta_{\varphi}(\beta_{\varphi}-1)p_{it}^{\varphi}(\underline{A}_{it}^{\varphi})^{\theta}[\eta_{it}^{\varphi}/(b-1)+1]^{\theta}(L_{it}^{\varphi})^{\beta_{\varphi}-2}}_{[3-1]}\\ \quad+\underbrace{[1/(b-1)^2][\theta\beta_{\varphi}(-\theta-\beta_{\varphi}+1)](p_{it}^{\varphi})^2(\underline{A}_{it}^{\varphi})^{2\theta}[\eta_{it}^{\varphi}/(b-1)+1]^{2\theta-2}(L_{it}^{\varphi})^{2\beta_{\varphi}-2}}_{[3-2]}\end{cases}$$

（18A.3）

在式（18A.3）中，[3－1] 项大于零，[3－2] 项正负将取决于 $1-\theta-\beta_{\varphi}$，当 $1-\theta-\beta_{\varphi}\geqslant 0$ 时（$\theta+\beta_{\varphi}\leqslant 1$），式（18A.3）必然大于零。

18B：当期企业利润最大化问题

证明：给定劳动力的最优选择 $\tilde{L}_{it}^{\varphi}$，t_0 时刻位于区位 i 的企业的目标函数如下：

$$\max_{[\eta_{it}^{\varphi}]_{t_0}^{\infty}} E_{t_0}\left\{\sum_{t=t_0}^{\infty}\beta^{t-t_0}\{p_{it}^{\varphi}\{[\eta_{it}^{\varphi}/(b-1)+1]\underline{A}_{it}^{\varphi}\}^{\theta}(\tilde{L}_{it}^{\varphi})^{\beta_{\varphi}}-w_{it}\tilde{L}_{it}^{\varphi}-C(\eta_{it}^{\varphi})-\tilde{R}_{it}^{\varphi}\}\right\}$$

其中，企业当前掌握的技术水平 $\underline{A}_{it}^{\varphi}$ 是已确定的，企业劳动力雇佣量 $\tilde{L}_{it}^{\varphi}$ 是创新成功概率 η_{it}^{φ} 的函数，由于 $\tilde{L}_{it}^{\varphi}$ 已是企业的最优选择，因此，包络定理成立。同时，企业在市场中相互竞争土地使用权，最终的土地成交租金由市场行为决定，设为 $\tilde{R}_{it}^{\varphi}$。综上所述，企业的目标函数可简化为：

$$\begin{cases}\max\limits_{[\eta_{it}^{\varphi}]_{t_0}^{\infty}} E_{t_0}\left\{\sum\limits_{t=t_0}^{\infty}\beta^{t-t_0}\{p_{it}^{\varphi}\{[\eta_{it}^{\varphi}/(b-1)+1]\underline{A}_{it}^{\varphi}\}^{\theta}(\tilde{L}_{it}^{\varphi})^{\beta_{\varphi}}-C(\eta_{it}^{\varphi})\}\right\}\\ =\underbrace{\max\limits_{[\eta_{it}^{\varphi}]_{t_0}^{\infty}} p_{it_0}^{\varphi}\{[\eta_{it}^{\varphi}/(b-1)+1]\underline{A}_{it_0}^{\varphi}\}^{\theta}(\tilde{L}_{it}^{\varphi})^{\beta_{\varphi}}-C(\eta_{it_0}^{\varphi})}_{[1-1]}\\ \quad+\underbrace{\max\limits_{[\eta_{it}^{\varphi}]_{t_0}^{\infty}} E_{t_0}\left\{\sum\limits_{t=t_0+1}^{\infty}\beta^{t-t_0+1}\{p_{it}^{\varphi}\{[\eta_{it}^{\varphi}/(b-1)+1]\underline{A}_{it}^{\varphi}\}^{\theta}(\tilde{L}_{it}^{\varphi})^{\beta_{\varphi}}-C(\eta_{it}^{\varphi})\}\right\}}_{[1-2]}\end{cases}$$

在上式中，[1－2] 项中的 $\underline{A}_{it_0+1}^{\varphi}$ 与 t_0 期的决策相关，除此之外，[1－2] 项与 [1－1] 项无关。同时，$\underline{A}_{it_0+1}^{\varphi}$ 仍然与前一期的创新决策 $\eta_{it_0}^{\varphi}$ 无关。根据 $\underline{A}_{it}^{\varphi}=\max\limits_{j\in[0,1]}\{e^{-\delta|i-j|}\overline{A}_{jt-1}^{\varphi}\}$ 可知，企业在生产初期接触的最先进技术是区位 i 的连续函数，因此，$\tilde{L}_{it}^{\varphi}$ 与 R_{it}^{φ} 同样是区位 i 的连续函数。此外，由于区域范围较小以致

该区域内不同区位的价格水平保持不变，都为 p_{it}^{φ}。模型假设 $\lim\limits_{i_1 \to i_2} s(i_1, i_2) = 1$，由 $\underline{A}_{it}^{\varphi} = \max\limits_{j \in [0,1]} \{e^{-\delta|i-j|} \overline{A}_{jt-1}^{\varphi}\}$ 可知，如果 $i_1 = \arg\max\limits_{j \in [0,1]} \{e^{-\delta|i_1-j|} \overline{A}_{jt_0}^{\varphi}\}$，那么存在一个任意接近区位 i_1 的区位 i_2，使得 $i_2 = \arg\max\limits_{j \in [0,1]} \{e^{-\delta|i_1-j|} \overline{A}_{jt_0}^{\varphi}\}$ 成立。因此，$\underline{A}_{i_1t_0+1}^{\varphi} = \overline{A}_{i_2t_0}^{\varphi}$，即在区位 i_1 的创新决策不会影响该区位下一期期初的最先进技术 $\underline{A}_{i_1t_0+1}^{\varphi}$，由此可得［1－2］项与创新成功的概率 $\eta_{i_1t_0}^{\varphi}$ 无关。这样，求解 $\eta_{i_1t_0}^{\varphi}$ 的最优解问题等价于求解［1－1］项的最大化，即［1－1］项为企业当期利润最大化问题。

证毕。

18C：校准模型参数

（1）消费者对工业品的偏好参数（h_M，h_S）。为匹配初始时两部门的劳动力份额，设 $h^M = 0.9$，$h^S = 1.4$。

（2）消费者的效用折现参数 β。设 $\beta = 0.95$，模型的一个周期对应于一个半年。

（3）替代弹性参数 α。斯托克曼和特萨尔（Stockman & Tesar，1995）使用 30 个国家的数据，估计出替代弹性为 0.44，$1/(1-\alpha) = 0.4$，则 $\alpha = -1.5$。

（4）初始技术分布参数。令 $A_{i0}^S = 1$，$A_{i0}^M = 0.8 + 0.4l$，$l \in [0, 1]$，则在北部边界制造业的技术水平比服务业部门高 20%，在南部边界制造业的技术水平则比服务业部门低 20%。

（5）劳动力收入份额（β_{φ}）。依据维伦廷尼和赫伦多尔弗（Valentinyi & errendorf，2008）的测算，设 $\beta_{\varphi} = 0.6$，即 $\beta_M = \beta_S = 0.6$。

（6）冰山交易成本参数（τ）。雷曼多等（Ramondo et al.，2013）通过使用多国数据测算出每千米的运输成本为 $\tau' = 0.00005$，因此，设定 $\tau = \tau' \times 5000 = 0.25$，鉴于这是对跨国贸易行为进行测算的结果，取其较小的值，设为 $\tau = 0.08$。

（7）技术扩散系数（δ）。柯明等（Comin et al.，2012）通过分析 150 年来 20 种主要技术在 161 个国家的扩散情况，得出每 1000 公里的扩散系数约为 1.5，总距离为 5000 公里，设定 $\delta = 1.5 \times 5 = 7.5$。

（8）技术创新成本包括固定成本参数 C_F 与可变成本参数 C_V，帕累托分布参数 b。为了使模型能够充分拟合数据，令 $C_F = 1.142793$、$C_V = 0.0082433$，$b = 45$。

（9）为了使均衡唯一，令 $\theta + \beta_{\varphi} = 1$，由 $\beta_{\varphi} = 0.6$，得 $\theta = 0.4$。

18D：生产率为运输成本的严格递增函数的证明

证明：由 $p_{it}^{\varphi}=\tau^{ij}p_{jt}^{\varphi}$，$\tau^{ij}=e^{\tau|i-j|}$，$\varphi\in\{M,S\}$，得出任意两区域价格比为 $p_{it}^{\varphi}/p_{jt}^{\varphi}=\tau^{ij}=e^{\tau|i-j|}$。

令 $\Delta=|i-j|$，则 $\partial(p_{it}^{\varphi}/p_{jt}^{\varphi})/\partial\tau=\partial e^{\Delta\tau}/\partial\tau=\Delta e^{\Delta\tau}>0$ 成立。随着运输成本的增加，两区位间的价格比也随之递增，因此，$\partial p_{it}^{\varphi}/\partial\tau>0$。给定技术水平 $\underline{A}_{it}^{\varphi}$，则由 $\tilde{\eta}_{it}^{\varphi}=1-\{\{[C_V(b-1)]/[\theta(1-\theta)^{(1-\theta)/\theta}]\}\times(1/\underline{A}_{it}^{\varphi})\times(w_{it}/p_{it}^{\varphi})^{1/\theta}\}^{1/2}$ 和 $\partial p_{it}^{\varphi}/\partial\tau>0$，可以得出 $\partial\tilde{\eta}_{it}^{\varphi}/\partial\tau>0$。因此，最优创新概率是运输成本的非减函数。假设其中某一个生产部门处于增长停滞状态（$\tilde{\eta}_{it}^{\varphi}=0$，$\tau=\tau^{*}$），那么当 $\tau>\tau^{*}$ 时 $\tilde{\eta}_{it}^{\varphi}>0$，即经济系统总生产率将随运输成本的上升而提高。

参考文献

［1］ Baldwin，R.，Forslid，R.，Martin，P.，Ottaviano，G.，Robert－Nicoud，F. Economic Geography and Public Policy［M］. Princeton：Princeton University Press，2003.

［2］ Boucekkine，R.，Camacho，C.，Zou，B. Bridging the Gap between Growth Theory and the New Economic Geography：The Spatial Ramsey Model［J］. Macroeconomic Dynamics，2009，13（1）：20－45.

［3］ Brock，W.，Xepapadeas，A. Diffusion－Induced Instability and Pattern Formation in Infinite Horizon Recursive Optimal Control［J］. Journal of Economic Dynamics and Control，2008，32（9）：2745－2787.

［4］ Brock，W.，Xepapadeas，A. Pattern Formation，Spatial Externalities and Regulation in Coupled Economic－Ecological Systems［J］. Journal of Environmental Economics and Management，2010，59（2）：149－164.

［5］ Black D，Henderson J V. A Theory of Urban Growth［J］. Journal of Political Economy，1999，107（2）：252－284.

［6］ Desmet，K.，Fafchamps，M. Changes in the Spatial Concentration of Employment across U. S. Counties：A Sectoral Analysis 1972－2000?［J］. Journal of Economic Geography，2005，5（3）：261－284.

［7］ Duranton，G. Urban Evolutions：The Fast，the Slow，and the Still［J］. American Economic Review，2007，97（1）：197－221.

［8］ Desmet，K.，Rossi－Hansberg，E. Spatial Growth and Industry Age［J］.

Journal of Economic Theory, 2009, 144 (6): 2477 -2502.

[9] Desmet, K. , Rossi - Hansberg, E. On the Spatial Economic Impact of Global Warming [J]. National Bureau of Economic Research Working Paper, 2012 (18): 46.

[10] Desmet, K. , Rossi - Hansberg, E. Spatial Development: Dataset [J]. American Eco Nomic Review, 2014, http: //dx. doi. org/10. 1257/aer. 104. 4. 1211.

[11] Desmet, K. , Rossi - Hansberg, E. Spatial Development [J]. American Economic Review, 2014, 104 (4): 1211 -1243.

[12] Diego A, C. , Dmitriev, M. , Rossi - Hansberg, E. The Spatial Diffusion of Technology [J]. National Bureau of Economic Research Working Paper, 2012.

[13] Eaton J, Eckstein Z. Cities and Growth: Theory and Evidence from France and Japan [J]. Regional Science and Urban Economics, 1997, 27.

[14] Gabaix, X. Zipf′s Law for Cities: An Explanation [J]. The Quarterly Journal of Economics, 1999, 114 (3): 739 -767.

[15] Gerald A. , C. Chatterjee, S. , Hunt, R. M. Urban Density and the Rate of Invention [J]. Journal of Urban Economics, 2007, 61 (3): 389 -419.

[16] Lefilleur, J. , Maure, M. Inter-and Intra - Industry Linkages as a Determinant of FDI in Central and Eastern Europe [J]. Economic Systems, 2010 (34): 309 -330.

[17] Melitz, M J. The Impact of Trade on Intra - Industry Reallocations and Aggregate Industry Productivity [J]. Econometrica, 2003, 71 (6): 1695 -1725.

[18] Ngai, L R. , Pissarides, C A. Structural Change in a Multisector Model of Growth [J]. American Economic Review, 2007, 97 (1): 429 -443.

[19] Ottaviano, G. , Tabuchi, T. , Thisse, J F. Agglomeration and Trade Revisited [J]. International Economic Review, 2002, 43 (2): 409 -436.

[20] Ottaviano, G I. , Thisse, J F. Monopolistic Competition, Multiproduct Firms and Product Diversity [J]. The Manchester School, 2011, 79 (5): 938 -951.

[21] Quah, D. Spatial Agglomeration Dynamics [J]. American Economic Review, 2002, 92 (2): 247 -252.

[22] Ramondo, N. , Rodríguez - Clare, A. Trade, Multinational Production, and the Gains from Openness [J]. Journal of Political Economy, 2013, 121 (2): 273 -322.

［23］ Stockman, Alan C. and Linda L. Tesar. Tastes and Technology in a Two - Country Model of the Business Cycle: Explaining International Comovements ［J］. American Economic Review, 1995, 85 (1): 168 - 185.

［24］ Valentinyi, Ákos and Berthold Herrendorf. Measuring Factor Income Shares at the Sectoral Level ［J］. Review of Economic Dynamics, 2008, 11 (4): 820 - 835.

第十九章

量化空间经济学基础

量化空间经济学是近些年来在新经济地理学的基础上迅速发展起来的前沿学科之一，它主要通过一般均衡模型和空间大数据的紧密结合，以丰富的模型反演和反事实模拟等手段，定量地分析公共政策和外部冲击对经济活动空间分布的影响。随着量化空间经济分析在多个领域的交叉融合和深入应用，量化空间经济学在理论创新和应用研究领域将会做出重大贡献。本章首先，简要梳理了量化空间经济学的发展历程和主要贡献；其次，主要讨论了量化空间经济学研究的核心思想和主要内容；再次，以 J. 雷丁和 E. 罗西 - 汉斯伯格（2016）的研究为基础，详细讨论了理论模型、参数校准、模型反演和反事实模拟等方法，阐述了量化空间经济学研究的基本思路和基本程序；最后，指出了量化空间经济学所面临的主要挑战，以及未来发展的方向。

第一节　引　　言

量化空间经济学是在新经济地理学的基础上发展起来的研究和分析经济活动空间分布的理论和方法。早期，新经济地理学利用计算机技术对模型进行数值模拟，研究了跨地理空间的经济主体之间相互作用，分析了空间聚集和循环累积因果关系，包括经济活动的前向联系和后向联系。新经济地理学强调多样化偏好、规模收益递增和运输成本的结合，并将这些作为解释经济活动空间聚集力和分散力的核心机制，为解释经济活动空间分布提供了理论基础。但这些新经济地理学模型将空间经济活动的分析限定在程式化的空间设置上，比如，模型只讨论了南北两个区域，或者将区位分析限制在圆形区域或者一条直线上，脱离了现实世界多彩多样的经济活动空间分布现象。另外，新经济地理学在验证经验数据方面也滞后于其他学科，尽管有些新经济地理学文献也展开了大量的实证研究，然而这些实证研究大多数以普通线性最小二乘回归分析为基础，进而新经济地理学模型和实证分析之间的映射关系至今仍很不清晰，这就意味着，新经济地理学的数理模型和计量模型是相互脱节的。因此，这种采用简约形式的回归分析所得出的估计系数，是难以从结构角度解释空间经济现象的。此外，当政府制定不同的经济政策来调控经济活动时，如果经济环境发生变化，那么模型中的参数也应相应发生变化，如果此时仍利用原有的参数进行分析或预测，那么此时的分析或预测是不准确的，这就产生了所谓的“卢卡斯批判”问题。

为了解决新经济地理学的这些问题，近些年出现了新的分析方法，就是建立量化空间结构模型，对空间经济现象进行结构化的量化分析。量化空间结构模型能够紧密结合精细的空间大数据，把空间大数据所反映的区位特征、生产率水平、基础设施、区域要素、区际贸易和人口迁移都纳入模型之中，并且可以容纳大量的非对称区位。这些非对称区位，在区位优劣、生产率水平、各种基础设施、区际交通运输条件以及人口迁徙偏好和条件等方面，都可以是异质的。这样，量化空间结构模型就允许不同生产率水平的生产部门同时存在，可以更好地观察到它们之间的投入产出联系，这种新的理论方法便是量化空间经济学。

量化空间经济学并不是为经济活动的空间聚集提供理论解释，更不是提供新的理论观点，它主要是用来评估公共政策干预或外部冲击的影响。为了实现这些目标，这些模型首先需要根据可以观察的变量进行校准，也就是利用可观测变量的数据对模型中不可观测的参数进行校准，从而使它们能够包含更加贴切的统计学含义。然后，量化空间经济学需要对模型进行“反演”，即利用现有的数据把模型中的不可观察到的变量的数据反演出来，而这要求模型中的参数和数据之间存在一对一的对应关系。这样才能准确地识别出模型，也可以确定出经济活动的空间分布。这就要求模型的均衡必须是唯一的，以确保基于模型的反事实模拟具有唯一的结果。这种均衡的唯一性，可以通过限制分散力参数来控制聚集力，或者通过在模型中附加一些异质性来加以保证。当映射存在唯一性时，量化空间经济学模型就可以用来预测公共政策对经济活动空间分布的影响。这等价于利用不同的数值进行大量的比较静态分析，是传统的研究方法无法完成的任务。所以，量化空间经济学在以下三个方面具有其独特的优势。

第一，模型可以进行定量预测。传统的理论模型可以告诉人们特定的冲击对一些关键变量产生了积极的影响，但是传统模型往往无法给出有关外部冲击影响力大小的信息，那些简约形式的回归分析所注重的也只是参数和变量之间的线性关系。量化空间经济学的结构模型却可以为人们提供有关外部冲山影响力之大小的信息。传统的新经济地理学利用数理模型和计算机技术所进行的仿真模拟，是现实经济环境的一种抽象和概括，它不可能模拟出现实的经济环境，进而也不可能给出有关外部冲击影响力之大小的信息。不同于新经济地理学，量化空间经济学的结构化分析是建立在经验数据基础上的，一方面，它利用经验数据对模型的参数进行校准，经校准所得到的参数能够反映出现实的经济环境；另一方面，利用现实的数据对模型中一些在现实中无法观测到的变量进行数据反演，这些反演出来的数据是对现实经济环境的真实反映。这就决定量化空间经济学的结构化分析能够预测外部冲击产生的影响力的大小。

第二，模型可以进行大量的比较静态分析。量化空间经济学利用“帽子代数（hat-algebra）法”进行比较静态分析。这种代数变换方法，不像在传统模型中那样只对那些不涉及的状态的惯常数值进行估计，而是对从一种均衡状态变化到另一种均衡状态时的变化量进行估计。这样，在估计时便可以约去那些不会受到均衡状态变动之影响的变量和系数，从而只包含那些受到均衡状态变动之影响的变量。因此，尽管量化空间经济学模型纳入很多模型组件，比新经济地理学模型还要复杂，但量化空间经济学模型却很容易求解，甚至在一定程度上比新经济地理学模型还容易求解。

第三，不同模型在彼此之间为同构化的模型。这样，不同于传统的模型，当进行估计或预测时，人们就可以利用一系列模型来进行估计或预测，而不仅仅利用一种模型。例如，保罗·克鲁格曼（1991B）的垄断竞争模型以及伊顿和科腾（2002）的完全竞争模型是同构的，① 也就是说，从这两种模型中人们可以推导出相同的方程，如产品贸易引力方程、人口迁徙引力方程等。这些方程中的变量是相同的，只不过它们的参数不同，通过对这些不同模型的参数进行校准，在最后进行分析时可以得出相同的结论。

第二节　结构化检验

结构化检验是量化空间经济学的最主要的分析方法，它与常用的简约式方法完全不同，为此有必要先讨论两种分析方法的差异。

一、基本思想

经验分析是经济研究中常见的方法，通常可以细分为简约式方法和结构化

① Eaton J, Kortum S. Technology, Geography and Trade [J]. Econometrica, 2002. 70 (5): 1741 - 1779.

方法。两种方法的本质区别在于对经济理论在经验研究中作用的认知完全不同。

简约式方法认为经验研究应该“让数据自己说话”。举例来说，如果某种经济理论认为变量 X 和变量 Y 之间存在因果关系，那么经验研究应该直接让变量 Y 对变量 X 做回归，让变量 X 和变量 Y 的数据来说明它们之间的关系。在经济学领域内，简约式方法广为采用，较为常见的就是回归分析。然而众所周知，不同的经济理论在同一组变量之间关系的理解方面存在较大的差异，甚至持有截然相反的观点。这就产生了一个问题，研究者可以根据自己的偏好选择有利于自己的经济理论。这就是人们对简约式方法的批评，也就是选择何种经济理论（或经济模型）是研究者的偏好所决定的，所以为了证明数据所反映的关系是成立的，研究者将会选择对自己有利的经济理论。更有甚者，当某种经济理论对某一组经济变量之间关系的解释是完全成立的，但通过回归分析所得出的结论与这些理论解释不相符时，通常认为这种理论是不成立的。其实，此时人们是很难判断是否这些理论不成立，还是回归分析所用的数据受到“污染”的问题。由此可知，利用简约式方法进行检验的前提，是这些经济理论必须是成立的，但在很多情况下，研究者不可能确切地知道该理论是否成立的问题。更让人不可思议的是，现实中存在大量的检验经济政策效应的回归分析，但很少人关注这些经济政策背后的成体系化的经济理论或经济模型，这已不符合利用简约式分析方法的前提条件了。

结构化方法则认为，数据本身是不可能展现出它自己的生成过程的（确实如此），因此，数据的生成过程既需要通过经济理论（或经济模型）推演出变量之间的数理关系式，还需要利用数据估计出其中的结构参数。结构化方法认为，如果假设研究的目的是要分析数据生成过程，那么只能通过数理模型才有可能。例如，研究者的目的是要分析福利水平的变化情况，为此已经收集了大量的有关名义工资和价格水平的数据。当然，单纯的名义工资水平或价格水平是不能表征福利水平之高低的，所以需要借助表征福利水平的数理模型或数理公式，而最简单的数理公式就是间接效用函数。有了这种数理公式，人们才知道如何利用名义工资和价格水平数据来计算间接效用函数的问题。然而，此时人们只是了解了如何利用名义工资和价格水平的数据来计算间接效用函数的方法，但不能马上计算出效用函数，因为此时各种参数仍是未知的。不过，此时研究者已经收集了表征消费者福利水平的名义工资和价格水平等数据，从而可以利用这些数据来估计未知的参数了。尤其重要的是，研究者意识到这些参数不会随着某项经济政策的实施而发生变化。所以，当收集名义工资和价格水平的数据时，研究者便可以利用未知参数的估计值，根据间接效用函数的数理公式，可以计算出表征福利水平的数值。在方法论上，结构化方法有点类似于自然科学家采用的方法。比如，物理学家通常先发现定律，然后通过设计实验测量关键参数，这样就可以计算出某些变量的值。不妨拿牛顿的万有引力模型进行说明。牛顿于 1687 年在《自然哲学的数学原理》中提出了万有引力定律：

$$F = G\frac{M_1 \times M_2}{R^2}$$

据此，人们可以设计实验程序，收集质量 M_1、质量 M_2、距离 R、引力 F 的数据，然后可以计算出万有引力常数 G 的值。只要掌握了万有引力常数（或符合某种精度的近似值），便可以在收集质量 M_1、质量 M_2、距离 R 数据基础上，计算出任意两个物体之间的万有引力了。因此，推崇结构化方法的经济学家特别注重数理模型，以及数理模型中原始参数的校准工作。原始参数是指数理模型中诸如消费者偏好的参数、生产函数中的替代弹性系数等基础参数。所有这些参数都不会因为政策冲击而发生变化，因此，通过结构化方法得出的政策预测不会存在“卢卡斯批判”问题。反过来，简约式方法所估计的参数大多数不是经济理论（或经济模型）中的参数，所以难以预测出从来没有实施过的新政策的绩效。

量化空间经济学采用了结构化方法，其结构模型将经济理论（或经济模型）和统计模型结合，估计描述现实世界的结构参数，并模拟现实世界，以更合理地评估推行新政策所带来的福利水平的提升情况。结构模型，是追求消费者效用最大化和厂商利润最大化的，是以经济学理论为基础的具有结构化特征的经济模型。这样，结构化模型代表了从“经济理论出发”的研究思路。与之相对应，简约式模型代表的，则是从“数据出发”的研究思路。

二、基本步骤

结构化检验，或者说结构模型的估计过程的基本步骤如下。

（1）利用经济理论（或经济模型）设置核心机制。

（2）设置结构参数和结构误差。比如，可以通过最小化模拟矩阵和数据矩阵之间的差距来最小化结构误差。并非所有的理论模型（或经济结构）的参数都需要估计，毕竟有些原始参数在大多数模型中都是通用的。

（3）构建结构模型。利用经济理论（或经济模型）求解模型的均衡条件。结构模型是通过一般均衡条件实现模型闭合的。

（4）参数校准。利用已知的数据估计出结构参数，常见的方法是参数校准（或称参数标定）。

（5）模型反转。利用样本以外的预测数据检验模型的有效性。估计出结构参数之后，利用样本中的观测数据，尤其是自变量数据，结合已估计的结构参数，可以计算出因变量的值。此时，就可将这些计算得到的数值与因变量的观测值进行比较，还可以评估模型的有效性。

（6）反事实模拟。即可以模拟一些假想的、尚未实施的政策和冲击，为政策制定者提供参考依据。

第三节　一个经典的理论模型

本节以经典的J. 雷丁和E. 罗西－汉斯伯格（2016）的模型[①]为基础，将阐述利用量化空间经济学的方法评价经济政策绩效的基本思路、必要步骤和运作过程。

为了构建分析由商品贸易和要素流动所决定的经济活动空间分布特征的数理模型，通常设定一些假设。

第一，所有消费者具有相同的偏好，消费者不仅要消费属于同一部门内的多样化产品，而且为了解决居住需求，还需要消费以土地使用为主要内容的居住服务。

第二，多样化产品的生产技术为规模收益递增技术，每个地区的生产力水平是外生给定的，不考虑不同地区之间的投入产出联系，且多样化产品的生产只需要劳动力投入。

第三，地区之间进行商品贸易时，双方的贸易成本是对称的。

第四，地区之间不存在知识外部性或知识溢出，也不考虑技术创新。

第五，所有劳动力为同质，可以在地区之间自由地迁徙，并且暂时不考虑迁移成本。

第六，每个地区所拥有的土地禀赋也是同质的。

第七，多样化产品的市场为迪克希特－斯蒂格利茨垄断竞争市场，每个地区的产品市场均能实现均衡，区际贸易也均能实现均衡，整个经济系统实现均衡。在这里，实现均衡就是指产品市场出清。

此外，每个地区的地租收入平均地分配给当地居民。经济系统共由 N 个区域组成，以区域 n 作为讨论的对象。每个区域都拥有经过质量调整后的外生土地供给（H_n）。劳动力供应是无弹性的，整个经济系统所拥有的劳动力数量为

① Redding, S. and Rossi－Hansberg, E. Quantitative Spatial Economics［J］. NBER Working Paper, No. 22655, 2016.

$\overline{L}$，并且每个劳动力能够提供 1 单位的劳动。劳动力可以自由地迁徙，因此，在均衡状态下，所有地区之间的实际工资水平都相等。各个地区都由运输网络所连接，该运输网络可以用来运输货物，但需要支付冰山运输成本，如果从区域 i 运输 1 单位货物到区域 n，那么从区域 i 必须运输 d_{in}（$d_{in}=d_{ni}>1$）单位的货物，因此，将有 $d_{in}-1$ 单位的货物在运输的过程中损失掉了。特别地，$d_{nn}=1$。

一、消费者行为

居民的消费偏好依旧由两层的效用函数来表示：第一层的效用函数为消费者消费多样化产品（C_n）和居住服务（h_n）时的柯布—道格拉斯型效用函数，可以用 U_n 来标记。该效用函数可以写成如式（19.1）中的第一个式子；第二层的效用函数为消费者消费多样化产品时的不变替代弹性（CES）效用函数，可以用 C_n 来标记。在由 N 个地区所组成的经济系统中，消费者消费的产自任意地区 i 的多样化产品 j 的数量为 $c_{in}(j)$，并且任意地区 i 生产的商品种类数量为 M_i，所以不变替代弹性效用函数 C_n 可以写成如式（19.1）中的第二个式子：

$$U_n = (C_n/\alpha)^{\alpha}[h_n/(1-\alpha)]^{1-\alpha},\ C_n = \left\{\sum_{i\in N}\int_0^{M_i}[c_{in}(j)]^{\rho}\mathrm{d}j\right\}^{1/\rho},\ 0<\alpha<1 \tag{19.1}$$

其中，参数 α 是消费者在多样化产品上的支出份额，参数 ρ 是消费者的多样化偏好指数。对式（19.1）中的不变替代弹性效用函数 C_n，根据支出最小化原理可以建立起拉格朗日方程，并求解得到代表性消费者对地区 i 生产的多样化产品 j 的需求函数：

$$c_{in}(j) = \frac{[p_{in}(j)]^{1/(\rho-1)}}{\left\{\sum_{i\in N}\int_{j=0}^{M_i}[p_{in}(j)]^{\rho/(\rho-1)}\mathrm{d}j\right\}^{1/\rho}}C_n$$

这样，可以写出消费者对多样化产品的支出为：

$$\sum_{i\in N}\int_{j=0}^{M_i}p_{in}(j)c_{in}(j)\mathrm{d}j = C_n\left\{\sum_{i\in N}\int_{j=0}^{M_i}[p_{in}(j)]^{\rho/(\rho-1)}\mathrm{d}j\right\}^{(\rho-1)/\rho}$$

参照 A. K. 迪克希特和 J. E. 斯蒂格利茨（1977）、保罗·克鲁格曼（1991b）的研究，可以引入多样化产品之间的替代弹性系数 σ，从而成立 $\rho=(\sigma-1)/\sigma$。在上式中，等号右边恰好符合需求量乘以价格等于支出的形式，所以不妨将右边式子定义为产品的价格指数：

$$P_n = \left\{\sum_{i\in N}\int_{j=0}^{M_i}[p_{in}(j)]^{\rho/(\rho-1)}\mathrm{d}j\right\}^{(\rho-1)/\rho} = \left\{\sum_{i\in N}\int_{j=0}^{M_i}[p_{in}(j)]^{1-\sigma}\mathrm{d}j\right\}^{1/(1-\sigma)} \tag{19.2}$$

关于第一层的柯布—道格拉斯型效用函数，依据效用最大化原理可以求得消费者的需求函数为：

$$C_n = \alpha Y/P_n,\ h_n = (1-\alpha)Y/r_n,\ c_{in}(j) = \alpha Y[p_{in}(j)]^{-\sigma}/P_n^{1-\sigma}$$

在上式中，第二个式子意味着消费者对居住服务的支出占其收入的份额恰好为 $1-\alpha$。

二、生产者行为

在迪克西特－斯蒂格利茨垄断竞争框架下，每家厂商生产且只生产一种多样化产品。在规模收益递增的生产技术下，厂商的生产成本包括了不变成本和可变成本两个部分，其中不变成本为 F 单位的劳动力，可变成本取决于当地的生产率水平，由于每单位可变投入（即劳动力投入）能够带来 A_i 单位的产出，因此，每单位产出需要的劳动力投入为 $1/A_i$。因此，地区 i 的厂商生产 $x_i(j)$ 单位第 j 种多样化产品所需的劳动力数量为：

$$l_i(j) = F + \frac{x_i(j)}{A_i} \tag{19.3}$$

根据利润最大化原理，在实现市场出清的情况下，生产多样化产品的厂商将遵循边际成本加成定价法定价：

$$p_{ii}(j) = p_{ii} = \frac{\sigma}{\sigma-1} \times \frac{w_i}{A_i}$$

如此，在区际之间可贸易的多样化产品价格需要在出厂价格的基础上乘以冰山交易成本系数 d_{in}：

$$p_{in}(j) = p_{in} = \frac{\sigma}{\sigma-1} \times \frac{w_i}{A_i} \times d_{in} \tag{19.4}$$

市场竞争意味着厂商可以自由进入或退出，也就意味着在长期里，每家厂商只能获得零利润。因此，每种产品的均衡产出量就是取决于当地生产率水平 A_i 的某一常数，即：

$$x_i(j) = \bar{x}_i = A_i(\sigma-1)F \tag{19.5}$$

将式（19.5）代入式（19.3），可知在均衡时，不同厂商生产多样化产品所需的劳动力数量在不同地区都相等。换言之，尽管每个地区的生产率水平不同，但每家厂商雇佣的劳动力数量却是相同，即：

$$l_i(j) = \bar{l} = \sigma F \tag{19.6}$$

既然每家厂商雇佣的劳动力数量是既定的，并且不受当地生产率水平 A_i 的影响，那么当劳动力市场出清时，每个地区所提供的产品种类数量内生地取决于该地区劳动力数量 L_i，即：

$$M_i = \frac{L_i}{\bar{l}} = \frac{L_i}{\sigma F} \tag{19.7}$$

三、商品价格指数和支出份额

根据厂商的边际成本加成定价法则和冰山交易成本假说，以及劳动力市场出清条件［见式（19.7）］，商品价格指数 P_n 可以改写为：

$$P_n = \frac{\sigma}{\sigma - 1}(\sigma F)^{1/(\sigma-1)}\left\{\sum_{i \in N} L_i[d_{in}(w_i/A_i)]^{1-\sigma}\right\}^{1/(1-\sigma)} \tag{19.8}$$

消费者对每个地区生产的多样化产品的需求是区际贸易的驱动因素。根据消费者对多样化产品的支出函数，以及式（19.4）表示的多样化产品价格水平，可以写出地区 n 对地区 i 生产的多样化产品的支出在其多样化产品总支出中所占的份额为：

$$\pi_{in} = \frac{\int_{j=0}^{M_i} c_{in}(j)p_{in}(j)\mathrm{d}j}{\sum_{i \in N}\int_{j=0}^{M_i} c_{in}(j)p_{in}(j)\mathrm{d}j} = \frac{\int_{j=0}^{M_i}[p_{in}(j)]^{\rho/(\rho-1)}\mathrm{d}j}{\sum_{i \in N}\int_{j=0}^{M_i}[p_{in}(j)]^{\rho/(\rho-1)}\mathrm{d}j}$$

$$= \frac{M_i(p_{in})^{\rho/(\rho-1)}}{\sum_{k \in N} M_k(p_{kn})^{\rho/(\rho-1)}}$$

之所以上式可以写成如此简洁方式，是因为分子、分母中都含有很多相同的部分，在建立比值关系时就相互约掉了。再结合由式（19.7）表示的劳动力市场出清条件，继续整理可得：

$$\pi_{in} = \frac{M_i(p_{in})^{1-\sigma}}{\sum_{k \in N} M_k(p_{kn})^{1-\sigma}} = \frac{L_i[d_{ni}(w_i/A_i)]^{1-\sigma}}{\sum_{k \in N} L_k[d_{kn}(w_k/A_k)]^{1-\sigma}} \tag{19.9}$$

式（19.9）展示的是货物贸易的“引力方程”，① 即任意两个地区之间的贸易既取决于由双边贸易成本 d_{in} 来表征的“双边阻力”，又取决于由对所有其他地区 k 的贸易成本 d_{kn} 来表征的“多边阻力”。当然，地区 n 的消费者对本地生产的产品的支出在产品总支出中所占的份额为：

$$\pi_{nn} = \frac{L_n[(w_n/A_n)]^{1-\sigma}}{\sum_{k \in N} L_k[d_{kn}(w_k/A_k)]^{1-\sigma}}$$

① Anderson, J E., van Wincoop, E. Gravity with Gravitas: A Solution to the Border Puzzle [J]. American Economic Review, 2003, 93: 170 - 192.

该式最大的好处是利用它可以进行化简，因为利用上述支出份额公式，则可以很容易地替换出分母中的求和公式，即：

$$\sum_{k\in N} L_k[d_{kn}(w_k/A_k)]^{1-\sigma} = L_n[(w_n/A_n)]^{1-\sigma}/\pi_{nn}$$

而上述结果能够帮助我们化简商品价格指数：

$$P_n = \frac{\sigma}{\sigma-1}\times\frac{w_n}{A_n}\left(\frac{L_n}{\sigma F\pi_{nn}}\right)^{1/(1-\sigma)} \tag{19.10}$$

这就意味着，每个地区的商品价格指数都可以用自身的贸易份额 π_{nn} 表示。

四、收入和人口流动

在每个地区，土地租金将一次性地平均分配给居住在该地区的所有消费者，且每个消费者的居住服务支出占其总收入的份额为 $1-\alpha$。故，每个地区的人均收入水平 ν_n，就等于工资收入加上土地租金收入，即：

$$\nu_n L_n = w_n L_n + (1-\alpha)\nu_n L_n$$

进行整理，则：

$$\nu_n L_n = w_n L_n/\alpha \Rightarrow \nu_n = w_n/\alpha \tag{19.11}$$

在居住服务市场上，土地市场出清意味着土地需求量 $L_n h_n$ 应该等于经质量调整后的土地供应量 H_n。① 据此，可以求得土地租金率 r_n 为：

$$r_n = \frac{(1-\alpha)\nu_n L_n}{H_n} = \frac{1-\alpha}{\alpha}\frac{w_n L_n}{H_n} \tag{19.12}$$

当劳动力自由迁徙实现均衡时，劳动力在所有地区所获得的实际收入水平是相同的，即有：

$$V_n = \frac{\nu_n}{(P_n)^{\alpha}(r_n)^{1-\alpha}} = \bar{V} \tag{19.13}$$

根据商品价格指数 P_n 式（19.10）、劳动力名义收入水平 ν_n 式（19.11）、土地租金率 r_n 式（19.12）以及劳动力实际收入均等化公式（19.13），各地区劳动力数量 L_n 和国内贸易份额 π_{nn} 应满足如下等式，即：

$$\bar{V} = \frac{(A_n)^{\alpha}(H_n)^{1-\alpha}(\pi_{nn})^{\alpha/(1-\sigma)}(L_n)^{[\sigma(1-\alpha)-1]/(1-\sigma)}}{\alpha[\sigma/(\sigma-1)]^{\alpha}(\sigma F)^{\alpha/(\sigma-1)}[(1-\alpha)/\alpha]^{1-\alpha}}$$

令 $S\equiv\alpha[\sigma/(\sigma-1)]^{\alpha}(\sigma F)^{\alpha/(\sigma-1)}[(1-\alpha)/\alpha]^{1-\alpha}$，则上式可简化为：

$$S\bar{V} = (A_n)^{\alpha}(H_n)^{1-\alpha}(\pi_{nn})^{\alpha/(1-\sigma)}(L_n)^{[\sigma(1-\alpha)-1]/(1-\sigma)} \tag{19.14}$$

从式（19.12）中，可以得出有关每个地区劳动力份额的结论，并且该结论

① 在这里，土地供应量实质上指的是依赖土地的居住服务的供应量。

是非常有用的。因为依据定义，每个地区劳动力份额可以写成 $\lambda \equiv L_n / \sum_{k \in N} L_k$，而劳动力份额又取决于当地的生产率水平 A_n、土地供应量 H_n 以及本地支出份额 π_{nn}，即：

$$\lambda_n = \frac{L_n}{\bar{L}} = \frac{[(A_n)^{\alpha}(H_n)^{1-\alpha}(\pi_{nn})^{\alpha/(1-\sigma)}]^{(\sigma-1)/[\sigma(1-\alpha)-1]}}{\sum_{k \in N}[(A_k)^{\alpha}(H_k)^{1-\alpha}(\pi_{nn})^{\alpha/(1-\sigma)}]^{(\sigma-1)/[\sigma(1-\alpha)-1]}} \tag{19.15}$$

其中，本地支出份额 π_{nn} 表征了该地区产品进入不同地区市场的情况。如果整个经济系统的劳动力数量是给定的，那么劳动力充分就业条件可以写成如下：①

$$\sum_{n \in N} L_n = \bar{L}$$

对于所有 $L_i > 0$ 的地区，如果满足 $\mathrm{d}V_i / \mathrm{d}L_i < 0$ 的条件，那么称该空间均衡为局部稳定均衡。实质上，局部稳定均衡是指这种情况，即没有一个劳动力愿意通过迁移到另一个地区的方式来提升其福利水平。②

五、均衡及其唯一性条件

每个地区都实现贸易均衡，就意味着地区生产部门的总收入等于该地区向各地区销售产品的总额：

$$w_n L_n = \sum_{k \in N} w_k L_k M_n (p_{nk})^{1-\sigma} / (P_k)^{1-\sigma} \tag{19.16}$$

式（19.16）等号的左边是地区 n 所有劳动力获得的工资收入，右边是该地区所有厂商的销售收入的总额，其中地区 k 的总支出为 $\nu_k L_k$，而该收入中的 α 部分是用来购买所有区域生产的多样化产品，且该份额恰好可以用 $w_k L_k$ 来表示，也就是根据式（19.11）中的 $\alpha \nu_k L_k = w_k L_k$。加总符号表示的是地区 n 的厂商将向所有地区出口自己生产的多样化产品总量。

由式（19.8）、式（19.12）和式（19.13）可知，如果劳动力的区际福利实现均衡，那么劳动力的实际收入水平为：

$$\bar{V} = \frac{1}{S} \frac{(w_n)^{\alpha}(H_n / L_n)^{1-\alpha}}{[\sum_{i \in N} L_i (d_{ni} w_i / A_i)^{1-\sigma}]^{\alpha/(1-\sigma)}} \tag{19.17}$$

利用式（19.10）来替代价格指数 P_k，并利用式（19.4）和式（19.7），则所有地区实现贸易均衡的条件式（19.16）可以改写成如下形式，即：

---

① 该条件将在求解方程组的过程中发挥关键作用。

② 在这里，不能够依据式（19.14）求解偏导数 $\partial \bar{V} / \partial L_n < 0$，从而得出：$\alpha\sigma < 0$ 的结论。这是因为 L_n 的改变将会引起其他内生变量的变化，所以这里只能求得偏导数而不能求得全导数。

$$(w_n)^{\sigma}(A_n)^{1-\sigma} = \sum_{k\in N}\pi_{kk}(d_{nk})^{1-\sigma}(w_k)^{\sigma}(A_k)^{1-\sigma} \tag{19.18}$$

同时，由式（19.14）可以写出本地支出份额 π_{nn} 的表达式：

$$\pi_{nn} = \frac{(S\bar{V})^{(1-\sigma)/\alpha}}{(A_n)^{1-\sigma}(H_n)^{-(\sigma-1)(1-\alpha)/\alpha}(L_n)^{[\sigma(1-\alpha)-1]/\alpha}} \tag{19.19}$$

将式（19.19）代入均衡贸易方程式（19.18），则对任意地区都成立下式：

$$(w_n)^{\sigma}(A_n)^{1-\sigma} = (S\bar{V})^{(1-\sigma)/\alpha}\sum_{k\in N}[(d_{nk})^{1-\sigma}(H_k)^{(\sigma-1)(1-\alpha)/\alpha}(L_k)^{-[\sigma(1-\alpha)-1]/\alpha}(w_k)^{\sigma}] \tag{19.20}$$

同样，可以改写区际福利均衡方程［见式（19.17）］，从而对于任意地区而言，都有下式成立：

$$(w_n)^{1-\sigma}(L_n)^{(\sigma-1)(1-\alpha)/\alpha}(H_n)^{-(\sigma-1)(1-\alpha)/\alpha} = (S\bar{V})^{(1-\sigma)/\alpha}\sum_{i\in N}L_i[d_{ni}(w_i/A_i)]^{1-\sigma} \tag{19.21}$$

前文已假设每个地区的生产率 $\{A_n\}_{n\in N}$ 和土地供应量 $\{H_n\}_{n\in N}$ 均为已知变量，这样上述的式（19.20）和式（19.21）组成了一个有关变量 $\{w_n\}_{n\in N}$ 和 $\{L_n\}_{n\in N}$ 的联立方程组。该方程组共有 $2N$ 个未知变量，恰有 $2N$ 个方程，所以在理论上是能够求解这 $2N$ 个未知变量的，尽管人们尚需详细地讨论解的唯一性问题。不过在这之前，还有一个更现实的问题需要考虑：如果能够把求解 $2N$ 个方程的过程转变为求解 N 个方程的过程，那么问题会变得相当简单了，而且还可以讨论均衡的唯一性条件。即便是今天人们可以借助计算机来求解方程组的解，但是方程组数量过多的情形下，求解的过程仍是十分复杂的，有时还需要牺牲求解的精度。当人们采用迭代算法求解时，这种转变过程显得更加必要。为此，附录 19A 提供了详细过程，将上述方程组转变为只包括 N 个方程的方程组，即对于任何一个地区，均成立下式：

$$\begin{aligned}&(L_n)^{\gamma_1\times\gamma_2}(A_n)^{-(\sigma-1)^2/(2\sigma-1)}(H_n)^{-\sigma(\sigma-1)(1-\alpha)/[\alpha(2\sigma-1)]}\\ &= (S\bar{V})^{(1-\sigma)/\alpha}\sum_{i\in N}[(d_{ni})^{1-\sigma}(L_i)^{\gamma_1\times\gamma_3}(A_i)^{\sigma(\sigma-1)/(2\sigma-1)}(H_i)^{(\sigma-1)^2(1-\alpha)/[\alpha(2\sigma-1)]}]\end{aligned} \tag{19.22}$$

其中，$\gamma_1 = (\sigma-1)/(2\sigma-1)$，$\gamma_2 = \sigma(1-\alpha)/\alpha$，$\gamma_3 = [\alpha\sigma^2-(\sigma-1)^2]/[\alpha(\sigma-1)]$。通过求解由上述等式给出的由 N 个方程组成的方程组，就可以得到各个地区的劳动力数量 $\{L_n\}_{n\in N}$，进而通过式（19.21）可以得到每个地区劳动力的名义工资水平 $\{w_n\}_{n\in N}$。

现在，本章转向讨论方程组存在唯一的一组解的条件。艾伦·川博和 C. 阿克拉基斯（2014）[①] 根据扎布雷伊克等（1975）的定理，[②] 证明了只要满足条件 $\gamma_3/\gamma_2 \in (0, 1]$，那么由式（19.22）组成的方程组就存在唯一的解向量 $\{L_n\}_{n \in N}$。这就意味着，如果给定所有地区的生产率 $\{A_n\}_{n \in N}$ 和土地供应量 $\{H_n\}_{n \in N}$，以及区际贸易成本为对称（$d_{ni} = d_{in}$），并且满足 $\gamma_3/\gamma_2 \in (0, 1]$ 条件，那么理论模型就存在唯一的一种均衡，或者方程组具有唯一的一组解。由于式（19.22）的等号两边都是由劳动力 L_n 所组成的项，所以求解未知变量 $\{L_n\}_{n \in N}$ 必须采用迭代算法才能够找到该方程组的解。此外，如果满足条件 $\gamma_3/\gamma_2 \in (0, 1]$，就可以保证从任何初始分布出发，人们都可以通过迭代算法求得方程组的解。

存在那种保证均衡存在且唯一性的参数，就等价于对模型施加一种限制条件以保证分散力始终强于聚集力。满足 $\gamma_3/\gamma_1 \in (0, 1]$ 的充分条件就是：$\sigma(1-\alpha) > 1$。劳动力向某地区的聚集，将会扩大该地区生产的产品种类，而区际产品贸易需要支付贸易成本，这就促使劳动力聚集区具有很大的吸引力，人口聚集促使形成一种聚集力；另外，劳动力向某一地区的聚集，将会抬高该地区的土地价格（或提高房价），这又促使劳动力向其他地区分散，高地价促使形成一种分散力；替代弹性 σ 越大，聚集力就越弱；土地支出份额（$1-\alpha$）越高，分散力就越强。在满足 $\sigma(1-\alpha) > 1$ 的条件下，分散力大于聚集力，经济活动空间分布必然为均衡分布且为唯一的。

这种均衡唯一性特征显得非常重要，因为这种特征的存在使得可以对改善交通基础设施或者实施公共政策干预等进行反事实模拟，可以证明这些外生冲击影响经济活动空间分布。这种均衡唯一性特征，为模型的实证研究也创造了极为有利的条件，但同时它排除了新经济地理学重要的特征之一的多重均衡的存在。因此，当参数满足 $\sigma(1-\alpha) > 1$ 的条件且空间为完全同质时，无法形成经济活动的空间聚集过程，经济活动空间格局也因区际初始的禀赋差异而形成差异化的空间格局。当然，在这类模型中，初始差异向量可以是多维的和相当丰富的，正如K. 德斯密特等（2016）所建立的模型那样，[③] 具有诸多区际异质化的特征。

从更深层次的角度上说，一个模型是否具有多重均衡可能取决于它的抽象

---

① Allen, T.; Arkolakis, C. Trade and the Topography of the Spatial Economy [J]. Quarterly Journal of Economics, 2014, 129 (3): 1085 -1140.

② P. P. Zabreyko et al. Integral Equations: a Reference Text [M]. Leyden: Noordhoff International Pub., 1975.

③ Desmet K, Nagy D K., Rossi - Hansberg, E. The Geography of Development [M]. Princeton: Princeton University, mimeograph, 2016.

程度。一方面，一个模型可能显现出具有多重均衡的特征，因为它忽略了决定一种空间分布而非另一种空间分布的一些异质性要素；另一方面，如果一个模型包含了所有这些异质性要素，那么它不再是一个模型而是对现实状况的一种描述。对这些异质性要素的一种可能的解释是，它们是从参数化的分布中随机抽出的随机误差的随机展示。一般来讲，如果模型中的像自然资源丰度等系统性要素已被确定，那么这些随机的异质性要素对较小的空间范围内（如城市街区）的影响远大于对较大空间范围内（如区际或国际之间）的影响。

在本节中，以典型的新经济地理模型为基础进行了讨论，但这种分析方法也适用于其他模型的分析。艾伦·川博和C. 阿克拉基斯（2014）根据扎布雷伊克等（1975）的定理，证明了完全竞争的阿明顿（1969）贸易模型（其中商品按原产地区分）具有同构性特征，[①] 并把它扩展成包容劳动力流动性和外部规模经济的模型。艾伦·川博和C. 阿克拉基斯以及雷丁和E. 罗西-汉斯伯格的研究指出，伊顿和科藤（2002）建立的完全竞争的大卫·李嘉图贸易模型中，也同样具有这种同构性特征，该模型也包容了劳动力流动性和外部规模经济。

第四节　参数校准

一、核心思想

在量化空间经济学中，模型反演、反事实模拟和比较静态分析等，都依赖结构参数的估计，即参数校准。在利用模型计算某些变量的数值时需要提前知晓各种参数，例如，物理学家利用质量和距离计算万有引力时就必须知道万有引力常数。由此可知，参数校准对分析结果的影响是相当大的。参数校准，也称参数校正，是指采用统计方法确定结构模型所使用的参数的数值，使得通过计算得到的变量的数值接近于通过观测得到的数值。在计算依据上，参数校准反复强调要根据参数本身的经济学含义进行校准。在很多情况下，这些参数要么不知道，要么都不准确。此时，人们就需要通过观测到的数据对结构模型进行反推，从而校准模型的结构参数。这就好比物理学家通过设计实验，获取质

① Armington, P. A Theory of Demand for Products Distinguished by Place of Production [J]. IMF Working Paper No. 1, 1969.

量、距离和引力的观测值，就可以校准万有引力常数了。与此同时，人们注意到万有引力常数还具有不随时间和空间发生变化的特征。参数校准的目的在于更加准确地计算某些变量的值，并与其观测到的值进行比较，更重要的是通过与实际观测值进行比较，才能确定模型准确与否的问题，才能确定反事实模拟的有效性问题。不过在实际操作过程中，参数校准必须着力减少模型残差，使得模型在参数校准后能够精准地映射出真实的经济状况。

量化空间经济学模型是一种基于地理区位的经济学模型，用来分析人们是如何选择其生产和居住区位，以及这些选择如何影响空间经济发展的。参数校准帮助人们先把模型中的结构参数识别出来，然后根据实际观测到的数据，调整这些结构参数的估计结果。以离散选择模型的参数校准为例。马和汤（2020）采用结构化方法讨论了交通运输方式之间替代弹性，而这种分析需要校准运输方式 m 的交通参数。纳入讨论的运输方式，包括航空、高铁、高速公路、普速铁路和水路5种，即运输方式集合 M 包括｛航空、高铁、高速公路、普速铁路、水路｝。代理人在面对这些运输方式时如何做出选择呢？影响代理人选择行为的因素，包括运输时间、运输成本、固定成本、区域壁垒、异质性偏好等。在选择运输方式时，代理人计算每种运输方式的价格，最终选择最低价格的运输方式。如果按照这种思路，区位 i 到区位 j 之间的冰山运输成本就等于运输成本最低的运输方式的运输成本。当代理人选择运输方式 m 时，如果考虑运输时间 T_{ijt}^m、运输费用 Γ_{ijt}^m、固定成本 f^m、区域壁垒 b_{ij}、异质性偏好 ν^m，那么冰山运输成本可以写成：

$$\tau_{ijt} = \underset{m \in M}{\mathrm{Min}}(\phi^m T_{ijt}^m + \rho^m \Gamma_{ijt}^m + f^m + b_{ij} + \nu^m) \tag{19.23}$$

其中，ϕ^m、ρ^m 和 f^m 为待估计的结构参数，是运输方式 m 的交通参数。根据离散选择模型的思路，可以推导出代理人选择运输方式 m 的概率，也就是在所有从区位 i 到区位 j 的运输方式中，代理人选择运输方式 m 的概率为：①

$$\Lambda_{ij}^m = Prob[\tau_{ij}^m \leqslant \min_{m \in M \setminus m}(\tau_{ij}^m)] = \frac{e^{-\phi^m T_{ij}^m - \rho^m \Gamma_{ij}^m - f^m - b_{ij}}}{\sum_{m \in M} e^{-\phi^m T_{ij}^m - \rho^m \Gamma_{ij}^m - f^m - b_{ij}}} \tag{19.24}$$

在现实生活中，代理人选择交通运输方式 m 的概率可以表示为该运输方式的运输在所有运输方式运输中所占的份额。② 在该离散选择模型中，区域壁垒 b_{ij} 可以通过采用固定效应模型进行控制，其他交通参数都是未知的，需要通过参数校准进行估计，而常见的估计方法是最小残差法。最小残差法的思路是，

① 详细可参见本书第十六章第一节中“运输方式选择理论”的相关内容。

② 当然，交通运输方式的份额可以有不同的理解，可以依据选择次数计算，也可以依据运货量计算，还可以依据货物周转量进行计算。如果考虑到运送旅客，那么计算方式将更复杂一些。

先给出待估计的交通参数 $\{\phi^m, \rho^m, f^m\}$ 的初始值，利用等号右边的式子和相应数据，计算出选择运输方式 m 的概率，将该概率值和代理人选择运输方式 m 份额的实际值进行比较；如此重复，不断地调整待估计的交通参数的值，使得计算出的概率值和实际数据之间的残差最小；当出现最小残差时的交通参数就是待估计的交通参数。

二、经典案例：J. 雷丁和 E. 罗西－汉斯伯格的研究

为了评估贸易摩擦（包括国际和区际贸易摩擦）对经济活动空间分布和福利水平空间分布的影响，J. 雷丁和 E. 罗西－汉斯伯格（2016）提供了利用量化空间经济模型的经典案例。

关于参数校准，人们首先要明确一下，并非每次都要重新校准所有的结构参数，因为大多数结构参数是可以通用的，这是由结构参数本身的特性所决定的，毕竟大多数结构参数对不同区位的代理人而言都是相同的，比如，对某类商品的支出份额等。或者可以这么说，人们愿意把量化空间经济分析聚焦在他们感兴趣的核心机制以及由此衍生出的一些结构参数上，所以假设那些不感兴趣的结构参数保持不变。例如，在 30×30 的经济维度网格中，J. 雷丁和 E. 罗西－汉斯伯格（2016）把居住用地支出占居民消费总支出的比重 $(1-\alpha)$ 设定为 20%，[①] 并且指出这种做法参考了戴维斯和奥塔罗－马格内（2011）对住房支出份额的校准结果。[②] 同时，他们将差异化商品之间的替代弹性系数设定为 $\sigma=5$，进而贸易流的贸易成本弹性系数为 4。这个结果他们又借鉴了西莫诺布斯卡和沃（2014）的校准结果。[③] 在校准贸易成本参数时，J. 雷丁和 E. 罗西－汉斯伯格（2016）先假设贸易成本为有效距离的函数，即 $d_{ni}=(dist_{ni})^{\phi}$，进而贸易流对有效距离的弹性系数为 $(\sigma-1)\phi$。根据这个定义，人们就可以利用引力方程和区际贸易数据，并依据贸易流对有效距离的弹性系数估计 $(\sigma-1)\phi$，经估计后得知，该弹性系数为 1.500，从而校准了结构参数 ϕ 等于 0.375。

当然，如果待校准的结构参数具有特殊性，那么人们还需要额外地做一番校准工作。细心的读者可能会发现，不论是借鉴已有文献的校准结果，还是直接收集数据估计相关的结构参数，参数校准首先应根据其本质进行定义，然后，

① 也就是将结构参数 α 设定为 80%。

② Davis, M. and F. Ortalo－Magné, Household Expenditures, Wages, Rents [J]. Review of Economic Dynamics, 2011, 14 (2): 248－261.

③ Simonovska, Ina and Michael E. Waugh. The Elasticity of Trade: Estimates and Evidence [J]. Journal of International Economics, 2014, 92 (1): 34－50.

根据其定义开展相应的校准过程。这也就是，为什么人们在参数校准时总是从数理方程出发的原因，因为，这些数理方程能够准确地定义这些结构参数。

三、补充案例：校准替代弹性系数 σ

在新经济地理学的模型中，区域 j 的消费者对区域 i 生产的多样化产品的需求函数可以写成：

$$c_{ij}=(p_{ij})^{\sigma}Y_j(P_j)^{\sigma-1}$$

其中，Y_j 是代表性消费者的支出（或收入）；$P_j=[\sum_{i\in N}(p_{ij})^{1-\sigma}]^{1/(1-\sigma)}$ 为商品价格指数；p_i 为区域 i 厂商生产的多样化产品的出厂价格，所以，根据冰山交易成本假说，可有 $p_{ij}=\tau_{ij}p_i$。此外，区际贸易额等于产品价格乘以消费数量，即 $X_{ij}=c_{ij}p_{ij}=(p_{ij})^{1-\sigma}Y_j(P_j)^{\sigma-1}$。关于生产者行为，本小节采用简化的处理方式，即多样化产品定价依据边际成本定价法定价，即 $p_i=w_i/A_i$，其中，A_i 表示单位劳动的产出量，因而贸易额的计算公式可以写成：

$$X_{ij}=\frac{(\tau_{ij})^{1-\sigma}(w_i)^{1-\sigma}/(A_i)^{1-\sigma}}{(P_j)^{1-\sigma}}Y_j$$

上式被称为贸易流方程。类似地，可有：

$$X_{jj}=\frac{(w_j)^{1-\sigma}/(A_j)^{1-\sigma}}{(P_j)^{1-\sigma}}Y_j$$

两式相除，取对数，并添加时间变量 t，则有：

$$\log\left(\frac{X_{ijt}}{X_{jjt}}\right)=(1-\sigma)\log\left(\frac{w_{it}}{w_{jt}}\right)+\underbrace{\log(\tau_{ijt})^{1-\sigma}}_{\delta_{ij}}-\underbrace{\log(A_i)^{1-\sigma}}_{\delta_i}+\underbrace{\log(A_j)^{1-\sigma}}_{\delta_j}\tag{19.25}$$

利用方程式（19.25），结合相关变量的观测数据，利用计量方法，比如采用回归分析方法，可以估计出替代弹性 σ 的值。不过，还需要补充两点说明。

（1）在上述方程中，并不需要将所有待估计的结构参数都化简。具体说，人们可以发现等号右边的第 2、3、4 项的幂指数都是 $1-\sigma$，然而，并没有把它们视为参数。对第 2 项 $(\tau_{ijt})^{1-\sigma}$ 而言，在很多时候，比如，在引力模型中，人们可以把该项视为一个整体，并获得相应的观测数据。对第 3、4 项而言，在本小节中并没有把幂指数视为一种系数，这是因为它们既具有时间不变性，又是城市 i 和 j 的固有特征，所以，在回归分析中可以将它们视为个体固定效应的组成部分。

（2）如果参数校准采用的是回归分析方法，那么所采用的样本数据应该是微观的数据，即需要尽可能多地收集有关差异化产品的销售信息等的微观的统计数据，因此，参数校准所依据的数据通常都是很稀缺的。

第五节 模 型 反 演

一、核心思想

量化空间经济学聚焦于经济活动的空间分布，而经济活动的空间分布又取决于区位特征，但是通常情况下，区位特征数据是难以通过观测得到的。因此，在利用量化空间经济模型分析经济问题时，恢复不可观测到的变量的空间分布特征是至关重要的。为此，量化空间经济学提供了理论模型和数据分析紧密联系在一起的分析框架，但它必须保证理论模型所刻画的经济活动的空间分布确实存在均衡且该均衡是唯一的。部分学者，如艾伦·川博和 C. 阿克拉基斯、艾伦·川博和 D. 唐纳森①等，为上述判断提供了证明方法，也就是如果某一模型所描绘的经济活动空间分布存在唯一的一种均衡，那么可以确定该模型成立的。这就意味着，根据模型内生变量与模型外生变量之间的映射关系，可以通过内生变量的观测值反演出与此相对应的外生变量的值，并且保证该数值是唯一的。人们正是利用这种变量间的一一映射关系进行模型反演。在科学方法论上，结构化方法类似于自然科学家所采用的方法，比如，物理学家通常先提出模型，再通过设计实验，测量关键参数。对牛顿的万有引力模型而言，人们可以设计实验，分别收集质量 M_1、质量 M_2、距离 R、万有引力 F 的数据，从而计算出万有引力常数 G。只要确定了万有引力常数，人们便可以在已知质量 M_1、质量 M_2、距离 R 和万有引力 F 之中任意三个变量数值的前提下，可以计算出剩下变量的数值。一般来讲，有多少个待估计的结构参数，就需要建立多少个一一映射关系。由此可知，模型反演的前提是参数校准，参数校准越准确，模型反演也就越准确。

参数校准是利用经济理论（或经济模型）和变量的观测数据，估计出结构参数的值，而模型反演是利用经济理论（或经济模型）、部分可观测到的变量的数据和结构参数的估计值，计算出其他不可观测到的变量的值。由此可见，

① Allen Treb and Donaldson, D. Persistence and Path Dependence in the Spatial Economy [J]. NBER Working Papers No. 28059, 2020.

模型反演就是在精确校准结构参数的前提下，根据可观测到的变量求得不可观测到的变量的过程。正是从这个意义上，称它为“模型反演”。人们利用模型反演可以“恢复”不可观测到的区位特征的数据，进而把可观测到的变量的增量部分分解为不同变量所作出的贡献。也就是说，模型反演提供了一种框架来分解数据，将内生变量（如人口或工资）的变化部分可以分解为不同外生因素（如贸易成本、生产率等）所作出的贡献。

此外，未用于量化空间经济分析的数据，或其他外生冲击数据（例如，历史上的自然实验），则可以用来对联立方程模型进行识别检验，或者可以用来估计经济理论（或经济模型）的其他结构参数。

二、案例分析：J. 雷丁和 E. 罗西－汉斯伯格的研究

本部分将详细介绍如何利用量化空间经济模型合理化所观测到的数据的问题。本部分的讨论仍以第三节构建的经济模型为基础。首先，假设已经估计好该模型的两个关键性的结构参数：一是居住用地支出在消费者总支出中所占的份额为 $1-\alpha$；二是不同的差异化产品之间的替代弹性系数为 σ。其次，对称的双边贸易成本（$d_{in}=d_{ni}$）已进行了参数化处理（形式化为其他变量和参数的函数，例如，将 d_{ni} 表示为距离的不变弹性函数）。再次，已获取了有关人口数量 $\{L_n\}_{n\in N}$ 和名义工资 $\{w_n\}_{n\in N}$ 两个内生变量的观测数据。

根据上述假定，可以证明在模型的结构参数、可观测到的变量的数据与不可观测到的变量，即经质量调整的土地供给 $\{H_n\}_{n\in N}$ 和生产率 $\{A_n\}_{n\in N}$ 之间存在一一映射关系。这就意味着，从数理模型出发，可以证明可观测到的数据（内生变量）与不可观测到的数据（外生变量）之间存在着一一对应关系。从这种意义上说，该模型如同单调函数一样可以被“反转”过来（求反函数），将利用观测到的数据解出未观测到的经质量调整的土地供给和生产率数值。这样，可观测到的变量的数据也就成了均衡时从模型演算出来的数据。

本质上，根据第三节建立的经济模型，反演模型相当于在已知 $\{L_n, w_n\}_{n\in N}$ 数据的基础上，利用式（19.16）和式（19.17）去求解 $\{A_n, H_n\}_{n\in N}$ 的值的过程。因为求解模型的过程就是在给定 $\{A_n, H_n\}_{n\in N}$ 的前提下解出 $\{L_n, w_n\}_{n\in N}$ 的过程，所以，这个反向求解过程（逆映射过程）与求解均衡模型所进行的操作过程完全相反。为确保模型反演能够获得唯一的一组使不可观测到的变量的数据合理化的数值 $\{A_n, H_n\}_{n\in N}$，可以按照如下步骤进行操作。

首先，利用式（19.21）除以式（19.20）。两式等号的右端都是 N 个地区加总的比值，因此，可以得出下式：

$$(w_n)^{1-2\sigma}(A_n)^{\sigma-1}(L_n)^{(\sigma-1)(1-\alpha)/\alpha}(H_n)^{-(\sigma-1)(1-\alpha)/\alpha}=\xi$$

从上式解得 H_n，则：

$$H_n=[(w_n)^{1-2\sigma}/\xi]^{\alpha/[(\sigma-1)(1-\alpha)]}(A_n)^{\alpha/(1-\alpha)}L_n \quad (19.26)$$

接着，利用式（19.26）替换式（19.16）中对应的变量，则可以得出下式（见附录19C）：

$$(A_n)^{1-\sigma}(w_n)^{\sigma}=(S\overline{V})^{\frac{1-\sigma}{\alpha}}\xi^{-1}\sum_{i\in N}[(d_{ni})^{1-\sigma}L_i(A_i)^{\sigma-1}(w_i)^{1-\sigma}] \quad (19.27)$$

由式（19.27）可知，在拥有 $\{L_n, w_n\}_{n\in N}$ 可观测到数据的前提下可以解出：$\{A_n\}_{n\in N}$。[①] 关于解（离散空间或连续空间）的存在性和唯一性，可以参照相关的数学定理（Zabreyko et al.，1975）进行证明。在本例中，如果式（19.27）右边求和符号中的 A_i 的指数小于等式左边 A_n 的指数，即如果满足条件 $\sigma(1-\alpha)>1$，那么可以反演得到 $\{A_n\}_{n\in N}$ 的唯一解，再将 A_n 代入式（19.26），便可得到 $\{H_n\}_{n\in N}$ 的唯一解，进而求出 $\{A_n, H_n\}_{n\in N}$ 的唯一解。

在求解不可观测到的变量生产率 $\{A_n\}_{n\in N}$ 后，可以将参数化的交易成本 d_{in} 和可观测的工资水平 w_n 代入式（19.9）中，并再代入均衡时的人口数据，则可以估测双边贸易份额 π_{in}。[②] 反之，如果双边贸易份额 π_{in} 是可观测到的，并能够收集到相关统计数据，则可进行反向操作。也就是，在已获得双边贸易份额 π_{in} 相关统计数据的情况下，对那些不可观测到的变量，如经质量调整后的土地供给 H_n、生产率水平 A_n 以及双边贸易成本 d_{in}，均可以利用观测到的数据反演出来。

以上分析表明，利用观测到的数据可以识别和构造出量化空间经济模型。这就是说，量化空间经济模型中的外生变量（不可观测到的经质量调整的土地供给数量 H_n 和生产率水平 A_n）的自由度与可观测到的内生变量（人口数量 L_n、

① 关于方程组求解的说明：式（19.27）包含了 N 个方程，在符合唯一解的前提下，若给定变量（而非常数）ξ 和 $\overline{V}$ 的数值，则该方程组可以求得唯一解。尽管这组解的绝对值依赖变量 ξ 和 $\overline{V}$ 的给定值，但是相对值不会发生改变。具体而言，如果变量 ξ 和 $\overline{V}$ 的给定值发生变化了，方程组的解 $\{A_n\}_{n\in N}$ 也会发生改变，但是 $\left\{\frac{A_1}{A_1}, \frac{A_2}{A_1}, \frac{A_3}{A_1}, \cdots, \frac{A_n}{A_1}\right\}_{1\times N}$ 是不会发生变化的。这点可以从方程组的齐次结构特点上看出来。也就是说，如果每个方程都除以第1个方程，不仅变量 ξ 不再出现在方程组中，不再影响方程组的解，而且新的方程组包含了 $N-1$ 个方程，可以求得唯一解：$\left\{\frac{A_2}{A_1}, \frac{A_3}{A_1}, \cdots, \frac{A_n}{A_1}\right\}_{1\times(N-1)}$。同时，本书撰写者利用数值模拟软件 Mathematica 10.3 进行求解，已经验证了上述说法。关于变量 ξ 和 $\overline{V}$ 的数值须补充的是，首先，该数值取决于经济体的长期均衡，是指生产要素流动能够使得劳动力的实际收入达到的水平；其次，在理论模型中，不同地区劳动力的实际收入的绝对值的影响不大，真正对生产要素流动带来影响的是相对值，即不同地区劳动力的实际收入的差异。

② 假设此时该变量是不可观察到的。

工资水平 w_n）的自由度是相等的。这意味着，模型能够解释观测到的数据的能力并不能作为评价模型优劣的指标。因为在模型反演过程中，为确保模型与数据能够完全匹配，未被观测到的经质量调整的土地供给和生产率水平是可以自由调整的，其数值将随着实际观测到的数据的变化而发生变化，具有随机性。因此，尽管模型与数据的匹配程度很好，但也不能把它作为评价模型与数据拟合度的依据。

同时应注意到，由于 H_n 表示的是经质量调整的土地供给数量，因此，它不能直接与在某一地区测量到的土地供应量进行比较，否则，它只是度量土地供给总量且与住宅设施有关的平均指标而已。在给定结构参数赋予任意值的情况下，人们都能通过调整 H_n 和 A_n，确保模型很好地匹配于已观测得到的数据。[①] 这意味着，结构参数值的任何变化都被这些未观察到的区位特征的变化所吸收了，尽管此时模型很好地匹配于可观测到的变量数据，但人们无法确定通过模型反演所得出的不可观测到的变量的数据的真实性。这就是说，从可观测到的数据估计出来的消费份额和商品替代弹性数值是随机的。这就意味着，不能利用所观察到的工资和人口数据来估计模型中的结构参数（如替代弹性 σ 和消费份额 α），因为这些参数是人们始终都无法观测到的。如果在通过模型反演计算出的变量中，存在着某些人可以直接观测到的变量，那么这些变量是可以用来帮助人们证明模型反演的唯一性的。当然，这也明确要求在量化空间经济分析中，人们必须尽可能准确地估计结构参数值。[②]

三、补充案例：市场规模（MS_i）[③]

尽管量化空间经济模型存在一些问题，但它准确匹配数据的能力表明，该模型为将观察到的内生变量（如人口和工资）的变动部分分解为不同外生决定

① 这点可以从解方程组的过程和可行性上粗略地看出来。借助计算机软件，如 Mathematica、Matlab、R 语言等，人们可以很容易地求解方程组了，而且随着结构参数值设定的不同，解也会跟着变化。但是，可观测到的变量的数据是最有说服力的，从而在理论上能够匹配可观测到变量的数据的结构参数也应是唯一的，从而能够唯一地反演出不可观测的变量的数值。然而，正是由于不可观测到的变量的不可观测特征（似乎有点绕），这里的唯一性却无法证明了。

② 不过，本章倒是认为经济学研究的目标本可以不必是完全匹配客观世界的观测数据。一方面，这是因为所谓的匹配总是有精度的，离开了精度去谈匹配，总是不合时宜的；另一方面，经济学研究更重要的目标应该是揭示经济规律，能够揭示变量之间相互影响的经济规律，所以从这些层面上来说，这里批评量化空间经济学实在是过于严苛了。

③ Ma，L. and Tang，Y. Geography，Trade and Internal Migration in China [J]. Journal of Urban Economics，2020，115（3）：1031－1055.

因素（如贸易成本和生产率水平以及经质量调整后的土地供给量）所作出的贡献，提供了分析框架。然而，模型中的外生变量不能直接解释内生变量的变化，内生变量的变化只能通过模型本身的运行过程才能进行解释。下面说明模型反演的具体操作过程，不妨定义消费者的市场规模为：

$$CMS_j = P_j^{1-\sigma} = \sum_{i \in N} (\tau_{ij} p_i)^{1-\sigma} \tag{19.28}$$

其中，$P_j = (\sum_{i \in N} p_{ij}^{1-\sigma})^{1/(1-\sigma)}$ 为产品价格指数，且产品价格越高，消费者市场规模就越小，反之，消费者的市场规模随着价格指数的降低而扩大，两者呈反向变化。

根据收入—支出恒等关系，一个城市的收入等于其总销售额，也就是等于它在其他城市销售产品的总额：$Y_i = \sum_{j \in N} \pi_{ij} Y_j$。若将区际贸易份额 π_{ij} 代入，可得：①

$$Y_i = \sum_{j \in N} \pi_{ij} Y_j = \sum_{j \in N} \frac{(\tau_{ij} p_i)^{1-\sigma}}{\sum_{i \in N} (\tau_{ij} p_i)^{1-\sigma}} Y_j = p_i^{1-\sigma} \sum_{j \in N} \tau_{ij}^{1-\sigma} CMS_j^{-1} Y_j = p_i^{1-\sigma} FMS_i$$

由上式引出厂商的市场规模：

$$FMS_i = \sum_{j \in N} \tau_{ij}^{1-\sigma} CMS_j^{-1} Y_j \tag{19.29}$$

把 $Y_i = p_i^{1-\sigma} FMS_i$ 改写为 $p_i^{1-\sigma} = FMS_i^{-1} Y_i$，并把它代入式（19.28）的 CMS_j 中并进行整理，则：

$$CMS_j = \sum_{i \in N} \tau_{ij}^{1-\sigma} FMS_i^{-1} Y_i \tag{19.30}$$

用式（19.30）的两边相除式（19.29）的两边，则：

$$\frac{FMS_i}{CMS_i} = \frac{\sum_{j \in N} \tau_{ij}^{1-\sigma} CMS_j^{-1} Y_j}{\sum_{j \in N} \tau_{ji}^{1-\sigma} FMS_j^{-1} Y_j} = \frac{\sum_{i \in N} \tau_{ji}^{1-\sigma} CMS_i^{-1} Y_i}{\sum_{i \in N} \tau_{ij}^{1-\sigma} FMS_i^{-1} Y_i} = \frac{FMS_j}{CMS_j}$$

上式的第二个等号利用 $\tau_{ij} = \tau_{ji}$ 的关系式，互换了 i 与 j 的位置，第三个等号是根据 FMS_j 和 CMS_j 的定义而写出的。由上式可知，任意两个地区的厂商市场规模与消费者市场规模之比相同。假设该比值为 χ，则可以定义市场规模为：

$$MS_i \equiv FMS_i = \chi CMS_i \tag{19.31}$$

实现均衡时，劳动力不再在地区之间迁移，此时劳动力在任意地区所获得的效用水平相同，可将该效用定义为消费者的实际工资水平，记为：

① 需说明的是，这里与前文式（19.9）相近但不完全相同。在这里，每个城市被视为一个研究对象，所以不再考虑城市里的多个厂商。所以，人们可理解为这里暗含了每个城市只生产一种多样化产品的假设。或者说，每个城市已经专业化从事某个行业的产品的生产，已是专业化和分工之后的结果，毕竟补充案例侧重讨论的是市场规模了。

$$u_j = w_j / P_j = \bar{u}$$

如果生产函数采用柯布—道格拉斯型函数，那么依据厂商利润最大化的一阶条件可知，劳动力所获得的工资收入与其在总产出中的贡献率相等，即：$w_i L_i = \alpha Y_i$。由此可得（见附录19B）：

$$MS_i = \frac{\bar{u}}{\alpha}\chi^{\sigma/(\sigma-1)} \sum_{j \in N} \tau_{ij}^{1-\sigma} L_j MS_j^{\sigma/(1-\sigma)}$$

其中，$\bar{u}\chi^{\sigma/(\sigma-1)}/\alpha$ 为常数。依据上述等式，人们便可以反演出市场规模数据了。具体过程还依赖如下的矩阵算式：

$$\begin{bmatrix} MS_1 \\ MS_2 \\ \vdots \\ MS_N \end{bmatrix} = \begin{bmatrix} \tau_{11}^{1-\sigma} & \tau_{12}^{1-\sigma} & \cdots & \tau_{1N}^{1-\sigma} \\ \tau_{21}^{1-\sigma} & \tau_{22}^{1-\sigma} & \cdots & \tau_{2N}^{1-\sigma} \\ \vdots & \vdots & \ddots & \vdots \\ \tau_{N1}^{1-\sigma} & \tau_{N2}^{1-\sigma} & \cdots & \tau_{NN}^{1-\sigma} \end{bmatrix} \begin{bmatrix} L_1 MS_1^{\sigma/(1-\sigma)} \\ L_2 MS_2^{\sigma/(1-\sigma)} \\ \vdots \\ L_N MS_N^{\sigma/(1-\sigma)} \end{bmatrix}$$

给定替代弹性系数 σ、冰山交易成本 τ_{ij} 和人口数据 $\{L_i\}_{i \in N}$，则由上式可以得出唯一的市场规模 $\{MS_i\}_{i \in N}$ 的解。最后，为了获取市场规模的精确值，可运行如图19－1所示迭代过程。

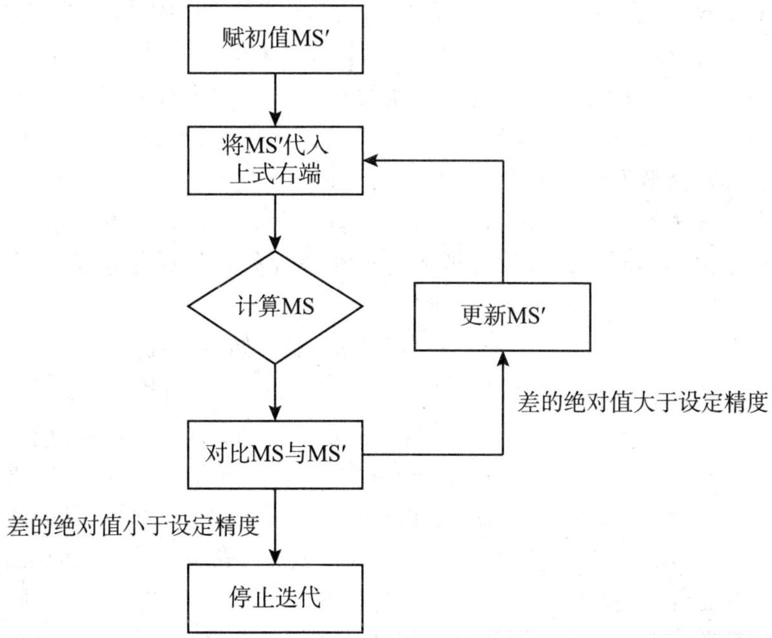

图19－1　市场规模反演的迭代流程

资料来源：笔者整理。

由图 19 - 1 可知，如果给定校准后的替代弹性参数 σ 以及市场规模的初始值 MS'，那么通过上面的反演过程可以得出 MS 的值。如果 MS 与 MS'之差的绝对值 $|MS - MS'|$ 大于设定精度，那么更新初始的 MS'值，重新代入上式求解 MS 的新值，直到 $|MS - MS'|$ 小于设定精度为止。此时，人们即可获得市场规模的精确值。

第六节　反事实模拟

一、核心思想和主要方法

反事实模拟是量化空间经济分析中最主要的步骤之一，可以量化尚未发生的事件的影响，或者尚未实施的政策的影响。它基于已构建的经济学模型，通过调整某些结构参数或假设条件，数值模拟并预测在特定的“反事实”情境下经济系统的运行情况和结果。这种模拟有助于经济学者和政策制定者了解不同经济政策或市场变化对经济系统的影响，从而优化相关的经济决策。量化空间经济分析通常涉及复杂的空间相互作用和动态过程，包括人口迁移、资本流动、贸易模式等，但通过反事实模拟可以评估各种政策或市场条件变化对这些空间经济过程的影响，例如，可以评估调整税收政策、调整基础设施投资、实施区域发展策略等的影响。此外，反事实模拟的结果可以帮助人们更加深入地理解经济系统的运行机制，揭示潜在的风险和机会，为制定政策提供科学依据。同时，这种模拟还可以用来比较不同政策选项的效果，从而选择最优的政策方案。

假设人们需要评估修建一条高铁的经济影响。如果高铁已修建，那么人们可以观测到其经济影响。如果高铁尚未修建，又应该如何量化其经济影响呢？人们所掌握的是高铁未修建时的相关经济数据，而高铁修建后的经济数据未知，这个问题又应如何解决？高铁等交通基础设施通常都是通过冰山交易成本进入理论模型的，以往的解决方法是通过改变冰山交易成本，然后，观察其他变量的变化情况，最后，将冰山交易成本和其他变量的变化关系绘制成曲线。但是，这种方法存在着一些问题，因为如果冰山交易成本变了，那么经济环境也随之变了，经济环境就已不再是原来的经济环境了。换言之，如果刻画经济环境的参数发生了变化，那么就无法规避“卢卡斯批判”问题了。

反事实模拟就可以解决这些问题。常用的反事实模拟有两种方法：一种是微分方法，[①] 另一种是“帽子代数法”。[②] 微分方法是一种基于连续变化的经济模拟技术。它通过对经济模型中的参数或变量进行微小调整，然后，观察这些微小调整如何影响经济系统。这种方法的核心在于利用了微分的原理，它计算模型所输出的有关参数或变量对微小变化的敏感性或梯度。微分方法允许研究者分析经济系统在不同参数设定下的运行过程。通过系统地调整参数，观察经济指标的变化，研究者可以评估政策变动、市场冲击或其他外部因素对经济系统的影响。这种方法尤其适用于那些需要精确量化其影响的经济问题，如税收政策变动对经济增长的影响。“帽子代数法”是一种更为结构化的反事实模拟技术，它基于矩阵代数和线性系统理论，通过构建“帽子矩阵”模拟经济系统中的各变量之间的关系。所以，这种方法特别适用于具有复杂的相互关联和动态反馈的经济模型。在“帽子代数法”中，研究者先构建一个代表经济系统的线性方程组，然后引入“帽子”操作符，对系统中的特定变量或参数进行反事实设定。这种设定可以是模拟政策变化、市场条件调整，或者其他外部冲击对经济系统的影响。通过求解修改后的线性方程组，研究者就可以预测经济系统在反事实事件下的结果了。“帽子代数法”的优点在于其结构化和系统化的处理方式，使得反事实模拟更加规范化，并且可以进行复制。此外，这种方法能够处理多维度的经济问题，并考虑经济系统中各组成部分之间的相互作用。更重要的是，该方法还有利于规避“卢卡斯批判”问题，因为它像改变参数那样，改变经济环境。

二、经典案例：J. 雷丁和 E. 罗西 - 汉斯伯格的研究

现在，将讨论一下如何利用量化空间经济模型，反事实模拟公共政策干预措施（如改善交通基础设施）的绩效问题。许多研究表明，反事实分析可以利用初始均衡状态下模型内生变量的观测值，而无须像 R. 德克勒等（2007）[③] 那样求解未观测到的区位特征。若利用 x' 表示反事实均衡中未知变量，则可用 $\hat{x}=x'/x$ 表示反事实均衡中的变量的相对值。假设研究者已观察到了初始均衡时的人口数量 L_n、工资水平 w_n 以及贸易份额 π_{in}。此时的反事实设定为交通运输基础设施的改善，即对任意双边贸易成本 $\hat{d}_{in}$ 进行了参数化。根据贸易份额［见式（19.9）］、商品价格指数［见式（19.10）］、人均收入［见式（19.11）］、土地

---

① Benny Kleinman, Ernest Liu and Stephen J. Redding. Dynamic Spatial General Equilibrium [J]. Econometrica, Econometric Society, 2023, 91 (2): 385 - 424.

②③ Dekle R., Eaton J., Kortum S. Unbalanced Trade [J]. American Economic Review, 2007, 97 (2): 351 - 355.

租金率［见式（19.12）］、实际收入［见式（19.13）］，可以得到如下帽子代数法公式，用来求解在初始均衡（w、π_{ni}、λ_n）条件下反事实的工资、贸易份额和人口份额（$\hat{w}$、$\hat{\pi}_{ni}$、$\hat{\lambda}_n$）的变动情况（详细的求解过程请参见附录19D）：

$$\hat{w}_i\hat{\lambda}_i(w_i\lambda_i) = \sum_{n\in S}\hat{\pi}_{ni}\hat{w}_n\hat{\lambda}_n\pi_{ni}(w_n\lambda_n) \tag{19.32}$$

$$\hat{\pi}_{ni}\pi_{ni} = \frac{(\hat{d}_{ni}\hat{w}_i)^{1-\sigma}\hat{L}_i\pi_{ni}}{\sum_{k\in S}(\hat{d}_{nk}\hat{w}_k)^{1-\sigma}\hat{L}_k\pi_{nk}} \tag{19.33}$$

$$\hat{\lambda}_n\lambda_n = \frac{\lambda_n(\pi_{nn})^{-\alpha/[\sigma(1-\alpha)-1]}}{\sum_{k\in S}\lambda_k(\pi_{kk})^{-\alpha/[\sigma(1-\alpha)-1]}} \tag{19.34}$$

在$\sigma(1-\alpha)>1$和对称的贸易成本（$d_{ni}=d_{in}$）假设下，模型存在着唯一的均衡，这样就可以确切地预测出有关改善交通基础设施或其他公共政策对经济活动空间分布的影响。

三、补充案例：微分方法

本节通过简单的例子，阐述微分方法。[①] 在时刻$t=0$，经济系统已收敛于一个初始稳态。该稳态包含四个基本经济变量（z，b，k，l）。已知从时刻$t=1$开始，变量z和变量b在每个时期都将受到一次性冲击。为了便于数学分析，该冲击以一个2×1的矢量表示：

$$\tilde{f} = \begin{bmatrix}\tilde{z}\\ \tilde{b}\end{bmatrix}$$

在经济系统中，存在着一个$N\times N$的转移矩阵（P）[②] 和一个$N\times2$的影响矩阵（R），[③] 使得经济变量具有如下形式的封闭解：

$$\tilde{x}_{t+1} = P\tilde{x}_t + R\tilde{f}\ ,\ t\geqslant1$$

其中，$\tilde{X}_t$表示与初始稳态的对数偏差值，是一个由基本经济变量构成的矢量。[④] 为了得到经济活动空间分布的动态变化，人们需要通过加法精确地分解相关变量。为此，本节进行如下操作：

首先，利用差分尽可能消除影响矩阵R，为此依次写出从当前时刻t到初始时刻0的方程：

---

① Benny Kleinman，Ernest Liu and Stephen J. Redding. Dynamic Spatial General Equilibrium［J］. Econometrica，Econometric Society，2023，91（2）：385－424.

② 在这里，N是指向量X中变量的个数，即该向量的秩。在这里，$N=4$。

③ 转移矩阵和影响矩阵可以简单地理解为一种系数矩阵。

④ 在这里，符号x可以代表基本变量中的任意一个。

$$\begin{cases}\tilde{x}_t = P\tilde{x}_{t-1} + R\tilde{f} \\ \tilde{x}_{t-1} = P\tilde{x}_{t-2} + R\tilde{f} \\ \vdots \\ \tilde{x}_1 = P\tilde{x}_0 + R\tilde{f} \\ \tilde{x}_0 = P\tilde{x}_{-1}\end{cases} \Rightarrow \begin{cases}\tilde{x}_t - \tilde{x}_{t-1} = P(\tilde{x}_{t-1} - \tilde{x}_{t-2}) \\ \tilde{x}_{t-1} - \tilde{x}_{t-2} = P(\tilde{x}_{t-2} - \tilde{x}_{t-3}) \\ \vdots \\ \tilde{x}_1 - \tilde{x}_0 = P(\tilde{x}_0 - \tilde{x}_{-1}) + R\tilde{f}\end{cases}$$

其次，求解任意两个时刻之间的差值，这样尽可能化解时刻 t 和时刻 $t-1$ 之间的差值。所谓的化解差值，实际上就是将这两个相邻时刻之间的变化由所有历史时刻的变化来表示，所以，在这个过程中将会运用到递归方法。具体过程为：

$$\begin{aligned}\tilde{x}_t - \tilde{x}_{t-1} &= \ln x_t - \ln x_{t-1} = P(\ln x_{t-1} - \ln x_{t-2}) \\ &= P^2(\ln x_{t-2} - \ln x_{t-3}) \\ &= \cdots \\ &= P^{t-1}(\ln x_1 - \ln x_0) \\ &= P^t(\ln x_0 - \ln x_{-1}) + P^{t-1}R\tilde{f}\end{aligned}$$

上式就已经表明变量 x 在任意相邻时刻之间的变化值，如果运用递归方法，那么可以由初始稳态下的数值以及初始时刻的外生冲击来表示了。

再次，人们并不满足于相邻时刻之间的变化值，更感兴趣于当前时刻与初始时刻之间的变化值。在这里，需要注意如下等式总是成立的：

$$\begin{aligned}\ln x_t - \ln x_{-1} = &(\ln x_t - \ln x_{t-1}) + (\ln x_{t-1} - \ln x_{t-2}) + \cdots \\ &+ (\ln x_1 - \ln x_0) + (\ln x_0 - \ln x_{-1})\end{aligned}$$

上式就是运用了加一项，减一项的技巧，从而保持整个式子不变。这样，就可以把变量在当前时刻与初始时刻之间的变化值分解为相邻时刻之间变化值的累加了。这就是说，微分方法，其实就是把变量的当前状态表示为所有历史时刻发生的事情的累计。上述等式右边的每项都可以利用前面递归的结果来进行替换，如 $\ln x_{t-1} - \ln x_{t-2} = P^{t-1}(\ln x_0 - \ln x_{-1}) + P^{t-2}R\tilde{f}$，从而可有：

$$\ln x_t - \ln x_{-1} = \sum_{s=0}^{t} P^s(\ln x_0 - \ln x_{-1}) + \sum_{s=0}^{t-1} P^s R\tilde{f}, \ t \geqslant 1 \tag{19.35}$$

式（19.35）就是经济活动空间分布动态变化的加法分解：

（1）在变量 z 和变量 b 没有受到冲击的情况下，即当 $\tilde{f}=0$ 时，依据上述结果可以得到：

$$\ln x^*_{initial} = \lim_{t\to\infty} \ln x_t = \ln x_{-1} + (I-P)^{-1}(\ln x_0 - \ln x_{-1}) \tag{19.36}$$

其中，$(I-P)^{-1}$利用了矩阵级数的求和公式。特别地，如果变量 x 在时刻 $t=-1$ 就已经处于稳态，由于没有受到外生冲击的影响，因而该变量在时刻 $t=0$ 的值也不会改变，即 $\ln x_0 = \ln x_{-1}$。此时，式（19.36）的最后一项便为零。这就意味着，哪怕是在无穷时刻，该变量都将处于这个稳态。

（2）如果变量 x 在时刻 $t=-1$ 和 $t=0$ 都处于稳态，即 $\ln x_0=\ln x_{-1}$，那么式（19.35）将退化为如下形式，即：

$$\ln x_t = \ln x_{-1} + \sum_{s=0}^{t-1} P^s R\tilde{f} \tag{19.37}$$

式（19.37）清晰地表明，当经济系统已达到稳态时，如果时刻 $t=1$ 开始，变量 x 在每个时刻都受到外生冲击 $\tilde{f}$ 的影响，那么这些外生冲击就决定了在时刻 t 变量 x 值的大小。通常而言，这些外生冲击相对于经济系统而言都是比较微弱的，但这些影响在一段时期内逐渐累积下来，最终转变成为强度较大的影响力。总之，利用初始状态变量（$t=0$ 和 $t=-1$）以及转移矩阵 P 和贸易矩阵 R，可以计算出经济变量的稳定的变化趋势。如果对给定经济变量实施反事实冲击 $\tilde{f}$，那么在没有观察到变量初始状态的情况下，也可以推算出经济系统状态之变化情况。

第七节　本章小结

量化空间经济学是一个令人振奋且相对新颖的研究领域，它克服和补充了新经济地理学模型的一些局限和不足，不仅能准确地预测政策干预或外部冲击对经济活动空间分布的影响，而且能提供深入分析全球和区域经济现象的手段。量化空间经济学具有能够进行大范围比较静态分析的优势，对制定国家或区域经济政策具有极其重要的意义。

量化空间经济学的显著特点之一，是它能够解释经济活动空间分布以及不同地区之间的相互作用，从而有助于深入了解和把握影响区域经济增长和发展的因素，进而能够分析和确定区际贸易、人口转移和区际投资的空间模式。此外，量化空间经济学模型的同构性，还使得不同模型之间能够共享一些核心方程，促进了量化空间经济模型的不断完善，并为量化空间经济模型之间的相互验证提供了可能性。

尽管如此，量化空间经济学领域仍存在以下几个方面的缺陷或不足。

首先，需要简化模型和改进求解方法。虽然量化空间经济学模型在进行结构化分析时可以提供重要的信息，但模型的复杂性仍然是一个挑战。未来的研究可以集中精力改进模型的求解方法，以提高模型的实用性和可操作性。

其次，需要深入融合实证研究。尽管已经出现了一大批量化空间经济学的实证研究成果，但是该领域的实证研究仍有很大的发展空间。未来的研究需要利用更多的实际数据来验证模型的准确性，并深入研究不同政策干预的实际效果。

再次，跨学科合作是关键。量化空间经济学涉及经济理论、数学方法、计算机数值计算、空间分析技术等多个学科的知识。量化空间经济学研究，必须强调不同学科之间的合作研究，这样才能全面、深入地解释经济活动空间分布的基本机理和过程。

最后，需要更加关注在政策和决策领域的应用。量化空间经济学，可以为政策制定者提供有力的分析工具，以评估不同政策干预的潜在效果。未来的研究要注重如何将研究成果应用于实际政策制定和决策支持中，以解决在城市和区域规划、城市发展以及区域经济增长和发展等方面所面临的实际问题。

总之，量化空间经济学为人们提供了一种准确地把握和预测经济活动空间分布的方法，未来的研究将进一步推动这个领域的发展，提供更多的有关空间经济现象和有关区域经济政策方面的知识。这个领域的发展将有助于有效应对所面临的严峻而复杂的挑战。

附　　录

19A：对式（19.22）的补充说明

人们不妨利用式（19.21）除以式（19.20），并且注意到两式等号的右端都是 N 个地区加总的比值，从而可知对于任意地区：

$$(w_n)^{1-2\sigma}(A_n)^{\sigma-1}(L_n)^{(\sigma-1)(1-\alpha)/\alpha}(H_n)^{-(\sigma-1)(1-\alpha)/\alpha}=\xi \qquad (19A.1)$$

其中，ξ 就是两式右端的比值，很明显，对于一个经济系统而言，ξ 总是一个常变量：

$$\xi = \frac{\sum_{i\in N} L_i(d_{ni}w_i/A_i)^{1-\sigma}}{\sum_{k\in N}(d_{nk})^{1-\sigma}(H_k)^{(\sigma-1)(1-\alpha)/\alpha}(L_k)^{-[\sigma(1-\alpha)-1]/\alpha}(w_k)^{\sigma}}$$

J. 雷丁和 E. 罗西－汉斯伯格（2016）把 ξ 定义为工资标准化的标量。必须注意的是，如果要计算标量 ξ 的值，那么必须知道变量 $\{w_n\}_{n\in N}$ 和 $\{L_n\}_{n\in N}$，但这种计算是没有必要的，因为知道式（19A.1）的左端为一个常量就可以，至于该常量的值为多少，并不影响后续的推导过程。因为这个常量可以在等式的两端同时出现，从而可以同时消掉。这点在求解式（19.22）的过程中是十分明显的。依据式（19A.1），可以写出任意地区的工资 w_n 关于劳动力 L_n 的函数：

$$w_n = [\xi(A_n)^{1-\sigma}(L_n)^{-(\sigma-1)(1-\alpha)/\alpha}(H_n)^{(\sigma-1)(1-\alpha)/\alpha}]^{-1/(2\sigma-1)} \quad (19A.2)$$

此时，将式（19A.2）代入式（19.21），并利用贸易成本对称假设 $d_{ni} = d_{in}$，则可以求得如下仅关于未知变量 $\{L_n\}_{n \in N}$ 的方程：

$$(L_n)^{\gamma_1 \times \gamma_2}(A_n)^{\frac{(\sigma-1)(\sigma-1)}{2\sigma-1}}(H_n)^{\frac{\sigma(\sigma-1)(1-\alpha)}{\alpha(2\sigma-1)}}$$
$$= (S\bar{V})^{\frac{1-\sigma}{\alpha}} \sum_{i \in N}(d_{ni})^{1-\sigma}(L_i)^{\gamma_1 \times \gamma_3}(A_i)^{\frac{\sigma(\sigma-1)}{2\sigma-1}}(H_i)^{\frac{(\sigma-1)(\sigma-1)(1-\alpha)}{\alpha(2\sigma-1)}}$$

在这个过程中，由于式（19.21）的等式两端均有 w_n 的 $1-\sigma$ 次幂项，便可以同时消去常量 ξ，表明并没有必要计算常量 ξ 的数值，可以忽略之。

19B：市场规模的推演

根据式（19.31）可知：

$$MS_i = \chi CMS_i = \chi P_i^{1-\sigma} = \chi \sum_{j \in N}(\tau_{ji}p_j)^{1-\sigma} = \chi \sum_{j \in N}\tau_{ji}^{1-\sigma}p_j^{1-\sigma} \quad (19B.1)$$

根据厂商市场规模 FMS_j 的定义可知，$p_j^{1-\sigma} = Y_j FMS_j^{-1}$。同时，劳动力的工资收入在总产出中所占的份额为 α，即 $Y_j = w_j L_j/\alpha$。若将上述结果代入式（19B.1），则可得：

$$MS_i = \chi \sum_{j \in N}\tau_{ji}^{1-\sigma}p_j^{1-\sigma} = \chi \sum_{j \in N}\tau_{ji}^{1-\sigma}Y_j FMS_j^{-1} = \frac{\chi}{\alpha}\sum_{j \in N}\tau_{ji}^{1-\sigma}w_j L_j MS_j^{-1}$$

最后一个等号利用了关系式 $MS_j = FMS_j$。同时必须注意到：

$$w_j = \bar{u}P_j = \bar{u}CMS_j^{1/(1-\sigma)} = \frac{\bar{u}}{\chi^{1/(1-\sigma)}}MS_j^{1/(1-\sigma)}$$

将上述结果代入 MS_i 的表达式，则有：

$$MS_i = \frac{\chi}{\alpha}\sum_{j \in N}\tau_{ji}^{1-\sigma}w_j L_j MS_j^{-1} = \frac{\bar{u}}{\alpha}\chi^{\frac{\sigma}{\sigma-1}}\sum_{j \in N}\tau_{ji}^{1-\sigma}L_j(MS_j)^{\frac{\sigma}{1-\sigma}} \quad (19B.2)$$

19C：对式（19.27）的补充说明

观察式（19.21）的两端，可以发现均有 w_n 的 $1-\sigma$ 次幂项，从而能够同时消去常量 ξ，所以在模型反演的过程中，人们并没有必要计算常量 ξ 的数值。由式（19A.1）可得正文中式（19.26）：

$$H_n = [(w_n)^{1-2\sigma}/\xi]^{\alpha/[(\sigma-1)(1-\alpha)]}(A_n)^{\alpha/(1-\alpha)}L_n$$

类似地，对于区域 i 也有：

$$H_i = [(w_i)^{1-2\sigma}/\xi]^{\alpha/[(\sigma-1)(1-\alpha)]}(A_i)^{\alpha/(1-\alpha)}L_i$$

利用正文中式（19.26）替换正文中式（19.16）中对应变量，则可以得出式（19C. 1）：

$$(L_n)^{\gamma_1\times\gamma_2}(A_n)^{\frac{-(\sigma-1)(\sigma-1)}{2\sigma-1}}(H_n)^{\frac{-\sigma(\sigma-1)(1-\alpha)}{\alpha(2\sigma-1)}}$$
$$=(S\bar{V})^{\frac{1-\sigma}{\alpha}}\sum_{i\in N}(d_{ni})^{1-\sigma}(L_i)^{\gamma_1\times\gamma_3}(A_i)^{\frac{\sigma(\sigma-1)}{2\sigma-1}}(H_i)^{\frac{(\sigma-1)(\sigma-1)(1-\alpha)}{\alpha(2\sigma-1)}} \quad (19C.1)$$

其中，$\gamma_1=(\sigma-1)/(2\sigma-1)$，$\gamma_2=\sigma(1-\alpha)/\alpha$，$\gamma_3=[\alpha\sigma^2-(\sigma-1)^2]/[\alpha(\sigma-1)]$。使用式（19. 26）、式（19. 26－1）替换式（19. 22）中对应项，可得：

$$(L_n)^{\gamma_1\times\gamma_2}(A_n)^{-(\sigma-1)^2/(2\sigma-1)}\{[(w_n)^{1-2\sigma}/\xi]^{\alpha/[(\sigma-1)(1-\alpha)]}(A_n)^{\alpha/(1-\alpha)}L_n\}^{-\sigma(\sigma-1)(1-\alpha)/[\alpha(2\sigma-1)]}$$
$$=(S\bar{V})^{\frac{1-\sigma}{\alpha}}\sum_{i\in N}(d_{ni})^{1-\sigma}(L_i)^{\gamma_1\times\gamma_3}(A_i)^{\frac{\sigma(\sigma-1)}{2\sigma-1}}\{[(w_i)^{1-2\sigma}/\xi]^{\alpha/[(\sigma-1)(1-\alpha)]}(A_i)^{\alpha/(1-\alpha)}L_i\}^{\frac{(\sigma-1)(\sigma-1)(1-\alpha)}{\alpha(2\sigma-1)}}$$

（19C. 2）

进一步化简为：

$$(A_n)^{1-\sigma}(w_n)^{\sigma}=(S\bar{V})^{\frac{1-\sigma}{\alpha}}\xi^{-1}\sum_{i\in N}[(d_{ni})^{1-\sigma}L_i(A_i)^{\sigma-1}(w_i)^{1-\sigma}] \quad (19C.3)$$

在式（19C. 3）中，σ、α、F 为常数，$S\equiv\alpha\ [\sigma/s\ (\sigma-1)]^{\alpha}\ (\sigma F)^{\alpha/(\sigma-1)}\ [(1-\alpha)\ /\alpha]^{1-\alpha}$也为常数；交易成本为距离的函数，即应满足：$d_{ni}=(dist_{ni})^{\phi}$；劳动力的实际收入为：

$$V=\frac{1}{S}\frac{(w_n)^{\alpha}(H_n/L_n)^{1-\alpha}}{[\sum_{i\in N}L_i(d_{ni}w_i/A_i)^{1-\sigma}]^{\alpha/(1-\sigma)}}=\bar{V}$$

当劳动力在区域间的流动实现均衡时令 $V=\bar{V}$，即在各区域劳动力的实际工资相等。还有：

$$\xi=\frac{\sum_{i\in N}L_i(d_{ni}w_i/A_i)^{1-\sigma}}{\sum_{k\in N}(d_{nk})^{1-\sigma}(H_k)^{(\sigma-1)(1-\alpha)/\alpha}(L_k)^{-[\sigma(1-\alpha)-1]/\alpha}(w_k)^{\sigma}}$$

当经济系统实现均衡时 ξ 也是常数。

19D：“帽子代数法”公式的推导

（1）式（19. 32）的推导过程

根据货物贸易份额公式（19. 9）和商品价格指数公式（19. 10），贸易均衡公式（19. 16）可以改写为：

$$w_nL_n=\sum_{k\in N}w_kL_kM_np_{nk}^{1-\sigma}/P_k^{1-\sigma}=\sum_{k\in N}w_kL_k\frac{M_np_{nk}^{1-\sigma}}{\sum_{k\in N}M_k(p_{nk})^{1-\sigma}}=\sum_{k\in N}w_kL_k\pi_{nk}$$

在上式中，第 2 个等号利用了货物贸易份额公式（19. 9）。类似地，交通运输基础设施改善后的对应公式为：

$$w'_nL'_n = \sum_{k\in N} w'_kL'_k\pi'_{nk}$$

结合上述结果，可以有：

$$\hat{w}_n\hat{\lambda}_n = \hat{w}_n\frac{L'_n\bar{L}}{L_n/\bar{L}} = \frac{w'_nL'_n}{w_nL_n} = \frac{\sum\limits_{k\in N} w'_kL'_k\pi'_{nk}}{\sum\limits_{k\in N} w_kL_k\pi_{nk}} = \frac{\sum\limits_{k\in N} w'_kL'_k\pi'_{nk}}{w_kL_k\pi_{nk}}\frac{w_kL_k\pi_{nk}}{\sum\limits_{k\in N} w_kL_k\pi_{nk}}$$

$$= \left(\sum_{k\in N}\frac{w'_kL'_k\pi'_{nk}}{w_kL_k\pi_{nk}}\right)\frac{w_kL_k\pi_{nk}}{\sum\limits_{k\in N} w_kL_k\pi_{nk}} = \frac{w_kL_k\pi_{nk}}{w_nL_n}\sum_{k\in N}\hat{w}_k\hat{L}_k\hat{\pi}_{nk}$$

$$= \frac{w_k\lambda_k\pi_{nk}}{w_n\lambda_n}\sum_{k\in N}\hat{w}_k\hat{L}_k\hat{\pi}_{nk} = \frac{1}{w_n\lambda_n}\sum_{k\in N}\hat{w}_k\hat{L}_k\hat{\pi}_{nk}\pi_{nk}(w_k\lambda_k)$$

上式第 3 个等号的分子、分母分别乘以 $w_kL_k\pi_{nk}$ 了。经整理，则有：

$$\hat{w}_n\hat{\lambda}_n(w_n\lambda_n) = \sum_{k\in N}\hat{w}_k\hat{L}_k\hat{\pi}_{nk}\pi_{nk}(w_k\lambda_k)$$

（2）式（19.33）的推导过程

依据货物贸易份额公式（19.9），交通运输基础设施改善后的对应公式为：

$$\pi'_{ni} = \frac{L'_i[d'_{ni}(w'_i/A_i)]^{1-\sigma}}{\sum\limits_{k\in N} L'_k[d'_{nk}(w'_k/A_k)]^{1-\sigma}}$$

则根据“帽子代数法”，可以写出：

$$\hat{\pi}_{ni} = \frac{L'_i[d'_{ni}(w'_i/A_i)]^{1-\sigma}/\sum\limits_{k\in N} L'_k[d'_{nk}(w'_k/A_k)]^{1-\sigma}}{L_i[d_{ni}(w_i/A_i)]^{1-\sigma}/\sum\limits_{k\in N} L_k[d_{nk}(w_k/A_k)]^{1-\sigma}}$$

$$= \frac{L'_i[d'_{ni}(w'_i/A_i)]^{1-\sigma}}{L_i[d_{ni}(w_i/A_i)]^{1-\sigma}}\frac{\sum\limits_{k\in N} L_k[d_{nk}(w_k/A_k)]^{1-\sigma}}{\sum\limits_{k\in N} L'_k[d'_{nk}(w'_k/A_k)]^{1-\sigma}}$$

$$= \hat{L}_i(\hat{d}_{ni}\hat{w}_i)^{1-\sigma}\frac{\sum\limits_{k\in N} L_k[d_{nk}(w_k/A_k)]^{1-\sigma}}{L_k[d_{nk}(w_k/A_k)]^{1-\sigma}}\frac{L_k[d_{nk}(w_k/A_k)]^{1-\sigma}}{\sum\limits_{k\in N} L'_k[d'_{nk}(w'_k/A_k)]^{1-\sigma}}$$

$$= \hat{L}_i(\hat{d}_{ni}\hat{w}_i)^{1-\sigma}\frac{1}{\pi_{nk}}\frac{1}{\sum\limits_{k\in N}\hat{L}_k(\hat{d}_{nk}\hat{w}_k)^{1-\sigma}}$$

$$= \frac{\hat{L}_i(\hat{d}_{ni}\hat{w}_i)^{1-\sigma}}{\sum\limits_{k\in N}\hat{L}_k(\hat{d}_{nk}\hat{w}_k)^{1-\sigma}\pi_{nk}}$$

上式第 3 个等号的分子、分母分别乘以 $L_k[d_{nk}(w_k/A_k)]^{1-\sigma}$，并利用了贸易份额公式［见式（19.9）］的定义。经整理，特别是最后的等号两边同时乘以

π_{ni}后可得：

$$\hat{\pi}_{ni}\pi_{ni} = \frac{\hat{L}_i(\hat{d}_{ni}\hat{w}_i)^{1-\sigma}\pi_{ni}}{\sum_{k\in N}\hat{L}_k(\hat{d}_{nk}\hat{w}_k)^{1-\sigma}\pi_{nk}}$$

（3）式（19.34）的推导过程

根据本地支出份额式（19.15），交通运输基础设施改善后的对应公式为：

$$\lambda'_n = \frac{L'_n}{L} = \frac{[(A_n)^{\alpha}(H_n)^{1-\alpha}(\pi'_{nn})^{\alpha/(1-\sigma)}]^{(\sigma-1)/[\sigma(1-\alpha)-1]}}{\sum_{k\in N}[(A_k)^{\alpha}(H_k)^{1-\alpha}(\pi'_{kk})^{\alpha/(1-\sigma)}]^{(\sigma-1)/[\sigma(1-\alpha)-1]}}$$

从而可以写出：

$$\hat{\lambda}_n = \frac{\lambda'_n}{\lambda_n} = \frac{[(A_n)^{\alpha}(H_n)^{1-\alpha}(\pi'_{nn})^{\alpha/(1-\sigma)}]^{(\sigma-1)/[\sigma(1-\alpha)-1]}\Big/\sum_{k\in N}[(A_k)^{\alpha}(H_k)^{1-\alpha}(\pi'_{kk})^{\alpha/(1-\sigma)}]^{(\sigma-1)/[\sigma(1-\alpha)-1]}}{[(A_n)^{\alpha}(H_n)^{1-\alpha}(\pi_{nn})^{\alpha/(1-\sigma)}]^{(\sigma-1)/[\sigma(1-\alpha)-1]}\Big/\sum_{k\in N}[(A_k)^{\alpha}(H_k)^{1-\alpha}(\pi_{kk})^{\alpha/(1-\sigma)}]^{(\sigma-1)/[\sigma(1-\alpha)-1]}}$$

$$= \frac{[(A_n)^{\alpha}(H_n)^{1-\alpha}(\pi'_{nn})^{\alpha/(1-\sigma)}]^{(\sigma-1)/[\sigma(1-\alpha)-1]}}{[(A_n)^{\alpha}(H_n)^{1-\alpha}(\pi_{nn})^{\alpha/(1-\sigma)}]^{(\sigma-1)/[\sigma(1-\alpha)-1]}}\frac{\sum_{k\in N}[(A_k)^{\alpha}(H_k)^{1-\alpha}(\pi_{kk})^{\alpha/(1-\sigma)}]^{(\sigma-1)/[\sigma(1-\alpha)-1]}}{\sum_{k\in N}[(A_k)^{\alpha}(H_k)^{1-\alpha}(\pi'_{kk})^{\alpha/(1-\sigma)}]^{(\sigma-1)/[\sigma(1-\alpha)-1]}}$$

$$= (\hat{\pi}_{nn})^{\frac{\alpha}{\sigma(1-\alpha)-1}}\frac{\sum_{k\in N}[(A_k)^{\alpha}(H_k)^{1-\alpha}(\pi_{kk})^{\alpha/(1-\sigma)}]^{(\sigma-1)/[\sigma(1-\alpha)-1]}}{[(A_k)^{\alpha}(H_k)^{1-\alpha}(\pi_{kk})^{\alpha/(1-\sigma)}]^{(\sigma-1)/[\sigma(1-\alpha)-1]}}$$

$$\frac{[(A_k)^{\alpha}(H_k)^{1-\alpha}(\pi_{kk})^{\alpha/(1-\sigma)}]^{(\sigma-1)/[\sigma(1-\alpha)-1]}}{\sum_{k\in N}[(A_k)^{\alpha}(H_k)^{1-\alpha}(\pi'_{kk})^{\alpha/(1-\sigma)}]^{(\sigma-1)/[\sigma(1-\alpha)-1]}}$$

$$= (\hat{\pi}_{nn})^{-\alpha/[\sigma(1-\alpha)-1]}\frac{1}{\lambda_k}\frac{1}{\sum_{k\in N}(\hat{\pi}_{kk})^{-\alpha/[\sigma(1-\alpha)-1]}}$$

上式中的第 4 个等号分子、分母同时乘以 λ_k。经整理，上式两边同时乘以 λ_n 可得：

$$\hat{\lambda}_n\lambda_n = \frac{\lambda_n(\hat{\pi}_{nn})^{-\alpha/[\sigma(1-\alpha)-1]}}{\sum_{k\in N}\lambda_k(\hat{\pi}_{kk})^{-\alpha/[\sigma(1-\alpha)-1]}}$$

参考文献

[1] Allen Treb and Donaldson, D. Persistence and Path Dependence in the Spatial Economy [J]. NBER Working Papers No. 28059, 2020.

[2] Allen, T., Arkolakis, C. Trade and the Topography of the Spatial Economy [J]. The Quarterly Journal of Economics, 2014, 129 (3): 1085 –1140.

［3］ Anderson，J E.，Van Wincoop，E. Gravity with Gravitas：A Solution to the Border Puzzle［J］. American Economic Review，2003（93）：170－192.

［4］ Davis，M. and F. Ortalo－Magne. Household Expenditures，Wages，Rents［J］. Review of Economic Dynamics，2011.

［5］ Desmet K，Nagy D K.，Rossi－Hansberg，E. The Geography of Development［J］. Princeton University，Mimeograph，2016.

［6］ Dekle R，Eaton J，Kortum S. Unbalanced Trade［J］. American Economic Review，2007，97（2）：351－355.

［7］ Eaton J，Kortum S. Technology，Geography，and Trade［J］. Econometrica，2002，70（5）：1741－1779.

［8］ Helpman E. The Size of Regions. in：D Pines，E Sadka，I Zilcha（Eds.），Topics in Public Economics：Theoretical and Applied Analysis［M］. Cambridge：Cambridge University Press，1998.

［9］ Ma，L. and Tang，Y. Geography，Trade and Internal Migration in China［J］. Journal of Urban Economics，2020，115（3）：1031－1055.

［10］ Redding SJ. Goods Trade，Factor Mobility and Welfare［J］. Journal of International Economics，2016，101：148－167.

［11］ Redding，S.，Rossi－Hansberg，E. Quantitative Spatial Economics［J］. NBER working paper No. 22655，2016.

［12］ P P. Zabreyko，et al. Integral Equations. in：A Reference Text Leyden［M］. Noordhoff International Pub，1975.

［13］ Simonovska，Ina and Michael E. Waugh. The Elasticity of Trade：Estimates and Evidence［J］. Journal of International Economics，2014，92（1）：34－50.